Caro aluno, seja bem-vindo!

A partir de agora, você tem a oportunidade de estudar com uma coleção didática da SM que integra um conjunto de recursos educacionais impressos e digitais desenhados especialmente para auxiliar os seus estudos.

Para acessar os recursos digitais integrantes deste projeto, cadastre-se no *site* da SM e ative sua conta.

CB142542

Ser-Fís-3-LA

Veja como ativar sua conta SM:

1. Acesse o *site* <www.edicoessm.com.br>.
2. Se você não possui um cadastro, basta clicar em "Login/Cadastre-se" e, depois, clicar em "Quero me cadastrar" e seguir as instruções.
3. Se você já possui um cadastro, digite seu *e-mail* e sua senha para acessar.
4. Após acessar o *site* da SM, entre na área "Ativar recursos digitais" e insira o código indicado abaixo:

HJGQ7 - F6JX6 - KZ4SC - CF7YV

Você terá acesso aos recursos digitais por 12 meses, a partir da data de ativação desse código.

Ressaltamos que o código de ativação somente poderá ser utilizado uma vez, conforme descrito no "Termo de Responsabilidade do Usuário dos Recursos Digitais SM", localizado na área de ativação do código no *site* da SM.

Em caso de dúvida, entre em contato com nosso **Atendimento**, pelo telefone **0800 72 54876** ou pelo *e-mail* **atendimento@grupo-sm.com** ou pela internet <**www.edicoessm.com.br**>.

Desejamos muito sucesso nos seus estudos!

Requisitos mínimos recomendados para uso dos conteúdos digitais SM

Computador	Tablet	Navegador
PC Windows • Windows XP ou superior • Processador dual-core • 1 GB de memória RAM *PC Linux* • Ubuntu 9.x, Fedora Core 12 ou OpenSUSE 11.x • 1 GB de memória RAM *Macintosh* • MAC OS 10.x • Processador dual-core • 1 GB de memória RAM	*Tablet IPAD IOS* • IOS versão 7.x ou mais recente • Armazenamento mínimo: 8GB • Tela com tamanho de 10" *Outros fabricantes* • Sistema operacional Android versão 3.0 (Honeycomb) ou mais recente • Armazenamento mínimo: 8GB • 512 MB de memória RAM • Processador dual-core	*Internet Explorer 10* *Google Chrome 20* ou mais recente *Mozilla Firefox 20* ou mais recente Recomendado o uso do Google Chrome Você precisará ter o programa Adobe Acrobat instalado, *kit* multimídia e conexão à internet com, no mínimo, 1Mb

2102_1743744

ser Protagonista

FÍSICA 3

ENSINO MÉDIO 3º ANO

ORGANIZADORA **EDIÇÕES SM**

Obra coletiva concebida, desenvolvida e produzida por Edições SM.

EDITORA RESPONSÁVEL

Ana Paula Souza Nani

Adriana Benetti Marques Válio
Livre-docente pelo Instituto de Astronomia, Geofísica e Ciências Atmosféricas da Universidade de São Paulo (USP).
Mestra em Astronomia pelo Instituto de Astronomia e Geofísica da USP.
Doutora em Astronomia pela Universidade da Califórnia em Berkeley, EUA.
Bacharela em Física pela Universidade Estadual de Campinas (Unicamp-SP).

Ana Fukui
Mestra em Ciências – Ensino de Física pela USP.

Bassam Ferdinian
Graduado em Engenharia Civil pela Escola Politécnica da USP.

Gladstone Alvarenga de Oliveira
Pós-graduado em Metodologia do Ensino Superior pela Faculdade Adventista de Educação.
Licenciado em Física pelo Instituto de Física da USP.
Graduado em Engenharia Agronômica pela Faculdade de Agronomia e Zootecnia "Manoel Carlos Gonçalves" do Centro Regional Universitário de Espírito Santo do Pinhal (UniPinhal-SP).

Madson de Melo Molina
Graduado em Engenharia Elétrica pela Escola Politécnica da USP.
Licenciado em Ensino de Física pela Universidade Católica de Brasília (UCB).

Venerando Santiago de Oliveira
Bacharel e Licenciado em Física pela Unicamp-SP.

São Paulo,
2ª edição 2014

sm

***Ser Protagonista* Física – Volume 3**

Direção editorial	Juliane Matsubara Barroso
Gerência editorial	Angelo Stefanovits
Gerência de processos editoriais	Rosimeire Tada da Cunha
Coordenação de área	Ana Paula Souza Nani
Edição	Aurelio Gonçalves Filho, José Fernando de Menezes, Lucas Maduar Carvalho Mota, Tomas Masatsugui Hirayama
Apoio editorial	Andréa Cozzolino, Denise Costa Felipe, Diana Rodrigues dos Santos, Maria Selma Cavalcanti, Paulo César Rodrigues dos Santos
Assistência de produção editorial	Alzira Aparecida Bertholim Meana, Flávia R. R. Chaluppe, Silvana Siqueira
Preparação e revisão	Cláudia Rodrigues do Espírito Santo (Coord.), Angélica Lau P. Soares, Edilene Santos, Eliana Vila Nova, Fátima Valentina Cezare Pasculli, Fernanda Oliveira Souza, Izilda de Oliveira Pereira, Maíra de Freitas Cammarano, Renata Tavares, Rosinei Aparecida Rodrigues Araujo, Valéria Cristina Borsanelli, Marco Aurélio Feltran (apoio de equipe)
Coordenação de *design*	Erika Tiemi Yamauchi Asato
Coordenação de arte	Ulisses Pires
Edição de arte	Melissa Steiner Rocha Antunes, Felipe Repiso, Daniel Campos Souza, Elizabeth Kamazuka Santos
Projeto gráfico	Erika Tiemi Yamauchi Asato, Catherine Ishihara
Capa	Erika Tiemi Yamauchi Asato, Adilson Casarotti sobre ilustração de Sabeena Karnik
Iconografia	Priscila Ferraz, Completo Iconografia Ltda., Jaime Yamane, Mariana Zanato, Sara Alencar
Tratamento de imagem	Robson Mereu, Claudia Fidelis, Ideraldo Araújo
Editoração eletrônica	Setup Bureau, Equipe SM
Fabricação	Alexander Maeda
Impressão	A. R. Fernandez

Dados Internacionais de Catalogação na Publicação (CIP)
(Câmara Brasileira do Livro, SP, Brasil)

Ser protagonista : física, 3º ano : ensino médio / obra coletiva concebida, desenvolvida e produzida por Edições SM. — 2. ed. — São Paulo : Edições SM, 2014. — (Coleção ser protagonista ; 3)

Vários autores
Bibliografia.
ISBN 978-85-418-0217-8 (aluno)
ISBN 978-85-418-0218-5 (professor)

1. Física (Ensino médio) I. Série.

14-06384 CDD-530.07

Índices para catálogo sistemático:
1. Física : Ensino médio 530.07

2ª edição, 2014

Edições SM Ltda.
Rua Tenente Lycurgo Lopes da Cruz, 55
Água Branca 05036-120 São Paulo SP Brasil
Tel. 11 2111-7400
edicoessm@grupo-sm.com
www.edicoessm.com.br

Apresentação

O progresso científico tem sido impressionante. Em um curto intervalo de tempo (considerando o surgimento do ser humano), fomos capazes de dominar diversos aspectos da natureza, descobrir novos fenômenos, construir instrumentos e propor invenções. Esse avanço se reflete em nossas vidas, tanto que hoje não se concebe o mundo sem a ciência. Muitas vezes, sem perceber, as pessoas utilizam no dia a dia invenções oriundas do conhecimento científico – por exemplo, geladeiras, micro-ondas e fogões elétricos (na conservação e preparo das refeições); aviões, carros e trens (para o transporte); *video games* e aparelhos sonoros (para o lazer); aparelhos cirúrgicos e de diagnóstico médico, como o bisturi eletrônico e o ultrassom (para a saúde); televisão, telefone, internet e rádio (para as telecomunicações); cartões eletrônicos (usados em diversas transações comerciais).

Para compreender parte da complexidade do mundo contemporâneo e, assim, agir com autonomia e desenvoltura, é necessário que o ser humano entre em contato com o conhecimento científico. Neste livro, esse contato é intermediado pelo estudo da Física, uma das ciências responsáveis por grandes transformações na História recente. Para se ter uma ideia da contribuição da Física para a sociedade atual, basta imaginar que, sem ela, nem sequer a eletricidade poderia ser utilizada.

Além de constituir uma ferramenta para compreender o mundo, a Física pode ser fonte de beleza e emoção, que emanam, entre outros aspectos, da sutileza e da profundidade de seus conceitos e da maneira pela qual tem sido historicamente construída.

Articulando os conceitos mais importantes com a emoção e a beleza próprias desse segmento da ciência, esta coleção aborda a Física em sua relação com a tecnologia e o mundo natural, destacando sua contribuição à formação do pensamento moderno e os impactos sociais e ambientais associados às descobertas científico-tecnológicas.

Espera-se que este livro contribua para que o aluno participe de alguma maneira da atividade humana de descobrir e aprender sobre seu mundo, atitudes que estão na base da ciência. Por essa razão, aprender Física significa aprender a ser mais humano – este, o objetivo maior da coleção.

Equipe editorial

A organização do livro

» Páginas de abertura

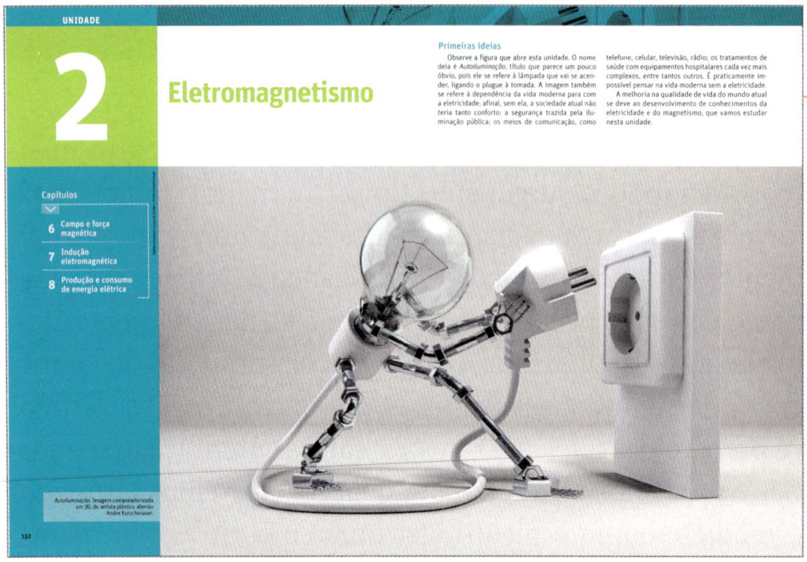

Abertura de unidade

Apresenta imagem em tamanho grande e comenta alguns conceitos relacionados ao tema principal.

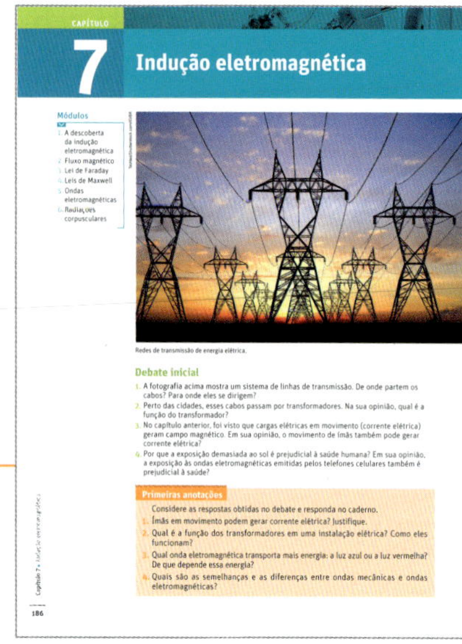

Abertura de capítulo

Apreciação de imagem seguida de questões para debate inicial e do registro de conhecimentos prévios. Esse registro será posteriormente solicitado ao aluno em uma atividade no final do capítulo.

» Apresentação de conteúdos

Nessas páginas se desenvolve o conteúdo do capítulo.

Os módulos de conteúdo vêm acompanhados de boxes expositivos – **Ligado ao tema**, **Relembre a Matemática**, **Parece mas não é**, **Fatos e personagens** – e de boxes que propõem atividades – **Para refletir**, **Para debater**, **Conceito em questão**, **Ação e cidadania**. Há ainda o boxe **Experimento**, que propõe experimentos simples, realizáveis com objetos de uso cotidiano.

Em geral, cada módulo de conteúdo propõe as correspondentes atividades nas seções **Exercícios resolvidos** e **Exercícios propostos**.

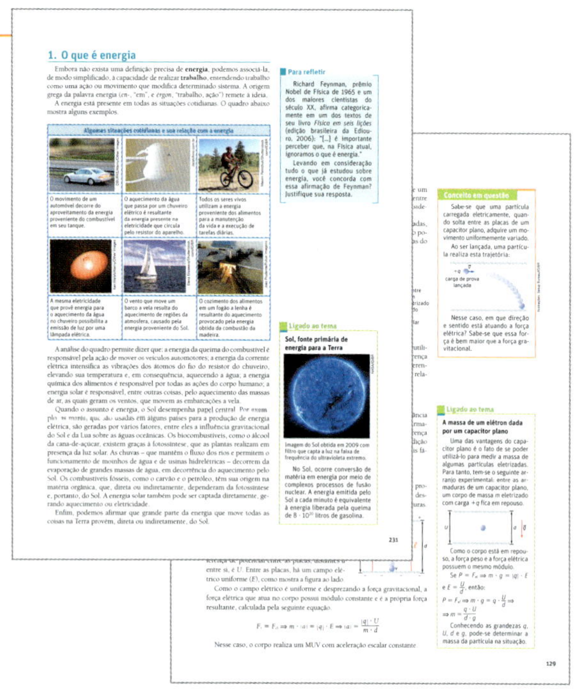

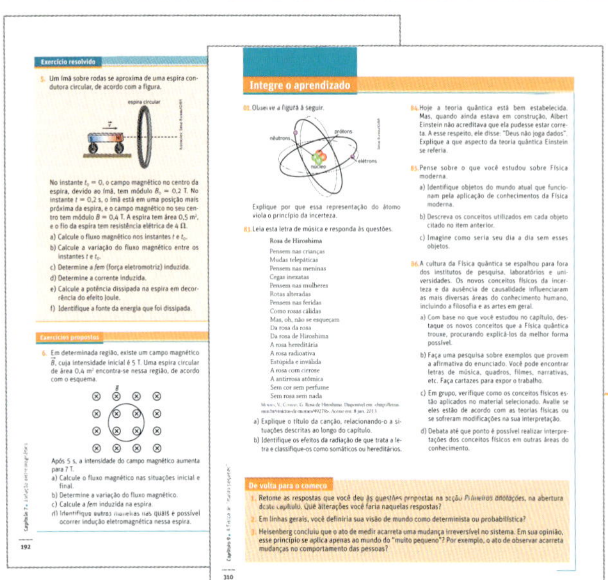

A consolidação de conteúdos e atividades se faz na seção **Integre o aprendizado**. Esta contém o boxe **De volta para o começo**, que remete o aluno de volta aos registros feitos no início do capítulo.

» Páginas finais

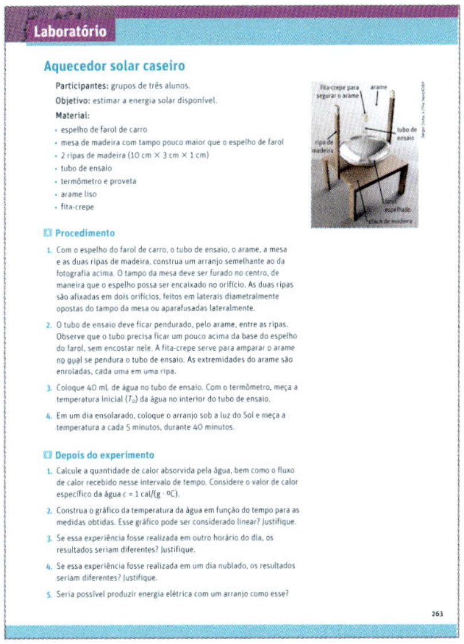

Final de capítulo

Sugestões de atividades práticas, na seção **Laboratório**; textos que apresentam fatos históricos relacionados à Física – **Física tem história**; textos que conectam a Física a outras áreas de conhecimento ou à vida cotidiana – **Física e...** (Física e esporte, Física e Química, etc.).

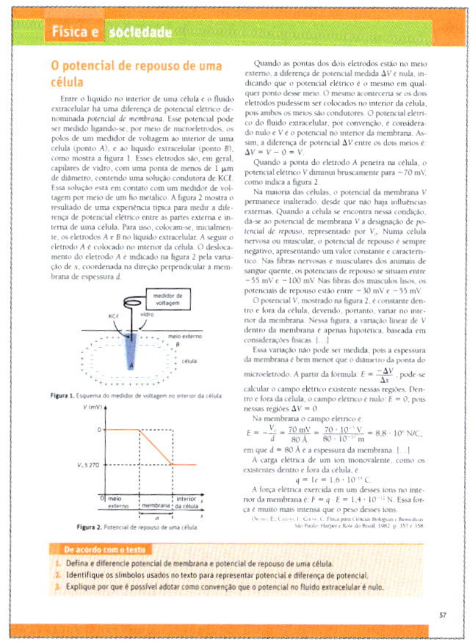

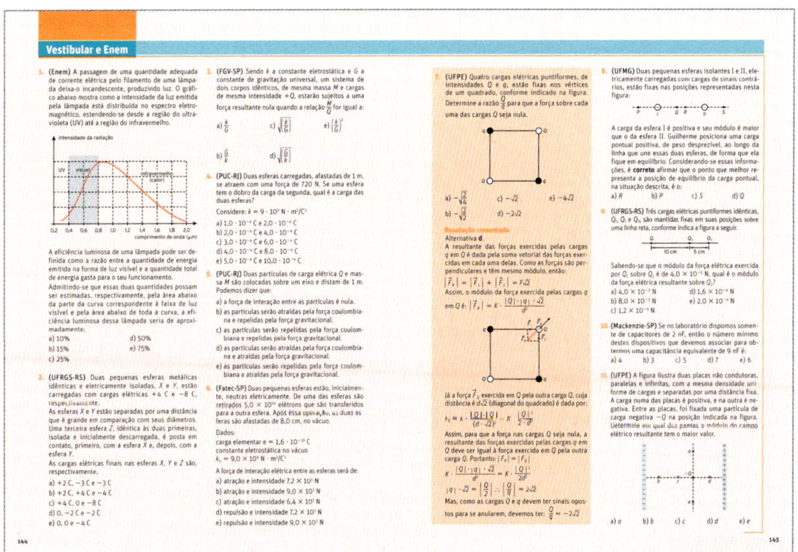

Final de unidade

A seção **Vestibular e Enem** apresenta um conjunto de questões de vestibulares e do Enem que abordam temas estudados nas unidades.

Para explorar é uma seção com dicas de livros, filmes e *sites* para o aluno aprofundar conhecimentos.

Sumário

Peter Terren/http://www.iinet.net.au/

Unidade 2 – Eletromagnetismo 152

TebNad/Shutterstock.com/ID/BR

Unidade 3 – Física moderna 276

UNIDADE

1 Eletricidade

Capítulos

Sérgio Dotta Jr./ID/BR

Experimento no qual uma lâmpada acende ao se aproximar de uma esfera de plasma.

Primeiras ideias

A fotografia abaixo mostra uma esfera de plasma e uma lâmpada que acende ao ser aproximada da esfera.

A eletricidade tem papel fundamental na sociedade moderna. Não é possível imaginar a vida sem o conforto proporcionado pelos mais diversos equipamentos elétricos.

Os equipamentos elétricos são máquinas destinadas a transformar energia elétrica em outros tipos de energia (mecânica, térmica, luminosa, etc.).

Nesta unidade, vamos conhecer a eletricidade, área da Física que abrange o estudo de corrente elétrica, campo elétrico, força elétrica e circuitos.

CAPÍTULO

1 Carga elétrica

Módulos

Sergio Ranalli/Pulsar Imagens

O Brasil é uma das regiões do planeta com maior incidência de raios. Anualmente, cerca de 100 milhões de raios atingem o território brasileiro. A fotografia mostra raios na cidade de Londrina, PR, 2009.

Debate inicial

1. Quantos raios podem ser observados na fotografia?
2. Quais são as condições climáticas favoráveis à ocorrência de raios?
3. Os raios provocam trovões e relâmpagos.
   a) Em geral, qual é percebido primeiro: o relâmpago ou o trovão?
   b) Raios, relâmpagos e trovões têm a mesma origem? Explique.

Primeiras anotações

Considere as respostas obtidas no debate e responda no caderno.

1. Dê sua definição de raio.
2. Que procedimentos as pessoas devem tomar para se proteger de raios durante uma tempestade?
3. Sabe-se que a velocidade do som no ar é de 340 m/s e que a da luz é de 300000 km/s (ou 300000000 m/s $= 3 \cdot 10^8$ m/s). Para estimar a que distância estão da chuva, os escoteiros medem o intervalo de tempo entre os relâmpagos e os trovões, e multiplicam esse valor por 0,3 para obter a distância em quilômetro. Por que eles calculam desse modo?

1. Carga elétrica: história, modelo atômico e propriedades

Introdução

No século VI a.C., os gregos já faziam certas observações de fenômenos elétricos quando utilizavam âmbar, um material fóssil resultante do endurecimento da seiva de uma espécie de árvore, atualmente extinta. O âmbar era utilizado pelos gregos na fabricação de objetos diversos. Alguns filósofos gregos, como Tales de Mileto (625 a.C.-558 a.C.), estudaram a propriedade que o âmbar tem de, após ser atritado com lã ou pele de animais, **atrair** objetos leves. O nome grego do âmbar é *elektron*, vindo daí o termo **eletricidade**.

Syaochka/Shutterstock.com/ID/BR

O âmbar polido é usado em joias e bijuterias. As propriedades elétricas do âmbar eram conhecidas já na Grécia Antiga.

Por volta de 1600, o médico inglês William Gilbert (1544-1603) investigou fenômenos elétricos e magnéticos associando suas propriedades, respectivamente, ao âmbar e à magnetita, ambas já conhecidas. Gilbert considerava que esses fenômenos tinham naturezas diferentes, e seus estudos se concentraram no magnetismo, tema que será desenvolvido na unidade 2.

Em 1729, o físico inglês Stephen Gray (1666-1736) usou fios para conduzir eletricidade e postulou a ideia de que há corpos que conduzem a eletricidade melhor do que outros. Essas descobertas contribuíram para que a eletricidade fosse considerada uma espécie de fluido único, contido nos corpos, capaz de escorrer para outros corpos. O cientista estadunidense Benjamin Franklin (1706-1790) afirmava existir somente um tipo de fluido elétrico presente em todos os corpos. Segundo Franklin, corpos com excesso desse fluido deveriam ser considerados como **eletrizados positivamente**, e corpos com falta desse fluido deveriam ser considerados como **eletrizados negativamente**.

Visuals Unlimited/Corbis/Latinstock

A magnetita tem atração permanente pelo ferro e outros metais denominados ferromagnéticos.

Mas a ideia de um fluido único não era aceita por todos os estudiosos do assunto. Segundo o físico francês Charles du Fay (1698-1739), havia diferença entre a **eletricidade vítrea**, obtida pela fricção do vidro, e a **eletricidade resinosa**, obtida pela fricção do âmbar. Du Fay dizia que corpos dotados do mesmo tipo de eletricidade se repeliam, enquanto aqueles dotados de eletricidade diferente se atraíam.

Ligado ao tema

Benjamin Franklin e o para-raios

O cientista estadunidense Benjamin Franklin é o responsável pela invenção do para-raios, resultado de perigosas experiências realizadas por ele. Diz-se que, antes de uma tempestade que se armava com muitos raios, Franklin empinou uma pipa de papel de seda com uma ponta de metal; a extremidade oposta da linha foi colocada dentro de uma **garrafa de Leyden**, dispositivo que armazena cargas elétricas (será estudado mais adiante). Utilizou apenas uma luva de seda para isolar sua mão, o que caracterizou a atividade como altamente perigosa, mas essa é apenas uma história contada e, embora ele tenha citado a experiência, nunca disse tê-la realizado ou observado pessoalmente. Com esse experimento, Franklin teria demonstrado que apareciam pequenas faíscas elétricas no interior da garrafa de Leyden, provando que os raios são faíscas elétricas intensas.

Corbis/Latinstock

Litogravura de 1876 representando o experimento de Franklin que resultou na invenção do para-raios, em 1752. Autor desconhecido.

Meses depois, Franklin publicou essa experiência e, com ela, deu recomendações detalhadas de como poderiam ser colocados para-raios para proteger pessoas, matas e plantações. A intenção era que os raios atingissem os para-raios (similares à pipa) em vez de atingirem as plantações e as pessoas, evitando, assim, prejuízos materiais e humanos, já que os raios podem matar e causar incêndios.

Modelo de átomo

A concepção da eletricidade como fluido permaneceu por muito tempo, e foi abandonada somente com a descoberta do elétron, em 1887. Essa descoberta teve papel fundamental na melhor compreensão dos fenômenos elétricos e inspirou vários modelos de átomo.

A partir do século XIX, cientistas começaram a investigar e propor explicações para o que havia no interior da matéria (modelo de átomo). Em 1807, John Dalton apresentou o modelo conhecido como "bola de bilhar" por ser esférico, rígido, indivisível e indestrutível. Quase cem anos mais tarde, em 1904, Joseph Thomson (1856-1940) sugeriu o modelo conhecido como "pudim de passas", descrito como uma esfera maciça de carga positiva com os elétrons dispersos em seu interior.

O modelo de Ernest Rutherford (1871-1937), proposto em 1911, foi posteriormente aprimorado por Niels Bohr (1885-1962), em 1913 (a contribuição de Bohr será estudada no capítulo sobre Física moderna). Por esse motivo, é chamado de modelo de Rutherford-Bohr e, apesar de não ser o mais atual, é o modelo que servirá de referência para os estudos. É importante ressaltar que os nêutrons foram descobertos mais tarde, em 1932, mas podem ser incluídos no modelo considerado.

O modelo de Rutherford-Bohr assemelha-se ao modelo do Sistema Solar, em que o Sol ocupa o centro do sistema e os planetas giram ao seu redor. Por essa razão, foi chamado de **modelo planetário de átomo**. Segundo esse modelo, cada átomo tem duas regiões:

- **núcleo**: é o centro do átomo, formado pelas partículas **prótons** e **nêutrons**.
- **eletrosfera**: região em torno do núcleo na qual orbitam os elétrons.

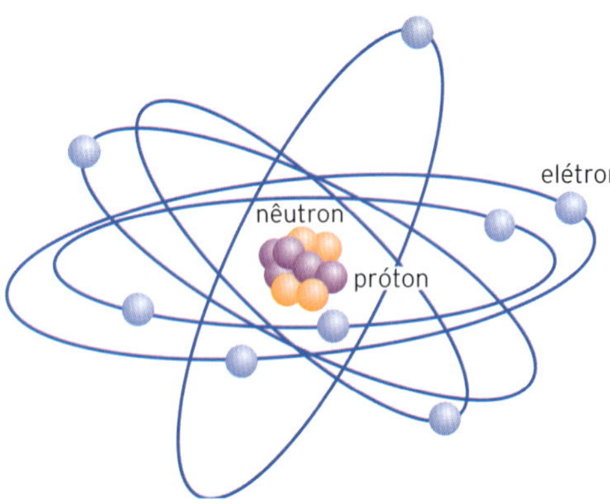

Ilustrações: Setup Bureau/ID/BR

Esquema (fora de escala e em cores-fantasia) do modelo planetário de átomo. Os prótons e os nêutrons ficam no núcleo, enquanto os elétrons orbitam o núcleo, em uma região praticamente vazia chamada eletrosfera. Para ter uma ideia das proporções no átomo, o raio atômico é aproximadamente dez mil vezes maior que o raio do núcleo atômico.

Propriedades da carga elétrica

Não é possível definir exatamente o que é **carga elétrica**. Sabe-se que se trata de uma propriedade de natureza eletromagnética de certas partículas elementares. Essa propriedade está associada ao poder de atração ou repulsão que essas partículas apresentam.

Essas cargas podem ser positivas ou negativas. Elétrons têm carga negativa, e prótons têm carga positiva. Há partículas que têm carga elétrica nula: é o caso dos **nêutrons.** Ainda de acordo com o modelo de Rutherford-Bohr, cada átomo é neutro, ou seja, tem cargas positivas e negativas em igual quantidade.

Sabe-se hoje que os elétrons (−) podem se movimentar de um corpo para outro, enquanto os prótons (+) ficam "presos" no núcleo atômico. Quando um objeto está com mais prótons do que elétrons, ou somente com prótons, diz-se que está **eletrizado positivamente**, pois perdeu elétrons. Se estiver com mais elétrons que prótons, está **eletrizado negativamente**.

A carga elétrica está associada a uma regiao de influência denominada campo elétrico. As interações a distância entre as cargas se dão por meio de tal campo (esse assunto será estudado no capítulo 2).

Ligado ao tema

Rutherford e o núcleo atômico

O físico inglês Ernest Rutherford e outros cientistas contemporâneos que investigavam a radioatividade já sabiam que esta se caracterizava pela emissão de três tipos de radiação: as partículas alfa (α) e beta (β) e o raio gama (γ). Rutherford criou um experimento para investigar o núcleo atômico, lançando um feixe radioativo sobre uma fina lâmina de ouro, que depois poderia ser detectado ao colidir numa lâmina de sulfeto de zinco.

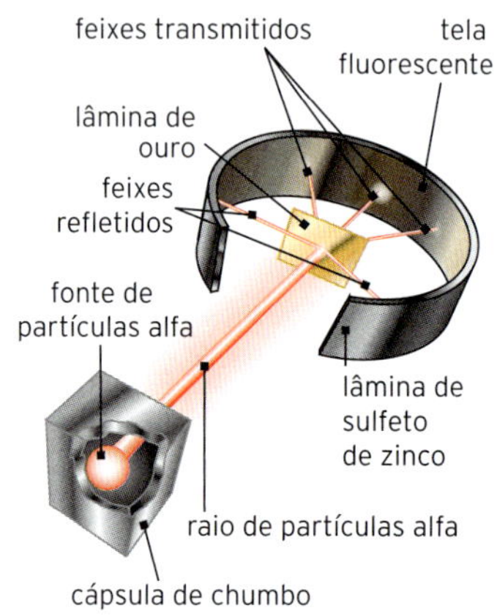

O resultado esperado era que o feixe fosse totalmente transmitido através da lâmina de ouro, apresentando apenas pequenos desvios. Embora boa parte do feixe radioativo tenha sido transmitida da maneira esperada, uma pequena parcela sofreu grandes desvios e outra parcela ainda menor foi totalmente refletida de volta. Rutherford concluiu que a única maneira de explicar os grandes desvios era considerar que toda a carga positiva do átomo e grande parte de sua massa estavam concentradas numa pequena região, o **núcleo**. Investigações posteriores levaram à conclusão de que o núcleo seria formado por partículas menores, teria grande massa e carga positiva. Os resultados levaram Rutherford a descobrir os **prótons**.

A carga elementar

De acordo com o modelo de Rutherford-Bohr, elétrons e prótons são as menores partículas constituintes do átomo, e suas cargas elétricas são as menores existentes na natureza. Ainda segundo esse modelo, o valor da carga elétrica de um próton é igual ao de um elétron; essa carga é chamada de **carga elementar**, cujo símbolo é e. A determinação do valor e foi feita pelo físico estadunidense **Robert Millikan** (1868-1953) em um famoso experimento que leva o seu nome, tendo obtido o valor:

$$e = 1{,}6 \cdot 10^{-19}\ \text{C}$$

Um próton tem carga $+e$, enquanto um elétron tem carga $-e$. No SI, a unidade de medida de carga é o **coulomb** (C), em homenagem ao físico francês Charles Coulomb (1736-1806). Em nosso estudo, vamos trabalhar com os submúltiplos: milicoulomb (mC) $= 10^{-3}$ C; microcoulomb (μC) $= 10^{-6}$ C.

A quantidade de carga Q de qualquer corpo ou objeto é, portanto, um múltiplo inteiro da carga elementar. Determina-se essa quantidade pela expressão:

$$Q = n \cdot e$$

na qual n é o número em excesso de partículas com carga elétrica elementar.

Atração e repulsão

Quando próximas, as partículas carregadas podem apresentar atração ou repulsão, dependendo do tipo de carga (+ ou −) que tiverem.

Os resultados da interação entre partículas carregadas, atração ou repulsão, foram obtidos empiricamente. Os cientistas aproximavam dois corpos carregados, sem conhecer os sinais de suas cargas, que poderiam ser: ambos com cargas de sinais iguais, ou cada corpo com um tipo de carga.

Fotografias: Sérgio Dotta Jr./ID/BR

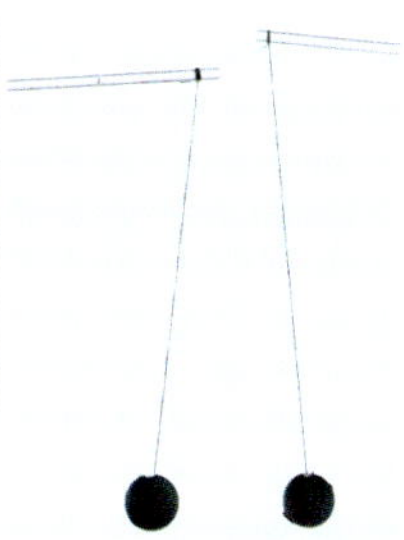

Repulsão elétrica entre corpos. Como os dois corpos se repelem, conclui-se que suas cargas apresentam sinais iguais.

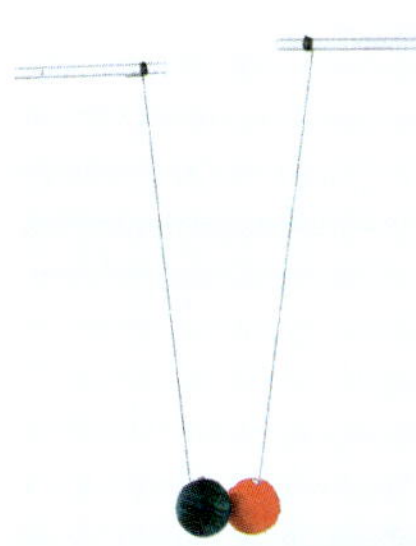

Atração elétrica entre corpos. Como os dois corpos se atraem, conclui-se que suas cargas apresentam sinais contrários.

Notava-se repulsão na primeira situação, independentemente de o sinal das cargas ser positivo ou negativo; e atração na segunda situação, quando os corpos tinham cargas opostas. Por isso, concluiu-se que:

> Partículas com cargas de mesmo sinal se repelem, e partículas com cargas de sinais diferentes se atraem.

Conservação das cargas

Em um sistema eletricamente isolado, a carga elétrica total se conserva. Dessa forma, caso um sistema formado por diversas partes apresente uma quantidade total de carga elétrica Q_{inicial}, mesmo que suas partes troquem cargas entre si e, com isso, haja alteração em suas cargas individuais, não haverá alteração na carga elétrica total (Q_{final}). Assim, em um sistema eletricamente isolado, a quantidade total de carga elétrica se conserva:

$$Q_{\text{inicial}} = Q_{\text{final}}$$

Ligado ao tema

A experiência de Millikan

Para determinar o valor da carga do elétron, entre várias tentativas, Robert Millikan analisou o comportamento de gotículas de água eletrizadas submetidas a duas forças que atuavam simultaneamente: peso e elétrica (nos experimentos de Millikan, havia outra força envolvida relacionada à viscosidade do líquido, mas nesta explicação, para simplificar, serão mostradas somente as forças principais).

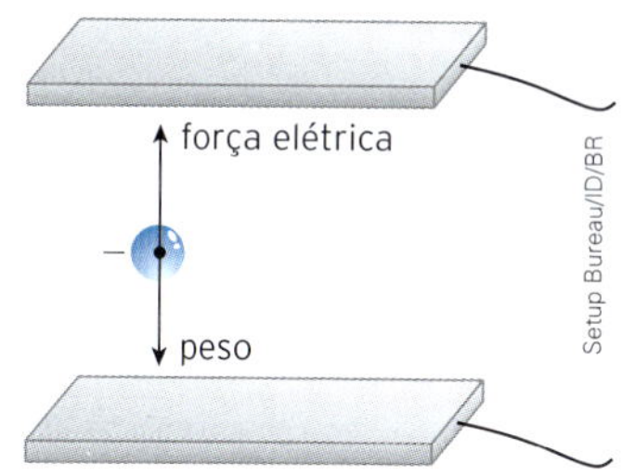

Setup Bureau/ID/BR

Modelo esquemático do experimento de Millikan.

Millikan deixou cair uma gotícula eletrizada entre duas placas carregadas com sinais contrários (+ e −). Como consequência, a gotícula foi submetida à força peso e à força elétrica. As cargas da placa estavam reguladas de modo que a gotícula ficasse em equilíbrio. Nessa situação, a força elétrica e a força peso são iguais em módulo. Com esse procedimento, podem-se igualar as forças e, assim, calcular a quantidade de carga presente na gotícula.

Posteriormente, devido ao fato de a água evaporar muito rapidamente, Millikan trocou as gotículas de água por gotículas de óleo. Após longas e exaustivas repetições da experiência, Millikan obteve como resultado múltiplos de um valor constante, o qual supôs corretamente ser a carga do elétron.

Exercício resolvido

1. Três corpos, eletrizados inicialmente com as cargas $Q_1 = -2\ \mu C$, $Q_2 = 5\ \mu C$ e $Q_3 = -4\ \mu C$, localizam-se em um sistema eletricamente isolado. Após trocarem cargas entre si, os corpos 1 e 2 apresentam as cargas $Q'_1 = 1\ \mu C$ e $Q'_2 = 3\ \mu C$, respectivamente. ($1\ \mu C = 10^{-6}$ C)

a) Determine a carga final do corpo 3 (Q'_3).

b) Responda se o corpo 3 perdeu ou recebeu elétrons e justifique.

c) Calcule o número de elétrons cedidos ou recebidos pelo corpo 2.

d) Explique se após a troca de cargas haverá atração ou repulsão entre os corpos 1 e 3.

Resolução

a) De acordo com o princípio da conservação das cargas, a soma das quantidades de cargas antes das trocas deve ser igual à soma das cargas após as trocas. Assim:

$$Q_1 + Q_2 + Q_3 = Q'_1 + Q'_2 + Q'_3$$
$$(-2 \cdot 10^{-6}) + 5 \cdot 10^{-6} + (-4 \cdot 10^{-6}) =$$
$$= 1 \cdot 10^{-6} + 3 \cdot 10^{-6} + Q'_3$$
$$Q'_3 = -5 \cdot 10^{-6}\ \text{C ou } -5\ \mu\text{C}$$

b) A carga do corpo 3 inicialmente era de $-4\ \mu C$ e passou a $-5\ \mu C$, ou seja, aumentou a quantidade de cargas negativas, indicando que o corpo recebeu elétrons.

c) O corpo 2 inicialmente tinha carga de $5\ \mu C$ e passou a ter carga de $3\ \mu C$, diminuindo a quantidade de cargas positivas em excesso, indicando que esse corpo recebeu elétrons. Para determinar o número de elétrons recebidos, devemos observar a variação da quantidade de carga:

$$\Delta Q = Q'_2 - Q_2 \Rightarrow \Delta Q = 3 \cdot 10^{-6} - (5 \cdot 10^{-6}) \Rightarrow$$
$$\Rightarrow \Delta Q = -2 \cdot 10^{-6}\ \text{C}$$

Para determinar a quantidade de elétrons, utilizamos a equação:

$$Q = n \cdot e \Rightarrow n = \frac{Q}{e} \Rightarrow n = \frac{-2 \cdot 10^{-6}}{-1{,}6 \cdot 10^{-19}} \Rightarrow$$
$$\Rightarrow n = 1{,}25 \cdot 10^{13}\ \text{elétrons}$$

d) De acordo com o princípio da atração e repulsão, cargas opostas se atraem. Como $Q'_1 = 1\ \mu C$ e $Q'_3 = -5\ \mu C$ são cargas opostas, haverá atração entre os corpos 1 e 3.

Exercícios propostos

2. Incide-se um feixe de luz ultravioleta em uma placa metálica inicialmente neutra. Durante o processo são ejetados $6{,}25 \cdot 10^{10}$ elétrons. Determine a quantidade de carga da placa no final do processo.

3. Dois corpos eletricamente isolados apresentam as cargas $Q_1 = -5\ \mu C$ e $Q_2 = 8\ \mu C$. Após troca de cargas entre eles, o corpo 1 adquire o dobro de carga do corpo 2. Determine a carga de cada corpo depois da troca.

4. Em seu caderno, classifique as afirmações de cada item como verdadeira ou falsa e reescreva as falsas, corrigindo-as.

a) Nas trocas de cargas entre corpos, as partículas transferidas são os elétrons.

b) Em um corpo eletrizado positivamente, o número de prótons é menor que o número de elétrons.

c) Em um corpo neutro, o número de cargas negativas é igual ao número de cargas positivas.

d) Nas trocas de cargas entre os corpos, as partículas transferidas são os prótons.

e) Em um sistema fechado, é possível aumentar ou diminuir a quantidade de cargas sem que haja quaisquer trocas de cargas com sistemas externos.

f) Todas as vezes que for dito que um corpo está eletrizado negativamente, pode-se concluir que não há nenhuma carga positiva nele.

5. Dois corpos, em um sistema eletricamente isolado, apresentavam, no início, quantidades de carga iguais a $Q_1 = 3\ \mu C$ e $Q_2 = -1\ \mu C$.

a) Identifique o tipo de partícula que está em excesso no corpo 1.

b) Identifique o tipo de partícula que está em excesso no corpo 2.

c) Determine a carga do corpo 2 no final da troca de cargas, sabendo que o corpo 1 apresentou uma quantidade de carga igual a $2\ \mu C$.

6. Considere um objeto que está carregado com carga $Q_1 = 4$ C.

a) Determine a quantidade de prótons em excesso presentes nesse corpo.

b) Caso se queira neutralizar esse corpo, identifique qual seria a quantidade de elétrons que deveria ser transferida a ele.

7. Em dias muito secos, uma pessoa pode sentir um pequeno choque ao entrar ou sair de um automóvel. Pesquise e explique por que isso ocorre. Considere em sua resposta somente a interação entre a pessoa e o automóvel.

8. Explique com suas palavras em que a carga elétrica de um elétron é diferente da carga elétrica de um próton.

9. Se alguém lhe perguntasse o que é uma carga elétrica, qual seria a sua resposta?

2. Condutores e isolantes

Condutores

A matéria é constituída por diferentes tipos de agrupamentos de átomos, que dão origem a estruturas complexas. Dependendo do material, os elétrons, ao atravessá-lo, movem-se com maior ou menor dificuldade.

Materiais que permitem, com facilidade, o trânsito de partículas portadoras de cargas elétricas são chamados de **condutores**.

São exemplos de condutores: os metais, o grafite, soluções eletrolíticas, gases ionizados, o corpo humano, a superfície da Terra, entre outros.

A condutividade elétrica de alguns materiais pode ser explicada por sua estrutura atômica. No caso dos metais, os elétrons das camadas mais externas (ou seja, mais afastados dos núcleos) estão fracamente ligados aos núcleos dos átomos e, por isso, movem-se com facilidade: são chamados de **elétrons livres**.

Os átomos constituintes da estrutura dos metais podem facilmente ceder ou receber elétrons livres uns dos outros e, ao fazerem isso, conduzem eletricidade.

Ilustrações: AMj Studio/ID/BR

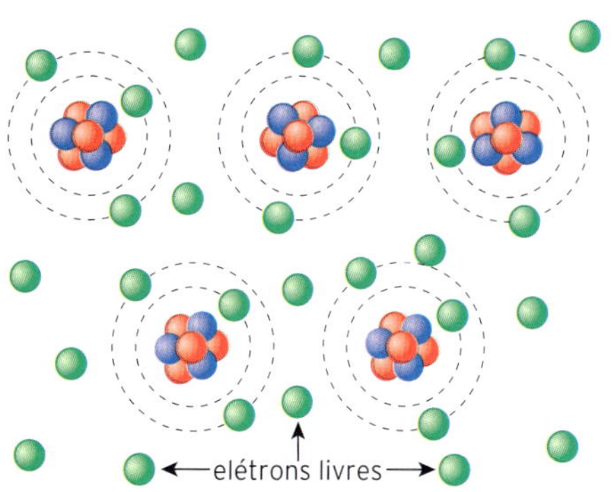

Esquema (fora de escala e em cores-fantasia) de um conjunto de cinco átomos que compõem a estrutura atômica dos metais. Os elétrons livres não ficam ligados ao núcleo de nenhum átomo, ao contrário dos elétrons mais próximos aos núcleos atômicos. Os prótons encontram-se fixos nos núcleos.

Isolantes

Materiais que não permitem o trânsito de partículas portadoras de cargas elétricas com facilidade são chamados de **isolantes** ou **dielétricos**.

São exemplos de isolantes o ar seco, a água pura, o vidro, o plástico, a seda, a lã, o enxofre, a parafina, a madeira, a cortiça, a borracha, entre outros. Apenas quando submetidos a situações extremas, com grande quantidade de cargas, essa propriedade pode deixar de existir. Esses materiais não apresentam elétrons livres em grande quantidade, pois a maioria deles está firmemente ligada ao núcleo atômico. Portanto, não há transporte de carga elétrica.

Demarcomedia/Shutterstock.com/ID/BR

Os fios elétricos utilizados nas residências são compostos de um núcleo condutor (geralmente feito de cobre) e uma capa envoltória isolante (geralmente plástico ou borracha, em várias cores na fotografia). A carga elétrica é transportada pelos fios de cobre, mas não atravessa a capa protetora. Assim, evitam-se acidentes com pessoas que manipulam ou tocam nesses fios.

Ligado ao tema

A distribuição de cargas nos dielétricos

Mesmo não conduzindo eletricidade, materiais isolantes ou dielétricos podem ser eletrizados e, a partir disso, passam a atrair ou repelir outros objetos. Isso ocorre, basicamente, em três situações.

1. Quando recebem elétrons, a carga excedente recebida não se distribui e, por isso, permanece localizada na região do isolante que a recebeu. Essa região com excesso de elétrons exercerá atração ou repulsão sobre os corpos com os quais interagiu.
2. Quando um material isolante e neutro perde elétrons, cria-se uma região com excesso de cargas positivas (de onde os elétrons foram retirados), configurando um polo positivo. Por isso, haverá forças de repulsão ou de atração sobre outros corpos que forem aproximados desse isolante.
3. Quando submetidas a uma influência externa, como uma força elétrica, substâncias isolantes compostas de **moléculas polares*** (figura A) podem orientar-se no interior do isolante. Dessa forma, o corpo ainda permanece neutro, uma vez que sua carga total permanece nula, mas agora ele está polarizado (figura B) e pode atrair ou repelir outros corpos devido às polaridades positiva e negativa que apresenta.

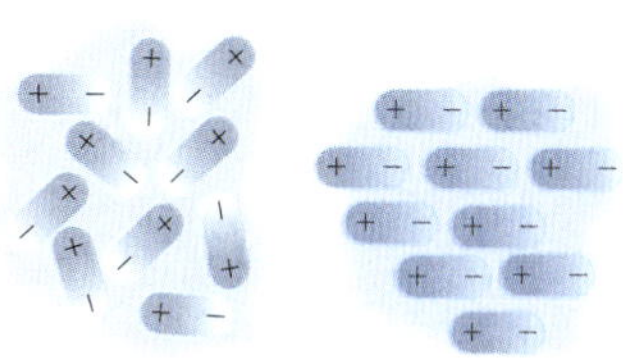

A — Isolante com moléculas polares sem orientação.

B — Isolante polarizado com moléculas orientadas.

*Moléculas polares são aquelas que apresentam regiões com maior densidade de elétrons que outras. Isso gera polos positivos e negativos dentro delas.

Exercícios resolvidos

10. Entre as torres e os fios que conduzem eletricidade existem discos de cerâmica ou de vidro, conforme se observa na fotografia ao lado.
Explique a razão do uso desses discos.

Semjon/Dreamstime.com/ID/BR

Resolução
A cerâmica e o vidro são isolantes à temperatura ambiente. São instalados entre as torres e os fios para impedir que as cargas que atravessam os fios passem pelas torres. Um bom isolamento entre os fios e as torres evita perdas no sistema de transmissão de energia e o risco de acidentes por descarga elétrica ao se tocar nas torres sem equipamentos ou trajes adequados.

11. Uma barra de determinado material isolante fica eletrizada em uma de suas extremidades. Indique em seu caderno se é falsa ou verdadeira cada uma das afirmações a seguir.

a) A outra extremidade da barra também deverá estar eletrizada.
b) A outra extremidade poderá ou não estar eletrizada com carga oposta se o material for isolante.
c) O material nunca será eletrizado.

Resolução
a) Falsa, porque, sendo o material isolante, não há elétrons livres que possam mover-se, como ocorre nos condutores.
b) Verdadeira.
c) Falsa, pois qualquer material pode ser eletrizado.

12. Sabe-se que:

a) água pura praticamente não conduz eletricidade;
b) água com açúcar praticamente não conduz eletricidade;
c) água com sal ($NaC\ell$) conduz eletricidade.

Explique as causas desses fatos.

Resolução
a) A água pura não conduz significativamente a eletricidade porque ela não contém elétrons livres e apresenta concentrações muito baixas de íons.
b) A solução obtida dissolvendo açúcar na água não é condutora porque o açúcar não apresenta íons em solução, de modo que não há cargas elétricas que possam ser transportadas.
c) Quando se dissolve sal de cozinha ($NaC\ell$) na água, as moléculas do sal se dissociam, separando os íons Na^+ e $C\ell^-$. Esses íons são portadores de carga elétrica, e, por isso, a água passa a conduzir eletricidade.

Exercícios propostos

13. Identifique quais dos materiais a seguir são isolantes e quais são condutores. Para isso, releia o texto sobre condutores e isolantes.

a) cobre
b) borracha
c) ar seco
d) água pura
e) água salgada
f) plástico
g) cortiça
h) ouro

14. Um objeto eletrizado precisa ser deslocado de sua posição sem que seja descarregado. Para que uma pessoa possa fazer isso, são apresentadas três sugestões:

I. Pegar o objeto diretamente com as mãos.
II. Usar um pegador de metal.
III. Usar um pegador de plástico.

Compare as três sugestões, escolha a mais adequada e justifique sua escolha.

15. Os metais são bons condutores de eletricidade. Sabe-se que a prata conduz eletricidade de maneira mais eficiente que o cobre. Formule hipóteses para explicar por que não se usam fios de prata nas redes elétricas.

16. Explique por que a parte externa de um soquete para lâmpada como os apresentados abaixo é feita de cerâmica, enquanto a maior parte da superfície interna é feita de metal.

Sérgio Dotta Jr./ID/BR

17. Faça uma relação de situações de seu dia a dia nas quais se pode perceber o uso de materiais isolantes como meio de prevenção de acidentes envolvendo eletricidade.

3. Processos de eletrização

Um átomo é neutro quando nele há quantidades iguais de elétrons e prótons. Se houver excesso de uma dessas partículas, o átomo está eletrizado ou carregado.

Para eletrizar um corpo, é necessário que ocorra um processo de transferência de partículas com carga elementar *e* entre dois ou mais corpos. No cotidiano, isso é feito retirando-se ou fornecendo-se **elétrons** ao corpo. A retirada ou o acréscimo de prótons do núcleo do átomo exigem processos sofisticados.

Um corpo neutro pode ser eletrizado por meio de diferentes processos: por contato, por atrito e por indução.

Eletrização por contato

Neste processo, é necessário que um dos corpos esteja **previamente eletrizado**. Então, aproximam-se os corpos fazendo com que ocorra o **contato** entre ambos. No instante do contato ocorre a transferência de carga. Após esse contato, os corpos ficam com cargas de **mesmo tipo** do corpo inicialmente eletrizado. Isto é, se o objeto previamente eletrizado tiver carga negativa, com o contato, o corpo neutro também terá carga negativa.

Na **eletrização por contato**, os corpos ficam com cargas de mesmo sinal.

A seguir são apresentadas duas situações em que se eletriza um corpo condutor A, inicialmente neutro, apoiado em uma haste feita de material isolante.

1ª situação: contato com um corpo eletrizado negativamente

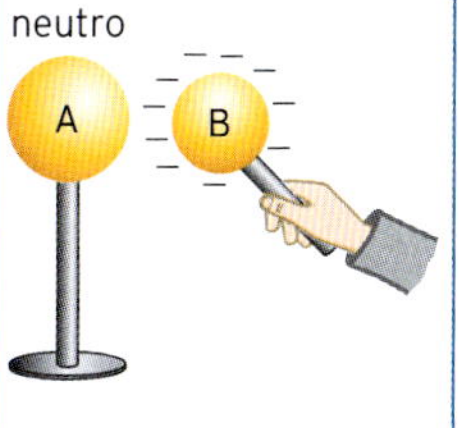 antes	 durante	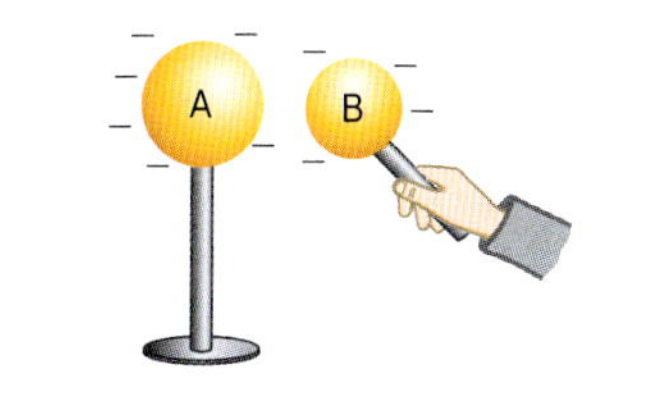 depois
Um corpo B, eletrizado negativamente com carga *Q*, é aproximado do condutor neutro A.	Ao entrar em contato com A, parte do excesso de elétrons presentes em B será transferida para A.	Depois que o contato é encerrado, o condutor A, que recebeu elétrons, fica eletrizado negativamente. B continua eletrizado negativamente, ainda que com menos elétrons.

Ilustrações: Setup Bureau/ID/BR

2ª situação: contato com um corpo eletrizado positivamente

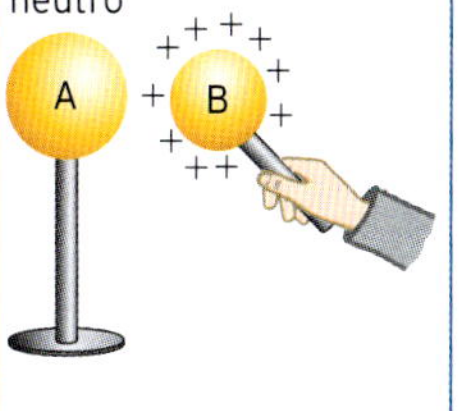 antes	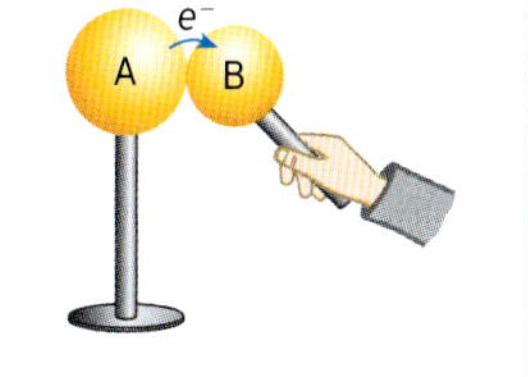 durante	 depois
Um corpo B, eletrizado positivamente com carga *Q*, é aproximado do condutor A.	Ao entrar em contato com A, os elétrons livres deste vão ser atraídos pelos prótons de B e, no contato, acabam sendo transferidos para B.	Depois que o contato é encerrado, o condutor A, que perdeu elétrons, fica eletrizado positivamente. B continua eletrizado positivamente, ainda que com mais elétrons.

Conceito em questão

Na eletrização por contato, o corpo neutro fica eletrizado com o mesmo sinal do corpo eletrizador.

Se o corpo eletrizador A e o eletrizado B forem esféricos, de mesmo material, e os raios (R_A e R_B) de suas esferas forem diferentes, parte da carga do corpo A se transfere para o corpo B, numa quantidade diretamente proporcional aos raios das esferas. Assim, a razão entre as quantidades de cargas dos corpos (Q'_A e Q'_B) após o contato será proporcional aos seus raios, ou seja:

$$\frac{Q'_A}{Q'_B} = \frac{R_A}{R_B}$$

No caso particular de as esferas serem idênticas (com o mesmo raio e o mesmo tipo de material), após o contato, os corpos terão a mesma quantidade de carga, então $Q'_A = Q'_B$. Pela conservação das cargas:

$$Q_A + Q_B = Q'_A + Q'_B$$

Fazendo-se $Q'_A = Q'_B$, obtemos:

$$Q_A + Q_B = 2Q'_B$$

Então:

$$Q = Q'_A + Q'_B$$

$$Q'_A = Q'_B = \frac{Q_A + Q_B}{2}$$

Isso significa que, se os corpos forem idênticos, sendo um deles neutro, no final cada um deles terá metade da quantidade de carga total que havia antes do contato:

$$Q'_A = \frac{Q}{2} \qquad Q'_B = \frac{Q}{2}$$

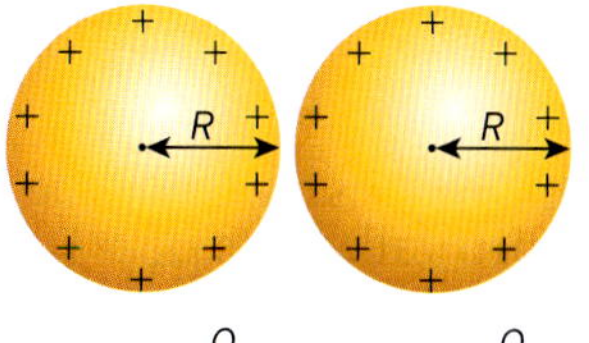

AMj Studio/ID/BR

esfera A: $\frac{Q}{2}$ esfera B: $\frac{Q}{2}$

Imagine que haja três esferas idênticas trocando cargas, duas delas neutras e uma eletrizada com carga *Q*. Qual será a razão entre as cargas após o contato?

Exercícios resolvidos

18. Duas esferas condutoras idênticas, A e B, inicialmente neutras, são colocadas em contato uma de cada vez com uma esfera C, idêntica às anteriores e previamente eletrizada com carga $10q$, em que q corresponde a um múltiplo da carga elementar do elétron. Determine a carga final de A, B e C.

Resolução

1ª situação: contato de Q_C com Q_A

Se as esferas são idênticas, então:

$$Q'_A = Q'_C = \frac{Q_A + Q_C}{2} = \frac{0 + 10q}{2} = 5q$$

2ª situação: contato de Q'_C com Q_B

$$Q'_B = Q''_C = \frac{Q_B + Q'_C}{2} = \frac{0 + 5q}{2} = 2{,}5q$$

Portanto: $Q'_A = 5q$; $Q'_B = 2{,}5q$ e $Q''_C = 2{,}5q$

19. Determine a carga final após o contato de duas esferas condutoras, A e B, de raios $r_A = 2$ cm e $r_B = 4$, cm sabendo que, no início, a quantidade de carga dessas esferas era $Q_A = 12q$ e $Q_B = 0$, sendo q correspondente à carga elementar do elétron.

Resolução

Para esferas de raios diferentes, temos: $\frac{Q'_1}{Q'_2} = \frac{R_1}{R_2}$

Portanto: $\frac{Q'_A}{Q'_B} = \frac{2}{4} \Rightarrow Q'_B = 2Q'_A$

Pela conservação das cargas:

$Q_A + Q_B = Q'_A + Q'_B$

Portanto:

$Q_A + Q_B = 3Q'_A \Rightarrow 12q + 0 = 3Q'_A \Rightarrow Q'_A = 4q$

e $Q'_B = 8q$

20. Duas esferas metálicas, que, em um sistema isolado, inicialmente eletrizadas com cargas $Q_1 = 5\ \mu C$ e $Q_2 = -1\ \mu C$, são colocadas em contato durante certo intervalo de tempo, atingem o equilíbrio eletrostático e, depois, são separadas. Ao término do processo, obtêm-se os seguintes valores de cargas: $Q_1 = 2{,}5\ \mu C$ e $Q_2 = 1{,}5\ \mu C$. Calcule a quantidade de carga "perdida" pela esfera 2 durante o contato.

Resolução

Como a esfera 2 terminou o processo com carga de 1,5 μC, pode-se deduzir que ela "perdeu" o que tinha de elétrons em excesso (sua carga inicial era de −1 μC), além de ter perdido mais 1,5 μC de elétrons, até ficar eletrizada positivamente. Portanto, ela perdeu 2,5 μC, que é exatamente a quantidade de carga que a esfera 1 ganhou (por isso, a esfera 1 ficou com carga de 2,5 μC no final).

Exercícios propostos

Atenção! Em todos os exercícios, q corresponde a um múltiplo da carga elementar do elétron.

21. Uma esfera A condutora, previamente eletrizada, é colocada em contato sucessivamente com três esferas, B, C e D, inicialmente neutras, todas idênticas. Sabendo que a quantidade de carga da esfera A é $Q_A = 12q$, determine a carga de cada esfera após o contato.

22. Três esferas condutoras idênticas estão eletrizadas, respectivamente, com $Q_A = -5q$, $Q_B = 7q$ e $Q_C = 9q$. Coloca-se inicialmente A em contato com B, depois com C e, por fim, novamente com B.

a) Calcule a carga final de A.

b) Se a ordem do contato fosse alterada, ou seja, se a esfera A tocasse inicialmente em C, depois em B e finalmente em C, a carga de A teria o mesmo valor no final?

23. Duas esferas condutoras de raios $r_A = 6$ cm e $r_B = 2$ cm e eletrizadas com $Q_A = 5q'$ e $Q_B = 7q'$ são colocadas em contato entre si.

a) Determine a carga final de A e de B.

b) Calcule o número de prótons em excesso no corpo B. Admita $q' = 3{,}2$ pC (1 pC $= 10^{-12}$ C).

24. Considere dois condutores iguais, um deles neutro e o outro eletrizado positivamente. Explique como ocorre o processo de transferência de elétrons quando há contato entre os corpos.

25. Em um curso de montagem de computadores, o instrutor orienta os alunos sobre os cuidados a tomar quanto à eletricidade estática. As fotografias abaixo mostram um indivíduo manuseando um disco rígido (HD) de um computador.

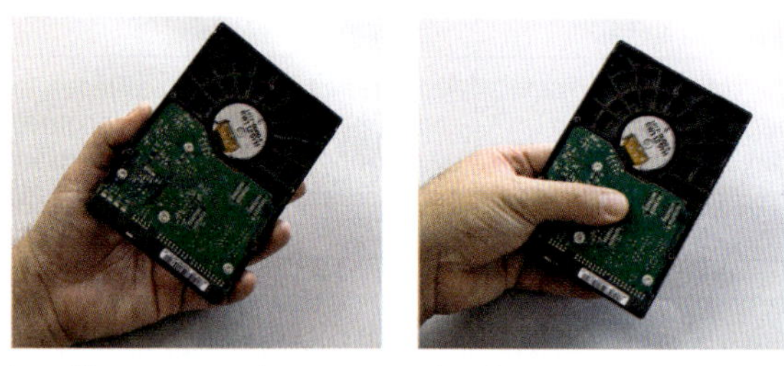

Fotografias: Sérgio Dotta Jr./ID/BR

Justifique, usando seus conhecimentos, por que um procedimento está correto e o outro não.

26. Considere os seguintes dados:

massa de um elétron $= m_e = 9{,}1 \cdot 10^{-31}$ kg

massa de um próton $= m_p = 1{,}7 \cdot 10^{-27}$ kg

a) Caso um corpo neutro passe a ficar eletrizado negativamente, pode-se dizer que ganhará ou perderá massa, ou ficará com a mesma massa que tinha quando neutro? Justifique.

b) Caso um corpo neutro passe a ficar eletrizado positivamente, pode-se dizer que ganhará ou perderá massa, ou conservará sua massa inicial de quando o corpo estava neutro? Justifique.

Eletrização por atrito

Considere um exemplo: ao se atritar um objeto de papel (ou de lã, algodão, etc.) em uma régua plástica (ou em uma caneta, bastão de vidro, etc.), pode haver transferência de elétrons entre eles enquanto são atritados. Depois de separados, um dos corpos estará com excesso de prótons por ter cedido elétrons, ficando, assim, eletrizado positivamente. O outro estará com excesso de elétrons, por ter recebido essas cargas, ficando carregado negativamente.

Na **eletrização por atrito**, os corpos ficam eletrizados com cargas de sinais opostos.

Para saber qual corpo terá carga positiva e qual terá carga negativa, deve-se consultar a **série triboelétrica** (ver esquema abaixo).

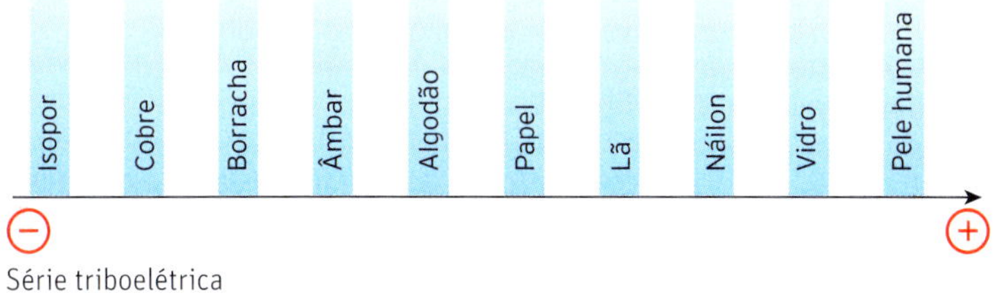

Série triboelétrica

Ao atritar dois corpos constituídos por materiais da série, o da esquerda ficará eletrizado negativamente, e o da direita positivamente.

Assim, se vidro e algodão inicialmente neutros forem atritados, o vidro ficará carregado positivamente, enquanto o algodão ficará carregado negativamente.

A eletrização por atrito ocorre porque os elétrons dos materiais que estão mais fracamente ligados aos núcleos serão transferidos para o outro material. Ainda no que se refere à eletrização por atrito, é importante considerar os seguintes fatos:

- Nem sempre é possível eletrizar dois corpos por atrito. Por exemplo, ao se atritar corpos de mesmo material, poderá não ocorrer transferência de elétrons entre eles.
- Na eletrização por atrito de objetos **isolantes ou dielétricos**, o excesso de cargas **permanece localizado** na região do corpo onde ocorre o atrito (releia o boxe da página 15).
- Ao eletrizar materiais condutores por atrito, as cargas se distribuem por toda a sua superfície. Isso ocorre porque as cargas elétricas repelem-se entre si e, por isso, ficam o mais distante possível umas das outras.
- Se for desejável manter um objeto eletrizado, será necessário isolá-lo, por exemplo, utilizando um material isolante como apoio. Caso contrário, todas as cargas serão transferidas para o apoio do objeto eletrizado, de maneira que o objeto ficará neutro. Ademais, se o material que prende o objeto for um condutor e estiver em contato com a terra por meio de um fio ou da pessoa que o segura, haverá um rápido escoamento de cargas cujo sentido dependerá do sinal das cargas do objeto eletrizado: se as cargas do objeto forem negativas, o sentido do escoamento será do objeto para a terra; se o objeto estiver carregado positivamente, elétrons vão se deslocar da terra para o objeto.

Experimento

Eletrização por atrito

Observe o que acontece nas seguintes situações:

1. Sobre a carteira, pique pedaços pequenos de papel de seda. Passe um pente de plástico em seu cabelo seco várias vezes e depois o aproxime do papel picado.
2. Atrite um canudinho de plástico em papel-toalha várias vezes. Em seguida, encoste-o por inteiro sobre uma parede de alvenaria lisa e solte-o.
3. Atrite novamente o canudo de plástico e, agora, encoste-o em outras superfícies: uma de madeira, uma de plástico e uma de aço.
4. Encha de ar um balão de borracha e aproxime-o dos pelos do braço ou do cabelo comprido e seco de um colega.

Ligado ao tema

Eletrização por atrito na indústria

Nas tecelagens, o movimento dos tecidos nas máquinas ocasiona um atrito entre as partes do tecido e os cilindros metálicos, de maneira que ambos ficam eletrizados. Essa eletrização é perigosa, pois o descarregamento das peças eletrizadas pode gerar faíscas e ocasionar incêndios.

Para evitar o risco de acidentes, são instalados nebulizadores, aparelhos que aumentam a umidade do ambiente, lançando pequenas gotas de água no ar. Essas gotículas, quando em contato com as peças eletrizadas, neutralizam os corpos com cargas em excesso.

Exercícios resolvidos

27. Um borrifador (esquema ao lado) é usado para pulverizar óleo dentro de um recipiente eletricamente isolado. Antes de serem lançadas no interior do recipiente, as gotas passam por um duto que faz parte do borrifador e entram em atrito com as paredes desse duto. Com isso, ficam eletrizadas com carga positiva.

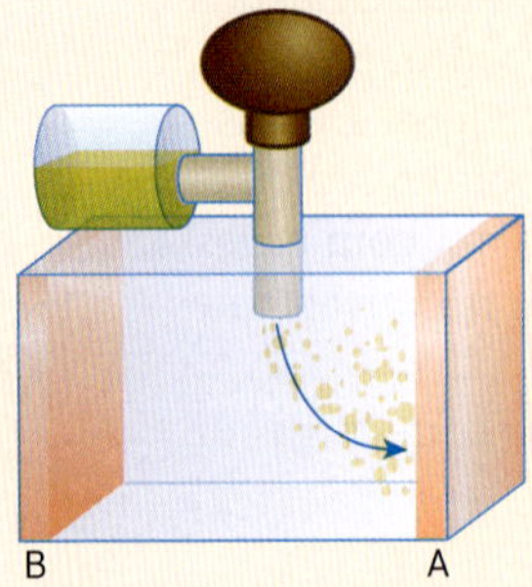

a) Identifique o sinal das cargas das paredes do borrifador após o atrito. Justifique.

b) Sabendo que, no interior do recipiente, existem dois corpos, A e B, previamente eletrizados com cargas opostas e que, durante a queda, as gotas são atraídas para o corpo A e repelidas pelo corpo B, determine o tipo de carga do corpo B.

c) Sabendo que uma das gotas apresentou carga igual a $6{,}4 \cdot 10^{-19}$ C, determine o número de elétrons transferidos por essa gota para as paredes do borrifador durante o atrito.

Resolução

a) No final do processo de eletrização por atrito, os corpos atritados apresentam cargas de sinais opostos. Portanto, as paredes do borrifador ficaram eletrizadas com carga negativa.

b) Como as gotas de óleo são repelidas pelo corpo B, e cargas iguais se repelem, então o corpo B tem carga de mesmo sinal que a das gotas, ou seja, tem cargas de sinal positivo.

c) Dados: $Q = 6{,}4 \cdot 10^{-19}$ C e $e = 1{,}6 \cdot 10^{-19}$ C

$$Q = n \cdot e \Rightarrow n = \frac{Q}{e} \Rightarrow n = \frac{6{,}4 \cdot 10^{-19}}{1{,}6 \cdot 10^{-19}} \Rightarrow$$

$$\Rightarrow n = 4 \text{ elétrons}$$

28. No período do inverno, quando a umidade do ar diminui em algumas regiões do país, podem-se ouvir alguns estalos quando uma pessoa vestida com um casaco de lã resolve tirá-lo. Explique esse fenômeno.

Resolução

O casaco de lã entra em contato com a pele da pessoa e é eletrizado por atrito. Assim, a pele da pessoa fica carregada positivamente e o casaco de lã negativamente. Como o ar com pouca umidade é isolante, a eletrização da pele e do casaco ocorre em grandes proporções, chegando até a ionizar o ar, que se torna condutor. Quando isso acontece, a transferência de cargas elétricas entre a pessoa e o casaco ocorre de maneira rápida e intensa, produzindo estalos e, às vezes, faíscas. Quando o ar está úmido, torna-se condutor e impossibilita o acúmulo de cargas no casaco, antes de a pessoa tirá-lo.

Exercícios propostos

29. Uma pessoa não consegue manter eletrizada uma barra de metal depois de atritada, segurando-a com as mãos e estando com os pés diretamente em contato com o solo.

a) Descreva o que ocorre com as cargas que estão na barra de metal.

b) Apresente sugestões para conservar a eletrização da barra.

30. Em tempo seco, ocorre mais frequentemente o acúmulo de cargas elétricas, ou seja, os objetos ficam eletrizados por mais tempo. Como consequência, nessa época é mais comum ocorrerem pequenos choques elétricos quando se abre a porta de um carro, ou o cabelo de uma pessoa arrepiar quando próximo de determinados objetos, e situações similares.

a) Descreva como pode ocorrer o acúmulo de cargas nos carros.

b) Andar descalço favorece a descarga de cargas elétricas acumuladas. Explique o que significa essa descarga e por que ela acontece mais facilmente quando se anda descalço.

31. Atrita-se uma borracha escolar em um pedaço de papel. A borracha fica eletrizada negativamente e é aproximada de um papel-alumínio eletricamente neutro, muito leve e suspenso por uma haste isolante. Inicialmente, a borracha atrai o papel-alumínio, até que ambos entrem em contato. Depois do contato, passam a repelir-se mutuamente.

a) Identifique o sinal das cargas elétricas presentes na borracha e no papel em que foi atritada, antes da interação com o papel-alumínio.

b) Explique por que a borracha e o papel-alumínio passam a repelir-se após a eletrização por contato.

c) Faça um esquema mostrando os sinais das cargas antes, durante e depois da eletrização por contato. Nesse esquema, não se esqueça de representar em que sentido ocorre a transferência de elétrons: da borracha para o alumínio ou do alumínio para a borracha.

32. Responda se cada uma das afirmações a seguir é falsa ou verdadeira e justifique sua resposta.

a) Na eletrização por atrito entre dois corpos neutros, a carga final apresentará sinais opostos para cada um deles.

b) A eletrização por atrito desorganiza a estrutura atômica dos materiais, podendo ocorrer transferência de prótons entre eles.

Eletrização por indução

É possível eletrizar um corpo neutro sem ser por atrito ou contato com um corpo eletricamente carregado. Quando um condutor eletrizado é aproximado de um neutro, ocorre uma indução eletrostática, que é a separação de cargas no corpo neutro.

Na indução, há o **indutor** (que pode ser um condutor previamente eletrizado) e o **induzido**, condutor no qual haverá a separação de cargas. Aproximando-os sem contato, ocorre um movimento de cargas no induzido.

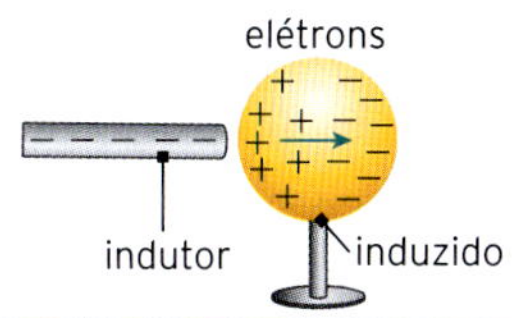	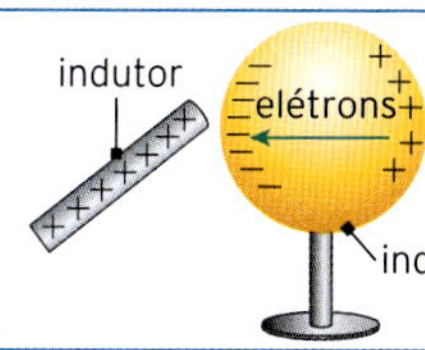
Se o indutor estiver carregado com carga negativa, haverá repulsão dos elétrons livres do induzido, de modo que estes se deslocarão para a região mais afastada, deixando a região mais próxima do indutor com carga positiva.	Se o indutor estiver carregado com carga positiva, vai atrair os elétrons livres do induzido, provocando nele a separação de cargas. No lado oposto, ficará concentrada uma quantidade maior de cargas positivas.

A seguir são apresentadas duas situações com indução eletrostática em que é colocado um fio no condutor, ligando-o ao solo. Essa ligação é chamada de **aterramento**, porque possibilita o deslocamento de elétrons através do fio condutor para o solo. O sentido do deslocamento dos elétrons dependerá da carga do indutor, pois o solo, embora possa ser entendido como outro corpo condutor, tem propriedades especiais, devido à grande abundância de átomos. Para as dimensões dos fenômenos que estudamos, não há variação significativa da carga do solo, pois ele poderá sempre receber ou doar cargas permanecendo neutro.

1a 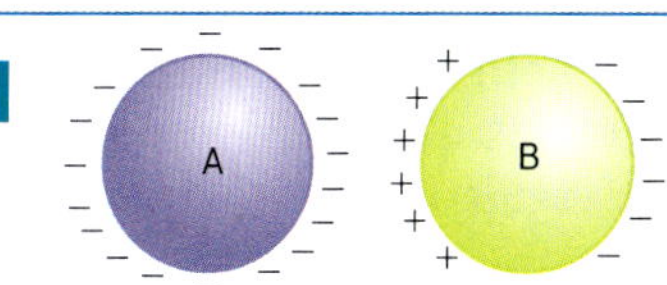	**2a** 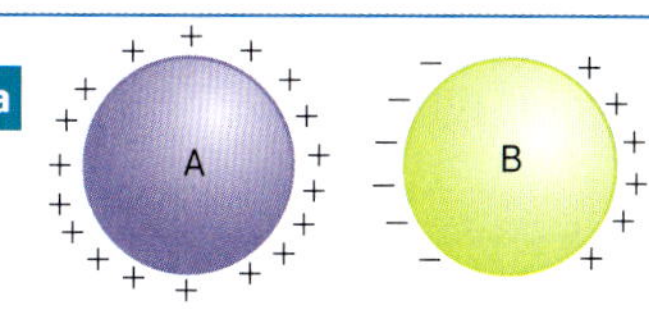
Nesta situação, aproxima-se um indutor eletrizado negativamente (esfera A), provocando uma separação de cargas no corpo neutro (esfera B), que será o induzido.	Nesta situação, aproxima-se um indutor (esfera A) eletrizado positivamente, provocando uma separação de cargas no corpo neutro (esfera B), que será o induzido.
1b 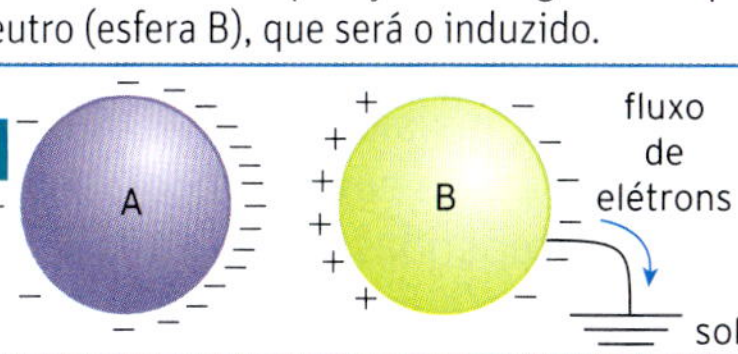	**2b** 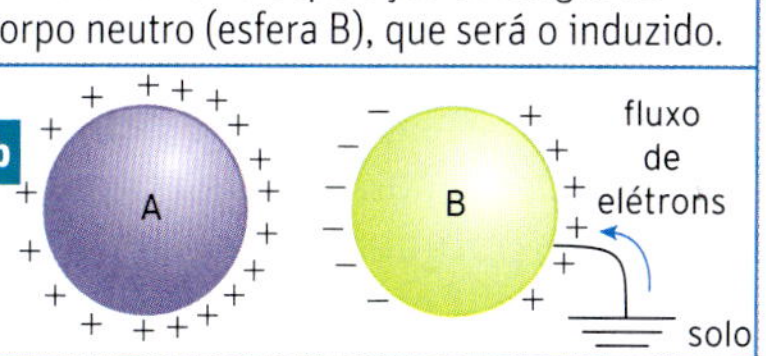
Aterrando-se o induzido, alguns de seus elétrons serão repelidos pelas cargas negativas do indutor e descerão para a terra pelo fio. Simultaneamente, em função do princípio de ação e reação, o induzido também atua no indutor, alterando sua distribuição de cargas negativas.	Na região do induzido, oposta à do indutor, ficarão os prótons em excesso. Estes, então, atrairão os elétrons da Terra, que subirão pelo fio.
1c 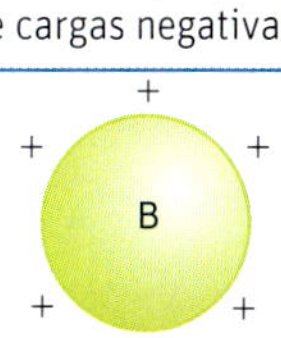	**2c** 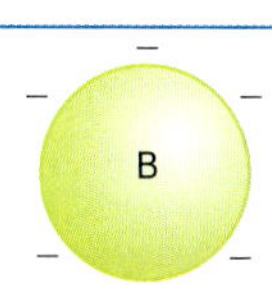
Após a retirada do fio, o induzido fica eletrizado positivamente, porque perdeu elétrons.	Ao se retirar o fio, o induzido ficará eletrizado negativamente, porque recebeu elétrons.

Ilustrações: Setup Bureau/ID/BR

Por meio dos exemplos, pode-se concluir que:

No final de uma **eletrização por indução**, os corpos envolvidos adquirem cargas de sinais opostos.

Ligado ao tema

Detectores eletrostáticos

São aparelhos usados para detectar se um corpo está eletrizado ou não.

O **eletroscópio de folhas** (fotografia ao lado) é um deles. Ele é constituído por duas lâminas metálicas delgadas que se ligam ao condutor por meio de uma haste metálica.

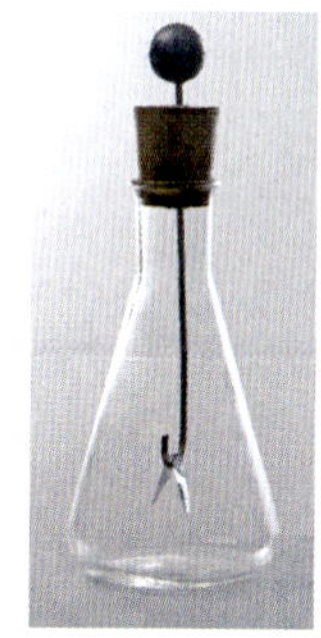

Sérgio Dotta Jr./ID/BR

Ao aproximar um objeto eletrizado do eletroscópio, suas lâminas metálicas afastam-se uma da outra. Isso ocorre porque a presença do corpo eletrizado próximo da esfera metálica induz uma movimentação de cargas no eletroscópio, fazendo aumentar a quantidade de cargas de mesmo sinal nas lâminas. Com isso, surge uma força de repulsão que faz com que elas se afastem.

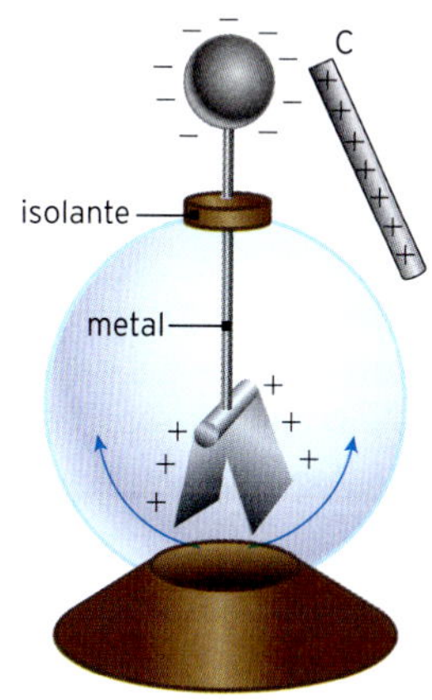

Representação esquemática das cargas elétricas em um eletroscópio de folhas.

Se suas lâminas permanecerem afastadas uma da outra sem a presença de um corpo eletrizado nas proximidades, o eletroscópio estará eletrizado.

Se o eletroscópio estiver com as lâminas totalmente fechadas, o corpo que se aproxima do aparelho estará neutro.

Exercícios resolvidos

33. Dispõe-se de dois eletroscópios de folhas. No primeiro, chamado de eletroscópio A, suas folhas se fecham ligeiramente quando se aproxima dele um indutor de carga positiva. No segundo eletroscópio, chamado de B, as folhas se abrem à medida que o indutor carregado positivamente se aproxima dele. Explique o comportamento de cada eletroscópio.

eletroscópio A **eletroscópio B**

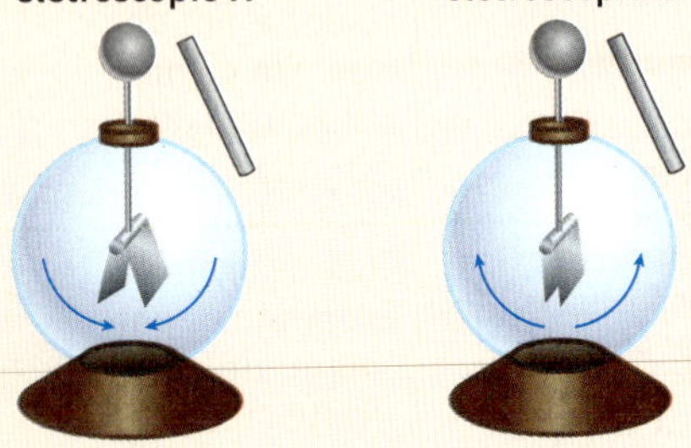

Ilustrações: Setup Bureau/ID/BR

Resolução

O que faz as folhas de um eletroscópio permanecerem abertas, repelindo-se, é o excesso de carga de mesmo sinal em cada uma das folhas. Quando um indutor se aproxima do induzido (eletroscópio), as cargas do induzido, de mesmo sinal do indutor, são repelidas e, por isso, afastam-se o máximo possível e se alocam nas extremidades das folhas. Como as folhas têm o mesmo sinal, elas se afastam uma da outra.

As folhas de A fecham-se um pouco depois da aproximação do indutor porque o eletroscópio deve estar eletrizado negativamente. A aproximação do indutor com cargas positivas atraiu parte das cargas elétricas negativas que estavam nas folhas do eletroscópio. Com isso, diminuiu-se a força de repulsão entre elas.

As folhas de B se afastam mais depois da aproximação do indutor, carregado positivamente, porque este atrai as cargas negativas do eletroscópio. Com isso, aumentará o excesso de cargas positivas nas folhas e, assim, haverá um aumento da força de repulsão entre elas.

34. Aproxima-se de uma esfera condutora neutra um bastão de vidro positivamente eletrizado. Depois, liga-se um cabo condutor da terra à esfera. Explique o sentido do fluxo de elétrons.

Resolução

O sinal da carga do indutor (bastão de vidro) é o que determina o sentido do fluxo de elétrons. Como a carga do indutor é positiva, os elétrons são atraídos da terra para a esfera.

35. Três esferas condutoras metálicas não eletrizadas e idênticas, A, B e C, são colocadas em contato entre si, conforme a figura abaixo. Aproxima-se um quarto condutor, eletrizado negativamente, inicialmente pela esquerda e, a seguir, pela direita.

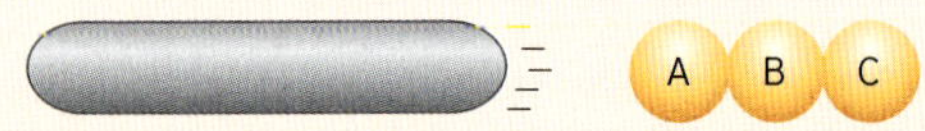

Represente a distribuição de cargas nas esferas ao aproximar-se o indutor nos dois casos.

Resolução

Ao se aproximar o indutor eletrizado negativamente pela esquerda, a esfera A, mais próxima do condutor eletrizado, passará a ter carga positiva, pois suas cargas negativas são repelidas. A esfera C passará a ter carga negativa, pois é a esfera que se encontra mais afastada do condutor eletrizado. A esfera B estará neutra, pois está entre A e C, e as suas cargas serão igualmente atraídas e repelidas, conforme o esquema mostrado a seguir.

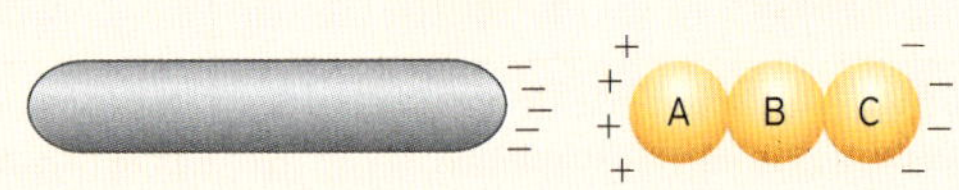

Ao se aproximar o indutor eletrizado negativamente pela direita, a esfera A, mais distante do condutor eletrizado, passará a ter carga negativa, pois receberá as cargas negativas repelidas pela esfera C pelo indutor. A esfera C passará a ter carga positiva, pois é a esfera que se encontra mais próxima do condutor eletrizado. A esfera B estará neutra, pois está entre A e C, e as suas cargas serão igualmente atraídas e repelidas, conforme o esquema mostrado a seguir.

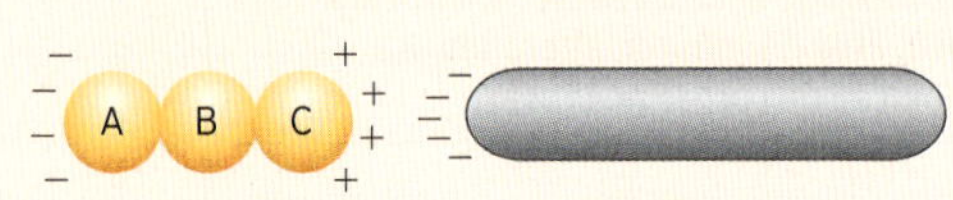

Exercícios propostos

36. Aproxima-se de um eletroscópio um bastão eletrizado positivamente. A seguir, aterra-se o eletroscópio, cessa-se o aterramento e afasta-se o bastão. Desenhe um esquema que represente como ficarão as folhas no final do processo e a distribuição de cargas.

37. Atrite um pente nos cabelos secos. Abra uma torneira deixando sair um filete de água. Aproxime o pente do filete, sem tocar nele. Descreva o que você observa e proponha uma explicação para o fenômeno observado.

Raios, relâmpagos e trovões

As nuvens de chuva, em geral, estão eletrizadas. Isso ocorre, basicamente, devido ao atrito entre as partículas de gelo acumuladas em seu interior, ou pela diferença de condutividade elétrica do gelo, provocada pela variação de temperatura no interior da nuvem. Em qualquer um desses processos, as partículas de gelo perdem ou ganham elétrons e se transformam em **íons**. Isso torna a nuvem **eletricamente carregada**.

A eletrização das nuvens de chuva torna possível a ocorrência de descargas elétricas entre uma nuvem e o solo, entre duas nuvens, entre partes internas da mesma nuvem e entre uma nuvem e um ponto da atmosfera. Em todos os casos, a descarga elétrica é chamada de **raio**. O clarão advindo da ionização e da recombinação dos átomos ou das moléculas que compõem a atmosfera após essa descarga elétrica é chamado de **relâmpago**.

Com os raios e relâmpagos, ocorrem os **trovões**, que são as ondas sonoras geradas pelas seguidas expansões e contrações da atmosfera depois que esta é aquecida violentamente pela passagem da descarga elétrica.

Conceito em questão

As descargas elétricas são favorecidas em lugares altos ou quando as nuvens estão próximas a superfícies pontiagudas. A explicação para isso é o chamado **poder das pontas**, fenômeno no qual há maior densidade superficial de cargas nas extremidades pontiagudas dos objetos. Na fabricação e instalação dos para-raios, utiliza-se esse conhecimento. Assim, ao serem colocados no alto dos prédios, os para-raios evitam que os raios atinjam os seres vivos e as instalações.

Descarga elétrica do solo para a nuvem

Caso a nuvem esteja carregada *positivamente*, os elétrons da superfície da Terra serão atraídos pelas cargas positivas da nuvem e subirão em direção ao para-raios, onde se concentrarão fortemente. A grande concentração de cargas elétricas positivas na nuvem e negativas no para-raios fará com que o ar, entre o para-raios e a nuvem, passe a conduzir eletricidade. Então, uma descarga elétrica pode ocorrer do para-raios para a nuvem. Ocorre, assim, um raio da terra para a nuvem.

Descarga elétrica da nuvem para o solo

Caso a nuvem esteja carregada *negativamente*, os elétrons da nuvem repelirão as cargas elétricas negativas do para-raios, causando uma grande concentração de cargas positivas no para-raios. As cargas elétricas negativas na nuvem e positivas no para-raios farão com que o ar entre o para-raios e a nuvem passe a conduzir eletricidade. Então, uma descarga elétrica pode saltar da nuvem para o para-raios. Assim, ocorre um raio da nuvem para a terra.

Descarga elétrica intra e entre nuvens

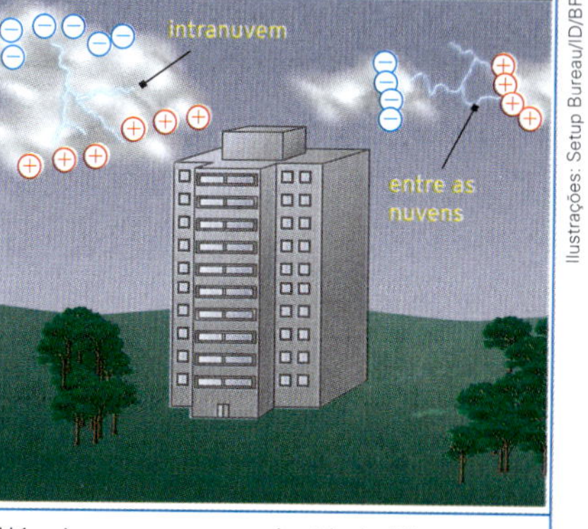

Há raios que ocorrem devido à diferença de potencial entre nuvens carregadas ou entre duas regiões carregadas de uma única nuvem de grande dimensão. No primeiro caso, as nuvens devem apresentar cargas opostas e estarem próximas uma da outra. No segundo caso, a nuvem deve ser muito grande para que as cargas elétricas de sinais opostos se mantenham separadas antes que a descarga elétrica ocorra.

Ilustrações: Setup Bureau/ID/BR

Ação e cidadania

Como evitar acidentes com raios

O Instituto de Pesquisas Espaciais (Inpe) elaborou recomendações para evitar acidentes com raios.

1. Se possível, não saia para a rua ou não permaneça na rua durante as tempestades, a não ser que seja absolutamente necessário. Nestes casos, procure abrigo nos seguintes lugares: carros não conversíveis, ônibus ou outros veículos metálicos não conversíveis; em moradias ou prédios, de preferência que possuam proteção contra raios; em abrigos subterrâneos, tais como metrôs ou túneis; em grandes construções com estruturas metálicas; em barcos ou navios metálicos fechados.

2. Se estiver dentro de casa, evite: usar telefone com fio ou celular ligado à rede elétrica (utilize telefone sem fio); ficar próximo de tomadas e canos, janelas e portas metálicas; tocar em qualquer equipamento elétrico ligado à rede elétrica.

3. Se estiver na rua, evite: segurar objetos metálicos longos, tais como varas de pesca e tripés. Empinar pipas e aeromodelos com fio; andar a cavalo.

[...]

Disponível em: <http://www.inpe.br/webelat/homepage/>. Acesso em: 3 jul. 2014.

Exercícios resolvidos

38. Observe a fotografia a seguir.

Estabeleça uma relação entre o local em que os animais foram mortos e o risco de ocorrer descargas elétricas.

Loise Maria Jornal do Tocantins/AE

Doze reses mortas por um único raio, em uma descarga elétrica ocorrida em 2004, no município de Miracema do Tocantins, TO.

Resolução

As árvores são os caminhos preferenciais para a passagem de descarga elétrica por serem os pontos mais altos e pontiagudos do campo. Assim, a região em seu entorno apresenta maior probabilidade de ocorrência de descargas elétricas. As reses estavam próximas à arvore e foram atingidas pela descarga elétrica porque esta se distribui radialmente pelo solo, causando riscos aos seres vivos que estiverem ao redor do objeto condutor.

39. Considere o processo de funcionamento do para-raios para responder às questões a seguir.

a) Explique por que apresentam extremidades pontiagudas.

b) Descreva como são conduzidas as cargas elétricas entre a Terra e a extremidade superior do para-raios.

c) Explique por que o cabo condutor que liga a extremidade superior do para-raios à Terra deve ser preso a uma estrutura da construção por meio de materiais isolantes.

Resolução

a) A extremidade pontiaguda do para-raios tem a finalidade de aumentar a concentração de cargas (poder das pontas) e, ao fazer isso, ioniza o ar que está ao seu redor, favorecendo a ocorrência de raios nesse local.

b) Quando ocorre um raio, as cargas são conduzidas da extremidade pontiaguda, através de um cabo condutor, até uma haste de cobre enterrada no chão. Haverá, então, transferência de elétrons das cargas para o solo ou do solo para as nuvens.

c) O cabo condutor deve ser preso à estrutura da construção por meio de isolantes para garantir que as cargas sejam conduzidas apenas através do cabo até a terra. O material isolante reforça esse isolamento.

40. O espaço de proteção coberto por determinado para-raios corresponde ao volume de um cone, em que a ponta fica no vértice deste e o ângulo formado entre a geratriz e o eixo vertical do cone é de 60°, ou seja, o raio de proteção é equivalente a 1,7 vez a altura da haste. Tudo que estiver dentro do espaço abrangido por esse cone estará, teoricamente, protegido.

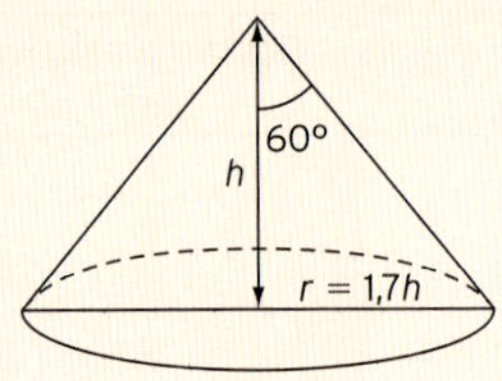

Determine a área da superfície do solo protegida por um para-raios, cuja ponta esteja localizada a uma altura de 10 m em relação ao solo.

Resolução

A superfície coberta pelo para-raios é a própria área da base do cone, que é uma circunferência cujo raio é $1{,}7h$.

Calculando o raio e a área, obtemos:

$r = 1{,}7 \cdot 10 \Rightarrow r = 17$ m

$A = \pi \cdot r^2 \Rightarrow 3{,}14 \cdot (17)^2 \Rightarrow A = 907{,}46$ m^2

Exercício proposto

41. Para evitar acidentes com raios durante as tempestades, são feitas as recomendações apresentadas a seguir.

I. Procurar abrigo em prédios equipados com para-raios, ou em áreas subterrâneas, como metrô e túneis.

II. Não empinar pipas.

III. Evitar topos de morros e áreas abertas, como campos de futebol e de golfe e praias.

IV. Não se aproximar de cercas de arame, varais metálicos ou trilhos, assim como de estruturas altas, como torres de linha telefônica.

V. Não estacionar perto de árvores, que atraem os raios. Também evitar a proximidade com linhas de transmissão de energia elétrica.

Indique no caderno a alternativa falsa e justifique sua escolha.

a) Em campos de futebol, as descargas elétricas têm maior possibilidade de atingir pessoas, por serem elas os pontos mais altos do lugar e, consequentemente, atuarem como para-raios.

b) As cercas de arame são condutoras, por isso conduzem as cargas elétricas a uma pequena distância, apresentando risco moderado.

c) As pipas permitem a troca de cargas com a Terra quando se aproxima a chuva.

d) Os para-raios são feitos com material isolante, portanto não permitem a troca de cargas com as construções.

4. Mais partículas elementares

Os filósofos gregos diziam que o átomo era a unidade indivisível da matéria. O modelo de Rutherford-Bohr afirmou que o átomo é composto de estruturas ainda menores – as **partículas elementares**. O quadro a seguir apresenta algumas propriedades das partículas elementares propostas.

Partícula	Símbolo	Carga	Massa
elétron	e^-	$-1{,}6 \cdot 10^{-19}$ C	$9{,}1094 \cdot 10^{-31}$ kg
próton	p^+	$+1{,}6 \cdot 10^{-19}$ C	$1{,}6726 \cdot 10^{-27}$ kg
nêutron	n	zero	$1{,}6749 \cdot 10^{-27}$ kg
fóton*	γ	zero	zero

*Fótons são "pacotes minúsculos de energia" sem massa, estudados no volume 2 desta coleção.

Observação: Novos experimentos levaram os físicos a concluir que havia outras partículas além dessas previstas pelo modelo atômico de Rutherford-Bohr. Hoje se sabe que há mais de duzentas dessas partículas. A razão para que se tenha demorado tanto a descobri-las se deve ao fato de elas terem um tempo de vida muito curto. A maioria se desintegra rapidamente e se transforma em partículas mais estáveis, como prótons, elétrons e nêutrons.

Cada uma dessas partículas tem carga nula ou cargas múltiplas da carga elementar (e). Durante a transformação de uma partícula em outra, o princípio da conservação da carga continua válido.

A seguir é apresentada uma situação em que se pode perceber a transformação de uma partícula em outra e o quanto é rápida a duração de vida de algumas partículas. Tem-se um fóton (carga nula), que, ao interagir proximamente com o núcleo do átomo, se transforma em duas partículas: um elétron de carga negativa (e^-) e um pósitron de carga positiva (e^+), com a mesma massa de um elétron. A quantidade total de carga permanece nula antes e depois da transformação (já que $e^- + e^+ = 0$).

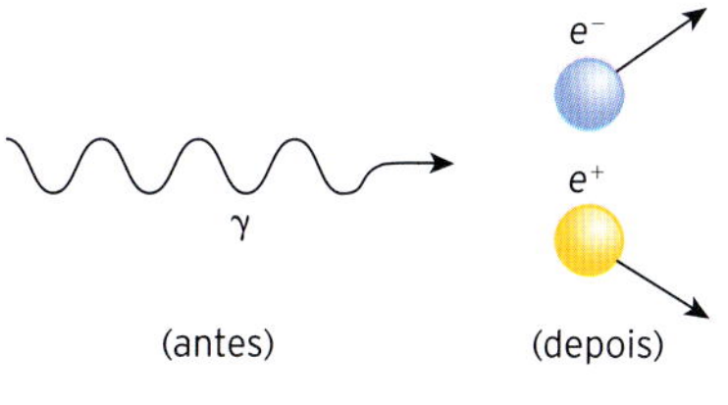

Esquema ilustrando um fóton sendo transformado em duas novas partículas: um pósitron e um elétron. Além da conservação da carga (já mencionada), pode-se observar a transformação de energia em massa (objeto de estudo mais adiante).

Pósitrons têm vida curta, pois, assim que um deles encontra e colide com um elétron, ambos se fundem, transformando-se em um novo **fóton**, com carga nula.

Quarks

Em 1964, diante da profusão de descobertas de novas partículas elementares, foi proposto pelos físicos Murray Gell-Mann e George Zweig que muitas dessas partículas elementares poderiam ser constituídas por partículas ainda menores chamadas de *quarks*. É o caso das partículas mais pesadas, chamadas de *hádrons*, como prótons e nêutrons. Além dos *quarks* há os *léptons*, nome dado às partículas leves como elétrons, pósitrons, neutrinos, etc., que podem realmente ser consideradas partículas elementares.

Sabe-se que há seis tipos de *quark* (tabela ao lado). Cada *quark* apresenta carga elétrica que é uma fração da carga elementar. É pela combinação dos diversos tipos de *quark* que são formados todos os hádrons. O próton, por exemplo, é formado por três *quarks*, o que faz com que a sua carga total seja igual a $+1e$.

$$-\frac{1}{3}e + \frac{2}{3}e + \frac{2}{3}e = \frac{-1+4}{3}e = +1e$$

Quarks		
Nome	**Símbolo**	**Carga**
up	u	$\frac{2}{3}$
down	d	$-\frac{1}{3}$
charm	c	$\frac{2}{3}$
strange	s	$-\frac{1}{3}$
top	t	$\frac{2}{3}$
bottom	b	$-\frac{1}{3}$

Tabela com os seis tipos de *quark*.

Ligado ao tema

Thomson e a descoberta do elétron

O físico inglês Joseph John Thomson, trabalhando com raios catódicos (raios que continham cargas elétricas), notou que estes eram desviados quando submetidos à eletricidade.

Esses raios eram emitidos em um tubo em cujo interior se produziu um vácuo e se colocaram dois eletrodos. Em um deles, denominado cátodo, ocorria a emissão de elétrons, que eram acelerados até alcançar o outro eletrodo (o ânodo). Ao longo da trajetória dessas cargas elétricas entre os eletrodos, havia placas defletoras que poderiam desviá-las.

Thomson percebeu que os desvios dependiam de três coisas: da **massa**, da **velocidade** e das **cargas** das partículas. Ao estudar essas variáveis, concluiu que os raios catódicos eram, de fato, formados por partículas muito menores e mais leves que os átomos e com carga negativa. A essas partículas chamou de **elétrons**. Com esse experimento, Thomson determinou a relação carga/massa do elétron, trabalho que lhe rendeu o prêmio Nobel de Física em 1906.

Exercícios resolvidos

42. Para um corpo tornar-se eletrizado, é necessário haver a transferência de elétrons entre corpos. Explique por que a eletrização dos corpos não ocorre pela transferência de prótons.

Resolução

A energia envolvida no processo de retirada de prótons do núcleo atômico é muito grande, o que torna esse processo inviável no cotidiano. O número atômico, ou seja, número de prótons, é o que caracteriza a substância. Alterando-se o número de prótons, altera-se a substância. Retirando-se três prótons do núcleo do chumbo, este se transforma em ouro. Esse processo se chama **transmutação**. Como a matéria não sofre transmutação na troca de cargas, conclui-se que as partículas que são transferidas entre os corpos são elétrons.

43. Uma balança de grande resolução consegue registrar a variação de massa em gramas de até 1 unidade na quinta casa após a vírgula. Uma substância neutra, ao ser eletrizada, transferiu cargas de maneira que a balança indicou a menor variação de massa possível. Determinar o número mínimo de elétrons transferidos. Dado: massa do elétron $9{,}1 \cdot 10^{-31}\,\text{kg} = 9{,}1 \cdot 10^{-28}\,\text{g}$.

Resolução

A menor quantidade de carga que a balança pode registrar é 10^{-5} g. O número mínimo necessário de elétrons para essa variação de massa é:

$$\text{n}^{\text{o}}\ \text{elétrons} = \frac{\Delta\text{massa}_{\text{mín}}}{\text{massa}_{\text{elétron}}} \Rightarrow \text{n}^{\text{o}}\ \text{elétrons} =$$

$$= \frac{10^{-5}}{9{,}1 \cdot 10^{-28}} \Rightarrow \text{n}^{\text{o}}\ \text{elétrons} = 1{,}1 \cdot 10^{22}$$

44. O esquema a seguir mostra um tipo de transformação que ocorre com um nêutron. Essa transformação pode ser representada pela expressão $n \rightarrow p^+ + e^- + \overline{\upsilon}$, em que $\overline{\upsilon}$ representa uma partícula chamada de antineutrino. Sabendo-se que a carga elétrica é conservada, determine qual deve ser a carga do antineutrino.

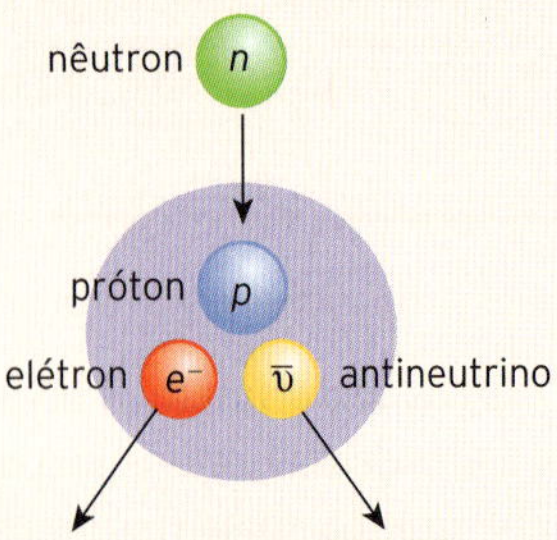

Resolução

Como o nêutron tem carga nula, então, após a sua transformação, a carga total também deve ser nula. Assim, tem-se:

$$0 = +e + (-e) + \overline{\upsilon} \Rightarrow 0 = 0 + \overline{\upsilon} \Rightarrow \overline{\upsilon} = 0$$

Logo, o antineutrino tem carga nula.

45. Um nêutron é formado por um *quark u* e dois *quarks d*. Demonstrar que é por essa razão que sua carga é nula.

Resolução

Consultando a tabela da página anterior, tem-se:

$$u = \frac{2}{3} \text{ e } d = -\frac{1}{3}$$

Portanto, a carga do nêutron é dada por:

$n = u + d + d$

$$n = \frac{2}{3} + \left(-\frac{1}{3}\right) + \left(-\frac{1}{3}\right) \Rightarrow n = 0$$

Exercícios propostos

46. Pode-se dizer que prótons, elétrons e nêutrons são as únicas partículas existentes no mundo atômico? Justifique.

47. Verifique se as afirmativas são falsas ou verdadeiras e justifique suas respostas.

a) Os elétrons podem ser considerados partículas elementares.

b) Os prótons e os nêutrons não são partículas elementares, pois são constituídos por partículas menores ainda.

c) O nêutron é uma partícula composta de dois *quarks up* e um *quark down*, por isso apresenta carga neutra.

d) Os *quarks* são partículas elementares que apresentam carga positiva fracionária.

e) Os elétrons são partículas elementares que apresentam carga fracionária.

48. Explique se é possível haver um íon positivo com o mesmo número atômico de um átomo neutro.

49. A mesma interação que ocorre entre o núcleo e os elétrons mantém unidos os átomos que formam as moléculas de um corpo. Discuta com seus colegas quais seriam as consequências se fosse possível desfazer essa interação.

50. Determine a carga de cada uma das seguintes partículas elementares, sabendo que a barra sobre os símbolos denota um *antiquark*, cuja carga tem o sinal oposto ao da carga do *quark* original.

a) lambda $= u + d + s$

b) antipróton $= \overline{u} + \overline{u} + \overline{d}$

c) antinêutron $= \overline{u} + \overline{u} + \overline{d}$

d) sigma zero $= u + d + s$

e) lambda c-mais $= u + d + c$

Integre o aprendizado

51. Aproxima-se um bastão previamente eletrizado com carga positiva de três esferas metálicas idênticas, inicialmente neutras.

a) Represente, nas figuras I e II, conforme indicado, a distribuição de cargas nas três esferas quando a aproximação do bastão eletrizado for ao longo do alinhamento entre elas, pela esquerda (I) e pela direita (II).

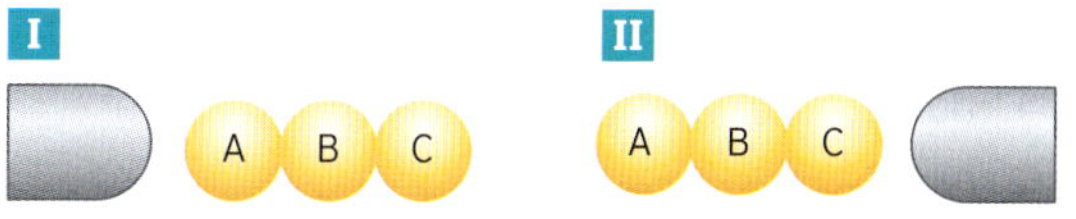

b) Caso as três esferas sejam afastadas do bastão sem se separarem umas das outras, qual será a carga de cada esfera?

52. Um detector eletrostático mais simples do que o eletroscópio é o **pêndulo eletrostático** (esquema abaixo). Consiste em uma pequena esfera leve e condutora, suspensa por um fio isolante, ambos presos a uma haste fixada a um suporte.

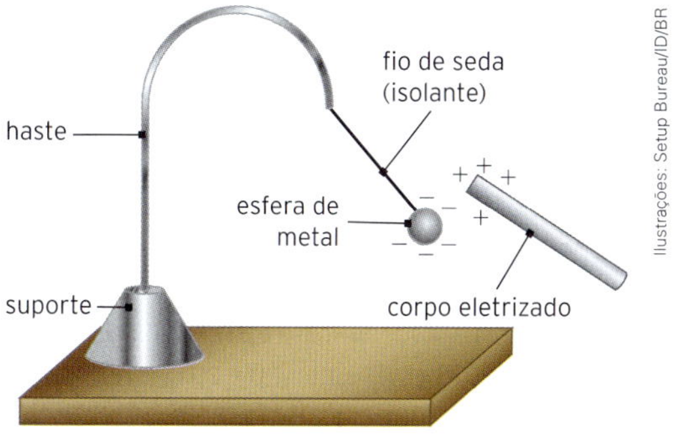

Se a esfera do pêndulo estiver neutra, será atraída ao aproximar dela um corpo eletrizado (na figura, esse corpo é um bastão). A presença do corpo eletrizado polariza eletricamente a esfera por indução, surgindo uma força de atração entre as cargas opostas que estão mais próximas.

Descreva todas as situações que podem ocorrer com a esfera do pêndulo se ela já estiver eletrizada e dela for aproximado um corpo igualmente eletrizado, conforme o esquema acima.

53. Uma possível medida de segurança para evitar acidentes decorrentes de fenômenos elétricos em caminhões-tanque é o uso de correntes que funcionam como fio terra, ligando o caminhão ao solo.

a) Que tipo de eletrização ocorre entre o líquido transportado pelo caminhão e as paredes do tanque?

b) Considerando que a carga resultante seja positiva, identifique quais cargas se deslocaram pelo fio terra.

c) Descreva as possíveis consequências do contato físico entre uma pessoa e o caminhão se ele for desprovido da corrente de segurança.

54. Diz-se que certo meio é condutor e outro isolante. Esses meios se comportarão como condutor e isolante em quaisquer circunstâncias? Justifique.

55. Em certo dia uma jovem, às pressas, passa rapidamente um pente no cabelo e percebe que alguns fios ficam rebeldes, isto é, eriçados.

a) Se o pente retira cargas negativas dos fios de cabelo, qual é o sinal das cargas excessivas nos cabelos?

b) Passar insistentemente o pente nos cabelos evitará que eles fiquem eriçados? Justifique.

c) Há alguma relação entre o fato descrito e a umidade do ar?

d) Em sua opinião, qual seria a solução imediata para "baixar" os cabelos da jovem?

e) Para evitar que os cabelos fiquem eriçados, a indústria de cosméticos desenvolveu um produto denominado *antifrizz*. Explique como pode funcionar esse tipo de creme.

56. O que diferencia um material condutor de eletricidade de outro não condutor?

57. Ao descer do carro, um motorista tomou um pequeno choque no momento em que tocou a porta para fechá-la.

a) Usando seus conhecimentos em eletrostática, explique o choque tomado pelo motorista.

b) Quais foram os tipos de eletrização ocorridos antes e depois de o motorista levar o choque?

58. Descreva uma maneira de eletrizar um corpo condutor neutro sem o tocar com um corpo eletrizado.

59. O físico estadunidense Robert Millikan determinou, nas duas primeiras décadas do século XX, a carga elétrica de um único elétron. O valor encontrado foi $1{,}6 \cdot 10^{-19}$C. Essa carga ficou conhecida como carga elementar.

a) Qual é a quantidade de carga elétrica de 1 bilhão de elétrons?

b) Quantos elétrons são necessários para formar uma carga de 1,0 C?

c) Mais tarde, descobriu-se que a carga elétrica do próton é igual à do elétron, mas de sinal contrário. Calcule a quantidade de carga, em módulo, de um íon positivo de hidrogênio.

60. Um grupo de alunos faz um experimento utilizando fitas adesivas. Para isso, realizam-se os seguintes procedimentos.

- Cortam-se dois pedaços de fita adesiva de 20 cm.
- Cola-se um deles em uma mesa lisa e passa-se a chamar esse pedaço de I (inferior).
- Sobre a fita inferior, cola-se o outro pedaço, chamado de S (superior).
- Separam-se rapidamente as fitas I e S.

Observam-se, então, os acontecimentos a seguir.

I. Há atração quando se aproxima um objeto neutro de cada fita separadamente.

II. Os dois pedaços de fita adesiva passam a atrair-se logo após terem sido separados.

III. Não ocorre mais atração entre as fitas após um dos alunos ter passado o dedo ao longo delas.

Explique cada um desses acontecimentos.

61. Leia a tirinha a seguir e depois responda.

Garfield, Jim Davis © 1931 Paws, Inc. All Rights Reserved/Dist. by Universal Uclick

Garfield, de Jim Davis.

a) Se Garfield, ao sair do carpete, colocasse suas patas em um piso de terra, ele conseguiria dar choques, como fez nessa história?

b) Seria possível trocar cargas entre Garfield e as outras personagens sem que houvesse contato entre elas?

c) Se as unhas do Garfield ficassem eletrizadas com carga positiva, qual seria o sinal da carga em excesso no carpete?

62. Leia a seguinte tirinha.

FRANK & ERNEST BOB THAVES

2009 United Media/Ipress

Thaves, Bob. *Frank & Ernest*. Disponível em: <http://www.frankandernest.com>. Acesso em: 12 jun. 2013.

A tirinha faz menção a um suposto acontecimento histórico importante na Física.

a) Identifique esse acontecimento.

b) Descreva como e quando isso teria ocorrido.

63. Ainda em relação à tirinha anterior, responda se cada afirmação a seguir é falsa ou verdadeira.

a) Apesar de a distância ser menor entre a pipa e a nuvem, não existe risco algum para Benjamin Franklin, pois a linha é feita de material isolante.

b) Se a base da nuvem estiver eletrizada com carga negativa, haverá uma indução eletrostática na pipa, que ficará eletrizada positivamente.

c) Como a linha e a pipa são materiais isolantes, não ocorre nelas uma indução eletrostática. Ocorre apenas polarização.

d) As cargas da chave serão polarizadas, pois ela é de metal.

64. Uma esfera de isopor presa por um fio isolante encontra-se eletrizada com carga negativa. Um bastão de cobre, ao ser aproximado da esfera, faz com que ela mude de posição, adquirindo a configuração apresentada na figura a seguir.

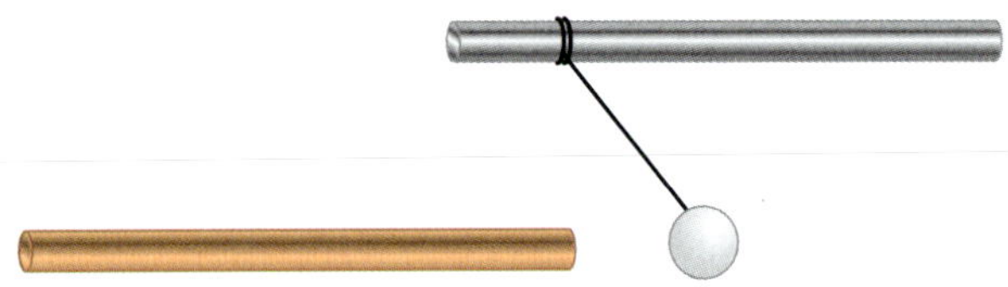

Setup Bureau/ID/BR

a) Consulte a série triboelétrica na página 19 e responda se o bastão de cobre foi eletrizado com um material à sua esquerda ou à sua direita na série.

b) Considere que a quantidade de cargas da esfera seja $8 \cdot 10^{-13}$ C e calcule o número de elétrons em excesso no bastão, supondo que tenha o dobro da quantidade de cargas da esfera.

65. Máquinas eletrostáticas são equipamentos que produzem eletricidade estática de maneira segura. Uma dessas máquinas é o gerador de Van de Graaff (veja a foto e o esquema a seguir). Pesquise e explique o funcionamento desse gerador.

Photoresearchers/Latinstock

A pessoa que encosta em um gerador de Van de Graaff fica com os cabelos eriçados.

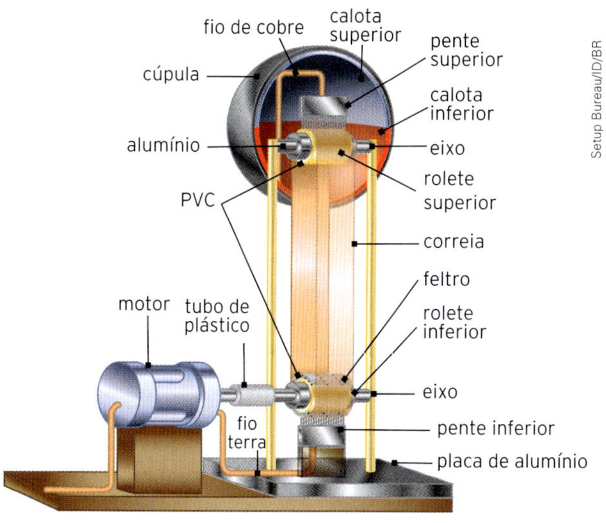

Esquema com os principais componentes de um gerador de Van de Graaff.

66. Duas esferas metálicas, A e B, são colocadas em contato. A esfera A apresenta, antes do contato, uma quantidade de carga igual a 15 μC, enquanto a esfera B se apresenta neutra.

a) Sabendo que a razão entre os raios $\left(\frac{r_A}{r_B}\right)$ é igual a 2, determine a carga da esfera B no final do contato.

b) Calcule a quantidade de elétrons que serão transferidos do corpo B.

c) Calcule quantos elétrons serão transferidos para o corpo A.

d) Considerando o sistema eletricamente isolado, determine qual será a carga total do sistema após o contato.

e) Aterrando-se a esfera B, haverá um fluxo de elétrons do solo para a esfera ou no sentido contrário? Justifique sua resposta e faça um desenho indicando o sentido desse fluxo.

67. Vivemos em uma sociedade altamente tecnológica, que utiliza aparelhos elétricos e eletrônicos para as mais diversas finalidades, seja para uso doméstico, seja para diversão. Muitos jovens da atual geração, por exemplo, não conseguem imaginar um mundo sem a oferta de energia elétrica para consumo imediato. Mas, ainda em pleno século XX, não eram todas as cidades que possuiam redes elétricas e poucas residências e ruas recebiam iluminação elétrica.

Pessoas com cerca de 80 anos de idade podem relatar como faziam para, quando tinham a sua idade, desenvolver as tarefas domésticas, desde as mais simples, como tomar um banho quente no inverno, até as mais complicadas, como manter os alimentos em bom estado de conservação. Esses relatos informam sobre o impacto causado pela introdução dos aparelhos elétricos e eletrônicos na sociedade moderna.

Com seu grupo, realize uma entrevista com uma pessoa idosa da família ou da vizinhança para levantar dados sobre como se desenvolviam as atividades da vida diária na infância e adolescência dela. Antes da entrevista, é importante se preparar: deve-se fazer uma pauta com as perguntas de interesse do grupo. Veja alguns exemplos de questões:

- Em que ano nasceu?
- Na sua adolescência, quais eram seus lazeres favoritos?
- Como se realizava a higiene diária?
- Como se conservavam os alimentos?
- Que meios de transporte eram mais utilizados?
- Como as pessoas viajavam?
- Como os acontecimentos políticos, sociais e econômicos, tanto do Brasil como de outras partes do mundo, eram informados à população?
- Como as famílias e os amigos se comunicavam a distância?
- Conte alguma lembrança do passado ou uma história em que a energia elétrica esteja envolvida.

Além de fornecer informações preciosas que levam à reflexão sobre o mundo em que vivemos, relatos como esses geralmente são impregnados de emoção e ensinamentos que ajudam a pensar sobre a própria vida. Depois, o grupo deve elaborar um texto sobre as mudanças na vida da sociedade, mencionando o contraste entre o início do século XX e a atualidade, com destaque para a energia elétrica disponível nas duas épocas. É muito interessante perceber como a vida moderna é dependente da tecnologia.

De volta para o começo

1. Retome as respostas que você deu às questões propostas na seção *Primeiras anotações*, na abertura deste capítulo. Que alterações você faria naquelas respostas?
2. As nuvens são condutoras ou isolantes elétricos?
3. Em que momento da formação de um raio ocorre eletrização?

O incrível mundo da Física moderna

Alguns dias depois, enquanto acabava de jantar, o senhor Tompkins lembrou-se de que à noite o professor faria uma preleção a respeito da estrutura do átomo, à qual prometera comparecer. [...]

"Senhoras e senhores", começou o professor, olhando para todos gravemente por cima dos óculos, "em minha última preleção prometi dar maiores detalhes a respeito da estrutura interna do átomo, e explicar como as características peculiares dessa estrutura justificam as propriedades físicas e químicas que possui. Sabem, naturalmente, que não se consideram mais os átomos como partes elementares indivisíveis constituintes da matéria, tendo passado esse papel agora a partículas muito menores, como elétrons, prótons, etc.

A ideia de partículas elementares constituintes da matéria, representando o último passo possível na divisibilidade de corpos materiais, vem desde o antigo filósofo grego Demócrito, que viveu no século IV a.C. Meditando a respeito da natureza oculta de tudo que existe, Demócrito chegou ao problema da estrutura da matéria, e viu-se ante a questão de saber se pode existir em porções infinitamente pequenas. Como não era costume naquela época resolver qualquer problema por qualquer outro método que não o pensamento puro, e como, em qualquer caso, a questão naquele tempo estava fora do alcance de qualquer ataque possível por meio de métodos experimentais, Demócrito procurou a resposta certa nas profundezas do próprio pensamento. Baseando-se em certas considerações filosóficas obscuras, chegou finalmente à conclusão de que seria *impossível imaginar* a possibilidade de dividir a matéria em partes cada vez menores sem qualquer limite, sendo necessário supor a existência das *menores partículas que não se podem mais dividir*. Chamou tais partículas de *átomos*, palavra que, conforme devem saber, significa em grego *indivisível*.

"Não pretendo diminuir a contribuição de Demócrito para o progresso das ciências naturais, mas é conveniente ter presente que, além de Demócrito e seus seguidores, havia sem dúvida outra escola na filosofia grega cujos sectários sustentavam ser possível levar o processo de divisibilidade além de qualquer limite [...]. Ao tempo de Demócrito, e durante séculos posteriores, a existência de tais porções indivisíveis da matéria representava hipótese meramente filosófica, e foi somente no século XIX que os cientistas resolveram ter achado finalmente esses blocos indivisíveis de matéria [...]."

De fato, no ano 1808 um químico inglês, John Dalton, mostrou que as proporções relativas de diversos elementos químicos necessários para a formação de compostos mais complicados podem sempre exprimir-se pela relação de números inteiros, interpretando essa lei empírica como devida a entrar em todos os corpos compostos número variável de partículas, que representam elementos químicos simples. A impossibilidade da alquimia medieval em transformar um elemento químico em outro forneceu a prova da indivisibilidade dessas partículas, e sem grande hesitação batizaram-nas pelo antigo nome grego de "átomos". Uma vez dado, o nome pegou, e embora saibamos agora que esses "átomos de Dalton" não são de modo algum indivisíveis, sendo formados na realidade, de um grande número de partículas ainda menores, deixamos passar a inconsistência filosófica da denominação.

Desse modo, as entidades chamadas "átomos" pela física moderna não são de modo algum as unidades elementares e indivisíveis que constituem a matéria, imaginadas por Demócrito, e o termo "átomo" seria atualmente mais correto se se aplicasse a partículas muito menores como elétrons e prótons, que entram na constituição dos "átomos de Dalton". Contudo, semelhante mudança de denominações causaria demasiada confusão [...]. Assim sendo, conservamos o antigo nome de "átomos" no sentido de Dalton e referimo-nos a elétrons, prótons, etc. como "partículas elementares".

[...]

Podemos agora voltar à questão que diz respeito à maneira pela qual as partículas elementares constroem os átomos de Dalton. [...] Rutherford chegou à conclusão de que todos os átomos devem possuir núcleo central muito denso carregado positivamente (núcleo atômico) cercado por nuvem um tanto rarefeita de carga eletronegativa (atmosfera atômica). [...] [Niels Bohr propôs] o sistema de órbitas circulares e elípticas, que representam os únicos tipos de movimento "permitido" aos elétrons que formam a atmosfera atômica. [...] Enquanto a mecânica clássica permitiria que o elétron se movesse a *qualquer* distância do núcleo, sem estabelecer restrições quanto à excentricidade (isto é, alongamento) da órbita [...], as órbitas [...] de Bohr formam grupo discreto, tendo perfeitamente definidas todas as dimensões características.

Gamow, G. *O incrível mundo da física moderna*. Trad. Jacy Monteiro. 2. ed. São Paulo: Ibrasa, 1980, p. 128-129; 144-147.

Compreender e relacionar

1. Quando Gamow escreveu o texto acima, ainda não havia sido elaborado o modelo que incluía partículas como os *quarks*. Extraia do texto uma expressão que confirme essa afirmação.
2. Você acredita que existam partículas ainda menores que os *quarks*? Justifique.

Desvendando os fascínios do raio

O verão é provavelmente a estação mais aguardada do ano em quase todas as partes do mundo. No Brasil, a espera parece ser ainda mais intensa, considerando a geografia e a tropicalidade do País. É tempo de sol, de praia, de férias e, no caso do Sudeste brasileiro, é tempo também de chuva, de muita chuva. A grande preocupação é que é justamente nesse período que há a maior aparição de descargas atmosféricas na região, que é recordista em incidência de raios.

Atualmente, o Brasil é o país que apresenta o maior índice de raios por ano – cerca de 60 milhões –, especialmente na estação mais quente do ano, entre os meses de dezembro e março. Em segundo lugar, está a República do Congo com 45 milhões de raios por ano e os Estados Unidos, em terceiro lugar, com a queda anual de 30 milhões de raios. No caso do Brasil, a justificativa pode estar associada à grande extensão territorial e ao fato de estar próximo à linha do Equador.

Um levantamento realizado pelo Instituto Nacional de Pesquisas Espaciais (Inpe) entre 1998 e 2008 detectou que houve um aumento de 18% na incidência de raios no País e a tendência é que esse número aumente. [...] o aumento dos raios pode estar relacionado ao aquecimento global. Durante o século XX, a temperatura média do planeta aumentou 0,5 °C e, para o século XXI, a estimativa é que aumente de 2 °C a 4 °C. [...] Se a temperatura do planeta continuar elevada, estima-se que o número de relâmpagos tenha um aumento de 10% a 20%.

Os fenômenos naturais como El Niño e La Niña também podem ter influência na ocorrência de raios. Enquanto o El Niño tem como característica o aumento da temperatura das águas do oceano pacífico oriental, o La Niña faz o trabalho inverso, as águas ficam mais frias. Ambos duram em média de um a dois anos, provocando mudanças na circulação dos ventos, nas temperaturas e, consequentemente, nos relâmpagos. Ainda não se sabem quais os mecanismos que possam influenciar no aumento dos relâmpagos, mas de certa forma a atividade solar altera a temperatura na estratosfera – segunda camada da atmosfera – que poderia ter impacto direto na formação das tempestades. [...]

O raio

Misterioso, ele assusta e fascina. [...] Mais quente que a superfície do Sol, o potencial elétrico do raio é de 100 milhões de volts, o equivalente a 1 milhão de vezes a tensão de uma tomada residencial, e corrente elétrica de aproximadamente 30.000 A. Para se ter uma ideia, o chuveiro elétrico residencial opera com corrente de 30 A. [...] Na obra literária *Frankenstein*, por exemplo, o raio desempenha papel fundamental. A escritora [britânica] Mary Shelley descreve a história de um cientista que constrói a sua criatura a partir de tecidos mortos de um cadáver, e lhe confere vida com a ajuda de um raio. [...]

Minha terra tem raios que não tem nas terras de lá

[...] Entre 1979 e 1995, o instituto lançou na Região Sudeste do País balões na atmosfera para medir a carga elétrica das nuvens e dos relâmpagos. Esses balões, feitos de plástico resistente o suficiente para suportar a radiação ultravioleta do Sol, tinham o tamanho equivalente a um prédio de 20 andares. Nos primeiros experimentos, os balões comportavam apenas sensores, que objetivavam medir as cargas elétricas dentro das nuvens e dos relâmpagos. [...]

Em 1994, os balões foram lançados contendo câmera de vídeo e uma máquina fotográfica, tornando possível registrar com imagens o que acontece ao redor do balão. Entre as constatações, um curioso dado foi observado: 20% a 30% dos raios que atingem a Região Sul têm carga positiva. Esse valor é o dobro do percentual médio de raios com carga positiva que atinge todo o planeta. Vale ressaltar que os raios com carga positiva são mais destrutivos devido à sua força e por terem uma duração maior, quando comparados aos raios negativos. Uma possível explicação, segundo o Inpe, para a grande quantidade de raios com carga positiva é a alta concentração de nuvens que vêm da região da Antártica em direção ao Brasil.

Outra descoberta importante diz respeito às nuvens, que são mais complexas do que se imaginava. Elas seriam formadas por diversas camadas de cargas, tendo, geralmente, base negativa e topo positivo. [...] A descarga atmosférica ocorre em um tipo específico de nuvem, a chamada "cúmulo-nimbo" – nuvem gigante que concentra em sua parte inferior cargas negativas e no seu topo cargas positivas.

MAIA, G. Desvendando os fascínios do raio. Portal O Setor Elétrico, ed. 58, nov. 2010. Disponível em: <http://www.osetoreletrico.com.br/web/component/content/article/57-artigos-e-materias/496-desvendando-os-fascinios-do-raio.html>. Acesso em: 3 jul. 2014.

De acordo com o texto

1. Quais fatores poderiam estar causando o aumento no número de raios no Brasil?
2. Com base no que você estudou, explique como se formam os raios em uma nuvem cúmulo-nimbo.

Aplicações da eletrostática

As máquinas fotocopiadoras têm como principal elemento um cilindro metálico coberto com uma fina camada de material **fotocondutor** (material que apresenta modificação em sua condutibilidade elétrica quando submetido à ação de ondas eletromagnéticas da faixa de luz visível). Normalmente, o material fotocondutor utilizado é o selênio.

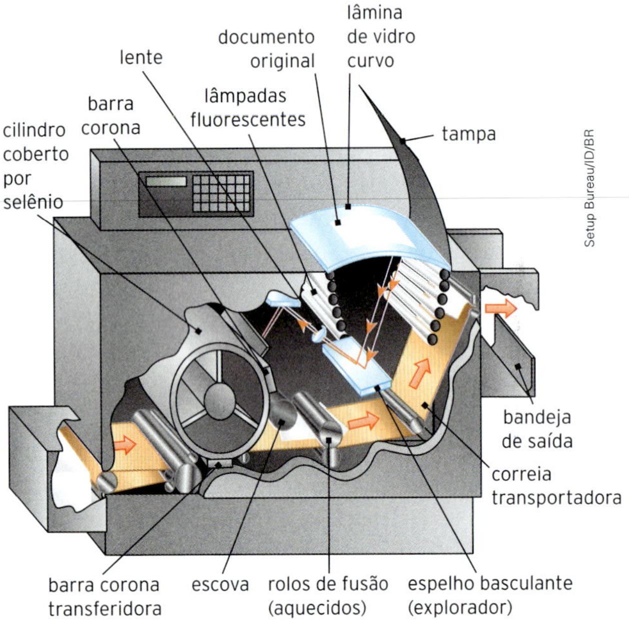

Setup Bureau/ID/BR

Esquema dos principais elementos de uma máquina fotocopiadora. O principal dispositivo é o cilindro coberto por material fotocondutor.

O material fotocondutor eletrizado é neutralizado apenas nos pontos onde incide o feixe de luz. Os pontos do cilindro que contêm o material fotocondutor e que não foram iluminados permanecerão eletrizados.

As copiadoras inicialmente projetam um feixe de luz sobre o documento a ser copiado. A imagem refletida é direcionada por meio de lentes para o cilindro metálico fotocondutor. De acordo com a intensidade de luz que chega ao cilindro, haverá pontos mais eletrizados ou menos eletrizados. A diferença entre a eletrização dos pontos é o que permitirá distinguir elementos da imagem eletrostática a ser copiada.

Para produzir uma cópia é necessário fazer com que o pó *toner*, um pó muito fino, seja atraído para os pontos eletrizados do cilindro que contém a imagem eletrostática e depois transferir esse pó para o papel que será impresso. A atração entre o cilindro e o *toner* ocorre porque o cilindro é previamente eletrizado com carga negativa, e o *toner*, com carga positiva.

A folha de papel em que será formada a imagem final é eletrizada antes de entrar em contato com o cilindro impregnado pelo *toner*. Quando a folha passa pelo cilindro, atrai o *toner*, formando a imagem no papel. Para fixar o *toner* ao papel, a folha com o *toner* passa por outro cilindro previamente aquecido à temperatura de fusão dessa substância, finalizando o processo.

Pinturas eletrostáticas

A pintura eletrostática é um processo em que as peças metálicas a serem pintadas são eletrizadas com carga positiva, e as partículas da tinta são eletrizadas com carga negativa. Quando pulverizadas, as gotas de tinta são atraídas para as peças antes que caiam ou se espalhem.

Com esse processo, evita-se o desperdício de tinta, diminui-se o uso de solventes, aumenta-se a aderência às peças e torna-se mais homogênea a película de tinta sobre elas.

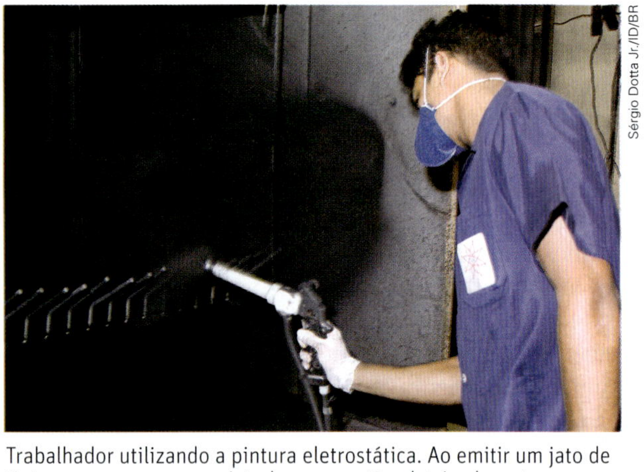

Sérgio Dotta Jr./ID/BR

Trabalhador utilizando a pintura eletrostática. Ao emitir um jato de tinta, as peças a serem pintadas, que estão eletrizadas, atraem as partículas de tinta, também eletrizadas com sinal contrário ao das peças. Esse procedimento evita desperdício de tinta.

De acordo com o texto

1. Explique como se dá o processo de formação de imagens copiadas em uma máquina fotocopiadora.
2. Identifique todos os processos de eletrização presentes na descrição do funcionamento da máquina fotocopiadora e do processo em que se utilizam as pinturas eletrostáticas.
3. Formule hipóteses para explicar o que as pessoas precisavam fazer para produzir cópias de textos, imagens e documentos antes da invenção da máquina fotocopiadora.
4. Dê exemplos de outros recursos tecnológicos envolvendo carga elétrica em sua vida.

Estudo dos efeitos eletrostáticos

Participantes: grupos de 4 alunos.

Objetivos: produzir e detectar a eletrização em corpos.

Material:

- suporte de madeira
- 2 canudos de refrigerante dobráveis
- papel-alumínio de aproximadamente 5 cm × 5 cm
- folha de papel-toalha
- massa de modelar
- lápis com ponta
- régua de plástico
- linha de costura fina

Montagem de pêndulos eletrostáticos

A Procedimento

Para uma adequada observação é fundamental realizar os procedimentos em ambiente sem correntes de ar, uma vez que os pêndulos são leves e, portanto, de fácil movimento.

Antes de começar o experimento, corte três círculos de papel-alumínio com 1 cm de diâmetro cada um. Fixe cada círculo em um pedaço de linha de costura com 12 cm de comprimento cada um.

1. **Pêndulo de um círculo** (figura 1): Faça um "L" com o canudo dobrável. Amarre uma das linhas com o círculo de papel-alumínio na extremidade da parte mais curta do canudo. Fixe a outra extremidade sobre o suporte de madeira com o auxílio de um pedaço de massa de modelar. (Esse pêndulo será reutilizado no Laboratório do capítulo 2.)

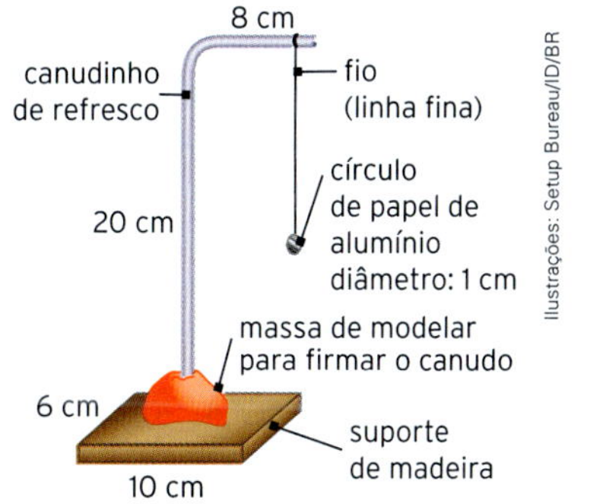

Figura 1. Pêndulo eletrostático de um círculo.

2. **Pêndulo de dois círculos** (figura 2): Com o outro canudo dobrável, faça uma montagem igual à do item 1 e amarre na extremidade do canudo as duas outras linhas com os círculos de papel-alumínio.

Figura 2. Pêndulo eletrostático de dois círculos.

Este recado vale para todas as seções *Laboratório* deste livro.

O **caderno de laboratório** é fundamental em todos os experimentos. Portanto, reserve um caderno especialmente para as atividades desta seção. Organize nele suas anotações e outros registros acerca das atividades. Você também pode usar folhas avulsas, organizadas em fichário. Os dados de cada novo experimento devem ficar no topo da página, para facilitar a visualização das informações.

Comece destacando o título do experimento, o capítulo do livro de que faz parte e a página onde está a atividade e, em seguida, o(s) objetivo(s) do experimento. Depois descreva em poucas palavras a montagem experimental. Um desenho esquemático da situação pode funcionar muito bem. Só depois destaque os resultados do experimento, suas impressões e conclusões. Essa parte final deve basear-se no respectivo conteúdo estudado.

Tal organização ajuda a fixar os conteúdos estudados e facilita a revisão do que ocorreu nas aulas. Essa prática prepara para a compreensão e a aplicação do que é tratado nos exercícios teóricos e nos textos de cada capítulo do livro, aprofundando, assim, a noção de ciência e de como ela se desenvolve.

3. Os pêndulos eletrostáticos são dispositivos que indicam se um corpo está eletrizado. Portanto, é necessário garantir que os pêndulos estejam descarregados antes de realizar os experimentos. Para ter essa garantia, encoste o dedo em cada círculo de papel-alumínio; se estiverem carregados, as cargas se anularão.

Pense: De que maneira o toque do dedo é capaz de descarregar o círculo de alumínio? Por que a neutralização dos pêndulos de círculos é diferente da maneira como se neutraliza o pêndulo rígido?

Pêndulo de um círculo

4. Pegue a régua e atrite-a com a folha de papel-toalha.

Que tipo de eletrização você está realizando com esse procedimento?

5. Verifique se ocorreu a eletrização da régua e, consequentemente, do papel-toalha. Para isso, aproxime a régua de plástico atritada do pêndulo de um círculo sem encostar e observe o que acontece. Com seu grupo, relate as observações e responda às perguntas a seguir.

a) Houve a eletrização da régua?

b) Que tipo de eletrização ocorre no círculo ao se proceder da forma proposta?

Justifique ambas as respostas.

Se a conclusão anterior foi de que a régua não está eletrizada, deve-se realizar a sua eletrização antes de continuar o procedimento.

6. Aproxime lentamente a régua eletrizada do pêndulo de um círculo, até que se toquem, como mostra a figura 3. Observe o que ocorre. Afaste a régua do círculo e, em seguida, aproxime-a novamente. Neutralize de novo o pêndulo de um círculo e repita os procedimentos desta execução três ou quatro vezes. Que tipo de eletrização acontece nesse procedimento?

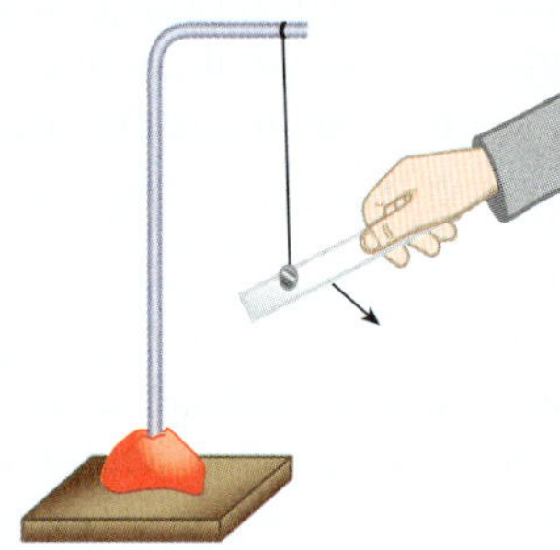

Figura 3

Ilustrações: Setup Bureau/ID/BR

Pêndulo de dois círculos

7. Atrite a régua na folha de papel-toalha ou esfregue-a nos cabelos.

Em seguida aproxime-a do pêndulo de dois círculos sem tocá-los, colocando a régua no espaço entre ambos os círculos, até que eles encostem nela (figura 4a). Repita esse procedimento até que os círculos, em vez de se tocarem, permaneçam afastados um do outro (figura 4b). Com seu grupo, explique o que acontece com os círculos durante os procedimentos propostos.

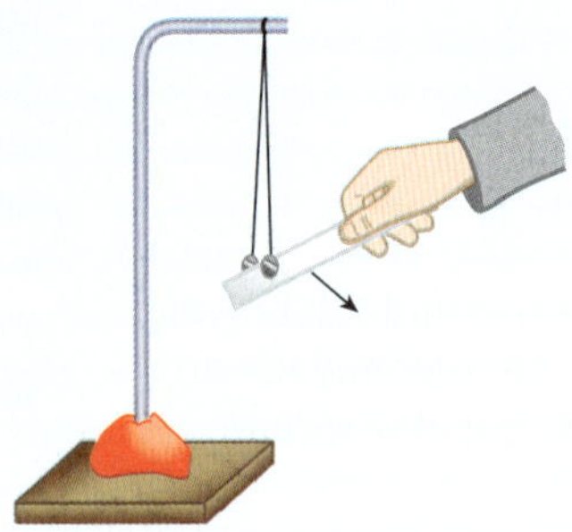

Figura 4a

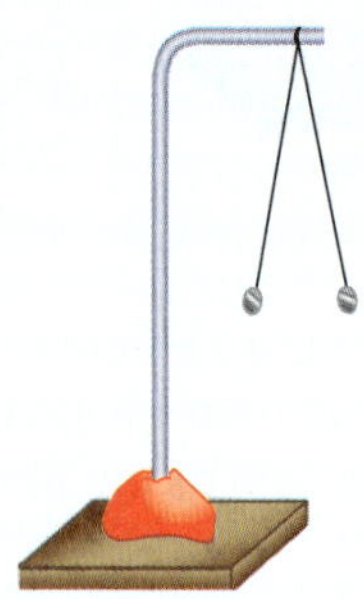

Figura 4b

B Depois do experimento

Para cada etapa do experimento, construa no caderno um esquema simplificado representando a distribuição de cargas tanto na régua atritada como em cada pêndulo, antes e depois das interações que ocorreram entre esses objetos. Em relação ao papel-toalha, admita que, após o atrito, os elétrons tenham se acumulado na régua, deixando o papel-toalha com falta de elétrons.

CAPÍTULO

2

Campo e força elétricos

Peter Terren/<http://www.iinet.net.au/>

Com o corpo recoberto de folhas de alumínio sob a roupa, o médico australiano Peter Terren submete-se a um intenso campo elétrico sem sofrer nenhum dano. Esse experimento é realizado apenas em laboratório de Física adequadamente equipado, em perfeitas condições de segurança e mediante o controle de um especialista.

Módulos

Debate inicial

1. Usando um aparelho que gera alta tensão, Peter Terren cria imagens inusitadas. Na foto acima, ele imita uma famosa obra do escultor francês Auguste Rodin. Identifique que escultura é essa informando seu título.
2. De acordo com a legenda, elabore hipóteses para explicar como Peter Terren não sofreu nenhum dano com essa exposição.

Primeiras anotações

Considere as respostas obtidas no debate e responda no caderno.

1. Para sentir os efeitos de corpos eletrizados é necessário encostar neles? Por quê?
2. As forças de atração e repulsão elétrica entre dois ou mais corpos dependem do material de que eles são feitos? Dependem da quantidade de carga dos corpos? E da distância entre eles?

1. Força elétrica

No capítulo anterior, você estudou que cargas elétricas podem se atrair ou se repelir. Isso acontece porque há uma interação entre elas: a força elétrica. (Uma observação importante: em nosso estudo vamos considerar cargas pontuais. Uma carga é considerada pontual quando suas dimensões podem ser desprezadas em comparação com as demais dimensões dos corpos da situação, de modo que a carga seja considerada um ponto.)

A direção da força elétrica é definida pela reta que une as cargas. O sentido da força depende do sinal das cargas envolvidas: entre cargas de sinais iguais, a força é de repulsão, e entre cargas de sinais diferentes, de atração (figuras 1 e 2). Os pares de força entre uma carga e outra têm sempre a mesma intensidade e direção, mas sentidos opostos, conforme o princípio de ação e reação.

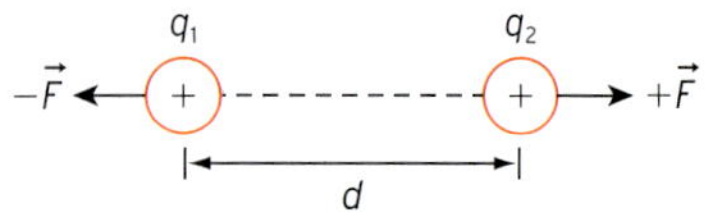

Figura 1. Representação das forças entre duas cargas de sinais iguais. A força elétrica é de repulsão e é exercida igualmente nas duas cargas.

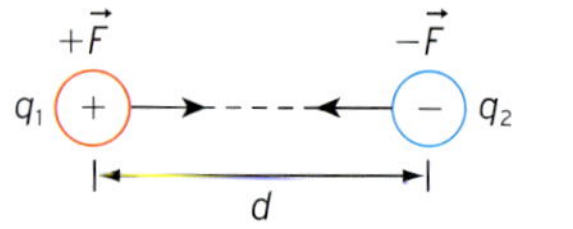

Figura 2. Representação das forças entre duas cargas de sinais opostos. A força elétrica é de atração e é exercida igualmente nas duas cargas.

A lei de Coulomb estabelece a relação da força elétrica entre duas cargas pontuais, estacionárias, e caracteriza a força elétrica, como uma grandeza vetorial, em termos de intensidade, direção e sentido. No entanto, neste livro, optamos por definir o sentido da força elétrica pela análise dos sinais das cargas em interação, de modo que a expressão matemática da lei de Coulomb, apresentada abaixo na forma escalar, será utilizada apenas para determinar a intensidade da força elétrica entre as cargas.

$$|\vec{F}| = K \cdot \frac{|q_1| \cdot |q_2|}{d^2}$$

Nessa expressão, q_1 e q_2 são os valores das cargas, que entram em módulo na fórmula, e d é a distância entre elas. O símbolo K é a constante de Coulomb, que depende do meio onde estão as cargas. Para o vácuo, nas unidades do Sistema Internacional, tem-se $K \cong 9 \cdot 10^9\ N \cdot m^2/C^2$. Para utilizar esse valor de K, é preciso que as outras grandezas envolvidas também estejam nas unidades do Sistema Internacional – as cargas, em coulomb; a distância, em metro; e a força, em newton.

Princípio da superposição

De maneira geral, esse princípio é utilizado para analisar o resultado da soma de vários efeitos simultâneos em um corpo ou local. Essa soma será escalar se as grandezas representantes forem escalares, e será vetorial se as grandezas forem vetoriais.

Um dos efeitos simultâneos ocorre pela presença de diversas forças elétricas em um único ponto. Essas forças se superpõem, de maneira que os efeitos dessa superposição são mais bem explicitados por meio da análise da força resultante. Para determinar a força elétrica resultante da ação entre uma carga q_A e várias outras cargas próximas q_1, q_2, etc., utiliza-se o princípio da superposição (figura 3), aplicando-se aos pares de força a expressão matemática da lei de Coulomb:

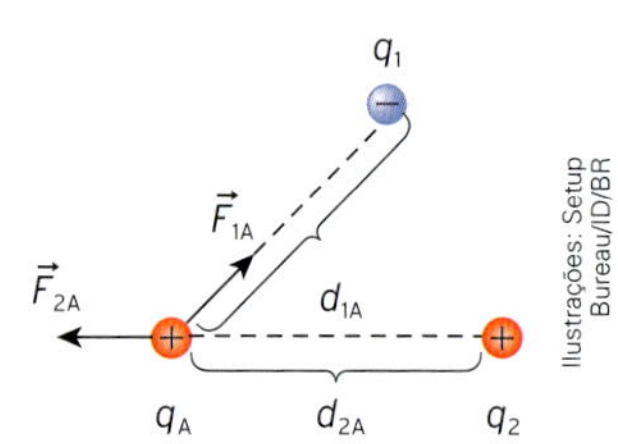

Figura 3. De acordo com o princípio da superposição, uma mesma carga q_A fica submetida à força elétrica devida à carga q_1 ($\vec{F}_{1A}$) e à força elétrica devida à carga q_2 ($\vec{F}_{2A}$).

$$\left|\vec{F}_{1A}\right| = \frac{K \cdot |q_A| \cdot |q_1|}{d_{1A}^2} \qquad \left|\vec{F}_{2A}\right| = \frac{K \cdot |q_A| \cdot |q_2|}{d_{2A}^2}$$

Nessa expressão, $\vec{F}_{1A}$ é a força elétrica de interação entre as cargas q_A e q_1, distantes d_{1A} entre si. E $\vec{F}_{2A}$ é a força elétrica de interação entre as cargas q_A e q_2, distantes d_{2A} entre si.

A mesma aplicação desse princípio pode ser feita para analisar a alteração provocada em um ponto do espaço devido à existência de vários campos elétricos e de cargas associadas próximas ao ponto.

A força elétrica e a força gravitacional

As forças elétrica e gravitacional originam-se em razão de diferentes propriedades da matéria. A força elétrica resulta da interação entre duas ou mais cargas elétricas. A força gravitacional, por sua vez, resulta da interação entre duas ou mais massas. Embora existam diferenças significativas entre ambas as forças, é possível estabelecer paralelos entre elas.

A força elétrica é proporcional ao produto das cargas. Se o valor de uma das cargas dobrar, a intensidade da força elétrica duplica.

A força gravitacional, por sua vez, é proporcional ao produto das massas envolvidas. Se o valor de uma delas dobrar, a intensidade da força gravitacional duplica. Além disso, ambas as forças são inversamente proporcionais ao quadrado da distância entre suas origens. Isso significa que, se a distância dobrar, a força, cuja intensidade é dividida por $2^2 = 4$, será reduzida em quatro vezes.

Há, porém, uma diferença importante entre essas duas forças. A força gravitacional é somente atrativa, enquanto a força elétrica pode ser atrativa ou repulsiva. Isso ocorre porque não existe uma "massa negativa", ao passo que existem cargas elétricas positivas e cargas elétricas negativas.

Força elétrica

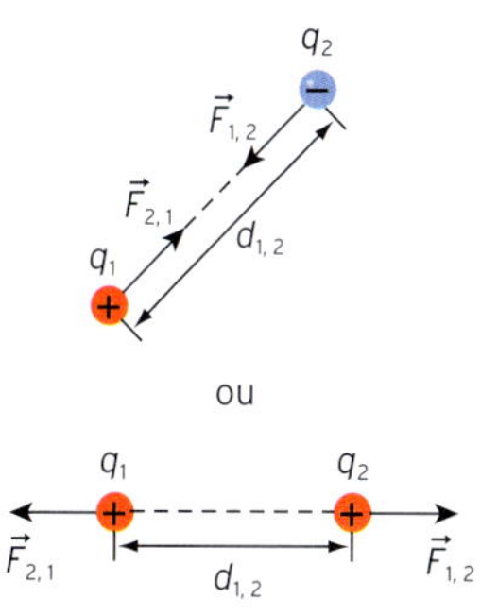

$$|\vec{F}| = |\vec{F}_{1,2}| = \frac{K \cdot |q_1| \cdot |q_2|}{d^2_{1,2}}$$

Força gravitacional

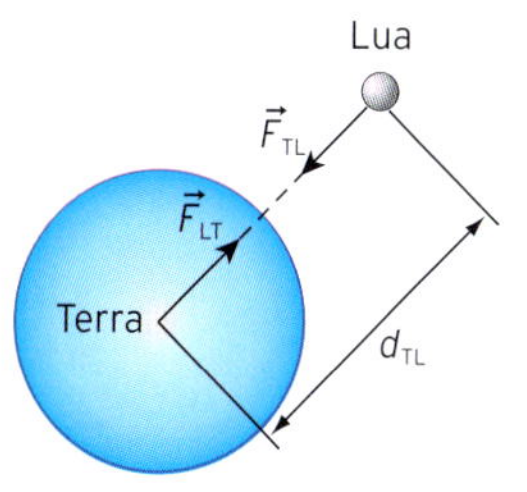

$$|\vec{F}_g| = |\vec{F}_{TL}| = \frac{G \cdot m_T \cdot m_L}{d^2_{TL}}$$

Ilustrações: Setup Bureau/ID/BR

Quadro comparativo entre as representações das forças elétrica e gravitacional. Pelo quadro, percebe-se que a principal diferença entre as forças está nas propriedades dos corpos que interagem: na força elétrica, são as cargas elétricas; na força gravitacional, são as massas.

Essas forças podem agir simultaneamente. Dois corpos massivos carregados eletricamente sofrerão atração gravitacional por causa de suas massas, e também estarão sujeitos a uma força elétrica por causa de suas cargas.

A força elétrica e a gravitacional atuam ao mesmo tempo em corpos carregados. No entanto, dependendo da situação, geralmente uma delas é bem mais fraca quando comparada à outra, que pode ser desprezada. Entre corpos astronômicos, como estrelas e planetas, a força predominante é a gravitacional, por causa de suas massas. Entre partículas atômicas, como prótons e elétrons, a força predominante é a elétrica. A título de comparação, a força elétrica entre dois corpos de 1 kg de massa com carga de 1 C é cerca de 10^{20} vezes maior que a gravitacional. Isso pode ser observado pelo valor da constante de Coulomb, K, que é da ordem de 10^9, enquanto a constante gravitacional, G, é da ordem de 10^{-11}, quando ambas estão nas unidades do Sistema Internacional.

Exercícios resolvidos

1. Duas cargas elétricas com valor igual a -4 C são colocadas a 2 m de distância uma da outra. Considere a constante de Coulomb $K = 9 \cdot 10^9$ N $\cdot$ m^2/C^2.

a) Determine se a força elétrica é atrativa ou repulsiva, justificando a resposta.

b) Calcule a intensidade da força elétrica entre as cargas.

c) Represente em um desenho a situação descrita, indicando os valores das cargas, da distância e das forças.

Resolução

a) Como as duas cargas são negativas, a força entre elas é repulsiva, já que cargas de sinais iguais se repelem.

b) Para calcular a intensidade da força elétrica, substituem-se os dados na expressão da lei de Coulomb:

$$|\vec{F}| = K \cdot \frac{|q_1| \cdot |q_2|}{d^2}$$

$$|\vec{F}| = 9 \cdot 10^9 \cdot \frac{|-4| \cdot |-4|}{2^2}$$

$$|\vec{F}| = 9 \cdot 10^9 \cdot \frac{16}{4}$$

$$|\vec{F}| = 9 \cdot 10^9 \cdot 4 \Rightarrow |\vec{F}| = 36 \cdot 10^9 \text{ N}$$

c)

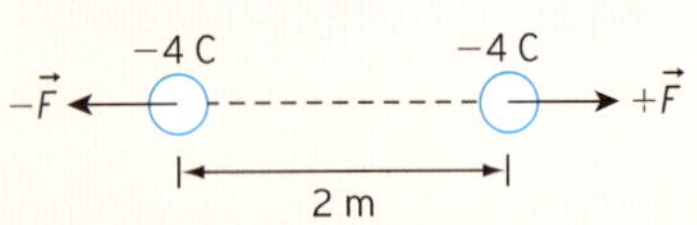

2. A intensidade da força elétrica entre duas cargas elétricas, uma de $+3{,}2 \cdot 10^{-19}$ C e outra de $-1{,}6 \cdot 10^{-19}$ C, é de $4{,}6 \cdot 10^{-8}$ N. Sabendo que as cargas estão no vácuo, onde $K = 9 \cdot 10^9$ N $\cdot$ m^2/C^2, responda ao que se pede.

a) Calcule a distância entre as duas cargas.

b) O que ocorrerá com a intensidade da força elétrica caso a carga positiva seja reduzida à metade?

c) Depois de realizar o que é descrito no item **b** com a carga positiva, a distância entre as cargas é reduzida à metade. Nesse caso, qual será a nova intensidade da força elétrica de atração?

Resolução

a) $$|\vec{F}| = K \cdot \frac{|q_1| \cdot |q_2|}{d^2}$$

$$4{,}6 \cdot 10^{-8} = \frac{9 \cdot 10^9 \cdot 3{,}2 \cdot 10^{-19} \cdot 1{,}6 \cdot 10^{-19}}{d^2}$$

$$d^2 = \frac{46 \cdot 10^{-29}}{4{,}6 \cdot 10^{-8}} = 10 \cdot 10^{-21} = 10^{-20}$$

$$d = \sqrt{10^{-20}} = 10^{-10} \text{ m}$$

b) A força também será reduzida à metade, ou seja, ficará $2{,}3 \cdot 10^{-8}$ N.

c) Como a força é inversamente proporcional ao quadrado da distância, se a distância entre as cargas for reduzida à metade, a força aumentará quatro vezes em relação ao valor obtido no item **b**. Isto é, passará a ser $4 \cdot 2{,}3 \cdot 10^{-8} = 9{,}2 \cdot 10^{-8}$ N.

Exercícios propostos

3. Duas cargas elétricas de valor $+3$ C são colocadas a 1 m de distância uma da outra. Considerando a constante de Coulomb igual $9 \cdot 10^9$ N $\cdot$ m^2/C^2, faça o que é pedido a seguir.

a) Determine se a força elétrica é atrativa ou repulsiva, justificando a resposta.

b) Calcule o valor da força elétrica entre as cargas.

c) Desenhe a situação descrita, indicando os valores das cargas, da distância e da força.

4. Calcule a intensidade da força elétrica entre uma carga q_1 de 2 nC e uma carga q_2 de -6 nC. A distância entre as cargas é igual a 2 cm. Dado: $K = 9 \cdot 10^9$ N $\cdot$ m^2/C^2

5. Duas cargas de 1 μC estão a 1 m de distância uma da outra, no vácuo ($K = 9 \cdot 10^9$ N $\cdot$ m^2/C^2).

a) Calcule a força elétrica entre elas.

b) As cargas são colocadas a 2 m de distância. Calcule o novo valor da força entre elas.

c) Quanto a força elétrica diminuiu quando a distância entre as cargas dobrou?

d) Na afirmativa abaixo, identifique o erro e corrija-o. "Quando uma das cargas dobra de valor, a intensidade da força também é duplicada. Quando a distância é triplicada, a força cai a um sexto de seu valor inicial."

6. A intensidade da força elétrica entre duas cargas elétricas, uma de $+4{,}0 \cdot 10^{-10}$ C e outra de $-3 \cdot 10^{-10}$ C, é de $12 \cdot 10^{-5}$ N. Dado: as cargas estão no vácuo ($K = 9 \cdot 10^9$ N $\cdot$ m^2/C^2).

a) Calcule a distância entre as duas cargas.

b) O que ocorrerá com a intensidade da força elétrica caso a carga negativa seja reduzida à metade?

c) Depois de realizar o que é descrito no item **b** com a carga negativa, a distância entre as cargas dobra. Nesse caso, qual será a nova intensidade da força elétrica de atração?

7. Duas cargas elétricas idênticas encontram-se no vácuo a 20 cm de distância uma da outra. Coloca-se uma carga q equidistante entre essas cargas, que exercem uma força elétrica resultante sobre q. Calcule a intensidade e determine a direção e o sentido dessa força.

2. Campo elétrico

Já estudamos a eletrização por indução. Nesse tipo de eletrização, os efeitos de atração e repulsão são observados mesmo sem haver contato físico entre os corpos envolvidos, bastando que se encontrem relativamente próximos. A repulsão entre cargas de sinais iguais acontece pela ação de um corpo eletrizado. Como não há contato entre os corpos, diz-se que a interação aconteceu a distância. Outros exemplos de interação a distância são a ação gravitacional entre dois corpos e a atração ou repulsão dos polos magnéticos de ímãs.

Para descrever mais precisamente as interações nas quais não ocorre contato físico, criou-se o conceito de **campo**. O campo gravitacional é associado à presença de um corpo com massa; o **campo elétrico** está relacionado à presença de cargas elétricas; e o campo magnético manifesta-se por causa da presença de corpos magnéticos ou de cargas elétricas em movimento.

Esses campos não são visíveis diretamente a olho nu; são modelos teóricos. Eles podem ser percebidos por meio dos efeitos observados.

O campo elétrico está presente no espaço ao redor de uma carga elétrica. Toda carga tem sempre um campo ao seu redor, que possibilita uma interação a distância com outras cargas elétricas.

O campo elétrico é um campo vetorial. Isso significa que a cada ponto do espaço ao redor de uma carga elétrica é associado um **vetor campo elétrico**, com módulo, direção e sentido, representado por $\vec{E}$. O módulo mede a intensidade do campo, que diminui conforme aumenta a distância até a carga que o produz.

Representação das linhas de campo elétrico

Conhecendo as características do campo elétrico, é possível elaborar uma representação visual desse campo no plano para compreender melhor como o espaço se modifica e como as interações entre cargas acontecem.

Uma maneira de representar o campo elétrico é desenhar linhas ao redor da carga, indicando sua direção e sentido, as quais são chamadas de **linhas de campo**. O campo $\vec{E}$ em cada ponto tem direção tangente às linhas.

O sentido das linhas de campo ao redor de cargas positivas ou negativas é definido em função do sentido do deslocamento de uma pequena carga de prova q, positiva, resultado de sua interação com a carga associada ao campo.

- Quando a carga Q associada ao campo elétrico for positiva, haverá repulsão da carga de prova q. Portanto, o sentido das linhas de campo é representado por setas que "saem" dessa carga Q e apontam para fora (figura 1).
- Quando a carga Q associada ao campo elétrico for negativa, haverá atração da carga de prova q. Portanto, o sentido das linhas de campo é representado por setas que "entram" na carga Q, ou seja, apontam para ela (figura 2).

A distribuição das linhas de campo depende da forma do corpo eletrizado e da própria intensidade (módulo) do campo elétrico. Quanto maior a densidade de linhas, ou seja, quanto mais próximas umas das outras, maior é a intensidade do campo elétrico naquela região.

Quando há outras cargas ao redor, as formas das linhas de campo se alteram segundo o princípio da superposição, possibilitando a representação da "soma" das linhas de campo na região localizada entre duas ou mais cargas (figura 3).

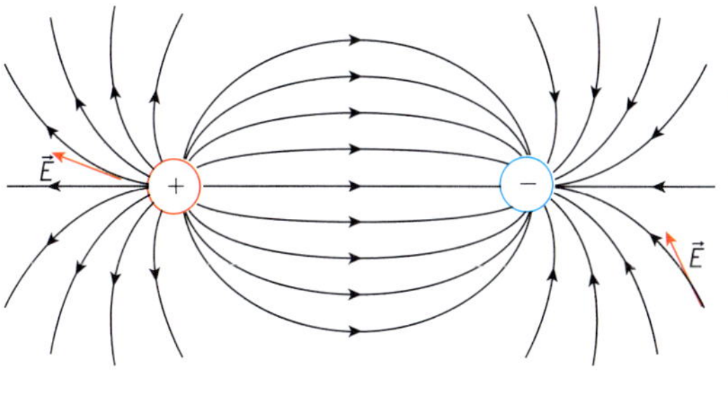

Figura 3. Representação das linhas de campo elétrico de um par de cargas elétricas com sinais opostos. As linhas de campo se superpõem. O vetor campo elétrico $\vec{E}$ resultante em um determinado ponto é o vetor tangente à linha de campo. No esquema ele está representado pela seta vermelha.

Ligado ao tema

O conceito de campo na teoria eletromagnética

O primeiro cientista a propor o conceito de campo associado à eletricidade (o campo elétrico) foi Michael Faraday (1791-1867). Posteriormente, James Clerk Maxwell (1831-1879) ampliou a aplicação desse conceito para o eletromagnetismo ao sintetizar as relações entre os fenômenos elétricos e magnéticos. Essas relações possibilitaram a estruturação de uma das teorias mais importantes da Física: a teoria eletromagnética e as chamadas equações de Maxwell em seus aspectos formais. Com os fundamentos dessa teoria, Heinrich Hertz (1857-1894) comprovou experimentalmente a existência das ondas eletromagnéticas e Albert Einstein (1879-1955) inspirou-se para elaborar a teoria da relatividade, fornecendo as bases para a mecânica quântica, que será estudada adiante.

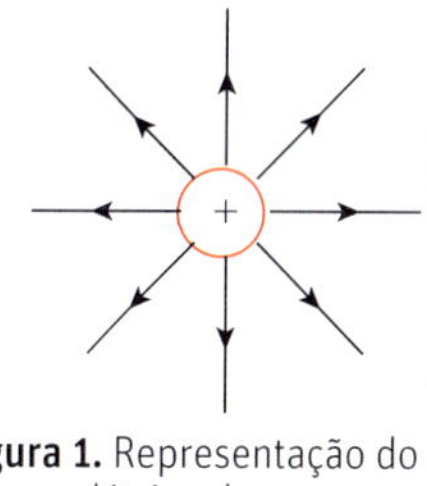

Ilustrações: Setup Bureau/ID/BR

Figura 1. Representação do campo elétrico de uma carga positiva. As linhas de campo apontam para fora da carga.

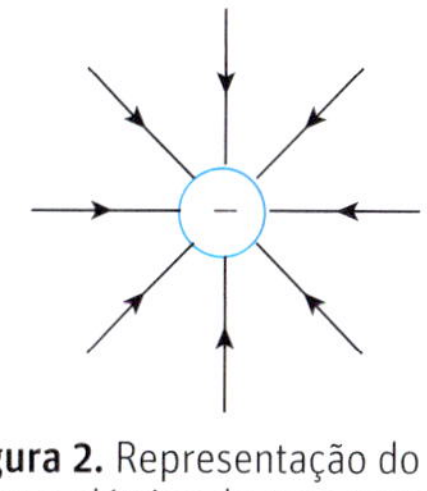

Figura 2. Representação do campo elétrico de uma carga negativa. As linhas de campo apontam para a carga.

Exercícios resolvidos

8. Duas cargas elétricas de mesma intensidade e de sinais opostos são colocadas próximas, como mostra a figura a seguir.

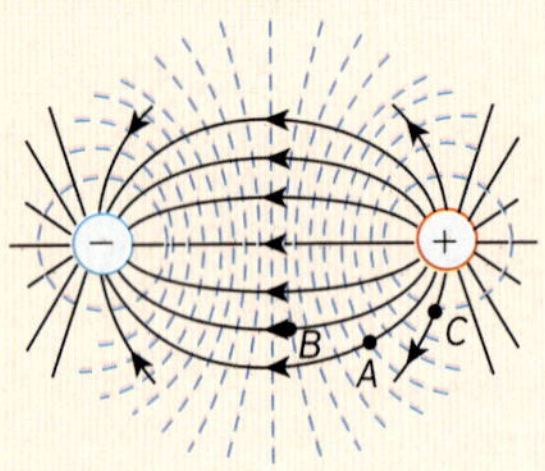

a) Coloque os pontos *A*, *B* e *C*, indicados na figura, em ordem decrescente de intensidade de campo.
b) Explique o critério utilizado.

Resolução

a) *C*, *A*, *B*. A intensidade do campo em *C* é maior que em *A*, que por sua vez é maior que em *B*.
b) No ponto *C*, o distanciamento entre as linhas de campo é menor que no ponto *A* e no ponto *B*. O distanciamento entre as linhas é inversamente proporcional à intensidade do campo.

9. Duas cargas elétricas de mesma intensidade e mesmo sinal são colocadas próximas, como mostra a figura a seguir.

Represente as linhas de campo entre as duas cargas elétricas.

Resolução

Como as cargas são positivas, as linhas de campo partem delas e, pelo princípio da superposição, na região localizada entre as cargas, as linhas não se encontram.

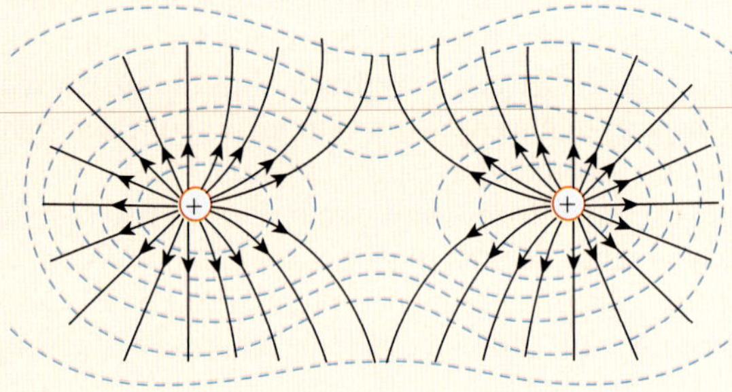

Ilustrações: Setup Bureau/ID/BR

Exercícios propostos

10. Esboce as linhas de campo das seguintes configurações de cargas elétricas:

a) 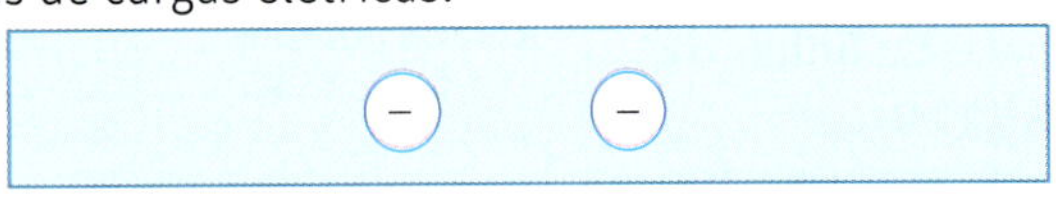

b) 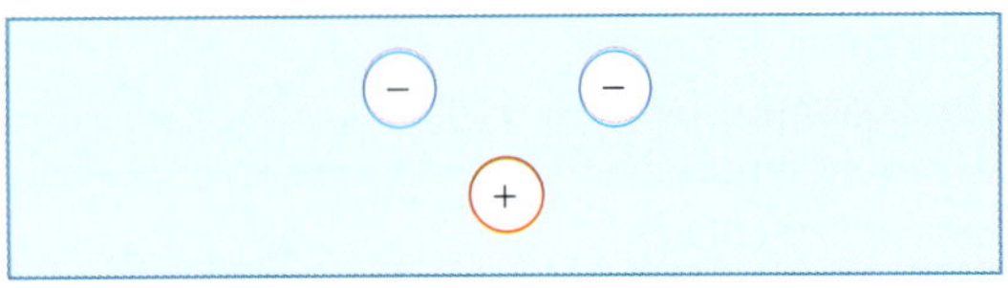

c) 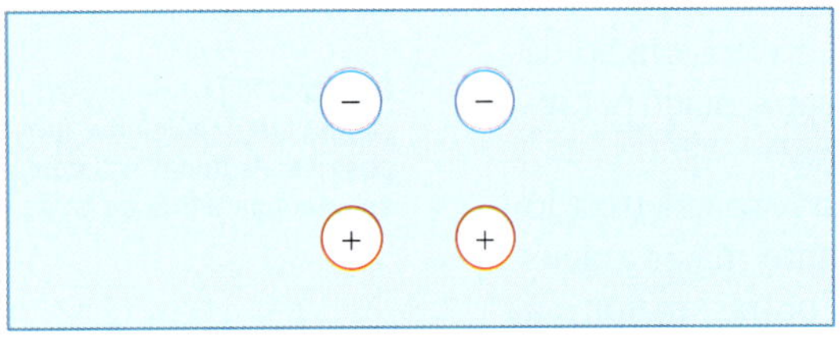

d) 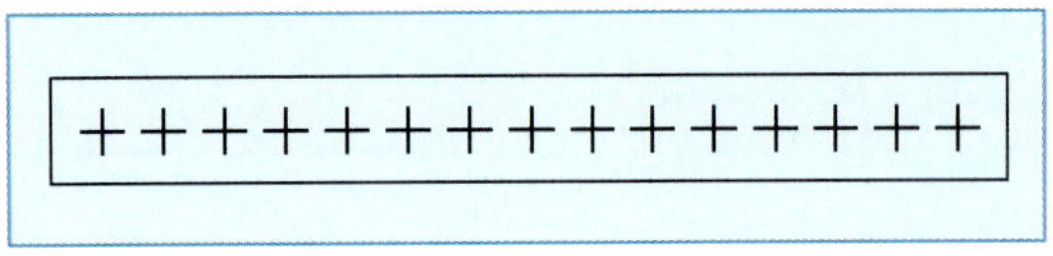

11. Elabore uma lista com as características de um campo.

12. Diferencie o campo elétrico produzido por uma carga positiva do campo elétrico produzido por uma carga negativa.

13. Em dupla, levantem hipóteses e discutam se um corpo neutro gera campo elétrico.

14. A figura a seguir representa as linhas de força criadas por duas cargas pontuais.

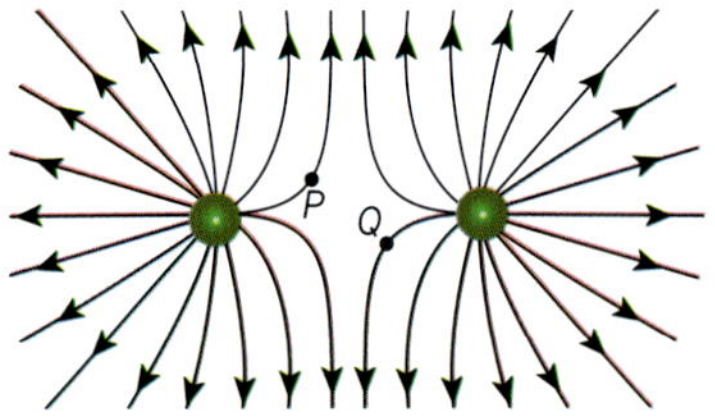

a) Identifique o sinal das cargas.
b) Copie a figura e desenhe o vetor campo elétrico nos pontos *P* e *Q*, justificando sua resposta.

15. Observe a figura abaixo e identifique os sinais das cargas.

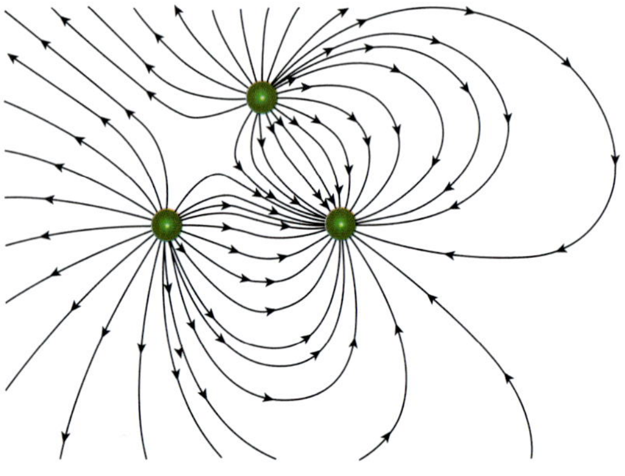

Diferença entre campo elétrico e força elétrica

Quando duas cargas são colocadas próximas uma da outra, há uma interação entre elas, intermediada pelo campo elétrico. Essa interação se manifesta na forma de uma força, que pode ser atrativa ou repulsiva, dependendo do sinal das cargas (figuras 1 e 2).

Não é o campo em si que gera a força elétrica, mas a interação entre os campos elétricos associados a duas ou mais cargas.

Para investigar a presença de um campo elétrico em uma região do espaço, uma carga elétrica de prova q é colocada nesse local. Se houver interação, uma força elétrica passará a atuar sobre a carga, o que indica a presença de um campo elétrico (figura 3).

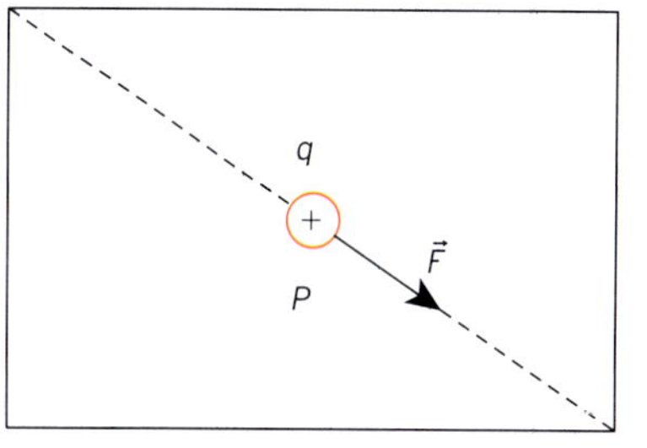

Figura 3. Representação da força elétrica $\vec{F}$ que atua sobre a carga de prova $q > 0$ em razão da existência de um campo elétrico $\vec{E}$ na região investigada.

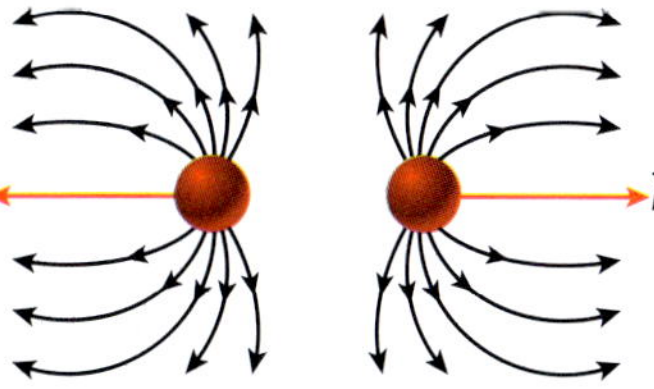

Figura 1. Representação do campo e da força elétrica entre duas cargas positivas.

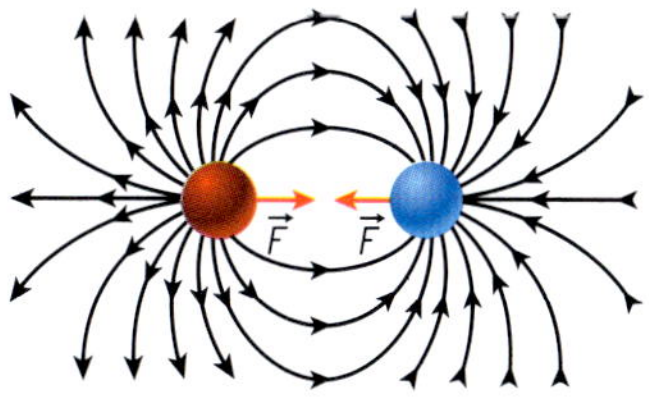

Figura 2. Representação do campo de duas cargas de sinais opostos e da força de atração que surge entre elas.

Ilustrações: AMj Studio/ID/BR

Campo elétrico de uma carga pontual

Uma carga pontual gera um campo ao seu redor, de maneira que, para cada ponto do espaço, há um vetor campo elétrico $\vec{E}$. A direção desse vetor em cada ponto do espaço é a da reta que une o ponto à carga pontual. O sentido depende do sinal da carga: se for positiva, o vetor campo elétrico tem o sentido de afastar-se da carga (figura 4); se for negativa, o vetor aponta para ela (figura 5).

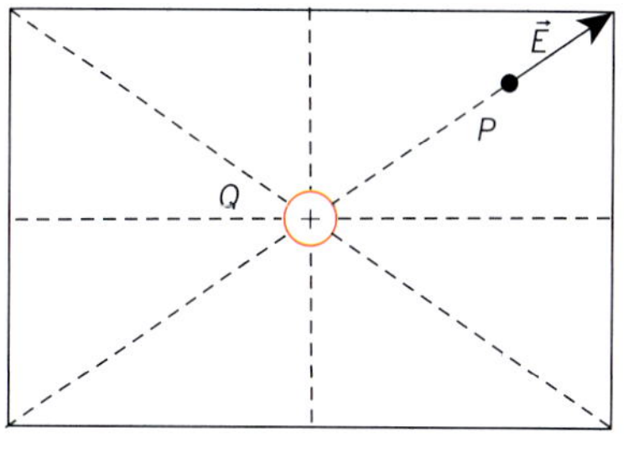

Figura 4. Representação do vetor campo elétrico $\vec{E}$ gerado pela carga $Q > 0$ no ponto P.

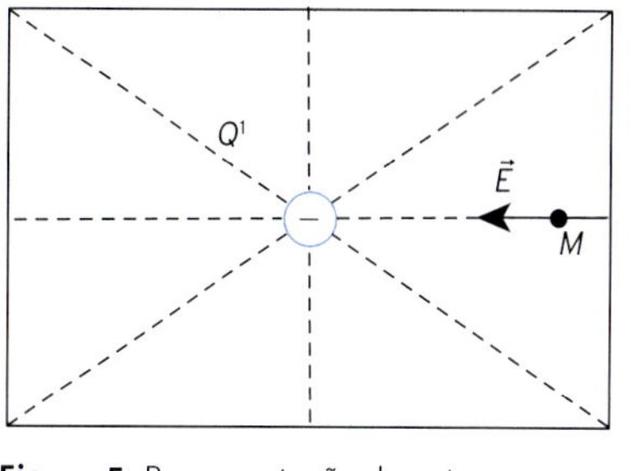

Figura 5. Representação do vetor campo elétrico $\vec{E}$ gerado pela carga $Q < 0$ no ponto M.

O módulo (ou a intensidade) do vetor campo elétrico em um ponto P, que está a uma distância d de uma carga pontual Q, é dado por:

$$|\vec{E}| = K \cdot \frac{|Q|}{d^2}$$

Essa expressão leva em consideração dados experimentais ao propor que a intensidade do campo elétrico é diretamente proporcional ao valor da carga Q e inversamente proporcional ao quadrado da distância d. Ou seja, o valor do campo elétrico diminui à medida que se afasta da carga e aumenta à medida que a intensidade da carga aumenta.

Se houver outra carga q na região do campo, haverá entre as duas cargas uma força elétrica $\vec{F}$ cuja intensidade pode ser calculada a partir da expressão da lei de Coulomb:

$$|\vec{F}| = \frac{K \cdot |Q| \cdot |q|}{d^2}$$

Substituindo a expressão do campo elétrico de uma carga pontual na expressão acima, o campo elétrico $\vec{E}$ gerado pela carga Q relaciona-se à força elétrica $\vec{F}$ recebida pela carga q por meio da seguinte expressão:

$$|\vec{F}| = |q| \cdot |\vec{E}|$$

Considerando que $|\vec{F}|$ é medida em newton (N) e q é medida em coulomb (C), concluímos que a unidade de campo elétrico no SI é N/C.

Exercícios resolvidos

16. Considere uma carga pontual de -4 C e um ponto P a uma distância de 2 m da carga no vácuo ($K = 9 \cdot 10^9$ N $\cdot$ m²/C²).

a) Calcule a intensidade do campo elétrico gerado pela carga no ponto P.

b) Descreva o sentido do campo elétrico.

c) Desenhe a representação gráfica da situação descrita, indicando os valores da carga, da distância e da intensidade do campo elétrico.

Resolução

a) Calculamos a intensidade do campo elétrico por meio da expressão do campo de cargas pontuais:

$$E = K \cdot \frac{Q}{d^2}$$

Substituindo os valores, obtemos:

$$|\vec{E}| = 9 \cdot 10^9 \cdot \frac{|-4|}{2^2}$$

$$|\vec{E}| = 9 \cdot 10^9 \cdot \frac{4}{4}$$

$$|\vec{E}| = 9 \cdot 10^9 \text{ N/C}$$

b) Como a carga é negativa, o sentido do campo aponta para a carga.

c)

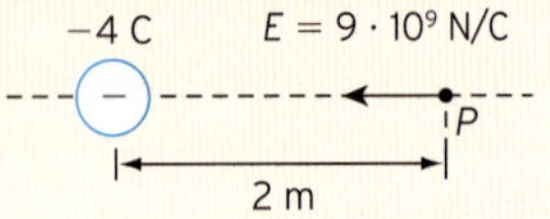

17. Caso uma carga positiva de módulo $3 \cdot 10^{-6}$ C seja colocada no ponto P apresentado no exercício anterior, qual será o módulo, a direção e o sentido da força elétrica que atuará sobre essa carga?

Resolução

$$|\vec{F}| = |q| \cdot |\vec{E}|$$

$$|\vec{F}| = 3 \cdot 10^{-6} \cdot 9 \cdot 10^9 = |F| = 2{,}7 \cdot 10^4 \text{ N}$$

Exercícios propostos

18. Considere uma carga pontual de $+3$ C e um ponto P a uma distância de 1 m da carga.

a) Calcule a intensidade do campo elétrico gerado pela carga no ponto P.

b) Descreva o sentido do campo elétrico.

c) Desenhe a representação gráfica da situação descrita, indicando os valores da carga, da distância e da intensidade de campo elétrico.

d) Faça o que se pede nos itens anteriores, considerando a carga igual a -3 C.

19. Observe a figura a seguir, que mostra duas cargas elétricas pontuais.

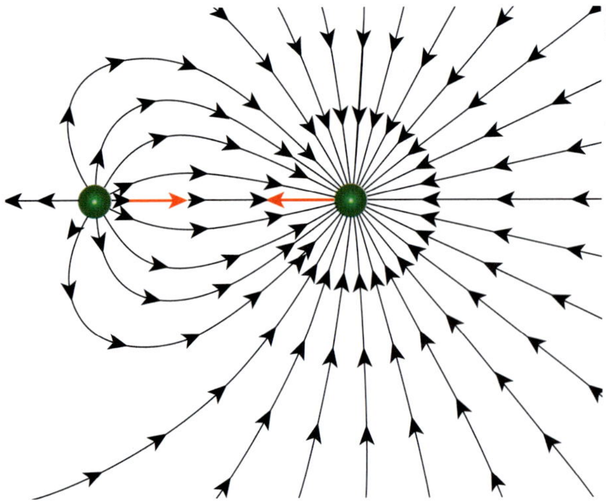

Setup Bureau/ID/BR

a) Identifique as linhas de campo e os vetores força elétrica representados na figura.

b) Identifique o sinal das cargas elétricas mostradas na figura, justificando sua resposta.

c) Indique a carga que tem maior módulo e justifique sua resposta.

20. Para verificar se há um campo elétrico em certa região do espaço e descobrir suas características, uma carga de prova de módulo 10^{-19} C é colocada em um ponto P dessa região. Sobre ela passa a atuar uma força elétrica de módulo $5 \cdot 10^{-3}$ N, conforme mostra a figura abaixo.

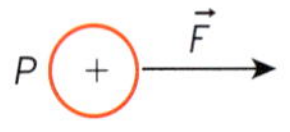

a) Determine a intensidade, a direção e o sentido do vetor campo elétrico no ponto P.

b) Reproduza a figura em seu caderno e represente nela o vetor campo elétrico no ponto P.

21. Uma força elétrica de módulo 10 N atua sobre uma carga elétrica de carga $-1{,}6 \cdot 10^{-19}$ C localizada em uma região onde existe um campo elétrico. Essa força elétrica tem direção vertical e sentido para cima, conforme a figura abaixo.

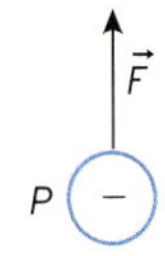

a) Determine a intensidade do vetor campo elétrico no ponto onde a carga se encontra.

b) Copie a figura em seu caderno e represente nela o vetor campo elétrico no ponto P.

Campo elétrico de várias cargas pontuais

Em uma situação em que há várias cargas, o campo elétrico medido em um ponto *P* qualquer é a soma vetorial dos campos elétricos associados a cada uma das cargas naquele ponto.

Matematicamente, tem-se $\vec{E_R} = \vec{E}_1 + \vec{E}_2 + \vec{E}_3 + ... + \vec{E}_n$, em que $\vec{E}_1$, $\vec{E}_2$, $\vec{E}_3$, ..., $\vec{E}_n$ são os campos elétricos gerados pelas cargas Q_1, Q_2, Q_3, etc., e $\vec{E}_R$ é o campo resultante da interação de todas as cargas presentes.

O esquema a seguir mostra a soma vetorial de dois campos elétricos atuando no ponto *P* e a força elétrica de repulsão entre as cargas. É importante notar que não há força elétrica atuando no ponto *P*, pois não há carga ali.

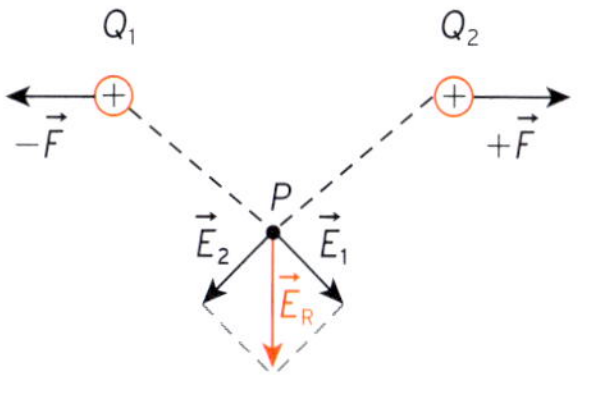

No ponto *P* há apenas o campo resultante, devido às duas cargas. Se uma terceira carga for colocada nesse ponto, ela estará sujeita a esse campo e sofrerá a ação de uma força elétrica associada a esse campo.

O fato de o campo elétrico resultante de várias cargas ser obtido pela soma vetorial dos campos associados a cada carga em separado é uma consequência do princípio da superposição.

Campo elétrico de uma esfera carregada

O campo elétrico estudado até aqui se relaciona apenas a cargas pontuais, cujas dimensões podem ser desprezadas. Contudo, quando se tem um corpo extenso carregado eletricamente, o campo elétrico gerado por ele em um ponto *P* qualquer teria de ser obtido, em princípio, pela soma vetorial de todas as cargas pontuais distribuídas pelo corpo.

Uma esfera homogeneamente carregada cujo raio é da ordem de grandeza da distância até o ponto *P* pode ser aproximada para uma carga pontual. Para calcular o campo elétrico gerado por essa esfera, de raio *R*, no ponto *P*, é necessário calcular a contribuição de cada uma das cargas contidas na esfera.

A intensidade do campo elétrico no ponto *P*, correspondente à soma de todas as contribuições das cargas envolvidas (considerando que toda a carga *Q* da esfera estivesse concentrada no centro da esfera), é obtida por:

$$|\vec{E}| = K \cdot \frac{|Q|}{d^2}$$

Nessa expressão, *K* é a constante que depende do meio, *d* é a distância do ponto *P* ao centro da esfera, com o ponto *P* estando fora da esfera. A figura a seguir ajuda a entender o que significam as contribuições do campo elétrico $\vec{E}_q$ de cada carga contida na esfera.

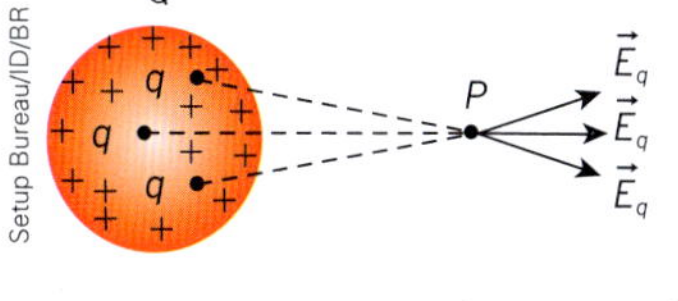

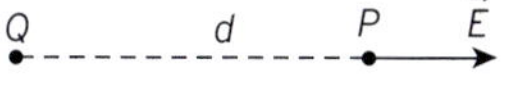

Nota-se que o campo de uma esfera de raio *R* eletrizada homogeneamente é obtido calculando a soma das contribuições ($\vec{E}_q$) de cada uma das cargas (*q*) da esfera (à esquerda). Tudo se passa como se a esfera se comportasse como uma carga *Q* pontual localizada no centro da esfera.

Exercício resolvido

22. Uma carga q_1 de +6 nC e uma carga q_2 de −2 nC estão a 10 cm de distância no vácuo ($K = 9 \cdot 10^9\ N \cdot m^2/C^2$), conforme mostra a figura abaixo.

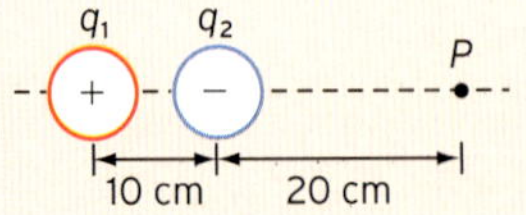

No ponto P não há carga elétrica, e P está a 20 cm da carga q_2.

a) Calcule a intensidade do campo elétrico no ponto P devido à carga q_1.

b) Calcule a intensidade do campo elétrico no ponto P devido à carga q_2.

c) Represente graficamente os campos elétricos existentes no ponto P.

d) Calcule o valor do campo elétrico resultante no ponto P.

e) Represente em seu caderno o campo elétrico resultante.

Resolução

a) A distância da carga q_1 ao ponto P, que deve ser expressa em metro, é:

$d_1 = 10\ cm + 20\ cm = 30\ cm = 3 \cdot 10^{-1}\ m$

A intensidade do campo elétrico em P devido à carga q_1 é dada por: $E_1 = K \cdot \dfrac{q_1}{d_1^2}$

Substituindo os valores, obtemos:

$$E_1 = 9 \cdot 10^9 \cdot \frac{6 \cdot 10^{-9}}{(3 \cdot 10^{-1})^2}$$

$$E_1 = 9 \cdot 10^9 \cdot \frac{6 \cdot 10^{-9}}{9 \cdot 10^{-2}}$$

$$E_1 = \frac{9 \cdot 6}{9} \cdot \frac{10^9 \cdot 10^{-9}}{10^{-2}} = 6 \cdot \frac{1}{10^{-2}}$$

$$E_1 = 6 \cdot 10^2\ N/C$$

b) A distância da carga q_2 ao ponto P é:

$d_2 = 20\ cm = 2 \cdot 10^{-1}\ m$

A intensidade do campo elétrico em P devido à carga q_2 é: $E_2 = K \cdot \dfrac{q_2}{d_2^2}$

Substituindo, obtemos:

$$E_2 = 9 \cdot 10^9 \cdot \frac{2 \cdot 10^{-9}}{(2 \cdot 10^{-1})^2}$$

$$E_2 = 9 \cdot 10^9 \cdot \frac{2 \cdot 10^{-9}}{4 \cdot 10^{-2}}$$

$$E_2 = \frac{9 \cdot 2}{4} \cdot \frac{10^9 \cdot 10^{-9}}{10^{-2}} = 4{,}5 \cdot \frac{1}{10^{-2}}$$

$$E_2 = 4{,}5 \cdot 10^2\ N/C$$

c)

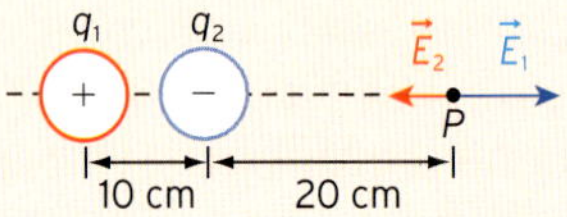

d) O campo elétrico resultante agindo em P é dado pela soma vetorial dos campos elétricos devidos a q_1 e q_2.

$\vec{E}_R = \vec{E}_1 + \vec{E}_2 \Rightarrow E_R = E_1 - E_2 \Rightarrow E_R = 1{,}5 \cdot 10^2\ N/C$

e)

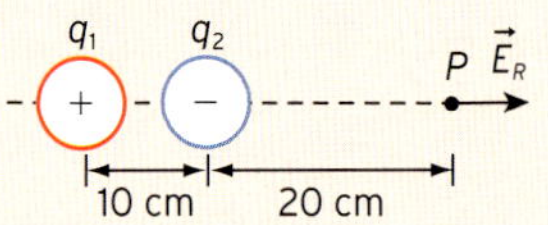

Exercícios propostos

23. Uma carga q_1 de −12 nC e uma carga q_2 de −6 nC estão a 50 cm de distância no vácuo ($K = 9 \cdot 10^9\ N \cdot m^2/C^2$), conforme mostra a figura.

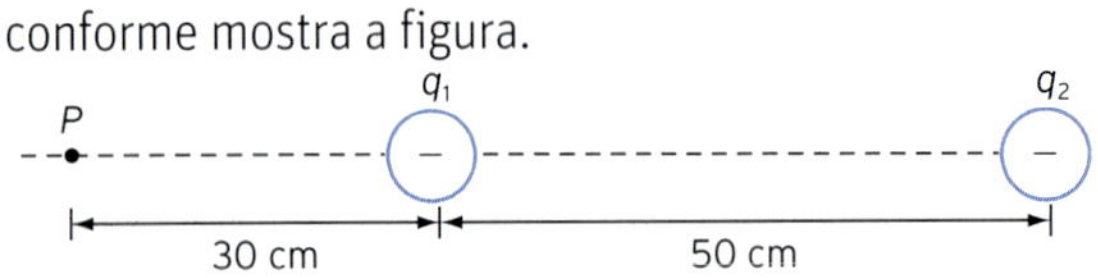

O ponto P não tem carga elétrica e está a 30 cm da carga q_1.

a) Calcule a intensidade do campo elétrico no ponto P devido à carga q_1.

b) Calcule a intensidade do campo elétrico no ponto P devido à carga q_2.

c) Reproduza a figura no caderno e represente os campos elétricos atuando no ponto P.

d) Calcule o valor do campo elétrico resultante no ponto P.

e) Represente no caderno o campo elétrico resultante.

24. Uma esfera de raio 50 cm está uniformemente eletrizada com uma carga de +5 mC no vácuo. Adote: ($K = 9 \cdot 10^9\ N \cdot m^2/C^2$).

a) Calcule o campo elétrico gerado pela esfera a 1 m de distância de sua superfície.

b) Represente a situação descrita, desenhando no caderno o vetor campo elétrico e especificando seu módulo.

c) Faça o mesmo considerando que a carga é de −5 mC.

25. A figura a seguir representa um anel circular uniformemente eletrizado com cargas positivas. Ao longo do eixo do anel são mostrados dois pontos, P e Q.

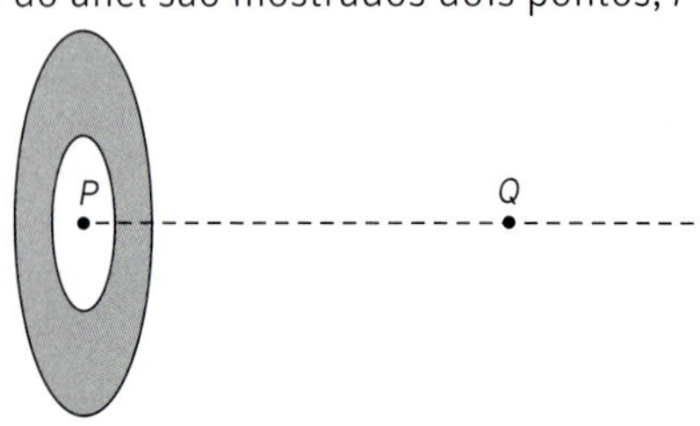

a) Copie a figura em seu caderno e esboce o vetor campo elétrico em cada um dos pontos indicados.

b) Escreva um parágrafo justificando sua resposta. Dica: considere a simetria do problema.

Campo elétrico no interior e na superfície do condutor

Em um condutor em equilíbrio, as cargas distribuem-se por toda a superfície de maneira que o campo elétrico em seu interior seja nulo. Enquanto o campo não for nulo, cargas se movem pela ação do campo elétrico, até que o equilíbrio seja atingido.

Já na superfície e no exterior de um condutor eletrizado em equilíbrio há campo elétrico. A direção desse campo, nas proximidades do condutor, é sempre perpendicular à superfície, qualquer que seja sua forma, como mostra a figura ao lado.

À medida que se afasta do condutor, o campo elétrico pode deixar de ser perpendicular à superfície dele, dependendo da forma e da distribuição de cargas no condutor. Resumindo:

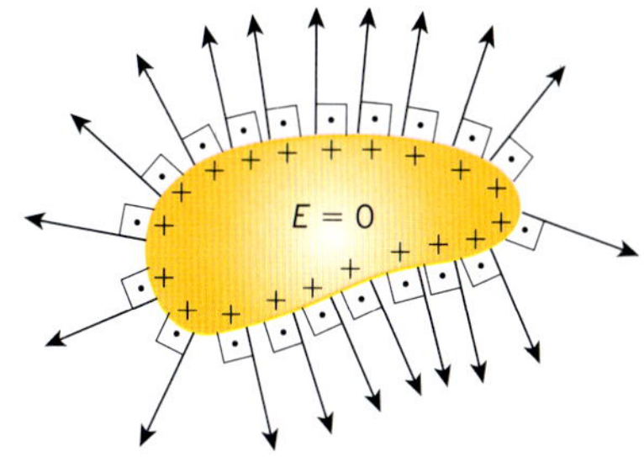

Representação das linhas de campo elétrico na vizinhança de um condutor carregado positivamente.

O campo elétrico no interior de um condutor em equilíbrio é nulo.

O campo elétrico na vizinhança de um condutor eletrizado em equilíbrio é perpendicular à sua superfície, qualquer que seja seu formato.

Blindagem eletrostática

O fato de o campo elétrico no interior de um condutor ser nulo pode ser usado para evitar a ação de campos elétricos em uma determinada região. Isso pode ser feito por meio da blindagem eletrostática em um corpo constituído por material condutor. Na blindagem eletrostática, as cargas distribuem-se de maneira uniforme na superfície fechada do condutor, como uma esfera de metal oca ou mesmo uma gaiola metálica. Assim, quando o corpo é eletrizado, pelo princípio da superposição aplicado ao campo elétrico associado a cada pequeno elemento dessa superfície metálica eletrizada, tem-se um campo elétrico nulo no interior do corpo.

Ao colocar, por exemplo, um pêndulo com uma esfera de metal no interior de uma gaiola metálica e aproximar da gaiola um bastão eletrizado, o pêndulo não será atraído pela barra. Isso ocorre porque a aproximação do bastão fará com que a gaiola seja eletrizada por indução e, por isso, o campo elétrico no interior da gaiola será nulo. Sem a gaiola, ocorre a atração, como nas figuras abaixo.

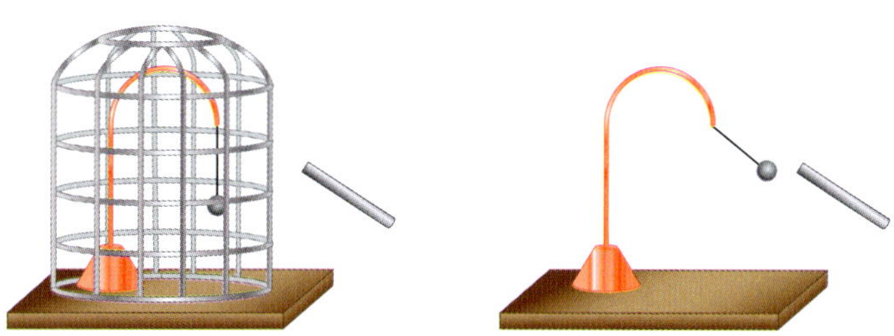
Ilustrações: Setup Bureau/ID/BR

À esquerda, um bastão eletrizado não causa nenhum efeito no pêndulo metálico, por causa da blindagem eletrostática gerada pela gaiola. À direita, sem a gaiola, ocorre a atração.

Um exemplo de aplicação prática da blindagem eletrostática são as redes metálicas que envolvem alguns equipamentos eletrônicos. Essas redes evitam a interferência de campos externos no funcionamento dos equipamentos.

O campo elétrico pode ter sua ação cancelada por meio de uma blindagem eletrostática, enquanto o campo gravitacional não pode ser cancelado de nenhuma maneira. Essa é outra importante diferença entre o campo elétrico e o campo gravitacional.

Ligado ao tema

Gaiola de Faraday

Em 1836, o físico inglês Michael Faraday realizou um experimento para comprovar que as cargas permanecem na superfície de um condutor carregado.

Para isso, entrou em uma gaiola – em formato de cubo – feita com grades metálicas. O cubo foi eletrizado a tal ponto que saíam faíscas de sua superfície. E, mesmo assim, Faraday não conseguiu detectar a presença de campo elétrico no interior do cubo. Dessa maneira, o físico conseguiu comprovar o efeito da blindagem eletrostática. Esse experimento ficou conhecido até hoje como "gaiola de Faraday". A fotografia de abertura deste capítulo foi inspirada neste experimento proposto por Faraday.

Exercício resolvido

26. A fotografia abaixo mostra um recipiente de metal.

Artproem/Shutterstock.com/ID/BR

a) Descreva o processo de eletrização do recipiente no caso de sua região interna ser tocada por um bastão carregado negativamente.

b) Desenhe a distribuição de cargas no recipiente após esse processo de eletrização.

c) Em seguida, uma pequena esfera metálica não eletrizada toca o interior do recipiente. A esfera será eletrizada? Justifique sua resposta.

Resolução

a) Eletrização por contato. As cargas do bastão eletrizado passam para o recipiente de metal e se distribuem por toda a superfície externa dele.

b)

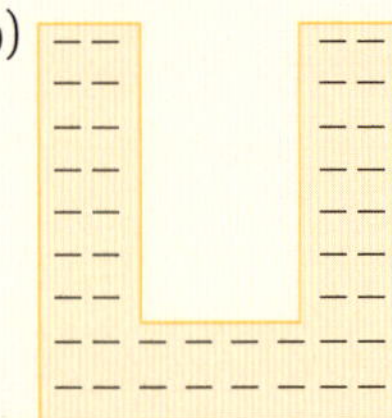

c) A esfera será eletrizada, pois a blindagem eletrostática ocorre no interior de um corpo condutor, desde que não haja contato com o condutor.

Exercícios propostos

27. A fotografia ao lado mostra uma embalagem feita de um plástico especial.

Vladir09/Shutterstock.com/ID/BR

a) Descreva o processo de eletrização do recipiente no caso de sua região interna ser tocada por um bastão carregado negativamente.

b) Em seu caderno, desenhe a distribuição de cargas no recipiente após a eletrização.

c) Descreva como eletrizar uma pequena esfera metálica utilizando esse recipiente após a eletrização.

28. Um pedaço de papel-alumínio é esticado e colocado em um suporte isolante, conforme mostra a figura abaixo.

Um bastão eletrizado positivamente toca uma das extremidades da folha de alumínio.

a) Descreva o processo de eletrização.

b) Copie a figura em seu caderno e desenhe a distribuição de cargas na folha de alumínio.

29. O mesmo sistema montado na questão anterior permanece eletrizado e tem suas extremidades aproximadas, como mostra a figura a seguir.

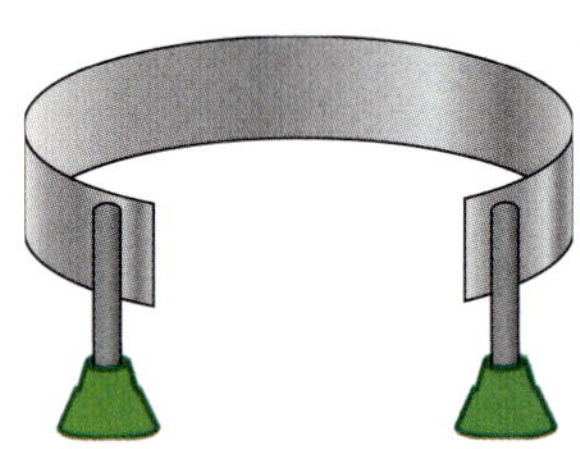

Ilustrações: Setup Bureau/ID/BR

a) Descreva o que ocorre com as cargas elétricas ao aproximar as extremidades do papel-alumínio.

b) Em seu caderno, desenhe a distribuição de cargas do sistema.

c) Proponha um modo de observar as mudanças ocorridas na distribuição de cargas nas duas situações apresentadas.

30. Durante uma tempestade, uma mulher pediu a seu filho que retirasse a gaiola do passarinho da janela, explicando-lhe que, caso caísse um raio, o animal seria fulminado. Julgue se ela estava correta, justificando sua resposta.

Campo elétrico uniforme

Um campo elétrico em uma região do espaço é considerado uniforme quando seu módulo, sua direção e seu sentido são constantes em todos os pontos da região considerada. Essa situação é representada pela distribuição uniforme de linhas de campo, com retas paralelas igualmente espaçadas.

Um campo elétrico com essa configuração pode ser produzido por duas placas metálicas eletrizadas. As cargas distribuem-se igualmente ao longo da região distante das bordas da placa, fazendo com que o campo elétrico fique homogêneo na região próxima ao seu centro (nas bordas ocorrem distorções; assim, o campo não é uniforme nessa região). Na região central, as linhas de campo são representadas por retas perpendiculares à superfície da placa, regularmente espaçadas entre si. Se as cargas da placa forem positivas, as linhas de campo apontam para fora da placa (figura 1); se forem negativas, as linhas de campo apontam para a superfície da placa (figura 2).

Para refletir

Por que o campo elétrico na região externa às placas condutoras paralelas é praticamente nulo?

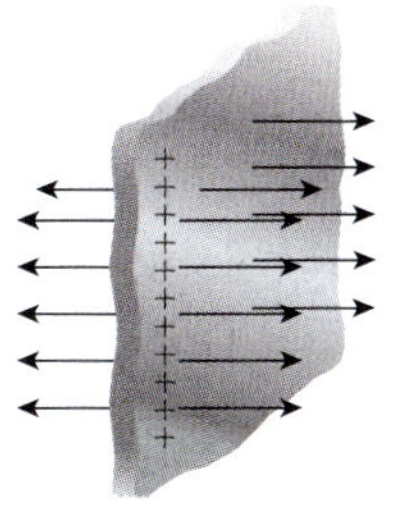

Figura 1. As linhas de campo elétrico uniforme de uma placa condutora eletrizada positivamente são representadas com setas apontando para "fora" da superfície.

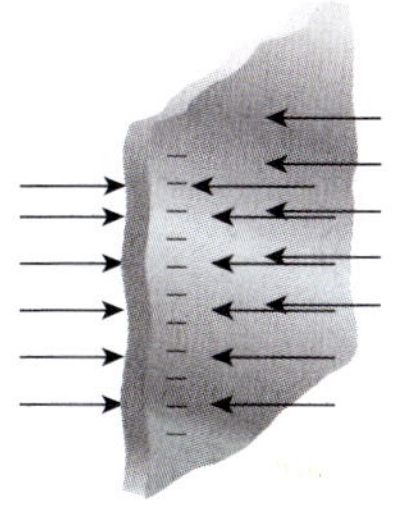

Figura 2. As linhas de campo elétrico uniforme de uma placa condutora eletrizada negativamente são representadas com setas apontando para "dentro" de sua superfície.

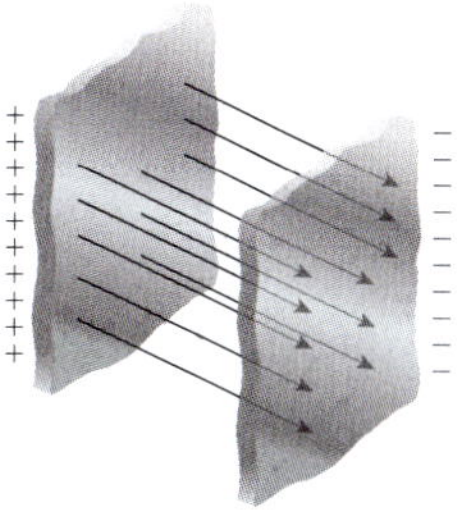

Ilustrações: Setup Bureau/ID/BR

Figura 3. Campo elétrico uniforme entre duas placas condutoras paralelas.

Outra maneira de gerar um campo uniforme é eletrizar duas placas de metal paralelas com sinais opostos. A distância entre as superfícies deve ser menor que suas dimensões, seu comprimento e sua largura, para que sejam diminuídos os efeitos de borda. As linhas de campo continuam sendo representadas por retas perpendiculares às superfícies das placas. As setas "saem" da placa eletrizada positivamente e "chegam" à placa eletrizada negativamente, como mostra a figura 3. O campo elétrico na região externa às duas placas pode ser desprezado.

Uma maneira de descobrir o sinal das partículas carregadas eletricamente consiste em inseri-las em uma região onde há campo elétrico uniforme. Para tanto, lançam-se feixes de partículas eletrizadas na região entre as placas e observa-se a trajetória descrita por eles.

Quando uma carga elétrica se desloca com velocidade constante e penetra em um campo elétrico uniforme, sua trajetória é alterada por causa da força elétrica, como mostram os esquemas a seguir.

Figura 4. Trajetória de uma partícula negativa ao entrar em campo elétrico uniforme.

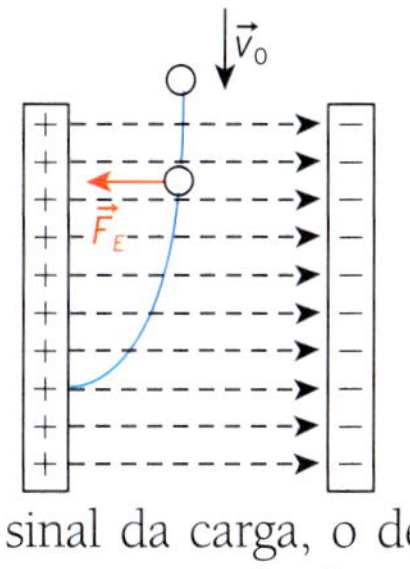

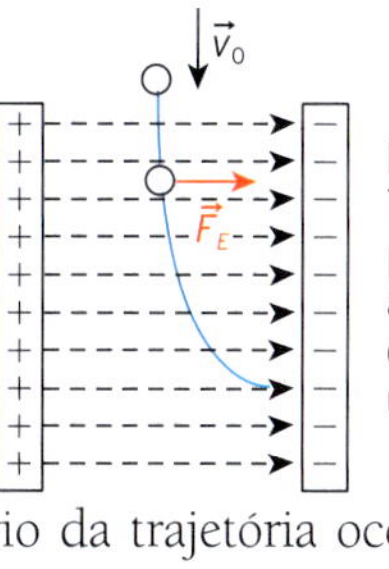

Figura 5. Trajetória de uma partícula positiva ao entrar em campo elétrico uniforme.

Dependendo do sinal da carga, o desvio da trajetória ocorre para um lado ou para outro, e assim é possível saber se a carga é positiva ou negativa. Se não ocorrer nenhuma alteração de trajetória, a partícula em deslocamento é neutra.

Isso ocorre porque, quando uma carga elétrica q é colocada em um campo elétrico, surge uma força elétrica, dada por $\vec{F} = q \cdot \vec{E}$. Essa é uma equação vetorial; isso significa que a direção da força é a mesma do campo, mas o sentido dependerá do sinal da carga q. Como nesse caso o campo elétrico é constante, e a intensidade da força elétrica também é.

Ligado ao tema

Força e campo

Por meio da equação vetorial $\vec{F} = q \cdot \vec{E}$ conclui-se que, se a carga q for positiva, a força elétrica terá o mesmo sentido do campo elétrico, e, se a carga q for negativa, a força terá sentido contrário ao do campo.

Exercício resolvido

31. Uma pequena esfera de massa 1 mg está eletrizada negativamente. Essa esfera é colocada em um campo elétrico uniforme existente entre as placas metálicas planas e paralelas, e permanece em repouso, como mostra a figura. Considere a aceleração da gravidade $g = 10\ m/s^2$.

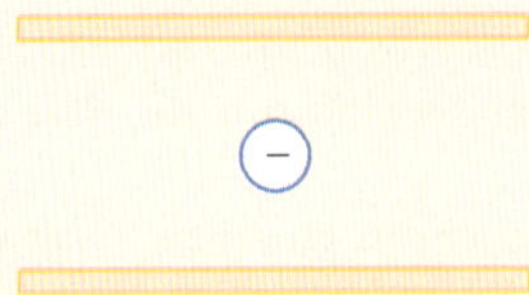

a) Represente todas as forças que atuam na esfera nessa situação.

b) Identifique o sentido das linhas de campo elétrico uniforme e o sinal da carga de cada placa.

c) Calcule o valor da força elétrica que atua na esfera.

d) Considere que a carga é de $-100\ \mu C$ e calcule a intensidade do campo elétrico uniforme entre as placas.

Resolução

a) Há duas forças de mesma intensidade atuando na esfera em sentidos contrários, de modo que ela permanece em repouso: a força peso $\vec{F}_p$, para baixo, e a força elétrica $\vec{F}_e$, para cima.

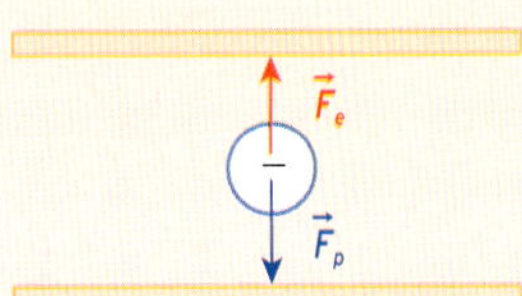

b) A carga é negativa, portanto a placa inferior é negativa e a placa superior é positiva. As linhas de campo "saem" da placa de cima e "dirigem-se" para a de baixo, como mostra a figura. Além disso, para uma esfera carregada negativamente sujeita a um campo elétrico, a força elétrica $\vec{F}_e$ tem sentido oposto ao do campo elétrico.

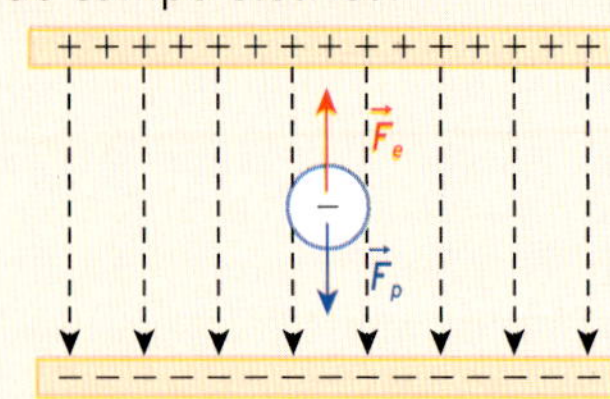

Ilustrações: Setup Bureau/ID/BR

c) O peso da esfera é $F_p = m \cdot g$, em que:

$m = 1\ mg = 1 \cdot 10^{-3}\ g = 1 \cdot 10^{-6}\ kg$

Substituindo os dados, temos:

$F_p = 1 \cdot 10^{-6} \cdot 10 \Rightarrow F_p = 1 \cdot 10^{-5}\ N$

A força elétrica tem módulo igual ao da força peso, $F_e = F_p$. Assim: $F_e = 1 \cdot 10^{-5}\ N$

d) Temos: $|\vec{E}| = \dfrac{|\vec{F}_e|}{|q|}$. Substituindo F_e e q, temos:

$$|\vec{E}| = \frac{1 \cdot 10^{-5}}{100 \cdot 10^{-6}} = \frac{1 \cdot 10^{-5}}{10^{-4}}$$

$$|\vec{E}| = 1 \cdot 10^{-5} \cdot 10^{4}$$

$$|\vec{E}| = 1 \cdot 10^{-1}\ N/C$$

Exercícios propostos

32. Uma pequena esfera de massa 2 g está eletrizada positivamente. Essa esfera está em repouso sob a ação de um campo elétrico uniforme existente entre as placas metálicas planas e paralelas, como mostra a figura. Considere a aceleração da gravidade igual a $10\ m/s^2$.

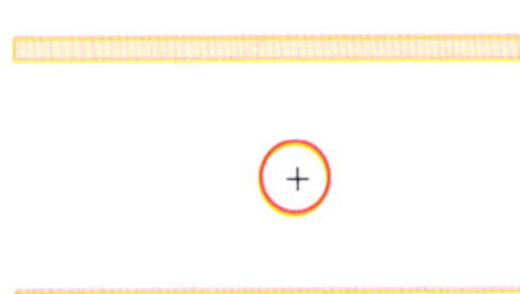

a) Desenhe, em seu caderno, todas as forças que atuam na esfera na situação descrita.

b) Identifique o sentido das linhas de campo elétrico uniforme e a carga de cada placa.

c) Calcule o valor da força elétrica que atua na esfera.

d) Sendo a carga igual a $40\ \mu C$, calcule a intensidade do campo elétrico entre as placas.

33. Quatro tipos de partículas (α, β^-, β^+ e γ) são lançadas com a mesma velocidade em um campo elétrico uniforme, e realizam as trajetórias mostradas na figura a seguir. Partículas α são núcleos de hélio (carga $+2e$), partículas β^- são elétrons, partículas β^+ são pósitrons (antielétrons) e partículas γ são fótons de raios gama. Desconsiderando a força gravitacional, associe cada trajetória numerada na figura com a respectiva partícula, justificando sua resposta.

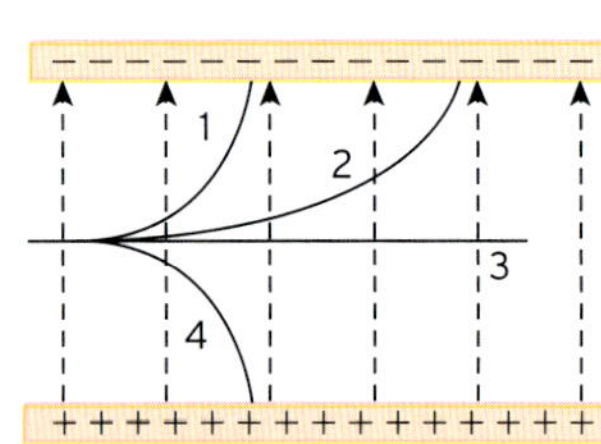

34. Uma partícula eletrizada positivamente e presa por um fio inextensível a uma parede encontra-se na posição mostrada na figura ao lado.

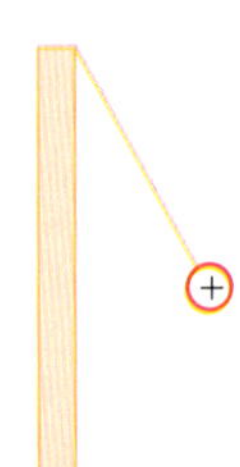

a) Considerando que toda a parede está eletrizada, desenhe em seu caderno o sentido do campo elétrico na esfera.

b) Represente na mesma figura todas as forças que atuam na esfera.

c) Supondo que a esfera tenha massa igual a 1 g e que o ângulo que o fio forma com a parede seja de 30°, calcule a tração no fio. Considere $g = 10\ m/s^2$.

3. Energia potencial elétrica

A analogia entre força elétrica e força gravitacional também pode ser estendida para outras variáveis físicas como o trabalho. Já estudamos que a energia potencial gravitacional é uma forma de se armazenar o trabalho realizado pela força gravitacional em seu campo. Da mesma maneira, o trabalho realizado para deslocar uma carga em um campo elétrico armazena energia potencial elétrica e é expresso pela seguinte expressão:

$$W_F = E_{pi} - E_{pf}$$

Nessa equação, W_F é o trabalho realizado pela força elétrica F; E_{pi} é a energia potencial elétrica na posição inicial da carga elétrica e E_{pf} é a energia potencial elétrica na posição final da carga elétrica.

Tanto a força gravitacional como a força elétrica são conservativas; assim, a energia potencial associada a essas duas situações não depende da trajetória da partícula, mas somente das posições inicial e final.

Uma carga q adquire energia potencial ao ser colocada no ponto P_1 em repouso por uma ação externa. Ao se deslocar de P_1 até P_2, a energia cinética varia, pois sofre a ação de uma força elétrica F, o que resulta em um trabalho W, proporcional ao deslocamento da carga.

Observe as situações a seguir:

Situação 1: carga *q* (pontual) solta em repouso em uma região em que há campo elétrico uniforme	**Situação 2: carga *q* solta em repouso em uma região em que há um campo elétrico de outra carga pontual *Q***
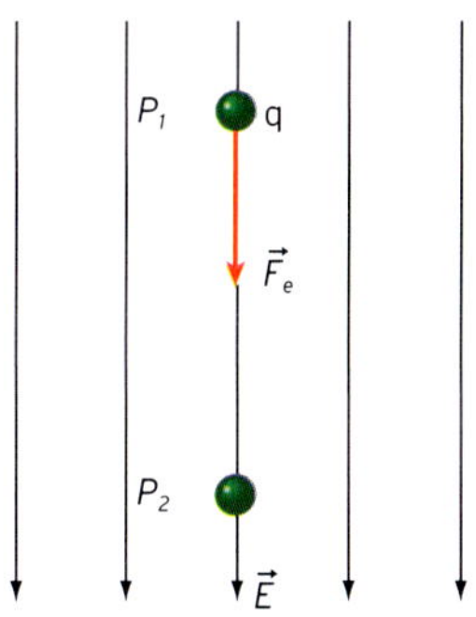	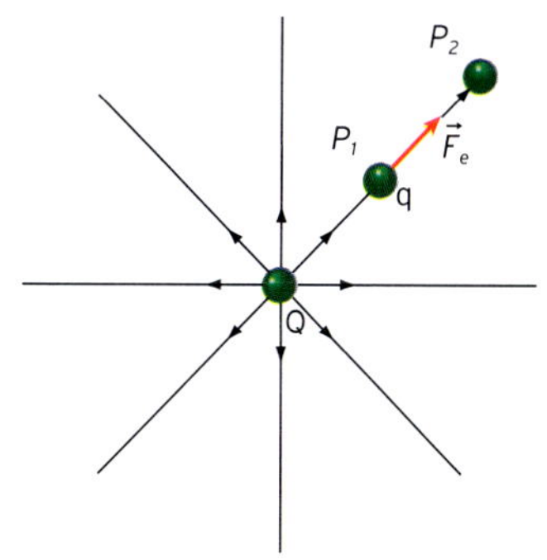
O campo elétrico é uniforme $\Rightarrow$ F constante A energia potencial elétrica é dada por $E_{pi} = q \cdot E \cdot d$ em que q é a carga, E é o campo uniforme e d é o deslocamento entre P_1 e P_2.	O campo elétrico **não** é uniforme. A energia potencial é dada por $E_p = \dfrac{K \cdot Q \cdot q}{d}$ em que K é a constante do meio e d é a distância entre a carga geradora do campo e um determinado ponto. Nessa situação, temos: – caso as cargas tenham sinais iguais, a energia potencial elétrica do sistema é positiva; – caso as cargas tenham sinais diferentes, a energia potencial elétrica final é negativa.

Ilustrações: Setup Bureau/ID/BR

4. Potencial elétrico

O potencial elétrico é uma grandeza escalar utilizada como alternativa para descrever o efeito de cargas elétricas em um campo elétrico. Quando há campo elétrico em uma região, a cada ponto do espaço é associado um potencial elétrico e, consequentemente, há uma diferença de potencial entre dois pontos.

A **diferença de potencial elétrico (ddp)** entre dois pontos, também chamada de **tensão elétrica** ou de voltagem, é igual ao trabalho (por unidade de carga) necessário para deslocar uma carga unitária q entre dois pontos localizados em uma região com campo elétrico.

Essa definição é expressa pela seguinte equação matemática:

$$U_{AB} = \frac{W_{AB}}{q} \quad \text{(tensão entre } A \text{ e } B\text{)}$$

Isto é, a diferença de potencial entre os pontos A e B, devida ao campo elétrico gerado por Q, é definida como a razão entre o trabalho realizado pela força elétrica ao deslocar q de A até B e o valor da carga q.

A unidade de medida da diferença de potencial no SI é o volt (V); e 1 V = 1 J/C.

Essa equação pode ser reescrita na forma $W_{AB} = q \, . \, U_{AB}$. Ou seja, o trabalho para levar a carga q do ponto A ao ponto B é obtido ao multiplicar a carga q pela diferença de potencial entre esses pontos.

Superfícies equipotenciais

Da mesma forma que se usam linhas para representar o campo elétrico, é possível traçar linhas e superfícies que representem o potencial de uma ou mais cargas. Cada uma das superfícies representa pontos em que o potencial tem o mesmo valor, e por isso são denominadas equipotenciais. As superfícies equipotenciais são sempre perpendiculares às linhas de campo (figura 1) e têm valores correspondentes ao potencial ao longo de cada superfície. Quanto mais perto de cargas positivas, maior é o potencial.

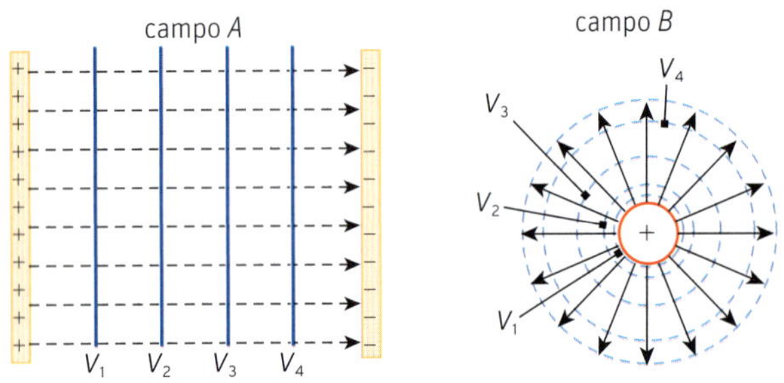

Figura 1. Superfícies equipotenciais em um campo elétrico uniforme (A) e em um campo elétrico não uniforme (B), este produzido por carga pontual. Em A, as superfícies são planos paralelos às placas; em B, as superfícies são esféricas. Nos dois casos as superfícies são perpendiculares ao campo elétrico. As marcações indicam o valor do potencial em cada superfície, sendo $V_1 > V_2 > V_3 > V_4$.

Para calcular a diferença de potencial entre dois pontos ao longo da direção de um campo uniforme (figura 2), parte-se da definição $U = \frac{W}{q}$. Uma vez que a força é constante, pode-se escrever $W = F_e \cdot d = q \cdot E \cdot d$. Substituindo a expressão para U, obtém-se $U = \frac{F_e \cdot d}{q} = \frac{q \cdot E \cdot d}{q}$, e chega-se, então, a:

$$U = E \cdot d$$

A diferença de potencial entre dois pontos ao longo de um campo elétrico uniforme é igual ao produto da intensidade do campo pela distância d que separa os dois pontos. Se forem assumidos dois pontos sobre as placas, d será a distância entre as duas placas e U será a diferença de potencial entre elas.

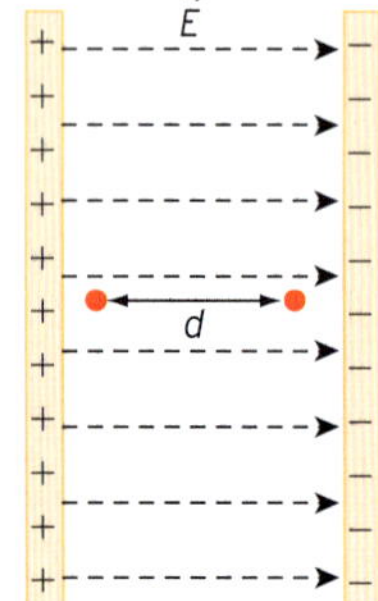

Ilustrações: Setup Bureau/ID/BR

Figura 2. Esquema mostrando dois pontos ao longo da direção de um campo elétrico uniforme, entre os quais se deseja medir a diferença de potencial.

Exercícios resolvidos

35. Duas cargas, $q_1 = 1\ \mu C$ e $q_2 = 2\ \mu C$, são dispostas como mostra a figura. Depois, a carga q_2 é deslocada até a posição final indicada na mesma figura. A distância d_1 é 4 cm e a distância d_2 é 8 cm. Considere: $K = 9 \cdot 10^9\ N \cdot m^2/C^2$

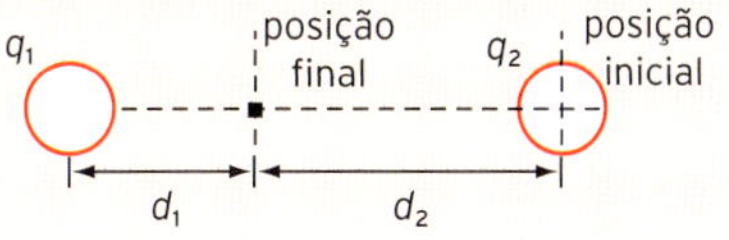

Calcule:

a) a energia potencial do sistema quando q_2 está na posição inicial;

b) a energia potencial do sistema quando q_2 está na posição final;

c) o trabalho realizado pela força externa para deslocar a carga q_2 da posição inicial à posição final;

d) a diferença de potencial entre os pontos inicial e final, devida ao campo de q_1.

Resolução

a) A distância entre q_1 e q_2 na posição inicial é:

$d_i = d_1 + d_2 = (4 + 8)\ cm = 12\ cm = 12 \cdot 10^{-2}\ m$

Para calcular a energia potencial inicial, aplicamos a equação: $E_{P_i} = \dfrac{K \cdot q_1 \cdot q_2}{d_i}$

Substituindo os valores, temos:

$$E_P = \frac{9 \cdot 10^9 \cdot 1 \cdot 10^{-6} \cdot 2 \cdot 10^{-6}}{12 \cdot 10^{-2}} = \frac{18 \cdot 10^{-3}}{12 \cdot 10^{-2}} =$$
$$= 1{,}5 \cdot \frac{10^{-3}}{10^{-2}} = 1{,}5 \cdot 10^{-3} \cdot 10^2$$

Portanto: $E_{P_i} = 1{,}5 \cdot 10^{-1}\ J$

b) A distância entre q_1 e q_2 na posição final é:

$d_f = 4\ cm = 4 \cdot 10^{-2}\ m$

Para calcular a energia potencial final, usamos a equação $E_{P_f} = \dfrac{K \cdot q_1 \cdot q_2}{D_f}$ e substituímos os valores.

$$E_{P_f} = \frac{9 \cdot 10^9 \cdot 1 \cdot 10^{-6} \cdot 2 \cdot 10^{-6}}{4 \cdot 10^{-2}} = \frac{18 \cdot 10^{-3}}{4 \cdot 10^{-2}} =$$
$$= 4{,}5 \cdot \frac{10^{-3}}{10^{-2}} = 4{,}5 \cdot 10^{-1}$$

Portanto: $E_{P_f} = 4{,}5 \cdot 10^{-1}\ J$

c) O trabalho realizado pela força externa para deslocar q_2 entre a posição inicial e a final é dado por:

$W = E_{P_f} - E_{P_i}$

$W = 4{,}5 \cdot 10^{-1} - 1{,}5 \cdot 10^{-1} = 3{,}0 \cdot 10^{-1}\ J$

d) A diferença de potencial entre os pontos inicial e final é $U = \dfrac{W}{q_2}$. Substituindo os valores, temos:

$$U = \frac{3{,}0 \cdot 10^{-1}}{2{,}0 \cdot 10^{-6}} = 1{,}5 \cdot \frac{10^{-1}}{10^{-6}} = 1{,}5 \cdot 10^5$$

Portanto: $U = 1{,}5 \cdot 10^5\ V$

36. Considere um campo elétrico uniforme representado pela figura a seguir.

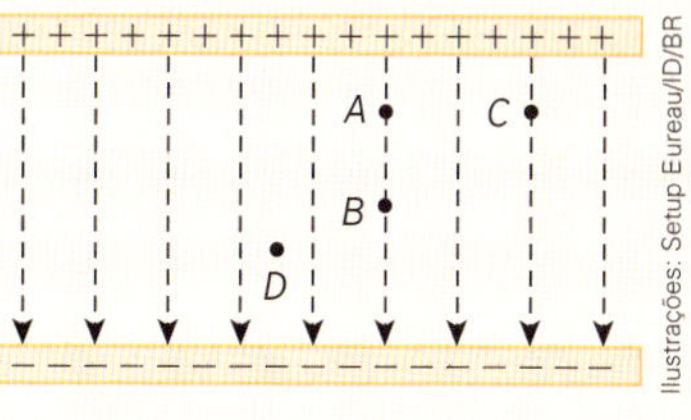

Ilustrações: Setup Eureau/ID/BR

a) Identifique dois pontos com o mesmo potencial.

b) Coloque os pontos em ordem crescente de potencial.

Resolução

a) Os pontos com o mesmo potencial estão a distâncias iguais em relação às placas. São os pontos *A* e *C*.

b) Para colocar os pontos em ordem crescente de potencial, consideramos somente a distância deles à placa negativa. Quanto maior a distância, maior o potencial. Assim, em ordem crescente, tem-se $U_D < U_B < U_A = U_C$.

Exercícios propostos

37. Duas cargas, $q_1 = -3\ \mu C$ e $q_2 = 5\ \mu C$, são dispostas como mostra a figura. Em seguida, a carga q_2 é deslocada até a posição final indicada. A distância d_1 é 9 cm e d_2 é 11 cm. Considere $K = 9 \cdot 10^9\ N \cdot m^2/C^2$.

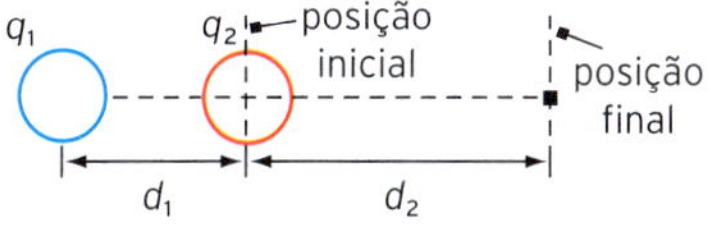

a) Calcule a energia potencial do sistema quando q_2 está na posição inicial.

b) Calcule a energia potencial do sistema quando q_2 está na posição final.

c) Calcule o trabalho realizado pela força externa para deslocar a carga q_2 da posição inicial à posição final.

d) Calcule a diferença de potencial entre os pontos inicial e final devida ao campo de q_1.

38. Aplicando o princípio de conservação de energia, julgue se, para construir uma pilha, é necessário fornecer ou receber energia.

39. Calcule a diferença de potencial entre duas placas carregadas com sinais opostos colocadas a 40 cm uma da outra. O campo elétrico em seu interior é constante e igual a 2 V/m.

Integre o aprendizado

40. Responda se cada uma das afirmações a seguir é falsa ou verdadeira.

a) Somente é possível definir uma energia potencial elétrica porque o campo elétrico de uma carga puntiforme é conservativo.

b) Como o campo elétrico de uma carga é conservativo, pode-se utilizar a expressão $W = F \cdot d$ para calcular o trabalho, mesmo que a força em questão não seja constante.

c) Em um campo elétrico uniforme, a expressão $W = F \cdot d$ pode ser utilizada para calcular o trabalho efetuado pela força elétrica ao deslocar uma partícula.

41. Calcule a distância entre duas placas carregadas com sinais opostos, sendo o campo elétrico em seu interior constante e igual a 2 V/m e a diferença de potencial 1 V.

42. Observe a figura a seguir, representando um campo elétrico produzido por uma carga pontual.

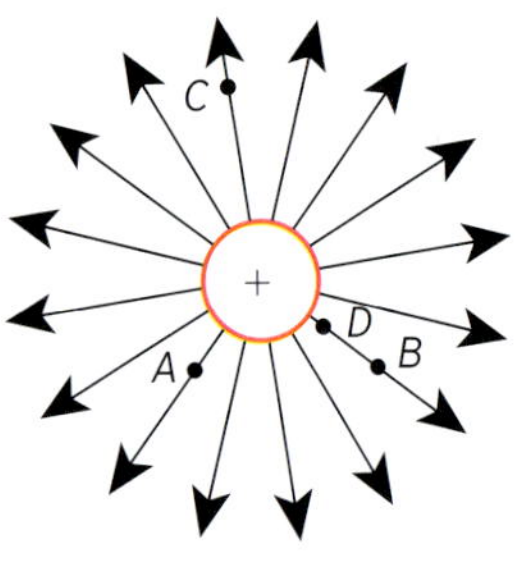

a) Desenhe, na figura, as linhas equipotenciais.

b) Escreva os pontos em ordem decrescente de tensão.

c) Faça os itens anteriores considerando uma carga negativa.

43. A figura representa uma bateria de carro. Trace as linhas de campo entre os dois polos indicados.

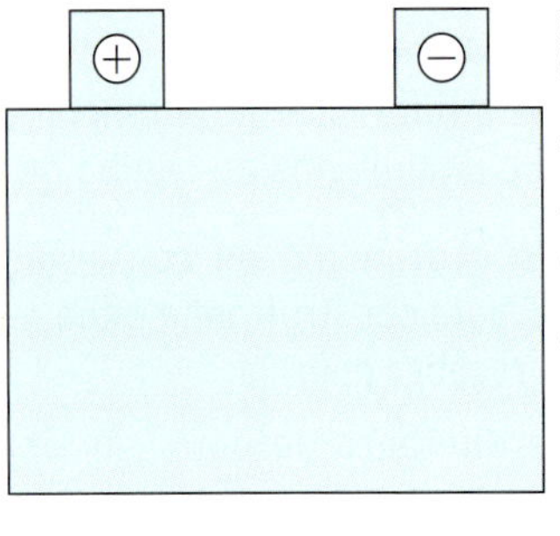

Ilustrações: Setup Bureau/ID/BR

44. Justifique a afirmativa: "Duas linhas de campo elétrico não podem se cruzar".

45. Observe o gráfico abaixo e responda às questões a seguir.

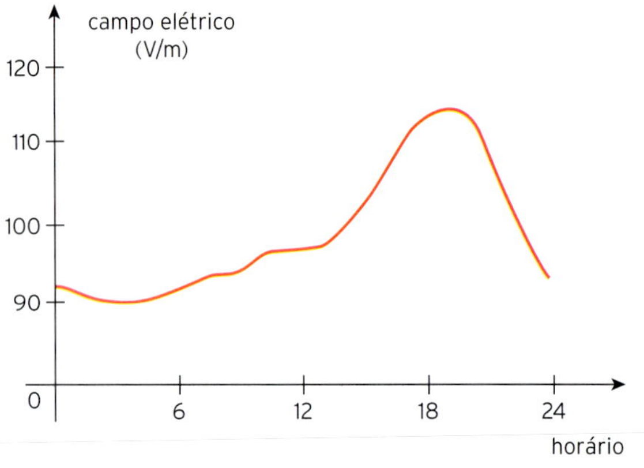

Fonte de pesquisa: A curiosa curva de Carnegie. Disponível em: <http://www.seara.ufc.br/tintim/fisica/tempestades/tempestade2.htm>. Acesso em: 13 maio 2013.

Essa curva foi o resultado de medidas feitas, nos anos 1920, por pesquisadores do navio estadunidense Carnegie. Ela mede a variação média do campo elétrico em uma posição qualquer da Terra, durante um dia típico, de tempo bom.

O eixo horizontal mostra o horário no meridiano de Greenwich, e o vertical mostra o valor do campo elétrico em um ponto na superfície dos oceanos.

a) Identifique o horário de Greenwich em que acontece a maior intensidade do campo elétrico.

b) Indique o valor do campo elétrico máximo ao longo do dia.

c) Identifique o horário de Greenwich em que acontece a menor intensidade do campo elétrico.

d) Indique o valor do campo elétrico mínimo ao longo do dia.

46. Explique a diferença entre campo elétrico e força elétrica.

47. Relacione as principais diferenças e semelhanças entre a força gravitacional e a força elétrica.

48. Na figura a seguir, o ponto A está equidistante das cargas q_1 e q_2. Nesse ponto há um campo elétrico resultante, como indicado na figura.

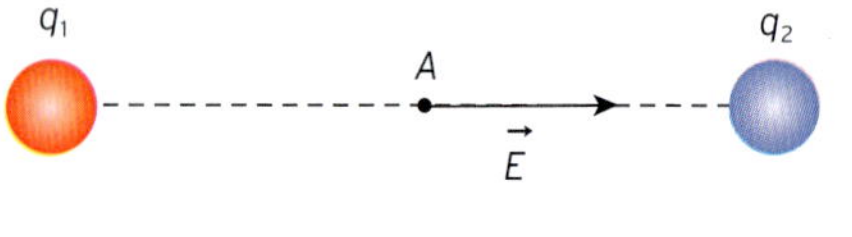

a) Elabore hipóteses para os possíveis sinais das cargas q_1 e q_2.

b) Identifique uma configuração de sinais incompatível com o campo elétrico da figura dada.

49. Obtenha o campo elétrico gerado no ponto *A* da figura pela presença das cargas $q_1 = 2$ nC, $q_2 = -3$ nC e $q_3 = 1$ nC. Forneça módulo, direção e sentido do vetor campo elétrico resultante.

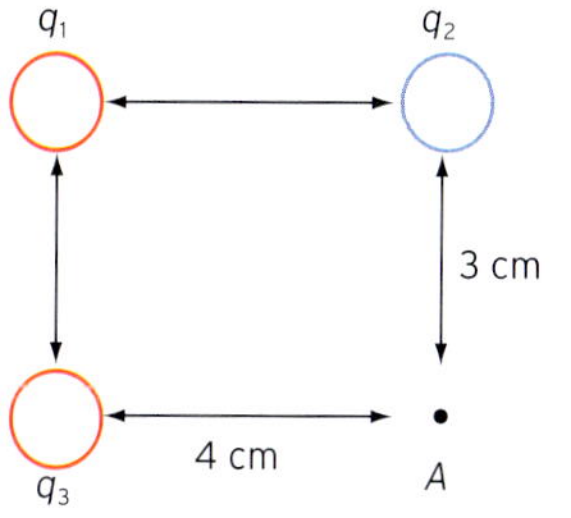

50. Faça o gráfico da intensidade do campo elétrico de uma carga puntiforme em função da distância.

51. Observe a figura a seguir. Considerando que a esfera tem 1 m de raio e a carga é igual a 50 C, calcule o campo elétrico em um ponto a uma distância de 2 m da superfície da esfera.

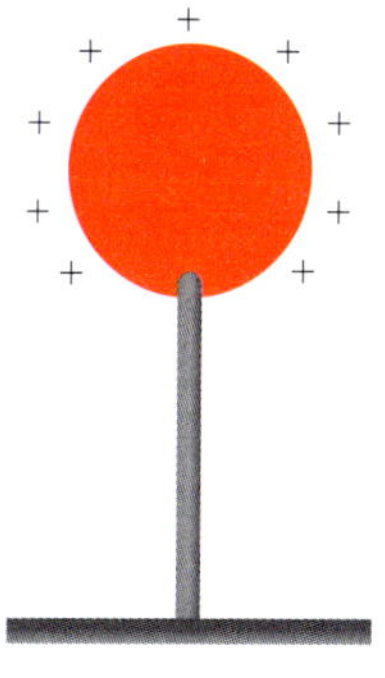

52. Um pêndulo com uma pequena esfera carregada negativamente é colocado entre duas placas eletrizadas, como mostra a figura. Copie a figura em seu caderno e faça o que se pede nos itens a seguir.

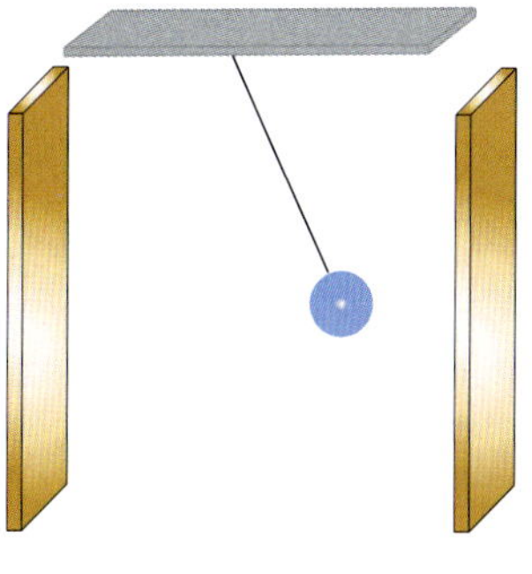

a) Identifique o sinal de cada placa eletrizada.

b) Desenhe as linhas de campo.

c) Indique todas as forças que atuam na esfera.

d) Elabore hipóteses sobre o que pode ocorrer se o fio do pêndulo for cortado.

53. A figura a seguir mostra o resultado de um exame para detectar anemia falciforme, doença causada por alterações na hemoglobina, proteína responsável pela coloração vermelha do sangue e o principal constituinte das hemácias, ou glóbulos vermelhos.

O exame é chamado de eletroforese em fronteiras movediças e consiste na aplicação de um campo elétrico nas moléculas de hemoglobina de uma amostra sanguínea. A hemoglobina de uma pessoa normal, quando submetida à ação do campo elétrico, desloca-se mais rapidamente que a de uma pessoa portadora de anemia falciforme.

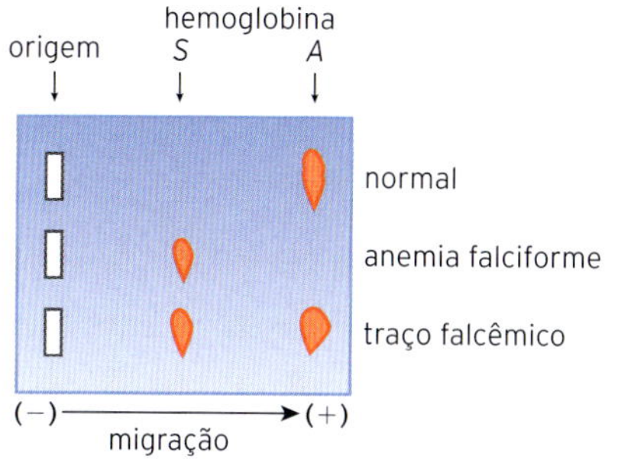

Disponível em: <http://cienciahoje.uol.com.br/colunas/deriva-genetica/anemia-falciforme-uma-doenca-molecular/?searchterm=anemia falciforme>. Acesso em: 13 maio 2013.

a) Levante hipóteses sobre o tipo de campo elétrico aplicado nesse exame. Justifique sua resposta.

b) Desenhe as linhas do campo aplicado.

c) A hemoglobina tem carga elétrica? Justifique sua resposta.

54. Em um gerador Van der Graaff, uma correia gira em alta rotação e atrita uma espécie de pente para eletrizá-lo. Esse pente está conectado a uma cúpula metálica que se torna eletrizada à medida que a correia gira, como mostra a figura.

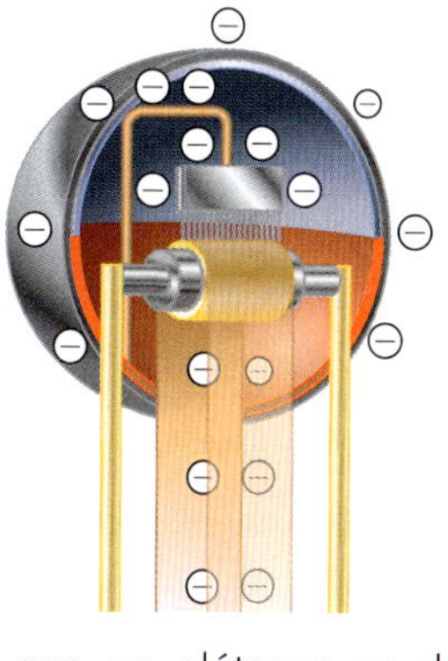

Ilustrações: Setup Bureau/ID/BR

a) Explique por que os elétrons se deslocam do pente eletrizado para a cúpula de metal.

b) Discorra sobre a intensidade do campo elétrico no interior da esfera depois que a correia é desligada, justificando seus argumentos.

Integre o aprendizado

55. Dê exemplos de objetos que podem funcionar como blindagens eletrostáticas.

56. Dê exemplos de objetos que usam blindagem eletrostática para funcionarem melhor.

57. A figura mostra o campo elétrico entre uma esfera e uma placa carregadas, bem como as linhas equipotenciais. A diferença de potencial entre duas linhas adjacentes é 5 V. Considere a carga do elétron igual a $1,6 \cdot 10^{-19}$ C.

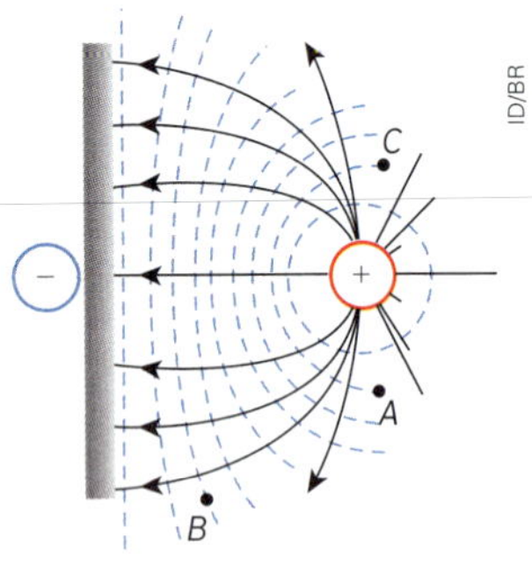

a) Determine o trabalho que deve ser efetuado para deslocar um elétron do ponto *A* para o ponto *B*.

b) Calcule o trabalho que deve ser realizado para deslocar o elétron do ponto *A* para o ponto *C*.

58. O texto a seguir foi retirado de uma obra de ficção do escritor italiano Italo Calvino e narra um dos encontros entre o explorador veneziano Marco Polo (1254-1324) e o imperador Kublai Khan. No texto, Marco Polo descreve ao imperador as cidades por ele visitadas.

> Ao retornar de sua última missão, Marco Polo encontrou o Khan à sua espera, sentado diante de um tabuleiro de xadrez. Com um gesto, convidou-o a sentar à sua frente e descrever-lhe as cidades que visitara apenas com o auxílio do xadrez. O veneziano não se desesperou. O xadrez do Grande Khan era composto de grandes peças de marfim polido: dispondo sobre o tabuleiro torres ameaçadoras e cavalos sombrios, condensando uma grande quantidade de peças, traçando avenidas retas ou oblíquas como os movimentos da rainha, Marco recriava as perspectivas e os espaços de cidades brancas e pretas em noites de lua.
>
> Ao contemplar essas paisagens essenciais, Kublai refletia sobre a ordem invisível que governava a cidade, sobre as regras a que respondiam o seu surgir e formar-se e prosperar e adaptar-se às estações e definhar e cair em decadência. Às vezes, parecia-lhe estar prestes a descobrir um sistema coerente e harmônico que estava por trás das infinitas deformidades e desarmonias, mas nenhum modelo resistia à comparação com o jogo de xadrez.
>
> Pode ser que, em vez de insistir em evocar com o magro auxílio de peças de marfim visões de qualquer modo destinadas ao esquecimento, bastasse jogar uma partida segundo as regras e contemplar cada um dos estados sucessivos do tabuleiro como uma das inúmeras formas em que o sistema de formas se organiza e se destrói.
>
> CALVINO, I. *As cidades invisíveis*. São Paulo: Companhia das Letras, 1990. p. 112.

a) Identifique a comparação realizada ao longo do texto.

b) Crie uma analogia entre o jogo de xadrez, o conceito de campo e o conceito de força.

59. Pilhas e baterias são muito úteis e práticas. Existe, porém, um problema: a contaminação do meio ambiente causada pelo descarte inadequado desses produtos. Faça uma pesquisa sobre esse tema, seguindo o roteiro abaixo.

- Entre em contato com o serviço de abastecimento de água e de processamento de lixo da sua cidade e investigue os riscos de se jogarem pilhas e baterias em lixo comum.
- Procure conhecer a avaliação da água distribuída na região da sua escola. Veja se é feito algum tipo de teste para identificar a presença de substâncias prejudiciais à saúde, como os metais pesados. Pergunte se pilhas e baterias podem contaminar a água fornecida às pessoas que moram no seu bairro.
- Observando embalagens de pilhas e baterias, verifique as especificações técnicas descritas. Procure identificar quais são os produtos químicos contidos nesses dispositivos.
- Veja se as embalagens apresentam algum tipo de recomendação para o descarte desses materiais após o uso. Avalie essas instruções e julgue se são objetivas, se podem ser facilmente seguidas e se existe mais de uma maneira de descarte do material.
- Caso essas instruções não constem na embalagem, você pode entrar em contato com as empresas fabricantes. A maior parte das grandes empresas possui serviço de atendimento ao consumidor por meio de telefone ou de um *site*. Pergunte sobre as recomendações para o descarte desse material.
- Organize uma campanha em sua escola com o objetivo de informar sobre os riscos de descartar pilhas e baterias em locais inadequados e de criar algum tipo de coleta seletiva desses materiais em conjunto com empresas, com a administração local e com organizações não governamentais.

60. A imagem de satélite a seguir mostra as regiões mais atingidas por raios no Brasil.

Densidade de queda de raios em alguns estados brasileiros

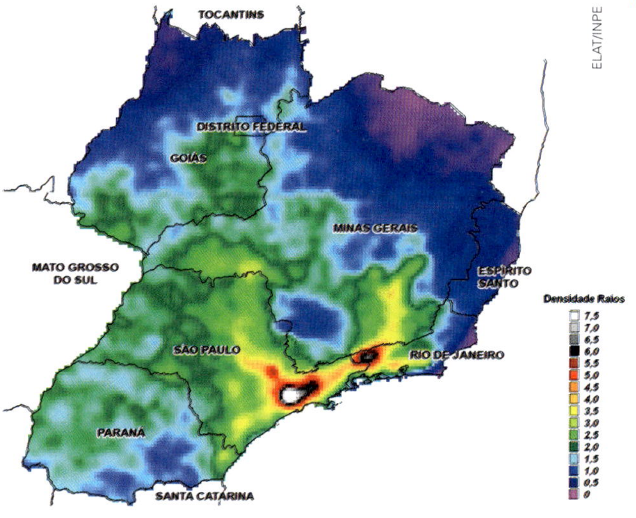

Fonte de pesquisa: Inpe. Disponível em: <http://www.ons.org.br/newsletters/informativos/jun2012/32-materia03.html>. Acesso em: 1º jun. 2013.

O Brasil é o país onde caem mais raios, com uma média de três raios a cada segundo, espalhados por todo o país. Como consequência desse fenômeno, pessoas são atingidas por violentas descargas elétricas, que muitas vezes podem causar a morte.

Observe o mapa e faça o que é solicitado nos itens abaixo.

a) Identifique no mapa as regiões em que caem mais raios no país.

b) Faça um conjunto de suposições que explique uma alta incidência de raios em determinada região. Considere o clima, o relevo, a presença de árvores e todas as variáveis que julgar relevantes.

c) Pesquise os locais mais atingidos por raios em sua cidade, elaborando hipóteses para explicar a maior incidência nesses locais.

61. O desenvolvimento sustentável tem como objetivo satisfazer as necessidades humanas sem comprometer o bem-estar das futuras gerações. Portanto, a sustentabilidade depende da integração de princípios ecológicos e econômicos, para assegurar a exploração racional dos recursos naturais sem degradar e desequilibrar o meio ambiente. Mais do que uma meta a ser alcançada por todos os povos do planeta, a sustentabilidade deve se manifestar nas pequenas ações do cotidiano, nas tarefas simples do dia a dia. Nesse sentido, a campanha dos 3R — **reduzir** o consumo, **reciclar** os materiais e **reutilizar** os objetos — pode servir de base para gerar ações sustentáveis.

Trabalhe com seu grupo.

a) Pense em situações do cotidiano que podem ser realizadas levando-se em conta a sustentabilidade. Não se esqueça de relatar propostas voltadas à diminuição do consumo de energia elétrica em casa e na escola.

b) Pesquise o que significa Mercado de Desenvolvimento Limpo (MDL) e como ele funciona. Verifique se sua cidade utiliza ou já utilizou o MDL. Se sim, dê exemplos. Caso contrário, avalie com o professor a possibilidade de um contato pessoal (de representantes da classe) ou por carta ou *e-mail* com a prefeitura para levar a ideia de implantação desse recurso, até mesmo como projeto de lei no município.

c) Apresente à classe as sugestões de atitudes sustentáveis na escola e em casa. Avalie com os outros grupos o encaminhamento que foi dado ao MDL.

De volta para o começo

1. Retome as respostas que você deu às questões propostas na seção *Primeiras anotações*, na abertura deste capítulo. Que alterações você faria naquelas respostas?
2. O que aconteceria com os passageiros e os tripulantes de um avião se, durante uma tempestade, a aeronave fosse atingida por um raio em pleno voo? E se, ao ser atingido, o avião estivesse no solo, o que aconteceria com as pessoas em seu interior? Nesse caso, se uma ave estiver pousada na parte externa do avião (na asa, por exemplo), o que aconteceria com ela? Explique suas respostas.
3. Durante uma tempestade, as pessoas que estão dentro de um carro podem ser atingidas por um raio? Por quê?

Cientistas de todos os tempos – Alessandro Volta

Em fins do século XVIII, um novo ramo da Física fascinava os pesquisadores: a eletricidade. Era estranho que dois corpos pudessem atrair um ao outro só porque tinham sido friccionados, gerando aquele "fluido misterioso" chamado eletricidade.

Para a sociedade de então, eram experiências que lembravam a magia; mas os físicos desconfiavam que o estudo de tais fenômenos, que pareciam ser governados por leis bem determinadas, abriria caminho a novos conhecimentos vastos e interessantes. Já vislumbravam relações entre os fenômenos elétricos e a Química [...].

As experiências, contudo, apresentavam grandes dificuldades, principalmente porque só se sabia produzir eletricidade friccionando dois corpos entre si. Com essa operação, de fato, se obtém a separação de cargas elétricas superficiais, ou seja, um dos corpos passa a ter elétrons em excesso e no outro há falta deles. A diferença de eletrização resultante (negativa no primeiro e positiva no segundo) é demonstrada pela atração que se verifica entre os dois corpos.

Na época, ainda não se havia conseguido produzir a eletricidade de modo constante, com corrente fluindo continuamente através de um condutor. Existiam máquinas eletrostáticas rudimentares que serviam apenas para um número limitado de experiências. [...]

Foi Alessandro Volta, físico italiano, quem aprofundou os estudos dos fenômenos elétricos e conseguiu gerar eletricidade por meio de reações químicas. Construiu um estranho aparelho com moedas de cobre, discos de zinco e discos de feltro banhados com uma solução ácida, que servia para produzir com continuidade um movimento de cargas elétricas através de um condutor. Esse aparelho, chamado pilha porque as moedas de cobre, os discos de feltro e os discos de zinco eram empilhados uns sobre os outros, descortinava novos horizontes à pesquisa dos fenômenos elétricos, permitindo a realização de novas experiências.

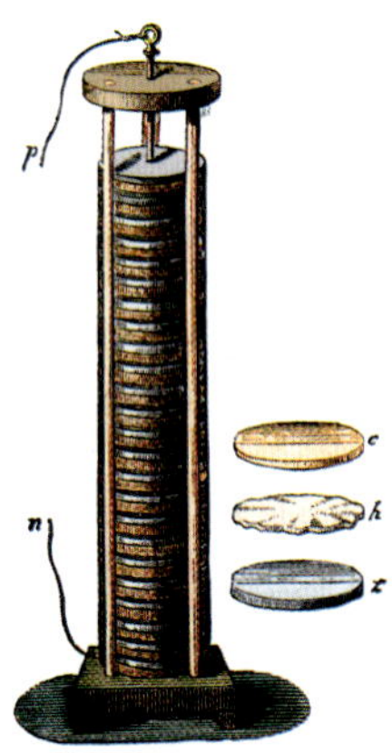

Sheila Terry/SPL/Latinstock

Pilha de Volta, ilustração de Tessander Gaston, 1850.

[...]

Alessandro Volta nasceu em Como, [...] cidade próxima de Milão, na Itália, em 18 de fevereiro de 1745. [...]

Com apenas dezesseis anos abandona o Colégio dos Jesuítas, em Como, e prossegue seus estudos sozinho [...]. Com dezoito anos, Volta marca sua primeira presença: escreve uma carta ao físico G.A. Nollet, na qual exprime sua convicção de que os fenômenos elétricos podiam ser atribuídos a forças de atração de tipo semelhante àquelas gravitacionais, já descritas por Newton. [...]

No ano seguinte anuncia a invenção do eudiômetro (que ainda hoje é lembrado com seu nome). Neste aparelho provoca-se a reação entre compostos gasosos por meio de uma centelha elétrica – invenção que prenunciava o advento do motor a explosão [...]. Hoje, tal aparelho é encontrado nos laboratórios das escolas para demonstrar a lei com que se unem hidrogênio e oxigênio para formar a água. Mas naquela época servia para demonstrar a validade das leis das proporções definidas e para estudar as leis dos gases. De fato, Volta determinou a lei segundo a qual um gás se dilata quando é aquecido, participando, com Gay Lussac, das glórias da observação.

Em 1776, descobriu o metano, gás que havia visto emanar em fermentações subaquáticas dos pântanos. [...]

Coleção Particular. Fotografia: The Bridgeman Art Library/Keystone

Volta faz demonstrações da pilha para Napoleão. Litogravura de 1901, autor desconhecido.

Esta descoberta [da pilha] tornou-o definitivamente uma celebridade: em 1801 foi recebido por Napoleão, que desejava ver o aparelho. [...] retirou-se da vida ativa para morar em Cammago, onde morreu em 1827.

Disponível em: <http://www.feiradeciencias.com.br/cientistas/volta.asp>. Acesso em: 3 jul. 2014.

Compreender e relacionar

1. Cite algumas descobertas feitas por Volta.
2. Descreva a pilha de Volta e comente a importância dessa descoberta.

O potencial de repouso de uma célula

Entre o líquido no interior de uma célula e o fluido extracelular há uma diferença de potencial elétrico denominada *potencial de membrana*. Esse potencial pode ser medido ligando-se, por meio de microeletrodos, os polos de um medidor de voltagem ao interior de uma célula (ponto *A*), e ao líquido extracelular (ponto *B*), como mostra a figura 1. Esses eletrodos são, em geral, capilares de vidro, com uma ponta de menos de 1 μm de diâmetro, contendo uma solução condutora de $KC\ell$. Essa solução está em contato com um medidor de voltagem por meio de um fio metálico. A figura 2 mostra o resultado de uma experiência típica para medir a diferença de potencial elétrico entre as partes externa e interna de uma célula. Para isso, colocam-se, inicialmente, os eletrodos *A* e *B* no líquido extracelular. A seguir o eletrodo *A* é colocado no interior da célula. O deslocamento do eletrodo *A* é indicado na figura 2 pela variação de *x*, coordenada na direção perpendicular à membrana de espessura *d*.

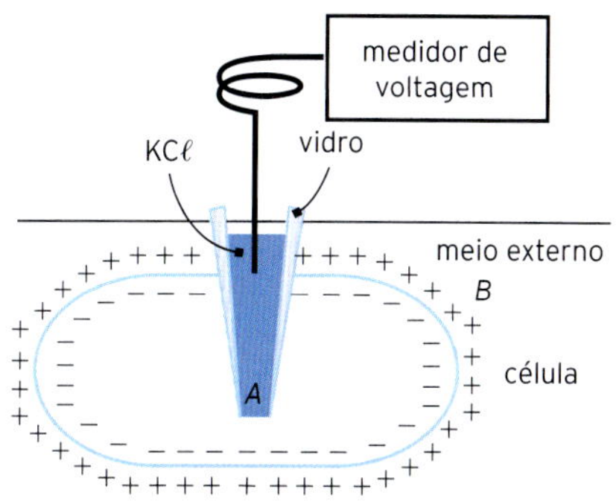

Figura 1. Esquema do medidor de voltagem no interior da célula.

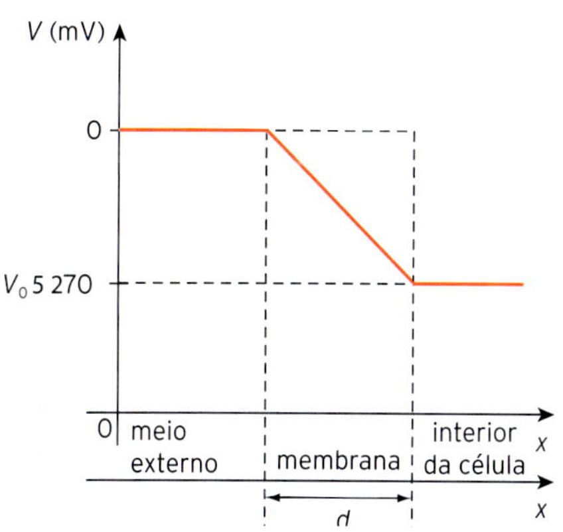

Figura 2. Potencial de repouso de uma célula.

Quando as pontas dos dois eletrodos estão no meio externo, a diferença de potencial medida ΔV é nula, indicando que o potencial elétrico é o mesmo em qualquer ponto desse meio. O mesmo aconteceria se os dois eletrodos pudessem ser colocados no interior da célula, pois ambos os meios são condutores. O potencial elétrico do fluido extracelular, por convenção, é considerado nulo e *V* é o potencial no interior da membrana. Assim, a diferença de potencial ΔV entre os dois meios é: $\Delta V = V - 0 = V$.

Quando a ponta do eletrodo *A* penetra na célula, o potencial elétrico *V* diminui bruscamente para −70 mV, como indica a figura 2.

Na maioria das células, o potencial da membrana *V* permanece inalterado, desde que não haja influências externas. Quando a célula se encontra nessa condição, dá-se ao potencial de membrana *V* a designação de *potencial de repouso*, representado por V_0. Numa célula nervosa ou muscular, o potencial de repouso é sempre negativo, apresentando um valor constante e característico. Nas fibras nervosas e musculares dos animais de sangue quente, os potenciais de repouso se situam entre −55 mV e −100 mV. Nas fibras dos músculos lisos, os potenciais de repouso estão entre −30 mV e −55 mV.

O potencial *V*, mostrado na figura 2, é constante dentro e fora da célula, devendo, portanto, variar no interior da membrana. Nessa figura, a variação linear de *V* dentro da membrana é apenas hipotética, baseada em considerações físicas. [...]

Essa variação não pode ser medida, pois a espessura da membrana é bem menor que o diâmetro da ponta do microeletrodo. A partir da fórmula: $E = \frac{-\Delta V}{\Delta x}$, pode-se calcular o campo elétrico existente nessas regiões. Dentro e fora da célula, o campo elétrico é nulo: $E = 0$, pois nessas regiões $\Delta V = 0$.

Na membrana o campo elétrico é:

$$E = -\frac{V_0}{d} = \frac{70\ \text{mV}}{80\ \text{Å}} = \frac{70 \cdot 10^{-3}\ \text{V}}{80 \cdot 10^{-10}\ \text{m}} = 8{,}8 \cdot 10^{6}\ \text{N/C},$$

em que $d = 80$ Å é a espessura da membrana. [...]

A carga elétrica de um íon monovalente, como os existentes dentro e fora da célula, é:

$$q = 1e = 1{,}6 \cdot 10^{-19}\ \text{C}.$$

A força elétrica exercida em um desses íons no interior da membrana é: $F = q \cdot E = 1{,}4 \cdot 10^{-12}$ N. Essa força é muito mais intensa que o peso desses íons.

Okuno, E.; Caldas, I.; Chow, C. *Física para Ciências Biológicas e Biomédicas*. São Paulo: Harper e Row do Brasil, 1982. p. 357 e 358.

De acordo com o texto

1. Defina e diferencie potencial de membrana e potencial de repouso de uma célula.
2. Identifique os símbolos usados no texto para representar potencial e diferença de potencial.
3. Explique por que é possível adotar como convenção que o potencial no fluido extracelular é nulo.

Percebendo o campo elétrico

Participantes: três alunos.

Objetivo: Observar fenômenos que envolvem o campo elétrico.

Material:

- **Primeira parte** — Uma caixa de 1 litro de leite vazia, um prego, um canudinho de refrigerante, um balão de festa, água.
- **Segunda parte** — Uma lata metálica, como a de uma embalagem de leite em pó, tiras de papel de seda usadas para embalar bala de coco, fita adesiva, balão de festa.
- **Terceira parte** — Um pêndulo eletrostático de um disco de papel-alumínio como o feito no experimento do capítulo anterior, um balão de festa e a lata metálica.

A Procedimento

Primeira parte: Controlando a direção de um filete de água

1. Abra a parte de cima da caixa de leite para facilitar a colocação da água. Com o prego, faça um furo na parte mais baixa da caixa e coloque um pedaço do canudinho de refrigerante, de modo que direcione o fluxo da água (figura 1).

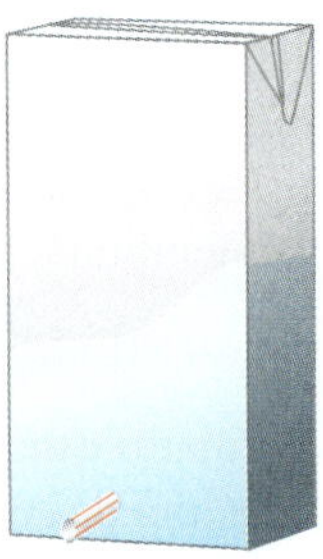

Figura 1

Ilustrações: Setup Bureau/ID/BR

2. Encha um balão de festa com ar e a caixa de leite com água, impedindo com o dedo que a água escoe pelo canudinho. Enquanto isso, um colega eletriza o balão cheio atritando-o nos cabelos.
3. Coloque a caixa de leite sobre uma mesa e tire o dedo do canudinho, deixando a água escoar. Em seguida, aproxime o balão eletrizado do filete de água, movendo-o em torno do filete e observe o que acontece. Procure elaborar uma explicação para o fenômeno observado com seu grupo usando os conceitos de carga elétrica e de campo elétrico.
4. Se quiser ser mais arrojado, encha um segundo balão de festa, eletrize-o e faça a água se curvar enquanto escoa da caixa.

Segunda parte: O campo elétrico em um condutor carregado

5. Cole as tiras de papel de seda na superfície de metal, por dentro e por fora da lata. As tiras devem ser coladas apenas pela sua extremidade superior, de maneira que o restante da tira fique livre para se movimentar (figura 2).

Figura 2

6. Coloque inicialmente a lata sobre o chão. Com o balão cheio, eletrize-o por atrito e, em seguida, encoste-o na lata para eletrizá-la por contato. Observe o que acontece com os papéis de seda no interior e no exterior da lata.
7. Agora repita o procedimento anterior, mas antes coloque a lata sobre uma superfície isolante, como madeira ou borracha. Eletrize a lata quatro ou cinco vezes com o balão.

Terceira parte: Blindagem eletrostática

8. Atrite o balão cheio nos cabelos para eletrizá-lo. Em seguida, aproxime-o lentamente do disco de papel-alumínio do pêndulo eletrostático, sem deixar que se toquem. Caso haja contato entre eles, neutralize o disco de papel-alumínio tocando-o com os dedos.
9. Em seguida, coloque o pêndulo eletrostático dentro da lata metálica (figura 3) e aproxime o balão da lata. Observe atentamente o que ocorre.

Figura 3

B Depois do experimento

1. Compare e explique o que acontece com as fitas de seda na montagem da segunda parte: lata sobre o chão e lata sobre um material isolante.
2. O que há de comum, fisicamente, entre esta experiência e a da primeira parte? O que há de diferente entre elas?
3. Na terceira parte, procure explicar o que acontece com o pêndulo eletrostático em termos de cargas e campos elétricos.

CAPÍTULO

3 Corrente elétrica

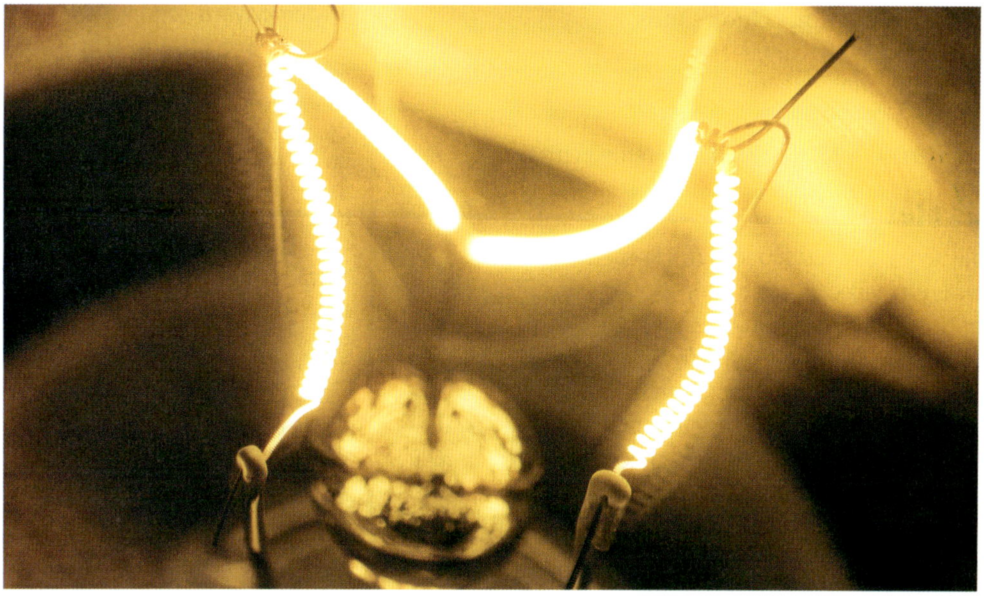

Daniel Sambraus/SPL/Latinstock

Lâmpada incandescente acesa, com destaque para seu filamento. A iluminação produzida por eletricidade foi uma invenção do século XIX, e seus princípios de funcionamento valem até os dias atuais.

Módulos

Debate inicial

1. Em lâmpadas elétricas acesas, o filamento, feito de metal, fica incandescente, isto é, "em brasa", por causa da passagem da corrente elétrica. Dê sua explicação para o fato de o metal do filamento não se fundir, mesmo que a lâmpada fique acesa por muito tempo.
2. A lâmpada incandescente transforma a energia elétrica em energia luminosa e em energia térmica (de modo que o bulbo ou envoltório de vidro se aquece). Cite outros aparelhos elétricos que, ao funcionarem, transformam a energia elétrica em outro tipo de energia e também em energia térmica.
3. No final do século XIX, a eletricidade empregada na iluminação já não era novidade. Mas, além de seu uso ser restrito a poucas residências, a luz era ofuscante (brilhava em demasia), durava pouco tempo (geralmente algumas horas) e produzia muito calor. Foi um cientista estadunidense quem tornou a lâmpada elétrica comercializável, acessível à população das cidades. Quem foi esse cientista?
4. Além da lâmpada incandescente, existem vários outros tipos de lâmpadas, como a lâmpada fluorescente. Cite pelos menos duas diferenças entre a lâmpada incandescente e a fluorescente. Qual delas é a mais econômica em termos de consumo de energia?
5. Ao comprar uma lâmpada, pode-se escolher entre as de 40 W, 60 W, 100 W ou 150 W. Qual delas consome mais energia elétrica no mesmo intervalo de tempo?

Primeiras anotações

Considere as respostas obtidas no debate e responda no caderno.

1. Quais são as formas de energia envolvidas no funcionamento de uma lâmpada?
2. De que metal é feito o filamento das lâmpadas incandescentes?
3. Qual é o principal problema ambiental decorrente do consumo de energia elétrica? O que se tem feito em várias partes do mundo para diminuir esse problema sem alterar o padrão de consumo de energia da atualidade?

1. Corrente elétrica e condutividade em metais

Antigamente se imaginava a corrente elétrica como um fluido que escoa em certos meios materiais de maneira semelhante ao escoamento da água em tubulações. Essa ideia foi superada, mas foi mantido o modelo em que a carga elétrica pode deslocar-se de um lado para outro pelo movimento de elétrons ou de outros portadores de carga elétrica, como os **íons**.

Nos meios sólidos, o transporte de cargas elétricas ocorre pelo deslocamento de elétrons. Nos fluidos (líquidos e gases), esse transporte se dá pelo deslocamento de elétrons, de íons ou de ambos. Até mesmo no vácuo, os elétrons podem deslocar-se ordenadamente, gerando corrente elétrica.

O movimento dos elétrons

A maior parte das aplicações da eletricidade utiliza meios sólidos para o transporte da carga elétrica, em especial fios, cabos e placas metálicas de cobre, pois esse metal é um dos melhores condutores de eletricidade. Parte dos elétrons que constituem o cobre tem movimentação livre e ligação fraca com os átomos do metal, movendo-se aleatória e desordenadamente entre os átomos numa certa região, e em todas as direções. Assim, em média, não há deslocamento resultante, e a velocidade média do coletivo desses elétrons é nula.

Essa situação de equilíbrio ocorre porque, por meio de choques dos elétrons com os átomos, há transferência de energia de movimento, em média na mesma quantidade, tanto dos elétrons para os átomos de cobre quanto dos átomos para os elétrons. A energia de movimento dos átomos do cobre está relacionada à chamada velocidade térmica que, macroscopicamente, se relaciona à temperatura do corpo, resultado da sua agitação térmica nesse estado. Essa agitação corresponde a pequenas vibrações dos átomos de cobre em torno das posições de equilíbrio que ocupam na estrutura do metal.

Quando se estabelece um campo elétrico $\vec{E}$ ao longo do fio de cobre, surge uma força elétrica $\vec{F}$ que age sobre os elétrons e que está na mesma direção do campo elétrico $\vec{E}$ e tem sentido oposto, porque o elétron tem carga negativa. Nesse caso, embora o movimento aleatório dos elétrons permaneça, sua direção e sentido passam a ser razoavelmente ordenados (ver figuras abaixo, fora de escala e em cores-fantasia). Esse movimento razoavelmente ordenado é chamado de **corrente elétrica**.

Fio de cobre sem corrente elétrica: movimento aleatório dos elétrons	Fio de cobre com corrente elétrica: movimento dos elétrons em direção e sentido resultantes
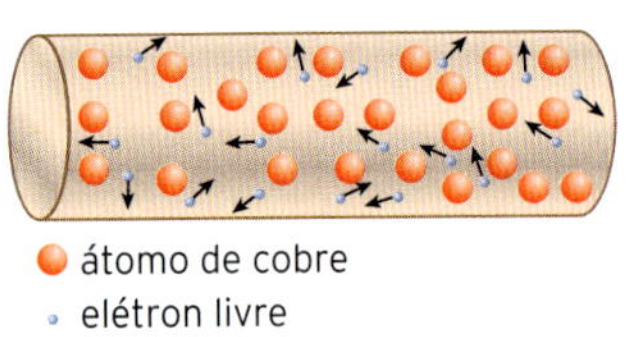	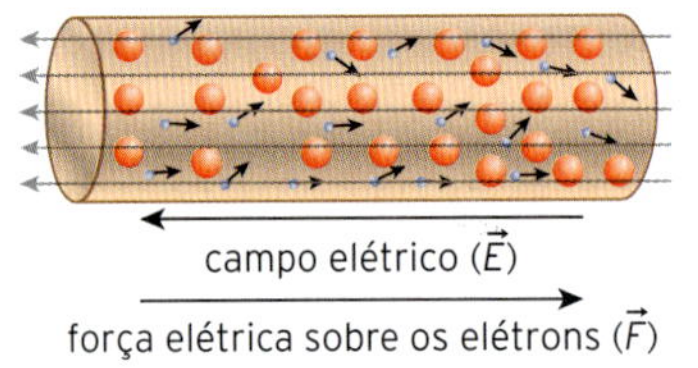

Ilustrações: ID/BR

Um exemplo do estabelecimento de campo elétrico $\vec{E}$ ao longo de um fio de cobre ocorre na ligação entre suas extremidades e os polos de uma pilha, com a formação de corrente elétrica e o acendimento de uma lâmpada.

Podemos, então, apresentar a definição de corrente elétrica:

> **Corrente elétrica** é o movimento relativamente ordenado dos portadores de carga elétrica em determinado meio.

Ligado ao tema

Sentido convencional da corrente elétrica

Durante o século XVIII, ainda predominava o conceito de eletricidade proposto por Benjamin Franklin, como um fluido presente em todos os corpos e capaz de penetrar na matéria, mantendo-se em quantidade constante, num sistema isolado. Franklin definiu que o fluido seria a eletricidade vítrea, considerada positiva, e que a falta do fluido num corpo o tornaria negativo. Assim, segundo ele, o sentido do fluxo desse fluido elétrico era do positivo para o negativo. Essa convenção se manteve mesmo depois da ideia de Alessandro Volta (1745-1827), que associava corrente ao transporte de eletricidade, no fim do século XVIII, e da descoberta das partículas eletricamente carregadas, o elétron e o próton, no século XIX.

Foi assim que, por **convenção relacionada a razões históricas**, se manteve o sentido da corrente elétrica *i* como era concebido antes da descoberta do elétron, ou seja, coincidente com o sentido do movimento dos portadores de carga elétrica positiva (cátions, +). Esse sentido é o mesmo do campo elétrico $\vec{E}$ estabelecido no condutor. Em um fio de cobre, por exemplo, há apenas movimento de elétrons, mas, por convenção, o sentido da corrente elétrica *i* é indicado com sentido contrário ao do movimento dos elétrons.

- **Íons** são átomos ou moléculas que perderam ou ganharam elétrons em relação ao seu estado neutro (em que há equilíbrio de cargas positivas e negativas).
- Ao **perder elétrons**, o átomo passa a ter excesso de **cargas positivas**, tornando-se um **íon positivo** chamado **cátion**. Ao **ganhar elétrons**, o átomo passa a ter excesso de **cargas negativas**, tornando-se um **íon negativo** chamado **ânion**.

Intensidade da corrente elétrica

A intensidade da corrente elétrica tem relação direta com a quantidade de carga elétrica transportada. A figura ao lado (fora de escala e em cores-fantasia) representa o fluxo de carga em um condutor, como um fio de cobre.

É possível quantificar esse fluxo, considerando-se a quantidade de carga que passa por uma seção transversal reta do condutor em determinado intervalo de tempo.

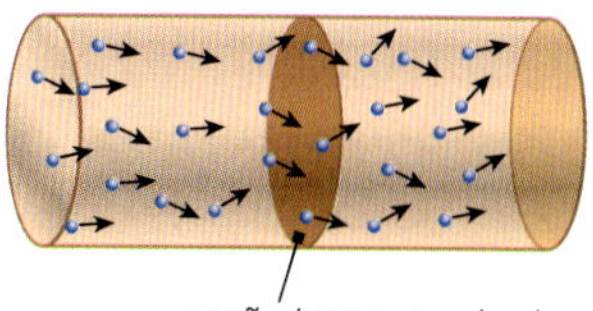

Ilustrações: ID/BR

A **intensidade de corrente elétrica** i é dada pela razão entre a quantidade Q de carga elétrica transportada que atravessa uma seção transversal reta do condutor e o intervalo de tempo Δt dessa travessia.

Matematicamente, essa razão é expressa da seguinte maneira:

$$i = \frac{|Q|}{\Delta t}$$

Pela expressão acima, observamos que a intensidade de corrente elétrica é dada em C/s, que também é chamado de **ampère (A)** sendo 1 A = 1 C/s.

No caso dos isolantes, os elétrons encontram-se fortemente ligados aos átomos, dificultando o fluxo de cargas. Mas, assim como ocorre na formação dos raios, um fluxo de cargas pode ser criado ao submeter um isolante a campos elétricos intensos. Com isso, a interação entre os elétrons e os átomos diminui, os elétrons livres são arrancados e passam a deslocar-se pelo isolante.

Tipos de corrente elétrica

De acordo com seu comportamento em certo intervalo de tempo, é possível classificar a corrente elétrica em contínua ou alternada.

Corrente contínua

Quando se ligam as extremidades de um fio de cobre aos terminais de uma fonte (pilha, bateria), um campo elétrico $\vec{E}$ se estabelece e dá origem a uma corrente elétrica.

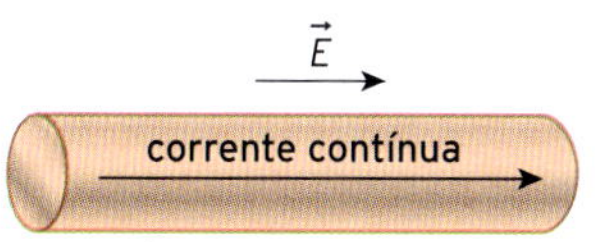

Enquanto o campo elétrico $\vec{E}$ mantiver sua intensidade, sua direção e seu sentido, a corrente elétrica também manterá sua intensidade, direção e sentido. Esse tipo de corrente elétrica, comum em equipamentos ligados a pilhas ou baterias, é chamado de **corrente contínua**.

Corrente alternada

Se o campo elétrico varia com o tempo, seja na intensidade, seja na direção ou no sentido, a corrente elétrica também apresenta variações. Um exemplo desse tipo de corrente variável é o que se chama de corrente alternada, em que o campo elétrico $\vec{E}$ varia sua intensidade e inverte seu sentido periodicamente (figura ao lado).

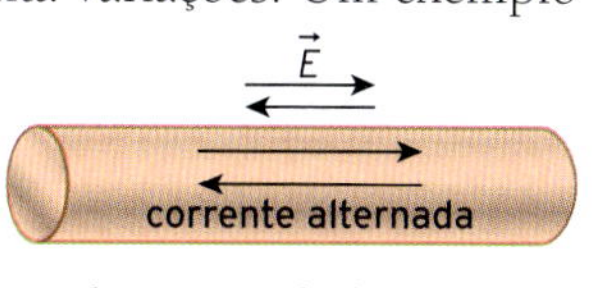

Como consequência, tem-se uma corrente elétrica de intensidade variável, cujo sentido se inverte em intervalos de tempo iguais. Essa é a modalidade de corrente elétrica mais utilizada na distribuição de eletricidade em quase todo o mundo. No Brasil, a maioria das fontes de corrente alternada varia com frequência de 60 Hz, ou seja, a cada segundo ocorrem sessenta ciclos completos de variação da intensidade de corrente com correspondente inversão de sentido. Esse tipo de corrente é obtido da rede elétrica por meio das tomadas.

Parece, mas não é

O coulomb: unidade de base ou derivada?

O ampère é uma unidade de base do Sistema Internacional de Unidades, assim como o metro, o segundo, o quilograma e o kelvin, entre outras. Ele foi definido em função da força magnética que surge entre dois fios percorridos por corrente elétrica, fenômeno que será estudado mais adiante neste livro. Assim, o coulomb, definido como a quantidade de carga transportada por uma corrente de 1 A em 1 s, é uma unidade derivada do ampère, e não uma unidade de base.

Exercícios resolvidos

1. As figuras (fora de escala e em cores-fantasia) mostram duas situações nas quais há uma corrente elétrica: em um fio metálico e em uma solução de água e sal de cozinha.

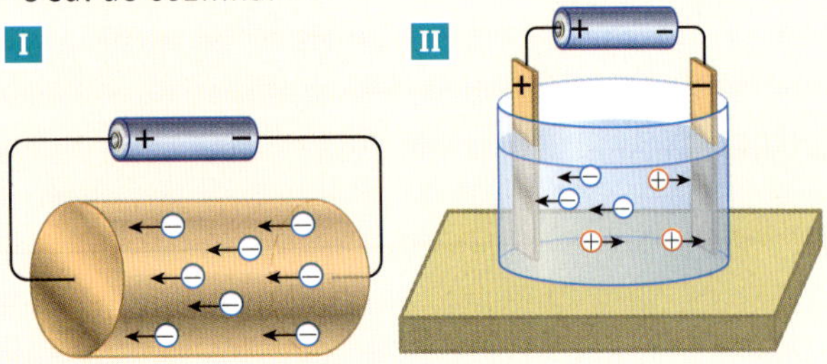

Ilustrações: ID/BR

a) Identifique o tipo de portadores de carga elétrica presente em cada situação.

b) Indique o sentido do movimento dos portadores de carga elétrica em cada situação, o sentido convencional da corrente elétrica em cada caso e o sentido do campo elétrico $\vec{E}$ que atua no fio (I) e na solução (II).

Resolução

a) Na situação I (fio metálico), a corrente elétrica é formada por elétrons livres no metal; na situação II, há tanto íons positivos (cátions Na^+) como íons negativos (ânions $C\ell^-$) se movendo pela solução.

b) O sentido dos portadores de carga elétrica, o sentido oficial da corrente elétrica e o campo elétrico $\vec{E}$ em cada caso são dados por:

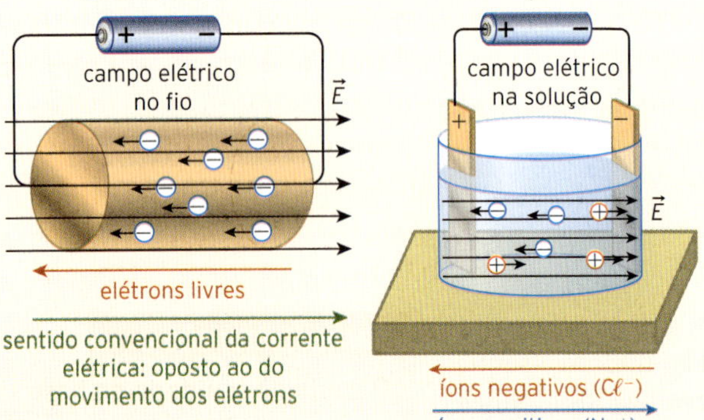

2. A seção transversal reta de um fio metálico é atravessada por uma corrente de 3 μA.

Dados: 1 μA = 1 microampère = 10^{-6} A;

e = carga elementar do elétron = $1{,}6 \cdot 10^{-19}$ C

a) Calcule o valor da quantidade de carga elétrica que atravessa esse fio durante 15 min (900 s).

b) Determine o número de elétrons associados a essa carga elétrica.

Resolução

a) O valor da carga elétrica pode ser calculado por meio da expressão:

$$i = \frac{|Q|}{\Delta t} \Rightarrow 3 \cdot 10^{-6} = \frac{|Q|}{900}$$

$$Q = 3 \cdot 10^{-6} \cdot 900$$

$$Q = 27 \cdot 10^{-4}\ \text{C ou } Q = 2{,}7 \cdot 10^{-3}\ \text{C}$$

$$Q = 2{,}7\ \text{mC}$$

b) O número de elétrons é calculado por:

$$Q = n \cdot e$$

$$2{,}7 \cdot 10^{-3} = n \cdot 1{,}6 \cdot 10^{-19}$$

$$\frac{2{,}7 \cdot 10^{-3}}{1{,}6 \cdot 10^{-19}} = n$$

$$n \cong 1{,}7 \cdot 10^{16}\ \text{elétrons}$$

3. Em uma solução de sal de cozinha em água passam 12 C de carga elétrica positiva em direção a um eletrodo e 12 C de carga elétrica negativa em direção ao outro eletrodo, em um intervalo de tempo de 5 min (300 s). Determine o valor da intensidade da corrente elétrica iônica que atravessa essa solução.

Resolução

Para efetuar esse cálculo, devemos considerar a intensidade de corrente iônica, dada por:

$$i = \frac{|Q_{\text{íons positivos}}| + |Q_{\text{íons negativos}}|}{\Delta t}$$

$$i = \frac{12 + 12}{300}$$

$$i = \frac{24}{300}$$

$$i = 0{,}08\ \text{A}$$

Exercícios propostos

4. Quando em funcionamento, as lâmpadas fluorescentes de vapor de mercúrio têm em seu tubo elétrons livres e íons de mercúrio (Hg^{2+}) circulando e formando corrente elétrica.

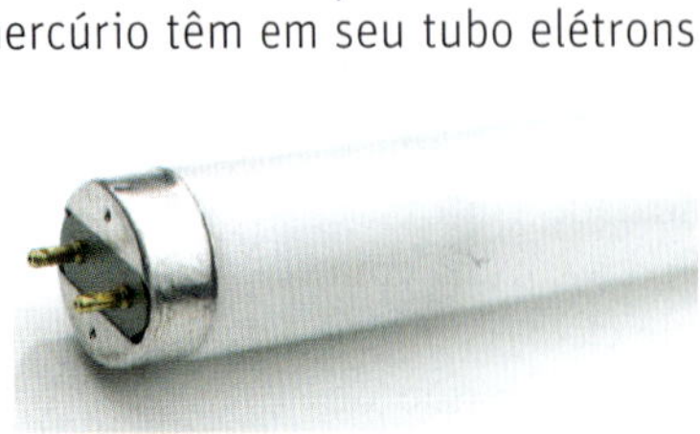

bobo/Alamy/Other Images

No caderno, faça um desenho indicando o sentido do movimento dos elétrons e dos íons nessa lâmpada. Desenhe também o sentido convencional da corrente elétrica e do campo elétrico $\vec{E}$ que age na lâmpada.

5. Em um condutor metálico, estima-se que $5 \cdot 10^{20}$ elétrons passam por uma seção reta a cada intervalo de 400 s. Calcule a intensidade da corrente elétrica correspondente a essa situação.

2. Resistência elétrica e a primeira lei de Ohm

O esquema a seguir representa uma pilha elétrica ligada a um fio de cobre, situação que estabelece um campo elétrico do qual resulta uma corrente elétrica. O sentido desse campo elétrico no interior do fio está indicado na figura.

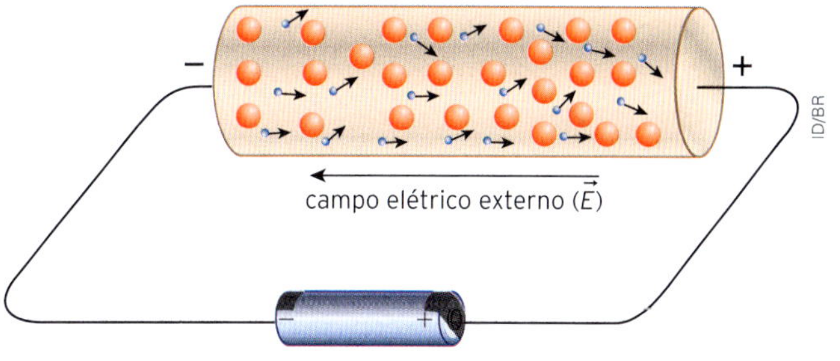

O sentido do campo elétrico externo em um fio orienta-se do polo positivo para o negativo da pilha. Esse campo reordena o movimento aleatório dos elétrons e faz com que eles adquiram certo alinhamento ou direção preferencial. (Ilustração fora de escala e em cores-fantasia.)

Durante a travessia dos elétrons livres pelo condutor, ocorrem diversos choques entre eles e com os átomos do metal. Como esses choques dificultam a passagem dos elétrons, podemos dizer que o fio condutor apresenta **resistência** à passagem da corrente elétrica.

Por exemplo, o circuito formado por uma pilha ligada aos terminais de um fio condutor de resistência R é caracterizado pela **diferença de potencial**, ou **tensão**, ou **voltagem** (U), aplicada a esses terminais. Ligada a condutores diferentes, porém, a mesma pilha estabelece correntes elétricas de intensidades diferentes em cada um desses condutores. A resistência elétrica de um condutor desempenha importante papel no circuito em que está instalado. Em geral, nesses casos, os condutores passam a ser chamados de **resistores**.

Para um resistor de resistência R, ligado a um circuito com tensão U variável, podemos estabelecer uma relação entre U e a intensidade da corrente elétrica i. Um modo de se fazer isso é alterar o número de fontes no circuito. Por exemplo, se um resistor R for submetido à tensão U de uma pilha de 1,5 V, a intensidade da corrente i, medida no resistor, será 0,3 A. Se mais uma pilha de 1,5 V for ligada ao circuito, a nova tensão U será 3 V, e a corrente i passará a 0,6 A. Dessa maneira, a cada valor de tensão aplicada se estabelece, no resistor R, uma corrente elétrica i cuja intensidade é diretamente proporcional a U. Concluímos, então, que o valor de R é constante e, neste exemplo, em ohm, igual a:

$$R = \frac{1{,}5}{0{,}3} = \frac{3{,}0}{0{,}6} = 5$$

A expressão que define a resistência elétrica é representada por:

$$R = \frac{U}{i} \quad \text{ou} \quad U = R \cdot i$$

Essa relação é conhecida como a **primeira lei de Ohm**, e ela estabelece que a tensão e a intensidade de corrente elétrica são diretamente proporcionais para determinados condutores. Os dispositivos que obedecem a essa relação são denominados **ôhmicos**.

No SI, U é dado em volt (V) e i em ampère (A). A unidade de resistência é o **ohm** (**Ω**), em homenagem ao alemão Georg Simon Ohm (1789-1854), formulador do conceito de resistência e propositor dessa relação.

A partir do conceito de resistência elétrica, podemos também definir seu inverso, a **condutância elétrica** G, em que $G = 1/R$.

Ligado ao tema

Velocidade dos elétrons em um fio metálico

Devido à agitação térmica, os elétrons livres em um metal viajam a grandes velocidades ($\approx$ 100 000 m/s). Mas, com a aplicação de um campo elétrico externo, o movimento coletivo dos elétrons apresenta uma velocidade muito pequena.

Em um fio cilíndrico de comprimento L e área da seção A ($\pi \cdot r^2$), a intensidade da corrente elétrica pode ser calculada:

$$i = \frac{Q}{\Delta t} \Rightarrow i = \frac{(n \cdot A \cdot L) \cdot e}{\Delta t},$$

em que n é a densidade volumétrica de elétrons e e é a carga elementar. Assim:

$$i = n \cdot A \cdot e \cdot \frac{L}{\Delta t}$$

$$i = n \cdot A \cdot e \cdot \overline{v}$$

em que $\overline{v}$ é a velocidade média de avanço dos elétrons.

Fonte de pesquisa: GREF. *Física 3*: eletromagnetismo. 5. ed. São Paulo: Edusp, 2005.

Características e representação gráfica de resistores

Alguns resistores apresentam resistência elétrica constante, em uma dada temperatura, independentemente da ddp aplicada a seus terminais. Tais resistores são denominados **ôhmicos**. Resistores cujo valor de resistência elétrica varia à medida que a ddp entre seus terminais varia são denominados **não ôhmicos**. No quadro abaixo seguem as representações gráficas ($U \times i$) de um resistor ôhmico e um exemplo para determinado resistor não ôhmico.

Condutores ou resistores

Ôhmicos	Não ôhmicos
Como sua resistência é constante, a equação que define a resistência elétrica é $U = R \cdot i$. A curva característica desse resistor em um gráfico $U \times i$ é uma reta. 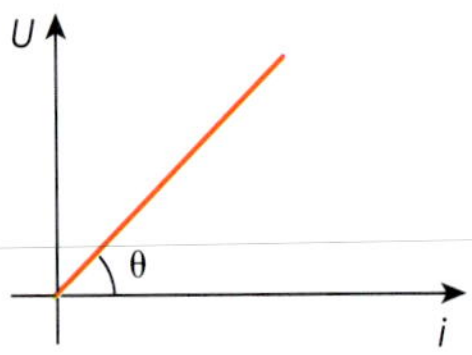 No resistor ôhmico, a resistência elétrica tem valor constante. Nesse caso, o valor da resistência elétrica é sempre o mesmo, para qualquer par de valores (U, i). A tangente do ângulo θ é numericamente igual à resistência do resistor.	Como sua resistência é variável, ela depende da aplicação da voltagem U, resultando em um gráfico $U \times i$, que tem como característica uma curva não retilínea. 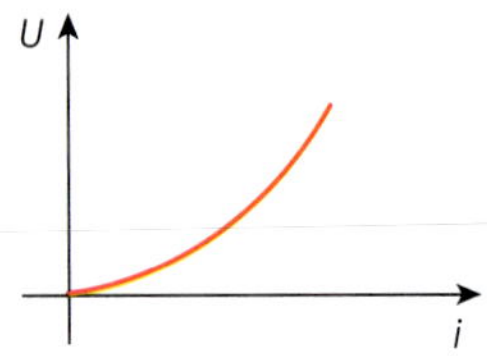 Para o resistor não ôhmico, a resistência elétrica apresenta valor variável. Nesse caso, a definição de resistência elétrica $U = R \cdot i$ pode ser aplicada para calcular o valor aproximado da resistência elétrica "ponto a ponto".

A **representação gráfica** de um resistor costuma ser feita por meio de um dos símbolos a seguir:

 ou 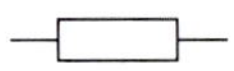

Há vários tipos de resistores. Destacamos aqui o **resistor de carvão**, muito utilizado em eletrônica. O valor de sua resistência é identificado por faixas coloridas. Veja o exemplo ao lado.

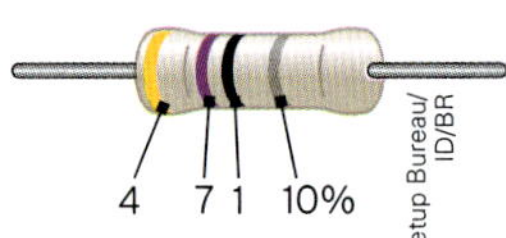

Setup Bureau/ ID/BR

Feito de um bastão de carvão comprimido, o resistor de carvão é revestido por uma camada isolante de cerâmica, com terminais em suas extremidades.

As cores dessas faixas constituem um código. Veja como se forma esse código.

A primeira e a segunda faixas (primeiro e segundo dígitos, da esquerda para a direita) representam o primeiro e o segundo algarismos do valor da resistência, formando um número. No exemplo acima, confere-se na tabela abaixo que amarelo corresponde ao algarismo 4 e violeta, ao 7. O número formado por um algarismo ao lado do outro (47) deve ser multiplicado pelo fator dado pela terceira faixa (terceiro dígito, preto = 1). Então, $47 \cdot 1 = 47$. Existindo ou não uma quarta faixa, há uma imprecisão do valor da resistência do resistor, dada em porcentagem (no caso, a cor prateada indica 10% de imprecisão). Então, como 10% de $47 = 4{,}7 \Rightarrow R = 47 \pm 4{,}7$. Conclui-se, portanto, que o valor da resistência desse resistor está entre 42,3 Ω e 51,7 Ω.

Cor	1ª faixa – 1º dígito	2ª faixa – 2º dígito	3ª faixa – multiplicador	4ª faixa – tolerância
preto	0	0	1	Sem faixa: ±20%
marrom	1	1	10	
vermelho	2	2	100	
laranja	3	3	1 000	
amarelo	4	4	10 000	
verde	5	5	100 000	
azul	6	6	1 000 000	
violeta	7	7	10 000 000	
cinza	8	8	–	
branco	9	9	–	
prateado	–	–	0,01	±10%
dourado	–	–	0,1	±5%

Exercícios resolvidos

6. O gráfico representa a variação da intensidade de uma corrente elétrica. As marcações do eixo horizontal estão em segundos.

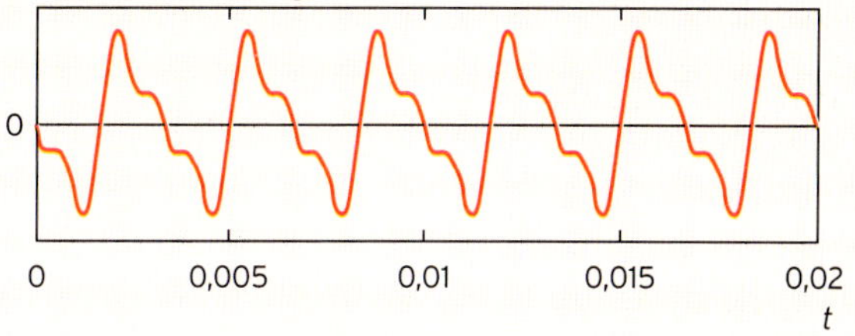

a) Justifique por que essa corrente pode ser considerada alternada.

b) Determine a frequência de oscilação dessa corrente, em Hz.

Resolução

a) A análise do gráfico permite concluir que, a intervalos iguais, a intensidade da corrente aumenta e diminui, invertendo seu sentido em períodos de tempo bem definidos. Trata-se, portanto, de uma corrente do tipo alternada.

b) Entre 0,005 s e 0,015 s há três ciclos completos. Esse intervalo de tempo corresponde a:

$0{,}015 \text{ s} - 0{,}005 \text{ s} = 0{,}010 \text{ s}$

Logo, o período de oscilação da corrente elétrica é igual a esse intervalo dividido por 3 (três ciclos): $T = \dfrac{0{,}010}{3}$ s

Sua frequência é o inverso do período, ou seja:

$f = \dfrac{3}{0{,}010} \Rightarrow f = 300$ Hz

7. Um resistor apresenta esta curva característica.

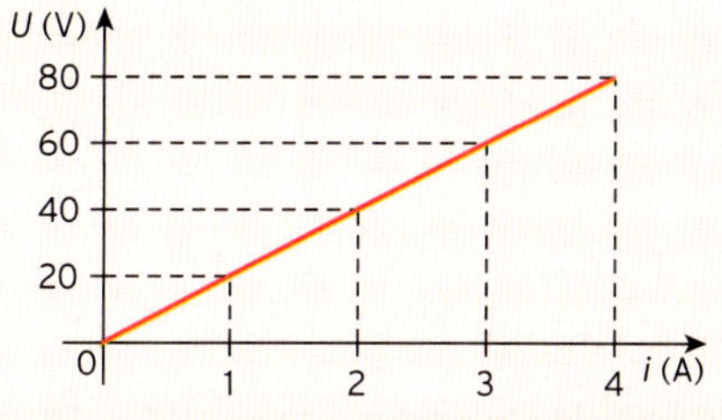

a) Calcule sua resistência elétrica para $U = 60$ V.

b) Identifique se ele é ou não um resistor ôhmico e justifique sua resposta.

c) Calcule a intensidade da corrente elétrica que circulará por ele quando submetido a uma ddp de 120 V.

Resolução

a) Utilizando a primeira lei de Ohm $U = R \cdot i$, temos:

$$60 = R \cdot 3 \Rightarrow \frac{60}{3} = R \Rightarrow R = 20\ \Omega$$

b) Como a curva $U \times i$ é representada por uma reta, há uma relação de proporcionalidade entre a tensão e a corrente, o que leva a um valor de resistência elétrica constante. Logo, o resistor é ôhmico.

c) Sendo o resistor ôhmico $R = 20\ \Omega$ para qualquer par de valores de tensão e intensidade de corrente elétrica, podemos escrever:

$$U = R \cdot i \Rightarrow 120 = 20 \cdot i \Rightarrow \frac{120}{20} = i \Rightarrow i = 6 \text{ A}$$

8. Dê o valor da resistência deste resistor.

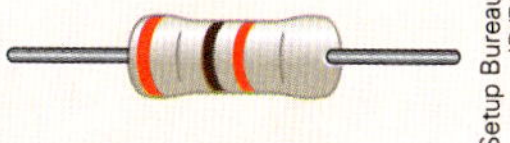

Setup Bureau/ ID/BR

Resolução

Ao consultar a tabela do código de cores da página anterior, verifica-se que a quarta faixa sem cor corresponde à tolerância de ±20%. Então, podemos calcular:

$21 \cdot 100 = 2\,100$

20% de $2\,100 = 420 \Rightarrow R = 2\,100 \pm 420$

$2\,100 + 420 = 2\,520$

$2\,100 - 420 = 1\,680$

Portanto, o valor do resistor está entre $2\,520\ \Omega$ e $1\,680\ \Omega$.

Exercícios propostos

9. Considere este gráfico $i \times t$.

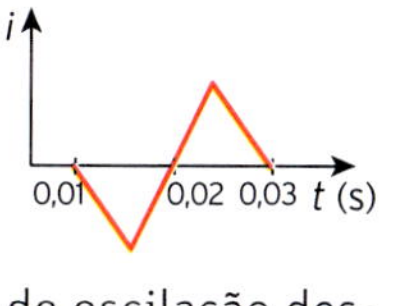

a) O gráfico representa uma corrente contínua ou alternada? Explique.

b) Determine, em Hz, a frequência de oscilação dessa corrente.

10. A curva característica de um resistor está representada no gráfico ao lado.

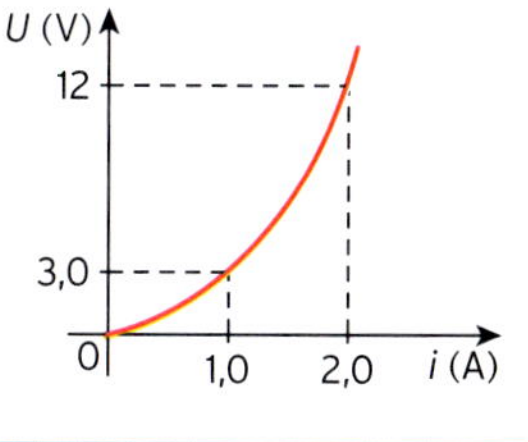

a) Determine o valor da resistência para $i = 1$ A e $i = 2$ A.

b) Justifique por que esse resistor não é ôhmico.

11. Um resistor apresenta o seguinte código de cores: primeira faixa: laranja; segunda faixa: laranja; terceira faixa: verde; quarta faixa: sem cor.

a) No caderno, faça um esquema desse resistor, obedecendo às cores descritas.

b) Identifique o valor da resistência desse resistor.

Resistividade e condutividade elétrica

O comportamento dos diferentes materiais com relação à passagem de corrente elétrica é bem diversificado. Nos capítulos 1 e 2 foram estudados diferentes materiais de acordo com sua natureza elétrica: os **bons condutores** de eletricidade e os **maus condutores de eletricidade** (isolantes). Existe ainda outra classe de materiais, os **semicondutores**, cuja característica de condução elétrica é tal que sua posição é intermediária entre os condutores e os isolantes elétricos. Exemplos de semicondutores são os seguintes elementos químicos: o silício (Si), aplicado em aços de grande dureza e resistência a reagentes, como ácidos; e o germânio (Ge), usado, por exemplo, na fabricação de transistores (componentes que controlam o fluxo de eletricidade em circuitos eletrônicos) e em diodos (dispositivos usados na retificação da corrente elétrica).

O quadro abaixo apresenta um resumo desse assunto.

Materiais e condutividade elétrica			
Classificação	bons condutores	maus condutores	semicondutores
Nível de dificuldade à passagem de corrente elétrica	baixo	alto	intermediário
Exemplos de aplicações de materiais elétricos	fios de cobre para redes elétricas  Demarcomedia/Shutterstock.com/ID/BR	peças de cerâmica para isolamento elétrico  FotoStor.co.uk/Alamy/Other Images	lâmpadas LED (usadas em circuitos eletrônicos) 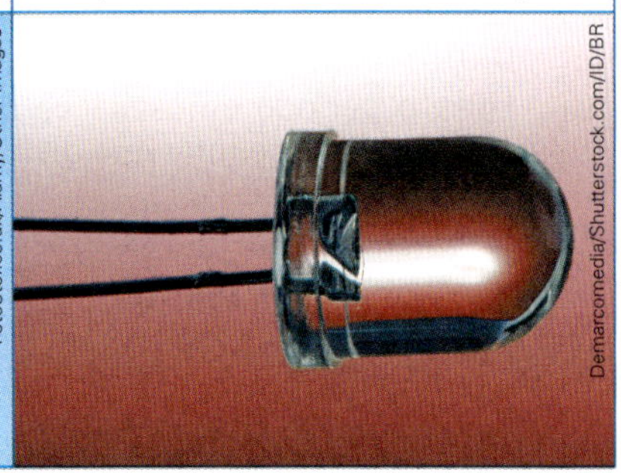 Demarcomedia/Shutterstock.com/ID/BR

Mas o que deve ser levado em conta para concluir se determinado material é bom ou mau condutor de eletricidade? Ao se comparar, por exemplo, dois pedaços de fio de cobre de mesma espessura, um com 1 metro de comprimento e outro com 1 quilômetro de comprimento, pode-se constatar que, quando se atravessa o fio mais longo, o número de colisões entre os elétrons livres e os átomos da rede cristalina é muito maior, resultando em maior resistência elétrica.

A característica que diferencia os diversos materiais quanto à capacidade de conduzir eletricidade é a sua resistividade.

A **resistividade** ou **resistência elétrica específica** (ρ) caracteriza a dificuldade oferecida pelo material à passagem de corrente elétrica.

A resistividade é típica de cada material ou substância. Quanto **menor** for a **resistividade**, **maior** será a **condução elétrica** no material ou na substância.

No SI, a resistividade é dada por **$\Omega \cdot$ m** (ohm vezes metro).

Outra maneira de caracterizar um material ou uma substância quanto à capacidade de conduzir eletricidade é por meio de sua **condutividade elétrica** (σ).

No SI, a condutividade elétrica é dada em $\frac{S}{m}$ **(siemens por metro)**, em homenagem ao alemão Ernst von Siemens (1903-1990). Por definição: $\sigma = \frac{1}{\rho}$

3. Resistividade elétrica e a segunda lei de Ohm

As variáveis que devem ser levadas em consideração para calcular a resistência elétrica de um condutor e para compará-lo com outro condutor são: **comprimento**, **espessura** e, como já foi apresentado, tipo de **material**. Assim, a resistência elétrica de um resistor depende de sua geometria e a resistividade relaciona-se ao comportamento do material que constitui o resistor, em função da temperatura. Para relacionar essas variáveis conjuntamente para o estudo de condutores e resistores, utilizamos a **segunda lei de Ohm**, que é desenvolvida a seguir com base nas discussões anteriores a respeito da tensão e do campo elétrico.

Considerando um trecho de fio condutor ôhmico, de comprimento L e espessura com área transversal A, submetido a uma diferença de potencial, ou tensão U, entre suas extremidades, é possível escrever a expressão matemática da lei de Ohm a partir da expressão dessa mesma lei estudada na seção anterior.

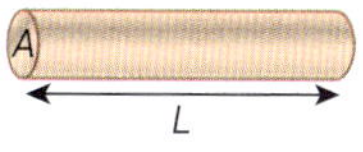

Setup Bureau/ID/BR

Assim que a tensão U é aplicada no trecho considerado do fio, cria-se em seu interior um campo elétrico $\vec{E}$ uniforme, e vale a equação:

$$U = |\vec{E}| \cdot L$$

Considerando a expressão matemática da lei de Ohm a seguir e substituindo a equação acima por $U = R \cdot i$, temos a seguinte expressão:

$$|\vec{E}| \cdot L = R \cdot i$$

Na visão microscópica, substituímos a intensidade da corrente elétrica i pela densidade de corrente j, $j = \frac{i}{A}$, em que A é a área da seção transversal do fio. Dessa expressão, tem-se $i = j \cdot A$, que se substitui na expressão da lei de Ohm:

$$|\vec{E}| \cdot L = R \cdot j \cdot A$$

É possível considerar que $|\vec{E}| = E$, porque os cálculos referem-se à intensidade do vetor campo elétrico e, assim, a expressão da lei de Ohm passa a ser:

$$E = \frac{R \cdot A}{L} \cdot j$$

A resistividade ρ do material constituinte do condutor pode ser expressa assim:

$$\rho = \frac{R \cdot A}{L}$$

As três variáveis estudadas (comprimento, espessura e tipo de material) podem ser agrupadas na relação conhecida como **segunda lei de Ohm**:

$$R = \frac{\rho \cdot L}{A}$$

Nessa relação, R é a resistência elétrica (em Ω), L é o comprimento do fio (em m), A é a área de seção (em m^2) e ρ é a resistividade do material (em $\Omega \cdot m$).

Ligado ao tema

Tabela de resistividade

A resistividade de um material ou de uma substância é obtida indiretamente por medições feitas no condutor. As **medições** são **geométricas** (comprimento e área de seção) e **elétricas** (ddp em seus terminais e intensidade da corrente elétrica). Além disso, a resistividade pode não ser constante, dependendo, entre outros fatores, da temperatura do material no momento da medição.

Vale observar que a resistividade é uma "assinatura elétrica" que caracteriza a substância ou o material que constitui o condutor.

A tabela a seguir apresenta o valor de resistividade elétrica de materiais e substâncias a temperatura de 20 °C.

Resistividade de substâncias a 20 °C (em $\Omega \cdot m$)	
Material	**Resistividade**
prata	$1,6 \cdot 10^{-8}$
cobre	$1,7 \cdot 10^{-8}$
ouro	$2,4 \cdot 10^{-8}$
alumínio	$2,8 \cdot 10^{-8}$
ferro	$\cong 1,0 \cdot 10^{-7}$
platina	$1,1 \cdot 10^{-7}$
carbono	$3,5 \cdot 10^{-5}$
silício	$2,5 \cdot 10^{2}$
borracha	$\cong 1,0 \cdot 10^{13}$
vidro	10^{10} a 10^{14}
enxofre	$\cong 1,0 \cdot 10^{15}$

Reostato

O **reostato** é um dispositivo elétrico que é uma aplicação da 2ª lei de Ohm.

Leslie Garland Picture Library/ Alamy/Other Images

Reostato de fio. O cursor movimenta-se, tocando o fio enrolado no suporte.

Um fio longo e enrolado em um suporte é preso a dois terminais ou contatos elétricos. Um cursor (contato móvel) pode deslizar ao longo do fio enrolado, "selecionando" o comprimento de fio desejado, ou seja, determinando o valor de resistência a ser utilizado. Com a alteração da resistência elétrica do reostato, altera-se também a corrente elétrica que circula por ele, tornando-o um importante instrumento de controle em um circuito elétrico.

As figuras a seguir mostram a alteração de comprimento do fio, variando o caminho percorrido pela corrente elétrica, bem como sua intensidade.

Setup Bureau/ID/BR

I

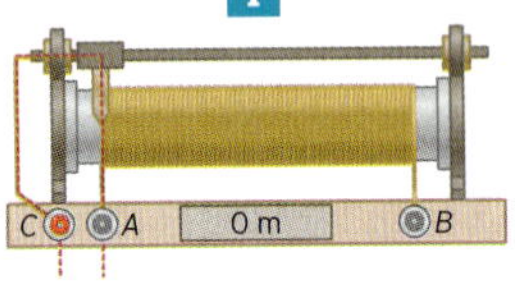

Caminho da corrente elétrica entre os terminais *C* e *A*.
Aqui $R = R_{mín}$

II

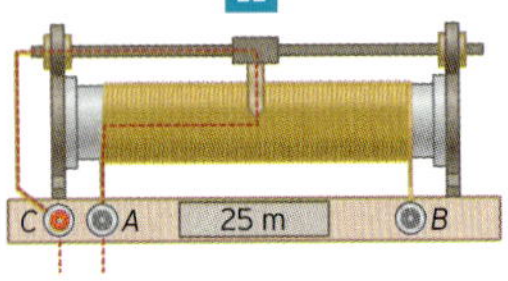

Caminho da corrente elétrica entre os terminais *C* e *A*.
Aqui $R_{mín} < R < R_{máx}$

III

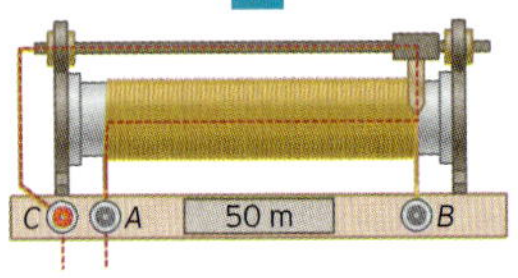

Caminho da corrente elétrica entre os terminais *C* e *A*.
Aqui $R = R_{máx}$

Nas figuras, os pontos *A* e *C* fazem a conexão elétrica do reostato. Os valores (0 m, 25 m e 50 m) indicam o comprimento do fio selecionado pelo cursor, o que define o valor da resistência do reostato. O restante do fio nas situações I e II não é percorrido por corrente elétrica, permanecendo simplesmente desligado.

Ligado ao tema

Reostato como potenciômetro

Ao ligar os três terminais de um reostato a um circuito, o reostato passa a comportar-se como duas resistências elétricas ligadas simultaneamente, dividindo a ddp aplicada aos seus terminais. Ligado assim, ele é chamado **potenciômetro** e possibilita um controle mais amplo sobre o circuito no qual está instalado. O botão de controle de "volume" de um aparelho de som, por exemplo, é uma aplicação comum desse dispositivo.

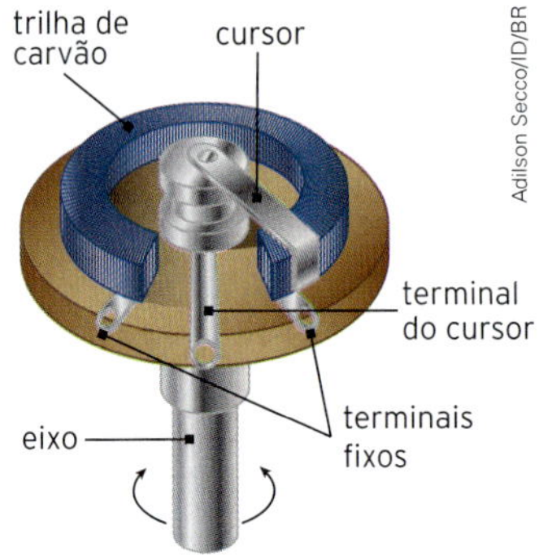

Adilson Secco/ID/BR

Outras modalidades de resistores variáveis

Diversos materiais podem ser utilizados na confecção de resistores, cuja resistência elétrica também pode variar em função da temperatura, da diferença de potencial à qual o resistor está submetido ou da luz incidente nele. As aplicações tecnológicas desse conhecimento são diversas, na fabricação de sensores de movimento, de controles eletrônicos, alarmes antifurto, entre outras.

A tabela a seguir apresenta alguns exemplos.

Resistores com resistências elétricas variáveis			
PTC (termistor positivo)	**NTC (termistor negativo)**	**VDR (varistor)**	**LDR (fotorresistor)**
A resistência elétrica aumenta com o aumento de temperatura. 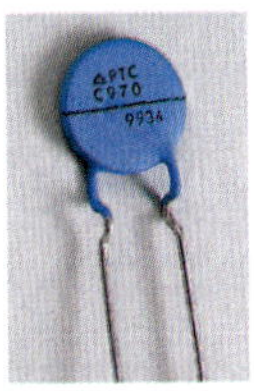	A resistência elétrica diminui com o aumento de temperatura. 	A resistência elétrica diminui com o aumento da ddp aplicada. 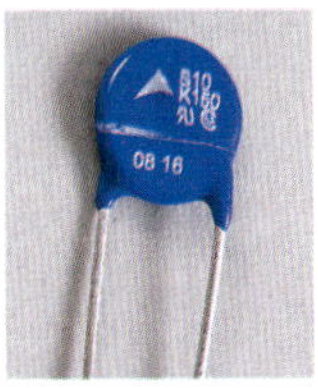	A resistência elétrica diminui com o aumento da intensidade da luz incidente. 

Fotografias: Sérgio Dotta Jr./ID/BR

Exercícios resolvidos

12. Um cabo de cobre tem 300 m de comprimento e 4 mm de diâmetro. Considere $\pi \cong 3,14$. Sua resistividade é $\rho = 1,7 \cdot 10^{-8}\ \Omega \cdot m$.

a) Calcule a resistência elétrica R desse cabo, em ohm (Ω).

b) Calcule sua condutância G, em siemens (S). Lembre que condutância é o inverso de resistência elétrica e siemens é o inverso de ohm.

c) Determine a intensidade da corrente elétrica que atravessará o cabo quando seus terminais forem submetidos a uma ddp de 10 V.

Resolução

a) A resistência elétrica desse cabo pode ser calculada pela segunda lei de Ohm. Antes, é preciso observar que a maioria dos cabos elétricos apresenta seção reta circular, que será dada pela fórmula da área do círculo, $A = \pi \cdot r^2$, em que r é o raio do círculo.
Lembrando que essas medidas devem estar de acordo com o SI, temos:

$r = 2$ mm ($2 \cdot 10^{-3}$ m)

$$R = \frac{\rho \cdot L}{A} \Rightarrow R = \frac{1,7 \cdot 10^{-8} \cdot 300}{\pi \cdot (2 \cdot 10^{-3})^2}$$

$$R \cong \frac{5,1 \cdot 10^{-6}}{3,14 \cdot 4 \cdot 10^{-6}} \cong \frac{5,1}{12,56} \Rightarrow R \cong 0,41\ \Omega$$

b) Como a condutância G é o inverso da resistência elétrica R, podemos escrever:

$$G = \frac{1}{R} \Rightarrow G \cong \frac{1}{0,41} \Rightarrow G \cong 2,44\ \Omega^{-1}$$

$G \cong 2,44$ S

Considerando S (siemens) $= \Omega^{-1}$ (ohm^{-1}).

c) A intensidade da corrente elétrica que percorrerá o cabo pode ser calculada como se mostra a seguir.

$$U = R \cdot i \Rightarrow 10 = 0,41 \cdot i \Rightarrow \frac{10}{0,41} \Rightarrow i \cong 24,4\ A$$

13. Um cabo elétrico tem comprimento L, diâmetro d e resistência elétrica R. Por meio de alguns processos técnicos, mudamos sua situação: seu comprimento é reduzido à metade e seu diâmetro é aumentado duas vezes.

a) Sem fazer cálculos, elabore uma previsão do que vai ocorrer com a resistência elétrica desse cabo com a mudança descrita.

b) Calcule a razão entre a nova resistência elétrica e seu valor anterior.

Resolução

a) De acordo com a segunda lei de Ohm, a resistência de um cabo elétrico pode ser escrita como:

$$R = \frac{\rho \cdot L}{A}$$

Assim, reduzindo seu comprimento pela metade, a resistência elétrica diminui. Como seu diâmetro aumentou duas vezes, a área de seção transversal também aumenta. Logo, a resistência elétrica diminui mais ainda. Como resultado, a resistência elétrica diminui sensivelmente.

b) Ao duplicar o diâmetro, o valor da área aumenta quatro vezes, pois varia com o quadrado do raio. Assim, escrevemos as expressões:

- Resistência elétrica inicial (R): $R = \frac{\rho \cdot L}{A}$
- Resistência elétrica final (R'): $R' = \frac{\rho \cdot \frac{L}{2}}{4 \cdot A} \Rightarrow$

$$\Rightarrow R' = \frac{\rho \cdot L}{8 \cdot A} \Rightarrow R' = \frac{\rho \cdot \frac{L}{A}}{8} \Rightarrow R' = \frac{R}{8} \Rightarrow$$

$$\Rightarrow \frac{R'}{R} = \frac{1}{8}$$

Exercícios propostos

14. A imagem abaixo mostra a tela de um multímetro digital (aparelho usado para medir grandezas elétricas). O ponto representa a vírgula.

Wayne Higgins/Alamy/Other Images

a) Identifique a medida indicada pelo aparelho (natureza e unidade).

b) Reescreva o valor dessa medida em ohm.

15. Condutância é o inverso de resistência elétrica $\left(G = \frac{1}{R}\right)$.
Condutividade σ é o inverso de resistividade ρ, em que $\sigma = \frac{1}{\rho}$. Reescreva as expressões da primeira e da segunda lei de Ohm utilizando a condutância e a condutividade elétrica como parâmetros.

16. Refaça o exercício resolvido 12, trocando o cobre pela prata e depois pelo alumínio. Consulte a tabela de resistividade para encontrar a resistividade elétrica desses materiais.

17. Refaça o exercício resolvido 13, considerando que o comprimento do cabo diminuiu dez vezes e seu diâmetro foi reduzido à metade.

4. Eletricidade, resistência e choques elétricos

Ao longo dos séculos, o ser humano passou do fascínio e temor em relação a descargas elétricas na natureza (como raios em uma tempestade) a certo domínio da eletricidade. A tecnologia resultante desse conhecimento espalha-se por quase todas as partes do mundo e podemos dizer que a sociedade atual é muito dependente da utilização da eletricidade.

A eletricidade proporciona conforto às pessoas por meio da iluminação elétrica, do aquecimento de água, do lazer (cinema, parques de diversão, danceterias, etc.) e das telecomunicações (telefone fixo e celular, internet, rádio, televisão), por exemplo. Esse conforto tem um alto custo não apenas financeiro. A população mundial vive imersa em uma rede de fios e cabos elétricos que envolvem as cidades. Estas fotografias mostram a convivência delicada entre o ser humano e a eletricidade.

Manan Vatsyayana/AFP/Getty Images

Alto risco. Ligações clandestinas (os chamados "gatos") na rede elétrica em Nova Délhi, Índia, em 2009, revelam os efeitos da exclusão econômica em que vive parte da população e o difícil acesso aos benefícios da vida moderna. Muito comuns também no Brasil, essas ligações clandestinas podem causar graves acidentes.

Pedro Ney/AFP

Risco calculado. No teleférico Ávila, em Caracas, Venezuela, em 2007, os bondes passam entre torres de alta tensão, proporcionando uma viagem ao mesmo tempo exuberante e emocionante. Mas a passagem próxima à rede elétrica é feita com muita segurança.

Essas imagens destacam a proximidade das redes elétricas de alta tensão, o que desperta cuidados com a segurança das pessoas. No entanto, a mesma rede de alta tensão parece não causar nenhum dano aos pássaros pousados nela, como se vê na fotografia ao lado.

A tensão elétrica nas extremidades de um corpo propicia a passagem de uma corrente elétrica cuja intensidade depende da resistência elétrica oferecida por esse corpo. Portanto, é melhor analisar a corrente – não a tensão – ao buscar a grandeza responsável pelos acidentes com eletricidade, como o superaquecimento de materiais condutores e as faíscas que podem ser emitidas na passagem da corrente, causando queimaduras e outras graves lesões aos seres vivos. Assim, para uma tensão fixa, se a resistência elétrica é grande, a intensidade da corrente elétrica é pequena, e os danos que ela pode causar são mínimos.

No caso dos pássaros pousados em fios da rede elétrica, a corrente que atravessa seu corpo é desprezível porque o pássaro toca o fio em dois pontos muito próximos, onde a diferença de potencial é muito pequena, pois a resistência elétrica, nesse trecho, é desprezível. Entretanto, o mais importante é que a resistência do pássaro é muito maior que a do trecho do fio, de modo que a corrente elétrica que passa pelo corpo do pássaro é praticamente nula e segue toda pelo fio condutor.

Ligado ao tema

Choques elétricos: em casa, toda prevenção é pouca

Algumas dicas de prevenção de acidentes elétricos em casa.

- Com crianças pequenas em casa, utilize tampões nas tomadas e redobre a atenção com os aparelhos elétricos.
- Não desconecte os aparelhos puxando o fio elétrico; retire o plugue da tomada.
- Limpe aparelhos elétricos somente quando estiverem desligados e desconectados da tomada.
- Se um aparelho elétrico cair dentro da água, retire o plugue da tomada antes de tocar na água.
- Mantenha cabos e fios fora da área de circulação de pessoas.
- Nunca utilize faca ou outra ferramenta metálica para desconectar um equipamento da rede elétrica.
- Não mexa na rede elétrica sem desconectar a chave geral no quadro de eletricidade.

Hydromet/Dreamstime.com/ID/BR

A diferença de potencial entre os dois pés do pássaro é muito pequena; portanto, a corrente elétrica que atravessa seu corpo é praticamente nula.

Efeitos do choque elétrico no corpo humano

Os diversos usos da eletricidade no dia a dia e a alta frequência desses usos tornam comum a exposição de pessoas à passagem de corrente elétrica e a seus efeitos perigosos – o choque elétrico, cujas consequências podem variar de uma pessoa para a outra ou de uma situação para a outra, devido a fatores diversos, como:

- a intensidade da tensão elétrica a que o corpo é submetido;
- a parte do corpo por onde a corrente elétrica passou;
- o uso de calçados ou luvas isolantes no momento da passagem da corrente elétrica;
- se a pele da pessoa está molhada ou seca. (A resistência do corpo humano com a pele seca é da ordem de $100\ k\Omega$. Quando a pele está molhada, a resistência cai para cerca de $1\ k\Omega$, o que causa, para uma mesma tensão elétrica, por exemplo, de 110 V, um aumento na intensidade da corrente elétrica da ordem de cem vezes.)

É preciso, portanto, muita atenção no manuseio das instalações elétricas, evitando ficar descalço ou em contato com água durante esse manuseio e usando preferencialmente calçados com sola de borracha.

O quadro a seguir apresenta, de forma resumida, alguns valores de intensidade da corrente elétrica e seus possíveis efeitos no corpo humano. Ao tentar ajudar alguém eletrocutado, desconecte ou desligue qualquer contato com algo que possa ser o causador do choque antes de tocar na pessoa. Use algum tipo de material isolante para prestar essa ajuda.

Conceito em questão

Uma situação de choque em que a corrente elétrica que circula pelo corpo de uma pessoa entra por um braço e sai pelo outro pode ser fatal. Elabore uma explicação para o fato.

Choque elétrico e o corpo humano

Intensidade da corrente elétrica (i_{CA})		Reação fisiológica	Possíveis consequências	Salvamento	Resultado provável
CA	CC				
< 25 mA	< 80 mA	1 mA (CA): sensação de formigamento de 5 a 15 mA (CA): contração muscular de 15 a 25 mA (CA): contração violenta; impossibilidade de soltar os eletrodos; problemas respiratórios	asfixia e morte aparente	respiração artificial	restabelecimento
de 25 a 80 mA	de 80 a 300 mA	sensação insuportável e dolorosa; contrações musculares violentas; asfixia	morte aparente	respiração artificial	restabelecimento
> 80 mA	> 300 mA	asfixia imediata; fibrilação ventricular (levando à parada cardíaca); queimaduras	morte aparente	respiração artificial, massagem cardíaca, desfibrilação	restabelecimento, se a desfibrilação for feita a tempo
Intensidade de corrente da ordem de alguns ampères		queimaduras; necrose de tecidos; fibrilação ventricular; asfixia imediata; alguns danos posteriores	morte aparente, queimaduras intensas, sequelas ou morte de fato	respiração artificial, massagem cardíaca, desfibrilação, atendimento hospitalar	hospitalização, desfibrilação, atrofia muscular, recuperação difícil, outros danos colaterais

Observações: CA – corrente alternada; CC – corrente contínua; mA – miliampère (10^{-3} A)

Fonte de pesquisa: KINDERMANN, G. *Choque elétrico*. 2. ed. Porto Alegre: Sagra Luzzatto, 2000. p. 86.

Ligado ao tema

Descargas elétricas e fibrilação

Descargas elétricas acidentais podem causar a fibrilação, uma série de contrações rápidas e desordenadas das fibras musculares do ventrículo do coração da pessoa atingida. Entre as inúmeras consequências, ocorre a inadequada irrigação sanguínea do cérebro, que pode levar a pessoa rapidamente à morte. O desfibrilador é um aparelho que, aplicado logo em seguida ao acidente, pode salvar a vida da vítima, pois induz o coração a voltar ao ritmo regular, emitindo descargas elétricas controladas.

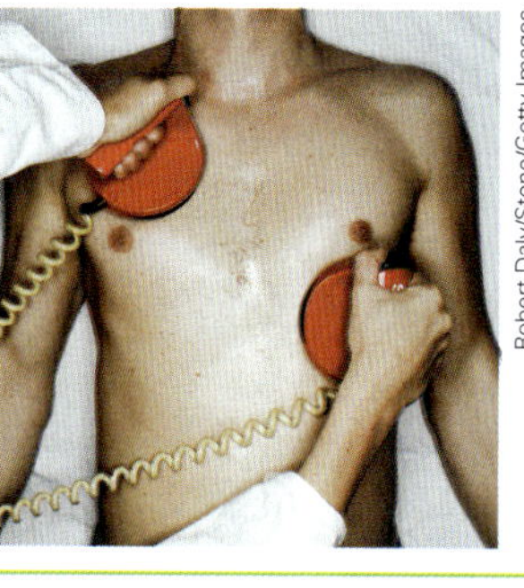

Robert Daly/Stone/Getty Images

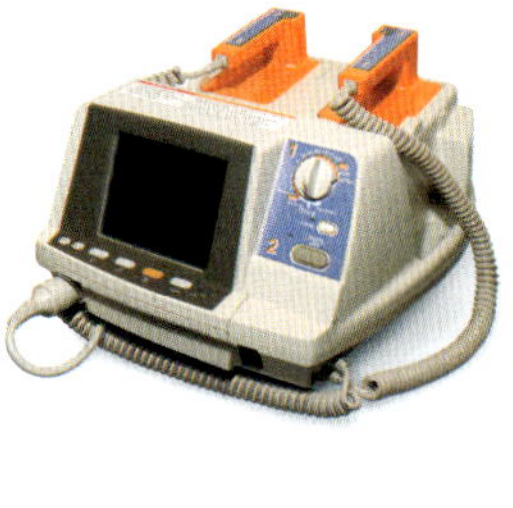

Oleksiy Maksymenko/Alamy/Other Images

Exercícios resolvidos

18. O gerador Van de Graaff foi inventado em 1929 pelo físico estadunidense Robert J. van de Graaff (1901-1967), quando ele era pesquisador na Universidade de Princeton, nos Estados Unidos. Seu primeiro aparelho atingiu a marca de 80 kV; um dos últimos construídos por ele chegou a gerar tensão de 7 milhões de volts. Esses geradores se tornaram comuns em museus e feiras de ciências.

Na fotografia, uma pessoa toca com as mãos a esfera de um gerador Van de Graaff, submetendo-se a uma tensão da ordem de 120 000 V. Os cabelos ficam totalmente arrepiados, mas a pessoa não corre nenhum risco se obedecer a estas orientações:

Photoresearchers/Latinstock

- Manter-se sobre uma plataforma especial colocada próximo ao gerador enquanto tocar na esfera metálica.
- Não tocar nem ser tocada por ninguém que esteja no solo.

Baseando-se nessas informações, elabore uma explicação para o fato de a tensão altíssima do gerador Van de Graaff não representar riscos para a pessoa que o toca.

Resolução

A tensão é uma condição necessária para que se estabeleça a corrente elétrica em um condutor (no caso, o corpo humano). Os perigos, no entanto, existirão apenas se uma corrente elétrica de alta intensidade percorrer o corpo humano. No caso do gerador, a pessoa deve primeiro subir na plataforma isolante e somente depois tocar na esfera do gerador. Dessa forma, ela se submete ao potencial de 120 000 V, mas não a uma ddp, pois não está em contato com outro potencial mais baixo (no caso, o solo). Assim, o corpo adquire carga elétrica e seus cabelos repelem-se mutuamente, eriçando-se. Mas, se alguém de fora da plataforma isolante tocar a pessoa, haverá uma tensão que poderá dar origem a uma corrente elétrica intensa, percorrendo o corpo das duas pessoas (a que está sobre a plataforma e a que está fora dela), podendo causar acidentes até fatais a ambas.

19. A resistência elétrica da pele humana varia de acordo com diversas condições, entre elas a umidade e a tensão elétrica às quais a pessoa está submetida. Em contato com uma fonte capaz de estabelecer uma tensão de até 250 V e com a pele úmida pelo suor, por exemplo, a resistência elétrica da pele pode atingir o valor de 1 kΩ. Determine, de acordo com as informações do quadro da página anterior, o que pode ocorrer a uma pessoa nessas condições se submetida a uma tensão elétrica de 220 V de uma fonte alternada.

Resolução

De acordo com os dados fornecidos, e aplicando a primeira lei de Ohm, obtemos:

$U = R \cdot i \Rightarrow 220 = 1\,000 \cdot i \Rightarrow 220 = 1\,000 \cdot i$

$i = 0{,}22$ A ou 220 mA

Pelo quadro apresentado na página anterior, para $i_{CA} = 220$ mA (> 80 mA) a pessoa pode ter asfixia imediata, queimaduras graves e fibrilação ventricular, que pode levar a uma parada cardíaca. Se forem aplicadas imediatamente massagem cardíaca e respiração artificial, e for utilizado a tempo um desfibrilador, há possibilidade de restabelecimento da pessoa.

Exercícios propostos

20. A imagem a seguir mostra um técnico inspecionando cabos elétricos de alta tensão.

Ng Han Guan/AP/Glow Images

Elabore uma explicação para o fato de o técnico poder deslocar-se sobre os dois cabos sem sofrer choque elétrico.

21. A resistência elétrica do corpo humano com a pele seca (com baixíssima umidade) para uma tensão próxima de 100 V de corrente alternada (aplicada entre as duas mãos) é de 100 kΩ. Consultando o quadro da página anterior, descreva as possíveis consequências para uma pessoa submetida a um choque elétrico nessas condições.

22. As luvas cirúrgicas ou de látex protegem as mãos em diversas situações. Mas, em contato com alta tensão, essas luvas não oferecem proteção.

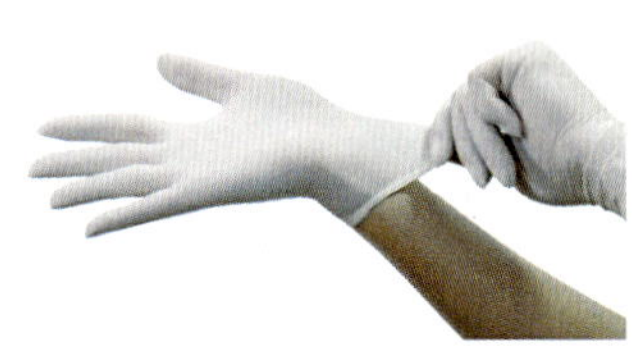
Radu Razvan/Shutterstock.com/ID/BR

Explique por que, mesmo sendo o látex um isolante elétrico, as luvas desse material não protegem o corpo da alta tensão elétrica.

5. Variação da resistência elétrica com a temperatura

Sabemos que, em um condutor percorrido por corrente elétrica, os elétrons livres colidem contra os átomos da rede cristalina, dificultando seu próprio avanço através do condutor. Isso caracteriza a resistência elétrica do condutor.

Conforme a temperatura do condutor aumenta, os átomos da rede cristalina passam a vibrar mais intensamente, e os elétrons apresentam então um movimento cada vez mais desordenado, o que também contribui para a ocorrência de mais colisões dos elétrons. Esta situação resulta em um aumento da resistência elétrica e no aquecimento do condutor.

Para boa parte dos metais a temperaturas próximas da temperatura ambiente (cerca de 20 °C), a resistividade (ρ) varia com a temperatura de maneira praticamente linear. Assim, podemos escrever:

$$\rho = \rho_0[1 + \alpha_0 \cdot (T - T_0)]$$

em que ρ é a resistividade à temperatura medida, ρ_0 é a resistividade na temperatura inicial T_0 e α_0 é o coeficiente térmico. No SI, α_0 é dado em $°C^{-1}$.

Lembrando que a relação entre a resistividade e a resistência é dada por $R = \frac{\rho \cdot L}{A}$, podemos escrever:

$$R = R_0[1 + \alpha_0 \cdot (T - T_0)]$$

Ou seja, a resistência de um condutor varia com a temperatura da mesma maneira que a resistividade.

Supercondutividade

A **supercondutividade** é a característica que certos materiais apresentam de, em condições especiais, conduzir eletricidade de modo muito mais eficaz que a maioria dos materiais condutores, como o cobre e a prata.

A descoberta do fenômeno da supercondutividade é de 1911, quando o físico holandês Heike Kamerlingh-Onnes (1853-1926) realizava experimentos a baixíssimas temperaturas em seu laboratório. Onnes percebeu que subitamente o mercúrio, um condutor sem muito destaque à temperatura ambiente, apresentou resistividade nula ao ser exposto a uma corrente elétrica com temperatura abaixo de 4,15 K (–296 °C). Essa temperatura na qual o fenômeno se manifesta é denominada **temperatura crítica**.

Tal descoberta abriu caminho para que mais materiais fossem estudados; cada material, no entanto, apresenta uma temperatura crítica própria. Abaixo dessa temperatura, o material conduz eletricidade sem nenhuma resistência elétrica. Acima dela, porém, comporta-se como condutor sem muito destaque ou mesmo como isolante. Alguns exemplos de metais supercondutores são: o zinco (Tc = 0,88 K), o alumínio (Tc = 1,19 K) e o estanho (Tc = 3,72 K).

Esses materiais oferecem possibilidade de aplicações tecnológicas muito promissoras. Entre elas está a construção de cabos para transmissão de eletricidade sem perdas de energia, ao contrário do que acontece com as redes de transmissão convencionais. Mas, como este é um fenômeno restrito a baixas temperaturas, isso dificulta sua aplicação em situações cotidianas.

Ligado ao tema

Limitações do modelo clássico da condutividade elétrica

De acordo com o modelo clássico de condução elétrica, a resistividade e, consequentemente, a resistência de um dispositivo devem aumentar com a temperatura. Mas alguns materiais se comportam de forma oposta, diminuindo sua resistividade com o aumento da temperatura.

Esta tabela mostra alguns desses materiais.

Comportamento de alguns materiais a 20 °C

Material	Resistividade ρ ($\Omega \cdot m$)	Coeficiente térmico α_0 ($°C^{-1}$)
carbono	$3{,}5 \cdot 10^{-5}$	$-5{,}0 \cdot 10^{-4}$
germânio	$4{,}5 \cdot 10^{-1}$	$-4{,}8 \cdot 10^{-2}$
silício	$6{,}4 \cdot 10^{-2}$	$-7{,}5 \cdot 10^{-2}$
Constantan*	$5{,}0 \cdot 10^{-1}$	de $-4{,}0 \cdot 10^{-5}$ a $1{,}0 \cdot 10^{-5}$

*Constantan é uma liga metálica composta de 60% de Cu + 40% de Ni. Note que seu coeficiente térmico varia do negativo ao positivo. Esse comportamento aparentemente incomum revela uma limitação do modelo clássico para as correntes elétricas.

Exercícios resolvidos

23. Determinado resistor apresenta, a 20 °C, resistência elétrica de 10 Ω. O material que o constitui é a grafite, cujo coeficiente térmico é $\alpha_0 = -5 \cdot 10^{-4}\ °C^{-1}$. Calcule seu valor de resistência elétrica a 0 °C e a 50 °C.

Resolução

A resistência elétrica desse resistor varia com a temperatura de acordo com a seguinte relação:

$$R = R_0[1 + \alpha_0 \cdot (T - T_0)]$$

Substituindo os valores mencionados, obtemos para $T = 0$ °C a expressão:

$R = 10[1 - 5 \cdot 10^{-4} \cdot (0 - 20)]$

$R = 10[1 + 10^{-2}]$

$R = 10[1 + 0{,}01] \Rightarrow R = 10 \cdot 1{,}01 \Rightarrow R = 10{,}1\ \Omega$

A resistência aumentou de 10 Ω para 10,1 Ω.

Para $T = 50$ °C, obtemos:

$R = 10[1 - 5 \cdot 10^{-4} \cdot (50 - 20)]$

$R = 10[1 - 5 \cdot 10^{-4} \cdot 30]$

$R = 10[1 - 150 \cdot 10^{-4}] \Rightarrow R = 10 \cdot (1 - 0{,}015)$

$R = 10 \cdot 0{,}985 \Rightarrow R = 9{,}85\ \Omega$

A resistência diminuiu de 10 Ω para 9,85 Ω.

24. É apresentada a seguir a curva de calibração de um sensor PTC, a partir de valores obtidos experimentalmente, para temperaturas arbitrárias.

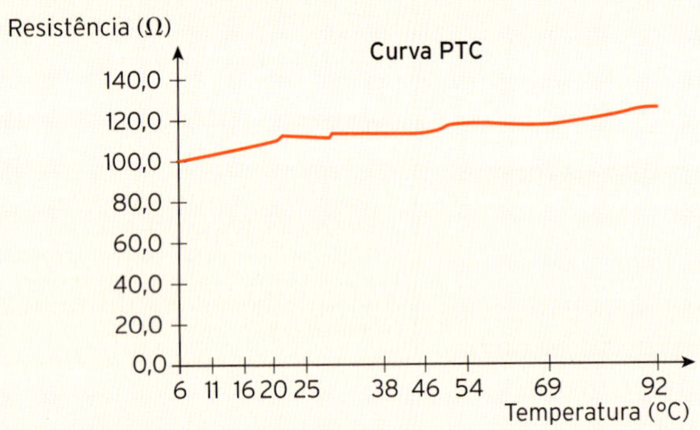

Esses sensores são fabricados com materiais cuja resistência elétrica varia de acordo com a temperatura. Entre suas diversas aplicações, destaca-se o uso em circuitos elétricos para proteção contra superaquecimento ou contra passagem de correntes elétricas muito intensas.

a) Descreva o que ocorre com a resistência elétrica desse sensor em função da temperatura.

b) Considerando a temperatura ambiente 25 °C, determine, com base no gráfico, o valor aproximado da resistência elétrica desse dispositivo.

c) Considerando aproximadamente linear a variação apresentada pelo gráfico, determine o valor do coeficiente térmico desse sensor.

Resolução

a) A observação do gráfico permite concluir que o valor da resistência elétrica desse dispositivo aumenta com a temperatura.

b) Para $T = 25$ °C, a leitura do gráfico fornece um valor aproximado de 115 Ω.

c) Escrevendo a equação $R = R_0[1 + \alpha_0 \cdot (T - T_0)]$ e aplicando os dados $R_0 = 100\ \Omega$, $T_0 = 6$ °C, $T = 92$ °C e $R = 130\ \Omega$, obtemos o valor do coeficiente térmico:

$130 = 100 \cdot [1 + \alpha_0 \cdot (92 - 6)]$

$1{,}3 = 1 \cdot [1 + \alpha_0 \cdot (92 - 6)]$

$0{,}3 = \alpha_0 \cdot (86)$

$\alpha_0 = \dfrac{0{,}3}{86}$

$\alpha_0 \cong 0{,}003488$

$\alpha_0 \cong 3{,}5 \cdot 10^{-3}\ °C^{-1}$

Exercícios propostos

25. A resistividade do material que constitui o filamento de uma lâmpada varia com a temperatura de acordo com o gráfico a seguir.

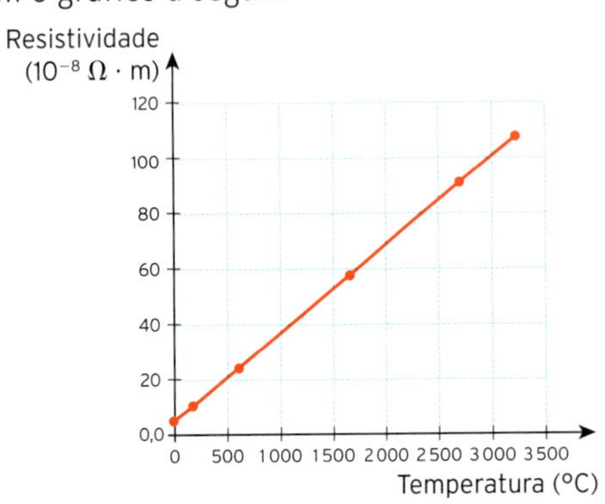

a) Determine, por meio do gráfico, o valor da resistividade a 0 °C (próximo da temperatura ambiente) e a 3 000 °C (temperatura normal de trabalho dessa lâmpada).

b) Determine quantas vezes aumenta o valor da resistividade do filamento dessa lâmpada no intervalo de temperatura do item anterior.

26. Um supercondutor é um tipo de material cuja resistividade cai a zero abaixo de determinada temperatura.

a) Dê um exemplo de um material condutor de eletricidade e de um material supercondutor natural.

b) Construa um gráfico de resistência × temperatura, mostrando o comportamento da curva correspondente a um material supercondutor de eletricidade.

6. Potência elétrica

Você já deve ter observado que muitos aparelhos elétricos transformam parte da energia elétrica recebida em energia térmica, o que causa seu aquecimento. Mas, em alguns deles, a energia térmica obtida é apenas um efeito secundário, como no caso do televisor e do telefone. Essa energia não é utilizada, mas pode interferir no funcionamento do aparelho se resultar em superaquecimento. Já no caso do chuveiro, por exemplo, o que se deseja utilizar é exatamente a energia térmica para aquecer a água, proporcionando o conforto de um banho quente.

Potência é um conceito físico aplicado em toda situação que envolve transformação ou simplesmente transferência de energia. Podemos defini-la assim:

Potência é a medida da taxa de transformação ou transferência de energia em determinado intervalo de tempo.

A análise aqui apresentada é a transformação de energia elétrica em outros tipos de energia; portanto, trata-se da potência elétrica.

Em linguagem matemática, podemos escrever a expressão:

$$P = \frac{E}{\Delta t}$$

De acordo com o SI, E é a energia transformada, expressa em joule (J); Δt, o intervalo de tempo em segundos (s); e P, a potência, em watt (J/s = W).

O quadro a seguir apresenta alguns exemplos.

Transformadores de energia elétrica em outros tipos de energia						
Dispositivo	lâmpada de filamento	chuveiro elétrico	aparelho de som	televisor	telefone	ventilador
Tipo de energia transformada	luminosa e térmica	térmica	sonora e térmica	luminosa, sonora e térmica	sonora e térmica	mecânica e térmica

Relação entre potência e corrente elétrica

Quando um aparelho elétrico é ligado a uma fonte de energia elétrica, fica submetido a uma diferença de potencial U, sendo percorrido por uma corrente elétrica i. O campo elétrico que se estabelece ao longo do circuito é responsável pelo transporte da carga elétrica Q, dada por meio da relação $Q = i \cdot \Delta t$.

A energia recebida por essa quantidade de carga elétrica Q pode ser obtida por $E = Q \cdot U$, expressão do trabalho realizado pelo campo elétrico.

Considerando que toda a energia é transferida para o aparelho elétrico, podemos escrever:

$$E = Q \cdot U \Rightarrow E = i \cdot \Delta t \cdot U$$

Dividindo ambos os membros da equação por Δt, $\frac{E}{\Delta t} = \frac{i \cdot \Delta t \cdot U}{\Delta t}$, obtemos a expressão da potência elétrica:

$$P = i \cdot U$$

em que P é dada em watt (W), U em volt (V) e i em ampère (A).

Ação e cidadania

Eficiência energética

Embalagens de alimentos, remédios, aparelhos elétricos apresentam rótulos, bulas, manuais com indicações de uso e descrição das características do produto.

Nos dias atuais, a maioria dos equipamentos nacionais que usam eletricidade traz uma etiqueta com algumas especificações.

O Instituto Nacional de Metrologia, Qualidade e Tecnologia (Inmetro), a partir de 1984, iniciou a criação de programas a fim de contribuir para a racionalização do uso da energia no Brasil com informações sobre a eficiência energética dos equipamentos disponíveis no mercado nacional.

Inicialmente pensado para o setor automotivo, por causa das crises do petróleo que afetaram o mundo na década de [19]70, esse projeto foi redirecionado e ampliado, e ganhou o nome de Programa Brasileiro de Etiquetagem (PBE).

Fazem parte do PBE programas de Avaliação da Conformidade que utilizam a Etiqueta Nacional de Conservação de Energia [Ence] para prestar informações sobre o desempenho dos produtos no que diz respeito à sua eficiência energética.

Fonte de pesquisa: Instituto Nacional de Metrologia, Qualidade e Tecnologia (Inmetro).

- Procure em aparelhos elétricos a etiqueta do Inmetro e relacione os dados sobre as características elétricas do produto: potência (W), tensão (V) e consumo de energia.

Exercícios resolvidos

27. Uma lâmpada tem as seguintes especificações técnicas: 100 W – 127 V. Calcule a intensidade de corrente elétrica que circula pelo seu filamento.

Resolução

A potência elétrica relaciona-se com a intensidade de corrente elétrica:

$$P = i \cdot U$$

Substituindo os valores fornecidos, obtemos:

$$100 = 127 \cdot i \Rightarrow \frac{100}{127} = i \Rightarrow i \cong 0{,}79 \text{ A}$$

28. A curva característica de uma lâmpada foi obtida experimentalmente e é apresentada abaixo.

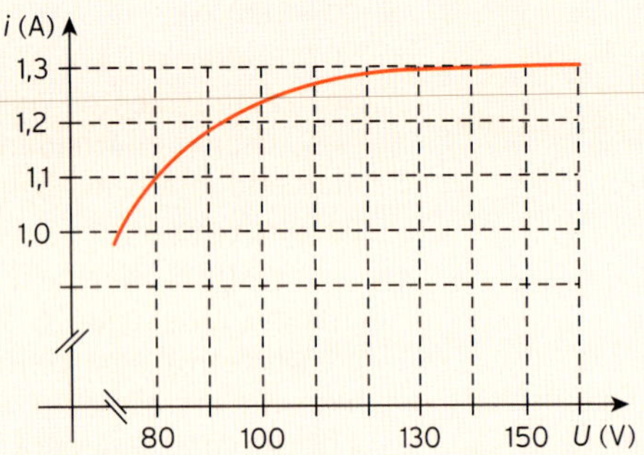

a) Supondo que essa lâmpada seja submetida a tensão de aproximadamente 130 V, determine graficamente o valor da corrente elétrica que circulará pelo seu filamento.

b) Calcule a potência elétrica nessa situação.

c) Discuta o que ocorre com a potência dessa lâmpada se a tensão elétrica for aumentada gradativamente a partir de 130 V.

Resolução

a) Da leitura do gráfico, obtemos: $U = 130$ V e $i \cong 1{,}3$ A

b) A potência elétrica pode ser calculada por:

$P = i \cdot U$

$P \cong 1{,}3 \cdot 130 \Rightarrow P \cong 169$ W

c) O gráfico indica que, a partir de 130 V, a intensidade da corrente elétrica passa a ser constante. Assim, a potência continua aumentando, mas linearmente, em função da tensão elétrica crescente.

29. Um LED é um dispositivo que transforma energia elétrica em energia luminosa, como certas lâmpadas. Os gráficos abaixo mostram seu comportamento em função da energia elétrica recebida (entrada) e a energia luminosa emitida (saída).

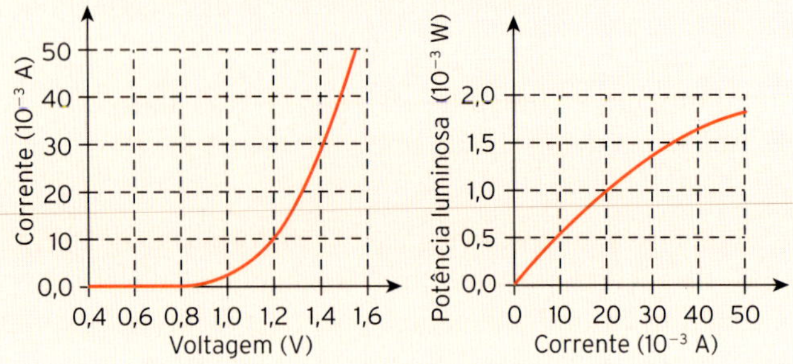

Fonte de pesquisa: Unicamp, 2003.

a) Calcule a potência elétrica fornecida quando o LED é ligado a uma fonte de 1,4 V.

b) Determine a porcentagem de energia elétrica transformada em energia luminosa na situação do item **a**.

Resolução

a) No gráfico à esquerda, para $U = 1{,}4$ V, temos $i \cong 30 \cdot 10^{-3}$ A. Assim, a potência elétrica é dada por: $P = i \cdot U \cong 30 \cdot 10^{-3} \cdot 1{,}4 \Rightarrow P \cong 42 \cdot 10^{-3}$ W

b) Para $i = 30 \cdot 10^{-3}$ A, no segundo gráfico, a potência luminosa é $P \cong 1{,}3 \cdot 10^{-3}$ W.

Assim, obtemos:

$$42 \cdot 10^{-3} \text{ W} \text{ —— } 100\%$$

$$1{,}3 \cdot 10^{-3} \text{ W} \text{ —— } x$$

$$42 \cdot 10^{-3} \cdot x \cong 1{,}3 \cdot 10^{-3} \cdot 100$$

$$x \cong \frac{130}{42} \Rightarrow x \cong 3{,}1\%$$

Exercícios propostos

30. Um aparelho elétrico ligado a uma fonte de 500 V é percorrido por uma corrente elétrica de 2,5 A. Determine o valor da potência elétrica necessária para seu funcionamento.

31. Dois aparelhos desenvolvem a mesma potência elétrica de 1 000 W. O aparelho *A* está ligado à rede de 100 V; o aparelho *B*, à rede de 250 V. Calcule a razão entre as correntes elétricas que percorrem os aparelhos *A* e *B*, respectivamente.

32. Refaça os itens **a** e **b** do exercício resolvido 28, considerando a ddp de 80 V.

33. Refaça o exercício resolvido 29, considerando as tensões elétricas de 1,1 V e 1,3 V.

34. Ainda sobre o exercício 29, relate o que ocorre com o LED em tensões menores que 0,8 V.

35. Um aparelho tem potência elétrica nominal de 1 000 W e funciona normalmente em 120 V. Seus circuitos se danificam e o aparelho deixa de funcionar quando a corrente que circula por ele atinge valor 2,5 vezes maior que a corrente nominal. Determine qual é a potência máxima que esse aparelho desenvolve.

7. Resistência elétrica e efeito Joule

Nos exemplos de dispositivos elétricos dados no quadro "Transformadores de energia elétrica em outros tipos de energia", foram apresentadas várias transformações da energia elétrica em outros tipos de energia. Todos aqueles aparelhos apresentam certa resistência elétrica. Ao serem percorridos por uma corrente, eles se aquecem, evidenciando que parte da energia elétrica se transforma em energia térmica (calor).

A transformação específica de energia elétrica em energia térmica, motivada pela passagem de corrente elétrica em um dispositivo, é o que se chama **efeito Joule**.

Uma explicação para o fenômeno: os elétrons livres, impulsionados pelo campo elétrico, percorrem o condutor de uma extremidade a outra. Os átomos da rede cristalina que compõem o metal já possuem energia associada, por exemplo, à sua própria agitação térmica. Com a passagem dos elétrons livres, ocorrem inúmeras colisões entre os elétrons e os átomos do material condutor. A cada colisão há uma transferência de energia dos elétrons para a rede, aumentando ainda mais a oscilação da rede e a energia de vibração dos átomos. Esse aumento contínuo da energia de vibração dos átomos se manifesta como um aumento da temperatura do condutor, ou seja, seu aquecimento.

O aquecimento do condutor geralmente aumenta sua resistência elétrica, o que costuma prejudicar o desempenho de alguns dispositivos mais sensíveis, como os equipamentos eletrônicos em geral. Daí a necessidade de resfriamento externo. Mas há casos, como o dos aquecedores e dos ferros de passar, em que a energia térmica obtida pode ser aproveitada externamente.

A potência associada a esse aquecimento é chamada de **potência dissipada**, e sua expressão é $P = i \cdot U$. De acordo com a definição de resistência elétrica, podemos escrever $U = R \cdot i$. Substituindo essa segunda relação na primeira, podemos obter as seguintes relações para a potência dissipada:

$$P = R \cdot i^2 \quad \text{ou} \quad P = \frac{U^2}{R}$$

Ligado ao tema

Fusível e efeito Joule

Photoresearchers/Latinstock

Um dispositivo comum em circuitos eletrônicos é o **fusível**. Como o próprio nome indica, ele é capaz de se fundir (derreter-se) sob determinadas condições, interrompendo o circuito no qual está inserto. Isso protege o circuito de correntes elétricas excessivas.

Como qualquer condutor, esse dispositivo se aquece quando submetido à passagem de corrente elétrica. Quando a intensidade da corrente que atravessa o fusível faz a temperatura ultrapassar certo valor, seu filamento derrete, interrompendo a corrente e protegendo os aparelhos que fazem parte desse circuito.

Algumas aplicações do efeito Joule

O quadro a seguir apresenta alguns equipamentos que se valem do efeito Joule em seu funcionamento.

Equipamentos que funcionam pelo efeito Joule						
Ferro de passar	**Chuveiro elétrico**	**Secador de cabelos**	**Forno elétrico**	**Pistola de cola de silicone**	**Ferro de solda**	**Prancha de cabelos**
A base de metal do ferro é aquecida para passar roupas.	A água é aquecida para o banho.	O ar é aquecido e soprado contra os cabelos, secando-os.	A bandeja metálica é aquecida para aquecer os alimentos.	O bastão de silicone é derretido pelo calor e utilizado como cola.	O estanho é derretido pelo calor e usado para soldar partes metálicas em circuitos eletrônicos.	A pressão das chapas metálicas aquecidas contra os fios de cabelo dão a eles um efeito liso.

Conceito em questão

1. Escreva no caderno o(s) nome(s) do(s) equipamento(s) apresentado(s) no quadro acima que funciona(m) como a lâmpada incandescente.
2. Quando um chuveiro elétrico deixa de funcionar, costuma-se dizer que ele "queimou". Explique essa ocorrência do ponto de vista da Física e o tipo de conserto que se pode fazer para que o chuveiro volte a funcionar.

8. Cálculo de consumo de energia elétrica

Quando se menciona o consumo de energia elétrica de um aparelho, falamos da quantidade de energia elétrica que esse aparelho utiliza durante o período de tempo em que permanece ligado. O consumo energético dos aparelhos elétricos pode ser calculado com as expressões de potência. Vejamos, então, uma análise do chuveiro elétrico como exemplo de cálculo de consumo de energia elétrica.

Os chuveiros elétricos comumente apresentam uma chave seletora entre duas potências, cujos valores variam conforme o modelo. Os chuveiros mais populares geralmente apresentam as especificações 220 V — 2 200 W-5 500 W. Isso significa que o aparelho deve ser ligado a uma rede elétrica com tensão de 220 V. Sua chave seletora habilita o consumo da potência mínima (2 200 W) ou da máxima (5 500 W). Há modelos com uma chave que pode variar do mínimo ao máximo, passando por diversos valores intermediários.

A título de exemplo, considere um banho de 15 minutos na posição indicadora de potência máxima. Primeiramente, analisamos as unidades:

$$P = 5\,500 \text{ W } (5\,500 \text{ J/s})$$

$$\Delta t = 15 \text{ min } (15 \cdot 60 = 900 \text{ s})$$

Nessas condições, o consumo energético do chuveiro pode ser calculado pela expressão:

$$P = \frac{E}{\Delta t}$$

$$5\,500 = \frac{E}{900}$$

$$E = 5\,500 \cdot 900$$

$$E = 4\,950\,000 \text{ J}$$

Esse resultado pode ser expresso por $4{,}95 \cdot 10^6$ J ou 4,95 MJ (megajoule).

Se o cálculo for aplicado para todos os equipamentos elétricos de uma residência, utilizados por mais de uma pessoa, no intervalo de tempo relativo a um mês, como é o mais comum, esse número crescerá ainda mais.

Uma maneira de simplificar a apresentação desse resultado é utilizar unidades que representam sinteticamente valores maiores. Assim a potência é expressa em kilowatt (kW) e o tempo em hora (h). Dessa forma, o resultado do cálculo anterior pode ser apresentado mais simplificadamente. Observe:

$$P = 5{,}5 \text{ kW e } \Delta t = 0{,}25 \text{ h } (15 \text{ min})$$

$$P = \frac{E}{\Delta t}$$

$$5{,}5 \text{ kW} = \frac{E}{0{,}25 \text{ h}}$$

$$E = 5{,}5 \cdot 0{,}25 \text{ kW} \cdot \text{h} \Rightarrow E = 1{,}375 \text{ kW} \cdot \text{h}$$

Desse modo, os valores relativos ao consumo geral mensal de uma residência podem ser expressos por números menores que facilitam a leitura, e em kWh, que é a unidade utilizada nas faturas de consumo de energia elétrica.

Para calcular em reais o gasto com energia, devemos adicionar todos os consumos mensais dos aparelhos (em kWh) e multiplicar a soma pelo preço de 1 kWh, cujo valor, no Brasil, varia de um estado para outro ou conforme a faixa de consumo (quem consome mais paga mais). Para obter o resultado dessa conta, é necessário efetuar cálculos relativos a diversos tipos de impostos e taxas que variam de acordo com a região e a cidade.

Ligado ao tema

A nova geração de lâmpadas chegou

Lâmpada de filamento incandescente. Foi a primeira aplicação bem-sucedida da eletricidade provendo iluminação. Mas seu rendimento é baixo (cerca de 5%), o que torna essas lâmpadas extremamente ineficazes quanto ao uso racional da energia.

Lâmpada fluorescente. Seu rendimento é bem maior que o da lâmpada incandescente. Embora consuma menos energia, provendo a mesma iluminação que uma lâmpada incandescente de mesma potência, a lâmpada fluorescente é tóxica, e os elementos nela empregados poluem o ambiente quando é descartada.

LED. Uma tecnologia que tem se disseminado cada vez mais é a das **lâmpadas de estado sólido**, ou LED (diodos emissores de luz). Apesar de não serem as lâmpadas mais baratas, são as mais econômicas e versáteis, podendo ser moldadas de diversas maneiras, até mesmo na forma de placas que revestirão paredes. Essas lâmpadas já podem ser vistas nas ruas de diversas cidades brasileiras, principalmente nos semáforos.

Exercícios resolvidos

36. Um resistor de 2 500 Ω é submetido a uma tensão de 120 V e é percorrido por uma corrente elétrica de intensidade constante. Determine a potência desse resistor.

Resolução

A intensidade da corrente elétrica que percorre esse resistor pode ser obtida por:

$U = R \cdot i \Rightarrow 120 = 2\,500 \cdot i \Rightarrow i = \frac{120}{2\,500}$

$i = 0{,}048$ A

A potência dissipada pode ser calculada por:

$P = R \cdot i^2 \Rightarrow P = 2\,500 \cdot (0{,}048)^2$

$P = 2\,500 \cdot (0{,}048)^2$

$P = 2\,500 \cdot 0{,}002304 \Rightarrow P = 5{,}76$ W

Outra resolução possível: como todas as grandezas envolvidas são consideradas constantes, podemos escrever: $P = U \cdot i$

Da definição de resistência elétrica, $U = R \cdot i$, obtemos $i = \frac{U}{R}$ e a seguinte expressão da potência:

$P = U \cdot i \Rightarrow P = U \cdot \frac{U}{R} \Rightarrow P = \frac{U^2}{R}$

Substituindo os dados na nova equação, obtemos:

$$P = \frac{U^2}{R} \Rightarrow P = \frac{120^2}{2\,500} \Rightarrow P = \frac{120 \cdot 120}{2\,500}$$

Dividindo por 100 os termos da fração:

$$P = \frac{12 \cdot 12}{25} \Rightarrow P = \frac{144}{25} \Rightarrow P = 5{,}76 \text{ W}$$

37. Um chuveiro elétrico tem 4 500 W de potência e é utilizado por quatro pessoas de uma família em banhos diários de 15 minutos cada pessoa.

a) Determine o valor do consumo em kWh ao final de um mês comercial (30 dias).

b) O preço do kWh em uma determinada região é de R$ 0,30, e o principal imposto cobrado é o ICMS (25%). Calcule o valor do consumo relativo ao chuveiro elétrico em reais, considerando essas únicas informações.

Resolução

a) Primeiramente convertemos as unidades:

$P = 4\,500 \text{ W} \Rightarrow 4{,}5 \text{ kW}$

$\Delta t = 15 \text{ min/banho} \Rightarrow \frac{1}{4} \text{ h ou } 0{,}25 \text{ h/banho}$

No final de um mês:

$0{,}25 \text{ h/banho} \cdot 4 \text{ banhos/dia} \cdot 30 \text{ dias} = 30 \text{ h}$

A energia elétrica total consumida por esses banhos é dada por:

$P = \frac{E}{\Delta t} \Rightarrow E = P \cdot \Delta t \Rightarrow E = 4{,}5 \text{ kW} \cdot 30 \text{ h}$

$E = 135 \text{ kW} \cdot \text{h}$

b) Cálculo do consumo do chuveiro em reais (sem imposto).

Parte 1. Utilizamos a regra de três:

1 kWh —— R$ 0,30

135 kWh —— x

$x = 135 \cdot 0{,}30 \Rightarrow x = \text{R\$ } 40{,}50$

Parte 2. Cálculo com o imposto (ICMS)

Atenção! Como o imposto é parte inseparável da conta a ser paga, o sistema de cobrança o considera como parte da conta, estando embutido nela. Assim, esse cálculo de porcentagem é feito da seguinte maneira.

R$ 40,50 —— 75% (não 100%)

y —— 100% (valor da conta com incidência de 25% do imposto)

$75y = 100 \cdot 40{,}50 \Rightarrow 75y = 4\,050 \Rightarrow$

$\Rightarrow y = \frac{4\,050}{75} \Rightarrow y = 54 \Rightarrow y = \text{R\$ } 54{,}00$

Observação: Em uma conta real, devem ser considerados também os outros aparelhos elétricos e seu tempo de utilização e outras taxas que incidem na conta final.

Exercícios propostos

38. Uma resistência de chuveiro tem 20 Ω e foi fabricada para funcionar sob tensão de 220 V. Calcule a potência dissipada por essa resistência, se ela for ligada de acordo com suas especificações originais.

39. Faça os cálculos do exercício resolvido 37, considerando o consumo de um aparelho de ar-condicionado de 2 500 W de potência, ligado quatro horas por dia.

40. Cite três exemplos de aplicação do efeito Joule.

41. Um chuveiro funciona originalmente em uma rede elétrica de tensão 220 V, dissipando uma potência de 4 400 W. Foi necessário ligar esse chuveiro a uma rede elétrica de tensão 110 V. Como se deseja manter a potência elétrica original, sua resistência deverá ser trocada.

Calcule:

a) o valor da resistência elétrica original;

b) o valor da nova resistência elétrica.

Integre o aprendizado

42. O filamento metálico de uma lâmpada incandescente é atravessado por uma corrente elétrica com intensidade de 0,6 A. Identifique o tipo de portador de carga elétrica e calcule o número desses portadores que atravessam uma seção do filamento na unidade de tempo.

43. Um experimento envolvendo eletrólise gera a movimentação de portadores de carga positiva e negativa através da solução, conforme representado nesta figura.

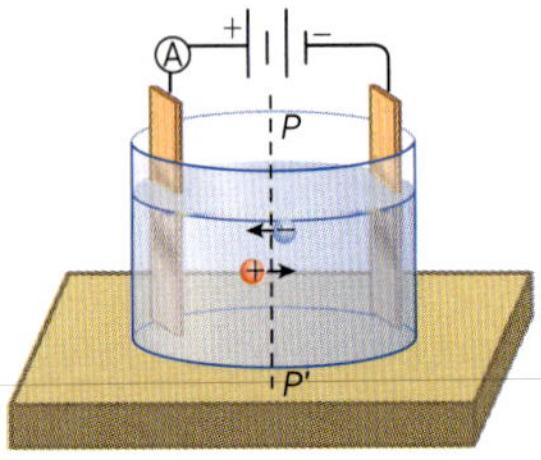

Setup Bureau/ID/BR

Sabe-se que 2,5 C de carga positiva transitam em um sentido e que igual quantidade de carga negativa transita em sentido oposto, a cada 10 s.

a) Faça um desenho mostrando o sentido convencional da corrente elétrica.

b) Calcule a intensidade dessa corrente em ampères.

44. Foi observado em um experimento que $4 \cdot 10^5$ íons de potássio (K^+) atravessam determinada membrana a cada dois milissegundos. Sabe-se que a carga elementar é igual a $1{,}6 \cdot 10^{-19}$ C. Calcule a intensidade da corrente elétrica que atravessa essa membrana.

45. O gráfico a seguir apresenta a curva característica de dois resistores, R_1 e R_2.

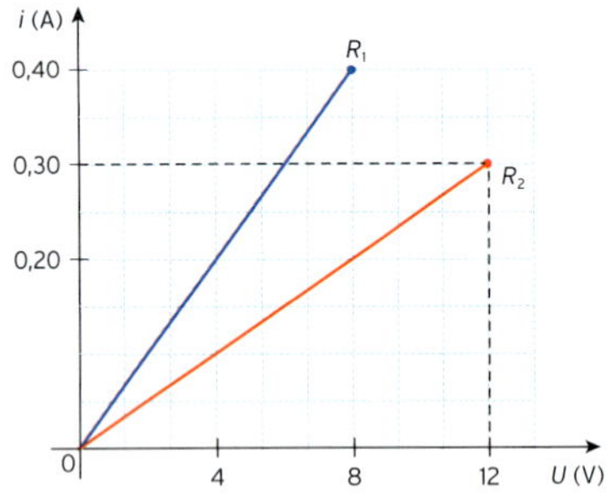

a) Calcule as resistências elétricas de R_1 e R_2.

b) Estabeleça uma relação entre a inclinação das retas apresentadas no gráfico e os valores de resistência elétrica encontrados no item **a**.

46. São dadas as características de dois materiais, A e B:

A – condutividade elétrica: $\sigma = 9{,}1 \cdot 10^6$ S/m

B – resistividade elétrica: $\rho = 3{,}5 \cdot 10^{-5}\ \Omega \cdot m$

Ao utilizar somente esses dois materiais, qual deles deve ser escolhido, caso se deseje boa condução elétrica? E qual deles deve ser escolhido, caso se deseje bom isolamento elétrico? Justifique suas respostas aplicando os dados fornecidos.

47. Dois segmentos de fios metálicos, de platina e de prata, têm suas características apresentadas no quadro a seguir.

Características	Platina	Prata
Comprimento	4 m	8 m
Diâmetro	2 mm	2 mm
Área de seção	$\cong 3{,}1\ mm^2$	$\cong 3{,}1\ mm^2$
Resistividade	$1{,}1 \cdot 10^{-7}\ \Omega \cdot m$	$1{,}6 \cdot 10^{-8}\ \Omega \cdot m$
Condutividade	$9{,}1 \cdot 10^6$ S/m	$6{,}25 \cdot 10^7$ S/m

Calcule a resistência elétrica de cada segmento de fio e avalie qual deles é melhor condutor de eletricidade.

48. Um sensor de coeficiente térmico negativo tem sua curva de calibração apresentada abaixo.

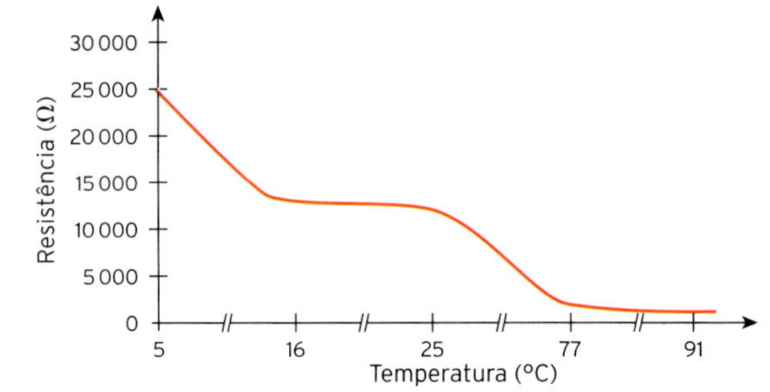

a) Descreva o que ocorre com o valor da sua resistência em função da temperatura.

b) Calcule, com base no gráfico, o valor aproximado de sua resistência a uma temperatura ambiente de 25 °C.

c) Identifique a partir de qual temperatura sua resistência elétrica passa a apresentar valor constante.

d) Determine a amplitude da variação da resistência elétrica mostrada no gráfico (diferença entre o valor máximo e o mínimo).

49. A resistência elétrica dos metais em geral varia linearmente com a temperatura, e a relação pode ser escrita pela expressão:

$$R = R_0[1 + \alpha_0 \cdot (T - T_0)]$$

Suponha um resistor metálico cuja resistência a 0 °C seja igual a 200 Ω. Seu coeficiente térmico é $\alpha_0 = 4 \cdot 10^{-3}\ °C^{-1}$. Determine a temperatura na qual o valor da resistência elétrica desse resistor triplicará.

50. Um forno elétrico funciona com corrente elétrica de 5 A de intensidade, ligado à rede de 127 V.

a) Calcule sua potência elétrica.

b) Se esse forno for utilizado para aquecer 100 g de água de 20 °C até a fervura, sob pressão normal, quanto tempo será necessário para que tal aquecimento se processe? Considere a transformação integral de energia elétrica em energia térmica. Dados: $c_{água} = 1{,}0$ cal/g °C (calor específico sensível da água); 1 cal = 4 J.

51. Uma lâmpada incandescente de 100 W de potência é utilizada diariamente durante quatro horas. Calcule o consumo mensal, em kWh, dessa lâmpada.

52. Nas residências, os aparelhos que mais consomem energia elétrica são o chuveiro elétrico (4 500 W) e o ferro elétrico (800 W). Considere que em uma residência o chuveiro é utilizado por cinco pessoas em banhos diários de 12 minutos em média (um banho por pessoa), e o ferro elétrico é utilizado quatro vezes por semana, durante duas horas. Calcule o consumo energético da utilização desses dois equipamentos em um mês.

53. Considere os dados da questão anterior e R$ 0,25 o preço do kWh.
a) Calcule o montante, em reais, do consumo dos aparelhos elétricos dessa residência.
b) Estipulando a taxa do ICMS em 20%, calcule o preço final do consumo. Desconsidere a incidência de quaisquer outros encargos.
c) Apresente sugestões para que as pessoas dessa residência economizem cerca de 25% no total do consumo de energia elétrica com os banhos de chuveiro e com o uso do ferro elétrico.

54. A resistência elétrica medida entre as mãos de uma pessoa adulta com o corpo molhado (tomando banho, por exemplo), ao tocar uma fonte de cerca de 100 V, é de 730 Ω.

Fonte de pesquisa: Kindermann, G. *Choque elétrico*. 2. ed. Porto Alegre: Sagra Luzzatto, 2000. p. 103.

Estime o que ocorreria se uma criança de 5 anos, nas mesmas condições descritas acima, tocasse com as duas mãos um equipamento elétrico, submetendo-se a cerca de 100 V de tensão. Discuta algumas limitações dessa estimativa.

55. O poraquê da Amazônia (*Electrophorus electricus*) é um peixe que pode chegar a 3 m de comprimento e tem a capacidade de gerar descargas elétricas intensas e rápidas, que atingem suas presas até 1 m de distância dentro da água, imobilizando-as. Daí seu nome, em tupi, que significa "aquele que faz dormir". Essa capacidade também é muito eficiente como mecanismo de defesa. Uma descarga elétrica desse peixe pode atingir mais de 600 V, podendo matar um cavalo.

Marcelo Spatafora/Pulsar Imagens

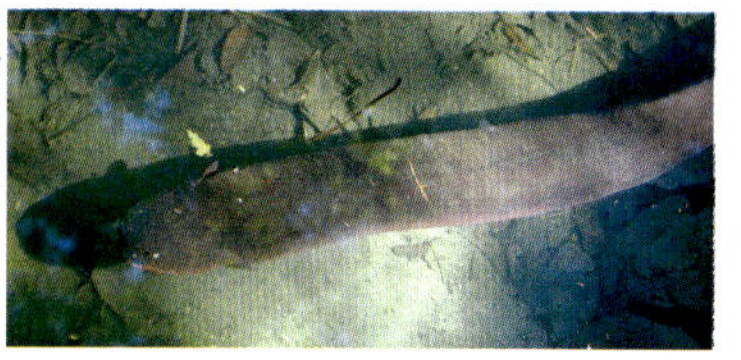

Poraquê, peixe elétrico da Amazônia.

Uma pessoa totalmente imersa na água tem de uma mão à outra uma resistência elétrica de aproximadamente 200 Ω, para tensões de até 250 V. Considere uma pessoa que toca acidentalmente o poraquê, dentro da água, recebendo uma ddp de 250 V, e:
a) calcule a corrente elétrica que percorrerá o corpo dessa pessoa.
b) identifique o que provavelmente vai ocorrer com a pessoa que sofre uma descarga elétrica como essa. Consulte o quadro apresentado neste capítulo sobre os efeitos da eletricidade no corpo humano.

56. Atualmente, o fusível vem sendo substituído na maioria das instalações elétricas residenciais por um dispositivo chamado disjuntor. Pesquise como funciona esse dispositivo e por que ele representa uma melhor opção em relação aos fusíveis.

57. Um dispositivo elétrico tem o gráfico a seguir, em que ambas as escalas são logarítmicas.

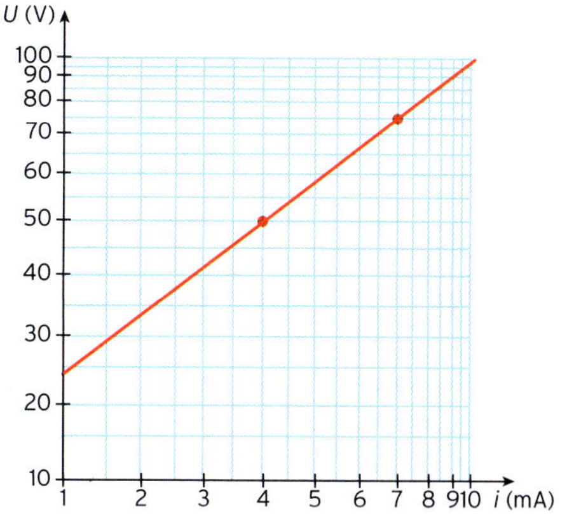

a) Calcule a resistência elétrica desse dispositivo sob uma tensão de 50 V.
b) Calcule a potência dissipada por ele sob uma ddp de 75 V.
c) Esse dispositivo é ôhmico? Por quê?

De volta para o começo

1. Retome as respostas que você deu às questões propostas na seção *Primeiras anotações*, na abertura deste capítulo. Que alterações você faria naquelas respostas?
2. O efeito Joule é identificável no funcionamento de todos os aparelhos elétricos, sendo mesmo desejável em alguns, como é o caso do chuveiro elétrico. Cite aparelhos elétricos nos quais esse efeito não é desejável e indique o mecanismo que evita o aquecimento de cada um deles.

Rãs e pilhas elétricas

[...] As descobertas realizadas no século XVIII sobre os fenômenos elétricos despertaram não só o interesse dos cientistas como o entusiasmo do grande público. Assim elas deram origem a um novo jogo de salão: as pessoas formavam uma cadeia humana, dando-se as mãos, e as duas que se encontravam nas extremidades da cadeia tocavam dois corpos eletricamente carregados por uma máquina [eletrostática como a que é mostrada na imagem abaixo]. A corrente passava, as pessoas estremeciam, e todos riam às gargalhadas. Se o choque elétrico era na época o único meio seguro de detectar quantidades de eletricidade, faziam-se também investigações mais sérias sobre esses fenômenos. [...]

Album/akg-images/Latinstock

No século XVIII, as primeiras experiências com a recém-descoberta da eletricidade já demonstravam que o corpo humano é um condutor elétrico. Nesta ilustração, de R. Brunet de Blaise Nicolas Le Sueur, uma jovem suspensa por cordas isolantes é eletricamente carregada por meio de um bastão eletrizado, passando a atrair papel com a mão.

[...] Em 1780, contudo, Luigi Galvani, professor de anatomia da Universidade de Bolonha, descobriu por acaso um fenômeno novo: a corrente elétrica. Ele observou que, quando se aplicam no corpo de uma rã que está sendo dissecada duas placas de metais diferentes ligadas por um fio condutor, as patas da rã se contraem fortemente. Alguns viram nesse fenômeno a prova de uma "eletricidade dos organismos vivos", de uma eletricidade própria da matéria animada.

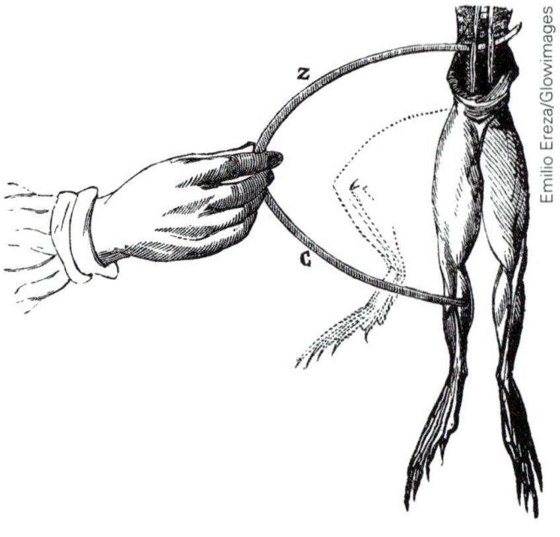

Emilio Ereza/Glowimages

Representação de experimento sobre estimulação de nervos e músculos realizados em 1786, por Luigi Galvani, em uma rã dissecada.

Mas Alessandro Volta, que estudou o fenômeno, compreendeu que ele ficava na verdade circunscrito entre as duas placas metálicas e que o corpo da rã se comportava nesse caso como um simples aparelho de medida. Para reproduzir e amplificar esse efeito, Volta construiu um dispositivo superpondo um grande número de placas de zinco, de cobre e de papelão embebidas em ácido. Foi a primeira "pilha" elétrica.

DK Limited/Corbis/Latinstock

Pilha voltaica, inventada por Alessandro Volta em 1800.

Dali em diante, tornou-se possível criar correntes elétricas estáveis, suscetíveis de serem estudadas com calma. No entanto, o vínculo que unia as correntes de Galvani e de Volta às cargas elétricas obtidas por fricção continuava obscuro – alguns físicos chegavam até a distinguir entre fenômenos "elétricos" e fenômenos "galvânicos" –, e foi somente após várias décadas de pesquisas que se chegou a estabelecer que a corrente elétrica nada mais é do que um deslocamento de cargas elétricas.

BEN-DOV, Y. *Convite à Física*. Rio de Janeiro: Zahar, 1996. p. 96-99.

Compreender e relacionar

1. Principalmente no norte da Europa do século XVIII, tanto os meios científicos como a sociedade em geral acompanhavam com interesse as experiências que procuravam provar as leis da natureza. A eletricidade foi um dos temas que mais despertaram a curiosidade das pessoas em geral. Descreva com suas palavras uma brincadeira que se costumava fazer para transmitir corrente elétrica de uma pessoa para outra. Depois, explique como esse fenômeno ocorre.
2. Quem foi o cientista que descobriu a corrente elétrica? Quando e como isso aconteceu?
3. Em sua opinião, por que o dispositivo inventado em 1800 por Alessandro Volta recebeu o nome de pilha?

Pequenos habitantes de um mundo próximo

Nossa sociedade é diretamente influenciada pelos avanços tecnológicos, em particular os alcançados ao longo da segunda metade do século passado. [...]

Há 50 anos, por exemplo, o telefone era algo raro, caro e de difícil utilização. Hoje, os celulares são distribuídos até de graça pelas empresas de telefonia. Em quase todas as casas brasileiras existe pelo menos um equipamento eletrônico, seja um aparelho de televisão, um forno de micro-ondas ou um rádio de pilhas. Outro exemplo marcante são os bancos, que têm atendimento eletrônico em todas as agências. [...]

Desses equipamentos presentes em nosso cotidiano, o mais fascinante é, sem dúvida, o computador [...]. Se voltarmos um pouco no tempo, para a década de 1960 mais precisamente, os poucos computadores que existiam eram máquinas imensas e de difícil operação.

O primeiro deles, que começou a ser desenvolvido durante a Segunda Guerra Mundial, pesava nada menos que 30 toneladas e ocupava uma área de 180 m^2 (o tamanho de uma casa ampla). Seu nome era Eniac, sigla em inglês para "Integrador numérico elétrico e calculadora". Seu poder de cálculo era inferior ao de qualquer calculadora de bolso atual. [...]

O grande tamanho dos computadores (e outros aparelhos eletrônicos daquela época) se devia à sua dependência das chamadas válvulas termiônicas. Esses dispositivos eram constituídos por uma ampola de vidro selada a vácuo contendo diversos elementos metálicos, lembrando uma lâmpada de filamento. Eles eram utilizados para amplificar as correntes elétricas dos circuitos e direcioná-las para o funcionamento dos equipamentos. [...]

Elétrons frenéticos

Quem já teve a curiosidade de abrir algum aparelho eletrônico, como uma TV, rádio ou computador, percebeu que normalmente existe em seu interior uma placa na qual várias pequenas "caixinhas" estão ligadas por trilhas metálicas, como se fossem ruas e avenidas em uma "metrópole" em miniatura. Embora não possamos ver, essas ruas e avenidas abrigam um trânsito intenso: nelas circulam rapidamente "minúsculos habitantes" em um ritmo frenético. Esses habitantes são os elétrons. O movimento dos elétrons é que gera a corrente elétrica, e é a partir dela que tudo ocorre na eletrônica.

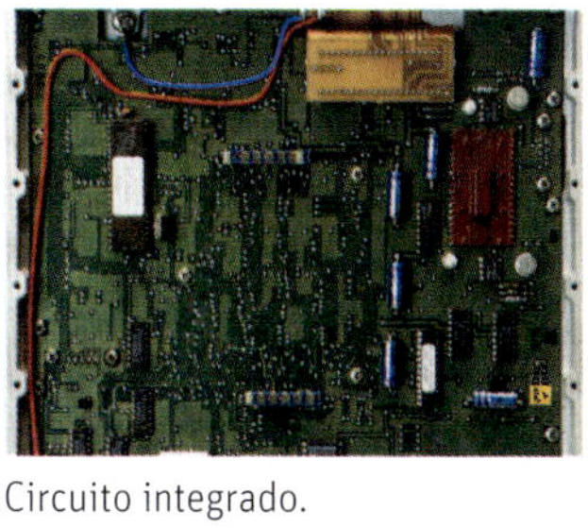

Maximilian Stock LTD/SPL/Latinstock

Circuito integrado.

Em particular nos computadores, há um "edifício principal" que é o centro de todas as atenções. Lá dentro, o ritmo é freneticamente veloz, pois os elétrons percorrem determinados caminhos milhões de vezes por segundo, encontrando inúmeros dispositivos que foram construídos na escala nanométrica, ou seja, da ordem de um bilionésimo do metro.

[...] Esse "edifício principal" é o processador do computador, que executa todas as tarefas que os programas exigem da máquina. [...]

O interior do processador é constituído de diversos dispositivos como resistores, que servem para limitar o valor de corrente nos circuitos; capacitores, que armazenam carga elétrica; diodos, que permitem o fluxo de corrente em uma única direção do circuito; e transistores, que servem para controlar e amplificar a corrente do circuito.

O efeito transistor foi descoberto em 1947 [...] e permitiu o desenvolvimento de dispositivos que controlam o fluxo de corrente em circuitos eletrônicos a partir da tensão aplicada sobre eles, permitindo a substituição das válvulas termiônicas.

Em 1952 surgiu o primeiro transistor comercial de germânio: nascia a era da eletrônica. [...]

Materiais semicondutores

A tecnologia da eletrônica foi possível graças à compreensão e ao desenvolvimento dos ditos materiais semicondutores. Um semicondutor tem como principal característica o fato de sua resistência elétrica ter um valor intermediário entre o dos metais (bons condutores de corrente elétrica) e o dos isolantes (que apresentam alta resistência à passagem de corrente). A grande vantagem dos semicondutores é que é possível alterar significativamente a sua condutividade elétrica inserindo outros elementos na sua constituição química, ou "dopando-os", como se diz no jargão.

Um bom exemplo é o do arseneto de gálio (GaAs), um dos semicondutores mais empregados. Quando introduzimos elementos como o alumínio ou o silício em sua composição, sua condutividade muda drasticamente. Dessa forma, é possível fazer uma engenharia com esses materiais, permitindo a produção de diversos componentes eletrônicos.

Utilizamos cotidianamente diversos equipamentos, sem ter ideia de como eles funcionam. Nesses aparelhos ocorre, a todo tempo, uma infinidade de processos físicos que transformam nossa vida. [...]

OLIVEIRA, A. de. Disponível em: <http://cienciahoje.uol.com.br/colunas/fisica-sem-misterio/pequenos-habitantes-de-um-mundo-proximo>. Acesso em: 3 jul. 2014.

De acordo com o texto

1. Descreva a função de cada elemento do circuito.
2. Qual foi a vantagem do desenvolvimento dos materiais semicondutores para a tecnologia?

Resistividade elétrica do solo e do subsolo terrestres

Sabe-se que as rochas e o material que compõem o subsolo são, em geral, maus condutores elétricos. Por isso, sua resistividade elétrica costuma ser alta. Mas, devido à porosidade ali existente, a água pode se infiltrar, tornando o meio mais favorável à condução de eletricidade. Como consequência, diminui-se sua resistividade elétrica. Com esse conhecimento é possível mapear eletricamente o solo e o subsolo da Terra, medindo sua resistividade em diferentes pontos em uma mesma profundidade ou mesmo em profundidades diferentes.

Em determinados tipos de terreno a resistividade é constante, podendo ser medida em diversas áreas, permitindo um mapeamento da região estudada. Em outros terrenos a resistividade é variável e, por isso, precisa ser medida em cada ponto. O esquema a seguir mostra de forma simplificada como a resistividade do subsolo é medida pelo **método da eletrorresistividade** aplicado nesse tipo de análise.

A aplicação desse método permite mapear, por exemplo, a presença de águas subterrâneas e de rochas no subsolo. Outro método semelhante, denominado **método geoelétrico**, permite análises diversificadas, compondo um conjunto de ferramentas que permite estudos bastante precisos do solo e do subsolo terrestres.

Outra aplicação importante desse método é na análise da contaminação do solo por chorume – líquido escuro de odor fétido resultante de processos químicos, físicos e biológicos da decomposição de matéria orgânica, principalmente nos lixões. Com alto poder contaminante, o chorume misturado com a água da chuva penetra nos solos mais profundos, podendo atingir lençóis de água, por exemplo. No chorume, há uma grande quantidade de íons dissolvidos, tornando esse produto um condutor de eletricidade. Assim, quando se mede a resistividade elétrica do solo, pode-se obter a informação da presença de chorume e de outros materiais tóxicos, o que permite um mapeamento razoável da área contaminada e uma adequada orientação de medidas de contenção e recuperação do local.

O diagrama a seguir mostra o mapeamento feito, pelo método geoelétrico, em uma área contaminada por chorume próxima à cidade de Londrina (PR).

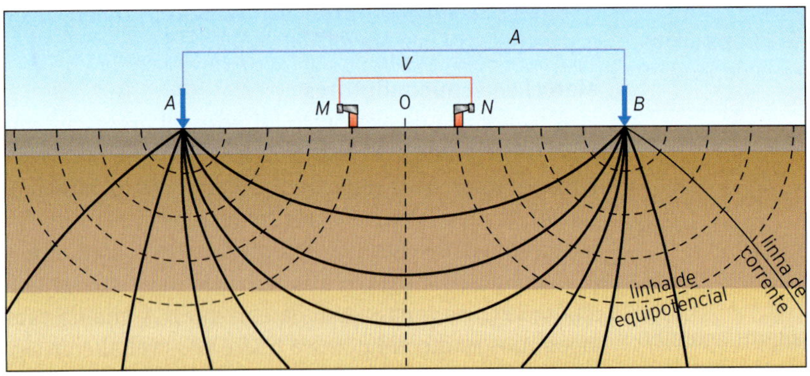

Uma corrente elétrica é injetada no solo em direção ao subsolo, circulando entre os pontos ***A*** e ***B***. Os terminais ***M*** e ***N*** medem a tensão elétrica resultante. Movendo-se a posição dos sensores, podem-se fazer diferentes medidas de tensão que permitirão calcular a resistividade elétrica do solo e do subsolo naquela região.

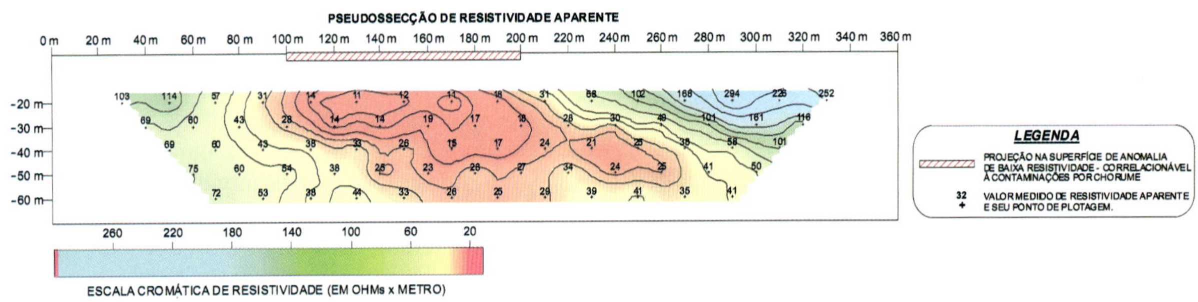

De acordo com o texto

1. As rochas e o solo são naturalmente bons ou maus condutores de eletricidade?
2. Explique o papel da água na condução elétrica dos solos.
3. Qual é a grandeza elétrica mencionada no texto? Como ela pode ajudar a estudar aspectos do subsolo?
4. Identifique em termos elétricos a ação do chorume no solo. Depois, apresente um sério problema ambiental decorrente da contaminação do solo por essa substância.
5. Em sua opinião, qual a importância da aplicação do método geoelétrico para certos cuidados com o meio ambiente?

Circuito com reostato

Participantes: grupos de 3 alunos.

Objetivo: estudar as variáveis geométricas da segunda lei de Ohm.

Material:

- lâmpada de 2,5 V a 3,0 V com soquete elétrico
- 2 pilhas de 1,5 V
- grafite grossa (de lápis) com cerca de 15 cm de comprimento
- 3 grafites de lapiseira de 0,5 mm de espessura
- fio (cabinho) de cobre encapado (como o que se usa em telefone) com cerca de 50 cm de comprimento
- fita adesiva
- estilete
- placa de madeira com cerca de 30 cm de lado

A Procedimento

Montando o circuito elétrico

1. Com a fita adesiva, conecte as pilhas (o polo positivo de uma ao polo negativo de outra) e fixe essa associação à placa de madeira.
   Pense com seus colegas de grupo:
   a) Qual é o objetivo de conectar as pilhas dessa maneira?
   b) Há perigo de choque elétrico quando se toca nos polos dessa associação de pilhas? Por quê?
2. Com muito cuidado para não se ferir, corte o fio em três pedaços; um deles deve ser mais longo que os outros e com tamanho suficiente para percorrer todo o comprimento da grafite. Use o estilete para retirar 1 cm da capa plástica das extremidades dos fios de cobre. Para isso, apoie-os na placa de madeira e corte em torno do plástico a ser retirado, sem danificar o fio.
   Pense com os colegas: Por que é importante remover a capa plástica das extremidades dos fios na montagem de um circuito elétrico?
3. Prenda uma extremidade de um dos fios menores ao soquete da lâmpada e conecte a outra extremidade desse fio a um dos polos da associação de pilhas; no polo livre, fixe o outro pedaço menor de fio, deixando a extremidade oposta livre por enquanto (ela será conectada à grafite durante o experimento). No outro lado do soquete, prenda o pedaço mais longo do fio, que será chamado de cursor do reostato.
   Pense com seus colegas: Se as extremidades livres dos fios desse circuito forem ligadas, qual será o percurso das cargas elétricas?
4. Com fita adesiva, fixe a grafite grossa na base de madeira, conforme mostra a figura.

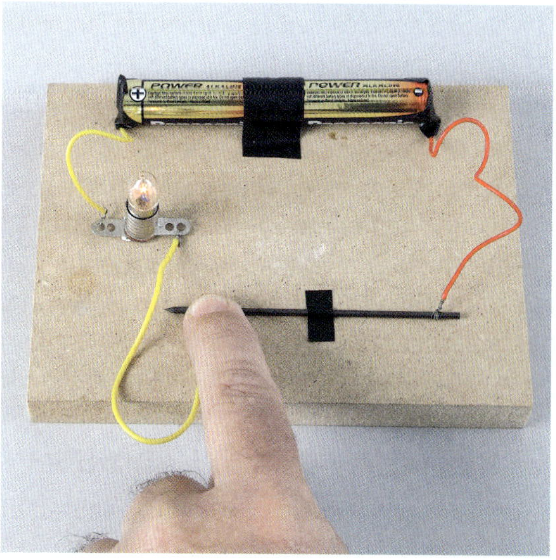

Sérgio Dotta Jr./ID/BR

Ao lado da grafite grossa, fixe as três grafites finas enfileiradas e em contato entre si, para que fiquem com o mesmo comprimento da grafite grossa. Os pontos de contato entre as três grafites finas devem ser os maiores possíveis; deve-se tomar cuidado ao manipular essas grafites, pois são frágeis e se quebram com facilidade. Pense com seus colegas de grupo:

a) Por que se pode usar grafite na montagem de um reostato?

b) O que há de igual e de diferente nas duas montagens de grafite?

Fechando o circuito elétrico

5. Seu circuito com o reostato está pronto. Antes de iniciar os testes, verifique com seu grupo o que é possível fazer para provar se a lâmpada está queimada.
6. Essa montagem permite comprovar as dependências dos parâmetros geométricos contidos na segunda lei de Ohm: $R = \rho \cdot \frac{L}{A}$. Reconhecendo os parâmetros geométricos na equação, discuta com os colegas: Que testes podem ser realizados com o reostato? Anote no caderno o resultado da troca de ideias.

7. Primeiro teste: Dependência do comprimento do resistor (ℓ).
Ligue a extremidade livre do fio que sai do polo da pilha na extremidade da grafite grossa. Com o cursor, feche o circuito na outra extremidade da grafite e observe a intensidade do brilho da lâmpada. Mova lentamente o cursor pela extensão da grafite, observando o brilho da lâmpada. Comente com os colegas.
   a) O que se observou?
   b) O que pode ser considerado variável nesse experimento?
   c) Qual é a relação entre o brilho da lâmpada, a corrente elétrica e o comprimento do resistor?
8. Segundo teste: Dependência da área do resistor (A).
Conecte a extremidade livre do fio ligado ao polo da pilha à extremidade da associação de grafites finas e feche o circuito, ligando o cursor na outra extremidade dessa associação de grafites. Observe a intensidade do brilho da lâmpada e compare-a com a situação do circuito fechado com a grafite grossa. Mova o cursor ao longo dessa associação, como foi feito com a grafite grossa. Compare novamente o brilho da lâmpada nesse momento e quando o cursor foi passado ao longo da grafite grossa.
   a) O que pode ser considerado variável nesse experimento?
   b) Qual é a relação de dependência entre o brilho da lâmpada, a corrente elétrica e a área do resistor?

B Depois do experimento

1. Esse experimento permite avaliar a segunda lei de Ohm como um bom modelo científico para descrever a variação da resistência elétrica em um fio? Justifique.
2. Esse experimento mostra como se pode variar a temperatura da água em um chuveiro elétrico pela posição da chave seletora na potência mínima ou na máxima, mesmo sem conhecer o circuito interno. Fundamente-se nos resultados do experimento e elabore uma possível justificativa para essa variação.
3. Percebe-se um aquecimento na montagem durante o experimento. Onde esse aquecimento é mais intenso? Por que ele acontece?
4. Reproduza esta tabela no caderno e complete-a com as palavras AUMENTA e DIMINUI para as respectivas variáveis elétricas.

Parâmetro do resistor	Corrente elétrica (i)	Potência elétrica (P)	Tensão elétrica (U)	Resistência elétrica (R)	Aquecimento (efeito Joule)
Área maior					
Área menor					
Comprimento maior					
Comprimento menor					

CAPÍTULO

4 Circuitos elétricos

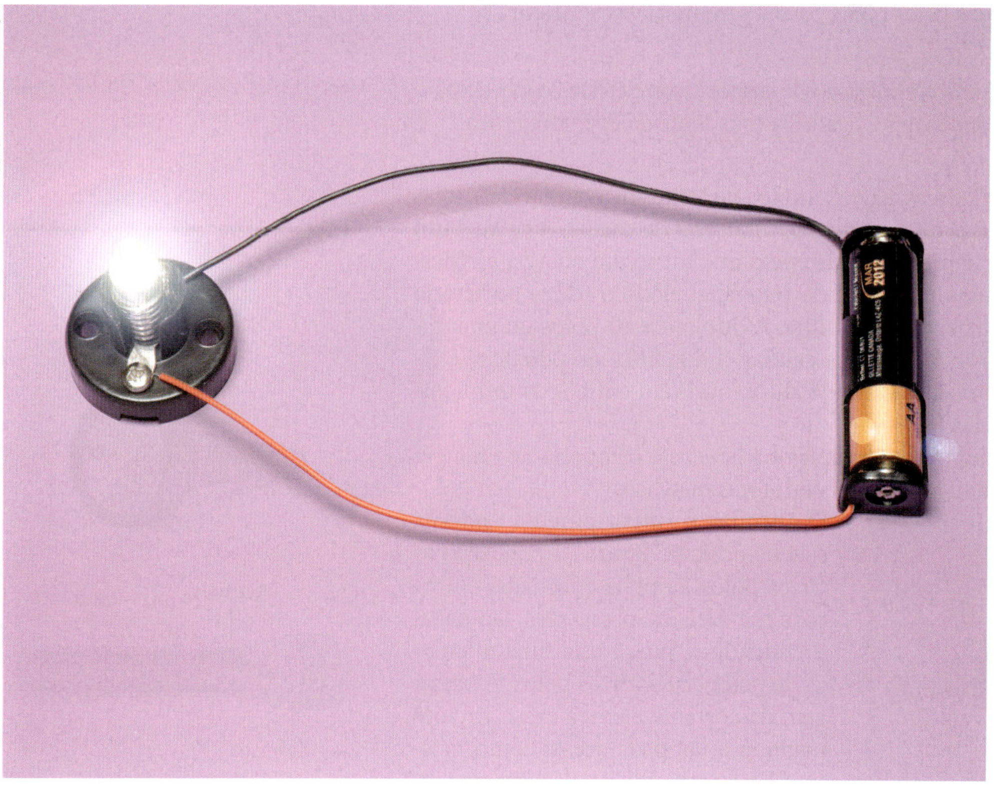

Phil Degginger/Alamy/Other Images

Circuito elétrico simples.

Módulos

1. Definição de circuitos elétricos
2. Associação de resistores
3. Circuitos residenciais
4. Geradores
5. Receptores
6. Leis de Kirchhoff
7. Ponte de Wheatstone

Debate inicial

1. Qual é o nome e a função de cada uma das partes que compõem o circuito elétrico mostrado na fotografia?
2. Trocando-se a lâmpada por um pequeno motor, ainda assim haveria um circuito elétrico? Por quê?
3. Invertendo-se o lado da pilha, seria possível acender a lâmpada? Explique.
4. O que acontece com a luminosidade dessa lâmpada, caso a pilha seja trocada por outra menor e de mesma tensão?
5. O que você entende por curto-circuito?

Primeiras anotações

Considere as respostas obtidas no debate e responda no caderno.

1. Por que a maioria dos fios utilizados nas instalações elétricas é de cobre? Por que esses fios são cobertos por plástico?
2. O que acontece com a luminosidade da lâmpada se mais uma pilha for ligada ao circuito?
3. Que perigos pode causar um curto-circuito?
4. Em algumas residências, é comum a ligação simultânea de aparelhos em uma mesma tomada. Que riscos essa prática representa?

1. Definição de circuitos elétricos

Vários aparelhos precisam de energia elétrica para funcionar. Alguns exemplos desses aparelhos elétricos são: a lanterna, o rádio, o televisor, a calculadora, o chuveiro elétrico e o liquidificador. O que todos têm em comum, além do fato de dependerem de uma fonte de energia elétrica para funcionar, é serem compostos de circuitos elétricos pelos quais passa corrente elétrica. Assim:

Circuito elétrico é uma composição de dispositivos elétricos conectados entre si por materiais condutores e ligados a uma fonte de energia elétrica.

Além das usinas hidrelétricas, são exemplos de fontes de energia elétrica as pilhas comuns e as baterias de telefones celulares ou de carros. A pilha é um dispositivo no qual ocorrem reações químicas que fornecem energia elétrica. Essas reações mantêm uma diferença de potencial elétrico (ddp) ou tensão entre os polos positivo e negativo da pilha. A ddp entre os polos de uma pilha comum é de 1,5 V. Nas baterias de celular, a diferença de potencial é da ordem de 3,6 V, enquanto as baterias de automóvel têm entre seus terminais uma ddp da ordem de 12 V.

Um exemplo de circuito elétrico simples é a lanterna, composta de uma pequena lâmpada ligada a uma pilha por condutores metálicos.

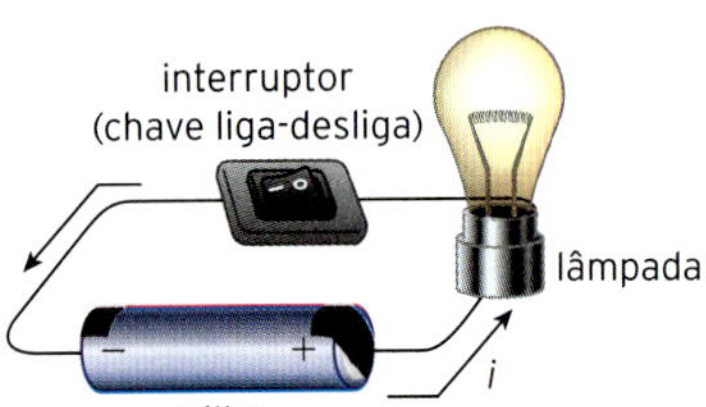

Representação esquemática do circuito elétrico de uma lanterna, mostrando o percurso da corrente.

Ilustrações: Setup Bureau/ID/BR

Quando o interruptor da lanterna está na posição "ligado", a conexão entre os polos da pilha é fechada, e uma corrente elétrica passa pela lâmpada, acendendo-a, pois existe uma diferença de potencial entre os polos. A passagem da corrente elétrica nesse circuito mantém a lâmpada acesa, como mostra a figura ao lado. Ao desligar o interruptor da lanterna, o circuito é aberto, isto é, interrompe-se a conexão entre os polos da pilha, e a corrente para de circular, apagando-se a lâmpada.

Marc Dietrich/Shutterstock.com/ID/BR

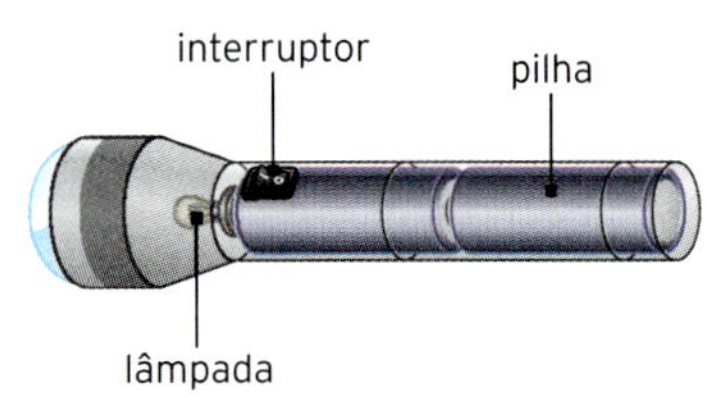

Fotografia de lanterna e ilustração das principais partes desse dispositivo.

Elementos de um circuito elétrico simples

Alguns dos elementos de um circuito elétrico simples são apresentados a seguir (sem escala de tamanho):

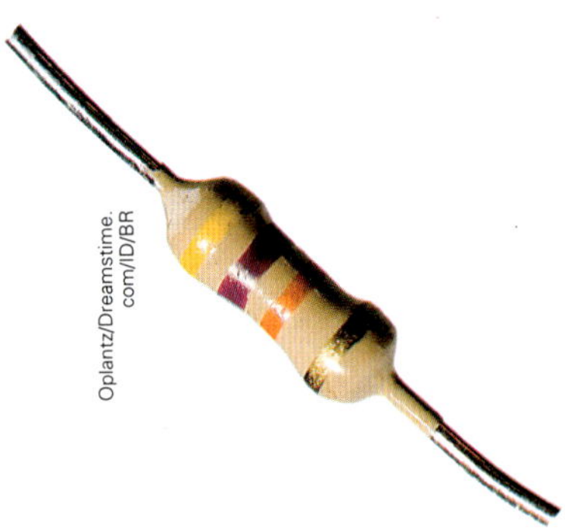

Oplantz/Dreamstime.com/ID/BR

O resistor de carbono converte energia elétrica em energia térmica. É composto de ligas metálicas e carbono.
São exemplos de **resistores**: fios elétricos, resistores de chuveiro, resistores de carbono (fotografia) e filmes metálicos usados em eletrônica.

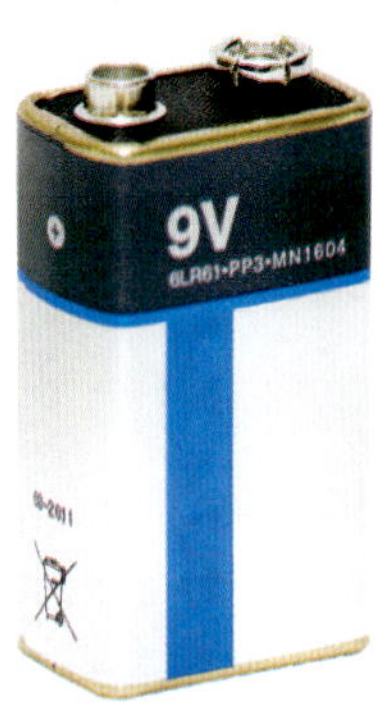

Mariusz Gwizdon/Shutterstock.com/ID/BR

A bateria de 9 V transforma energia química em energia elétrica. É composta de ligas metálicas, eletrólitos e substâncias fotossensíveis.
São exemplos de **geradores**: pilhas, baterias (fotografia), dínamos e células fotoelétricas.

Holligan78/Dreamstime.com/ID/BR

O motor elétrico transforma energia elétrica em outro tipo de energia que não exclusivamente térmica. É composto de metais, ímãs e gases ionizados.
São exemplos de **receptores**: motores elétricos (fotografia), lâmpadas fluorescentes e alto-falantes.

Representação de um circuito elétrico simples

Um circuito elétrico é normalmente representado por um diagrama esquemático como o mostrado no exemplo a seguir:

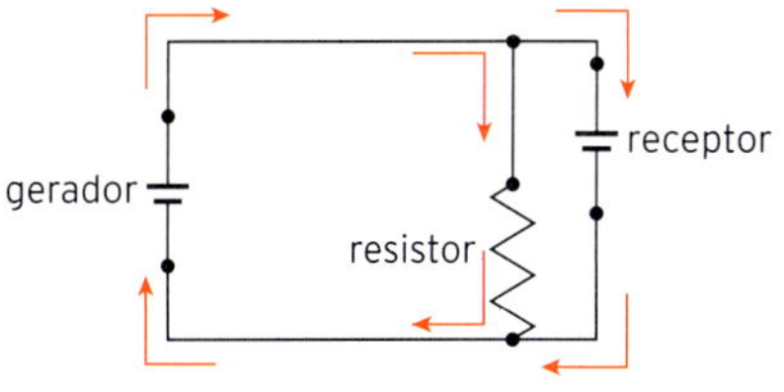

Neste esquema, cada componente do circuito é representado por um símbolo. As setas vermelhas representam a corrente elétrica que se estabelece no circuito.

Uma fonte de energia como uma bateria ou pilha, genericamente denominada **gerador**, é representada por duas pequenas barras paralelas de comprimentos diferentes.

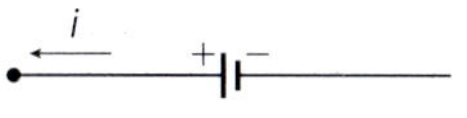

Representação de um gerador elétrico.

Os **receptores elétricos** são representados da mesma maneira, porém neles o sentido da corrente elétrica é o inverso do ilustrado na figura acima.

As linhas conectando os componentes e a fonte do circuito (gerador) representam condutores, como os fios elétricos presentes nas instalações residenciais. Essas linhas constituem caminhos pelos quais uma corrente elétrica pode fluir. Em um circuito real (exemplo na fotografia ao lado), as linhas não precisam necessariamente ser retas, mas apenas ligar um componente a outro.

Na realidade, os símbolos dos elementos de um circuito indicam o papel que esses elementos desempenham no circuito e não precisam ter relação com a aparência ou a forma do componente real.

Por exemplo, o circuito elétrico de uma lanterna seria esquematicamente representado pela figura abaixo.

CameraPT/Alamy/Other Images

Fotografia do circuito real de um aparelho reprodutor de MP3.

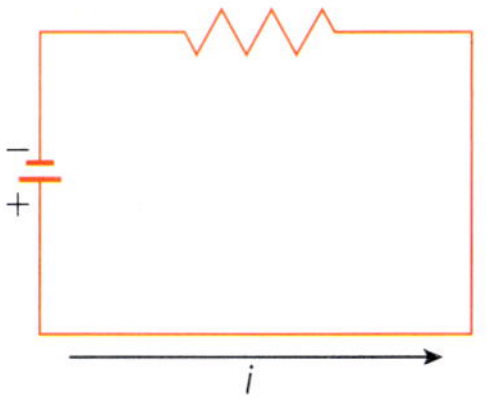

Representação do circuito de uma lanterna.
A pilha é representada pelas duas barras paralelas de tamanhos diferentes (a fonte), e a lâmpada pelo símbolo de um resistor. No circuito elétrico de uma lanterna, a lâmpada funciona como um resistor porque dificulta a passagem da corrente, absorvendo energia elétrica em seu filamento, que então se aquece e emite luz (outra forma de energia). A seta representa o sentido da corrente elétrica que flui pelo circuito.

Transformações de energia em um circuito elétrico

Um aparelho elétrico converte energia elétrica em outros tipos de energia. Embora todo aparelho elétrico aqueça um pouco, transformando parte da energia elétrica em energia térmica, nem sempre esse é o principal objetivo do aparelho. Veja, a seguir, a transformação de energia elétrica que ocorre em alguns aparelhos de uso cotidiano.

Aparelhos	Principal transformação
chuveiro, secador de cabelos, ferro elétrico	energia elétrica em energia térmica
liquidificador, furadeira, batedeira, enceradeira	energia elétrica em energia mecânica
lanterna, TV, projetor	energia elétrica em energia luminosa
rádio, amplificador, gravador	energia elétrica em energia sonora

Principais características de um circuito simples

O circuito elétrico mais simples que pode existir é composto de um resistor conectado aos polos de uma bateria ou de outra fonte de energia elétrica por fios. A lanterna é um exemplo desse tipo de circuito:

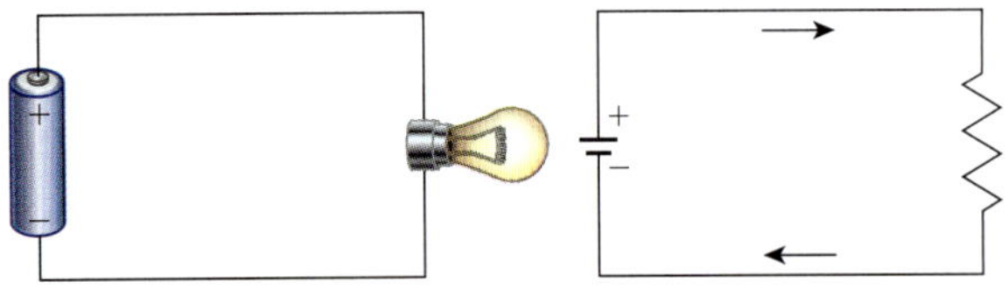

Ilustrações: Setup Bureau/ID/BR

Representação de um circuito elétrico simples. A figura da direita é o diagrama esquemático do circuito elétrico ilustrado à esquerda.

O fio é feito de um material condutor, o qual tem cargas livres, os elétrons. A pilha, ou a bateria, gera uma diferença de potencial elétrico entre seus polos por meio de reações químicas. Portanto, existirá uma tensão entre as pontas dos fios conectados à pilha. Essa tensão está associada a um campo elétrico que atuará nas cargas livres do fio condutor. Transportados por esse campo elétrico, os elétrons serão colocados em movimento pela força elétrica atravessando o resistor. Cargas em movimento ordenado estabelecem uma corrente elétrica. Por convenção, o sentido da corrente elétrica é sempre do polo positivo para o polo negativo do gerador, embora os elétrons se desloquem no sentido oposto. Assim, os circuitos elétricos são associações de dispositivos que obedecem às leis fundamentais relacionadas ao campo elétrico e à força elétrica, estudados anteriormente.

Ao atingirem o polo positivo da pilha, os elétrons – pelas reações químicas que nela ocorrem – se movimentam através dela, saindo pelo polo negativo, percorrem os fios condutores e aparelhos do circuito, para depois seguirem no sentido do polo positivo novamente. E, assim, a corrente elétrica se mantém enquanto ocorrerem reações químicas dentro da pilha ou enquanto o circuito não for interrompido, por exemplo, desconectando-se uma das extremidades do fio.

Um fio condutor real, como um fio de cobre, sempre oferece uma pequena resistência à passagem de corrente elétrica, de maneira que, pela primeira lei de Ohm, a intensidade da corrente que percorre o circuito é alterada pela presença dos fios. No decorrer deste livro, porém, salvo especificação em contrário, essa resistência será desprezada. Assim, os fios serão considerados ideais, ou seja, condutores perfeitos, com resistência nula.

No resistor, a energia potencial elétrica dessas cargas passa a ser convertida em outros tipos de energia, como o calor. A taxa com que as cargas elétricas atravessam o resistor, ou entram em um polo da bateria e saem pelo outro, é sempre a mesma e se mantém constante enquanto o circuito estiver fechado. Essa taxa é a corrente elétrica.

Resumindo, existem dois pré-requisitos que precisam ser satisfeitos para que uma corrente elétrica seja estabelecida:

- O primeiro é que exista um caminho fechado constituído por materiais condutores ligando todos os elementos que compõem o circuito.
- O segundo é que exista uma diferença de potencial entre as duas extremidades do circuito. Isso é obtido usando-se uma pilha, ou bateria, ou outra fonte de energia elétrica. É essa energia elétrica que fará os elétrons se deslocarem do terminal de menor potencial elétrico da bateria para o terminal de maior potencial.

Para refletir

É correto se referir ao uso de eletricidade por um aparelho com a frase "Esse aparelho consome muita corrente elétrica"? Justifique.

Ligado ao tema

Acendimento quase instantâneo

Quando se liga o interruptor de uma lâmpada, ou o de uma lanterna, nota-se que a lâmpada se acende, mas isso não ocorre instantaneamente. Comparando-se as velocidades dos elétrons livres pela agitação térmica e depois, com o estabelecimento do campo elétrico ao acionar o interruptor, verifica-se, conforme as informações no boxe da página 64, que o acendimento da lâmpada não seria instantâneo. Mas não é necessário esperar que os elétrons livres do fio de cobre se desloquem desde um dos polos da fonte até o filamento, porque, na verdade, é o campo elétrico que se propaga rapidamente à velocidade da luz ($3 \cdot 10^8$ m/s).

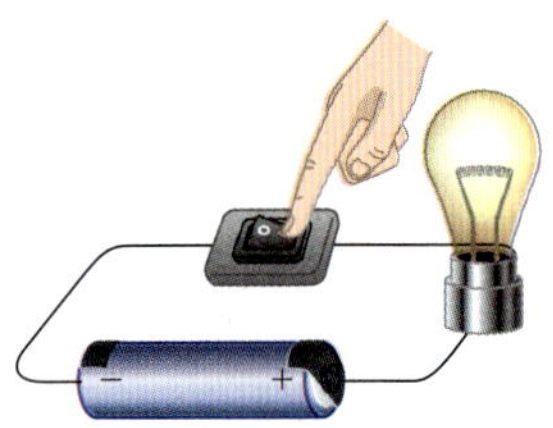

Curto-circuito

Normalmente, o circuito de um aparelho elétrico é projetado para que a tensão aplicada a ele e a sua resistência sejam tais que a corrente elétrica do circuito esteja abaixo de um valor suportável por seus condutores. No entanto, em algumas situações, é possível haver um aumento considerável da corrente, de maneira que os condutores não a suportem. Isso ocorre quando a corrente percorre um caminho diferente daquele projetado inicialmente – fenômeno que acontece quando, por exemplo, partes do fio estão desencapadas e entram em contato umas com as outras, como se pode ver nas figuras abaixo.

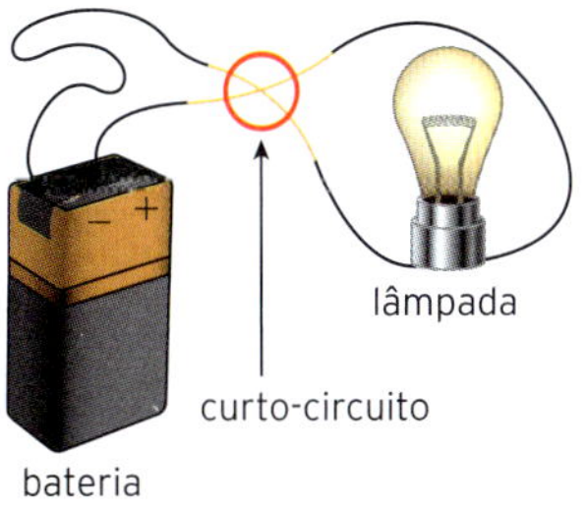

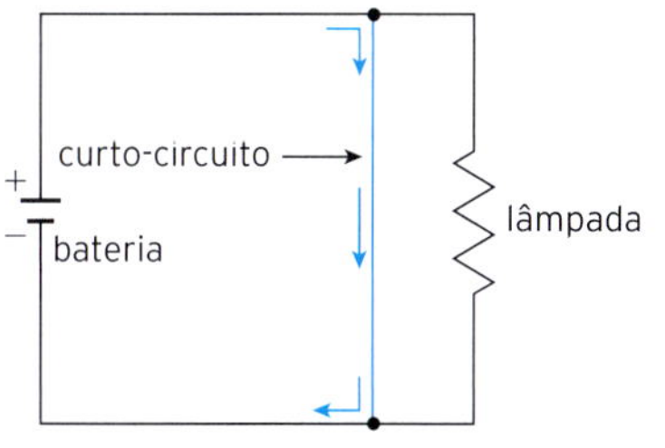

Ilustrações: Setup Bureau/ID/BR

O circuito da esquerda está representado pelo esquema à direita. A corrente percorre o caminho indicado pela linha azul, não passando pela lâmpada ou resistor como deveria.

Curto-circuito é uma ligação acidental ou intencional entre duas partes de um circuito, que, por possuir baixa resistência elétrica, permite a passagem de corrente de grande intensidade.

Como a resistência do fio condutor é muito menor que a resistência do aparelho conectado ao circuito, a corrente que passa a circular nele é muito grande e poderá causar uma sobrecarga no circuito. Por causa dessa sobrecarga de corrente elétrica, um curto-circuito pode danificar aparelhos elétricos irreversivelmente e até resultar em incêndios. Isso acontece por causa da grande dissipação de energia elétrica que se dá na forma de calor, suficiente para derreter componentes e até mesmo causar explosões.

Fusíveis e disjuntores

Para evitar os danos causados por um eventual curto-circuito, é importante que o circuito elétrico tenha dispositivos capazes de impedir que a corrente ultrapasse os valores máximos suportados pelos componentes do circuito. Fusíveis e disjuntores são dispositivos de segurança que interrompem a corrente elétrica quando esta aumenta perigosamente.

Quando o circuito é aberto, a corrente elétrica para de circular, protegendo a instalação elétrica de uma residência, um prédio ou uma indústria. Alguns aparelhos eletrodomésticos também são dotados de fusíveis.

Steve Collender/Shutterstock.com/ID/BR

O **fusível** é um cartucho de vidro ou plástico com uma lâmina ou um filamento em seu interior, feito de metal condutor com baixo ponto de fusão, que derrete quando a corrente ultrapassa certo valor. Assim, o circuito é interrompido, o fusível é substituído e depois o circuito é acionado.

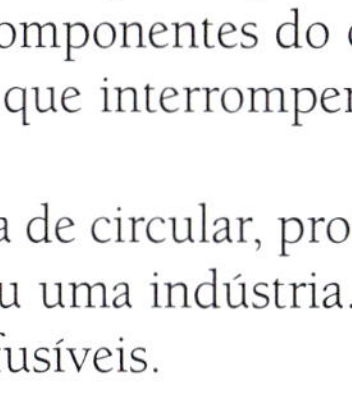

Robert Asento/Shutterstock.com/ID/BR

O **disjuntor** é uma chave que desliga automaticamente quando a corrente elétrica excede um dado limite. Não é substituído depois de acionado. Pode ser religado quando o problema que causou a interrupção do circuito for solucionado.

Exercícios resolvidos

1. Um circuito simples é composto de um resistor ligado a uma bateria e de fios condutores de cobre. Os fios apresentam uma resistência elétrica muito baixa, que pode ser desprezada. Um fusível de 10 A também está conectado ao circuito.

a) Represente o circuito e a corrente que atravessa o resistor.

b) Inadvertidamente, partes dos fios ligados ao resistor, que se encontram desencapadas, entram em contato direto, causando um curto-circuito. Desenhe o circuito representando o curto-circuito.

c) Explique o que ocorrerá com o fusível do circuito.

Resolução

a)

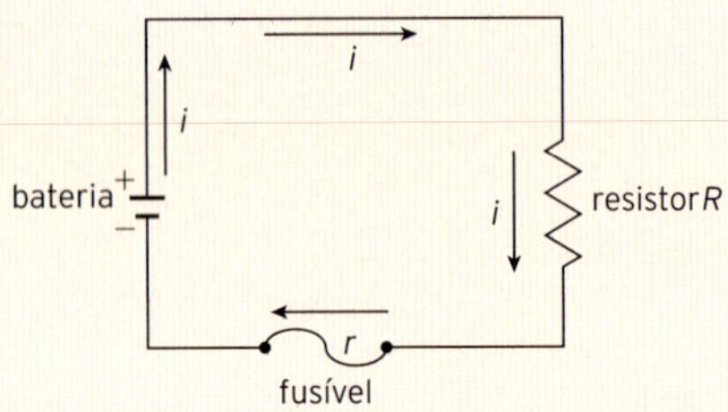

b) Quando ocorre o curto-circuito, a corrente não mais passará pelo resistor, mas sim pelo fio, que tem resistência menor, e seu caminho é o representado pela linha traçada em azul. Nesse caso, a corrente i_{cc} passará somente pelo fusível.

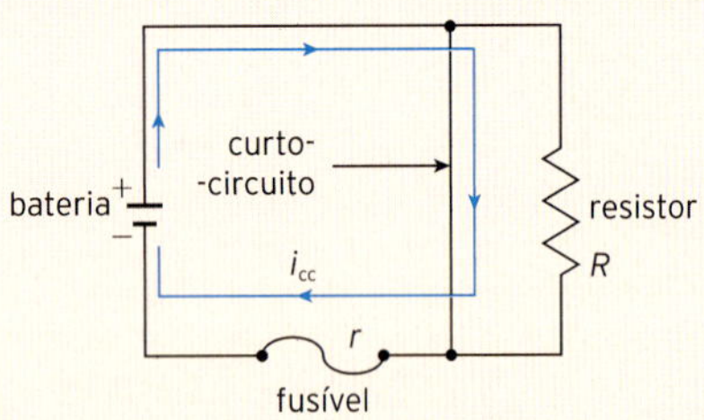

c) Como esse fusível é projetado para romper quando a corrente exceder 10 A, o circuito se abre, interrompendo-a; assim, não há perigo de derretimento dos fios ou de incêndio.

2. Identifique dois acontecimentos que podem causar um curto-circuito e proponha modos de evitá-los.

Resolução

Há muitas maneiras de causar um curto-circuito. Quase todas envolvem fios elétricos condutores em contato um com o outro.

Geralmente os fios de cobre utilizados em circuitos elétricos ou nos aparelhos elétricos são encapados a fim de evitar esse contato.

Entretanto, partes dos fios, mesmo pequenas, que estejam desencapadas podem se conectar. Por isso, é necessário aplicar fita isolante nas partes dos fios que estiverem desencapadas. Dois exemplos de como um curto-circuito pode acontecer são descritos a seguir:

I. Introdução acidental na tomada de um objeto metálico, como um clipe, um garfo, etc.

Para evitar um curto-circuito, as tomadas não utilizadas devem estar devidamente tampadas com protetores isolantes (especialmente quanto há crianças na residência).

II. Galhos de árvores que ficam em ruas e avenidas, quando movidos pelo vento, podem fazer os fios entre os postes se conectarem. Para evitar essa ocorrência, as árvores próximas aos fios da rede elétrica devem ser periodicamente podadas.

Exercícios propostos

3. Explicite as duas condições necessárias para que uma corrente elétrica seja estabelecida em um circuito elétrico.

4. Faça o que se pede.

a) Desenhe um circuito simples composto de uma lâmpada conectada a uma bateria.

b) Descreva o sentido da corrente elétrica nesse circuito, que passa através da lâmpada e da bateria. Não se esqueça de identificar o polo positivo e o negativo da bateria.

5. Cite outros tipos de conectores que podem ser utilizados para interligar os diferentes elementos de um circuito elétrico, além dos tradicionais fios de cobre. Dê alguns exemplos.

6. Explique por que um curto-circuito pode causar um incêndio. Pense sobre o que pode acontecer com os fios quando uma corrente elétrica muito intensa passa por eles.

7. Considere um circuito simples composto de um resistor ligado a uma bateria por fios de cobre. A resistência do fio é desprezível, e o circuito tem um fusível de 10 A.

a) Calcule a maior voltagem que poderia ser fornecida pela bateria para que, caso ocorra um curto-circuito, o fusível não seja queimado.

b) Repita o item anterior considerando que o fusível foi substituído por um de 3 A.

2. Associação de resistores

O circuito elétrico de um aparelho qualquer é composto de vários elementos condutores. Dependendo do objetivo desejado, os componentes são ligados de maneiras diferentes.

Circuitos com resistores em série

Quando vários elementos de um circuito elétrico estão ligados em fila, ao longo da passagem de uma mesma corrente que os atravessa, diz-se que estão ligados **em série**.

Um exemplo disso é o cordão com lâmpadas coloridas para enfeitar árvores de Natal. No caso das lâmpadas natalinas, trata-se de uma sequência de resistores em série.

Representação	Vantagens e desvantagens	Corrente elétrica	Tensão elétrica
Para representar um circuito em série, utilizam-se os mesmos símbolos usados para um circuito simples e colocam-se todos os resistores em uma mesma linha, que representa o fio. 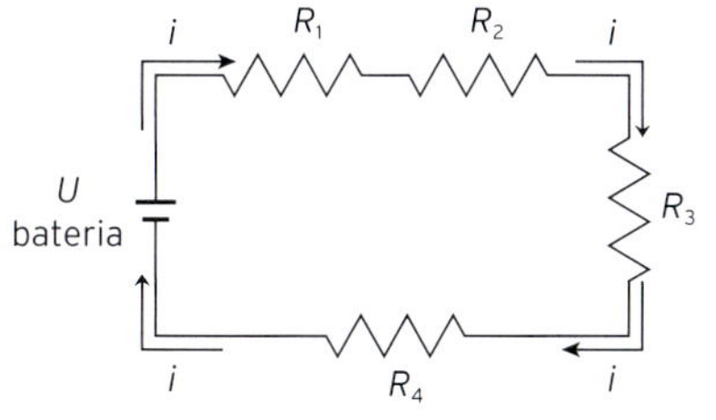	Há poucas vantagens em utilizar um circuito em série. Uma delas pode ser a economia no comprimento dos fios. Uma desvantagem desse tipo de associação é que, caso ocorra um problema com algum dos resistores, o circuito se abre e a corrente é interrompida, isto é, o dispositivo para de funcionar.	Quando uma diferença de potencial é aplicada por uma bateria, uma corrente elétrica é gerada e percorre cada um dos resistores. A corrente que passa em cada resistor tem a mesma intensidade, ainda que suas resistências sejam diferentes entre si. Assim, para um circuito em série: $i_1 = i_2 = i_3 = i_4 = i_n$	Conforme a primeira lei de Ohm: $i = \frac{U}{R} \Rightarrow U = R \cdot i$ Como R é uma propriedade do resistor e i é constante para todos os resistores, a tensão entre os terminais de cada resistor será diferente, dependendo do valor da resistência.

Resistência equivalente de resistores em série

Considere quatro lâmpadas de resistências R_1, R_2, R_3 e R_4, ligadas em série a um gerador que fornece uma tensão U, estabelecendo no circuito uma corrente i.

A soma das tensões elétricas em cada resistor é igual à tensão U aplicada pela bateria. $U = U_1 + U_2 + U_3 + U_4$, sendo U_1 a voltagem no resistor 1, com resistência R_1; U_2 a voltagem no resistor 2, com resistência R_2, e assim por diante. Cada uma dessas tensões (U_1, U_2, U_3, etc.) é uma fração da tensão U aplicada pela bateria, e cada uma delas é diretamente proporcional ao valor da resistência correspondente do resistor. Desse modo, num circuito no qual, por exemplo, os resistores apresentam resistências diferentes, aquele que tiver a maior resistência utilizará a maior fração da tensão da fonte.

Como a corrente i é a mesma em todos os resistores, pela lei de Ohm, pode-se escrever, para cada resistor:

$$U_1 = R_1 \cdot i \qquad U_2 = R_2 \cdot i \qquad U_3 = R_3 \cdot i \qquad U_4 = R_4 \cdot i$$

Substituindo na expressão para a voltagem, obtém-se $U = i \cdot (R_1 + R_2 + R_3 + R_4) = i \cdot R_{eq}$, em que R_{eq} = resistência equivalente da associação. Se todos os resistores forem substituídos por um único resistor, este teria o valor da resistência equivalente. Portanto, qualquer que seja o número de resistores, ou sua resistência equivalente, é possível substituí-los por um único resistor equivalente, cuja expressão é dada por:

$$R_{eq} = R_1 + R_2 + R_3 + R_4 + ... + R_n$$

Consequentemente, a resistência equivalente de resistores ligados em série sempre será maior que a resistência de qualquer dos resistores, tomados isoladamente.

Carlos Caetano/Shutterstock.com/ID/BR

O cordão de iluminação simples de uma árvore de Natal é constituído de muitas lâmpadas conectadas em série. Basta, porém, que apenas uma delas se queime para que o cordão não mais se acenda. Para que volte a funcionar, é necessário trocar a lâmpada queimada, fazendo com que a corrente volte a fluir pelo circuito.

Exercícios resolvidos

8. O circuito representado a seguir é composto de três resistores, $R_1 = 1{,}5\ \Omega$, $R_2 = 4\ \Omega$ e $R_3 = 0{,}5\ \Omega$, conectados em série a uma bateria de 12 volts. Monte uma tabela com os valores de corrente e de tensão em cada resistor.

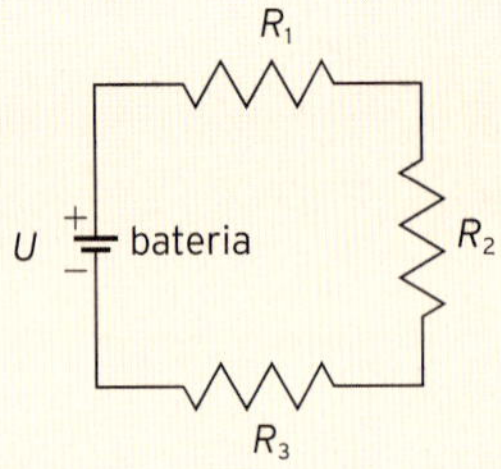

Resolução

A corrente que passará pelo circuito é a mesma em qualquer dos resistores. Para calcular a corrente do circuito, aplicamos a lei de Ohm

$$i = \frac{U}{R_{eq}}$$

em que R_{eq} é a resistência equivalente da associação dos três resistores e U é a tensão fornecida pela bateria ao circuito.

Como os resistores estão ligados em série, escrevemos:

$R_{eq} = R_1 + R_2 + R_3 = 1{,}5 + 4 + 0{,}5 \Rightarrow R_{eq} = 6\ \Omega$

Logo: $i = \frac{U}{R_{eq}} = \frac{12}{6} \Rightarrow i = 2\ \text{A}$

A voltagem em cada resistor é dada pela lei de Ohm:

$U_1 = i \cdot R_1 = 2 \cdot 1{,}5 \Rightarrow U_1 = 3\ \text{V}$

$U_2 = i \cdot R_2 = 2 \cdot 4 \Rightarrow U_2 = 8\ \text{V}$

$U_3 = i \cdot R_3 = 2 \cdot 0{,}5 \Rightarrow U_3 = 1\ \text{V}$

Em um circuito com resistores em série, a soma das voltagens nos resistores é igual à voltagem fornecida pela bateria:

$$U = U_1 + U_2 + U_3 = 3\ \text{V} + 8\ \text{V} + 1\ \text{V} = 12\ \text{V}$$

que é a diferença de potencial da fonte.

A tabela a seguir resume todos os resultados:

	R (Ω)	i (A)	U (V)
1	1,5	2	3
2	4	2	8
3	0,5	2	1

9. No circuito esquematizado na figura, dois resistores de valores $R_1 = R$ e $R_2 = 2 \cdot R$ estão ligados em série e conectados a uma bateria de 12 V. Sabendo que a corrente no circuito é 0,4 A, calcule o valor de R.

Resolução

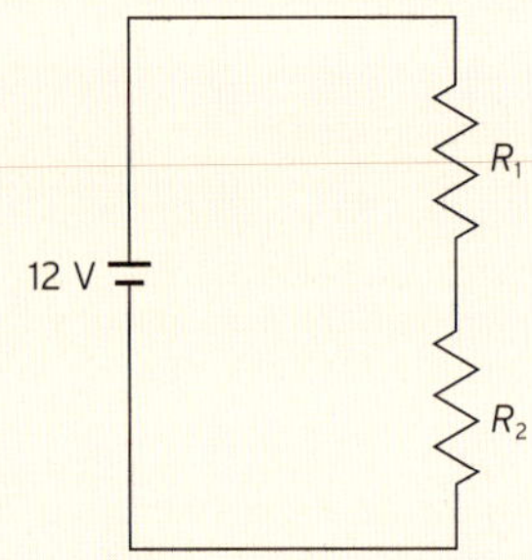

O primeiro procedimento é calcular a resistência equivalente, que é a soma das resistências dos dois resistores:

$$R_{eq} = R_1 + R_2 = R + 2 \cdot R = 3 \cdot R$$

Substituindo esse valor da resistência equivalente na expressão para a corrente, obtemos:

$$i = \frac{U}{3 \cdot R}$$

Isolando a resistência R, obtemos:

$$R = \frac{U}{3 \cdot i} = \frac{12}{3 \cdot 0{,}4} = \frac{12}{1{,}2} \Rightarrow R = 10\ \Omega$$

Logo, um dos resistores tem resistência de 10 Ω e o outro de 20 Ω.

Exercícios propostos

10. Um cordão de luzes natalinas contém 25 lâmpadas de 10 Ω cada associadas em série e é ligado a uma tomada de 110 V.

a) Calcule a corrente que passa em cada lâmpada individualmente.

b) Discuta o que acontecerá caso a terceira lâmpada se queime. Nesse caso, determine qual será a corrente que passará pelo circuito.

c) Sem fazer contas, diga o que ocorrerá com a corrente que percorre o cordão, caso sejam adicionadas a ele outras 25 lâmpadas, iguais às primeiras.

11. Três lâmpadas de resistências, $R_1 = 10\ \Omega$, $R_2 = 20\ \Omega$ e $R_3 = 30\ \Omega$, são ligadas em série a uma tomada que gera uma tensão de 120 V.

a) Faça um esquema representando esse circuito, incluindo a fonte e o sentido da corrente elétrica.

b) Calcule a resistência equivalente do circuito.

c) Calcule a corrente elétrica total que passa pelo circuito.

d) Determine a corrente elétrica em cada lâmpada.

e) Calcule a tensão em cada lâmpada.

f) Caso uma das lâmpadas seja retirada, o que acontecerá com a corrente do circuito?

Circuitos com resistores em paralelo

Há outra maneira de se associar resistores, que é a associação em paralelo. Esse tipo de associação não tem a desvantagem que acontece em uma associação em série de um circuito elétrico deixar de funcionar quando um dos resistores para de funcionar.

Um circuito tem resistores associados **em paralelo** quando são ligados de tal maneira que todos ficam submetidos à mesma diferença de potencial fornecida por uma fonte de tensão.

A seguir, veja um esquema de três resistores ligados em paralelo a uma fonte de tensão U e uma tabela de análise dessa associação.

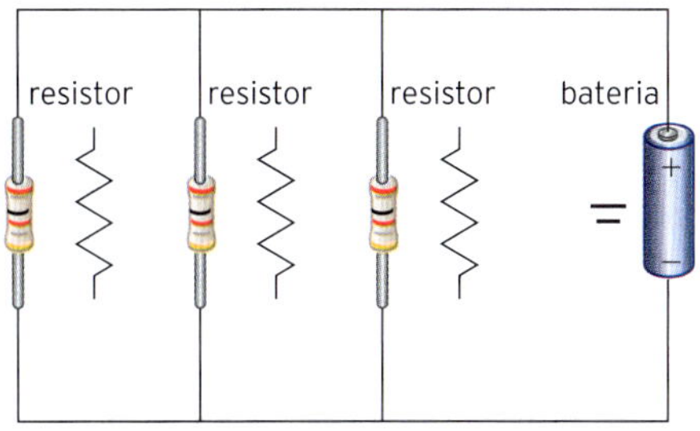

Setup Bureau/ID/BR

Exemplo de circuito cujos resistores estão ligados em paralelo a uma bateria. Observe que todos os resistores têm um de seus terminais ligados em um mesmo ponto, no caso o polo positivo da bateria, e os outros terminais encontrando-se em outro ponto, no caso o polo negativo.

Representação	Vantagens e desvantagens	Corrente elétrica	Tensão elétrica
Neste tipo de circuito, a diferença de potencial em cada um dos resistores é a mesma e igual à da bateria, diferentemente do caso da ligação em série, na qual a diferença de potencial aplicada pela bateria era dividida proporcionalmente entre os resistores. 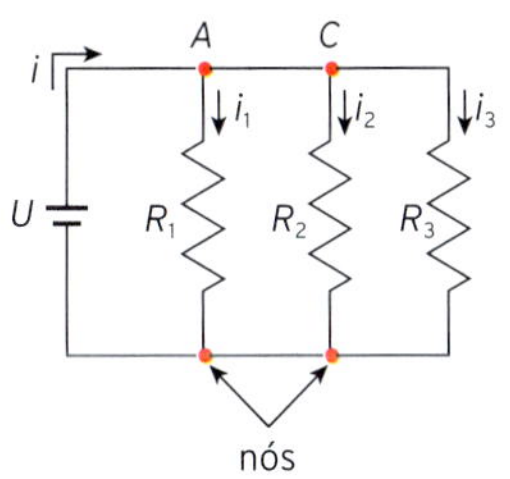 Esquema representativo de um circuito em paralelo com três resistores.	Neste tipo de associação, mesmo que um dos resistores se queime, os outros resistores ainda funcionarão, pois haverá corrente elétrica passando, uma vez que existe um circuito fechado nos outros resistores. Somente ficará aberto o circuito do resistor queimado.	Neste tipo de associação, a corrente em cada resistor não tem a mesma intensidade. Quando a corrente elétrica atinge um nó, como o ponto *A* da figura que representa o circuito (na primeira coluna), percebe-se que há dois caminhos a serem seguidos: para baixo em direção a R_1 ou continuar em frente em direção ao nó *C*. O que de fato acontece é que a corrente se divide em duas: i_1, que passa pelo resistor R_1, e i_C, que segue para o outro nó no ponto *C*. Quando a corrente atinge o ponto *C*, novamente ela se divide em duas partes, i_2, que passará pelo resistor R_2, e i_3, que atravessará o resistor R_3. A corrente que entra em um nó deve ser igual à soma das correntes que saem desse mesmo nó.	Em uma associação em paralelo, a tensão elétrica tem a mesma intensidade para todos os resistores, e é exatamente igual ao valor da tensão produzida pela fonte de energia do circuito. Assim: $U_1 = U_2 = U_3 = U$

Como a tensão elétrica em cada resistor é a mesma, de acordo com a definição de resistência elétrica, a corrente que passa pelo resistor será inversamente proporcional à resistência de cada resistor. Trata-se de um resultado previsível: se há um resistor com alta resistência elétrica associado em paralelo com outro de menor valor de resistência, é razoável supor que, quando ambos estão submetidos a uma mesma tensão, a corrente elétrica será menor naquele que tiver maior resistência, pois, neste, o movimento dos elétrons será mais obstruído, comparativamente ao resistor de menor resistência.

Resistência equivalente de resistores em paralelo

Seja um circuito com dois resistores, R_1 e R_2, ligados em paralelo a uma bateria, como mostrado na figura:

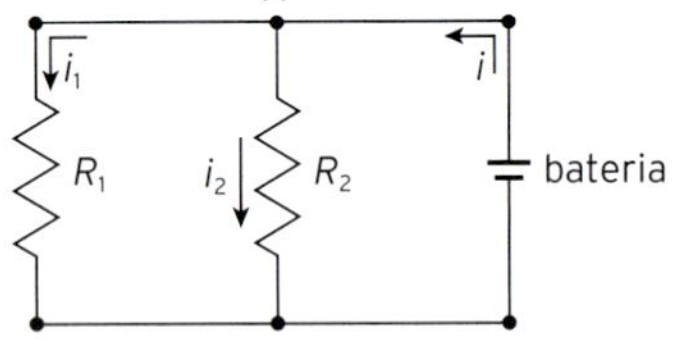

Esquema de um circuito ligado em paralelo a uma fonte.

A corrente i criada pela bateria se dividirá em i_1 e i_2 ao atingir o nó A. Mas como a corrente total se conserva, temos:

$$i = i_1 + i_2$$

De acordo com a primeira lei de Ohm, as correntes i_1 e i_2 são calculadas por:

$$i_1 = \frac{U_1}{R_1} \text{ e } i_2 = \frac{U_2}{R_2}$$

Entretanto, a tensão elétrica em cada resistor, em uma associação em paralelo, tem o mesmo valor que a tensão elétrica entre os polos da bateria conectada ao circuito, uma vez que não há nenhum elemento entre estes polos e as extremidades de cada resistor. Logo:

$$U_1 = U_2 = U$$

Substituindo esse resultado na expressão para a corrente, obtemos:

$$i = \frac{U_1}{R_1} + \frac{U_2}{R_2} = \frac{U}{R_1} + \frac{U}{R_2} = U\left(\frac{1}{R_1} + \frac{1}{R_2}\right)$$

Comparando essa equação com a primeira lei de Ohm, $i = \frac{U}{R}$, podemos associar o inverso do termo entre parênteses a uma resistência equivalente, que é a resistência que deveria ter um resistor, o qual, colocado no lugar dos dois resistores do circuito, faria com que a corrente que o percorre tivesse a mesma intensidade que a soma das correntes em cada resistor em paralelo. Assim, podemos escrever:

$$i = \frac{U}{R_{eq}}$$

em que:

$$\frac{1}{R_{eq}} = \frac{1}{R_1} + \frac{1}{R_2} \quad \text{ou} \quad R_{eq} = \frac{R_1 \cdot R_2}{R_1 + R_2}$$

Para o caso de n resistores estarem conectados em paralelo, a resistência equivalente pode ser calculada por:

$$\frac{1}{R_{eq}} = \frac{1}{R_1} + \frac{1}{R_2} + \frac{1}{R_3} + \dots + \frac{1}{R_n}$$

Podemos notar, pelas expressões para R_{eq}, que a resistência equivalente de dois ou mais resistores ligados em paralelo será sempre inferior ao menor valor da resistência.

Esse tipo de associação de resistores é o mais utilizado em circuitos domésticos. Um exemplo é a instalação de lâmpadas de uma casa, pois, associando-as em paralelo, caso uma lâmpada se queime, as luzes de toda a casa não se apagarão também devido a uma interrupção do circuito.

Outra vantagem deste tipo de associação é que todas as lâmpadas operam na mesma tensão elétrica (110 ou 220 V).

Ligado ao tema

Guitarra elétrica

Sophie Bengtsson/Shutterstock.com/ID/BR

Bomshtein/Shutterstock.com/ID/BR

A guitarra elétrica é um dos mais característicos instrumentos de gêneros musicais como o *blues* e o *rock*. A guitarra se parece com o violão, uma vez que ambos geralmente têm seis cordas presas por tarraxas na extremidade de um longo braço.

Entretanto, diferentemente do violão, a vibração da corda de uma guitarra desligada produz som pouco intenso, pois geralmente sua caixa não é oca como a do violão.

O som produzido pela vibração da corda de uma guitarra é captado por um dispositivo chamado **captador magnético** (uma bobina formada por uma barra de ímã enrolada por várias voltas de fio) que emite um sinal eletrônico. Esse sinal é, então, enviado a um circuito elétrico simples com dois resistores em paralelo. Um dos resistores é responsável por ajustar o tom, enquanto o outro resistor controla a amplitude, ou volume, do sinal. Ambos os resistores têm resistência variável e são controlados pelos botões no corpo da guitarra.

Finalmente, o sinal é direcionado a um amplificador, que emite o som, com ou sem distorção, conforme o ajuste, por meio de um alto-falante.

Exercícios resolvidos

12. A figura a seguir representa um circuito com dois resistores, sendo $R_2 = 3 \cdot R_1$, conectados a uma bateria que fornece uma diferença de potencial igual a U.

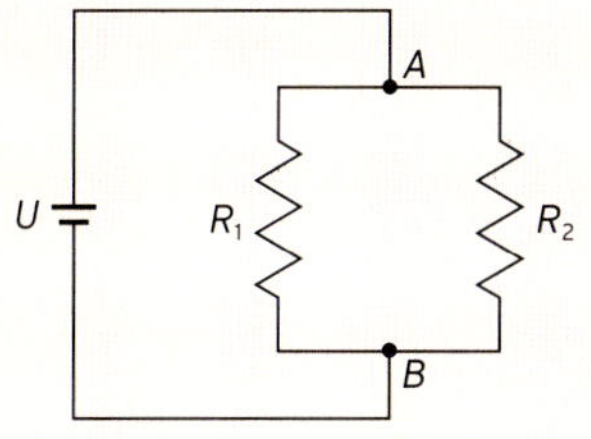

a) Calcule a resistência equivalente desse circuito em função de R_1.

b) Determine a razão entre a corrente i_2, que passa pelo resistor de resistência R_2, e a corrente total que atravessa a associação de resistores.

Resolução

a) Como os dois resistores estão conectados em paralelo, a resistência equivalente da associação é dada por:

$$\frac{1}{R_{eq}} = \frac{1}{R_1} + \frac{1}{R_2} \Rightarrow \frac{R_1 \cdot R_2}{R_1 + R_2} = \frac{R_1 \cdot 3 \cdot R_1}{R_1 + 3 \cdot R_1} = \frac{3}{4}R_1 = R_{eq}$$

b) No circuito em paralelo, a tensão elétrica entre os pontos A e B é a mesma: $U = U_1 = U_2$. A corrente em cada resistor pode ser calculada aplicando a lei de Ohm:

$$i_1 = \frac{U}{R_1} \text{ e } i_2 = \frac{U}{R_2} \Rightarrow \frac{i_1}{i_2} = \frac{R_2}{R_1} = 3$$

Portanto, a corrente i_1 no resistor 1, cuja resistência é menor, é três vezes maior que a corrente i_2 que passa pelo resistor de maior valor, R_2.

Sendo a corrente total $i = i_1 + i_2$, então:

$$i = i_1 + i_2 = 4 \cdot i_2$$

Portanto, a razão entre a corrente que passa pelo resistor de resistência R_2 e a corrente total é de 1 para 4.

13. Um circuito é composto de cinco lâmpadas idênticas de resistência 1 Ω, ligadas em paralelo. Calcule:

a) a resistência equivalente;

b) a máxima voltagem que deve ser fornecida para que a corrente total na associação não ultrapasse 15 A.

Resolução

a) A resistência equivalente no caso de cinco resistores iguais em paralelo equivale a um quinto da resistência individual:

$$\frac{1}{R_{eq}} = \frac{1}{R} + \frac{1}{R} + \frac{1}{R} + \frac{1}{R} + \frac{1}{R} = \frac{5}{R}$$

$$R_{eq} = \frac{R}{5} \Rightarrow R_{eq} = 0{,}2\ \Omega$$

b) A corrente total do circuito é igual a:

$$U_{máx} = R_{eq} \cdot i_{máx} = 0{,}2 \cdot 15 = 3 \Rightarrow U = 3\ V$$

Portanto, a máxima voltagem será 3 V, para que a corrente total nessa associação não ultrapasse 15 A.

Exercícios propostos

14. Relacione as principais diferenças entre uma associação de resistores em série e em paralelo.

15. A fotografia abaixo mostra um circuito elétrico em que uma associação de resistores está presente entre os pontos A e B. Esquematize o trecho AB desse circuito elétrico e identifique o tipo de associação dos resistores (em série ou em paralelo).

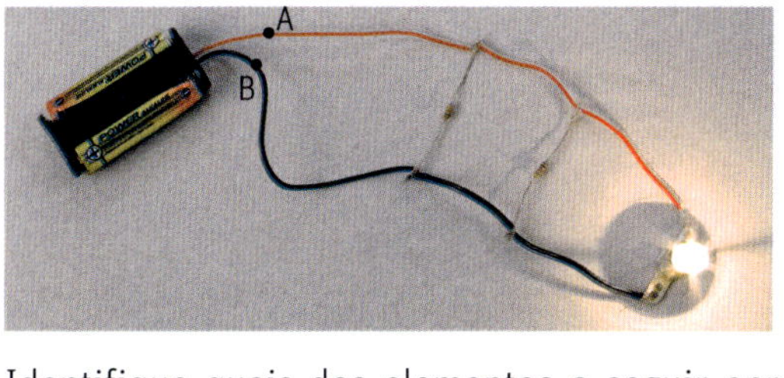

Sérgio Dotta Jr./ID/BR

16. Identifique quais dos elementos a seguir apresentam algum tipo de alteração conforme se aumenta a tensão em um circuito paralelo:

a) corrente;

b) tensão em cada aparelho;

c) resistência equivalente;

d) resistência.

17. Um circuito é constituído de três resistores em paralelo, cujos valores são $R_1 = 1{,}5\ \Omega$, $R_2 = 4\ \Omega$ e $R_3 = 0{,}5\ \Omega$, e por uma bateria, que aplica uma tensão de 24 V no circuito.

a) Faça um esquema representando o circuito.

b) Calcule a resistência equivalente do circuito.

c) Calcule a corrente elétrica em todo o circuito.

d) Determine a intensidade da corrente elétrica em cada um dos aparelhos.

e) Determine a ddp (tensão) em cada resistor.

f) Se um dos resistores é retirado do circuito, a corrente nos outros resistores será alterada? Justifique.

18. Faça o mesmo que foi pedido no exercício anterior, porém considere os três resistores em série. Explique por que ocorreu cada uma das diferenças entre os itens. Compare com as respostas obtidas no exercício 17.

19. Responda a todos os itens pedidos no exercício 17, desta vez considerando três resistores, $R_1 = 10\ \Omega$, $R_2 = 20\ \Omega$ e $R_3 = 30\ \Omega$, em paralelo, em uma rede elétrica com tensão de 120 V.

Associação mista de resistores

Os circuitos elétricos também podem ser montados tanto com resistores conectados em série como em paralelo, todos ligados a uma mesma fonte de tensão. Esse tipo de ligação é denominado **associação mista**.

Um exemplo simples de associação mista é mostrado nesta figura:

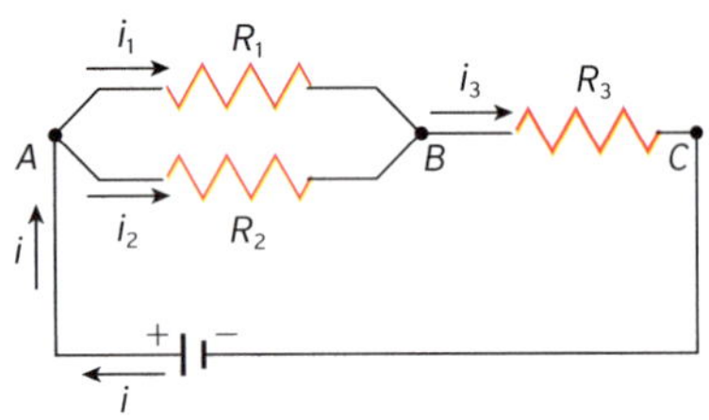

Nesse circuito elétrico há dois resistores, R_1 e R_2, ligados em paralelo entre si e ambos ligados em série a um terceiro resistor, R_3.

Cálculo da resistência equivalente de uma associação mista

Para calcular a resistência equivalente de todo o circuito em uma associação mista, devemos fazê-lo por partes. Tome como exemplo o circuito com três resistores mostrado acima. Primeiro, calculamos a resistência equivalente da associação paralela, R_p, dos resistores R_1 e R_2:

$$R_P = \frac{R_1 \cdot R_2}{R_1 + R_2}$$

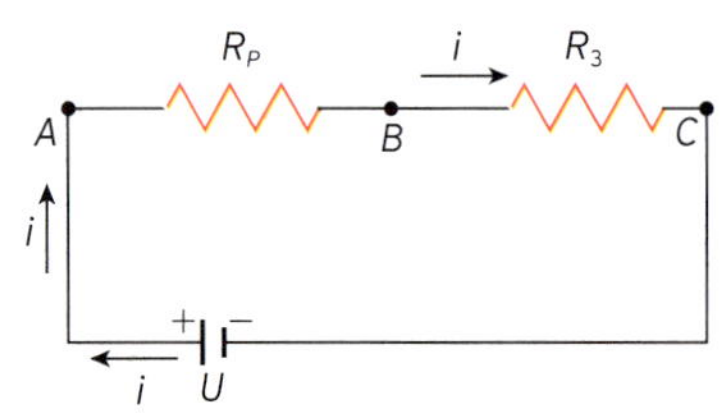

Assim, o circuito da figura acima foi reduzido a dois resistores em série, como mostra a figura ao lado.

Logo, a resistência equivalente total do circuito (R_{eq}), isto é, a resistência do resistor equivalente capaz de substituir os dois resistores em série, é calculada por:

$$R_{eq} = R_P + R_3$$

Cálculo de corrente em uma associação mista

A corrente i que passa pelo circuito é calculada pela lei de Ohm utilizando a resistência equivalente total:

$$i = \frac{U}{R_{eq}}$$

Como o resistor R_3 está ligado em série à fonte, a corrente i_3 que passa por ele é igual à corrente total dada pela expressão acima, $i_3 = i$. Mas a tensão entre os terminais do resistor R_3 é dada por:

$$U_3 = R_3 \cdot i_3 = R_3 \cdot i$$

A tensão entre A e B é dada por $U_{AB} = U - U_3$, e esse valor será o mesmo para os dois resistores ligados em paralelo, R_1 e R_2. Entretanto, a corrente percorrendo cada resistor será diferente e inversamente proporcional ao valor das resistências, de acordo com a lei de Ohm:

$$i_1 = \frac{U_{AB}}{R_1} \text{ e } i_2 = \frac{U_{AB}}{R_2}$$

Lembrando que a soma das duas correntes é igual à corrente total que percorre o circuito, temos: $i_1 + i_2 = i$

Exercício resolvido

20. Seja o seguinte circuito:

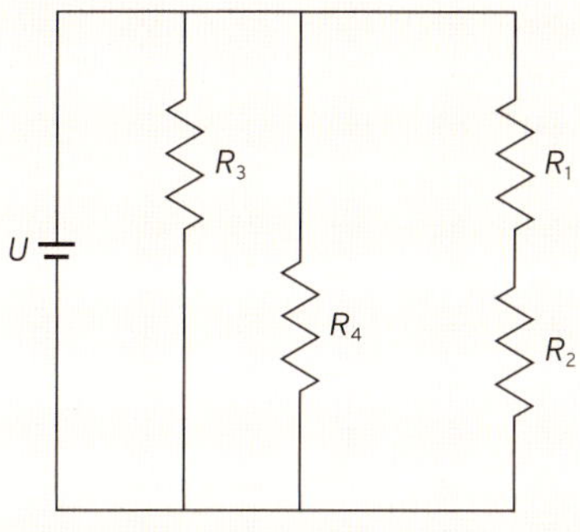

Os valores das resistências são $R_1 = 5\ \Omega$, $R_2 = 1\ \Omega$, $R_3 = 3\ \Omega$ e $R_4 = 2\ \Omega$, e a bateria estabelece uma tensão de 10 V.

a) Identifique no circuito ilustrado quais resistores estão ligados em paralelo e quais estão conectados em série.
b) Calcule a resistência equivalente do circuito.
c) Calcule a corrente elétrica em cada um dos resistores.
d) Calcule a tensão elétrica em cada um dos resistores.
e) Monte uma tabela com os valores de corrente e de diferença de potencial em cada um dos quatro resistores.

Resolução

a) Os resistores R_1 e R_2 estão ligados em série, enquanto R_3 e R_4 estão em paralelo.

b) Os resistores R_1 e R_2 estão conectados em série, e podemos considerar uma resistência equivalente R_s igual à soma das duas resistências:

$$R_s = R_1 + R_2 = 5 + 1 \Rightarrow R_s = 6\ \Omega$$

Quanto aos outros resistores, R_3 e R_4 estão associados em paralelo com R_s. Portanto, a resistência equivalente total do circuito é calculada por:

$$\frac{1}{R_{eq}} = \left(\frac{1}{R_3} + \frac{1}{R_4} + \frac{1}{R_s}\right) = \left(\frac{1}{3} + \frac{1}{2} + \frac{1}{6}\right) \Rightarrow R_{eq} = 1\ \Omega$$

c) Aplicando a lei de Ohm, obtemos a corrente total no circuito:

$$i_{total} = \frac{U}{R_{eq}} = \frac{10}{1} \Rightarrow i_{total} = 10\ \text{A}$$

A corrente em cada resistor é dada pela lei de Ohm, aplicada individualmente a cada resistor:

$$i_3 = \frac{U}{R_3} = \frac{10}{3}\ \text{A}$$

$$i_4 = \frac{U}{R_4} = \frac{10}{2} \Rightarrow i_4 = 5\ \text{A}$$

$$i_s = \frac{U}{R_s} = \frac{10}{6} \Rightarrow i_s = \frac{5}{3}\ \text{A}$$

A corrente i_s é a que circula nos dois resistores em série, R_1 e R_2. A soma dessas três correntes é igual à corrente total na associação de 10 A.

$$i_{total} = i_3 + i_4 + i_s = \frac{10}{3} + 5 + \frac{5}{3} =$$

$$= \frac{10 + 15 + 5}{3} = \frac{30}{3} \Rightarrow i_{total} = 10\ \text{A}$$

d) A tensão nos resistores em paralelo R_3 e R_4 será a mesma e igual a 10 V. Para calcular a tensão nos dois resistores em série, aplicamos novamente a lei de Ohm, lembrando que a corrente que passa em cada um deles é: $i_s = \frac{5}{3}$ A

$$U_1 = i_s \cdot R_1 = \frac{5}{3} \cdot 5 \Rightarrow U_1 = \frac{25}{3}\ \text{V}$$

$$U_2 = i_s \cdot R_2 = \frac{5}{3} \cdot 1 \Rightarrow U_2 = \frac{5}{3}\ \text{V}$$

A soma $U_1 + U_2$ é igual à diferença de potencial aplicada pela bateria:

$$U = U_1 + U_2 = \frac{25}{3} + \frac{5}{3} = \frac{25 + 5}{3} = \frac{30}{3}$$

$$U = 10\ \text{V}$$

e) Agora é possível montar a tabela apresentando esses resultados.

	$R\ (\Omega)$	i (A)	U (V)
1	5	$\frac{5}{3}$	$\frac{25}{3}$
2	1	$\frac{5}{3}$	$\frac{5}{3}$
3	3	$\frac{10}{3}$	10
4	2	5	10

Exercícios propostos

21. Calcule a resistência equivalente dos resistores do circuito elétrico representado pelo diagrama abaixo.

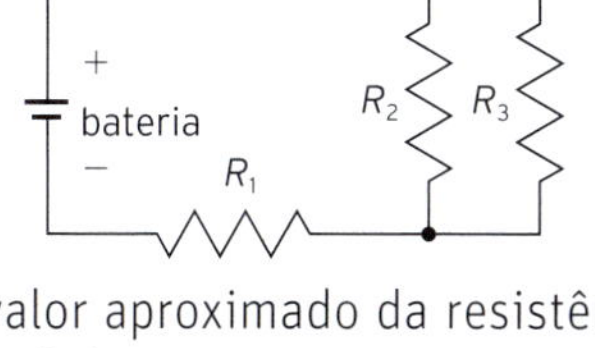

Encontre o valor aproximado da resistência equivalente nos seguintes casos:

a) R_2 é muito maior que R_3.
b) R_2 é muito menor que R_3.
c) R_1 é muito menor que R_2 e R_3.

22. Dê exemplos de circuitos elétricos nos quais se observam associações:

a) em série;
b) em paralelo;
c) mista.

3. Circuitos residenciais

Pode-se dizer que o circuito de uma residência inclui já a usina geradora de eletricidade e é um circuito misto alimentado por tensão alternada, que estabelece correntes elétricas alternadas.

A rede distribuidora de eletricidade mantém tensões de 220 V ou 110 V. A distribuição da eletricidade é feita por cabos suspensos por postes e, geralmente, é conduzida para as residências por três fios que saem do poste e são conectados ao relógio de luz da residência. Esses relógios medem a energia elétrica consumida no local. Dentro de cada residência, há uma caixa de entrada, onde é feita a ligação entre o circuito interno da casa e a rede externa.

Dos fios que chegam ao relógio de luz, dois conduzem energia elétrica e são chamados de **fase**, e o outro fio é chamado **neutro**. Nesse caso, a rede é chamada de **bifásica**, e as tensões fornecidas podem ser de 110 V ou de 220 V. Em alguns municípios, apenas dois fios estão disponíveis, um fio fase e o neutro. Nesses lugares a rede é dita **monofásica**, e a tensão é de apenas 110 V.

Mesmo nas casas com rede bifásica, como a maioria dos aparelhos elétricos utilizados no Brasil são projetados para uma tensão de 110 V, as tomadas têm uma ligação utilizando apenas um fio fase e o fio neutro. Dessa forma, um dos fios fase não é utilizado. Apenas em algumas poucas tomadas, em que a ligação é 220 V, utilizam-se os dois fios fase. Ligações com 220 V são utilizadas em aparelhos domésticos que consomem muita energia elétrica, como é o caso dos chuveiros elétricos. A variação na tensão entre diversos valores, como ocorre na utilização de transformadores, só é possível porque a corrente nos circuitos elétricos residenciais é alternada. Por meio de transformadores de tensão, como, por exemplo, aqueles empregados em carregadores de bateria de telefone celular que transformam 110 V, ou 220 V, em 3,6 V, é possível ampliar ou diminuir valores de tensão conforme a necessidade.

O fio verde representa o fio terra, que é conectado diretamente à terra, a qual, por sua vez, é um grande absorvedor de cargas elétricas, e sua função é justamente absorver essas cargas. O fio terra previne que as pessoas levem choques e que aparelhos sejam danificados no caso de descargas elétricas indesejadas. Toda casa ou prédio deve ter um fio terra instalado.

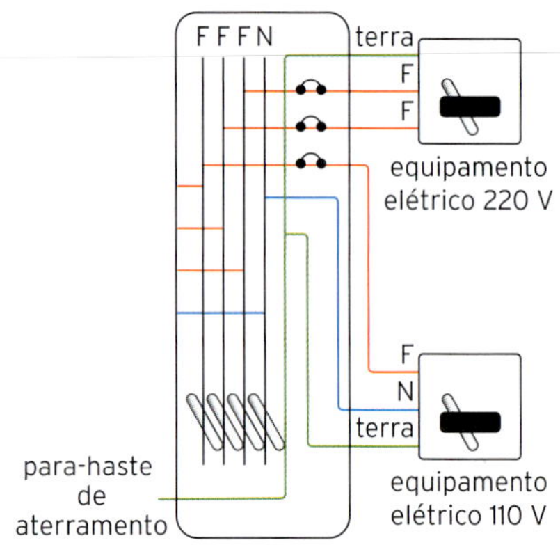

Esquema de uma caixa de entrada de uma residência. Em ligações de 220 V há dois fios fase (em vermelho), juntamente com o fio terra. Em ligações de 110 V há um fio fase associado a um fio neutro, além do fio terra.

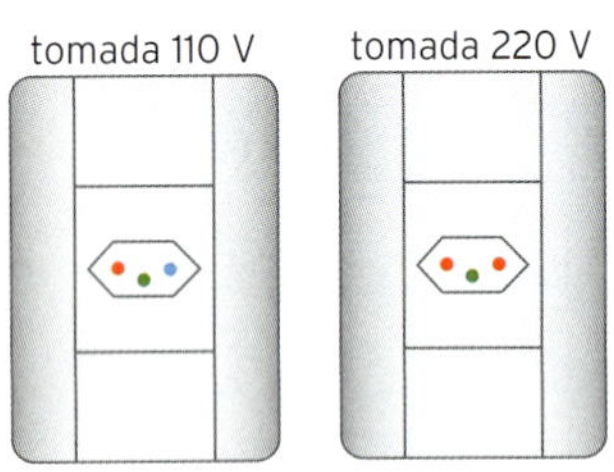

A figura ao lado mostra como é feita a ligação dos fios nos conectores das tomadas. Em vermelho se mostra onde são ligados os fios fase; em azul, o fio neutro (para o caso da tomada de 110 V); e em verde, o fio terra.

O fio terra é geralmente de cobre, um material que conduz eletricidade muito melhor que o corpo humano. Assim, quando um aparelho, principalmente um chuveiro ou uma torneira elétrica, estiver aterrado (isto é, com um fio ligado ao solo), uma descarga elétrica passará preferencialmente pelo fio terra ao solo, em vez de passar pela pessoa. Assim, um choque elétrico será evitado. Da mesma forma, no caso de descargas elétricas provocadas por raios, a corrente elétrica excedente passará pelo fio terra, e não pelo aparelho elétrico, evitando-se danificá-lo.

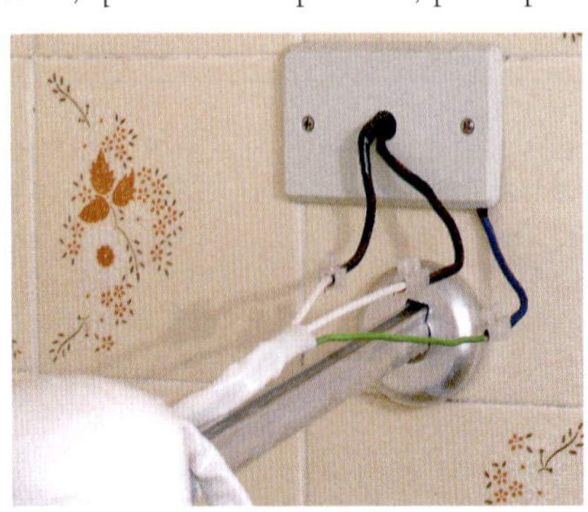
Jacek/kino.com.br

Fio terra de chuveiro, em verde.

Rede de distribuição

Em uma residência é preciso projetar os circuitos elétricos durante sua construção. Plantas baixas – desenhos de uma construção que incluem as relações espaciais entre ambientes e outros aspectos físicos em um nível de uma estrutura – são elaboradas por profissionais especializados, levando-se em conta as necessidades básicas dos moradores. Por exemplo, todo cômodo da casa deve ter pelo menos um ponto de iluminação onde será conectada uma lâmpada.

Além disso, deve haver tomadas em cada cômodo para que sejam ligados aparelhos como TV, rádio, luminárias, entre outros. A cozinha necessita de várias tomadas, para que nelas sejam ligados os aparelhos eletrodomésticos, como geladeira e fogão (no caso de fogão elétrico, ou em alguns casos, o acendimento elétrico no próprio fogão a gás), além de tomadas disponíveis para os aparelhos menores, como liquidificador, batedeira, etc. Nos banheiros, caso sejam instalados chuveiros elétricos de 220 V, é necessária uma instalação que forneça essa tensão. Veja alguns exemplos de instalações nos quadros abaixo.

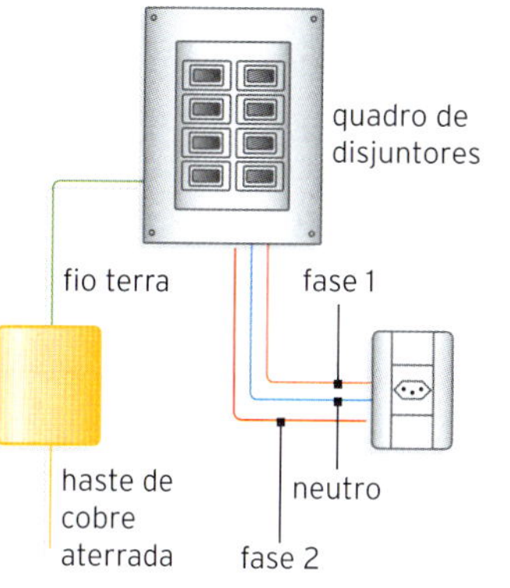

Instalação de tomada 220 V e quadro de disjuntores.

Situação 1: Rede monofásica	Situação 2: Rede bifásica
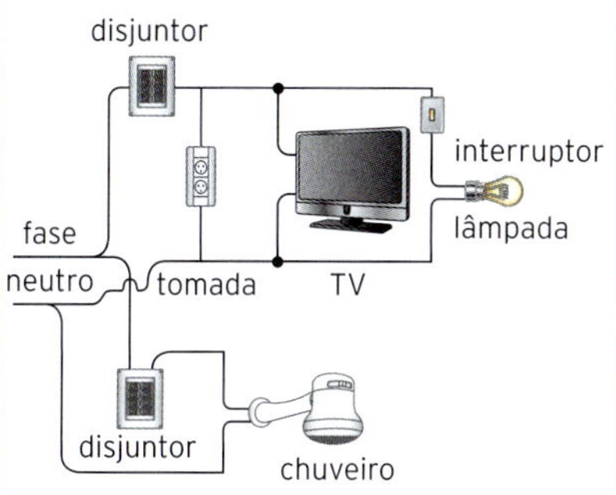	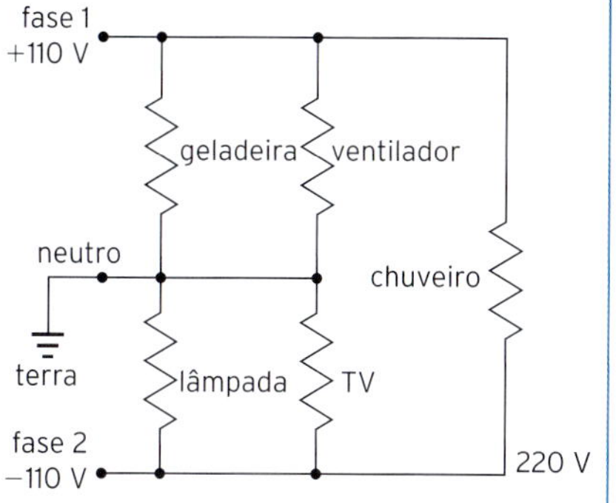
Esquema simples de uma rede de distribuição monofásica contendo duas tomadas, um televisor, uma lâmpada de 110 V e um chuveiro de 110 V. Todos esses dispositivos elétricos estão conectados em paralelo. A cada um deles chega um fio fase e um fio neutro, e a diferença de potencial entre eles é de 110 V.	Representação simplificada da rede bifásica de um circuito residencial possível. Note que a geladeira, a lâmpada, o ventilador e a TV estão todos ligados em um fio fase e no fio neutro, garantindo assim uma diferença de potencial de 110 V. O chuveiro, por sua vez, está conectado a dois fios fase, perfazendo assim 220 V. O esquema indica ainda que o fio neutro está aterrado (ligado à terra).

Os dois fios fase e o neutro passam por conduítes. Nas tomadas que fornecem apenas 110 V, um fio fase e o fio neutro são ligados nos terminais da tomada (o outro fio fase não é utilizado), enquanto em tomadas com 220 V, os dois fios fase são ligados nos terminais da tomada. No caso de lâmpadas, o fio neutro deve ser conectado ao soquete da lâmpada, enquanto o fio fase é ligado ao interruptor. Dessa forma, desde que o interruptor esteja desligado, não há risco de choque elétrico ao trocar uma lâmpada.

A partir do poste os fios são ligados ao quadro de distribuição da construção, onde estão instalados os disjuntores. Geralmente, divide-se o circuito total da residência em subcircuitos. Dessa maneira, diferentes locais da casa ficam independentes, e, caso haja algum problema elétrico, ficará restrito a um pequeno trecho do circuito, permitindo que a rede elétrica do restante da casa funcione.

É importante lembrar que a função do disjuntor é justamente interromper a corrente elétrica em caso de curto-circuito, a fim de evitar o risco de incêndio ou dano aos aparelhos domésticos. Uma vez que o problema seja identificado e solucionado, basta religar o disjuntor no quadro de distribuição, reativando o circuito elétrico.

Conceito em questão

É comum haver interrupção no fornecimento de energia elétrica durante tempestades. Talvez pela queda de um dos fios do poste da rua, ou curto-circuito em um deles por queda de árvores, a corrente elétrica que deveria fluir pelos fios é interrompida.

Algumas vezes, apenas um dos fios fase é interrompido. Diz-se, então, que "caiu a fase".

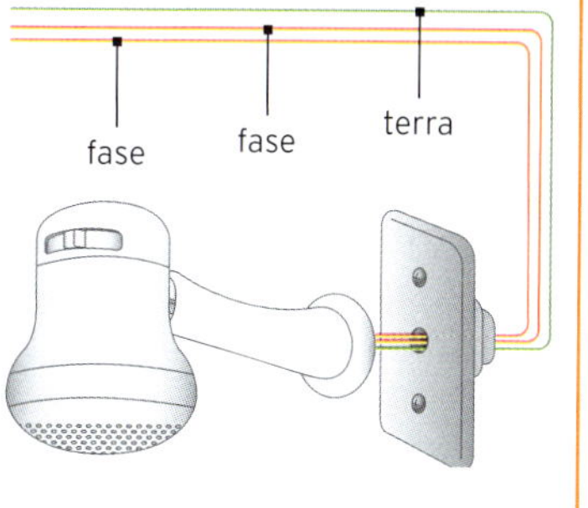

- Nesse caso, explique o que acontece ao se tentar ligar um aparelho que deveria ser ligado em tensão de 220 V.

Cuidados nas ligações elétricas de uma residência

Em uma residência, o primeiro cuidado a ser tomado em instalações elétricas é com relação a curtos-circuitos. Se isso vier a acontecer, é porque houve uma sobrecarga. Para que não haja risco de os fios derreterem e consequentemente causarem incêndios, é importante que haja disjuntores ou fusíveis para abrir o circuito e impedir a passagem da corrente alta.

Outro risco é a ocorrência de choques, quando uma pessoa, inadvertidamente e sem a proteção de um isolante, entra em contato direto com um fio fase, seja por tocar em um fio desencapado, seja na carcaça de um equipamento elétrico que não esteja devidamente aterrado. Por estar descalço ou em contato com a água, que não é um bom isolante térmico, é mais provável que ocorra um choque elétrico, porque é facilitada a passagem de corrente do fio fase para a terra através do corpo da pessoa.

Portanto, sempre que for necessário mexer na rede elétrica, os disjuntores devem ser desligados no quadro de distribuição.

Um modo de evitar choques é fazer o aterramento das instalações elétricas. Os projetos de instalações elétricas devem prever tomadas com três terminais, sendo um deles uma passagem para o fio terra. Assim, caso haja contato com o fio fase, a corrente fluirá preferencialmente pelo fio terra e não pelo corpo, evitando o choque elétrico.

stop123/iStockphoto.com/ID/BR

Benjamim é um acessório elétrico usado para conectar múltiplos aparelhos em uma mesma tomada elétrica.

Outro cuidado com relação à instalação elétrica de uma casa é quanto ao uso inadequado de benjamins e extensões, nos quais se ligam vários plugues. Quanto mais aparelhos elétricos estiverem em funcionamento em um mesmo circuito, maior será a corrente elétrica passando por ele. Portanto, convém evitar ligar vários aparelhos simultaneamente, todos conectados à mesma tomada por benjamim ou extensão, os quais devem ser utilizados para ligar aparelhos elétricos de baixo consumo em uma única tomada, ou aparelhos que não sejam usados ao mesmo tempo. Isso ajuda a evitar uma sobrecarga no sistema e o risco de curto-circuito.

Um fator que deve ser levado em conta no projeto elétrico da construção é a bitola dos fios de ligação. Um fio fino possui uma resistência maior que um fio de bitola maior feito de mesmo material. Quanto maior a corrente, maior será o aquecimento do fio pelo efeito Joule, e isso pode acarretar derretimento do fio e incêndio. Portanto, um fio fino utilizado para a passagem de altas correntes poderia causar muitos prejuízos. Assim, a espessura e o material do fio devem ser escolhidos de acordo com critérios técnicos rigorosos.

Ação e cidadania

É fogo!

De acordo com o Corpo de Bombeiros, curtos-circuitos em sistemas elétricos são uma das causas mais comuns de incêndio. Um dos fatores que contribui para isso é a sobrecarga de energia em adaptadores elétricos (conhecidos popularmente como "benjamins").

Muitas pessoas não sabem, mas um choque elétrico pode matar. Por isso:

- Não ligue mais de um aparelho elétrico na mesma tomada. Se a corrente elétrica está acima do que a fiação suporta, ocorre um superaquecimento dos fios. Aí pode começar o incêndio.
- Não utilize fios elétricos descascados ou estragados. Quando encostam um no outro, provocam curtos-circuitos e faíscas, que podem ocasionar um incêndio. De tempos em tempos, faça uma revisão nos fios dos aparelhos elétricos e na instalação elétrica da sua casa.

Fonte de pesquisa: Corpo de bombeiros: cartilha de orientações básicas. Disponível em: <http://www.corpodebombeiros.sp.gov.br/normas_tecnicas/Cartilha_de_Orientacao_5_versao.pdf>. Acesso em: 17 maio 2013.

Além das pessoas responsáveis pelas instalações elétricas em sua escola, você também é responsável por mantê-la em segurança.

Procure descobrir na escola equipamentos e instalações que representem riscos de incêndio e sugira ações de como eliminar esses riscos. Para isso, reúnam-se em grupos e estipulem um setor para cada equipe "vistoriar".

Exercícios resolvidos

23. Em uma residência, a rede elétrica é de 110 V e alimenta um circuito composto dos elementos descritos a seguir:

- 4 lâmpadas ($R_1 = 250\ \Omega$ cada uma)
- 1 televisor ($R_2 = 10\ \Omega$)
- 1 liquidificador ($R_3 = 40\ \Omega$)
- 1 chuveiro elétrico ($R_4 = 16\ \Omega$)

Para responder às questões a seguir, considere os elementos ligados em série. Calcule:

a) a resistência equivalente;

b) a corrente em todos os resistores;

c) a tensão em todos os elementos do circuito.

Resolução

a) Em série, a resistência equivalente será a soma de todas as resistências individuais:

$$R_{eq} = (4 \cdot R_1) + R_2 + R_3 + R_4$$

$$R_{eq} = (4 \cdot 250) + 10 + 40 + 16 \Rightarrow R_{eq} = 1\,066\ \Omega$$

b) A corrente em todos os aparelhos será:

$$i = \frac{U}{R_{eq}} = \frac{110}{1\,066} \Rightarrow i \cong 0{,}103 \text{ A ou } 103 \text{ mA}$$

c) A tensão em cada resistor é dada pela lei de Ohm.

Para cada lâmpada:

$$U_1 = i \cdot R_1 \cong 0{,}103 \cdot 250 \Rightarrow U_1 \cong 25{,}8 \text{ V}$$

No televisor, a tensão é:

$$U_2 = i \cdot R_2 \cong 0{,}10 \cdot 10 \Rightarrow U_2 \cong 1 \text{ V}$$

No liquidificador:

$$U_3 = i \cdot R_3 \cong 0{,}10 \cdot 40 \Rightarrow U_3 \cong 4 \text{ V}$$

No chuveiro elétrico:

$$U_4 = i \cdot R_4 \cong 0{,}10 \cdot 16 \Rightarrow U_4 \cong 1{,}6 \text{ V}$$

24. Faça os cálculos do exercício anterior considerando o circuito em paralelo.

Resolução

a) Em paralelo, a resistência equivalente será:

$$\frac{1}{R_{eq}} = \left(4 \cdot \frac{1}{R_1} + \frac{1}{R_2} + \frac{1}{R_3} + \frac{1}{R_4}\right)$$

$$\frac{1}{R_{eq}} = \left(4 \cdot \frac{1}{250} + \frac{1}{10} + \frac{1}{40} + \frac{1}{16}\right) \Rightarrow R_{eq} \cong 4{,}9\ \Omega$$

b) Neste caso, a corrente varia para cada elemento do circuito residencial em paralelo.

Nas lâmpadas, a corrente é:

$$i_1 = \frac{U}{R_1} = \frac{110}{250} \Rightarrow i_1 = 0{,}44 \text{ A}$$

Na televisão:

$$i_2 = \frac{U}{R_2} = \frac{110}{10} \Rightarrow i_2 = 11 \text{ A}$$

No liquidificador:

$$i_3 = \frac{U}{R_3} = \frac{110}{40} \Rightarrow i_3 = 2{,}75 \text{ A}$$

No chuveiro elétrico:

$$i_4 = \frac{U}{R_4} = \frac{110}{16} \Rightarrow i_4 = 6{,}875 \text{ A}$$

A soma de todas as correntes é:

$$i_{total} = (4 \cdot 0{,}44) + 11 + 2{,}75 + 6{,}875$$

$$i_{total} = 22{,}385 \text{ A}$$

Essa é justamente a corrente dada por:

$$i_{total} = \frac{U}{R_{eq}} = \frac{110}{4{,}9} \Rightarrow i_{total} \cong 22{,}5 \text{ A}$$

c) A tensão em cada um dos aparelhos será a mesma e igual à da rede, que é 110 V.

25. Monte uma tabela com todos os dados dos exercícios 23 e 24.

		Circuito em série		Circuito em paralelo	
	R (Ω)	i (A)	U (V)	i (A)	U (V)
cada lâmpada	250	0,103	25,8	0,44	110
televisor	10	0,103	1	11	110
liquidificador	40	0,103	4	2,75	110
chuveiro	16	0,103	1,6	6,9	110
total		0,103	110	22,5	110

Exercícios propostos

26. Calcule a resistência equivalente e a corrente total considerando que os elementos do circuito descritos no exercício 23 estão ligados em série numa rede bifásica.

27. Faça uma pesquisa em sua casa sobre dispositivos de segurança na instalação elétrica. Identifique se são fusíveis ou disjuntores e qual é a especificação deles. Descubra qual é a corrente máxima que eles suportam.

28. Faça uma lista com os principais fatores de risco à saúde de uma pessoa no que se refere à instalação elétrica de uma casa.

29. Descreva a principal razão para considerar cada um dos fatores apresentados a seguir na prevenção de choques elétricos.

a) Aterrar as instalações elétricas.

b) Evitar benjamins e extensões.

c) Usar na instalação elétrica fios de bitola adequada ao aparelho ou ao circuito.

d) Usar na instalação elétrica fios feitos de material adequado ao tipo de instalação.

4. Geradores

Um circuito elétrico, quando fechado e submetido a uma tensão elétrica entre dois pontos, estará sujeito à passagem de uma corrente elétrica. Entretanto, para que as cargas que constituem a corrente elétrica se movimentem, é necessária uma fonte que forneça energia a elas. Essa energia é fornecida por um dispositivo chamado gerador. Quanto maior a energia disponibilizada pelo gerador, maior será a tensão e, em consequência, maior a corrente elétrica passando pelo circuito.

Um **gerador** é um dispositivo elétrico que mantém uma tensão elétrica entre dois pontos de um circuito, alimentando-o com energia elétrica.

Os geradores transformam diferentes tipos de energia em energia elétrica, gerando uma tensão entre seus polos. Veja alguns exemplos de geradores:

Torsten Lorenz/Shutterstock.com/ID/BR

Pilhas e baterias transformam energia química em energia elétrica por meio de reações químicas.

efiplus/Shutterstock.com/ID/BR

O **painel solar** transforma energia luminosa em energia elétrica por meio de células fotovoltaicas.

charles taylor/Shutterstock.com/ID/BR

O **dínamo** transforma energia mecânica em energia elétrica por meio de ímã e bobina.

Vereshchagin Dmitry/Shutterstock.com/ID/BR

O **gerador de gasolina** transforma energia química em energia mecânica, que por sua vez é transformada em energia elétrica.

O gerador estabelece um campo elétrico nos condutores do circuito, e esse campo, por meio da força elétrica, coloca as cargas em movimento (corrente elétrica). É a diferença de potencial entre os polos do gerador que mantém a corrente elétrica fluindo em um circuito. Por convenção, a corrente sai do polo positivo, onde o potencial é maior, e se dirige para o polo negativo, com menor potencial. Dentro de uma pilha, a corrente flui do polo de menor potencial para o de maior potencial para continuar percorrendo o circuito.

Força eletromotriz

Um gerador gera energia elétrica por meio da transformação de outros tipos de energia, e assim é capaz de estabelecer a corrente elétrica em um circuito elétrico para diversos fins. Para manter a corrente fluindo dentro de uma bateria é necessário realizar trabalho para transportar as cargas positivas, que constituem a corrente convencional, de modo que elas caminhem de um potencial mais alto (polo positivo) para um mais baixo (polo negativo).

A razão entre o trabalho *W* realizado pela bateria e a quantidade de carga *q* na qual esse trabalho é realizado é denominada **força eletromotriz (ε)**, ou eletromotância.

$$\varepsilon = \frac{W}{q}$$

O trabalho é dado em J (joule); e a quantidade de carga, em C (coulomb). O resultado da razão entre essas grandezas é o V (volt), ou seja, a força eletromotriz (*fem*) tem como unidade no Sistema Internacional o volt (V), a mesma unidade de medida utilizada para tensão elétrica.

Portanto, se a força eletromotriz de um gerador é 15 V, significa que o gerador realiza 15 J de trabalho para mover 1 C de cargas elétricas.

Ligado ao tema

Corrente de curto-circuito

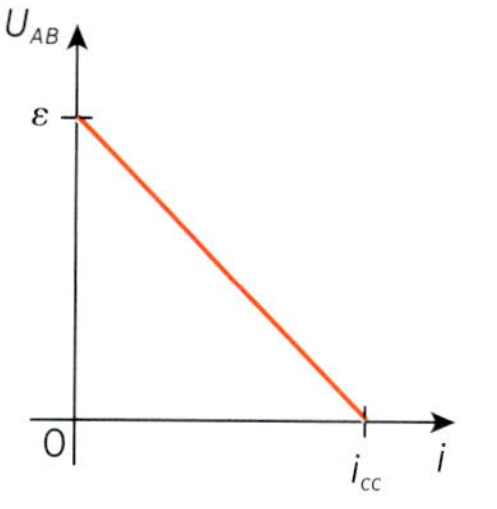

O gráfico acima mostra a tensão elétrica U_{AB} fornecida por um gerador a um circuito externo. O gerador tem força eletromotriz ε e resistência interna *r*. A corrente de curto-circuito, representada por i_{cc}, é atingida quando os terminais da fonte estão conectados por um fio condutor com resistência praticamente nula. Portanto, a diferença de potencial fornecida ao circuito é nula e a corrente de curto-circuito i_{cc} é máxima.

Equação de um gerador real

Nem toda a energia estabelecida em um gerador é fornecida ao circuito elétrico. Isso ocorre porque, em um gerador real (não idealizado, ou seja, no qual se consideram as perdas), há perda de energia por sua resistência interna (*r*), que converte energia elétrica em energia térmica. Logo, a tensão útil do gerador é dada pela tensão elétrica gerada (força eletromotriz ε) menos a queda de tensão decorrente da resistência interna:

$$U_{\text{útil}} = U_{\text{gerada}} - U_r$$

A queda de tensão elétrica por causa da resistência interna é dada pela lei de Ohm, portanto a tensão elétrica útil estabelecida entre os polos *A* e *B* de um gerador real disponível para o circuito é:

$$U_{AB} = \varepsilon - i \cdot r$$

Essa expressão é conhecida como equação do gerador.

No caso de o circuito estar aberto, não há corrente fluindo ($i = 0$), então o segundo membro do lado direito da equação acima é nulo e a diferença de potencial entre os polos da fonte é a própria força eletromotriz (*fem*):

$$U_{AB} = \varepsilon$$

A *fem* ε de um gerador pode ser medida diretamente considerando esse fato. Para isso, ligamos um voltímetro aos polos de uma fonte. Como a resistência do voltímetro é muito grande, praticamente não haverá corrente passando nesse sistema (fonte + voltímetro) e a diferença de potencial medida pelo voltímetro será igual à própria *fem* (ε).

A resistência interna *r* de uma pilha é muito pequena quando a pilha é nova, podendo até ser considerada nula. Mas, com o passar do tempo, o valor dessa resistência aumenta e não pode ser desprezado. Gradativamente, sua *fem* vai diminuindo, pois as reações químicas em seu interior vão consumindo os reagentes (eletrodos e eletrólito).

Parece, mas não é

Força, força eletromotriz e ddp

A força eletromotriz não é uma força, no sentido físico desse conceito. Na realidade, a *fem* representa a energia por unidade de carga (ou tensão) estabelecida em um gerador. A expressão "força eletromotriz" é mantida por razões históricas, principalmente para distingui-la das diferenças de potencial, ou quedas de tensão, que ocorrem em um circuito em decorrência da dissipação de energia, por exemplo, em um resistor. E a ddp, como o nome indica, é a diferença de potencial entre os polos da fonte, que corresponde à tensão útil.

Potência de um gerador

Outra característica importante de um gerador, além da força eletromotriz, é a potência que ele é capaz de fornecer. A potência é a quantidade de energia consumida, produzida ou transformada em um dado intervalo de tempo.

No caso de um gerador, a potência total P_t por ele desenvolvida é a quantidade de trabalho realizado ΔW em um tempo Δt:

$$P_t = \frac{\Delta W}{\Delta t}$$

cuja unidade é J/s, denominada watt (W). Como a *fem* é dada por

$$\varepsilon = \frac{\Delta W}{\Delta q} \Rightarrow \Delta W = \varepsilon \cdot \Delta q$$

então, a potência total pode ser escrita como

$$P_t = \frac{\varepsilon \cdot \Delta q}{\Delta t} \Rightarrow P_t = \varepsilon \cdot i$$

pois a corrente elétrica i indica a quantidade de carga Δq passando em um dado intervalo de tempo Δt pelo circuito. Também podemos definir a potência útil e a potência dissipada em um gerador:

- **Potência elétrica total** é a potência elétrica total fornecida pelo gerador: $P_t = \varepsilon \cdot i$
- **Potência útil** é a potência de fato fornecida ao circuito: $P_{\text{útil}} = U \cdot i = \varepsilon \cdot i - r \cdot i^2$
- **Potência dissipada** é a potência dissipada dentro do gerador: $P_{\text{dissipada}} = r \cdot i^2$

Podemos também estimar a energia fornecida por um gerador a um circuito elétrico por meio da sua potência útil. Considerando que $P_{\text{útil}} = U \cdot i$ e que o conceito geral de potência relaciona a variação da energia útil transformada a cada unidade de tempo, temos: $P_{\text{útil}} = \frac{\Delta E_{\text{útil}}}{\Delta t}$

A energia útil é dada pela potência útil do gerador multiplicada pelo tempo em que este permaneceu operando.

Igualando as duas expressões para potência útil ($P_{\text{útil}}$), podemos determinar a energia útil:

$$\frac{\Delta E_{\text{útil}}}{\Delta t} = U \cdot i \Rightarrow \Delta E_{\text{útil}} = U \cdot i \cdot \Delta t$$

Rendimento de um gerador

O rendimento (η) é obtido pela razão entre a potência útil $P_{\text{útil}}$ fornecida ao circuito elétrico e a potência total gerada P_t.

$$\eta = \frac{P_{\text{útil}}}{P_t}$$

Substituindo as expressões para as potências dadas acima, obtemos a seguinte expressão para o rendimento:

$$\eta = \frac{U \cdot i}{\varepsilon \cdot i} \Rightarrow \eta = \frac{U}{\varepsilon}$$

Logo:

O **rendimento** de um gerador é igual à razão entre a tensão estabelecida nos terminais do circuito e a força eletromotriz.

O rendimento é um número entre 0 e 1; o valor 1 restringe-se ao caso de um gerador ideal, no qual a resistência interna é nula. Usualmente se multiplica o valor de η por 100, e o rendimento é expresso em número percentual.

Exercícios resolvidos

30. Um gerador com *fem* igual a 12 V e resistência interna de 1,5 Ω está conectado a um circuito elétrico simples, contendo apenas um resistor de 10 Ω. Determine:

a) a potência elétrica total;
b) a potência útil;
c) a potência dissipada dentro do próprio gerador;
d) o rendimento do gerador.

Resolução

Para resolver este exercício, vamos utilizar as expressões de potência. Primeiro é necessário calcular a corrente do circuito.

Da relação obtida entre a combinação da equação do gerador com a lei de Ohm, $\varepsilon = i \cdot (R - r)$, a corrente é calculada por:

$$i = \frac{\varepsilon}{R - r} = \frac{12}{10 - 1,5} \Rightarrow i \cong 1,4 \text{ A}$$

a) A potência elétrica total é:

$P_t = \varepsilon \cdot i \cong 12 \cdot 1,4$

$P_t \cong 16,9$ W

b) A potência útil é:

$P_{útil} = U \cdot i$

$U = (\varepsilon - r \cdot i) \cong 12 - 1,5 \cdot 1,4$

$U \cong 9,9$ V

$P_{útil} \cong 9,9 \cdot 1,4 \Rightarrow P_{útil} \cong 13,9$ W

c) A potência dissipada é:

$P_{dissipada} \cong r \cdot i^2 = 1,5 \cdot (1,4)^2$

$P_{dissipada} \cong 3,0$ W

Notamos que:

$P_t = P_{útil} + P_{dissipada} \cong 13,9 + 3$

$P_t \cong 16,9$ W

d) O rendimento do gerador elétrico é dado por:

$$\eta = \frac{P_{útil}}{P_t} \cong \frac{13,9}{16,9} \cong 0,82$$

Isto é, o rendimento desse gerador é de cerca de 82%. O mesmo valor poderia ter sido obtido por:

$$\eta = \frac{U}{\varepsilon} \cong \frac{9,9}{12} \cong 0,82$$

31. Um chuveiro elétrico de uma residência cuja potência é de 3 200 W permanece ligado por 30 minutos todos os dias. Esse tempo abrange os banhos de todos os moradores dessa residência.

a) Calcule a quantidade de energia elétrica que esse chuveiro consome por dia em kWh (quilowatt-hora).
b) Determine também o consumo em um mês.

Resolução

a) A energia elétrica é dada por:

$E = P_t \cdot \Delta t$

Convertendo a potência do chuveiro para kW, temos: $P_t = 3,2$ kW

Para que a unidade da energia seja kWh, deve-se converter o intervalo de tempo para horas:

30 min = 0,5 h

$E = 3,2 \text{ kW} \cdot 0,5 \text{ h} = 1,6 \text{ kWh}$

b) Em um mês de trinta dias, o consumo será trinta vezes o consumo diário de 1,6 kWh; portanto, será igual a 48 kWh.

Exercícios propostos

32. Uma pilha tem tensão nominal de 1,5 V. Contudo, após ser utilizada seguidas vezes, o valor da tensão medida entre seus terminais cai para 0,5 V quando por ela passa uma corrente de 1,0 A. No final de sua vida útil, o valor da corrente elétrica que passa pelos seus terminais decai para 0,01 A, e o da tensão, para 0,01 V. Calcule a resistência elétrica em ambas as situações.

33. Considere um circuito com uma bateria conectada a um resistor de resistência variável. A bateria fornece uma *fem* de 20 V e apresenta uma resistência interna de 3 Ω. Faça o que se pede em cada item.

a) Calcule a corrente no circuito para quatro valores diferentes de resistência: $R_1 = 2$ Ω, $R_2 = 7$ Ω, $R_3 = 12$ Ω e $R_4 = 17$ Ω.
b) Monte uma tabela que apresente os resultados da resistência variável e da corrente.
c) Faça um gráfico da corrente em função da resistência para esse circuito.

34. Considere um gerador que é capaz de gerar uma *fem* de 48 V e tem resistência interna de 1 Ω. A corrente produzida por este gerador é de 3 A. Calcule:

a) a diferença de potencial fornecida pelo gerador a um circuito elétrico externo;
b) a eficiência desse gerador;
c) a potência elétrica total do gerador;
d) a potência útil do gerador;
e) a potência dissipada pelo gerador;
f) a resistência externa conectada ao gerador que faz a corrente no circuito medir 3 A.

5. Receptores

Podemos ligar um motor elétrico a um gerador, montando um circuito elétrico. O motor do circuito é qualquer aparelho elétrico que faça uso de movimento mecânico de algumas de suas partes, por exemplo, um liquidificador ou uma batedeira. Os motores elétricos funcionam a partir da transformação da energia elétrica em energia mecânica, com a ação que um campo magnético exerce em um condutor percorrido por corrente elétrica. Essa interação entre grandezas elétricas e magnéticas será estudada adiante.

Nesse caso, o motor elétrico age de maneira oposta à do gerador, pois consome energia elétrica. Dispositivos que operam desse modo são chamados de receptores.

Os aparelhos que transformam energia elétrica em outros tipos de energia, exceto a energia térmica, são denominados **receptores**.

Os dispositivos elétricos que transformam energia elétrica em térmica são chamados de **resistores**, e não são considerados receptores. Quando uma bateria recarregável, como as baterias usadas em carros ou em certos tipos de pilhas, é recarregada, ela opera como um receptor. Nesse caso, as cargas elétricas, ao passarem pela bateria, terão sua energia elétrica convertida em energia química novamente. Essa energia química será armazenada na própria bateria. Alguns exemplos de receptores são dados a seguir.

Tipo de receptor	Transforma energia elétrica em	Exemplos
motor elétrico	mecânica	liquidificador, batedeira, ventilador
alto-falante	sonora	rádio, buzina elétrica, campainha
carregadores	química	carregadores de pilhas e baterias
ímã eletromagnético	magnética	motor, disco rígido de computador
tubo de raios catódicos	luminosa	televisores, monitores de computador

Ligado ao tema

Sentido do movimento das cargas em geradores e receptores

O sentido das cargas elétricas será o contrário de quando a bateria está funcionando como um gerador, pois as cargas elétricas convencionais (+) passam dentro da bateria do polo positivo para o negativo enquanto é carregada.

Força contraeletromotriz (ε')

De maneira semelhante aos geradores, os receptores podem ser caracterizados por uma **força contraeletromotriz**, abreviada por *fcem*. A *fcem* é dada pela razão entre a energia elétrica absorvida pelo receptor E_{abs} durante certo intervalo de tempo Δt e a carga elétrica Δq recebida durante o mesmo intervalo de tempo. Assim, podemos escrever:

$$\varepsilon' = \frac{\frac{\Delta E_{abs}}{\Delta t}}{\frac{\Delta q}{\Delta t}} = \frac{P_{abs}}{i} \Rightarrow P_{abs} = \varepsilon' \cdot i$$

Na expressão acima, $\frac{\Delta q}{\Delta t}$ é a própria corrente elétrica; e P_{abs}, a energia elétrica absorvida por unidade de tempo, ou seja, a potência absorvida.

A unidade da *fcem* é dada pela razão entre as unidades de potência (watt) e de corrente (ampère), que é o volt (V).

Portanto, a unidade da *fcem* é a mesma da *fem* e da ddp.

Ligado ao tema

***fcem* (ε') × *fem* (ε)**

A convenção adotada para o sinal da energia elétrica é a seguinte: quando a energia é fornecida a um circuito, ela é tida como positiva; caso contrário, adota-se o sinal negativo para a energia absorvida por um circuito. De acordo com essa convenção, a *fem* de um gerador é positiva, pois a energia é fornecida, enquanto a *fcem* de um receptor é negativa, pois a energia é absorvida. Assim, pode-se considerar a *fcem* como uma *fem* negativa.

Exercícios resolvidos

35. Considere o circuito representado a seguir, em que um resistor $R = 5\ \Omega$ está conectado a um gerador de *fem* $\varepsilon_1 = 24$ V e a um receptor com *fcem* $\varepsilon_2 = 20$ V.

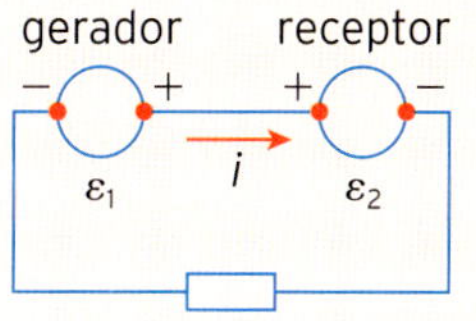

O gerador e o receptor são ideais. Calcule a corrente que passa pelo circuito.

Resolução

Como tanto o gerador quanto o receptor são considerados ideais, isso significa que as suas resistências internas podem ser desprezadas.

A *fem* do gerador tem sinal positivo, pois representa uma energia por unidade de carga que é fornecida ao circuito, enquanto a *fcem* tem sinal negativo, pois trata-se de uma energia absorvida pelo receptor. Nesse caso, a diferença de potencial resultante aplicada ao circuito, no caso o resistor R, será:

$$U = \varepsilon_1 - \varepsilon_2$$

A corrente que fluirá pelo circuito é dada pela lei de Ohm:

$$i = \frac{U}{R} = \frac{\varepsilon_1 - \varepsilon_2}{R} = \frac{24 - 20}{5} \Rightarrow i = 0{,}8 \text{ A}$$

Portanto, a corrente que passará pelo resistor é igual a 0,8 A.

36. Utilize os dados do exercício anterior para determinar a potência absorvida pelo receptor no caso de a resistência do resistor ter:

a) o dobro do valor dado;

b) metade do valor dado.

Resolução

A potência absorvida está relacionada com a força contraeletromotriz ε pela equação:

$$P_{abs} = \varepsilon \cdot i$$

Logo, a potência absorvida vale:

$$P_{abs} = 20 \cdot 0{,}8 \Rightarrow P_{abs} = 16 \text{ W}$$

a) Se a resistência tiver o dobro do valor, então a corrente que flui pelo circuito será a metade.

$$i = \frac{\varepsilon_1 - \varepsilon_2}{R} = \frac{24 - 20}{10} \Rightarrow i = 0{,}4 \text{ A}$$

Então, a potência absorvida pelo receptor será a metade do valor calculado anteriormente, ou seja, 8 W.

b) Se a resistência tiver metade do valor, a corrente será duplicada.

$$i = \frac{\varepsilon_1 - \varepsilon_2}{R} = \frac{24 - 20}{2{,}5} \Rightarrow i = 1{,}6 \text{ A}$$

A potência absorvida será, então:

$$P_{abs} = 20 \cdot 1{,}6 \Rightarrow P_{abs} = 32 \text{ W}$$

Note que a potência absorvida pelo receptor varia inversamente ao valor da resistência acoplada ao circuito formado pelo sistema receptor-gerador-resistor.

Exercícios propostos

37. Em um circuito elétrico, um gerador, um receptor e um resistor estão ligados em série. Considere as informações a seguir:

- Dados do gerador: $\varepsilon_1 = 24$ V e sua resistência interna é igual a 0,5 Ω.
- Dados do receptor: $\varepsilon_2 = 20$ V e sua resistência interna é igual a 1 Ω.
- A resistência do resistor vale 5 Ω.

Determine:

a) a intensidade da corrente elétrica que passa pelo circuito;

b) a potência total desenvolvida pelo gerador;

c) a potência de fato fornecida ao circuito;

d) a potência absorvida pelo receptor;

e) a potência dissipada no resistor.

38. Identifique o sentido em que flui a corrente elétrica entre os polos positivo e negativo de um gerador e, depois, de um receptor.

39. Indique no caderno quais dos aparelhos elétricos a seguir apresentam algum tipo de receptor:

a) ventilador

b) liquidificador

c) computador

d) acendedor elétrico

e) batedeira

f) torradeira

40. A força contraeletromotriz de um carregador de bateria de celular é igual a 6 V. Sabendo que a potência dissipada dentro do carregador é 18 W, determine o que se pede em cada item.

a) A resistência interna do carregador.

b) A quantidade de cargas elétricas que flui pelo carregador quando este permanece ligado por meia hora.

41. A força contraeletromotriz de um liquidificador é 12 V, e a corrente que passa pelo aparelho é 2 A. Calcule a energia absorvida pelo liquidificador quando ele permanece ligado por 5 minutos.

Associação de geradores

Muitas vezes, um circuito requer um valor de tensão ou de corrente que não pode ser fornecido por um único gerador. Isso ocorre principalmente no caso de o gerador ser uma pilha, cuja tensão fornecida é limitada. Uma solução para esse problema é fazer uma associação de geradores de modo que aumente ou diminua a intensidade da tensão elétrica fornecida ao circuito.

Associação de geradores em série

Assim como é possível associar resistores em série, também se podem associar geradores em série. Isso é feito, no caso das pilhas, conectando-se o polo positivo de uma pilha ao polo negativo de outra, e assim sucessivamente, de modo que se obtenha um gerador resultante cuja tensão gerada seja igual à soma das tensões de cada pilha.

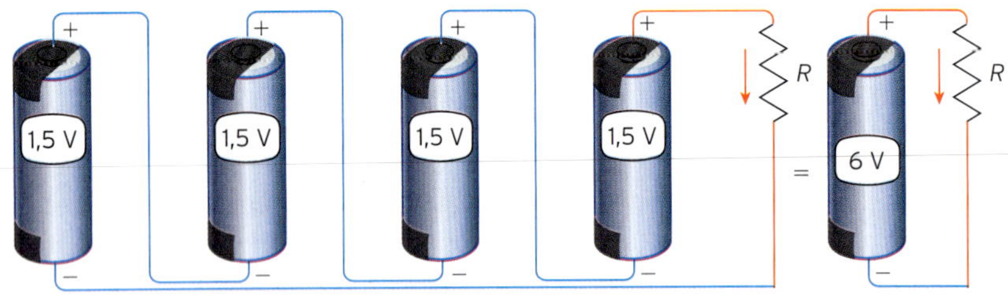

Setup Bureau/D/BR

Representação de uma associação de geradores.

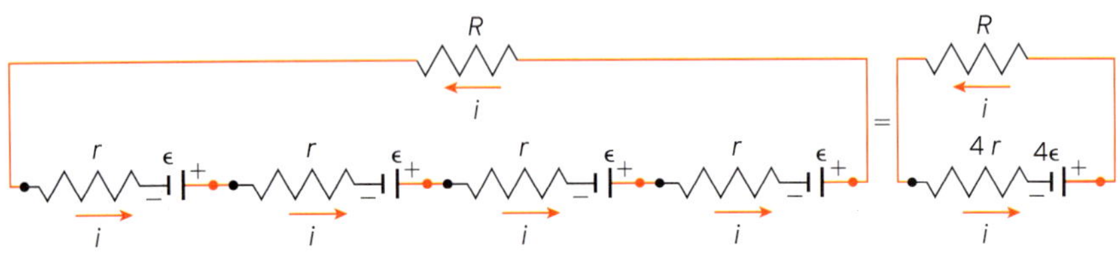

Diagrama da mesma associação.

A figura acima exemplifica uma associação de quatro pilhas de 1,5 V em uma associação em série. Nesse caso, o gerador equivalente tem uma *fem* de 6 V. Baterias de 12 V utilizadas em muitos aparelhos ou brinquedos eletrônicos são constituídas por oito pilhas comuns de 1,5 V.

Portanto, $U_{eq} = U_1 + U_2 + U_3 + \ldots + U_n$, para quantas pilhas estiverem conectadas em série. Utilizando a equação do gerador para cada um dos geradores individuais:

$$U_{eq} = (\varepsilon_1 - r_1 \cdot i_1) + (\varepsilon_2 - r_2 \cdot i_2) + (\varepsilon_3 - r_3 \cdot i_3) + \ldots + (\varepsilon_n - r_n \cdot i_n)$$

Reagrupando-se os termos comuns:

$$U_{eq} = (\varepsilon_1 + \varepsilon_2 + \varepsilon_3 + \ldots + \varepsilon_n) - (r_1 \cdot i_1 + r_2 \cdot i_2 + r_3 \cdot i_3 + \ldots + r_n \cdot i_n)$$

Em uma associação em série de geradores, assim como na associação de resistores, a corrente permanece a mesma em todos os elementos da série:

$$i = i_1 = i_2 = i_3 = i_n$$

Portanto, $U_{eq} = (\varepsilon_1 + \varepsilon_2 + \varepsilon_3 + \ldots + \varepsilon_n) - (r_1 + r_2 + r_3 + \ldots + r_n) \cdot i$

Definindo a força eletromotriz equivalente e a resistência equivalente do resistor equivalente como:

$$\varepsilon_{eq} = \varepsilon_1 + \varepsilon_2 + \varepsilon_3 + \ldots + \varepsilon_n \quad \text{e} \quad r_{eq} = r_1 + r_2 + r_3 + \ldots + r_n$$

Finalmente, obtém-se a equação do gerador equivalente:

$$U_{eq} = \varepsilon_{eq} - r_{eq} \cdot i$$

Quando a associação de geradores for constituída por n geradores idênticos, a tensão equivalente será:

$$U_{eq} = \varepsilon_{eq} - r_{eq} \cdot i = n \cdot \varepsilon - n \cdot r \cdot i$$

$$U_{eq} = n \cdot (\varepsilon - r \cdot i)$$

> **Ligado ao tema**
>
> **Corrente resultante**
>
> Em um circuito composto de um resistor R e um gerador equivalente feito por uma associação em série de n geradores iguais (de resistência interna r), a corrente, de acordo com a definição de resistência elétrica, será:
>
> $$i = \frac{U_{eq}}{R} = \frac{n \cdot (\varepsilon - r \cdot i)}{R}$$
>
> Isolando a corrente i, obtemos:
>
> $$i = \frac{n \cdot \varepsilon}{R + n \cdot r} = \frac{n \cdot \varepsilon}{R + r_{eq}}$$
>
> É interessante comentar dois limites para o valor da corrente resultante nesse circuito:
>
> - Quando a resistência R do resistor é muito maior que a resistência equivalente do gerador equivalente, R, a corrente reduz-se a:
>
> $$i \cong \frac{n \cdot \varepsilon}{R}$$
>
> Nesse caso, a corrente resultante no circuito pela associação de geradores é n vezes maior que a corrente que seria gerada por um único gerador.
>
> - Caso contrário, quando a resistência R do resistor é muito menor que a resistência do gerador equivalente, r_{eq}, obtemos:
>
> $$i = \frac{n \cdot \varepsilon}{n \cdot r} = \frac{\varepsilon}{r}$$
>
> A equação acima é a corrente que passaria no circuito caso fosse utilizado um único gerador.

Exercícios resolvidos

42. Considere o circuito representado, com quatro pilhas de 1,5 V associadas em série.

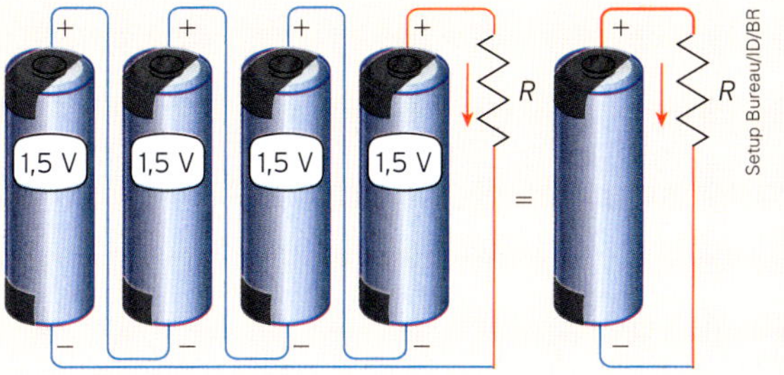

Cada pilha tem uma resistência interna de 1 Ω, e a corrente elétrica que flui em um circuito externo é 0,5 A. Calcule:

a) a ddp do gerador equivalente que será fornecida a um circuito externo;

b) a potência elétrica útil.

Resolução

a) A ddp de uma única pilha é:

$U = \varepsilon - r \cdot i = 1{,}5 - 1 \cdot 0{,}5 \Rightarrow U = 1\ \text{V}$

Portanto, a ddp de um gerador equivalente será quatro vezes esse valor:

$$U_{eq} = 4 \cdot 1 \Rightarrow U_{eq} = 4\ \text{V}$$

b) A potência útil é dada por:

$$P_{útil} = U_{eq} \cdot i = 4 \cdot 0{,}5 \Rightarrow P_{útil} = 2\ \text{W}$$

43. Um circuito elétrico é composto de um resistor acoplado a três geradores conectados em série; cada gerador tem resistência interna r.

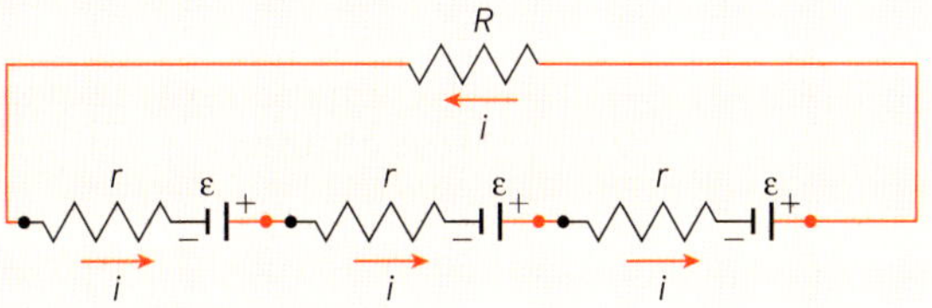

Determine a potência máxima que o gerador equivalente poderá fornecer.

Resolução

A condição de potência máxima da associação de geradores é aquela na qual ocorre a maior transferência de energia por unidade de tempo para o circuito externo, ou seja, para o resistor R. Isso ocorre quando $R = n \cdot r$, que na situação considerada é $R = 3 \cdot r$. Nesse caso, a potência é máxima e é dada por:

$$P_{útil\ máx} = U_{eq} \cdot i$$

A corrente que fluirá pelo circuito nessas condições é dada por:

$$i = \frac{U_{eq}}{R} = \frac{n \cdot (\varepsilon - r \cdot i)}{R} = \frac{3 \cdot (\varepsilon - r \cdot i)}{3 \cdot r} = \frac{\varepsilon}{r} - i$$

Passando o último termo do segundo membro para o primeiro membro, obtemos

$$2 \cdot i = \frac{\varepsilon}{r} = i_{cc} \Rightarrow i = \frac{\varepsilon}{2 \cdot r} = \frac{i_{cc}}{2}$$

em que i_{cc} é a corrente de curto-circuito (quando os polos do gerador estão diretamente ligados por um fio condutor com resistência nula).

A diferença de potencial fornecida ao circuito por essa associação de geradores é:

$$U_{eq} = n \cdot (\varepsilon - r \cdot i)$$

$$U_{eq} = 3 \cdot (\varepsilon - r \cdot i) = 3 \cdot \left(\varepsilon - r \cdot \frac{\varepsilon}{2 \cdot r}\right) = \frac{3}{2}\varepsilon$$

Substituindo os valores da diferença de potencial e da corrente na equação para a potência máxima, obtemos:

$$P_{útil\ máx} = \frac{3}{2}\,\varepsilon \cdot \frac{\varepsilon}{2 \cdot r} = \frac{3}{4} \cdot \frac{\varepsilon^2}{r}$$

$\frac{\varepsilon^2}{4 \cdot r}$ é a potência útil máxima que cada gerador pode fornecer.

Quando $R = n \cdot r$, dizemos que a associação de geradores está "casada" com o circuito externo, e assim permite a maior transferência de energia por unidade de tempo, ou potência elétrica, ao circuito.

Exercícios propostos

44. Uma lanterna com uma lâmpada cuja resistência é 2 Ω necessita que lhe seja fornecida uma potência de 18 W. Calcule quantas pilhas novas (isto é, com resistência interna desprezível), com *fem* de 1,5 V cada, são necessárias para fazer a lanterna funcionar nessas condições.

Marc Dietrich/Shutterstock.com/ID/BR

45. Considerando a lanterna do exercício 44, calcule:

a) a corrente que flui pela lâmpada;

b) a diferença de potencial equivalente que é fornecida a essa lâmpada.

46. Discuta a utilidade de associar geradores em série. Identifique as principais vantagens dessa associação sobre o uso de um único gerador.

47. Considere um circuito com um aparelho de resistência $R = 20\ \Omega$ que dissipa uma potência $P = 5\ \text{W}$ quando conectado a uma associação de duas baterias em série, cada uma com *fem* $\varepsilon = 6\ \text{V}$ e resistência interna r. Determine:

a) a diferença de potencial nos terminais do aparelho;

b) a resistência interna r da bateria.

Associação de geradores em paralelo

Em uma associação de geradores em paralelo, todos os polos positivos dos geradores são ligados entre si. O mesmo procedimento é feito com os polos negativos.

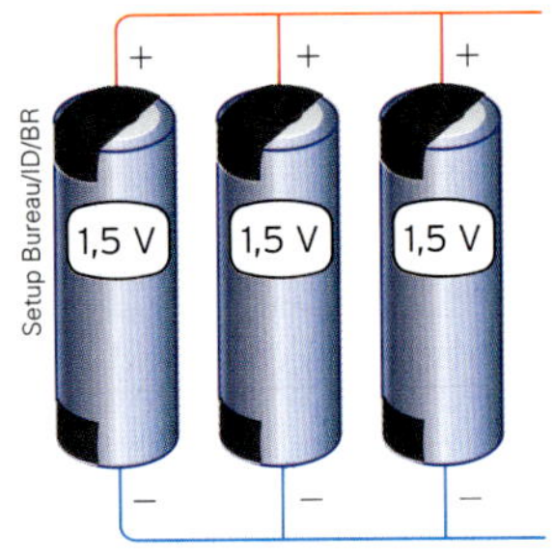

Figura 1

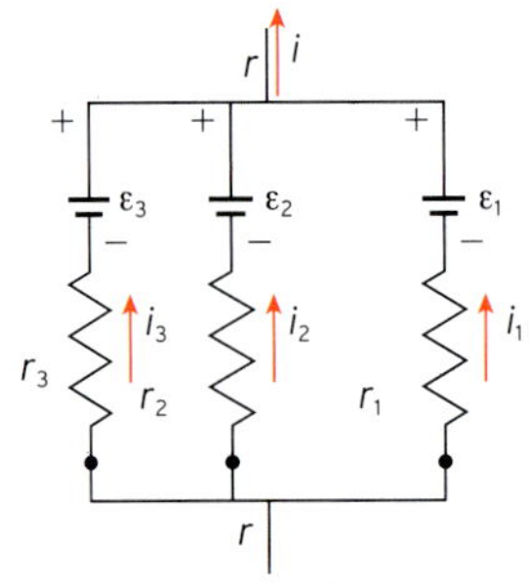

Figura 2

Na Figura 1, três pilhas idênticas estão ligadas em paralelo. Na Figura 2, mostramos o diagrama dessa associação. A tensão fornecida pela fonte é igual à de uma das pilhas, 1,5 V. As pilhas têm resistência interna *r*.

Nesse tipo de associação, a ddp em cada gerador permanece igual, e é a mesma tensão fornecida pela fonte. No exemplo ilustrado, a tensão é 1,5 V.

Analogamente à associação em paralelo de resistores, a corrente total que percorrerá um circuito ligado a essa associação será a soma da corrente que cada gerador individual fornece: $i_{total} = i_1 + i_2 + i_3 + \ldots + i_n$

No caso de *n* geradores idênticos, a corrente total será igual ao produto $i_{total} = n \cdot i$, em que *i* é a corrente fornecida por um único gerador. Portanto, ao conectar vários geradores em paralelo, o efeito é a corrente total fornecida pela associação ser multiplicada por um fator *n*. Isso justifica o uso desse tipo de associação de geradores.

A equação do gerador é válida para cada gerador individualmente; portanto, a corrente que cada um fornece é dada por:

$$i_1 = \frac{\varepsilon_1 - U_1}{r_1};\ i_2 = \frac{\varepsilon_2 - U_2}{r_2};\ i_3 = \frac{\varepsilon_3 - U_3}{r_3};\ i_n = \frac{\varepsilon_n - U_n}{r_n}$$

Logo, a corrente total pode ser expressa como:

$$i_{total} = \frac{\varepsilon_1}{r_1} + \frac{\varepsilon_2}{r_2} + \frac{\varepsilon_3}{r_3} + \ldots + \frac{\varepsilon_n}{r_n} = U_{eq} \cdot \left(\frac{1}{r_1} + \frac{1}{r_2} + \frac{1}{r_3} + \ldots + \frac{1}{r_n}\right)$$

em que U_{eq} é a ddp em cada um dos geradores. O termo entre parênteses é o inverso da resistência equivalente de uma associação de resistores em paralelo:

$$\frac{1}{r_{eq}} = \frac{1}{r_1} + \frac{1}{r_2} + \frac{1}{r_3} + \ldots + \frac{1}{r_n}$$

No caso de *n* geradores idênticos com resistência interna *r*, obtemos:

$$r_{eq} = \frac{r}{n}$$

A força eletromotriz equivalente pode ser escrita como:

$$\varepsilon_{eq} = U_{eq} + r_{eq} \cdot i_{total}$$

Para uma associação constituída por *n* geradores idênticos, $U_{eq} = U$, $i_{total} = n \cdot i$, e $r_{eq} = \frac{r}{n}$, a força eletromotriz equivalente reduz-se a:

$$\varepsilon_{eq} = U + \frac{r}{n} \cdot n \cdot i \Rightarrow \varepsilon_{eq} = U + r \cdot i = \varepsilon$$

em que ε é a *fem* de um único gerador. Portanto, a *fem* da associação em paralelo de *n* geradores idênticos é equivalente à *fem* de cada um dos geradores associados.

Ligado ao tema

Corrente resultante

Em um circuito composto de um resistor *R* e um gerador equivalente à associação em paralelo de *n* geradores iguais, a corrente, de acordo com a lei de Ohm, será:

$$i = \frac{U_{eq}}{R} = \frac{(\varepsilon_{eq} - r_{eq} \cdot i)}{R}$$

Isolando a corrente *i* total, e substituindo $\varepsilon_{eq} = \varepsilon$ e $r_{eq} = \frac{r}{n}$, temos:

$$i = \frac{\varepsilon}{R + \frac{r}{n}}$$

Novamente, é interessante identificar dois limites para o valor da corrente resultante nesse circuito:

- Quando a resistência *R* do resistor é muito maior que a resistência do gerador equivalente $\left(R >> \frac{r}{n}\right)$, a corrente reduz-se a:

$$i \cong \frac{\varepsilon}{R}$$

Nesse caso, a corrente resultante no circuito pela associação de geradores é igual à corrente que seria fornecida por um único gerador.

- Caso contrário, quando a resistência *R* do resistor é muito menor que a resistência do gerador equivalente $\left(R << \frac{r}{n}\right)$, obtemos

$$i \cong \frac{n \cdot \varepsilon}{r}$$

que é *n* vezes a corrente que passaria no circuito no caso de utilizar um único gerador.

Exercícios resolvidos

48. O circuito representado na figura abaixo tem quatro pilhas de 1,5 V associadas em paralelo.

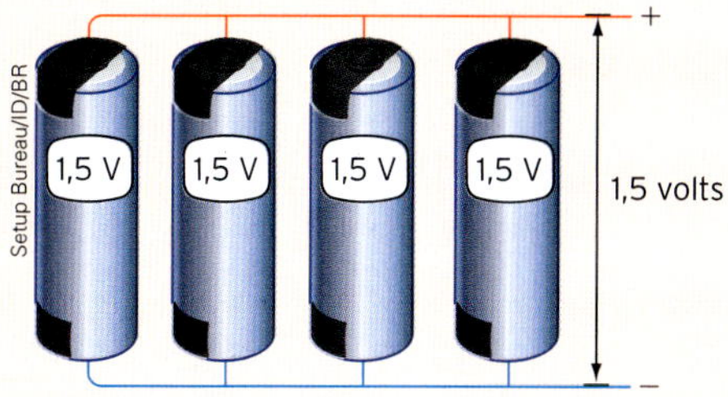

Supondo que cada pilha tenha uma resistência interna de 1 Ω e seja percorrida por uma corrente de 0,5 A, calcule:

a) a diferença de potencial do gerador equivalente que será fornecida a um circuito externo;

b) a corrente total no circuito;

c) a potência elétrica útil.

Resolução

a) A diferença de potencial de uma única pilha é igual a

$$U = \varepsilon - r \cdot i = 1{,}5 - 1 \cdot 0{,}5 \Rightarrow U = 1 \text{ V}$$

e será a mesma para todos os geradores e para o gerador equivalente.

b) A corrente total no circuito é:

$$i_{total} = 4 \cdot 0{,}5 \Rightarrow i_{total} = 2 \text{ A}$$

c) A potência total é dada por:

$$P_{útil} = U \cdot i = 1 \cdot 2 \Rightarrow P_{útil} = 2 \text{ W}$$

49. A maioria dos aparelhos elétricos utiliza uma associação de pilhas em série em vez de pilhas conectadas em paralelo.

a) Discuta o motivo dessa opção.

b) Identifique situações em que seja mais vantajosa a associação em paralelo das pilhas.

Resolução

a) Na prática, é muito rara uma associação de geradores em paralelo. Um exemplo de associação de baterias conectadas em paralelo é aquela feita quando a bateria do carro está fraca, informalmente chamada de "chupeta".

A maior desvantagem da associação de geradores em paralelo é que, caso haja pequenas diferenças de *fem* entre os diferentes geradores (ou pilhas), correntes elétricas podem ser geradas entre esses geradores. Nesse caso, a pilha com maior *fem* atuará como gerador de fato, enquanto as outras pilhas vão operar como receptores. Isso causa uma perda de energia, mesmo quando o circuito externo está desligado.

b) Como a corrente produzida por uma associação em paralelo de geradores é maior que na associação em série, essa poderia ser uma das razões para conectá-las em paralelo. Entretanto, uma corrente maior no circuito externo também pode ser produzida utilizando um gerador (ou pilha) com uma resistência interna menor.

50. Um circuito é composto de oito pilhas idênticas, cada uma com *fem* de 2 V, cuja resistência interna é 0,2 Ω, e um resistor de 0,01 Ω.

a) Calcule a intensidade da corrente no resistor quando as pilhas estão conectadas em série.

b) Calcule a intensidade da corrente no resistor quando as pilhas estão conectadas em paralelo.

c) Determine qual tipo de associação fornece mais energia ao resistor.

Resolução

a) Para a associação em série, a corrente será a mesma em todos os geradores e é dada por:

$$i = \frac{n \cdot \varepsilon}{R + n \cdot r} = \frac{8 \cdot 2}{0{,}01 + 8 \cdot 0{,}2} \Rightarrow i \cong 9{,}9 \text{ A}$$

A corrente será a mesma em todos os geradores.

b) No caso da associação em paralelo, a corrente total é dada por:

$$i = \frac{\varepsilon}{R + \frac{r}{n}} = \frac{2}{0{,}01 + \frac{0{,}2}{8}} \Rightarrow i \cong 57 \text{ A}$$

c) De acordo com a lei de Joule, a potência dissipada por um resistor é diretamente proporcional ao quadrado da corrente elétrica que o percorre ($P_{dissipada} = R \cdot i^2$). Assim, a potência dissipada será maior quando o resistor estiver conectado à associação de pilhas em paralelo, pois, nesse circuito, a corrente que percorre o resistor é maior que no circuito em que as pilhas estão associadas em série.

Exercício proposto

51. Três pilhas idênticas têm as seguintes características:

- *fem* = 1,5 V
- $r = 1\ \Omega$
- $i = 0{,}5$ A

Considere as seguintes situações.

I. As três pilhas ligadas em série.

II. As três pilhas ligadas em paralelo.

Para as duas situações calcule:

a) a diferença de potencial do gerador equivalente que será fornecida a um circuito externo;

b) a potência elétrica útil.

c) Compare os resultados obtidos para as duas situações e discuta as características de cada tipo de associação de geradores.

6. Leis de Kirchhoff

Os circuitos elétricos dos aparelhos são constituídos por várias associações mistas de resistores, receptores e geradores. Nesses casos, nem sempre é possível encontrar um resistor ou um gerador equivalente. Mas pode-se determinar a corrente e a diferença de potencial em cada elemento utilizando-se certas regras, que são conhecidas como leis de Kirchhoff.

Antes de enunciar essas leis, é preciso definir dois termos que serão utilizados: **nó** e **malha**.

Nó	Malha
Um ponto onde três ou mais condutores (ramos) estão ligados.	Caminho fechado dentro de um circuito elétrico.
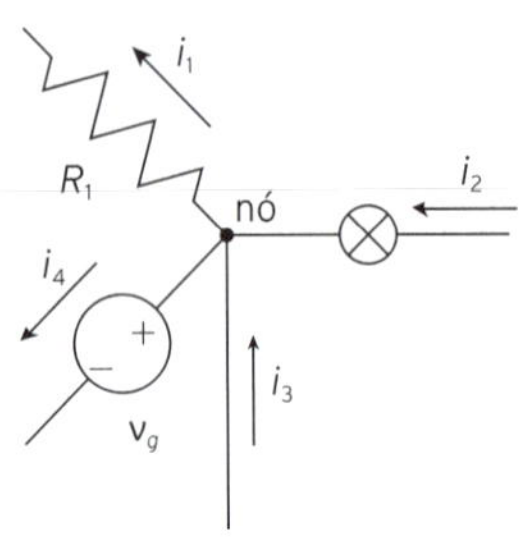	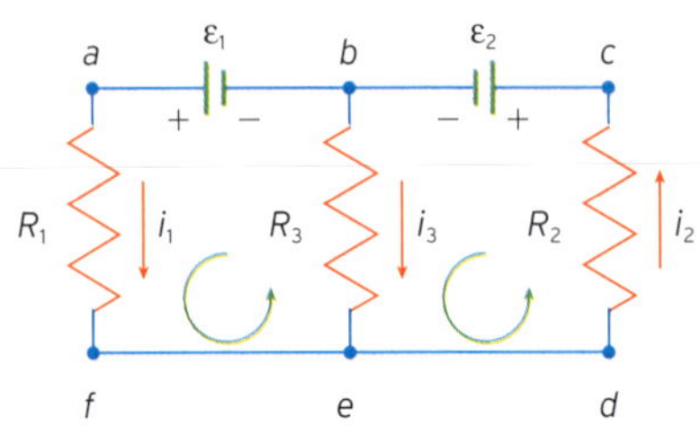
A figura acima mostra um nó conectando quatro ramos.	A figura acima representa três malhas. A primeira malha é composta do caminho fechado *abef*. A segunda malha é constituída por *bcde*. A última malha é constituída por *acdf*.

1ª lei de Kirchhoff

A primeira lei de Kirchhoff, também conhecida como **lei dos nós**, diz que a soma das correntes que chegam a um nó deve ser igual à soma das correntes que saem desse mesmo nó.

$$\sum_{k=1}^{n} i_n = i_1 + i_2 + i_3 + \ldots = 0$$

Essa lei se baseia no princípio da conservação de cargas. Assim, não há carga sendo criada ou perdida em um nó. Também não ocorre acúmulo de cargas em um nó.

A convenção do sinal da corrente é tal que as correntes que chegam ao nó são consideradas positivas, enquanto as correntes que saem do nó são tidas como negativas.

Gustav Robert Kirchhoff (1824-1887), físico russo que contribuiu para um melhor entendimento de circuitos elétricos e da radiação de corpo negro de objetos aquecidos.

2ª lei de Kirchhoff

Essa lei, também denominada **lei das malhas**, afirma que a soma das forças eletromotrizes em uma malha é igual à soma das diferenças de tensão presentes na malha. Essas diferenças de tensão equivalem ao produto da corrente pela resistência de um resistor, $i \cdot R$.

$$\sum_{k=1}^{n} \varepsilon_k = \sum_{k=1}^{n} V_k = \sum_{k=1}^{n} i_k \cdot R_k \Rightarrow \varepsilon_1 + \varepsilon_2 + \ldots = i_1 \cdot R_1 + i_2 \cdot R_2 + \ldots$$

7. Ponte de Wheatstone

A figura a seguir representa um tipo de circuito especial chamado de **ponte de Wheatstone**. Trata-se de uma associação de resistores composta de quatro resistores, sendo um deles de resistência variável (R_4).

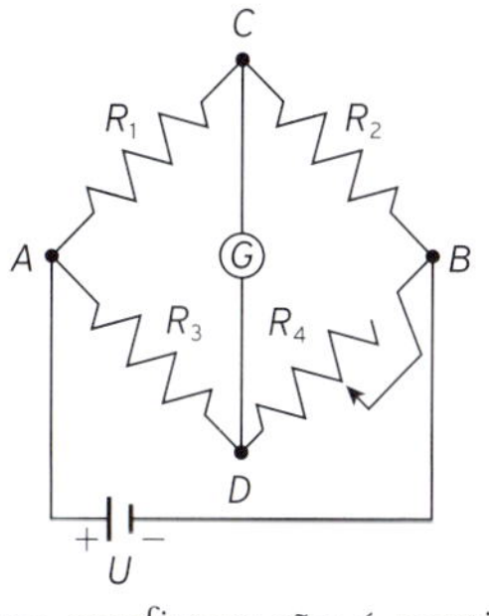

Ponte de Wheatstone. No centro da ponte, entre os nós *C* e *D*, está conectado um galvanômetro e os nós *A* e *B* estão ligados a uma bateria, ou fonte elétrica.

The Print Collector/Oxford Science Archive/Glowimages

Sir Charles Wheatstone (1802-1875), físico inglês que utilizou, pela primeira vez, a ponte de Wheatstone para medir uma resistência, embora as resistências tenham sido inventadas por Samuel Hunter Christie (1784-1865), astrônomo, físico e matemático inglês.

Essa configuração é particularmente útil quando se deseja uma forma eficaz de medir o valor da resistência de um resistor. A maneira de determinar uma resistência desconhecida, por exemplo, a do resistor R_3, é atuar na resistência variável de modo que a diferença de potencial no galvanômetro fique nula. Quando isso ocorre, diz-se que a ponte de Wheatstone está equilibrada. Portanto: $U_{CD} = 0$.

Antes de determinar a expressão para R_3, é importante identificar duas das malhas dessa configuração de resistores. A primeira malha é composta do circuito fechado *ACD*, enquanto a outra do *BCD*. Existem também quatro nós na ponte de Wheatstone, a saber: *A*, *B*, *C* e *D*.

A tensão entre os nós *A* e *B* é igual à tensão da fonte, isto é: $U_{AB} = U$.

Haverá queda da voltagem do nó *A* para os nós *C* e *D* devido aos resistores R_1 e R_3, e de acordo com a definição de resistência elétrica:

$$U_{AC} = i_1 \cdot R_1;\ U_{CB} = i_2 \cdot R_2;\ U_{AD} = i_3 \cdot R_3;\ U_{BD} = i_4 \cdot R_4$$

Como a diferença de potencial entre os pontos *C* e *D* é nula, a queda de tensão entre os pontos *A* e *C*, U_{AC}, deve ser igual à existente entre os pontos *A* e *D*, U_{AD}. Da mesma maneira, a diferença de potencial entre os pontos *C* e *B*, U_{CB}, é igual à diferença de voltagem entre os pontos *B* e *D*, U_{BD}. Portanto:

$$U_{AC} = U_{AD} \Rightarrow i_1 \cdot R_1 = i_3 \cdot R_3$$

$$U_{CB} = U_{BD} \Rightarrow i_2 \cdot R_2 = i_4 \cdot R_4$$

Quando a leitura do galvanômetro é nula, isso significa que não existe corrente passando entre os pontos *C* e *D*. Então, de acordo com a primeira lei de Kirchhoff, a corrente que chega em *C* vinda do ponto *A*, i_1, deve ser igual à corrente que sai de *C* em direção ao ponto *B*, i_2. O mesmo raciocínio pode ser aplicado ao nó *D*, do qual se pode concluir que $i_3 = i_4$.

Portanto, a segunda equação acima resulta em:

$$i_2 \cdot R_2 = i_4 \cdot R_4 \Rightarrow i_1 \cdot R_2 = i_3 \cdot R_4 \Rightarrow i_1 = \frac{i_3 \cdot R_4}{R_2}$$

Substituindo o valor da corrente, i_1, na expressão $i_1 \cdot R_1 = i_3 \cdot R_3$, tem-se:

$$\frac{i_3 \cdot R_4}{R_2} \cdot R_1 = i_3 \cdot R_3$$

Logo, o valor da resistência desconhecida R_3 vale:

$$R_3 = \frac{R_1 \cdot R_4}{R_2}$$

Ligado ao tema

Galvanômetro

Charistoone-images/Alamy/Other Images

O galvanômetro é um dispositivo utilizado para medir corrente elétrica bem pequena. A diferença básica entre um galvanômetro e um amperímetro é que o primeiro é bem sensível e capaz de medir correntes da ordem de miliampères ou microampères.

Exercício resolvido

52. Considere o circuito mostrado na figura a seguir. Os valores das resistências conhecidas são: $r_1 = 5\ \Omega$, $r_2 = 3\ \Omega$ e $r_3 = 7\ \Omega$, tal que o galvanômetro conectado entre os pontos *B* e *D* marca uma corrente nula.

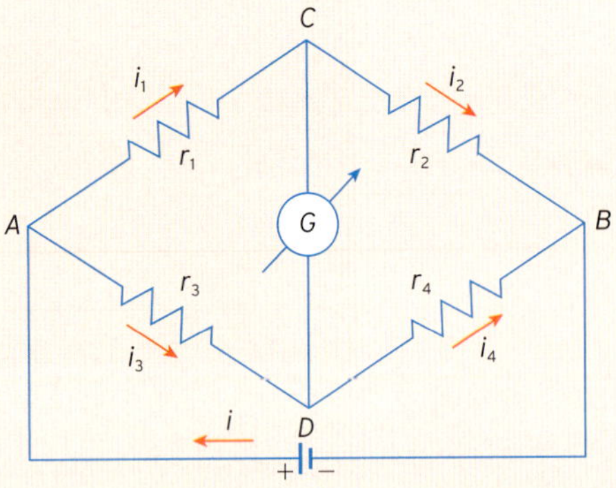

a) Calcular o valor da resistência r_4.
b) Calcular as correntes em todos os resistores, sabendo que a *fem* da fonte vale 12 V. Considerar a fonte como ideal.
c) Calcular as tensões em todos os resistores.
d) Apresentar todos os resultados em uma tabela.

Resolução

a) O circuito ilustrado na figura acima representa uma ponte de Wheatstone em equilíbrio. Para determinar o valor do resistor 4, pode-se utilizar a relação deduzida anteriormente.

$$r_3 = \frac{r_1 \cdot r_2}{r_2}$$

Isolando a resistência r_4 em função das outras três, em vez de r_3, tem-se:

$$r_4 = \frac{r_2 \cdot r_3}{r_1} = \frac{3 \cdot 7}{5} = 4{,}2\ \Omega$$

b) Uma fonte ideal não possui resistência interna; portanto, a diferença de potencial fornecida ao circuito é o próprio valor da *fem*, $\varepsilon = 12$ V.

Quando $V_{CD} = 0$, aplicando a primeira lei de Kirchhoff ao nó *C*, tem-se: $i_2 = i_1$.
Analogamente, no ponto *D*: $i_4 = i_3$.
Utilizando a segunda lei de Kirchhoff para a tensão *ADB* que passa pela fonte:

$$\varepsilon = i_3 \cdot r_3 + i_4 \cdot r_4 = i_3 \cdot (r_3 + r_4)$$

obtém-se o valor da corrente i_3:

$$i_3 = \frac{\varepsilon}{r_3 + r_4} = \frac{12}{7 + 4{,}2} = 1{,}07\ \text{A}$$

De acordo com dedução anterior, existe a seguinte relação entre as tensões nos vários resistores:

$$i_1 \cdot r_1 = i_3 \cdot r_3 \Rightarrow i_1 = i_3 \cdot \frac{r_3}{r_1} = 1{,}07 \cdot \frac{7}{5} = 1{,}5\ \text{A}$$

c) A tensão em cada resistor é dada por:

$U_{AC} = U_1 = i_1 \cdot r_1 = 1{,}5 \cdot 5 = 7{,}5$ V
$U_{CB} = U_2 = i_2 \cdot r_2 = i_1 \cdot r_2 = 1{,}5 \cdot 3 = 4{,}5$ V
$U_{AD} = U_3 = i_3 \cdot r_3 = 1{,}07 \cdot 7 = 7{,}5$ V
$U_{BD} = U_4 = i_4 \cdot r_4 = i_3 \cdot r_4 = 1{,}07 \cdot 4{,}2 = 4{,}5$ V

A tensão nos resistores 2 e 4 poderia ter sido diretamente obtida, sem a necessidade de cálculo algum, com base no fato de que a tensão $V_{CD} = 0$, pois, nesse caso:

$$U_{AC} = U_{AD} \Rightarrow U_1 = U_2$$
$$U_{CB} = U_{BD} \Rightarrow U_2 = U_4$$

Note ainda que a soma das voltagens $U_1 + U_2 = U_3 + U_4 = 7{,}5 + 4{,}5 = 12$ V é igual à *fem* da fonte.

d) A tabela a seguir agrupa os resultados obtidos para todos os resistores dessa ponte de Wheatstone.

Resistores	*R* (Ω)	*i* (A)	*U* (V)
1	5	1,5	7,5
2	3	1,5	4,5
3	7	1,07	7,5
4	4,2	1,07	4,5

Exercícios propostos

53. Considere uma ponte de Wheatstone, como a mostrada no exercício resolvido acima, em que as resistências dos quatro resistores valem $R_1 = 3\ \Omega$, $R_2 = 2\ \Omega$, $R_3 = 6\ \Omega$ e $R_4 = 4\ \Omega$. Sabendo que $i_1 = 0{,}2$ A, determine o que se pede.

a) A *fem* da fonte, sem resistência interna, que alimenta o circuito.
b) As correntes nos resistores R_2, R_3 e R_4.
c) As tensões em cada resistor.

54. Ainda a respeito do exercício 52, explique o significado do símbolo *G* no centro do circuito. Inclua na explicação a diferença entre o amperímetro e o aparelho identificado por *G*.

55. O circuito da figura abaixo é constituído por resistores idênticos *R*. Calcule i_3, sabendo que $i_1 = 0{,}15\ A$ e $i_2 = 0{,}5$ A.

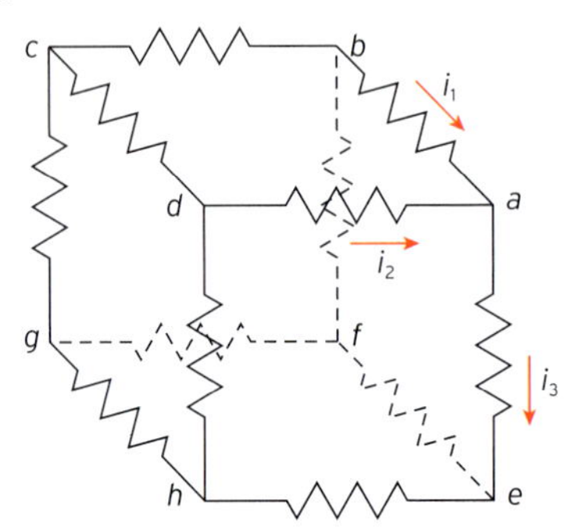

Integre o aprendizado

56. O circuito de um rádio AM, representado a seguir, apresenta vários elementos. Identifique quantos resistores e quantos geradores são utilizados nesse circuito. Ignore os elementos que não foram discutidos no texto do capítulo.

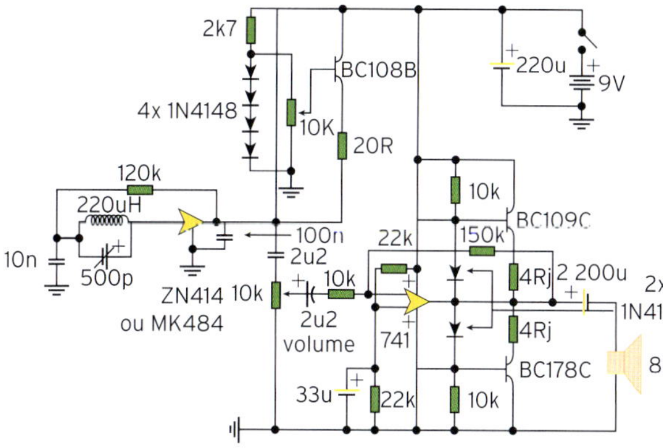

Setup Bureau/ID/BR

57. Faça o que se pede.

a) Desenhe um circuito composto de dois resistores conectados em série a um gerador elétrico ideal.

b) Identifique os polos desse gerador e o sentido da corrente elétrica no circuito.

58. Observe a figura a seguir.

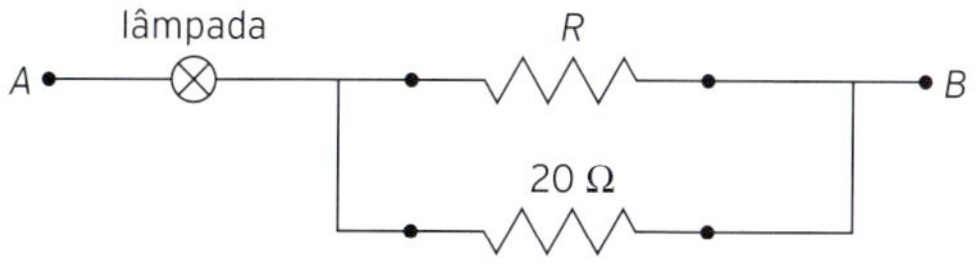

Os resistores e a lâmpada que estão conectados entre si constituem um circuito? Explique.

59. Explique como a energia mecânica é obtida a partir da energia elétrica no circuito elétrico de um ventilador, por exemplo. Em sua resposta, utilize o conceito de trabalho.

60. Uma placa de circuito impresso, comumente encontrado em circuitos elétricos de computadores, telefones celulares, entre outros aparelhos, é mostrada na figura a seguir.

Micsell/Dreamstime.com/ID/BR

A ausência de fios elétricos é nitidamente observada. Pesquise como os elementos desse circuito elétrico são conectados uma vez que não são utilizados fios condutores.

61. Quando um aparelho elétrico composto de um resistor R é conectado a uma fonte, uma corrente o percorre imediatamente, sem que seja necessário esperar um elétron emitido pela fonte chegar até o resistor. Explique como isso acontece.

62. Leia os quadrinhos a seguir.

Mangabeira/ID/BR

Tira de Mangabeira.

Por que a "técnica" utilizada pelo eletricista para evitar um curto-circuito falhou?

63. Cinco resistores idênticos com resistência $R = 0,2\ \Omega$ estão ligados em série e conectados a uma bateria que fornece 60 V. Calcule a corrente no circuito.

64. A iluminação de uma sala é feita por três lâmpadas de 40 Ω conectadas em série. Sabendo que cada lâmpada tem o seu melhor brilho quando a corrente é igual a 1 A, determine a diferença de potencial que deve ser aplicada ao circuito de lâmpadas.

65. O gráfico a seguir expressa a corrente em um circuito em função do número n de resistores de 3 Ω conectados em paralelo.

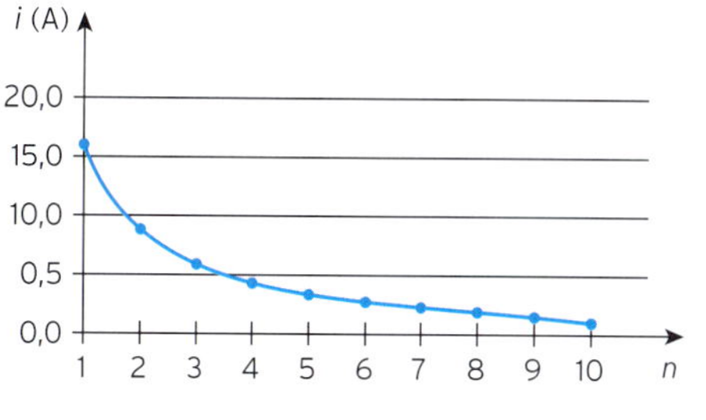

Determine a diferença de potencial aplicada ao circuito constante para todas as configurações.

66. Considere as três lâmpadas do exercício 64, porém agora associadas em paralelo. Determine a diferença de potencial necessária para que a corrente que passa em cada lâmpada seja de 1 A.

Integre o aprendizado

67. Calcule o que se pede nos itens a seguir com base nesta figura.

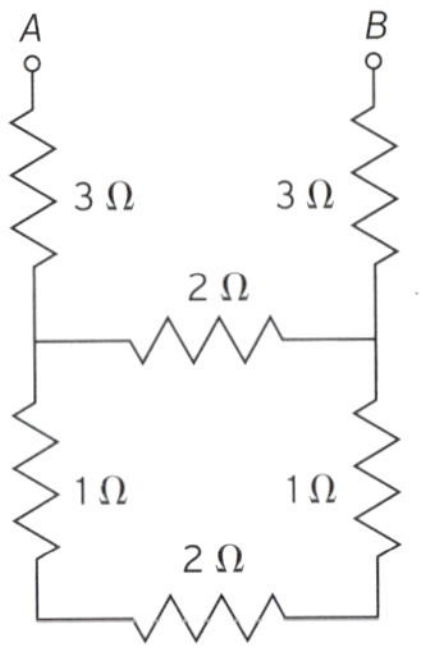

a) A resistência equivalente entre os pontos *A* e *B*.

b) A corrente que fluirá pelo resistor de 3 Ω à direita e pelo resistor de 2 Ω no extremo inferior do circuito quando uma ddp de 12 V for aplicada entre os terminais *A* e *B*.

c) A corrente total e as correntes individuais que atravessam cada um dos resistores.

68. Explique por que aparelhos como chuveiros elétricos, máquinas de lavar roupa, máquinas de lavar louça ou secadores de cabelo geralmente requerem tensão elétrica de 220 V.

69. Calcule a corrente elétrica total para uma associação de três geradores conectados em paralelo. Considere que cada gerador tem *fem* de 24 V e resistência interna de 0,2 Ω, e o gerador equivalente está conectado a um circuito externo composto de um resistor de 10 Ω. Calcule também a corrente individual que passa em cada gerador.

70. Explique o que é força eletromotriz. Identifique quando a *fem* é igual à diferença de potencial entre os polos de uma bateria.

71. A resistência interna de uma bateria varia no tempo de acordo com o gráfico a seguir.

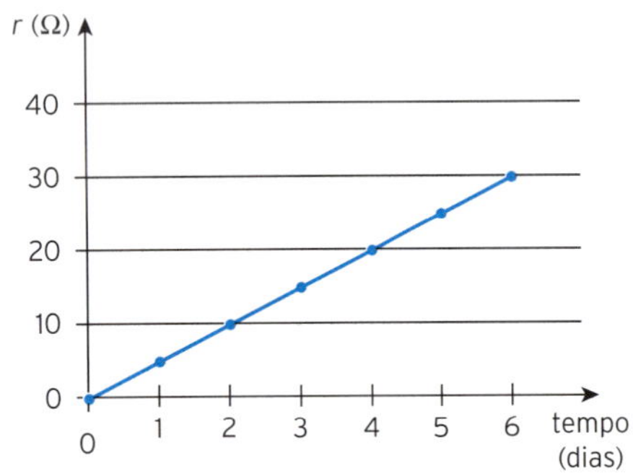

Inicialmente, a *fem* da bateria é de 6 V. Conecta-se essa bateria a um circuito com um resistor de 2 Ω.

a) Identifique se a força eletromotriz dessa bateria também varia com o tempo.

b) Faça um gráfico da corrente no circuito em função do tempo.

c) Construa o gráfico da diferença de potencial entre as extremidades do resistor em função do tempo.

72. Descreva as diferenças entre potência total, potência útil e potência dissipada de um gerador.

73. Um motor elétrico, ao ser percorrido por uma corrente de intensidade igual a 3 A, consome 360 J de energia a cada 5 segundos.

a) Determine a potência desse motor.

b) Calcule a diferença de potencial entre seus terminais.

74. Um motor elétrico (receptor), um gerador e um resistor estão conectados em série, compondo o circuito representado ao lado.

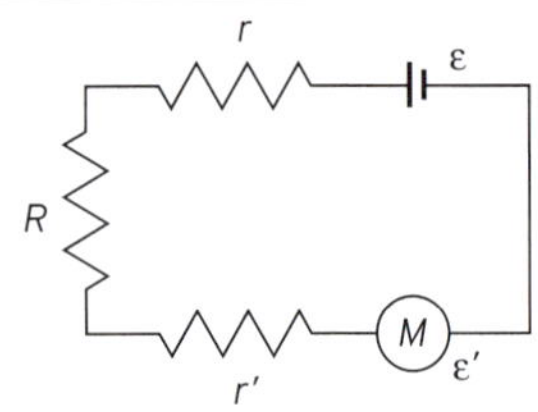

O gerador tem *fem* ε e resistência interna *r*, enquanto o receptor tem *fcem* ε' e resistência interna *r'*. Calcule:

a) a corrente no circuito;

b) a diferença de potencial no resistor *R*.

75. Em casos de emergência, é possível substituir uma bateria de 9 V por seis pilhas de 1,5 V conectadas em série. Calcule a força eletromotriz de cada pilha individualmente.

76. Dois geradores estão conectados em paralelo entre si e em série com um resistor externo, conforme o diagrama a seguir.

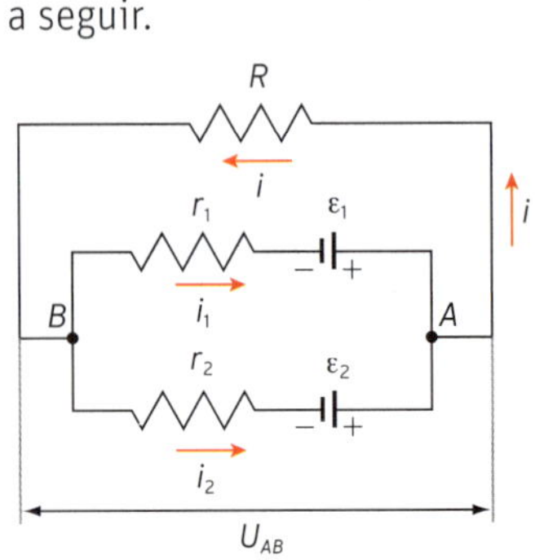

a) Calcule as correntes em cada um dos elementos do circuito.
b) Discuta a função de cada gerador no circuito.

77. O motor elétrico representado a seguir está conectado a uma associação de pilhas ideais que fornece uma ddp de 3 V. A resistência do enrolamento desse motor (isto é, sua resistência interna) vale 0,5 Ω.

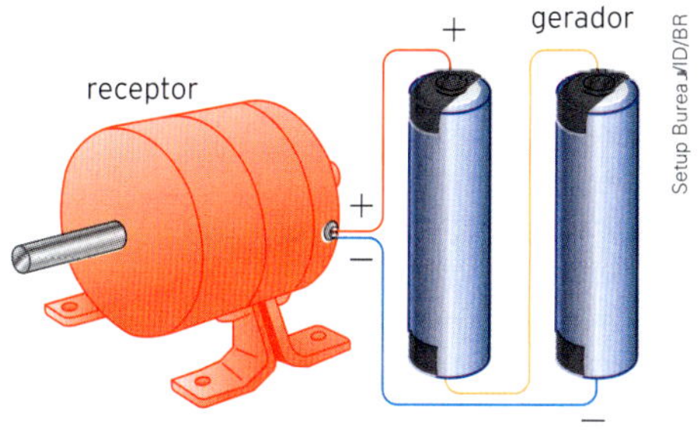

Dado $i = 1$ A, determine:
a) a *fcem* do motor;
b) seu rendimento.

78. Um circuito simples é constituído por um resistor de 4 Ω conectado a uma bateria que fornece uma tensão V. Descreva o que acontece com a corrente no circuito, em relação à corrente anterior, quando o resistor for trocado por outro com resistência:
a) igual à metade da resistência anterior;
b) igual ao dobro da resistência anterior.

79. Estime R_4 tal que a corrente total no circuito representado pelo diagrama a seguir não exceda 3 mA ($1\ mA = 10^{-3}$ A).

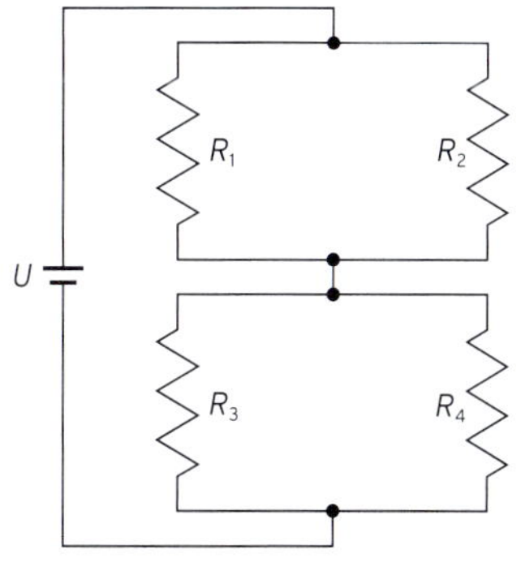

Dados:
$U = 24$ V
$R_1 = 10$ kΩ
$R_2 = 2$ kΩ
$R_3 = 12$ kΩ

80. O corpo humano pode ser considerado um circuito elétrico. Ele é composto, entre outras coisas, de músculos e gordura. Os músculos têm mais água que a gordura, portanto apresentam menor resistência elétrica, pois a água, com sais minerais nela dissolvidos, é uma substância condutora de eletricidade.

a) Identifique em qual tipo de tecido a corrente elétrica seria maior para uma mesma diferença de potencial.
b) Discuta como essas características podem ajudar na medida do índice de gordura corporal.

81. Três resistores estão conectados em paralelo entre si e em série com um quarto resistor, como mostrado na figura a seguir. Esse circuito está conectado a uma bateria cuja diferença de potencial é de 36 U.

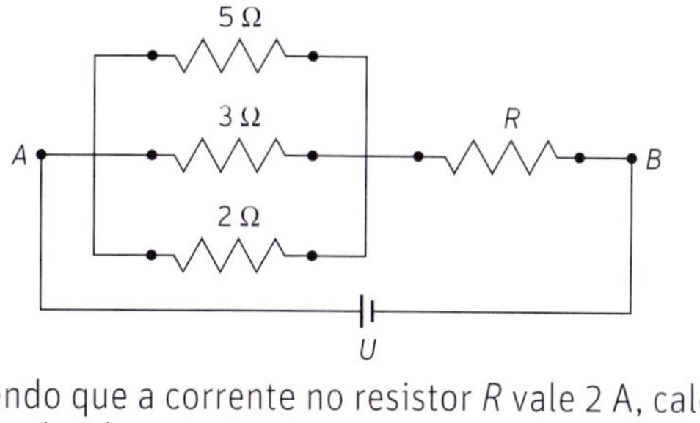

Sabendo que a corrente no resistor R vale 2 A, calcular o valor da resistência R.

82. A figura a seguir representa um circuito residencial com três aparelhos eletrodomésticos cujas potências são dadas na figura. O fio superior representa o neutro, enquanto o inferior é o fase.

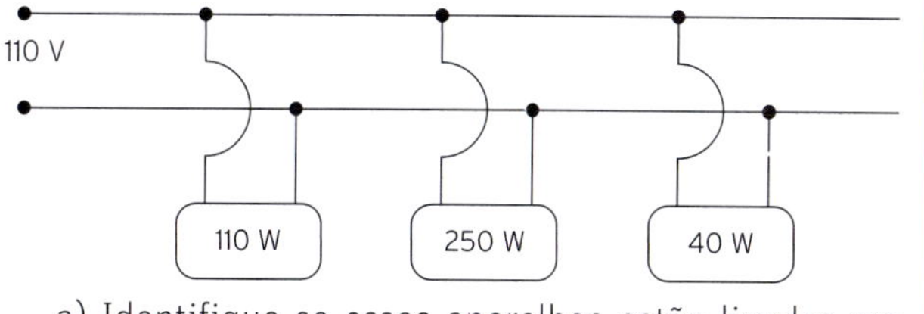

a) Identifique se esses aparelhos estão ligados em série ou em paralelo.
b) Calcule a potência total consumida por essa rede quando todos os aparelhos estão ligados.
c) Determine a corrente total e a corrente em cada um dos aparelhos.

83. A potência dissipada dentro de um gerador por sua resistência interna em função da corrente do circuito externo é mostrada pelo gráfico a seguir.

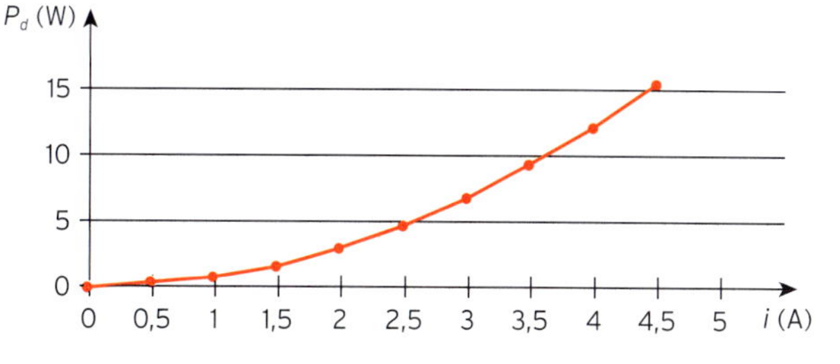

Faça o que se pede.
a) Determine a resistência interna.
b) Calcule a potência útil do gerador quando a intensidade da corrente que passa por ele é igual a 2,5 A. Para isso, admita que o rendimento do gerador seja igual a 90%.

Integre o aprendizado

84. Uma pequena indústria utiliza um motor que requer uma corrente de 25 A.

a) Considerando uma fonte elétrica de 220 V, calcule a resistência equivalente desse motor.

b) Determine sua potência.

c) Calcule a potência dissipada por ele, sabendo que seu rendimento é igual a 93%.

85. Um motor elétrico com potência de 500 W é percorrido por uma corrente de 1 A quando ligado à rede elétrica de 110 V. Determine seu rendimento.

86. Um gerador e um receptor estão conectados em série entre si e com um resistor externo R. O gerador é do tipo ideal, enquanto o receptor tem resistência interna r.

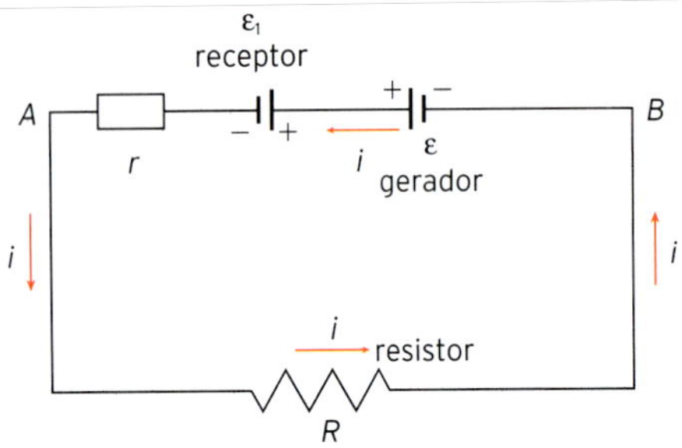

a) Calcule o valor da corrente nesse circuito e o valor das correntes no resistor e no receptor.

b) Determine a diferença de potencial entre os pontos A e B.

87. Observe o circuito apresentado a seguir.

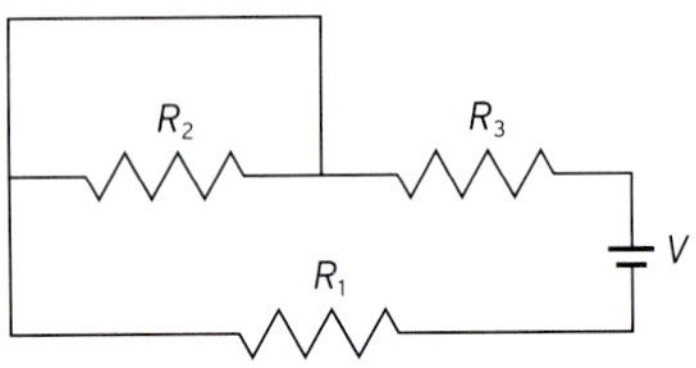

a) Calcule a corrente em cada um dos resistores.

b) Calcule a diferença de potencial em cada um dos resistores.

c) Identifique se existe algum curto-circuito no sistema, e descreva quais são os seus efeitos.

88. Leia o texto abaixo, sobre supercondutividade.

> **Supercondutividade** é um fenômeno observado em diversos metais e materiais cerâmicos. Quando esses materiais são resfriados a temperaturas que vão do zero absoluto (0 grau Kelvin, −273 °C) à temperatura do nitrogênio líquido (77 K, −196 °C), não apresentam resistência elétrica. [...] Como esses materiais não possuem resistência elétrica, o que significa que os elétrons podem se deslocar livremente através deles, eles podem transmitir grandes quantidades de corrente elétrica por longos períodos sem perder energia na forma de calor. Foi comprovado que malhas de fios supercondutores podem transmitir correntes elétricas por centenas de anos sem nenhuma perda considerável. Essa propriedade tem implicações para a transmissão de energia elétrica, se as linhas de transmissão puderem ser feitas de cerâmicas supercondutoras, e para dispositivos de armazenamento de energia elétrica.
>
> Fonte de pesquisa: O que é supercondutividade? Disponível em: <http://ciencia.hsw.uol.com.br/questao610.htm>. Acesso em: 13 maio 2013.

Relacione os principais impactos que uma rede de transmissão de energia elétrica composta de fios supercondutores teria para a sociedade, tanto no aspecto financeiro quanto do ponto de vista do consumo de energia.

89. O circuito da figura a seguir contém cinco resistores cujas resistências são $R_1 = 1$ V, $R_2 = 3$ V, $R_3 = 2$ V, $R_4 = 1$ V e $R_5 = 4$ V.

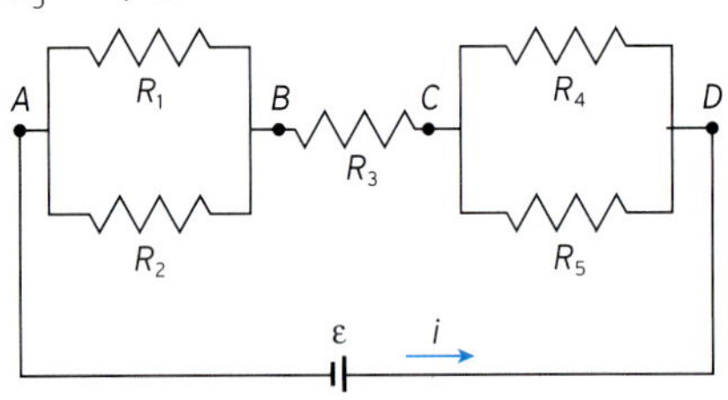

a) Calcule o valor da corrente para uma *fem* de 12 V.

b) Discuta o que acontece com o resto do circuito caso o resistor 3 estrague.

90. Discuta as desvantagens de se associarem pilhas ou baterias em paralelo. Explique o que acontece quando isso é feito.

De volta para o começo

1. Retome as respostas que você deu às questões propostas na seção *Primeiras anotações*, na abertura deste capítulo. Que alterações você faria naquelas respostas?
2. Quais são as formas de energia identificadas em um circuito elétrico formado por uma bateria, uma lâmpada e um ventilador? Que transformações de energia ocorrem em cada parte desse circuito?
3. Os disjuntores têm uma capacidade nominal em ampères (A) que corresponde à maior corrente elétrica que eles podem suportar. Para evitar o desligamento de alguns aparelhos (chuveiros elétricos, por exemplo), alguns eletricistas instalam disjuntores com capacidade nominal superior àquela requerida pelo aparelho (por exemplo, instalam disjuntor de 15 A em chuveiro de 10 A). Além de encarecer a instalação, esse comportamento representa um grande perigo. Que perigo é esse? Como ele pode ser evitado?

A persistência de Ohm

Georg Simon Ohm foi um físico e matemático alemão cujos trabalhos se destacaram pela ampla possibilidade de aplicação prática e pelas formulações matemáticas e empíricas simples, porém poderosas. Em sua vida pessoal, destacou-se pela persistência.

Ohm doutorou-se em 1811 pela Universidade de Erlanger (Nuremberg), ocasião em que apresentou um trabalho sobre luzes e cores. Depois passou a trabalhar como professor secundário de Matemática, em Colônia (Alemanha), embora almejasse carreira universitária. Quando finalmente conseguiu disputar uma vaga na universidade, foi-lhe exigido um trabalho de pesquisa inédito como condição para que se tornasse docente universitário. Nessa ocasião, escolheu aprofundar-se em temas de eletricidade. Chegou a construir vários equipamentos com essa finalidade.

Propôs, então, uma primeira formulação matemática para a corrente elétrica em circuitos. Para tanto, baseou-se nos estudos de condução de calor – já realizados por Fourier – e procurou estabelecer relações entre comprimentos, espessuras, tipos de fios e a influência desses fatores na condução elétrica.

Nessas tentativas, Ohm propôs que a intensidade da corrente elétrica era diretamente proporcional à área da secção do fio e inversamente proporcional ao seu comprimento, além de depender do tipo de material que o constitui (segunda lei de Ohm). Essa constatação serviu-lhe como base para definir o conceito de resistência elétrica, até então desconhecido.

Ao propor o conceito de resistência elétrica, Ohm trouxe à luz o conceito de diferença de potencial, então chamado por ele como "potência condutora" da fonte que utilizava. Esse conceito já tinha sido utilizado por Henry Cavendish (1731-1810), ainda que não matematizado. Foi o mote para que formulasse a primeira lei de Ohm, muitas vezes conhecida como a lei básica da eletricidade. Nela, ele relacionou a diferença de potencial, a resistência elétrica e a intensidade da corrente elétrica, afirmando que esta é diretamente proporcional à diferença de potencial e inversamente proporcional ao valor da resistência.

Esses conceitos foram publicados em seu livro *Die galvanische Kette, mathematisch bearbeitet* (*A corrente galvânica matematicamente*), de 1827. Contudo, essas formulações não foram suficientes para que ele conseguisse a vaga de professor universitário.

Seu trabalho foi tão mal recebido à época (diz-se que um ministro o chamou de herético) que ele precisou até mesmo demitir-se de seu cargo de professor da escola secundária. Chegou a passar seis anos na pobreza. Retornou à atividade científica e à educação em 1833, quando foi trabalhar na Escola Politécnica de Nuremberg. Chegou a ser diretor dessa escola, em 1839.

Seus trabalhos foram reconhecidos somente em 1841, primeiramente no exterior, quando recebeu a Medalha Copley da famosa Academia inglesa Royal Society, da qual se tornou membro estrangeiro, e quando foi aceito como membro da então famosa Academia de Turim (Itália). Somente foi aceito como membro efetivo de uma academia (a da Baviera) em seu país em 1845.

O tão sonhado cargo de professor universitário veio apenas em 1849, quando se tornou professor da Universidade de Munique, apenas cinco anos antes de sua morte.

Pelo alcance de seu trabalho e pela persistência demonstrada em vida, George Simon Ohm é um dos cientistas mais homenageados de todos os tempos. A própria unidade de medida de resistência elétrica tem o seu nome – o ohm (Ω).

AKG_Images/Latinstock

Gravura colorizada de Georg Simon Ohm feita a partir de retrato extraído do álbum *Cem retratos de homens famosos*, c. 1920.

Fonte de pesquisa: <http://www-history.mcs.st-and.ac.uk/Biographies/Ohm.html>. Acesso em: 17 jun. 2013.

Compreender e relacionar

1. As contribuições de Ohm para a eletricidade tiveram grande alcance, incluindo no mundo tecnológico. Justifique essa afirmação.
2. Enuncie as duas leis de Ohm e discorra sobre a importância delas para a projeção de circuitos elétricos de aparelhos que são utilizados no cotidiano atualmente.
3. Explique resumidamente por que Ohm é considerado um exemplo de persistência.
4. Georg Simon Ohm conseguiu seu objetivo pessoal apenas cinco anos antes de morrer. Você acredita que esse reconhecimento tardio recompensou toda a sua trajetória de vida? Explique por quê.

Gatos de energia representam mais de 50% nas inspeções da Coelba

(15/05/2009)

Muitos não sabem, outros preferem ignorar, mas o certo é que o "gato" (furto) de energia é considerado crime previsto no artigo 155 do Código Penal, com possibilidade de pena prevista de um a oito anos de reclusão. Somente este ano, das 46 888 inspeções efetuadas pela Coelba, foram detectadas 25 291 irregularidades.

"Estamos investindo cerca de R$ 25 milhões no combate ao gato", declara Alfredo João de Brito, gerente do Departamento de Inspeções da Coelba, empresa responsável pela distribuição de energia elétrica no estado da Bahia.

Alfredo informa que mais de 200 inquéritos policiais foram abertos no ano passado para incriminar penalmente os infratores. As inspeções, segundo a Coelba, são feitas por técnicos especializados em aferir desvios de energia na rede.

O gerente do Departamento de Inspeções da Coelba esclarece que não somente a distribuidora de energia sai perdendo, mas também os vizinhos, o governo, que deixa de arrecadar imposto (ICMS) embutido na tarifa, e o próprio infrator, que pagará multa e pode até ser preso.

Todavia, é possível entrar na legalidade sem sofrer tanto. "Quando há manifestação da pessoa que tem o 'gato de energia' no sentido de regularizar a situação, a Coelba apenas efetua o procedimento de ligação da energia sem cobrar multas nem indicá-lo para inquérito policial", ressalta o gerente de inspeções da Coelba.

PREJUÍZOS – Outros malefícios são causados pelos "gatos". Um exemplo é a oscilação na rede de energia elétrica, pois pode inutilizar aparelhos domésticos. Há, ainda, o perigo de morte no manuseio da rede e das fiações elétricas. Além disso, a comunidade é prejudicada com a sobrecarga de energia, o que prejudica a qualidade do fornecimento. "Nos casos de perda de eletrodomésticos, o cliente que está irregular não pode reivindicar, pois não tem ligação de rede elétrica", acrescenta o gerente da concessionária.

REGULARIZAÇÃO – O valor referente à multa é calculado com base na Resolução 456 da Agência Nacional de Energia Elétrica (Aneel), no Art. 72, a partir de variáveis, como o histórico de consumo da pessoa e o tempo que a pessoa ficou na irregularidade.

Juca Martins/Olhar Imagem

Operário eliminando "gatos", que podem causar acidentes elétricos.

Para regularizar a situação com a Coelba, o interessado deve procurar uma agência, ligar para o telefone gratuito 0800 071 0800 ou acessar o *site* da Coelba (www.coelba.com.br) e solicitar uma ligação nova.

Os consumidores podem fazer denúncia anônima de "gatos" e outras irregularidades pelo mesmo 0800, nas agências e postos de atendimento ou nas máquinas de autoatendimento localizadas em lugares de grande circulação.

Disponível em: <http://blogdaresenhageral.com.br/v1/2009/05/15/gatos-de-energia-representam-mais-de-50-nas-inspecoes-da-coelba/>. Acesso em: 4 ago. 2009.

De acordo com o texto

1. Explique com suas palavras o que vem a ser "gato".
2. Identifique os perigos que esse tipo de ligação elétrica pode acarretar.
3. Analise os prejuízos causados pelas pessoas que optam por esse tipo de furto de energia elétrica. Identifique no texto quais são as pessoas lesadas nessa história.
4. Opine sobre o fato de uma instalação clandestina ser considerada crime passível de punição legal, inclusive cadeia. Você concorda com isso?

Associação de resistores

A Procedimento

1. Comece montando o interruptor do circuito. Na base de madeira, fixe com uma tachinha o clipe, de maneira que possa ser girado em torno da tachinha. Fixe a outra tachinha na base, posicionando-a a uma distância tal da extremidade livre do clipe que possa ser tocada (para fechar o circuito quando necessário).
2. Com fita adesiva, conecte em série as duas pilhas. Fixe com fita adesiva o conjunto de pilhas na base de madeira.
3. Desencape as extremidades de todos os fios. Com um dos pedaços de fio, conecte o polo positivo da pilha à tachinha livre, como se vê na figura 1. Com outro pedaço de fio, conecte o polo negativo da pilha à um dos terminais da lâmpada. Prenda uma das pontas de um novo fio ao outro terminal da lâmpada; e a outra extremidade livre desse fio deve ser conectada à tachinha com o clipe.
4. Gire o clipe de metal, até que ele toque a tachinha livre. O circuito então se fecha e a lâmpada acende, como mostra a figura 2.

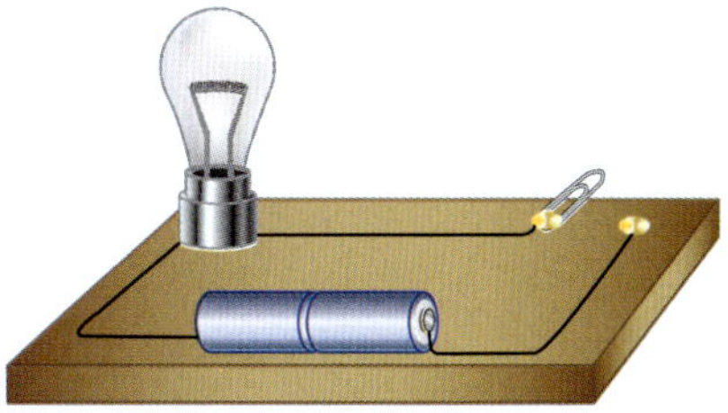

Figura 1. Circuito aberto.

Figura 2. Circuito fechado.

Utilizando um multímetro

Para utilizar corretamente um multímetro, é importante conhecer suas escalas e seus pontos de conexão. Vamos aprender como conectar um multímetro a um circuito elétrico para medir a corrente ou a tensão elétrica. Para medir a corrente elétrica em algum ponto do circuito, o multímetro deve ser ligado em série a este ponto (figura 3). Para medir a tensão elétrica, o multímetro deve ser ligado em paralelo no ramo do circuito em que se vai medir a tensão (figura 4).

Figura 3. Multímetro ligado em série, medindo a corrente elétrica no circuito.

Figura 4. Multímetro ligado em paralelo, medindo a tensão elétrica na lâmpada.

Ilustrações: Setup Bureau/ID/BR

5. Depois de fazer as respectivas montagens, meça a corrente e a tensão elétrica do circuito simples. Anote no caderno os valores obtidos. Depois, abra novamente o circuito girando o clipe, perdendo o contato com a tachinha livre.

6. Agora você está preparado para construir um circuito em série e também um circuito em paralelo.

Procedimento para um circuito em série	Procedimento para um circuito em paralelo
Instale a segunda lâmpada no circuito simples já montado com o multímetro utilizando outros dois pedaços de fios conectados cada qual a um dos terminais da segunda lâmpada; conecte suas extremidades livres ao fio do circuito.	Instale a segunda lâmpada no circuito simples já montado com o multímetro utilizando outros dois pedaços de fios conectados cada qual a um dos terminais da segunda lâmpada; conecte a extremidade livre de um dos fios a um polo da pilha e a outra extremidade à tachinha livre (o polo negativo da pilha e a tachinha já devem estar conectados à primeira lâmpada).

7. **Usando o circuito em série.** Feche o circuito e observe a intensidade do brilho das lâmpadas. Meça com o multímetro a corrente elétrica e a tensão elétrica em cada lâmpada. Retire então uma das lâmpadas do soquete e observe o que acontece com o brilho da que permanece no circuito. Anote no caderno as observações.
8. **Usando o circuito em paralelo.** Feche o circuito e volte a observar a intensidade do brilho das lâmpadas. Meça com o multímetro a corrente e a tensão elétrica nas lâmpadas. Depois, desconecte uma das lâmpadas do soquete e observe o que ocorre com a outra. Anote no caderno as observações.

B Depois do experimento

1. No caderno, construa uma tabela com os resultados obtidos nas três configurações de circuitos: simples, em série e em paralelo.
2. Faça um esquema de cada configuração construída. Se for possível, documente essa etapa da tarefa fotografando os esquemas.
3. Recupere as observações feitas desde o início desta atividade experimental.
   a) Descreva o que acontece quando: o clipe de metal toca a tachinha, fechando o circuito; o clipe de metal é desconectado da tachinha, abrindo o circuito.
   b) Elabore uma explicação do ponto de vista microscópico para as descrições feitas no item **a**.
   c) Compare os valores de corrente e de tensão medidos nas configurações. Explique se o resultado dessa comparação confirma os brilhos emitidos pelas lâmpadas nas ligações em série e em paralelo.
   d) Como você explica o comportamento da lâmpada que permanece nas associações em série e em paralelo quando a outra é desconectada do circuito? Depois, justifique qual tipo de ligação é mais apropriado para as instalações elétricas residenciais.

CAPÍTULO

5 Capacitores

Módulos

Helen Sergeyeva/Shutterstock.com/ID/BR

Parte do circuito eletrônico de um computador. Os seis componentes cilíndricos e em azul-escuro são os capacitores, dispositivos muito utilizados em circuitos elétricos.

Debate inicial

1. Os capacitores têm a propriedade de armazenar cargas elétricas. Com base em seus estudos sobre eletrização e circuitos, explique como se dá esse armazenamento.

Primeiras anotações

Considere as respostas obtidas no debate e responda no caderno.

1. O que você entende por “capacitância” de um capacitor? Se necessário, consulte um dicionário.
2. Os capacitores são componentes de equipamentos eletroeletrônicos em geral. Cite alguns exemplos de aplicação desse tipo de equipamento que são usados em sua casa ou na escola. Por que os capacitores são fundamentais nesses equipamentos?

1. Capacitores

Definida a carga elétrica, surgiu o desafio de como armazená-la. Várias tentativas foram realizadas nesse sentido. Uma das primeiras tentativas bem-sucedidas de armazenar carga elétrica aconteceu em 1746, na cidade de Leyden (Holanda). O físico holandês Pieter van Musschenbroek (1692-1761) criou um dispositivo que ficou conhecido como **garrafa de Leyden** (veja a seção Laboratório). Assim, com a aplicação dos mesmos princípios de funcionamento da garrafa de Leyden, inventaram-se os capacitores.

Capacitores são dispositivos utilizados para armazenar o máximo de cargas elétricas com sinais opostos em dois condutores, separados por um material isolante.

Nos capacitores, os condutores são conhecidos como **armaduras** ou **placas**. Como material isolante é utilizado um **dielétrico**. Assim como a maioria dos isolantes, quando um dielétrico é submetido a campos elétricos de grande intensidade, ele pode se tornar condutor. Materiais dielétricos são vidro, ar, parafina, papel, etc.

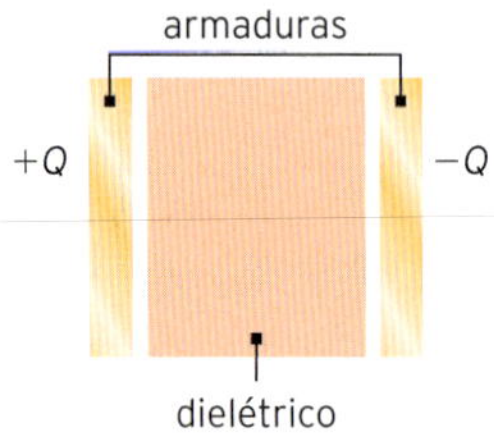

Representação de um capacitor.

Capacitância de um capacitor

A relação entre a quantidade de carga armazenada (Q) e a diferença de potencial (U) entre as armaduras do capacitor é conhecida como **capacitância** (C).

$$C = \frac{Q}{U}$$

No SI, a capacitância é medida em: $[C] = \frac{C}{V} = F$, em que F = farad. Portanto, um capacitor de capacitância 1 F pode armazenar 1 C de carga quando submetido a uma diferença de potencial de 1 volt.

Como 1 F corresponde a uma unidade muito grande, na prática são utilizadas unidades submúltiplas do farad, como: μF (microfarad $= 10^{-6}$ F); nF (nanofarad $= 10^{-9}$ F) e pF (picofarad $= 10^{-12}$ F).

A tabela a seguir apresenta três situações envolvendo um mesmo capacitor.

Ligado ao tema

Tipos de capacitor

Existem diversos tipos de capacitor, dependendo do dielétrico utilizado, que pode ser de vidro, plástico, papel, mica ou cerâmica. Cada tipo de capacitor está relacionado a uma determinada aplicação.

Dependendo da forma geométrica, o **capacitor** pode ser **plano**, **esférico** ou **cilíndrico**, como se vê nos esquemas a seguir.

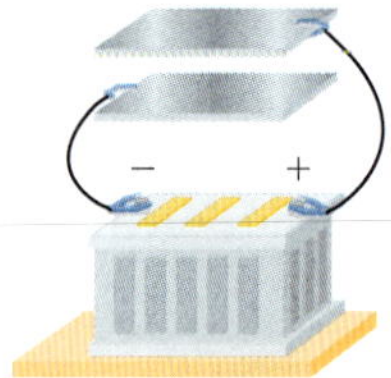

capacitor plano

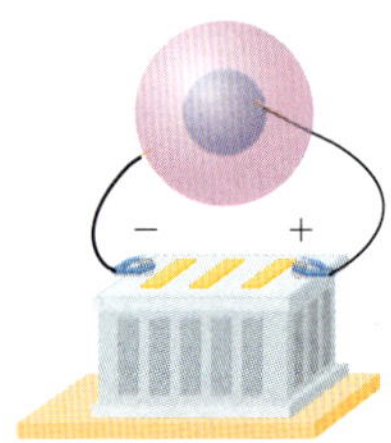

capacitor esférico

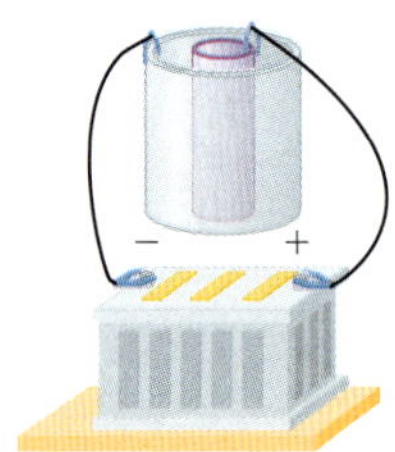

capacitor cilíndrico

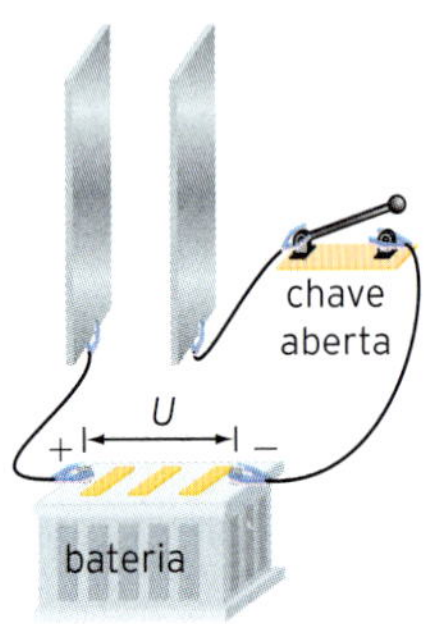

Para uma melhor compreensão de como os capacitores funcionam, podem-se considerar as armaduras de um capacitor ligadas aos terminais de uma bateria de diferença de potencial U, com a chave inicialmente aberta.

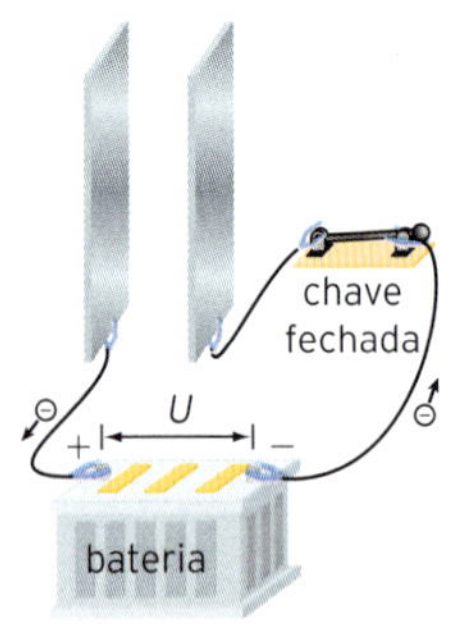

Ao se fechar a chave, ocorrerão deslocamentos de elétrons da armadura esquerda para o polo positivo da bateria e do polo negativo da bateria para a armadura direita.

Esse movimento de elétrons proporciona uma corrente elétrica conhecida como **corrente transitória**. Quando a diferença de potencial entre as armaduras coincide com a diferença de potencial da bateria, a corrente transitória cessa.

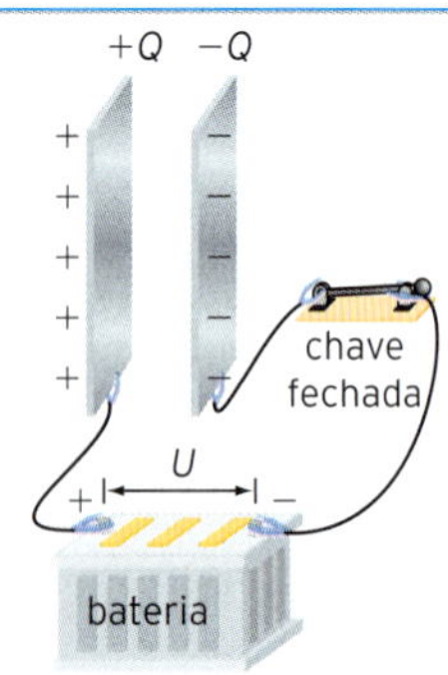

A armadura que perde elétrons ficará eletrizada com uma carga positiva $+Q$, e a armadura que recebe elétrons ficará eletrizada com uma carga negativa $-Q$. Nessa situação, diz-se que o capacitor está carregado com carga Q, apesar de sua carga total ser nula. A experiência mostra que, ao aumentar a diferença de potencial, aumenta a quantidade de cargas armazenadas em um capacitor.

Ilustrações: Setup Bureau/ID/BR

Fatores que influenciam na capacitância

A capacitância é uma constante de proporcionalidade definida como a razão entre a quantidade de carga armazenada no capacitor e a tensão aplicada entre as suas placas. Essa constante de proporcionalidade é uma característica específica de cada capacitor, relacionada apenas a sua geometria e ao dielétrico.

Tomemos como exemplo um capacitor plano, como o ilustrado ao lado. Para o cálculo da capacitância, vamos considerar:

- **Área (A) das armaduras:** Quanto maior for a área das armaduras, maior será a quantidade de carga que pode ser armazenada pela indução eletrostática.
- **Distância (d) entre as armaduras:** Quanto maior a distância entre as armaduras, menor será a quantidade de cargas armazenadas.
- **Permissividade elétrica do meio (ε):** É uma característica do meio entre as armaduras do capacitor. Caso o meio entre as placas seja o vácuo, a permissividade será $\varepsilon_0 = 8{,}8 \cdot 10^{-12}$ F/m (farad por metro). Normalmente, coloca-se um material isolante (dielétrico) entre as armaduras e, nesse caso, ε terá outro valor, sempre superior à permissividade elétrica do vácuo, que é a menor possível.

Podemos demonstrar que a capacitância de um capacitor plano pode ser calculada por:

$$C = \varepsilon \cdot \frac{A}{d}$$

Outra maneira de analisar o papel que o meio desempenha no capacitor é utilizar o conceito de **permissividade elétrica relativa** (ε_r), também conhecida como **constante dielétrica**. Sua equação é:

$$\varepsilon_r = \frac{\varepsilon}{\varepsilon_0}$$

A permissividade elétrica relativa é útil, pois mostra quantas vezes a permissividade elétrica do meio é maior quando comparada à permissividade do vácuo. A tabela a seguir mostra os valores da constante dielétrica de alguns meios.

Constante dielétrica de alguns meios	
Meio	**Constante dielétrica (ε)**
vácuo	1
ar	1,00059
parafina	2,1 até 2,5
papel	3,7
mica	5,4
vidro (pirex)	5,6
porcelana	7

Assim, a permissividade elétrica de um meio pode ser expressa por $\varepsilon = \varepsilon_r \cdot \varepsilon_0$. A capacitância de um capacitor de placas planas é dada por:

$$C = \varepsilon_r \cdot \varepsilon_0 \cdot \frac{A}{d}$$

É importante observar que a capacitância de um capacitor aumenta na presença de um dielétrico.

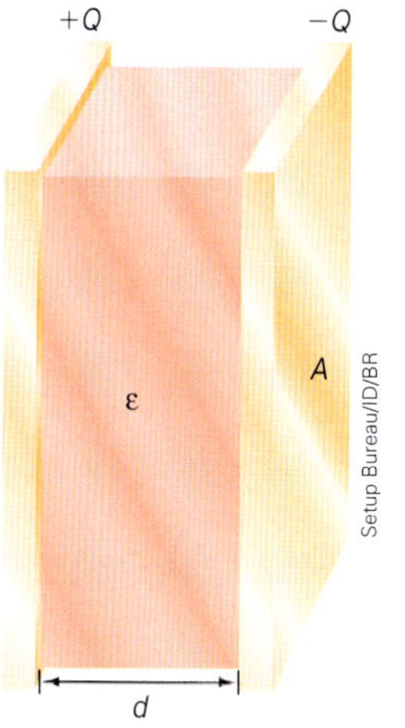

Representação de um capacitor plano de área A e distância d entre as armaduras. A permissividade elétrica do meio é indicada pela constante ε.

Ligado ao tema

Rigidez dielétrica

A rigidez dielétrica é o valor máximo do campo elétrico que pode ser aplicado a um dielétrico de modo que ele não perca suas propriedades isolantes. Essa rigidez também pode ser interpretada em termos de diferença de potencial, pois corresponde à maior tensão elétrica aplicada a um isolante antes que ele se torne um condutor. Assim, um material pode ser isolante em uma situação, mas se a diferença de potencial entre dois pontos for maior que a rigidez dielétrica, ocorre movimentação de cargas em seu interior, e o material passará a ser considerado um condutor.

O valor da rigidez dielétrica depende de diversos fatores, listados a seguir.

- Temperatura do isolante.
- Espessura do dielétrico.
- Intervalo de tempo de aplicação da diferença de potencial.
- Pressão à qual o dielétrico é submetido (sobretudo para um gás).

Material	Rigidez dielétrica (em kV/cm)
ar	30
papel	200
borracha	250
vidro	350
mica	600

Exercício resolvido

1. Um capacitor de placas metálicas planas e paralelas, inicialmente descarregado, é ligado aos terminais de uma bateria, que aplica uma diferença de potencial de 20 V, e a um interruptor inicialmente aberto (ver figura). Ao fechar a chave, verificamos que, após um intervalo de tempo, as placas do capacitor encontram-se carregadas com cargas de mesmo módulo e de intensidade $Q = 40\ \mu C$, porém de sinais opostos.

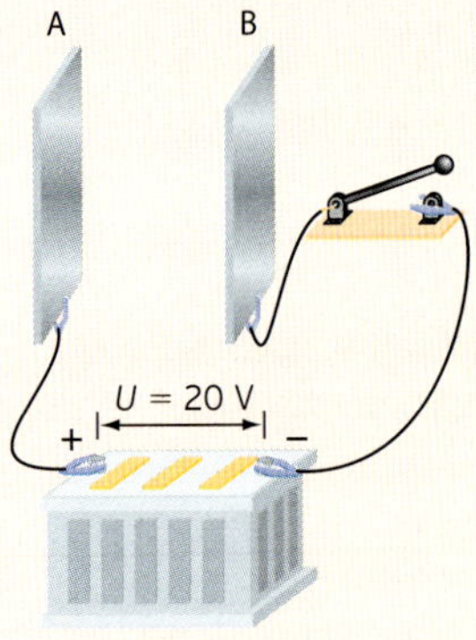

Ilustrações: Setup Bureau/ID/BR

Situação 1. Interruptor aberto.

a) Descreva o que ocorre com alguns elétrons das placas ao fechar a chave.

b) Identifique os sinais das cargas localizadas na placa A e na placa B.

c) Considerando que o capacitor é um dispositivo que armazena energia, identifique a fonte que fornece energia ao capacitor quando ele é carregado.

d) Calcule a capacitância do capacitor.

e) Após o capacitor estar carregado, a chave é novamente aberta. Descreva o movimento dos elétrons que se deslocam pelos fios entre as placas A e B, caso a bateria seja substituída por uma lâmpada e a chave seja fechada, como ilustrado na figura ao lado.

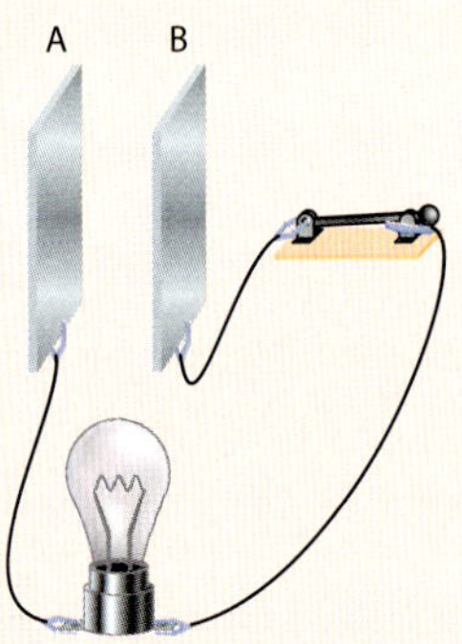

Situação 2. Interruptor fechado.

f) Identifique um fenômeno físico que ocorre na lâmpada no caso do item anterior e a correspondente transformação de energia.

g) Ainda considerando-se o item **e**, responda se a luminosidade da lâmpada é permanente ou temporária. Justifique.

h) Identifique uma aplicação possível para o capacitor no caso do item anterior.

Resolução

a) Ao fechar a chave, alguns elétrons da placa A se deslocarão para o polo positivo da bateria e alguns elétrons do polo negativo da bateria se deslocarão para a placa B.

b) O deslocamento dos elétrons descritos no item anterior fará com que a placa A fique eletrizada positivamente e a placa B eletrizada negativamente.

c) A energia armazenada no capacitor foi fornecida pela bateria, em um processo interno de transformação de energia química em energia elétrica.

d) Como a diferença de potencial a que o capacitor está submetido é a mesma fornecida pela bateria, e a carga armazenada é de 40 μC, substituindo os valores na expressão da capacitância, obtemos:

$$C = \frac{Q}{U} = \frac{40 \cdot 10^{-6}}{20} \Rightarrow C = 2\ \mu F$$

e) Ao fechar a chave, fecha-se o circuito, e os elétrons armazenados na placa B se movimentarão para a placa A.

f) Na situação descrita no item anterior, forma-se uma corrente elétrica, podendo ocasionar o aquecimento e o acendimento da lâmpada. Nesse caso, a energia elétrica armazenada no capacitor foi convertida em energia térmica e em energia luminosa.

g) Como o deslocamento de elétrons ocorre em um pequeno intervalo de tempo, a corrente será transitória. Por conseguinte, a luminosidade da lâmpada é temporária.

h) Uma possível aplicação é o armazenamento de energia elétrica para utilização em curtos intervalos de tempo, como em alguns tipos de *flashes* de máquinas fotográficas.

Exercício proposto

2. Um capacitor plano é ligado a uma bateria que fornece diferença de potencial de 12 V. Após um intervalo de tempo, o capacitor fica carregado com carga de 36 μC.

a) Descreva o que acontece com algumas cargas das placas do capacitor quando ele é ligado a uma bateria.

b) Explique por que podemos dizer que o capacitor é um dispositivo que armazena energia.

c) Calcule a capacitância do capacitor.

d) Depois de carregado, o capacitor é conectado aos terminais de uma lâmpada, acendendo-a. Explique o que acontece para que a lâmpada acenda. Responda se sua luminosidade é permanente ou transitória.

e) Enumere as transformações de energia que ocorrem desde o carregamento do capacitor até o acendimento da lâmpada.

Equação de um capacitor plano

Um **capacitor plano** contém armaduras planas e paralelas entre si. Se um capacitor plano está carregado, haverá uma diferença de potencial U entre suas armaduras. O campo elétrico na região entre as placas pode ser considerado uniforme.

Como as placas do capacitor são metálicas, idênticas e estão eletrizadas, pode-se dizer que são **superfícies equipotenciais**, ou seja, têm o mesmo potencial elétrico. Por isso, as linhas de campo são perpendiculares às placas do capacitor.

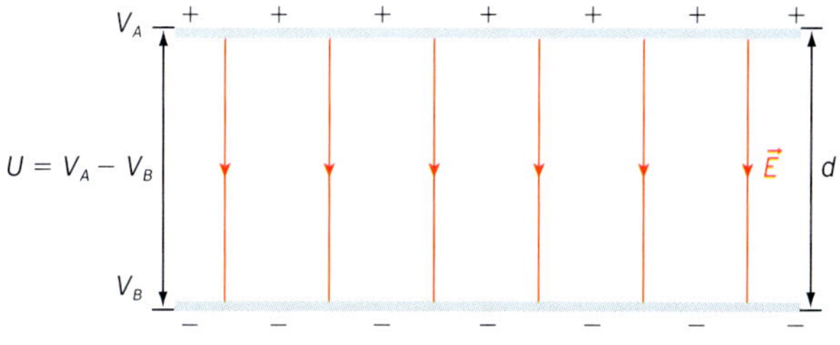

O campo elétrico entre as armaduras de um capacitor plano eletrizado pode ser considerado uniforme e possui direção perpendicular às armaduras.

Em uma região onde existe um campo elétrico uniforme, pode-se utilizar uma relação matemática entre o módulo do campo elétrico e a diferença de potencial entre dois pontos. O campo elétrico de módulo E e a diferença de potencial U entre dois pontos A e B a uma distância d entre si são relacionados pela equação a seguir.

$$E \cdot d = U$$

Essa relação mostra que, conhecendo a diferença de potencial e a distância entre as placas, pode-se determinar o campo elétrico na região entre as armaduras. Esse é um fato importante porque, na prática, a medição da diferença de potencial (que pode ser feita facilmente com um voltímetro) e a medição da distância entre as placas (que pode ser feita com uma régua) são mais fáceis de serem obtidas que por meio da expressão do campo elétrico.

Aplicações de um capacitor plano

O estudo dos capacitores proporciona um melhor conhecimento das propriedades de partículas eletrizadas quando se observam os movimentos dessas partículas ao serem abandonadas ou lançadas na região entre as armaduras.

Para mostrar como é possível estudar cargas por meio de seus movimentos entre as armaduras de um capacitor, pode-se considerar um corpo de carga $+q$ e massa m, abandonado inicialmente do repouso em um capacitor cuja diferença de potencial entre as placas, distantes d entre si, é U. Entre as placas, há um campo elétrico uniforme (E), como mostra a figura ao lado.

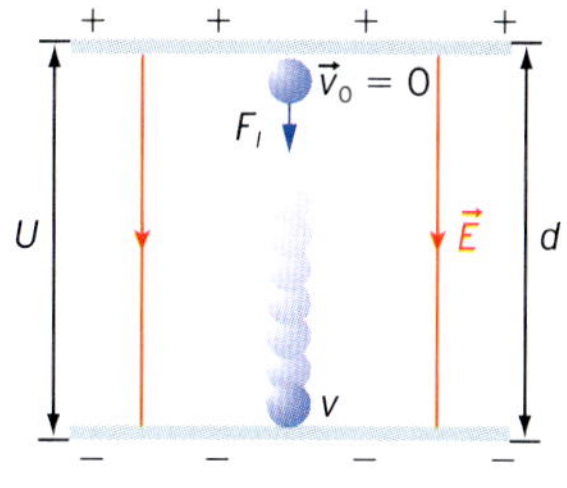

Como o campo elétrico é uniforme e desprezando a força gravitacional, a força elétrica que atua no corpo possui módulo constante e é a própria força resultante, calculada pela seguinte equação.

$$F_r = F_{el} \Rightarrow m \cdot |a| = |q| \cdot E \Rightarrow |a| = \frac{|q| \cdot U}{m \cdot d}$$

Nesse caso, o corpo realiza um MUV com aceleração escalar constante.

Conceito em questão

Sabe-se que uma partícula carregada eletricamente, quando solta entre as placas de um capacitor plano, adquire um movimento uniformemente variado.

Ao ser lançada, uma partícula realiza esta trajetória:

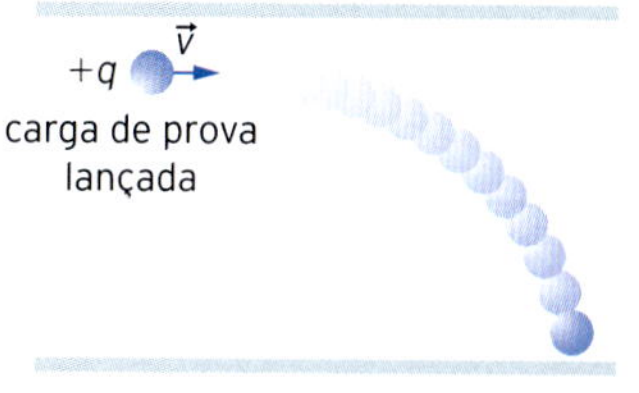

Nesse caso, em que direção e sentido está atuando a força elétrica? Sabe-se que essa força é bem maior que a força gravitacional.

Ilustrações: Setup Bureau/ID/BR

Ligado ao tema

A massa de um elétron dada por um capacitor plano

Uma das vantagens do capacitor plano é o fato de se poder utilizá-lo para medir a massa de algumas partículas eletrizadas. Para tanto, tem-se o seguinte arranjo experimental: entre as armaduras de um capacitor plano, um corpo de massa m eletrizado com carga $+q$ fica em repouso.

Como o corpo está em repouso, a força peso e a força elétrica possuem o mesmo módulo.

Se $P = F_{el} \Rightarrow m \cdot g = |q| \cdot E$ e $E = \frac{U}{d}$, então:

$$P = F_{el} \Rightarrow m \cdot g = q \cdot \frac{U}{d} \Rightarrow$$

$$\Rightarrow m = \frac{q \cdot U}{d \cdot g}$$

Conhecendo as grandezas q, U, d e g, pode-se determinar a massa da partícula na situação.

Exercícios resolvidos

3. Entre as armaduras de um capacitor plano, um corpo de massa m eletrizado com carga $+q$ fica em repouso.

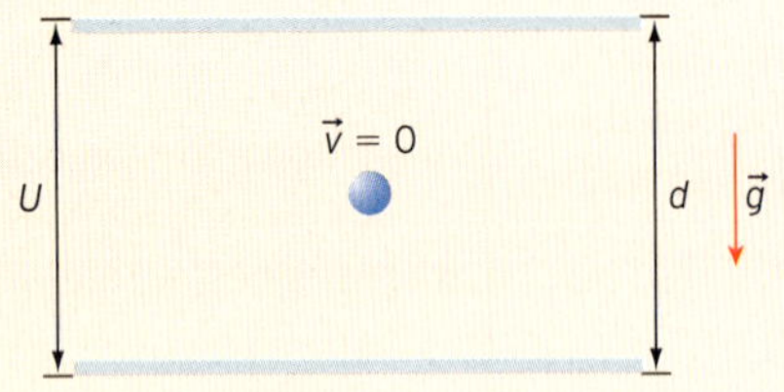

a) Determinar a direção e o sentido da força elétrica que atua na carga.

b) Determinar a direção e o sentido do campo elétrico entre as armaduras do capacitor.

c) Determinar o sinal das cargas nas armaduras do capacitor.

d) Calcular o módulo do campo elétrico entre as armaduras do capacitor.

Resolução

a) No corpo atuam duas forças: a força peso e a força elétrica. O fato de o corpo estar em repouso permite concluir que essas forças devem possuir mesma direção e sentidos opostos. Como a força peso possui direção vertical e sentido para baixo, a força elétrica deve possuir direção vertical e sentido para cima.

b) De acordo com o item anterior, como o corpo está eletrizado com carga positiva $+q$ e a força elétrica que atua nele tem direção vertical e sentido para cima, o campo elétrico possui direção vertical e sentido para cima.

c) De acordo com o item anterior, como o sentido do campo é para cima, a armadura de baixo deve estar eletrizada positivamente e a armadura de cima deve estar eletrizada negativamente.

d) A relação entre o módulo do campo elétrico, a diferença de potencial e a distância entre as armaduras é dada por:

$$E \cdot d = U \Rightarrow E = \frac{U}{d}$$

4. Uma partícula de massa $m = 10$ mg é lançada perpendicularmente ao campo elétrico entre as armaduras de um capacitor. A diferença de potencial é de 50 V, e a distância entre as armaduras é de 1 mm. A aceleração da gravidade é $g = 10\ m/s^2$ e a partícula está eletrizada com carga $q = +2$ mC.

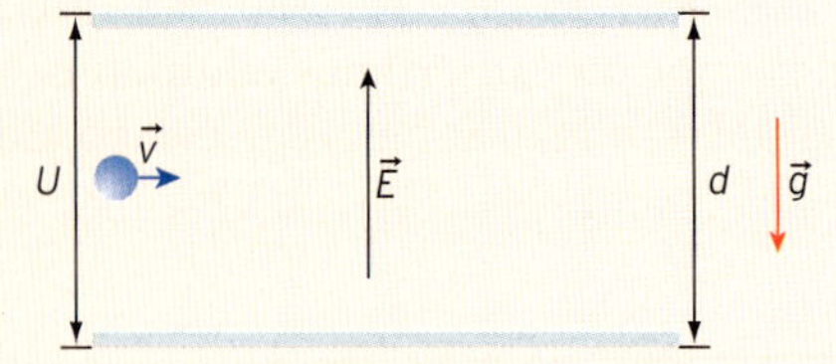

Dados:

$m = 10\ mg = 10 \cdot 10^{-3}\ g$

$d = 1\ mm = 1 \cdot 10^{-3}\ m$

$q = +2\ mC = +2 \cdot 10^{-3}\ C$

$g = 10\ m/s^2$

$U = 50\ V$

a) Identificar qual força possui maior módulo: a força peso ou a força elétrica.

b) Descrever qualitativamente a trajetória da partícula dentro das armaduras.

c) Descrever o movimento do corpo na direção vertical e na direção horizontal.

Resolução

a) Para identificar a força de maior módulo, as forças peso e elétrica devem ser calculadas.

$P = m \cdot g = 10 \cdot 10^{-3} \cdot 10 \Rightarrow P = 1{,}0 \cdot 10^{-1}\ N$

$F_{el} = |q| \cdot E = |q| \cdot \frac{U}{d} =$

$= 2 \cdot 10^{-3} \cdot \frac{50}{10^{-3}} \Rightarrow F_{el} = 100\ N \Rightarrow F_{el} =$

$= 1{,}0 \cdot 10^2\ N$

Portanto, a força elétrica possui módulo bem maior que a força peso.

b) Como a força elétrica possui módulo maior que a força peso, a trajetória será encurvada para cima.

c) Na direção horizontal, a força resultante é nula, pois não há forças aplicadas ao corpo. Sendo assim, nessa direção ele realizará um movimento retilíneo e uniforme. Na direção vertical, a força resultante é para cima, pois a força elétrica possui módulo maior que a força peso. Como o módulo da força resultante é constante, a aceleração escalar também será. Portanto, na direção vertical, o corpo realizará um movimento uniformemente variado para cima.

Exercício proposto

5. Quando uma partícula de massa m eletrizada com carga $+q$ é lançada entre as placas de um capacitor plano, ela realiza um movimento retilíneo e uniforme na direção vertical e perpendicular às placas.

a) Nesta situação, identifique a relação entre a força peso e a força elétrica que atua na partícula.

b) Sabendo que a distância entre as placas do capacitor é d e que ele possui uma diferença de potencial U, expresse a aceleração da gravidade em função de m, q, U e d.

2. Associação de capacitores

Em muitas situações, como em alguns projetos de eletrônica, é necessário que haja um capacitor com valor nominal diferente daqueles disponibilizados pelos fabricantes. Nesses casos, podemos associar os capacitores disponíveis, de modo que se encontre um conjunto de capacitores que, juntos, sejam equivalentes ao capacitor procurado. Portanto, uma das razões para associar capacitores é a possibilidade de obter uma capacitância equivalente cujo valor não estava disponível inicialmente entre os oferecidos no mercado.

A associação de capacitores é um conjunto de capacitores conectados eletricamente e que se comportam como se fossem um único capacitor, conhecido como **capacitor equivalente**.

O conceito de equivalência em capacitores é similar ao que já estudamos para as situações de associações de resistores. São feitas associações de modo que o conjunto final funcione como se fosse só um.

Associação de capacitores em paralelo

Ao submeter os terminais de alguns capacitores à mesma diferença de potencial, dizemos que esses capacitores estão associados em **paralelo**.

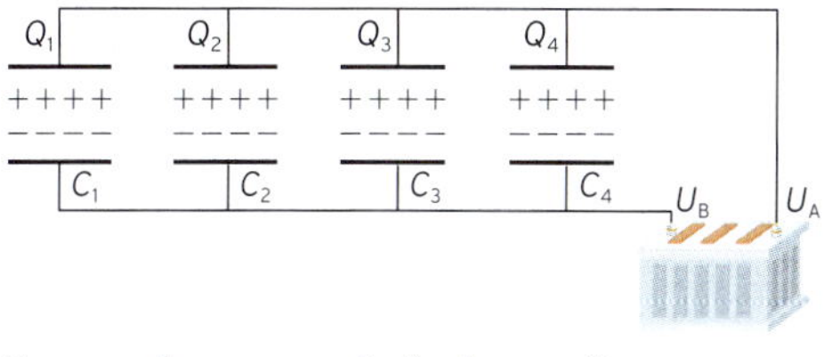

Esquema de uma associação de capacitores em paralelo. A carga Q_{total} divide-se entre os capacitores C_1, C_2, C_3 e C_4.

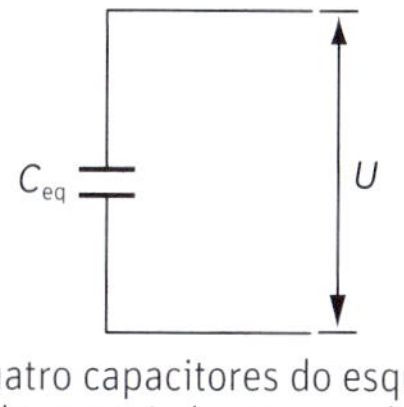

Os quatro capacitores do esquema ao lado, associados em paralelo, comportam-se como um único capacitor, cuja capacitância é C_{eq}.

Do que foi estudado, podemos dizer que, em um circuito, os capacitores associados em paralelo estão submetidos à mesma diferença de potencial.

O capacitor equivalente de uma associação em paralelo é aquele cuja capacitância é dada por: $C_{eq} = \frac{Q_{total}}{U}$

Na expressão acima, U é a diferença de potencial à qual a associação está submetida, e Q_{total} é a carga total armazenada pelos capacitores da associação.

A carga total da associação é calculada pela soma das cargas armazenadas em cada capacitor individualmente. No exemplo dado, temos:

$$Q_{total} = Q_1 + Q_2 + Q_3 + Q_4$$

Como a carga em um capacitor pode ser calculada por meio da definição de capacitância $Q = C \cdot U$, temos: $Q_{total} = C_1 \cdot U + C_2 \cdot U + C_3 \cdot U + C_4 \cdot U$

Substituindo na definição do capacitor equivalente, obtemos:

$$C_{eq} = \frac{Q_{total}}{U} = \frac{Q_1 + Q_2 + Q_3 + Q_4}{U} = \frac{C_1 \cdot U + C_2 \cdot U + C_3 \cdot U + C_4 \cdot U}{U}$$

Cancelando o U no segundo membro da equação, para o cálculo da capacitância equivalente em uma associação em paralelo, podemos utilizar:

$$C_{eq} = C_1 + C_2 + C_3 + C_4$$

Ação e cidadania

A música na História

Existem vários tipos de capacitores. Entre eles, os usados em instrumentos musicais elétricos e eletrônicos (amplificadores, microfones, caixas acústicas, guitarras, sintetizadores) e em captadores (dispositivos que captam vibrações mecânicas geradas por um instrumento musical).

A origem da música e dos primeiros instrumentos musicais ainda é uma incógnita. Mas os estudiosos acreditam que ela acompanha o ser humano desde a Pré-História.

Na nossa sociedade, a música tem sido um importante fator de transformação e inclusão social, modificando a realidade de muitas crianças e jovens, de moradores de rua e de pessoas com deficiência.

- Na sua cidade (ou em alguma cidade vizinha à sua) existe alguma escola de música? O que é preciso para ser aluno dela?
- Faça uma pesquisa e liste algumas entidades no Brasil e no mundo que usam a música em projetos sociais. Que tipo de trabalho elas fazem? A que público se destinam? Que resultados têm alcançado? Compartilhe o que você descobriu com os colegas.

Conceito em questão

A associação de capacitores em paralelo é adotada quando se necessita de uma capacitância que os fabricantes não disponibilizam no mercado.

- É conveniente associar em paralelo dois capacitores, C_1 e C_2, para obter uma associação equivalente a C_1 ou C_2, maior ou menor que C_1 ou C_2? Justifique.

Associação de capacitores em série

Além da associação em paralelo, é possível associar os capacitores **em série**. Nesse tipo de associação, o terminal negativo de um capacitor é conectado ao terminal positivo do capacitor seguinte, quando ligados a um gerador.

Considere três capacitores ligados em série, em uma fonte que gera uma diferença de potencial U_{total}, como mostra a primeira figura a seguir.

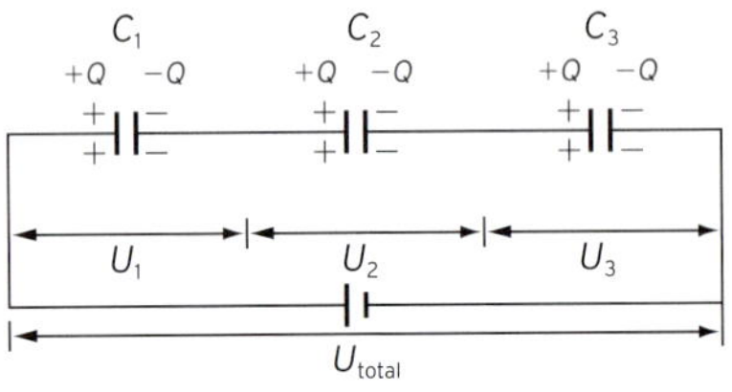

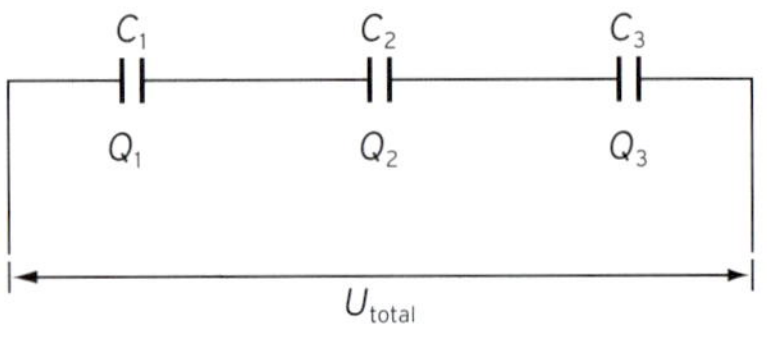

Quando uma armadura do capacitor C_1 é conectada à região de potencial positivo (maior potencial), alguns elétrons se deslocam dessa armadura para a bateria e, assim, a armadura fica eletrizada positivamente ($+Q$). Com isso, induz-se a presença de carga $-Q$ em sua placa negativa. Como consequência, haverá uma carga $+Q$ na região da placa positiva do segundo capacitor e, por essa razão, será induzida uma carga $-Q$ em sua placa positiva. A carga $+Q$, então, surgirá na placa do terceiro capacitor, o qual induzirá uma carga negativa $-Q$ em sua placa negativa, e assim por diante.

A segunda figura é a representação usual da associação de três capacitores em série. Nesse tipo de associação, verificamos as seguintes condições:

- A carga total da associação coincide com a carga individual que cada capacitor armazena, porque as quantidades de cargas negativas e positivas são iguais, e essa condição se mantém pelo processo de indução ao longo de toda a associação em série.

$$Q_{total} = Q_1 = Q_2 = Q_3$$

- A soma das diferenças de potencial aplicadas a cada capacitor é a diferença de potencial total aplicada aos terminais da associação.

$$U_{total} = U_1 + U_2 + U_3$$

- O capacitor equivalente de uma associação em série, como mostra a figura ao lado, é aquele cuja capacitância é dada por:

$$C_{eq} = \frac{Q}{U_{total}}$$

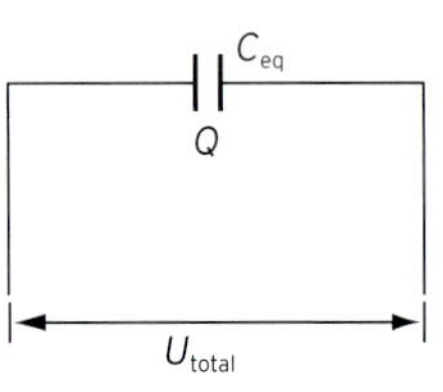

Na expressão acima, Q é a carga armazenada pela associação e U_{total} é a diferença de potencial total entre os terminais da associação.

Utilizando a definição de capacitância, podemos calcular a ddp entre os terminais de cada capacitor. Assim, a ddp total da associação será:

$$U_{total} = U_1 + U_2 + U_3 \Rightarrow \frac{Q}{C_{eq}} = \frac{Q}{C_1} + \frac{Q}{C_2} + \frac{Q}{C_3}$$

Como a carga é a mesma para todos os capacitores, incluindo o capacitor equivalente, dividindo a expressão acima por Q, obtemos a expressão que permite o cálculo da capacitância equivalente de uma associação em série:

$$\frac{1}{C_{eq}} = \frac{1}{C_1} + \frac{1}{C_2} + \frac{1}{C_3}$$

Ligado ao tema

Diferenças na carga e na tensão entre as associações de capacitores em série e em paralelo

Nos capacitores conectados em paralelo, enquanto as cargas acumuladas em cada um deles são diferentes, a tensão é sempre a mesma.

Já nos capacitores conectados em série, a carga elétrica acumulada é a mesma para todos eles, mas a tensão é diferente para cada um.

Conceito em questão

Foi estudado que a associação de capacitores em série é adotada quando é necessária uma capacitância que os fabricantes não disponibilizam no mercado.

- É conveniente associar em série dois capacitores, C_1 e C_2, para obter uma capacitância equivalente a C_1 e C_2, maior ou menor que C_1 ou C_2 isoladamente? Justifique.

Exercício resolvido

6. Dois capacitores de capacitância $C_1 = 20$ nF e $C_2 = 40$ nF estão conectados a uma bateria por meio de fios ideais, como indicado na figura. A diferença de potencial nos terminais da bateria é de 100 V.

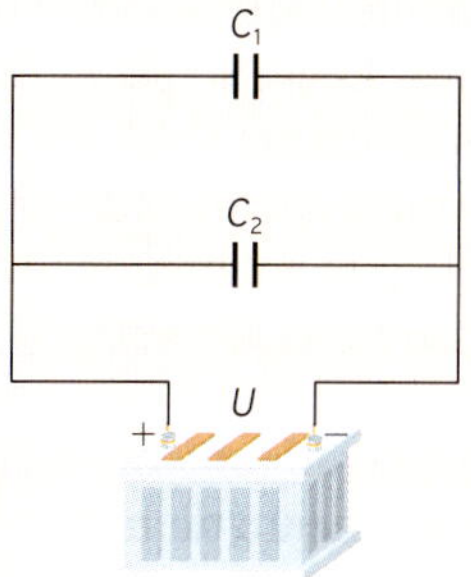

Ilustrações: Setup Bureau/ID/BR

a) Identifique o tipo de associação de capacitores.

b) Determine a diferença de potencial em cada capacitor.

c) Calcule a carga em cada capacitor.

d) Calcule a carga total na associação.

e) Calcule a capacitância do capacitor equivalente.

f) Calcule a carga no capacitor equivalente.

g) Compare os itens **c** e **e** e descreva o significado do conceito de capacitor equivalente.

Resolução

a) Como os capacitores C_1 e C_2 estão submetidos à mesma ddp, trata-se de uma associação de capacitores em paralelo.

b) A ddp em cada capacitor é a mesma fornecida pelos terminais da bateria (100 V).

c) A carga em cada capacitor pode ser calculada pela expressão da definição de capacitância:

$$C_1 = \frac{Q_1}{U} \Rightarrow 20 \cdot 10^{-9} = \frac{Q_1}{100} \Rightarrow Q_1 = 2\ \mu\text{C}$$

$$C_2 = \frac{Q_2}{U} \Rightarrow 40 \cdot 10^{-9} = \frac{Q_2}{100} \Rightarrow Q_2 = 4\ \mu\text{C}$$

d) A carga total armazenada na associação é a soma das cargas armazenadas em cada capacitor:

$$Q_{\text{total}} = Q_1 + Q_2 \Rightarrow Q_{\text{total}} = 6\ \mu\text{C}$$

e) A capacitância do capacitor equivalente em uma associação em paralelo é calculada por:

$$C_{eq} = C_1 + C_2 \Rightarrow C_{eq} = 20 \cdot 10^{-9} + 40 \cdot 10^{-9}$$

Portanto: $C_{eq} = 60$ nF

f) A carga no capacitor equivalente pode ser calculada pela expressão da definição de capacitância:

$$C_{eq} = \frac{Q_{\text{total}}}{U} \Rightarrow 60 \cdot 10^{-9} = \frac{Q_{\text{total}}}{100} \Rightarrow Q_{\text{total}} = 6\ \mu\text{C}$$

g) Ao comparar os itens **c** e **e**, é possível perceber que a carga total da associação é igual à carga total do capacitor equivalente. Assim, podemos concluir que o capacitor equivalente – que é hipotético –, quando submetido à mesma ddp que uma associação em paralelo, armazenaria sozinho a mesma carga que a soma das cargas armazenadas em cada capacitor individualmente.

Exercícios propostos

7. A figura ao lado representa uma associação entre dois capacitores de capacitâncias $C_1 = 30\ \mu$F e $C_2 = 60\ \mu$F.

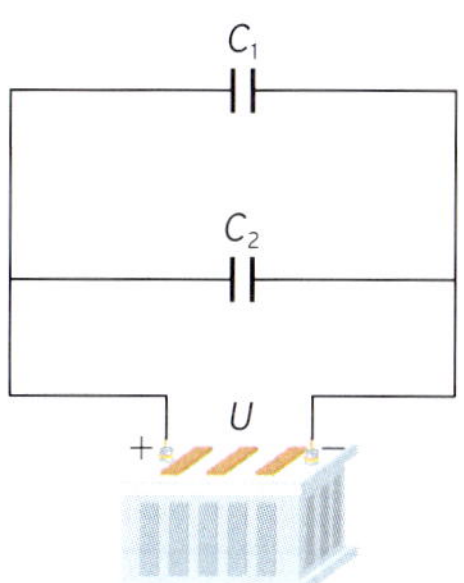

Os terminais da associação são conectados aos terminais de uma bateria por meio de fios ideais. A ddp nos terminais da bateria é 200 V.

a) Identifique o tipo de associação de capacitores representado na figura. Justifique sua resposta.

b) Calcule a capacitância do capacitor equivalente.

c) Determine a ddp no capacitor equivalente.

d) Calcule a carga no capacitor equivalente.

e) Calcule a ddp em cada capacitor. Compare a ddp em cada capacitor com a ddp total da associação.

8. Faça o que se pede nos itens do exercício anterior, porém considerando os dois capacitores ligados como na figura ao lado.

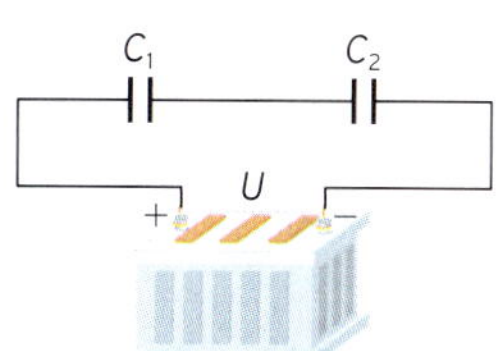

9. Na associação de capacitores representada abaixo estão os capacitores $C_1 = 60$ pF, $C_2 = 100$ pF e $C_3 = 20$ pF.

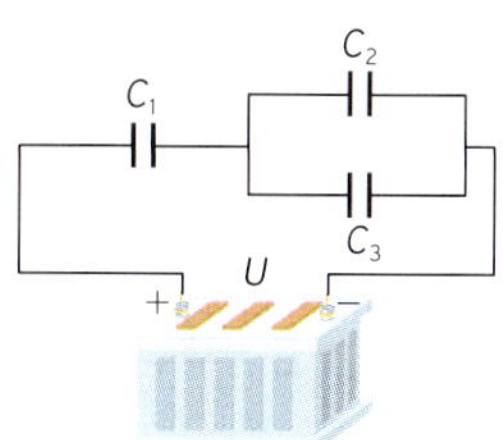

a) Calcule a capacitância do capacitor equivalente apenas da associação de C_2 e C_3.

b) Calcule a capacitância do capacitor equivalente da associação dos três capacitores. Sugestão: Utilize o resultado anterior para substituir os capacitores C_2 e C_3 pelo seu capacitor equivalente.

Exercício resolvido

10. O circuito representado a seguir é constituído por dois resistores ($R_1 = 2\ \Omega$ e $R_2 = 3\ \Omega$), um gerador ideal de força eletromotriz $\varepsilon = 20\text{V}$ e um capacitor de capacitância $C_1 = 20$ nF.

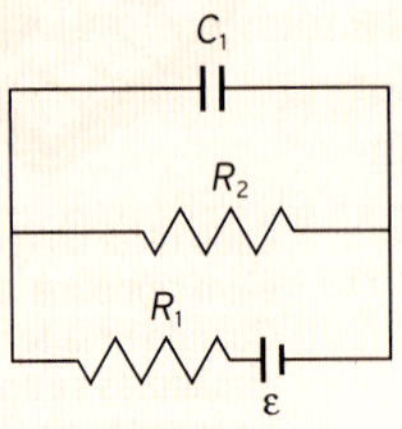

a) Identifique o valor da corrente entre as placas do capacitor C_1.

b) Identifique o tipo da associação dos resistores R_1 e R_2.

c) Calcule a resistência equivalente.

d) Determine o valor da corrente no gerador.

e) Calcule a diferença de potencial no resistor R_2.

f) Calcule a carga e a energia armazenadas no capacitor C_1.

Resolução

a) A corrente entre as placas de um capacitor é nula, pois essa região apresenta um dielétrico.

b) De acordo com o item anterior, como a corrente no capacitor C_1 será nula, os resistores R_1 e R_2 ficarão submetidos à mesma corrente elétrica e, portanto, estão associados em série.

c) Para determinar a corrente, pode-se considerar o circuito sem o capacitor C_1 (ver figura abaixo).

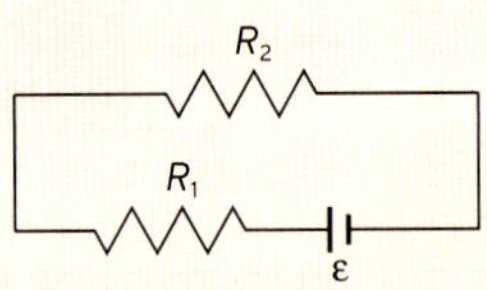

Como no circuito anterior os resistores R_1 e R_2 estão associados em série, a resistência equivalente da associação é $R_{eq} = 5\ \Omega$ e o circuito simples equivalente é:

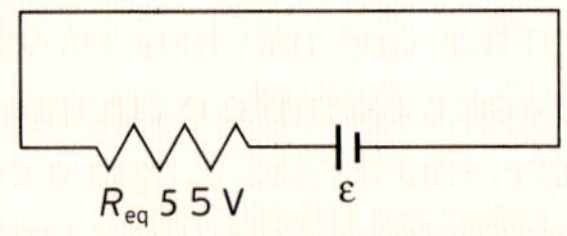

d) A corrente elétrica em um circuito simples é dada por:

$$i = \frac{\varepsilon}{R_{eq}} = \frac{20}{5} \Rightarrow i = 4\text{A}$$

e) Como os resistores R_1 e R_2 estão associados em série, a corrente no resistor R_2 será igual à corrente da associação ($i_2 = 4$ A). Para determinar a diferença de potencial no resistor R_2, pode-se utilizar a 1ª lei de Ohm:

$$U = R \cdot i = 3 \cdot 4 \Rightarrow$$
$$\Rightarrow U = 12\ \text{V}$$

f) Para calcular a carga armazenada no capacitor, pode-se utilizar a expressão da definição de capacitância, lembrando que a diferença de potencial do capacitor coincide com a diferença de potencial do resistor R_2:

$$C = \frac{Q}{U} \Rightarrow 20 \cdot 10^{-9} = \frac{Q}{12} \Rightarrow Q = 0{,}24\ \mu\text{C}$$

A energia armazenada em um capacitor pode ser calculada por meio da expressão:

$$E = \frac{Q \cdot U}{2}$$

Substituindo os dados do problema, tem-se:

$$E = \frac{0{,}24\ ?\ 10^{26}\ ?\ 12}{2} \Rightarrow E = 144 \cdot 10^{-6}$$

Portanto, será armazenada $144 \cdot 10^{-6}$ J de energia.

Exercícios propostos

11. Um capacitor de capacitância C encontra-se em um circuito constituído por três resistores, $R_1 = 1\ \Omega$, $R_2 = 4\ \Omega$ e $R_3 = 5\ \Omega$, e um gerador ideal de força eletromotriz $\varepsilon = 60$ V. A capacitância vale $C = 10\ \mu\text{F}$.

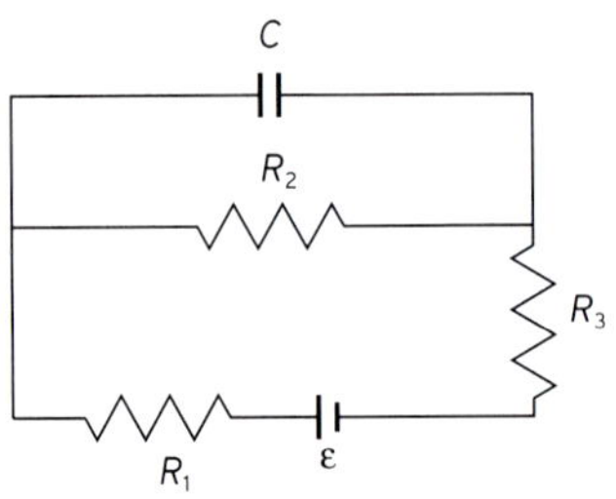

a) Identifique o valor da corrente no capacitor C.

b) Identifique o tipo de associação de resistores.

c) Identifique o sentido da corrente no circuito.

d) Determine o valor da corrente elétrica no gerador.

e) Calcule a diferença de potencial em cada um dos resistores, R_1, R_2 e R_3.

f) Calcule a carga no capacitor C.

g) Calcule a energia armazenada no capacitor.

12. Explique o que é a corrente transitória existente em circuitos que contêm capacitores.

Integre o aprendizado

13. Uma bateria de força eletromotriz 50 V é conectada aos terminais de um capacitor plano (ver figura).

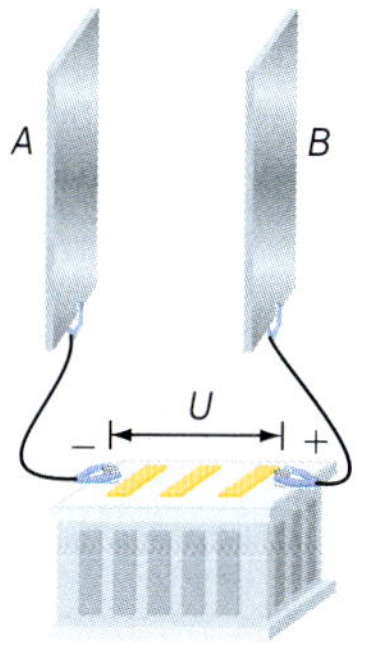

Ilustrações: Setup Bureau/ID/BR

Após certo intervalo de tempo, as armaduras do capacitor ficam carregadas com cargas de mesmo módulo e igual a 600 mC, porém de sinais opostos.

a) Descreva a movimentação das cargas entre as armaduras e a bateria durante o intervalo de tempo em que o capacitor é carregado (mencione a corrente transitória).

b) Identifique o sinal das cargas localizadas nas armaduras *A* e *B* após o capacitor ter sido carregado.

c) Calcule a capacitância.

d) Calcule a energia armazenada no capacitor.

e) Identifique a fonte que forneceu energia para o capacitor.

14. Um capacitor plano é conectado aos terminais de uma bateria de força eletromotriz 100 V e fica carregado com carga de 500 mC. O dielétrico entre as armaduras do capacitor é o ar.

a) Calcule a capacitância do capacitor.

b) Determine a carga armazenada caso se conecte o mesmo capacitor a uma bateria de força eletromotriz igual a 200 V.

c) Considerando a constante dielétrica do ar igual a 1, determine a capacitância caso se substitua o ar por outro dielétrico de constante dielétrica igual a 5.

d) Considerando a situação do item **c**, calcule a carga armazenada caso se conecte o capacitor a uma bateria de força eletromotriz de 200 V.

15. Um capacitor plano é constituído por duas armaduras planas e paralelas entre si. Considere *A* a área das armaduras entre as placas, *d* a distância entre elas e ε a permissividade do dielétrico.

a) Determine a expressão da capacitância do capacitor em função de *A*, *d* e ε.

b) Identifique o que ocorrerá com a capacitância caso a distância entre as placas aumente para $2d$.

16. A figura abaixo ilustra um conjunto de capacitores associados e conectados aos terminais de uma bateria de força eletromotriz 120 V. Os valores das capacitâncias são $C_1 = 20$ nF, $C_2 = 40$ nF e $C_3 = 60$ nF.

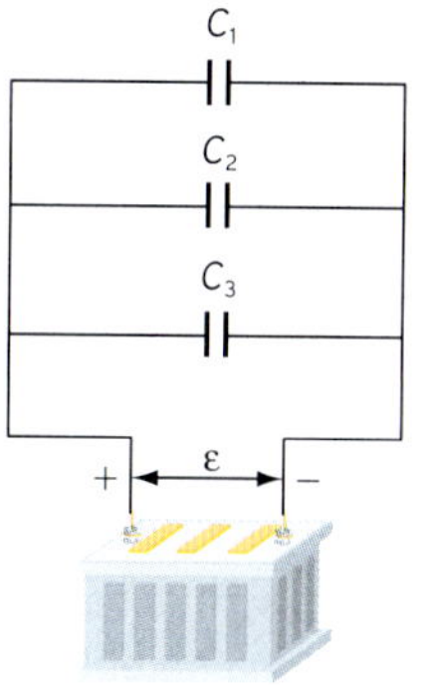

Calcule:

a) a carga armazenada em cada capacitor;

b) a soma total das cargas armazenadas;

c) a capacitância do capacitor equivalente da associação.

17. A figura abaixo representa uma associação de dois capacitores de capacitâncias $C_1 = 3$ nF e $C_2 = 6$ nF, conectados aos terminais de uma bateria de força eletromotriz $\varepsilon = 12$ V.

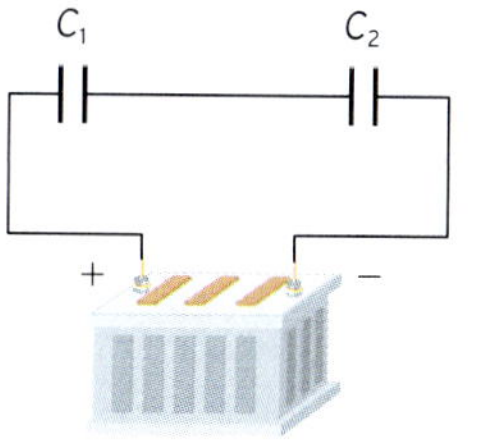

a) Identifique a associação entre os capacitores C_1 e C_2.

b) Calcule a capacitância do capacitor equivalente da associação.

c) Calcule a carga armazenada no capacitor equivalente.

d) Calcule a carga em cada capacitor e a soma total das cargas armazenadas.

e) Determine a ddp em cada capacitor.

18. Três capacitores, de capacitâncias C_1, C_2 e C_3, estão associados no circuito representado a seguir.

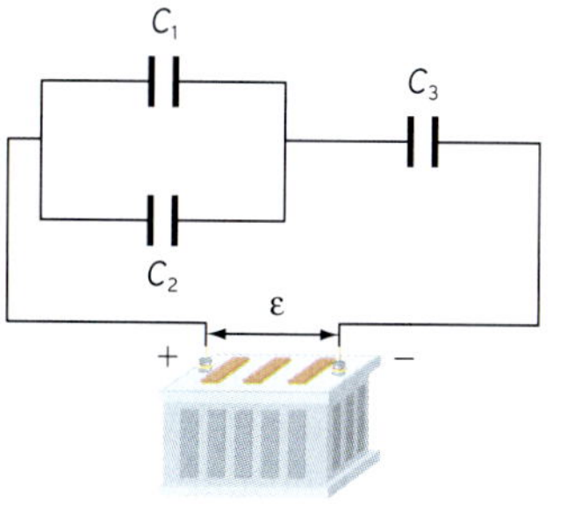

Essa associação de capacitores está conectada aos terminais de uma bateria cuja força eletromotriz é $\varepsilon = 20$ V, e os valores das capacitâncias são: $C_1 = 6$ pF, $C_2 = 6$ pF e $C_3 = 6$ pF.

Dado: 1 pF $= 1{,}0 \cdot 10^{-12}$ F

a) Identifique o tipo da associação entre os capacitores C_1 e C_2.

b) Determine o valor da capacitância do capacitor equivalente.

c) Calcule a carga total armazenada na associação.

19. Um capacitor ligado a uma bateria fica carregado com carga de 4 mC e armazena uma quantidade de energia $E = 8 \cdot 10^{-2}$ J.

a) Calcule a diferença de potencial entre as armaduras do capacitor.

b) Calcule a capacitância do capacitor.

c) Identifique o tipo de transformação de energia que ocorrerá caso os terminais desse capacitor sejam conectados aos terminais de um resistor.

d) Identifique outros dispositivos a que esse capacitor pode ser conectado e qual seria a transformação de energia ocorrida para cada um deles.

20. Considere três capacitores associados em série, sendo suas capacitâncias: $C_1 = 2$ pF, $C_2 = 5$ pF e $C_3 = 10$ pF. A essa associação é fornecida uma carga de 10 pC. Determine:

a) a carga e a ddp em cada capacitor;

b) a ddp da associação;

c) a capacitância equivalente.

21. Considere os mesmos três capacitores do exercício anterior, agora estando eles ligados em paralelo e sendo fornecida a eles a mesma carga de 10 pF. Determine:

a) a carga e a ddp em cada capacitor;

b) a carga da associação;

c) a capacitância equivalente.

22. Considere um capacitor plano eletrizado com carga $Q = 2 \cdot 10^{-7}$ C e com ddp $U = 103$ V. Estando o capacitor desligado do gerador, a distância entre as placas é duplicada. Determine qual será a nova ddp do capacitor.

23. Um capacitor a ar consiste de duas placas paralelas dispostas bem próximas uma da outra e ele tem capacitância de 1 000 pF. Considere que a carga em cada placa seja de 1 microcoulomb. Com base nas informações, responda às seguintes questões:

a) Qual é a diferença de potencial entre as placas?

b) Se a carga for mantida constante, qual é a diferença de potencial entre as placas se a separação entre elas for duplicada?

24. Um capacitor consiste de duas placas paralelas de 25 cm² de área, separadas por uma distância de 0,2 cm. O material entre as placas tem um coeficiente dielétrico de 5. As placas do capacitor estão ligadas a uma bateria de 300 V. Responda:

a) Qual é a capacitância do capacitor?

b) Qual é a carga em cada uma das placas?

25. (Enem) Atualmente, existem inúmeras opções de celulares com telas sensíveis ao toque (*touchscreen*). Para decidir qual escolher, é bom conhecer as diferenças entre os principais tipos de telas sensíveis ao toque existentes no mercado. Existem dois sistemas básicos usados para reconhecer o toque de uma pessoa:

> • O primeiro sistema consiste de um painel de vidro normal, recoberto por duas camadas afastadas por espaçadores. Uma camada resistente a riscos é colocada por cima de todo o conjunto. Uma corrente elétrica passa através das duas camadas enquanto a tela está operacional. Quando um usuário toca a tela, as duas camadas fazem contato exatamente naquele ponto. A mudança no campo elétrico é percebida, e as coordenadas do ponto de contato são calculadas pelo computador.
>
> • No segundo sistema, uma camada que armazena carga elétrica é colocada no painel de vidro do monitor. Quando um usuário toca o monitor com seu dedo, parte da carga elétrica é transferida para o usuário, de modo que a carga na camada que a armazena diminui. Esta redução é medida nos circuitos localizados em cada canto do monitor. Considerando as diferenças relativas de carga em cada canto, o computador calcula exatamente onde ocorreu o toque.
>
> Disponível em: <http://eletronicos.hsw.uol.com.br>. Acesso em: 18 set. 2010. Adaptado.

O elemento de armazenamento de carga análogo ao exposto no segundo sistema e a aplicação cotidiana correspondente são, respectivamente,

a) receptores, televisor.

b) resistores, chuveiro elétrico.

c) geradores, telefone celular.

d) fusíveis, caixa de força residencial.

e) capacitores, *flash* de máquina fotográfica.

26. (Uece) Um capacitor tem uma capacitância de $8{,}0 \cdot 10^{-11}$ F. Se o potencial elétrico entre suas placas for 12 V, o número de elétrons em excesso na sua placa negativa é:

a) $9{,}6 \cdot 10^{14}$

b) $8{,}0 \cdot 10^{20}$

c) $6{,}0 \cdot 10^{9}$

d) $5{,}0 \cdot 10^{8}$

27. Em circuitos de aparelhos de rádio antigos, utilizam-se capacitores com capacitâncias variáveis para a sintonização da emissora desejada. Esses capacitores têm algumas armaduras fixas e outras acopladas a um eixo. Ao girar esse eixo, as placas se interpõem, de modo que se varie a capacitância. De maneira geral, todas as armaduras do capacitor são planas.

Dorling Kindersley/Getty Images

Fotografia de um capacitor de capacitância variável utilizado em aparelhos de rádio antigos.

a) Identifique qual característica do capacitor varia ao girar o eixo, de modo que ocorra variação da capacitância.

b) Descreva o que acontece com a capacitância quando se gira o eixo para afastar as armaduras.

c) Apresente outras opções para variar a capacitância de um capacitor.

28. Alguns teclados de computador funcionam com a utilização de capacitores. A figura a seguir ilustra as principais partes de uma tecla.

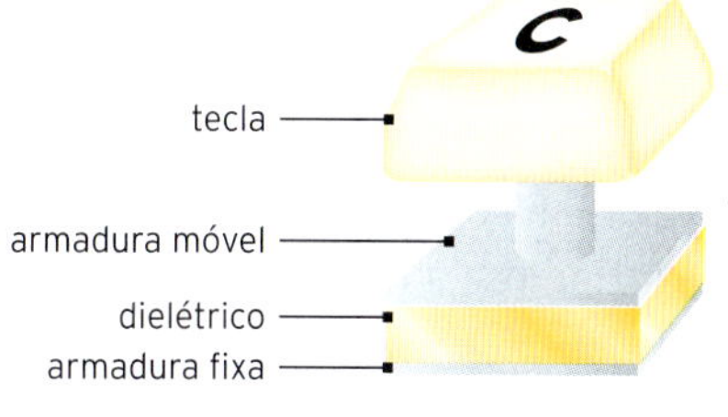

Setup Bureau/ID/BR

A tecla é presa a uma armadura móvel, separada de outra armadura fixa por meio de um dielétrico macio. Ao pressionar uma tecla, a capacitância varia, ocasionando um sinal elétrico, que é enviado para a central de processamento do computador.

a) Identifique qual é a característica de um capacitor plano que varia quando uma tecla é pressionada.

b) A capacitância aumenta ou diminui ao pressionar uma tecla? Justifique.

c) Dê exemplos de outras invenções tecnológicas que fazem uso dos capacitores.

d) Com seus colegas, discuta como seria o mundo atual sem os capacitores.

29. Leia o texto a seguir.

> [...] A vida ficou mais fácil depois da invenção do marca-passo, da ressonância magnética e do desfibrilador portátil. [...]
>
> Ao ser colocado em contato com a vítima, ele [o desfibrilador] analisa o ritmo cardíaco, decide se é necessária ou não a aplicação de choque e ainda informa os operadores sobre as ações necessárias para reverter o quadro da vítima. O aparelho mantém a monitoração da frequência cardíaca e pode aplicar choques adicionais, caso seja necessário. "Esses aparelhos possuem uma tecnologia chamada tecnologia bifásica de desfibrilação. Com essa tecnologia, a descarga aplicada em cada atendimento é menor e capacitores internos, que geram corrente elétrica, puderam ser reduzidos. Por isso os aparelhos também estão menores" [...].
>
> Desfibrilador portátil: aparelho que salva vidas está ao alcance de todos. Disponível em: <http://www.corensp.org.br/sites/default/files/48_0.pdf>. Acesso em: 21 maio 2013.

O desfibrilador é um aparelho que, ao aplicar choques no coração de uma pessoa que sofreu uma parada cardíaca, possibilita, em muitos casos, o retorno dos batimentos do coração.

a) Identifique o dispositivo do desfibrilador que pode armazenar energia elétrica.

b) Descreva o motivo pelo qual se utilizam capacitores na situação descrita.

c) O texto indica um avanço tecnológico no funcionamento de um desfibrilador. Identifique qual foi esse avanço e quais são suas vantagens.

d) Você concorda com a opinião de que a vida ficou mais fácil com a invenção dos aparelhos citados no texto? Justifique seu ponto de vista.

30. Um capacitor plano de capacitância 100 nF encontra-se inicialmente descarregado. Em seguida, uma bateria de força eletromotriz variável é conectada aos seus terminais. A diferença de potencial da bateria pode variar de zero até 20 V.

a) Construa um gráfico que relacione a carga armazenada no capacitor com a diferença de potencial aplicada entre seus terminais, variando desde zero até o valor máximo.

b) Identifique qual grandeza física é numericamente igual ao coeficiente angular do segmento de reta do gráfico.

Integre o aprendizado

31. Imagine uma associação com *n* capacitores. Identifique que grandezas físicas há em comum em todos eles quando estão associados:

a) em paralelo;
b) em série.

32. Um capacitor é constituído de duas placas planas e paralelas. Sua capacitância pode ser alterada variando-se a distância entre suas placas. Com a capacitância de $5 \cdot 10^{-10}$ F, o capacitor foi carregado a 50 V. Depois, ele foi desligado do gerador utilizado para carregá-lo. O capacitor tem então suas placas afastadas até que sua capacitância chegue ao valor de 10^{-10} F. Determine qual é a nova diferença de potencial entre as placas.

33. Os microfones são dispositivos utilizados para converter ondas sonoras em ondas eletromagnéticas, as quais, por sua vez, ao chegar aos amplificadores através de fios, podem gerar sons mais intensos.

Há um tipo de microfone conhecido como **microfone de condensador**, que utiliza um capacitor em seu funcionamento. Esse capacitor é constituído por uma armadura feita de um material maleável, conhecida como diafragma, que fica submetida à pressão das ondas sonoras. A outra armadura permanece fixa, e ambas são conectadas aos terminais de uma bateria. A variação da pressão causada pelas ondas sonoras faz com que o diafragma do microfone vibre com o mesmo padrão das ondas sonoras e, consequentemente, produza um sinal elétrico com a mesma frequência. Observe a figura:

Seção transversal de um microfone de condensador

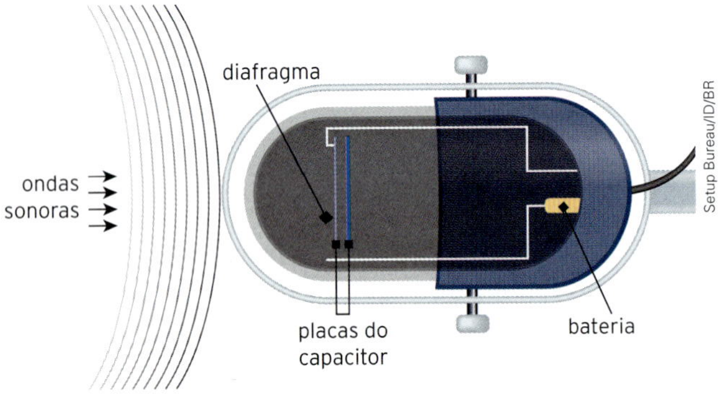

a) Identifique o tipo de transformação de energia que ocorre durante o funcionamento de um microfone de condensador.
b) Identifique qual é a propriedade do capacitor desse tipo de microfone que é alterada quando uma onda sonora atinge o diafragma.
c) Uma pessoa fala a um microfone que está ligado em um alto-falante. Descreva por que o som emitido pelo alto-falante tem as mesmas características que o som emitido pela pessoa. Utilize os conceitos de frequência e de ressonância em sua explicação.

34. Escolha um aparelho elétrico de seu interesse e entreviste um técnico em eletrônica para obter as informações relacionadas a seguir, entre outras de sua própria elaboração.

a) O aparelho funciona com resistor ou com capacitor?
b) O aparelho funcionaria sem esse dispositivo? Em caso afirmativo, algumas funções ficariam prejudicadas? Quais?
c) Caso funcione com capacitor, verifique seu tipo e se sua capacitância é fixa ou móvel.
d) O circuito do aparelho contém um capacitor ou mais? Se for mais de um, que tipo de associação ele apresenta: em série, em paralelo ou mista?

35. **(UEPG-PR)** Sobre capacitância elétrica e capacitores, assinale o que for correto.
[A resposta será a soma dos números associados às alternativas corretas.]

01. A capacitância de um condutor isolado é inversamente proporcional ao potencial a que ele está submetido.
02. Para descarregar um capacitor, basta estabelecer a ligação elétrica entre as duas armaduras, por meio de um condutor.
04. Capacitores associados em série adquirem, todos, a mesma carga.
08. Reduzindo-se a distância entre as placas de um capacitor plano, sua capacitância aumenta.
16. A capacitância de um condutor esférico é diretamente proporcional ao seu raio.

De volta para o começo

1. Retome as respostas que você deu às questões propostas na seção *Primeiras anotações*, na abertura deste capítulo. Que alterações você faria naquelas respostas?
2. Quais são as grandezas que influem na capacitância de um capacitor?
3. Capacitores são geradores ou receptores de energia? Justifique.

Um histórico dos capacitores

A história dos capacitores teve como marco inicial a invenção da garrafa de Leyden, um tipo de capacitor rudimentar criado em 1745 por Pieter van Musschenbroek, em Leyden (Holanda). Inicialmente, esse capacitor foi construído com uma garrafa de vidro preenchida parcialmente com água e que possuía uma haste metálica que conectava a parte interna da garrafa com o meio externo.

Boyer/Roger-Viollet/Getty Images

Pieter (Petrus) van Musschenbroek, em gravura do século XVIII.

Em sua experiência original, Pieter eletrizou um corpo por atrito, encostando-o em seguida na haste metálica da garrafa de Leyden. Devido à eletrização por contato, a garrafa ficou eletrizada internamente. Como o vidro é um material isolante elétrico, a garrafa mantinha a carga armazenada por um intervalo de tempo considerável, diferentemente do que acontecia com os corpos eletrizados, que eram neutralizados rapidamente quando em contato direto com o ar.

O cientista holandês realizou diversas demonstrações públicas do funcionamento da garrafa de Leyden. Uma pessoa era escolhida para tocar na haste metálica da garrafa e, ao tocar, levava um choque elétrico; a intensidade do choque que ela recebia estava relacionada, também, com a quantidade de carga que a garrafa poderia armazenar. Essas demonstrações despertaram a curiosidade de muitos cientistas, que passaram a se interessar em fazer um estudo mais rigoroso do funcionamento da garrafa de Leyden.

Dorling Kindersley/Getty Images

Garrafa de Leyden, precursora dos capacitores.

Aos poucos, a capacidade de armazenamento de cargas da garrafa de Leyden foi sendo aprimorada, até atingir a forma dos capacitores atuais. A água foi substituída por materiais metálicos como chumbo, cobre e ouro. Ao se perceber que um dos fatores mais importantes no armazenamento de cargas na garrafa de Leyden era o vidro, não seu formato, um capacitor plano foi construído com uma placa plana de vidro contendo duas folhas de estanho de cada lado. Experiências posteriores mostraram que o vidro poderia ser substituído por outros materiais isolantes, como ar, papel, cerâmica e mica. Também foi alterada a sua forma, quando foram criados capacitores cilíndricos e esféricos.

Atualmente, os capacitores têm diversas aplicações, além de armazenar cargas elétricas para fins de lazer. Eles são utilizados, por exemplo, em filtros de frequência em aparelhos como rádio e televisão e em transformadores de corrente alternada (CA) para corrente contínua (CC).

Compreender e relacionar

1. Descreva a função do vidro na garrafa de Leyden.
2. Para armazenar cargas, a garrafa de Leyden deve ser colocada em contato com um corpo eletrizado. Descreva uma maneira de se obter essa eletrização.
3. Considerando o item anterior, descreva como as cargas do corpo eletrizado são transferidas para a garrafa de Leyden.
4. Que fenômeno pode ocorrer quando as cargas são transferidas entre o corpo eletrizado e a garrafa de Leyden?
5. O que fez com que a garrafa de Leyden despertasse o interesse dos cientistas da época? Troque ideias com seus colegas para levantar hipóteses sobre algumas possíveis aplicações desse dispositivo no desenvolvimento científico.
6. Os capacitores tiveram diversas alterações de materiais e formas com o passar do tempo.
   a) Identifique com seus colegas de grupo possíveis motivos para que essas transformações acontecessem.
   b) Faça uma pesquisa sobre outras aplicações de capacitores, além das citadas no texto.
   c) O avanço tecnológico é considerado o grande responsável pelas alterações dos capacitores e de diversos outros dispositivos elétricos. Em sua opinião, o que faz com que a tecnologia provoque constantemente essas alterações?

O *flash* eletrônico da máquina fotográfica

A máquina fotográfica permitiu o registro permanente de imagens, tornando possível fixar a memória de pessoas, locais e objetos.

Glenda M. powers/ Shutterstock.com/ID/BR

Flash antigo, que era descartado já na primeira descarga luminosa.

Para obter fotografias com boa nitidez em situações de baixa luminosidade, utiliza-se um dispositivo que produz *flash*, que é a emissão de certa quantidade de luz em um curto intervalo de tempo.

Os dispositivos que geram o *flash* foram aprimorados ao longo do tempo. Houve épocas em que ele era constituído por um filamento que se rompia após a emissão da luz. Assim, tratava-se de um dispositivo descartável, o qual deveria ser trocado após cada emissão. Atualmente, os *flashes* das máquinas fotográficas não são descartáveis.

Hoje, o dispositivo que produz o *flash* é constituído por um tubo cilíndrico de quartzo, com determinada quantidade de gás nobre (argônio, criptônio ou xenônio). Dois eletrodos de tungstênio são colocados nas extremidades desse tubo e são ligados a um ou mais capacitores.

Picstudio/Dreamstime.com/ID/BR

Dispositivo eletrônico disparador de *flash* de algumas máquinas atuais.

São os capacitores que fornecem energia elétrica ao *flash*, a qual será transformada em energia luminosa. Quando o circuito é acionado, sua corrente elétrica ioniza o gás, transformando-o em condutor. Os íons desse gás ionizado emitem fótons de luz em um curto intervalo de tempo, "descarregando" essa energia.

A duração do intervalo do tempo de um *flash* pode variar bastante. Há máquinas fotográficas vendidas comercialmente que disparam o *flash* em um intervalo de tempo de $\frac{1}{250}$ s até $\frac{1}{1000}$ s. Máquinas utilizadas para fins científicos disparam *flashes* em intervalos de $\frac{1}{500\,000}$ s.

Um fotógrafo profissional costuma ter grande preocupação com o intervalo de tempo de emissão e com a potência da luz emitida pelo *flash*, de modo que consegue fotografias de boa qualidade.

No circuito de um dispositivo que gera um *flash*, há um gerador (*G*), representando as baterias que alimentam o *flash*, um resistor (*R*), uma lâmpada, um capacitor (*C*) e uma chave comutadora (*Ch*), que pode ligar o capacitor aos pontos 1 ou 2. A figura 1 representa esse circuito quando o capacitor está sendo carregado. A figura 2 representa o circuito do capacitor no momento do disparo do *flash*.

Os circuitos apresentados a seguir são bem simples se comparados com os circuitos reais de uma máquina fotográfica, que apresentam associações mais elaboradas de capacitores e resistores. Mas o princípio é semelhante.

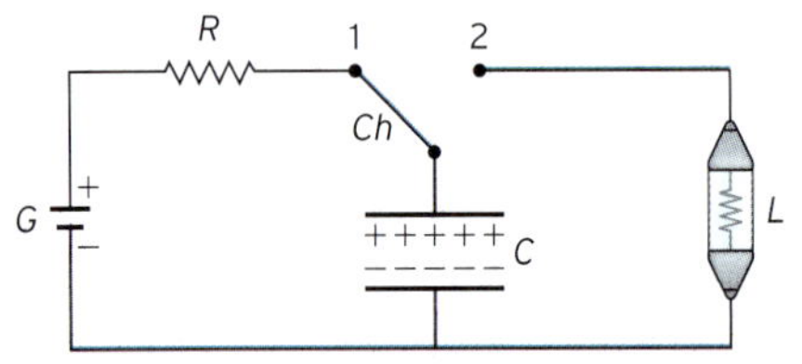

Figura 1
Com a chave na posição 1, o gerador carrega o capacitor. Em algumas máquinas fotográficas, uma lâmpada vermelha indica quando o capacitor está totalmente carregado. A lâmpada permanece apagada (circuito aberto).

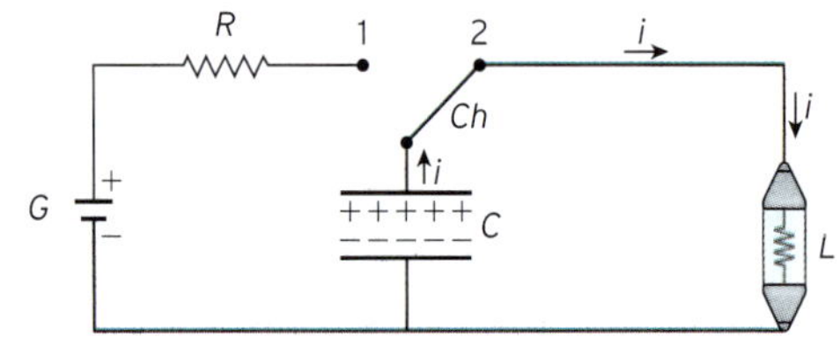

Figura 2
Quando o botão disparador do *flash* é disparado, muda-se a chave para a posição 2. O capacitor é então descarregado, e a corrente *i* acende a lâmpada em um curto intervalo de tempo. No fim do disparo, a chave volta à posição 1 e o capacitor é carregado novamente.

De acordo com o texto

1. Explique para que serve o *flash* das máquinas fotográficas.
2. Descreva o papel da chave comutadora no circuito disparador do *flash* da máquina fotográfica.
3. Quando o capacitor está totalmente carregado, uma lâmpada vermelha se acende. Explique o significado desse sinal.
4. Avalie quais seriam as consequências para a qualidade de uma fotografia caso fosse possível tirá-la antes que o capacitor se encontrasse totalmente carregado.

Garrafa de Leyden (acumulador de cargas)

Participantes: grupos de 3 alunos

Objetivo: Construir um acumulador de cargas e produzir uma descarga elétrica com ele.

Material:

- frasco plástico cilíndrico com tampa
- prego comprido de ferro ou aço
- grampo metálico (como de pastas de arquivos)
- palha de aço
- folha de alumínio de tamanho suficiente para envolver o tubo de plástico
- fita adesiva
- toalha de papel
- canudos de plástico

A Procedimento

Construindo o acumulador de cargas elétricas

1. Com a folha de alumínio, revista a superfície externa e a parte interna do tubo de plástico, deixando aproximadamente um terço de sua altura, a começar da borda, sem o revestimento.

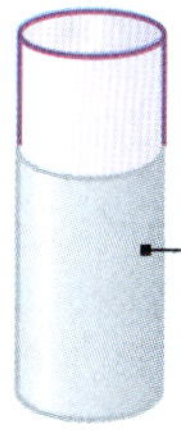

Figura 1

Ilustrações: Setup Bureau/ID/BR

2. Fure a tampa do tubo com o prego, e deixe-o atravessado na tampa, de forma que sua cabeça fique para fora do tubo quando fechado e sua ponta fique para dentro.

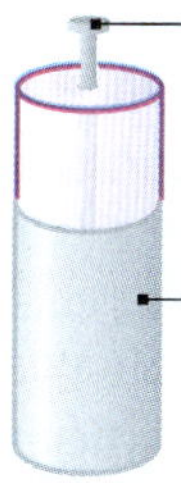

Figura 2

3. Preencha o tubo com palha de aço até a altura do revestimento com o papel-alumínio, cuidando para garantir que a ponta do prego fique em contato com a palha de aço quando o tubo estiver tampado.

4. Com a fita adesiva, fixe uma das hastes do grampo na parte externa do tubo, deixando-a em contato com o papel-alumínio. Dobre a outra haste do grampo para deixá-la com a ponta na direção da cabeça do prego, mas sem tocá-lo.

Figura 3

Seu acumulador de cargas está pronto para ser usado.

Atenção! Nenhum fio da palha de aço pode aparecer fora do tubo; o prego deve estar realmente com a ponta em contato com a palha de aço.

Antes de continuar a tarefa, levantem uma ou mais hipóteses que justifiquem esses dois requisitos para o funcionamento adequado do acumulador de cargas.

Acumulando cargas elétricas

5. Um membro do grupo segura o tubo pela parte revestida, enquanto os outros dois colegas carregam o acumulador. As cargas elétricas acumuladas serão produzidas pelo atrito entre os canudos e a toalha de papel. Depois de atritado, o canudo deve ser encostado na cabeça do prego, com um movimento de "passar manteiga no pão" – uma boa maneira de acumular a maior quantidade de carga elétrica espalhada no canudo depois do atrito. Cada um dos colegas deve realizar o procedimento de atritar o canudo e passá-lo na cabeça do prego quinze vezes, totalizando trinta carregamentos.

Atenção! Não toque no prego durante o carregamento. Caso isso aconteça, deve-se recomeçar o carregamento do início.

Troque ideias com os colegas: Qual é o motivo dessa recomendação?

6. Depois de completar os trinta carregamentos, o colega que segura o carregador deve levantá-lo até a altura dos olhos e empurrar com o dedo, muito lentamente, a ponta do grampo que está na direção do prego, de modo que os aproximem ainda mais. Observe o que ocorre entre o prego e o grampo. Se possível experimente fazer novamente em uma sala escura.

B Depois do experimento

1. Quais partes do acumulador são condutores e quais partes são isolantes? Como esses materiais estão distribuídos na montagem?

2. Suponha que os elétrons tenham sido acumulados no canudo. Assim, as cargas elétricas saltaram do prego para o grampo ou vice-versa? Justifique.

Vestibular e Enem

1. **(Enem)** A passagem de uma quantidade adequada de corrente elétrica pelo filamento de uma lâmpada deixa-o incandescente, produzindo luz. O gráfico abaixo mostra como a intensidade da luz emitida pela lâmpada está distribuída no espectro eletromagnético, estendendo-se desde a região do ultravioleta (UV) até a região do infravermelho.

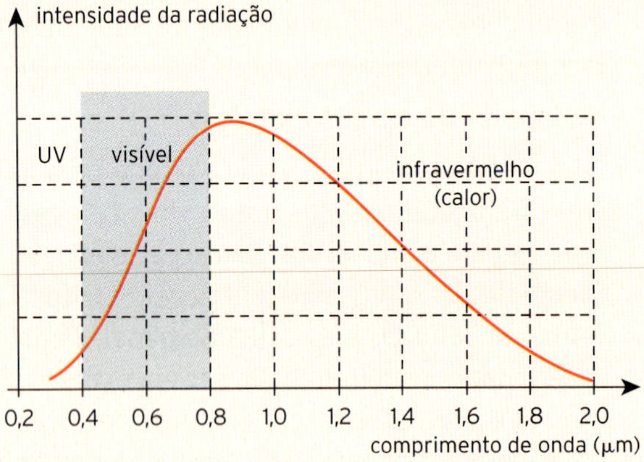

A eficiência luminosa de uma lâmpada pode ser definida como a razão entre a quantidade de energia emitida na forma de luz visível e a quantidade total de energia gasta para o seu funcionamento.

Admitindo-se que essas duas quantidades possam ser estimadas, respectivamente, pela área abaixo da parte da curva correspondente à faixa de luz visível e pela área abaixo de toda a curva, a eficiência luminosa dessa lâmpada seria de aproximadamente:

a) 10%
b) 15%
c) 25%
d) 50%
e) 75%

2. **(UFRGS-RS)** Duas pequenas esferas metálicas idênticas e eletricamente isoladas, *X* e *Y*, estão carregadas com cargas elétricas +4 C e −8 C, respectivamente.

As esferas *X* e *Y* estão separadas por uma distância que é grande em comparação com seus diâmetros. Uma terceira esfera *Z*, idêntica às duas primeiras, isolada e inicialmente descarregada, é posta em contato, primeiro, com a esfera *X* e, depois, com a esfera *Y*.

As cargas elétricas finais nas esferas *X*, *Y* e *Z* são, respectivamente,

a) +2 C, −3 C e −3 C
b) +2 C, +4 C e −4 C
c) +4 C, 0 e −8 C
d) 0, −2 C e −2 C
e) 0, 0 e −4 C

3. **(FGV-SP)** Sendo k a constante eletrostática e G a constante de gravitação universal, um sistema de dois corpos idênticos, de mesma massa M e cargas de mesma intensidade $+Q$, estarão sujeitos a uma força resultante nula quando a relação $\frac{M}{Q}$ for igual a:

a) $\frac{k}{G}$
b) $\frac{G}{k}$
c) $\sqrt{\left(\frac{k}{G}\right)}$
d) $\sqrt{\left(\frac{G}{k}\right)}$
e) $\left(\frac{k}{G}\right)^2$

4. **(PUC-RJ)** Duas esferas carregadas, afastadas de 1 m, se atraem com uma força de 720 N. Se uma esfera tem o dobro da carga da segunda, qual é a carga das duas esferas?

Considere: $k = 9 \cdot 10^9\ N \cdot m^2/C^2$

a) $1{,}0 \cdot 10^{-4}$ C e $2{,}0 \cdot 10^{-4}$ C
b) $2{,}0 \cdot 10^{-4}$ C e $4{,}0 \cdot 10^{-4}$ C
c) $3{,}0 \cdot 10^{-4}$ C e $6{,}0 \cdot 10^{-4}$ C
d) $4{,}0 \cdot 10^{-4}$ C e $8{,}0 \cdot 10^{-4}$ C
e) $5{,}0 \cdot 10^{-4}$ C e $10{,}0 \cdot 10^{-4}$ C

5. **(PUC-RJ)** Duas partículas de carga elétrica Q e massa M são colocadas sobre um eixo e distam de 1 m. Podemos dizer que:

a) a força de interação entre as partículas é nula.
b) as partículas serão atraídas pela força coulombiana e repelidas pela força gravitacional.
c) as partículas serão repelidas pela força coulombiana e repelidas pela força gravitacional.
d) as partículas serão atraídas pela força coulombiana e atraídas pela força gravitacional.
e) as partículas serão repelidas pela força coulombiana e atraídas pela força gravitacional.

6. **(Fatec-SP)** Duas pequenas esferas estão, inicialmente, neutras eletricamente. De uma das esferas são retirados $5{,}0 \times 10^{14}$ elétrons que são transferidos para a outra esfera. Após essa operação, as duas esferas são afastadas de 8,0 cm, no vácuo.

Dados:
carga elementar $e = 1{,}6 \cdot 10^{-19}$ C
constante eletrostática no vácuo
$k_0 = 9{,}0 \times 10^9\ N \cdot m^2/C^2$

A força de interação elétrica entre as esferas será de:

a) atração e intensidade $7{,}2 \times 10^5$ N
b) atração e intensidade $9{,}0 \times 10^3$ N
c) atração e intensidade $6{,}4 \times 10^3$ N
d) repulsão e intensidade $7{,}2 \times 10^3$ N
e) repulsão e intensidade $9{,}0 \times 10^3$ N

7. **(UFPE)** Quatro cargas elétricas puntiformes, de intensidades Q e q, estão fixas nos vértices de um quadrado, conforme indicado na figura. Determine a razão $\frac{Q}{q}$ para que a força sobre cada uma das cargas Q seja nula.

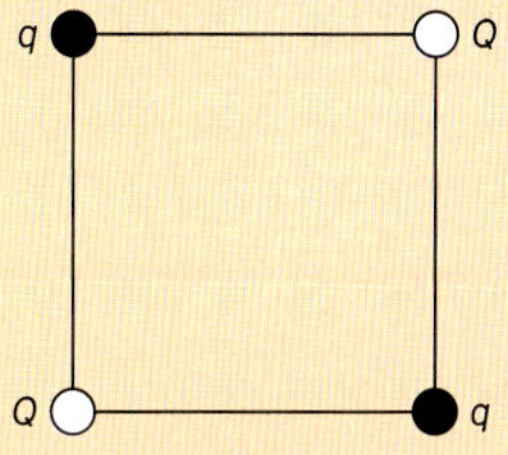

a) $-\sqrt{\frac{2}{4}}$ c) $-\sqrt{2}$ e) $-4\sqrt{2}$

b) $-\sqrt{\frac{2}{2}}$ d) $-2\sqrt{2}$

Resolução comentada

Alternativa **d**.

A resultante das forças exercidas pelas cargas q em Q é dada pela soma vetorial das forças exercidas em cada uma delas. Como as forças são perpendiculares e têm mesmo módulo, então:

$$|\vec{F}_R| = |\vec{F}_1| + |\vec{F}_2| = F\sqrt{2}$$

Assim, o módulo da força exercida pelas cargas q em Q é: $|\vec{F}_R| = K \cdot \frac{|Q| \cdot |q| \cdot \sqrt{2}}{d^2}$

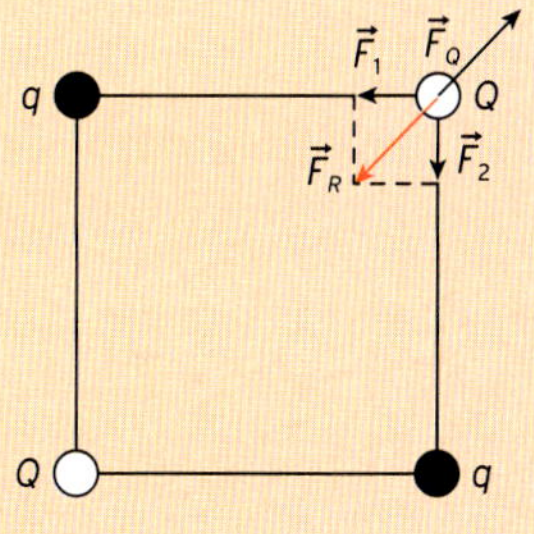

Já a força $\vec{F}_Q$ exercida em Q pela outra carga Q, cuja distância é $d\sqrt{2}$ (diagonal do quadrado) é dada por:

$$F_Q = K \cdot \frac{|Q| \cdot |Q|}{(d \cdot \sqrt{2})^2} = K \cdot \frac{|Q|^2}{2 \cdot d^2}$$

Assim, para que a força nas cargas Q seja nula, a resultante das forças exercidas pelas cargas q em Q deve ser igual à força exercida em Q pela outra carga Q. Portanto: $|F_R| = |F_Q|$

$$K \cdot \frac{|Q| \cdot |q| \cdot \sqrt{2}}{d^2} = K \cdot \frac{|Q|^2}{2d^2}$$

$$|q| \cdot \sqrt{2} = \left|\frac{Q}{2}\right| \therefore \left|\frac{Q}{q}\right| = 2\sqrt{2}$$

Mas, como as cargas Q e q devem ter sinais opostos para se anularem, devemos ter: $\frac{Q}{q} = -2\sqrt{2}$

8. **(UFMG)** Duas pequenas esferas isolantes I e II, eletricamente carregadas com cargas de sinais contrários, estão fixas nas posições representadas nesta figura:

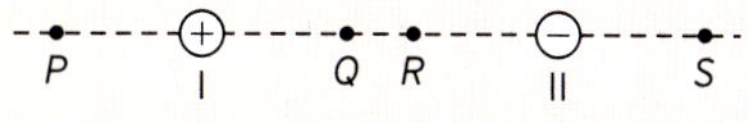

A carga da esfera I é positiva e seu módulo é maior que o da esfera II. Guilherme posiciona uma carga pontual positiva, de peso desprezível, ao longo da linha que une essas duas esferas, de forma que ela fique em equilíbrio. Considerando-se essas informações, é **correto** afirmar que o ponto que melhor representa a posição de equilíbrio da carga pontual, na situação descrita, é o:

a) *R* b) *P* c) *S* d) *Q*

9. **(UFRGS-RS)** Três cargas elétricas puntiformes idênticas, Q_1, Q_2 e Q_3, são mantidas fixas em suas posições sobre uma linha reta, conforme indica a figura a seguir.

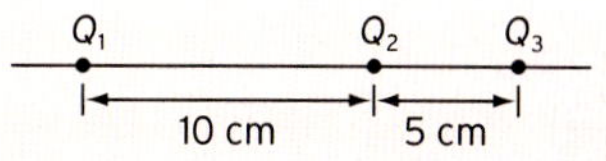

Sabendo-se que o módulo da força elétrica exercida por Q_1 sobre Q_2 é de $4{,}0 \times 10^{-5}$ N, qual é o módulo da força elétrica resultante sobre Q_2?

a) $4{,}0 \times 10^{-5}$ N
b) $8{,}0 \times 10^{-5}$ N
c) $1{,}2 \times 10^{-4}$ N
d) $1{,}6 \times 10^{-4}$ N
e) $2{,}0 \times 10^{-4}$ N

10. **(Mackenzie-SP)** Se no laboratório dispomos somente de capacitores de 2 nF, então o número mínimo destes dispositivos que devemos associar para obtermos uma capacitância equivalente de 9 nF é:

a) 4 b) 3 c) 5 d) 7 e) 6

11. **(UFPE)** A figura ilustra duas placas não condutoras, paralelas e infinitas, com a mesma densidade uniforme de cargas e separadas por uma distância fixa. A carga numa das placas é positiva, e na outra é negativa. Entre as placas, foi fixada uma partícula de carga negativa $-Q$ na posição indicada na figura. Determine em qual dos pontos o módulo do campo elétrico resultante tem o maior valor.

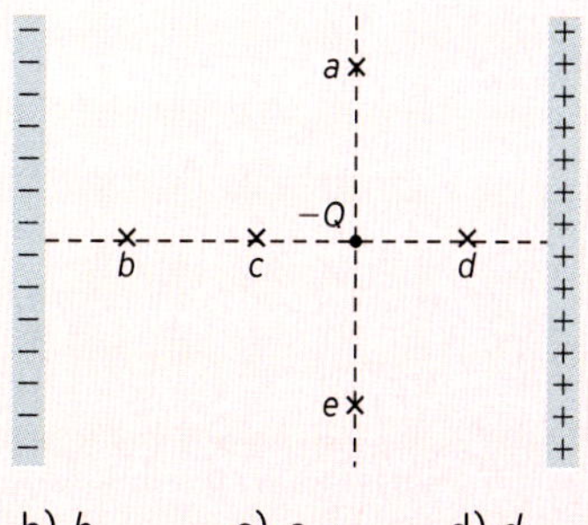

a) *a* b) *b* c) *c* d) *d* e) *e*

12. **(Unifesp)** Uma das especificações mais importantes de uma bateria de automóvel é o "ampère-hora" (Ah), uma unidade prática que permite ao consumidor fazer uma avaliação prévia da durabilidade da bateria. Em condições ideais, uma bateria de 50 Ah funciona durante 1 h quando percorrida por uma corrente elétrica de intensidade 50 A, ou durante 25 h, se a intensidade da corrente for 2 A. Na prática, o ampère-hora nominal de uma bateria só é válido para correntes de baixa intensidade, para correntes de alta intensidade, o valor efetivo do ampère-hora chega a ser um quarto do valor nominal. Tendo em vista essas considerações, pode-se afirmar que o ampère-hora mede a:

a) potência útil fornecida pela bateria.
b) potência total consumida pela bateria.
c) força eletromotriz da bateria.
d) energia potencial elétrica fornecida pela bateria.
e) quantidade de carga elétrica fornecida pela bateria.

13. **(Fuvest-SP)** Uma estudante quer utilizar uma lâmpada (dessas de lanterna de pilhas) e dispõe de uma bateria de 12 V. A especificação da lâmpada indica que a tensão de operação é 4,5 V e a potência elétrica utilizada durante a operação é de 2,25 W.

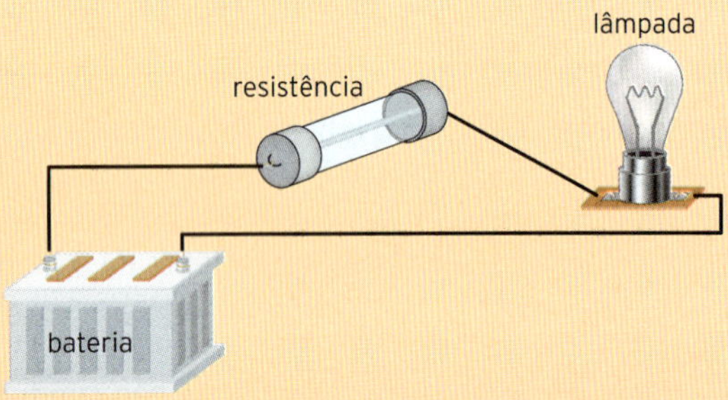

Ilustrações Setup Bureau/ID/BR

Para que a lâmpada possa ser ligada à bateria de 12 V, será preciso colocar uma resistência elétrica, em série, de aproximadamente:

a) 0,5 Ω
b) 4,5 Ω
c) 9,0 Ω
d) 12 Ω
e) 15 Ω

Resolução comentada

Alternativa **e**.

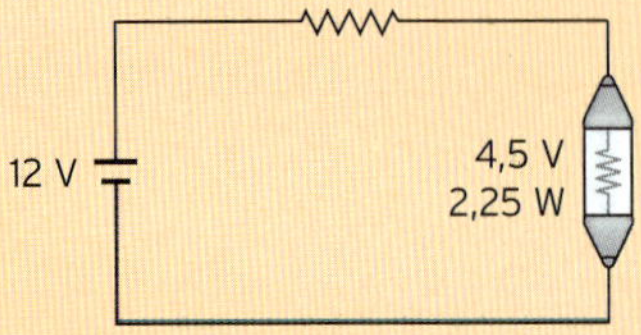

Representação do circuito elétrico.

Em circuitos em série, a tensão é dividida entre todos os componentes do circuito, e sua corrente elétrica se mantém a mesma para todo o circuito. Para poder acender a lâmpada, a estudante precisa colocar um resistor para utilizar toda a tensão que a lâmpada não consome. Com a potência da lâmpada podemos calcular a corrente, que será igual em todo o circuito. Utilizando as expressões $U = R \cdot i$ e $P = U \cdot i$ é possível calcular o valor do resistor que deve ser usado.

A corrente no circuito é dada por:

$$i = \frac{P}{U} = \frac{2{,}25}{4{,}5} = 0{,}5 \text{ ou } i = 0{,}5 \text{ A}$$

e como o circuito está ligado em série, então ela é a mesma para o resistor. A lâmpada consome 4,5 V, assim o resistor deve consumir os outros 7,5 V gerados pela bateria. Com isso, basta utilizar a expressão $U = R \cdot i$, substituindo os valores da corrente e da tensão para saber qual deve ser a resistência utilizada.

$$R = \frac{U}{i} = \frac{7{,}5}{0{,}5} = 15 \text{ ou } R = 15\ \Omega$$

14. **(UFPE)** Considere duas cargas elétricas puntiformes de mesmo valor e sinais contrários, fixas no vácuo e afastadas pela distância d. Pode-se dizer que o módulo do campo elétrico E e o valor do potencial elétrico V, no ponto médio entre as cargas, são:

a) $E \neq 0$ e $V \neq 0$
b) $E \neq 0$ e $V = 0$
c) $E = 0$ e $V = 0$
d) $E = 0$ e $V \neq 0$
e) $E = \frac{2V}{d}$

15. **(UFC-CE)** Considere o circuito elétrico da figura a seguir. A chave S encontra-se inicialmente aberta e o capacitor encontra-se completamente descarregado.

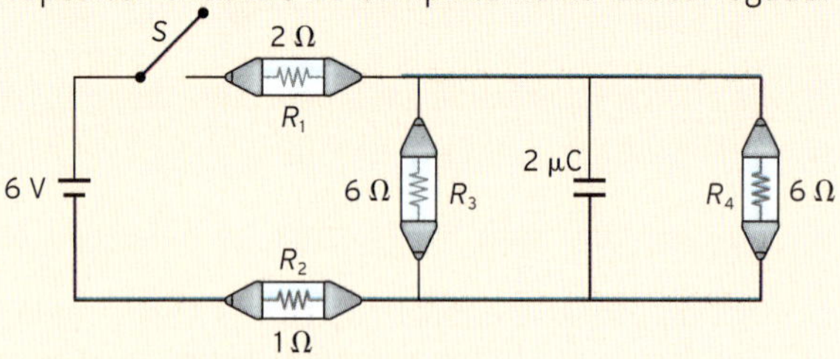

A soma das correntes no resistor de 2 Ω no instante em que a chave S é fechada e em um instante de tempo posterior, suficientemente longo para que o capacitor esteja completamente carregado, é:

a) 1 A
b) 2 A
c) 3 A
d) 4 A
e) 5 A

16. **(PUC-RJ)** Dois resistores $R_1 = 1\ \Omega$ e $R_2 = 2\ \Omega$ são ligados a uma bateria de 2 V. De que maneira esses dois resistores devem ser combinados para que a potência dissipada no circuito seja a menor possível?

a) Os resistores devem ser colocados em série, e a potência dissipada será de 4/3 W.

b) Os resistores devem ser colocados em série, e a potência dissipada será de 3/4 W.

c) Os resistores podem ser igualmente colocados em série ou em paralelo, e a potência dissipada será de 1 W.

d) Os resistores devem ser colocados em paralelo, e a potência dissipada será de 4/3 W.

e) Os resistores devem ser colocados em paralelo, e a potência dissipada será de 3/4 W.

17. **(Unicamp)** O carro elétrico é uma alternativa aos veículos com motor a combustão interna. Qual é a autonomia de um carro elétrico que se desloca a 60 km/h, se a corrente elétrica empregada nesta velocidade é igual a 50 A e a carga máxima armazenada em suas baterias é q = 75 Ah?

a) 40,0 km

b) 62,5 km

c) 90,0 km

d) 160,0 km

18. **(Unesp)** Dois resistores ôhmicos, R_1 e R_2, podem ser associados em série ou em paralelo. A resistência equivalente quando são associados em série é R_s e quando são associados em paralelo é R_p. No gráfico, a curva S representa a variação da diferença de potencial elétrico entre os extremos da associação dos dois resistores em série, em função da intensidade de corrente elétrica que atravessa a associação de resistência equivalente R_s, e a curva P representa a variação da diferença de potencial elétrico entre os extremos da associação dos dois resistores em paralelo, em função da intensidade da corrente elétrica que atravessa a associação de resistência equivalente R_p.

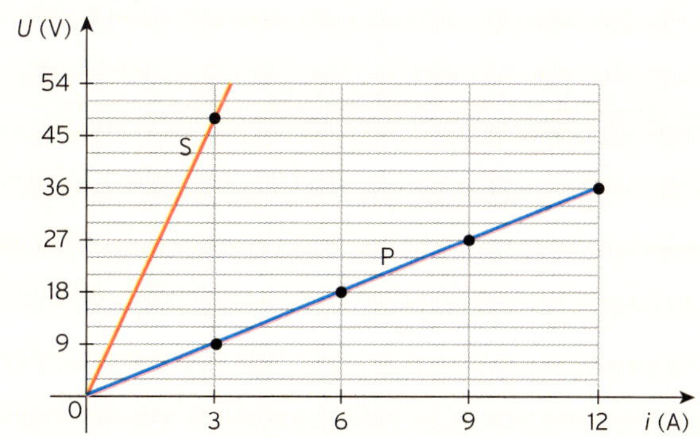

Considere a associação seguinte, constituída por dois resistores R_1 e dois resistores R_2.

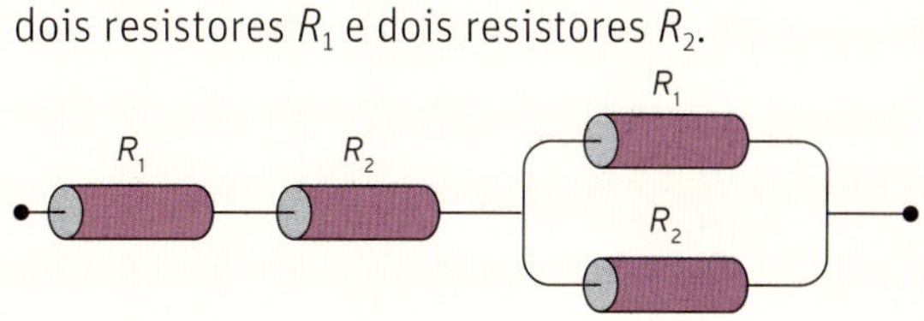

De acordo com as informações e desprezando a resistência elétrica dos fios de ligação, calcule a resistência equivalente da associação representada na figura e os valores de R_1 e R_2, ambos em ohms.

19. **(PUC-SP)** A figura a seguir representa um circuito elétrico no qual há:

- um gerador ideal, de força eletromotriz 48 V;
- um resistor R_2, de resistência elétrica 6 Ω;
- um resistor R_3, de resistência elétrica 8 Ω;
- um resistor R_4 e um resistor R_1, ambos com mesmo valor de resistência.

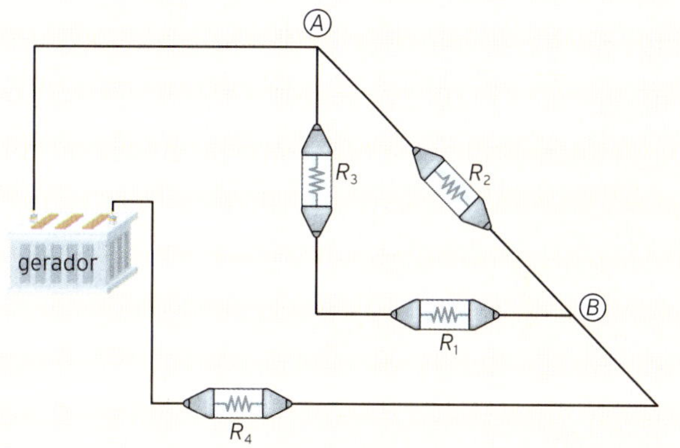

Se a diferença de potencial entre os pontos A e B é igual a 24 V, a resistência do resistor R_1 é dada, em ohms, por um número:

a) menor do que 3.

b) entre 3 e 6.

c) entre 6 e 9.

d) entre 9 e 12.

e) maior do que 12.

20. **(UFC-CE)** Considere o circuito mostrado na figura a seguir.

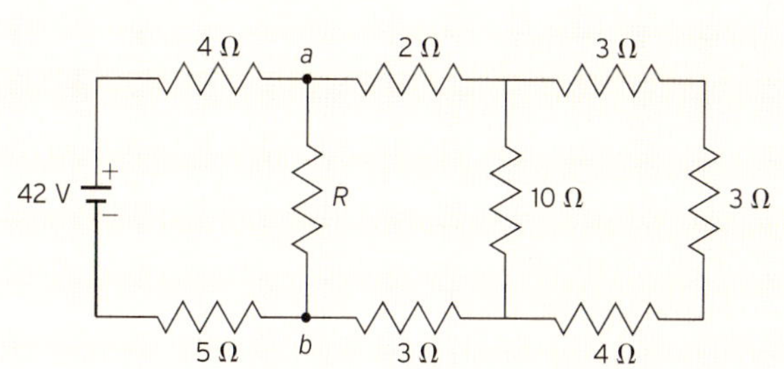

Assinale a alternativa que contém, respectivamente, os valores da resistência R e da diferença de potencial entre os pontos a e b, sabendo que a potência dissipada no resistor de 5 Ω é igual a 45 W.

a) 1 Ω e 5 V

b) 5 Ω e 15 V

c) 10 Ω e 15 V

d) 10 Ω e 30 V

e) 15 Ω e 45

Vestibular e Enem

21. **(UFG-GO)** Nos choques elétricos, as correntes que fluem através do corpo humano podem causar danos biológicos que, de acordo com a intensidade da corrente, são classificados segundo a tabela a seguir.

	Corrente elétrica	Dano biológico
I	Até 10 mA	Dor e contração muscular.
II	De 10 mA até 20 mA	Aumento das contrações musculares.
III	De 20 mA até 100 mA	Parada respiratória.
IV	De 100 mA até 3 A	Fibrilação ventricular que pode ser fatal.
V	Acima de 3 A	Parada cardíaca, queimaduras graves.

Considerando que a resistência do corpo em situação normal é da ordem de 1 500 Ω, em qual das faixas acima se enquadra uma pessoa sujeita a uma tensão elétrica de 220V?

a) I.
b) II.
c) III.
d) IV.
e) V.

22. **(Unifesp)** Um consumidor troca a sua televisão de 29 polegadas e 70 W de potência por uma de plasma de 42 polegadas e 220 W de potência. Se em sua casa se assiste televisão durante 6,0 horas por dia, em média, pode-se afirmar que o aumento de consumo mensal de energia elétrica que essa troca vai acarretar é, aproximadamente, de:

a) 13 kWh
b) 27 kWh
c) 40 kWh
d) 70 kWh
e) 220 kWh

Resolução comentada

Alternativa **b**.

A televisão de 29" consome 70 W a cada hora que fica ligada, e a de 42", 220 W. Como a televisão fica ligada em média 6 horas por dia, isso equivale a 180 horas no mês. Sabendo a quantidade de horas que a televisão fica ligada, e o consumo horário do aparelho, basta fazer uma multiplicação.

Para a de 29", tem-se:

$70\ W \cdot 180\ h = 12\,600\ W = 12{,}6\ kWh$

Para a de 42":

$220\ W \cdot 180\ h = 39\,600\ W = 39{,}6\ kWh$

Portanto, o aumento do consumo de energia elétrica é a diferença entre o consumo da televisão de 42" e a de 29". Ou seja:

$39{,}6\ kWh - 12{,}6\ kWh = 27\ kWh$

23. **(UFMS)** A energia solar é uma das fontes alternativas de energia utilizadas pelo homem. A intensidade média anual da radiação solar na cidade de Campo Grande – MS é igual a 700 W/m² considerando 6 horas de irradiação por dia. Um equipamento de captação de energia solar, para aquecer a água destinada ao consumo doméstico, possui rendimento igual a 60%, isto é, 60% da potência da radiação solar disponível é transformada em potência útil pelo equipamento. Considere uma residência que possui um desses equipamentos instalado, cuja área de captação de irradiação solar é de 4 m², e que toda a potência útil é consumida. Se o custo da energia elétrica no local é de R$ 0,60 por kWh, a economia média anual (365 dias) em reais, nessa residência, será:

a) maior que R$ 2 124,00.
b) igual a R$ 551,88.
c) igual a R$ 367,92.
d) menor que R$ 367,92.
e) igual R$ 1 980,00.

24. **(UFG-GO)** A tabela a seguir mostra componentes eletroeletrônicos de uma residência, com suas respectivas especificações e tempo médio de uso diário em horas, por elemento.

Componentes	6 lâmpadas	1 televisor	1 chuveiro	1 ferro elétrico
Potência	100 W	500 W	2 400 W	1 200 W
Tensão	200 V	220 V	220 V	220 V
Tempo	2,0 h	4,0 h	1,5 h	1,0 h

Buscando minimizar o gasto mensal, os moradores dessa residência resolveram retirar duas lâmpadas e reduzir o uso do chuveiro e do ferro elétrico em 30 minutos cada. Com esta atitude, conseguiu-se uma economia de:

a) 22,5%
b) 25,0%
c) 27,5%
d) 30,0%
e) 32,5%

25. **(Uerj)** Uma torradeira elétrica consome uma potência de 1 200 W, quando a tensão eficaz da rede elétrica é igual a 120 V. Se a tensão eficaz da rede é reduzida para 96 V, a potência elétrica consumida por essa torradeira, em watts, é igual a:

a) 572
b) 768
c) 960
d) 1 028

26. **(Ufac)** Num determinado ponto *p* do campo elétrico criado por uma carga pontual, o potencial é $V_p = 1\,200$ V e a intensidade do vetor campo elétrico é $E_p = 800$ V/m. Qual o valor da carga *Q*? Dado: $K = 9{,}0 \times 10^9\ N \cdot m^2/C^2$

a) $2{,}0 \times 10^{-6}$ C
b) $2{,}4 \times 10^{-5}$ C
c) $1{,}5 \times 10^{-6}$ C
d) $2{,}0 \times 10^{-7}$ C
e) $1{,}6 \times 10^{-7}$ C

27. **(Uerj)** Ao ser conectado a uma rede elétrica que fornece uma tensão eficaz de 200 V, a taxa de consumo de energia de um resistor ôhmico é igual a 60 W. Determine o consumo de energia, em kWh, desse resistor, durante quatro horas, ao ser conectado a uma rede que fornece uma tensão eficaz de 100 V.

28. **(UFPE)** Determine o valor do resistor *R*, em ohms, para que a corrente no circuito abaixo seja de 0,5 A.

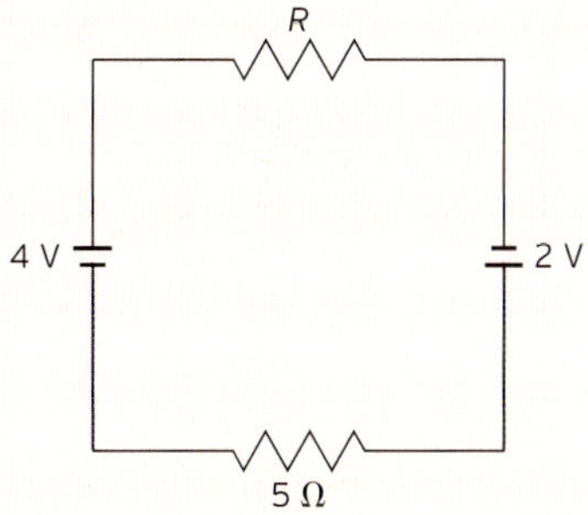

a) 9
b) 7
c) 5
d) 3
e) 1

29. **(Ufal)** No circuito elétrico a seguir, a corrente elétrica no resistor ôhmico de resistência 1 Ω vale:

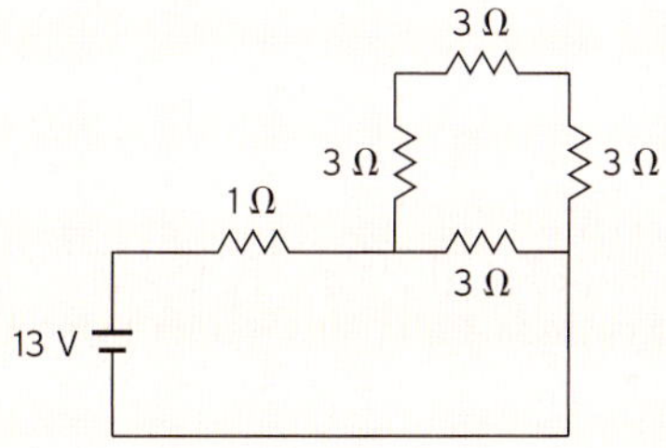

a) 1 A
b) 2 A
c) 3 A
d) 4 A
e) 5 A

30. **(PUC-RJ)** Três tipos de circuitos elétricos diferentes podem ser montados com uma bateria e três lâmpadas idênticas. Em uma primeira montagem, ao se queimar uma das lâmpadas, as outras duas permanecerão acesas. Em uma segunda montagem, ao se queimar uma das lâmpadas, as outras duas apagarão. Em uma terceira montagem, ao se queimarem duas lâmpadas, a terceira permanecerá acesa. Qual das hipóteses abaixo é verdadeira?

a) Todas as lâmpadas da primeira montagem estão em série e todas as da terceira montagem estão em paralelo com a bateria.
b) Todas as lâmpadas da segunda montagem estão em paralelo e todas as da terceira montagem estão em série com a bateria.
c) Todas as lâmpadas da primeira montagem estão em série e todas as da segunda montagem estão em paralelo com a bateria.
d) Todas as lâmpadas da segunda montagem estão em série e todas as da terceira montagem estão em paralelo com a bateria.
e) Todas as lâmpadas da primeira montagem estão em paralelo e todas as da terceira montagem estão em série com a bateria.

31. **(PUC-SP)** No lustre da sala de uma residência, cuja tensão de entrada é de 110 V, estão colocadas duas lâmpadas "queimadas" de potência nominal igual a 200 W cada, fabricadas para funcionarem ligadas à rede de 220 V. Para substituir as "queimadas" por uma única, que ilumine o ambiente da mesma forma que as duas lâmpadas anteriores iluminavam, será preciso que a especificação desta nova lâmpada seja de:

a) 400 W - 110 V
b) 200 W - 110 V
c) 200 W - 220 V
d) 100 W - 110 V
e) 100 W - 220 V

32. **(UFPE)** Uma bateria elétrica possui uma força eletromotriz de 1,5 V e resistência interna 0,1 Ω. Qual a diferença de potencial, em V, entre os polos desta bateria se ela estiver fornecendo 1,0 A a uma lâmpada?

a) 1,5
b) 1,4
c) 1,3
d) 1,2
e) 1,0

33. **(UEPG-PR)** Uma carga elétrica puntiforme *Q* gera um campo elétrico numa determinada região do espaço. Considerando um ponto *P* a uma distância *r* da carga *Q*, assinale o que for **correto**.
[A resposta será a soma dos números associados às alternativas corretas.]

01. A intensidade do vetor força elétrica que age sobre a carga de prova q_0 é inversamente proporcional à intensidade do vetor campo elétrico.
02. O sentido do vetor campo elétrico é o do vetor força elétrica que age sobre a carga de prova q_0, colocada no ponto *P*.
04. A intensidade do vetor campo elétrico é inversamente proporcional ao quadrado da distância *r*.
08. O campo elétrico será nulo no ponto *P* se a carga de prova q_0 tiver sinal contrário ao da carga *Q*.
16. Se o sentido do vetor campo elétrico for de afastamento da carga *Q*, então a carga de prova q_0 tem sinal contrário ao da carga *Q*.

34. (Unesp) Três resistores de 40 ohms cada um são ligados a uma bateria de f.e.m. (E) e resistência interna desprezível, como mostra a figura.

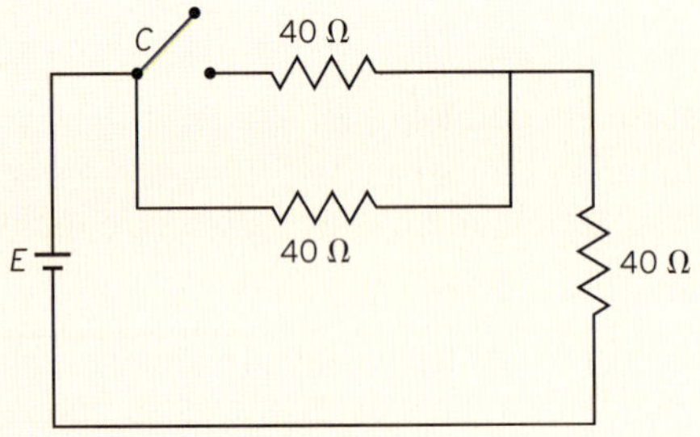

Quando a chave "C" está aberta, a corrente que passa pela bateria é 0,15 A.

a) Qual é o valor da f.e.m. (E)?

b) Que corrente passará pela bateria, quando a chave "C" for fechada?

35. (UFRN) Informações divulgadas revelam que o Brasil é um dos países onde há uma grande ocorrência de raios. Estes são descargas elétricas que ocorrem na atmosfera, geralmente entre a nuvem e o solo ou entre duas nuvens. Segundo especialistas, no Brasil, ocorrem a cada segundo, em média, três raios tipo nuvem – solo, e, em cada um desses raios, é gerada uma energia da ordem de 10^9 J. Considere a rigidez dielétrica do ar igual a $3 \cdot 10^6$ Volt/m, isto é, a maior intensidade do campo elétrico que pode ser aplicada ao ar sem que ele se torne condutor, e que $E = \frac{V}{d}$, onde E é a intensidade do campo elétrico, V a diferença de potencial elétrico entre a nuvem e o solo e d a distância entre a nuvem e o solo.

a) Supondo que as cargas elétricas estão uniformemente distribuídas na base de uma nuvem que se situa a 3 km de altura do solo e induzem, neste, cargas de sinais opostos, calcule a diferença de potencial mínima, V_M, capaz de quebrar a rigidez dielétrica do ar de modo que ocorram raios.

b) Determine a potência média gerada pelos três raios que caem a cada segundo.

c) Se toda a potência gerada pelos três raios que caem a cada segundo pudesse ser utilizada como fonte de energia elétrica, qual seria o número de raios necessários para gerar uma potência elétrica de 15 000 MW ($1,5 \cdot 10^{10}$ W), ou seja, uma potência equivalente à gerada pela Usina de Itaipu?

36. (Enem) Considere a seguinte situação hipotética: ao preparar o palco para a apresentação de uma peça de teatro, o iluminador deveria colocar três atores sob luzes que tinham igual brilho; e os demais, sob luzes de menor brilho. O iluminador determinou, então, aos técnicos, que instalassem no palco oito lâmpadas incandescentes com a mesma especificação (L1 a L8), interligadas em um circuito com uma bateria, conforme mostra a figura.

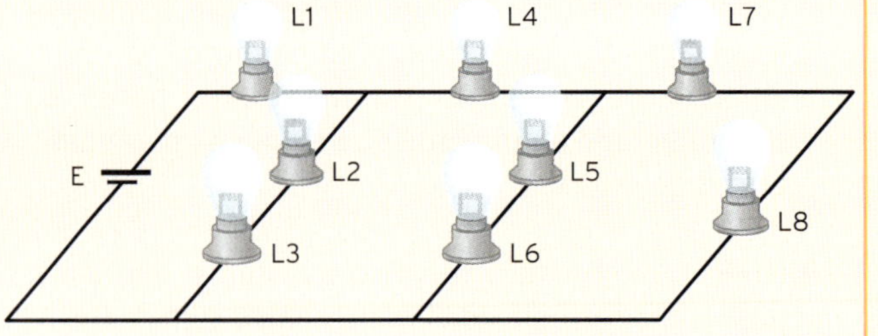

Nessa situação, quais são as três lâmpadas que acendem com o mesmo brilho por apresentarem igual valor de corrente fluindo nelas, sob as quais devem se posicionar os três atores?

a) L1, L2 e L3
b) L2, L3 e L4
c) L2, L5 e L7
d) L4, L5 e L6
e) L4, L7 e L8

37. (Fuvest-SP) Medidas elétricas indicam que a superfície terrestre tem carga elétrica total negativa de, aproximadamente, 600 000 C. Em tempestades, raios de cargas positivas, embora raros, podem atingir a superfície terrestre. A corrente elétrica desses raios pode atingir valores de até 300 000 A. Que fração da carga elétrica total da Terra poderia ser compensada por um raio de 300 000 A e com duração de 0,5 s?

a) 1/2
b) 1/3
c) 1/4
d) 1/10
e) 1/20

Resolução comentada

Alternativa **c**.

A intensidade da corrente média produzida pelo raio é dada por $i = \frac{\Delta Q}{\Delta t}$, em que ΔQ é a quantidade de carga compensada pelo raio; e Δt, a variação do tempo em que a descarga ocorre.

$\Delta Q = i \cdot \Delta t \Rightarrow \Delta Q = 300\,000 \cdot 0,5$

$\Delta Q = 150\,000$ C

A fração da carga é calculada pela relação:

$$\frac{\Delta Q}{|Q_{Terra}|} = \frac{150\,000}{600\,000} \Rightarrow \frac{\Delta Q}{|Q_{Terra}|} = \frac{1}{4}$$

38. (Fatec-SP) Um resistor ôhmico, de resistência $R = 20\ \Omega$, submetido à ddp de 200 V e percorrido por uma corrente elétrica de intensidade 10 A, dissipa uma potência de 2 000 W. Se o mesmo resistor for submetido a ddp de 100 V, a intensidade da corrente que o percorrerá, em ampères, e a potência que dissipará, em watts, serão, respectivamente:

a) 10 e 1 000
b) 10 e 500
c) 5 e 4 000
d) 5 e 2 000
e) 5 e 500

Para explorar

A seguir são apresentadas sugestões para ampliar seus conhecimentos sobre os temas desta unidade.

Livros

Scipione/Arquivo da editora

- ***Franklin e a eletrostática*, de Steve Parker. São Paulo: Scipione, 2001.**
  O autor apresenta a história de Benjamin Franklin e suas contribuições para o estudo da eletricidade estática. Sua descrição de como o cientista descobriu a natureza elétrica dos raios e dos relâmpagos é, além de agradável, esclarecedora.

- ***História da eletricidade*, de Alberto Gaspar. São Paulo: Ática, 1996.**
  O autor apresenta desde as primeiras investigações sobre as propriedades do âmbar até as aplicações mais inovadoras da eletricidade, incluindo a discussão das partículas subatômicas. O destaque vai para a análise da dependência social da eletricidade e os problemas envolvendo a questão elétrica no mundo atual.

Segmento Farma/Arquivo da editora

- ***Energia elétrica:* a luz do consumidor, de Irapuã de Oliveira Costa. São Paulo: Segmento Farma, 2004.**
  Entre outras questões, o autor discute o quanto se paga pelo uso da eletricidade. Sabe-se, por exemplo, que as "fugas" de energia por problemas de instalação elétrica – seja residencial, seja comercial – contribuem para o aumento do consumo e, portanto, da conta a ser paga. Com exemplos reais, extraídos da análise de diversas contas de luz, o autor ensina como o consumidor pode analisar e diminuir seu consumo de energia elétrica.

Internet

<http://www.eletrobras.com/elb/main.asp>

- **Eletrobras.**
  <http://www.eletrobras.com>. Acesso em: 3 jul. 2014.
  Aqui, é possível encontrar as principais informações sobre a produção de energia elétrica no Brasil, além de dicas ambientais. No *site* há um *link* para a biblioteca da Eletrobras, com acervo de acesso público, constituído por cerca de 36 mil títulos, entre livros, relatórios técnicos e periódicos, teses, publicações em CD-ROM e vídeos.

UNIDADE

2 Eletromagnetismo

Capítulos

Selfillumination/<www.ak3d.de>, André Kutscherauer

Autoiluminação. Imagem computadorizada em 3D, do artista plástico alemão Andre Kutscherauer.

Primeiras ideias

Observe a figura que abre esta unidade. O nome dela é *Autoiluminação*, título que parece um pouco óbvio, pois ele se refere à lâmpada que vai se acender, ligando o plugue à tomada. A imagem também se refere à dependência da vida moderna para com a eletricidade; afinal, sem ela, a sociedade atual não teria tanto conforto: a segurança trazida pela iluminação pública; os meios de comunicação, como telefone, celular, televisão, rádio; os tratamentos de saúde com equipamentos hospitalares cada vez mais complexos, entre tantos outros. É praticamente impossível pensar na vida moderna sem a eletricidade.

A melhoria na qualidade de vida do mundo atual se deve ao desenvolvimento de conhecimentos da eletricidade e do magnetismo, que vamos estudar nesta unidade.

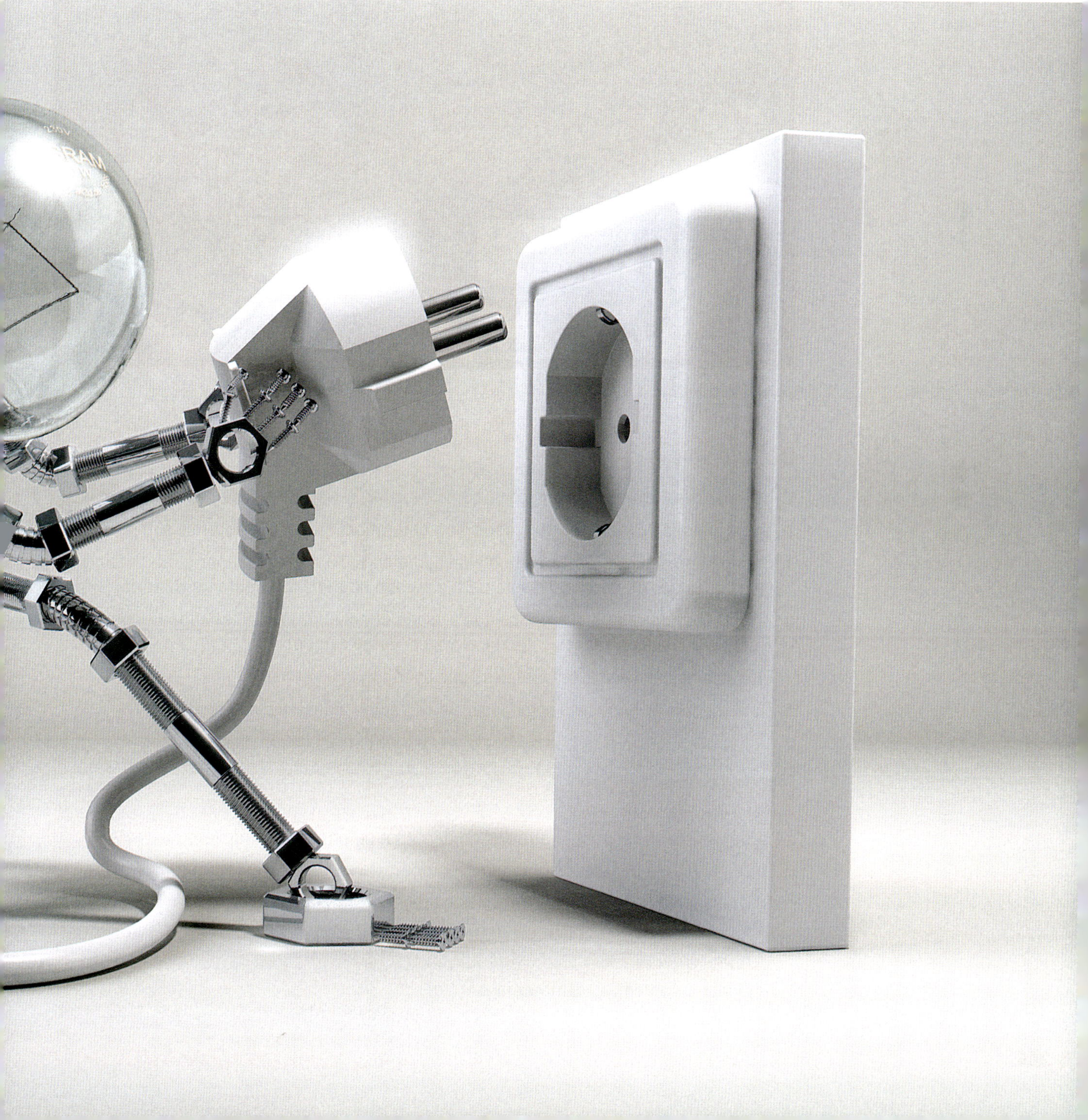

CAPÍTULO

6 Campo e força magnéticos

Módulos

1. Magnetismo em ímãs e bússolas
2. Campo magnético
3. Força magnética
4. Galvanômetros e motores elétricos

NYPL/Science Source

Mapa-múndi do século XVI.

Debate inicial

1. Na época das Grandes Navegações, como os marinheiros se orientavam em alto-mar?
2. Quais métodos podem ser utilizados para determinar as direções norte e sul?
3. O mapa apresentado nesta página é de cerca de 1570. Procure saber quais foram as consequências do uso da bússola para o mundo naquele momento da História.
4. A Terra tem um campo magnético que é usado por algumas espécies animais como meio de orientação espacial. Qual é a origem desse campo?
5. Cite algumas inovações tecnológicas que utilizem o magnetismo.
6. Quais seriam as implicações da ausência de campo magnético na Terra?

Primeiras anotações

Considere as respostas obtidas no debate e responda no caderno.

1. O que é uma bússola? Como ela funciona?
2. Quais materiais da bússola interagem com o campo magnético?
3. A força magnética é sempre uma força de atração ou ela também pode ser de repulsão?
4. Qual é a origem do campo magnético?

1. Magnetismo em ímãs e bússolas

O magnetismo está presente em muitas situações cotidianas, seja de forma explícita, como no caso dos ímãs de geladeira, no uso de bússolas, etc. seja de forma menos evidente, como no funcionamento de aparelhos alto-falantes, televisões, telefones, entre outras.

O primeiro fenômeno magnético observado foi a atração entre objetos que contêm ferro e ímãs naturais. Houve um longo caminho desde essa primeira observação até a construção da teoria do eletromagnetismo.

Ímãs

Os gregos antigos já conheciam uma pedra, abundante na região de Magnésia (Grécia), que tinha a propriedade de atrair metais. Por estar concentrada nessa região, foi denominada **magnetita**.

Embora o uso social de ímãs naturais como a magnetita já fosse difundido, depois da invenção da bússola pelos chineses (por volta do século XI) houve poucos estudos sobre o magnetismo nos séculos seguintes. Uma exceção ocorreu no século XIII, quando o francês Pierre Pèlerin de Maricourt propôs que a força atrativa dos ímãs estava concentrada em dois pontos – os quais chamou de **polos** – orientados espontaneamente um para o norte e o outro para o sul da Terra. O primeiro estudo do magnetismo considerado importante foi o livro *De Magnete*, publicado em 1600 pelo inglês William Gilbert, médico da rainha Elizabeth I. Gilbert realizou muitas experiências sobre o assunto e descreveu, de maneira sistemática, certas propriedades dos ímãs, como seu poder de atração e repulsão.

Setup Bureau/ID/BR

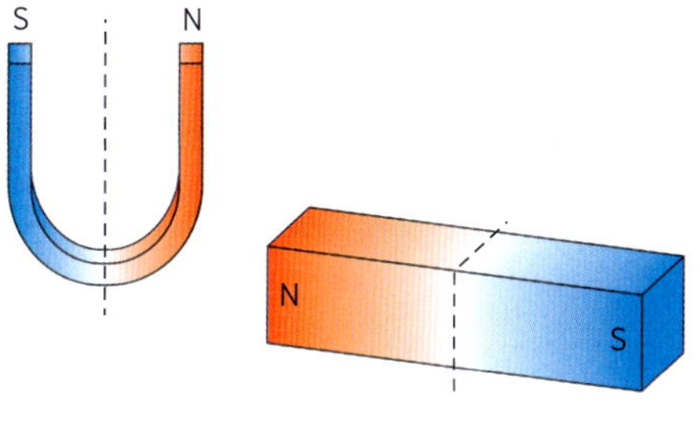

Atualmente, os ímãs são fabricados em diferentes formatos, como os mostrados nos esquemas ao lado. Todos têm um polo norte (nas figuras, em vermelho) e um polo sul (em azul). Cores-fantasia.

Para Gilbert, a atração de alguns objetos metálicos por ímãs e a repulsão por outros ímãs se daria por meio de correntes fechadas, chamadas de *effluvia*, as quais emergiam do polo de um ímã em direção ao polo de outro ímã. As *effluvias* arrastariam consigo os metais e outros ímãs ao retornarem ao ímã que as originava ou empurrariam outros ímãs quando houvesse repulsão. Gilbert também propôs que os polos de dois ímãs podem se atrair ou se repelir, dependendo de serem iguais ou diferentes, mas ambos atraem materiais feitos de ferro, cobalto e níquel – materiais chamados hoje de **ferromagnéticos**.

Os fenômenos elétricos e magnéticos foram estudados separadamente até 1820, quando o físico dinamarquês Hans Christian Oersted descobriu que a passagem de uma corrente elétrica em um fio condutor desvia uma agulha imantada que esteja próxima (entenda-se por imantar o ato de magnetizar um objeto metálico após atritá-lo com um ímã). Nos anos seguintes, o vínculo entre eletricidade e magnetismo tornou-se cada vez mais forte, após os trabalhos efetuados por diversos cientistas, em que se destacaram Jean Marie Ampère, Michael Faraday e James Clerk Maxwell, até que ficou plenamente estabelecida a área da Física conhecida como **eletromagnetismo**.

Propriedades dos ímãs

No quadro a seguir apresentamos três propriedades dos ímãs:

Inseparabilidade dos polos	Interação entre polos	Alinhamento espontâneo
Ao dividir um ímã em várias partes, cada parte será um novo ímã com dois polos. É **impossível** existir um monopolo magnético (polo magnético separado). 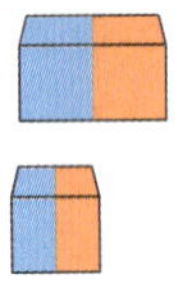	Quando se aproximam dois polos iguais, ocorre uma força de repulsão entre eles. Se os polos forem diferentes, a força será de atração. 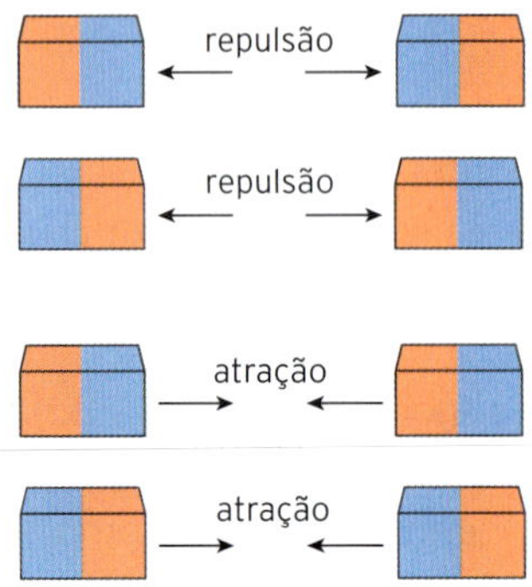	Um ímã apontará sempre para a mesma direção (próxima ao norte geográfico da Terra) se for deixado suspenso ou de modo que se mova livremente, sem influências externas. 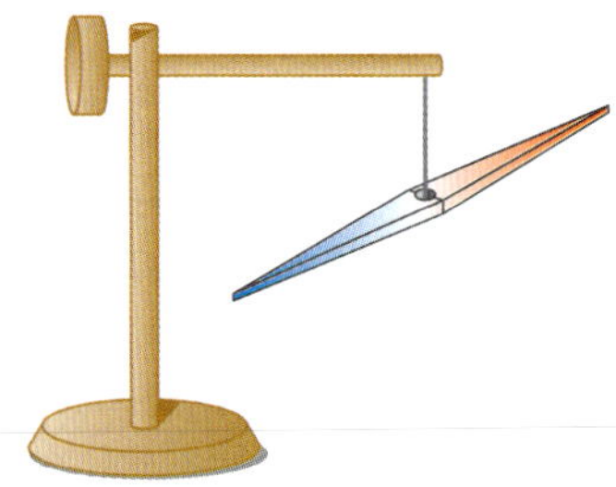

Ilustrações: Setup Bureau/ID/BR

polo norte   polo sul

Bússolas

A bússola é constituída de uma agulha imantada que gira livremente ao redor de um eixo. A agulha da bússola sempre se alinha na mesma direção e, por isso, é utilizada como instrumento de orientação por viajantes e navegadores.

Os chineses já usavam a bússola como instrumento para navegação no século XII. Os ocidentais começaram a usar o instrumento um século depois. Acredita-se que o uso da bússola tenha sido um fator importante para o desenvolvimento das Grandes Navegações e da expansão comercial e marítima, ocorridas entre os séculos XIII e XVI, lideradas por importantes cidades europeias. As fotografias a seguir mostram a evolução das bússolas desde aqueles séculos até os tempos atuais.

Ligado ao tema

Semelhanças e diferenças entre cargas elétricas e polos magnéticos

Cargas elétricas e polos magnéticos têm em comum o fato de exercerem forças de atração e de repulsão e estarem sujeitos a elas. No entanto, as cargas elétricas são isoladas umas das outras, enquanto os polos norte e sul não existem separadamente.

A impossibilidade da existência separada de um único polo (monopolo) magnético é uma das leis mais importantes do eletromagnetismo.

Werner Forman Archive/National Maritime Museum, Greenwich/Glowimages

Bússola de 1300.

National Maritime Museum, Londres. Fotografia: Diomedia

Fotografia de uma bússola similar às da época das Grandes Navegações (século XVI).

Jacek/kino.com.br

Bússola moderna.

A Terra como um grande ímã

A Terra interage magneticamente com ímãs. Uma das hipóteses para o comportamento magnético da Terra é que ele ocorre por causa do movimento das cargas elétricas na parte líquida do núcleo do planeta. Como será visto adiante, cargas em movimento geram campos magnéticos.

A Terra apresenta dois polos magnéticos, situados próximo aos polos geográficos, os quais são ilustrados no esquema ao lado. Para os estudos da Física, o polo norte magnético da Terra localiza-se próximo ao polo sul geográfico, enquanto o polo sul magnético da Terra fica próximo ao polo norte geográfico. Portanto, não se devem confundir os polos geográficos com os magnéticos. Entretanto, é costume utilizar-se a nomenclatura invertida na linguagem popular ou até mesmo em mapas e tabelas de declinações magnéticas. Nesses casos, adotaremos nesse livro o termo **norte magnético convencionado**.

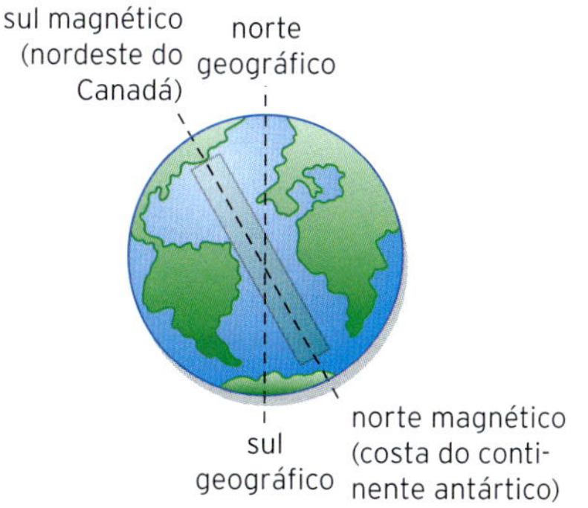

Esquema da localização dos polos magnéticos da Terra.

A Terra e a bússola

O polo norte da agulha de uma bússola é atraído pelo polo sul magnético da Terra, e o polo sul da agulha é atraído pelo polo norte magnético da Terra.

Uma vez que a posição dos polos geográficos e magnéticos não coincide, tornou-se necessária uma correção na leitura das bússolas para conseguir obter uma leitura mais precisa nas orientações para navegação. Essa correção é obtida por meio da **declinação magnética**, que é a medida do ângulo formado entre a direção do norte magnético convencionado, apontado pela agulha de uma bússola, em relação à direção do norte geográfico (veja as figuras a seguir). Por convenção, uma declinação magnética positiva ou leste significa que o norte magnético convencionado está desviado do norte verdadeiro no sentido horário, enquanto uma declinação negativa ou oeste significa que o norte magnético convencionado está desviado no sentido anti-horário. A declinação magnética de um local é um valor que pode ser encontrado em mapas ou cartas náuticas, as quais são atualizadas frequentemente para serem consultadas por navegantes.

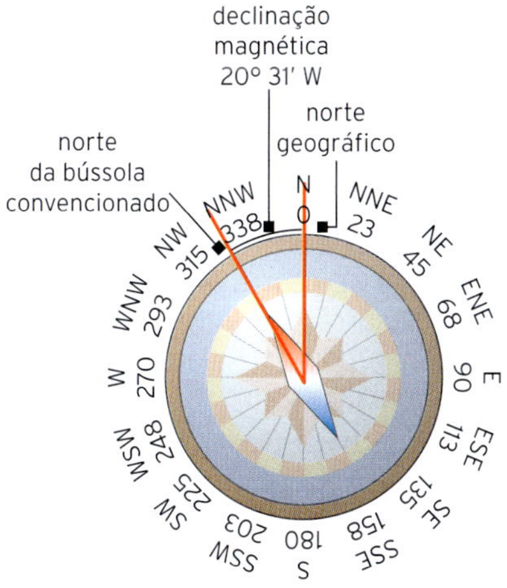

Exemplo de declinação magnética, que é a diferença entre a direção indicada pela bússola e o norte geográfico.

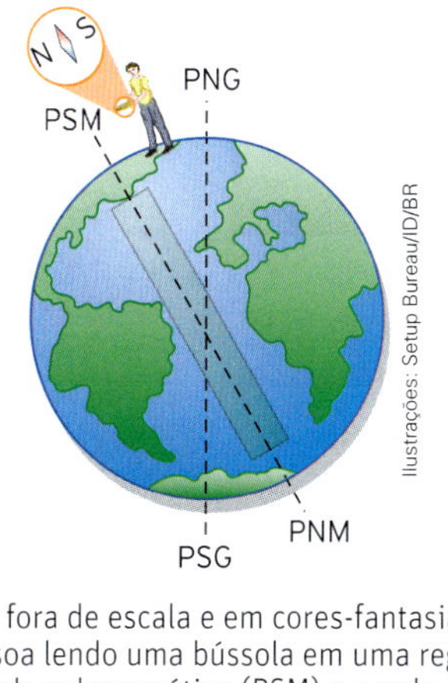

Esquema fora de escala e em cores-fantasia de uma pessoa lendo uma bússola em uma região entre o polo sul magnético (PSM) e o polo norte geográfico (PNG). Embora a bússola aponte para o sul magnético, cartas náuticas que medem a declinação magnética são utilizadas para corrigir os rumos. Portanto, se a pessoa quiser ir para o norte geográfico, terá de se valer dessas cartas.

Ligado ao tema

A inversão dos polos magnéticos da Terra

Os polos magnéticos da Terra inverteram suas posições algumas vezes ao longo do tempo. Ainda não há uma explicação científica unânime para as causas dessas inversões. Alguns pesquisadores atribuem tal acontecimento à troca de direção do fluxo de ferro fundido que constitui o magma da Terra. A última inversão teria ocorrido há 780 mil anos.

Não se sabe, também, quais seriam as consequências da inversão desses polos para a vida terrestre. Animais marinhos, como as baleias, que se orientam pelo campo magnético da Terra, provavelmente teriam problemas de adaptação a essas inversões. A única certeza é que a agulha das bússolas iria inverter a direção de sua orientação.

GPS

Atualmente, os benefícios do uso da bússola para a navegação são enriquecidos pelos aparelhos de GPS (sigla em inglês para Sistema de Posicionamento Global). Esses equipamentos são conectados a satélites e, além da latitude e da longitude, informam a altitude do usuário tanto na superfície terrestre como acima dela. Inicialmente seu uso era restrito a fins militares; posteriormente foi liberado para uso civil e logo utilizado como sistema de localização e navegação para a escolha de trajetos de viagem.

Modelo de aparelho de GPS.

Exercícios resolvidos

1. Comente as possíveis consequências da invenção da bússola para a história da humanidade a partir do século XIII.

Resolução

Das três propriedades principais dos ímãs citadas neste capítulo, a bússola diz respeito à orientação espontânea de um ímã quando colocado para se ter liberdade de movimento. Percebeu-se que essa orientação coincide aproximadamente com a direção norte-sul da Terra. Com base nisso foi inventada a bússola. Desde então, a navegação marítima teve grande desenvolvimento, porque as viagens passaram a ser realizadas com mais segurança por causa da orientação mais precisa propiciada pela bússola.

2. As três barras metálicas a seguir têm dimensões e massas iguais.

P Q X Y A B

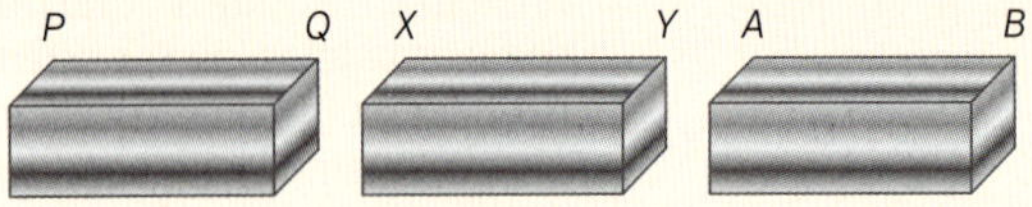

Setup Bureau/ID/BR

Ao realizar alguns experimentos com elas, foram obtidos os seguintes resultados:

- A extremidade P atrai a extremidade Y e a extremidade A.
- A extremidade B atrai a extremidade X e a extremidade Q.
- A extremidade A repele a extremidade Q.

Com base nesses resultados, responda se cada uma das barras metálicas está imantada ou não.

Resolução

O simples fato de a extremidade de uma barra atrair a extremidade de outra não significa que ambas estejam imantadas, pois uma barra imantada pode atrair uma de ferro não imantada. Já o fato de a extremidade A repelir a extremidade Q indica que as barras AB e PQ estão imantadas, e que A e Q são polos de mesma natureza.

Ao associar arbitrariamente essas extremidades a polos norte, tem-se que as extremidades P e B correspondem a polos sul. O fato de B atrair X, porém, indica que a barra XY não está imantada, já que os polos sul das extremidades P e B atraem tanto a extremidade X quanto a Y.

Assim, as barras AB e PQ estão imantadas, enquanto a barra XY não está. Com esse experimento não é possível determinar exatamente a natureza dos polos das barras imantadas, apenas os polos iguais e os opostos.

Exercícios propostos

3. Leia a tirinha abaixo.

Francisco Caruso/Acervo do artista

CARUSO, Fernando. Acervo do artista.

Imagine que uma pessoa, desconhecendo as propriedades dos ímãs, não entendeu a piada. Escreva em seu caderno uma explicação da piada para essa pessoa.

4. Em desenhos animados, é comum a cena em que alguma personagem utiliza um ímã em forma de ferradura para "arrastar" alguém, atraindo metais colocados no bolso da pessoa arrastada. Julgue se, do ponto de vista da Física, tal situação é possível, justificando sua resposta.

5. Embora os aparelhos de GPS (*Global Positioning System*), de alta tecnologia e desempenho, hoje sejam largamente utilizados, ainda se usam as bússolas para navegação. Levante hipóteses para explicar por que isso ocorre.

6. Pesquise e descubra o valor da declinação magnética da cidade onde você vive.

7. Certos produtos que contêm ímãs em seu interior, como braceletes e palmilhas, são vendidos com o argumento de que o campo magnético produzido pelos ímãs traz benefícios à saúde.

a) Sabendo que o campo magnético gerado por esses produtos é pouco intenso, e aplicando apenas seus conhecimentos de Física e de Biologia, reflita com seu colega se ocorre algum efeito no corpo humano em decorrência do campo magnético gerado por esses produtos. Relate por escrito o resultado dessa reflexão.

b) Entreviste um físico ou um biólogo ou um médico sobre o assunto. Compare a argumentação do entrevistado com a explicação dada no item **a**, avaliando se houve ou não semelhança entre as respostas.

c) Apresente às outras duplas uma conclusão, recomendando ou não o uso desses produtos imantados para o benefício da saúde humana.

2. Campo magnético

A agulha de uma bússola orienta-se de acordo com o campo magnético da Terra. Contudo, a orientação da agulha é alterada quando um ímã ou minério de ferro são aproximados da bússola. Esse fato é um exemplo do quanto a presença de um ímã perturba o espaço ao seu redor – essa perturbação de natureza magnética está associada à presença de um **campo magnético**. Assim, por ora, podemos entender o **campo magnético** como uma propriedade do espaço ao redor de um ímã.

Assim como o campo elétrico, o magnético é um campo vetorial, no qual a cada ponto do espaço se associa um **vetor indução magnética**, cujo símbolo é $\vec{B}$.

Representação de um campo magnético

Uma pessoa não é capaz de enxergar ou sentir a presença de um campo magnético, a não ser que utilize uma bússola. Assim, um modo de "visualizar" um campo magnético consiste em mostrar as várias indicações da agulha da bússola quando esta é colocada em posições diferentes ao redor de um ímã. Para tanto, traçam-se várias linhas que tangenciam a direção em que a agulha aponta, de tal maneira que a direção e o sentido do vetor campo magnético correspondem à orientação que a agulha da bússola teria ao ser colocada naquela posição (figura 1). A essas linhas dá-se o nome de **linhas de campo**, **linhas de força** ou **linhas de indução magnética**. Por convenção, o sentido dessas linhas aponta do polo norte magnético para o polo sul magnético (figura 2). A representação das linhas de campo magnético está relacionada à intensidade do campo e à densidade de linhas: quanto mais intenso for o campo, maior deve ser a densidade de linhas.

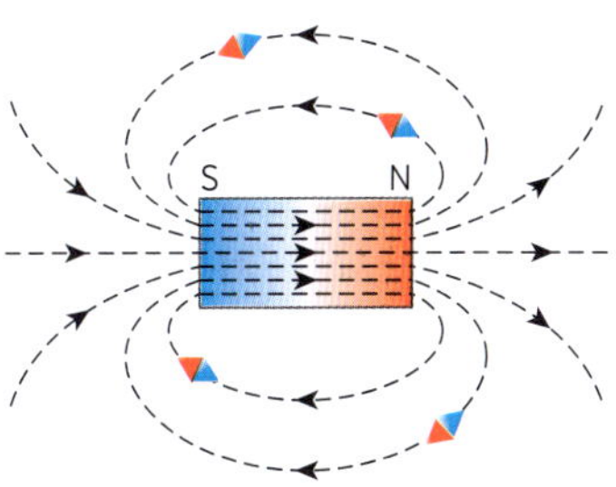

Figura 1. A representação das linhas de campo magnético de um ímã é obtida por meio das direções em que a agulha de uma bússola aponta quando está em diferentes posições.

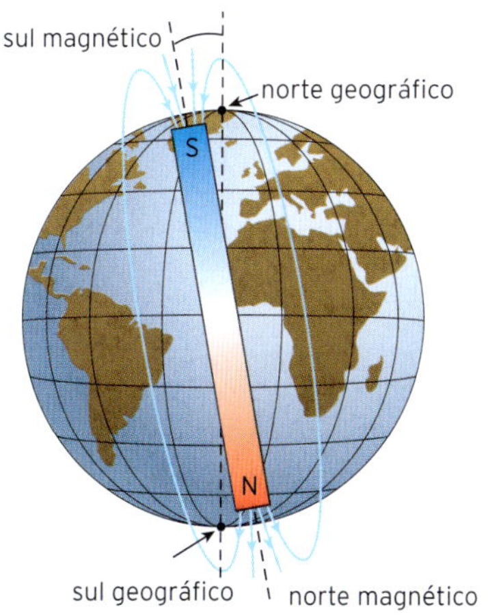

Figura 2. Representação das linhas de campo magnético da Terra: as linhas, fechadas, saem do polo norte magnético e entram no sul magnético.

Ilustrações: Setup Bureau/ID/BR

Uma possibilidade de observar as linhas de campo é lançar limalhas de ferro ao redor de um ímã. Nas fotografias ao lado, a limalha revela a forma do campo magnético gerado por dois ímãs em forma de barra.

O princípio da superposição dos campos elétricos também vale para o campo magnético. Assim, se houver mais de um ímã em uma região do espaço, o campo magnético induzido por esses ímãs em um ponto qualquer é obtido por meio da soma vetorial dos campos gerados naquele ponto pelos dois ímãs separadamente.

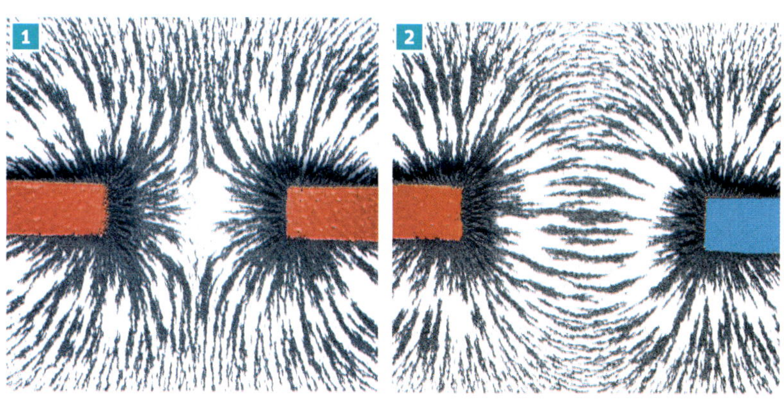

Campos magnéticos visualizados pela limalha de ferro entre dois ímãs em forma de barra, em duas situações. Em (1) aproximam-se os dois polos iguais; em (2), os dois polos opostos.

Fotografias: Science Photo Library

Ligado ao tema

Comportamento – As tartarugas marinhas

As tartarugas marinhas são solitárias e permanecem submersas durante muito tempo, o que dificulta os estudos do seu comportamento. [...]

Possuem visão, olfato e audição desenvolvidos, além de uma fantástica capacidade de orientação. Animais migratórios por excelência, vivem dispersas na imensidão dos mares e, mesmo assim, quando atingem a maturidade sexual sabem o momento e o local de se reunir para a reprodução. Nessa época, realizam viagens transoceânicas para voltar às praias onde nasceram e desovar. [...]

Em mar aberto, as tartarugas marinhas encontram fortes correntes e, mesmo assim, conseguem navegar regularmente por longas distâncias. Os mecanismos de navegação e orientação que utilizam ainda representam um grande mistério, [...]

Sabe-se que são capazes de detectar o ângulo e a intensidade do campo magnético terrestre. A presença de magnetita (mineral muito sensível à direção do campo magnético usado para fazer ímãs) no cérebro das tartarugas marinhas sugere uma possibilidade para compreender a capacidade de orientação em mar aberto. [...]

Disponível em: <http://www.tamar.org.br/interna.php?cod=89>. Acesso em: 3 jul. 2014.

Campo magnético de correntes elétricas em fios retilíneos

Durante muito tempo, os fenômenos elétricos e magnéticos foram estudados separadamente, pois não havia nenhuma evidência de que existia relação entre eles. Isso começou a mudar no século XIX, com o trabalho do físico dinamarquês Hans Christian Oersted (1777-1851), que analisou a possibilidade de fenômenos elétricos serem influenciados por fenômenos magnéticos, em seu livro *Pesquisa sobre a identidade de forças elétricas e químicas* (publicado em 1812).

Em um famoso experimento (ver boxe ao lado), Oersted mostrou que a direção da agulha de uma bússola é desviada quando lhe é aproximado um fio em que há corrente elétrica. Esse experimento é considerado o início da junção entre eletricidade e magnetismo e, por isso, diz-se que foi o marco inicial do eletromagnetismo.

Ao mover o fio com corrente elétrica ao redor da bússola, Oersted constatou que a agulha tendia a se posicionar perpendicularmente à direção em que o fio estava. A força que movia a agulha era diferente das forças retilíneas propostas por Newton. Para explicar esse e outros fenômenos, foi criado um novo modelo teórico, cujo fundamento principal era o fato de cargas elétricas em movimento produzirem campo magnético.

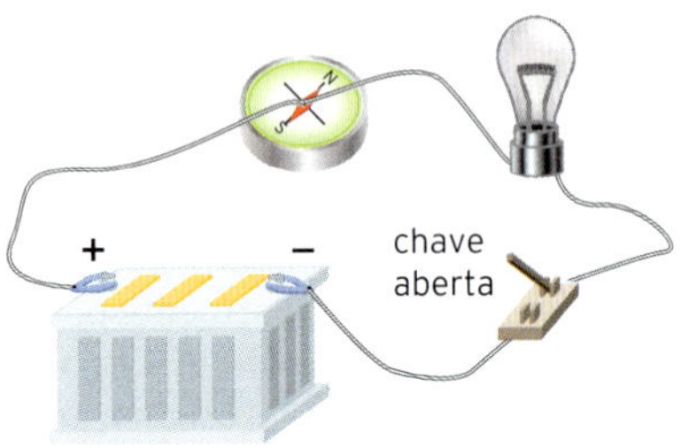

Figura 1

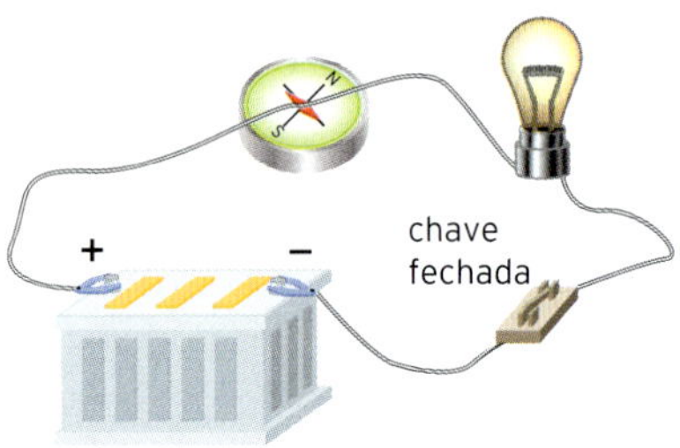

Figura 2

Ilustrações: Setup Bureau/ID/BR

Representação da experiência de Oersted: na figura 1, não há corrente passando pelo fio, e a agulha da bússola está alinhada com a direção do campo magnético terrestre. Na figura 2, a passagem de corrente elétrica altera a direção da agulha, que está alinhada quase perpendicularmente com o fio. Se não houvesse a ação do campo magnético da Terra, a agulha ficaria exatamente perpendicular ao fio. Quando o sentido da corrente é invertido, a agulha da bússola inverte sua orientação, permanecendo praticamente perpendicular ao fio.

Anos depois do experimento de Oersted, o físico francês André-Marie Ampère (1775-1836) propôs que todo fenômeno magnético tem correntes elétricas como causa. Após constatar que há atração entre dois fios com corrente elétrica (fenômeno a ser estudado mais adiante), Ampère tentou calcular a força de atração entre eles utilizando a lei da gravitação universal como modelo – e fracassou nessa tentativa.

Foi o inglês Michael Faraday (1791-1867) quem apresentou pela primeira vez a ideia de campo elétrico e magnético. Para ele, a interação entre os corpos poderia ser descrita por meio de linhas de campo – nos ímãs, essas linhas partiriam do polo norte e apontariam para o polo sul; nas cargas elétricas, partiriam das cargas positivas e convergiriam para as cargas negativas; nos fios com corrente elétrica, as linhas de campo $\vec{B}$ seriam circulares em torno do fio (veja a figura a seguir).

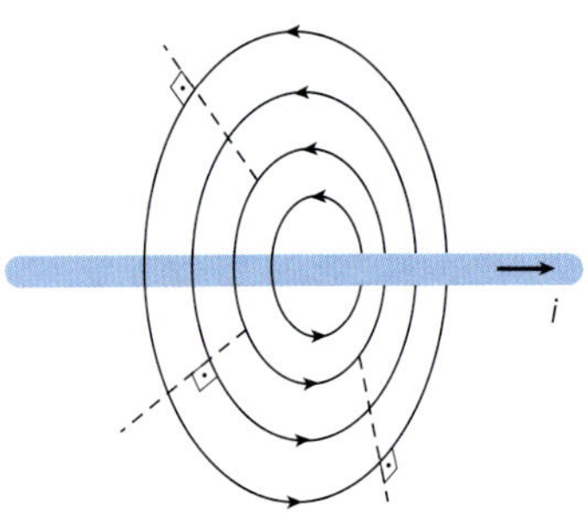

Representação das linhas de campo magnético produzido pela corrente elétrica em um fio retilíneo. As linhas são fechadas – como é em todos os campos magnéticos. Ao contrário dos campos de ímãs, esse campo não parte de nenhum polo magnético. O sentido da corrente influencia na direção do campo magnético (conforme veremos adiante).

Fatos e personagens

A experiência de Oersted

[...] Apesar dos indícios citados, havia uma grande dificuldade em relacionar os dois fenômenos. Vários pesquisadores tentaram em vão encontrar algum efeito empírico que relacionasse a eletrostática e o magnetismo. [...] Tendo isso em vista, Oersted colocou um fio metálico paralelo a uma agulha magnética que estava orientada ao longo do meridiano magnético terrestre. Ao passar uma corrente elétrica constante no fio observou que a agulha era defletida de sua direção original. Tal descoberta foi descrita na Academia Real de Ciências da França em 4 de setembro de 1820 [...] É importante ter em mente as dificuldades da realização prática do experimento, bem como sua concepção. Na época, o tipo de materiais para a realização da experiência era muito diferente do que temos hoje em dia. Oersted usa uma grande pilha como fonte de corrente elétrica. Não temos detalhes da força eletromotriz produzida pela pilha, mas em termos de comodidade e praticidade não se compara a uma pequena bateria moderna de 9 V. [...]

Disponível em: <http://www.ifi.unicamp.br/~assis/Revista-Bras-Ens-Fis-V29-p41-51(2007).pdf>. Acesso em: 20 ago. 2014.

Sentido do campo magnético em um fio condutor

Para definir o sentido das linhas de um campo magnético gerado por uma corrente elétrica, pode-se recorrer à **regra da mão direita,** que consiste em dobrar a mão direita no sentido de envolver o fio que transporta corrente, de modo que o dedo polegar aponte para o sentido convencional da corrente elétrica. Dessa forma, os demais dedos, no sentido de fechar a mão, apontam para o sentido das linhas de campo magnético.

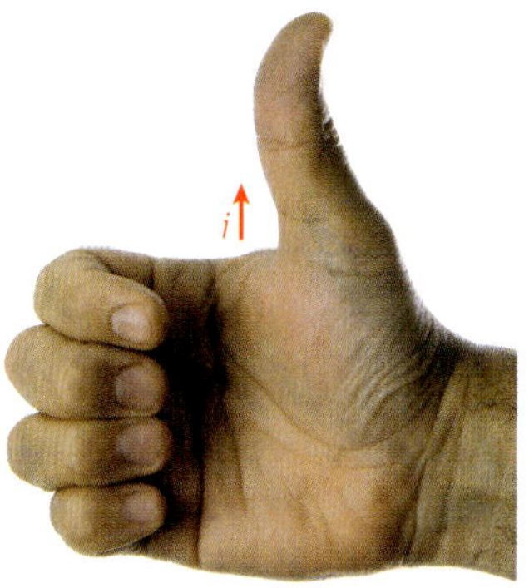

Figura 1

Sérgio Dotta Jr/ID/BR

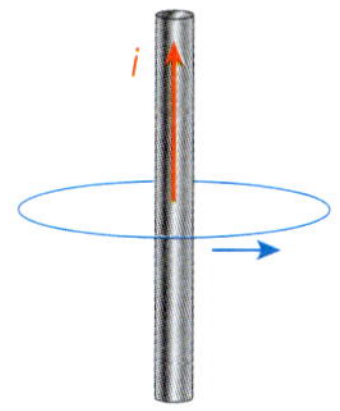

Figura 2

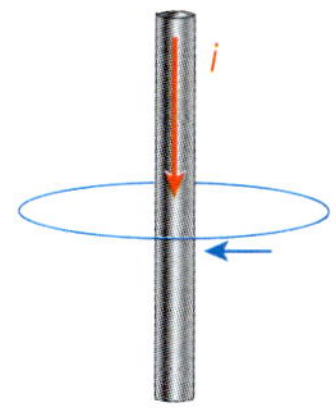

Figura 3

A figura 1 mostra a disposição dos dedos em relação à corrente *i* e às linhas de campo magnético. Essa técnica é usada para obter o sentido do campo magnético gerado por um fio que transporta corrente. As figuras 2 e 3 ilustram o fio e o campo gerado por ele quando percorrido por corrente em dois sentidos diferentes.

Vetor indução magnética

Assim como o vetor campo elétrico $\vec{E}$ caracteriza a presença de um campo elétrico, a grandeza que expressa o campo magnético é denominada **vetor indução magnética** $\vec{B}$. As propriedades desse vetor são:

- **Direção**: tangente, em cada ponto do espaço, às linhas de campo magnético.
- **Sentido**: o mesmo das linhas de campo, que pode ser obtido pela regra da mão direita ou pelos polos do ímã.
- **Intensidade**: depende do ímã ou da intensidade da corrente elétrica, da distância do ponto considerado ao fio e do meio que envolve o sistema.

No SI, a unidade de indução magnética é o **tesla** (T), em homenagem ao físico croata Nikola Tesla (1856-1943), cuja maior contribuição à ciência foi o uso de transformadores – a serem estudados no próximo capítulo – para transportar energia elétrica.

Os esquemas a seguir representam os vetores indução magnética para os campos gerados por dois ímãs de formatos diferentes, em barra e em ferradura.

Ímã em forma de barra	Ímã em forma de ferradura
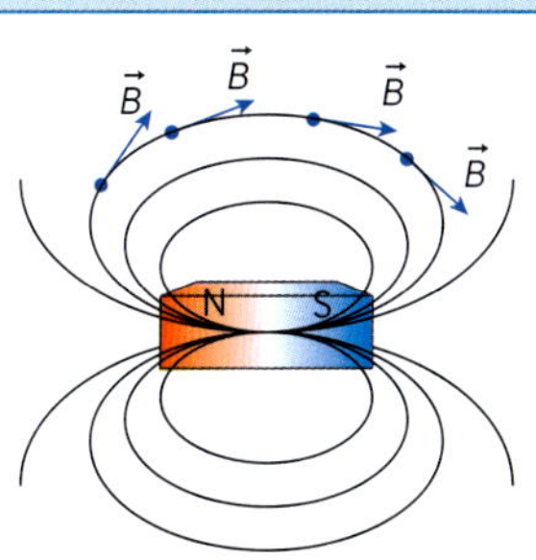	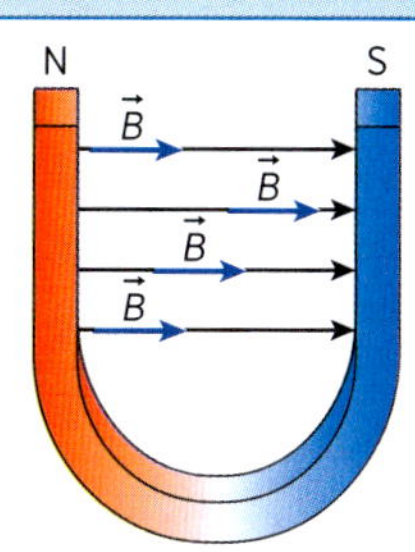
A direção, a intensidade e o sentido de $\vec{B}$ variam em cada ponto ao redor desse tipo de ímã.	Na região entre os polos desse ímã, o campo magnético (sob certas condições) é uniforme – sua intensidade, sua direção e seu sentido são os mesmos em todos os pontos.

Ilustrações: Setup Bureau/ID/BR

Representações tridimensionais do vetor $\vec{B}$ e da corrente i

Em algumas figuras e esquemas, quando a direção da corrente elétrica ou do vetor $\vec{B}$ é perpendicular ao plano do papel, recorre-se a símbolos especiais para representar seu sentido.

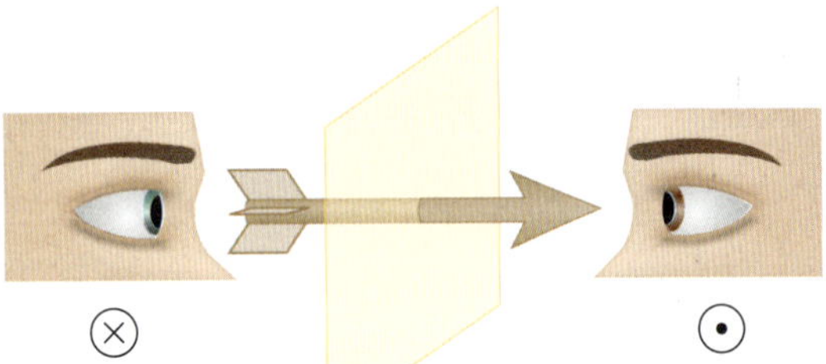

Símbolo do vetor "entrando" no papel, como se fosse a rabeira de uma flecha.

Símbolo do vetor "saindo" do papel, como se fosse a ponta de uma flecha.

Uma analogia para memorizar esses símbolos consiste em imaginar uma flecha atravessando o papel. Uma pessoa que vê a flecha entrando enxerga a rabeira da flecha; uma pessoa que vê a flecha saindo enxerga sua ponta.

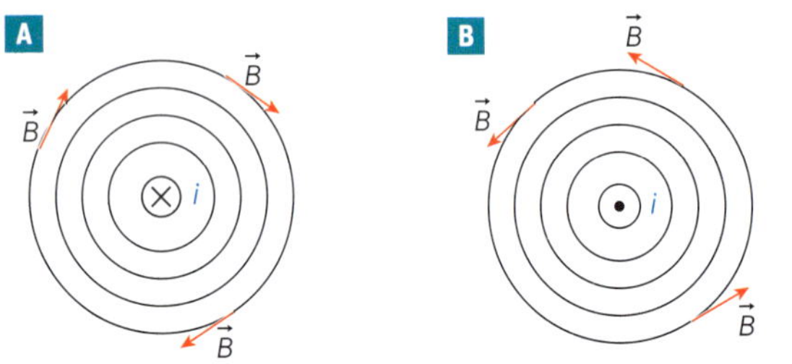

Representação do campo magnético gerado por um fio retilíneo percorrido por corrente elétrica. Em A, a corrente elétrica tem o sentido de "entrar" na página. Usando a regra da mão direita, o polegar apontaria nesse sentido da corrente, e os demais dedos indicariam o sentido horário para o vetor $\vec{B}$. Na figura B, a corrente tem sentido oposto, "saindo" da página. Aplicando a regra da mão direita, o polegar apontaria nesse sentido, e os demais dedos forneceriam o sentido anti-horário para o vetor $\vec{B}$.

Intensidade do campo magnético de uma corrente em fio retilíneo

A intensidade do vetor indução magnética produzido por um fio retilíneo que transporta corrente elétrica é obtida por:

$$B = \frac{\mu_0 \cdot i}{2\pi \cdot d}$$

A demonstração dessa expressão não é objeto de estudo no Ensino Médio, pois envolve cálculos complexos. Nesta etapa, é importante saber que:

- B é a intensidade do vetor indução magnética, medida em tesla (T);
- i é a intensidade da corrente elétrica, medida em ampère (A);
- d é a distância do centro do fio até o ponto onde se quer calcular a intensidade do vetor indução magnética, medida em metro (m);
- μ é uma constante que depende do meio em que o fio se encontra. Essa constante é denominada **permeabilidade magnética** e é medida em $T \cdot \frac{m}{A}$.

  Seu valor no vácuo é: $\mu_0 = 4\pi \cdot 10^{-7}\ T \cdot \frac{m}{A}$
- Salvo especificação em contrário, esse será o valor adotado em todos os exemplos e exercícios daqui em diante.

Ligado ao tema

Aurora boreal e austral

As auroras são fenômenos luminosos observados no céu das regiões polares da Terra. Quando a aurora é vista no hemisfério Norte, recebe o nome de aurora boreal; quando ocorre no hemisfério Sul, é chamada de aurora austral. A aurora é formada por uma interação entre os ventos solares e o campo magnético terrestre. Vento solar é o nome que se dá à grande quantidade de radição matéria – expelida pelo Sol, em especial prótons e elétrons. Essa emissão ocorre constantemente, mas aumenta durante as erupções solares.

Ao chegarem à Terra, as partículas carregadas do vento solar são desviadas pelo campo magnético terrestre em direção aos polos magnéticos do planeta, onde são aceleradas e colidem com átomos de oxigênio e nitrogênio da atmosfera. Em razão dessas colisões, esses átomos emitem luz em tons de verde e vermelho, proporcionando belos espetáculos nas regiões polares.

Karim Agabi/Eurelios/SPL/Latinstock

Aurora austral observada de uma estação de pesquisa na Antártida, 2005.

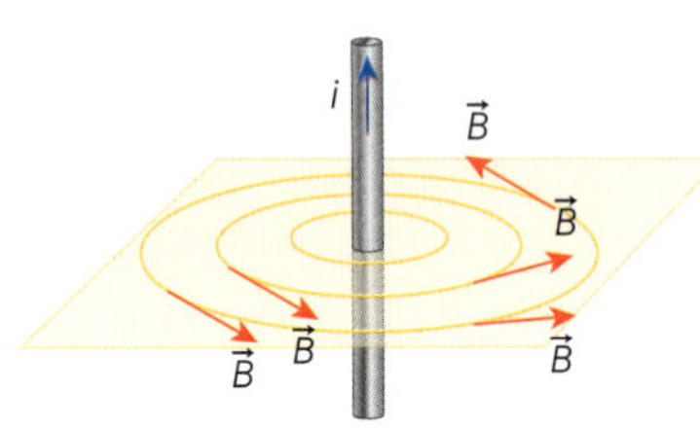

Ilustrações: Setup Bureau/ID/BR

Esquema que representa um campo magnético $\vec{B}$ ao redor de um fio no qual circula uma corrente elétrica i.

Exercícios resolvidos

8. O uso da bússola como instrumento de orientação fica prejudicado quando o usuário se encontra em uma área próxima de minério de ferro ou de cabos de alta tensão. Destaque os motivos para tal limitação.

Resolução

O minério de ferro tem propriedades ferromagnéticas que podem desviar a orientação natural da agulha da bússola.

Os cabos de alta tensão também podem desviá-la, já que transportam correntes elétricas. Essas correntes geram campos magnéticos, e em cada ponto do espaço o campo total corresponde à soma vetorial do campo produzido pelo cabo com o campo magnético da Terra. É importante citar que o campo magnético terrestre é relativamente fraco, de maneira que eventos como os citados acima provocam um grande desvio na direção da agulha de uma bússola.

9. A figura abaixo mostra dois ímãs colocados próximo a um ponto *P*. As setas indicam os campos magnéticos gerados nesse ponto separadamente pelos ímãs.

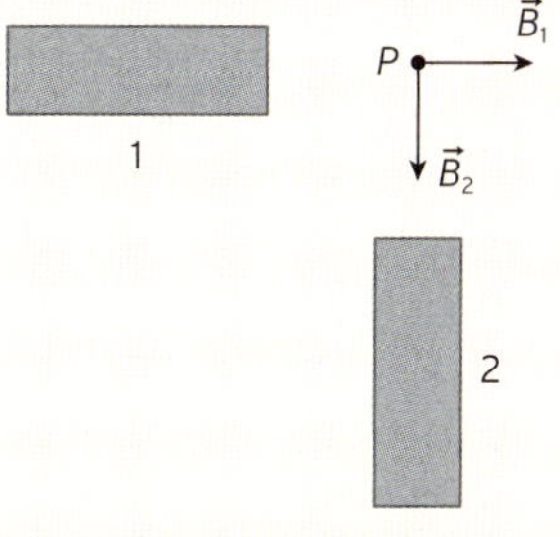

a) Identifique a polaridade da extremidade que está mais próxima do ponto *P*, em cada um dos ímãs.

b) Obtenha a intensidade do campo magnético total no ponto *P*, sabendo que os campos indicados na figura têm intensidades $B_1 = 8\ \mu T$ e $B_2 = 6\ \mu T$, em que $1\ \mu T = 10^{-6}$ T.

Resolução

a) Observando na figura o sentido dos campos produzidos pelos ímãs 1 e 2, concluímos que a extremidade do ímã 1 que está mais perto de *P* corresponde a um polo norte, já que o vetor indução magnética $\vec{B}_1$ tem o sentido de se afastar dela. Da mesma maneira, a extremidade do ímã 2 que está mais perto de *P* corresponde a um polo sul, pois $\vec{B}_2$ aponta na direção dela.

b) Pelo princípio da superposição, o campo magnético total é obtido por meio da soma vetorial dos campos gerados em cada um dos ímãs em separado.

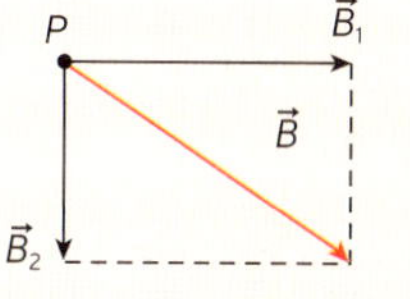

Assim, o campo magnético total $\vec{B}$ tem a direção e o sentido indicados na figura acima, e sua intensidade pode ser obtida pelo teorema de Pitágoras.

$$B^2 = B_1^2 + B_2^2 \Rightarrow B^2 = (8 \cdot 10^{-6})^2 + (6 \cdot 10^{-6})^2$$

$$B^2 = 64 \cdot 10^{-12} + 36 \cdot 10^{-12} = 100 \cdot 10^{-12}$$

$$B = \sqrt{100 \cdot 10^{-12}} \Rightarrow B = 10 \cdot 10^{-6}\ T = 10\ \mu T$$

Exercícios propostos

10. Explique a frase: "É impossível haver monopolo magnético".

11. Estabeleça semelhanças e diferenças entre campo elétrico e campo magnético.

12. Até determinado momento da história da Física, fenômenos elétricos e magnéticos não apresentavam relação aparente entre si, de modo que eram considerados fenômenos totalmente independentes. Faça um breve relato sobre a constatação que deu origem à união desses dois fenômenos.

13. Descreva o que você faria para descobrir a direção do campo magnético em um determinado ponto numa região próxima a um ímã.

14. Os esquemas a seguir mostram o sentido da corrente elétrica *i* transportada por dois fios condutores. Use a regra da mão direita para obter a direção e o sentido do vetor indução magnética gerado pela corrente nos dois casos.

a)

b)

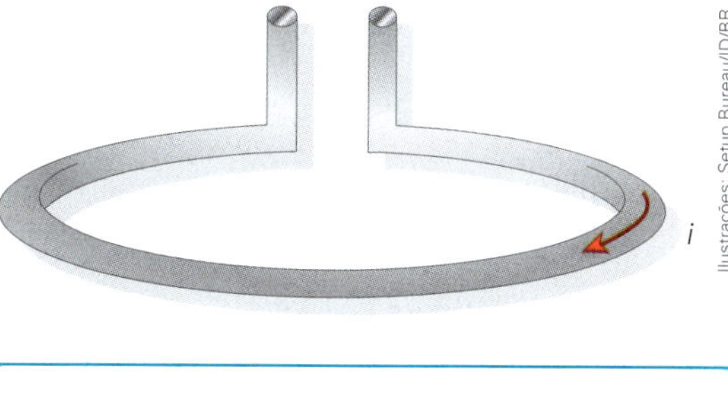

Ilustrações: Setup Bureau/ID/BR

Exercícios resolvidos

15. Um fio longo e retilíneo é percorrido por uma corrente constante de intensidade 10 A. Calcule a intensidade do vetor indução magnética em um ponto localizado a 10 cm desse fio. Considere: $\mu_0 = 4\pi \cdot 10^{-7}\ \text{T} \cdot \frac{\text{m}}{\text{A}}$

Resolução

A distância do ponto ao fio é: $d = 10\ \text{cm} = 0{,}1\ \text{m}$

Substituindo os valores na expressão, temos:

$$B = \frac{\mu_0 \cdot i}{2\pi \cdot d} = \frac{4\pi \cdot 10^{-7} \cdot 10}{2 \cdot \pi \cdot 0{,}1} \Rightarrow B = 2 \cdot 10^{-5}\ \text{T}$$

Portanto, a intensidade do campo é $2 \cdot 10^{-5}$ T.

16. A figura a seguir representa dois fios retilíneos paralelos entre si, percorridos por correntes elétricas de intensidades $i_1 = i_2 = 10$ A. Calcule a intensidade e o sentido dos vetores indução magnética nos pontos *A*, *P* e *C* indicados. Considere: $\mu_0 = 4\pi \cdot 10^{-7}\ \text{T} \cdot \frac{\text{m}}{\text{A}}$

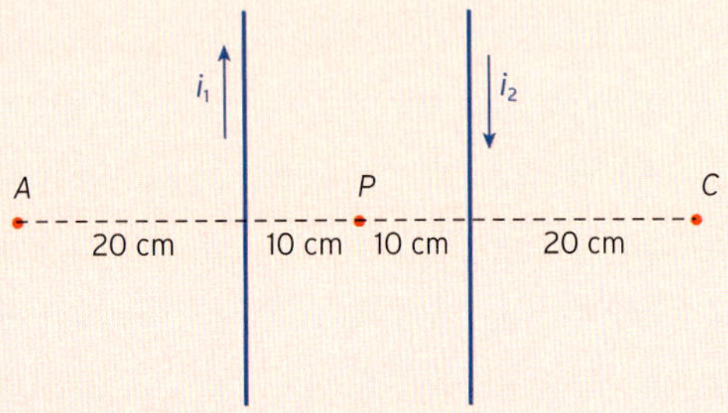

Resolução

Como são dois fios, a intensidade pedida será obtida por meio da superposição dos campos calculados separadamente. Chamando de B_1 e B_2 as intensidades dos vetores indução magnética gerados pelos fios 1 e 2, respectivamente, temos:

Para o ponto *A*:

$$B_1 = \frac{4\pi \cdot 10^{-7} \cdot 10}{2\pi \cdot 0{,}2} \Rightarrow B_1 = 1 \cdot 10^{-5}\ \text{T}$$

$$B_2 = \frac{4\pi \cdot 10^{-7} \cdot 10}{2\pi \cdot 0{,}4} \Rightarrow B_2 = 0{,}5 \cdot 10^{-5}\ \text{T}$$

Aplicando a regra da mão direita para o ponto *A*, o sentido de $\vec{B}_1$ é saindo do plano do papel, e o de $\vec{B}_2$ é entrando. Assim, a intensidade resultante em *A* é $B_A = B_1 - B_2$, isto é:

$B_A = 1 \cdot 10^{-5}\ \text{T} - 0{,}5 \cdot 10^{-5}\ \text{T} = 0{,}5 \cdot 10^{-5}\ \text{T} = 5 \cdot 10^{-6}\ \text{T}$ saindo do plano do papel.

Para o ponto *P*:

$$B_1 = \frac{4\pi \cdot 10^{-7} \cdot 10}{2\pi \cdot 0{,}1} \Rightarrow B_1 = 2 \cdot 10^{-5}\ \text{T}$$

$$B_2 = \frac{4\pi \cdot 10^{-7} \cdot 10}{2\pi \cdot 0{,}1} \Rightarrow B_2 = 2 \cdot 10^{-5}\ \text{T}$$

Pela regra da mão direita, os vetores têm mesma direção e sentindo (entrando no papel), logo o campo no ponto *P* é $B_P = B_1 + B_2 = 4 \cdot 10^{-5}$ T.

Para o ponto *C*:

$$B_1 = \frac{4\pi \cdot 10^{-7} \cdot 10}{2\pi \cdot 0{,}4} \Rightarrow B_1 = 0{,}5 \cdot 10^{-5}\ \text{T}$$

$$B_2 = \frac{4\pi \cdot 10^{-7} \cdot 10}{2\pi \cdot 0{,}2} \Rightarrow B_2 = 1 \cdot 10^{-5}\ \text{T}$$

Pela regra da mão direita, o sentido de $\vec{B}_1$ no ponto *C* é entrando no plano, e o de $\vec{B}_2$, saindo. Assim: $B_C = B_2 - B_1$, ou seja

$B_C = 1 \cdot 10^{-5}\ \text{T} - 0{,}5 \cdot 10^{-5}\ \text{T} = 0{,}5 \cdot 10^{-5}\ \text{T} = 5 \cdot 10^{-6}\ \text{T}$ saindo do plano do papel.

Exercícios propostos

17. Na figura, *A* e *B* representam fios retilíneos perpendiculares ao plano do papel, que são percorridos por correntes elétricas de intensidade constante e igual a 5 A, nos sentidos indicados.

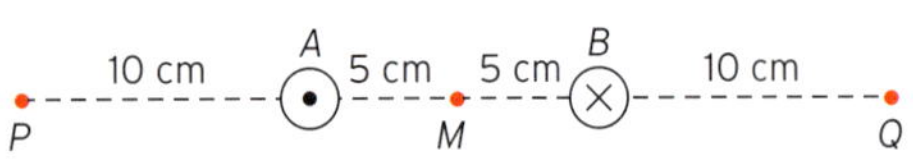

a) Calcule a intensidade e indique o sentido dos vetores indução magnética nos pontos *P*, *M* e *Q*.

Considere: $\mu_0 = 4\pi \cdot 10^{-7}\ \text{T} \cdot \frac{\text{m}}{\text{A}}$

b) Explique, sem fazer contas, o que aconteceria com os vetores indução magnética nesses pontos se ambos os sentidos das correntes que percorrem os fios *A* e *B* fossem invertidos.

18. Explique o que ocorre com o campo magnético em um ponto a uma distância *d* de um fio longo percorrido por uma corrente quando:

a) a distância *d* cai pela metade;

b) a corrente e a distância dobram de valor.

19. Na ilustração abaixo, *A* e *B* representam fios retilíneos perpendiculares ao plano do papel, percorridos por correntes elétricas de intensidade constante e igual a 10 A. Determine a intensidade, a direção e o sentido do vetor indução magnética resultante no ponto *P*.

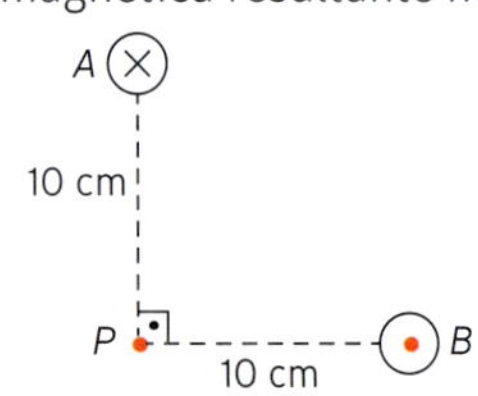

Campo magnético de uma espira circular

Linhas de indução magnética

Quando um fio retilíneo é encurvado em forma de circunferência, obtém-se uma espira circular. Ao fazer passar uma corrente elétrica pela espira, tem-se um campo magnético cujo sentido das linhas de indução é obtido pela regra da mão direita. A simetria dessas linhas é diferente da situação do fio retilíneo. Podemos visualizá-la por meio de um experimento simples: colocam-se limalhas de ferro ao redor de várias espiras enroladas, as quais transportam corrente elétrica. A configuração das limalhas é apresentada na figura 1 que mostra como são as linhas de indução magnética de um conjunto de espiras circulares. O esquema da figura 2, por sua vez, mostra como são as linhas de campo de uma única espira circular.

Sérgio Dotta Jr./ID/BR

Figura 1. A configuração das limalhas de ferro em torno de um conjunto de espiras circulares com corrente elétrica permite a visualização das linhas de indução magnética desse conjunto.

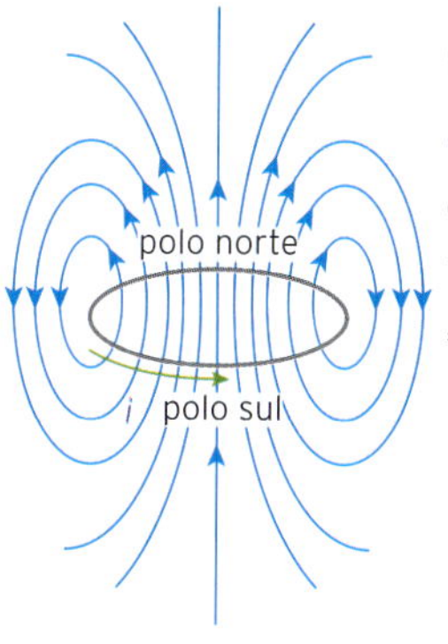

Ilustrações: Setup Bureau/ID/BR

Figura 2. Esquema que representa as linhas de indução magnética de uma espira circular na qual circula uma corrente *i*. Nota-se uma linha de campo passando pelo centro da espira que é uma reta perpendicular ao plano do conjunto de espiras.

Intensidade do campo magnético no centro de uma espira circular

As expressões para calcular a intensidade do vetor indução magnética de uma espira circular em um ponto qualquer são obtidas por meio de cálculos não estudados neste livro. Contudo, em muitas situações é importante calcular essa intensidade pelo menos no centro da espira. Para tanto, usamos:

$$B = \frac{\mu_0 \cdot i}{2R}$$

em que:

- B representa a intensidade do vetor indução magnética, medida em tesla (T)
- i é a intensidade da corrente elétrica, medida em ampère (A)
- μ_0 é a permeabilidade magnética do meio, medida em $T \cdot \frac{m}{A}$
- R é o raio da espira, medido em metro (m)

Ligado ao tema

A unidade gauss (G)

Outra unidade utilizada para medir a intensidade do campo magnético é o gauss, e 1 T equivale a 10 mil gauss. A intensidade do campo magnético da Terra é de aproximadamente 0,5 gauss.

Ligado ao tema

Polos norte e sul de uma espira

Os polos norte e sul representados na figura 2 são definidos por meio da seguinte convenção: olhando-se de frente para a espiral, quando a corrente elétrica de uma espira circula no sentido horário, diz-se que sua face é o polo sul; quando a corrente circula no sentido anti-horário, diz-se que sua face é o polo norte, de tal maneira que, a exemplo do que ocorre com um ímã, as linhas de campo "saiam" do polo norte e "entrem" no polo sul. As figuras 3 e 4 auxiliam na compreensão dessa convenção.

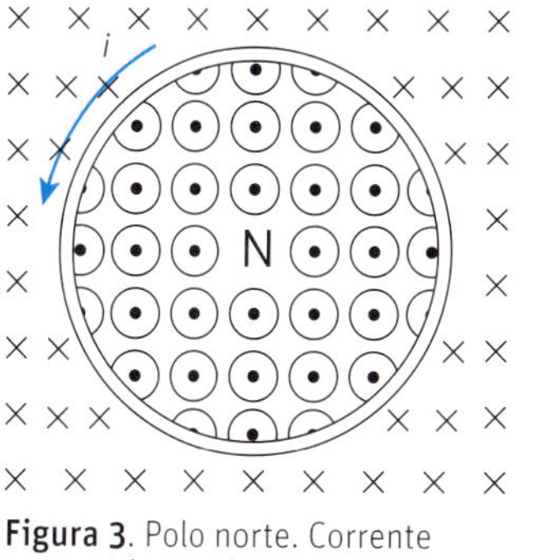

Figura 3. Polo norte. Corrente no sentido anti-horário, linhas de indução magnética saindo através da espira em direção ao observador.

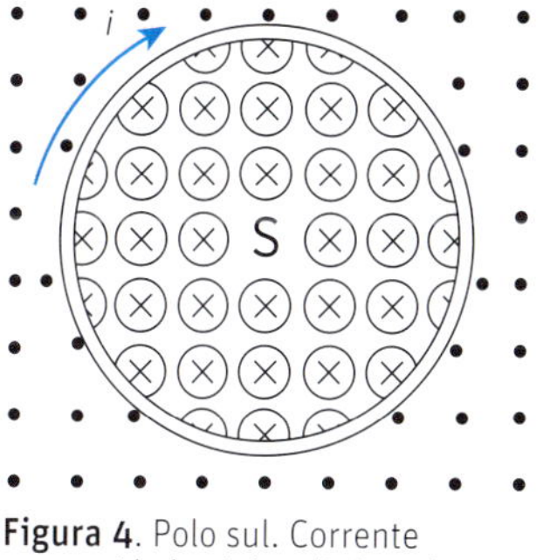

Figura 4. Polo sul. Corrente no sentido horário e linhas de indução magnética entrando através da espira, em direção oposta à do observador.

Exercícios resolvidos

20. Uma espira circular de raio 2 cm é percorrida por uma corrente elétrica constante de intensidade 2 A. Calcule a intensidade do vetor indução magnética no centro dessa espira. Considere a permeabilidade magnética do meio igual a $4\pi \cdot 10^{-7}\ T \cdot \frac{m}{A}$ e $\pi \cong 3{,}1$.

Resolução

O raio da espira é: $R = 2\ cm = 2 \cdot 10^{-2}\ m$

Substituindo os valores na expressão para a intensidade do vetor indução magnética no centro da espira, temos:

$$B = \frac{\mu_0 \cdot i}{2 \cdot R} = \frac{4\pi \cdot 10^{-7} \cdot 2}{2 \cdot 2 \cdot 10^{-2}} \Rightarrow B \cong 6{,}3 \cdot 10^{-5}\ T$$

Portanto, a intensidade do campo no centro da espira é de aproximadamente $6{,}3 \cdot 10^{-5}$ T.

21. A figura abaixo representa duas espiras concêntricas de raios $R_1 = 10\pi$ cm e $R_2 = 20\pi$ cm, percorridas por correntes elétricas de intensidades $i_1 = 3$ A e $i_2 = 4$ A. Calcule a intensidade e o sentido do vetor indução magnética resultante no centro das espiras. Considere a permeabilidade magnética do meio igual a $4\pi \cdot 10^{-7}\ T \cdot \frac{m}{A}$.

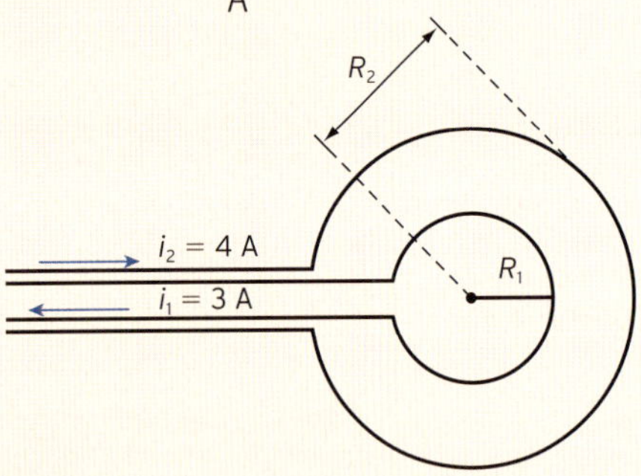

Resolução

Dados: $R_1 = 10\pi\ cm = 0{,}1\pi\ m$

$R_2 = 20\pi\ cm = 0{,}2\pi\ m$

O vetor indução magnética resultante pode ser obtido por meio da soma vetorial do vetor indução magnética de cada espira. As intensidades dos vetores no centro das espiras são dadas por:

$$B_1 = \frac{4\pi \cdot 10^{-7} \cdot 3}{2 \cdot 0{,}1\pi} \Rightarrow B_1 = 6 \cdot 10^{-6}\ T$$

$$B_2 = \frac{4\pi \cdot 10^{-7} \cdot 4}{2 \cdot 0{,}2\pi} \Rightarrow B_2 = 4 \cdot 10^{-6}\ T$$

De acordo com a regra da mão direita, o sentido do vetor $\vec{B}_1$ no centro das espiras é saindo do plano do papel, e o de $\vec{B}_2$ é entrando no plano. Assim, a intensidade do vetor resultante será dada pela diferença entre B_1 e B_2, apontando para o sentido do vetor de maior intensidade.

$B_R = 6 \cdot 10^{-6}\ T - 4 \cdot 10^{-6}\ T = 2 \cdot 10^{-6}$ T saindo do plano do papel.

22. Com relação ao exercício anterior, calcule a razão entre as correntes i_1 e i_2 para que o campo magnético no centro das espiras seja nulo.

Resolução

Como a direção dos vetores é a mesma e os sentidos são opostos, para que o campo no centro das espiras se anule é preciso que suas intensidades sejam iguais.

$$B_1 = B_2 \Rightarrow \frac{\mu_0 \cdot i_1}{2 \cdot R_1} = \frac{\mu_0 \cdot i_2}{2 \cdot R_2} \Rightarrow \frac{i_1}{i_2} = \frac{R_1}{R_2} = \frac{0{,}1\pi}{0{,}2\pi} \Rightarrow$$

$$\Rightarrow \frac{i_1}{i_2} = 0{,}5$$

Assim, i_2 deve ter o dobro da intensidade de i_1 para que o campo magnético no centro das espiras seja nulo.

Exercícios propostos

23. Na figura, o fio é percorrido por uma corrente elétrica de intensidade $i_1 = 6$ A e a espira, de raio 0,2 m, transporta uma corrente de intensidade $i_2 = 5$ A.

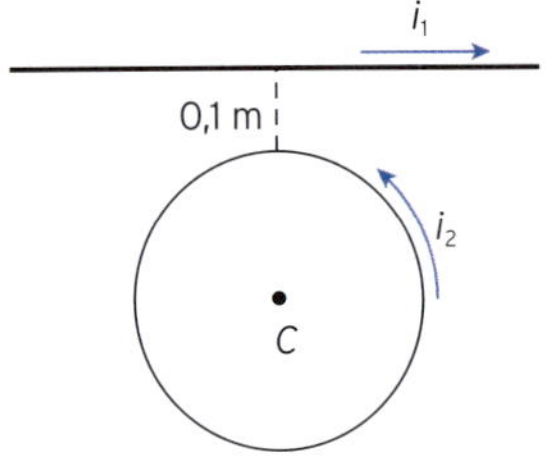

Calcule a intensidade e o sentido do vetor indução magnética no centro da espira. Considere: $\mu_0 = 4\pi \cdot 10^{-7}\ T \cdot \frac{m}{A}$

24. Calcule a intensidade do vetor indução magnética no centro das espiras dispostas conforme indica a figura a seguir, sabendo que $R_1 = R_2 = 0{,}5$ m, $i_1 = 5$ A, $i_2 = 10$ A e $\mu_0 = 4\pi \cdot 10^{-7}\ T \cdot \frac{m}{A}$.

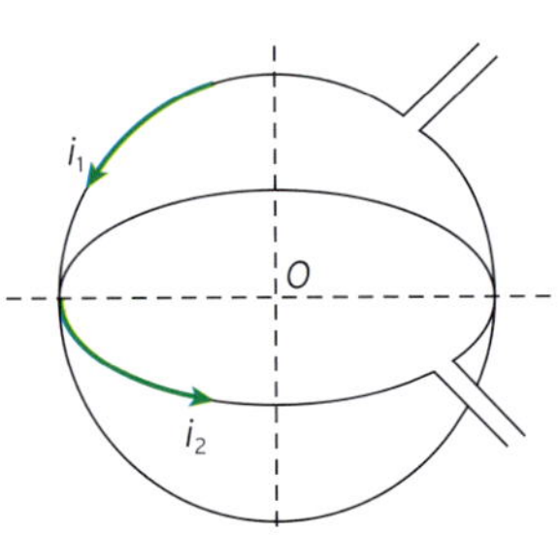

Campo magnético em um solenoide

Quando um fio é enrolado de maneira uniforme em várias espiras circulares, obtém-se um **solenoide**.

O campo magnético gerado por um solenoide é o resultado da sobreposição dos campos das várias espiras que o constituem.

Se as espiras estiverem próximas, as linhas de campo de um solenoide ficam mais próximas entre si e o campo gerado fica com o formato mostrado na figura ao lado.

À medida que se aumenta a quantidade de espiras e o comprimento do solenoide, suas linhas de campo tornam-se equivalentes às de um ímã em formato de barra.

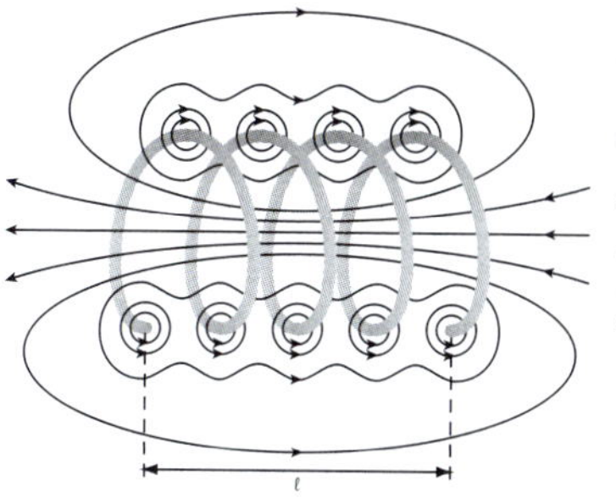

Figura 1. Esquema ampliado das linhas de campo de um solenoide. A superposição dos campos magnéticos de cada espira resulta em um campo magnético de grande intensidade e aproximadamente uniforme em seu interior; continua havendo campos em outras regiões.

Solenoide	Ímã em forma de barra
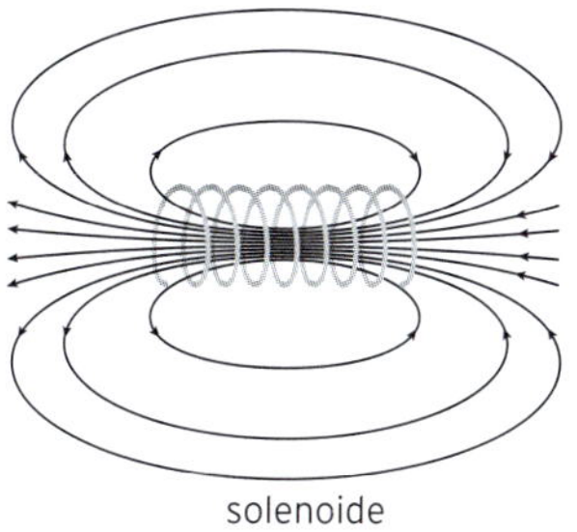 solenoide **Figura 2**. Linhas de campo magnético de um solenoide longo ficam parecidas com as de um ímã em forma de barra.	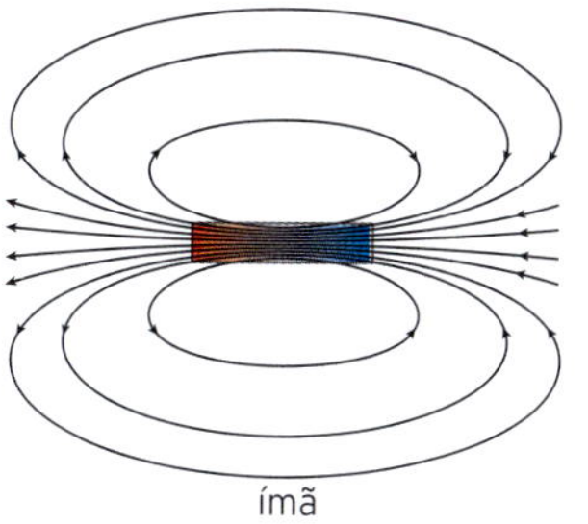 ímã **Figura 3**. Linhas de campo magnético de um ímã em forma de barra.

Outra consequência decorrente de o solenoide ser muito comprido é o fato de o campo em seu interior ser tão intenso em relação ao campo em seu exterior que, muitas vezes, pode-se considerar nula a intensidade do campo magnético na região externa. Além disso, podemos considerar que o campo magnético em seu interior é uniforme.

Cálculo da intensidade do campo magnético no centro do solenoide

É razoável supor que a intensidade do campo magnético dependa dos seguintes fatores:

- **Número de espiras (N):** quanto maior a quantidade de espiras, mais intenso é o campo. O contrário também é verdadeiro: quanto menor for a quantidade de espiras do solenoide, menor será a intensidade do campo magnético.
- **Comprimento (L):** quando os solenoides são muito longos e com poucas espiras (as distâncias entre elas são consideráveis), a intensidade do campo magnético diminui. Por outro lado, quanto mais juntas as espiras estiverem ao longo do solenoide, maior será a intensidade do campo magnético.
- **Corrente elétrica (i):** quanto maior a intensidade da corrente elétrica que circula em cada espira, maior será a intensidade do campo. O contrário também é verdadeiro: quanto menor a intensidade da corrente, menor será o campo.

As variáveis descritas relacionam-se por meio da seguinte equação:

$$B = \mu_0 \cdot i \cdot \frac{N}{L}$$

A equação acima às vezes aparece como $B = \mu_0 \cdot n \cdot i$, em que $n = \frac{N}{L}$ é o número de espiras por unidade de comprimento.

Parece, mas não é

Solenoides e bobinas

Na maioria das vezes, solenoides e bobinas são considerados sinônimos — e isso não está errado.

Contudo, é comum, também, haver fontes de pesquisa que estabelecem a seguinte diferença entre eles: bobina é todo e qualquer enrolamento de fio, de seção normal, não importando seu formato (quadrado, circular, etc.), enquanto o termo solenoide restringe-se às espiras circulares, de mesma seção normal, enroladas de maneira uniforme.

Neste livro, não será utilizada essa diferenciação entre bobina e solenoide.

Eletroímã

A experiência de Oersted, que juntou a eletricidade e o magnetismo, impulsionou diversas outras descobertas, entre elas a efetivada pelo físico francês Dominique-François-Jean-Arago (1786-1853). Ele demonstrou que um fio enrolado em um pedaço de ferro se torna um ímã quando percorrido por uma corrente elétrica. Inventou-se, então, o **eletroímã** – ímãs temporários produzidos por corrente elétrica (esquema ao lado).

Os eletroímãs apresentam duas vantagens em relação aos ímãs naturais: a primeira é a possibilidade de poderem ser fabricados, ou seja, não seria necessário procurar ímãs na natureza; a segunda é que, ao contrário do ímã natural, ele pode ser ligado ou desligado, porque o efeito magnético do eletroímã dura somente enquanto houver corrente elétrica percorrendo o fio, tornando o eletroímã bastante versátil.

Esquema de um eletroímã. O núcleo de ferro intensifica o campo produzido pelo solenoide, que pode ser controlado variando-se a corrente elétrica.

Ilustrações: Setup Bureau/ID/BR

Há diversas aplicações tecnológicas para o eletroímã. Veja algumas delas.

Alto-falante

Um alto-falante é constituído, basicamente, por um ímã fixo ou eletroímã e uma bobina atrelada a um cone de papelão chamado de diafragma. Em volta da bobina, há um ímã (esquema abaixo). Ele converte a energia elétrica em energia sonora.

Quando a corrente elétrica que carrega as informações das ondas sonoras transformadas em sinais elétricos é estabelecida na bobina, esta fica sujeita à ação de forças magnéticas de atração ou repulsão e, por isso, entra em movimento. As forças aparecem porque a bobina está submetida à ação de um campo magnético criado pelo ímã fixo ou pelo eletroímã.

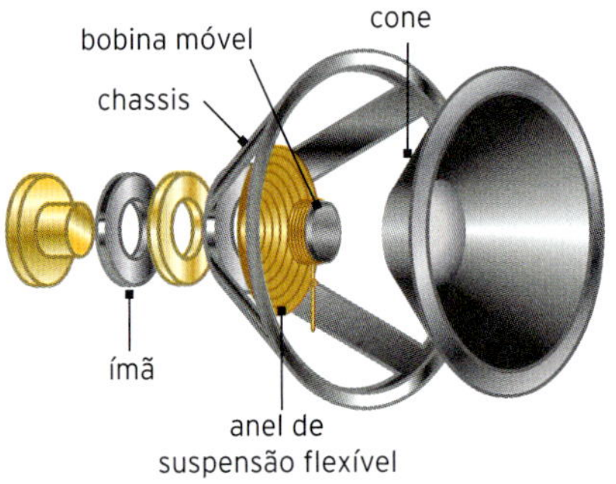

Partes de um alto-falante.

O fato de estar ligado à bobina faz com que o diafragma também se movimente. Com isso, as vibrações mecânicas são transferidas para o ar e atingem nossas orelhas, onde são transformadas, novamente, em correntes elétricas e enviadas ao cérebro.

Transporte de sucata e separadores de metais

Em razão de sua capacidade de gerar campos magnéticos de grande intensidade, os eletroímãs podem ser destinados ao transporte de sucata, utilizados em depósitos, ou na indústria do aço como separadores de objetos, removendo o ferro do restante do minério que não contém esse elemento. Essa aplicação somente é possível porque o eletroímã pode ser ligado e desligado. Para soltar o material capturado pelo dispositivo, desliga-se a corrente elétrica.

Marcelo Spatafora/Pulsar Imagens

Eletroímã utilizado para transporte de sucata.

Ligado ao tema

Campainhas

Uma campainha transforma energia elétrica em energia sonora. Ela é composta de um eletroímã perto de um pequeno martelo, fixado por meio de uma mola, próximo a uma espécie de gongo de metal.

Ao fechar o circuito elétrico com um interruptor, surge uma corrente elétrica no eletroímã. Em consequência disso, ocorre uma força magnética que atrai o martelo.

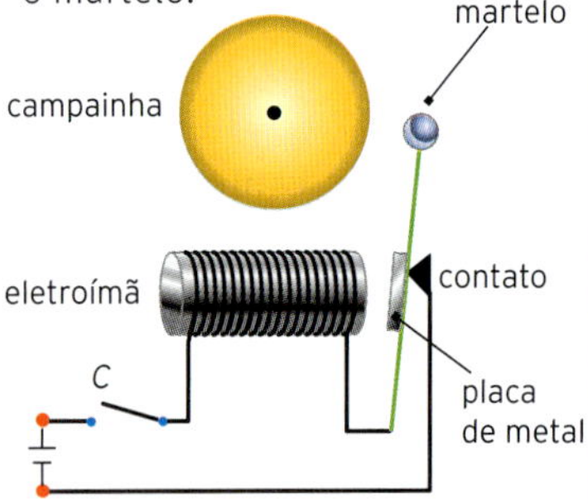

Após ser atraído, o martelo deixa sua posição de equilíbrio, abre o circuito elétrico e, por inércia, continua seu movimento até colidir com o gongo, gerando o som da campainha. Por fim, o martelo retorna a sua posição.

Enquanto o interruptor estiver acionado, haverá movimento intermitente, que provoca o som característico da campainha.

Exercícios resolvidos

25. A figura apresenta um solenoide, alimentado por uma bateria que fornece corrente contínua, e um ímã permanente, fixo na posição indicada.

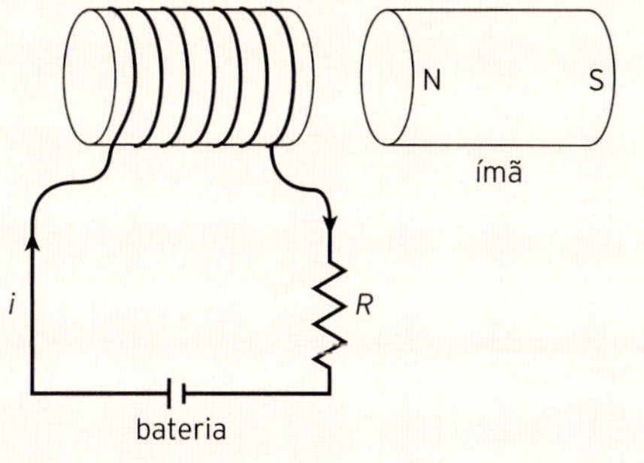

Verifique a interação que ocorre entre o solenoide e a bobina quando a intensidade da corrente elétrica aumenta.

Resolução

A corrente elétrica que circula pelo solenoide gera um campo magnético cujo sentido é dado pela regra da mão direita. Assim, o polo norte do ímã permanente está próximo ao polo sul do solenoide; logo, há uma atração entre eles. Aumentando a intensidade da corrente elétrica, o campo aumenta, e a atração entre eles se torna maior.

26. Um solenoide de 50 cm de comprimento foi construído enrolando-se 50 espiras. Quando se faz passar corrente pelo solenoide, é gerado em seu interior um campo magnético de intensidade $2\pi \cdot 10^{-4}$ T. Determine a intensidade da corrente que percorre o solenoide.

Resolução

Temos: $L = 50 \text{ cm} = 0{,}5 \text{ m}$

Substituindo os valores na expressão para a intensidade do campo no solenoide, temos:

$$B = \frac{\mu_0 \cdot i \cdot N}{L} \Rightarrow 2\pi \cdot 10^{-4} = \frac{4\pi \cdot 10^{-7} \cdot i \cdot 50}{0{,}5}$$

$$i = \frac{2\pi \cdot 10^{-4} \cdot 0{,}5}{4\pi \cdot 10^{-7} \cdot 50} \Rightarrow i = \frac{1 \cdot 10^{-4}}{200 \cdot 10^{-7}}$$

$$i = \frac{1 \cdot 10^{-4} \cdot 10^{7}}{2 \cdot 10^{2}} \Rightarrow i = 0{,}5 \cdot 10^{-4} \cdot 10^{7} \cdot 10^{-2}$$

$$i = 5 \text{ A}$$

O solenoide é percorrido por uma corrente de 5 A.

Exercícios propostos

27. Um solenoide de comprimento L possui N espiras circulares, que são percorridas por uma corrente elétrica de intensidade i. Verifique o que acontece com o campo magnético produzido em seu interior nos casos a seguir:

a) o número de espiras do solenoide é dobrado, sem aumentar seu comprimento.

b) o comprimento do solenoide é dobrado, mantendo o mesmo número de espiras.

c) dobra-se o comprimento e o número de espiras.

28. Usando um fio de cobre encapado, deseja-se construir um solenoide de 100 espiras, para produzir em seu interior um campo magnético de intensidade $2 \cdot 10^{-3}$ T. Supondo que não haja espaçamento entre as espiras enroladas, e sabendo que o solenoide será percorrido por uma corrente de 2 A, calcule o comprimento aproximado do solenoide.

29. Descreva o que ocorre quando se coloca um núcleo de ferro no interior de um solenoide cujas espiras são atravessadas por uma corrente elétrica.

30. Escreva em seu caderno se cada uma das afirmações a seguir é falsa ou verdadeira. No caso de ser falsa, corrija-a.

a) Em solenoides muito compridos e com grande número de espiras, a intensidade do campo magnético em sua parte externa pode ser desprezada.

b) Em um determinado meio, mantidos constantes o comprimento de um solenoide e a corrente elétrica que circula por ele, caso aumente o número de espiras que o compõem, menor será a intensidade do campo magnético em seu interior.

c) Mantidas as intensidades da corrente em um solenoide e o número de espiras, caso se aumente o comprimento do solenoide, haverá diminuição da intensidade do campo magnético em seu interior.

d) A vantagem de um eletroímã em relação ao ímã natural é que o primeiro pode ser desligado, tendo-se mais controle sobre seus possíveis usos.

e) No funcionamento dos alto-falantes, há a presença de força magnética sem que seja necessário haver um campo magnético.

f) No funcionamento da campainha, do alto-falante e das bússolas, é imprescindível o uso de eletroímãs.

g) A função do núcleo de ferro no eletroímã é de intensificar o campo produzido pelo solenoide.

3. Força magnética

A experiência de Oersted demonstrou que o campo magnético de um ímã pode atuar sobre cargas elétricas em movimento. Essa atuação se efetiva por meio da força magnética, a qual apresenta algumas características bastante peculiares. Veja algumas delas.

Características da força magnética

Dependência do movimento da carga

O arranjo experimental a seguir consiste em uma espira retangular suspensa feita de fio condutor. Um dos lados da espira é colocado entre os polos de um ímã. Observe as duas situações mostradas a seguir.

Situação 1: circuito aberto: sem passagem de corrente elétrica pelo fio

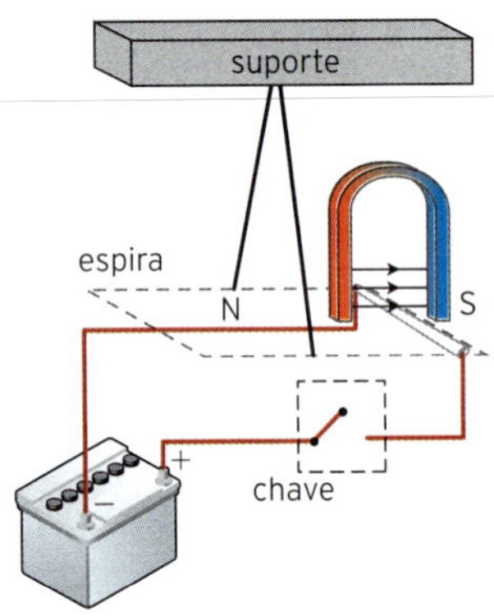

Nessa situação, **não há força magnética** do ímã sobre o fio.

Situação 2: circuito fechado: com passagem de corrente elétrica

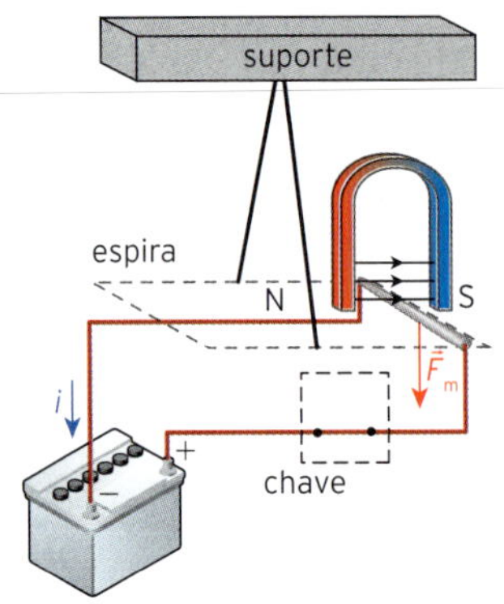

Nessa situação, aparece **uma força magnética** $\vec{F}_m$ no lado da espira que está próximo ao polo do ímã.

Ilustrações: Setup Bureau/ID/BR

De modo semelhante, experimentos com feixes de elétrons em tubos de raios catódicos mostraram que há uma força magnética agindo sobre eles na presença de campos magnéticos. A evidência mais forte da presença dessa força é o desvio na trajetória do feixe, conforme mostra o esquema a seguir.

Situação 3: feixe de elétrons sem a presença de um campo magnético

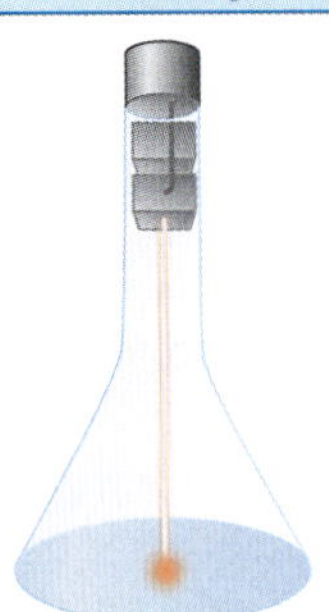

O feixe prossegue em linha reta, sem quaisquer desvios.

Situação 4: feixe de elétrons com a presença de campo magnético

O feixe é desviado por causa da presença do campo magnético, que atua por meio da força magnética.

Esses e outros experimentos mostraram que somente há **forças magnéticas atuando sobre cargas elétricas que estejam em movimento**. Esse fato explica por que somente aparecem forças magnéticas quando há corrente elétrica (caso da situação 3) e é particularmente importante porque mostra mais uma diferença fundamental entre o campo magnético e o elétrico: o primeiro atua apenas sobre cargas elétricas em movimento; o segundo atua sobre cargas elétricas em repouso ou em movimento.

Ligado ao tema

O campo magnético é relativo

Cargas elétricas em movimento geram um campo magnético. Porém, a velocidade depende do referencial adotado. Isso significa que, se o observador está se movendo com a mesma velocidade da carga, a carga está em repouso em relação a ele. Nesse caso, o observador não percebe nenhum campo magnético devido àquela carga. O mesmo é válido em relação à força magnética.

O trem magnético

Trata-se de um trem que não possui eixos ou rodas. Eletroímãs localizados ao longo de toda a extensão do trilho magnetizam-se quando são percorridos por corrente elétrica, de modo que os elementos que estão à frente do veículo exercem uma força de atração, e os que estão atrás repelem o trem, garantindo o movimento contínuo. Para frear, basta inverter o sentido da corrente elétrica. Não há atrito entre os trilhos e o braço do trem, que flutua acima dos trilhos, em um processo conhecido como levitação eletromagnética (fotografia abaixo). Assim, o trem sofre apenas resistência do ar, o que permite que ele atinja velocidades de até 500 km/h.

Science Photo Library/Latinstock

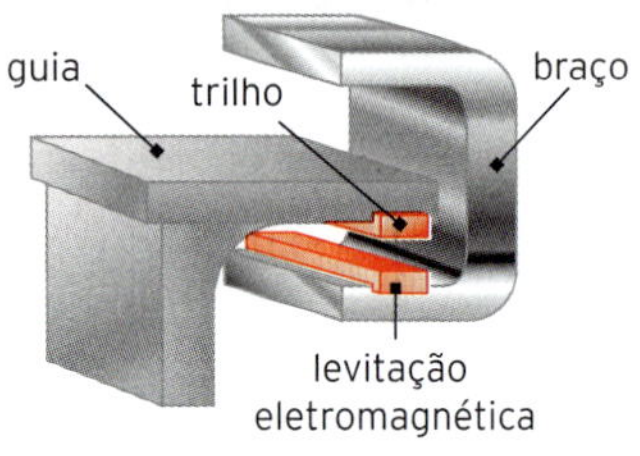

O trem magnético flutua acima dos trilhos. Emsland, Alemanha, s.d.

A força magnética e a direção do movimento da carga elétrica

A seguir, apresentamos três situações que envolvem carga elétrica em movimento submetida a um campo magnético.

Situação 1: movimento da carga elétrica na mesma direção e sentido das linhas de campo magnético	Situação 2: movimento da carga elétrica na mesma direção das linhas, mas em sentido oposto	Situação 3: movimento da carga elétrica em direção não paralela às linhas de campo magnético
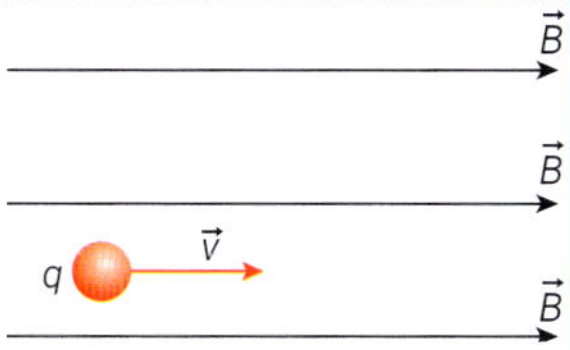	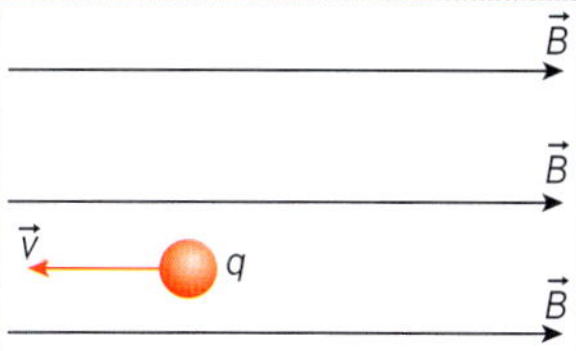	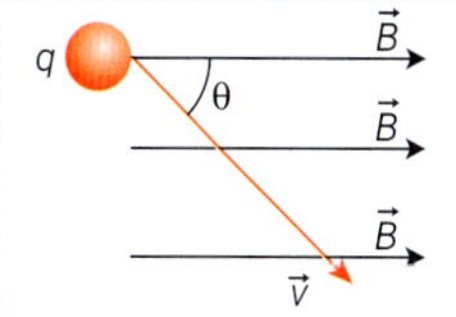
Experimentos demonstram que, nessa situação, mesmo em movimento, **não há força magnética.**	Experimentos demonstram que, nessa situação, mesmo em movimento, também **não há força magnética.**	Nessa situação, há **força magnética.**

Ilustrações: Setup Bureau/ID/BR

Ainda por meio de experimentos, pode-se mostrar que, quando há força magnética (caso da situação 3), ela é sempre perpendicular à velocidade $\vec{v}$ da carga e ao campo magnético $\vec{B}$. As figuras a seguir mostram a direção e o sentido da força magnética para uma carga positiva e, depois, para uma carga negativa, em um plano α.

Carga positiva	Carga negativa
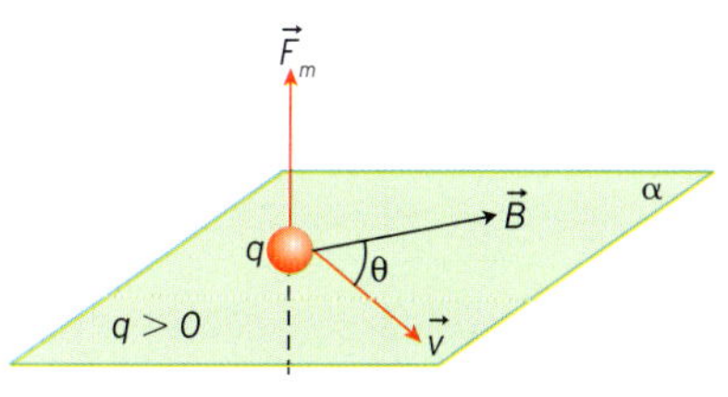	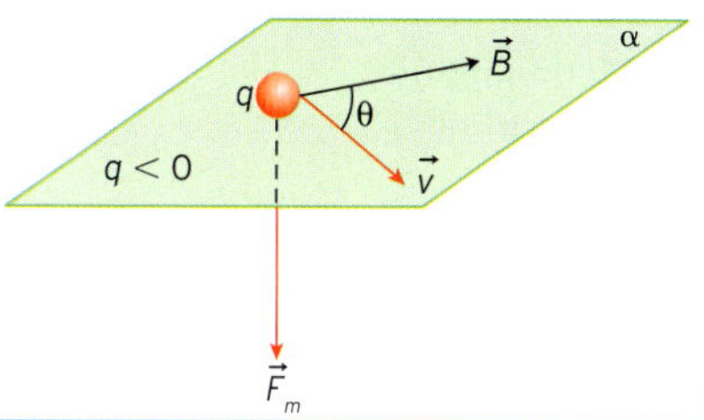

A direção e o sentido da força magnética podem ser obtidos por meio das regras apresentadas no boxe ao lado.

Intensidade do vetor força magnética

Por meio de experimentos e depois de várias medições, os físicos concluíram que a força magnética depende: da **intensidade da carga q** – quanto maior a intensidade da carga, maior a força sobre ela; **do módulo da velocidade $\vec{v}$** – quanto maior for o módulo da velocidade da carga, maior será o valor da força magnética; do **ângulo θ entre $\vec{v}$ e $\vec{B}$** – mais especificamente, a intensidade da força magnética depende do seno desse ângulo. Em resumo, tem-se a seguinte equação:

$$F_m = |q| \cdot v \cdot B \cdot \text{sen}\ \theta$$

O quadro a seguir mostra como essa expressão, formulada por Lorentz – ainda que de outra maneira –, está de acordo com as observações experimentais.

Se a carga está parada em relação a um referencial ($v = 0$), não há força magnética.	Se a carga estiver em movimento na mesma direção do campo magnético ($\theta = 0°$ ou $\theta = 180°$), não há força magnética, pois sen 0° = sen 180° = 0.	Quando o ângulo θ for 90°, a intensidade da força magnética atinge seu valor máximo, pois sen 90° = 1.

Ligado ao tema

Determinação da direção e do sentido da força magnética

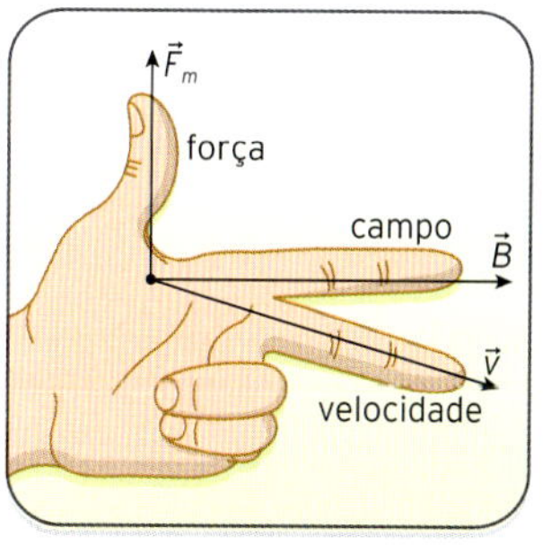

Usando a mão esquerda, aponta-se o dedo indicador no sentido das linhas de indução magnética e o dedo médio no sentido da velocidade da partícula carregada. O polegar, em posição perpendicular ao plano formado por esses dois dedos, indica a direção e o sentido da força que surge em uma carga **positiva**, como na figura acima. Se a carga elétrica da partícula for **negativa,** o sentido da força é **oposto** ao indicado pelo polegar.

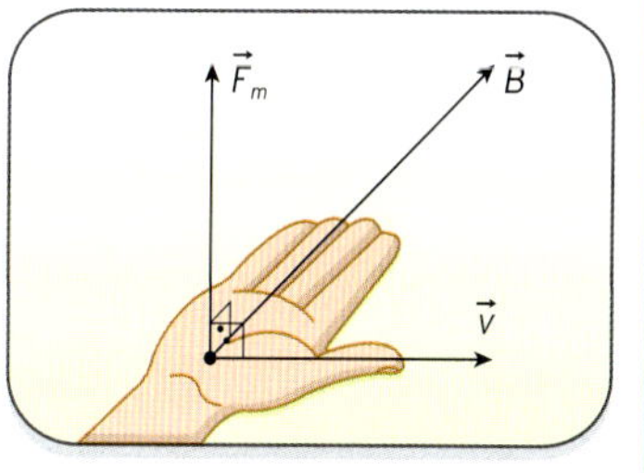

Também conhecida como "regra do tapa", trata-se de outra maneira de determinar a orientação da força magnética. Nesse caso, o polegar da mão direita aponta no sentido da velocidade da partícula carregada, e os demais dedos apontam no sentido das linhas de indução magnética. O sentido da força magnética que age em uma carga **positiva** é dado pelo movimento da palma da mão ao dar um "tapa" na carga elétrica. Se a carga for **negativa**, o sentido da força é o de um tapa com as costas da mão.

Exercícios resolvidos

31. Uma partícula carregada com carga elétrica $q = 1\ \mu C$ viaja com velocidade igual a $3 \cdot 10^4$ m/s e entra em uma região de campo magnético uniforme, de intensidade $B = 2 \cdot 10^{-3}$ T. O ângulo entre a direção da velocidade e a das linhas de indução magnética é 120°. Caracterize a força magnética exercida na partícula.

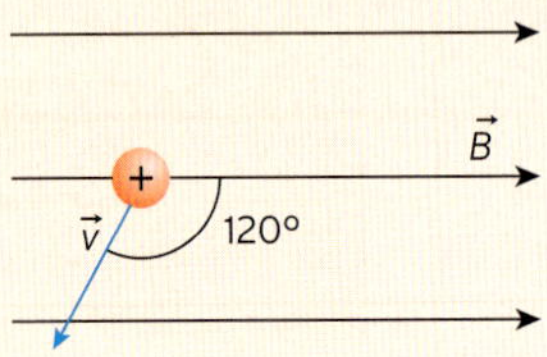

Ilustrações: Setup Bureau/ID/BR

Resolução

A carga da partícula: $q = 1\ \mu C = 10^{-6}$ C

A intensidade do campo: $B = 2 \cdot 10^{-3}$ T

A velocidade da partícula: $v = 3 \cdot 10^4$ m/s

O ângulo entre a direção do movimento da partícula e a das linhas de campo: $\theta = 120°$

Usando a regra da mão esquerda, com o dedo indicador apontando na direção do campo e o médio na direção da velocidade, o polegar indica o sentido da força que atuará na partícula como saindo da página.

Substituem-se os dados na expressão para a intensidade da força magnética.

$$F_m = |q| \cdot v \cdot B \cdot \text{sen}\ \theta$$

$$F_m = 10^{-6} \cdot 3 \cdot 10^4 \cdot 2 \cdot 10^{-3} \cdot \text{sen}\ 120°$$

$$F_m = 3 \cdot 2 \cdot 10^{-6} \cdot 10^4 \cdot 10^{-3} \cdot \frac{\sqrt{3}}{2} = 3\sqrt{3} \cdot 10^{-5}$$

$$F_m \cong 5{,}2 \cdot 10^{-5}\ \text{N}$$

Assim, o vetor força magnética tem as seguintes características:

Direção: perpendicular ao plano formado pelos vetores $\vec{v}$ e $\vec{B}$.

Sentido: saindo da página.

Intensidade: $5{,}2 \cdot 10^{-5}$ N

32. Caracterize a força magnética da situação do exercício anterior, considerando os mesmos dados, com exceção do sinal da partícula, agora carregada negativamente.

Resolução

Nesse caso, ocorre inversão no sentido da força, mantendo-se a mesma direção e intensidade.

33. As figuras I, II e III são trajetórias descritas por partículas que penetram em uma região de campo magnético uniforme, perpendicular ao plano do papel e entrando nele. Apresente uma justificativa para os desvios nas trajetórias I e II, enquanto a partícula que descreve a trajetória III segue em movimento retilíneo.

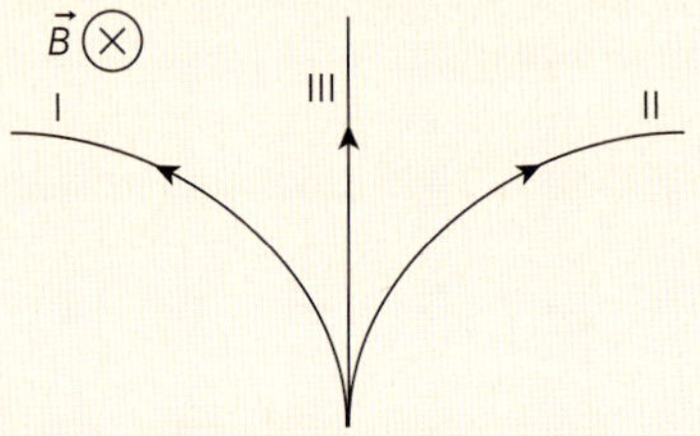

Resolução

As partículas cujas trajetórias são representadas por I e II estão eletrizadas com cargas de sinais opostos, enquanto na trajetória III a partícula é neutra eletricamente, daí não interagir com o campo magnético. Pelas trajetórias, pode-se concluir que a partícula da trajetória I tem carga positiva, e a particula da trajetória II tem carga negativa.

Exercícios propostos

34. Na figura, estão representados os polos de dois ímãs permanentes, próximos um do outro. Descreva o desvio que ocorrerá na trajetória de uma partícula carregada negativamente, ao penetrar na região entre esses dois polos com a velocidade indicada na figura.

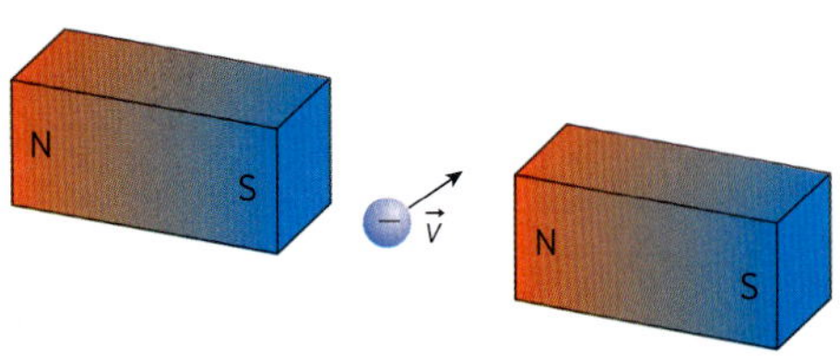

35. A figura abaixo representa as linhas de indução magnética de um campo uniforme, de intensidade $B = 5 \cdot 10^{-3}$ T. Obtenha as características da força magnética que agirá em uma carga $q = 2$ nC ao penetrar nessa região com uma velocidade $v = 2 \cdot 10^5$ m/s, com o sentido indicado na figura.

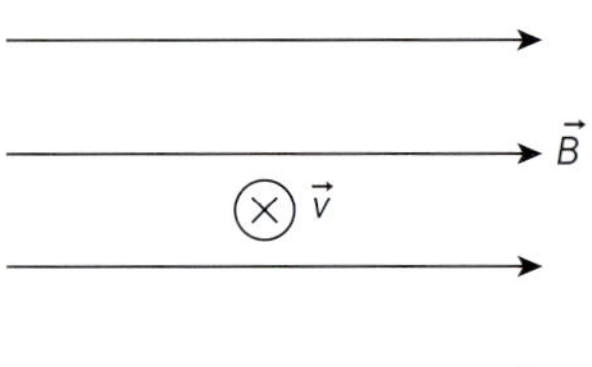

Movimento de uma partícula em um campo uniforme

A seguir são apresentadas três situações envolvendo uma carga elétrica em movimento em um campo magnético uniforme. A trajetória da carga depende do ângulo θ entre sua velocidade $\vec{v}$ e o campo magnético $\vec{B}$.

Situação 1: θ = 0° ou θ = 180°

Nesta situação, a velocidade e o campo magnético estão alinhados, ou seja, têm a mesma direção.

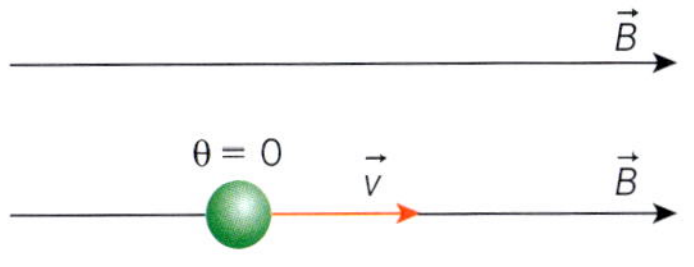

Figura 1. Partícula carregada com determinada velocidade submetida a um campo magnético na mesma direção da velocidade, mas com θ = 0°.

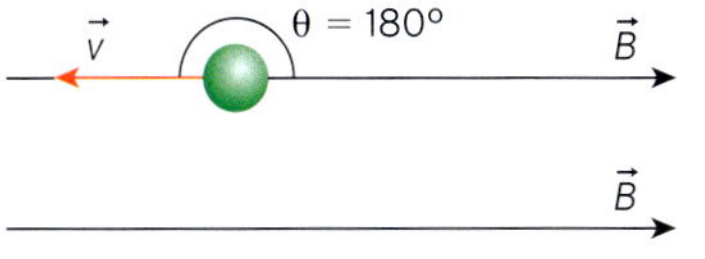

Figura 2. Partícula carregada com determinada velocidade submetida a um campo magnético na mesma direção da velocidade, mas com θ = 180°.

Ilustrações: Setup Bureau/ID/BR

Como o módulo da força magnética é dado por $F_m = q \cdot v \cdot B$ sen θ e sen 0° = sen 180° = 0, a força magnética será nula. Por essa razão, se não houver nenhuma outra força agindo, a partícula portadora de carga elétrica realizará um movimento retilíneo uniforme ao longo de uma linha de campo.

Situação 2: θ = 90°

Nesta situação, a velocidade e o campo magnético são perpendiculares entre si como na figura 3.

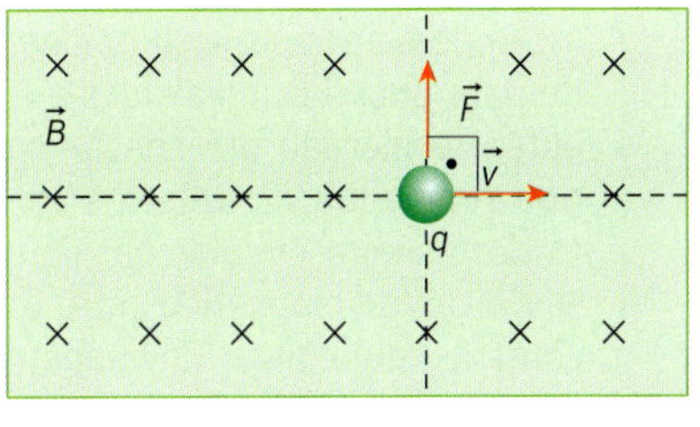

Figura 3. Partícula positiva, portadora de carga, com velocidade $\vec{v}$, submetida a um campo magnético $\vec{B}$, cujo sentido é para dentro da página. As grandezas $\vec{v}$ e $\vec{B}$ são perpendiculares entre si. Por meio da regra da mão direita, tem-se o sentido da força magnética, que é para cima.

Como o módulo da força magnética é dado por $F_m = q \cdot v \cdot B \cdot$ sen θ e sen 90° = 1, o módulo da força é dado por: $F_m = q \cdot v \cdot B$.

Em situações em que a força é perpendicular à velocidade, não há alteração na intensidade da velocidade, mas há alteração em sua direção. Como a força magnética é sempre perpendicular à velocidade da partícula, a partícula realizará um movimento circular uniforme em um plano perpendicular às linhas de indução do campo magnético (figura 4).

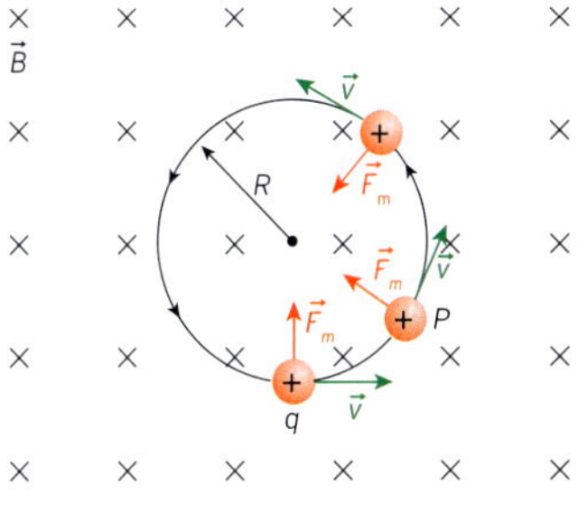

Figura 4. Partícula portadora de carga elétrica positiva submetida a um campo magnético perpendicular à velocidade da partícula. Nesse exemplo, o sentido do campo é para dentro da página. Como a força magnética $\vec{F}_m$ é sempre perpendicular à velocidade, então ela atua como força centrípeta e, por isso, a partícula realiza um MCU de raio *R*.

Ligado ao tema

O espectrômetro de massa

O espectrômetro de massa é um aparelho usado para medir a massa de partículas como átomos e moléculas, da maneira mostrada neste esquema.

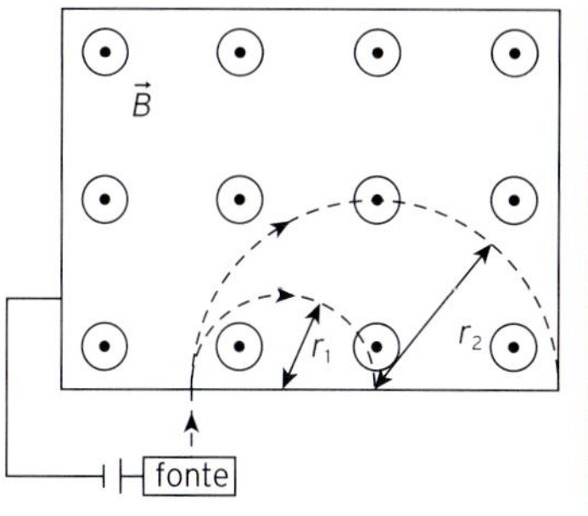

Esquema de funcionamento de um espectrômetro de massa.

Para isso, deve-se inicialmente carregar eletricamente essas partículas (ionização), antes de serem aceleradas por um campo elétrico para o interior de uma região onde haja um campo magnético. A partícula então descreve um movimento circular uniforme causado pela ação da força magnética. Mede-se o raio dessa trajetória circular e, conhecendo-se a velocidade, a intensidade do campo magnético e a carga da partícula, é possível calcular a massa da partícula.

Isso pode ser feito por meio da seguinte relação, isolando-se a grandeza *m*:

$$r = \frac{m \cdot v}{|q| \cdot B} \Rightarrow m = \frac{|q| \cdot B \cdot r}{v}$$

Esse processo permite, por exemplo, separar de um composto isótopos que tenham massas ligeiramente diferentes, ou mesmo identificar a composição de uma amostra.

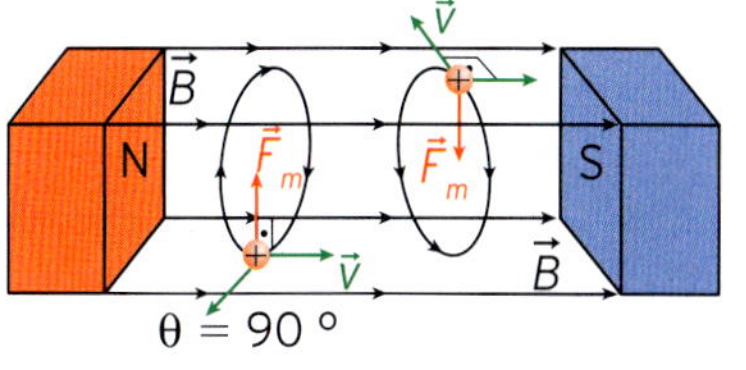

Figura 5. Representação em perspectiva da trajetória de uma partícula em um campo magnético perpendicular à velocidade.

Situação 3: qualquer θ diferente de 0°, 90° e 180°

Vejamos agora uma situação em que o ângulo θ entre $\vec{v}$ e $\vec{B}$ é diferente dos casos anteriores. Nessa situação, para facilitar a análise, vamos decompor a velocidade em duas componentes: $\vec{v}_x$ e $\vec{v}_y$, conforme mostram os esquemas a seguir.

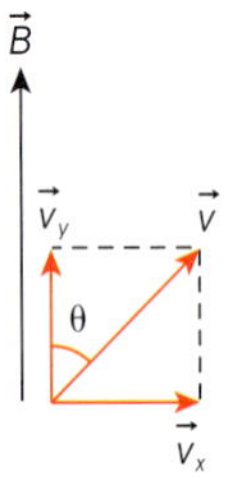

A velocidade $\vec{v}$ é decomposta em duas componentes: uma componente $\vec{v}_x$, perpendicular ao campo magnético, e outra componente $\vec{v}_y$, paralela ao campo magnético.

Por meio do esquema mostrado acima, obtêm-se os módulos das duas componentes da velocidade: $v_x = v \cdot \text{sen}\ \theta$ e $v_y = v \cdot \cos \theta$.

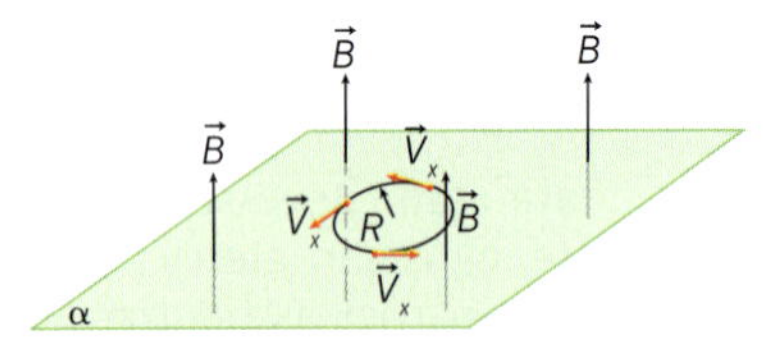

Caso houvesse somente a componente $\vec{v}_x$, sendo ela perpendicular ao campo, a trajetória da partícula seria um movimento circular uniforme.

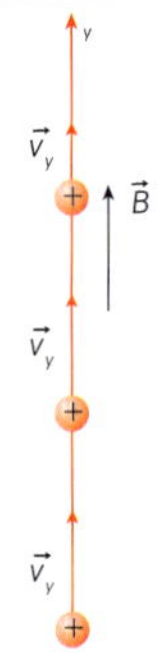

Caso houvesse somente a componente $\vec{v}_y$, sendo ela paralela ao campo, a trajetória da partícula seria um movimento retilíneo uniforme.

A composição de um movimento circular com um movimento retilíneo em planos perpendiculares entre si resulta em um movimento helicoidal. No exemplo, como os dois movimentos são uniformes, a trajetória da partícula será helicoidal uniforme como mostra a figura a seguir:

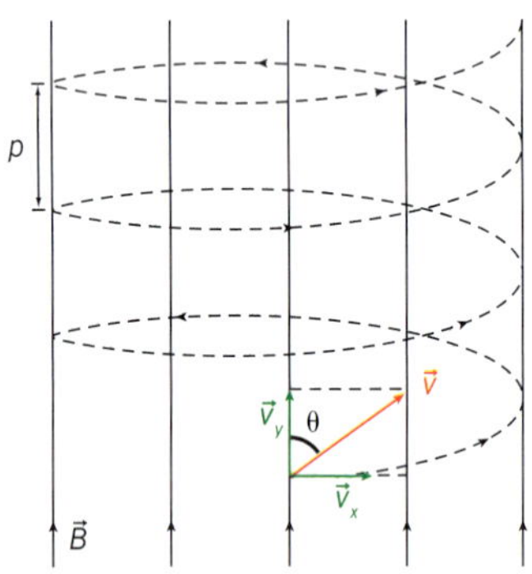

Na figura ao lado, a partícula realiza o movimento helicoidal uniforme, resultante de um MCU e de um MRU na direção dos componentes da velocidade.

É possível calcular a distância percorrida pela partícula, na direção do campo magnético, durante um período completo, por meio da equação da velocidade: $v = \frac{\Delta s}{\Delta t}$. Como na direção paralela ao campo, $v = v_y$, chamando Δs (passo da hélice) $= p$ e $\Delta t = T = \frac{2 \cdot \pi \cdot m}{|q| \cdot B}$, temos:

$$v \cdot \cos \theta = \frac{p}{\frac{2 \cdot \pi \cdot m}{|q| \cdot B}} \Rightarrow p = v \cdot \cos \theta \cdot \frac{2 \cdot \pi \cdot m}{|q| \cdot B}$$

Como a distância p é um valor fácil de ser obtido (pode-se inclusive, medi-la diretamente com régua), outros elementos dessa expressão podem ser facilmente obtidos.

Ligado ao tema

Acelerador de partículas

Acelerador de partículas é um aparelho utilizado por cientistas para acelerar partículas, provocando colisões violentas entre elas. Com isso se obtêm novas informações a respeito delas. Um dos modelos de aceleradores é constituído por duas câmaras metálicas ocas, com formato de meia-lua (ver esquema a seguir), submetidas a um poderoso campo magnético produzido por eletroímãs gigantescos.

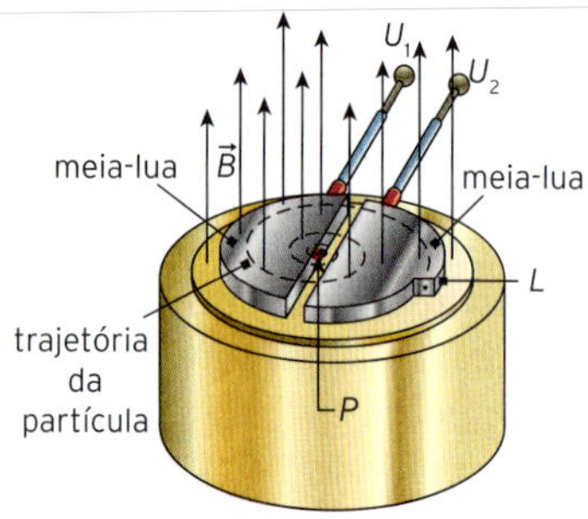

Ilustrações: Setup Bureau/ID/BR

As câmaras ficam submetidas também a um campo elétrico alternado e intenso. Um íon de baixa energia é colocado no ponto P no instante em que o campo elétrico está direcionado para uma das meias-luas e é, então, acelerado até chegar na outra meia-lua. O trajeto é feito de maneira circular por causa do campo magnético entre as câmaras, até chegar novamente ao ponto inicial.

O período efetuado do movimento da partícula é igual ao período que o campo elétrico demora para mudar de sentido. Assim, quando a partícula retorna ao ponto inicial, é acelerada novamente, de modo que adquire cada vez mais energia cinética a cada volta.

Após realizar centenas de voltas, fica com uma altíssima energia, muitas vezes equivalente àquela que teria se fosse submetida a uma tensão de bilhões de volts. Um alvo (em geral, núcleos de átomos) é colocado na abertura lateral (L), onde a partícula o bombardeará.

Exercícios resolvidos

36. Uma partícula, de massa *m* e carga *q*, descreve um movimento circular uniforme quando submetida a uma força magnética F_m, na situação em que a velocidade *v* da partícula e o campo magnético uniforme *B* são perpendiculares entre si. Determine:

a) o raio da trajetória da partícula;

b) o período da partícula para dar uma volta completa.

Resolução

a) Como a partícula descreve um MCU, a força magnética atua como força centrípeta. Assim:

$$F_m = F_{cp}$$

$$|q| \cdot v \cdot B = \frac{m \cdot v^2}{R} \Rightarrow R = \frac{m \cdot v^2}{|q| \cdot v \cdot B}$$

$$R = \frac{m \cdot v}{|q| \cdot B}$$

b) A expressão obtida no item anterior possibilita o cálculo do período.

Sabe-se que $v = \omega \cdot R$. Como $\omega = \frac{2 \cdot \pi}{T}$:

$$v = \frac{2 \cdot \pi}{T} \cdot \frac{m \cdot v}{|q| \cdot B}$$

$$T = \frac{2\pi \cdot m \cdot v}{|q| \cdot v \cdot B} \Rightarrow T = \frac{2\pi \cdot m}{|q| \cdot B}$$

Por meio da expressão acima, pode-se concluir que o período *T* independe da velocidade. Isso significa que, ao aumentar a velocidade, aumenta-se o raio da trajetória, mas o período permanece constante.

Quando a partícula eletrizada é negativa, a trajetória descrita tem sentido oposto.

37. Um próton é lançado com velocidade 10^7 m/s no interior de um espectrômetro de massa, descrevendo uma semicircunferência de raio 2 m, conforme figura abaixo. A relação carga por unidade de massa de um próton (q/m) é igual a 10^8 C/kg. Nessa situação, calcule a intensidade do campo magnético no interior do espectrômetro, supondo que seja constante durante o trajeto da partícula.

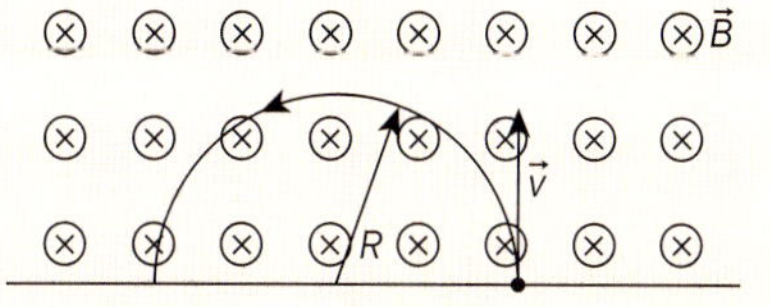

Resolução

Raio da trajetória: $r = 2$ m

Velocidade do próton: $v = 10^7$ m/s

Razão carga/massa: $\frac{q}{m} = 10^8$ C/kg

Tem-se: $r = \frac{m \cdot v}{|q| \cdot B} \Rightarrow B = \frac{m \cdot v}{|q| \cdot r}$

e: $\frac{m}{|q|} = \frac{1}{\frac{|q|}{m}} = \frac{1}{10^8} = 10^{-8}$ kg/C

Substituindo os outros valores, chegamos à intensidade do campo magnético.

$$B = \frac{10^{-8} \cdot 10^7}{2} \Rightarrow = 5 \cdot 10^{-2}\ \text{T}$$

Exercícios propostos

38. No esquema a seguir, as partículas 1 e 2, com mesma carga elétrica, penetram com a mesma velocidade em um campo magnético uniforme, descrevendo trajetórias circulares. Os raios dessas trajetórias são tais que $r_2 = 2 \cdot r_1$.

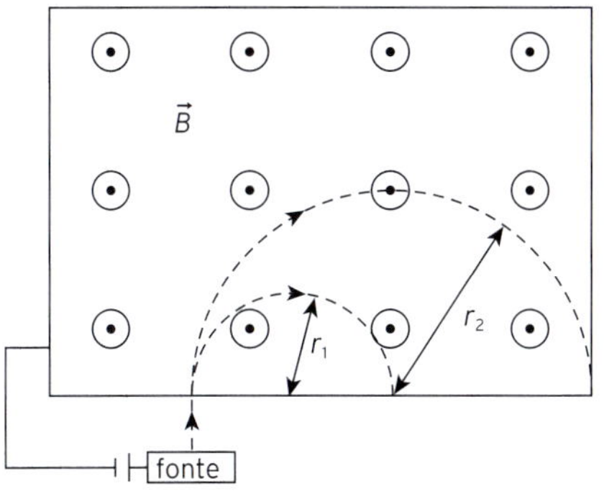

Calcule a razão $\frac{m_1}{m_2}$ entre as massas dessas partículas.

39. Um feixe de raios catódicos, isto é, um feixe de elétrons que emergem do polo negativo de um eletrodo, chamado catodo, penetra em um campo magnético constante, de intensidade $2 \cdot 10^{-4}$ T, e passa a descrever um MCU com raio igual a 5 cm. Calcule:

(Dado: a relação carga elétrica por unidade de massa do elétron é $1{,}8 \cdot 10^{11}$ C/kg.)

a) a velocidade tangencial da trajetória descrita pelos elétrons.

b) o período do movimento desses elétrons.

c) a frequência do movimento dos elétrons.

40. Uma carga encontra-se em uma região onde há um campo magnético. Determine a direção, relativamente ao campo, em que ela deve se mover para que a força magnética que age nela tenha intensidade máxima. Justifique sua resposta.

Intensidade da força magnética em fios condutores

Intensidade da força magnética entre dois fios condutores

Além do experimento de Oersted, outro teste realizado pelo físico francês André-Marie Ampère foi fundamental para o desenvolvimento do eletromagnetismo. Ampère buscou uma forma de obter magnetismo sem a presença de ímãs permanentes e ferro. Para tanto, aproximou dois fios retos percorridos por correntes elétricas e observou as duas situações descritas a seguir.

Situação 1	Situação 2
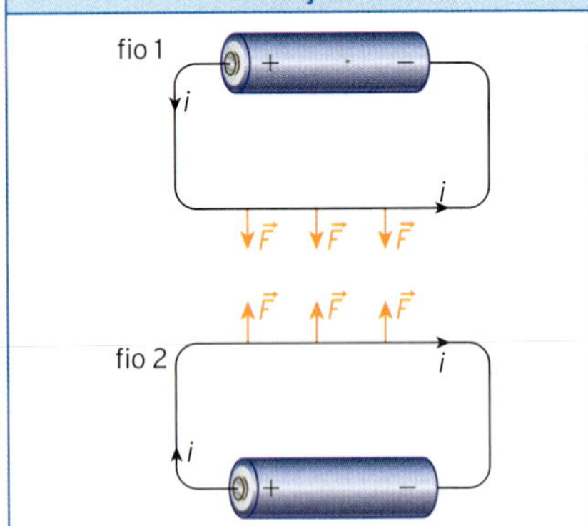	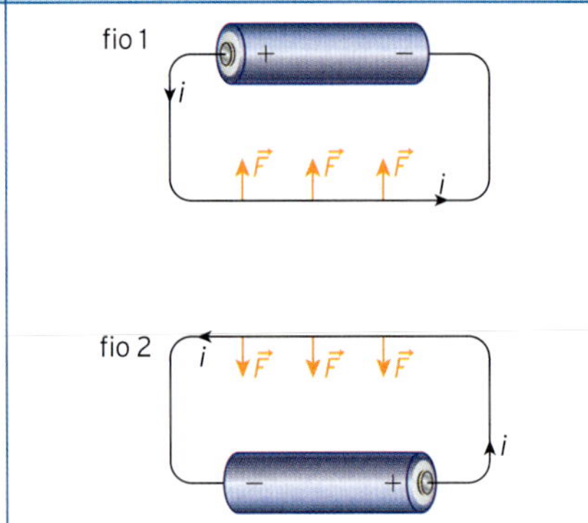
Quando os sentidos das correntes elétricas eram os mesmos para ambos os fios, havia uma atração entre eles.	Quando os sentidos das correntes elétricas eram opostos entre os fios, havia uma repulsão entre eles.

Demorou bastante tempo para que fosse encontrado um modelo explicativo para as observações propiciadas pelo experimento de Ampère. De acordo com o modelo clássico, a corrente elétrica no fio 1 (ver figura acima) produz um campo magnético em seu entorno, o qual exerce uma força magnética sobre o fio 2. A corrente elétrica que passa pelo fio 2, por sua vez, produz um campo magnético que exercerá uma força de atração magnética no fio 1.

Para calcular a intensidade da força magnética entre dois fios, deve-se levar em consideração a distância (d) entre eles, a corrente nos dois fios (i_1 e i_2), o meio em que interagem (a permeabilidade magnética μ) e o comprimento (L) dos trechos dos fios. Na situação em que se tem corrente constante e dois fios retos e paralelos, a intensidade da força magnética F_m é calculada por meio da expressão:

$$F_m = \frac{\mu \cdot i_1 \cdot i_2 \cdot L}{2 \cdot \pi \cdot d}$$

A direção e o sentido da força magnética são dados pela regra da mão esquerda. Se for adotada a "regra do tapa" (página 173), será o polegar que apontará para o sentido da corrente. A intensidade da força é a mesma nos dois fios, ainda que suas correntes sejam diferentes.

Intensidade da força magnética que atua sob um fio retilíneo

É possível, também, calcular a força magnética exercida por um campo magnético sobre um único fio, como na situação da figura ao lado.

A intensidade da força magnética, neste caso, considerando o campo magnético uniforme, depende da intensidade B do próprio campo, da intensidade da corrente elétrica i no fio, do comprimento L do trecho submetido ao campo e do ângulo entre o campo e o sentido da corrente. A expressão para esse cálculo é:

$$F_m = B \cdot i \cdot L \cdot \text{sen}\,\theta$$

Como todas as outras forças magnéticas, esta também é perpendicular à direção da corrente elétrica e ao campo magnético.

Ligado ao tema

Força magnética sobre uma carga × força magnética sobre um fio

Deduzimos a expressão da intensidade da força magnética sobre um fio retilíneo a partir da expressão da força magnética sobre uma partícula com carga elétrica. Para tanto, partimos da expressão $F_m = q \cdot v \cdot B \cdot \text{sen}\,\theta$. Nesse caso, v representa a velocidade da corrente no interior do condutor e q representa a quantidade de carga transportada. Pelas definições de i e v, temos:

$$i = \frac{q}{\Delta t} \Rightarrow q = i \cdot \Delta t \text{ e } v = \frac{L}{\Delta t}$$

Substituindo na expressão de F_m, obtemos:

$$F_m = i \cdot \Delta t \cdot \frac{L}{\Delta t} \cdot B \cdot \text{sen}\,\theta$$

Cancelando Δt, chega-se à expressão final

$$F_m = B \cdot i \cdot L \cdot \text{sen}\,\theta$$

que é a mesma expressão obtida no texto ao lado.

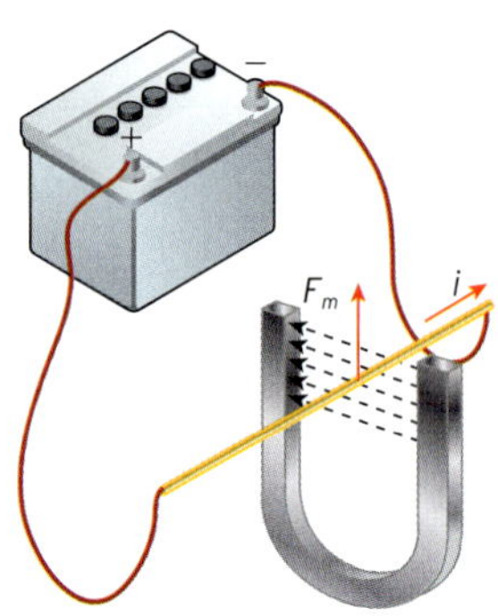

Fio condutor retilíneo atravessado por corrente elétrica submetido a uma força magnética por causa da presença do campo magnético de um ímã.

4. Galvanômetros e motores elétricos

Usando as propriedades da força magnética, foi possível desenvolver equipamentos como medidores de corrente elétrica (caso dos galvanômetros) e motores elétricos.

Galvanômetro

É um instrumento de ponteiro que mede a intensidade de uma corrente elétrica. É constituído por uma bobina composta de espiras retangulares que envolvem uma barra de ferro cilíndrica (figura 1), ligada a um eixo no qual são colocados um ponteiro e duas molas. O ponteiro indica uma escala graduada, com valores de correntes elétricas em ampère (figura 2). O eixo fica submetido perpendicularmente a um campo magnético criado por um ímã. Quando não há nenhuma passagem de corrente elétrica, o ponteiro aponta para o zero da escala. Quando a corrente elétrica passa pela bobina, forças magnéticas atuam sobre ela, a qual, então, começa a girar – tem-se, assim, o **efeito motor**.

À medida que a bobina gira, passa a comprimir a mola; assim ela fica submetida também a uma força elástica que, gradativamente, vai diminuindo a velocidade da rotação até parar (quando atinge o equilíbrio, a intensidade da força elástica é igual à da força magnética). Note que a bobina para de girar antes mesmo de dar uma volta completa. No momento em que para, vê-se a posição do ponteiro apontando para a escala, a qual indica a intensidade da corrente elétrica.

Os **galvanômetros** são usados na construção de medidores de corrente (amperímetros), de tensão (voltímetros) e de resistência (ohmímetros).

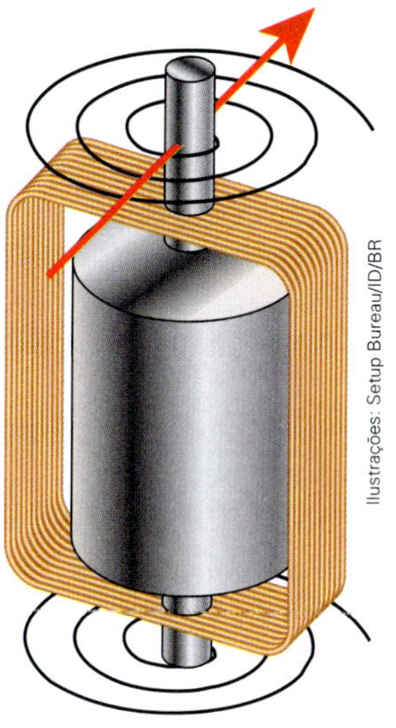

Figura 1. Esquema de uma bobina em um galvanômetro.

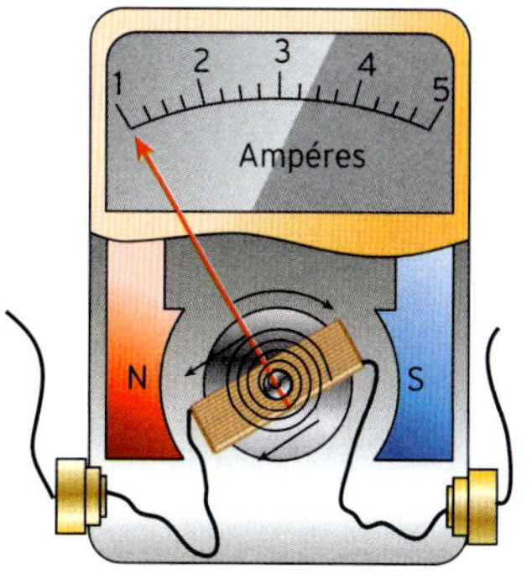

Figura 2. Esquema com as partes internas de um galvanômetro.

Motores elétricos de corrente contínua

Motores elétricos são máquinas que transformam energia elétrica em energia mecânica. São constituídos por espiras ou bobinas, submetidas a um campo magnético, de ímãs fixos ou de outras bobinas. Seu princípio de funcionamento é similar ao do galvanômetro – com a diferença de que, em motores, as bobinas ou espiras realizam voltas completas. No quadro a seguir são descritas algumas etapas para o seu funcionamento.

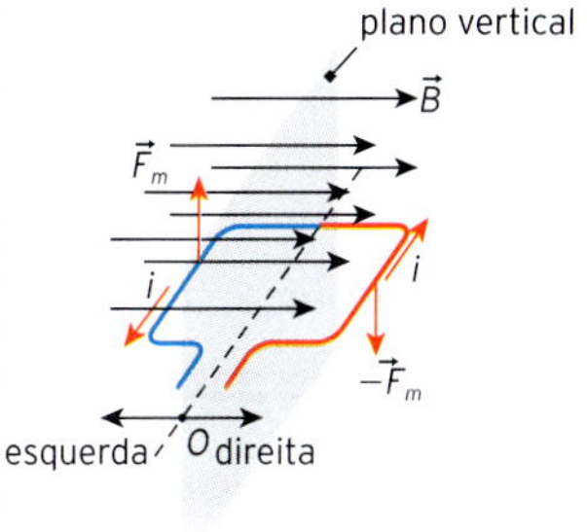

Figura 3. No caso de motores elétricos de corrente contínua, as espiras ou bobinas ficam submetidas a uma força magnética quando são atravessadas por correntes elétricas contínuas. Quando isso ocorre, elas giram – novamente, temos o efeito motor.

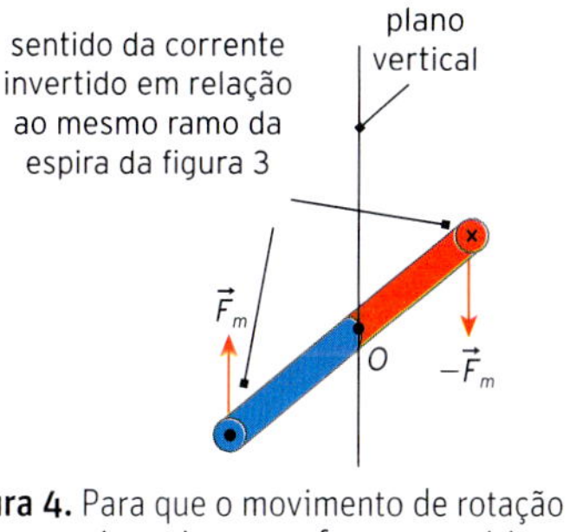

Figura 4. Para que o movimento de rotação não cesse, é preciso que a força magnética que faz um lado da espira subir ($\vec{F}_m$) e a que a faz descer ($-\vec{F}_m$) mudem de sentido que a espira ou a bobina fiquem na posição vertical, de modo que se mantenha o sentido da rotação. A mudança na direção das forças $\vec{F}_m$ e $-\vec{F}_m$ no momento em que a espira ou as bobinas atingem a posição vertical é obtida por meio da inversão do sentido da corrente que as atravessa.

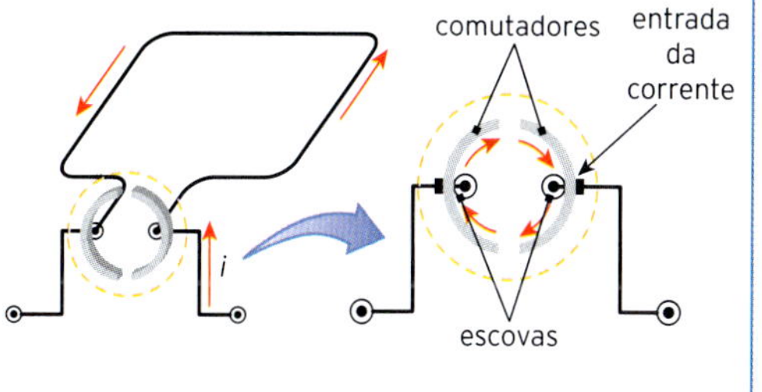

Figura 5. A inversão do sentido da corrente é realizada por aparelhos chamados de **comutadores**, os quais são ligados aos terminais da espira por meio de contatos chamados de **escovas**. Sem esses comutadores, a espira ficaria oscilando em um movimento similar ao de um pêndulo.

O princípio de funcionamento apresentado acima é igual para todos os motores elétricos de corrente contínua, mas não explica o funcionamento de motores de outros tipos (como os de corrente alternada) presentes em muitos eletrodomésticos e eletroeletrônicos, os quais não serão objeto de estudo deste livro.

Exercícios resolvidos

41. Um fio retilíneo é percorrido por uma corrente elétrica de intensidade 5 A. Um trecho desse fio, com 20 cm de comprimento, é imerso em uma região que apresenta um campo magnético constante de intensidade $4 \cdot 10^{-3}$ T. Calcule a intensidade da força magnética que atua nesse trecho do fio nos casos em que:

a) o fio é colocado paralelamente às linhas de indução magnética;

b) o fio é colocado perpendicularmente às linhas de indução magnética.

Resolução

Dados:

Intensidade da corrente: $i = 5$ A

Comprimento do fio: $L = 20$ cm $= 0{,}2$ m

Intensidade do campo magnético: $B = 4 \cdot 10^{-3}$ T

A intensidade da força magnética é dada por:

$F_m = B \cdot i \cdot L \cdot \text{sen}\,\theta$

a) Temos $\theta = 0°$ e como $\text{sen}\,0° = 0$, a força magnética é nula.

b) Nesse caso, $\theta = 90°$, assim temos:

$F_m = B \cdot i \cdot L \cdot \text{sen}\,\theta = 4 \cdot 10^{-3} \cdot 5 \cdot 0{,}2 \cdot \text{sen}\,90°$

$F_m = 4 \cdot 10^{-3}$ N

42. Um trecho de um fio condutor, de comprimento 10 cm e massa 50 g, está sob a ação de um campo magnético e permanece flutuando, em equilíbrio na direção horizontal, graças ao campo magnético e ao campo gravitacional. Sabendo que o campo magnético, de intensidade 0,5 T, é perpendicular ao plano do papel, entrando nele, calcule o sentido e a intensidade da corrente elétrica que percorre o fio. Considere: $g = 10$ m/s^2

Resolução

Dados:

Comprimento do fio: $L = 10$ cm $= 0{,}1$ m

Intensidade do campo magnético: $B = 0{,}5$ T

Massa do fio: $m = 50$ g $= 0{,}05$ kg

Para manter o equilíbrio, a força magnética deve ter a mesma intensidade da força peso, porém com sentido contrário. Assim, pela regra da mão esquerda, o sentido da corrente que produz uma força magnética vertical para o alto é da esquerda para a direita.

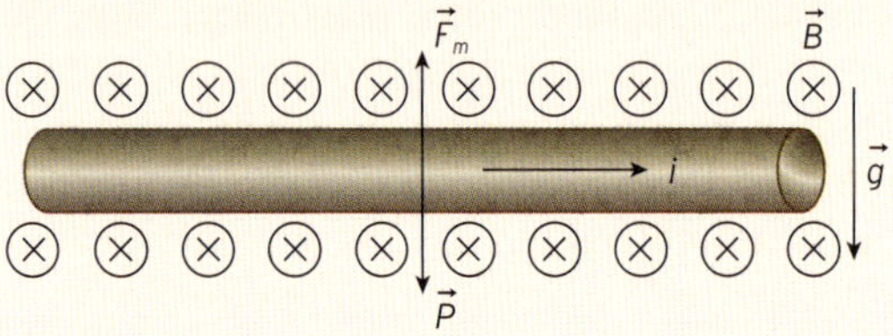

A intensidade da corrente é obtida igualando a força magnética e a gravitacional:

$F_m = P \Rightarrow B \cdot i \cdot L \cdot \text{sen}\,\theta = m \cdot g \Rightarrow$

$\Rightarrow 0{,}5 \cdot i \cdot 0{,}1 = 0{,}05 \cdot 10 \Rightarrow i = 10$ A

Assim, é preciso uma corrente de intensidade 10 A, no sentido da esquerda para a direita, para manter o equilíbrio.

Exercícios propostos

43. Dois fios retilíneos e paralelos, separados por 1 cm, são percorridos por correntes elétricas de intensidade igual a 10 A, ambas no mesmo sentido. Calcule a intensidade da força magnética entre os fios para cada trecho de 1 m. Em seguida, justifique se essa força é de atração ou de repulsão.

Considere a permeabilidade magnética do meio $\mu_0 = 4\pi \cdot 10^{-7}$ T · m/A.

44. Desenhe um esquema de um motor elétrico semelhante ao da página anterior, mas com a corrente percorrendo a espira sempre no mesmo sentido. Indique as forças que estão atuando na espira ao longo de uma volta e mostre que ela tende a oscilar em torno de uma posição.

45. Nos cabos de alta tensão que atravessam as cidades, podemos constatar a presença de separadores de fios colocados ao longo de toda a sua extensão. Levante hipóteses para o uso desses dispositivos.

46. A espira *ABCD* retangular gira livremente em torno do eixo *f* (ver figura) e é atravessada por uma corrente elétrica de intensidade *i*. Sabendo que $\overline{AB} = \overline{CD} = \ell_1$ e $\overline{AD} = \overline{BC} = \ell_2$, faça o que se pede.

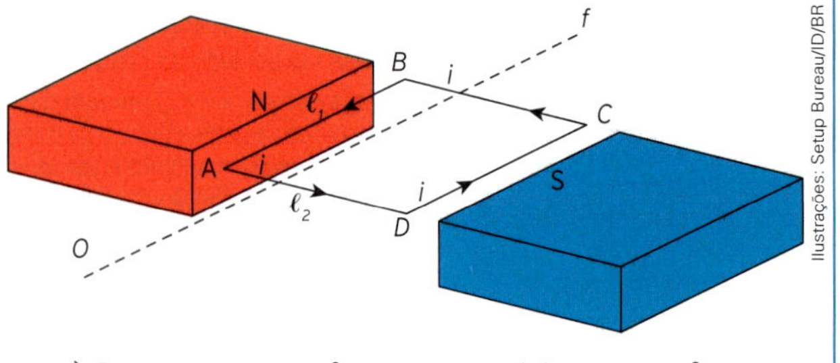

Ilustrações: Setup Bureau/ID/BR

a) Represente as forças magnéticas que fazem a espira girar.

b) Se houvesse um observador na posição *O*, ele veria a espira girar em que sentido?

Integre o aprendizado

47. Partindo-se um ímã ao meio, conforme ilustra a figura, e reaproximando as partes, elas se atraem. No entanto, se a posição de uma delas for invertida, passarão a se repelir. Justifique tal verificação por meio das propriedades magnéticas.

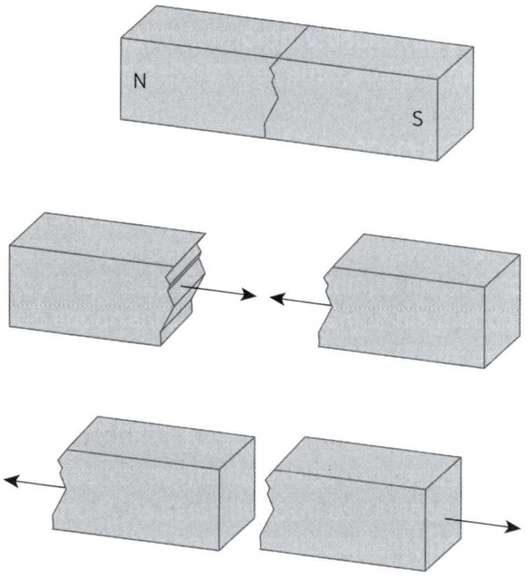

48. Desenhe em seu caderno uma espira percorrida por corrente elétrica, indicando o sentido da corrente e os polos sul e norte magnéticos em cada caso.

49. Na ilustração abaixo, pelos pontos A e B passam dois fios retilíneos perpendiculares ao plano do papel atravessados pelas correntes i_A e i_B, respectivamente, nos sentidos indicados. Sendo $i_A = 2i_B$, determine a direção da agulha de uma bússola quando colocada em P.

a) 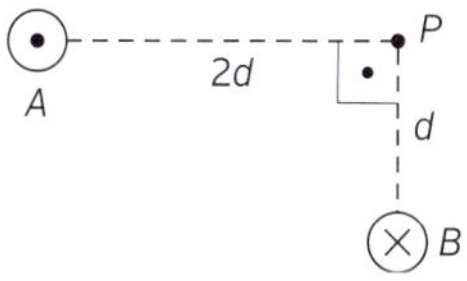

b) 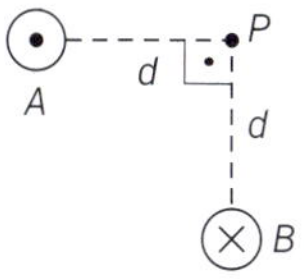

c) 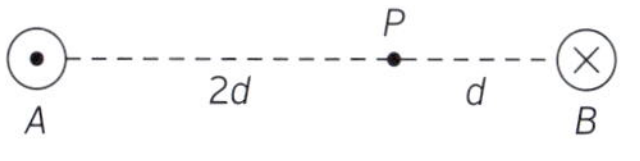

d) 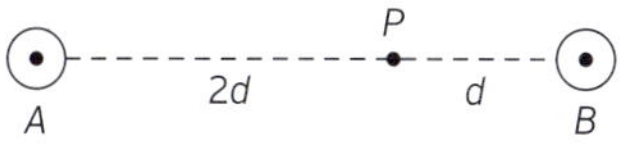

50. Na figura a seguir, um fio transportando corrente atravessa a superfície de uma mesa, sobre a qual estão dispostas quatro bússolas. A extremidade em vermelho representa o polo norte das bússolas.

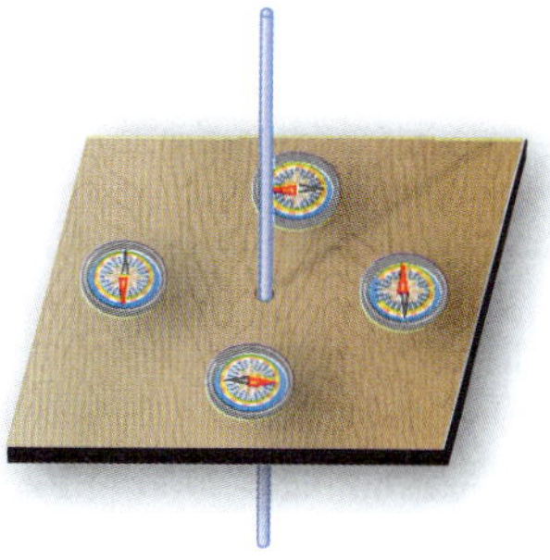

Ilustrações: Setup Bureau/ID/BR

Indique o sentido da corrente que percorre o fio.

51. Um fio retilíneo é percorrido por uma corrente elétrica de intensidade 5 mA. Caracterize o vetor indução magnética em um ponto P localizado a 2 cm desse fio. Considere a permeabilidade magnética $\mu_0 = 4\pi \cdot 10^{-7}$ T · m/A.

52. Um fio retilíneo deve ser colocado a 10 cm do ponto P citado no exercício anterior, de modo que anule o campo magnético nesse ponto. Determine:

a) as posições nas quais esse fio pode ser colocado para anular o campo em P;

b) a intensidade da corrente elétrica necessária para anular o campo em P.

53. Dois fios retilíneos, transportando as correntes i_1 e i_2, são dispostos perpendicularmente entre si, conforme a figura. Calcule a intensidade do vetor $\vec{B}$ no ponto P indicado.

Considere $\mu_0 = 4\pi \cdot 10^{-7}$ T · m/A.

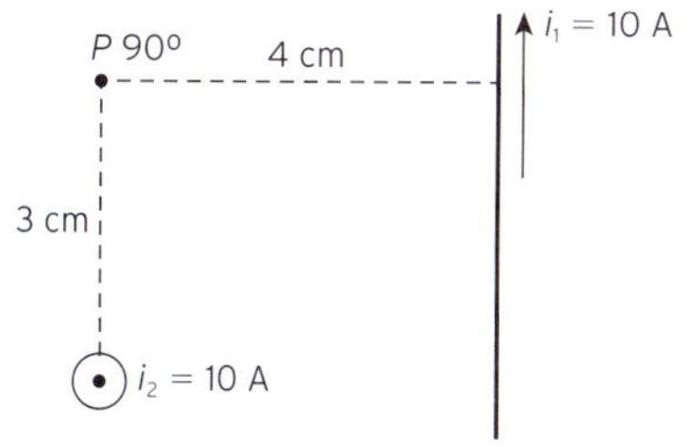

54. Caracterize o vetor indução magnética no centro de uma espira circular de raio 5π cm atravessada por uma corrente elétrica de intensidade 5 A.

55. Duas espiras concêntricas, de raios $R_1 = 5\pi$ cm e $R_2 = 8\pi$ cm, são percorridas por correntes $i_1 = 3$ A e $i_2 = 4$ A, no sentido indicado pela figura. Encontre a intensidade do vetor indução magnética no centro das espiras. Considere $\mu_0 = 4\pi \cdot 10^{-7}$ T · m/A.

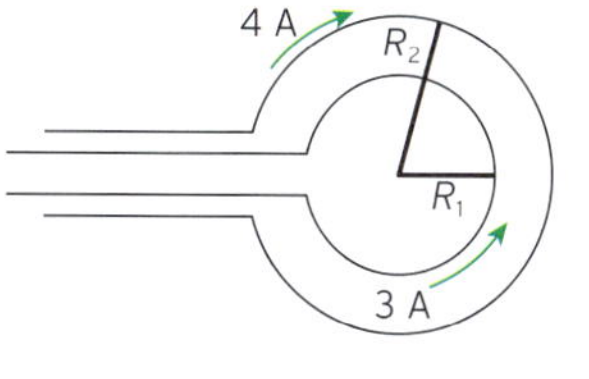

56. No exercício anterior, determine a intensidade da corrente elétrica que deveria percorrer a espira 2 de modo que anule o campo no centro das espiras.

Integre o aprendizado

57. Descreva um solenoide e dê exemplo de algumas de suas aplicações.

58. Um fio de cobre desencapado é enrolado de modo que produza um solenoide com 200 espiras de raio 2 cm, em um comprimento de 20 cm. Calcule a intensidade do campo magnético produzido no interior do solenoide, sabendo que ele é percorrido por uma corrente de 2 A.

59. Um próton, cuja massa é de $1,6 \cdot 10^{-27}$ kg e cuja carga elétrica é $1,6 \cdot 10^{-19}$ C, é lançado perpendicularmente às linhas de um campo magnético de intensidade constante, com velocidade aproximada de $3 \cdot 10^{6}$ m/s, e descreve uma trajetória circular de raio igual a 4300 m. Determine a intensidade desse campo magnético.

60. Uma partícula carregada positivamente penetra em um campo magnético de intensidade $5 \cdot 10^{-2}$ T, segundo uma direção perpendicular às linhas de força. Sabendo que sua velocidade é $3 \cdot 10^{5}$ m/s e que ela descreve uma trajetória circular de raio 1,5 m, calcule a relação carga/massa dessa partícula.

61. Como foi visto neste capítulo, um fio atravessado por uma corrente elétrica fica sujeito a uma força magnética quando colocado em uma região que apresenta campo magnético. Julgue se um fio sem corrente, mas em movimento no interior de um campo magnético, também estaria sujeito a essa força.

62. Um íon de carga $1,6 \cdot 10^{-19}$ C e velocidade $2 \cdot 10^{5}$ m/s entra em uma região que apresenta um campo magnético uniforme de intensidade $4 \cdot 10^{-3}$ T, perpendicular ao plano do papel, entrando nele, conforme a figura abaixo. A partícula passa a descrever um MCU cuja trajetória circular tem diâmetro de 20 cm. Calcule:

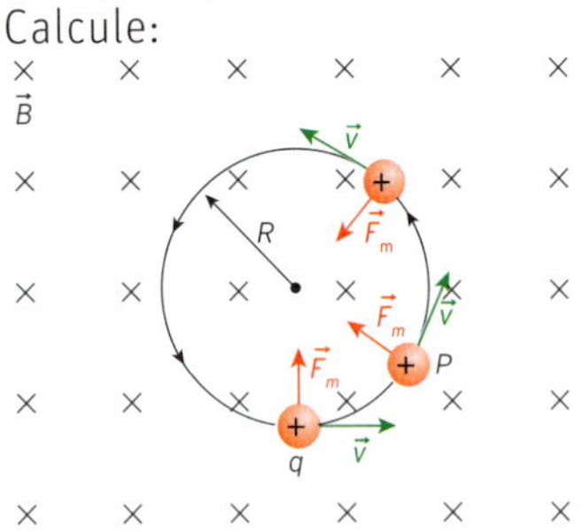

a) a massa desse íon;
b) a frequência do movimento.

63. Em uma indústria, fios paralelos, distanciados 0,5 m um do outro, são percorridos por correntes de 100 A. Calcule o módulo da força de interação entre esses fios por unidade de comprimento.

64. Um trecho de 20 cm de fio percorrido por uma corrente elétrica de 25 A é colocado no interior de um campo magnético uniforme de intensidade $2 \cdot 10^{-3}$ T, formando um ângulo de 30° com as linhas desse campo. Calcule a intensidade da força magnética que atuará nesse pedaço de fio.

65. Uma partícula carregada, viajando em movimento retilíneo uniforme, entra em uma região de campo magnético uniforme e perpendicular à direção da partícula. Sob a ação de uma força magnética, a partícula passa a descrever movimento circular uniforme. Mostre que é nulo o trabalho realizado pela força magnética na partícula durante esse movimento circular.

66. Raios cósmicos é o nome que se dá às partículas carregadas que viajam pelo espaço sideral a grandes velocidades, eventualmente atingindo a atmosfera terrestre. Essas partículas, em sua maioria prótons e núcleos de hélio, representam perigo para os astronautas e os instrumentos eletrônicos em órbita. Felizmente, grande parte delas é desviada pelo campo magnético terrestre, de modo que poucas chegam à superfície do planeta. Nas regiões próximas aos polos, porém, é detectada uma intensidade de raios cósmicos maior que na região equatorial. Considerando as linhas de campo magnético da Terra, explique por que isso ocorre.

67. Um solenoide de comprimento L e raio r foi construído usando-se um fio de comprimento C. Sabendo que o fio tem uma resistência R e que o solenoide é submetido a uma diferença de potencial U, mostre que o campo magnético gerado no interior do solenoide é dado por:

$$B = \frac{\mu_0 \cdot C \cdot U}{2\pi \cdot L \cdot R \cdot r}$$

68. Faça uma pesquisa para saber o que são materiais **diamagnéticos e paramagnéticos** e busque também descobrir o que causa o fenômeno da **histerese magnética**.

69. Um fio retilíneo de comprimento L é percorrido por uma corrente elétrica de intensidade i. A intensidade do campo magnético formado a uma distância $\frac{L}{2\pi}$ desse fio é igual a B. Enrolando esse fio para formar uma espira circular, percorrida pela mesma corrente, a intensidade do campo no centro da espira assim formada será igual a B'. Determine a razão B/B'.

70. Três fios retilíneos perpendiculares ao plano do livro estão dispostos conforme a figura a seguir.

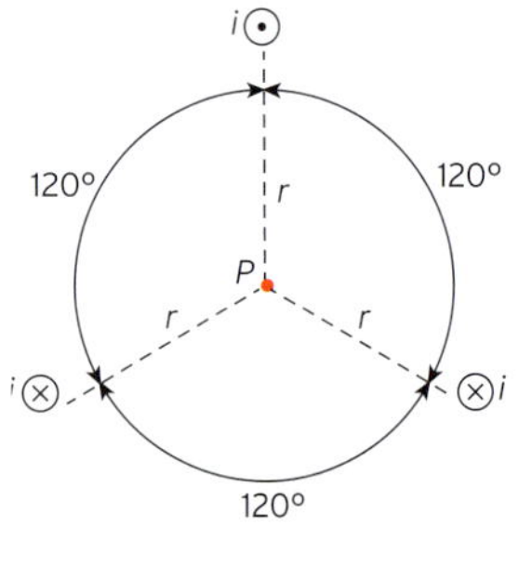

Sendo $r = 10$ cm (raio da circunferência) e 5 A a intensidade da corrente elétrica que percorre cada fio, calcule a intensidade do campo magnético resultante em P, centro da circunferência. Considere $\mu_0 = 4\pi \cdot 10^{-7}$ T · m/A.

71. Atribua valores para as grandezas envolvidas no cálculo do campo magnético no interior de um solenoide de modo que se produza um campo de intensidade 1 T.

72. **Biomagnetismo** é o nome que se dá ao fenômeno da geração e interação de campos magnéticos com matéria viva.

Muitos seres produzem campos magnéticos, seja como resultado de correntes eletrofisiológicas em seu organismo, seja pela presença de materiais magnéticos em sua constituição.

Sabe-se que muitos animais utilizam esse campo em conjunto com o campo magnético terrestre para se locomoverem em busca de alimentos ou no caso de migração.

a) Realize uma pesquisa e cite alguns seres microscópicos e alguns seres macroscópicos que se enquadram nessa categoria.

b) Pesquise a maneira como cada um desses seres gera campo magnético e o uso que fazem dessa propriedade.

73. Um fio condutor de massa 1 g e 5 cm de comprimento encontra-se preso pelas extremidades a duas molas de constante elástica 1 N/m.

O fio está imerso perpendicularmente às linhas de indução de um campo de intensidade $4 \cdot 10^{-3}$ T e é percorrido por uma corrente elétrica de 20 A, no sentido indicado pela figura.

Calcule o alongamento da mola, considerando $g = 10$ m/s^2.

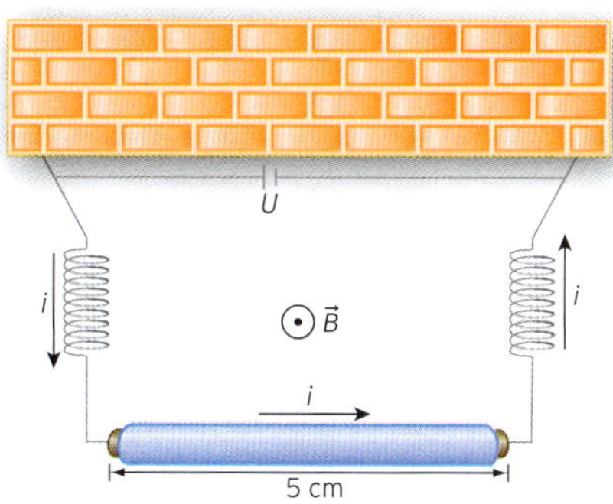

Ilustrações: Setup Bureau/ID/BR

74. Determine o resultado do exercício anterior caso o sentido das linhas de campo magnético seja o oposto.

75. Um íon com carga $3{,}2 \cdot 10^{-19}$ C e massa $2{,}4 \cdot 10^{-27}$ kg é lançado com velocidade $4 \cdot 10^6$ m/s no interior de um campo magnético de intensidade $B = 2 \cdot 10^{-1}$ T, conforme a figura. Calcule o tempo necessário para essa partícula atingir o ponto C.

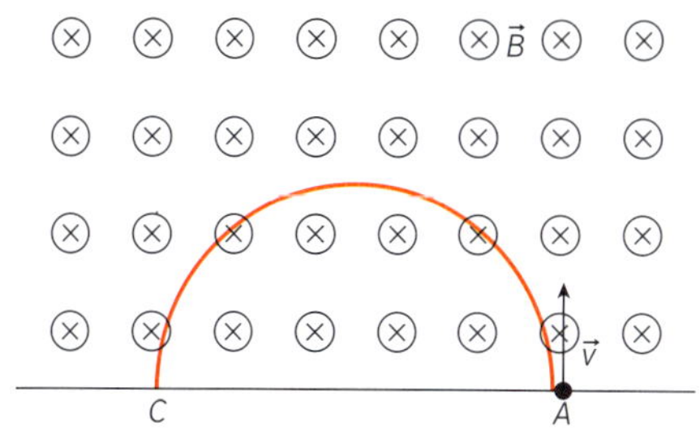

76. Uma partícula de massa $6{,}6 \cdot 10^{-27}$ kg e carga $3{,}2 \cdot 10^{-19}$ C entra em um campo magnético uniforme de modo que a direção da velocidade forma um ângulo de 30° com as linhas de indução do campo. O módulo da velocidade é $2 \cdot 10^6$ m/s e a intensidade do campo é $2 \cdot 10^{-2}$ T.

a) Determine a intensidade da força magnética que age nessa partícula.

b) Calcule a frequência de rotação do movimento descrito pela partícula.

c) Determine o passo da hélice da trajetória.

77. A espira retangular da figura abaixo possui dimensões 50 cm e 40 cm e pode girar em relação ao eixo representado pela linha pontilhada. Nessa região há um campo magnético uniforme de intensidade 0,5 T, na direção indicada na figura. Uma corrente elétrica de 0,1 A circula pela espira. Calcule o torque provocado pela força magnética na espira, desconsiderando a força gravitacional.

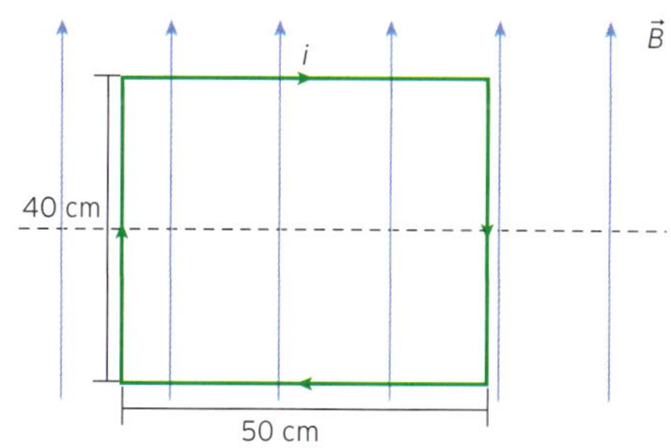

De volta para o começo

1. Retome as respostas que você deu às questões propostas na seção *Primeiras anotações*, na abertura deste capítulo. Que alterações você faria naquelas respostas?
2. Relacione a origem do campo magnético terrestre com a origem do campo magnético nos ímãs.
3. Explique por que não se deve aproximar ímãs de cartões de crédito ou de telefones celulares.

O campo magnético

[...] Em 1820, Hans Christian Oersted descobriu que a passagem de uma corrente elétrica por um fio condutor desvia uma agulha imantada situada nas proximidades. Contudo, ao contrário do que o modelo de força newtoniana sugeria, a agulha se movimentava não paralelamente, mas perpendicularmente ao fio condutor. Além disso, quando era colocada acima do fio, a agulha tomava uma direção inversa àquela observada quando estava sob o fio. Como essa experiência sugeria que a linha de ação da força magnética é um círculo em torno do fio, havia necessidade de uma nova teoria para explicar essa força evidentemente estranha ao esquema newtoniano das linhas de ação retilíneas.

Os anos seguintes permitiram o estabelecimento de um vínculo fundamental entre a eletricidade e o magnetismo. Efetuando medições precisas das forças magnéticas, André-Marie Ampère descobriu que uma corrente elétrica não só cria um magnetismo que desvia uma agulha imantada, mas é também por sua vez influenciada pelo magnetismo. Por exemplo, dois fios retilíneos condutores percorridos por correntes exercem um sobre o outro forças atrativas ou repulsivas devidas ao magnetismo criado por cada corrente. Ampère deduziu de seus estudos que, longe de ser um fenômeno autônomo, o magnetismo resulta da presença de uma corrente elétrica; interpretou ainda a ação de um ímã comum pela existência, na matéria imantada, de correntes elétricas permanentes que exerceriam forças atrativas ou repulsivas sobre as correntes homólogas de um segundo ímã.

Se o ímã era um conjunto de correntes, o problema do magnetismo se reduzia a um problema de forças entre correntes elétricas. Ampère tentou então descrever essas forças com a ajuda de um modelo newtoniano, substituindo as partículas em interação por fios retilíneos condutores. Infelizmente, tal descrição só se aplica quando os fios têm orientações particulares como, por exemplo, quando são paralelos. Para duas direções quaisquer, a ação das forças é mais complexa. Os esforços empreendidos nesse sentido por Ampère e seus continuadores redundaram em fracasso.

O problema iria encontrar finalmente sua solução graças a uma abordagem totalmente diferente, que teve uma influência decisiva sobre o desenvolvimento posterior da Física. Essa abordagem se funda no conceito de campo inventado por Michael Faraday. Faraday iniciou sua carreira como aprendiz de encadernador e adquiriu sua cultura científica lendo os livros que encadernava. Experimentador inigualável, ele jamais chegou, contudo, a dominar as delicadas técnicas matemáticas introduzidas por Ampère no estudo da eletricidade. Para atenuar essa desvantagem, forjou uma imagem mental que lhe havia sido inspirada pelo seguinte fenômeno: quando salpicamos limalha de ferro em torno de um ímã, ela se deposita segundo curvas que ligam os dois polos do ímã. Por analogia, Faraday propôs então um modelo de "linhas de força" que se estendiam em torno do ímã, emergindo de seu polo norte para convergir rumo a seu polo sul. A atração e a repulsão entre polos de ímãs diferentes se explicavam por uma afinidade entre a convergência e a divergência das linhas de força e um antagonismo das convergências ou das divergências. Faraday batizou de "campo magnético" esse conjunto de linhas de força e interpretou também a atração e a repulsão entre cargas elétricas pela ação de um "campo elétrico" composto de linhas de força que levavam de uma carga elétrica positiva a uma carga elétrica negativa.

Ainda que Faraday jamais tenha explicado a natureza exata dessas linhas de força, a própria ideia de campo foi uma importante inovação. [...]

Sheila Terry/SPL/Latinstock

O físico inglês Michael Faraday. Gravura colorizada, século XIX, autor desconhecido.

Ben-Dov, Y. *Convite à Física*. Rio de Janeiro: Jorge Zahar, 1996. p. 99-100.

Compreender e relacionar

1. Comente as diferenças entre o modelo newtoniano de força e os resultados obtidos por Oersted.
2. Explique como Faraday chegou à ideia de campo magnético.
3. Explique por que, quando a bússola era colocada acima do fio na experiência de Oersted, sua orientação era oposta àquela observada quando colocada abaixo do fio.
4. Escreva um parágrafo em seu caderno sobre as diferenças entre os métodos de trabalho de Ampère e de Faraday e sobre como seus trabalhos se complementaram.

Formação da imagem no tubo de uma TV

A formação da imagem no tubo de uma televisão é uma importante aplicação da força magnética que atua sobre uma carga elétrica em movimento. A imagem que se forma na tela da televisão, assim como no cinema, consiste em uma série de quadros construídos em curtos intervalos de tempo. É em razão da persistência da retina do olho humano que o cérebro interpreta as imagens de forma contínua.

A imagem na televisão é formada por um feixe eletrônico que varre a tela do tubo de imagem.

No cinema, o processo de formação das imagens ocorre de forma contrária ao processo que ocorre nas televisões. A formação das imagens consiste em fotografias diferentes uma das outras, que, ao serem movimentadas em alta velocidade, acabam por formar a imagem que o cérebro humano capta.

O tubo de uma televisão é constituído das seguintes partes:

- O **canhão eletrônico** fica situado na parte externa posterior ao tubo. Esse é um dispositivo que emite feixes de elétrons, os quais são acelerados por meio de uma tensão de milhares de volts. (Este tubo também é chamado de tubo de raios catódicos, cuja sigla é **CRT**.)
- Um **par de bobinas** que gera um campo magnético tanto na horizontal quanto na vertical. Ao passar pelas bobinas, os feixes de elétrons sofrem deflexão horizontal e vertical, em razão da força exercida pelo campo magnético.
- A **tela** é onde são formadas as imagens. Ela é coberta por um material fluorescente e é atingida pelo feixe de elétrons após serem defletidos pelos campos magnéticos.

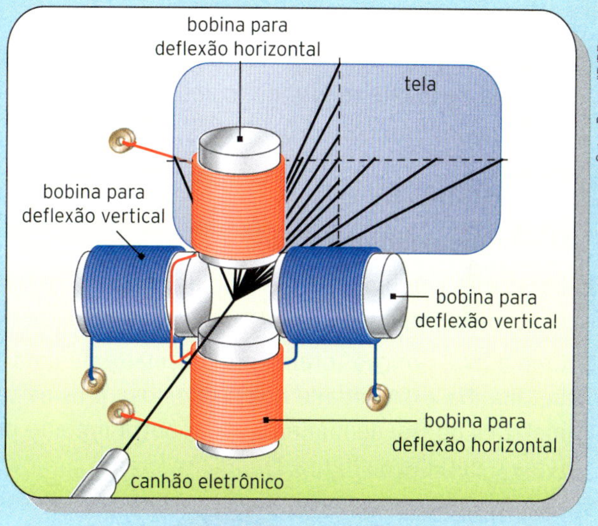

Ao atingir a tela, os elétrons produzem uma mancha luminosa em cada ponto que eles atingem. Os campos magnéticos das bobinas, os quais defletem os elétrons, mudam periodicamente de sentido, fazendo com que os elétrons percorram, em alta velocidade, toda a tela, da esquerda para a direita e de cima para baixo. Se a TV não estiver sintonizada em nenhum canal, a varredura acontece de forma contínua, dando origem a um brilho uniforme na tela da TV. Ao sintonizar um canal, os sinais que são captados pela antena modificam a varredura, fazendo com que certos pontos fiquem mais claros em relação a outros, formando assim a imagem que vemos.

A cor da imagem que aparece na televisão é determinada pelo material fluorescente que reveste a tela (geralmente, o fósforo). Esse material pode ser preto e branco como também verde e branco, azul e branco ou vermelho e branco. Em uma TV em cores, o tubo possui três canhões eletrônicos, um para cada cor primária da luz (verde, azul e vermelho), como se fossem três tubos. A tela, por sua vez, é composta de inúmeros pontos triplos, fosforescentes, que emitem luz ao serem atingidos pelos feixes de elétrons.

Formação da imagem no tubo de uma TV. Disponível em: <http://www.mundoeducacao.com.br/fisica/formacao-imagem-no-tubo-uma-tv.htm>. Acesso em: 3 jul. 2014.

De acordo com o texto

1. O que é um tubo de raios catódicos?
2. Como a força magnética contribui para a formação de imagens em TVs?
3. Qual é o papel das bobinas localizadas na parte anterior de um tubo de TV?
4. Faça um exercício mental imaginando um mundo sem televisão. Desenvolva uma redação sobre o tema com relação ao bom e mau uso desse importante meio de comunicação e entretenimento. Em seguida, debata com seus colegas a respeito.

Motor elétrico caseiro

Participantes: grupos de 4 alunos.

Objetivo: construir um motor elétrico simples.

Material:

- 1 ímã permanente
- 2 clipes novos grandes
- 1 pilha grande de 1,5 V
- 60 cm de fio de cobre esmaltado, com bitola entre 22 AWG e 28 AWG (sigla de *American Wire Gauge* — padrão que indica a bitola de fios elétricos)
- fita isolante
- lixa
- caneta de diâmetro grande (como as de escrever em quadro branco)

A Procedimento

Montando o motor elétrico

1. Para fazer a bobina, enrole o fio de cobre na caneta. Deixe 3 cm de fio em cada extremidade e certifique-se de que a bobina está equilibrada.
2. Com a lixa, remova totalmente o esmalte de uma das extremidades da bobina. Na extremidade oposta, remova o esmalte apenas de uma das metades do fio, de maneira que a outra metade permaneça esmaltada (veja o detalhe da figura 1).

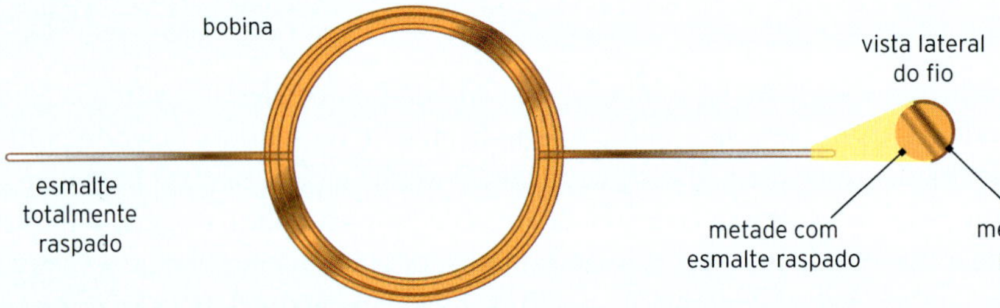

Figura 1. Bobina e as extremidades dos fios.

3. Molde os clipes conforme mostra a figura 2.
4. Com fita isolante, fixe um clipe moldado em cada polo da pilha (figura 3).

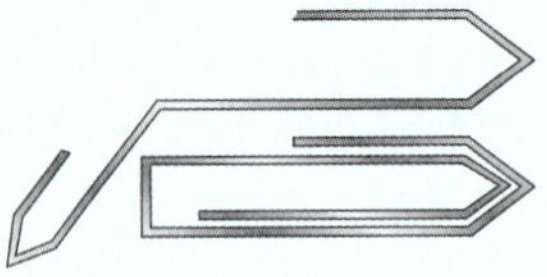

Figura 2

5. Encoste o ímã na pilha para que ele permaneça grudado nela. Posicione a bobina nos ganchos formados pelos clipes (figura 4), de maneira que ela possa girar livremente.

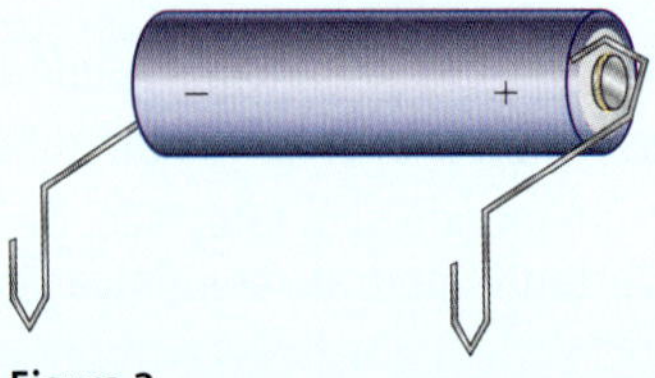

Figura 3

Ilustrações: Setup Bureau/ID/BR

Está pronto o motor elétrico. Observe o lado em que se encontram os polos da pilha (nas figuras 3 e 4, o polo + está voltado para a direita de quem lê este texto).

6. Se os pontos de contato elétrico estiverem bem colocados, a bobina pode girar. Com a bobina girando, o motor está em funcionamento.

7. Agora, faça as seguintes modificações na montagem: remova o ímã da pilha, afastando-o da bobina.

8. Refaça a montagem, mudando os polos da pilha de posição (no caso das figuras, o polo + seria colocado à esquerda do leitor).

Observe o que acontece com a bobina.

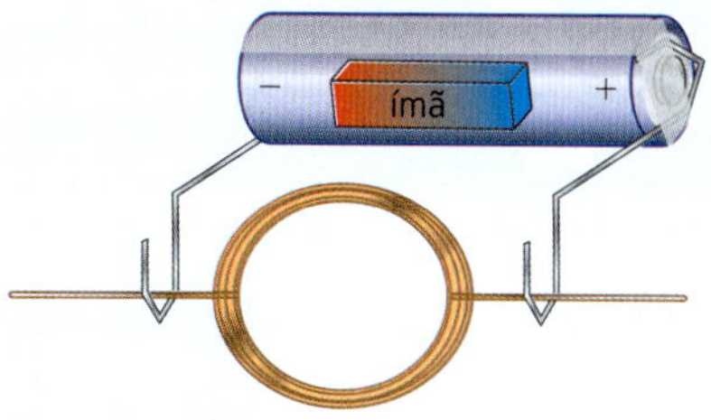

Figura 4

B Depois do experimento

1. Se o motor não funcionou, elabore hipóteses sobre as possíveis falhas na montagem. Refaça o experimento construindo uma bobina com mais espiras ou usando ímãs diferentes.

2. Que efeitos você espera caso se coloquem duas pilhas em série na montagem do motor?

3. Explique por que se deve raspar apenas uma metade de uma das extremidades do fio.

4. Para funcionar, o motor precisa de uma corrente elétrica. No caso do experimento, qual é o caminho da corrente que vai de um polo ao outro da pilha?

5. Descreva o movimento da bobina quando nela se estabelece a corrente elétrica.

6. Explique as causas do movimento da bobina. Em sua explicação, cite o conceito de torque.

7. No procedimento 7, foi sugerido que o ímã fosse retirado. Descreva o que aconteceu com o motor após a retirada do ímã e explique fisicamente o que você observou.

8. No procedimento 8, foi sugerido que houvesse uma inversão dos polos da pilha.
   a) Descreva o que você observou após esse procedimento.
   b) Explique a causa do que você observou.
   c) Em seu experimento, quem fez o papel do comutador? Justifique.

9. Com base na construção desse motor, imagine como funciona um motorzinho de brinquedo. Escreva no caderno uma possível explicação desse funcionamento, recorrendo ao conhecimento sobre bobinas, ímãs e pilhas.

CAPÍTULO

7 Indução eletromagnética

Módulos

TebNad/Shutterstock.com/ID/BR

Redes de transmissão de energia elétrica.

Debate inicial

1. A fotografia acima mostra um sistema de linhas de transmissão. De onde partem os cabos? Para onde eles se dirigem?
2. Perto das cidades, esses cabos passam por transformadores. Na sua opinião, qual é a função do transformador?
3. No capítulo anterior, foi visto que cargas elétricas em movimento (corrente elétrica) geram campo magnético. Em sua opinião, o movimento de ímãs também pode gerar corrente elétrica?
4. Por que a exposição demasiada ao sol é prejudicial à saúde humana? Em sua opinião, a exposição às ondas eletromagnéticas emitidas pelos telefones celulares também é prejudicial à saúde?

Primeiras anotações

Considere as respostas obtidas no debate e responda no caderno.

1. Ímãs em movimento podem gerar corrente elétrica? Justifique.
2. Qual é a função dos transformadores em uma instalação elétrica? Como eles funcionam?
3. Qual onda eletromagnética transporta mais energia: a luz azul ou a luz vermelha? De que depende essa energia?
4. Quais são as semelhanças e as diferenças entre ondas mecânicas e ondas eletromagnéticas?

1. A descoberta da indução eletromagnética

No capítulo anterior, vimos que correntes elétricas produzem campos magnéticos a seu redor – fenômeno descoberto por Oersted (1777-1851). Mas será que campos magnéticos externos podem produzir correntes em fios?

O físico Michael Faraday (1791-1867) empregou longo tempo de sua vida na tentativa de responder a essa questão. Até que, em 1831, realizou um experimento que teve importantes consequências para todo o conhecimento sobre eletromagnetismo. O arranjo desse experimento era constituído por uma bateria, um fio enrolado em um núcleo de ferro e um amperímetro conectado a outro fio, que se enrolava em outra região do núcleo de ferro (figura 1).

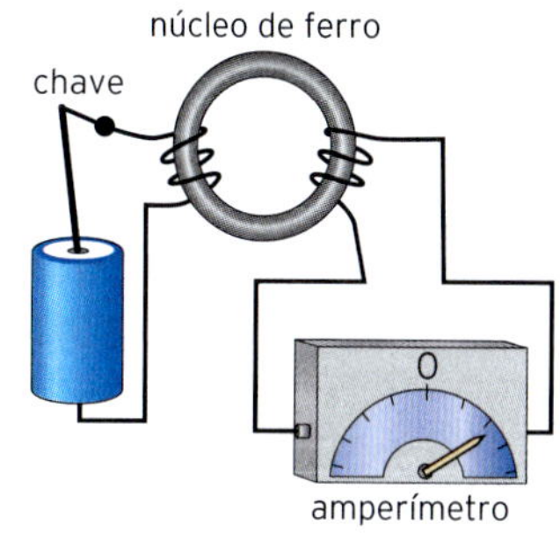

Figura 1. Esquema atualizado do arranjo experimental montado por Faraday para descobrir se campos magnéticos externos poderiam gerar correntes elétricas.

Faraday observou que, todas as vezes que o circuito do primeiro fio era aberto ou fechado, o amperímetro registrava corrente elétrica no segundo fio. Se o circuito do primeiro fio permanecesse fechado, o amperímetro não registrava corrente. Ou seja, a corrente somente surgia no instante de abertura ou fechamento do circuito, e depois cessava.

Para verificar se esse fenômeno poderia ocorrer em outras situações, Faraday montou diferentes arranjos experimentais. Um deles era constituído por uma bobina, um ímã em forma de barra e um amperímetro, cujos terminais eram ligados à bobina. A seguir, apresentamos três situações observadas com esse arranjo experimental.

Na situação em que os polos do ímã eram invertidos, os sentidos das correntes invertiam-se em ambos os casos.

Situação 1: o ímã é aproximado do solenoide	Situação 2: o ímã é mantido perto do solenoide	Situação 3: o ímã é afastado do solenoide
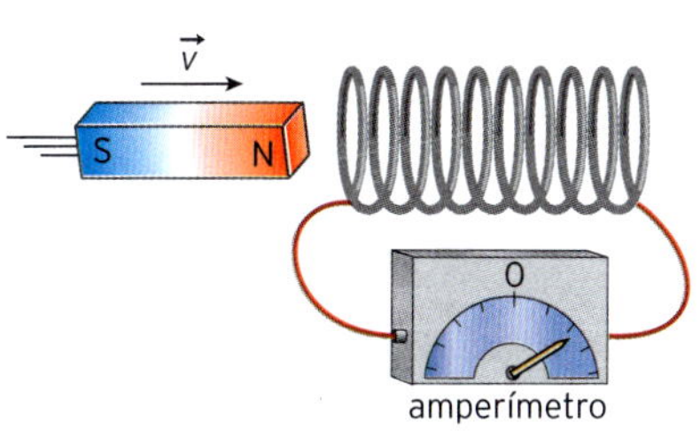	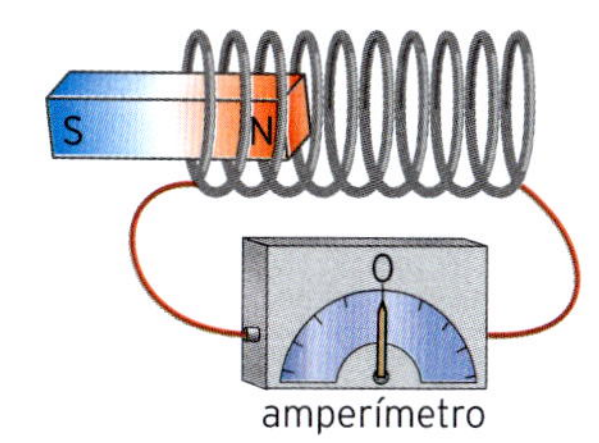	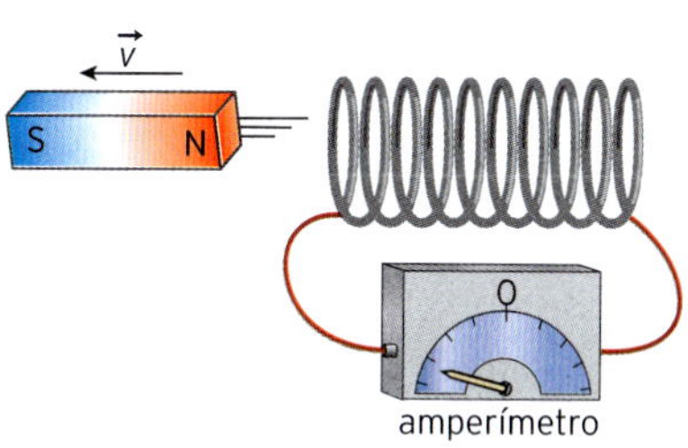
Ao aproximar o ímã da bobina, Faraday observava que o ponteiro do amperímetro se movia e que, portanto, registrava a presença de corrente elétrica na bobina.	Quando o ímã ficava em repouso, depois de aproximado da bobina, Faraday observava que o amperímetro não registrava passagem de corrente elétrica.	Quando o ímã era afastado da bobina, o ponteiro do amperímetro movia-se no sentido oposto ao da aproximação descrita na situação 1. Faraday concluiu que a corrente então produzida na bobina tinha sentido contrário ao da corrente produzida na situação 1.

Ilustrações: Setup Bureau/ID/BR

Com isso, Faraday observou que surgia corrente elétrica na bobina todas as vezes que o ímã se movia em relação ao interior da bobina.

Em outro experimento, ele substituiu o ímã permanente por um eletroímã. Também nessa situação, a aproximação e o afastamento do eletroímã provocavam o surgimento de corrente elétrica no segundo fio.

De todos os experimentos, Faraday concluiu que, quando a fonte de um campo magnético (ímãs permanentes ou eletroímãs, por exemplo) move-se em relação a um circuito fechado, uma corrente elétrica é estabelecida nesse circuito. Esse fenômeno, que recebeu o nome de **indução eletromagnética**, constituiu uma das mais importantes descobertas da história da Física. O princípio da indução eletromagnética é a base do funcionamento das turbinas e, portanto, das usinas geradoras de energia elétrica.

Ligado ao tema

Transformação de energia

No fenômeno da indução de correntes, ocorre transformação de energia. Nos exemplos citados nesta página, a energia mecânica do ímã é convertida em energia elétrica.

Força eletromotriz induzida

Nas experiências anteriores, o surgimento da corrente induzida pode ser relacionado à presença de uma força eletromotriz, denominada **força eletromotriz induzida**.

O exemplo a seguir ilustra o aparecimento de uma força eletromotriz induzida.

Dois ímãs são posicionados com seus polos opostos voltados um para o outro. Desloca-se uma barra metálica na região entre esses ímãs, com velocidade constante $\vec{v}$ (esquema dos ímãs ao lado). Uma vez que a barra é de metal, ela apresenta diversos elétrons livres, que se movimentam com a mesma velocidade da barra. Como visto no capítulo anterior, os elétrons, ao se deslocarem com velocidade $\vec{v}$ em uma região onde existe um campo magnético, ficam submetidos à ação de uma força magnética. A direção dessa força é perpendicular ao plano formado pela velocidade e pelo campo magnético, e seu sentido é dado pela regra da mão esquerda, também apresentada no capítulo anterior e recolocada no esquema ao lado. A regra da mão esquerda fornece o sentido da força que age em uma carga positiva. Se a carga for negativa, o sentido da força é o oposto.

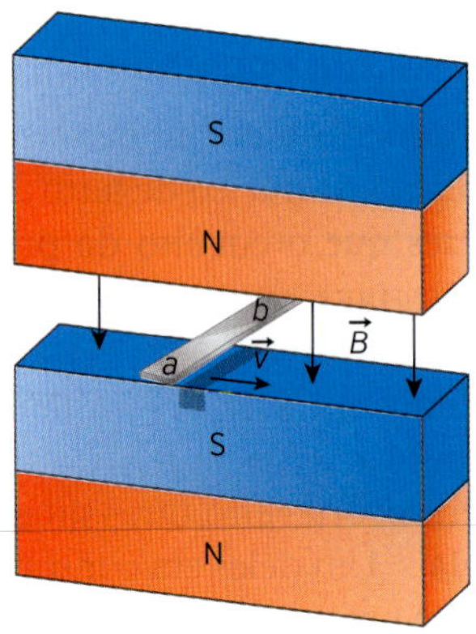

Uma barra metálica é deslocada entre dois ímãs, com a direção do comprimento da barra perpendicular à direção do comprimento dos ímãs.

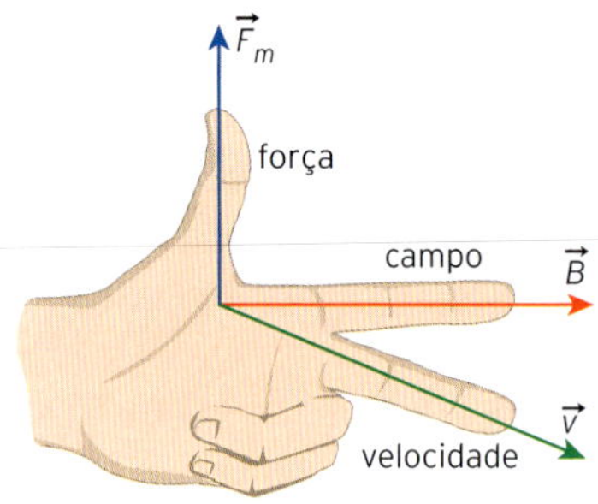

Regra da mão esquerda.

Na situação proposta, como os elétrons têm cargas negativas, a força magnética que atua nas cargas da barra é no sentido de *b* para *a*. Sendo assim, haverá uma concentração maior de elétrons na região *a* e uma carência de elétrons na região *b*.

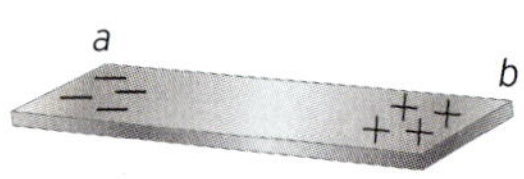

A maior concentração de elétrons em uma região da barra indica carência de elétrons na região oposta.

Isso faz surgir uma diferença de potencial entre as extremidades da barra, de modo que surge também uma força eletromotriz induzida entre essas duas regiões. Caso a barra pare de se movimentar, não haverá mais a atuação da força magnética, de maneira que os elétrons não se concentrarão mais na região *a* e não haverá mais a *fem* induzida.

Modelo de força eletromotriz

Um modelo para representar essa situação consiste em considerar que entre as regiões *a* e *b* da barra existe um gerador com força eletromotriz ε, como indicado no segundo esquema a seguir.

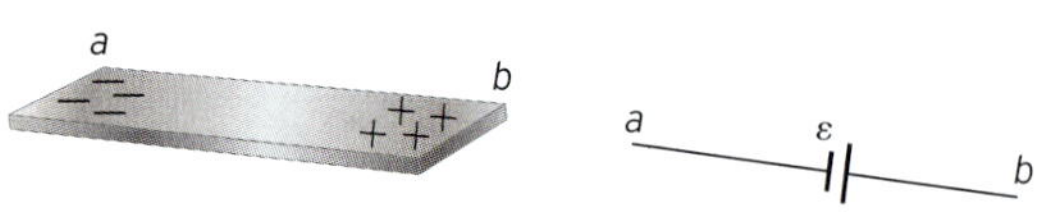

O fenômeno responsável pelo surgimento dessa força eletromotriz induzida é denominado indução eletromagnética.

O fenômeno da **indução eletromagnética** é aquele no qual são criadas correntes ou forças eletromotrizes induzidas pela atuação de um campo magnético.

Exercícios resolvidos

1. Uma bobina está ligada aos terminais de um amperímetro analógico, isto é, de ponteiro. Um ímã está próximo à bobina, como indicado na figura.

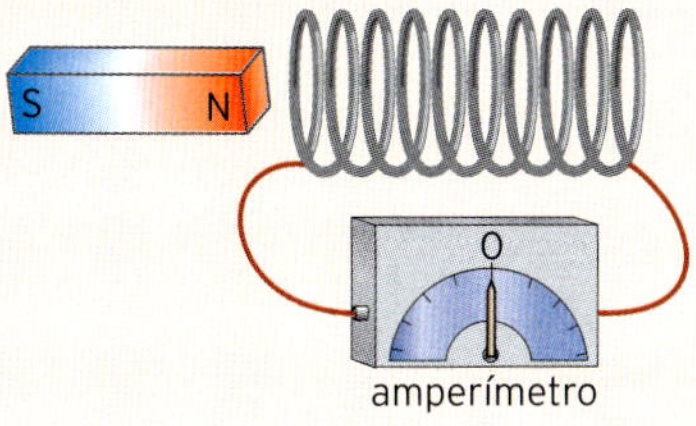

Ilustrações: Setup Bureau/ID/BR

a) Descreva o que indicará o amperímetro se o ímã se aproximar da bobina.
b) Descreva o que ocorrerá com a indicação do amperímetro ao se afastar o ímã da bobina.
c) Descreva o que o amperímetro indicará caso o ímã pare próximo da bobina.
d) Caso se substitua o amperímetro por uma lâmpada de baixa potência, cite o que ocorrerá com a lâmpada ao se aproximar o ímã.
e) Identifique as transformações de energia que ocorrem no item anterior.

Resolução

a) Quando o ímã se aproxima da bobina, surge nela uma corrente devido ao fenômeno da indução eletromagnética. Consequentemente, o amperímetro indicará a intensidade da corrente induzida.
b) Quando o ímã se afasta da bobina também surge uma corrente induzida. Nesse caso, porém, o amperímetro indicará uma corrente no sentido oposto ao da corrente do item anterior.
c) Quando o ímã fica parado, nenhuma corrente é induzida, e o amperímetro indica zero.
d) Como durante a aproximação do ímã surge uma corrente induzida, a lâmpada acenderá.
e) Como o ímã está em movimento, ele possui energia cinética. Pelo fenômeno da indução eletromagnética, uma parcela da energia do ímã será convertida em energia elétrica. Como a lâmpada está presente no circuito, essa energia elétrica será convertida em energia térmica e em energia luminosa.

2. Uma barra de ferro cai em queda livre até passar por uma região entre dois ímãs, de acordo com a figura a seguir.

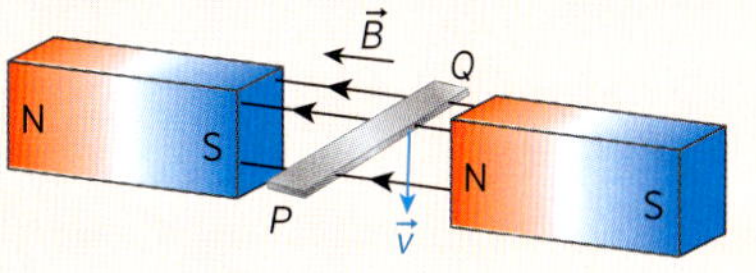

A barra tem suas extremidades marcadas com as letras *P* e *Q*, e o eixo que liga essas duas extremidades possui direção ortogonal às linhas de campo e paralela à direção horizontal.

a) Caracterize a direção e o sentido da força magnética que atua nos elétrons livres da barra ao passar entre os ímãs.
b) Identifique o sinal das cargas que ficam concentradas nas regiões *P* e *Q*.
c) Represente a força eletromotriz induzida que surge na barra, utilizando o símbolo de um gerador ideal.

Resolução

a) De acordo com a regra da mão esquerda, e considerando a carga negativa dos elétrons, a força magnética que atua neles tem a direção da barra e é no sentido de *Q* para *P*.
b) Como o sentido da força magnética nos elétrons é de *Q* para *P*, a extremidade *P* da barra fica com excesso de elétrons, e a extremidade *Q*, com carência de elétrons, de modo que a região *P* fica eletrizada negativamente, e a região *Q*, positivamente. Essa situação perdura enquanto a barra está sujeita ao campo magnético, na região entre os ímãs.
c) Como a barra está eletrizada negativamente na região *P* e positivamente na região *Q*, a força eletromotriz induzida pode ser representada pelo gerador ideal ε.

Exercícios propostos

3. Atualmente é popular o uso de lanternas que possuem um sistema de recarregamento. Em vez de usar pilhas convencionais, essas lanternas têm em seu interior um ímã e uma bobina. Agitando a lanterna continuamente, de modo que o ímã percorra a bobina de um lado para outro no interior da lanterna, sua bateria é recarregada. Explique como isso ocorre, levando em conta o conceito de corrente elétrica induzida.

4. No exercício 1, explique o que ocorreria se, em vez de o ímã se aproximar da bobina, fosse a bobina que se aproximasse do ímã. Justifique sua resposta.

2. Fluxo magnético

No experimento representado a seguir, uma espira retangular gira enquanto é submetida a um campo magnético horizontal para a direita. Considere que $\vec{n}$ é o vetor normal à superfície da espira.

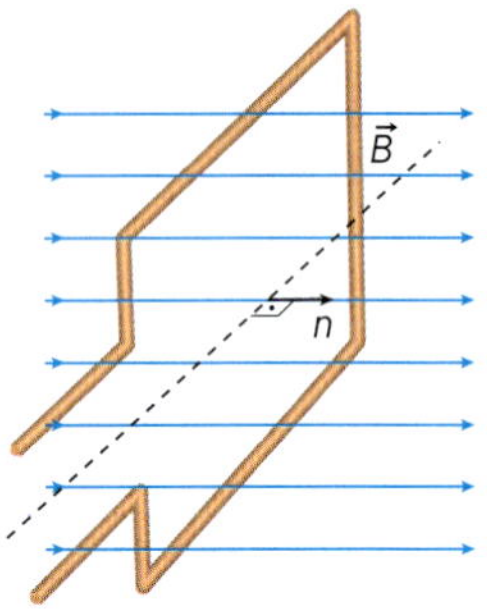

Figura 1. Área *A* da espira perpendicular ao campo magnético ($\theta = 0°$).

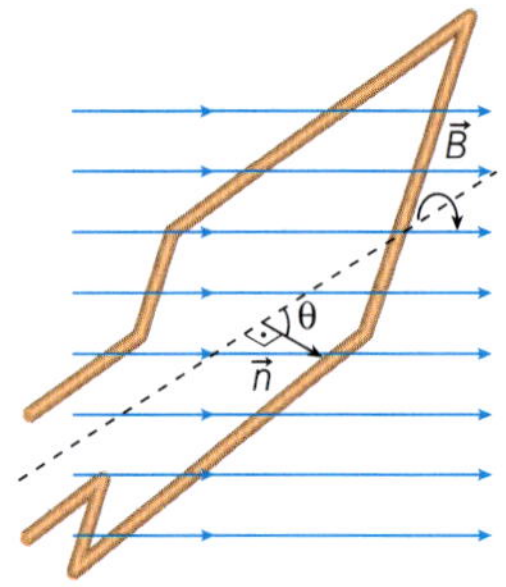

Figura 2. Área *A* da espira inclinada em um ângulo $\theta < 90°$ em relação ao campo magnético $\vec{B}$.

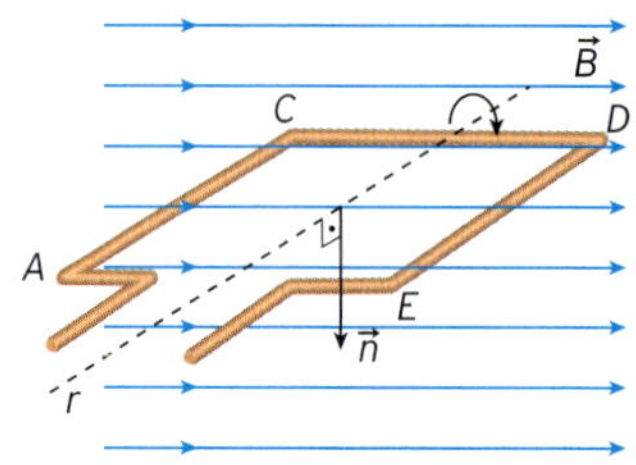

Figura 3. Área *A* da espira paralela ao campo magnético ($\theta = 90°$).

Ilustrações: Setup Bureau/ID/BR

Para refletir

Segundo o *Dicionário Houaiss da língua portuguesa*, uma das definições da palavra *fluxo* é: [...] número de partículas que escoam, por unidade de área, de uma secção transversal de um feixe de partículas. [Também pode referir-se a quantidades físicas, tais como carga, energia, massa, etc.].

Faça uma lista de alguns contextos diferentes em que se pode usar a palavra *fluxo*.

Nessas figuras, observamos que, à medida que a espira gira, varia a quantidade de linhas de campo que a atravessam. Quanto maior for o número de linhas de campo que atravessa essa superfície, maior será o valor do **fluxo magnético**. Assim, nos casos representados, observamos que o fluxo é maior na situação mostrada na figura 1, reduz-se na situação mostrada na figura 2 e é nulo na situação mostrada na figura 3.

Matematicamente, podemos calcular o fluxo magnético Φ de um campo uniforme *B* que atravessa uma espira de área *A* por meio da expressão:

$$\Phi = B \cdot A \cdot \cos\theta$$

Portanto, o fluxo magnético depende de três fatores:

1. Intensidade do campo magnético (*B*). Quanto maior for a intensidade do campo, maior será o fluxo magnético. Se houver campo magnético atravessando a superfície em direções opostas, devemos considerar o campo magnético resultante.

2. Área da superfície (*A*). Quanto maior for a área atravessada pelo campo, maior será o fluxo magnético.

3. Ângulo θ entre o campo magnético e a normal. Com relação ao ângulo, podemos considerar três casos:

- Quando o ângulo θ entre o campo e a normal é 0°, então $\cos\theta = 1$, e o fluxo magnético tem valor máximo, $\Phi = B \cdot A$.
- Quando o ângulo θ é 90°, tem-se $\cos\theta = 0$, e o fluxo é nulo, $\Phi = 0$.
- Quando o ângulo θ é 180°, tem-se $\cos\theta = -1$, e o fluxo magnético é obtido por meio da expressão $\Phi = -B \cdot A$.

Assim, no cálculo do fluxo, consideramos apenas a projeção do vetor $\vec{B}$ na direção perpendicular à superfície em questão.

No SI, o fluxo magnético Φ é medido em weber (Wb). Uma vez que a unidade de campo magnético é o tesla (T) e a unidade de área é o m², decorre:

$$[\Phi] = T \cdot m^2 = Wb$$

3. Lei de Faraday

Após diversas experiências, Faraday percebeu que, para que surja a corrente induzida, é necessário haver uma variação do fluxo magnético em certo intervalo de tempo.

A corrente induzida ocorre devido à variação do fluxo magnético em um circuito fechado.

Como exemplo, quando um ímã se aproxima de uma bobina, o campo magnético criado pelo ímã dentro da bobina torna-se mais intenso conforme ocorre a aproximação, ocasionando o aumento do fluxo magnético. Essa variação do fluxo magnético proporciona o surgimento da corrente induzida, indicada pelo amperímetro. Caso o ímã fique parado, o fluxo magnético permanece constante e, consequentemente, não há corrente induzida.

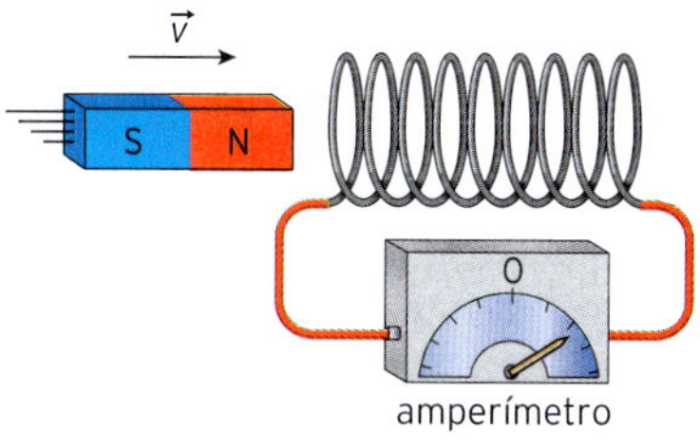

Ilustrações: AMj Studio/ID/BR

Além de alterar o módulo do campo magnético, existem outras maneiras de fazer variar o fluxo magnético. Uma delas é alterar a área da superfície que o campo magnético atravessa.

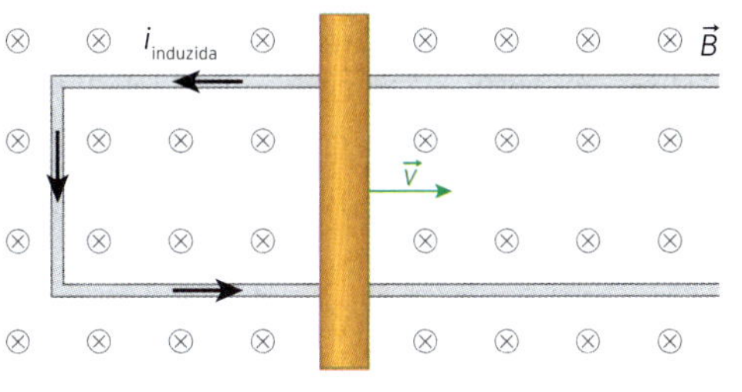

Como exemplo, podemos considerar uma barra de cobre deslizando com velocidade $\vec{v}$ em um trilho metálico imerso em uma região na qual existe um campo magnético $\vec{B}$, conforme esquematizado na figura acima.

A região delimitada pelos trilhos e pela barra determina uma superfície fechada que aumenta conforme a barra se desloca. Assim, o fluxo magnético aumentará, ocasionando uma corrente induzida, que é indicada na figura.

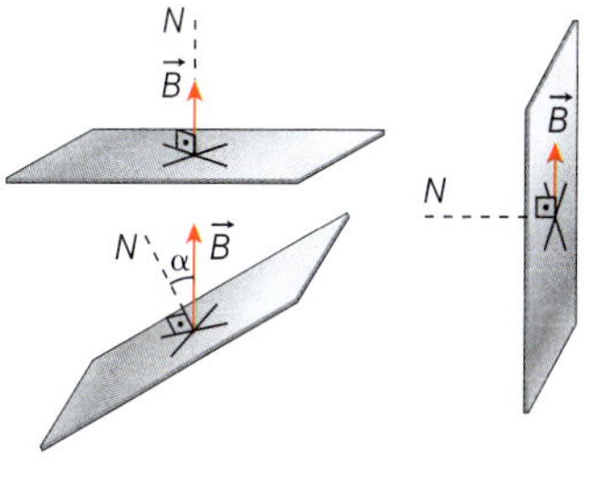

Outra opção para a variação do fluxo é a alteração do ângulo formado entre a reta normal à superfície da espira e a direção do campo magnético, esquematizada ao lado, que pode ser considerado constante.

Se uma superfície apresentar sua reta normal com mesma direção e mesmo sentido que o campo magnético, o fluxo é máximo. Ao se inclinar a superfície, o ângulo alfa entre a reta normal à superfície e o campo magnético diminui, ocasionando também a diminuição do fluxo. Caso o ângulo entre a reta normal à superfície e o campo magnético seja 90°, o fluxo será nulo.

Assim, a variação do fluxo magnético $\Delta\Phi$ em um intervalo de tempo Δt ocasiona uma corrente induzida. Para determinar o valor da força eletromotriz induzida associada à corrente induzida em um circuito, podemos aplicar a **lei de Faraday**:

$$\varepsilon = \frac{\Delta\Phi}{\Delta t}$$

Se, em vez de uma única espira, houver N espiras, a lei de Faraday poderá ser expressa pela equação:

$$\varepsilon = \frac{N \cdot \Delta\Phi}{\Delta t}$$

Contudo, essa lei, tal qual escrita acima, ainda está incompleta. Falta-lhe o elemento que é responsável por mostrar o sentido da corrente. A **lei de Lenz**, a ser estudada em seguida, completa a lei de Faraday.

Ligado ao tema

Se a variação do fluxo magnético ocorre em um circuito **fechado**, ela gera uma corrente induzida nesse circuito.

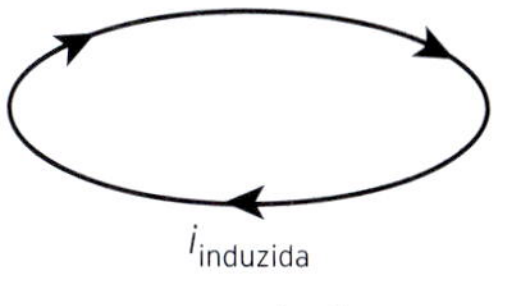

Se a variação de fluxo ocorre em um circuito **aberto**, não há corrente, mas surge uma força eletromotriz induzida.

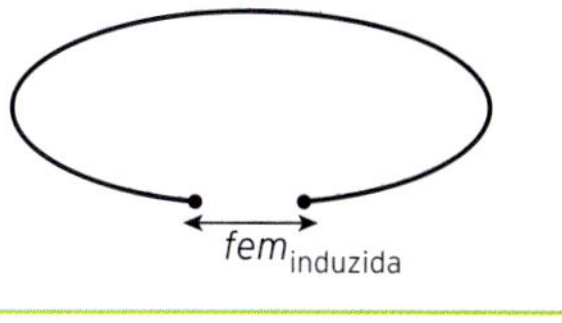

Exercício resolvido

5. Um ímã sobre rodas se aproxima de uma espira condutora circular, de acordo com a figura.

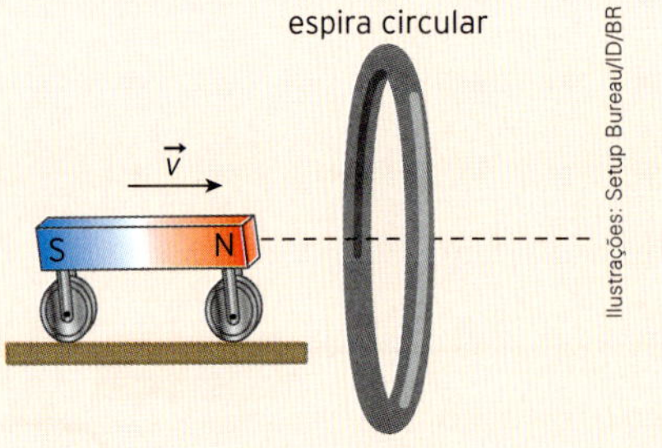

No instante $t_0 = 0$, o campo magnético no centro da espira, devido ao ímã, tem módulo $B_0 = 0{,}2$ T. No instante $t = 0{,}2$ s, o ímã está em uma posição mais próxima da espira, e o campo magnético no seu centro tem módulo $B = 0{,}4$ T. A espira tem área 0,5 m^2, e o fio da espira tem resistência elétrica de 4 Ω.

a) Calcule o fluxo magnético nos instantes t e t_0.

b) Calcule a variação do fluxo magnético entre os instantes t e t_0.

c) Determine a *fem* (força eletromotriz) induzida.

d) Determine a corrente induzida.

e) Calcule a potência dissipada na espira em decorrência do efeito Joule.

f) Identifique a fonte da energia que foi dissipada.

Resolução

a) O campo magnético no centro da espira tem a mesma direção da reta normal à espira. Considerando que tenham o mesmo sentido, o ângulo formado entre o campo e a normal é 0°. O fluxo magnético é calculado pela expressão: $\Phi = B \cdot A \cdot \cos\theta$

Em t_0, temos:

$\Phi_0 = B \cdot A \cdot \cos 0° = 0{,}2 \cdot 0{,}5 \cdot 1 \Rightarrow \Phi_0 = 0{,}1$ Wb

Em t, temos:

$\Phi = B \cdot A \cdot \cos 0° = 0{,}4 \cdot 0{,}5 \cdot 1 \Rightarrow \Phi = 0{,}2$ Wb

b) De acordo com o item anterior, obtemos a seguinte variação do fluxo entre os instantes t e t_0:

$\Delta\Phi = \Phi - \Phi_0 = 0{,}2 - 0{,}1 \Rightarrow \Delta\Phi = 0{,}1$ Wb

c) Pela lei de Faraday, obtemos a *fem* induzida:

$$\varepsilon = \frac{\Delta\Phi}{\Delta t} = \frac{0{,}1}{0{,}2} \Rightarrow \varepsilon = 0{,}5 \text{ V}$$

d) A *fem* induzida está relacionada à corrente i induzida. Pela primeira lei de Ohm, obtemos:

$\varepsilon = R \cdot i \Rightarrow 0{,}5 = 4 \cdot i \Rightarrow i = 0{,}125$ A

e) A potência dissipada por efeito Joule é:

$P = R \cdot i^2 = 4 \cdot (0{,}125)^2 \Rightarrow P = 0{,}0625$ W

f) A energia dissipada na espira é proveniente da energia mecânica do ímã. De acordo com o princípio da conservação de energia, à medida que diminui, a energia cinética do ímã vai sendo dissipada na espira pelo efeito Joule.

Exercícios propostos

6. Em determinada região, existe um campo magnético $\vec{B}$, cuja intensidade inicial é 5 T. Uma espira circular de área 0,4 m^2 encontra-se nessa região, de acordo com o esquema.

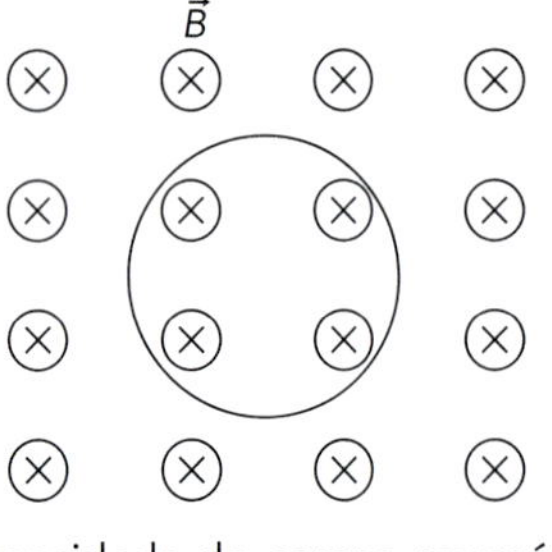

Após 5 s, a intensidade do campo magnético aumenta para 7 T.

a) Calcule o fluxo magnético nas situações inicial e final.

b) Determine a variação do fluxo magnético.

c) Calcule a *fem* induzida na espira.

d) Identifique outras maneiras nas quais é possível ocorrer indução eletromagnética nessa espira.

7. As extremidades de uma barra de cobre deslizam sobre os dois braços verticais de um trilho metálico em uma região onde há um campo magnético de módulo 2 T. No instante $t_0 = 0$, a área delimitada pela barra e pelo trilho é 2 m^2. Com o deslocamento da barra, a área aumenta, de modo que em $t = 2$ s a área é 3 m^2.

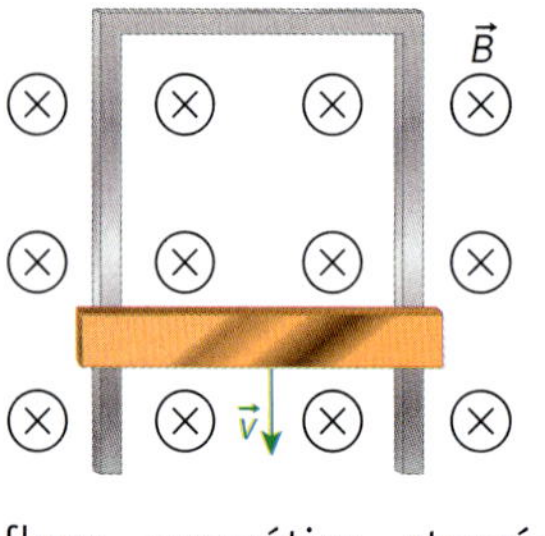

a) Calcule o fluxo magnético através da espira formada pelo trilho e pela barra nos instantes $t_0 = 0$ e $t = 2$ s.

b) Determine a variação do fluxo magnético entre esses dois instantes.

c) Determine a *fem* induzida no circuito entre os instantes considerados.

Geradores de corrente alternada

A corrente elétrica recebida nas tomadas das residências é **alternada**, ou seja, o sentido da corrente se inverte com frequência definida. Neste tópico, será abordado o princípio básico dos dispositivos que geram esse tipo de corrente, convertendo energia mecânica em energia elétrica.

Os esquemas ao lado mostram um modo de obter correntes alternadas. Neles, representamos uma espira quadrada, conectada a um amperímetro, em uma região atravessada por um campo magnético. A espira pode realizar um movimento circular uniforme (MCU). Cabe salientar dois aspectos:

- O MCU ocorre apenas se houver a ação de um agente externo (que pode ser uma pessoa girando uma manivela à qual a espira estaria associada), que não está mostrado nas figuras.
- O MCU induz um fluxo magnético variável.

Na situação inicial, a espira está parada, com seu plano paralelo às linhas de campo (esquema *A*). O fluxo magnético é nulo, pois nenhuma linha de campo atravessa a espira.

Quando a espira é girada (esquema *B*), o fluxo magnético aumenta. Isso também pode ser concluído analisando-se o ângulo θ entre as linhas de campo e a reta normal à superfície da espira. Esse ângulo diminui (era 90° no esquema *A*), de modo que seu cosseno aumenta, assim como há um aumento do fluxo magnético. Essa variação do fluxo estabelece na espira uma corrente induzida em determinado sentido.

Em um instante posterior (esquema *C*), a espira fica com o seu plano perpendicular às linhas de campo ($\theta = 0°$), e o fluxo magnético que a atravessa tem valor máximo.

Caso a espira continue girando nessa posição, o fluxo magnético diminui (esquema *D*). Tal variação do fluxo provoca uma corrente induzida no sentido oposto ao anterior, como registrado no amperímetro.

No exemplo apresentado, o ângulo formado pela reta normal à espira e pelo campo magnético varia de maneira periódica, assim como o fluxo magnético também varia periodicamente.

Esquema *A*

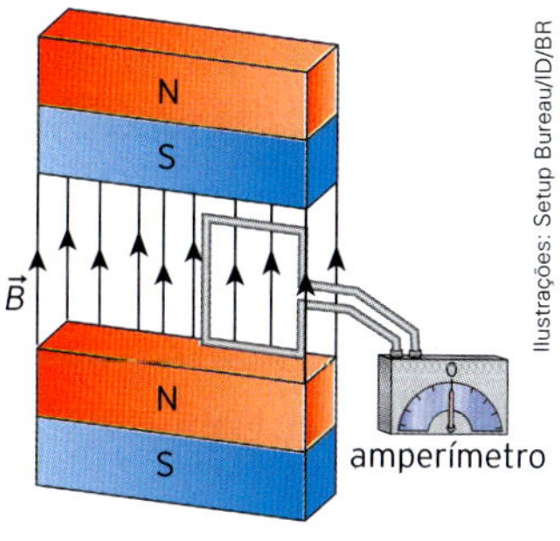

Esquema *B*

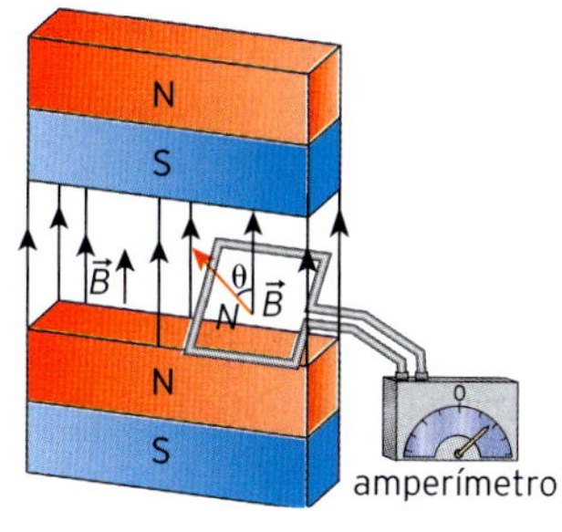

Esquema *C*

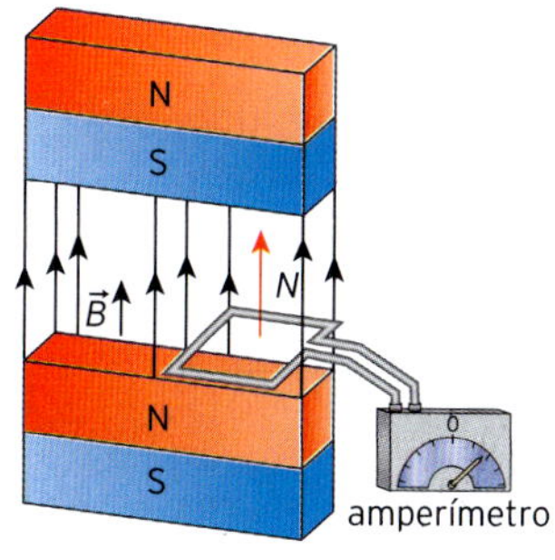

Esquema *D*

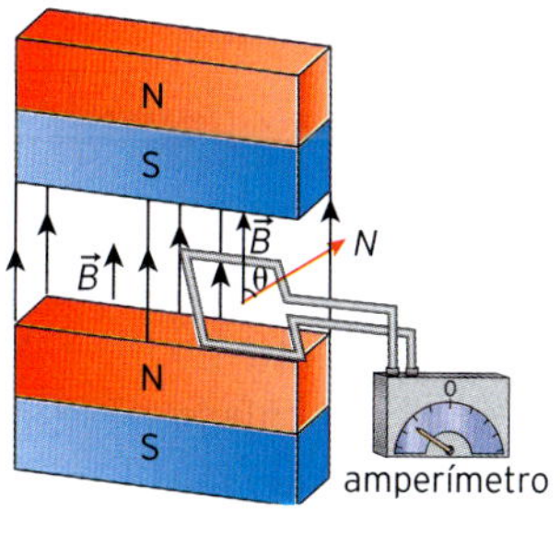

Ilustrações: Setup Bureau/ID/BR

Por essa razão, a corrente induzida na espira tem sentido variável e por isso é denominada **corrente alternada**.

O gráfico ao lado representa a variação no tempo da corrente alternada produzida como descrito acima.

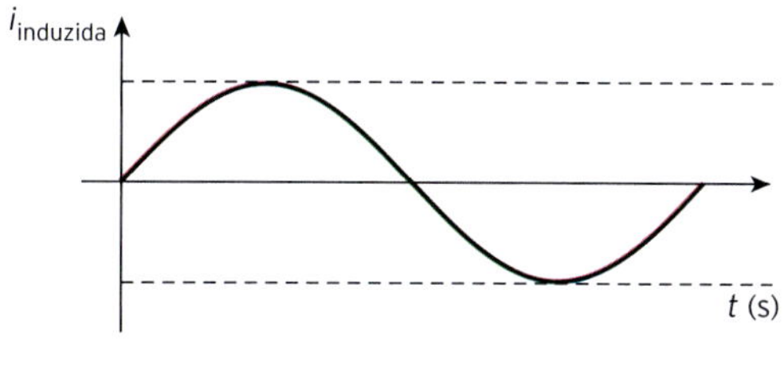

Ligado ao tema

Alternadores e dínamos

Os geradores de corrente alternada, conhecidos como **alternadores**, transformam a energia mecânica em energia elétrica pelo fenômeno da indução eletromagnética.

Com vasta aplicação em turbinas de usinas elétricas, em motores de carro e em algumas bicicletas, esses dispositivos, com algumas modificações, podem produzir corrente contínua. E, nesse caso, são chamados **dínamos**.

Tomoliveir/Dreamstime.com/ID/BR

Alternador.

Exercícios resolvidos

8. Um gerador produz correntes alternadas quando ocorrem variações do fluxo magnético em um circuito fechado, como em uma espira circular. Na figura abaixo, um ímã realiza um movimento oscilatório próximo a uma espira.

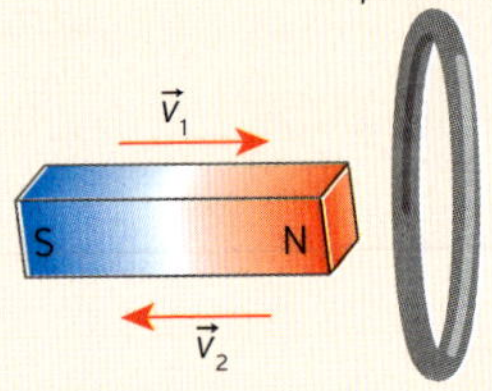

a) Analise o que ocorre com o fluxo magnético através da espira durante o movimento do ímã.

b) Identifique a causa da variação do fluxo magnético nessa situação.

c) Descreva o comportamento da corrente induzida.

Resolução

a) Enquanto o ímã se movimenta, o fluxo magnético através da espira varia.

b) A variação do fluxo se deve à variação da intensidade do campo magnético através da espira. Quando o ímã se aproxima, a intensidade do campo magnético que atravessa a espira aumenta. Quando o ímã se afasta, a intensidade do campo magnético que atravessa a espira diminui.

c) A corrente induzida na espira tem um sentido, enquanto o fluxo magnético aumenta, e tem sentido oposto, quando o fluxo diminui. Como a causa da variação do fluxo é o movimento do ímã, a corrente induzida muda de sentido, quando o ímã muda o sentido de seu movimento.

9. Uma espira gira em torno do próprio eixo em uma região onde há um campo magnético perpendicular ao plano do papel, com sentido indicado na figura a seguir. Sabemos que, no instante inicial, o plano da espira coincide com o plano do papel.

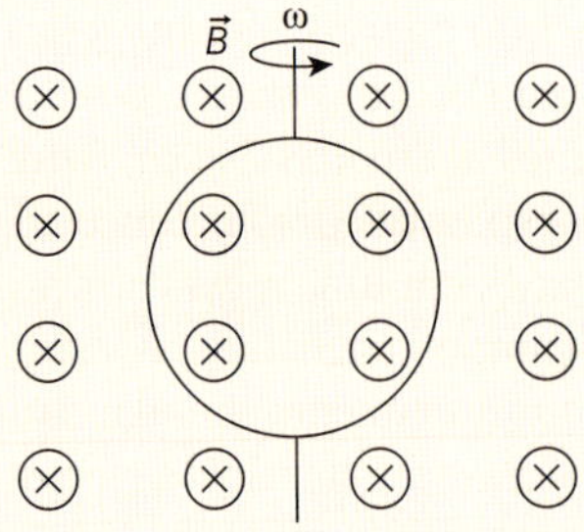

Ilustrações: Setup Bureau/ID/BR

a) Explique o que ocorre com o fluxo magnético no interior da espira, quando ela começa a girar.

b) Considerando que a espira permaneça girando, com velocidade angular constante, durante um grande intervalo de tempo, descreva o comportamento da corrente induzida na espira durante esse movimento.

Resolução

a) O fluxo magnético é dado pela expressão $\Phi = B \cdot A \cdot \cos\theta$, em que θ é o ângulo entre a direção do campo e a reta normal à espira. Na posição inicial, esse ângulo é nulo, mas, quando a espira começa a girar, o ângulo aumenta, de modo que seu cosseno diminui. Assim, o fluxo magnético através da espira diminui enquanto ela gira, até que seu plano fique paralelo ao campo magnético, quando $\theta = 90°$ e o fluxo magnético se anula. À medida que a espira continua girando, o fluxo magnético torna-se negativo, até que o plano da espira volte a coincidir com o plano do papel, quando o fluxo magnético aumenta novamente.

b) Como o fluxo magnético aumenta e diminui conforme o movimento da espira, a corrente induzida é alternada, ou seja, inverte seu sentido periodicamente, com a mesma frequência com que a espira gira.

Exercícios propostos

10. Uma espira quadrada realiza um movimento de rotação em torno do próprio eixo com velocidade angular constante, em uma região em que existe um campo magnético. Após algum tempo, a espira se aquece.

a) Analise o comportamento da corrente induzida na espira.

b) Explique por qual motivo a temperatura da espira aumenta.

c) Explique o que ocorrerá com a temperatura da espira, se a velocidade de rotação aumentar.

11. No final do século XIX, houve uma disputa para decidir qual seria o sistema adotado nas redes elétricas a serem construídas. Thomas Edison afirmava que a corrente contínua era o melhor sistema, enquanto Nicola Tesla e o empresário George Westinghouse optavam pela corrente alternada. Esse episódio, que ficou conhecido como "guerra das correntes", foi marcado por discussões e acusações, uma vez que havia motivo financeiro envolvido na contenda. Pesquise sobre esse episódio e opine sobre qual sistema seria o mais apropriado.

Lei de Lenz

Como já dito, a lei de Faraday possibilita o cálculo da intensidade da força eletromotriz induzida, mas não é suficiente para determinar o sentido da corrente induzida. A explicação para o sentido da corrente foi dada por Friedrich Lenz (1804-1864) e ficou conhecida como **lei de Lenz**, enunciada a seguir.

> O sentido da corrente elétrica induzida é tal que o campo magnético por ela produzido sempre se opõe à variação do campo magnético que a originou.

Matematicamente, essa complementação à lei de Faraday é expressa colocando-se um sinal negativo antes da variação do fluxo, de tal maneira que a expressão da **lei de Faraday-Lenz** para uma única espira é:

$$\varepsilon = -\frac{\Delta\Phi}{\Delta t}$$

O quadro a seguir apresenta alguns aspectos relacionados a essa lei em duas situações.

Situação 1

Quando o fluxo magnético aumenta por causa do aumento do campo magnético $\vec{B}$, a corrente elétrica induzida gera um campo magnético que diminui esse aumento de fluxo.

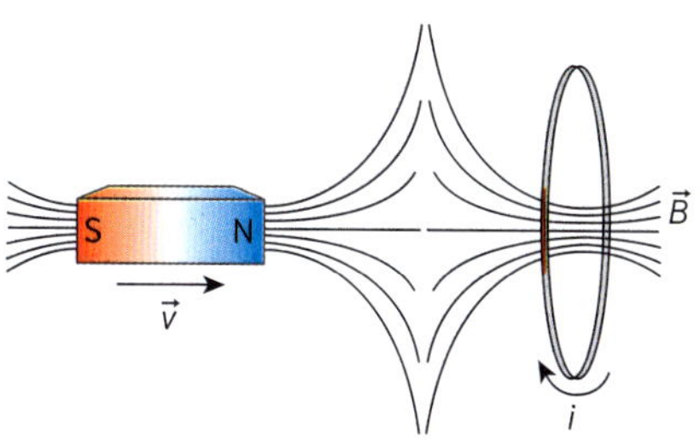

Figura 1a. Ímã se aproximando de uma espira.

Nessa situação, um ímã é aproximado de uma espira e, com isso, há aumento da intensidade do campo magnético gerado pelo ímã, bem como aumento do fluxo magnético na área da espira. Em decorrência, há uma corrente elétrica induzida nessa espira.

De acordo com a lei de Lenz, essa corrente induzida gera, por sua vez, um campo magnético cujo fluxo associado é contrário ao sentido do movimento do ímã. Assim, enquanto a mudança do fluxo ocorre para a direita, o sentido da corrente é tal que faz surgir um fluxo para a esquerda. Temos, então, uma situação similar àquela em que há dois ímãs de polos iguais se repelindo, como mostra a figura a seguir.

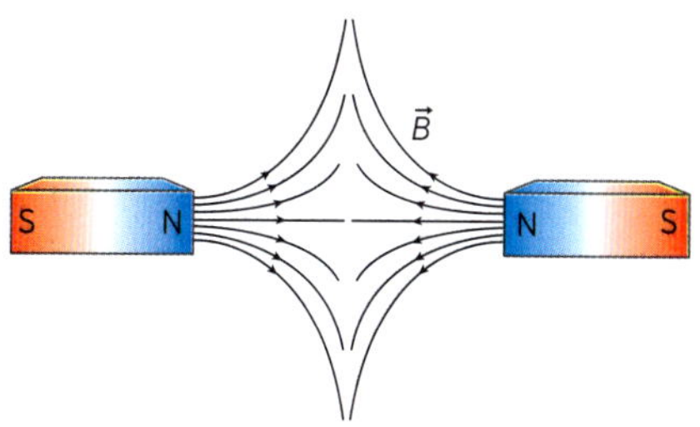

Figura 1b. As linhas de campo entre dois polos de ímãs que se repelem são similares às de um ímã se aproximando de uma espira.

Situação 2

Quando o fluxo magnético diminui por causa da diminuição do campo magnético $\vec{B}$, a corrente elétrica induzida gera um campo magnético no sentido de aumentar esse fluxo.

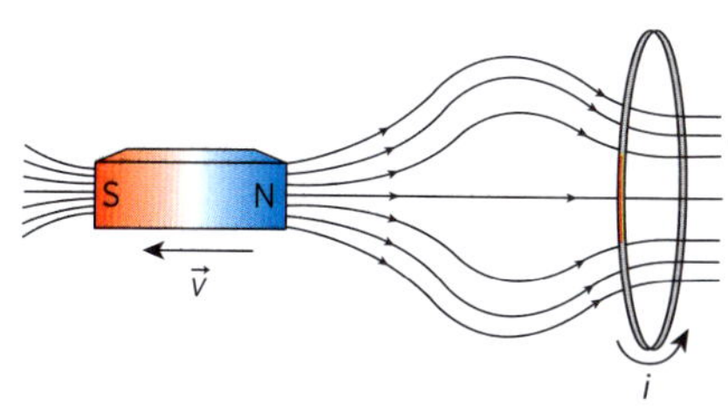

Figura 2a. Ímã se afastando de uma espira.

Nessa situação, um ímã é afastado da espira e, com isso, há diminuição da intensidade do campo magnético gerado pelo ímã, bem como redução do fluxo magnético. Em decorrência, há uma corrente elétrica induzida na espira.

De acordo com a lei de Lenz, essa corrente induzida gera, por sua vez, um campo magnético cujo fluxo associado é contrário ao sentido do movimento do ímã. Como, nesse caso, a mudança se dá para a esquerda (o ímã se afasta da espira), o sentido da corrente induzida é tal que gera um campo magnético cujo fluxo é para a direita, de modo que se opõe ao sentido do movimento. Temos, assim, uma situação similar àquela em que há dois ímãs de polos diferentes se atraindo, como mostra a figura a seguir.

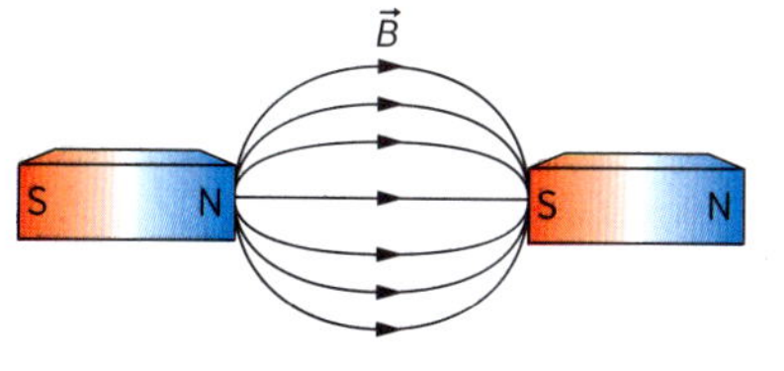

Figura 2b. As linhas de campo entre dois polos de ímãs que se atraem são similares às de um ímã se afastando de uma espira.

Ilustrações: Setup Bureau/ID/BR

Exercício resolvido

12. O esquema ao lado mostra o campo magnético gerado por um fio retilíneo percorrido por uma corrente i. Ao lado do fio, há uma espira quadrada, cujo plano coincide com o plano do papel.

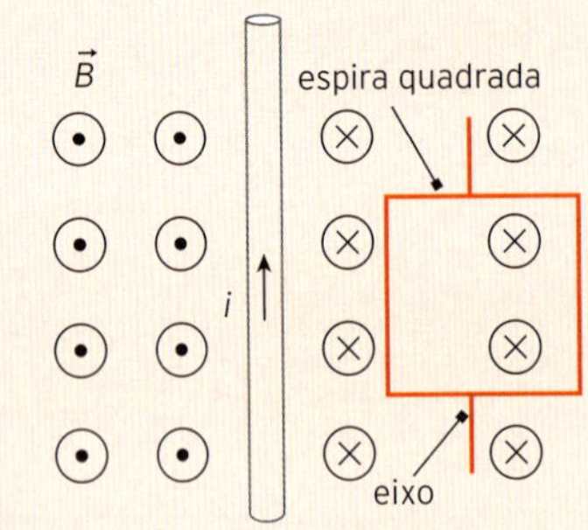

a) Descreva o que ocorre com a intensidade do campo magnético quando a intensidade da corrente que percorre o fio aumenta.

b) Identifique o sentido da corrente induzida na espira na situação do item anterior.

c) Identifique o sentido da corrente induzida, caso a espira se afaste do fio, sem alterar a corrente no fio. Justifique a resposta.

d) Identifique o sentido da corrente induzida, caso a corrente no fio seja no sentido oposto e sua intensidade passe a diminuir.

e) Descreva o comportamento da corrente induzida, quando a espira gira ao redor do próprio eixo.

Resolução

a) A intensidade do campo gerado por um fio é dada por $B = \dfrac{\mu_0 \cdot i}{2\pi \cdot d}$, de modo que, aumentando o valor da corrente, a intensidade do campo aumenta em todos os pontos ao redor do fio.

b) Como a intensidade do campo magnético aumenta, o mesmo ocorre com o fluxo magnético. De acordo com a lei de Lenz, a corrente induzida na espira gera um campo magnético que se opõe ao aumento do fluxo, "saindo" do papel.

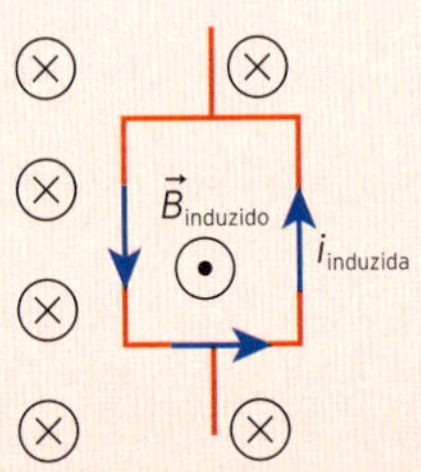

Para que isso ocorra, a corrente induzida na espira deve ter, pela regra da mão direita, sentido anti-horário, como mostrado na figura acima.

c) À medida que a espira se afasta do fio, a intensidade do campo magnético diminui e, portanto, o fluxo magnético também diminui. De acordo com a lei de Lenz, para compensar essa diminuição, a corrente induzida na espira gera um campo magnético no mesmo sentido do campo gerado pelo fio. Pela regra da mão direita, a corrente na espira deve ter sentido horário, como mostrado na figura acima.

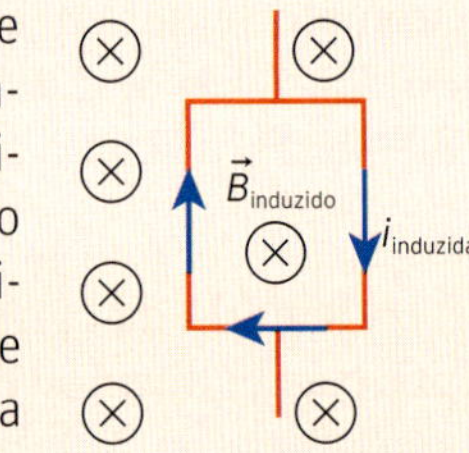

Ilustrações: Setup Bureau/ID/BR

d) Se a corrente no fio tiver sentido oposto, de acordo com a regra da mão direita, o campo magnético na região interna à espira terá o sentido de "sair" do papel. Se a intensidade da corrente diminui, o campo magnético e o fluxo magnético que a atravessa também diminuem.

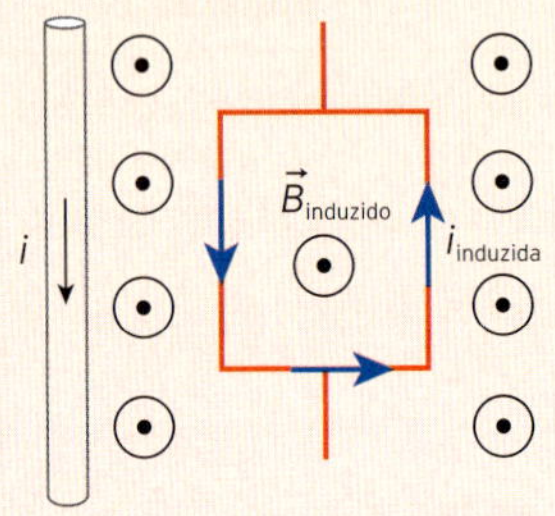

De acordo com a lei de Lenz, para compensar essa diminuição, a corrente induzida na espira gera um campo magnético no mesmo sentido que o do campo gerado pelo fio. Assim, pela regra da mão direita, a corrente induzida deverá ter sentido anti-horário.

e) Quando a espira gira em torno do eixo descrito, o fluxo magnético através dela varia de maneira periódica, ora aumentando, ora diminuindo. Assim, a corrente induzida também tem seu sentido alterado periodicamente, sendo, portanto, uma corrente alternada.

Exercício proposto

13. Uma barra metálica desliza sobre um trilho em uma região em que existe um campo magnético, de acordo com a figura ao lado.

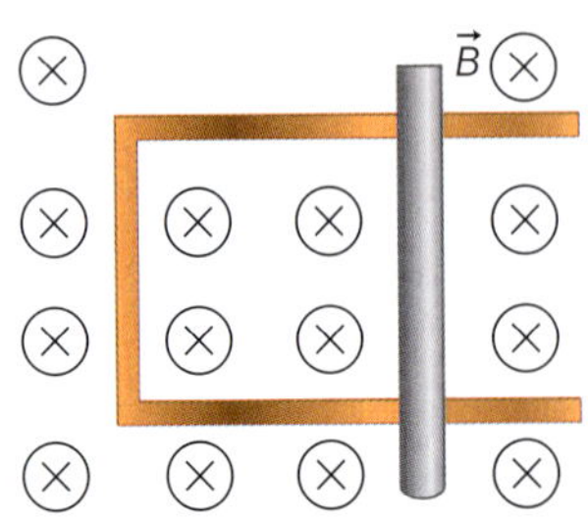

a) Descreva o que ocorre com o fluxo magnético quando a barra desliza para a direita e quando desliza para a esquerda.

b) Identifique o sentido da corrente induzida nos dois casos do item **a**.

c) Descreva o que ocorreria com a corrente induzida se a barra parasse de se mover. Justifique sua resposta.

O transformador

Em algumas situações práticas, é conveniente aumentar ou diminuir a diferença de potencial alternada que existe entre dois pontos de um circuito. Isso é comum em residências, quando se quer, por exemplo, usar um aparelho elétrico feito para funcionar conectado a uma tensão de 110 V, ao passo que a tensão fornecida pela rede elétrica é de 220 V.

Nesse caso, recorre-se a um dispositivo que, tendo um de seus terminais ligado à rede elétrica, fornece no outro terminal a tensão desejada. Esse dispositivo é chamado **transformador** (dois exemplos ao lado).

> O **transformador** é um dispositivo capaz de aumentar ou diminuir a diferença de potencial alternada entre dois pontos de um circuito.

ppl/Shutterstock.com/ID/BR

GIPhotoStock/Photo Researchers, Inc/Latinstock

Há diversos tipos de transformador. Alguns são utilizados na transmissão de energia elétrica (primeira fotografia acima), enquanto outros são de uso doméstico (segunda fotografia).

Muitos aparelhos elétricos possuem transformadores em seu interior, para converter a tensão de centenas de volts fornecida pela rede elétrica em uma tensão sob a qual o circuito do aparelho foi projetado para funcionar.

O transformador funciona devido ao fenômeno da indução eletromagnética e é constituído por duas bobinas enroladas em um núcleo de ferro, como no esquema a seguir.

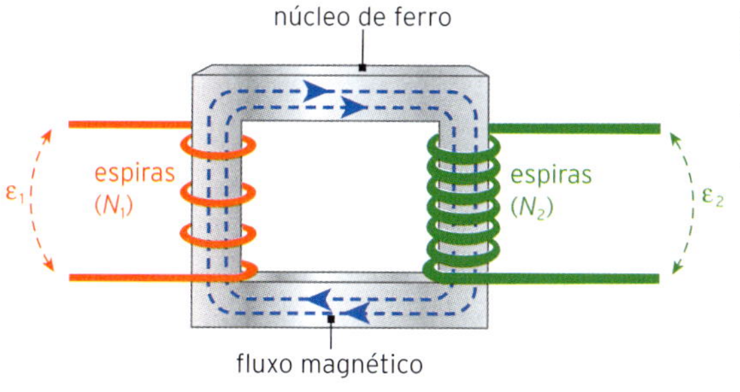

Setup Bureau/ID/BR

A bobina que recebe a tensão a ser transformada é denominada **circuito primário do transformador** (ou apenas **primário**); a bobina que fornece a tensão já transformada é denominada **circuito secundário do transformador** (ou apenas **secundário**).

A bobina do circuito primário do transformador está submetida a uma força eletromotriz alternada ε_1 e possui uma quantidade de espiras N_1. Já a bobina do circuito secundário possui uma quantidade de espiras N_2, e é pelos seus terminais que se obtém a força eletromotriz transformada ε_2.

Percorrida pela corrente alternada, a bobina do circuito primário gera um campo magnético variável. O núcleo de ferro concentra as linhas desse campo e faz com que praticamente todo ele passe pela bobina do circuito secundário, gerando nessa bobina um fluxo magnético variável.

Dessa maneira, surgirá uma força eletromotriz induzida entre as extremidades do circuito secundário. A relação entre o número de espiras da bobina do primário (N_1) e do secundário (N_2) determina a relação entre a força eletromotriz aplicada ao primário (ε_1) e a fornecida pelo secundário (ε_2), como será visto adiante.

É importante ressaltar que, para que um transformador funcione, deve haver variação de fluxo magnético por meio da variação da intensidade do campo magnético, devido ao fato de a corrente no circuito primário ser alternada. Ao aplicar no circuito primário uma corrente contínua, não há variação da intensidade do campo magnético e, consequentemente, o fluxo magnético permanece constante. Assim, não haverá variação de fluxo no circuito secundário e, consequentemente, não surgirá nele uma força eletromotriz induzida.

Ligado ao tema

Redes de transmissão

A transmissão de energia elétrica das usinas geradoras até os grandes centros urbanos é feita por linhas de transmissão. A energia dissipada sob a forma de calor (efeito Joule) em uma linha de transmissão pode ser calculada pela expressão $P = R \cdot i^2$, em que R é a resistência elétrica da linha e i é a corrente. Para minimizar essa energia dissipada, é importante que a corrente na linha seja baixa. Para que isso aconteça, e a potência útil transmitida se mantenha, a diferença de potencial deve ser elevada. Nesse caso são usados grandes transformadores, que elevam a tensão na rede a níveis muito altos. Outros transformadores, próximos aos locais de consumo, reduzem novamente a tensão aos valores apropriados.

Lei de Faraday nos transformadores

Para uma análise quantitativa do funcionamento dos transformadores, aplica-se a lei de Faraday.

O esquema a seguir representa as bobinas e as forças eletromotrizes induzidas nos circuitos primário e secundário de um transformador.

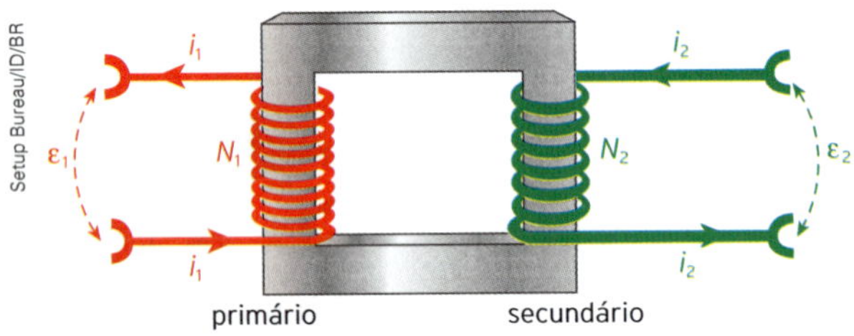

O circuito primário é percorrido por uma corrente alternada i_1, que faz o fluxo magnético em cada uma das espiras da bobina do primário variar. O fluxo resultante na bobina é calculado multiplicando o fluxo em cada uma das espiras pelo número de espiras N_1. De acordo com a lei de Faraday, a força eletromotriz ε_1 induzida na bobina 1 é calculada como segue.

$$\varepsilon_1 = \frac{\Delta\Phi_{\text{total}}}{\Delta t} = N_1 \cdot \frac{\Delta\Phi_{\text{espira}}}{\Delta t}$$

Como o núcleo de ferro direciona praticamente todo o fluxo magnético da bobina 1 para a bobina 2, o fluxo magnético em cada uma das espiras da bobina 2 é aproximadamente igual ao fluxo magnético nas espiras da bobina 1. Pela lei de Faraday pode-se calcular a força eletromotriz induzida na bobina 2, observando que o fluxo total nessa bobina é o fluxo que atravessa cada espira multiplicado pelo número de espiras N_2.

$$\varepsilon_2 = \frac{\Delta\Phi_{\text{total}}}{\Delta t} = N_2 \cdot \frac{\Delta\Phi_{\text{espira}}}{\Delta t}$$

Comparando as duas equações anteriores, pode-se chegar a uma relação entre ε_1 e ε_2, como mostrado abaixo.

$$\frac{\varepsilon_2}{\varepsilon_1} = \frac{N_2}{N_1} \Rightarrow \varepsilon_2 = \varepsilon_1 \cdot \frac{N_2}{N_1}$$

Essa expressão mostra que, para que a tensão (*fem* induzida) fornecida pelo secundário seja maior que a aplicada no primário, o número de espiras no circuito secundário deve ser maior que o número de espiras do primário. Quanto isso acontece, o transformador é conhecido como **transformador de alta**. Caso o número de espiras do secundário seja menor que o do primário, a tensão no secundário será menor que a aplicada no primário. Nessa situação, o transformador é conhecido como **transformador de baixa.**

Um transformador pode tanto aumentar quanto diminuir a diferença de potencial. De acordo com o princípio da conservação da energia, porém, a potência (energia por unidade de tempo) transferida entre dois pontos do circuito deve permanecer constante.

$$P_{\text{primária}} = P_{\text{secundária}} \Rightarrow U_1 \cdot i_1 = U_2 \cdot i_2$$

Consequentemente, um aumento da diferença de potencial acarreta uma corrente menor, e uma diminuição da diferença de potencial proporciona uma corrente maior.

Ligado ao tema

Potência dissipada nos transformadores

Durante o funcionamento de um transformador ocorrem alguns tipos de perda de energia. Um desses tipos é conhecido como perda por **histerese**, que ocorre no núcleo do transformador devido à constante magnetização e desmagnetização de seus elementos. Outro tipo de perda ocorre por efeito joule nos fios dos enrolamentos.

Exercício resolvido

14. Um transformador possui 100 espiras em seu circuito primário e 200 espiras em seu circuito secundário.

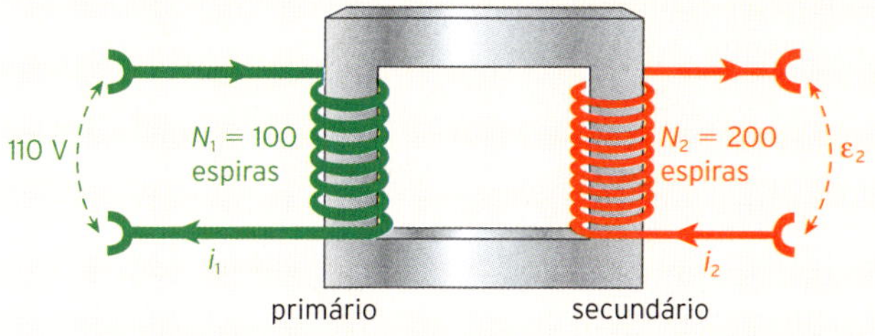

a) Identifique se o transformador é de alta ou de baixa.

b) Considerando que a diferença de potencial no circuito primário do transformador seja 110 V, determine a força eletromotriz entre os terminais do circuito secundário.

c) Sabendo que a potência no circuito primário é $P_1 = 4\,400$ W, calcule a corrente nesse circuito.

d) Considerando o item anterior, calcule a potência no circuito secundário.

e) Considerando a resposta ao item anterior, calcule a corrente no secundário.

Resolução

a) Como o número de espiras do circuito secundário é maior que o número de espiras do primário, o fluxo magnético no núcleo do transformador atravessará uma quantidade maior de espiras no circuito secundário e, consequentemente, a força eletromotriz induzida será maior em relação à força eletromotriz do primário. Sendo assim, trata-se de um transformador de alta. Matematicamente, pode-se justificar esse fato utilizando a expressão que relaciona o número de espiras com as forças eletromotrizes induzidas. Como o número de espiras do secundário (N_2) é maior que o do primário (N_1), a força eletromotriz no secundário será maior que a do primário, como expresso abaixo.

$$\varepsilon_2 = \varepsilon_1 \cdot \frac{N_2}{N_1} \Rightarrow N_2 > N_1 \Rightarrow \varepsilon_2 > \varepsilon_1$$

b) De acordo com a expressão que relaciona o número de espiras com as forças eletromotrizes de um transformador, tem-se:

$$\frac{\varepsilon_2}{\varepsilon_1} = \frac{N_2}{N_1} \Rightarrow \frac{\varepsilon_2}{110} = \frac{200}{100} \Rightarrow \varepsilon_2 = 220 \text{ V}$$

c) Utilizando a expressão da potência em um circuito elétrico, tem-se:

$$P = U \cdot i \Rightarrow 4\,400 \text{ W} = 110 \cdot i \Rightarrow i = 40 \text{ A}$$

d) Como no processo de transformação não há perda, a energia elétrica é conservada. Portanto, a potência de saída no secundário é igual à potência de entrada do primário.

$$P_{\text{secundário}} = P_{\text{primário}} = 4\,400 \text{ W}$$

e) Utilizando a expressão da potência, tem-se, para o circuito secundário:

$$P = U \cdot i \Rightarrow 4\,400 \text{ W} = 220 \cdot i \Rightarrow i = 20 \text{ A}$$

Exercícios propostos

15. Um transformador possui 400 espiras em seu circuito primário e 200 espiras no circuito secundário. Despreze as perdas de energia durante a transformação.

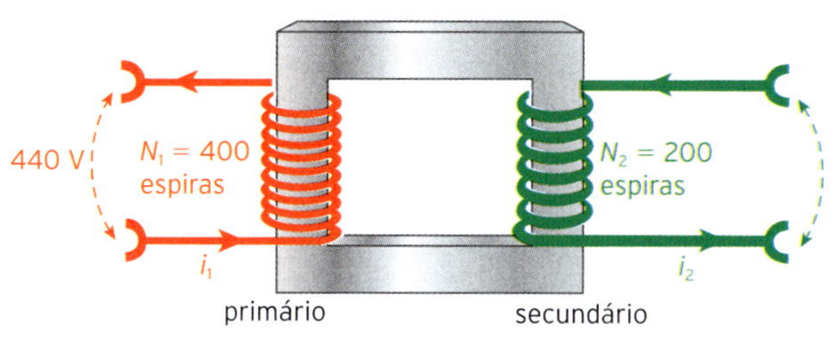

Ilustrações: Setup Bureau/ID/BR

a) Identifique se o transformador é de alta ou de baixa.

b) Considerando que a força eletromotriz induzida no primário seja de 440 V, calcule a força eletromotriz induzida no secundário.

c) Sabendo que a potência fornecida ao circuito primário é de 8 800 W, determine a corrente que circula nesse circuito.

d) Com os dados do item anterior, obtenha a potência e a corrente no circuito secundário.

16. O físico James Clerk Maxwell utilizou o conceito de simetria em sua hipótese ao imaginar que, se um campo magnético variável gerava um campo elétrico, talvez um campo elétrico variável gerasse um campo magnético.

a) Julgue se analogias desse tipo sempre conduzirão a um raciocínio logicamente verdadeiro.

b) Explique como você faria para testar a veracidade da hipótese de Maxwell.

c) Procure outras situações de contextos diferentes para aplicar esse tipo de raciocínio.

d) Reúna-se com alguns colegas e troque ideias para encontrar situações na natureza em que alguma simetria pode ser observada.

Campo elétrico induzido

Você já estudou que o campo elétrico se estabelece devido à presença de cargas elétricas em repouso ou à proximidade de corpos eletrizados. Veremos a seguir outra situação em que o campo elétrico se manifesta.

Como exemplo, vamos considerar uma espira sem corrente elétrica, imersa em uma região onde existe um campo magnético $\vec{B}$, de acordo com a figura 1 ao lado.

Enquanto a intensidade do campo magnético permanece constante, não há corrente induzida, de maneira que não há um campo elétrico na espira para mover as cargas e gerar uma corrente.

Se a intensidade do campo magnético aumenta, o fluxo magnético também aumenta. De acordo com a lei de Lenz, há uma corrente induzida na espira, de modo que se compense o aumento do fluxo magnético. Essa corrente induzida tem sentido horário, como mostra a figura 2.

O aparecimento de uma corrente permite concluir que há um **campo elétrico induzido** na espira, o qual provoca o movimento dos elétrons livres. Note que essa conclusão é possível somente porque a corrente elétrica induzida não se origina de uma força magnética gerada por um campo magnético, uma vez que esse tipo de força não atua sobre cargas em repouso (como $F_m = q \cdot v \cdot B \cdot \text{sen}\,\theta$, se $v = 0$, $F_m = 0$). Logo, o agente que produz a corrente elétrica induzida deve ser um campo elétrico, também induzido. Esse campo elétrico é gerado por um campo magnético variável no tempo. Assim, chega-se à conclusão:

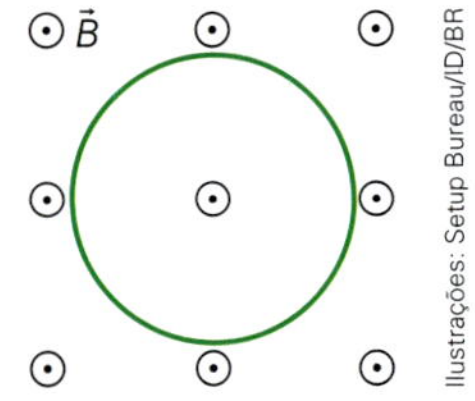

Figura 1

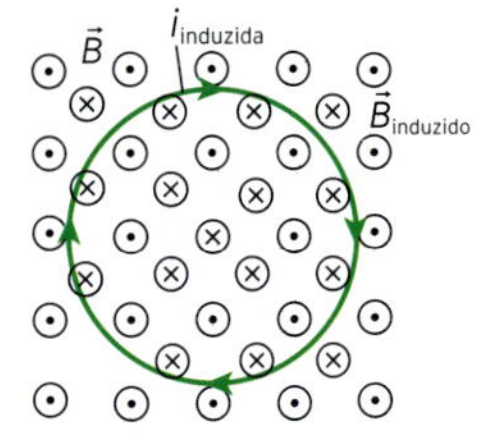

Figura 2

Um campo magnético variável no tempo produz um campo elétrico (induzido).

As linhas desse campo elétrico induzido são fechadas, têm a mesma direção da corrente induzida e são perpendiculares ao campo magnético.

Ainda que não houvesse a espira, continuaria havendo campo elétrico induzido na região próxima a um campo magnético variável no tempo. A existência da corrente na espira, por causa desse campo, apenas comprova o fato, mas a corrente não é elemento necessário para estabelecer um campo elétrico induzido.

Campo magnético induzido

Como visto acima, a variação de um campo magnético no tempo gera um campo elétrico. De maneira análoga, um campo elétrico variável no tempo produz um campo magnético induzido.

Um exemplo é o campo magnético induzido que surge na região entre as placas dos capacitores. À medida que vão se acumulando cargas nas placas, varia a intensidade do campo elétrico nessa região e, por isso, estabelece-se um campo magnético induzido, representado pelas linhas de campo azuis do esquema a seguir. Quando as placas estão completamente carregadas, não há variação do campo elétrico no tempo e, por isso, também não há campo magnético induzido. Assim, pode-se fazer a seguinte afirmação:

Um campo elétrico variável produz um campo magnético induzido.

A exemplo das linhas de campo elétrico induzido, as linhas de campo magnético induzido também são fechadas e perpendiculares às linhas do campo elétrico variável que as causa.

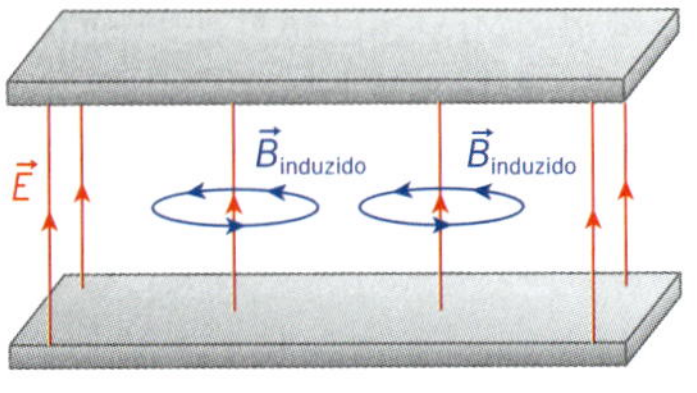

Ligado ao tema

Campo elétrico de uma carga elétrica em repouso e campo elétrico induzido

O campo elétrico de uma carga e o campo elétrico induzido apresentam algumas semelhanças, como o fato de aplicarem forças em outras cargas elétricas.

Contudo, há duas diferenças fundamentais entre eles.

As linhas de campo elétrico induzido são fechadas, enquanto as linhas de campo elétrico de cargas em repouso são "para fora" da carga (se a carga é positiva) ou "para dentro" (se a carga é negativa), de modo que elas nunca se tocam, pois começam em cargas positivas e se fecham em cargas negativas.

Linhas de campo elétrico induzido.

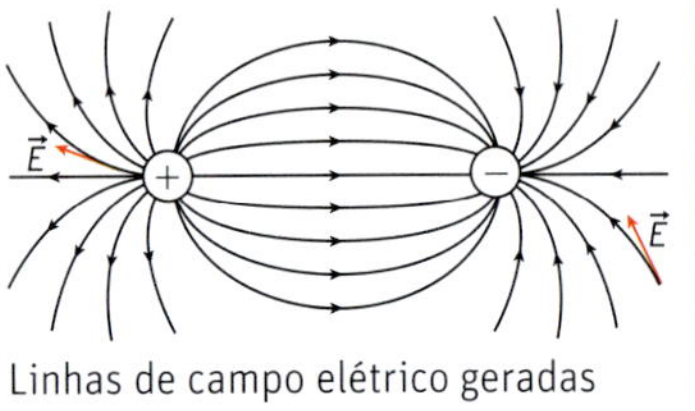

Linhas de campo elétrico geradas por cargas.

O campo elétrico induzido não é conservativo, ao contrário do campo elétrico de uma carga em repouso.

4. Leis de Maxwell

Todas as leis experimentais descritas até aqui foram descobertas no mesmo período histórico, entre os séculos XVIII e XIX. Possivelmente, o trabalho mais importante da época tenha sido publicado na segunda metade do século XIX: as chamadas **equações de Maxwell**, ou **leis de Maxwell**, que constituem uma síntese teórica de todas as descobertas feitas até então.

James Clerk Maxwell (1831-1879) reuniu as descobertas de Ampère, Faraday, Lenz e Gauss, que descreviam fenômenos elétricos e magnéticos, e acrescentou sua contribuição fundamental: a hipótese de que a variação de um campo elétrico poderia produzir um campo magnético induzido. Ao fazer isso, Maxwell sintetizou as leis do magnetismo em quatro equações que descrevem as relações entre campos elétricos e magnéticos e suas fontes, formando a base do eletromagnetismo clássico.

Duas das equações de Maxwell (a lei de Gauss da eletricidade e a lei de Faraday-Lenz) dizem respeito às duas formas de geração de campo elétrico, enquanto as outras duas leis (a lei de Gauss do magnetismo e a lei de Ampère-Maxwell) relacionam-se à geração de campo magnético. A apresentação rigorosa dessas equações exige recursos matemáticos fora do alcance deste nível. Entretanto, vamos conhecer alguns aspectos qualitativos de cada uma delas.

Lei de Gauss da eletricidade

Essa lei estabelece a relação intrínseca entre carga elétrica e campo elétrico; onde há carga, há campo elétrico, ou como é expresso na lei:

> Carga elétrica é fonte de campo elétrico.

No caso de cargas em repouso, a interpretação da carga como fonte de campo está expressa na lei de Coulomb. A lei de Gauss, entretanto, é mais geral e vale também para cargas em movimento.

Lei de Faraday-Lenz

Estabelece a relação entre a variação no tempo do campo magnético e o campo elétrico. O principal fenômeno é descrito como:

> Campo magnético que varia no tempo é fonte de campo elétrico.

Lei de Gauss do magnetismo

Essa lei descreve principalmente a inseparabilidade dos polos magnéticos e pode ser assim resumida:

> Não existe monopolo magnético.

Lei de Ampère-Maxwell

Estabelece a relação entre corrente elétrica (carga elétrica em movimento) e campo magnético e, ainda, a relação entre variação no tempo de campo elétrico e campo magnético. A ideia principal contida nessa lei pode ser expressa da seguinte maneira:

> Corrente elétrica e campo elétrico variável no tempo são fontes de campo magnético.

Por meio das equações de Maxwell, foi prevista a existência das ondas eletromagnéticas, desconhecidas até então e que serão apresentadas a seguir. Ao investigar as características dessas ondas, Maxwell descobriu que elas se assemelham às características da luz já estudadas por outros físicos. Por isso, propôs que a luz seria um tipo de onda eletromagnética. Com essa proposta, unificou não somente a eletricidade e o magnetismo, mas também a óptica.

Conceito em questão

Leia o texto e depois responda às questões.

Embora Faraday estabelecesse a existência dos campos elétrico e magnético, faltava-lhe a percepção matemática necessária para escrever uma descrição quantitativa deles. Isso coube a Maxwell [...]. Pensador metódico, [Maxwell] estudou eletricidade e magnetismo lendo os trabalhos de Faraday [...]

Foi o início da abstração do conceito de campo, passo que significou o fim da ciência puramente mecanicista e levou aos voos matemáticos não visualizáveis [...]. Faraday leu os trabalhos que Maxwell lhe mandou com o assombro com que a pessoa sem ouvido musical ouve os quartetos de Beethoven, compreendendo que são belos, mas sem ser capaz de compreender como. "Quase tive medo quando vi tal capacidade matemática exercida sobre o assunto e, em seguida, maravilhei-me ao ver que o assunto resistia tão bem", escreveu Faraday a Maxwell. Em outra carta, ele perguntava de maneira comovente, e como uma tentativa:

"Quando o matemático que investiga ações e resultados físicos chegou às suas conclusões, não poderiam ser elas expressas numa linguagem comum, com a mesma tonalidade, clareza e simplicidade que nas fórmulas matemáticas? Se assim fosse, não seria uma grande felicidade, para aqueles como eu, expressá-las dessa forma? – traduzindo-as dos seus hieróglifos."

FERRIS, T. *O despertar na Via Láctea*: uma breve história da astronomia. Trad. Waltensir Dutra. 2. ed. Rio de Janeiro: Campus, 1990. p. 138.

1. Em sua opinião, por que o autor está chamando o conceito de campo de "voo matemático não visualizável"?
2. Descreva a reação de Faraday ao entrar em contato com as equações de Maxwell.
3. Alguma vez você já se sentiu como Faraday diante de algo aparentemente belo, mas incompreensível? Dê exemplos.

5. Ondas eletromagnéticas

As equações de Maxwell e as ondas eletromagnéticas

Seria difícil imaginar a sociedade atual sem as facilidades proporcionadas por dispositivos como o rádio, a televisão, o telefone e os aparelhos de raios X. O funcionamento de todos esses dispositivos tem relação com as ondas eletromagnéticas, cuja primeira conceituação foi sugerida por Maxwell, com base em suas equações.

Segundo esse físico, um campo magnético variável produz um campo elétrico induzido, assim como um campo elétrico variável produz um campo magnético induzido. Por esse raciocínio, podemos ter ideia de como as ondas eletromagnéticas são geradas.

Como exemplo, podemos considerar um eletroímã conectado a um gerador de corrente alternada, como ilustrado na figura ao lado.

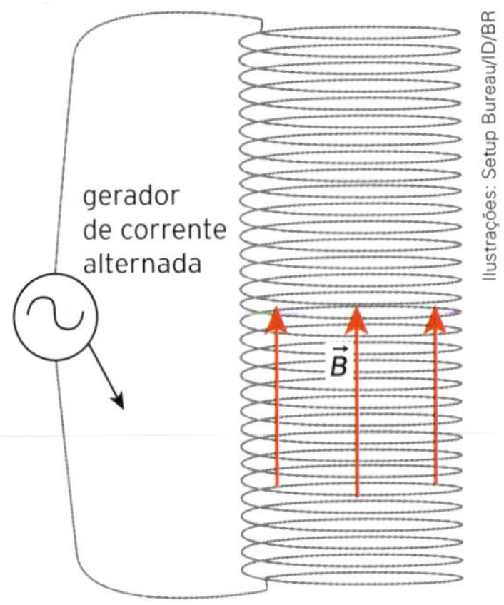

Bobina conectada a um gerador de corrente alternada.

Como a corrente que circula na bobina é alternada, o campo magnético varia em módulo e em sentido. De acordo com a lei de Faraday, a variação de um campo magnético ocasiona o surgimento de um campo elétrico. Esse campo elétrico induzido também é variável e, de acordo com a hipótese de Maxwell, gera um campo magnético induzido. Por sua vez, esse campo magnético induzido também é variável e causa um campo elétrico induzido, e assim sucessivamente. Portanto, os campos magnético e elétrico são interdependentes e se propagam em todas as direções.

Quando aplicou suas equações a perturbações dessa natureza, Maxwell percebeu que elas incorporavam um caráter ondulatório, transportavam energia e estavam sujeitas aos fenômenos de reflexão, refração, difração e interferência, como quaisquer ondas conhecidas. Por esse motivo, essas perturbações foram denominadas **ondas eletromagnéticas**.

A representação de uma onda eletromagnética ilustra que o campo magnético e o campo elétrico são perpendiculares entre si e que ambos são perpendiculares à direção de propagação.

Além disso, os módulos dos campos oscilam em concordância de fase, ou seja, quando o campo elétrico apresenta módulo máximo, o campo magnético também é máximo. A distância entre dois pontos do campo elétrico ou do campo magnético que têm mesmo módulo, mesma direção e mesmo sentido é definida como **comprimento de onda**.

Hoje sabemos que todas as ondas eletromagnéticas se propagam no vácuo com a mesma velocidade e que essa velocidade coincide com a velocidade da luz no vácuo.

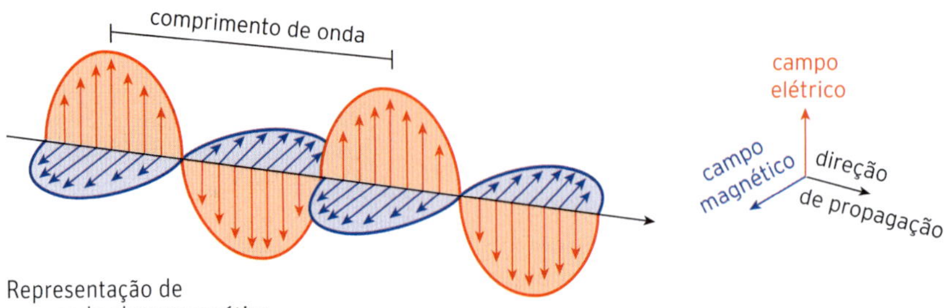

Representação de uma onda eletromagnética.

Ligado ao tema

Geração de ondas eletromagnéticas

As ondas eletromagnéticas podem ser produzidas por cargas elétricas aceleradas.

Uma das maneiras para isso é proporcionar o movimento oscilatório de elétrons, como acontece em antenas.

Outra maneira é por meio do salto de elétrons entre diferentes camadas orbitais, como acontece nos aparelhos de raios X.

O espectro eletromagnético

Em 1801, Thomas Young (1773-1829), realizando experiências com a luz, percebeu que ocorriam os fenômenos de difração e interferência, o que eram fortes evidências de que a luz apresentava comportamento ondulatório. Mas Young não conseguiu especificar qual era o elemento oscilante da luz.

Maxwell previu, por meio de suas equações, que o elemento oscilante da luz eram os campos elétricos e magnéticos. Porém, não conseguiu detectá-los.

Heinrich Hertz (1857-1894) foi o primeiro a produzir e detectar ondas eletromagnéticas em laboratório, em 1887, cerca de oito anos após a morte de Maxwell. Em seu experimento, Hertz construiu um dispositivo em que cargas aceleradas em movimento oscilatório geravam ondas eletromagnéticas de frequência da ordem de 10^9 Hz, as quais ficaram conhecidas à época como ondas hertzianas, hoje denominadas **ondas de rádio**.

Além da luz e das ondas de rádio, há outros tipos de onda eletromagnética, como infravermelho, micro-ondas, ultravioleta, raios X e raios gama. Todas essas ondas têm em comum a presença de campos elétricos e magnéticos oscilantes e variáveis, gerando-se mutuamente, e o fato de poderem se propagar também no vácuo. Elas são diferenciadas entre si pela frequência de oscilação de seus campos ou por seu comprimento de onda.

A frequência da luz vermelha, por exemplo, é de aproximadamente 10^{14} Hz, ou seja, o campo elétrico e o magnético realizam 1 quatrilhão de oscilações por segundo. Já uma onda de rádio tem frequência de 10^8 Hz, de modo que os campos realizam 100 milhões de oscilações por segundo.

Todas as ondas eletromagnéticas se propagam no vácuo com velocidade igual à da luz, que é $c = 3 \cdot 10^8$ m/s, independentemente da frequência da onda. Lembrando a equação $c = \lambda \cdot f$, conclui-se que, quanto maior a frequência de uma onda eletromagnética, menor será seu comprimento de onda.

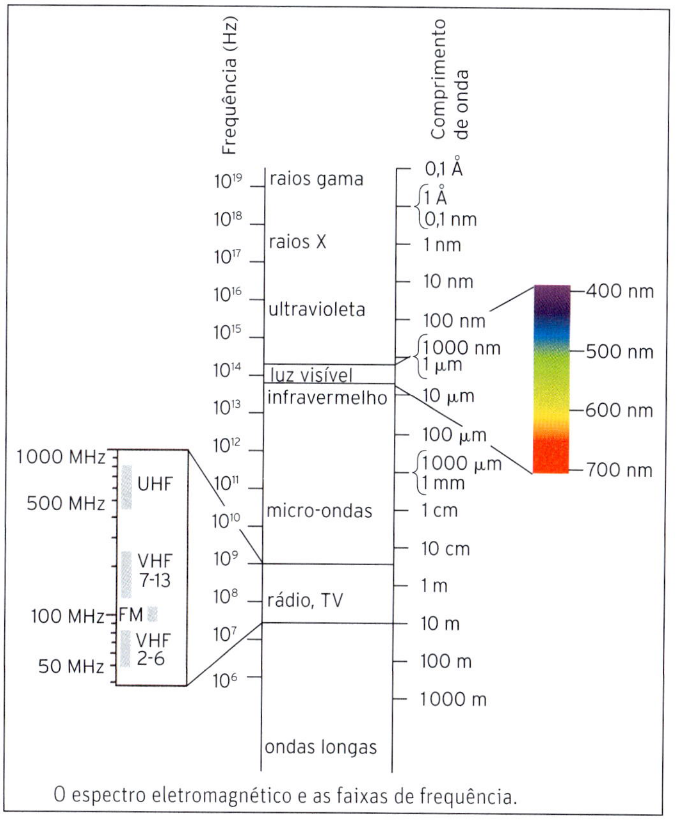

O espectro eletromagnético e as faixas de frequência.

O conjunto de todas as ondas eletromagnéticas de diferentes frequências é conhecido como **espectro eletromagnético**, ilustrado no esquema ao lado. Costuma-se dividir o espectro eletromagnético em faixas de frequência, por meio do agrupamento de ondas que apresentam propriedades semelhantes, como já estudado em óptica física. Assim, o espectro eletromagnético é constituído por ondas de rádio, de TV, micro-ondas, infravermelho, luz visível, ultravioleta, raios X e raios gama.

Todas as ondas eletromagnéticas são geradas por cargas aceleradas. O processo de geração de raios X e de raios gama, porém, é mais sofisticado e será estudado na unidade de Física moderna.

Ligado ao tema

A velocidade da luz

No vácuo, todas as ondas eletromagnéticas viajam com a mesma velocidade *c*, não importa sua frequência. Como foi estudado em óptica, porém, quando uma onda eletromagnética entra em um meio material, sua velocidade, que depende da frequência da onda, se altera de acordo com o índice de refração do meio.

Ondas de rádio

São chamadas ondas de rádio aquelas que estão na faixa de frequência de 10^1 Hz a 10^8 Hz e que, portanto, estão dentro do intervalo de comprimento de onda compreendido entre 10^1 m e 10^7 m no espectro eletromagnético. Fazem parte dessa faixa as ondas radiofônicas (utilizadas em aparelhos de rádio), de TV, fax, PX, telefones, celulares e internet.

O emprego mais comum das ondas de rádio ocorre nas telecomunicações, isto é, quando são utilizadas para a comunicação entre dois pontos fisicamente distantes. Ondas desse tipo também são utilizadas em satélites meteorológicos e em controles remotos, além de estarem presentes no conjunto de ondas eletromagnéticas emitidas pelo Sol.

As ondas de rádio são geradas por elétrons em movimento oscilatório ou por partículas carregadas eletricamente que orbitam campos magnéticos. As fontes de ondas de rádio são as antenas das emissoras de rádio e de TV, o Sol e outras estrelas. No momento em que a onda de rádio é captada pela antena de um aparelho receptor (de rádio ou TV, por exemplo), é gerada uma força eletromotriz, induzida no circuito do aparelho pela variação no tempo do campo magnético. A amplitude de onda é então amplificada, decodificada e transformada em informação.

O quadro a seguir descreve como ocorre a produção e a recepção das ondas de rádio em aparelhos de comunicação oral.

Produção e emissão

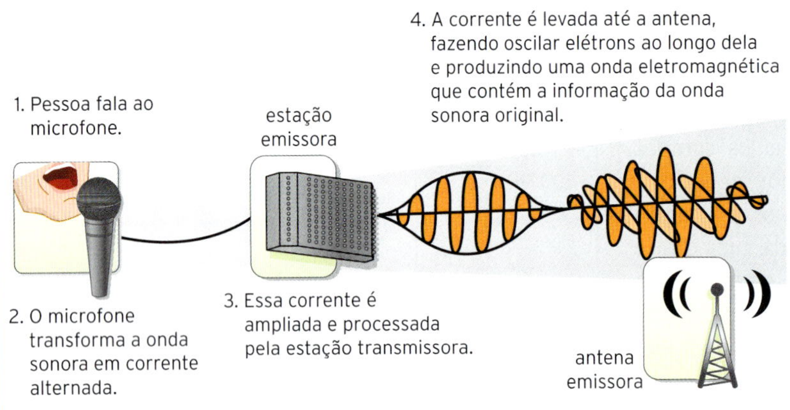

Quando um locutor fala em uma estação de rádio, o microfone converte as ondas sonoras em uma pequena corrente alternada que tem o mesmo padrão de vibração da voz do locutor. Essa corrente alternada, transportada por fios, é conduzida até um amplificador, para que sua intensidade seja aumentada. Em seguida, a corrente circula de modo oscilatório ao longo dos fios que constituem a antena emissora. Esse movimento oscilatório terá um campo magnético variável no tempo associado a ele, o qual, por sua vez, vai gerar um campo elétrico induzido, igualmente variável no tempo, e assim por diante. Temos, então, uma onda eletromagnética, com a mesma frequência da oscilação dos elétrons na antena, que se propaga pelo ambiente com a mesma velocidade da luz.

Recepção

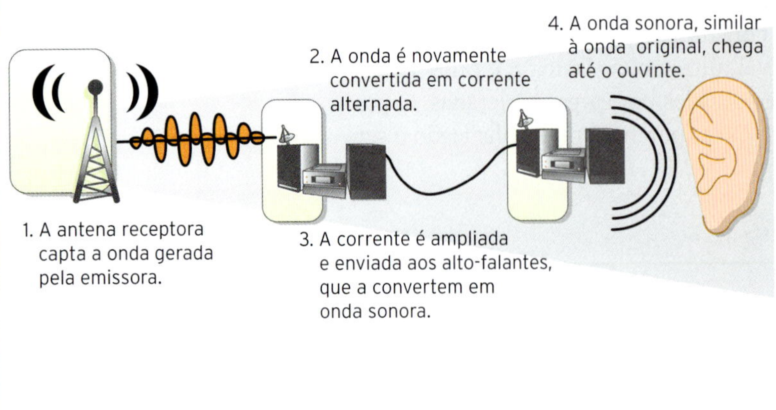

Ilustrações: Setup Bureau/ID/BR

Após serem geradas, as ondas de rádio se propagam até atingir outra antena, denominada receptora. Em seguida, a variação do campo magnético da onda eletromagnética vai estabelecer uma força eletromotriz induzida nessa antena receptora. Essa força moverá os elétrons livres, os quais começarão a oscilar com a mesma frequência da onda incidente. Assim, é produzida uma corrente alternada de pequena intensidade, que é amplificada e direcionada para os alto-falantes do rádio, os quais passarão a vibrar com o mesmo padrão da onda original gerada pelo locutor. A vibração do alto-falante, em contato com o ar, dará origem ao som, que é uma onda mecânica, a qual se propagará pelo ar até chegar ao ouvinte.

Ondas de rádio AM e FM

Um modo simples de transmitir ondas de rádio consiste em interrompê-las e retomá-las repetidamente, o que gera ondas eletromagnéticas de frequências diferentes. A decodificação da informação a ser transmitida por meio das ondas deve ser previamente combinada entre o emissor e o receptor da onda. O código Morse é um exemplo disso. Criado em 1835 por Samuel Morse (1791-1872), esse sistema é composto de letras, números e sinais de pontuação representados por um conjunto de sinais codificados, longos e curtos, os quais podem ser enviados por meio de ondas eletromagnéticas. Quando se deseja enviar a letra T, por exemplo, emite-se um tipo de onda; se for um L, emite-se outro tipo; e assim por diante.

Outras maneiras de transmitir ondas de rádio são a amplitude modulada (AM) e a frequência modulada (FM). Nesses dois tipos de transmissão, há uma onda eletromagnética que transporta a informação, denominada **onda portadora**, e que está relacionada à frequência de transmissão. Isso significa que, quando uma emissora de rádio FM, por exemplo, tem frequência de 100 MHz, a onda portadora é gerada e transmitida com essa frequência. Para que as informações fiquem contidas na onda portadora, recorre-se aos processos de modulação de amplitude e de frequência, e obtêm-se as ondas de rádio AM e as ondas de rádio FM.

Amplitude modulada (AM)

As ondas de rádio AM têm frequências que vão de 530 kHz a 1 600 kHz. Na transmissão de amplitude modulada, as perturbações geradas pela onda sonora original são convertidas em variações de amplitude que vão se reproduzir na amplitude da onda portadora (veja os gráficos a seguir).

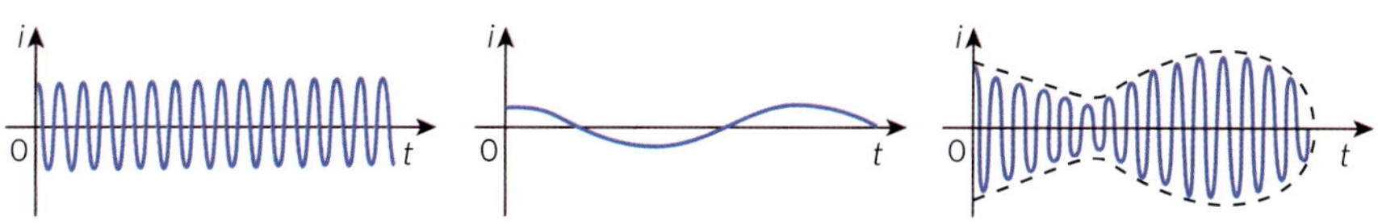

Ilustrações: Setup Bureau/ID/BR

Esquema de amplitude modulada. O gráfico da esquerda mostra uma corrente gerada pela estação trasmissora com frequência igual à da onda portadora. O gráfico central mostra uma corrente de baixa frequência, gerada do som captado pelo microfone. O gráfico da direita mostra a corrente com amplitude modulada, que será conduzida à antena transmissora para gerar uma onda eletromagnética de rádio. A linha pontilhada da última figura tem as mesmas características da onda gerada pelo som.

Frequência modulada (FM)

As ondas de rádio FM têm frequências que variam de 88 MHz a 108 MHz. Na transmissão de frequência modulada, as informações contidas na onda sonora original são convertidas em variações de frequência da onda portadora (veja os gráficos a seguir).

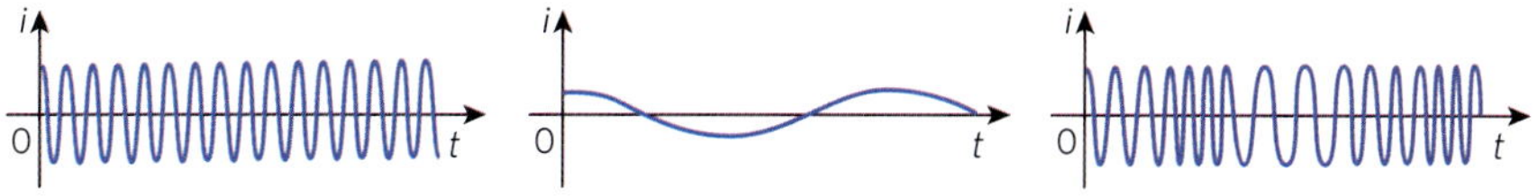

Esquema de frequência modulada. O gráfico da esquerda mostra uma corrente gerada pela estação transmissora com frequência igual à da onda portadora. O gráfico central mostra uma corrente de baixa frequência, gerada do som captado pelo microfone. O gráfico da direita mostra a corrente com frequência modulada, que será conduzida à antena transmissora para gerar uma onda eletromagnética de rádio. A frequência da onda portadora tem algumas características da onda gerada pelo som.

Como a transmissão de uma rádio FM ocorre na faixa de 100 MHz, enquanto a faixa de transmissão de uma rádio AM é da ordem de 1 000 kHz, em uma transmissão FM chegam à antena mais informações por segundo que em uma transmissão AM.

Ligado ao tema

Divisão de bandas

No Brasil, as faixas de frequência (bandas) usadas pelas estações de rádio são definidas e controladas pela Agência Nacional de Telecomunicações (Anatel), que é um órgão do governo federal.

As ondas de rádio AM vão mais longe

A ionosfera é uma camada da atmosfera localizada entre 60 km e 400 km de altitude. Nela, dependendo da frequência, algumas ondas de rádio podem sofrer reflexão. É o que ocorre, por exemplo, com algumas ondas de rádio AM. Emitidas pelas antenas transmissoras, elas se propagam pelo ambiente em todas as direções e atingem a ionosfera, onde são refletidas e acabam por atingir outros lugares da superfície da Terra, que podem estar muito distantes da antena emissora. Com isso, são capturadas por antenas receptoras instaladas nessas regiões. As ondas de rádio FM, por terem menor comprimento de onda, são refletidas muito antes de chegarem à ionosfera e, por isso, não atingem grandes distâncias, a não ser quando transmitidas via satélite.

Ondas de TV

A transmissão das ondas de TV ocorre da mesma maneira que a transmissão das ondas radiofônicas. Basicamente, as ondas são geradas em uma estação de TV e propagam-se pelo ar até serem captadas por antenas, comumente instaladas nos telhados das residências. As antenas são constituídas por diversas hastes, de comprimentos diferentes, cada uma destinada à recepção de uma faixa específica de frequência, que está relacionada com o canal a ser sintonizado. Diferentemente das ondas radiofônicas, as ondas de TV transportam ao mesmo tempo informações sonoras e informações visuais.

Para a transmissão de ondas de TV, são usadas basicamente duas faixas de frequência: VHF (*very high frequency*) e UHF (*ultrahigh frequency*). A faixa VHF varia de 54 MHz a 216 MHz, sendo dividida em 13 subfaixas de frequência (13 canais). A faixa UHF varia de 470 MHz a 806 MHz, sendo dividida em 56 subfaixas de frequência (56 canais).

Para que as ondas de TV tenham alcance maior, é muito comum se recorrer às estações retransmissoras, nas quais a onda eletromagnética emitida pela fonte é captada por uma antena e reenviada com potência maior, para atingir localidades mais distantes.

Outro recurso usado para um sinal de TV ser captado a grandes distâncias é a transmissão via satélite. Nesse caso, as ondas eletromagnéticas são direcionadas para satélites que orbitam a Terra. Esses satélites retransmitem as ondas para uma região específica da superfície da Terra (veja o boxe ao lado). Dessa maneira, torna-se possível enviar sinais de rádio e TV entre países em lados opostos do planeta, o que permite aos brasileiros, por exemplo, acompanhar uma partida de futebol no Japão praticamente no mesmo instante em que ela acontece.

Outra maneira de transmitir as ondas de um sinal de televisão é através de cabos coaxiais, os quais são constituídos de materiais que protegem as ondas de possíveis interferências de outras ondas ou de alguns fenômenos meteorológicos. Esse tipo de transmissão é utilizado nos sistemas de TV a cabo.

Ligado ao tema

Satélites de comunicação

Os satélites utilizados nas telecomunicações são geoestacionários, ou seja, orbitam na mesma velocidade angular da Terra, mantendo-se, assim, posicionados sempre acima de um mesmo ponto da superfície terrestre.

As antenas transmissoras direcionam as ondas eletromagnéticas para superfícies refletoras colocadas no satélite, as quais são redirecionadas para antenas receptoras situadas em diversas regiões do planeta, muitas vezes fora do alcance das antenas transmissoras. Com isso, é possível a comunicação entre lugares distantes entre si.

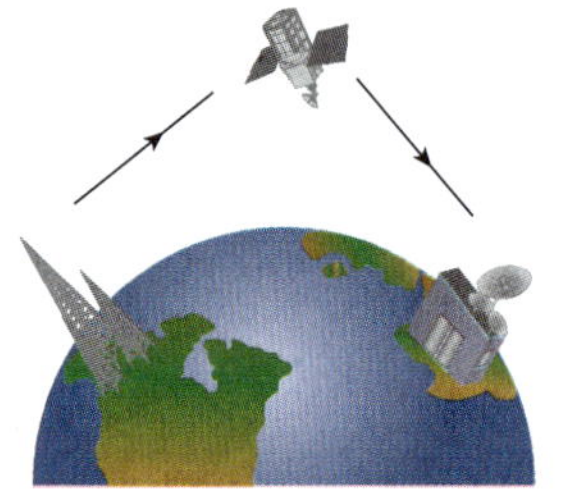

Esquema fora de escala e em cores-fantasia representando o processo via satélite de transmissão de uma onda eletromagnética entre duas regiões da Terra.

Ondas de celulares

Os telefones móveis, conhecidos como celulares, têm a vantagem de permanecer funcionando quando transportados para outros locais dentro da área de cobertura – região na qual as ondas emitidas pela empresa operadora podem ser capturadas pelo aparelho.

As operadoras de telefonia celular utilizam antenas transmissoras espalhadas na área de cobertura. Cada uma dessas antenas, chamada de estação rádio base (ERB), é responsável por uma célula, ou seja, por uma área da rede de transmissão – daí o nome "celular".

Quando uma pessoa fala em um telefone celular, o aparelho emite ondas eletromagnéticas para a antena mais próxima, que as retransmite para a antena mais próxima da pessoa à qual a mensagem é destinada. As ondas reenviadas pela antena são capturadas, então, pelas estações móveis (as antenas dos aparelhos celulares de cada pessoa). Para que as ondas eletromagnéticas se tranformem novamente em som, ocorre um processo similar ao das emissoras de rádio, inclusive com o uso de alto-falantes.

Quando há deslocamento das estações móveis entre diversas células de uma área de cobertura, muda-se a estação rádio base à qual a antena do aparelho é conectada. Assim, a comunicação é garantida.

Esquema fora de escala representando a propagação de ondas eletromagnéticas utilizadas na telefonia móvel de uma célula em determinada área de cobertura.

Ilustrações: Setup Bureau/ID/BR

Exercícios resolvidos

17. As ondas de rádio AM encontram-se em uma faixa de frequência que vai de 530 kHz a 1 600 kHz, que é dividida em subfaixas, cada uma correspondente a uma estação de rádio. Considere uma estação de rádio AM de frequência 600 kHz.

a) Descreva de que maneira a onda eletromagnética é gerada pela antena emissora.

b) Identifique o fenômeno que ocorre na antena receptora e que permite a captação das informações transmitidas pela rádio.

c) Girando o botão de sintonia, é possível captar a transmissão de outra emissora de rádio AM. Identifique a característica da onda eletromagnética envolvida nessa sintonia.

d) Analise se é correto afirmar que, durante a transmissão de uma onda de rádio, há transferência de energia.

e) Sendo a velocidade das ondas eletromagnéticas no ar aproximadamente igual a $c = 3 \cdot 10^8$ m/s, calcule o comprimento da onda portadora correspondente à estação citada no enunciado.

Resolução

a) O circuito elétrico da estação emissora faz os elétrons da antena realizarem um movimento oscilatório, gerando campos elétricos e magnéticos que se induzem entre si e se propagam no ar, na forma de onda.

b) Quando atingem a antena receptora, as ondas eletromagnéticas estabelecem uma força eletromotriz induzida na antena. Assim, os elétrons livres da antena e do circuito elétrico do aparelho receptor oscilam com o mesmo padrão da onda transmitida, estabelecendo uma corrente alternada que contém as informações transmitidas pelas ondas.

c) A característica é a frequência. Na antena, incidem simultaneamente ondas eletromagnéticas de frequências distintas. Para sintonizar determinada emissora, deve-se fazer o circuito do aparelho de rádio oscilar com a mesma frequência da onda emitida pela antena da emissora. E isso é feito girando-se o botão seletor de estações.

d) Como os elétrons da antena são acelerados e realizam um movimento oscilatório, quando atingidos pelas ondas eletromagnéticas, existe de fato uma transferência de energia entre a antena emissora e a antena receptora.

e) A frequência da onda é:

$$f = 600 \text{ kHz} = 600 \cdot 10^3 \text{ Hz}$$

Aplicando a equação fundamental da ondulatória, determinamos o comprimento λ:

$$c = \lambda \cdot f \Rightarrow 3 \cdot 10^8 = \lambda \cdot 600 \cdot 10^3 \Rightarrow \lambda = \frac{3 \cdot 10^8}{6 \cdot 10^5}$$

Portanto, $\lambda = 500$ m.

18. A figura a seguir representa o espectro de algumas ondas eletromagnéticas, com seus respectivos comprimentos de onda.

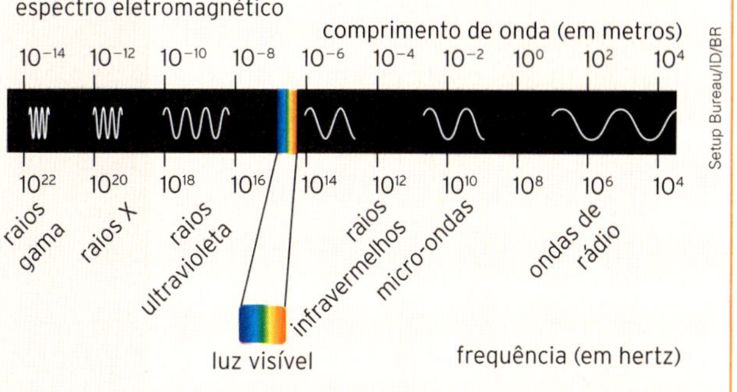

a) Identifique as ondas que têm a maior e a menor frequência.

b) Identifique as ondas que têm o maior e o menor comprimento de onda.

c) Cite algumas aplicações das ondas de rádio.

Resolução

a) Na figura, as ondas que têm maior frequência são os raios gama, e as que têm menor frequência são as ondas de rádio.

b) Na figura, as ondas que têm maior comprimento de onda são as ondas de rádio, e aquelas com menor comprimento de onda são os raios gama.

c) As ondas de rádio têm diversas aplicações, entre elas: rádio AM, rádio FM, televisão, telefones, comunicação por satélite e controles remotos.

Exercícios propostos

19. A respeito dos telefones móveis e dos aparelhos de rádio, faça o que se pede.

a) Identifique uma diferença entre um aparelho de telefone celular e um rádio convencional.

b) Explique por que, dependendo do local onde se está, um telefone celular fica sem “sinal”.

20. Uma pessoa, escutando uma estação de rádio FM de frequência 90 MHz, ouve a voz do locutor com nitidez. Considere $v = 3 \cdot 10^8$ m/s.

a) Descreva as transformações de energia ocorridas nesse processo, desde o locutor até o ouvinte.

b) Calcule o comprimento da onda portadora emitida por essa estação de rádio.

Micro-ondas

As micro-ondas são ondas eletromagnéticas cuja frequência varia em cerca de 10^8 Hz a 10^{11} Hz. Isso corresponde a comprimentos de onda de 1 m a 1 mm.

As micro-ondas têm frequência maior que a das ondas de rádio, ou seja, os campos das micro-ondas oscilam mais rapidamente. Isso significa que, pelas micro-ondas, chegam mais informações por segundo à antena receptora, de modo que a quantidade de informação transmitida é maior. Por esse motivo, as micro-ondas também são utilizadas na transmissão de informações da Terra até um satélite e de um satélite até a Terra.

Hugh Threlfall/Alamy/Other Images

Antena de radar do aeroporto de Gatwick na Inglaterra.

Radares

As micro-ondas têm comprimentos de onda comparativamente menores que muitos objetos cotidianos, cujas dimensões são da ordem do metro. Como consequência, essas ondas são refletidas quando atingem tais objetos. É por isso que as micro-ondas são utilizadas nos dispositivos tecnológicos conhecidos como radares.

Entre outras funções, os radares são empregados na localização de objetos como aeronaves e navios e no mapeamento do relevo da superfície da Terra ou do relevo do fundo do mar.

A antena de um radar emite sinais de micro-ondas, que são refletidos pelos objetos e voltam à fonte emissora, onde são detectados. É possível obter informações sobre a localização e a velocidade dos objetos medindo o intervalo de tempo decorrido entre a emissão e a detecção das ondas. Essas informações são então processadas e usadas para construir uma imagem em uma tela, que ilustra a posição de cada objeto identificado, como na imagem da tela de um radar de aeroporto.

Reed Saxon/AP/Glow Images

Imagem de tela de radar de um aeroporto. Além de mostrar a aproximação de aeronaves, o aparelho fornece informações como latitude, altura e velocidade.

Forno de micro-ondas

O forno de micro-ondas é um eletrodoméstico usado para cozer e aquecer alimentos. Por meio de micro-ondas com frequência de 2,45 GHz, o forno transfere energia para as moléculas de água do alimento, o que aumenta o estado de agitação delas e, consequentemente, sua temperatura (ver discussão mais aprofundada desses aspectos nos capítulos de Física térmica, no volume 2 desta coleção). A água aquece, então, os alimentos pelo mecanismo de transporte de calor conhecido como condução.

Esse processo funciona com os alimentos porque a maior parte deles tem água em sua constituição. Pratos, xícaras e travessas vazias, porém, por não conterem água, não são diretamente aquecidos pelo forno.

Além das aplicações domésticas, os fornos de micro-ondas são usados em processos industriais de secagem, na diminuição da umidade da bauxita (minério de alumínio) e como catalisadores de reações químicas.

É comum supor que alimentos esquentados no micro-ondas são nocivos, por se tornarem radioativos após o aquecimento. Isso não é verdade. O efeito das micro-ondas sobre os alimentos é apenas térmico. Somente as ondas do espectro eletromagnético com maior frequência e outros tipos de radiação – a serem estudados mais adiante – podem tornar um objeto radioativo.

Ação e cidadania

A antena parabólica e a TV Escola

A antena parabólica é usada na transmissão e na recepção, por micro-ondas, de sinais de rádio e televisão. Os sinais são transmitidos por satélites que orbitam a Terra e são captados por uma antena parabólica receptora.

A TV Escola – televisão pública do Ministério da Educação – é um canal gratuito distribuído por satélite para todo o Brasil. É um canal para quem se interessa pela educação ou apenas quer aprender. Para assistir a ele, é necessário uma antena parabólica – digital ou analógica – e sintonizar.

Os programas da TV Escola também podem ser vistos em tempo real, pela internet. Basta acessar o portal da TV Escola (http://tvescola.mec.gov.br).

- Em grupos acessem o *site* da TV Escola. Em "Videoteca", selecionem e copiem alguns filmes relacionados com a matéria e montem um acervo da turma. Depois, escolham um deles para verem juntos e organizem um debate sobre o assunto nele abordado.

Ondas de infravermelho

Ondas eletromagnéticas na faixa do **infravermelho** (ou radiação infravermelha) têm frequência abaixo da luz vermelha, na faixa entre 300 GHz e 300 THz (1 THz = 10^{12} Hz), o que corresponde a comprimentos de onda de 1 μm a 1 mm.

A intensidade da radiação infravermelha emitida por um corpo depende de sua temperatura, pois essas ondas são geradas pela agitação térmica das partículas que compõem o corpo. Por esse motivo, as ondas de infravermelho às vezes são chamadas de **ondas de calor**. Portanto, o corpo humano, o Sol, uma fogueira, uma lâmpada, um forno e um motor aquecido emitem grande quantidade de ondas de infravermelho. Não são apenas corpos muito quentes que emitem esse tipo de onda. Todo corpo com temperatura superior ao zero absoluto (acima de −273 °C) emite ondas de infravermelho.

Observe, a seguir, um gráfico que relaciona a intensidade com a frequência das ondas emitidas por uma lâmpada incandescente.

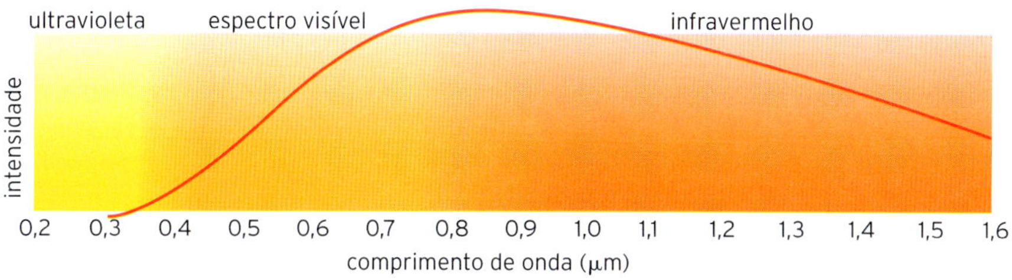

Espectro de emissão de uma lâmpada incandescente.

Analisando o gráfico, percebemos que as ondas de maior intensidade são as que ficam na região intermediária entre o vermelho e o infravermelho, sendo que a intensidade das ondas contidas na faixa do infravermelho é consideravelmente maior que a intensidade das ondas da faixa da luz visível. É um resultado esperado, uma vez que essas lâmpadas transformam aproximadamente 80% da energia elétrica consumida em energia térmica e apenas cerca de 20% na forma de energia luminosa. É por isso que lâmpadas incandescentes não são aconselháveis, quando se quer economizar energia elétrica.

No espectro da luz solar esquematizado abaixo, observamos que o Sol emite ondas eletromagnéticas de várias frequências, e as de maior intensidade são as radiações na faixa da luz visível e do infravermelho. Não é por acaso, portanto, que os efeitos mais perceptíveis da proximidade do Sol pelos seres humanos sejam a luminosidade e o aquecimento.

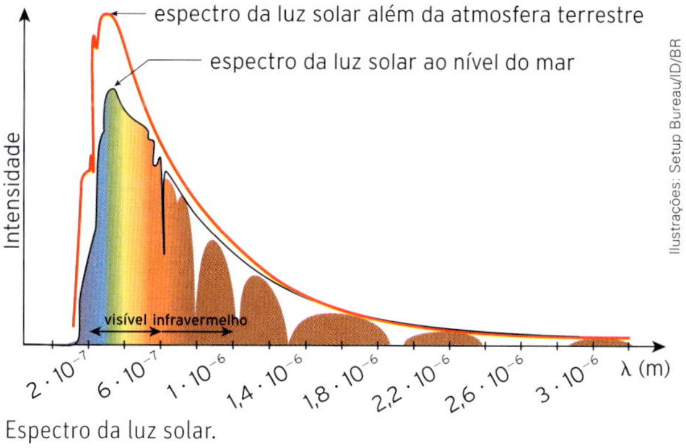

Espectro da luz solar.

Ilustrações: Setup Bureau/ID/BR

Apesar de não serem visíveis ao olho humano, as ondas de infravermelho podem ser detectadas por dispositivos especiais, como câmeras infravermelhas (também conhecidas como câmeras noturnas), ou por alguns tipos de filme fotográfico. Nesse último caso, o processo para a obtenção da imagem é conhecido como termografia. Como praticamente todo objeto emite radiação infravermelha, esses dispositivos permitem obter imagens de objetos mesmo em ambientes escuros, onde não há luz visível.

Ligado ao tema

Termografia

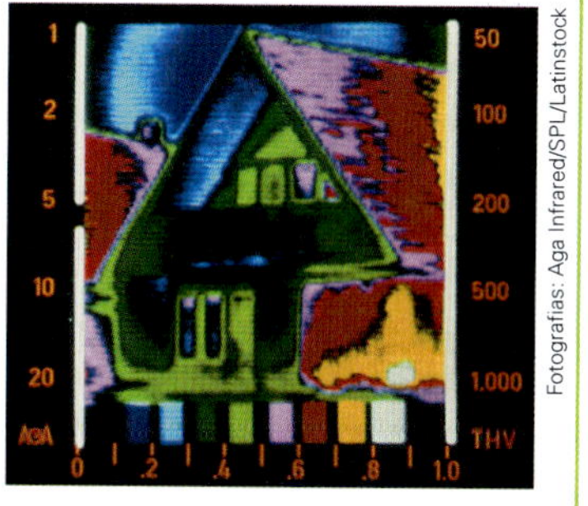

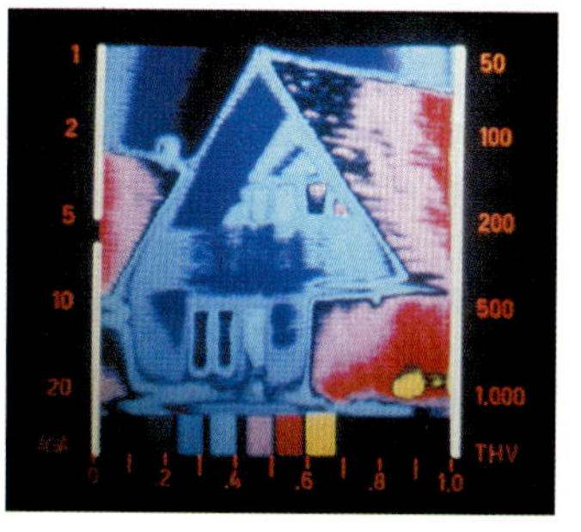

Fotografias: Aga Infrared/SPL/Latinstock

A termografia é uma técnica de obtenção de imagens na qual se detectam ondas infravermelhas emitidas por corpos e objetos. Para facilitar a visualização, utilizam-se cores falsas, que representam as diferentes emissões de infravermelho, correspondentes a diferentes temperaturas, conforme se vê na escala em cada fotografia.

A termografia pode ser usada para identificar regiões de vazamento de calor em residências e edifícios localizados em regiões frias e, assim, contribuir para o estudo de redução das perdas térmicas.

O controle remoto

Uma das principais aplicações das ondas de infravermelho está no controle remoto de equipamentos eletroeletrônicos.

Quando um botão do controle remoto é acionado, uma fonte de ondas de infravermelho localizada no aparelho emite uma série de sinais, em linguagem binária, a um detector localizado no eletroeletrônico, o qual decodifica os sinais e executa o comando acionado.

Exercícios resolvidos

21. Um aparelho de radar de um aeroporto emite micro-ondas de frequência 3 GHz (1 GHz = 10^9 Hz) e, em certo instante, detecta um avião a determinada distância. O intervalo de tempo entre a emissão e a detecção das ondas emitidas é de 40 μs. Considere que a velocidade de propagação das ondas eletromagnéticas no ar é $c = 3 \cdot 10^8$ m/s.

a) Calcule o comprimento das micro-ondas emitidas pelo radar.

b) Calcule a distância entre o avião e o aeroporto na situação descrita.

c) Considerando que, após 4,5 segundos, um novo feixe de micro-ondas é emitido pelo radar e que o intervalo de tempo entre a emissão e a detecção das ondas é 34 μs, determine a nova distância entre o avião e o aeroporto.

d) Calcule a velocidade média, em km/h, do avião entre o instante de detecção do primeiro e o instante de detecção do segundo feixe de micro-ondas.

Resolução

a) Aplicando a equação fundamental da ondulatória, temos:

$$c = \lambda \cdot f \Rightarrow 3 \cdot 10^8 = \lambda \cdot 3 \cdot 10^9 \Rightarrow \lambda = 0{,}1 \text{ m}$$

b) O intervalo de tempo entre a emissão e a detecção das ondas (ida e volta) é o tempo necessário para que as ondas percorram o dobro da distância entre o avião e o aeroporto. Como a velocidade das ondas no ar é constante, podemos aplicar a expressão da velocidade escalar média, chamando de d a distância entre o avião e o aeroporto e notando que:

$$40 \ \mu\text{s} = 40 \cdot 10^{-6} \text{ s}$$

$$v = \frac{\Delta s}{\Delta t} \Rightarrow 3 \cdot 10^8 = \frac{2d}{40 \cdot 10^{-6}}$$

$$d = \frac{3 \cdot 10^8 \cdot 40 \cdot 10^{-6}}{2} = \frac{120 \cdot 10^2}{2}$$

$$d = 60 \cdot 10^2 \text{ m}$$

Portanto, $d = 6\,000$ m.

c) Usando o mesmo raciocínio do item anterior, temos:

$$v = \frac{\Delta s}{\Delta t} \Rightarrow 3 \cdot 10^8 = \frac{2d}{34 \cdot 10^{-6}}$$

$$d = \frac{3 \cdot 10^8 \cdot 34 \cdot 10^{-6}}{2} = \frac{102 \cdot 10^2}{2} = 51 \cdot 10^2 \text{ m}$$

Portanto, $d = 5100$ m.

d) De acordo com os valores calculados nos itens **b** e **c**, o avião realizou um deslocamento de 900 metros em 4,5 s. Aplicando a expressão da velocidade escalar média, obtemos:

$$v = \frac{\Delta s}{\Delta t} \Rightarrow v = \frac{900}{4{,}5} \Rightarrow v = 200 \text{ m/s}$$

Convertendo a velocidade do avião para km/h, determinamos que a velocidade média do avião é: $200 \cdot 3{,}6 = 720$; 720 km/h

22. Em uma residência, há um forno de micro-ondas e um brinquedo cujo controle remoto opera emitindo radiação infravermelha. Um desses aparelhos funciona emitindo sinais de frequência igual a $3{,}3 \cdot 10^{14}$ Hz, enquanto as ondas emitidas pelo outro têm frequência igual a 2,45 GHz.

a) Associe as ondas cujas características foram citadas ao forno de micro-ondas e ao controle remoto.

b) Calcule o comprimento de onda das radiações emitidas pelos dois aparelhos.

Resolução

a) Sabemos que 2,45 GHz são iguais a $2{,}45 \cdot 10^9$ Hz. Consultando o espectro eletromagnético, constatamos que a onda de 2,45 GHz corresponde ao forno de micro-ondas, enquanto a onda de $3{,}3 \cdot 10^{14}$ Hz, por exclusão, corresponde à onda de infravermelho, presente no funcionamento do controle remoto.

b) De acordo com a equação fundamental da ondulatória, $c = \lambda \cdot f$, obtemos, para o forno:

$$3 \cdot 10^8 = \lambda \cdot 2{,}45 \cdot 10^9 \Rightarrow \lambda = 0{,}12 \text{ m} = 12 \text{ cm}$$

E, para o controle remoto:

$$3 \cdot 10^8 = \lambda \cdot 3{,}3 \cdot 10^{14} \Rightarrow \lambda = 9 \cdot 10^{-7} \text{ m} = 900 \text{ nm}$$

Exercício proposto

23. Para fiscalizar a velocidade máxima permitida em algumas rodovias, é comum a utilização de radares, que conseguem detectar a posição e a velocidade dos automóveis.

Ernesto Reghram/Pulsar Imagens

Radar rodoviário.

Sabendo que a frequência de operação de determinado radar é 60 GHz e considerando-se a velocidade de propagação das ondas eletromagnéticas no ar igual a $c = 3 \cdot 10^8$ m/s, responda ao que se pede.

a) Descreva se o intervalo de tempo entre a emissão e a detecção das ondas emitidas pelo radar aumenta, permanece constante ou diminui, quando um carro se aproxima do radar. Justifique.

b) Repita o item anterior, agora considerando que o carro se afasta do radar.

c) Calcule o comprimento de onda do feixe de micro-ondas emitido pelo radar.

Luz visível

Embora sejam de suma importância para os seres vivos, as ondas eletromagnéticas de luz visível ocupam uma estreita faixa do espectro eletromagnético, entre o infravermelho e o ultravioleta.

No espectro da luz visível, constatamos que as frequências dessas ondas estão compreendidas entre $4,28 \cdot 10^{14}$ Hz (vermelho) e $7,5 \cdot 10^{14}$ Hz (violeta), com comprimentos de onda variando de 700 nm (vermelho) a 400 nm (violeta). Assim como o espectro eletromagnético total, o espectro da luz visível é contínuo, ou seja, há ondas intermediárias entre os tipos de cores mais perceptíveis ao olho humano, as quais são difíceis de classificar conforme a cor. Mesmo assim, o espectro da luz visível é dividido em faixas de cores perceptíveis ao olho humano, que correspondem a diferentes faixas de frequência.

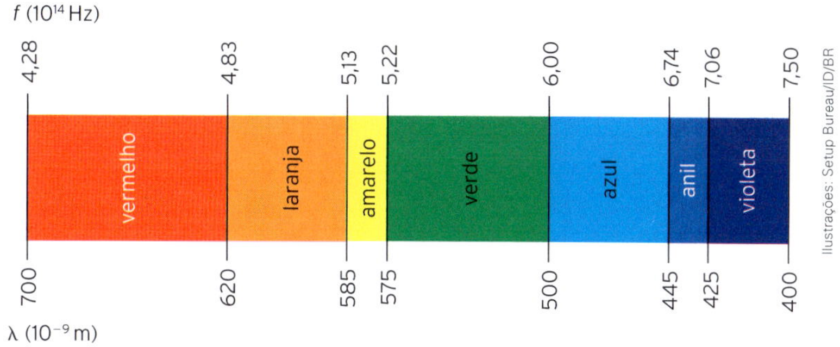

Espectro da luz visível. Cada cor corresponde a uma faixa de comprimentos de onda.

Como abordado no capítulo sobre a visão (no volume 2 desta coleção), quando atinge o olho, a luz é direcionada para a retina, que converte as ondas eletromagnéticas em pulsos elétricos e desencadeia o mecanismo da visão. Portanto, podemos definir luz visível como a radiação que é capaz de sensibilizar os órgãos visuais humanos. Alguns animais têm percepção de cores diferente da nossa; algumas espécies enxergam na faixa do infravermelho, por exemplo.

A sensibilidade da retina do olho humano é diferente para cada comprimento de onda da luz visível (veja o gráfico a seguir). A maior sensibilidade da retina ocorre para ondas eletromagnéticas cujo comprimento de onda é, aproximadamente, 555 nm, associado a uma cor amarelo-esverdeado. Esse comprimento de onda corresponde ao pico de emissão da luz solar.

A luz branca proveniente do Sol é resultante da superposição das diversas frequências (cores) que constituem o espectro visível. Essas cores podem ser separadas em suas componentes por meio de um prisma, por exemplo (conforme já foi estudado no livro 2, em óptica). Essa separação ocorre porque ondas de comprimentos diferentes sofrem desvios diferentes quando viajam de um meio para outro. A velocidade de propagação das ondas eletromagnéticas em meios materiais varia de acordo com o comprimento de onda ou com a frequência.

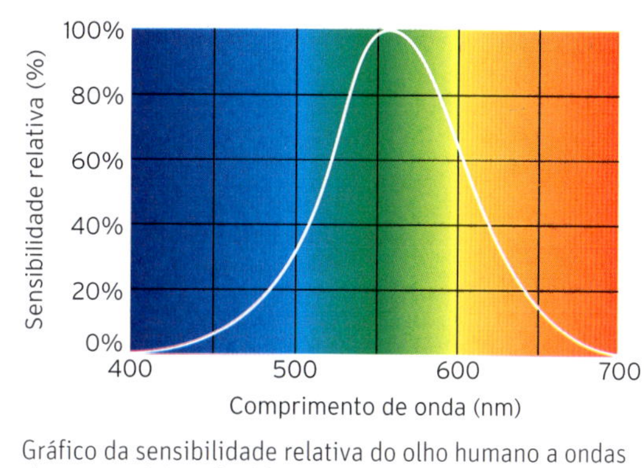

Gráfico da sensibilidade relativa do olho humano a ondas eletromagnéticas de diferentes comprimentos de onda.

Ligado ao tema

A teoria ondulatória e a teoria corpuscular nas ondas magnéticas

Quando Maxwell propôs que a luz era uma onda eletromagnética, ainda não havia sido proposta a dualidade onda-partícula da luz (já estudada no volume 2).

A exemplo da luz visível, todas as demais ondas eletromagnéticas apresentam comportamento corpuscular em algumas situações, ou seja, para elas também vale a dualidade onda-partícula. No capítulo 9 deste livro, serão apresentados mais detalhes sobre a natureza dual de todas as ondas eletromagnéticas.

No mesmo capítulo, será apresentada uma das principais aplicações tecnológicas envolvendo luz visível: o *laser*, cuja explicação transcende o conhecimento que Maxwell tinha das radiações eletromagnéticas.

Velocidade da luz

A experiência da dispersão da luz branca evidencia que cada cor tem uma velocidade distinta quando se propaga em meios materiais.

Quanto **maior** for a **frequência da luz**, **menor** é sua **velocidade** em um meio material. Portanto, tem-se a relação a seguir entre as velocidades de propagação da luz de algumas cores.

$$v_{vermelho} > v_{laranja} > v_{amarelo} > v_{verde} > v_{azul} > v_{anil} > v_{violeta}$$

Assim, em um meio material, a radiação vermelha tem velocidade maior que a radiação de cor violeta. Isso é diferente do que ocorre no vácuo, onde todas as ondas eletromagnéticas têm a mesma velocidade c.

Quanto maior for a velocidade da luz em um meio material, menor é seu desvio em relação à trajetória original ao passar de um meio para outro, no fenômeno da refração. Dessa maneira, a radiação de cor vermelha tem um desvio menor que o desvio da radiação de cor violeta, ao atravessarem a superfície que separa dois meios.

Quanto maior a frequência da luz, maior a energia transportada por ela, como visto no estudo do efeito fotoelétrico, no livro 2 desta coleção. Portanto, ao mudarem de meio, ondas eletromagnéticas de maior energia têm um desvio menor.

Ligado ao tema

A frequência não muda

Quando a luz muda de meio material, sua velocidade e comprimento de onda se alteram. Em um meio de índice de refração n, a velocidade da luz é $\frac{c}{n}$, e seu comprimento de onda é $\frac{\lambda}{n}$. Já a frequência da onda não muda.

Esse fato reafirma o princípio da conservação da energia, uma vez que a energia da luz está relacionada à sua frequência.

David Parker/SPL/Latinstock

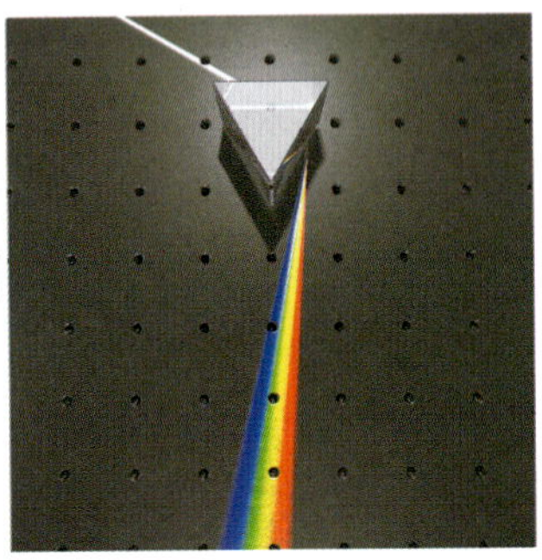

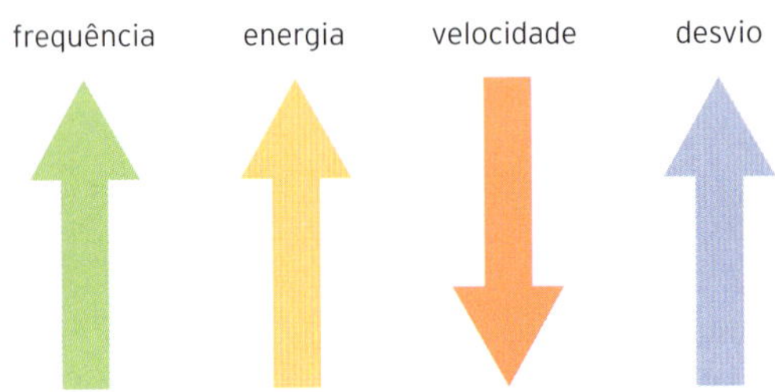

Fotografia da dispersão da luz branca por um prisma: observa-se que a luz violeta tem um desvio maior que o da luz vermelha. O esquema à direita da fotografia resume as informações apresentadas nesta página, no que se refere à mudança de meio: quanto maior a frequência da luz, maior sua energia, menor sua velocidade e maior o desvio sofrido na refração.

Para diferenciar as propriedades dos meios do ponto de vista da propagação da luz, usa-se o índice de refração n, que depende do comprimento de onda. A definição de índice de refração é lembrada a seguir.

$$n = \frac{\text{velocidade da luz no vácuo}}{\text{velocidade da luz no meio}} = \frac{c}{v}$$

Caso dois meios sejam diferentes do ponto de vista químico, mas tenham o mesmo índice de refração, esses meios são iguais do ponto de vista físico. Como exemplo, pode-se considerar o vidro e uma substância líquida chamada tetracloroetileno, cuja fórmula química é $C_2C\ell_4$. Apesar de essas substâncias apresentarem diversas diferenças do ponto de vista químico, elas têm o mesmo índice de refração. Consequentemente, a velocidade de propagação da luz nesses dois meios é idêntica. Por esse motivo, ao mergulhar um tubo de vidro ou outro objeto no tetracloroetileno, esse objeto fica invisível, como mostra a foto ao lado. Isso ocorre porque a luz passa de um meio para outro sem refratar, ou seja, sem ser desviada. Esse fenômeno é conhecido como **continuidade óptica**.

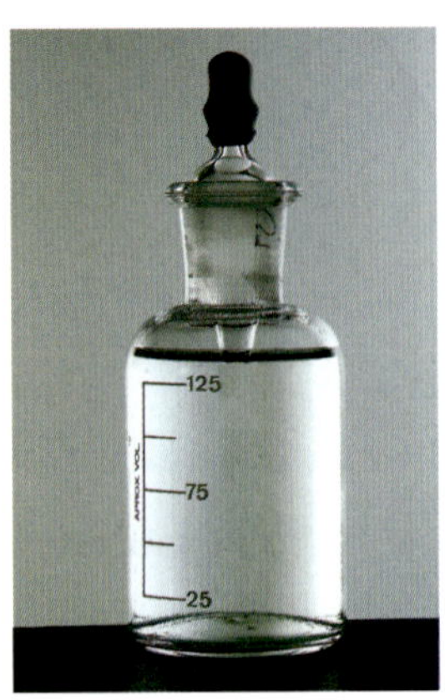

Sérgio Dotta Jr./ID/BR

A extremidade do conta-gotas em contato com o tetracloroetileno fica invisível.

Ultravioleta

As radiações na faixa do **ultravioleta** têm frequências maiores que as do violeta, que é a última faixa do espectro da luz visível. Elas estão compreendidas na faixa de frequência entre $7,5 \cdot 10^{14}$ Hz e $7,5 \cdot 10^{16}$ Hz e podem ser divididas em três subfaixas: UV-A, UV-B e UV-C.

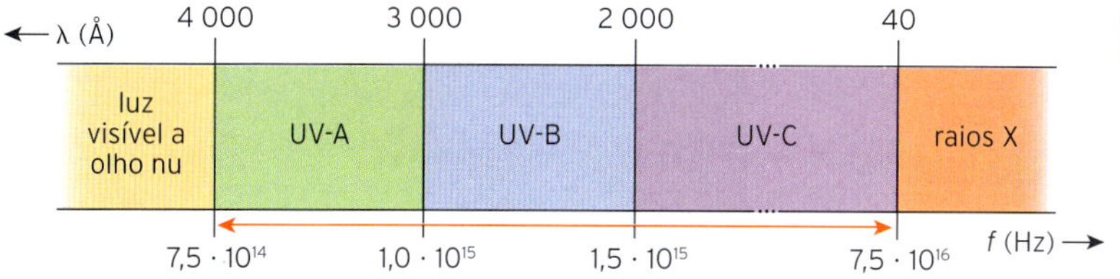

ID/BR

Região do espectro abrangida pela radiação ultravioleta.

As ondas UV-A são as de menor frequência; portanto, sao as que transportam menor quantidade de energia. As ondas UV-C são as de maior frequência; portanto, as que transportam mais energia.

Uma das grandes fontes de radiação ultravioleta é o Sol. O UV-A emitido pelo Sol acelera a produção na pele de um pigmento chamado **melanina**. A melanina é responsável pelo bronzeamento da pele humana, o qual funciona como um mecanismo de proteção ao excesso de exposição aos raios solares. A exposição exagerada a esses raios pode causar, entre outros problemas, o envelhecimento precoce da pele e alguns tipos de alergia.

A quantidade de UV-A emitida pelo Sol é praticamente constante durante o ano todo, porém os raios UV-B apresentam incidência maior no verão. Como transportam mais energia que os UV-A, os raios UV-B podem ocasionar queimaduras e câncer de pele. Por isso, é recomendável usar protetores solares e não se expor durante muito tempo à luz do Sol. Os protetores refletem as radiações incidentes ou absorvem a energia das radiações antes que elas atinjam a pele. No entanto, não é recomendável que se elimine totalmente a exposição ao sol, pois os raios UV-B induzem o organismo a produzir vitamina D, importante para evitar doenças ósseas como o raquitismo. Portanto, a exposição moderada ao sol é a melhor atitude.

A radiação UV-C é a mais nociva para o homem. A maior parte dela é absorvida pela camada da atmosfera conhecida como **camada de ozônio** antes de atingir a superfície da Terra. Porém, alguns poluentes emitidos pelas indústrias, como os clorofluorocarbonetos (CFC), reagem quimicamente com o ozônio, diminuindo a espessura dessa camada. Com essa redução, uma quantidade maior de raios UV-C atinge a superfície da Terra, e, com isso, aumenta a incidência de câncer de pele e outras doenças dermatológicas na população mundial. Isso acontece porque a radiação UV-C interage com as moléculas do DNA humano e provoca alterações em sua estrutura. A alta energia das radiações UV-C é aproveitada, contudo, em aparelhos tecnológicos ligados à medicina, que as produzem de maneira controlada para incidir em bactérias e destruí-las e, assim, esterilizar instrumentos cirúrgicos e odontológicos.

Outro uso positivo das radiações ultravioleta ocorre na astronomia. Os astrônomos analisam a radiação ultravioleta emitida por corpos celestes para obter informações sobre sua composição e temperatura. Como a atmosfera bloqueia a maior parte da luz ultravioleta incidente, essas observações precisam ser feitas fora da atmosfera, por telescópios orbitais, como o Hubble.

NASA/ID/BR

Imagem de aurora em Júpiter, obtida em 2004 pelo telescópio Hubble por meio de captação de luz UV.

Experimento

Chiados no rádio

Para evitar acidentes, este experimento não deve ser realizado com o rádio ligado à tomada.

Sintonize um rádio de pilha, preferencialmente na faixa AM, de maneira que ele não receba sinal de nenhuma estação emissora (deixe-o "chiando").

Desencape as pontas das extremidades de um pedaço de fio de cobre. Encoste cada ponta desencapada em cada polo de uma pilha que funcione. Depois, afaste-as e encoste apenas uma das pontas em um dos polos dessa pilha. Repita o procedimento algumas vezes e, então, aproxime sua orelha do rádio. Você deve verificar alguma alteração no ruído emitido por ele.

Essa alteração ocorre devido às seguidas variações do campo magnético no entorno do fio. Tais variações são produzidas pela conexão e pela desconexão da ponta desencapada do fio na pilha, o que gera ondas eletromagnéticas. Estas são capturadas pelas antenas do rádio, provocando alterações nos ruídos que ele emite.

Ligado ao tema

Duas aplicações da luz UV

Em investigações criminais, a luz UV é usada para procurar manchas de sangue, pois elas brilham sob essa radiação.

Outra aplicação é a análise de passaportes emitidos por alguns países, que contêm marcas invisíveis à luz comum, mas que são vistas quando iluminadas por luz ultravioleta. Isso diminui o risco de falsificações desse documento.

Ria Novosti/SPL/Latinstock

Oficial de aeroporto na Rússia examina passaporte usando luz ultravioleta. Fotografia de 2007.

Exercícios resolvidos

24. O Sol é a maior fonte de energia da Terra. Considere as diversas radiações produzidas por essa estrela.

a) Descreva o mecanismo pelo qual a energia do Sol atinge a Terra.

b) Identifique algumas ondas eletromagnéticas que são emitidas pelo Sol e que atingem a Terra.

c) Do item anterior, descreva qual radiação tem a maior frequência e qual tem a menor.

d) Identifique a radiação mais energética entre as citadas na resposta ao item **b**.

Resolução

a) A energia produzida pelo Sol chega à Terra por meio de ondas eletromagnéticas, que se propagam no vácuo e transportam energia.

b) Entre as diversas radiações emitidas pelo Sol estão o infravermelho, a luz visível e o ultravioleta.

c) Das radiações citadas no item anterior, o ultravioleta tem a maior frequência, e o infravermelho tem a menor.

d) Considerando apenas a variável frequência, a radiação ultravioleta tem frequência maior que a da luz visível e a do infravermelho, e, por isso, transporta mais energia.

25. Ao atravessar a atmosfera da Terra, a luz visível proveniente do Sol incide na superfície do planeta. Parte dessa luz é refletida de volta ao espaço, e parte é absorvida pela superfície terrestre, aquecendo-se. Assim, a superfície passa a emitir radiação na faixa do infravermelho. Como a atmosfera é transparente à luz visível, mas é opaca à radiação infravermelha, boa parte dessa radiação é refletida de volta à Terra, causando aumento da temperatura. Esse fenômeno, conhecido como efeito estufa, é ilustrado a seguir.

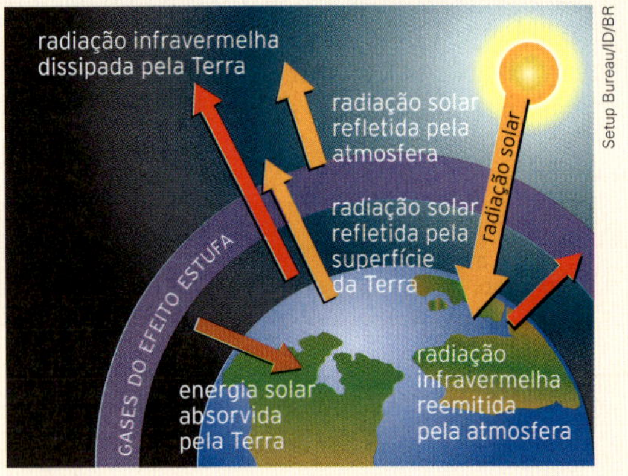

Esquema (fora de escala e em cores-fantasia) da absorção e reflexão das ondas eletromagnéticas que geram o efeito estufa.

a) Cite uma situação cotidiana em que facilmente se identifica o efeito estufa.

b) Analise se o efeito estufa é benéfico ou prejudicial ao ser humano. Justifique sua resposta.

Resolução

a) O efeito estufa ocorre, por exemplo, em automóveis que ficam com os vidros fechados em um ambiente iluminado pela luz do Sol e em estufas de plantas. Nesses casos, a luz visível atravessa o vidro e aquece o interior do automóvel ou da estufa, o qual, por sua vez, passa a emitir ondas de infravermelho. Parte dessa radiação é refletida novamente pelo vidro, havendo, por isso, aumento da temperatura no interior do veículo ou da estufa.

b) O efeito estufa é benéfico para os seres vivos, pois mantém a temperatura do planeta em um nível adequado para a manutenção da vida. O aumento do efeito estufa, porém, é prejudicial, pois, com uma quantidade maior de calor retida pela atmosfera, a temperatura média do planeta aumenta. Isso pode trazer consequências desastrosas, como desequilíbrios climáticos, aumento da temperatura média e do nível dos oceanos, extinção de algumas espécies de animais e plantas e proliferação desenfreada de outras espécies, como certos insetos nocivos à agricultura.

Exercícios propostos

26. Para cada um dos três tipos de raios ultravioleta (UV-A, UV-B e UV-C), determine:

a) a faixa de frequência;

b) alguns riscos à saúde do ser humano;

c) alguns benefícios ou aplicações tecnológicas.

27. Imagine que fosse possível aos seres humanos enxergar na faixa do ultravioleta. Analise se, ao realizar um experimento de dispersão da luz solar por um prisma, o desvio observado para a luz ultravioleta seria maior ou menor que o sofrido pela luz visível. Justifique sua resposta.

28. Sabendo que a luz visível é o conjunto de radiações percebidas pelo olho humano, faça o que se pede.

a) Há mais cores no espectro visível, além das identificadas no texto da página 211?

b) É possível dizer que um objeto preto, a 20 °C, não emite nenhuma onda eletromagnética? Justifique.

Raios X

Os raios X são ondas eletromagnéticas de frequências entre 10^{16} Hz e 10^{20} Hz, aproximadamente, e comprimentos de onda de 10 nm a 0,001 nm.

Os raios X podem ser emitidos em um tubo de vácuo, onde um feixe de elétrons é acelerado contra um alvo feito de material metálico.

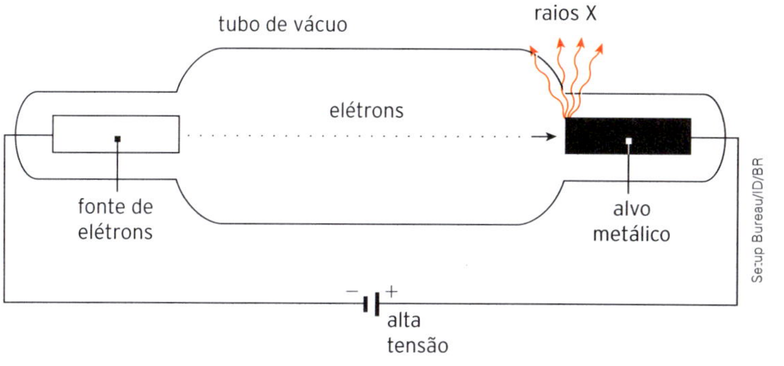

Esquema, fora de escala, de um tubo de vácuo usado para produção de raios X.

Conforme será estudado na próxima unidade, em Física moderna, os elétrons ao redor do núcleo de um átomo estão dispostos em orbitais, sendo que os orbitais mais externos têm energia maior que os orbitais internos, que estão mais próximos ao núcleo atômico.

Quando o feixe de elétrons atinge o alvo metálico, os elétrons do metal ganham energia e saltam para orbitais mais externos. Ao retornarem aos orbitais originais, esses elétrons "devolvem" a energia excedente, emitindo radiação eletromagnética de alta frequência – os raios X.

Existe outra maneira de produzir raios X, conhecida como radiação de frenamento ou *Bremsstrahlung*. Nesse caso, os elétrons são lançados em direção a átomos de tungstênio. Ao se aproximarem dos núcleos dos átomos, os elétrons têm suas trajetórias desviadas, diminuindo sua energia cinética e emitindo ondas eletromagnéticas, das quais apenas 1% corresponde aos raios X.

Os raios X foram descobertos no final do século XIX por Wilhelm Conrad Röntgen (1845-1923). Ao realizar algumas experiências, Röntgen percebeu que, mesmo quando o tubo de vácuo era coberto por um objeto opaco, os raios X podiam ser detectados. Esse fato permitiu concluir que esses raios podem atravessar certos materiais que a luz visível não atravessa. Além disso, quanto menor o comprimento de onda do feixe de raios X, maior é sua capacidade de atravessar a matéria. Röntgen constatou ainda que essa radiação é capaz de sensibilizar filmes fotográficos.

Os raios X são usados na medicina para obtenção de radiografias do corpo humano. Nelas, parte dos tecidos moles do paciente é atravessada pelos raios X, os quais incidem sobre um filme fotográfico colocado atrás do corpo da pessoa, sensibilizando-o. Os raios X que atingem os ossos não os atravessam, são bloqueados e, por isso, não sensibilizam o filme. Desse modo, o que se observa nas regiões claras de uma radiografia corresponde exatamente às regiões em que os raios X foram bloqueados. Isso permite verificar, por exemplo, se algum osso está quebrado ou trincado.

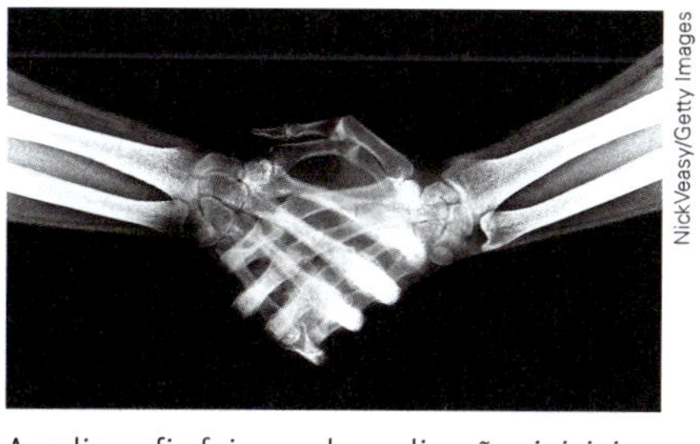

NickVeasy/Getty Images

A radiografia foi uma das aplicações iniciais dos raios X. A primeira delas foi obtida por Röntgen em 1895, que usou a mão da esposa para o experimento.

Portanto, a imagem de uma radiografia é obtida por um processo semelhante ao que produz uma fotografia. No primeiro caso, o filme fotográfico é sensibilizado pelos raios X; no segundo, pela luz visível.

Ligado ao tema

Exposição a raios X

Embora exames casuais de raios X não façam mal à saúde, essa radiação pode ser nociva ao ser humano se o tempo de exposição e a intensidade das ondas transmitidas forem muito grandes.

Por esse motivo, os profissionais que manuseiam aparelhos de raios X precisam se proteger com aventais e paredes contendo chumbo, já que esse metal bloqueia a passagem dos raios X.

Gustoimages/SPL/Latinstock

Aventais de chumbo usados por profissionais que lidam com raios X.

Aplicações dos raios X

Uma radiografia permite obter apenas imagens dos ossos do corpo. Mas os raios X também possibilitam a visualização de outros órgãos do corpo. Para isso, o paciente deve ingerir uma solução quimicamente controlada que contenha uma substância constituída por átomos de grande massa atômica (também conhecidos como “átomos pesados”), como o bário. Essas soluções são conhecidas na medicina como **contraste**.

Utiliza-se o contraste porque os átomos de grande massa atômica são capazes de bloquear raios X. Assim, com a ingestão do contraste, define-se na radiografia a forma de órgãos como o esôfago e o intestino. Essa definição do contorno de determinado órgão auxilia o médico a **estabelecer um diagnóstico**.

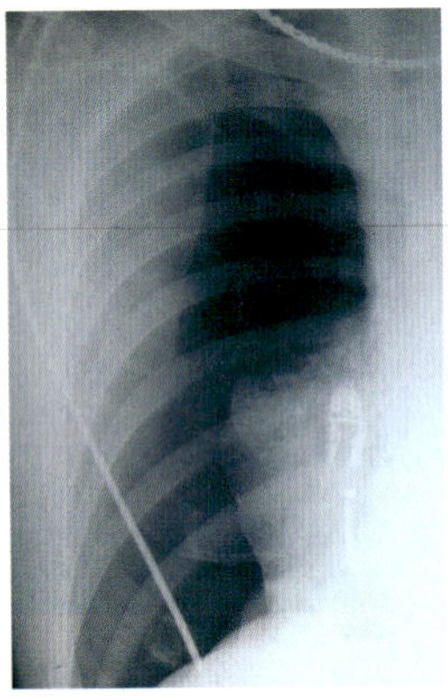
Robert Destefano/Alamy/Other Images

Radiografia de pulmão tirada sem contraste.

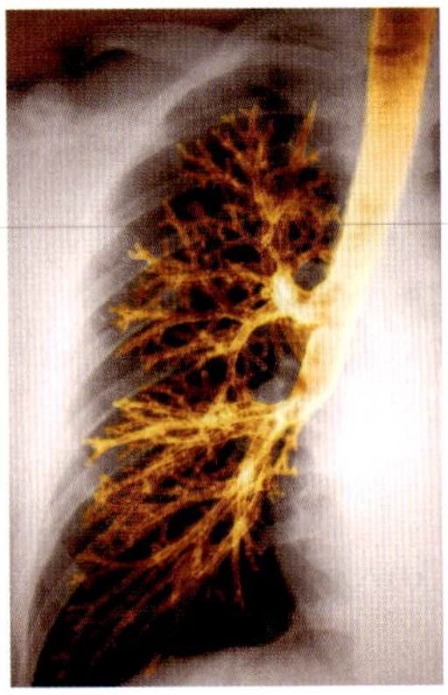
PR. M. Brauner/SPL/Latinstock

A radiografia de pulmão tirada após aplicação de contraste possibilita visualizar brônquios e bronquíolos.

Os raios X também são empregados em análises químicas de compostos que contêm alumínio e aço, sobretudo em materiais utilizados na construção civil. Tanto o aço quanto o alumínio bloqueiam os raios X. Se vigas inteiramente constituídas de aço são atravessadas por raios X, é muito provável que existam fissuras em sua constituição.

No método de análise de composição de substâncias, chamado **fluorescência de raios X**, um feixe de raios X é direcionado para uma amostra da substância que se deseja analisar. Os elétrons dos átomos da amostra, excitados pela radiação, saltam para orbitais mais externos. Quando voltam aos orbitais originais, emitem ondas eletromagnéticas com frequências características, que dependem dos tipos de átomo presentes na amostra. A detecção dessas frequências permite a determinação, qualitativa e quantitativa, dos elementos químicos que constituem a amostra.

Além das aplicações na medicina e na indústria química, os raios X são usados na visualização de objetos no interior de recipientes opacos à luz visível. Em muitos aeroportos, esse recurso é usado para investigar o conteúdo das malas dos passageiros (**controle alfandegário**). Em geral, as bagagens são colocadas em uma esteira, que as conduz até um aparelho emissor de raios X. Como os raios X atravessam materiais leves e são bloqueados por materiais pesados, é possível detectar a presença nas bagagens de objetos metálicos, por exemplo, sem que seja necessário perder tempo abrindo e fechando malas e bolsas.

Gustoimages/SPL/Latinstock

Radiografia exibindo parte do conteúdo de uma bolsa.

Ligado ao tema

Raios X emitidos pelo Sol

O Sol também emite raios X em quantidades que variam de tempos em tempos. Porém, a maioria desses raios é absorvida pela atmosfera terrestre. A pequena quantidade que atravessa a atmosfera não é suficiente para provocar danos graves ao ambiente, em especial à espécie humana. Contudo, os astronautas em órbita da Terra estão sujeitos a grandes doses dessas radiações, de modo que devem tomar cuidados especiais para evitar essa exposição (suas vestimentas, por exemplo, bloqueiam a passagem desses raios).

Um estudo de 1996 apontou que pilotos de aviões comerciais também são expostos a doses altas de raios X, dependendo da altitude em que voam, do tempo de voo e da dinâmica da atividade solar.

Raios gama

Os raios gama são as ondas do espectro eletromagnético de maior frequência e, portanto, as mais energéticas. A frequência da radiação gama é superior a 10^{19} Hz, e seu comprimento de onda é menor que 10^{-11} m.

Inicialmente, a distinção entre raios gama e raios X era feita com base na frequência dessas radiações. Com a produção de raios X mais energéticos, a fronteira entre raios X e raios gama no espectro eletromagnético deixou de ser nítida, de modo que há sobreposição das faixas. Assim, em algumas faixas do espectro eletromagnético, esses dois tipos de radiação passaram a ser distintos principalmente de acordo com sua fonte, uma vez que são produzidos de maneiras diferentes.

Os raios X são gerados pelas transições orbitais dos elétrons mais próximos ao núcleo de um átomo, enquanto os raios gama são resultantes de reações que ocorrem nos próprios núcleos dos átomos, como a fusão nuclear, a fissão nuclear e o **decaimento radioativo**, que é o fenômeno da desintegração radioativa natural de alguns elementos químicos.

No decaimento radioativo, o núcleo de um átomo perde energia espontaneamente, decaindo para um estado de menor energia. Nesse processo, o núcleo emite partículas ou radiação eletromagnética ou ambas, de maneira parecida à de um elétron que salta de um orbital mais energético para um orbital menos energético do átomo. A energia da radiação eletromagnética corresponde à diferença de energia entre os dois orbitais.

Quando um núcleo decai, algumas propriedades do átomo – tais como sua carga e seu número atômico – são alteradas, de modo que um elemento químico, quando decai radioativamente, pode até ser transformado em outro elemento ou em um isótopo que emita raios gama e partículas (veja o esquema ao lado).

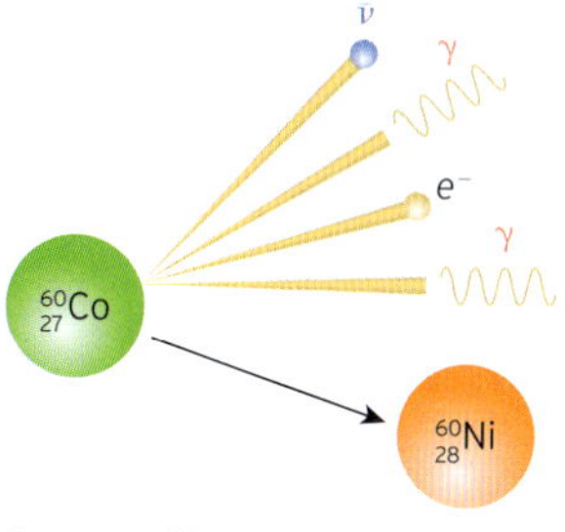

Esquema (fora de escala e em cores-fantasia) do decaimento do isótopo cobalto 60. O $^{60}_{27}Co$ decai em $^{60}_{28}Ni$, por meio da emissão de um elétron (e^-), de um antineutrino (ν, partícula subatômica de carga nula) e de raios gama.

Aplicações dos raios gama

A **radioterapia** é uma técnica utilizada na medicina para o tratamento de diversos tipos de câncer. Uma máquina direciona raios gama – ou raios X de maior frequência – para as células cancerígenas, com o intuito de destruí-las. A alta energia de cada uma dessas ondas, seu comprimento de onda bastante pequeno e sua grande penetrabilidade nos tecidos favorecem essa destruição.

A **cintilografia** também é uma técnica que utiliza raios gama para diagnósticos médicos. Consiste em fazer o paciente ingerir uma pequeníssima quantidade de elementos radioativos, que acabam se concentrando em determinados órgãos do corpo. Esses elementos radioativos emitem raios gama, que atravessam os tecidos do corpo. Uma câmera sensível a esses raios localiza os elementos radioativos, permitindo a obtenção de cintilogramas, que são imagens computadorizadas dos órgãos próximos a esses elementos, como mostra a figura abaixo.

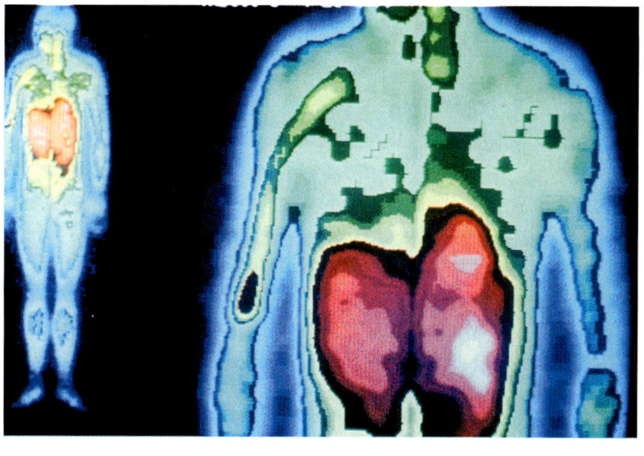

Science Photo Library

Cintilograma do estômago e do fígado de um paciente.

Ligado ao tema

Radiações ionizantes e radiações não ionizantes

Por serem ondas de alta frequência, os raios ultravioleta, os raios X e os raios gama transportam mais energia que ondas eletromagnéticas de outro tipo. Ao atingir os átomos de alguns materiais, essas radiações alteram a estrutura atômica deles e, em alguns casos, podem ionizá-los. Por esse motivo, essas radiações são também conhecidas como **radiações ionizantes**.

Outras radiações, como micro-ondas, infravermelho e luz visível, não têm energia suficiente para ionizar átomos. Por isso, são denominadas **radiações não ionizantes**.

6. Radiações corpusculares

Além dos raios gama, a desintegração de elementos radioativos pode gerar outros subprodutos, como a radiação alfa e a radiação beta. A diferença fundamental entre os raios gama e os raios alfa e beta é que os raios gama são ondas eletromagnéticas, e as radiações alfa e beta são partículas com massa. Por isso, as radiações alfa e beta são denominadas **radiações corpusculares**.

Essas radiações foram detectadas pela primeira vez em 1898 por Ernest Rutherford ao realizar experiências com o urânio radioativo. Rutherford identificou dois tipos diferentes de radiação emitidos pelo urânio e analisou a capacidade que essas radiações apresentam de penetrar na matéria.

As radiações menos penetrantes foram denominadas raios alfa, e as que penetram na matéria com mais facilidade foram denominadas raios beta. Após outras experiências, percebeu-se que os elementos radioativos emitem um terceiro tipo de radiação, com poder de penetração maior que o dos raios alfa e beta. Esse tipo de radiação recebeu o nome de raio gama, estudado na página anterior. O esquema a seguir mostra a penetração desses raios.

Setup Bureau/ID/BR

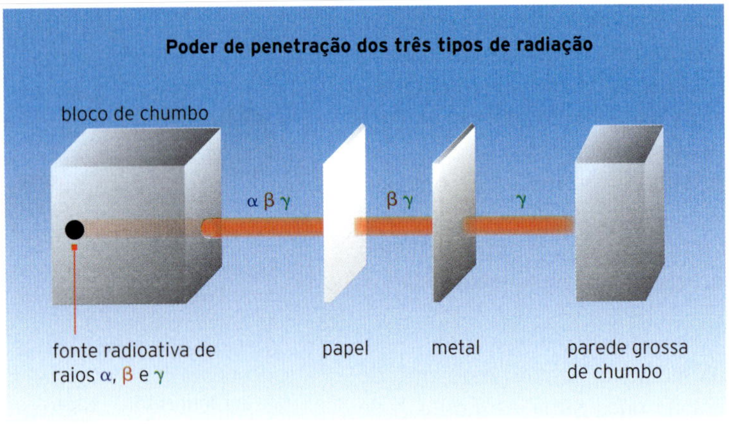

As radiações beta e gama atravessam o papel, mas apenas os raios gama atravessam o anteparo fino de metal.

Em outra experiência, a análise da trajetória dos raios alfa, beta e gama em uma região onde existe um campo magnético permitiu aos cientistas concluir que os raios alfa e os raios beta têm cargas de sinais opostos, pois eram desviados para direções opostas, como mostra a figura ao lado. O fato de os raios gama não serem afetados pela presença do campo magnético indica que eles têm carga elétrica neutra.

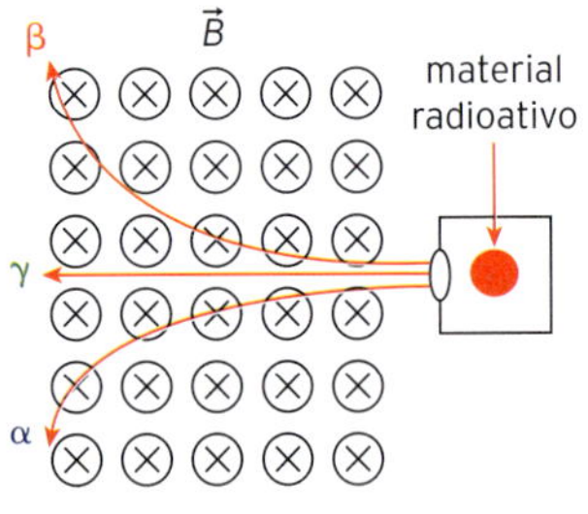

Os três tipos de radiação descrevem trajetórias diferentes sob a ação de um campo magnético.

Essas e outras experiências levaram os cientistas às conclusões relacionadas a seguir.

1. Os raios alfa são constituídos por núcleos de hélio, ou seja, partículas eletrizadas positivamente, formadas por dois prótons e dois nêutrons. Como têm maior massa, a penetrabilidade dessas partículas em materiais é menor que a dos raios beta e gama.
2. Os raios beta são constituídos por elétrons de alta energia, a grandes velocidades. Por apresentarem menor massa e maior velocidade que os raios alfa, penetram mais nos materiais. Também são conhecidos como **raios catódicos.**
3. Os raios gama são ondas eletromagnéticas. Por esse motivo não têm massa nem carga, não sofrendo a ação de campos magnéticos, elétricos ou gravitacionais. Por terem alta energia, penetram mais nos materiais, quando comparados aos raios alfa e beta.

Exercícios resolvidos

29. Os raios X e os raios gama têm a propriedade de atravessar corpos opacos à luz visível.

a) Identifique qual radiação apresenta maior frequência.

b) Identifique a radiação mais energética.

c) Cite uma aplicação tecnológica dos raios X.

d) Analise os aspectos positivos e os aspectos negativos da utilização de raios X.

e) Cite uma aplicação tecnológica dos raios gama.

Resolução

a) Em geral, a frequência dos raios gama é maior que a dos raios X, porém é possível emitir raios X de frequência comparável à dos raios gama.

b) A radiação mais energética é a que apresenta a maior frequência. Portanto, em geral os raios gama são mais energéticos que os raios X.

c) Os raios X podem ser utilizados em radiografias para a visualização de ossos, raízes dos dentes e órgãos internos do corpo humano. Neste último caso, utiliza-se uma substância conhecida como contraste.

d) Um aspecto positivo da utilização dos raios X é permitir um melhor diagnóstico dos pacientes. Um aspecto negativo é que, em caso de frequentes exposições a raios X, pode ocorrer alteração no código genético das células do corpo.

e) Os raios gama são utilizados em diagnósticos médicos e em radioterapia, para combater o câncer.

30. Raios alfa, beta e gama, emitidos por uma fonte radioativa, atravessam a região entre as placas de um capacitor eletrizado. As trajetórias descritas por eles estão ilustradas na figura ao lado.

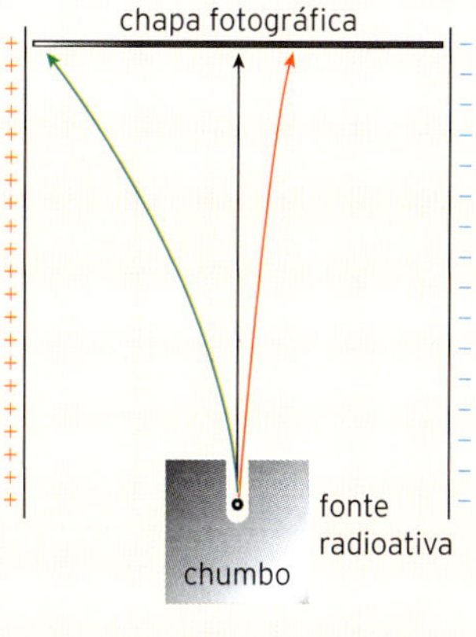

Ilustrações: Setup Bureau/ID/BR

a) Caracterize os raios alfa, beta e gama.

b) Identifique as trajetórias dos raios alfa, beta e gama na figura.

c) Descreva a causa da diferença de curvatura existente entre as trajetórias dos raios alfa e beta.

d) Julgue se o comportamento dos raios seria diferente caso incidissem em uma região na qual houvesse um campo magnético.

Resolução

a) Os raios alfa são partículas eletrizadas positivamente, constituídas de dois prótons e dois nêutrons. Os raios beta são elétrons com altas velocidades e de alta energia, tendo, portanto, cargas negativas. Já os raios gama são ondas eletromagnéticas.

b) Como os raios alfa são partículas positivas, eles são atraídos pela placa negativa do capacitor e, portanto, descrevem a trajetória de cor vermelha. Os raios beta, por serem elétrons, são atraídos pela placa positiva do capacitor e, consequentemente, descrevem a trajetória de cor verde. Os raios gama, por serem ondas eletromagnéticas, não sofrem ação da força elétrica e, portanto, descrevem trajetória retilínea, identificada pela cor preta.

c) Como os raios alfa são constituídos de dois prótons e dois nêutrons, eles têm massa maior que a dos raios beta, constituídos de elétrons. Portanto, a inércia de uma partícula alfa é maior quando comparada à de uma partícula beta. Esse fato faz a partícula alfa sofrer um desvio menor, em relação ao desvio da partícula beta.

d) Caso os mesmos raios incidissem em uma região em que houvesse um campo magnético, o aspecto qualitativo das trajetórias seria o mesmo, ou seja, as partículas alfa e beta se desviariam de maneiras opostas, e os raios gama não sofreriam ação do campo magnético, descrevendo trajetória retilínea.

Exercício proposto

31. A figura ao lado ilustra a incidência de raios alfa, beta e gama em uma folha de papel, na mão de uma pessoa e em um bloco de aço. Pode-se perceber que os raios identificados pelas cores vermelha, verde e amarela têm diferentes penetrabilidades.

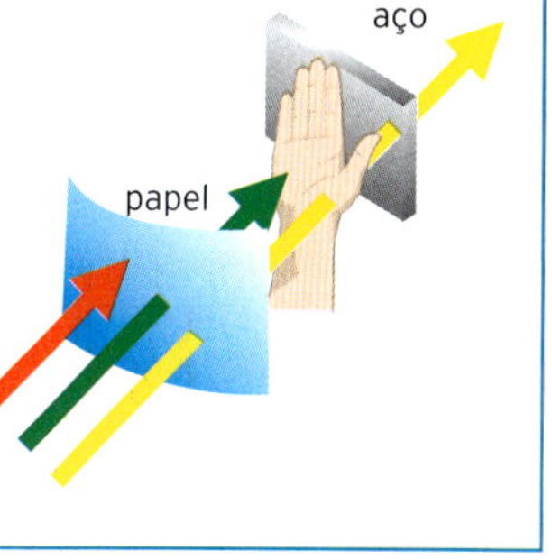

a) Identifique, de acordo com as cores ilustradas na figura, os raios alfa, beta e gama.

b) Cite algumas semelhanças e diferenças entre os raios alfa, beta e gama.

c) Descreva a causa da diferente penetrabilidade desses raios.

d) Cite uma maneira pela qual esses raios podem ser produzidos.

Integre o aprendizado

32. Uma bobina está ligada aos terminais de um amperímetro analógico, isto é, com ponteiro. Um ímã está próximo à bobina, como indicado na figura.

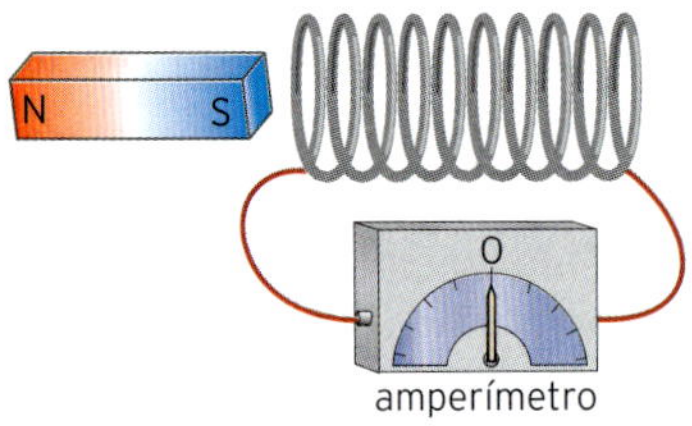

a) Descreva o que indicará o amperímetro se o ímã for aproximado da bobina.

b) Descreva o que ocorrerá com a indicação no amperímetro caso o ímã seja afastado da bobina.

c) Descreva o que o amperímetro indicará caso o ímã fique parado próximo da bobina.

d) Identifique as transformações de energia que ocorrem na situação do item anterior.

33. Considerando o exercício anterior, explique o que ocorreria se, em vez de o ímã ser aproximado da bobina, fosse a bobina que se aproximasse do ímã. Justifique sua resposta.

34. Uma barra de ferro cai em queda livre até passar por uma região entre dois ímãs, de acordo com a figura a seguir.

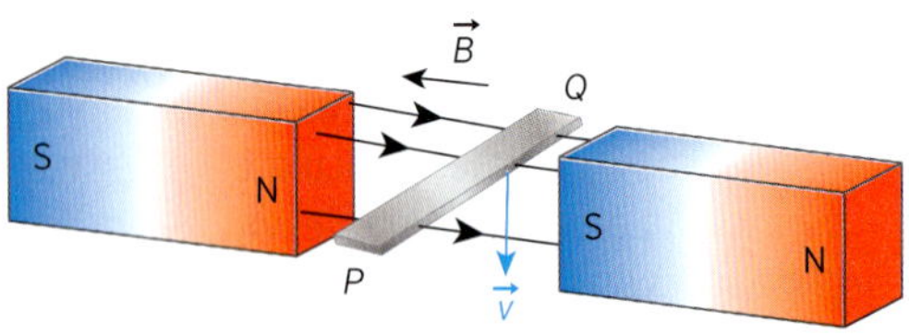

A barra tem suas extremidades marcadas com as letras P e Q, e o eixo que liga as duas extremidades tem direção ortogonal à das linhas de campo e paralela à direção horizontal.

a) Caracterize a direção e o sentido da força magnética que atua nos elétrons livres da barra ao passar entre os ímãs.

b) Identifique o sinal das cargas que ficam concentradas nas regiões P e Q.

c) Represente a força eletromotriz induzida que surge na barra, utilizando o símbolo de um gerador ideal.

35. Atualmente, é popular o uso de lanternas que têm um sistema de recarregamento. Em vez de usar pilhas convencionais, essas lanternas têm em seu interior um ímã e uma bobina. Agitando a lanterna continuamente, de modo que o ímã percorra a bobina de um lado para outro no interior da lanterna, a bateria é recarregada. Explique como isso ocorre, levando em conta o conceito de corrente elétrica induzida.

36. Um ímã é aproximado de uma bobina que está ligada a uma lâmpada, de acordo com a figura.

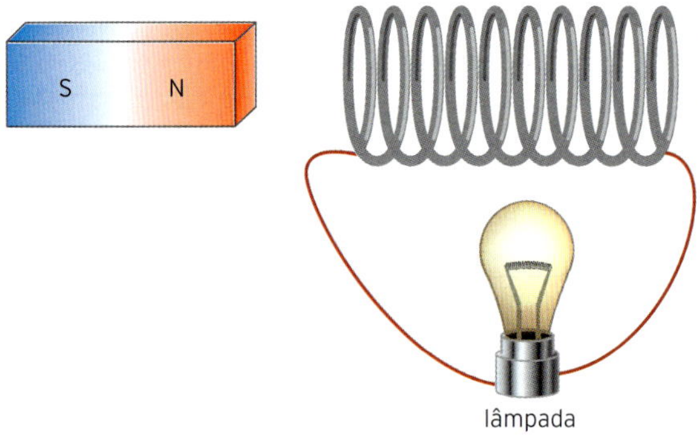

Ilustrações: Setup Bureau/ID/BR

a) Descreva o comportamento da lâmpada quando o ímã é aproximado da bobina. Justifique sua resposta.

b) Descreva o comportamento da lâmpada caso o ímã fique parado próximo à bobina. Justifique.

c) Identifique as transformações de energia que ocorrem nos fenômenos descritos nos itens **a** e **b**.

d) Cite outros dispositivos elétricos que poderiam ser conectados à bobina e as correspondentes transformações de energia.

37. Uma espira quadrada tem 20 cm^2 de área e está imersa em uma região onde existe um campo magnético, conforme a figura.

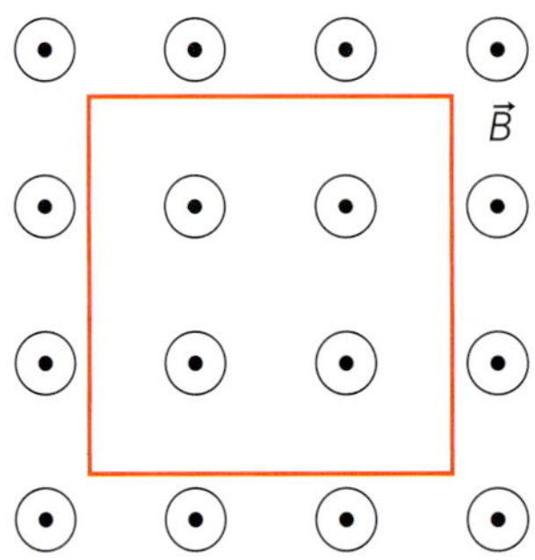

Sabendo que no instante $t = 0$ a intensidade do campo magnético é 4 T e que após 5 segundos a intensidade do campo aumenta para 9 T, resolva as questões a seguir.

a) Calcule o fluxo magnético no instante $t = 0$.

b) Calcule o fluxo magnético no instante $t = 5$ s.

c) Calcule a força eletromotriz induzida entre os instantes $t = 0$ e $t = 5$ s.

d) Sabendo que a espira tem resistência elétrica $R = 2\ \Omega$, calcule a intensidade da corrente induzida na espira.

e) Identifique o sentido da corrente induzida na espira. Justifique sua resposta.

38. Uma espira circular está próxima a um fio percorrido por uma corrente i, de acordo com a figura a seguir. O plano da espira coincide com o do papel.

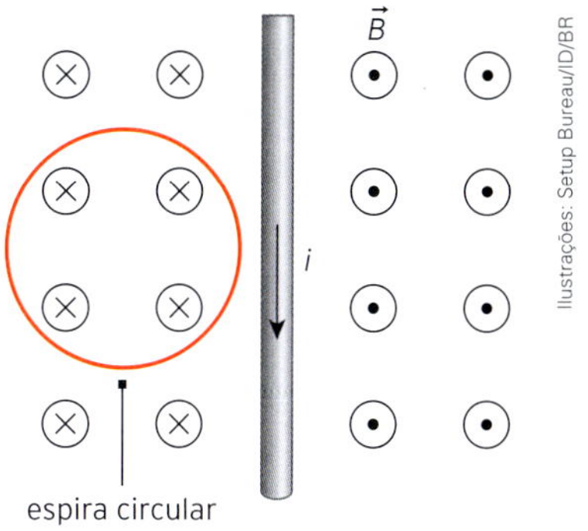

a) Descreva o que ocorre com a intensidade do campo magnético nas vizinhanças do fio quando a corrente aumenta. Justifique sua resposta.
b) Considerando o item anterior, descreva o que ocorre com o fluxo magnético na espira.
c) De acordo com o item **a**, identifique o sentido da corrente induzida na espira. Justifique sua resposta.
d) Determine o sentido da corrente induzida caso a corrente no fio permaneça constante e a espira se movimente para a esquerda.
e) Descreva o comportamento da corrente induzida na espira caso ela gire ao redor de um eixo que tem direção paralela à do fio e que passa pelo centro da espira.

39. Um solenoide é colocado próximo a uma espira, como mostra a figura 1. O solenoide é percorrido por uma corrente que varia no tempo e cuja intensidade é representada pelo gráfico da figura 2.

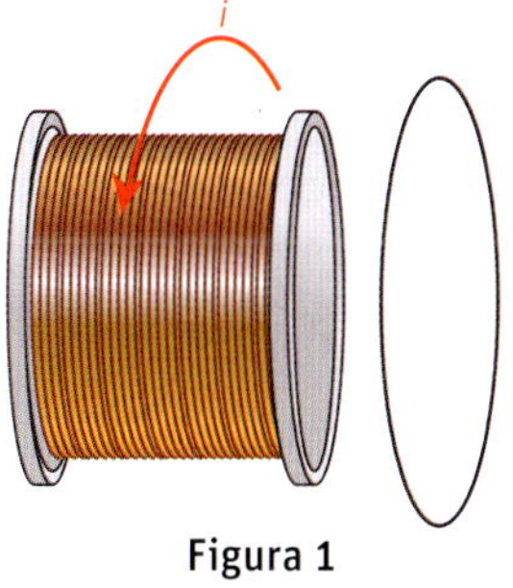

Figura 1

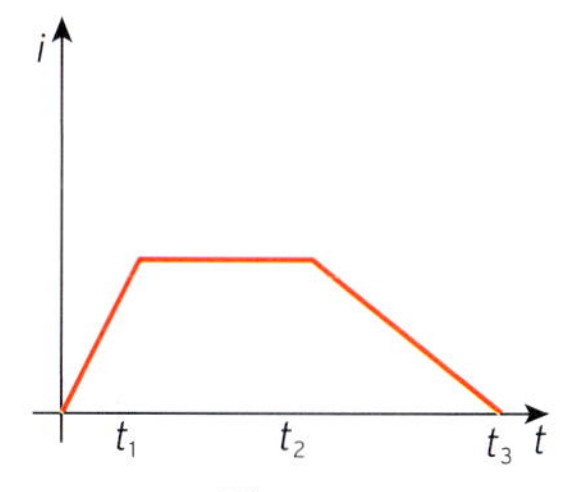

Figura 2

a) Explique o que ocorre com o fluxo magnético através da espira nos intervalos de tempo entre 0 e t_1; entre t_1 e t_2; e entre t_2 e t_3.
b) Esboce um gráfico que indique o comportamento da corrente induzida na espira em função do tempo, no intervalo entre 0 e t_3.
c) Explique qualitativamente que mudanças surgiriam no gráfico esboçado no item anterior se, entre os instantes t_1 e t_2, a espira fosse afastada do solenoide com velocidade constante.

40. Uma espira realiza um movimento circular e uniforme ao redor de um eixo em uma região em que existe um campo magnético, de acordo com a figura.

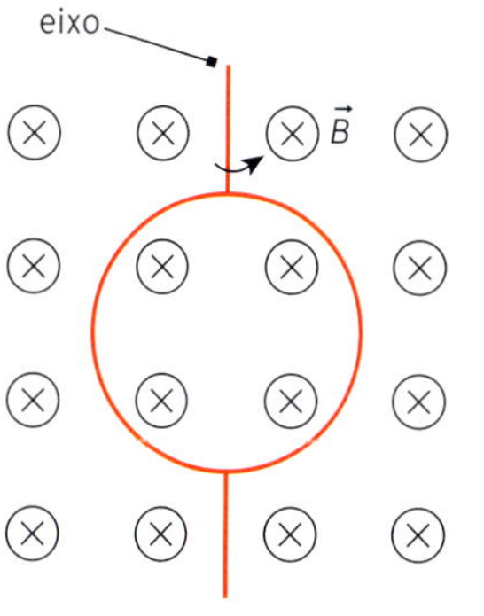

a) Descreva o que ocorre com o fluxo magnético através da espira.
b) Considerando que a figura ilustra a posição inicial da espira, descreva como se comporta (se aumenta, diminui ou permanece constante) o fluxo magnético até um instante correspondente a um quarto do período de rotação.
c) De acordo com o item anterior, descreva o que ocorre com o fluxo magnético entre os instantes correspondentes a um quarto e à metade do período de rotação da espira.
d) Descreva o comportamento da corrente induzida na espira.
e) Identifique uma aplicação prática do mecanismo descrito.

41. Um ímã preso a uma mola realiza um movimento harmônico simples próximo a uma espira circular, que possui terminais conectados a uma lâmpada. Desprezam-se o atrito e a resistência do ar.

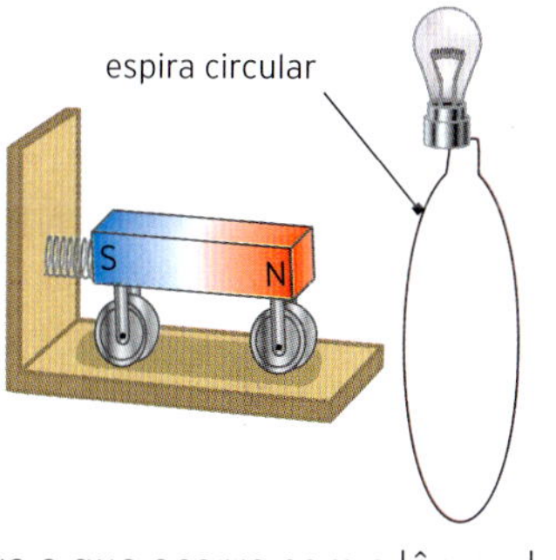

a) Descreva o que ocorre com a lâmpada enquanto o ímã se movimenta.
b) Descreva as transformações que possibilitam o fenômeno observado no item **a**.
c) Indique uma função matemática que descreva a intensidade da corrente induzida na espira. Justifique sua resposta.
d) Após certo tempo, o ímã para de oscilar. Descreva o que ocorreu com a energia mecânica inicial do sistema massa-mola.

Integre o aprendizado

42. A figura a seguir representa o espectro eletromagnético.

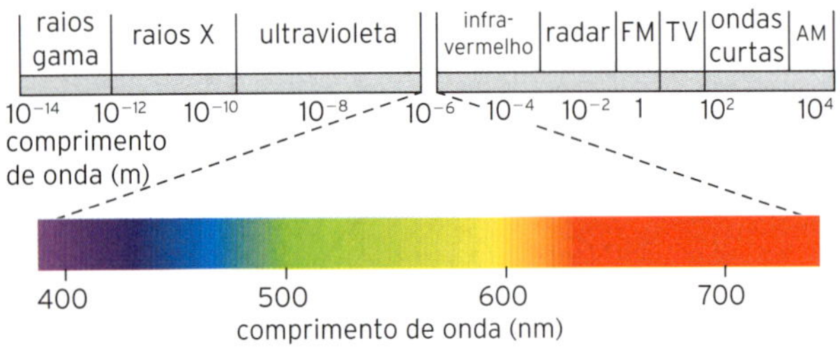

Setup Bureau/ID/BR

Sabe-se que todas as ondas eletromagnéticas se propagam no vácuo com a mesma velocidade *c*, de aproximadamente $3 \cdot 10^8$ m/s.

a) Identifique qual tipo de onda tem a maior frequência e qual tem a menor.

b) Cite uma aplicação para as ondas AM, FM, micro-ondas, raios X e raios gama.

c) No espectro da luz visível, identifique a cor de maior frequência e a cor de maior comprimento de onda.

d) Entre as ondas apresentadas, identifique qual delas é a mais energética.

e) Calcule a frequência da luz de comprimento de onda 600 nm e identifique sua cor.

43. Uma pessoa sintoniza seu aparelho de rádio FM em uma estação de frequência 108 MHz. Considere a velocidade das ondas eletromagnéticas no ar igual a *c*.

a) Calcule o comprimento da onda portadora dessa estação de rádio.

b) Cite algumas frequências de estações de rádio FM que você conhece e calcule seus comprimentos de onda.

c) Cite as semelhanças e as diferenças entre as ondas de rádio AM e FM.

d) Cite algumas vantagens e desvantagens da transmissão por ondas AM e FM.

44. A primeira transmissão de um sinal de televisão no Brasil ocorreu em 1950. Desde então, a televisão se tornou um dos eletrodomésticos mais populares do país.

a) Cite algumas mudanças que a televisão provocou na sociedade e classifique-as em positivas ou negativas.

b) Calcule o comprimento de onda de um canal de TV sintonizado na frequência de 180 MHz.

45. A fotografia ao lado mostra a tela de um radar similar aos usados em alguns aeroportos. Considere que a frequência das ondas emitidas por esse radar seja 3 GHz.

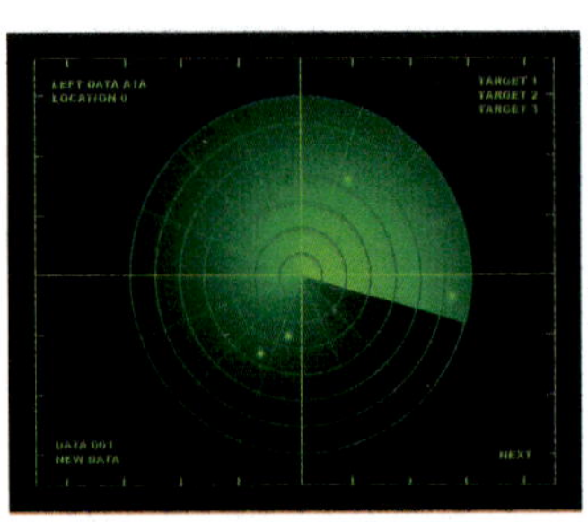
Dreamzdesi/Dreamstime.com/ID/BR

a) Descreva o princípio de funcionamento de um radar.

b) Calcule o comprimento das ondas emitidas por esse radar.

c) Cite outras situações em que se usam radares.

46. A fotografia abaixo apresenta um aparelho de raios X usado em consultórios odontológicos.

Sérgio Dotta Jr./ID/BR

a) Explique a razão pela qual os raios X possibilitam a visualização de partes internas do corpo humano, como ossos e dentes.

b) Descreva uma técnica para a visualização de órgãos internos pelo uso de raios X.

47. As ondas infravermelhas emitidas por objetos aquecidos podem ser analisadas por termografia, como esta ao lado, que mostra as emissões de ondas de uma bailarina em movimento.

Tony McConnell/SPL/Latinstock

a) Sabendo que na termografia os tons vermelhos representam temperaturas mais altas, identifique quais partes no corpo dessa bailarina estão sendo mais exigidas.

b) Descreva as semelhanças e as diferenças entre a radiação infravermelha e a luz visível.

48. Uma pessoa está assistindo a um concerto de uma orquestra sentada na plateia a 17 metros do palco. Em uma cidade vizinha, a 150 km dali, um grupo de pessoas está ouvindo o mesmo concerto, por meio de uma transmissão de rádio. Considerando que as ondas eletromagnéticas se propagam no ar com velocidade $c = 3 \cdot 10^8$ m/s e sabendo que a velocidade do som no ar é de aproximadamente 340 m/s, analise quem ouvirá antes o som da orquestra. Justifique sua resposta.

49. Uma espira quadrada com 8 cm de lado é inserida perpendicularmente às linhas de indução magnética de um campo uniforme de 0,01 T. Esse campo é anulado em 1,5 s. Calcule:

a) a variação do fluxo magnético através da espira;

b) o módulo da força eletromotriz induzida nesse intervalo de tempo.

50. Refaça os cálculos da questão anterior considerando agora que a intensidade do campo de indução aumenta de 0 a 0,01 T no mesmo intervalo de tempo.

51. Uma superfície de área igual a $2{,}5 \cdot 10^{-3}$ m^2 está imersa em um campo magnético de intensidade 2 000 T. O fluxo magnético dessa superfície mede 2,5 Wb. Determine o ângulo entre o vetor campo magnético e a normal à superfície.

52. Considere uma espira com área constante, inserida em uma região do espaço preenchida por um campo magnético com intensidade também constante. Suponha que a espira seja girada.

a) O fluxo magnético na superfície da espira permanece o mesmo ou varia conforme a espira é girada?

b) Qual deve ser o ângulo entre o vetor normal à superfície da espira e o vetor campo magnético para que o fluxo magnético na superfície da espira seja máximo? Qual deve ser esse mesmo ângulo para que o fluxo magnético seja mínimo? Qual é o valor mínimo do fluxo?

c) Considere os dois ângulos obtidos no item **b**. Qual é a posição da espira em relação à direção do vetor campo magnético em cada um desses ângulos?

53. Em 1888, Hertz conseguiu gerar ondas de frequência igual a 10^9 Hz, que eram detectadas a uma distância de 20 m da fonte.

a) Sabendo que no ar as ondas eletromagnéticas se propagam com a velocidade da luz, de aproximadamente $c = 3 \cdot 10^8$ m/s, determine o comprimento de onda das ondas geradas pelo experimento de Hertz.

b) Qual é importância desse trabalho de Hertz para as teorias de Maxwell?

54. Os radares de aeroportos são importantes para a localização de aviões. Por meio da tela de um radar, os controladores monitoram os diversos aviões em voo e coordenam seus pousos e decolagens.

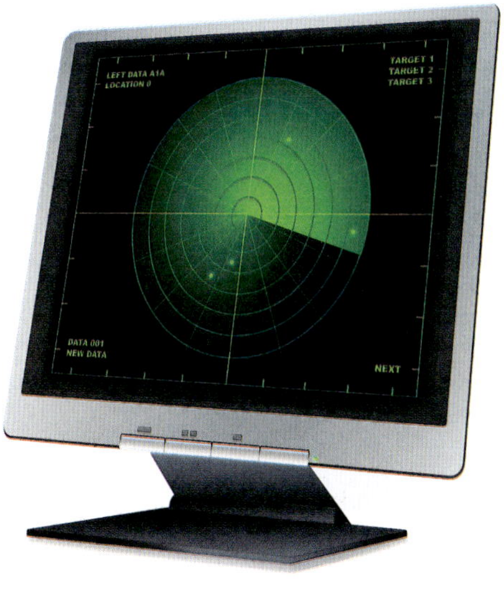

Dreamzdesi/Dreamstime.com/ID/BR

a) Descreva os principais elementos físicos presentes na comunicação entre os controladores de voo e os pilotos de aeronaves.

b) Identifique o tipo de onda emitida pelo radar.

c) Debata com os colegas a respeito da importância dos controladores de voo na aviação.

d) Faça uma pesquisa sobre outros dispositivos que permitem a localização de aviões.

55. A seguir é apresentada a letra da música "Poemas", de Arnaldo Antunes, Bernardo Vilhena e Waly Salomão.

> A palavra precisa lança o som à velocidade da luz
> Onde nós e você
> Dominamos o espaço
> A imagem fala por si
> E por mim
> Portanto flutuaremos pelo avião
> Como um par dançante
> Perseguidos pelos olhares estrelados
> De uma plateia atenta
> É fundamental o texto.

Disponível em: <http://letras.mus.br/arnaldo-antunes/91730>. Acesso em: 6 jun. 2013.

a) No 1º verso, há uma incoerência, do ponto de vista físico, relacionada a dois tipos de onda: a luz e o som. Identifique a incoerência e cite algumas semelhanças e diferenças entre as duas ondas.

b) Apesar da incoerência citada no item anterior, há uma intenção poética na escrita daquele verso. Em sua opinião, qual é essa intenção?

56. O Sistema de Vigilância da Amazônia (Sivam) monitora cerca de 5,2 milhões de km^2, correspondentes a aproximadamente 60% do território brasileiro. Para isso, utiliza satélites, aviões, estações de recepção de imagens e mais de duzentas plataformas de coleta de dados. O Sivam facilita o controle do espaço aéreo amazônico por meio de uma fiscalização mais eficiente de atividades predatórias (desmatamento, queimada e garimpo), do monitoramento das fronteiras e do combate ao narcotráfico.

a) Opine sobre a importância de monitorar o espaço aéreo amazônico.

b) Descreva de que maneira os dispositivos e os equipamentos citados no texto podem ser interligados para que as informações obtidas sejam rapidamente transmitidas entre eles.

c) Explique a vantagem de utilizar a transmissão via satélite no projeto Sivam.

Integre o aprendizado

57. Na década de 1940, quando os radares começaram a ser construídos e testados, técnicos notaram que alimentos colocados próximo à antena transmissora eram aquecidos e até cozidos. Explique esse fato levando em conta os possíveis tipos de onda eletromagnética emitidos pelo radar.

58. As antenas parabólicas são comumente utilizadas para transmissão e recepção de sinais por meio de micro-ondas, com frequências da ordem de gigahertz. O sinal captado por uma antena parabólica receptora é proveniente de satélites que se encontram em órbita ao redor da Terra.

a) Sabendo que a antena parabólica deve apontar sempre para a mesma direção, explique a característica que o movimento do satélite que envia as ondas deve ter em relação à Terra.

b) Calcule a velocidade angular, em rad/hora, desse tipo de satélite.

c) Considerando que uma antena recebe um sinal de frequência 9 GHz, calcule o comprimento de onda desse sinal. Considere $c = 3 \cdot 10^8$ m/s.

d) Considerando que o satélite que envia o sinal está suficientemente afastado para que os feixes de onda que ele emite sejam considerados paralelos, descreva o comportamento desses feixes ao atingirem a antena, levando em conta seu formato parabólico.

e) Ainda considerando o formato da antena, identifique a posição em que deve estar localizado o receptor para uma melhor captação do sinal emitido pelo satélite.

59. Os olhos das abelhas, assim como os dos seres humanos, têm três tipos de receptor sensível a cores, que captam três faixas de comprimentos de onda. Esse tipo de visão é chamado tricromático.

Susumu Nishinaga/SPL/Latinstock

Olho de uma abelha da espécie *Apis mellifera*. Microscópio eletrônico de varredura, imagem colorizada, aumento: cerca de 20 vezes.

Mas as faixas do espectro captadas pelas abelhas são diferentes das captadas pelos humanos, pois as abelhas têm um receptor que capta luz ultravioleta. Pesquise a importância para as abelhas de enxergar a luz ultravioleta.

60. A fotografia abaixo, de 2009, mostra um monitor termográfico instalado no aeroporto de Incheon (Coreia). Esse dispositivo, que analisa a temperatura das pessoas, permite o controle da entrada no país de pessoas infectadas com doenças contagiosas.

Jung Yeon-Je/Reuters/Latinstock

a) Identifique o tipo de onda eletromagnética que esse monitor detecta a fim de desempenhar a função descrita no enunciado.

b) Descreva de que maneira esse monitor pode quantificar e diferenciar a temperatura corporal das pessoas.

c) Cite outras situações em que dispositivos desse tipo podem ser empregados.

d) Opine sobre a importância de um país controlar o fluxo de pessoas infectadas por doenças contagiosas.

e) Em sua opinião, o passageiro que, por razões de saúde, é impedido pela alfândega de entrar em determinado país tem seus direitos feridos?

f) Apresente à classe a resposta que você deu ao item anterior, ouça as respostas dos colegas e veja se você mudaria de opinião, após o debate de ideias.

61. A fotografia a seguir é de uma lanterna que funciona com dínamo. Uma pressão no gatilho faz uma pequena roda, no interior da lanterna, girar, promovendo a conversão de energia mecânica em energia elétrica.

Terex/Dreamstime.com/ID/BR

Mesmo quando o gatilho não é mais pressionado, a luz da lanterna continua acesa, devido à presença de alguns dispositivos elétricos.

a) Descreva de que maneira um dínamo pode converter energia mecânica em energia elétrica.
b) Cite outras aplicações práticas de um dínamo.
c) Identifique um dispositivo que permita à lanterna continuar acesa mesmo após o dínamo parar de funcionar.

62. A imagem a seguir é uma radiografia feita na fronteira entre dois países. É possível observar algumas pessoas escondidas no fundo falso do caminhão.

Photo Researchers/Latinstock

Para um país, é importante o controle da entrada e da saída de pessoas e objetos por suas fronteiras. Uma das maneiras de controlar esse fluxo é por meio da utilização de aparelhos de raios X, que permitem ver através de objetos opacos.

Descreva de que maneira uma radiografia permite visualizar objetos através de materiais opacos.

63. Em 1987, a violação de uma cápsula de césio 137, contido em uma máquina de raios X que foi abandonada em um terreno baldio, na cidade de Goiânia, GO, contaminou o ambiente com radioatividade, causando a morte de pessoas por doenças como o câncer.

a) A radiação emitida pela amostra de césio era ionizante ou não ionizante? Justifique sua resposta.
b) Relacione algumas causas que podem ter levado a esse grave acidente na cidade de Goiânia.

64. Entre as muitas aplicações dos raios X, destaca-se um procedimento de diagnóstico conhecido como abreugrafia. Pesquise para responder ao que se pede.

a) O que é uma abreugrafia?
b) Além da abreugrafia, cite no mínimo outras três aplicações dos raios X.

65. A imagem abaixo é da bobina de Tesla em funcionamento. Debaixo das faíscas, provavelmente está o físico e engenheiro Nikola Tesla (1856-1943), que pretendia, à época, distribuir energia elétrica sem fio.

AKG Images/Latinstock

Segundo relatos do próprio Tesla, com essa montagem, realizada em fins do século XIX, ele conseguiu acender lâmpadas situadas a uma distância de 40 km.

a) Comparando essa imagem com um gerador de indução, identifique as partes correspondentes ao primário e ao secundário do gerador.
b) Tesla alcançou seu objetivo? Justifique.
c) As cidades seriam mais bonitas se a energia elétrica fosse distribuída sem fios. Você concorda? Justifique.
d) Algumas cidades no mundo, como Buenos Aires, na Argentina, usam fios subterrâneos para distribuição de energia elétrica, em vez de postes, utilizados na maioria das cidades brasileiras. Pesquise e aponte as vantagens e as desvantagens do uso de fios subterrâneos nas cidades.

De volta para o começo

1. Retome as respostas que você deu às questões propostas na seção *Primeiras anotações*, na abertura deste capítulo. Que alterações você faria nessas respostas?
2. Qual foi a importância da indução eletromagnética para o desenvolvimento da sociedade a partir do século XX?
3. Estabeleça relações entre o campo elétrico e o campo magnético e responda: É possível haver campo magnético sem que haja necessariamente um campo elétrico?

James Clerk Maxwell

O escocês Maxwell (1831-1879) nasceu em Edimburgo e desde os 3 anos de idade mostrou grande curiosidade a respeito de tudo que o cercava. Quando garoto, era fascinado por geometria, tendo descoberto sozinho os poliedros regulares, antes de estudá-los na escola. Aos 14 anos publicou seu primeiro trabalho científico, um artigo sobre curvas ovais. Embora não fosse um trabalho totalmente inédito, uma vez que o filósofo e matemático francês René Descartes (1596-1650) já havia estudado o assunto, era notável para um garoto de sua idade.

De 1847 a 1850 Maxwell estudou na Universidade de Edimburgo e, nessa época, investigou fenômenos envolvendo luz polarizada. Em 1850 iniciou seus estudos no Trinity College, em Cambridge, aprimorando seus conhecimentos matemáticos. Em 1855 apresentou um trabalho sobre os princípios da combinação de cores, e no mesmo ano escreveu o artigo *Sobre as linhas de força de Faraday*, em que analisou e desenvolveu trabalhos de Faraday sobre fenômenos elétricos e magnéticos.

Faraday havia proposto a existência dos campos, mas seus conhecimentos matemáticos não eram suficientes para estabelecer uma teoria sólida que explicasse como eles interagiam. Coube a Maxwell esse papel e, quando ele enviou seus trabalhos a Faraday, este se assombrou, tendo escrito em resposta que "quase tive medo quando vi tal capacidade matemática exercida sobre o assunto, e em seguida maravilhei-me ao ver que o assunto resistia tão bem"[1]. Faraday chegou mesmo a pedir a Maxwell que expressasse suas descobertas em linguagem comum para que ele pudesse entendê-las melhor, o que Maxwell educadamente fez. A força de sua teoria, porém, residia justamente em suas equações, que faziam a síntese dos fenômenos elétricos e magnéticos. As equações levavam à previsão da existência de estruturas eletromagnéticas que se propagavam como ondas: ondas eletromagnéticas. Partindo de cálculos teóricos sobre a velocidade de propagação dessas ondas, Maxwell notou que ela coincidia com a velocidade da luz e concluiu que a luz era um exemplo de onda eletromagnética, o que significou uma união dos campos da óptica e do eletromagnetismo.

Emilio Segre Visual Archives/American Institute of Physics/SPL/Latinstock

James Clerk Maxwell.

O trabalho de Maxwell serviu de grande inspiração para Einstein, que o considerou "uma revelação", em suas próprias palavras. Segundo Einstein, "o que fez com que essa teoria parecesse revolucionária foi a transição de forças a distância para os campos como variáveis fundamentais"[2].

Ao longo de sua vida, Maxwell trabalhou ainda no desenvolvimento da fotografia em cores e propôs o sistema de análise dimensional. Em 1871 tornou-se professor na Universidade de Cambridge, e foi dada a ele a incumbência de supervisionar a construção do laboratório Cavendish. Maxwell acompanhou a construção do prédio e gerenciou a compra de equipamentos.

Em seus últimos anos, Maxwell dedicou-se a editar os artigos de Henry Cavendish, tendo permanecido em Cambridge até sua morte, aos 48 anos, causada por um câncer abdominal.

1. Ferris, T. *O despertar na Via Láctea*. Rio de Janeiro: Campus, 1990.
2. Schilpp, 1969. Citado por Ferris, 1990, p. 139.

Compreender e relacionar

1. Cite algumas contribuições importantes de Maxwell para a ciência. Em sua opinião, qual foi a mais importante?

2. O texto conta que Maxwell começou sua trajetória acadêmica quando ainda era jovem.
   a) Em sua opinião, Maxwell foi uma pessoa diferenciada do ponto de vista intelectual?
   b) Em caso positivo, procure identificar algumas vantagens e desvantagens de apresentar esse tipo de diferenciação.

3. Uma das grandes obras de Maxwell foi a unificação dos fenômenos elétricos e magnéticos por meio de suas equações.
   a) Descreva, qualitativamente, o que exprimem as quatro equações de Maxwell.
   b) Descreva como essas equações explicam a geração de uma onda eletromagnética.
   c) Esboce em seu caderno a estrutura de uma onda eletromagnética, mostrando o campo elétrico e o magnético e a direção de propagação da onda.

Alma, maior projeto astronômico da Terra, começa a funcionar

Planície Chajnantor, Chile. Depois de mais de uma década de trabalho, o Grande Conjunto de Radiotelescópios do Atacama (Alma, na sigla em inglês), o mais ambicioso projeto de astronomia terrestre, que ainda está em construção no deserto do norte do Chile, iniciou suas operações observando com uma nitidez incomparável duas galáxias em colisão.

A observação foi feita, em uma fase de testes, por 12 das 66 antenas interligadas que integram o megaprojeto, localizado na planície Chajnantor, a 5 000 metros de altitude, no deserto do Atacama, quando ainda restam dois anos de construção.

O local, extremamente seco, oferece as melhores condições para a radioastronomia, que explora o universo através de ondas de rádio emitidas por galáxias, estrelas e outros corpos celestes, não captados pelos telescópios ópticos e infravermelhos, que só percebem a luz visível.

O Alma capta comprimentos de onda milimétricas e submilimétricas, 1 000 vezes mais longas do que os comprimentos de onda de luz visível, o que lhe permite ver através das densas nuvens de poeira cósmica e gás onde se formam estrelas e planetas, assim como objetos muito distantes no universo.

"Esperamos muito tempo para chegar ao ponto de que o Alma seja capaz de fazer ciência. Foi um longo caminho, mas todas as partes que precisávamos para construir este telescópio por fim se uniram, e temos os primeiros resultados", disse à AFP Richard Hills, chefe de projetos científicos do Alma.

"Os resultados são realmente melhores do que podíamos esperar. São perfeitamente claros, não há nada de desordem nos dados; foram obtidos exatamente tal como esperávamos e nos mostram o que está acontecendo dentro dessas galáxias que estávamos procurando", acrescentou Hills na base de operações do projeto, situada a 2 900 metros de altitude.

A primeira imagem revelada pelo Alma corresponde às galáxias das Antenas, um dueto de galáxias em colisão, situadas na constelação de Corvus e descobertas em 1785.

"Este tipo de observação será vital para nos ajudar a compreender como as colisões de galáxias podem provocar o nascimento de estrelas. Este é apenas um exemplo de como o Alma revela partes do universo que não podem ser observadas pelos telescópios ópticos e infravermelhos", destacou a organização, em um comunicado oficial.

Espera-se que o projeto esteja concluído em 2013, quando as 66 antenas funcionarão como um único grande telescópio, com resolução 10 vezes superior à do telescópio espacial Hubble.

Disponível em: <http://exame.abril.com.br/ciencia/noticias/alma-maior-projeto-astronomico-da-terra-comeca-a-funcionar>. Acesso em: 18 mar. 2013.

John K. Davies/SPL/Latinstock

Um dos radiotelescópios do projeto Alma, no deserto do Atacama, no Chile. Fotografia de 2003.

De acordo com o texto

1. O projeto Alma objetiva estudar o Universo.

a) O que é a radioastronomia?

b) Explique o significado da frase: "... chegar ao ponto de que o Alma seja capaz de fazer ciência".

2. Em relação às ondas de rádio, responda ao que se pede.

a) Identifique as vantagens dessas ondas para a radioastronomia em relação às demais ondas do espectro eletromagnético.

b) Identifique as principais fontes dessas ondas.

3. Leia os seguintes versos da canção "Parabolicamará", do cantor e compositor Gilberto Gil:

"Hoje mundo é muito grande/ porque Terra é pequena/ do tamanho da antena parabolicamará".

Você acredita que projetos como o Alma poderão "reduzir" as distâncias também do Universo?

Os silenciosos ruídos do Universo

Você liga seu rádio e pronto: música, notícias, comerciais, informações enviadas por estações de rádio a enormes distâncias. Uma confusão bastante comum que se faz é achar que ondas de rádio e de som são a mesma coisa. Na verdade, ondas de som e de rádio são duas coisas muito diferentes.

Quando escutamos algum ruído é porque algum distúrbio se propagou pelo ar até chegar aos nossos ouvidos, onde essas vibrações são transformadas em sons pelo nosso cérebro. Sem um meio material, como o ar, não existe som. O mesmo com ondas de água; algum distúrbio, como a queda de uma pedra, gera ondas que se propagam pelo meio que lhes dá suporte, no caso, a água.

Já as ondas de rádio são parte das ondas eletromagnéticas, geradas quando cargas elétricas oscilam com alguma frequência. A luz também é uma onda eletromagnética, que, após ser captada por nossos olhos, é transformada em imagem no nosso cérebro. A única diferença entre luz e ondas de rádio é a sua frequência; ondas de luz têm frequências centenas de milhares de vezes maiores do que as ondas de rádio.

Como nosso equipamento para captação de ondas eletromagnéticas é bastante limitado (a luz visível pelos olhos e a radiação em infravermelho, ou calor, pela pele), ondas de rádio passam por nós despercebidamente. O mesmo ocorre com outros tipos de ondas eletromagnéticas com frequências ainda maiores do que a luz visível, como a radiação ultravioleta, os raios X e os raios gama, sendo que algumas podem ser bem nocivas à saúde.

[...] As estações AM e FM na Terra não são as únicas fontes de ondas de rádio. Nós sabemos que vários corpos celestes, como estrelas e nebulosas, emitem ondas eletromagnéticas, pois podemos vê-las. Toda a astronomia óptica é baseada no fato de que estrelas e outros objetos astrofísicos geram quantidades enormes de radiação eletromagnética, devido ao movimento acelerado de cargas elétricas, que, a altas temperaturas, têm frequências na porção visível do espectro.

Ou seja, podemos ver esses objetos. Mas, se isso é verdade, esses e outros objetos podem gerar ondas eletromagnéticas que, apesar de invisíveis, são tão reais como a luz das estrelas. Hoje em dia, a astronomia é subdividida em todas as janelas das ondas eletromagnéticas, da radioastronomia à de raios gama.

Um novo projeto em radioastronomia promete revolucionar nosso conhecimento nessa área. Nós sabemos que fontes de rádio são em geral "frias", geradas em processos no interior de galáxias ou na formação de sistemas solares. As dimensões do projeto Alma são realmente fantásticas: 64 antenas parabólicas, cada uma com diâmetro de 14 m, arranjadas em uma área de cerca de 10 km de extensão. Quando trabalharem juntas, as antenas serão equivalentes a uma única antena do tamanho de um campo de futebol. Essa estrutura será construída no deserto de Atacama, no Chile, uma das regiões mais inóspitas e secas do planeta, a 5 500 m de altitude.

A vantagem das ondas de rádio é que elas atravessam zonas com poeira e gás. (A recepção do seu rádio não piora com a poluição.) Com isso, podemos "ver" fenômenos ofuscados no visível, como regiões em que uma estrela e seus planetas estão nascendo.

As antenas da Alma poderão também "ver" objetos a vários bilhões de anos-luz de distância, mais antigos que a Terra: Alma será uma janela para a própria infância do Universo.

GLEISER, M. Os silenciosos ruídos do Universo. *Folha de S.Paulo*, São Paulo, 19 dez. 1999. Caderno Ciência.

De acordo com o texto

1. O texto menciona diferenças entre as ondas sonoras e as ondas de rádio.
   a) Identifique algumas dessas diferenças.
   b) Descreva maneiras diferentes de gerar ondas sonoras.
2. O texto afirma que as ondas eletromagnéticas podem ser nocivas à saúde.
   a) Você concorda com essa opinião? Justifique.
   b) Identifique no texto algumas ondas eletromagnéticas que, se mal manipuladas, podem ser nocivas à saúde.
   c) Cite algumas aplicações benéficas das ondas eletromagnéticas.
3. O projeto Alma objetiva analisar as diversas ondas eletromagnéticas emitidas por corpos celestes.
   a) Que ondas eletromagnéticas são analisadas pela astronomia hoje em dia?
   b) Entre as ondas eletromagnéticas citadas no texto, identifique a que tem maior frequência.
   c) O que o autor do texto quer dizer com a frase: "Alma será uma janela para a própria infância do Universo"?
   d) Em sua opinião, é importante que o ser humano saiba como ocorreu a formação do Universo? Justifique sua resposta.

Freio eletromagnético

Participantes: duplas de alunos.
Objetivo: observar a indução eletromagnética.
Material:

- tubo oco de cobre com aproximadamente 50 cm de comprimento e 2 cm de diâmetro; tubo oco de plástico com as mesmas dimensões do tubo de cobre; objeto de formato cilíndrico que caiba dentro dos dois tubos; ímã com formato cilíndrico que caiba, com pequena folga, dentro dos tubos; cronômetro.

A Procedimento

1. Coloque os tubos na posição vertical. Abandone o objeto cilíndrico, a partir do repouso, dentro do tubo de plástico, observando sua queda. Em seguida, abandone o ímã dentro do tubo de plástico, observando sua queda e comparando seu tempo de queda em relação ao tempo de queda do objeto.
2. Abandone agora o objeto cilíndrico, a partir do repouso, dentro do tubo de cobre, observando sua queda. Abandone em seguida o ímã dentro do tubo de cobre, observando sua queda e comparando os tempos de queda do ímã e do objeto.

B Depois do experimento

O ímã não é atraído pelo tubo de cobre. Mas, quando o ímã é abandonado do repouso dentro do tubo de cobre, ocorre o fenômeno da indução eletromagnética.

Considerando o tubo de cobre uma sequência de espiras circulares, ao cair dentro do tubo, o ímã faz variar o fluxo magnético através dessas espiras. Portanto, uma corrente é induzida no tubo, como ilustrado na figura ao lado. Essa corrente gera um campo magnético induzido que se opõe à variação de fluxo e, consequentemente, uma força magnética é aplicada ao ímã em sentido oposto ao da força peso. É como se houvesse um ímã na parte superior do tubo, atraindo o ímã que cai, e outro na parte inferior, repelindo-o.

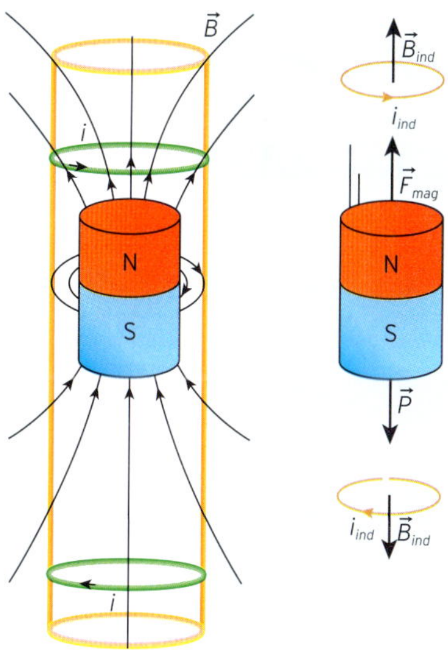

Setup Bureau/ID/BR

1. Ao abandonar o objeto cilíndrico e o ímã dentro do tubo de plástico, o tempo de queda foi o mesmo? Que corpo demorou mais tempo para cair? Explique o que ocorreu.
2. Identifique se o movimento do ímã dentro do tubo de cobre é, predominantemente, uniforme, acelerado ou retardado. Explique por que ocorre o movimento.
3. Descreva o que ocorre, durante a queda do tubo de cobre, com o fluxo magnético em uma seção circular do tubo acima do ímã e em outra seção circular abaixo do ímã.
4. Considerando o item anterior, explique os sentidos da corrente induzida e do campo mostrados na figura.
5. Identifique as transformações de energia envolvidas no experimento.
6. Explique por que a experiência pode ser denominada “freio eletromagnético”.

CAPÍTULO

8 Produção e consumo de energia elétrica

Módulos

1. O que é energia
2. Usinas geradoras de eletricidade
3. O caminho da energia: das usinas às residências
4. O problema da escassez mundial de energia

Caio Coronel/Itaipu Binacional

Vertedouro da usina hidrelétrica de Itaipu, PR, 2007.

Debate inicial

1. A fotografia acima mostra a usina de Itaipu, uma das maiores hidrelétricas do mundo, responsável pela geração de aproximadamente 20% de toda a energia elétrica consumida no Brasil. Sabe-se que não é possível criar energia, mas apenas transformá-la. Então, de que maneira a energia elétrica é obtida nas usinas hidrelétricas?
2. As quedas de água são consideradas fontes de energia renováveis, uma vez que os ciclos de chuvas recompõem os níveis de água que alimentam as quedas. Que outras formas de energia renováveis você conhece?
3. Por que a energia elétrica é tão necessária no mundo moderno? Em sua opinião, o que aconteceria na sua cidade se, subitamente, a energia elétrica não estivesse mais disponível?
4. Quais atitudes uma pessoa pode adotar para minimizar o consumo de energia elétrica em casa, na escola ou no trabalho?
5. A energia nuclear, muito criticada durante a segunda metade do século XX, tem sido mencionada como alternativa às fontes de geração de energia que contribuem para o agravamento do efeito estufa, já que a geração de energia nuclear não emite gases poluentes. Qual é sua opinião sobre a instalação dessas usinas no Brasil? Justifique.

Primeiras anotações

Considere as respostas obtidas no debate e responda no caderno.

1. Faça uma lista das principais fontes de energia elétrica.
2. Algumas usinas utilizam biomassa (cana-de-açúcar, por exemplo) como fonte de energia. Como você imagina que essas usinas produzem eletricidade, tendo matéria orgânica como base?
3. O que há em comum no modo de gerar energia elétrica dos seguintes tipos de usina: hidrelétrica, termelétrica e nuclear?
4. Como é possível economizar energia elétrica? Quais são os benefícios decorrentes dessa economia?

1. O que é energia

Embora não exista uma definição precisa de **energia**, podemos associá-la, de modo simplificado, à capacidade de realizar **trabalho**, entendendo trabalho como uma ação ou movimento que modifica determinado sistema. A origem grega da palavra energia (*en*-, "em", e *érgon*, "trabalho, ação") remete à ideia.

A energia está presente em todas as situações cotidianas. O quadro abaixo mostra alguns exemplos.

Algumas situações cotidianas e sua relação com a energia

 DBURKE/Alamy/Other Images	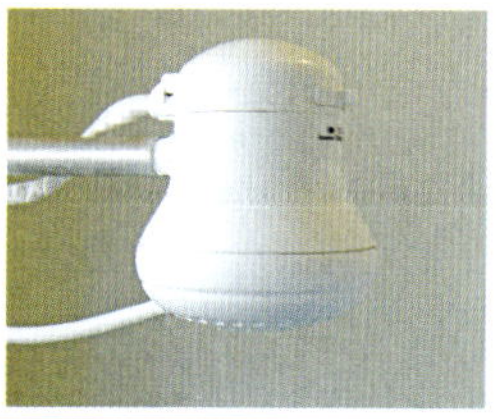 Jacek/kino.com.br	 Maxim Petrichuk/Shutterstock.com/ID/BR
O movimento de um automóvel decorre do aproveitamento da energia proveniente do combustível em seu tanque.	O aquecimento da água que passa por um chuveiro elétrico é resultante da energia presente na eletricidade que circula pelo resistor do aparelho.	Todos os seres vivos utilizam a energia proveniente dos alimentos para a manutenção da vida e a execução de tarefas diárias.
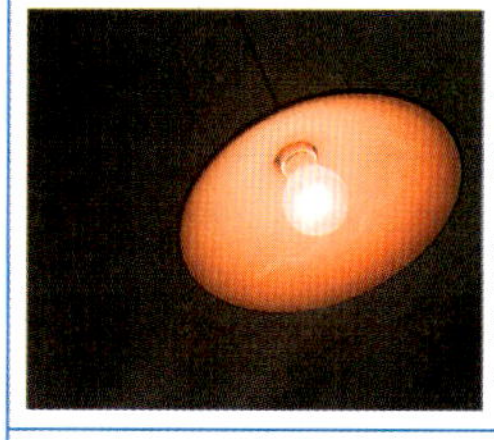 Ken Welsh/Alamy/Other Images	 Elena Elisseeva/Shutterstock.com/ID/BR	 João Prudente/Pulsar Imagens
A mesma eletricidade que provê energia para o aquecimento da água no chuveiro possibilita a emissão de luz por uma lâmpada elétrica.	O vento que move um barco a vela resulta do aquecimento de regiões da atmosfera, causado pela energia proveniente do Sol.	O cozimento dos alimentos em um fogão a lenha é resultante do aquecimento provocado pela energia obtida da combustão da madeira.

A análise do quadro permite dizer que: a energia da queima do combustível é responsável pela ação de mover os veículos automotores; a energia da corrente elétrica intensifica as vibrações dos átomos do fio do resistor do chuveiro, elevando sua temperatura e, em consequência, aquecendo a água; a energia química dos alimentos é responsável por todas as ações do corpo humano; a energia solar é responsável, entre outras coisas, pelo aquecimento das massas de ar, as quais geram os ventos, que movem as embarcações a vela.

Quando o assunto é energia, o Sol desempenha papel central. Por exemplo, as marés, que são usadas em alguns países para a produção de energia elétrica, são geradas por vários fatores, entre eles a influência gravitacional do Sol e da Lua sobre as águas oceânicas. Os biocombustíveis, como o álcool da cana-de-açúcar, existem graças à fotossíntese, que as plantas realizam em presença da luz solar. As chuvas – que mantêm o fluxo dos rios e permitem o funcionamento de moinhos de água e de usinas hidrelétricas – decorrem da evaporação de grandes massas de água, em decorrência do aquecimento pelo Sol. Os combustíveis fósseis, como o carvão e o petróleo, têm sua origem na matéria orgânica, que, direta ou indiretamente, dependeram da fotossíntese e, portanto, do Sol. A energia solar também pode ser captada diretamente, gerando aquecimento ou eletricidade.

Enfim, podemos afirmar que grande parte da energia que move todas as coisas na Terra provém, direta ou indiretamente, do Sol.

Para refletir

Richard Feynman, prêmio Nobel de Física de 1965 e um dos maiores cientistas do século XX, afirma categoricamente em um dos textos de seu livro *Física em seis lições* (edição brasileira da Ediouro, 2006): "[...] é importante perceber que, na Física atual, ignoramos o que é energia."

Levando em consideração tudo o que já estudou sobre energia, você concorda com essa afirmação de Feynman? Justifique sua resposta.

Ligado ao tema

Sol, fonte primária de energia para a Terra

NASA/ID/BR

Imagem do Sol obtida em 2009 com filtro que capta a luz na faixa de frequência do ultravioleta extremo.

No Sol, ocorre conversão de matéria em energia por meio de complexos processos de fusão nuclear. A energia emitida pelo Sol a cada minuto é equivalente à energia liberada pela queima de $8 \cdot 10^{20}$ litros de gasolina.

Tipos de energia

Apesar de não conseguirmos explicar de forma precisa o que é energia, sabemos como ela se manifesta e como se comporta. Assim, a energia pode ser quantificada e classificada em tipos específicos, de acordo com sua manifestação. O quadro a seguir apresenta os principais tipos de energia e as fontes associadas a cada tipo.

Principais tipos de energia

Energia	Descrição e exemplo de fonte mais comum no uso cotidiano
Térmica	Energia associada à temperatura de um corpo. Pode ser transferida entre dois corpos, quando há diferença de temperatura entre eles. A combustão do gás na boca do fogão, por exemplo, fornece energia térmica, com a qual se aquecem ou cozinham os alimentos. A madeira dos fogões a lenha desempenha o mesmo papel do gás.
Mecânica	Energia associada à posição (energia potencial gravitacional) ou à velocidade em relação a um referencial (energia cinética) de um corpo. Nas usinas hidrelétricas, a altura da água represada está relacionada com a velocidade que atinge na queda a porção de água que sai das comportas para mover as turbinas.
Elétrica	Energia associada às cargas elétricas em repouso (energia eletrostática) ou em movimento (energia eletrodinâmica). Pilhas, baterias, painéis fotovoltaicos e as tomadas conectadas à rede elétrica são fontes de energia elétrica no uso diário.
Química	Energia associada às ligações químicas entre átomos ou moléculas. A quebra dessas ligações nas reações químicas, como acontece na respiração celular, possibilita o acesso a essa energia. A energia elétrica das pilhas também provém inicialmente de reações dessa natureza.
Luminosa	Energia associada à propagação da luz. De forma mais geral, essa energia pode ser chamada de eletromagnética. O Sol é a principal fonte desse tipo de energia.
Nuclear	Energia associada à ligação entre as partículas do núcleo atômico. Em vários países, esse tipo de energia está na origem da energia elétrica fornecida à população. Em hospitais e clínicas, essa energia está associada à energia eletromagnética utilizada nos aparelhos de raios X, por exemplo.

A energia se transforma

Embora seja feita a classificação das diferentes formas de energia, é preciso ter em mente que a energia é uma entidade única. Os diversos nomes dados a ela se referem às suas diferentes manifestações e aos efeitos produzidos.

Por exemplo, a energia luminosa (ou eletromagnética) proveniente do Sol é absorvida pela água dos rios e mares, causando sua evaporação. Nesse ponto, pode-se dizer que a energia luminosa se transformou em energia térmica. A água que evapora sobe para determinadas alturas da atmosfera (energia potencial gravitacional). Com a condensação, a água cai novamente na forma líquida e escoa pelos rios (energia cinética), podendo parar em uma barragem de usina hidrelétrica, onde será armazenada (energia potencial gravitacional). Ao descer por uma tubulação apropriada, adquire grande velocidade (energia cinética), movendo poderosas turbinas que, por sua vez, moverão os geradores.

A energia elétrica resultante desse movimento é distribuída para os centros consumidores, como as casas. Em uma dessas casas, a energia elétrica poderá ser utilizada para aquecer a água de um banho (energia térmica) ou para acender uma lâmpada (energia luminosa). E assim por diante, em um ciclo contínuo.

A energia nunca é produzida nem destruída, mas sempre transformada.

Ligado ao tema

Conservação da energia na lâmpada incandescente

Um exemplo ajuda a entender como a energia se conserva. O filamento de uma lâmpada incandescente se aquece a cerca de 3 000 °C, tornando-se luminoso. Parte da energia elétrica que chega ao filamento é utilizada em seu aquecimento, enquanto a lâmpada ilumina o ambiente. Em geral, apenas 5% da energia elétrica é transformada em energia luminosa. No entanto, a somatória da energia elétrica transformada em energia luminosa, em energia térmica e em outras formas de energia é sempre igual ao total recebido inicialmente na forma de energia elétrica. Isso evidencia uma das leis fundamentais da Física: a conservação da energia.

A energia elétrica e a mudança de costumes

Embora fenômenos elétricos já tivessem sido observados e estudados há muito tempo, pode-se dizer que o uso social da eletricidade ganhou destaque com a invenção do dínamo, pelo físico italiano Antonio Pacinotti (1841-1912), em 1860, aperfeiçoada pelo engenheiro elétrico belga Zénobe Gramme (1826-1901), em 1869. Na Exposição Internacional de Viena, em 1873, Gramme apresentou a reversibilidade do dínamo: ao ser ligado a uma fonte de corrente contínua, ele se movimentava, funcionando como um motor elétrico. O dínamo e o motor elétrico são fundamentais, pois estão diretamente relacionados à produção de energia elétrica e sua utilização prática.

Outros inventos, como o telégrafo (por Samuel Morse e outros, em 1837), o telefone (por Graham Bell, em 1861) e a lâmpada elétrica de longa duração (por Thomas Edison, em 1879), modificaram de forma definitiva o modo de vida das sociedades urbanas, que passaram a contar com iluminação elétrica, comunicação por telégrafo e por telefone e aquecimento elétrico, entre outros benefícios.

Com o sucesso dessas invenções e a disseminação desses confortos propiciados pela tecnologia, o fornecimento de energia elétrica em grande quantidade tornou-se necessário. A primeira usina geradora de energia elétrica de grande porte – a Pearl Street Station, uma termelétrica a carvão, pertencente a Thomas Edison – foi inaugurada às 3 horas da manhã de 4 de setembro de 1882, em Nova York, nos Estados Unidos. Hoje é praticamente impossível pensar em um mundo sem eletricidade.

No Brasil, as primeiras lâmpadas elétricas foram acesas de forma permanente em 1879, na estação central da Estrada de Ferro dom Pedro II, atual Central do Brasil, no Rio de Janeiro. A primeira usina de geração de eletricidade foi inaugurada em 1883, em Diamantina, Minas Gerais.

Fatos e personagens

Estação de trens, primeiro espaço público a ganhar iluminação elétrica no Brasil

As primeiras lâmpadas para iluminação externa acesas no país datam de 1879, quando um dínamo alimentou um conjunto instalado na estação central da Estrada de Ferro dom Pedro II.

Reminiscências/Acervo Iconographia

Central do Brasil, em gravura de 1875.

Sua construção iniciou-se em 1855, no local onde estava anteriormente a Igreja de Sant'Ana. Inicialmente chamada de estação do Campo de Sant'Ana, depois estação da Corte e estação dom Pedro II, a estação teve seu nome novamente modificado após a proclamação da República, em 1889, passando a se chamar estação central da Estrada de Ferro Central do Brasil. Hoje, composta de 28 andares e uma torre de 134 m de altura possuindo um relógio que só perde em tamanho para o londrino Big Ben, a estação recebe diariamente cerca de 600 mil passageiros, vindos de todas as partes do Rio de Janeiro e do país.

Cássio Vasconcellos/SambaPhoto

Fotografia da estação, com detalhe da torre e do relógio.

MARCOLIN, N. A vida nos trilhos: estação Central do Brasil começou a ser construída há 150 anos. *Pesquisa Fapesp*, n. 112, jun. 2005.

Exercícios resolvidos

1. O quadro a seguir apresenta algumas situações do cotidiano nas quais a presença de energia e de suas transformações pode ser verificada. Identifique a principal transformação de energia envolvida em cada quadro, orientando-se pelo texto.

Gk Hart/Vikki Hart/Getty Images

O gatinho sofrerá uma queda se soltar a corda.

Tom Pfeiffer/VolcanoDiscovery/Getty Images

A erupção de um vulcão pode lançar lava a grandes distâncias.

Album/akg-images/Latinstock

Ao girar a alavanca desse dínamo, obtém-se corrente elétrica.

Chrisdodut/Dreamstime.com/ID/BR

Os moinhos de vento se movimentam quando há vento soprando.

Resolução

Gato: pendurado a determinada altura, ele possui energia potencial gravitacional; ao soltar-se, sua energia potencial se transforma em cinética.

Vulcão em erupção: a altíssima temperatura em seu interior é responsável por explosões que arremessam matéria incandescente a grandes distâncias. A energia térmica é então transformada em energia cinética e em energia potencial gravitacional, adquirida pela matéria incandescente durante a subida.

Dínamo: a energia cinética fornecida pelo operador ao girar a alavanca acarreta o surgimento da corrente elétrica. Nesse caso, a energia cinética transforma-se em elétrica.

Moinhos de vento: a força dos ventos coloca os moinhos em movimento, evidenciando a transformação de energia cinética do vento (eólica) em energia cinética.

2. Pode-se associar o Sol ao funcionamento da lâmpada elétrica. Explique essa associação e identifique uma importante característica da energia que está presente nessa descrição.

Kapu/Shutterstock.com/ID/BR

Resolução

Pode-se supor que a energia elétrica que alimenta a lâmpada provém de uma usina hidrelétrica. A água do mar poderá ser vaporizada pelo calor do Sol, formando nuvens. Essas, por sua vez, se deslocarão e podem se precipitar na forma de chuva na nascente de algum rio. As águas desse rio poderão alcançar uma usina hidrelétrica, ajudando-a a produzir a eletricidade que mais tarde acenderá essa lâmpada.

Exercícios propostos

3. Repita a tarefa proposta no exercício resolvido 1, considerando as situações a seguir.

Setup Bureau/ID/BR

Carvão utilizado em fogões para cozinhar alimentos.

Simon Fraser/SPL/Latinstock

Painéis utilizados para aquecer água por meio da luz solar.

Aldorado10/Dreamstime.com/ID/BR

A eletricidade faz funcionar os aparelhos de rádio, emitindo sons.

Atlanpic/Alamy/Other Images

Os gêiseres são fontes de água quente que jorram da terra.

4. A palavra energia tem origem grega, significando ação. Você concorda com essa associação? Dê um exemplo de situação envolvendo energia em que não se possa identificar facilmente algum tipo de ação ou movimento.

5. Considerando os seres humanos, cite a principal fonte de energia utilizada na manutenção de suas vidas, explicando se é possível associar essa energia ao Sol.

6. Estabeleça associações de ideias, como no exercício 2, entre a energia solar e cada um dos itens abaixo.

a) Obtenção de calor ao se queimar lenha em um forno de padaria.

b) A roupa seca e passada a ferro.

c) O movimento de um barco a vela.

d) O papel de que são feitas as páginas do livro que você está lendo agora.

2. Usinas geradoras de eletricidade

Usinas hidrelétricas

O sucesso na instalação e na operação de uma usina hidrelétrica depende basicamente de dois fatores: grande disponibilidade de água (relacionada a um sistema climático caracterizado por chuvas constantes) e configuração de relevo que favoreça a formação de grandes quedas de água. Essas condições não estão presentes em todas as partes do planeta, de modo que a construção de usinas hidrelétricas é mais adequada em algumas regiões que em outras.

O Brasil é um país que apresenta condições favoráveis à implantação de usinas hidrelétricas em praticamente todas as suas regiões. Tanto é que a produção de eletricidade por meio desse tipo de usina no Brasil é marcante: em 2010, representava cerca de 70% da energia produzida no país.

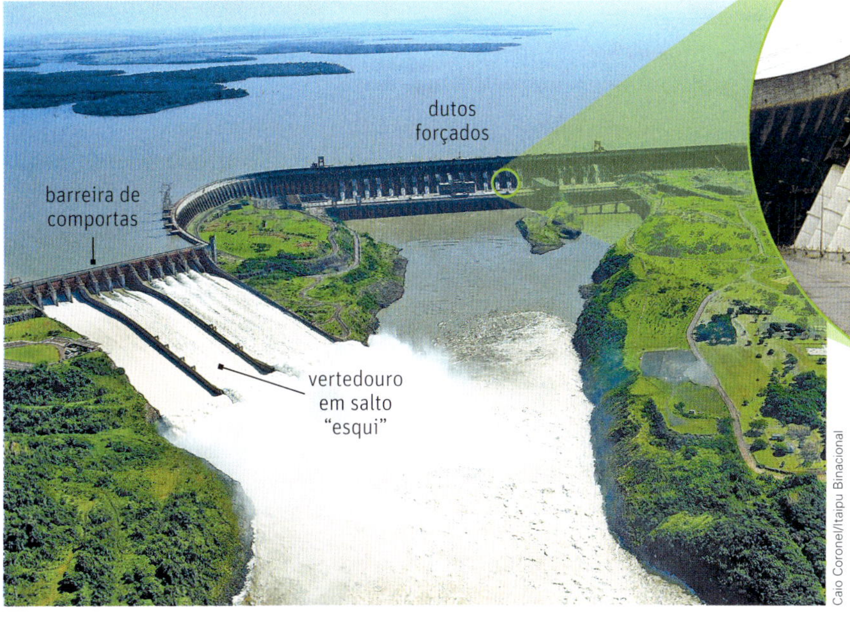

Fotografia de 2007 da usina hidrelétrica de Itaipu, uma das maiores do mundo em produção anual de energia. Os elementos principais de uma usina desse tipo estão indicados na imagem.

Detalhes dos dutos forçados de Itaipu.

A energia elétrica proveniente das hidrelétricas está relacionada à grande **energia potencial gravitacional** da água represada. As barragens formam estoques de água que atingem grandes alturas, propiciando energia potencial gravitacional elevada. Tubulações denominadas **dutos forçados** (ou condutos forçados) permitem o escoamento da água em queda acentuada, de modo que sua grande energia potencial gravitacional se transforma em energia cinética.

O excedente de água é escoado rio abaixo através da **barreira de comportas**, que podem ser reguladas, controlando a quantidade de água que permanece estocada na barragem. Desse modo, pode-se garantir, dentro de certos limites, o funcionamento da usina mesmo em épocas de estiagem. Nas épocas de chuvas acentuadas, as comportas são abertas, impedindo o excesso de água na barragem e seu transbordamento.

O **vertedouro** permite que a água excedente escoe de maneira mais suave até encontrar o leito do rio, minimizando o impacto da sua queda direta, que poderia causar erosão acentuada e deterioração do solo próximo à barragem. Os vertedouros podem ser construídos como verdadeiras escadas gigantes (vertedouro em **degraus**) ou em forma de rampas, com sua extremidade final curvada para cima (vertedouros em **salto "esqui"**).

Esquema de funcionamento de uma usina hidrelétrica

Os princípios físicos presentes no funcionamento das usinas hidrelétricas são os mesmos para todas elas, ainda que possa haver diferenças em seus projetos de construção. O esquema a seguir apresenta um desses projetos, com seus principais elementos.

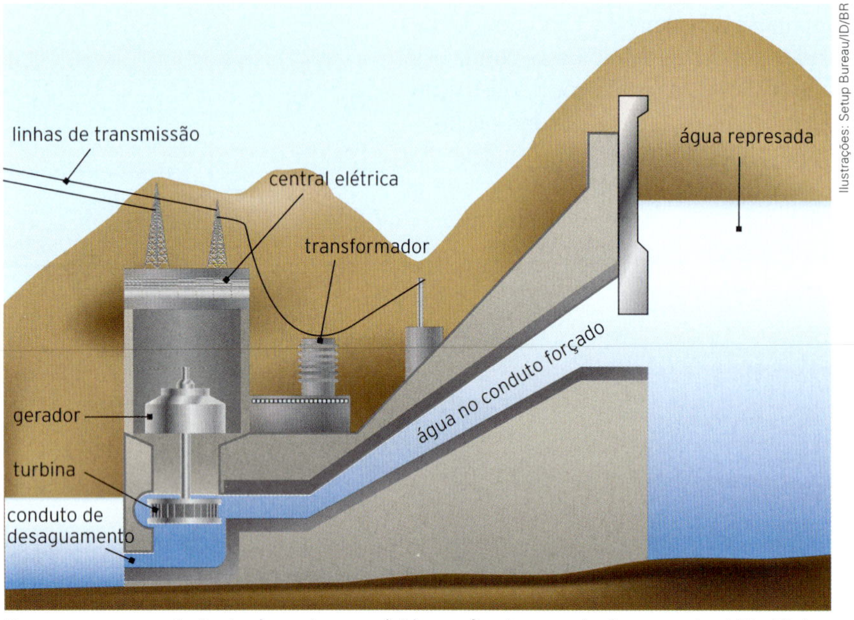

Esquema com os principais elementos envolvidos no funcionamento de uma usina hidrelétrica.

O esquema ao lado apresenta um modelo de turbina e gerador de hidrelétrica, com a descrição de seu funcionamento.

A – A água entra e desce pelos condutos forçados, atinge grande velocidade, e sua energia potencial gravitacional é transformada em energia cinética.

B – Após a queda, a água encontra em seu caminho as pás da turbina. Essas pás estão ligadas a um grande eixo central, que é posto a girar com a passagem da água.

C – Após colidir com as pás e colocar a turbina em movimento, a água é conduzida novamente ao rio, pelos condutos de desaguamento.

D – O eixo da turbina, por sua vez, está ligado ao gerador. Quando a turbina é acionada, o eixo gira, e as partes do gerador que constituem o dínamo também giram.

E – Na outra extremidade do eixo, encontra-se o rotor, no qual estão presos grande magnetos (ímãs), que giram com o movimento do eixo central.

F – Em volta do rotor, localiza-se o estator, onde se encontram grandes bobinas de fios metálicos. Com o movimento dos magnetos, ocorre o fenômeno da indução eletromagnética, de modo que os elétrons presentes nos fios são postos em movimento, gerando intensas correntes elétricas.

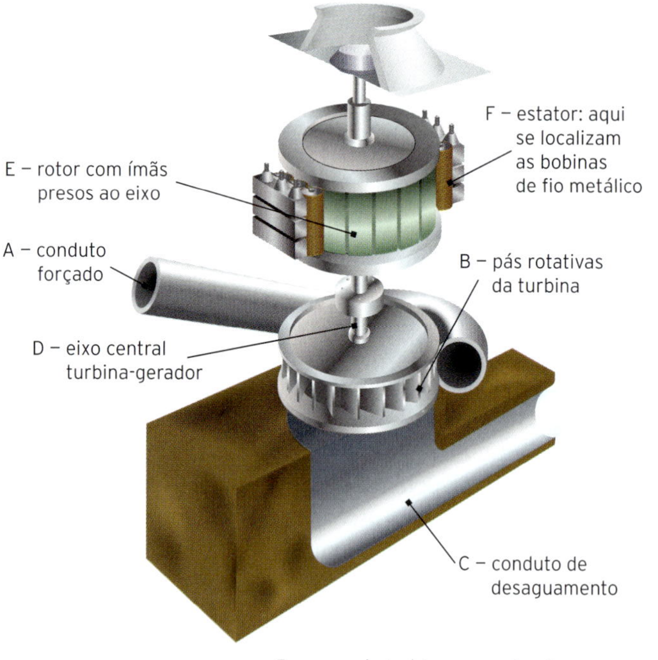

Esquema de turbina e gerador de usina hidrelétrica.

As correntes elétricas resultantes são coletadas por cabos e levadas aos transformadores, onde as tensões são elevadas, e depois enviadas à central elétrica. Em seguida, são direcionadas para as linhas de transmissão, quando são enviadas aos centros consumidores, localizados muitas vezes a centenas ou milhares de quilômetros da usina geradora.

A energia de hidrelétricas no Brasil e no mundo

Além das usinas hidrelétricas, há diversas outras maneiras de obtenção de eletricidade, como será visto mais adiante. Mas as usinas hidrelétricas têm participação importante na produção mundial de energia elétrica.

Os dois gráficos a seguir mostram a oferta de eletricidade em função da fonte energética utilizada em sua produção. Ao analisá-los, pode-se notar a marcante diferença entre os dados do Brasil e do mundo, como um todo.

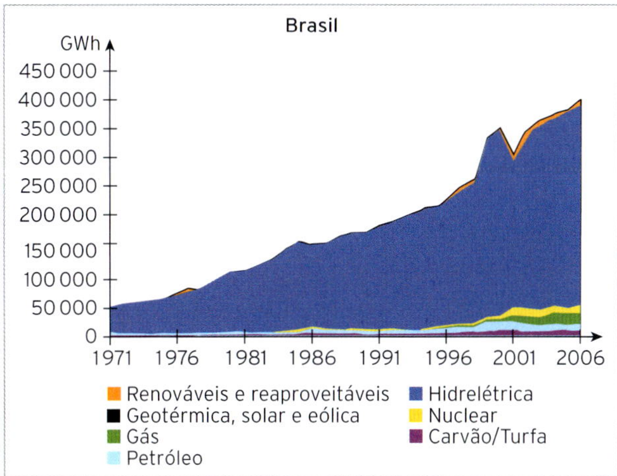

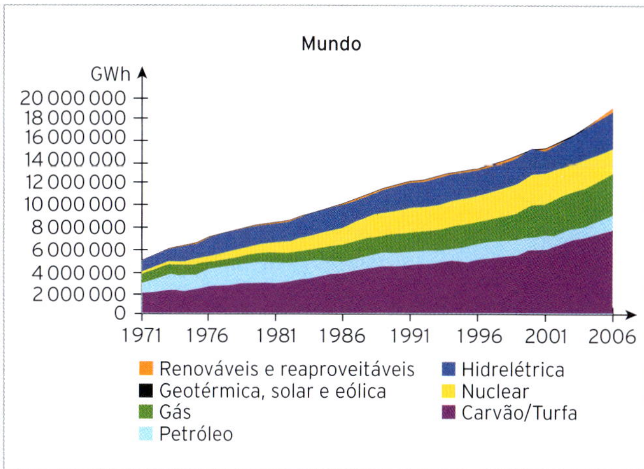

Ilustrações: Setup Bureau/ID/BR

Fonte de pesquisa: International Energy Agency Statistics (OCDE/IEA), 2008.

Com tal oferta de energia obtida em hidrelétricas, o Brasil ocupa uma das primeiras posições na produção mundial nessa modalidade. A tabela a seguir apresenta os principais países produtores de energia em 2006.

Geração hidrelétrica em 2006 – principais países (TW · h = 1 terawatt · hora = 1 · 10^9 kW · h)

Produtores	TW · h	% mundial	Produtores	TW · h	% mundial
1. China	436	14,0	6. Noruega	120	3,8
2. Canadá	356	11,4	7. Índia	114	3,7
3. Brasil	349	11,2	8. Japão	96	3,1
4. EUA	318	10,2	9. Venezuela	79	2,5
5. Rússia	175	5,6	10. Suécia	62	2,0
Demais países	1 016	32,6	Total	3 121	100

Fonte dos dados: *Balanço Energético Nacional, 2008* (ano-base 2007), Ministério das Minas e Energia (MME) – Brasil.

Além de poder ser utilizada com relativa facilidade em situações em que há condições naturais favoráveis, a energia elétrica gerada por usinas hidrelétricas apresenta custos relativamente baixos em termos de produção comparados aos demais tipos de fontes de energia elétrica.

Outro problema natural que precisa ser equacionado quando um país de grandes dimensões territoriais (como o Brasil) prioriza a produção de energia elétrica por meio de usinas hidrelétricas é a diversificação de períodos de chuva e estiagem em suas diversas regiões. No caso brasileiro, por exemplo, pode haver chuvas demais no Sul e falta delas no Nordeste. Por isso, o Brasil já opera no chamado Sistema Interligado Nacional (SIN): as redes de distribuição de eletricidade são interligadas entre si, de modo que a demanda de energia elétrica em determinada região em época de estiagem pode ser suprida pela energia elétrica oriunda de centros onde ocorreram chuvas.

A energia solar e a obtenção de energia elétrica

No interior do Sol, o elemento químico hidrogênio, encontrado em abundância, é submetido continuamente à **fusão nuclear** (esse fenômeno será estudado no capítulo 9), sendo transformado em hélio e liberando imensa quantidade de energia.

Estima-se que o Sol irradie uma potência da ordem de 390 sextilhões de watts (ou $390 \cdot 10^{21}$ W), em todas as direções do espaço. Apenas uma pequena parte dessa energia chega à Terra. Se essa parte da energia solar fosse completamente transformada em energia elétrica, toda a demanda mundial por esse tipo de energia seria suprida por longo período de tempo. Cálculos apontam que a energia solar recebida na Terra a cada ano equivale a cerca de 10 mil vezes o consumo mundial anual de energia elétrica.

Nem toda a energia solar, porém, está ao alcance da humanidade. A radiação solar que atinge as altas camadas da atmosfera, em direção perpendicular, tem intensidade de 1 370 W/m². Uma parte dessa energia é refletida para o espaço, outra parte é absorvida, e a parte que finalmente chega à superfície, em regiões intertropicais, tem intensidade próxima de 1 kW/m². Como média diária anual, o valor aproximado é 200 W/m².

A energia solar que chega à superfície é aproveitada diretamente pelo ser humano de duas maneiras principais: aquecimento (por meio dos aquecedores de água) e geração de eletricidade.

Ligado ao tema

Painel reduz em 50% custo de energia solar

Gynane/Dreamstime.com/ID/BR

Um novo mecanismo, que foca luz em pequenas áreas de material fotoelétrico, poderia tornar a energia solar para aplicação em residências e comércios mais barata que a das distribuidoras. [...]

Disponível em: <http://g1.globo.com/Noticias/Tecnologia/0,,MUL35259-6174,00.html>. Acesso em: 19 mar. 2013.

Tipos de usina à base de energia solar

O aproveitamento da energia solar na geração de eletricidade é feito por dois processos: torres de concentração de luz solar ou plantas de painéis fotovoltaicos.

Usina de concentração de energia solar

Peter Menzel/SPL/Latinstock

Usina solar em Barstow (Califórnia, EUA), com 1 818 espelhos que focalizam a luz solar em uma torre central.
As usinas de concentração de energia solar utilizam arranjos de espelhos em formação circular ao redor de uma torre central. Com isso, é possível aquecer a água a ponto de evaporá-la, e o vapor faz girar o eixo da turbina – o restante do processo é idêntico ao das usinas hidrelétricas. Fotografia de 2005.

Usina solar fotovoltaica

Jose Manuel Ribeiro/Reuters/Latinstock

Central solar fotovoltaica de Amareleja (Moura, Portugal). Com capacidade de produção de 93 GWh/ano, é uma das três maiores usinas desse tipo no mundo. Fotografia de 2008.
As usinas de conversão fotovoltaica utilizam painéis capazes de converter diretamente a energia solar em eletricidade por meio do efeito fotoelétrico (fenômeno que foi mencionado no livro 2 e que será estudado em detalhes no capítulo 9 deste livro).
Esse sistema apresenta baixo índice de conversão de energia solar em energia elétrica. O recorde de conversão, batido recentemente, foi pouco além dos 30%.

Essas usinas não funcionam à noite, e seu rendimento é prejudicado em dias nublados ou chuvosos. Além disso, a radiação solar varia conforme as estações climáticas do ano, de modo que nem todas as regiões do planeta apresentam condições favoráveis à implantação de usinas solares.

Esquema de funcionamento de uma usina solar

As usinas solares de concentração de luz funcionam com dínamos, à semelhança de uma usina hidrelétrica, como se vê neste esquema.

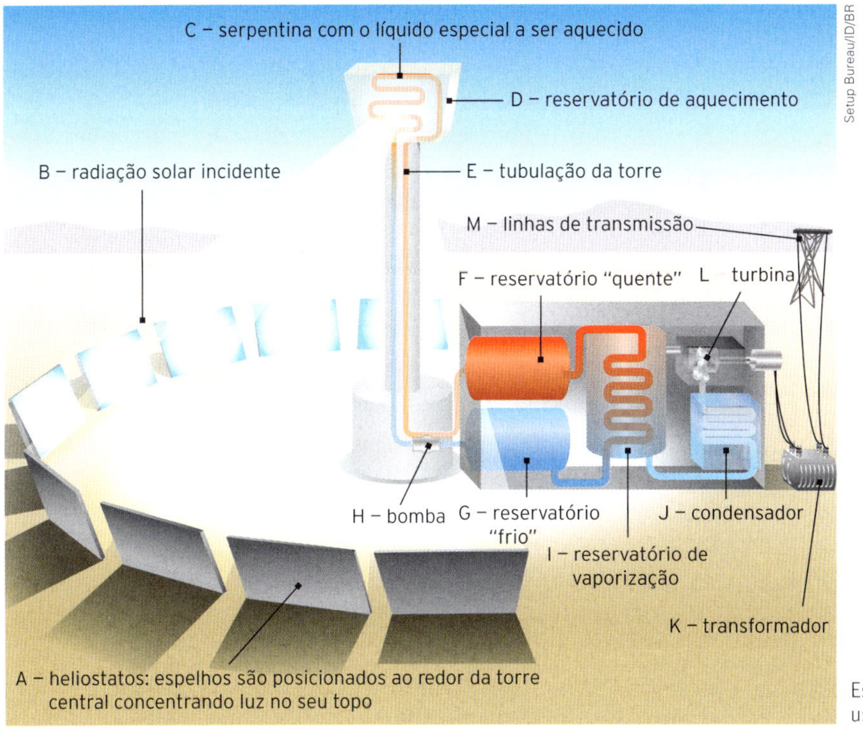

Setup Bureau/ID/BR

Esquema de usina solar.

Bernhard Edmaier/SPL/Latinstock

Detalhe da torre da usina Solar Two, na Califórnia, EUA.

Para que o dínamo seja acionado, inicialmente a energia solar é concentrada por um conjunto numeroso de espelhos, os heliostatos (**A**), dispostos ao redor de uma torre central, como mostrado no esquema.

A luz solar incidente (**B**) é focalizada no reservatório (**D**) no alto da torre, no qual há uma serpentina (**C**) preenchida com um líquido com alta capacidade térmica, que é aquecido.

Esse líquido circula pela tubulação da torre (**E**) até atingir o reservatório "quente" (**F**), onde passará pela serpentina do reservatório de vaporização (**I**), voltando em seguida mais frio para outro reservatório (**G**), sendo bombeado (**H**) de volta ao topo da torre.

No reservatório de vaporização, normalmente preenchido com água, o líquido térmico troca calor com a água, aquecendo-a até que ela se transforme em vapor sob alta pressão. Esse vapor é então direcionado à turbina (**L**), onde acionará o eixo do gerador elétrico.

Após isso, o vapor é resfriado no condensador (**J**), transformando-se novamente em água líquida, realimentando o ciclo. O acionamento do gerador produz eletricidade, que passa por um transformador (**K**) e é direcionada às linhas de transmissão (**M**), que a conduzirão finalmente aos centros consumidores.

As usinas que utilizam painéis fotovoltaicos fazem a conversão de energia solar diretamente em energia elétrica. Para isso, os painéis são recobertos de material semicondutor, normalmente à base de silício dopado com fósforo. O rendimento na conversão de energia nesse caso ainda é baixo. Com o avanço tecnológico, porém, sua eficiência deverá aumentar.

Com isso, poderá ser garantido o acesso à energia barata e praticamente inesgotável a cada vez mais pessoas, mesmo em localidades distantes dos grandes centros urbanos.

Exercício resolvido

7. A potência instalada de uma queda de água, planejada para a geração de energia elétrica, pode ser obtida em função de alguns parâmetros ligados ao reservatório e ao fluxo de água que passa pelos condutos forçados da usina. A expressão dessa potência é:

$$P = d \cdot z \cdot g \cdot H,$$

em que P é a potência instalada da queda de água; d, a densidade da água; z, a vazão da água; g, a aceleração da gravidade; e H, a altura do nível do reservatório.

a) Calcule a potência instalada de uma barragem hidrelétrica na qual o nível da água atinge 60 m de altura e a vazão do fluxo da água é de 2 000 litros por segundo. Adote $g = 10\ m/s^2$ e considere a densidade d da água igual a 1 000 kg/m^3.

b) Se o conjunto turbina-gerador apresenta um aproveitamento de 65%, determine a potência elétrica que cada unidade geradora fornece.

c) Se essa barragem possui 10 turbinas idênticas, calcule a energia produzida por essa usina em 12 horas de funcionamento.

Resolução

a) Antes de efetuar o cálculo da potência, é necessário verificar as unidades dos dados fornecidos. No caso, apenas a vazão precisará ser convertida para o SI: 2 000 L/s = 2 m^3/s, pois 1 m^3 = 1 000 L. Assim, substituindo os valores conhecidos na equação da potência, temos:

$$P = 10^3 \cdot 2 \cdot 10 \cdot 600 \Rightarrow P = 1\,200 \cdot 10^4 \Rightarrow$$
$$\Rightarrow P = 12 \cdot 10^6 \Rightarrow P = 12\ \text{MW}$$

(Potência mecânica, associada à energia mecânica da queda de água.)

b) A potência elétrica, obtida após a transformação da energia mecânica em elétrica, corresponde, segundo os dados, a 65% da energia total inicial. Logo, para cada turbina, temos:

$$P_{\text{elétrica}} = 65\%\ P_{\text{mecânica}}$$

A potência elétrica é assim calculada:

$$P_{\text{elétrica}} = 0{,}65 \cdot 12 \Rightarrow P_{\text{elétrica}} = 7{,}8\ \text{MW}$$

c) Como a barragem possui 10 turbinas idênticas, a potência elétrica total é de 78 MW. A quantidade de energia obtida após 12 horas de funcionamento dessa usina é calculada por:

$$P = \frac{E}{\Delta t}$$

Substituindo os valores conhecidos, temos:

$$78\ \text{MW} = \frac{E}{12\ \text{h}} \Rightarrow E = 78\ \text{MW} \cdot 12\ \text{h}$$

$$E = 936\ \text{MW} \cdot \text{h}$$

Exercícios propostos

8. A fotografia a seguir, de 2007, mostra detalhe da usina hidrelétrica de Marimbondo, construída nos anos 1970, na cidade de Fronteira, em Minas Gerais. Analise a imagem e faça o que é proposto a seguir.

Thomaz Vita Neto/Pulsar Imagens

a) Faça um esquema representando a foto e localize nele a barragem e os dutos forçados.

b) De acordo com dados da Agência Nacional de Energia Elétrica, a potência dessa usina é 1 440 MW. Considerando que cada conduto forçado alimenta apenas uma unidade geradora, calcule a potência elétrica de cada unidade.

9. Determine a potência instalada de uma barragem com 95 m de altura e vazão de 50 000 L/s.

10. O gráfico a seguir mostra a distribuição das fontes de geração de energia elétrica no Brasil em 2011.

Matriz elétrica brasileira

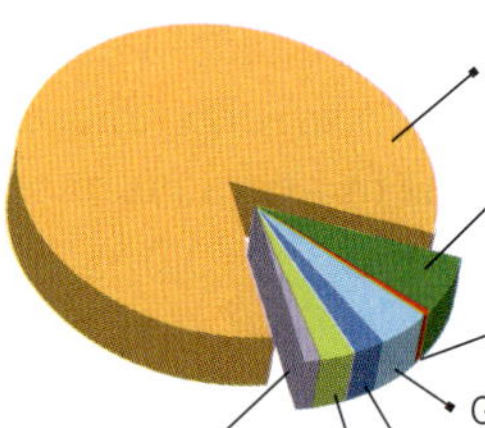

Setup Bureau/ID/BR

¹ Inclui gás de coqueria.
² Inclui importação.
³ Inclui lenha, bagaço de cana, lixivia e outras recuperações.

Fonte de pesquisa: International Energy Agency Statistics (OCDE/IEA). *Key World Energy Statistics 2012*. p. 7 e 24. Dados de 2011.

a) Identifique a principal fonte utilizada na geração de energia elétrica no país.

b) Elabore um texto simples justificando a presença marcante dessa fonte.

c) Faça uma lista das principais vantagens e desvantagens dessa fonte de energia.

Exercícios resolvidos

11. As ilustrações a seguir mostram uma forma de aproveitamento da energia solar. Em ambos os sistemas há um painel solar, indicando que a energia solar será utilizada para aquecimento ou fornecimento de energia elétrica. Analise-os atentamente e faça o que se pede a seguir.

Sistema 1

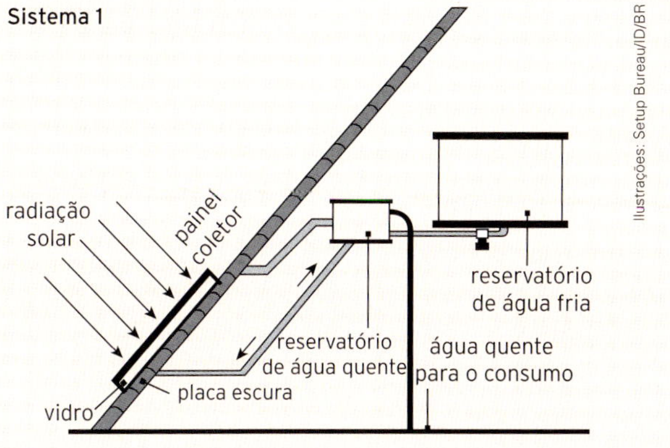

Fonte de pesquisa: Adaptado de Palz, W. *Energia solar e fontes alternativas.* Hemus, 1981.

Sistema 2

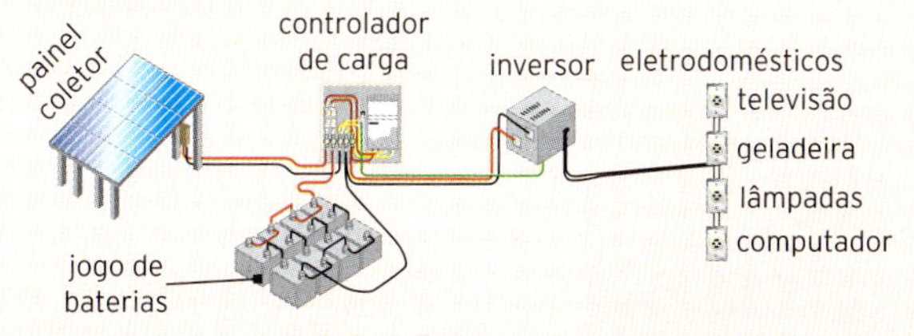

a) Identifique qual dos sistemas é utilizado para aquecimento e qual é utilizado para a obtenção de eletricidade. Aponte um elemento em cada sistema que facilite essa identificação.

b) Descreva, de maneira simplificada, o funcionamento de cada sistema.

c) Verifique qual desses sistemas tem seu uso mais difundido atualmente e exponha a razão pela qual se dá essa diferença no uso desses dois sistemas.

Resolução

a) O sistema 1 está relacionado ao aquecimento da água pela energia solar. A presença dos reservatórios de água auxilia na identificação. O sistema 2 está associado à obtenção de energia elétrica. Isso pode ser facilmente identificado pela presença do jogo de baterias e de tomadas elétricas.

b) Sistema 1 – a energia solar incide no painel coletor. Este absorve a energia incidente e aquece a água presente na tubulação localizada logo abaixo dele. A água quente torna-se menos densa e é então empurrada tubulação acima pela diferença de densidade entre ela e a água fria. Desse modo, a água circula pelo sistema, e a caixa de água passa a conter água aquecida.

Sistema 2 – a energia solar incide nos painéis coletores. Estes são dotados de células que convertem a energia luminosa diretamente em energia elétrica (efeito fotoelétrico), alimentando as baterias. A tensão elétrica das baterias é então elevada pelo inversor e aplicada às tomadas, que alimentarão outros aparelhos.

c) Os aquecedores solares de água têm seu uso mais difundido devido a seu custo mais baixo e sua maior eficiência energética.

12. Um painel solar deverá ser utilizado para fornecimento de energia elétrica, suprindo o funcionamento de um chuveiro de potência 4 kW. A intensidade (potência por unidade de área) da radiação solar que incide na superfície da Terra é 1,0 kW/m^2, e a eficiência de conversão desse painel, 15%. Calcule a área do painel para que ele consiga alimentar satisfatoriamente esse chuveiro, considerando boas as condições de iluminação solar durante o seu funcionamento. Comente o resultado encontrado.

Resolução

A porcentagem da radiação solar incidente que é efetivamente convertida em eletricidade é 15%, ou seja:

$I_{ef} = 0{,}15 \cdot I_{total} \Rightarrow I_{ef} = 0{,}15 \cdot 1\,000\ \text{W/m}^2 = 150\ \text{W/m}^2$

Então, tem-se:

$$I = \frac{P}{A} \Rightarrow 150 = \frac{4\,000}{A} \Rightarrow A = \frac{4\,000}{150} = 26{,}7\ \text{m}^2$$

Essa área cobriria todo o telhado da casa, considerando uma área de 5 m × 5 m, e funcionaria somente para alimentar o chuveiro. Dado que o funcionamento das fotocélulas não ocorre à noite e é pouco eficiente em dias de baixa luminosidade, o projeto não é energeticamente viável. Além disso, o custo de fabricação desses painéis é elevado.

Exercícios propostos

13. Refaça os cálculos do exercício resolvido 12, considerando a eficiência de conversão de energia das células fotovoltaicas igual a 50% e a necessidade de alimentar, além do chuveiro (4 kW), uma geladeira (300 W), cinco lâmpadas (100 W cada uma) e um ferro de passar roupas (1 kW).

14. Considerando a área do telhado de uma casa popular próxima de 30 m^2, calcule a potência máxima que ela poderia gerar nas condições de conversão de energia do exercício anterior. Responda se essa potência poderia suprir a energia elétrica consumida por uma família com quatro pessoas.

Usinas termelétricas

As usinas termelétricas produzem eletricidade por acionamento de geradores elétricos, como nas hidrelétricas e nas usinas solares. Assim como nas solares, é produzido **vapor sob alta pressão** para mover as pás das turbinas. No entanto, as termelétricas diferem das usinas de concentração solar no que diz respeito à energia inicial introduzida no processo.

As usinas solares utilizam energia solar, que é convertida em calor para a obtenção de vapor a altas pressões. Já as usinas termelétricas usam combustível, que, ao ser queimado, libera grande quantidade de calor, o qual aquece e vaporiza a água em uma caldeira. O vapor, então, aciona as turbinas. O restante do processo é similar ao das hidrelétricas e das usinas de concentração solar.

Após passar pela turbina, o vapor atravessa uma tubulação, onde é condensado (torna-se líquido novamente) e depois direcionado por uma bomba até a caldeira, dando início a um novo ciclo.

Desse modo, as usinas termelétricas utilizam a energia presente inicialmente nos combustíveis (energia química), armazenada nas ligações entre os átomos que os compõem e que é liberada no processo de combustão.

Bill Bachman/Alamy/Other Images

Usina termelétrica Yallourn W, em Victoria, Austrália, 2012.
Como se percebe na imagem, as usinas termelétricas poluem o ar.

Para potencializar o rendimento dessas usinas, são usados combustíveis com alto poder calórico, capazes de liberar grande quantidade de energia térmica ao sofrerem combustão. Em geral, são **combustíveis fósseis** (petróleo, carvão natural, gás natural), que comportam alto teor de carbono. Ao serem queimados, esses combustíveis liberam na atmosfera material particulado e gases que aumentam consideravelmente a poluição atmosférica e contribuem para o aumento do efeito estufa.

Por serem compactas, essas usinas podem ser instaladas de maneira rápida e relativamente simples, em comparação às usinas hidrelétricas e mesmo às usinas solares. Em países cujas condições naturais não favorecem a construção de hidrelétricas, as termelétricas são uma opção viável para a obtenção de energia elétrica.

A operação de uma termelétrica, contudo, está sujeita à disponibilidade de combustíveis, a qual é limitada pelos altos custos de produção e de distribuição, considerando-se os fatos de não serem recursos renováveis (as reservas mundiais um dia se esgotarão) e de exigirem a instalação de oleodutos ou gasodutos. Associa-se a isso a desvantagem de ser poluente (veja o boxe ao lado).

O Brasil possui usinas termelétricas em vários estados, mas algumas delas funcionam apenas quando há necessidade de suprimento extra de energia elétrica, em momentos críticos do fornecimento de eletricidade pelas usinas hidrelétricas.

Ligado ao tema

Impactos ambientais das termelétricas

Devido à queima de combustíveis fósseis, as termelétricas emitem nuvens poluentes diretamente na atmosfera. Essa queima libera, além de partículas, dióxido de carbono (CO_2), óxidos de nitrogênio (NO_x) e dióxido de enxofre (SO_2), que são lançados continuamente na atmosfera.

Além da degradação das condições do ar respirável, esses poluentes contribuem para o aumento do efeito estufa (principalmente pelo CO_2) e para a intensificação das chuvas ácidas (pelo SO_2).

A água fria utilizada no resfriamento dos sistemas da termelétrica provém de um rio, lago ou braço de mar nas proximidades da usina. Essa fonte recebe de volta água mais quente do que quando foi retirada. Isso leva a alterações significativas nos ecossistemas locais, causando danos ao meio ambiente.

O microclima do local também é afetado com a ligeira elevação da temperatura média do local em que a usina é instalada. A chuva ácida pode alterar as condições da água, levando a maior teor de acidez, que também altera a vida aquática. Outras consequências da chuva ácida podem ser percebidas nas cidades, como a corrosão de construções e monumentos.

Para refletir

Com tantos aspectos negativos do ponto de vista ambiental, o que justifica a instalação de uma usina termelétrica em determinada localidade?

Funcionamento de uma usina termelétrica

À semelhança das hidrelétricas, as usinas termelétricas possuem um sistema de turbinas e geradores que precisam ser movimentados para a geração de eletricidade. Seu acionamento se dá por meio de vapor pressurizado, como em uma usina solar. Os impactos ambientais, no entanto, são muito mais facilmente percebidos.

O esquema a seguir mostra que o combustível é inserido no reservatório queimador, onde entrará em combustão, liberando calor. A fumaça resultante dessa queima é liberada pelas chaminés diretamente na atmosfera.

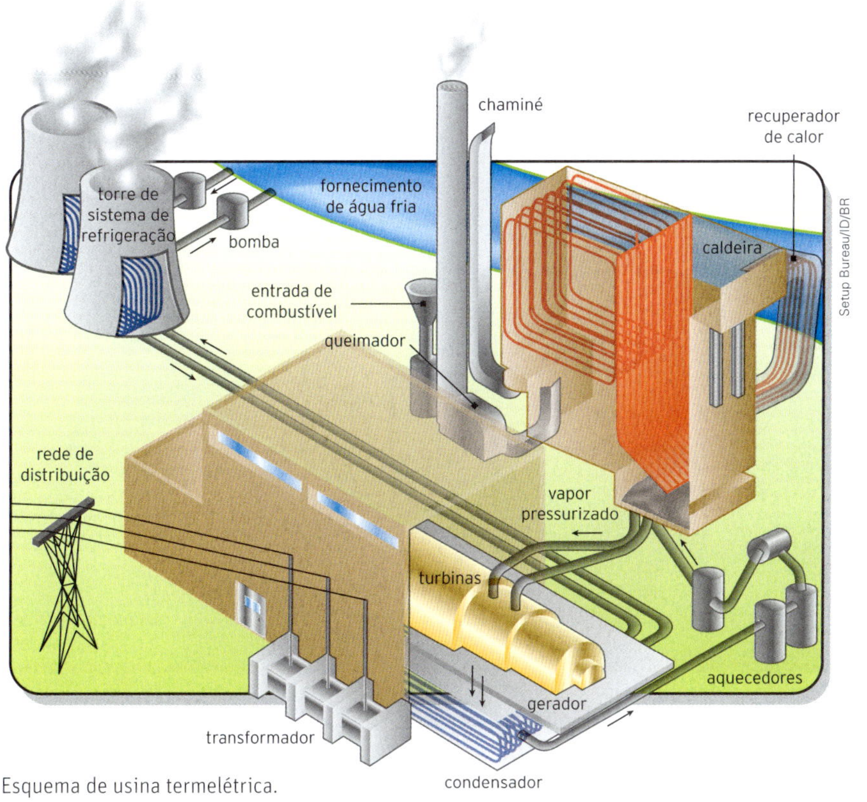

Esquema de usina termelétrica.

Com o calor liberado na combustão, aquece-se a água circulante na tubulação do interior da caldeira. Assim, a água se transforma em vapor, que, devido a sua alta temperatura, exerce violenta pressão nas paredes da tubulação. Esse vapor a alta pressão é então direcionado às turbinas, empurrando suas pás e movendo seu eixo central.

Com a movimentação do eixo das turbinas, move-se também a parte central do gerador, onde são colocados os grandes magnetos. Devido a esse movimento, passa a ocorrer indução eletromagnética, gerando correntes elétricas nas bobinas do corpo do gerador.

Tais correntes elétricas são conduzidas por cabos aos transformadores e posteriormente à rede de distribuição, que possibilitará a transmissão dessa eletricidade aos centros consumidores, geralmente distantes dali.

Enquanto isso, o vapor, após passar pela turbina, atravessa a câmara de condensação, onde uma tubulação secundária o resfria, transformando-o novamente em água líquida, a qual retornará à caldeira, realimentando o processo.

Nessa tubulação secundária do condensador também circula água, que, após resfriar o vapor, é levada para as torres de refrigeração, para acelerar seu resfriamento. Após isso, a água é devolvida ao local de onde foi retirada. Dependendo da localização da usina, essa água poderá ser retirada de tanques ou diretamente de rios ou do mar.

Usinas nucleares

As usinas ou centrais nucleares, ou usinas nucleoelétricas, usam energia nuclear para a produção de eletricidade. A liberação da energia térmica que aquece o líquido que gera vapor a alta pressão é induzida, nas termelétricas, por um processo de combustão (reação química), enquanto nas usinas nucleares depende de um processo de **fissão nuclear** (reações que ocorrem no núcleo do átomo). O esquema a seguir mostra as etapas do funcionamento de uma usina nuclear típica.

Conceito em questão

Alguns textos mencionam as usinas nucleares como termelétricas. Após ler o texto desta página, que descreve o funcionamento de uma central nuclear, você concorda com essa denominação? Que argumentos podem ser empregados para defender essa denominação?

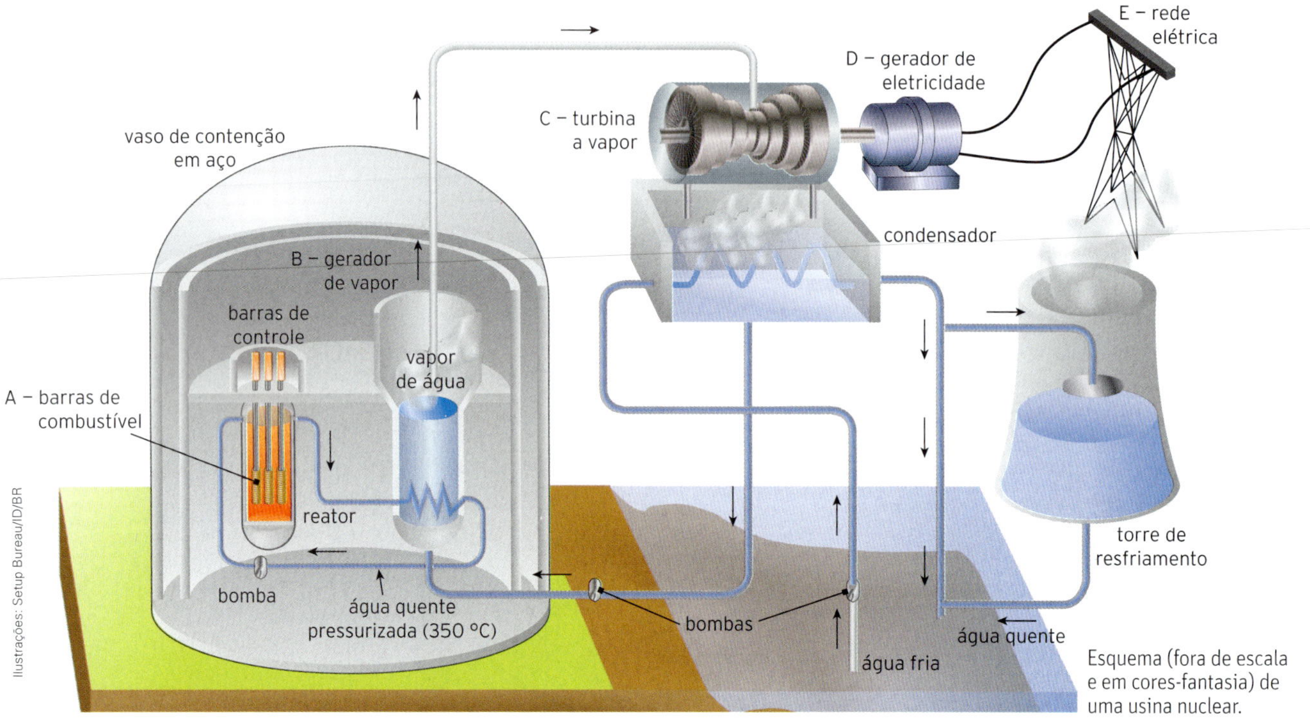

Esquema (fora de escala e em cores-fantasia) de uma usina nuclear.

As barras de combustível nuclear (urânio ou plutônio), dentro do núcleo do reator, são bombardeadas com nêutrons, dando início à fissão nuclear (**A**).

O processo de fissão consiste na "quebra" desses núcleos atômicos pesados. A cada núcleo "quebrado", um montante de energia é liberado, juntamente com nêutrons velozes. Esses nêutrons "quebram" outros núcleos atômicos e liberam mais energia e outros nêutrons, que, por sua vez, "quebram" outros, gerando o ciclo denominado **reação em cadeia** (ver esquema ao lado).

A energia liberada na fissão é absorvida por um líquido, que é aquecido rapidamente. Na câmara geradora de vapor (**B**), a água é vaporizada e direcionada às turbinas (**C**). Por sua alta pressão, o vapor é capaz de mover as pás das turbinas, acionando o gerador (**D**) e produzindo eletricidade, que é levada pela rede elétrica (**E**) aos centros consumidores distantes da usina. A refrigeração final do sistema é semelhante à que ocorre em uma termelétrica.

O núcleo do reator exige monitoramento constante. Barras de atenuação são inseridas para absorver os nêutrons livres e, assim, controlar a reação nuclear. Sem esse controle, ocorreria um aquecimento descomunal, o que poderia levar à explosão e ao rompimento das paredes do núcleo. Quando isso acontece, além da grande destruição local, nuvens de vapor altamente radioativo são liberadas na atmosfera, contaminando o ambiente. Com a ação dos ventos, essas nuvens são conduzidas a locais mais distantes, ampliando o raio de contaminação.

A alta sofisticação tecnológica envolvida na construção e na operação segura de uma usina nuclear tem impacto direto em seu custo final, o que a torna uma das formas mais caras de geração de eletricidade.

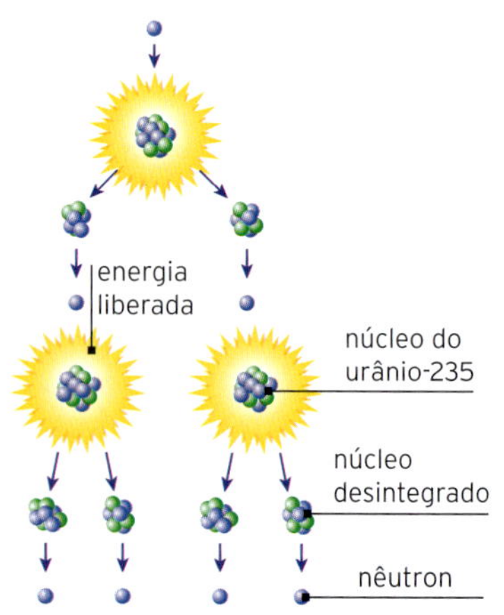

Esquema (sem escala e em cores-fantasia) da reação em cadeia da fissão nuclear.

A energia nuclear no Brasil

No final dos anos 1960 e começo dos anos 1970, o governo brasileiro planejava construir três usinas nucleares, que deveriam entrar em funcionamento no final da década de 1970. Um acordo firmado entre o governo brasileiro, ainda durante o regime militar, e o governo da antiga Alemanha Ocidental permitiria a compra de equipamentos e a transferência de tecnologia para que o Brasil pudesse se tornar posteriormente autônomo nessa área.

A justificativa utilizada na época para a assinatura do acordo e a construção dessas usinas baseava-se na urgência de se ter uma fonte alternativa de produção de eletricidade, pois o país corria o risco de não ter como gerar energia apenas por meio de usinas hidrelétricas em quantidade suficiente para suprir a crescente demanda. Curiosamente, a época em que se previa o início do funcionamento das usinas nucleares coincide com a da construção de Itaipu, umas das maiores usinas hidrelétricas do mundo.

Para a construção dessas três usinas nucleares, foi escolhida uma bela enseada na cidade de Angra dos Reis, no litoral do estado do Rio de Janeiro. A proximidade do mar, as montanhas ao fundo e a curta distância aos grandes centros consumidores, em particular às cidades de São Paulo e do Rio de Janeiro, foram argumentos decisivos.

Desde aquela época, os orçamentos iniciais para a construção das três usinas já foram revistos e ampliados diversas vezes, sem que o projeto tenha chegado ao final. Duas usinas já foram construídas (Angra 1 e Angra 2). Angra 3 começou a ser construída em 2010 e a previsão é que entre em funcionamento em 2016, segundo a Eletronuclear.

Para refletir

O Brasil pretende desenvolver e explorar a tecnologia que lhe possibilite dominar todo o ciclo de produção do combustível nuclear utilizado nas usinas para produzir eletricidade. Isso lhe permitiria também desenvolver submarinos nucleares, que podem fazer longas viagens com economia de combustível. Organismos internacionais e países que se opõem a isso afirmam que o domínio dessas técnicas proporciona a construção de bombas atômicas.

Em sua opinião, o Brasil deve investir no desenvolvimento dessas técnicas? Justifique sua escolha com argumentos.

Rogério Reis/Pulsar Imagens

Complexo de Angra – Angra 1 (à esquerda) e Angra 2 (à direita). A usina Angra 3 está sendo construída na mesma área. Angra dos Reis, RJ, 2006.

A energia elétrica produzida pelas centrais nucleares em funcionamento (Angra 1 e Angra 2) responde por menos de 3% da energia elétrica total produzida no país. Em países como a França, por exemplo, a produção de eletricidade em usinas nucleares responde por quase 80% da energia elétrica total produzida no país. A tabela abaixo mostra os principais países que utilizam essa modalidade de produção de eletricidade.

Centrais nucleares (porcentagem da produção doméstica de eletricidade)

1. França	2. Ucrânia	3. Coreia	4. Japão	5. Alemanha	6. EUA	7. UK	8. Rússia	**23. Brasil**	Mundo
76,2%	48%	32,7%	26,9%	23%	19,9%	18,6%	16,5%	**2,7%***	13,5%

Fontes de pesquisa: International Energy Agency (IEA). *Key World Energy Statistics 2010*. p. 17. Ano-base 2009; *Empresa de Pesquisa Energética – Ministério de Minas e Energia. *Balanço Energético Nacional 2012*.

Exercícios resolvidos

15. Usinas hidrelétricas, termelétricas, de concentração de luz solar e nucleares têm um fator em comum. Identifique esse fator e comente a respeito.

Resolução

As quatro modalidades de usina têm em comum a necessidade de acionamento de um gerador por meio de uma turbina. O que difere uma da outra é a maneira como essa turbina é acionada: enquanto a hidrelétrica tem acionamento direto pela água, sem uso de combustível de nenhuma espécie, os outros tipos de usina devem produzir vapor pressurizado, que induz o acionamento da turbina.

16. O gráfico a seguir mostra dados de obtenção de eletricidade por fonte, em escala global.

Geração de eletricidade por fonte

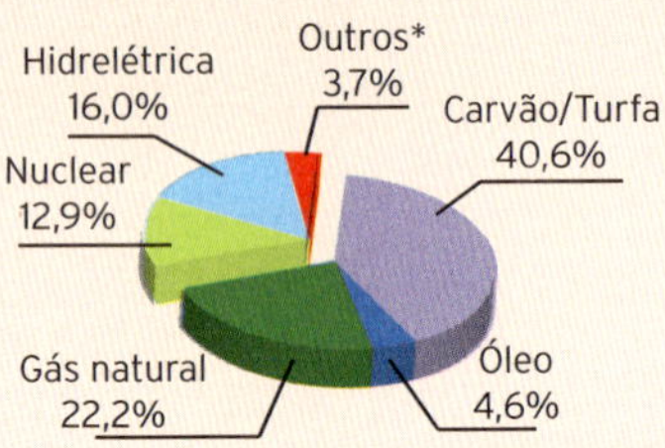

* Inclui energias geotérmica, solar, eólica, etc.

Fonte de pesquisa: International Energy Agency Statistics (OCDE/IEA). *Key World Energy Statistics 2012*. p. 7 e 24. Dados de 2011.

a) Identifique, com base no gráfico, as duas principais fontes mundiais de obtenção de energia para a geração de eletricidade.

b) Associe às duas fontes uma modalidade de usina de geração de eletricidade. Justifique.

Resolução

a) As duas principais fontes mostradas no gráfico são o carvão mineral e o gás natural, que respondem por 62,8% da produção global.

b) Essas duas fontes devem estar associadas a usinas termelétricas, que as utilizam como combustível em seus processos de geração de eletricidade.

17. Observe o esquema a seguir, no qual são mostrados valores de massa de alguns combustíveis para os quais se obtém o mesmo valor de energia.

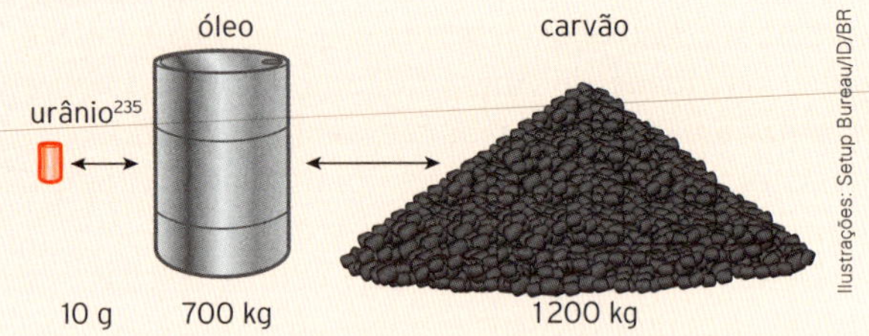

Esquema fora de escala e em cores-fantasia.

Fonte de pesquisa: Comissão Nacional de Energia Nuclear (CNEN). *Energia Nuclear* – apostila educativa. p. 15.

Explique a relação apresentada no esquema.

Resolução

A ideia do esquema é mostrar a altíssima eficiência de uma central nuclear comparada à de uma central termelétrica, por exemplo. Dessa forma, é apresentada a informação de que 10 g de urânio-235 contêm o mesmo potencial de liberação de energia que 700 kg de óleo combustível ou 1 200 kg de carvão mineral.

Exercícios propostos

18. Diferencie o funcionamento de uma usina de concentração de luz solar e o de uma usina fotovoltaica.

19. Analisando novamente o gráfico apresentado no exercício resolvido 16, identifique a produção de eletricidade global por meio de hidrelétricas e compare com a produção brasileira, apresentada no texto do capítulo. Enuncie ao menos duas razões que justifiquem, ainda que parcialmente, essa diferença entre o Brasil e o restante do globo.

20. Retorne ao exercício resolvido 17. Caso se disponha de uma reserva de urânio de 1 tonelada, determine a quantos quilogramas de carvão isso corresponderá.

21. As emissões mundiais de CO_2 por fonte de combustível e por região do globo são apresentadas nos gráficos a seguir.

Emissões mundiais de CO_2

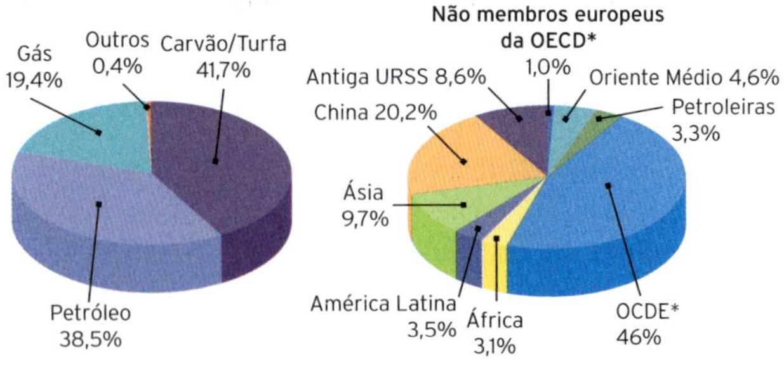

* Organização para a Cooperação e Desenvolvimento Econômico.

Fonte de pesquisa: IEA. *Key World Energy Statistics 2008*. Dados de 2006.

a) Identifique, de acordo com os dados dos gráficos, as duas maiores fontes de emissão de CO_2 e o maior emissor desses resíduos.

b) Das usinas estudadas até agora, identifique uma que esteja mais diretamente ligada a essas emissões.

Usinas eólicas

Uma das primeiras utilizações humanas da energia eólica foram as embarcações a vela, que, impelidas pelos ventos, permitiram a navegadores de várias civilizações sair em jornadas mar afora.

Outra antiga aplicação da energia eólica são os moinhos de vento, que usam o vento como fonte de energia para movimentar mecanismos de moagem de grãos, condução de água dos rios e levantamento de cargas.

Ricardo Azoury/Pulsar Imagens

Embarcação típica do Nordeste brasileiro, a jangada utiliza a energia dos ventos para navegar.

Gardel Bertrand/AFP

Moinhos de vento em La Mancha, 2006, Espanha, imortalizados na obra *Dom Quixote*, de Miguel de Cervantes.

A utilização da energia dos ventos para a obtenção de eletricidade é bem mais recente. Correntes de ar de alta velocidade movem grandes pás, como abas de um enorme cata-vento, também chamado **aerogerador**. Ao girarem, essas pás movimentam o eixo de um gerador elétrico, produzindo eletricidade por meio de indução eletromagnética, que é captada por uma central e direcionada aos centros consumidores.

Ao atingir as pás, o vento inicia o movimento de rotação do cubo do rotor, que aciona o eixo principal (baixa velocidade). Este aciona um eixo secundário (alta velocidade), que amplifica o movimento rotativo. Um gerador é então acionado, produzindo eletricidade. A energia elétrica é coletada por cabos e levada a transformadores, que depois a direcionam aos centros consumidores.

A geração de energia eólica em larga escala apresenta dificuldades, porque exige, além de ventos fortes e constantes no local, a instalação de vários e enormes cata-ventos.

O uso de energia eólica é considerado uma das formas mais limpas de obtenção de energia elétrica, pois não implica emissão de poluentes no solo, na atmosfera ou na água. No entanto, os grandes conjuntos de cata-ventos geram poluição sonora significativa e, por isso, são instalados longe de comunidades urbanas.

Há também estudos afirmando que as pás dos cata-ventos podem, em determinadas localidades, interferir na rota migratória de bandos de aves.

Rodrigo Baleia/Folhapress

Detalhe de aerogeradores do parque eólico de Osório, RS, 2008.

Ação e cidadania

Brasil, um país verde!

O Brasil reúne condições para a exploração de fontes renováveis de energia em diversas modalidades, como hidrelétrica, eólica e energia de marés, de biomassa (bagaço de cana, por exemplo) e de biocombustíveis (entre eles, o gás obtido em biodigestores e o biodiesel). Por isso, é apontado como país de vanguarda na questão energética mundial. O Nordeste brasileiro apresenta condições privilegiadas para a utilização da energia solar.

Por serem renováveis e menos poluentes, essas fontes de energia são chamadas de "verdes". O Brasil é, portanto, um país com grande potencial para ser sempre "verde" no que se refere à questão energética.

- Individualmente, quais atitudes "verdes" você pode tomar?

Ligado ao tema

Energia eólica no Brasil e no mundo

O Brasil conta com alguns parques de aerogeradores espalhados pelo território. Como no restante do mundo, entretanto, a energia eólica ainda é pouco explorada no país. A tabela abaixo mostra a participação brasileira na produção mundial de energia elétrica por meio de energia eólica.

Energia eólica (porcentagem em MW de potência instalada) – 2007	
1. Alemanha	23,7%
2. EUA	17,9%
3. Espanha	16,1%
4. Índia	8,4%
5. China	6,3%
25. Brasil	**0,3%**

Fonte de pesquisa: Agência Nacional de Energia Elétrica. *Atlas de energia elétrica do Brasil*. 3. ed. Brasília: Aneel, 2008. p. 80.

Fontes alternativas de energia

A crescente demanda mundial por energia, associada à pressão por formas de geração menos degradantes, tem levado os pesquisadores a buscar novas formas de obtenção de energia.

A energia solar e a eólica são consideradas energias alternativas em determinados países. Em outros, as chamadas Pequenas Centrais Hidrelétricas (PCH), de capacidade menor que 30 MW, capazes de fornecer energia elétrica para pequenas comunidades, também recebem o rótulo de alternativas.

Algumas das energias alternativas têm ganhado cada vez mais destaque devido às possibilidades de utilização futura.

Biodiesel

Alf Inge Myhre Tunheim/Acervo do fotógrafo

Óleos obtidos de sementes (de soja, girassol, algodão, amendoim, mamona, etc.) são postos a reagir com álcool, gerando um óleo combustível com alto poder calorífico (cerca de 9 500 kcal/kg) — o biodiesel.

Etanol de cana-de-açúcar e biomassa

Delfim Martins/Pulsar Imagens

Rogério Reis/Pulsar Imagens

O etanol é um combustível cuja matéria-prima é a cana-de-açúcar. Ele é utilizado para aquecer o líquido em caldeiras de usinas termelétricas e como combustível de veículos. Além de produzir etanol, o próprio bagaço da cana é utilizado como combustível em caldeiras. A queima do etanol e do bagaço libera gás carbônico na atmosfera. Contudo, parcela significativa desse gás é reabsorvida pela própria cana (durante seu replantio), pelas algas e por outros vegetais.

Células de hidrogênio

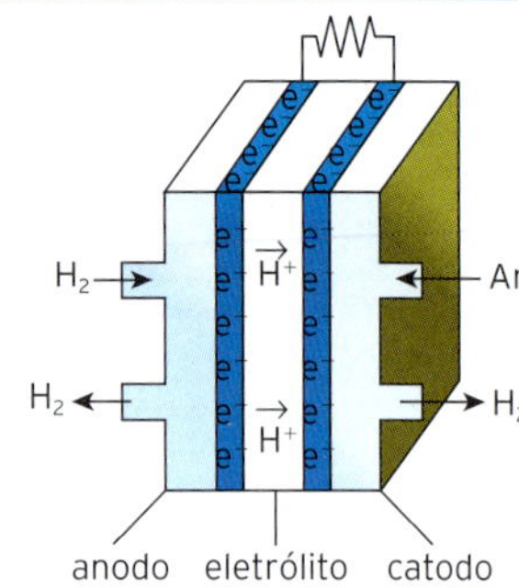

Setup Bureau/ID/BR

Uma célula combustível funciona como uma bateria. Costumam-se utilizar hidrogênio e oxigênio como reagentes da célula de hidrogênio (ver figura). É fornecido hidrogênio do lado do anodo e oxigênio (do ar) do lado do catodo. O gás hidrogênio entra no anodo, onde é separado em prótons e elétrons. Os prótons são conduzidos para o catodo, e os elétrons percorrem um circuito externo. No catodo, as moléculas de oxigênio reagem com os elétrons vindos do circuito externo e, com isso, formam água, que é um resíduo não poluente. Esse processo de obtenção de energia é pouco poluente, porém no momento seu custo é elevado.

Energia geotérmica

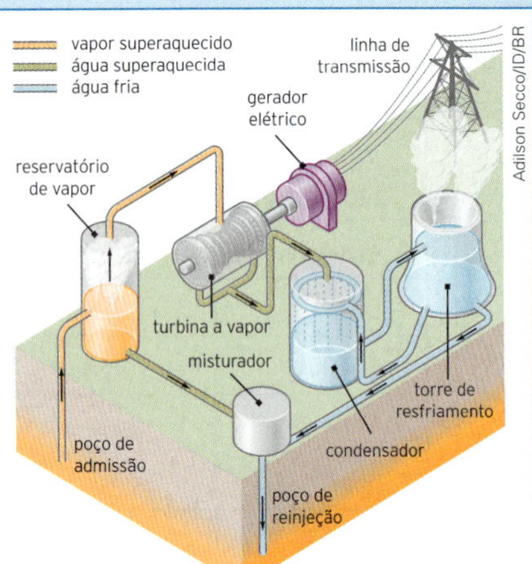

Adilson Secco/ID/BR

O calor das camadas inferiores da Terra pode aquecer a água de tubulações especiais, produzindo vapor para movimentar turbinas elétricas.

Energia das ondas

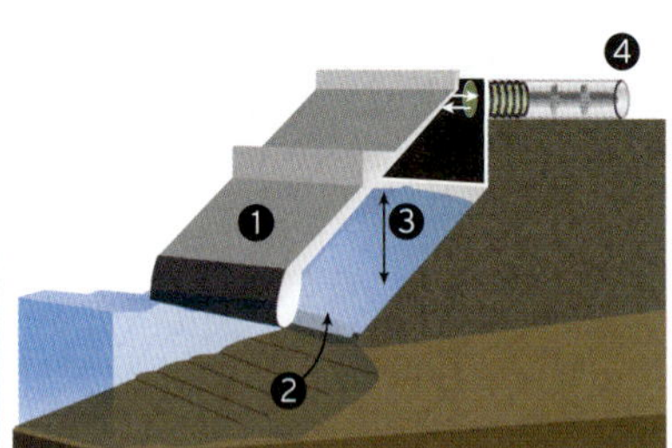

Setup Bureau/ID/BR

1 – Câmara de captura das ondas instaladas na rocha
2 – Ondas empurram água para dentro da câmara
3 – Movimento alternado da superfície do mar (ondas) pressuriza e despressuriza o ar contido na câmara
4 – O ar movimenta a turbina criando energia

O movimento das ondas gera um fluxo de ar que movimenta turbinas elétricas.

Energia de correntes marinhas ou de marés

Claus Lunau/Bonnier Publications/SPL/Latinstock

As correntes marinhas podem ser utilizadas para acionar turbinas submersas, como na figura. A subida e a descida das marés também podem ser usadas para o mesmo fim.

3. O caminho da energia: das usinas às residências

As usinas de produção de eletricidade normalmente se localizam longe dos centros consumidores. As distâncias podem variar de dezenas a milhares de quilômetros.

O transporte de eletricidade envolve várias etapas e um número elevado de equipamentos para garantir que a energia chegue aos pontos de consumo com qualidade e segurança. A tensão elétrica gerada nas **centrais** é, em geral, alternada, e estabelecida em 600 V. A **subestação de transmissão** eleva essa tensão a até 500 000 V, e a eletricidade é então transportada pelas **linhas de alta tensão**.

Nas **subestações de energia**, via de regra localizadas próximo aos centros urbanos, a tensão elétrica é diminuída para 13 800 V e distribuída pelas **linhas de média tensão** urbanas.

Ao chegar aos locais de consumo, **transformadores** reduzem a tensão elétrica para 110 V ou 220 V. Cabos de baixa tensão levam a eletricidade até as **caixas de entrada** de residências, estabelecimentos comerciais e indústrias, e de lá fios a distribuem para os pontos finais de consumo, onde a energia elétrica será finalmente utilizada.

Os chamados **relógios de energia** medem o consumo de energia elétrica de cada ponto consumidor e coletam informações que serão apresentadas na fatura de consumo. O esquema a seguir apresenta, de forma simplificada, as principais etapas envolvidas nesse transporte.

Esquema mostrando o caminho da eletricidade desde a sua geração, nos diversos tipos de usinas, até o consumidor final

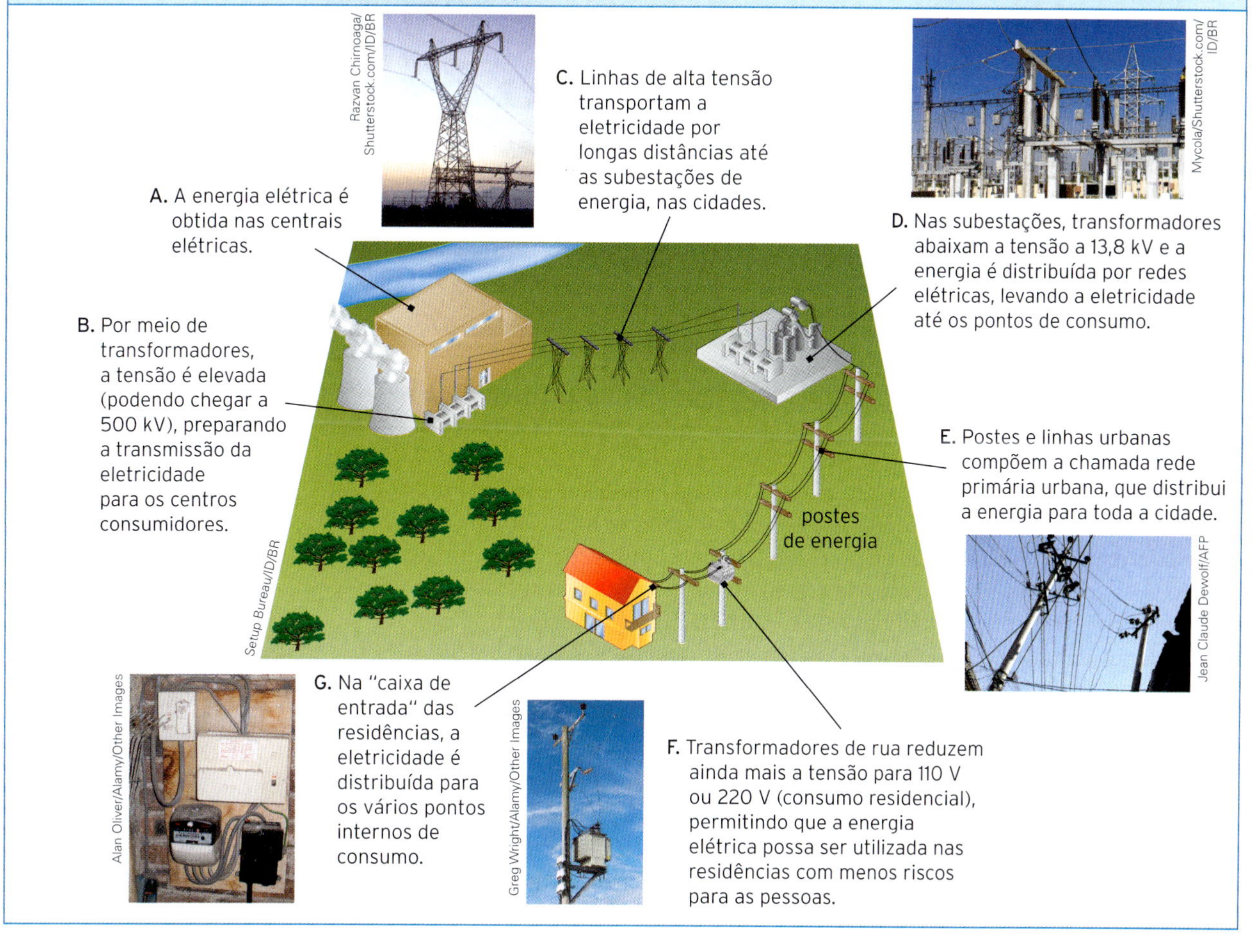

A eletricidade chega às residências

A eletricidade chega às residências por meio de **cabos de baixa tensão** que estão ligados às linhas de distribuição das ruas.

Como já mencionado, a tensão da rede primária (cerca de 13,8 kV) é reduzida para 110 V ou 220 V nos transformadores que se encontram nos postes das ruas. Essas tensões, muito menores, garantem a redução de riscos para os usuários finais, em caso de contato direto com a rede elétrica.

Em uma instalação típica, três fios partem do transformador externo (nos postes) para uma residência: duas fases e um neutro. As **fases** apresentam tensão alternada que oscila geralmente entre −110 V e +110 V. O **neutro** tem potencial elétrico zero, como foi estudado no capítulo 4.

Esses cabos são ligados à caixa de entrada, onde há o medidor de consumo de energia elétrica ("relógio"), responsável por registrar o consumo mensal da residência, para que a empresa fornecedora de energia possa gerar a fatura de cobrança.

Setup Bureau/ID/BR

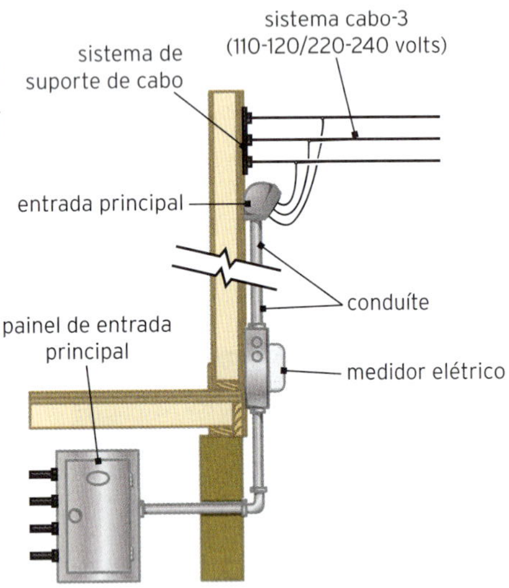

Os fios de eletricidade passam pelo "relógio" medidor, depois pela caixa de disjuntores até, finalmente, chegar aos pontos de consumo.

Sciencephotos/Alamy/Other Images

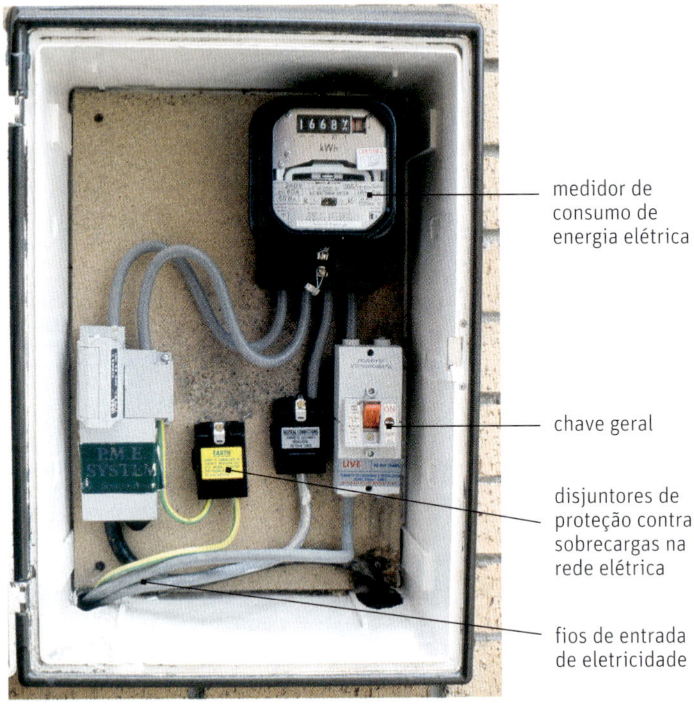

Partes internas de uma caixa de entrada residencial.

O medidor elétrico pode se localizar na mesma caixa em que se encontram a chave geral, os fusíveis ou disjuntores e as chaves auxiliares secundárias. Dependendo da instalação, no entanto, o medidor pode se localizar em uma caixa externa, para facilitar o acesso do profissional responsável pela leitura do relógio. Nesse caso, os outros equipamentos (chave geral, chaves secundárias e elementos de proteção) normalmente se localizam em uma caixa secundária, dentro da residência.

A chave geral controla todo o fornecimento de energia elétrica que chega do exterior para a casa. Se estiver desligada, não haverá eletricidade circulando pela residência.

Os fusíveis ou disjuntores são elementos de proteção contra sobrecargas na rede elétrica. Eles são fabricados de modo que fundam (fusível) ou desarmem (disjuntores), quando circular por eles uma corrente elétrica perigosa para a instalação elétrica. Assim, evitam que os demais componentes da rede residencial, incluindo os aparelhos ligados a ela, sofram algum dano.

Transmissão de eletricidade

A eletricidade, em sua origem nas centrais elétricas, é alternada; no entanto, sua transmissão das centrais produtoras até os centros de consumo pode ser feita por meio de tensão alternada ou contínua. O método de transmissão é determinado por fatores de ordem técnica. Na maioria das vezes, a transmissão é feita por tensão alternada.

As linhas de transmissão apresentam resistência elétrica elevada devido ao seu longo comprimento. Isso causa aquecimento dos fios – efeito Joule – e consequente perda de energia elétrica na transmissão, transformada em calor. A potência dissipada pode ser escrita em função da resistência do fio e da intensidade da corrente.

$$P_{\text{final}} = P_{\text{total}} - P_{\text{dissipada}} \qquad P_{\text{final}} = P_{\text{total}} - r \cdot i^2$$

Para diminuir a perda de energia elétrica devido ao aquecimento dos cabos, deve-se diminuir sua resistência elétrica ou a intensidade de corrente elétrica que circula por eles. Para tanto, podem-se considerar os procedimentos a seguir.

- Trocar o material do qual os cabos são feitos. Em geral, as linhas de transmissão de alta tensão são de aço e alumínio, possuindo baixa resistividade elétrica e alta resistência à tração e à exposição contínua ao ambiente. Trocar essas linhas por cabos de cobre ou de outro material que seja melhor condutor elétrico encareceria demasiadamente sua instalação, sem diminuir de maneira significativa as perdas por aquecimento.
- Aumentar o diâmetro dos cabos reduziria sua resistência elétrica; entretanto, aumentaria ainda mais a sua massa, tornando-os demasiadamente pesados para serem utilizados.
- Diminuir a intensidade da corrente elétrica. Isso poderá ser feito aumentando-se a tensão elétrica entre os terminais da linha de transmissão. Os transformadores presentes na linha de corrente alternada transferem sempre a mesma potência entre seus enrolamentos primários e secundários, de modo que elevar a tensão causa uma redução proporcional da intensidade da corrente elétrica, pela expressão $P = U \cdot i$.

Assim, quanto menor a intensidade da corrente elétrica transportada, menor o aquecimento nos fios devido ao efeito Joule. Esse é o principal método utilizado em quase todas as linhas de transmissão.

Ligado ao tema

Elo de Corrente Contínua e o sistema de corrente alternada de Itaipu

Recentemente, sistemas de transmissão de corrente contínua em alta tensão (CCAT) têm sido utilizados para transferência de energia em grande escala e, geralmente, a pequenas distâncias. Essa tecnologia permite a implantação de sistemas mais simples, sem a necessidade de componentes de acoplamento entre redes e estações. A corrente alternada é transformada em contínua e depois novamente em alternada, para a distribuição nas residências.

As linhas do Elo de Corrente Contínua ligam as cidades de Foz do Iguaçu (PR) e Ibiúna (SP) com tensões de 600 kV, aproximadamente. É o único sistema de corrente contínua operando no Brasil atualmente. Em Ibiúna, a tensão contínua é transformada novamente em alternada.

Entre Itaipu e a subestação de Tijuco Preto (SP), há linhas de tensão alternada de 765 kV, estendendo-se por 900 km e com o suporte de mais de 2 mil torres de transmissão. Esse é o sistema de transmissão com a tensão mais elevada em operação no Brasil.

Ambas as linhas são mostradas no mapa ao lado.

Fonte de pesquisa: <http://www.itaipu.gov.br/?q=node/75&foto=transmissao_integracao_br.jpg>. Acesso em: 27 ago. 2009.

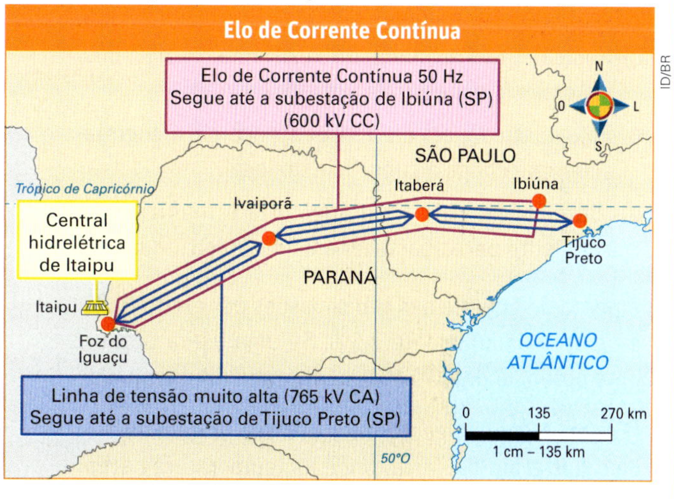

Exercício resolvido

22. Para determinar a potência de um gerador de energia eólica, os estudiosos utilizam a seguinte expressão:

$$P = \frac{1}{2}\rho \cdot \pi \cdot r^2 \cdot v^3,$$

sendo P a potência do gerador, ρ a densidade do ar, r o raio do conjunto de pás e v a velocidade do vento. Com base nessas informações, responda: Quando a velocidade do vento é duplicada, em quanto aumenta a potência do gerador?

Resolução

Conforme mostra a equação apresentada, a potência do gerador de energia eólica é diretamente proporcional ao cubo da velocidade do vento.

Se considerarmos uma potência P_0, calculada para uma densidade ρ, um raio r e uma velocidade v_0, $P_0 = \frac{1}{2}\rho \cdot \pi \cdot r^2 \cdot {v_0}^3$, podemos comparar a nova potência para $v = 2v_0$ pelo seguinte procedimento:

$$P = \frac{1}{2}\rho \cdot \pi \cdot r^2 \cdot (v)^3$$

$$P = \frac{1}{2}\rho \cdot \pi \cdot r^2 \cdot (2v_0)^3$$

$$P = \frac{1}{2}\rho \cdot \pi \cdot r^2 \cdot 8 \cdot {v_0}^3$$

$$P = 8 \cdot \frac{1}{2}\rho \cdot \pi \cdot r^2 \cdot {v_0}^3$$

$$P = 8 \cdot P_0$$

Portanto, a potência do gerador será oito vezes maior.

Exercícios propostos

23. **(Enem)** Deseja-se instalar uma estação de geração de energia elétrica em um município localizado no interior de um pequeno vale cercado de altas montanhas de difícil acesso. A cidade é cruzada por um rio que é fonte de água para consumo, irrigação das lavouras de subsistência e pesca. Na região, que possui pequena extensão territorial, a incidência solar é alta o ano todo. A estação em questão irá abastecer apenas o município apresentado. Qual forma de obtenção de energia, entre as apresentadas, é a mais indicada para ser implantada nesse município de modo que cause o menor impacto ambiental?

a) Termelétrica, pois é possível utilizar a água do rio no sistema de refrigeração.

b) Eólica, pois a geografia do local é própria para a captação desse tipo de energia.

c) Nuclear, pois o modo de resfriamento de seus sistemas não afetaria a população.

d) Fotovoltaica, pois é possível aproveitar a energia solar que chega à superfície do local.

e) Hidrelétrica, pois o rio que corta o município é suficiente para abastecer a usina construída.

24. A perda de energia nas transmissões por efeito Joule é de aproximadamente 2,5%. Se uma usina produz uma potência de 400 MW, qual será a perda em W?

25. **(Enem)** A energia geotérmica tem sua origem no núcleo derretido da Terra, onde as temperaturas atingem 4 000 °C. Essa energia é inicialmente produzida pela decomposição de materiais radiativos dentro do planeta. Em fontes geotérmicas, a água, aprisionada em um reservatório subterrâneo, é aquecida pelas rochas ao redor e fica submetida a altas pressões, podendo atingir temperaturas de até 370 °C sem entrar em ebulição. Ao ser liberada na superfície, à pressão ambiente, ela se vaporiza e se resfria, formando fontes ou gêiseres. O vapor de poços geotérmicos é separado da água e utilizado no funcionamento de turbinas para gerar eletricidade. A água quente pode ser utilizada para aquecimento direto ou em usinas de dessalinização.

HINRICHS, R. A. *Energia e meio ambiente*. São Paulo: Pioneira Thomson Learning, 2003. Adaptado.

Em conversão de energia, as usinas geotérmicas:

a) funcionam com base na conversão de energia potencial gravitacional em energia térmica.

b) transformam inicialmente a energia solar em energia cinética e, depois, em energia térmica.

c) podem aproveitar a energia química transformada em térmica no processo de dessalinização.

d) assemelham-se às usinas nucleares no que diz respeito à conversão de energia térmica em cinética e, depois, em elétrica.

e) utilizam a mesma fonte primária de energia que as usinas nucleares, sendo, portanto, semelhantes os riscos decorrentes de ambas.

4. O problema da escassez mundial de energia

A produção e o consumo mundial de energia, nas suas mais diversas formas, são problemas que preocupam todas as nações, pois ocorrem de maneira desigual pelo planeta. Observe, no mapa a seguir, como as macrorregiões obtêm energia elétrica. Os dados são de 2006, quando a América do Sul já se distinguia por usar mais energia renovável que energia convencional.

Uso de fontes de energia renovável e energia não renovável

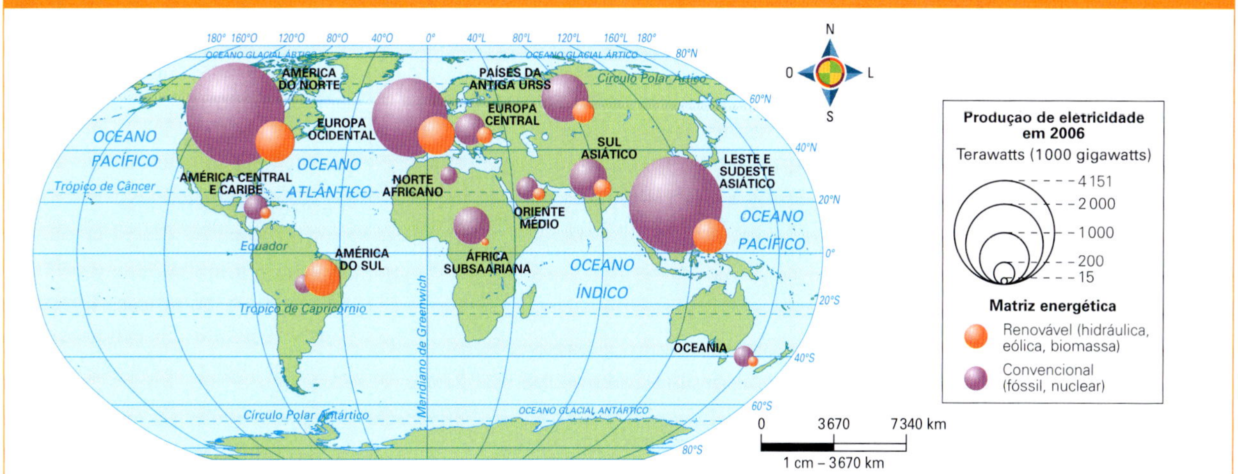

Mapa da matriz energética mundial.

Fonte de pesquisa: *Le Monde diplomatique*: L'Atlas. Paris: Armand Collin, 2006. p. 23.

Projeções recentes anunciam uma situação alarmante até 2030: crescimento de 45% na demanda mundial por energia, a uma taxa média de 1,6% ao ano. Além disso, o crescimento concentra-se na utilização de combustíveis fósseis, altamente poluentes, em especial o carvão.

Contudo, manifestações atuais de escassez anunciam que o cenário negativo já se manifesta no presente e deverá se intensificar em poucos anos, entre elas, as interrupções no fornecimento de energia elétrica em várias partes da Terra, como nos Estados Unidos e no Brasil, e dificuldades de abastecimento, como ocorre com o gás natural na Europa.

Para reverter essas tendências e minimizar os efeitos negativos da escassez, algumas iniciativas e propostas de mudança de mentalidade têm se apresentado como soluções viáveis. Alguns pontos que merecem destaque são: incrementos tecnológicos que visem ao aumento da eficiência energética de equipamentos e processos de geração de energia; reforço de hábitos individuais de economia de energia; incentivo ao consumo consciente e sustentável, que contribua para a redução de lixo e demande menor uso de energia; busca por fontes de energia limpas e renováveis.

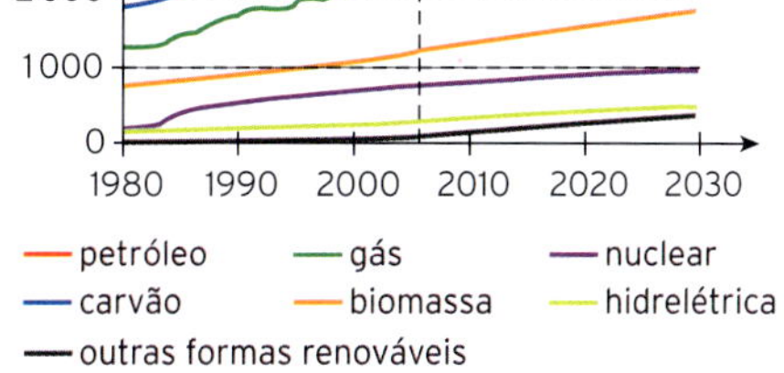

Projeções de demanda mundial de energia primária.

Fonte de pesquisa: Organização para a Cooperação e Desenvolvimento Econômico (OCDE), 2008.

O gráfico de linha acima apresenta a projeção de consumo mundial, em unidade de tonelada equivalente de petróleo (TOE), a qual fornece a quantidade de energia liberada pela queima de uma tonelada do combustível.

Ligado ao tema

Esterco de galinha como fonte de energia

A busca por fontes alternativas e renováveis de energia tem chamado a atenção para a matéria orgânica – a chamada **biomassa**, usada para produzir o biogás, com alto poder calórico. Para tanto, a matéria pode ser queimada diretamente ou deixada em decomposição.

Na Inglaterra, por exemplo, na cidadezinha de Eye, cerca de 100 casas se beneficiam da energia elétrica gerada por uma termelétrica que queima esterco de galinha em sua caldeira. Essa queima diminui o odor do esterco e é menos poluente do que a queima do carvão. Os resíduos da queima viram adubo, garantindo o ciclo renovável de energia da biomassa.

Energias renováveis

Por energia renovável, entendemos toda modalidade de energia que, de alguma maneira, volta à sua origem no ciclo de transformações energéticas no qual se insere.

Tomemos como exemplo a água utilizada em hidrelétricas para o acionamento das turbinas. Cumprindo seu ciclo natural, a água, na forma de chuva, por exemplo, sempre retorna a alguma nascente de rio e sempre pode passar novamente por uma usina.

As principais fontes renováveis de energia são:

- **Hidráulica**. As centrais hidrelétricas empregam a água corrente dos rios para o acionamento de seus geradores. Uma vez utilizada, a água segue seu curso até o mar e, por meio de seu ciclo natural, volta à origem, perpetuando essa forma de obtenção de energia elétrica.
- **Biomassa**. A queima de algumas matérias orgânicas pode ser aproveitada na geração de energia elétrica. A queima do bagaço da cana-de-açúcar, por exemplo, libera energia térmica, que pode ser usada em termelétricas adjacentes às usinas de açúcar e de etanol. Os resíduos da queima podem ser aproveitados na adubação de roças de replantio. Por meio da fotossíntese realizada por plantas e algas, o CO_2 eliminado na queima de matéria orgânica é novamente absorvido e fixado, fechando, com isso, um ciclo de obtenção de energia renovável.
- **Biocombustíveis**. Óleos extraídos de plantas como a soja e a mamona podem ser transformados em uma espécie de *diesel* altamente calórico e usado como combustível. Os resíduos eliminados na queima são reintroduzidos no ciclo de obtenção de energia, como no caso da biomassa.
- **Biogás**. Obtido da decomposição da matéria orgânica, o biogás também fornece energia ao ser queimado. Os resíduos podem gerar nova matéria orgânica, completando o ciclo de renovação na natureza.
- **Energias solar, eólica, das marés e das ondas**. São consideradas fontes renováveis, pois estão associadas principalmente ao Sol, cujo tempo de vida útil deverá acompanhar muitas e muitas gerações de vidas terrestres.

Energias não renováveis

Entre as fontes não renováveis, as mais importantes são os combustíveis fósseis, como o petróleo, e seus subprodutos, o carvão mineral e o gás natural. As matérias-primas nucleares, como o urânio e o tório (chamados por analogia de "combustíveis nucleares"), também são fontes não renováveis de energia.

A humanidade ainda utiliza energias não renováveis em larga escala, explorando pouco as formas de energia renováveis, como pode ser observado nos gráficos a seguir.

Total de suprimentos de energia primária por fonte

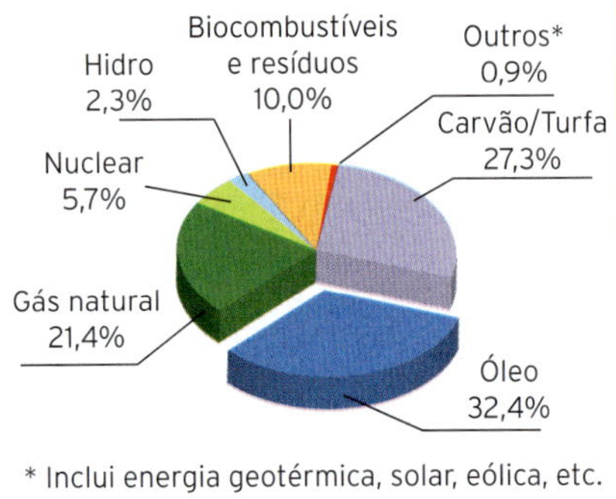

* Inclui energia geotérmica, solar, eólica, etc.

Geração de eletricidade por fonte

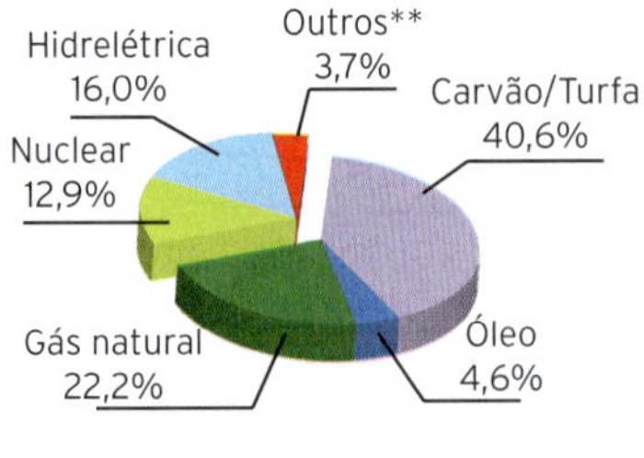

** Inclui energia geotérmica, solar, eólica, etc.

Ilustrações: Setup Bureau/ID/BR

Os dois gráficos mostram que, no mundo, o uso das fontes de energia não renováveis ainda prevalecem sobre o uso das fontes renováveis.

Fonte de pesquisa: International Energy Agency Statistics (OCDE/IEA). *Key World Energy Statistics 2012*. p. 7 e 24. Dados de 2011.

Ligado ao tema

Principais riscos ambientais das usinas

Apresentamos aqui os principais riscos ambientais acarretados pelas usinas mais comuns.

Centrais termelétricas

Queima de combustíveis nocivos, em geral fósseis, como o gás natural, o carvão e o petróleo. Emissão constante de gases poluentes associados à chuva ácida (efeito local) e ao efeito estufa (efeito global), além de poluição térmica local.

Centrais hidrelétricas

Alteração da paisagem local, interferindo na fauna e na flora terrestres e aquáticas. Interferência em rotas migratórias de vários animais. Acidificação das águas e emissão prolongada de gases de efeito estufa devido à decomposição da vegetação submergida.

Centrais eólicas

Alteração de rotas migratórias de aves. Poluição sonora causada pelo funcionamento dos aerogeradores. Inutilização das terras onde os aerogeradores são fixados, com provável interferência na qualidade de vida das populações locais. Possíveis acidentes com aves. Modificação da paisagem. Emissão de poluentes (restrita à fabricação e ao transporte das partes que compõem a central).

Centrais solares fotovoltaicas

Inutilização das terras onde os heliostatos são fixados, com provável interferência na qualidade de vida das populações locais. Riscos de acidentes envolvendo animais e pessoas que circulem pelo local. Emissão de poluentes (restrita à fabricação e ao transporte dos materiais que compõem a central). Emissão de dejetos tóxicos pelo descarte de materiais utilizados no armazenamento de energia elétrica (baterias).

Exercícios resolvidos

26. O gráfico abaixo mostra a relação entre diferentes fases da humanidade e o uso de energia nas mais variadas atividades cotidianas. Analise cuidadosamente as informações e responda às questões.

Consumo individual de energia

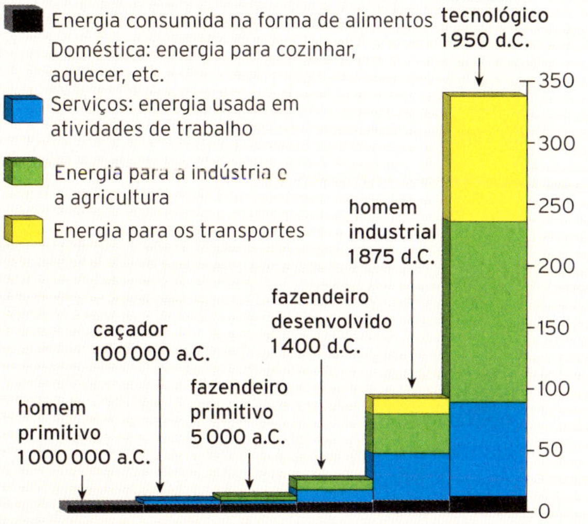

Hoje 28% da população mundial consome 77% da produção total de energia. Ou seja, três quartos da população mundial consome menos de um quarto da energia total produzida.

Fonte de pesquisa: Correio da Unesco.

a) Cite as unidades de consumo energético utilizadas nesse gráfico.

b) Na fase em que o homem é classificado como "fazendeiro desenvolvido", identifique o setor de vida cotidiana que representa o maior consumo energético.

c) Estime o aumento percentual no gasto energético individual que ocorreu na passagem da era industrial para a era tecnológica.

Resolução

a) O eixo vertical, no lado direito do gráfico, mostra o consumo em gigajoules (GJ), por pessoa por ano, em diferentes épocas da história humana. O eixo horizontal mede o tempo transcorrido, em ano.

b) O "fazendeiro desenvolvido" está associado a maior consumo em atividades de trabalho.

c) Em números aproximados, o homem industrial apresenta, de acordo com os dados do gráfico, um consumo de 100 GJ/pessoa/ano. O homem tecnológico, por sua vez, apresenta um consumo próximo de 350 GJ/pessoa/ano, ou seja, 3,5 vezes maior. Em termos percentuais, isso representa um aumento de 250%.

27. O gráfico abaixo apresenta dados de consumo de energia por passageiro em diversas modalidades de transporte da atualidade.

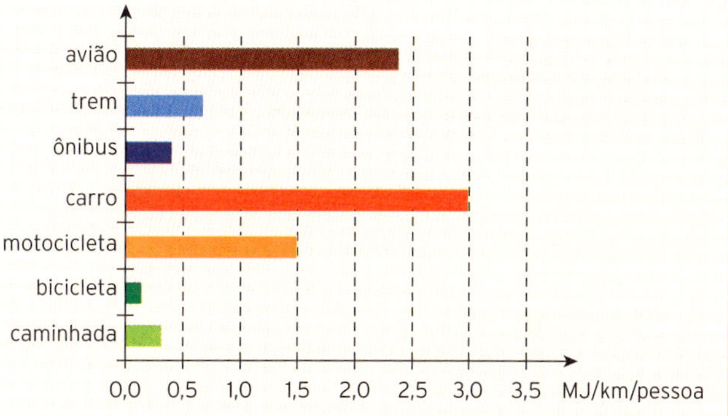

Fonte de pesquisa: WALISIEWICZ, M. *Energia alternativa*: solar, eólica, hidrelétrica e biocombustíveis. São Paulo: Publifolha, 2008. p. 30.

a) De acordo com esses dados, aponte o transporte que consome relativamente mais energia.

b) Considerando o deslocamento de grande número de pessoas por distâncias não muito longas, analise qual tipo de transporte, entre carro e trem, deveria estar no centro das atenções das políticas governamentais.

Resolução

a) Pelo gráfico, percebe-se que, na comparação relativa, o carro apresenta o maior gasto energético (3,0 MJ/km/pessoa).

b) Entre trem e carro, o primeiro deveria receber mais atenção, pois representa menor gasto energético.

Exercícios propostos

28. Leia a legenda do gráfico do exercício resolvido 26 e elabore um pequeno texto sobre o seguinte tema: "O consumo de energia *per capita* na atualidade é desigual".

29. Considerando o exercício resolvido 27:

a) cite hábitos que as pessoas de modo geral poderiam intensificar com o objetivo de reduzir o impacto do gasto energético individual causado pelos transportes mencionados;

b) em que você contribui para a redução desse tipo de impacto?

30. Ainda sobre o exercício 27, extraia informações do gráfico e associe-as a outros argumentos que sustentem a defesa da implantação de ciclovias de longo percurso nos centros urbanos.

31. Elabore um texto justificando por que o gasto energético de uma caminhada é maior do que quando se anda de bicicleta.

A importância de economizar energia elétrica

A perspectiva de escassez energética mundial compromete todo o conforto propiciado pela maior parte dos avanços tecnológicos. Além das ações que os governos devem implementar para aumentar a oferta de energia, a soma de pequenos hábitos individuais de economia e uso consciente de energia em todo o mundo geraria impactos muito positivos na direção de manter o acesso à energia e a seus múltiplos benefícios.

Uso consciente dos aparelhos que mais consomem energia elétrica em uma casa

CHUVEIRO. Responde por 25% a 30% do consumo total.
Potência média: 3,5 kW

- Reduzir tempo de banho – quanto maior o tempo, maior o consumo.
- Sempre que possível, usar o chuveiro na posição "verão" ou "morno".
- Comprar chuveiros de potência igual a ou menor que 6 kW. Salvo em lugares muito frios, essa potência é suficiente para aquecer a água, de modo que o banho seja confortável no inverno.
- Não usar resistores velhos e "remendados", pois eles aumentam o consumo do chuveiro.

GELADEIRA. Responde por 25% do consumo total.
Potência média: de 300 W a 400 W

- Instalar a geladeira em local ventilado, não muito próximo à parede, facilita a dissipação de calor da grade traseira (irradiador).
- Degelar e limpar a geladeira com frequência. Em geral, isso deve ser feito antes que a camada de gelo das bordas do congelador atinja 1 cm de espessura.
- Não manter a porta da geladeira aberta por muito tempo, pois parte do ar frio escapa, e a geladeira tem de iniciar o ciclo de resfriamento novamente.
- Manter as borrachas de vedação em bom estado, garantindo o bom fechamento das portas.
- Não colocar alimentos quentes na geladeira nem bloquear a circulação de ar através das grades das prateleiras.

LÂMPADAS. Respondem por 15% a 25% do consumo total.
Potência média: 100 W (individual)

- Acender lâmpadas somente nos ambientes em que a iluminação é necessária naquele momento.
- Aproveitar ao máximo a iluminação natural, evitando acender lâmpadas durante o dia.
- Usar lâmpadas com potência adequada e em número compatível com o ambiente, evitando excesso de iluminação.
- Se possível, trocar as lâmpadas incandescentes (de filamento) por lâmpadas fluorescentes compactas, que iluminam igualmente e com menor gasto energético.

TELEVISOR. Responde por 10% a 15% do consumo total.
Potência média: de 90 W a 120 W

- Evitar deixar a TV ligada durante muitas horas seguidas.
- Programar a TV para desligar-se automaticamente quando houver o risco de dormir na frente dela, evitando que o aparelho permaneça ligado durante a noite toda.
- Regular as condições de exibição da imagem (brilho, contraste, nitidez, etc.) para não prejudicar a visão por falta ou excesso de luminosidade.

FERRO DE PASSAR ROUPAS. Responde por 5% a 7% do consumo total.
Potência média: 700 W a 1 000 W

- No momento em que é ligado, o ferro precisa de maior quantidade de energia elétrica para seu aquecimento. Por isso, é conveniente acumular roupas para passá-las de uma só vez, evitando ligar o aparelho repetidas vezes.
- Alguns tecidos não exigem altas temperaturas para ser alisados. Começar passando roupas desse tipo de tecido otimiza o uso do ferro, pois, mesmo com pouco aquecimento, ele estará em uso.
- Para prevenir acidentes, evitar deixar o ferro ligado quando se ausentar do local, mesmo que por breves momentos, principalmente se houver crianças ou animais por perto.
- Ler o manual do fabricante favorece o uso mais adequado do ferro de passar roupas, sobretudo se ele for dotado de sistema de vapor.

MÁQUINA DE LAVAR ROUPAS. Responde por 2% a 5% do consumo total.
Potência média: 500 W a 700 W

- Planejar o uso da máquina para o máximo de roupas permite melhor aproveitamento de água e de energia elétrica.
- Manter o filtro de saída sempre limpo, evitando que a máquina apresente problemas em seu funcionamento.
- Usar a quantidade de sabão adequada, pois o excesso de sabão exige que se repita o enxágue.
- Ler o manual do fabricante auxilia na programação adequada da máquina e no uso de sua capacidade máxima de lavagem.

Princípios que conduzem à economia de energia elétrica

Economizar energia elétrica e usá-la de forma consciente são necessidades do mundo atual. Mas isso não significa abrir mão do conforto e dos benefícios propiciados por ela. Uma cultura de uso econômico e responsável da energia pode se basear nos princípios expostos a seguir.

1. Usar a energia elétrica com inteligência

Refere-se aos casos, mencionados no quadro da página anterior, dos aparelhos de potência elevada, que devem ter seu uso programado para funcionar o menor número de vezes ou durante o menor intervalo de tempo possíveis. O chuveiro elétrico, a geladeira e as lâmpadas são os principais exemplos. No caso de aparelhos de baixa potência, a contribuição para o consumo total pode se tornar significativa se a manutenção e o uso adequados não forem observados atentamente. Por isso, convém ficar atento ao consumo de todos os eletrodomésticos.

2. Busca por eficiência energética propiciada pela tecnologia

A tecnologia tem desenvolvido aparelhos capazes de realizar as mesmas tarefas gastando menos energia. Programas governamentais de incentivo têm premiado projetos que apresentam soluções técnicas para reduzir o gasto energético, em busca de maior eficiência energética.

3. Aquisição consciente de equipamentos e serviços

A facilidade e o conforto anunciados em peças publicitárias, que circulam nos diversos meios, muitas vezes colaboram para que se adquiram produtos cujo valor efetivo de uso pode ser questionado. Assim, uma postura de consumo consciente deve levar em consideração também os bens a adquirir. Alguns equipamentos de custo elevado proporcionam saltos mínimos de qualidade na vida das pessoas. É necessário, portanto, ser um consumidor consciente, e não compulsivo.

4. Instalações elétricas seguras e com boa qualidade técnica

Instalações elétricas inadequadas ou precárias são outro fator de desperdício de energia elétrica. Fios fora das especificações adequadas, fusíveis ou disjuntores dimensionados de forma errada, ligações elétricas malfeitas e a falta de aterramento elétrico são alguns dos problemas encontrados em muitas residências que colaboram para o superaquecimento da fiação e para a geração de fugas de corrente elétrica, de faíscas e de curtos-circuitos, o que resulta em consumo de energia acima do normal, além de tornar a residência insegura para seus moradores.

Esses quatro princípios requerem conscientização sobre a importância do uso racional da energia elétrica e, principalmente, educação. A mudança cultural que se faz necessária ajudará a ampliar o acesso à energia para mais pessoas e a evitar a escassez energética severa prevista para o futuro próximo.

Para refletir

- Que comodidades propiciadas pela energia elétrica e pela tecnologia que colaboram para hábitos de vida sedentários você consegue identificar em sua casa?
- De quais desses confortos você conseguiria abrir mão sem perder qualidade de vida?

Ligado ao tema

Controle remoto sem desperdício

Mangabeira/ID/BR

Os dispositivos dotados de controle remoto trouxeram grande comodidade a seus usuários. No caso dos televisores, por exemplo, o espectador pode controlá-los por completo sentado confortavelmente no sofá. Essa comodidade, contudo, tem um custo: uma parte do circuito do aparelho dotado de controle remoto, o *stand by*, permanece ligada em estado de alerta (normalmente identificado por uma luzinha acesa no painel frontal), aguardando qualquer comando para ser acionado. Isso significa um gasto de energia elétrica de até 5% do consumo do aparelho, mesmo com ele "desligado". Desligar totalmente o *stand by* à noite ou quando o aparelho não for usado por períodos prolongados evita tal desperdício.

Exercícios resolvidos

32. A tabela abaixo apresenta dados de consumo médio de energia de alguns aparelhos comuns em residências.

Consumo médio de aparelhos elétricos				
Aparelho	**Potência (W)**	**Tempo médio de uso por dia**	**Número de dias**	**Consumo (kWh)**
Chuveiro	3 500	40 min	30	70,0
Ferro elétrico	1 000	1 h	12	12,0
Lavadora de roupas	500	1 h	12	6,0
Secador de cabelos	1 400	10 min	30	7,0
TV	90	5 h	20	9,0
Ventilador de teto	120	8 h	30	28,8

a) Aponte o aparelho que apresenta o maior consumo médio mensal relativo.

b) Em uma casa, uma lâmpada de 100 W fica ligada em média 6 horas por dia, durante os 30 dias do mês. Ao se retirar o ventilador de teto dessa casa, calcule quantas lâmpadas poderiam ser alimentadas com a energia que o ventilador usaria. Tendo como critério a economia de energia, analise se vale a pena a retirada do ventilador.

c) "O secador de cabelos é supérfluo, e seu uso pode ser abolido com impacto significativo no consumo mensal de uma residência." Avalie essa afirmação.

Resolução

a) Cada aparelho fica ligado por diferentes períodos, de modo que os consumos apresentados devem ser comparados com cuidado, pois são relativos. No entanto, na comparação relativa, o chuveiro elétrico é o aparelho que apresenta o maior consumo.

b) Escrevendo inicialmente a potência da lâmpada em kW (0,1 kW), a energia consumida por uma lâmpada no período sugerido pode ser calculada por:

$E = P \cdot \Delta t \Rightarrow E = 0{,}1 \text{ kW} \cdot 6 \text{ h/dia} \cdot 30 \text{ dias}$

$E = 18 \text{ kWh}$

O ventilador de teto, ligado 8 horas por dia, consome o equivalente a uma vez e 6 décimos o consumo da lâmpada. Somente isso não justifica a retirada do equipamento.

c) O critério de classificação do secador de cabelos como supérfluo envolve diversos parâmetros. Eliminando os critérios subjetivos, podemos dizer que, em uma região do país que apresente temperaturas mais elevadas, a presença do ventilador de teto é mais justificável que a do secador, e este poderia ser enquadrado na categoria de supérfluo. Em outra região, com temperaturas anuais típicas mais baixas, a análise seria inversa.

33. O gráfico abaixo apresenta uma distribuição dos valores que compõem a fatura mensal de consumo de energia elétrica, paga pelo consumidor final.

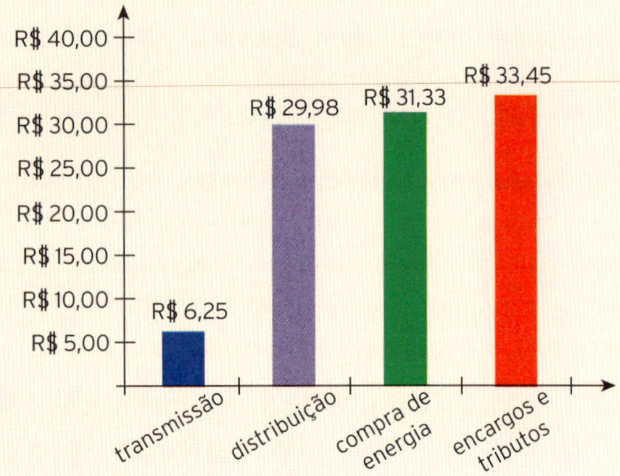

Fonte de pesquisa: Agência Nacional de Energia Elétrica. <http://www.aneel.gov.br/arquivos/PDF/Cartilha_Por_Dentro_da_Conta_de_Energia (2011).pdf>. Acesso em: 8 jun. 2013.

Com base nesses dados, para uma conta de R$ 100,00, analise cada afirmativa a seguir.

I. Os encargos e tributos representam a maior parcela dessa fatura.

II. O consumidor também arca com os custos da transmissão e da distribuição de energia elétrica.

III. A redução no consumo (compra de energia) reduzirá a parcela relativa à distribuição e à transmissão de energia.

Resolução

I. Verdadeira, pois o gráfico mostra que a parcela relativa aos encargos e tributos é maior que as demais.

II. Verdadeira, pois a transmissão e a distribuição da energia elétrica também são cobradas do consumidor final, além da energia que ele efetivamente consome.

III. Falsa, pois as informações fornecidas e os dados do gráfico não permitem concluir que tais gastos são proporcionais ao montante de energia comprada.

Exercícios propostos

34. Consulte a tabela do exercício 32 e compare os aparelhos listados na tabela com os de sua casa. Estime em quais o consumo é maior do que os valores representados da tabela.

35. Calcule quantas lâmpadas fluorescentes de 25 W poderiam ser alimentadas caso o ventilador e o secador de cabelos fossem eliminados da tabela do exercício resolvido 32.

36. Uma turbina eólica individual tem três pás de 6 m de comprimento cada uma. A potência entregue às pás pelo vento que as movimenta é dada pela expressão:

$$P = \frac{1}{2} \cdot \rho \cdot A \cdot v^3,$$

em que ρ é a densidade do ar no local; A, a área da seção transversal à direção do vento; v, a velocidade do vento. Considere $\rho = 1{,}2\ kg/m^3$ e $\pi = 3$.

a) Calcule a potência eólica da turbina quando passam por ela ventos de 10 m/s de velocidade.

b) Determine o fluxo de ar, em kg/s, que atravessa a região circular delimitada pelas pás da turbina.

c) Calcule o aumento percentual na potência quando a velocidade dos ventos atinge 14 m/s.

37. A curva de potência desenvolvida por uma turbina eólica em função da velocidade de suas pás é apresentada abaixo.

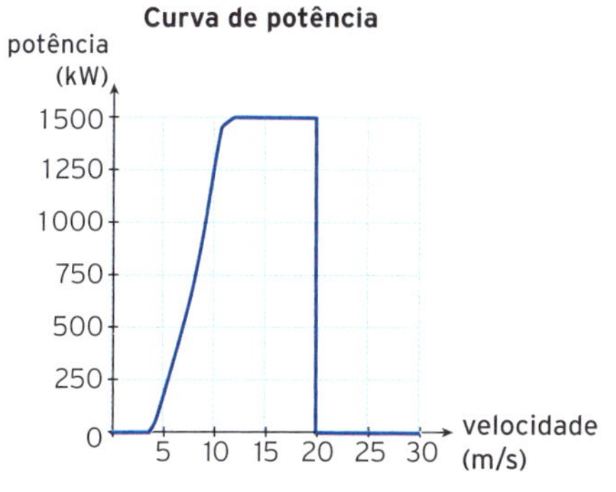

a) Analisando o gráfico, identifique em qual velocidade a turbina começa a gerar energia elétrica e qual é a potência máxima que ela pode desenvolver.

b) Há uma velocidade denominada **velocidade de corte**, a partir da qual a turbina é desligada automaticamente por questões de segurança. Identifique no gráfico o valor dessa velocidade.

c) Se o coeficiente de conversão de energia eólica em energia elétrica dessa turbina é 35%, determine a potência eólica recebida pela turbina.

38. O esquema a seguir mostra, de maneira simplificada, o processo de fissão do urânio, fenômeno que ocorre, por exemplo, nos reatores nucleares das usinas de Angra dos Reis, RJ.

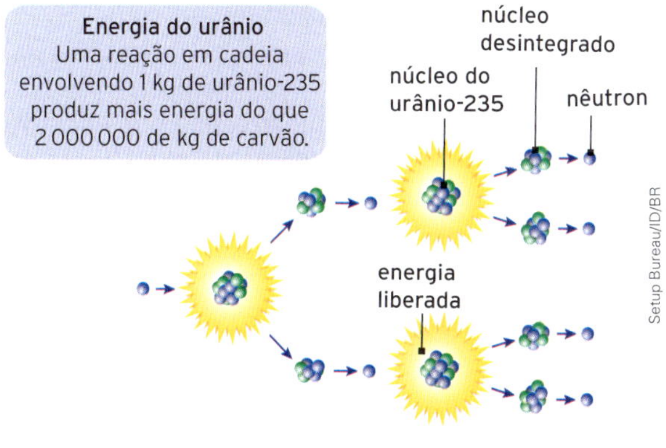

Setup Bureau/ID/BR

Estima-se que as reservas brasileiras de urânio sejam de aproximadamente 278 700 toneladas, em uma projeção modesta. Em geral, o processo de fissão do urânio converte apenas uma pequena parte de sua massa em energia. Considerando que apenas 0,001% desse urânio possa ser convertido em energia, determine quantas toneladas de carvão corresponderiam a essas reservas.

Fonte de pesquisa: Agência Nacional de Energia Elétrica. *Atlas de energia elétrica no Brasil*. 3. ed. Brasília: Aneel, 2008. p. 122. Dados de 2007.

39. Um agricultor possui um pequeno sítio, muito distante da rede elétrica, e sabe do alto custo para "puxar" os fios até seu sítio. Em sua propriedade, há uma pequena cachoeira, cuja vazão é de 500 L de água por segundo. Em conversa com um engenheiro elétrico, foi incentivado a construir ali uma miniusina hidrelétrica. Sabendo que a altura do ponto mais alto da cachoeira em relação ao ponto apropriado para instalação do gerador é 8 m, responda às questões a seguir, que poderão auxiliar o agricultor na empreitada para iluminar seu sítio. Considere que 1,0 L de água tem massa de 1,0 kg e $g = 10\ m/s^2$.

a) Calcule a energia cinética ganha pela quantidade de água que cai pela cachoeira durante 1 s, durante a queda até o ponto mais baixo da cachoeira.

b) Considere que, do total da energia cinética que você calculou no item **a**, apenas 80% podem ser transferidos para o movimento das pás de um gerador. Calcule a potência do gerador que pode ser instalado no local.

c) Toda a energia consumida pelo gerador será transformada em energia elétrica? Justifique.

40. Uma das maneiras de determinar o consumo médio aproximado de energia elétrica de uma residência é efetuar a soma do consumo de todos os aparelhos eletroeletrônicos dessa residência. Considere uma residência na qual os aparelhos eletroeletrônicos, com suas potências e tempo de funcionamento, estão mostrados nesta tabela.

Aparelho	Potência (W)	Tempo
Geladeira	250	24 h/dia
Chuveiro	4 400	30 min/dia
Televisor	150	4 h/dia
Máquina de lavar	1 500	4 h/semana
5 lâmpadas	60 cada	6 h/dia

a) Calcule o consumo médio mensal dessa residência.

b) Refaça a tabela, colocando os aparelhos em ordem crescente de potência.

c) Em outra tabela, coloque os aparelhos em ordem crescente de consumo.

d) Comparando as respostas dos itens **b** e **c**, identifique quais elementos devem ser considerados para avaliar o gasto de energia gerado por um aparelho.

Integre o aprendizado

41. As imagens abaixo destacam equipamentos ou dispositivos e recursos relacionados a determinadas formas de energia: eólica, térmica, biomassa, solar fotovoltaica, elétrica e nuclear. Faça uma tabela associando as fotografias a cada uma dessas formas de energia e descreva resumidamente o equipamento, dispositivo ou o recurso apresentado.

Maksymenko 1/Alamy/Other Images

placa solar

Rubens Chaves/Pulsar Imagens

canavial

Michael Neelon/Alamy/Other Images

rede elétrica

Pedro Sousa/Alamy/Other Images

moinho de vento

Phil Degginger/Alamy/Other Images

usina nuclear

Rafa Irusta/Shutterstock.com/ID/BR

placa fotovoltaica

42. O gráfico abaixo mostra a produção de energia elétrica nas principais regiões do planeta.

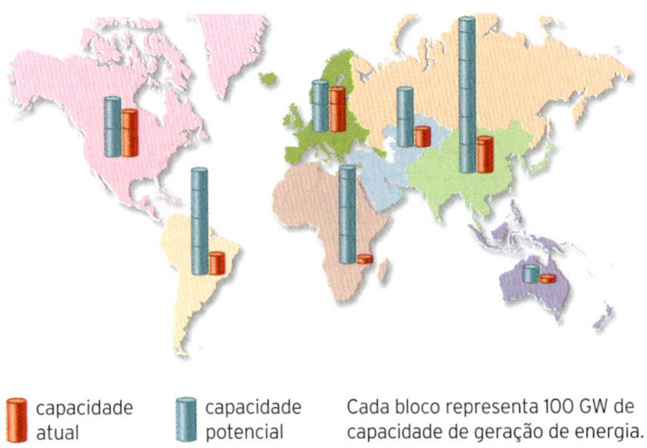

Adilson Secco/ID/BR

Fonte de pesquisa: Walisiewicz, M. *Energia alternativa*: solar, eólica, hidrelétrica e biocombustíveis. São Paulo: Publifolha, 2008. p. 36.

a) Nomeie cada região mostrada no gráfico. Usando a escala indicada no gráfico, faça uma tabela com a capacidade atual de produção de cada região.

b) Identifique a região de maior capacidade atual de produção de energia e também a região de menor capacidade.

43. O mapa a seguir apresenta o consumo de energia elétrica por região no Brasil no ano de 2007.

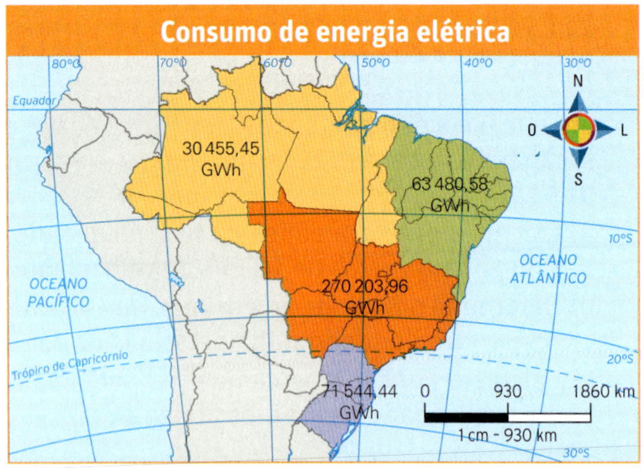

ID/BR

Fonte de pesquisa: Agência Nacional de Energia Elétrica. *Atlas de energia elétrica do Brasil*. 3. ed. Brasília: Aneel, 2013. p. 47.

a) Identifique a região brasileira com maior consumo de energia verificado em 2007. Indique o nome dos estados que fazem parte dessa região.

b) Apresente alguns argumentos que justifiquem por que essa região apresentou o maior consumo de energia elétrica.

44. O gráfico abaixo apresenta o custo de geração de energia elétrica no Brasil, com base em várias fontes. Observe-o e responda às questões.

Custos de produção da eletricidade no Brasil (R$/MWh)

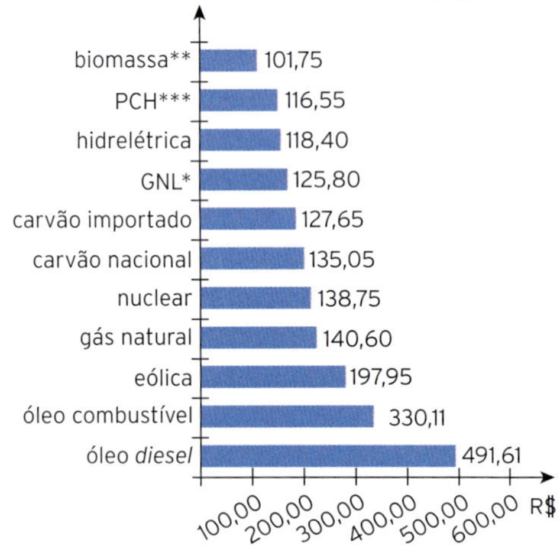

* gás natural liquefeito ** bagaço de cana
*** pequenas centrais hidrelétricas

Fonte de pesquisa: Agência Nacional de Energia Elétrica. *Atlas de energia elétrica do Brasil*. 3. ed. Brasília: Aneel, 2013. p. 47.

a) Identifique a fonte que acarreta o maior custo de produção de energia elétrica.

b) Aponte em que tipo de usina essa fonte de energia deve ser utilizada.

c) Pesquise e descubra em que regiões do país essa fonte de energia é mais utilizada para a geração de eletricidade.

d) Escreva argumentos que defendam o uso desse tipo de energia, apesar do custo.

45. A frase a seguir foi extraída do texto "A água", de Arnaldo Antunes.

> [...] O calor do chuveiro vem da catarata.
>
> ANTUNES, A. *As coisas*. São Paulo: Iluminuras, 2002. p. 65.

a) Dê o significado da palavra *catarata*. Se preciso, consulte o dicionário.

b) Escreva um texto que explique como o calor da catarata, por meio de sucessivas transformações de energia, pode chegar ao chuveiro.

46. Há um tipo de usina geradora de eletricidade que usa o gradiente térmico dos oceanos, isto é, a diferença de temperatura entre as águas superficiais e as águas frias a certa profundidade. Assim, a usina obtém vapor da água do mar, produz eletricidade e, ao mesmo tempo, dessaliniza a água. Pesquise sobre o funcionamento desse tipo de usina. Monte um diagrama que descreva seu funcionamento e apresente-o aos colegas. Procure saber em que partes do mundo há usinas desse tipo e se no Brasil já há alguma em funcionamento ou se há projetos para isso.

47. A charge abaixo apresenta as principais fontes de energia da atualidade, representadas por ciclistas que pedalam em conjunto uma única bicicleta.

Mangabeira/ID/BR

a) Pode-se dizer que a bicicleta coletiva faz alusão à matriz energética mundial? Justifique.

b) Interprete o significado dos dois tipos de uniforme que os ciclistas usam.

c) Em sua opinião, por que os ciclistas apresentam portes físicos diferentes?

d) Explique a que se refere a expressão de cansaço dos ciclistas de baixo, com exceção do urânio.

e) Interprete o fato de o último ciclista de baixo, à esquerda, pedalar tranquilamente e aparentar pouco esforço.

48. O quadro a seguir apresenta dados sobre três modalidades de usina: hidrelétrica, termelétrica e nuclear.

Parâmetro	Hidro	Térmica	Nuclear
Investimento por kW	alto	menor	muito alto
Custo do combustível	nulo	muito alto	baixo
Custo da energia	baixo	alto	muito alto
Linha de transmissão	longa	menor	menor
Tempo de construção	grande	menor	grande
Tempo de vida	grande	pequeno	médio
Geração de empregos	grande	menor	média
Impacto ambiental	reservatório	atmosfera	radioatividade
Efeito estufa	menor	grande	nenhum
Importação	pequena	grande	média
Taxa de retorno	baixa	alta	baixa

Fonte de pesquisa: ROSA, L. P. Geração hidrelétrica, termelétrica e nuclear. *Estudos Avançados*, v. 21, n. 59, p. 47, 2007.

Reúna-se em grupo. Imagine que você e os colegas tenham de decidir sobre a implantação de uma central elétrica em uma região hipotética. Caracterize a região e elabore, com base nas informações do quadro, argumentos que justifiquem a opção pela implantação de um modelo entre os apresentados.

De volta para o começo

1. Retome as respostas que você deu às questões propostas na seção *Primeiras anotações*, na abertura deste capítulo. Que alterações você faria naquelas respostas?

2. O Sol é, direta ou indiretamente, a principal fonte de energia da Terra. Qual é a importância do Sol na obtenção de energia do vento, da água e do petróleo?

3. Em sua opinião, a quais fontes de energia o Brasil deveria dar preferência? E quais deveriam ser abolidas? Justifique.

Urbanização, energia e eletricidade

O mundo atual é essencialmente urbano – mais da metade dos atuais 6,7 bilhões de pessoas vive em cidades. Mas esse fenômeno é relativamente recente. Até 2007, a população rural superava a urbana. O UNFPA (Fundo de População das Nações Unidas), em seu relatório *Situação da população mundial 2007: desencadeando o potencial do crescimento urbano*, já apontava para 2008 a mudança do cenário rural para o cenário de predominância urbana.

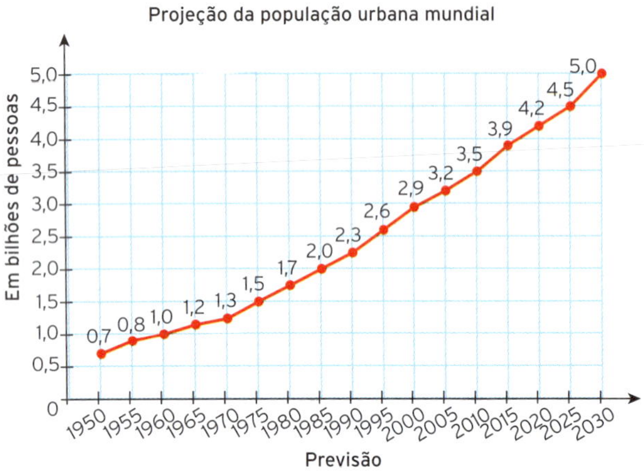

Fonte de pesquisa: Organização das Nações Unidas (ONU).

É importante notar também que, apenas durante o século XX, a população urbana mundial saltou de 220 milhões de pessoas para os 3,4 bilhões estimados atualmente.

O fenômeno, no entanto, deu-se de maneira desigual e em duas fases distintas. A primeira fase ocorreu mais intensamente na Europa e nos Estados Unidos, com início no século XVIII. A primeira e a segunda Revolução Industrial, associadas a transições demográficas, acentuaram o processo de urbanização nessas regiões. Esse processo foi demorado, estendendo-se pelo decorrer de praticamente dois séculos (de 1750 a 1950) e envolvendo uma pequena parcela da população mundial (algumas centenas de milhões de pessoas).

A segunda etapa disseminou-se mundo afora, atingindo as regiões menos desenvolvidas do globo. E causou intenso processo de transferência de populações rurais para centros urbanos, devido à precariedade da vida no campo e às promessas de trabalho, de melhores salários e de melhoria do padrão de vida nos centros urbanos, que cresciam e se industrializavam. A segunda fase, no entanto, foi muito mais rápida e intensa que a primeira, podendo ser percebida de forma marcante no decorrer do último meio século.

O avanço tecnológico simbolizado pelas máquinas a vapor do século XVIII, combinado a descobertas e exploração de suprimentos cada vez maiores de energia, está entre os motores das revoluções industriais ocorridas nessa época da história.

A maciça extração de carvão das minas britânicas, entre outras, e a exploração comercial do petróleo – cuja perfuração do primeiro poço deu-se em 1859, na Pensilvânia (EUA), pelo coronel Edwin Drake – marcam o início da era da energia em aparente abundância. Meios de transportes mais velozes e numerosos, como os automóveis, são reflexos disso.

O desenvolvimento da tecnologia da eletricidade e dos dínamos eletromagnéticos permitiu alimentar as cidades com iluminação abrangente e mais duradoura, possibilitando também o desenvolvimento das telecomunicações e de outros confortos. A construção das primeiras usinas termelétricas e hidrelétricas, no final do século XIX, anunciava um futuro de energia aparentemente ilimitada, sustentando novos padrões de consumo.

Outros fatores, como melhoria da qualidade de vida nas cidades, avanços da medicina, ampliação de saneamento básico e hábitos pessoais de higiene e melhoria dos padrões de alimentação e moradia, acarretaram quedas expressivas nas taxas de mortalidade infantil e aumento da expectativa de vida, contribuindo para a explosão demográfica observada nas cidades. Contudo, uma parte significativa dessa população, atualmente estimada em 1 bilhão de pessoas, vive em condições precárias, habitando favelas ao redor do globo, e merece o acesso aos benefícios anunciados pela modernidade.

Fontes de pesquisa: UFNPA. Situação da população mundial 2007: desencadeando o potencial do crescimento urbano. Disponível em: <http://www.unfpa.org.br/Arquivos/swop2007.pdf>. Acesso em: 8 jun. 2013; OSTRONOFF, H. As mega-aldeias. Revista *Problemas Brasileiros*, Sesc-SP, n. 392, mar./abr. 2009.

Compreender e relacionar

1. Identifique em que época a população mundial tornou-se predominantemente urbana.
2. Explique se a urbanização é um fenômeno homogêneo, verificado em todo o mundo.
3. Relacione o aumento do uso social da eletricidade com a aceleração do processo de urbanização.
4. Em sua opinião, seria interessante propor aos governos a criação de políticas públicas para incentivar o aumento da população rural? Justifique.

Aquecedor solar caseiro

Participantes: grupos de três alunos.

Objetivo: estimar a energia solar disponível.

Material:

- espelho de farol de carro
- mesa de madeira com tampo pouco maior que o espelho de farol
- 2 ripas de madeira (10 cm × 3 cm × 1 cm)
- tubo de ensaio
- termômetro e proveta
- arame liso
- fita-crepe

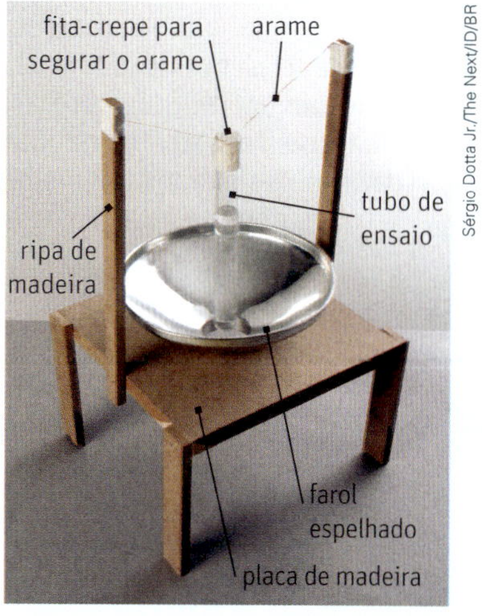

Sérgio Dotta Jr./The Next/ID/BR

A Procedimento

1. Com o espelho do farol de carro, o tubo de ensaio, o arame, a mesa e as duas ripas de madeira, construa um arranjo semelhante ao da fotografia acima. O tampo da mesa deve ser furado no centro, de maneira que o espelho possa ser encaixado no orifício. As duas ripas são afixadas em dois orifícios, feitos em laterais diametralmente opostas do tampo da mesa ou aparafusadas lateralmente.
2. O tubo de ensaio deve ficar pendurado, pelo arame, entre as ripas. Observe que o tubo precisa ficar um pouco acima da base do espelho do farol, sem encostar nele. A fita-crepe serve para amparar o arame no qual se pendura o tubo de ensaio. As extremidades do arame são enroladas, cada uma em uma ripa.
3. Coloque 40 mL de água no tubo de ensaio. Com o termômetro, meça a temperatura inicial (T_0) da água no interior do tubo de ensaio.
4. Em um dia ensolarado, coloque o arranjo sob a luz do Sol e meça a temperatura a cada 5 minutos, durante 40 minutos.

B Depois do experimento

1. Calcule a quantidade de calor absorvida pela água, bem como o fluxo de calor recebido nesse intervalo de tempo. Considere o valor de calor específico da água $c = 1$ cal/(g · ºC).
2. Construa o gráfico da temperatura da água em função do tempo para as medidas obtidas. Esse gráfico pode ser considerado linear? Justifique.
3. Se essa experiência fosse realizada em outro horário do dia, os resultados seriam diferentes? Justifique.
4. Se essa experiência fosse realizada em um dia nublado, os resultados seriam diferentes? Justifique.
5. Seria possível produzir energia elétrica com um arranjo como esse?

Diagrama para as questões 1 e 2

O diagrama abaixo representa, de forma esquemática e simplificada, a distribuição da energia proveniente do Sol sobre a atmosfera e a superfície terrestres. Na área delimitada pela linha tracejada, são destacados alguns processos envolvidos no fluxo de energia na atmosfera.

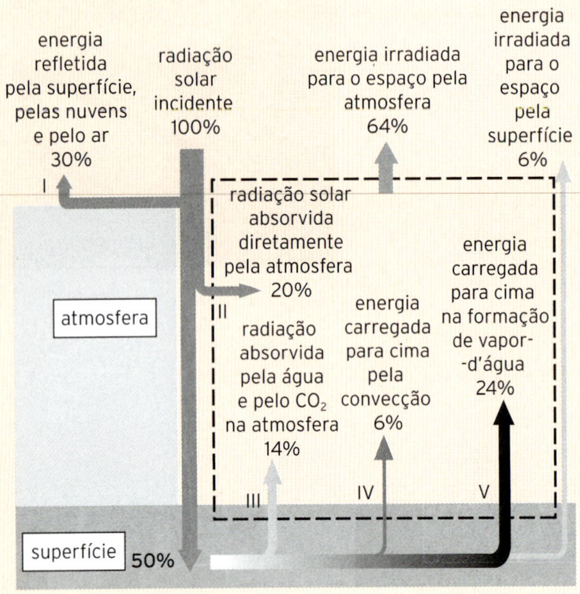

Setup Bureau/ID/BR

SERWAY, R. A.; JEWETT, J. W. *Princípios de Física*, v. 2, fig. 18.12. Adaptado.

1. **(Enem)** Com base no diagrama acima, conclui-se que:

a) a maior parte da radiação incidente sobre o planeta fica retida na atmosfera.

b) a quantidade de energia refletida pelo ar, pelas nuvens e pelo solo é superior à absorvida pela superfície.

c) a atmosfera absorve 70% da radiação solar incidente sobre a Terra.

d) mais da metade da radiação solar que é absorvida diretamente pelo solo é devolvida para a atmosfera.

e) a quantidade de radiação emitida para o espaço pela atmosfera é menor que a irradiada para o espaço pela superfície.

2. **(Enem)** A chuva é o fenômeno natural responsável pela manutenção dos níveis adequados de água dos reservatórios das usinas hidrelétricas. Esse fenômeno, assim como todo o ciclo hidrológico, depende muito da energia solar. Dos processos numerados no diagrama, aquele que se relaciona mais diretamente com o nível dos reservatórios de usinas hidrelétricas é o de número:

a) I b) II c) III d) IV e) V

Resolução comentada

Alternativa **e**.

O vapor de água, originado da evaporação da água de rios e mares, pode se condensar em nuvens e precipitar na forma de chuva, e esta, por sua vez, abastece os reservatórios.

3. **(Enem)** Uma estudante que ingressou na universidade e, pela primeira vez, está morando longe da sua família, recebe a sua primeira conta de luz:

<table>
<tr><th colspan="3">Medidor</th><th>Consumo</th><th colspan="2">Leitura</th><th>Cód</th><th>Emissão</th><th colspan="2">Id. Bancária</th><th></th></tr>
<tr><td>Número
7131312</td><td>Consumidor
951672</td><td>Leitura
7295</td><td>kWh
260</td><td>Dia
31</td><td>Mês
03</td><td>21</td><td>01/04/2009</td><td>Banco
222</td><td>Agência
999-7</td><td>Município
S. José das Moças</td></tr>
<tr><td colspan="9">Consumo dos últimos 12 meses em kWh</td><td colspan="2">Descrição</td></tr>
<tr><td colspan="3">253 Mar. 08
247 Abr. 08
256 Maio 08</td><td colspan="3">278 Jun. 08
280 Jul. 08
280 Nov. 08</td><td colspan="3">265 Dez. 08
266 Jan. 09
268 Fev. 09</td><td colspan="2">Fornecimento
ICMS</td></tr>
<tr><td colspan="11"></td></tr>
<tr><td colspan="3">Báse de Cálculo ICMS</td><td colspan="3">Alíquota</td><td colspan="3">Valor</td><td colspan="2">Total</td></tr>
<tr><td colspan="3">R$ 130,00</td><td colspan="3">25%</td><td colspan="3">R$ 32,50</td><td colspan="2">R$ 161,50</td></tr>
</table>

Se essa estudante comprar um secador de cabelos que consome 1 000 W de potência e considerando que ela e suas 3 amigas utilizem esse aparelho por 15 minutos cada uma durante 20 dias no mês, o acréscimo, em real, na sua conta mensal será de:

a) R$ 10,00

b) R$ 12,50

c) R$ 13,00

d) R$ 13,50

e) R$ 14,00

4. **(Unir-RO)** Em relação a eletromagnetismo, marque em seu caderno V para as afirmativas verdadeiras e F para as falsas.

- Para um resistor ôhmico, a resistividade é diretamente proporcional à área da seção transversal e inversamente proporcional ao comprimento do resistor.
- Um elétron é lançado perpendicularmente a um campo magnético uniforme; como consequência adquirirá uma aceleração centrípeta e o módulo de sua velocidade permanecerá constante.
- O campo elétrico e o potencial elétrico em uma esfera condutora carregada e isolada são nulos em seu interior.

Assinale a sequência **correta**.

a) V, F, F

b) F, V, F

c) F, F, V

d) V, V, V

e) F, V, V

5. **(Enem)** Não é nova a ideia de extrair energia dos oceanos aproveitando-se a diferença das marés alta e baixa. Em 1967, os franceses instalaram a primeira usina "maremotriz", construindo uma barragem equipada de 24 turbinas, aproveitando a potência máxima instalada de 240 MW, suficiente para a demanda de uma cidade com 200 mil habitantes. Aproximadamente 10% da potência total instalada é demandada pelo consumo residencial. Nessa cidade francesa, aos domingos, quando parcela dos setores industrial e comercial para, a demanda diminui 40%. Assim, a produção de energia correspondente à demanda aos domingos será atingida mantendo-se:

I. todas as turbinas em funcionamento, com 60% da capacidade máxima de produção de cada uma delas.

II. a metade das turbinas funcionando em capacidade máxima, e o restante, com 20% da capacidade máxima.

III. quatorze turbinas funcionando em capacidade máxima, uma com 40% da capacidade máxima e as demais desligadas.

Está **correta** a situação descrita:

a) apenas em I.
b) apenas em II.
c) apenas em I e III.
d) apenas em II e III.
e) em I, II e III.

6. **(Enem)** No Brasil, o sistema de transporte depende do uso de combustíveis fósseis e de biomassa, cuja energia é convertida em movimento de veículos. Para esses combustíveis, a transformação de energia química em energia mecânica acontece:

a) na combustão, que gera gases quentes para mover os pistões no motor.
b) nos eixos, que transferem torque às rodas e impulsionam o veículo.
c) na ignição, quando a energia elétrica é convertida em trabalho.
d) na exaustão, quando gases quentes são expelidos para trás.
e) na carburação, com a difusão do combustível no ar.

7. **(Enem)** Na comparação entre diferentes processos de geração de energia, devem ser considerados aspectos econômicos, sociais e ambientais. Um fator economicamente relevante nessa comparação é a eficiência do processo. Eis um exemplo: a utilização do gás natural como fonte de aquecimento pode ser feita pela simples queima em um fogão (uso direto) ou pela produção de eletricidade em uma termelétrica e [pelo] uso de aquecimento elétrico (uso indireto). Os rendimentos correspondentes a cada etapa de dois desses processos estão indicados entre parênteses no esquema [a seguir].

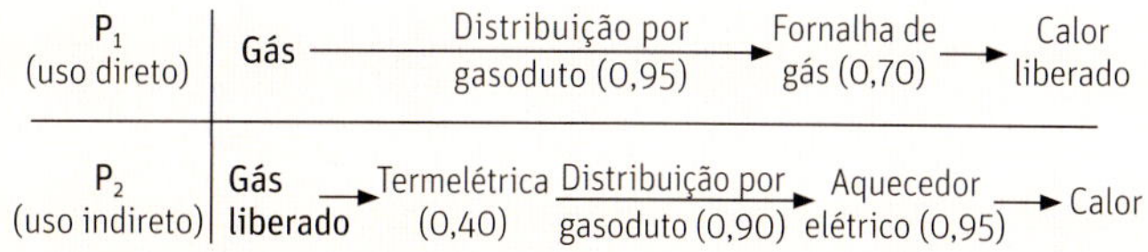

Na comparação das eficiências, em termos globais, entre esses dois processos (direto e indireto), verifica-se que:

a) a menor eficiência de P_2 deve-se, sobretudo, ao baixo rendimento da termelétrica.
b) a menor eficiência de P_2 deve-se, sobretudo, ao baixo rendimento na distribuição.
c) a maior eficiência de P_2 deve-se ao alto rendimento do aquecedor elétrico.
d) a menor eficiência de P_1 deve-se, sobretudo, ao baixo rendimento da fornalha.
e) a menor eficiência de P_1 deve-se, sobretudo, ao alto rendimento de sua distribuição.

8. **(Enem)** O diagrama mostra a utilização das diferentes fontes de energia no cenário mundial.

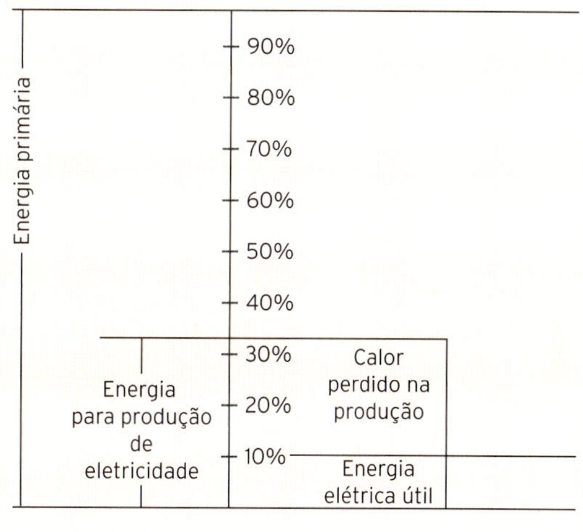

Embora aproximadamente um terço de toda energia primária seja orientado à produção de eletricidade, apenas 10% do total é obtido em forma de energia elétrica útil. A pouca eficiência do processo de produção de eletricidade deve-se, sobretudo, ao fato de as usinas:

a) nucleares utilizarem processos de aquecimento nos quais as temperaturas atingem milhões de graus Celsius, favorecendo perdas por fissão nuclear.
b) termelétricas utilizarem processos de aquecimento a baixas temperaturas, apenas da ordem de centenas de graus Celsius, o que impede a queima total dos combustíveis fósseis.
c) hidrelétricas terem o aproveitamento energético baixo, uma vez que parte da água em queda não atinge as pás das turbinas que acionam os geradores elétricos.

d) nucleares e termelétricas utilizarem processos de transformação de calor em trabalho útil nos quais as perdas de calor são sempre bastante elevadas.

e) termelétricas e hidrelétricas serem capazes de utilizar diretamente o calor obtido do combustível para aquecer a água, sem perda para o meio.

9. (Enem) O resultado da conversão direta de energia solar é uma das várias formas de energia alternativa de que se dispõe. O aquecimento solar é obtido por uma placa escura coberta por vidro, pela qual passa um tubo contendo água. A água circula conforme mostra o esquema abaixo.

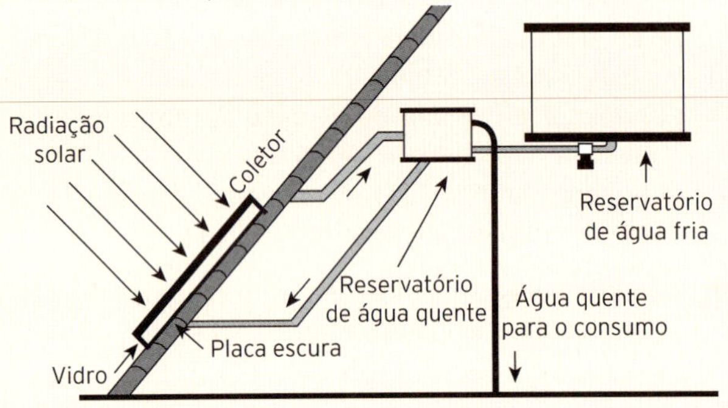

Fonte: Adaptado de Palz, W. *Energia solar e fontes alternativas*. Hemus, 1981.

São feitas as seguintes afirmações quanto aos materiais utilizados no aquecedor solar:

I. o reservatório de água quente deve ser metálico para conduzir melhor o calor.

II. a cobertura de vidro tem como função reter melhor o calor, de forma semelhante ao que ocorre em uma estufa.

III. a placa utilizada é escura para absorver melhor a energia radiante do Sol, aquecendo a água com maior eficiência.

Entre as afirmações acima, pode-se dizer que apenas está(ão) **correta(s)**:

a) I.
b) I e II.
c) II.
d) I e III.
e) II e III.

10. (UFRPE) Considere dois fios ideais, não deformáveis, delgados, infinitos e paralelos. Os fios estão distantes de D no vácuo e carregam correntes elétricas constantes. Nesse contexto, é correto afirmar que há uma força magnética entre os fios, de módulo proporcional a:

a) D_3
b) D_2
c) D
d) $\frac{1}{D}$
e) $\frac{1}{D_2}$

Resolução comentada

Alternativa **d**.

Sejam dois fios condutores, retos e paralelos, percorridos pelas correntes i_1 e i_2 e separados pela distância D, como mostra a figura a seguir.

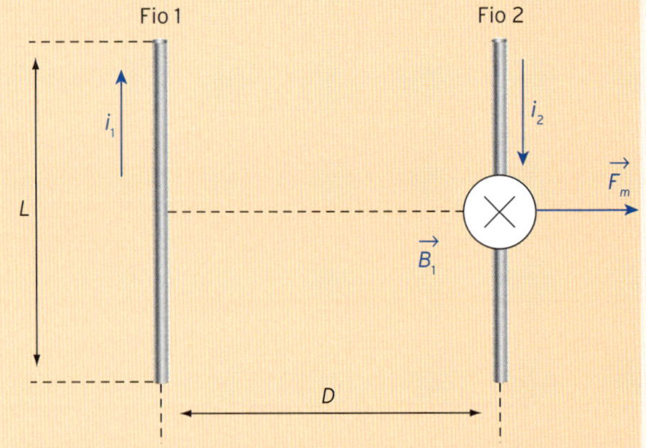

A força magnética a que o fio 2 fica submetido é dada por $F_m = B_1 \cdot i_2 \cdot L$.

Note que a força devida ao fio 1 tem módulo igual à força do fio 2. E o valor do campo magnético B_1, devido ao fio 1, é dado por: $B_1 = \frac{\mu_0 \cdot i_1}{2 \cdot \pi \cdot D}$

Portanto, a força torna-se: $F_m = \frac{\mu_0 \cdot i_1 \cdot i_2 \cdot L}{2 \cdot \pi \cdot D}$

Como se pode ver, a força magnética é inversamente proporcional à distância D que separa os fios.

11. (Enem) O funcionamento de uma usina nucleoelétrica típica baseia-se na liberação de energia resultante da divisão do núcleo de urânio em núcleos de menor massa, processo conhecido como fissão nuclear. Nesse processo, utiliza-se uma mistura de diferentes átomos de urânio, de forma que se proporcione uma concentração de apenas 4% de material físsil. Em bombas atômicas, são utilizadas concentrações acima de 20% de urânio físsil, cuja obtenção é trabalhosa, pois, na natureza, predomina o urânio não físsil. Em grande parte do armamento nuclear hoje existente, utiliza-se, então, como alternativa, o plutônio, material físsil produzido por reações nucleares no interior do reator das usinas nucleoelétricas. Considerando-se essas informações, é **correto** afirmar que:

a) a disponibilidade do urânio na natureza está ameaçada devido a sua utilização em armas nucleares.

b) a proibição de se instalarem novas usinas nucleoelétricas não causará impacto na oferta mundial de energia.

c) a existência de usinas nucleoelétricas possibilita que um de seus subprodutos seja utilizado como material bélico.

d) a obtenção de grandes concentrações de urânio físsil é viabilizada em usinas nucleoelétricas.

e) a baixa concentração de urânio físsil em usinas nucleoelétricas impossibilita o desenvolvimento energético.

12. **(UFPE)** Um anel está em uma região do espaço onde existe uma densidade de campo magnético B que varia com o tempo. A densidade de campo magnético é uniforme em toda a região e perpendicular ao plano do anel. O gráfico mostra a magnitude de B em função do tempo. Observando o gráfico, assinale a afirmação correta com relação às forças eletromotrizes induzidas, ε_a, ε_b, ε_c e ε_d, durante os respectivos intervalos de tempo a, b, c e d.

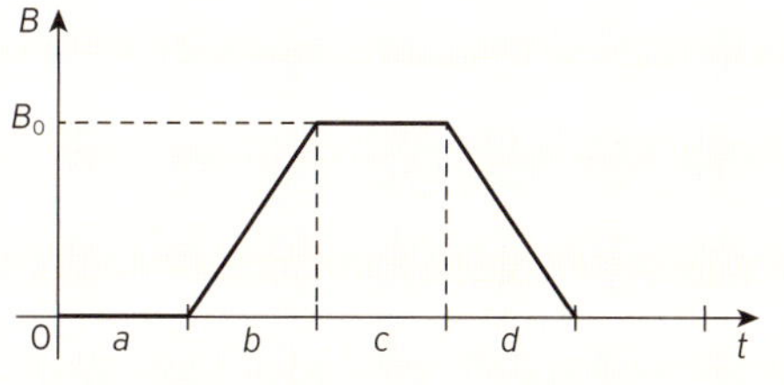

a) $\varepsilon_a =$ constante $\neq 0$
b) $\varepsilon_b = 0$
c) $\varepsilon_c =$ constante $\neq 0$
d) $\varepsilon_d = 0$
e) $\varepsilon_d =$ constante $\neq 0$

13. **(Furg-RS)** Duas partículas, uma com massa m_1 e carga q_1 e outra com massa m_2 e carga q_2, descrevem trajetórias circulares de mesmo raio em uma região com campo magnético constante e uniforme, sendo uma trajetória no sentido horário e outra no sentido anti-horário. Considere as afirmativas:

I. $m_1 = m_2$, $|q_1| = |q_2|$
II. $q_1 \times q_2 > 0$
III. $q_1 \times q_2 < 0$

Com base na situação acima, podemos dizer que apenas:

a) I está correta.
b) II está correta.
c) III está correta.
d) I e II estão corretas.
e) I e III estão corretas.

14. **(Furg-RS)** Considere duas espiras circulares concêntricas e contidas em um mesmo plano, uma com raio R_1 e outra com raio R_2. Na espira de raio R_1 circula uma corrente constante i_1 no sentido horário, e na espira de raio R_2 circula uma corrente constante i_2. Sabendo que o campo magnético no centro comum das espiras é zero, podemos afirmar que:

a) $i_1 = i_2$
b) $i_1 \times R_1 = -i_2 \times R_2$, com i_2 no sentido anti-horário.
c) $i_1 \times R_2 = i_2 \times R_1$, com i_2 no sentido horário.
d) $i_1 \times R_1 = i_2 \times R_2$, com i_2 no sentido horário.
e) $i_1 \times R_2 = -i_2 \times R_1$, com i_2 no sentido anti-horário.

15. **(Uece)** A figura representa dois fios bastante longos (1 e 2) perpendiculares ao plano do papel, percorridos por correntes de sentido contrário, i_1 e i_2, respectivamente.

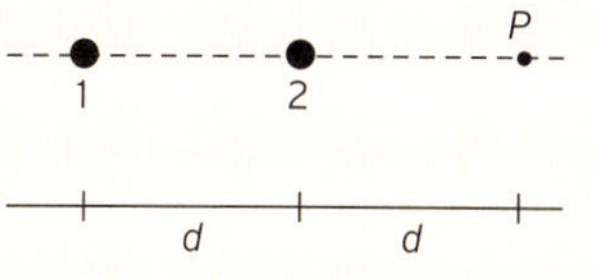

A condição para que o campo magnético resultante, no ponto P, seja zero é:

a) $i_1 = i_2$
b) $i_1 = 2i_2$
c) $i_1 = 3i_2$
d) $i_1 = 4i_2$

16. **(Uece)** Um elétron realiza um movimento circular uniforme (MCU) após penetrar numa região de campo magnético uniforme com velocidade perpendicular a esse campo. Mantendo-se fixo o valor do campo magnético, repete-se o experimento, desta vez dobrando-se o valor da velocidade de entrada do elétron. Este elétron ainda realiza um MCU. Em relação ao raio da trajetória descrita pelo segundo elétron e ao período de seu movimento, podemos afirmar, **corretamente**, que:

a) o raio da trajetória dobra quando a velocidade dobra de valor, mas o período permanece inalterado.
b) o raio da trajetória e o período dobram quando a velocidade dobra de valor.
c) o raio da trajetória e o período diminuem pela metade quando a velocidade dobra de valor.
d) o raio da trajetória permanece inalterado enquanto o período dobra de valor.

17. **(Unesp)** Uma espira, locomovendo-se paralelamente ao solo e com velocidade constante, atravessa uma região onde existe um campo magnético uniforme, perpendicular ao plano da espira e ao solo. O fluxo magnético registrado, a partir do instante em que a espira entra nessa região até o instante de sua saída, é apresentado no gráfico da figura.

Analisando o gráfico, pode-se dizer que a força eletromotriz induzida, em volts, no instante $t = 0{,}2$ s, é:

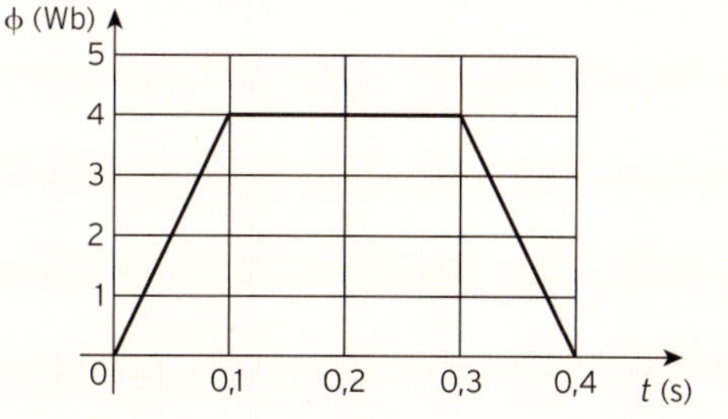

a) 80
b) 60
c) 40
d) 20
e) 0

18. (UEPB) Os fenômenos elétricos e magnéticos passaram a relacionar-se no século XIX, quando o físico dinamarquês Hans Christian Oersted (1777-1851) constatou, em 1820, que, ao aproximar uma bússola a um fio percorrido por uma corrente elétrica, sua agulha sofre uma deflexão, concluindo que toda corrente elétrica gera, no espaço que a envolve, um campo magnético. Quando um fio condutor sob forma circular (espira) é submetido a uma corrente elétrica, o vetor indução magnética B apresenta características relativas à corrente elétrica i ao raio da espira. Supondo que uma espira de diâmetro 5π cm é percorrida por uma corrente de 6,0 A e considerando que a permeabilidade magnética no vácuo é $\mu_0 = 4\pi \cdot 10^{-7}$ no SI, é **correto** afirmar que a intensidade do campo magnético B no centro da espira é:

a) $2,4 \cdot 10^{-5}$ T
b) $4,8 \cdot 10^{-5}$ T
c) $4,8 \cdot 10^{-7}$ T
d) $2,4 \cdot 10^{-7}$ T
e) $1,2 \cdot 10^{-7}$ T

Resolução comentada

Alternativa **c**.

O campo magnético gerado no centro da espira circular é dado por:

$$B = \frac{\mu_0 \cdot i}{2 \cdot R},$$

em que i é a corrente e R é o raio da espira. Assim, dados $i = 6,0$ A e $2 \cdot R = 5 \cdot \pi$ cm, encontramos o valor do campo magnético:

$$B = \frac{\mu_0 \cdot i}{2 \cdot R} \Rightarrow B = \frac{4 \cdot \pi \cdot 10^{-7} \cdot 6}{5 \cdot \pi} \Rightarrow B = 4,8 \cdot 10^{-7}$$

19. (UFU-MG) Dois tipos de íons, com cargas q_1 e q_2 de mesmo sinal, são lançados em uma região que possui campo elétrico uniforme E e campo magnético uniforme B, como ilustra a figura a seguir.

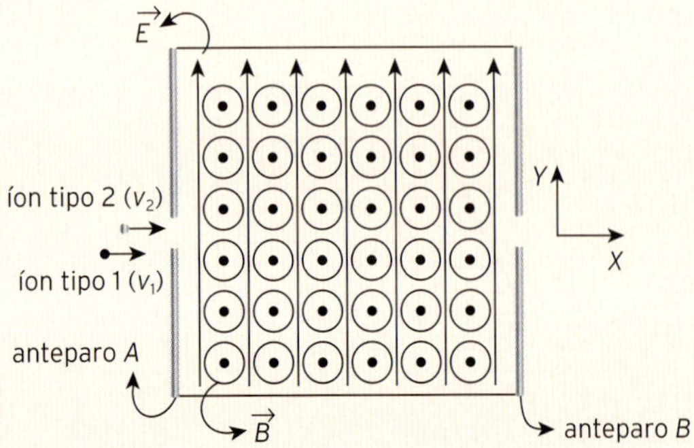

Essas partículas atravessam um pequeno orifício no anteparo A, de modo que só os íons com velocidade na direção X entrem na região entre os dois anteparos. Quando entram na região de campo através do anteparo A, os íons tipo 1 e 2 possuem velocidades $V_1 = 10$ m/s e $V_2 = 20$ m/s, respectivamente. A intensidade dos campos elétrico e magnético é $E = 0,12$ V/m e $B = 6 \times 10^{-3}$ T, respectivamente.
Observação: Despreze a interação entre os íons e os efeitos devidos à gravidade.

Sabendo-se que o orifício no anteparo A está alinhado, ao longo do eixo X, ao orifício no anteparo B, é **correto** afirmar que:

a) os íons tipo 1 e tipo 2 atravessam o anteparo B.
b) os íons tipo 1 atravessam o anteparo B e os tipo 2 não.
c) os íons tipo 2 atravessam o anteparo B e os tipo 1 não.
d) nenhum tipo de íon atravessa o anteparo B.

20. (UFPR) O fenômeno da indução eletromagnética permite explicar o funcionamento de diversos aparelhos, entre eles o transformador, o qual é um equipamento elétrico que surgiu no início do século 19, como resultado da união entre o trabalho de cientistas e engenheiros, sendo hoje um componente essencial na tecnologia elétrica e eletrônica. Utilizado quando se tem a necessidade de aumentar ou diminuir a tensão elétrica, o transformador é constituído por um núcleo de ferro e duas bobinas, conforme ilustra a figura a seguir. Uma das bobinas (chamada de primário) tem N_1 espiras, e sobre ela é aplicada a tensão U_1, enquanto a outra (chamada de secundário) tem N_2 espiras e fornece a tensão U_2.

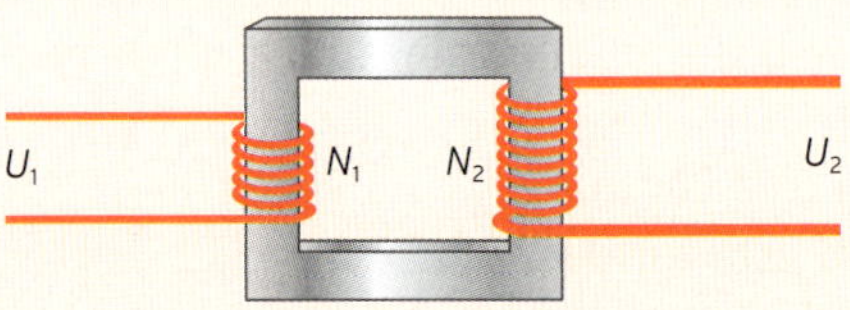

Sobre o transformador, é **correto** afirmar:

a) É utilizado para modificar a tensão tanto em sistemas de corrente contínua quanto nos de corrente alternada.
b) Só aparece a tensão U_2 quando o fluxo do campo magnético produzido pelo primário for constante.
c) Num transformador ideal, a potência fornecida ao primário é diferente da potência fornecida pelo secundário.
d) Quando o número de espiras N_1 é menor que N_2, a corrente no secundário é maior que a corrente no primário.
e) Quando o número de espiras N_1 é menor que N_2, a tensão U_2 será maior que a tensão aplicada U_1.

21. **(UEPB)** O cientista inglês Michael Faraday (1791-1867) dedicou seus estudos a diversos ramos da Física, entre eles o eletromagnetismo. Nesse ramo, sua grande contribuição foi, sem dúvida, a descoberta do fenômeno da indução eletromagnética, que resultou na transformação radical da tecnologia. Por exemplo, quando um ímã se aproxima ou se afasta de uma espira, surgem, nessa espira, correntes induzidas que se opõem à aproximação ou ao afastamento do ímã. Esse fenômeno básico do eletromagnetismo se aplica:

a) às lâmpadas incandescentes.
b) aos geradores eletromagnéticos.
c) aos chuveiros elétricos.
d) às campainhas.
e) aos eletroímãs.

22. **(UFPR)** A investigação científica na área de física de partículas elementares ganhou recentemente um poderoso aliado, o Grande Colisor de Hádrons. Nesse laboratório serão realizadas diversas experiências com o objetivo de verificar a existência de novas partículas elementares, além de determinar com maior precisão propriedades físicas importantes de partículas já conhecidas. Uma experiência relativamente simples feita nesse laboratório consiste em utilizar um equipamento chamado de câmara de neblina. Nessa câmara há um vapor supersaturado, e quando partículas passam por ele ocorre a condensação do vapor de água na forma de bolhas, que mostram então as trajetórias descritas pelas partículas. Aplicando-se um campo magnético $\vec{B}$ no local, é possível determinar grandezas relevantes, como carga ou massa das partículas. Uma dessas experiências é ilustrada na figura abaixo. Uma partícula de carga elétrica Q desconhecida entra numa câmara de neblina com uma velocidade inicial $\vec{v}$ horizontal e no plano da página. O campo magnético $\vec{B}$ é uniforme, perpendicular ao plano da página e está entrando nesta. Essa partícula fica sujeita ao campo $\vec{B}$ e move-se em MRU até um certo instante em que ela sofre um decaimento radioativo, transformando-se em duas partículas, de massas m_a e m_b, cargas Q_a e Q_b, que descrevem as trajetórias circulares de raios R_a e R_b mostradas na figura. As duas partículas iniciam o movimento circular com a mesma velocidade $\vec{v}$ da partícula original e esse decaimento segue a lei de conservação das cargas.

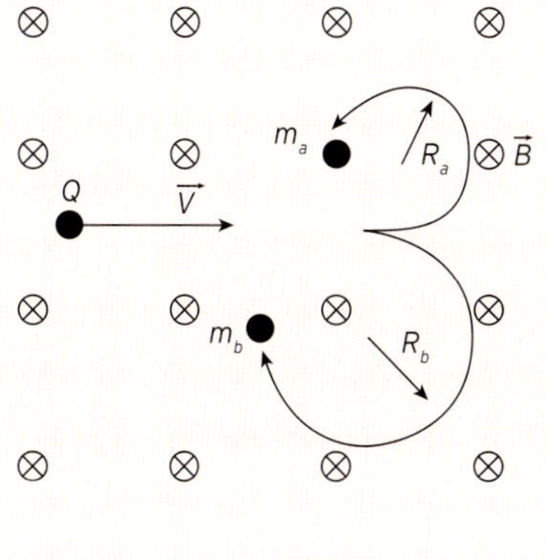

a) Determine o sinal da carga Q da partícula que entrou no campo magnético, justificando a resposta.
b) Determine os sinais das cargas das partículas que descrevem as trajetórias circulares de raios R_a e R_b, e a relação entre as cargas Q_a e Q_b, justificando as respostas.

23. **(UEPB)** Em 1831 Michael Faraday (1791-1867), físico e químico inglês, descobriu a indução eletromagnética ao verificar que, toda vez que o fluxo magnético através de um circuito varia, surge nesse circuito uma força eletromotriz induzida. O gráfico abaixo mostra como o fluxo magnético varia com o tempo, em uma bobina.

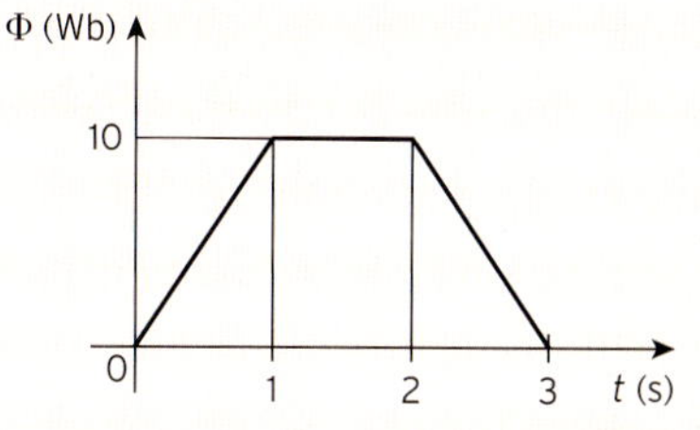

Com isso, o valor absoluto da força eletromotriz máxima induzida na bobina, no intervalo de 0 a 3 s, é:

a) nulo
b) 10 V
c) 30 V
d) 40 V
e) 20 V

24. **(Uespi)** A figura ilustra uma carga elétrica puntiforme $+q$ que penetra com velocidade de módulo v em uma região de campo magnético uniforme de módulo B e sentido e direção indicados. Tal região é mostrada em cinza na figura. Sabe-se que o vetor velocidade é perpendicular ao vetor campo magnético.

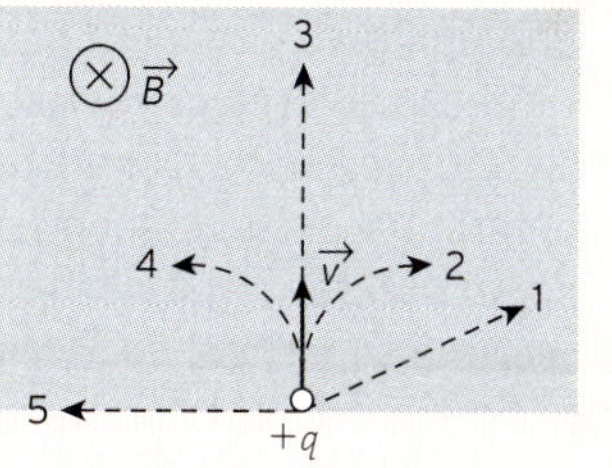

Assinale a alternativa que indica a trajetória da carga (indicada pelas linhas tracejadas) durante o seu movimento na região onde atua o campo magnético:

a) 1 b) 2 c) 3 d) 4 e) 5

25. **(Ufac)** Um fio, reto e extenso, é percorrido por uma corrente elétrica contínua de intensidade $I = 3$ A. A permeabilidade magnética do vácuo é $\mu_0 = 4\pi \times 10^{-7}$ Tm/A. Qual o módulo do campo magnético B produzido num ponto P à distância $r = 0{,}25$ m do fio, no vácuo?

a) $24 \cdot 10^{-6}$ T
b) $5{,}0 \cdot 10^{-6}$ T
c) $2{,}4 \cdot 10^{-6}$ T
d) $10{,}0 \cdot 10^{-6}$ T
e) $7{,}5 \cdot 10^{-6}$ T

26. (Ufal) Uma partícula carregada move-se inicialmente em linha reta e sem atrito sobre uma superfície horizontal (ver figura). A partícula ingressa numa região (pintada de cinza) em que existe um campo magnético uniforme, de módulo B e direção paralela à do vetor velocidade inicial da partícula.

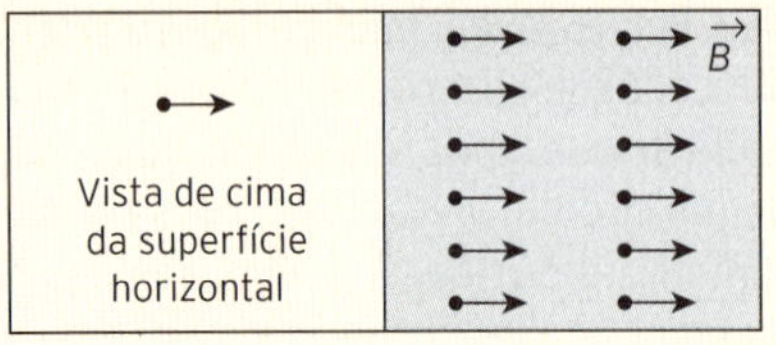

Nessas circunstâncias, é **correto** afirmar que a presença do campo magnético na região pintada de cinza:

a) provocará uma diminuição no módulo da velocidade da partícula, mas não mudará a sua direção.

b) provocará um aumento no módulo da velocidade da partícula, mas não mudará a sua direção.

c) não provocará mudança no módulo da velocidade da partícula, mas fará com que a partícula execute um arco de circunferência sobre a superfície horizontal.

d) não provocará mudança no módulo da velocidade da partícula, mas fará com que a partícula execute um arco de parábola sobre a superfície horizontal.

e) não provocará alteração no módulo nem na direção da velocidade da partícula.

27. (UFMT) A fração da energia solar incidente na superfície do planeta na forma de luz visível que, em parte, é temporariamente absorvida, é posteriormente reemitida em direção ao espaço interplanetário na forma de radiação infravermelha. No entanto, ao se encontrar com determinadas substâncias, como compostos de carbono, existentes na atmosfera, reflete-se e retorna em parte à superfície da Terra. Esse fenômeno denomina-se efeito estufa. O aumento de compostos de carbono no ar intensifica o efeito estufa, aquecendo ainda mais o planeta. Em relação ao assunto, assinale a afirmativa **correta**:

a) A radiação reemitida pela superfície do planeta tem menor comprimento de onda que a incidente.

b) A radiação incidente na superfície do planeta possui maior frequência que a reemitida.

c) Os fótons da radiação incidente são menos energéticos que os da reemitida.

d) A luz visível incidente transforma-se em radiação infravermelha devido ao fenômeno de reflexão na superfície do planeta.

e) O efeito estufa viola o princípio de conservação de energia, por isso o planeta se aquece.

28. (Ufal) Um fio metálico tem suas extremidades unidas, formando um retângulo plano (ver figura). Um resistor ôhmico no fio tem resistência R, e os potenciais em suas extremidades C e D são denotados por V_C e V_D. Num dado instante, um campo magnético uniforme de módulo B é ligado em todo espaço, com direção perpendicular ao plano do fio e sentido indicado na figura (⊗).

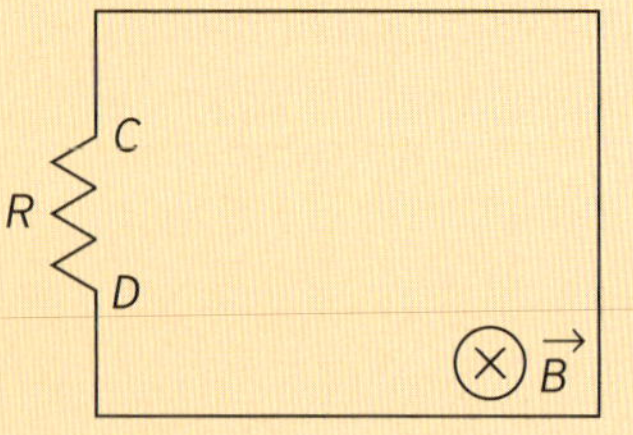

Nesse contexto, pode-se afirmar que:

a) a corrente elétrica induzida no fio terá sentido horário, tal que $V_C > V_D$.

b) a corrente elétrica induzida no fio terá sentido horário, tal que $V_C < V_D$.

c) não haverá corrente elétrica induzida no fio, tal que $V_C = V_D$.

d) a corrente elétrica induzida no fio terá sentido anti-horário, tal que $V_C > V_D$.

e) a corrente elétrica induzida no fio terá sentido anti-horário, tal que $V_C < V_D$.

Resolução comentada

Alternativa **d**.

O aumento da variação do fluxo magnético na área compreendida pelo circuito faz surgir no fio uma corrente induzida que, de acordo com a lei de Lenz, gera um campo magnético induzido com sentido contrário ao da variação do campo magnético que lhe deu origem. Portanto, a corrente induzida terá sentido anti-horário. De acordo com a lei de Faraday, a corrente induzida é dada por:

$$i_{ind} = -\frac{\Delta\phi}{R \cdot \Delta t},$$

em que $\Delta\phi$ é a variação do fluxo magnético no intervalo de tempo Δt. Lembrando que Δt é muito pequeno e representa o tempo entre o momento que não havia campo magnético no circuito até a aplicação do campo externo B. Como $\Delta\phi \geq 0$, encontra-se: $V_D - V_C = R \cdot i_{ind}$. Sendo $i_{ind} < 0$, conclui-se que $V_D - V_C < 0$, o que leva a $V_C > V_D$.

29. (Enem) A instalação elétrica de uma casa envolve várias etapas, desde a alocação dos dispositivos, instrumentos e aparelhos elétricos até a escolha dos materiais que a compõem, passando pelo dimensionamento da potência requerida, da fiação necessária, dos eletrodutos*, entre outras.

Para cada aparelho elétrico, existe um valor de potência associado. Valores típicos de potências para alguns aparelhos elétricos são apresentados no quadro seguinte.

Aparelhos	Potência (W)
Aparelho de som	120
Chuveiro elétrico	3 000
Ferro elétrico	500
Televisor	200
Geladeira	200
Rádio	50

*Eletrodutos são condutos por onde passa a fiação de uma instalação elétrica, com a finalidade de protegê-la.

A escolha das lâmpadas é essencial para obtenção de uma boa iluminação. A potência da lâmpada deverá estar de acordo com o tamanho do cômodo a ser iluminado. O quadro a seguir mostra a relação entre as áreas dos cômodos (em m^2) e as potências das lâmpadas (em W), e foi utilizado como referência para o primeiro pavimento de uma residência.

Área do cômodo (m^2)	Potência da lâmpada (W)		
	Sala/copa/cozinha	Quarto, varanda e corredor	Banheiro
Até 6,0	60	60	60
de 6,0 a 7,5	100	100	60
de 7,5 a 10,5	100	100	100

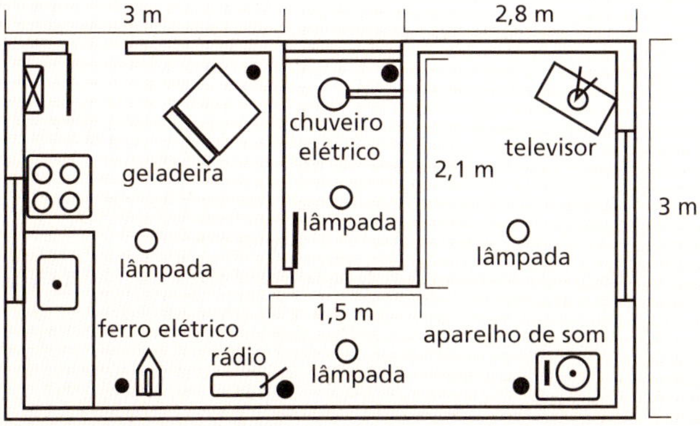

Observação: Para efeitos dos cálculos das áreas, as paredes são desconsideradas.

Considerando a planta baixa fornecida, com todos os aparelhos em funcionamento, a potência total, em watts, será de:

a) 4 070
b) 4 270
c) 4 320
d) 4 390
e) 4 470

30. (Enem)

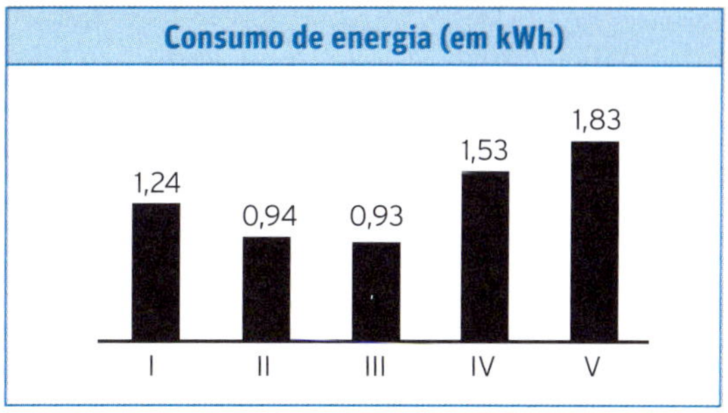

Figura I

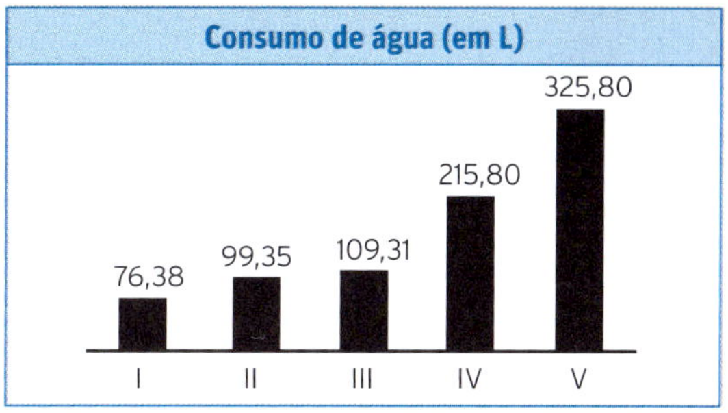

Figura II

Fonte de pesquisa: Associação Brasileira de defesa do Consumidor. Adaptado.

As figuras acima apresentam dados referentes aos consumos de energia elétrica e de água relativos a cinco máquinas industriais de lavar roupa comercializadas no Brasil. A máquina ideal, quanto a rendimento econômico e ambiental, é aquela que gasta, simultaneamente, menos energia e água.

Com base nessas informações, conclui-se que, no conjunto pesquisado,

a) quanto mais uma máquina de lavar roupa economiza água, mais ela consome energia elétrica.
b) a quantidade de energia elétrica consumida por uma máquina de lavar roupa é inversamente proporcional à quantidade de água consumida por ela.
c) a máquina I é ideal, de acordo com a definição apresentada.
d) a máquina que menos consome energia elétrica não é a que consome menos água.
e) a máquina que mais consome energia elétrica não é a que consome mais água.

31. (Fatec-SP) Durante uma aula de Física, o professor pede a seus alunos que calculem o gasto mensal de energia elétrica que a escola gasta com 25 lâmpadas fluorescentes de 40 W cada, instaladas em uma sala de aula. Para isso, o professor pede para os alunos considerarem um uso diário de 5 horas, durante 20 dias no mês.

Se o preço do kWh é R$ 0,40 em média, o valor encontrado, em real, será de:

a) 100
b) 80
c) 60
d) 40
e) 20

32. **(Uespi)** Um estudante paga R$ 40,00 (quarenta reais) por mês pelo uso de um chuveiro elétrico de 5 000 W de potência. Sabendo que essa quantia resulta de uma cobrança a custo fixo por kWh de energia elétrica consumida mensalmente, ele decide economizar trocando esse chuveiro por outro de 4 000 W. Se o novo chuveiro for utilizado durante o mesmo tempo que o chuveiro antigo, a economia em um mês será de:

a) R$ 5,00
b) R$ 8,00
c) R$ 15,00
d) R$ 20,00
e) R$ 39,00

33. **(Ufal)** Um aparelho medidor de consumo de energia elétrica tem quatro indicadores. As posições dos ponteiros fornecem os quatro algarismos para a leitura do consumo, em kWh.

A leitura correspondente à ilustração é, em kWh,

a) 1 669
b) 1 751
c) 1 760
d) 2 759
e) 2 770

34. **(Uncisal)** Em relação ao estudo do eletromagnetismo, afirma-se:

I. A região do espaço que sofre interferência devido à presença de um ímã é chamada de campo magnético;
II. As linhas de indução magnética são sempre perpendiculares a *B*;
III. Uma partícula eletrizada em movimento de translação gera campo magnético.

É **correto** o que se afirma em:

a) I, apenas.
b) II, apenas.
c) I e III, apenas.
d) II e III, apenas.
e) I, II e III.

35. **(Fatec-SP)** Uma criança brincando com um ímã, por descuido, o deixa cair, e ele se rompe em duas partes. Ao tentar consertá-lo, unindo-as no local da ruptura, ela percebe que os dois pedaços não se encaixam, devido à ação magnética. Pensando nisso, se o ímã tivesse o formato e as polaridades da figura a seguir, seria válido afirmar que o ímã poderia ter se rompido:

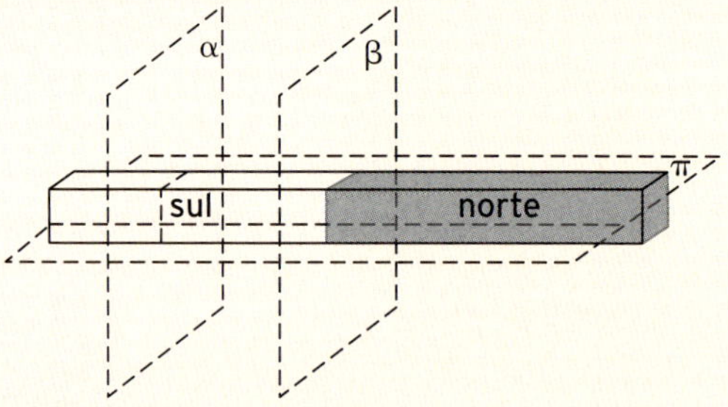

a) na direção do plano α.
b) na direção do plano β.
c) na direção do plano π.
d) na direção de qualquer plano.
e) apenas na direção do plano β.

36. **(UFRN)** Em alguns equipamentos eletroeletrônicos, costumam-se torcer, juntos, os fios que transportam correntes elétricas, para se evitarem efeitos magnéticos em pontos distantes do equipamento, onde há outros dispositivos. Por exemplo, a tela fluorescente de um televisor, na qual incidem elétrons, não deve sofrer influência magnética das correntes que fluem em outras partes do aparelho, senão ocorreriam distorções ou interferências na imagem.

Esses efeitos magnéticos indesejáveis serão evitados com maior eficácia se os fios a serem torcidos forem percorridos por correntes de:

a) mesmo valor e mesmo sentido.
b) mesmo valor e sentidos contrários.
c) valores diferentes e sentidos contrários.
d) valores diferentes e mesmo sentido.

Para explorar

A seguir são apresentadas sugestões para ampliar seu conhecimento sobre temas desta unidade.

Livros

Ática/Arquivo da editora

- ***Do eletromagnetismo à eletrônica*, de Alberto Gaspar. São Paulo: Ática, 1999.**
  A obra apresenta, sucintamente, a história dos primeiros estudos sobre eletromagnetismo e o associa ao desenvolvimento da eletrônica. Destaque para a discussão pormenorizada do funcionamento dos CD-ROMs e do computador. As explicações são feitas por meio de um texto claro e direto, rico em ilustrações didáticas.

Livraria da Física/Arquivo da editora

- ***Micro-ondas*, de Regina Pinto de Carvalho. São Paulo: Livraria da Física, 2005.**
  O livro faz uma apresentação do vasto campo de pesquisa relativo às características e às aplicações das micro-ondas, começando por seus usos nas telecomunicações e passando pelos campos da cosmologia, da ciência dos materiais e da medicina, entre outros. A obra mostra como uma única faixa do espectro eletromagnético tem um amplo universo de conhecimentos a ser explorado.

Livraria da Física/Arquivo da editora

- ***Energia no Brasil: para quê? para quem?*, de Célio Bermann. 2. ed. São Paulo: Livraria da Física, 2002.**
  Essa obra é indicada para quem quer se aprofundar na discussão energética, em especial no Brasil. Apresenta o desafio de transformar a produção de energia no país em atividade sustentável, ao mesmo tempo que discute noções de sustentabilidade energética, potenciais energéticos, entre outros conceitos.

Atual/Arquivo da editora

- ***Faraday e Maxwell: eletromagnetismo – da indução aos dínamos*, de Andréia Guerra, José Cláudio Reis e Marco Braga. São Paulo: Atual, 2004.**
  As contribuições por parte de dois dos maiores cientistas de todos os tempos são apresentadas nesse livro, com o desenvolvimento do eletromagnetismo. Associa descobertas de Faraday e Maxwell à chamada Segunda Revolução Industrial, uma vez que eles colaboraram, direta ou indiretamente, para a introdução dos motores elétricos nas fábricas e para o desenvolvimento da geração de energia elétrica pelo movimento de turbinas.

Internet

- **Sociedade Brasileira de Eletromagnetismo <http://www.sbmag.org.br/>. Acesso em: 19 mar. 2013.**
  O *site* traz novidades e eventos da área, dicas de *links*, entre outros aspectos do eletromagnetismo.

PROJETO 1

A física como profissão

■ Objetivo

Conhecer algumas áreas de formação profissional em que a Física esteja direta ou indiretamente envolvida. A proposta deste projeto tem por objetivo ajudar os alunos na escolha da carreira ao fim do Ensino Médio.

■ O que você vai fazer

Preparar uma **feira de exposição de profissões** na escola. O foco é a formação de um físico ou de um profissional que aplique a Física em seu trabalho. Para isso, será necessário entrevistar profissionais de diferentes áreas.

■ Procedimentos

Para realizar as entrevistas, você e seus colegas vão se organizar em grupos de acordo com as áreas a serem pesquisadas (ver sugestões no quadro a seguir).

Grupo 1. A Física como profissão. Pesquisar as possíveis áreas nas quais um físico atua: educação, indústria (departamentos de desenvolvimento de produtos), pesquisa e tecnologia, mercado financeiro, hospitais, etc. Conhecer a formação em subáreas da Física que lidam com questões importantes para a sociedade, caso de física médica, física nuclear, biofísica e acústica, entre outras. Pesquisar acerca da remuneração média de um físico e da legislação que rege a profissão. Entrar em contato com as entidades de classe, como a Sociedade Brasileira de Física (SBF) e a Sociedade Brasileira para o Progresso da Ciência (SBPC).

Grupo 2. A formação em Física. Pesquisar os cursos de formação em Física mais próximos da comunidade local, as principais instituições públicas e privadas que formam os físicos; diferenciar bacharelado, licenciatura e formação em tecnologia; saber o que é pós-graduação (*lato sensu* ou *stricto sensu*, especialização, mestrado e doutorado); investigar como um estudante de Física pode se manter no curso superior (bolsas de iniciação científica, de pesquisa, etc.).

Grupo 3. A Física em outras profissões. São várias as profissões nas quais a Física é empregada. Entre as principais, estão aquelas ligadas às engenharias e às áreas correlatas à Física, como astronomia, astrofísica, geologia, cosmologia, oceanografia, meteorologia, Química, Biologia, farmácia e ciência da computação. Podem ser entrevistados dois profissionais de alguns desses campos de atuação, além de um terceiro profissional, formado em uma área que, aparentemente, não esteja ligada à Física, mas que depende indiretamente dela (caso de nutricionistas, *web designers* e fotógrafos, por exemplo). Procurar saber como essas pessoas lidavam com a Física no Ensino Médio, como é a relação delas hoje com a disciplina, como acreditam que a Física contribuiu para a formação profissional, etc.

Grupo 4. Físicos que fazem carreiras em outras áreas. Há um número crescente de físicos que fazem carreira em outras áreas. Em virtude da grande capacidade de abstração e de análise que um profissional formado em Física desenvolve, além de outras razões, é possível encontrar físicos ocupando postos-chave em importantes empresas do mercado financeiro. Há um ramo do conhecimento em expansão, chamado econofísica, que consiste na análise de situações econômicas tendo por base modos de pensar e de proceder próprios da Física. Há também físicos trabalhando com informática, jornalismo científico, cinema – caso do cineasta brasileiro José Padilha –, em editoras, empresas de logística, etc. Procurem um físico que trabalhe fora do âmbito da Física e o entrevistem. Tentem conhecer as razões que o levaram a mudar de área, perguntem sobre o quanto ele acredita que a formação em Física contribuiu para o trabalho dele, etc.

Leitura

Os físicos e o novo mundo

[...] Em diversos centros e institutos acadêmicos, a grande revolução científica brasileira vem sendo comandada pelos físicos. Em parte, pelo investimento sistemático feito no setor nas últimas décadas, que acabou gerando vários centros de excelência. Em parte, pelos pioneiros que lograram em incutir princípios éticos e científicos bastante sólidos em seus discípulos [...].

[...] Não lhes interessa a parte, mas o todo; não o evento isolado, mas o sistema integrado; não o resultado estático de um experimento, mas a maneira como os fenômenos interagem entre si, como se afetam mutuamente, recriando realidades dinâmicas, como o equilíbrio de um tabuleiro de xadrez sendo afetado continuamente pelas peças movidas [...]

Não é por outro motivo que, no Brasil, os físicos vêm ocupando cada vez mais cargos-chave e tendo papel central nessa reavaliação de conceitos. Hoje eles estão na vanguarda das discussões sobre a política científico-tecnológica, são os que melhor têm demonstrado entender o novo papel da universidade, e mesmo o fenômeno do desenvolvimento [econômico] em si. Embora haja chutadores em qualquer profissão, a existência de um físico à frente de determinado órgão é garantia, no mínimo, de uma visão original acerca do problema a ser enfrentado.

NASSIF, L. *Folha de S.Paulo*, 5 jul. 1998. Caderno Dinheiro, p. 2-3.

Apresentação

É importante que, na feira de exposição de profissões, o público entenda o conteúdo e os resultados das pesquisas e entrevistas. Para isso, vocês podem construir um **painel de apresentação**. As etapas a seguir orientam a construção desse painel.

- **Título**. Deve ser curto e simples, mas convidativo à participação.
- **Olho**. É um resumo do tema de, no máximo, cinco linhas.
- **Autores**. Os nomes dos membros do grupo podem aparecer na base do painel.
- **Dissertação**. Exposição escrita do trabalho, explicitando os dados que o grupo obteve, os métodos adotados (entrevistas, pesquisas em fontes escritas, etc.).
- **Conclusão**. É o fechamento da dissertação. Deve ser apresentada com clareza.
- **Bibliografia**. Citação das fontes de consulta.

Preparação da feira

Para divulgar a feira, os grupos podem elaborar cartazes com data, horário e local do evento. A feira pode ser dividida em duas partes.

Parte 1. **Exposição de painéis e apresentação oral**. Os painéis devem conter os dados a respeito da utilização da Física pelos profissionais entrevistados.

Parte 2. **Conversa com entrevistados**. Cada grupo convida alguns entrevistados para uma troca de ideias com o público. A conversa pode esclarecer dúvidas quanto às atribuições da profissão, ao mercado de trabalho, ao futuro da carreira, entre outras.

Avaliação da atividade

1. Enumere as principais motivações que fizeram as pessoas estudar Física. Você se identifica com algumas delas? Justifique.
2. Faça uma relação das principais desvantagens de uma formação profissional em Física. Você acredita que as vantagens superam as desvantagens? Justifique.
3. Escolher uma profissão influencia muito o rumo que a vida de uma pessoa pode tomar. Depois de ter feito essa pesquisa, que fatores você considera fundamentais para uma escolha crítica e consciente da carreira? Discuta com os colegas.

UNIDADE

3

Física moderna

Capítulos

Ilustração: ID/BR (1); Fotografias: Laguna/Latinstock (2); StefanDiller/SPL/Latinstock (3); Serg64/Shutterstock.com/ID/BR (4); NASA/ID/BR (5); João Prudente/Pulsar Imagens (6); Ernesto Reghran/Pulsar Imagens (7); NASA/ID/BR (8); Detlev Van Ravenswaay/SPL/Latinstock (9)

1

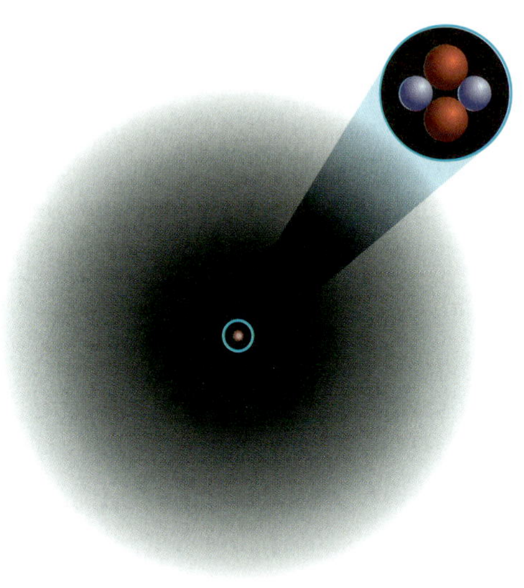

2

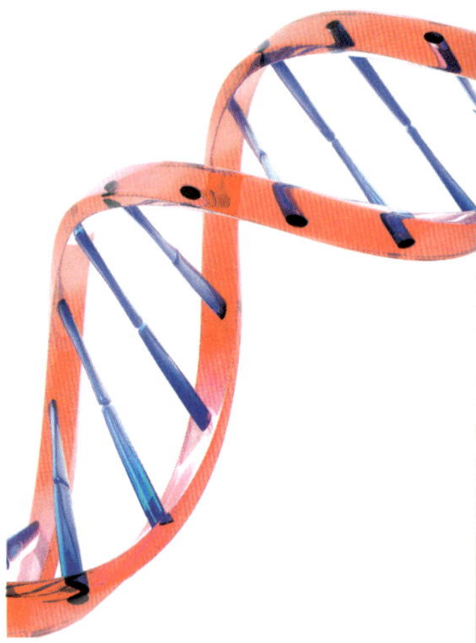

6

7

1. Modelo de átomo. 2. Modelo do DNA. 3. Micrografia de células vegetais obtida por microscópio eletrônico de varredura (aumento: 400 vezes). 4. Detalhe de uma folha vegetal. 5. Representação artística da Via Láctea. 6. Árvore Carolina (*Adenanthera pavonina*). 7. Vista aérea da floresta Amazônica. 8. A Terra vista do espaço. 9. Representação artística do Sistema Solar. Os elementos das representações do átomo, do DNA, do Sistema Solar e da Via Láctea estão em cores-fantasia e sem escala de tamanho entre si.

Primeiras ideias

Entre o final do século XIX e o começo do século XX, alguns resultados experimentais não estavam de acordo com o que previam as leis da Física clássica. Para explicar esses resultados discrepantes, foi preciso propor uma nova teoria, que deu origem ao que hoje chamamos de Física moderna e Física contemporânea.

Embora tenha se originado das explicações modernas para os fenômenos do mundo atômico, a nova teoria não se limitou a elas e se estendeu a outros fenômenos do cotidiano, assim como a fenômenos de natureza astronômica.

É importante destacar que a nova Física rompeu com paradigmas da Física clássica, apresentando ideias consideradas revolucionárias ou absurdas na época, até que tiveram comprovação experimental.

Hoje, uma das grandes ambições da Física é criar uma teoria que abranja o conhecimento da natureza e do cosmos, ou seja, desde o mundo do "muito pequeno" (da ordem de tamanho dos átomos) até o do "muito grande" (da ordem de tamanho dos astros e das distâncias celestes).

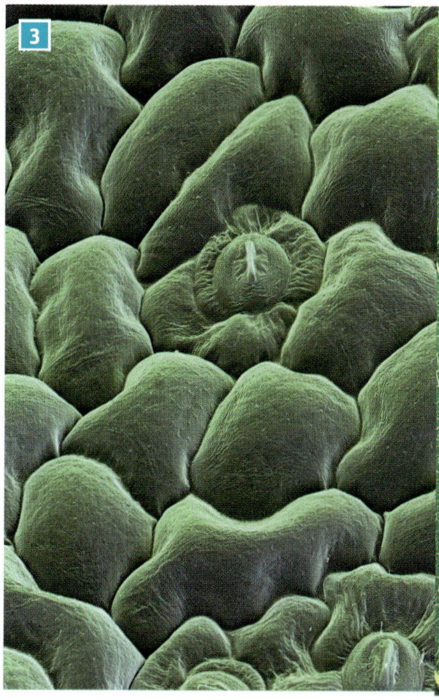

CAPÍTULO

9 A Física do "muito pequeno"

Módulos

1. Estrutura da matéria
2. Física quântica
3. A Física das partículas elementares
4. Física nuclear

Goronwy Tudor Jones/SPL/Latinstock

Registro de um experimento com feixe de partículas interagindo em um meio superaquecido, parcialmente líquido e parcialmente gasoso, em um detector conhecido como câmara de bolhas. Esse experimento possibilita a visualização de uma sequência de pequenas bolhas, como se fosse um rastro, que torna perceptível a trajetória de uma partícula atômica. Trata-se, portanto, da evidência indireta de fenômenos atômicos.

Debate inicial

1. A imagem acima é resultado de um experimento no qual um campo magnético atua na direção perpendicular à do plano da fotografia. As linhas observadas correspondem às trajetórias de partículas lançadas na direção do plano da folha. Em sua opinião, essas partículas têm carga elétrica? Por quê?
2. Com argumentos da Física, tente explicar as diferentes trajetórias descritas por essas partículas.
3. As estrelas são imensas massas de gases de composição já conhecida. Em sua opinião, como os cientistas fazem para determinar a composição química desses corpos celestes?
4. Prótons, elétrons e nêutrons são os componentes elementares do átomo. Você concorda com essa afirmação? Em sua opinião, há partículas ainda menores que constituem as três citadas?

Primeiras anotações

Considere as respostas obtidas no debate e responda no caderno.

1. Em sua opinião, as partículas elementares identificadas no debate seriam as últimas partículas do átomo, ou elas também são formadas por outras partículas, ainda menores?
2. Como é possível detectar a existência de átomos, prótons, nêutrons, elétrons, fótons ou outras partículas?
3. Com tantos problemas sociais importantes a resolver no mundo – como fome, epidemias e miséria –, você acha que vale a pena investir em pesquisas sobre a estrutura da matéria? Justifique sua resposta.

1. Estrutura da matéria

Desde a Antiguidade, o ser humano busca compreender a origem e a evolução do Universo. Faz parte dessa busca tentar entender o que compõe a matéria, como ela é organizada e de que maneira ocorrem as interações entre os diferentes tipos de objeto, material, substância e elemento.

Por exemplo, na Grécia Antiga, no século V a.C., o filósofo Demócrito defendia a ideia de que todas as coisas que constituem o mundo físico são formadas por partículas invisíveis e indivisíveis, as quais chamou de **átomos**.

O átomo de Dalton

No Renascimento, entre os séculos XIV e XVI, a retomada da ideia do átomo por Pierre Gassendi (1592-1655) e o posterior desenvolvimento da ciência moderna contribuíram para a formulação, em 1808, da teoria atômica de John Dalton (1766-1844). (Leia o boxe ao lado.) Os estudos de Dalton são considerados a primeira evidência consistente do modelo da matéria constituída de átomos.

O átomo de Thomson

Após experimentos em laboratório, Joseph John Thomson (1856-1940) propôs um modelo de átomo diferente do modelo de Dalton.

Com o desenvolvimento tecnológico que se deu ao longo do século XIX, apareceram os chamados "tubos de Crookes", tubos de vidro selados, dos quais o ar era extraído. Seu funcionamento baseava-se na aplicação de alta tensão entre duas placas metálicas – uma ligada ao polo positivo, o **ânodo**, e outra ligada ao polo negativo, o **cátodo** – colocadas em seu interior.

No tubo de Crookes, quando não era retirado todo o ar, o ânodo brilhava com cor esverdeada; quando havia vácuo, era possível ver um feixe brilhando entre o cátodo e o ânodo, demonstrando que havia corrente elétrica nessa região. Esse feixe foi chamado de **raio catódico**, uma vez que partia do cátodo.

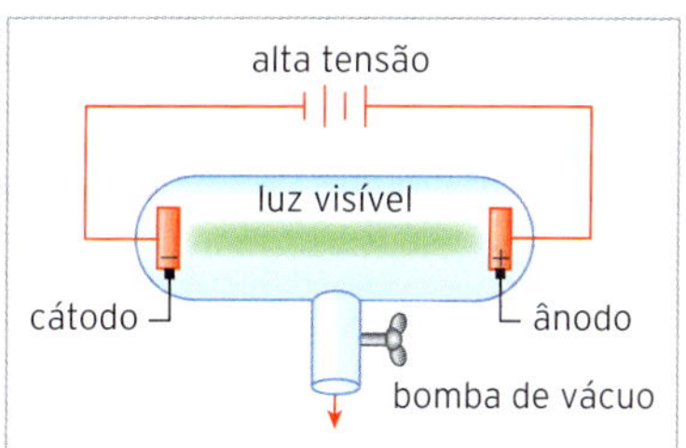

Setup Bureau/ID/BR

Representação de tubo de Crookes em funcionamento: visualização de feixe entre o cátodo e o ânodo.

Além desse experimento, Thomson submeteu o feixe à ação de um campo magnético e à ação de um campo elétrico. Observou então que, na presença desses campos, a trajetória do feixe era desviada. Sabia-se, à época, que somente era possível um corpo interagir com campos elétricos e magnéticos se houvesse carga elétrica. Assim, Thomson deduziu que havia partículas portadoras de carga elétrica no feixe. Mais ainda: de acordo com seus experimentos, concluiu que o sinal das cargas envolvidas no feixe era negativo. Por fim, calculou a razão entre carga e massa dessas partículas.

Como o feixe saía do cátodo e chegava ao ânodo, Thomson concluiu que havia partículas negativas no cátodo. Ocorre que este estava neutro antes do lançamento do feixe, de modo que essa neutralidade somente era possível porque também havia cargas positivas no ânodo.

Thomson propôs que o átomo era constituído por fluido contínuo, com carga positiva, dentro do qual flutuavam cargas negativas. Esse modelo, que ficou conhecido como **"pudim de passas"**, passou a ser o mais aceito, porque propunha uma explicação para os raios catódicos que o modelo de esferas indivisíveis de Dalton não explicava.

Ligado ao tema

A tabela de Dalton

Dalton criou uma tabela que relacionava cada elemento conhecido na época com um símbolo diferente e ainda mostrava algumas combinações entre elementos, as quais, segundo ele, formavam as substâncias conhecidas.

Segundo Dalton, as substâncias podiam ser compostas de dois elementos (combinação binária), três elementos (combinação terciária), e assim por diante. Assim, a ideia de molécula começava a se sedimentar.

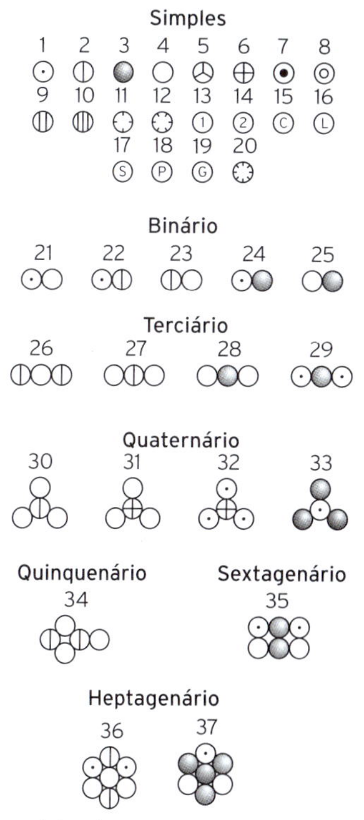

Modelos de combinações de átomos, segundo Dalton, em livro publicado em 1808. Cada tipo de esfera representava um tipo de átomo. A junção de alguns desses átomos formava as substâncias. Essas junções podiam ser binárias, terciárias, etc.

O átomo de Rutherford

Após as descobertas de Thomson, cientistas de vários países propuseram e realizaram diversos experimentos para compreender o mundo atômico. Entre o final do século XIX e o início do século XX, os resultados desses experimentos divergiam das teorias da Física clássica, incluindo as leis de Newton.

Um dos principais cientistas da época foi Ernest Rutherford (1871-1937), que fora aluno de Thomson. Ele não somente descobriu alguns dos resultados que não eram explicados pela Física da época, como também chegou a propor um novo modelo atômico para explicá-los.

Um dos resultados inesperados descobertos por Rutherford está relacionado à própria estrutura do átomo. Em 1911, ele e os colegas Hans Geiger (1882-1945) e Ernest Marsden (1889-1970) faziam um experimento sobre o espalhamento de partículas: bombardeavam um alvo fixo, uma finíssima folha de ouro, com um feixe de partículas alfa. Ao redor da folha, foi colocado um detector para verificar o desvio das partículas. Considerando o modelo atômico proposto por Thomson, o resultado esperado era que as partículas alfa atravessassem o alvo, sofrendo um desvio de apenas poucos graus em sua trajetória, por causa da interação elétrica com as cargas (sabia-se, à época, que partículas alfa tinham carga elétrica positiva e que eram capazes de atravessar finas películas de alguns materiais). Porém, algumas partículas alfa, ao atingir partes dos átomos, foram ricocheteadas e sofreram grandes desvios.

Para refletir

Na experiência de Rutherford apresentada nesta página, seria possível prever também a existência do nêutron? Justifique sua resposta.

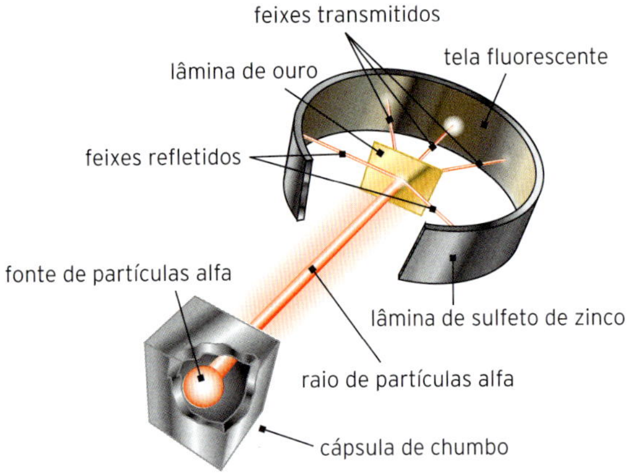

Figura 1. Representação simplificada do arranjo experimental de Rutherford em 1911.

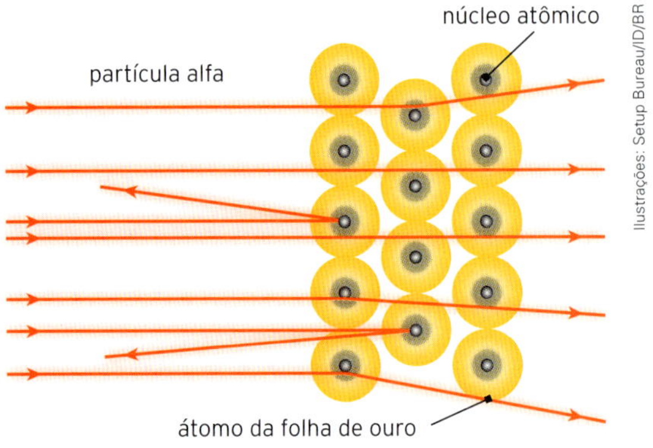

Figura 2. Representação de átomos (fora de escala e em cores-fantasia) interagindo com o feixe de partículas alfa, segundo o modelo de Rutherford. É possível perceber alguns feixes ricocheteando ao atingir a parte interna de um átomo.

Os desvios observados não podiam ser explicados pelo modelo de Thomson. Por isso, por meio de seguidos arranjos experimentais e cálculos, Rutherford propôs que toda a carga positiva do átomo e grande parte de sua massa estão concentradas em uma pequena região em seu interior, à qual ele denominou **núcleo**.

Assim, Rutherford propôs outro modelo atômico, que substituiu o de Thomson. Segundo o **modelo de Rutherford**, as partículas de carga negativa (os elétrons) orbitariam ao redor do núcleo em um movimento contínuo, sem que acontecesse nenhum choque entre eles, e haveria regiões vazias, sem a presença de partículas, em grande parte do átomo.

O modelo de Rutherford ainda não respondia à questão decorrente da hipótese de os elétrons se moverem ao redor do núcleo em movimento circular e com aceleração centrípeta (devido à força coulombiana). Segundo a teoria eletromagnética de James Clerk Maxwell (1831-1879), cargas elétricas aceleradas emitiriam radiação. Contudo, se os elétrons emitissem radiação, perderiam energia e, consequentemente, velocidade, o que os faria colapsar e colidir com o núcleo, o que não era observado.

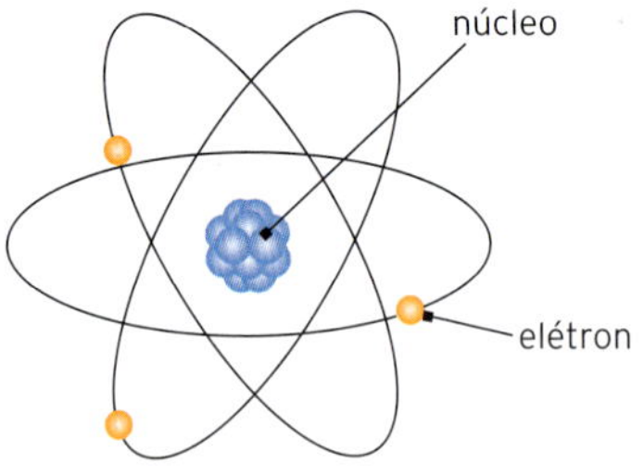

Figura 3. Representação (fora de escala e em cores-fantasia) do modelo atômico proposto por Rutherford.

Exercícios resolvidos

1. Na Química, uma das maneiras de representar a interação entre átomos é pela fórmula eletrônica, como neste exemplo:

$$Na\cdot + \cdot\ddot{\underset{\cdot\cdot}{C\ell}}: \longrightarrow Na^{+} + :\ddot{\underset{\cdot\cdot}{C\ell}}:^{-}$$

a) Identifique o modelo de átomo utilizado.

b) Descreva o que essas representações mostram em relação aos elétrons.

Resolução

a) O modelo de átomo utilizado considera os elétrons pequenas esferas separadas do núcleo atômico. Trata-se, portanto, do modelo de Rutherford.

b) A representação evidencia que o sódio (Na) transfere um elétron ao cloro (Cℓ), promovendo a ligação iônica. Nesse caso, estão representados somente os elétrons que participam da ligação.

2. Releia os itens do texto sobre os modelos atômicos.

a) Explique a diferença entre o modelo de Thomson e o modelo de Rutherford.

b) Cite algumas questões não solucionadas pelo modelo de átomo de Rutherford.

Resolução

a) No modelo de Thomson, o átomo é composto de uma esfera maciça positiva, na qual estão os elétrons, de carga negativa. Assim, não há espaços vazios no interior do átomo.

Já no modelo de Rutherford, toda a carga positiva está concentrada em um núcleo no interior do átomo, que também contém a maior parte de sua massa. Os elétrons orbitam o núcleo, sem colidirem entre si. Nesse modelo, há espaços vazios entre o núcleo e os elétrons.

b) Quando Rutherford propôs seu modelo, não explicou o motivo pelo qual, em decorrência da atração eletromagnética, os elétrons não caíam no núcleo e também não explicou como os elétrons se movimentavam em órbitas sem colidirem e sem haver perda de energia.

Exercícios propostos

3. Na Química, uma das maneiras de representar a interação entre dois átomos é esta:

H [• •] H

a) Descreva o que essa representação mostra em relação aos elétrons.

b) Identifique o modelo de átomo utilizado nela.

4. A fotografia a seguir é de cristais de sal de cozinha (NaCℓ), e o modelo ao lado dela (fora de escala e em cores-fantasia) é da estrutura desse sal.

Chesh/Alamy/Other Images

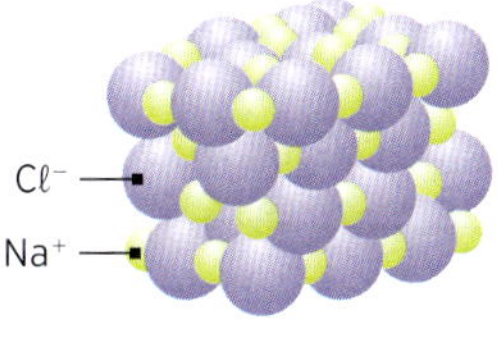

Ilustrações: Setup Bureau/ID/BR

Identifique e descreva o modelo atômico utilizado no esquema do NaCℓ.

5. Analise se a Química adota um único modelo para elaborar suas explicações. Justifique.

6. Frequentemente, o modelo de Rutherford é descrito como um "modelo planetário do átomo". Dê a sua opinião a respeito, justificando seus argumentos.

7. No modelo de Rutherford, o núcleo do átomo poderia ser considerado negativo? Justifique com base nos resultados do experimento de Rutherford.

8. Um resultado observado no experimento de Rutherford foi que algumas partículas atravessavam o alvo sem sofrer nenhum desvio em relação ao feixe inicial.

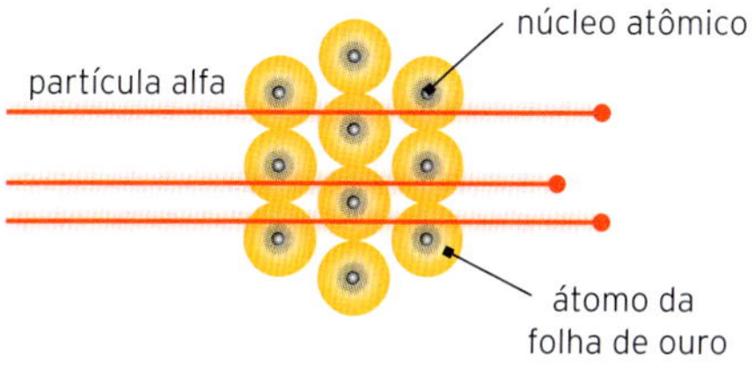

Explique o que esse resultado experimental evidencia a respeito da estrutura do átomo.

9. A experiência de Rutherford esclareceu dúvidas sobre o peso de diferentes substâncias. Explique por que um átomo de prata pesa cerca de 137 vezes mais que um átomo de hidrogênio, embora o átomo de prata não seja 137 vezes maior que o de hidrogênio.

10. Explique o sentido da frase: "A matéria é feita em grande parte de espaços vazios".

11. O filósofo grego Demócrito, muitas vezes considerado o pai do atomismo, considerava que os átomos tinham diferentes formas geométricas e associava a essas formas as propriedades de cada elemento. Hoje, o modelo proposto por Demócrito foi superado. Analise se a contribuição de Demócrito foi relevante para a ciência e justifique seus argumentos.

As limitações do modelo atômico de Rutherford

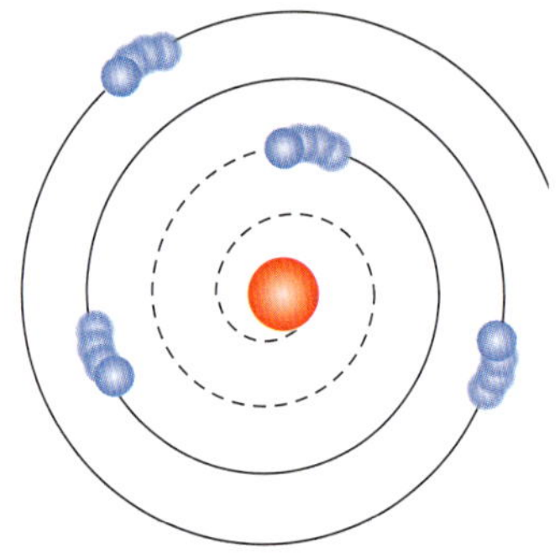

Pela teoria do eletromagnetismo, uma partícula em movimento acelerado emite radiação. O modelo de Rutherford não explicava por que o elétron não perdia energia e, portanto, não colapsava ao emitir radiação. (Esquema sem escala e com cores-fantasia.)

Como vimos, o modelo atômico proposto por Rutherford não explicava como o elétron se mantinha orbitando o núcleo, fenômeno incompatível com a teoria do eletromagnetismo de Maxwell. Além disso, os elétrons apresentavam um comportamento estranho para a época. Quando recebiam energia, desapareciam de um estado e reapareciam em outro mais excitado (isso porque, segundo Rutherford, os elétrons orbitavam em diferentes estados). Perguntava-se, à época, como era possível que uma partícula "sumisse" entre esses dois estados – chegou-se a denominar "proibida" a região em que os elétrons jamais seriam encontrados.

Na mesma época, houve consideráveis avanços com experimentos envolvendo o espectro eletromagnético, cujos resultados não eram condizentes com o modelo de átomo proposto por Rutherford. Veja a seguir.

As linhas espectrais

A espectrografia consiste na análise da luz emitida por um gás rarefeito submetido a uma descarga elétrica no interior de um tubo de Crookes. Essa luz atravessa um prisma e é decomposta em seus diversos comprimentos de onda. O espectro dessa luz decomposta é registrado em filmes fotográficos.

Quando é feita uma espectrografia com a luz branca, emitida pelo Sol ou por lâmpadas de filamento, obtém-se um **espectro contínuo**, como mostra a primeira linha do esquema ao lado.

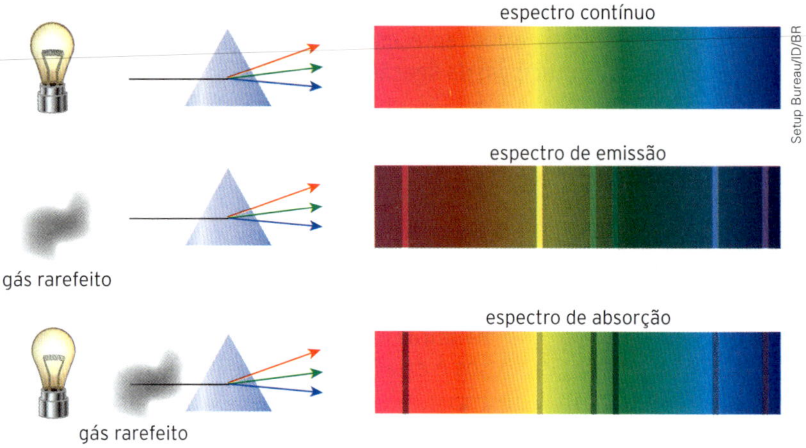

O espectro contínuo, o espectro de emissão e o espectro de absorção.

Quando o espectrógrafo ou espectrômetro (aparelho com o qual se faz a espectrografia) recebe luz de uma nuvem de gás rarefeito aquecido, o espectro obtido apresenta algumas cores concentradas, chamadas de **raias** ou **linhas espectrais** – as quais constituem o **espectro de emissão**, como mostra a segunda linha do esquema. As raias revelam que apenas algumas frequências são emitidas pela luz capturada pelo espectrômetro. A análise desse tipo de luz permite deduzir quais substâncias ou elementos químicos estão presentes na sua fonte.

Se a nuvem de gás estiver entre o espectrógrafo e uma fonte de espectro contínuo, como o Sol, o espectro registrado será contínuo, porém, no mesmo lugar em que se observavam raias coloridas para o gás, serão observadas linhas espectrais escuras e sem cor, como se alguns comprimentos de onda presentes no espectro de emissão do gás "desaparecessem" nessa situação. Tem-se, então, o **espectro de absorção**, como mostra a terceira linha do esquema acima, que recebe esse nome porque alguns comprimentos de onda foram absorvidos pelo próprio gás.

O espectro do gás hidrogênio foi o mais estudado entre os anos 1860 e 1885, e acabou sendo tomado como padrão comparativo para analisar espectros de outros elementos químicos. Além disso, na época era consenso que compreender a estrutura interna dos átomos era fundamental para explicar os diferentes espectros de emissão. Entretanto, uma explicação consistente somente foi proposta por Niels Bohr (1885-1962), que reformulou o modelo de Rutherford, propondo o modelo conhecido como **Rutherford-Bohr**, ou simplesmente **modelo de Bohr**.

Ligado ao tema

O nêutron

O próton e o elétron foram descobertos na mesma época. Foi mais fácil detectar essas partículas porque, tendo carga elétrica, elas interagem com campos elétricos e magnéticos.

O nêutron, porém, por não ter carga elétrica, foi descoberto, apenas em 1932, por James Chadwick (1891-1974), quando trabalhava no mesmo laboratório que Rutherford.

Os experimentos realizados na época envolviam conservação de massa e de energia.

A proposição da existência do nêutron no núcleo do átomo era fundamental para garantir que esses conceitos não fossem violados. E foi Chadwick quem conseguiu prová-la.

O átomo de Bohr

Em 1913, Bohr propôs um modelo atômico fundamentado nos espectros de emissão do hidrogênio. Seu modelo partia da compreensão e modificação do modelo de Rutherford, da utilização das propostas teóricas dos **fótons** de Einstein e da **quantização** de Planck (que serão apresentadas mais adiante), as quais consideram que a energia não é transferida em quantidades contínuas – ela se organiza e é transferida em "pacotes". No caso das ondas eletromagnéticas, esses pacotes são chamados fótons.

O modelo atômico de Bohr apresenta as características descritas a seguir.

- O elétron se move em **órbita circular** ao redor do núcleo, sob ação da força coulombiana.
- O elétron realiza movimento circular apenas em algumas órbitas específicas, de raios bem determinados, nas quais a energia permanece constante. Essas órbitas são designadas por um **número quântico** n.
- Para que o elétron mude de uma órbita estável para outra, é necessário que ele ganhe ou perca energia na forma de **fótons** (esquema ao lado). Ao ganhar energia, o elétron passa para um estado mais energético, chamado **estado excitado**. Ao perder energia, o elétron passa para um estado menos excitado, que pode ser o **estado fundamental** (o estado de menor energia).
- As mudanças entre os estados de energia são chamadas de "saltos" do elétron, o qual pode ocupar somente **um estado energético de cada vez**. Com isso, Bohr procurou resolver o problema das regiões proibidas, que o modelo de Rutherford não conseguia explicar.
- A variação de energia desses saltos é dada por $\Delta E = E_{final} - E_{inicial} = h \cdot f$, em que $E_{inicial}$ é a energia do estado inicial, E_{final} é a energia do estado final, ΔE é a variação de energia entre os dois estados, h é a constante de Plank e f é a frequência de cada fóton. A variação de energia ΔE corresponde à **energia do fóton**, de frequência f, que foi ganha ou perdida pelo elétron.

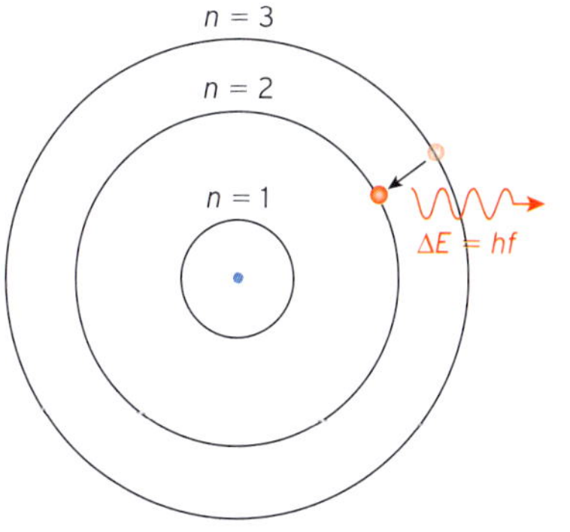

Representação (sem escala e com cores-fantasia) do modelo atômico de Bohr. O estado fundamental – estado menos energético no qual o elétron pode se encontrar – é o indicado por $n = 1$, mais próximo do núcleo e representado pelo ponto no centro. A figura mostra um elétron que decai do nível 3 para o nível 2 e, para tanto, emite um fóton.

Interpretação do modelo de Bohr

Segundo o modelo de Bohr, as linhas espectrais indicam a variação de energia dos elétrons ao mudar de estado no átomo. O ganho de energia que ocorre quando o elétron "salta" para um estado mais excitado deve-se à tensão elétrica aplicada no gás. No entanto, os elétrons não permanecem por muito tempo no estado de maior energia; eles decaem para estados de menor energia e, ao fazer isso, emitem fótons de comprimentos de onda bem definidos, os quais dão origem às linhas espectrais. A ausência de determinada cor indica que os respectivos fótons são absorvidos.

Para representar as mudanças de nível dos elétrons no átomo – também conhecidas como **transições** –, são utilizados diagramas de energia, como o mostrado ao lado. Nele, as linhas horizontais representam os diferentes estados de energia acessíveis aos elétrons, e as linhas verticais representam as transições entre esses estados. O sentido "para baixo" das setas indica transições de um estado mais energético para outro menos energético. Cada transição corresponde à diferença de energia entre os estados inicial e final. A unidade de energia apresentada é o **eletron-volt (eV)**, que é definida como a quantidade de energia cinética ganha por um único elétron quando acelerado por uma diferença de potencial elétrico de 1 V, no vácuo, ou $1{,}60217733 \cdot 10^{19}$ J.

O modelo de Bohr misturava conceitos da Física clássica aos da então iniciante Física quântica, os quais aparentemente apresentavam contradições. Estas começaram a ser resolvidas em 1925, com as proposições de Erwin Schrödinger (1887-1961) e Werner Heisenberg (1901-1976). Coube ao primeiro introduzir equações inspiradas nas equações de ondas, mostrando que os elétrons também podem se comportar como ondas.

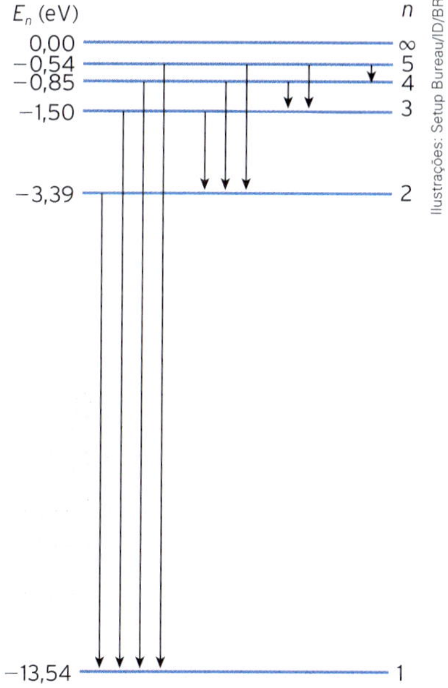

Ilustrações: Setup Bureau/ID/BR

Diagrama de energia do átomo de hidrogênio. Cada linha horizontal representa um estado diferente, e as linhas verticais representam as transições entre os estados.

Exercício resolvido

12. Com base no diagrama de energia do átomo de hidrogênio, representado a seguir, responda às questões.

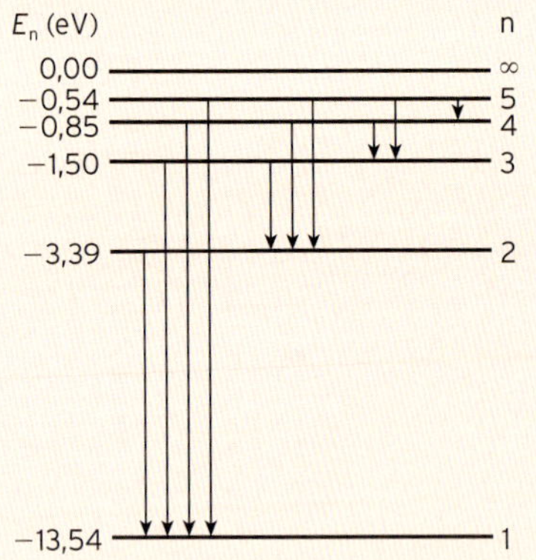

a) Verifique o valor da energia de um átomo de hidrogênio quando seu elétron se encontra no estado fundamental e quando está no primeiro estado excitado.

b) Explique por que os valores para energia estão com sinal negativo.

c) Calcule a energia que deve ter um fóton para que o elétron, ao absorvê-lo, passe do estado fundamental para o primeiro estado excitado.

Resolução

a) Cada linha horizontal indica um nível energético diferente. O nível de menor energia é o nível fundamental, em que $n = 1$. Nesse caso, de acordo com o diagrama, a energia do átomo é −13,54 elétrons-volt. O primeiro estado excitado ocorre para $n = 2$, e temos $E_2 = -3{,}39$ eV.

b) O sinal negativo está relacionado ao referencial adotado para a energia potencial elétrica e gravitacional, em que a energia potencial é considerada zero no infinito.

c) Para calcular a energia do fóton que o elétron absorve para mudar do estado fundamental para o primeiro estado excitado, usamos a equação: $\Delta E = E_{final} - E_{inicial}$

Substituindo os dados conhecidos, obtemos:

$$\Delta E = -3{,}39 - (-13{,}54)$$

$$\Delta E = -3{,}39 + 13{,}54$$

$$\Delta E = 10{,}15 \text{ eV}$$

Portanto, para possibilitar a transição mencionada, a energia do fóton deve ser 10,15 eV.

Exercícios propostos

13. A figura a seguir mostra o espectro de emissão do hidrogênio na região do espectro visível.

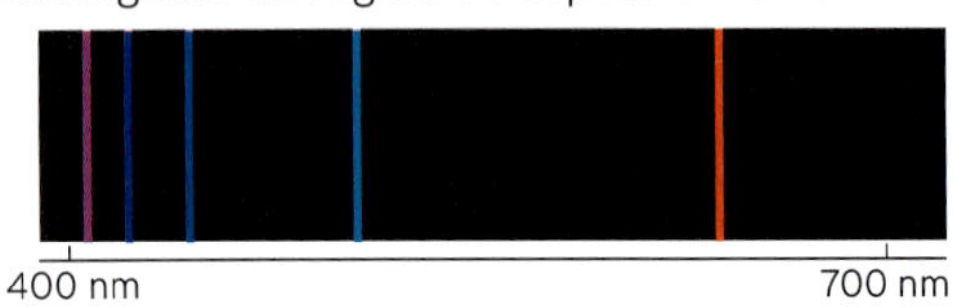

Indique quantas raias há na figura e a que grandeza física elas estão relacionadas.

14. Observe o espectro de absorção do gás hélio.

Ilustrações: Setup Bureau/ID/BR

Indique quantas raias há no espectro e explique a que se devem as diferentes posições que ocupam.

15. Faça uma síntese dos limites do modelo de átomo proposto por Bohr.

16. Observe o diagrama de energia representado no exercício resolvido 12 e faça o que se pede.

a) Descreva o que ocorre com a energia dos níveis eletrônicos quando o número n torna-se muito grande.

b) Explique o que ocorre com um elétron do nível fundamental quando um fóton de 13,54 eV é absorvido.

17. Observe as figuras apresentadas a seguir.

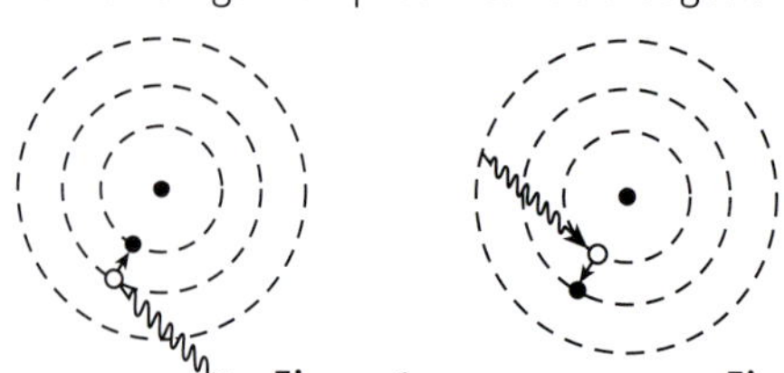

Figura 1 **Figura 2**

a) Classifique cada figura como representando uma situação de emissão ou de absorção de fótons de energia.

b) Identifique em qual figura o elétron está perdendo energia e em qual está ganhando.

c) Na figura 2, o elétron poderia emitir um fóton? Justifique sua resposta.

2. Física quântica

No final do século XIX, acreditava-se que a Física clássica era capaz de explicar todos os fenômenos conhecidos. Segundo alguns cientistas da época, restavam apenas alguns "poucos problemas a resolver". Contudo, para explicar alguns desses "poucos problemas", a Física clássica teve de ser "complementada" por outro corpo teórico, cujos princípios são bem diferentes dos postulados até então. Essas mudanças culminaram no desenvolvimento da **Física quântica**, que transformou profundamente os conceitos da época, redefinindo aqueles já estabelecidos para energia, posição e momento.

O trabalho de Planck

Qualquer corpo, quando aquecido, emite radiação eletromagnética em um espectro contínuo característico, que depende somente da temperatura. O gráfico da densidade da radiação emitida em função da frequência, estabelecido por meio de dados experimentais, não condizia com o que era apontado pelas previsões teóricas da Física clássica. A discrepância entre os dados experimentais e os teóricos ficou conhecida como **problema do corpo negro**. Corpo negro é o nome que se dá a um corpo ideal que absorve toda a radiação incidente sem proporcionar nenhuma reflexão. Esse problema desafiava os físicos havia muito tempo.

Observe o gráfico ao lado. Apenas para grandes comprimentos de onda (pequenas frequências), a curva obtida experimentalmente coincidia com a previsão teórica. Para comprimentos de onda menores, a teoria clássica previa que a densidade de energia tenderia ao infinito, enquanto experimentalmente via-se que, para pequenos comprimentos de onda, a densidade tende a zero. Essa diferença era notável na região do comprimento de onda do ultravioleta e, por isso, a discrepância ficou conhecida como **catástrofe do ultravioleta**.

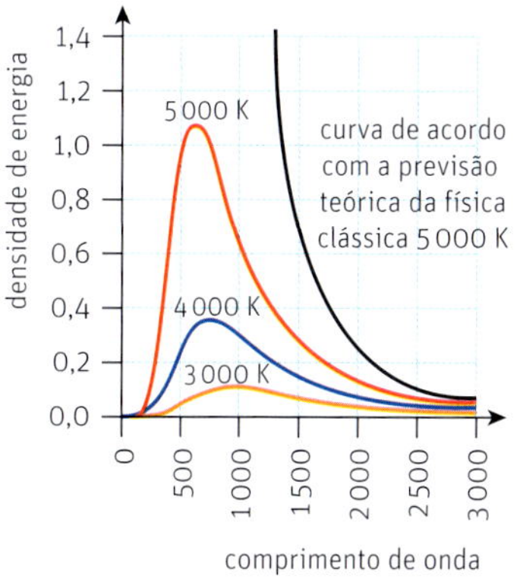

Setup Bureau/ID/BR

Gráfico da radiação emitida por um corpo aquecido, mostrando os resultados experimentais obtidos na passagem do século XIX para o XX (linhas coloridas) e a previsão teórica da Física clássica (linha preta).

A solução para esse problema foi proposta por Max Planck (1858-1947), em 1900. Modificando algumas equações já conhecidas à época, Plank conseguiu que as curvas teórica e experimental coincidissem. De início consideradas meramente matemáticas, essas modificações foram responsáveis por significativas alterações na interpretação física de determinados fenômenos. Para o caso do problema do corpo negro, por exemplo, Planck propôs a seguinte interpretação:

> A matéria emite radiação eletromagnética cuja energia E é proporcional à sua frequência de vibração f, sendo h a constante de proporcionalidade. Matematicamente:
>
> $$E = n \cdot h \cdot f$$
>
> Nessa expressão, a variável h é denominada **constante de Planck**.

De acordo com essa interpretação, a matéria só pode absorver ou emitir energia em quantidades discretas e bem determinadas.

Assim, a energia, antes vista como uma grandeza contínua, passou a ser interpretada como uma grandeza que se manifesta em forma de "pacotes" de uma quantidade bem definida, a qual foi chamada ***quantum*** (do latim, "porção de algo").

A solução dada por Planck para o problema do corpo negro é considerada o ponto de partida da história da Física quântica.

O efeito fotoelétrico

Em 1887, Heinrich Hertz (1857-1894) verificou que uma placa de metal eletricamente neutra adquire carga positiva quando atingida por luz de alta frequência. Entretanto, o mesmo não acontece quando essa placa é atingida por luzes de baixas frequências, como a luz amarela. Considerando que a placa fica com carga positiva porque perde elétrons, quando a luz de alta frequência incide sobre ela, definiu-se:

O fenômeno no qual determinadas substâncias liberam elétrons quando atingidas por radiação eletromagnética é chamado de **efeito fotoelétrico.**

Era difícil compreender a relação entre o comprimento de onda da radiação e a eletrização – ou não eletrização – da placa metálica. A Física clássica não fornecia alicerce teórico para explicar os resultados experimentais obtidos.

Em 1905, Albert Einstein (1879-1955) propôs uma explicação para o fenômeno – trabalho que lhe rendeu o prêmio Nobel. Assumindo a hipótese da quantização, Einstein sugeriu que a luz é formada por pequenos pacotes de energia, proporcionais à sua frequência. Quando incide sobre a placa, a luz transmite a ela energia necessária para liberar elétrons, tornando o metal carregado positivamente.

Para se desprender da placa metálica, o elétron precisa de certa quantidade de energia, fornecida pelo fóton. A energia do fóton, porém, depende da frequência da luz incidente, e não de sua intensidade. Assim, apenas luz acima de determinada frequência é capaz de remover elétrons do metal.

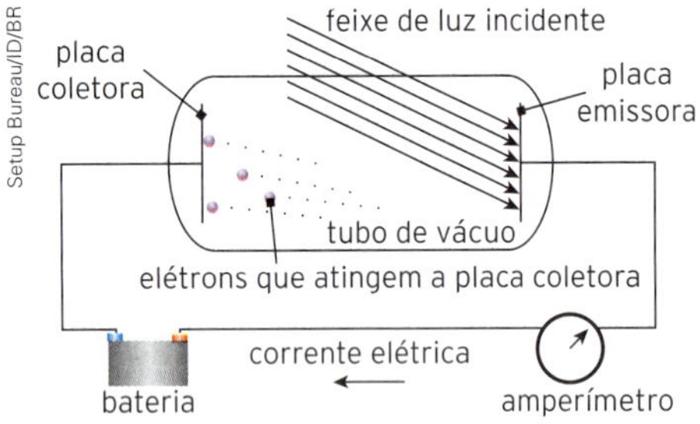

Representação (fora de escala e em cores-fantasia) do efeito fotoelétrico decorrente da ação do campo elétrico sobre os elétrons emitidos, estabelecendo uma corrente elétrica mensurável.

O efeito fotoelétrico apresenta as características descritas a seguir.

- Deve existir uma frequência mínima da radiação incidente para que os elétrons sejam emitidos. Com frequências abaixo desse valor, qualquer que seja a intensidade da radiação, não é possível fazer os elétrons se desprenderem da superfície metálica.
- Quando os elétrons são emitidos, sua energia cinética se mantém, não importando a intensidade da luz incidente. Luz mais intensa resulta em mais elétrons desprendidos, com a mesma energia cinética, e não em elétrons mais velozes.

Com essa abordagem, a radiação eletromagnética ganhou nova compreensão; além do caráter ondulatório, passou a incorporar um caráter corpuscular (já defendido por alguns estudiosos da Física clássica, como Isaac Newton). Ou seja, as ondas eletromagnéticas podem ser consideradas pequenos "pacotes de energia" que se propagam. Os pacotes de energia, posteriormente chamados **fótons**, comportam-se como partículas e têm energia dada por $E = h \cdot f$ (em que h é a constante de Planck e f é a frequência da onda).

A teoria ondulatória previa que houvesse um intervalo de tempo entre a incidência de luz e a emissão dos elétrons. De acordo com essa teoria, quando a luz tem baixa intensidade, o elétron acumula energia vibracional durante um período de tempo antes de se desprender da placa. No entanto, esse intervalo de tempo nunca foi observado.

Ligado ao tema

Um conceito radical: o fóton

A maioria dos cientistas, inclusive o próprio Planck, não aceitou de imediato que a luz pudesse ser tratada, ao mesmo tempo, como onda (teoria já amplamente aceita na época) e como partícula sem massa (caso dos fótons). O próprio Einstein chegou a tratar essa ideia como mero subsídio especulativo e momentâneo, já que a proposta era bastante revolucionária.

Contudo, novas evidências da quantização da luz e da energia surgiram logo depois, de modo que a teoria fosse cada vez mais aceita. Ao final, a própria explicação para o efeito fotoelétrico proposta por Einstein reforçou a solução de Planck para o problema do corpo negro.

Ação e cidadania

Múltiplos usos das células fotoelétricas

A descoberta do efeito fotoelétrico tornou possível a construção de aparelhos dotados de células fotoelétricas, nas quais a energia da luz é transformada em corrente elétrica. Essas células também podem ser usadas para ligar e desligar circuitos elétricos – o que permite o funcionamento de máquinas sem a intervenção humana. São equipamentos que possibilitam, por exemplo, abrir e fechar uma torneira de lavatório ou porta de elevador, acender e desligar automaticamente a iluminação de prédios e ruas, interromper o funcionamento de uma máquina industrial, caso um trabalhador coloque seu corpo em uma zona de perigo.

- Você conhece equipamentos como os descritos? Que outros benefícios eles podem trazer?

Exercício resolvido

18. O gráfico a seguir apresenta os resultados experimentais da radiação eletromagnética emitida por um corpo negro quando aquecido a diferentes temperaturas.

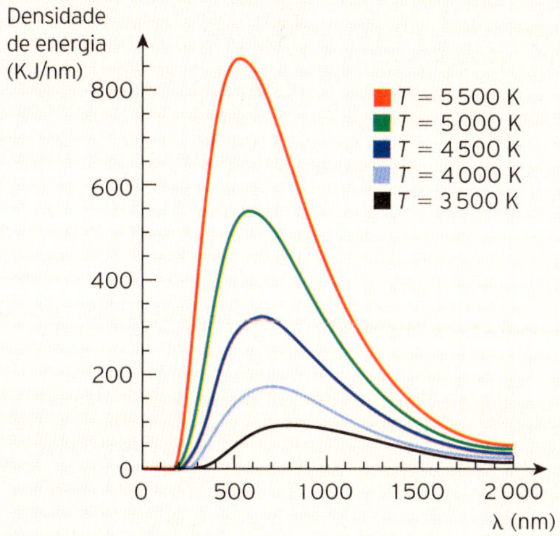

a) Identifique cada uma das curvas, relacionando a cor com o comprimento de onda no qual a densidade é máxima.

b) Identifique a unidade de medida do eixo horizontal x e a unidade de medida do eixo vertical y.

c) Relacionando os eixos x e y, descreva o que o gráfico está representando fisicamente.

Resolução

a) curva vermelha: $\lambda \cong 550$ nm
curva verde: $\lambda \cong 600$ nm
curva azul-escura: $\lambda \cong 650$ nm
curva azul-clara: $\lambda \cong 700$ nm
curva preta: $\lambda \cong 800$ nm

b) A unidade de medida no eixo x é o nanômetro, medida de comprimento de onda. A unidade de medida no eixo y é kJ/nm, que é associada à densidade de energia e usada no gráfico para denotar a intensidade emitida para cada comprimento de onda.

c) O gráfico evidencia que o espectro eletromagnético emitido por um corpo negro é contínuo em diferentes temperaturas. A intensidade máxima da radiação emitida acontece entre 500 nm e 1000 nm nas curvas apresentadas, e decai à medida que o comprimento de onda aumenta. Ou seja, a maior quantidade de radiação emitida está entre os 500 nm e os 1000 nm.

Exercícios propostos

19. O gráfico abaixo mostra a curva experimental (em linha contínua) e a previsão teórica antes que Planck propusesse sua teoria (linha tracejada).

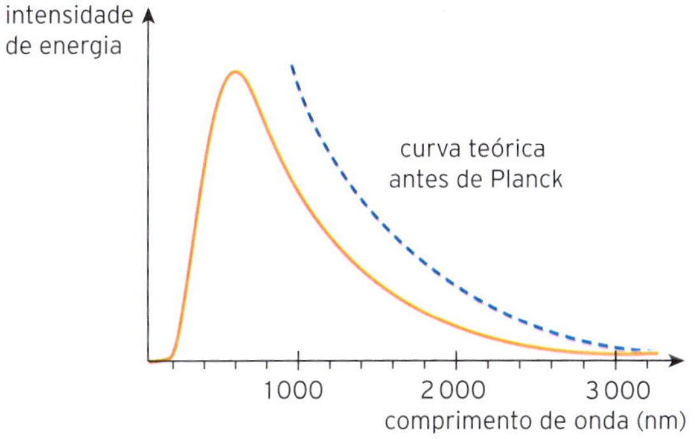

a) Descreva a curva experimental.

b) Descreva a curva teórica.

c) Identifique os problemas da curva teórica em comparação com a curva experimental.

20. Com relação à palavra *quantum* e ao conceito a que ela se refere em Física:

a) descreva o que é um *quantum* de energia;

b) escreva um sinônimo para a palavra.

21. Faça uma síntese do conceito de energia quantizada nas teorias de Planck e de Einstein.

22. Observe o gráfico a seguir, que mostra o espectro eletromagnético visível.

a) Escreva a equação de energia dos fótons, identificando cada uma das variáveis.

b) Com base na equação, identifique os tipos de fótons do espectro visível com maior e menor energia. Justifique sua resposta.

c) A constante de Planck é igual a $6{,}6 \cdot 10^{-34}$ J · s. Calcule a energia do fóton correspondente a um comprimento de onda de 700 nm e a energia do fóton de comprimento de onda 400 nm. Considere $n = 1$.

d) Julgue se os outros componentes do espectro eletromagnético, como os raios X, as ondas de rádio, as micro-ondas, etc., podem ser descritos como fótons. Justifique sua resposta.

23. Descreva do que depende a intensidade de um feixe de luz, segundo o modelo de fótons.

24. Diferencie a radiação eletromagnética segundo a teoria clássica e segundo a teoria quântica.

25. Explique por que a teoria quântica foi revolucionária.

A dualidade onda-partícula

Louis de Broglie (1892-1987) contribuiu de maneira significativa para a elaboração da Física quântica ao fazer proposições teóricas sobre o comportamento da matéria. Ele propôs que, se a luz, que era entendida como onda, podia apresentar também um comportamento de partícula, então o elétron, que era uma partícula, poderia também apresentar comportamento de onda. Em 1923, apresentou sua hipótese, na qual propunha uma equação que permite calcular o comprimento de onda do elétron:

$$\lambda = \frac{h}{Q} = \frac{h}{m \cdot v},$$

em que λ é o comprimento de onda do elétron, h é a constante de Planck, Q é a quantidade de movimento do elétron, m é sua massa e v é sua velocidade.

Além disso, De Broglie postulou que a frequência f de cada onda de matéria pode ser calculada pela expressão $f = \frac{E}{h}$, em que E é a energia e h é a constante de Planck.

A comprovação experimental da teoria de De Broglie foi obtida em 1927, tendo por base o experimento da dupla fenda para a radiação eletromagnética realizado por Thomas Young (1773-1829).

Situação 1
Padrões de interferência de uma onda eletromagnética

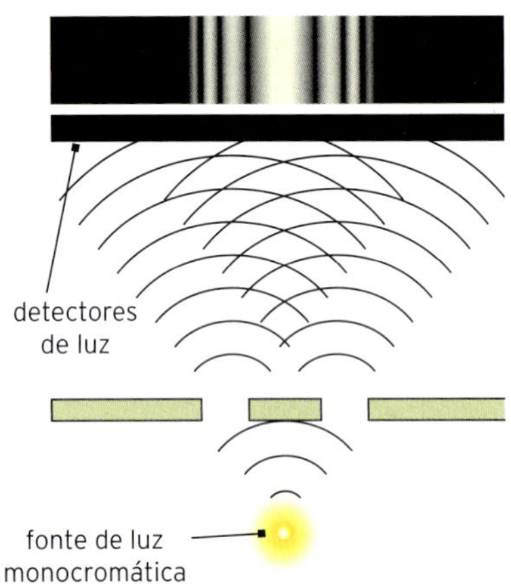

Como foi visto no livro 2 desta coleção, o experimento de Young consistiu em fazer uma luz monocromática incidir em duas fendas próximas.
Depois de a luz passar pelas fendas, ocorria interferência.
O resultado foi um padrão de linhas paralelas no anteparo.

Situação 2
Padrões de distribuição de esferas lançadas em experimento de dupla fenda

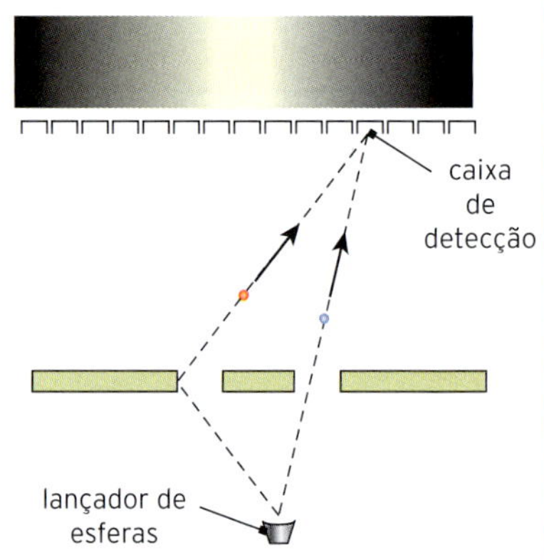

Por analogia com o experimento de Young (situação 1), De Broglie propôs que um feixe de partículas também seria difratado, ao passar por uma fenda dupla.
Empregando um arranjo experimental similar ao de Young, porém com esferas suficientemente pequenas para passar pelas fendas, De Broglie obteve um padrão de distribuição das esferas.

Situação 3
Padrões de interferência de um feixe de elétrons

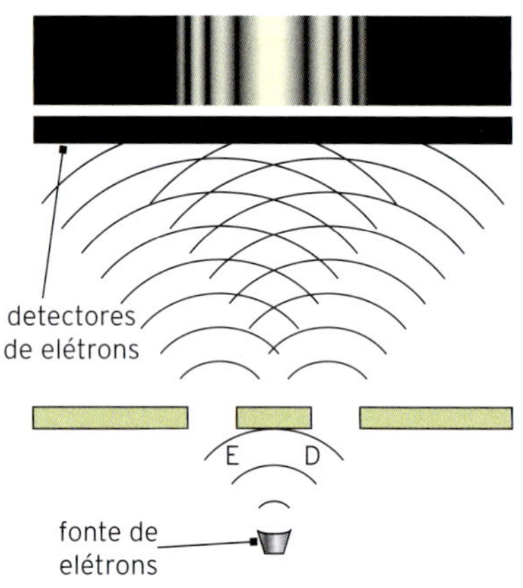

Um experimento semelhante com um feixe de elétrons somente ocorreu quatro anos depois da proposição formulada por De Broglie. Clinton J. Davisson (1881-1958) e Lester H. Germer (1896-1971) montaram um arranjo experimental similar ao de Young e lançaram um feixe de elétrons sobre as fendas duplas. Foram obtidos os mesmos padrões de interferência de quando se lançaram ondas eletromagnéticas (situação 1).

Ilustrações: Setup Bureau/ID/BR

Mesmo com a comprovação da proposição formulada por De Broglie, restaram muitas dúvidas. Por exemplo, no experimento de Young, a luz atravessava as duas fendas simultaneamente. No caso dos elétrons, eles também deveriam atravessar ambas as fendas ao mesmo tempo, comportando-se como uma "onda de matéria", o que não ocorreu. Para entender essa questão, mudou-se a maneira de olhar para o mundo.

O microscópio eletrônico

Uma das aplicações tecnológicas obtidas do comportamento ondulatório dos elétrons é o microscópio eletrônico. Esse tipo de microscópio utiliza um feixe de elétrons para visualizar as amostras estudadas. O poder de resolução desses microscópios é cerca de mil vezes maior que o dos microscópios ópticos que utilizam luz para visualizar objetos. No entanto, o microscópio eletrônico não permite a observação de seres vivos, já que as amostras devem ser desidratadas.

No microscópio eletrônico, os elétrons são bastante acelerados para que cheguem a uma velocidade alta. De acordo com a equação $\lambda = \frac{h}{m \cdot v}$, quanto maior a velocidade, menor será o comprimento de onda do elétron. O tamanho do comprimento de onda determina a resolução do microscópio eletrônico.

Além do feixe de elétrons acelerados, o microscópio possui um sistema de deflexão magnética ou eletrostática do feixe incidente, que atua como uma lente para focalizar o objeto. A imagem observada é produzida em telas fluorescentes que brilham com a incidência dos elétrons, muito semelhantes às telas de televisão.

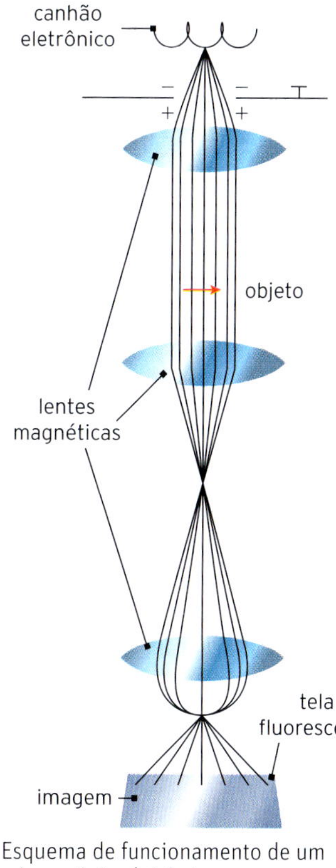

Setup Bureau/ID/BR

Esquema de funcionamento de um microscópio eletrônico.

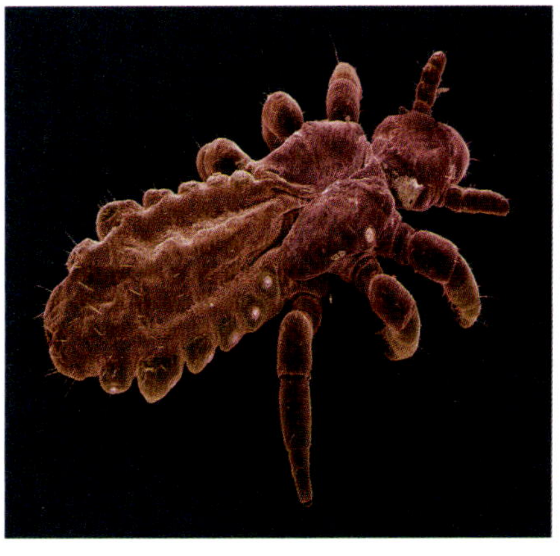
Steve Gschmeissner/SPL/Latinstock

Piolho desidratado visto em um microscópio eletrônico (ampliado: 15 vezes).

O princípio da correspondência

Até que ponto a Física quântica pode colocar em xeque os princípios da Física clássica? Essas duas físicas estão sempre em oposição?

Niels Bohr formulou um princípio que procura conciliar duas visões da Física bastante diferentes entre si.

Nesse sentido, ele formulou o chamado **princípio da correspondência**, a seguir.

> Um sistema físico quântico apresenta resultados clássicos quando seu número quântico tem um valor grande.

Ou seja, o comportamento quântico da matéria é observado quando a energia está próxima de seu estado fundamental ($n = 1$). À medida que esse valor aumenta, os efeitos quânticos são minimizados e mais difíceis de serem percebidos. Quando os números quânticos são grandes, os efeitos deixam de existir, e o sistema se comporta como um sistema clássico.

Assim, a Física quântica não se opõe inteiramente à Física clássica. Seus fenômenos só podem ser percebidos dentro de certos limites.

A barreira entre as duas teorias só começou a ser testada recentemente, com experimentos específicos destinados a explorar os limites entre o clássico e o quântico.

O princípio da incerteza

Em 1927, mesmo ano em que se realizava o experimento de duas fendas com esferas, Werner Heisenberg (1901-1976) desconstruiu mais paradigmas da Física clássica apresentando o **princípio da incerteza**.

> Não é possível determinar ao mesmo tempo a posição e a quantidade de movimento de uma partícula atômica.

Para a Física clássica, as medidas experimentais de posição e quantidade de movimento apresentam incertezas associadas, que podem ser minimizadas. Os erros experimentais estão associados a fatores como precisão do equipamento e cuidado do experimentador durante a tomada de dados. Uma vez adotados procedimentos para melhorar a qualidade das medições experimentais, os erros decrescem, sem que exista um limite de precisão.

Na Física quântica, de acordo com o princípio da incerteza, a indeterminação não pode ser minimizada indefinidamente. O ato de medir acarreta, em geral, uma mudança irreversível no sistema, que não deixa pistas sobre seu estado anterior à realização da medição.

Para ilustrar seu princípio da incerteza, Heisenberg apresentou um experimento imaginário. Supôs que, com um microscópio óptico, seria possível medir a posição e a velocidade de um elétron com exatidão. Para realizar a medição, um fóton deveria incidir no elétron, passar pelas lentes do microscópio e ser visualizado pelo observador (figura 1). Mas, ao interagir com o elétron, o fóton transfere para ele parte de sua energia, alterando a quantidade de movimento do elétron (figura 2). Assim, quando se busca localizar o elétron com precisão, há alteração em sua velocidade, aumentando a incerteza na medida.

O princípio da incerteza permitiu aprofundar a compreensão da **dualidade onda-partícula** da matéria, e os físicos concluíram que é possível evidenciar um único desses aspectos em cada experimento realizado. Isto é, o efeito fotoelétrico evidencia somente o comportamento de partícula do fóton e não permite observar seu aspecto ondulatório. O experimento de duas fendas, por sua vez, evidencia o comportamento ondulatório do elétron, sem que seja observado seu comportamento de partícula. Portanto, na Física quântica, todos os participantes são ondas e partículas ao mesmo tempo, mas somente uma dessas características pode ser observada em cada situação experimental.

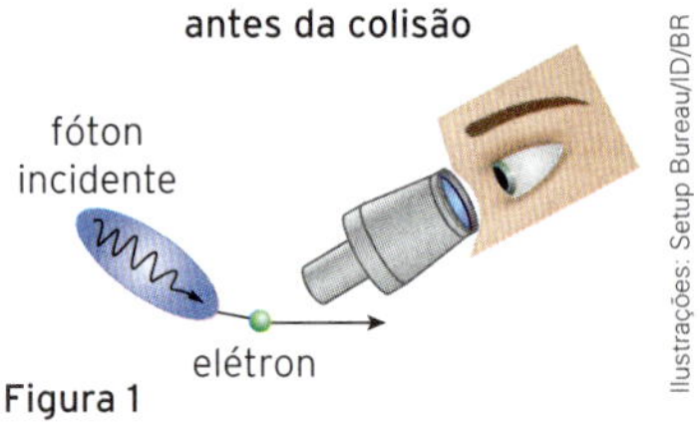

Figura 1

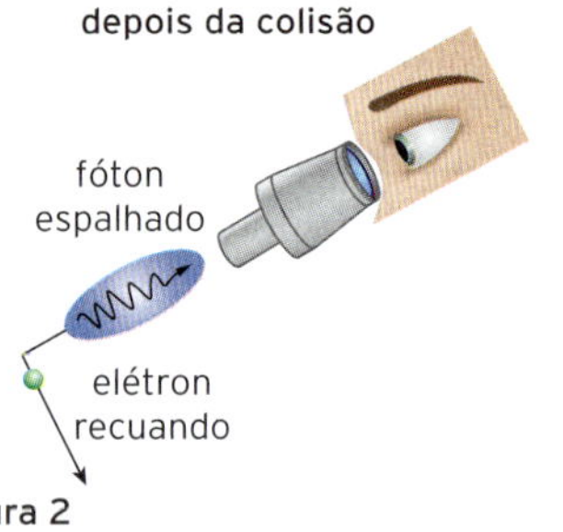

Figura 2

Ilustrações: Setup Bureau/ID/BR

Representação do experimento imaginado por Heisenberg para ilustrar o princípio da incerteza. Um fóton atinge um elétron (figura 1) e modifica sua velocidade, alterando seu estado inicial; captado pelo observador (figura 2), este percebe que o fóton tem algumas de suas características modificadas. Assim, a própria observação de um sistema físico altera suas características.

O princípio da correspondência

Ao propor que, dependendo do fenômeno observado, a matéria se comporta como onda ou a energia se comporta como partícula, a Física quântica rompeu com o determinismo típico da Física clássica. Por isso, o princípio da incerteza foi chocante para alguns cientistas da época, acostumados com uma visão absoluta dos fatos. Contudo, aos poucos, foi sendo aceita a ideia de que a compreensão dos fenômenos do mundo atômico somente era possível se houvesse um novo olhar sobre eles.

Outra grande diferença em relação à Física clássica está relacionada à questão da causalidade. Bohr abandonou a noção de trajetória quando afirmou que um elétron pode estar em qualquer um dos níveis de energia, mas jamais estará na região entre esses níveis. Com isso, admitiu que não é possível saber exatamente o que ocorre com os elétrons nessa região – se é que ocorre algo. Era o começo da tentativa de abandonar a noção determinista.

No entanto, não se pode ignorar os avanços conquistados pela Física clássica e passar a adotar a Física quântica para todas as situações. Por isso, estabeleceu-se o **princípio da correspondência** entre as duas teorias:

- A **natureza dual** da matéria só pode ser observada na ordem de grandeza do átomo e de seus constituintes.
- Nas **dimensões do átomo**, as leis da Física clássica não funcionam; é preciso adotar os conceitos da Física quântica.

Ligado ao tema

Uma "via de mão dupla"

A Física quântica resultou das tentativas de superar as limitações da Física clássica para explicar a estrutura do átomo, especialmente quanto à interação entre energia e matéria, quanto ao duplo comportamento do elétron (onda e partícula) e quanto às características do elétron.

Mais do que estabelecer diferenças, o princípio da correspondência mudou a visão de mundo de cientistas em geral e representantes de outras áreas do conhecimento. Mas essa influência se deu em "via de mão dupla", pois a Física quântica também foi influenciada pelo contexto histórico da época de sua formulação. São exemplos disso: as críticas do poeta inglês William Blake (1757-1827) ao domínio das ideias de Newton e a crítica do filósofo alemão Friedrich Nietzsche (1844-1900) ao domínio da razão absoluta no mundo ocidental.

Exercícios resolvidos

26. Calcule o comprimento de onda de um elétron, com massa igual a $9,0 \cdot 10^{-31}$ kg, que se move com velocidade igual a 100 m/s.
Considere a constante de Planck igual a $6,6 \cdot 10^{-34}$ J · s.

Resolução

Massa do elétron: $m_e = 9,0 \cdot 10^{-31}$ kg
Velocidade do elétron: $v = 10^2$ m/s
Constante de Planck: $h = 6,6 \cdot 10^{-34}$ J · s
Usa-se a equação de De Broglie: $\lambda = \frac{h}{m \cdot v}$
Substituindo os valores, tem-se:

$$\lambda = \frac{6,6 \cdot 10^{-34}}{9,0 \cdot 10^{-31} \cdot 10^2} \Rightarrow \lambda = \frac{6,6 \cdot 10^{-34}}{9,0 \cdot 10^{-29}} \Rightarrow$$

$$\Rightarrow \lambda \cong 0,7 \cdot 10^{-5} \Rightarrow \lambda \cong 7 \cdot 10^{-6} \text{ m} = 7 \ \mu\text{m}$$

27. Um elétron de massa $9,0 \cdot 10^{-31}$ kg se move com uma velocidade igual a 100 m/s. A precisão na medida de velocidade é igual a 0,01%.
Partindo do princípio da incerteza, calcule a imprecisão associada à posição do elétron.

Resolução

Massa do elétron: $m_e = 9,0 \cdot 10^{-31}$ kg
Velocidade do elétron: $v = 10^2$ m/s
Erro associado à velocidade do elétron:
$0,01\% = 0,0001 = 10^{-4}$
Constante de Planck: $h = 6,6 \cdot 10^{-34}$ J · s
O princípio da incerteza é: $\Delta x \cdot \Delta Q \geqslant h$
Inicialmente, calcula-se a quantidade de movimento, $Q = m \cdot v$. Substituindo os valores:
$Q = 9,0 \cdot 10^{-31} \cdot 10^2 = 9,0 \cdot 10^{-29}$ kg · m/s
Em seguida, determina-se o erro associado à medida da quantidade de movimento.
$\Delta Q = 9,0 \cdot 10^{-29} \cdot 10^{-4} \Rightarrow \Delta Q = 9,0 \cdot 10^{-33}$ kg · m/s
Substituindo esse valor na equação do princípio da incerteza, tem-se:
$\Delta x \cdot 9,0 \cdot 10^{-33} \geqslant 6,6 \cdot 10^{-34}$

$$\Delta x \geqslant \frac{6,6 \cdot 10^{-34}}{9,0 \cdot 10^{-33}} \Leftrightarrow$$

$$\Leftrightarrow \Delta x \geqslant \frac{6,6}{9,0} \cdot \frac{10^{-34}}{10^{-33}} \Rightarrow \Delta x \geqslant 0,07 \text{ m}$$

Assim, a incerteza da posição do elétron é da ordem de 7 cm.

Exercícios propostos

28. Com relação ao comprimento de onda de De Broglie, responda às questões abaixo.

a) Um próton e um elétron se deslocam à mesma velocidade. Julgue qual terá maior comprimento de onda e qual terá maior frequência.

b) Explique o que pode acarretar diferenças nos comprimentos de onda de uma partícula.

29. Ainda sobre o comprimento de onda de De Broglie, faça o que se pede.

a) Calcule o comprimento de onda de uma pedra de 1 kg que é arremessada com velocidade igual a 100 m/s. Dado $h = 6,63 \cdot 10^{-34}$ J · s.

b) Julgue se esse comprimento de onda pode ser evidenciado por meio do experimento de duas fendas, justificando sua resposta.

c) Escreva uma afirmativa discutindo o comprimento de onda associado a corpos macroscópicos.

30. Sobre o princípio da incerteza, responda às questões a seguir.

a) Um próton de massa $1,6 \cdot 10^{-27}$ kg se move com velocidade igual a 1 000 m/s. A precisão na medida de velocidade é igual a 0,01%. Partindo do princípio da incerteza, calcule a imprecisão associada à posição do próton. Dado $h = 6,63 \cdot 10^{-34}$ J · s.

b) Avalie o resultado obtido, comparando-o com o tamanho do próton.

31. Calcule o comprimento de onda de um próton, com massa igual a $1,6 \cdot 10^{-27}$ kg, que se move com velocidade igual a 100 m/s. Dado $h = 6,63 \cdot 10^{-34}$ J · s.

32. Identifique as situações em que a incerteza associada à posição e ao momento tem um valor significativo.

a) Um grão de arroz caindo da mesa.
b) Um grão de poeira flutuando no ar.
c) Uma molécula de água em estado gasoso.
d) Uma célula da pele humana observada ao microscópio eletrônico.
e) Duas partículas alfa se chocando.
f) Uma molécula do gás hidrogênio em movimento no ar.

33. O princípio da incerteza se manifesta em outros pares de grandezas, além da posição e da quantidade de movimento. Por exemplo, existe uma incerteza associada à medida da energia e do tempo, $\Delta E \cdot \Delta t \geqslant h$.
Considerando isso e sabendo que o tempo médio entre a absorção e a emissão de um fóton por um átomo é de cerca de 10^{-8} s, calcule a incerteza na determinação da energia do fóton emitido. Dado $h = 6,63 \cdot 10^{-34}$ J · s.

A descoberta do *spin*

Com base nos princípios da física quântica, os físicos investigaram as características e as interações de campos elétricos e magnéticos com a eletrosfera, que é a região onde se situam os elétrons de um átomo.

Resultados experimentais, obtidos em 1921, evidenciaram que os átomos possuem também uma quantização da orientação espacial, ou seja, os átomos distribuem-se espacialmente em regiões definidas. Na teoria clássica, a previsão era de que os átomos se distribuíssem igualmente sem haver nenhum tipo de concentração.

O experimento consistiu em fazer com que um feixe de átomos de prata neutros atravessasse um campo magnético não uniforme e incidisse em uma placa fotográfica, indicando sua trajetória. O resultado esperado classicamente era que se formasse somente uma mancha uniforme. Mas foram obtidas duas manchas distintas de mesma intensidade (esquema a seguir).

Ilustrações: Setup Bureau/ID/BR

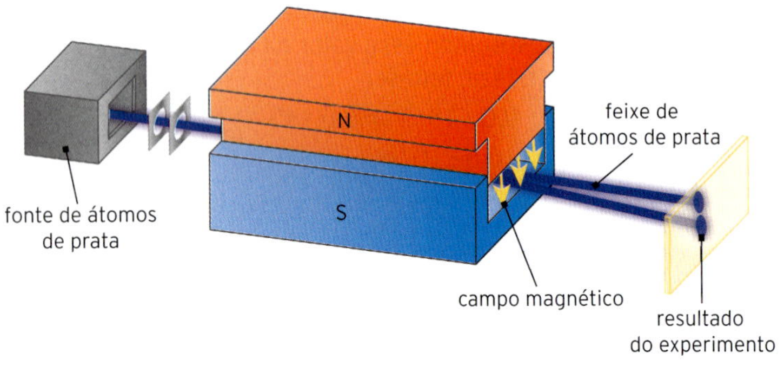

Experimento que evidenciou a presença do *spin*. No experimento, o campo magnético não é uniforme; pode-se deduzir essa informação pelo formato do ímã.

O experimento foi repetido trocando o material emissor, e os resultados não se alteraram significativamente, indicando que o elétron deveria possuir um campo magnético que interagiu com o ímã.

Foi estudado anteriormente que uma carga em movimento gera um campo magnético. Os físicos então consideraram que, caso fosse uma partícula clássica, o elétron, além de girar ao redor do núcleo, deveria também girar em torno de seu próprio eixo, gerando um campo magnético associado a cada uma das cargas. A esse giro individual do elétron, gerando campo magnético, foi dado o nome de *spin*. O *spin* poderia acontecer em dois sentidos: horário e anti-horário, dando origem a campos magnéticos em sentidos opostos.

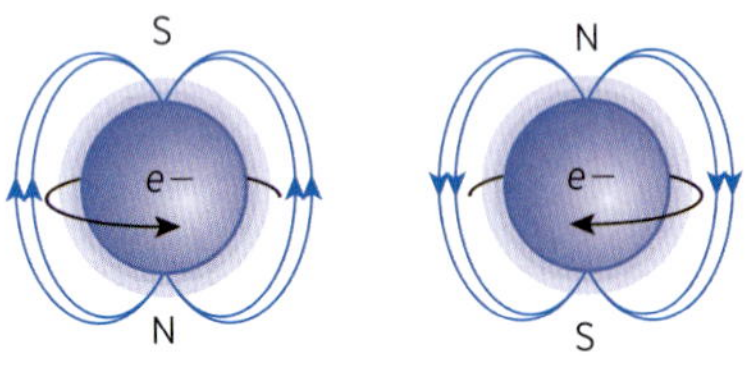

Esquema em cores-fantasia de elétrons que, ao girar, gerariam campos magnéticos. O sentido do campo dependeria do sentido da rotação.

Mas um problema persistia. A velocidade de rotação para gerar o campo magnético estimado deveria ser tão alta que, se fosse considerada somente como uma partícula clássica, o elétron simplesmente se desintegraria. Esse resultado surpreendeu os físicos e só pôde ser definitivamente incluído nos modelos atômicos por meio de postulados que incorporaram o caráter ondulatório do elétron. Assim, o *spin* se tornou uma propriedade intrínseca do elétron, a qual não pode ser explicada por uma rotação dele.

O campo magnético total gerado pelo elétron no átomo é, portanto, resultado de seu movimento de translação ao redor do núcleo e de seu campo magnético intrínseco, o *spin*. A ideia de rotação do elétron estava errada.

O modelo contemporâneo do átomo

Depois das novas abordagens trazidas pela Física quântica, foi necessário propor um novo modelo de átomo que contemplasse, inclusive, a natureza dual da matéria e da energia. Veja, a seguir, um resumo dessas ideias.

- **Princípio da incerteza**. Não se pode medir simultaneamente com precisão a posição nem a quantidade de movimento do elétron e das partículas que compõem o núcleo atômico.
- **Dualidade onda-partícula**. Todas as partículas subatômicas podem ser descritas como onda e como partícula, comportando-se de uma ou de outra maneira em diferentes situações.
- **Descrição de probabilidade**. Graças às características descritas nos dois itens anteriores, a abordagem dos átomos passou a ter caráter probabilístico (leia o boxe ao lado). Nessa abordagem, não existe mais o conceito de trajetória, e as partículas são descritas por uma função matemática com características de onda, chamada **função de onda**.
- **Orbitais**. No átomo, existem regiões sem a presença de nenhuma partícula, entre o núcleo e a eletrosfera e entre um elétron e outro. A **abordagem probabilística** permite obter apenas a *probabilidade* de encontrar o elétron em determinada região do espaço, nunca sua posição absoluta. Para cada estado ocupado por um elétron, é possível, pela função de onda, determinar a região na qual é provável encontrá-lo – **região permitida** – e a região na qual não é provável – **região proibida**. As regiões nas quais é provável encontrar o elétron são chamadas **orbitais** e dependem do estado do elétron e do átomo, podendo assumir diferentes formatos.

É importante ressaltar que, na abordagem quântica, a provável posição do elétron é, na verdade, descrita como uma nuvem de probabilidades (veja a figura nesta página). Segundo a abordagem probabilística, a incerteza nas medidas não decorre de incertezas experimentais, mas de indeterminação presente na própria natureza.

O nêutron

Desde a proposta do modelo atômico de Rutherford até mais de uma década depois, um problema sobre a constituição do núcleo permaneceu sem solução: o fato de o núcleo do átomo do hélio, sendo quatro vezes mais pesado que o do hidrogênio, ter sua carga elétrica apenas duas vezes maior que a do hidrogênio. Essa característica se verificava também em outros núcleos estudados na época, como o do carbono e o do oxigênio.

A primeira suposição era de que houvesse elétrons também dentro do núcleo. E essa alternativa resolvia dois problemas: os elétrons do núcleo compensariam as cargas positivas provenientes dos prótons, responsáveis pelo excesso de massa observado, e explicariam a razão de o núcleo concentrar cargas positivas, sobre as quais age uma força de repulsão, e manter-se coeso. No entanto, esse modelo não se comprovou experimentalmente.

Diversos cientistas tentaram encontrar a solução para o problema, mas somente em 1932 James Chadwick, dando continuidade a experimentos de bombardeamento de berílio em alvos fixos de parafina, fez o feixe de berílio incidir em vários outros alvos. Da colisão entre o feixe e os alvos, apareceu um tipo de radiação que, inicialmente, parecia ser de raios gama. Após vários cálculos, Chadwick concluiu que a radiação invisível era formada por nêutrons – partículas já previstas por Rutherford alguns anos antes para explicar o fato de a massa do núcleo ser bastante superior à soma da massa dos prótons nele contidos. Para comprovar que realmente se tratava de nêutrons, Chadwick conseguiu obter a massa dessas partículas e comprovou que ela era igual à massa do próton. Com isso, foi possível comprovar que essas partículas eram os nêutrons previstos por Rutherford.

Ligado ao tema

A contribuição de Schrödinger

A compreensão do mundo do "muito pequeno" foi sintetizada, sobretudo, por Erwin Schrödinger (1887-1961). Ele propôs uma equação de onda cuja solução, denominada **função de onda**, expressa o estado quântico de uma partícula em função de sua posição e do tempo. Nessa equação, não é possível separar um elétron, por exemplo, das demais partes do átomo, de modo que ela sempre fornece informações acerca de um estado (ou de uma situação), nunca de uma variável ou de uma partícula isoladamente.

O quadrado da função de onda é interpretado como a probabilidade de se encontrar a partícula no espaço. Por meio dela, pode-se encontrar a distribuição estatística dessa partícula no espaço, em função do tempo. Além disso, essa função anula-se nos locais em que a partícula não pode estar e apenas prevê a probabilidade de um evento acontecer, sem se preocupar com a necessidade de sua ocorrência (ou com suas causas).

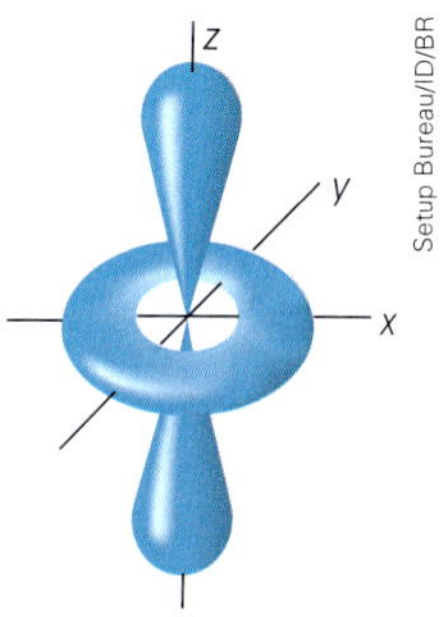

Setup Bureau/ID/BR

Representação gráfica de um possível formato para o átomo. O núcleo atômico está posicionado na união entre os eixos, e as partes azuis representam a região espacial (os orbitais) na qual o elétron pode ser encontrado.

Modelo quântico de condução elétrica

A parte da Física que estuda o estado sólido da matéria ficou encarregada inicialmente de pesquisar materiais e fenômenos relacionados às interações elétricas. O desenvolvimento dessa área favoreceu a eletrônica e suas aplicações, como a computação.

As primeiras pesquisas definiram um modelo para explicar a condução de eletricidade pelos metais, assim como o comportamento isolante de outros. O modelo proposto usou a Física quântica, em que um elétron é considerado uma onda e descrito por uma função de onda, representada no esquema ao lado pelos símbolos ψ_a e ψ_b (em que ψ é a letra grega "psi"). A superposição dessas funções de onda é dada pela soma das duas funções, $\psi_a + \psi_b$.

Quando se tem um átomo isolado, os níveis de energia são dados de acordo com a distância do elétron ao núcleo. Ao se juntarem muitos átomos idênticos, os níveis de energia se superpõem. Isso define novos níveis de energia, que apresentam comportamento semelhante ao de um único átomo. Existem níveis de energia permitidos e proibidos.

Esses níveis de energia, denominados **bandas**, são uma característica de cada material. Existem três tipos de bandas: de **condução**, de **valência** e **proibida**. A banda de condução possui muitos elétrons que se movimentam livremente. A banda proibida não pode ser ocupada por nenhum elétron, em princípio. A banda de valência pode receber elétrons sem estar completamente preenchida.

A definição de um material como condutor, isolante ou semicondutor depende da organização das bandas em sua estrutura, como mostrado nos esquemas a seguir.

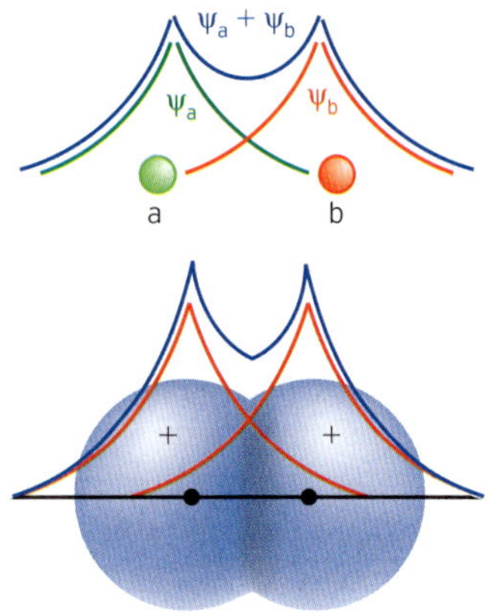

Ilustrações: Setup Bureau/ID/BR

Essas imagens representam o que seria uma superposição de ondas dos elétrons da última camada entre dois átomos. O modelo de bandas expande esse conceito para a ordem de 10^{23} átomos.

Condutores	Isolantes	Semicondutores
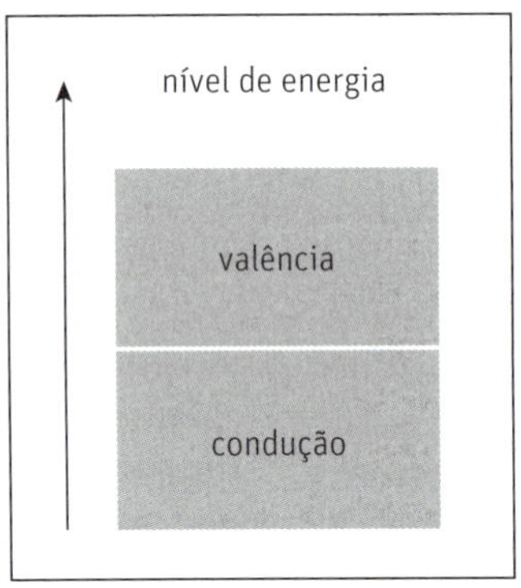	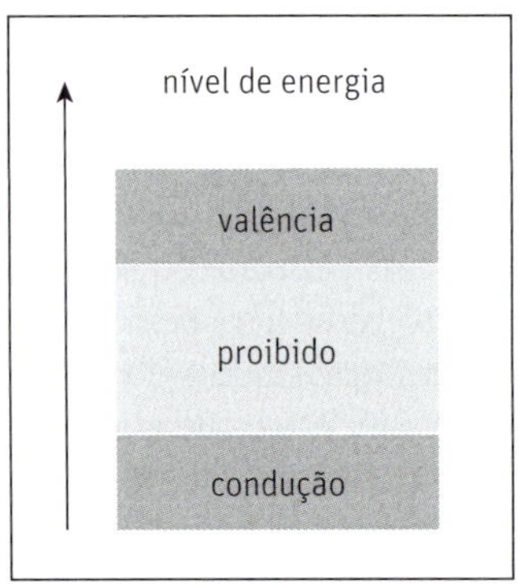	
A banda mais baixa é a banda de condução. Quando um campo elétrico de baixa intensidade é aplicado, o elétron pode se mover facilmente para a banda de valência.	A banda de condução e a banda de valência têm uma banda proibida entre elas. O campo elétrico exigido para que o elétron se desloque de uma banda a outra deve ter uma grande intensidade. Caso contrário, não há condução elétrica.	A banda de condução e a banda de valência possuem uma camada proibida entre elas, mas com uma distância menor que nos isolantes. A passagem de uma banda a outra exige um campo elétrico de média intensidade.

Os condutores caracterizam-se por não ter a banda proibida. Neles, portanto, os elétrons se movimentam facilmente quando recebem energia. Os isolantes, por sua vez, possuem uma banda proibida bastante larga, o que exige uma grande quantidade de energia do elétron para ultrapassá-la e chegar à banda de valência. É interessante observar nesse modelo que, por maior que seja a banda proibida, sempre existe a possibilidade de haver um campo elétrico capaz de romper essa banda, provocando a condução de eletricidade. Os materiais semicondutores possuem uma banda proibida de menor nível energético em relação aos isolantes, mas não se comportam como os condutores.

Dispositivos semicondutores

Os materiais semicondutores podem ser classificados em **intrínsecos** e **impuros**. Os semicondutores intrínsecos mais comuns são o silício e o germânio. Em ambos, a banda proibida é muito estreita, e a banda de condução é ocupada devido à excitação térmica do material à temperatura ambiente. Quando um campo elétrico é aplicado, os elétrons passam facilmente à camada de valência, realizando a condução de eletricidade.

A maior parte dos componentes eletrônicos, como o diodo e o transístor, são feitos de semicondutores impuros. Para obtê-los é preciso que semicondutores intrínsecos passem pelo processo de dopagem, em que são adicionadas impurezas para melhorar a condução de eletricidade.

O processo de dopagem pode ser controlado, criando dois tipos de semicondutores: os semicondutores tipo *n* e os semicondutores tipo *p*.

Ilustrações: Setup Bureau/ID/BR

Tipo *n*

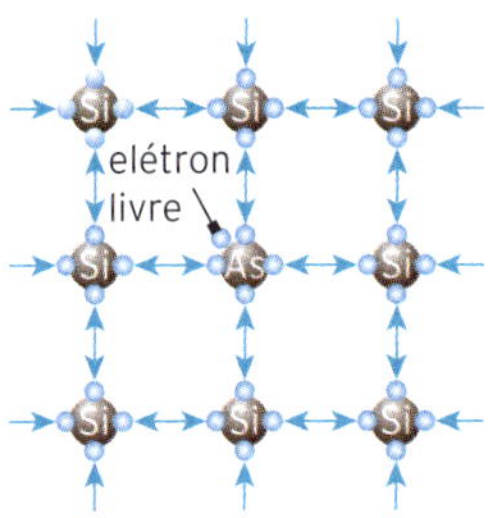

Modelo estrutural com átomos de silício e dopagem com arsênio.

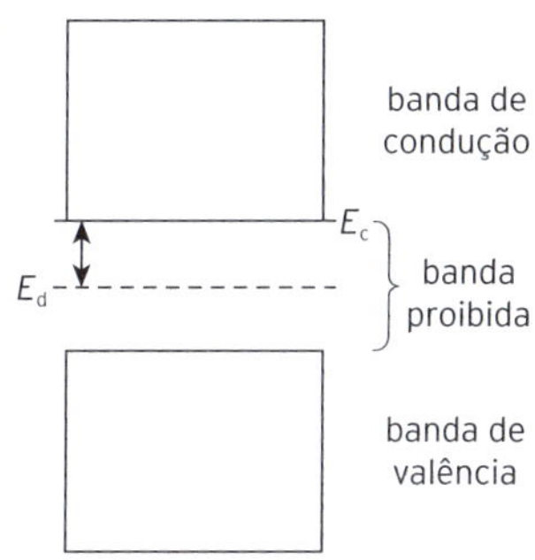

Modelo de bandas para explicar o semicondutor tipo *n*.

Nos semicondutores tipo *n*, a impureza acrescentada realiza ligações químicas com os átomos ao redor; um elétron permanece livre, fracamente ligado ao átomo. Esse elétron fica ligeiramente abaixo da banda de condução e pode ser facilmente excitado para essa banda.

Tipo *p*

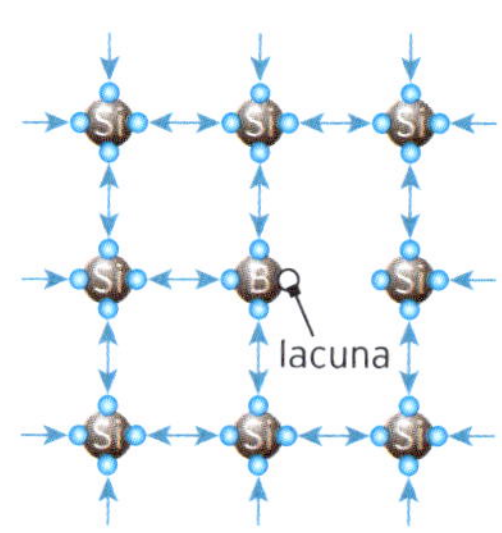

Modelo estrutural com átomos de silício e dopagem com boro.

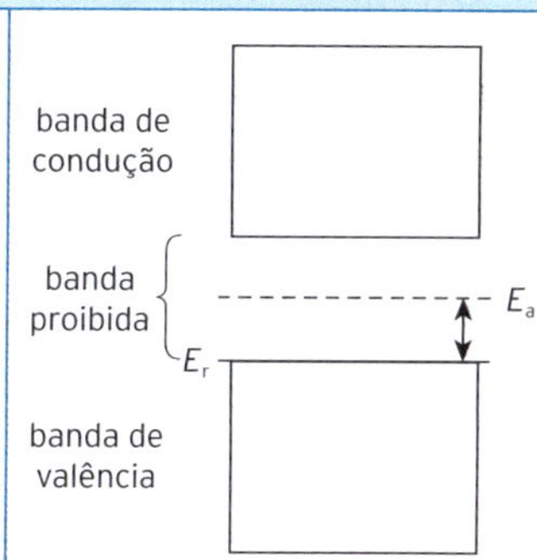

Modelo de bandas para explicar o semicondutor tipo *p*.

Nos semicondutores tipo *p*, a impureza acrescentada realiza ligações químicas com os átomos ao redor, mas ocorre a falta de um elétron nessa ligação, deixando uma lacuna ao redor do átomo. Essa lacuna provoca buracos na banda de valência que se comportam como cargas positivas e fazem a banda de valência aceitar elétrons mesmo estando parcialmente preenchida.

Para fabricar os dispositivos eletrônicos, os semicondutores dos dois tipos são unidos formando um mesmo material, realizando uma junção entre um semicondutor do tipo *p* e outro do tipo *n*. Desse modo, elétrons da junção *n* se deslocam para os buracos da junção *p*.

Existem vários tipos de junção possíveis: *np*, *pn*, *pnp* e *npn*. Cada uma delas é usada em um componente eletrônico diferente. O diodo, por exemplo, é uma junção do tipo *pn*, e o transístor pode ter junções *npn* ou *pnp*.

A associação de diversos componentes eletrônicos deu origem aos circuitos integrados, que são o substrato físico para construir computadores. Esses circuitos compõem os processadores e a memória física, onde dados ficam armazenados mesmo quando o computador é desligado.

Andrew Lambert Photography/SPL/Latinstock

O diodo é um dispositivo que permite a passagem de corrente elétrica apenas em uma direção.

Chris Pancewicz/Alamy/Other Images

Componentes eletrônicos feitos de semicondutores. As pastilhas pretas são circuitos integrados.

Exercício resolvido

34. A figura é uma possível representação de um átomo de hidrogênio com seu orbital formado por quatro lóbulos.

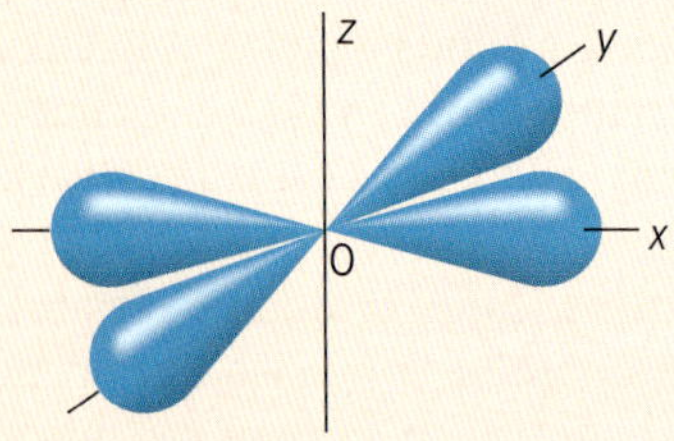

Setup Bureau/ID/BR

a) Aponte o número de dimensões dessa representação.

b) Localize o núcleo do átomo, descrevendo como ele está representado.

c) Localize o elétron.

Resolução

a) A representação tem três dimensões. Na figura, estão ilustrados os eixos *x*, *y* e *z*.

b) O núcleo se localiza no cruzamento dos três eixos, o ponto (0, 0, 0). Esse núcleo é representado por um ponto no espaço, sem dimensões.

c) Segundo esse modelo, a probabilidade de localização do elétron encontra-se no interior de uma das quatro regiões azuis. No entanto, não é possível afirmar em qual das regiões o elétron está. É possível apenas afirmar que o elétron, com certeza, não está em nenhuma região fora das quatro regiões mencionadas.

Exercícios propostos

35. Resolva as questões, considerando a equação do comprimento de onda formulada por De Broglie.

a) Um próton e um elétron deslocam-se à mesma velocidade. Analise qual terá maior comprimento de onda e qual terá maior frequência. Considere a seguinte relação entre a massa do próton e a do elétron: $\frac{m_p}{m_e} = 1\,840$.

b) Explique o que pode acarretar diferenças nos comprimentos de onda de uma partícula.

36. Considere um orbital possível de um átomo de hidrogênio.

a) Descreva como o elétron é representado.

b) Diferencie o conceito de órbita do modelo de Rutherford do conceito orbital do modelo atual.

37. Leia o texto a seguir e, depois, resolva a questão.

> Uma compreensão superficial do princípio quântico da incerteza e da interpretação probabilista da função de onda tem levado a uma ideia equivocada de que a física quântica só lidaria com valores imprecisos e com estados pouco definidos. Uma percepção mais profunda do significado dos estados quânticos revelará que, pelo contrário, o que é por natureza quântico, como o átomo de um elemento químico, é de fato mais nítido e mais definido, em sua identidade e em seus valores, do que objetos clássicos.
>
> A absoluta identidade entre dois elétrons, entre dois átomos de hidrogênio, entre dois átomos de oxigênio, entre duas moléculas de água, que faz com que sejam absolutamente idênticos em quaisquer circunstâncias, ilustra a estabilidade e a precisão do caráter quântico. O espectro luminoso do hidrogênio que vemos ao fazer passar por um prisma a luz emitida em Andrômeda há 2 milhões de anos [...] é mais idêntico ao espectro do hidrogênio produzido neste instante aqui na Terra do que são idênticas duas impressões digitais do mesmo polegar da mesma pessoa, tomadas com minutos de intervalo uma da outra.

Livraria da Física/Arquivo da editora

Menezes, L. C. *A matéria*: uma aventura do espírito. São Paulo: Livraria da Física, 2005. p. 152-153.

O texto se refere ao fato de a função de onda que descreve o elétron poder ser estabelecida sempre da mesma maneira. Levando em conta esse fato, a Física quântica pode ser considerada determinista?

3. A Física das partículas elementares

A descoberta do nêutron estimulou a construção de um modelo teórico consistente para explicar a massa do núcleo atômico. No entanto, a existência de uma partícula com carga neutra não explicava o fato de as partículas positivas do núcleo não se repelirem a ponto de se separarem. Assim, uma pergunta persistia: como o núcleo atômico se mantém coeso, contendo prótons e nêutrons?

Para responder à pergunta, tornou-se necessário rediscutir os tipos de força conhecidos até então. A coesão do núcleo atômico (ou seja, por que os prótons ficam juntos no núcleo atômico mesmo tendo cargas de mesmo sinal) foi explicada pela proposição de uma força chamada **nuclear forte** (ou apenas **força forte**). Essa força teria uma intensidade muito superior à força eletromagnética (que é de repulsão) e à força gravitacional (que é de atração). Outra força, chamada de **nuclear fraca** (ou **força fraca**), foi proposta para explicar a transformação de prótons em nêutrons ou de nêutrons em prótons, fenômeno conhecido como decaimento β, a ser estudado adiante.

O quadro a seguir apresenta a intensidade média das quatro forças fundamentais, tendo como referência a força nuclear forte. Analisando esse quadro, observamos que a força gravitacional é muitíssimo menos intensa que a força nuclear forte, por exemplo.

Intensidades relativas das interações	
Nuclear forte	1
Eletromagnética	10^{-2}
Nuclear fraca	10^{-14}
Gravitacional	10^{-37}

Quadro comparativo da intensidade dos quatro tipos de interação em que é usada como referência a força nuclear forte.

De acordo com essa explicação, cada uma dessas forças tem uma partícula mediadora responsável pela força. No caso da força nuclear forte, seriam os **glúons**; no caso da força nuclear fraca, os **bósons**. Os mediadores das forças eletromagnéticas são os **fótons**, e os das interações gravitacionais são os **grávitons** (partículas que ainda não foram detectadas e que, por isso, ainda hoje são hipóteses teóricas). A maioria das partículas foi proposta por hipóteses que tentavam explicar o núcleo atômico e sua estrutura; em momentos posteriores, algumas delas foram detectadas em experimentos.

Para ilustrar a dinâmica das descobertas de partículas elementares e partículas mediadoras, pode-se citar o processo ocorrido com a partícula **méson** π, ou **píon**, proposta por Hideki Yukawa (1907-1981) em 1934. Ele sugeriu a existência de uma partícula desconhecida à época, com massa cerca de duzentas vezes maior que a do elétron e que poderia ser emitida e absorvida por prótons e nêutrons. A troca dessa partícula entre as partículas do núcleo atômico seria a responsável pela atração de curto alcance entre eles – com isso, explicava-se a estabilidade nuclear. Por ter massa intermediária entre a do elétron e a do próton, essa partícula recebeu o nome de méson – mais especificamente de méson π. A dificuldade em detectar essa partícula devia-se ao fato de ela só existir durante um período de tempo muito curto, porque sua desintegração fora do núcleo atômico ocorreria depois de apenas cerca de 1 bilionésimo de segundo.

Por volta de 1937, Carl Anderson (1905-1991) e Seth H. Neddermeyer (1907-1988), fazendo pesquisas com raios cósmicos, encontraram uma partícula que parecia ser aquela proposta por Yukawa. Contudo, experimentos seguintes mostraram que se tratava de um méson de outro tipo: o **méson** μ, também chamado de **múon**. A partícula de Yukawa, o méson π, somente foi detectada em 1947, pelo físico brasileiro César Lattes (1924-2005) e seu grupo de pesquisa.

Para refletir

Analise a afirmação a seguir.

Há na Física uma busca quase incessante pela origem mais básica e fundamental da matéria. A busca pelo conhecimento do universo micro tem como motivação, também, a compreensão do macro.

Ligado ao tema

Colidir para descobrir

Alguns dos equipamentos mais utilizados na busca por novas partículas subatômicas são os aceleradores de partículas. Eles apresentam percursos com alto vácuo, onde feixes de partículas são lançados e acelerados por diferença de potencial ou um campo magnético. Quando os feixes atingem uma velocidade alta, geralmente próxima à velocidade da luz, as partículas são colocadas em rotas de colisão com outras partículas ou sólidos para que, literalmente, se quebrem em pedaços menores.

Assim são investigadas as partes que compõem as partículas do feixe inicial, ou a partícula ou o sólido usados como alvo. As colisões são usadas para, por exemplo, obter a composição química de objetos sólidos.

Tipos de partículas elementares

As principais partículas que compõem os átomos são os prótons, os elétrons e os nêutrons. Contudo, de acordo com o modelo atual – conhecido como **modelo padrão** –, sabe-se hoje que os prótons e os nêutrons não são as menores partículas da matéria: há os ***quarks***. É importante ver, então, como ficam os mésons e outras partículas propostas e descobertas pelos físicos nesse modelo.

O modelo padrão considera que há, na natureza, as seguintes partículas: (1) seis tipos de *quarks*, os quais compõem os **hádrons**, partículas mais pesadas e maciças, como prótons, nêutrons e mésons; (2) **léptons**, partículas leves e indivisíveis, como os elétrons; e os **bósons**, partículas sem massa, mediadoras das interações entre *quarks* e léptons. Como o elétron é um lépton, continua sendo uma das partículas elementares.

Para cada partícula, existe uma antipartícula, que é uma partícula idêntica a ela em todos os aspectos, como massa e energia, mas diferente na carga (embora de mesma intensidade, a carga é oposta em sinal e diferente na interação física). A colisão entre a partícula e a respectiva antipartícula resulta na aniquilação de ambas e na liberação de energia.

Quark/ *Antiquark*	Símbolo		Carga elétrica (em relação à do elétron)	
up	u	$\overline{u}$	$+\frac{2}{3}$	$-\frac{2}{3}$
down	d	$\overline{d}$	$-\frac{1}{3}$	$+\frac{1}{3}$
charm	c	$\overline{c}$	$+\frac{2}{3}$	$-\frac{2}{3}$
strange	s	$\overline{s}$	$-\frac{1}{3}$	$+\frac{1}{3}$
top	t	$\overline{t}$	$+\frac{2}{3}$	$-\frac{2}{3}$
bottom	b	$\overline{b}$	$-\frac{1}{3}$	$+\frac{1}{3}$

Quarks e léptons

Os *quarks* são organizados em três pares. O par de *quarks* com menor massa é o *up* e *down*, e o par com maior massa é o *top* e *bottom*, o outro par é composto dos *quarks charm* e *strange*. A tabela ao lado apresenta esses *quarks* e suas cargas fracionárias.

Os léptons podem ser de dois tipos: com carga elétrica e sem carga elétrica. Os três com carga são o elétron, o múon (μ) e o tau (τ). Desses, o elétron tem massa bem menor que a dos outros dois. Os neutrinos (υ) têm carga elétrica nula e pequena massa. Cada lépton também tem sua antipartícula; a antipartícula do elétron é chamada de pósitron. A tabela ao lado mostra as cargas e as massas dos léptons.

Léptons			
Nome	Símbolo	Carga	Massa (1 para o próton)
elétron	e	$-e$	$\sim\frac{1}{2\,000}$
antielétron (pósitron)	e^+	$+e$	$\sim\frac{1}{2\,000}$
múon	μ^-	$-e$	$\frac{1}{9}$
antimúon	μ^+	$+e$	$\frac{1}{9}$
neutrinos	ν_e	0	0
	ν_μ	0	0
	ν_τ	0	< 0,07
antineutrinos	ν_e	0	0
	ν_μ	0	0
	ν_τ	0	< 0,07

Hádrons

As partículas compostas de *quarks* são encontradas sempre em grupo e recebem o nome de hádrons. Uma propriedade comum aos hádrons é a de apresentarem cargas elétricas inteiras, porque são combinação de *quarks*, com cargas elétricas individuais fracionárias. Os hádrons são classificados em:

- bárions: partículas formadas por três *quarks*, como é o caso do próton e do nêutron;
- mésons: partículas instáveis, por serem constituídas por um *quark* e um antiquark, como o píon (π). O único dos mésons que não é tão instável é o kaon (K^+), por isso também chamado de *strange*.

A carga elétrica, a composição e a classificação dos hádrons podem ser observadas na tabela a seguir.

Hádrons				
	Nome	Símbolo	Carga	Massa (1 para o próton)
Bárions	próton	p	$+e$	1
	antipróton	$\overline{p}$	$-e$	1
	nêutron	n	0	1
	antinêutron	$\overline{n}$	0	1
Mésons	píons	π^+	$+e$	$\frac{1}{7}$
		π^0	0	$\frac{1}{7}$
		π^-	$-e$	$\frac{1}{7}$

	Nome (símbolo)	Constituição em função dos *quarks* *up* (u) e *down* (d) e suas antipartículas	Carga elétrica	Massa (1 para o próton)
Bárions	próton (p)	$2\,u$ e $1\,d$	$+e$	1
	antipróton ($\overline{p}$)	$2\,\overline{u}$ e $1\,\overline{d}$	$-e$	1
	nêutron (n)	$1\,u$ e $2\,d$	0	1
	antinêutron ($\overline{n}$)	$1\,\overline{u}$ e $2\,\overline{d}$	0	1
Mésons	píons (π^0)	$1\,u$ e $1\,\overline{d}$	$+e$	$\frac{1}{7}$
		$1\,u$ e $1\,\overline{u}$	0	$\frac{1}{7}$
	(π^-)	$1\,d$ e $1\,\overline{u}$	$-e$	$\frac{1}{7}$

Exercícios resolvidos

38. A figura abaixo (fora de escala e em cores-fantasia) representa a constituição de um nêutron, com três *quarks* em seu interior.

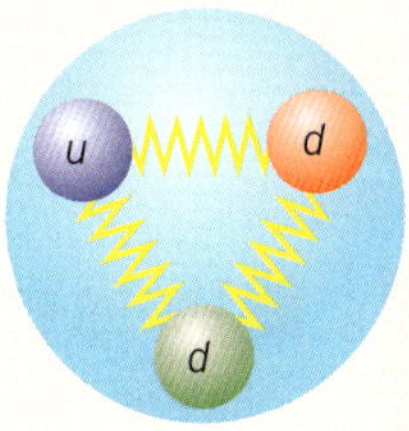

Ilustrações: Setup Bureau/ID/BR

a) Identifique os *quarks* que constituem esse nêutron.

b) Consultando a tabela da página anterior, calcule a soma total das cargas dos *quarks*.

Resolução

a) O nêutron, como mostra a figura, é formado por dois *quarks down* e um *quark up*.

b) A carga do *quark down* é igual a $-\frac{1}{3}$, e a carga do *quark up* é $+\frac{2}{3}$. Portanto:

$$\left(-\frac{1}{3}\right)+\left(-\frac{1}{3}\right)+\left(\frac{2}{3}\right)=0$$

De fato, um nêutron tem carga nula.

39. As imagens a seguir foram obtidas em uma câmara de bolhas e mostram a trajetória de partículas. A figura da esquerda é o registro fotográfico, e a figura da direita identifica as partículas em suas trajetórias.

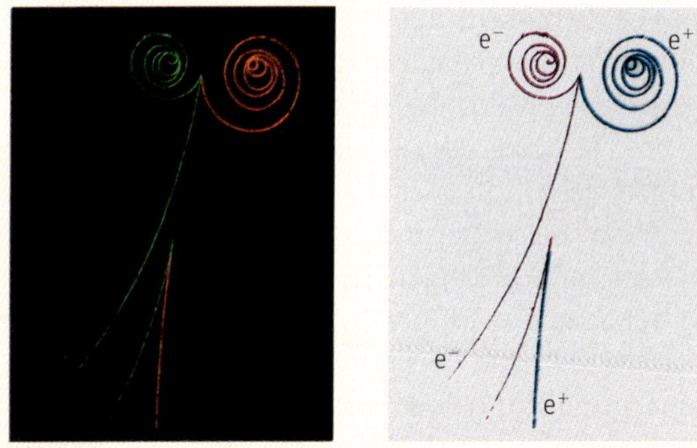

Imagens: Lawrence Berkeley Laboratory/SPL/Latinstock

a) Identifique as partículas presentes na interação.

b) Analise se há um campo elétrico ou magnético.

Resolução

a) Nessa interação, estão presentes um elétron e um pósitron, percorrendo trajetórias opostas.

b) Como a trajetória das partículas não é retilínea, é possível afirmar que estão submetidas a uma força eletromagnética decorrente da presença de campos magnéticos.

Exercícios propostos

40. A figura ao lado (fora de escala e em cores-fantasia) representa a constituição de um próton, com três *quarks* em seu interior.

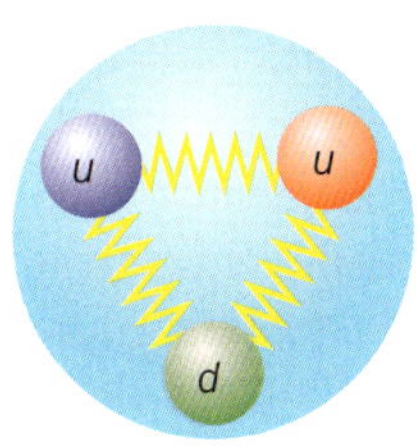

a) Identifique os *quarks* que constituem esse próton.

b) Consultando a tabela da página anterior, calcule a soma total das cargas dos *quarks*.

41. Explique por que o próton não pode ser considerado uma partícula fundamental.

42. Preencha as lacunas.

Força	Atua em	Distância de ação
gravitacional		
	carga elétrica	
		núcleo
	léptons	

43. Entre as afirmativas a seguir, indique as que são falsas, corrigindo cada uma delas.

I. Os elétrons são hádrons.

II. Os elétrons podem ser considerados partículas fundamentais.

III. Os aceleradores de partículas conseguiram gerar *quarks* isoladamente.

IV. Os aceleradores de partículas usam campo elétrico ou magnético para acelerar as partículas.

V. Os hádrons são partículas fundamentais.

VI. O fóton pode ser considerado uma partícula trocada durante uma interação.

44. Sobre as antipartículas:

a) descreva como seriam os sinais das cargas presentes no núcleo e na eletrosfera de um átomo formado por antipartículas;

b) desenhe uma representação desse "antiátomo".

45. Esta imagem mostra a colisão entre dois prótons.

George Kelvin/Alamy/Other Images

a) Liste as possíveis partículas geradas nessa colisão.

b) Dê a ordem de grandeza do tempo de duração dessas partículas.

c) Elabore hipóteses que justifiquem as diferentes cores e trajetórias presentes na imagem.

4. Física nuclear

A descoberta da radioatividade

Os raios X receberam essa denominação porque, quando descobertos, não se conhecia sua natureza. Esses "raios", ou, mais precisamente, essa radiação, como se descobriu mais tarde, são ondas eletromagnéticas. São, portanto, fótons emitidos pelos elétrons em orbitais mais internos, em consequência do estímulo produzido por raios catódicos.

Como já vimos no capítulo 7, Wilhelm Röntgen descobriu os raios X em 1896, por meio de experimentos. Para testar esses raios, Röntgen pediu à esposa que deixasse a mão, por um período de 15 minutos, sob a incidência desses raios. A imagem que se formou, em um filme fotográfico sensibilizado pela radiação, é considerada a primeira radiografia da história.

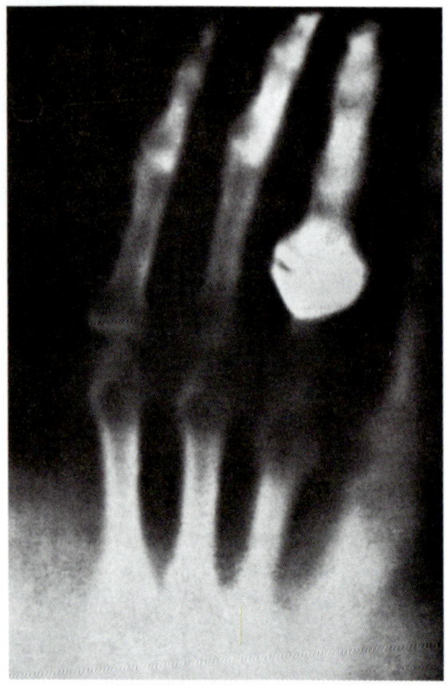
SPL/Latinstock

A primeira radiografia da história foi obtida da mão da esposa de Röntgen.

Dois meses depois, Antoine Henri Becquerel (1852-1908) idealizou um experimento para investigar se existia algum elemento na natureza que emitisse raios X e outros tipos de radiação de forma espontânea. Nesse experimento, ele verificou a sensibilização de um filme fotográfico mediante amostras de diversos materiais.

Os resultados obtidos por Becquerel mostraram que a maioria dos elementos testados não sensibilizava o filme. Apenas o urânio emitia radiação sem que fosse necessário nenhum tipo de ação externa.

Com o passar do tempo, foram descobertos outros elementos com propriedade semelhante à do urânio. O tório teve suas propriedades radioativas descobertas em 1898, por Gerhard Carl Schmidt (1865-1949) e Marie Curie (1867-1934), que pesquisavam de modo independente. O polônio e o rádio foram descobertos em 1898 pelo casal Pierre (1859-1906) e Marie Curie.

Mais tarde, concluiu-se que a maioria das emissões espontâneas partia do interior do núcleo do átomo, e não da região periférica, onde ficavam os elétrons. A emissão de radiação pelo núcleo ficou conhecida como **decaimento** ou **desintegração**, e as substâncias que sofrem essa transformação foram chamadas de **radioativas** ou **radioelementos**. Alguns elementos, como o urânio, são radioativos naturalmente, e outros tornam-se radioativos quando sujeitos a determinados estímulos externos.

A radioatividade e a radiação são frequentemente associadas a armas, como a bomba atômica, ou a acidentes, como o de Chernobyl (na Ucrânia, à época uma das repúblicas da URSS), em 1986, e o de Goiânia (GO), em 1987. No entanto, existem muitas aplicações benéficas da radiação, por exemplo: usinas nucleares produzem energia elétrica; a medicina faz exames e realiza tratamentos com tecnologia nuclear; a agricultura utiliza técnicas de radiação para melhorar a qualidade das sementes e tratar produtos agrícolas contra pragas.

Os elementos radioativos são empregados todos os dias em centros de pesquisa e hospitais, para aplicações em atividades rotineiras. Com o intuito de minimizar os riscos de seu uso, existem regras para o manuseio desses materiais, aplicadas por pessoas especializadas em uma área conhecida como **proteção radiológica**.

Ligado ao tema

Radiografias

Na película que contém a radiografia, as partes mais claras indicam a presença de tecidos mais densos, como os ossos, e as partes mais escuras indicam tecidos menos densos, como a pele. Isso acontece porque os ossos são menos transparentes à radiação, sensibilizando menos o filme que registra a imagem. Quanto mais clara a imagem, menor quantidade de radiação atravessou o tecido e chegou até o filme. Parte da radiação se dissipa e permanece no interior do organismo radiografado.

Decaimento radioativo

As maiores partículas que compõem o núcleo do átomo são os prótons e os nêutrons. Já vimos que, no núcleo, ocorrem interações promovidas pelas forças **coulombiana**, **nuclear forte** e **nuclear fraca**. As interações nucleares são consideradas forças de curto alcance, pois só agem no interior do núcleo.

Quanto maior for a quantidade de prótons e nêutrons de um núcleo, maiores serão também as interações entre essas partículas. Quando muito pesado, o núcleo deixa de ser estável e passa a emitir radiação naturalmente, transformando-se em outro elemento – este estável, por ter um núcleo mais leve. Esse tipo de transformação, que ocorre por meio da liberação de energia, é chamado **decaimento radioativo**. No decaimento, a energia pode ser liberada com emissão de radiação alfa, beta ou gama (a emissão de radiação gama não transforma o núcleo de um elemento em outro elemento). Veja no quadro a seguir os tipos de decaimento.

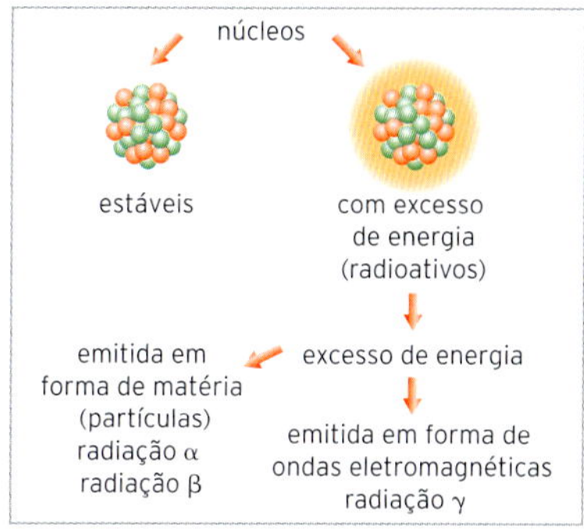

Ilustrações: Setup Bureau/ID/BR

Processo de desintegração natural do núcleo.

Decaimento alfa	Decaimento beta	Decaimento gama
Emissão de um núcleo de hélio (dois prótons e dois nêutrons).	Emissão de pósitrons ou elétrons.	Emissão de fótons. Radiação eletromagnética com carga elétrica neutra.
O núcleo de um elemento pesado (comumente núcleos mais pesados que o do chumbo, que tem 82 prótons) transforma-se em outro, emitindo um núcleo de hélio.	Ocorre em núcleos com excesso ou falta de nêutrons.Se houver falta de nêutrons, o próton se transforma em nêutron, com liberação de um pósitron e de um neutrino. Se houver excesso, o nêutron se transforma em próton, com liberação de um elétron e de um antineutrino.	Decaimento do núcleo excitado para estados de energia mais baixos. Em geral, ocorre após um núcleo decair para um estado excitado, pela emissão de radiação alfa ou beta.

Atividade nuclear e meia-vida

A velocidade das desintegrações de uma amostra pode ser medida pelo número de desintegrações ocorrido por unidade de tempo. Essa medida é denominada **atividade**. A unidade de medida da atividade no SI é o becquerel (Bq); 1 becquerel equivale a uma desintegração por segundo.

Outra informação relevante sobre a radioatividade é o tempo necessário para que metade dos núcleos de uma amostra sofra desintegração. Essa grandeza é definida como o tempo de **meia-vida**.

Ligado ao tema

Penetração da radiação

Cada tipo de radiação interage de maneira diferente com a matéria sobre a qual incide. A relação entre a densidade de ionização e a capacidade de penetração da radiação é inversamente proporcional. A partícula alfa, por exemplo, penetra pouco mais de 1,5 cm no ar, porém a transferência de energia ao longo dessa distância é muito grande. A radiação gama, que é a mais penetrante das três (alfa, beta e gama), tem densidade de dissipação de energia muito menor. A figura abaixo ilustra os materiais que podem ser usados na blindagem dessas radiações.

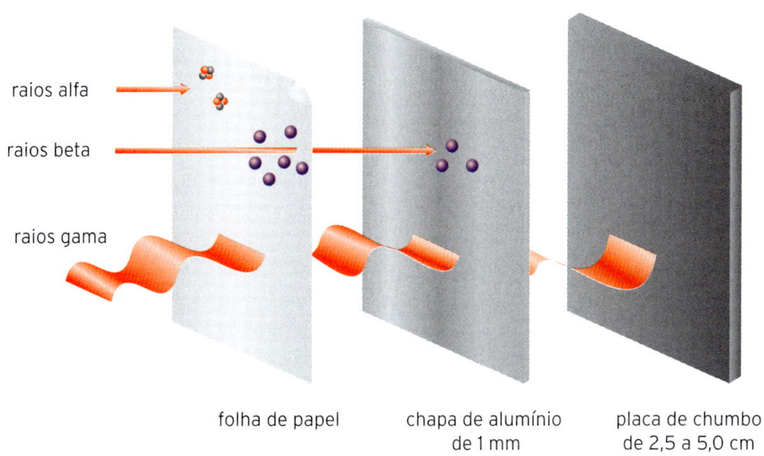

Representação (fora de escala e em cores-fantasia) da capacidade de penetração das emissões radioativas. A radiação menos penetrante é a alfa, que pode ser barrada por uma folha de papel no ar. A radiação beta atravessa uma folha de papel, mas não atravessa uma folha de alumínio. A radiação gama é a mais penetrante; são necessários alguns centímetros de chumbo sólido para detê-la.

Alteração do núcleo atômico

Controlar a transformação de um elemento químico em outro é um sonho antigo, anterior à ciência moderna, inaugurada no século XVII pelos experimentos de Galileu Galilei (1564-1642). Muitos alquimistas promoveram reações químicas com o objetivo expresso de transformar chumbo em ouro. Esse feito, porém, nunca foi alcançado, pois, nas reações químicas, somente há interações entre as camadas da eletrosfera e, para transmutar elementos, seria necessário intervir no núcleo dos átomos.

Com a descoberta das desintegrações nucleares, surgiu a possibilidade de transformar elementos artificialmente, mas com outro objetivo: aproveitar a energia presente nos componentes do núcleo. A energia nuclear passou a ser empregada em diversas atividades, desde a geração de energia elétrica para consumo residencial e industrial até terapias contra o câncer.

Atualmente é possível colidir prótons, elétrons e nêutrons para dividir átomos ou mesmo para fundi-los em reações nucleares de dois tipos: a **fissão nuclear** e a **fusão nuclear**.

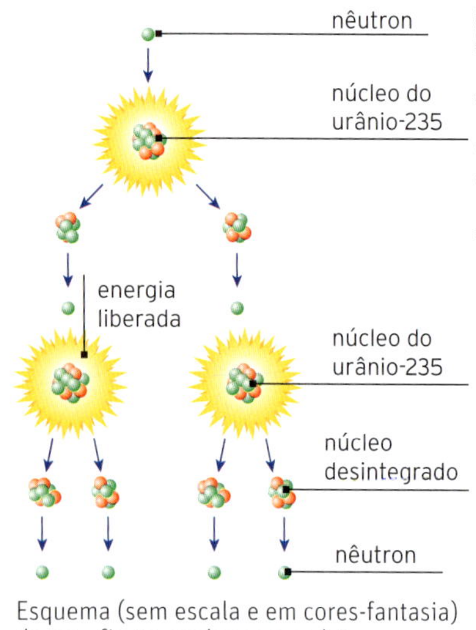

Esquema (sem escala e em cores-fantasia) de uma fissão nuclear em cadeia.

Fissão nuclear

Na fissão nuclear, os nêutrons são acelerados e incidem em um núcleo pesado. Com a interação, o núcleo original se parte em núcleos menores, formando outros elementos químicos e liberando grande quantidade de energia.

Um exemplo desse processo é a fissão do urânio-235, um elemento instável que, quando atingido por um nêutron, parte-se e transforma-se em dois elementos de núcleos menores, liberando radiação (veja o esquema acima). Uma das possíveis configurações finais é a divisão em um núcleo de bário-141 e um núcleo de criptônio-92. Nesse caso, a reação libera três nêutrons, que se propagarão, podendo colidir com outros núcleos de urânio-235 e causar novas fissões.

Quando o produto de uma fissão inclui nêutrons livres, estes podem colidir com outros núcleos pesados, promovendo novas fissões, que liberam outros nêutrons, e assim sucessivamente. Esse tipo de evento é chamado **reação em cadeia**.

Fusão nuclear

A fusão nuclear consiste em colidir núcleos leves, como os isótopos do hidrogênio, provocando a junção de dois núcleos e transformando-os em um novo núcleo, com número atômico maior. Nesse processo, é liberada energia em forma de radiação.

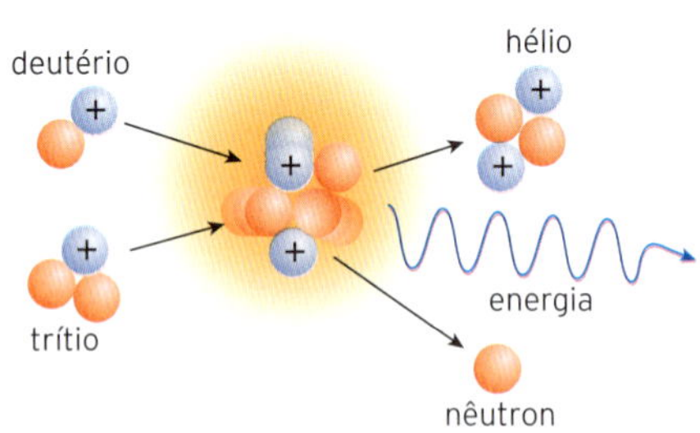

Representação (fora de escala e em cores-fantasia) do processo de fusão deutério-trítio: um núcleo de hidrogênio com um nêutron (deutério) colide com um núcleo de hidrogênio com dois nêutrons (trítio), formando um núcleo de hélio e liberando um nêutron e energia.

O processo de fusão é mais difícil de ser realizado, pois, para vencer a força de repulsão entre os núcleos até uma distância em que a força nuclear forte passe a atraí-los, é necessário submeter os núcleos leves a condições de alta temperatura e alta pressão por um intervalo de tempo suficiente para que a reação ocorra. Para atingir temperatura e pressão tão elevadas e, especialmente, mantê-las, despende-se muita energia; por isso o desenvolvimento de processos de fusão como meio de obter energia em larga escala encontra-se ainda em fase de estudo.

As condições ideais para que ocorra a fusão nuclear estão no interior das estrelas, como ocorre com o Sol.

Ligado ao tema

Bomba atômica

A energia atômica ou nuclear também é utilizada para fazer bombas de destruição. O texto a seguir descreve a constituição dessas bombas.

A era atômica

Uma bomba de fissão nuclear (bomba A) é, em linhas gerais, constituída de dois pedaços de material físsil (urânio-235), um em forma de esfera vazia, e o outro contido dentro de um tubo. Quando a explosão de uma carga convencional projeta o pedaço de urânio cilíndrico na esfera vazia, forma-se um único bloco de urânio, de massa superior à massa crítica, que deflagra a reação de fissão em cadeia.

Para que a reação tenha a máxima eficácia, é necessário que ela ocorra o mais rapidamente possível, o que se consegue empregando-se um material físsil muito puro e rodeando-o de um invólucro que devolve para o centro os nêutrons que teriam tendência a sair.

Maiocchi, R. *A era atômica*. São Paulo: Ática, 1996. p. 23.

Exercícios resolvidos

46. O gráfico abaixo representa a meia-vida de um elemento radioativo. A variável tempo está representada no eixo *x*, e o número de núcleos ativos está representado no eixo *y*. A quantidade de núcleos ativos inicialmente é indicada por N_0.

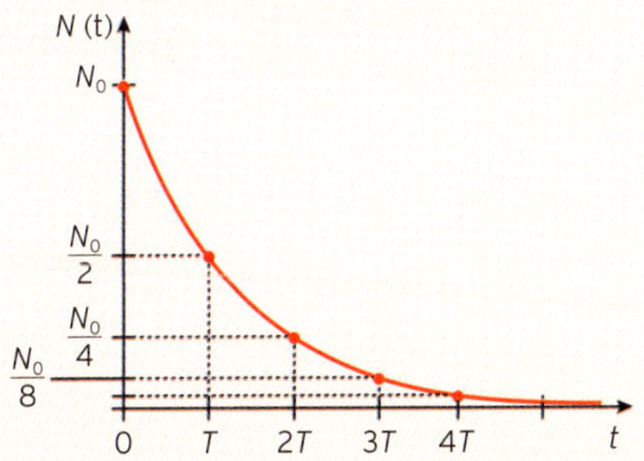

a) Identifique a meia-vida da amostra inicial.

b) Descreva o que ocorre após um período de tempo igual a $2T$, em relação à amostra inicial e em relação à amostra no tempo T.

Resolução

a) A meia-vida ocorre quando metade dos núcleos da amostra inicial decai e deixa de emitir radiação. No gráfico, esse período equivale a T, quando o número de núcleos ativos cai para $\left(\frac{N_0}{2}\right)$.

b) Após $2T$, a quantidade de núcleos ativos decai para um quarto $\left(\frac{N_0}{4}\right)$. Esse ponto representa também a meia-vida da amostra que restava no tempo T.

47. A expressão a seguir mostra o decaimento do urânio-238, com liberação de radiação.

$$^{238}_{92}U \rightarrow {}^{234}_{90}Th + \alpha$$

Identifique:

a) o número de prótons e nêutrons presentes no urânio;

b) o número de prótons e nêutrons presentes no tório;

c) a transformação nuclear indicada pela equação.

Resolução

a) Na notação de cada símbolo, o índice que figura na parte superior indica o número total de prótons e nêutrons presentes no núcleo daquele elemento, — que, no urânio, é 238. O índice que figura na parte inferior indica o número de prótons; o urânio tem 92 prótons. Portanto, o número de nêutrons do urânio é igual a:

$$238 - 92 = 146$$

b) No tório, o número total de prótons e nêutrons é 234, e o número de prótons é 90. Assim, o número de nêutrons do tório é:

$$234 - 90 = 144$$

c) A equação descreve o decaimento do urânio em tório com emissão de uma partícula alfa, isto é, uma partícula com dois prótons e dois nêutrons.

Exercícios propostos

48. Observe o gráfico.

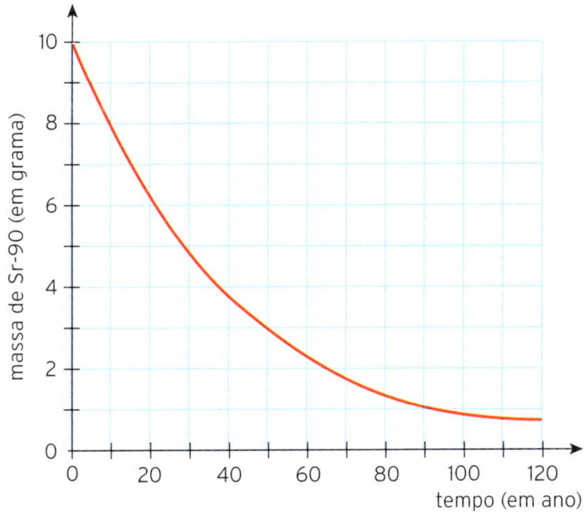

a) Determine o valor aproximado da meia-vida da amostra de estrôncio (Sr-90).

b) Determine o valor da massa radioativa restante após 50 anos.

49. Caracterize um elemento químico radioativo.

50. O tório-230 decai naturalmente, transformando-se em rádio-226. Identifique o tipo de radiação emitida nesse processo.

51. Explique o que é um átomo estável.

52. A expressão a seguir mostra o decaimento do rádio-226, com emissão de uma partícula alfa.

$$^{226}_{88}Ra \rightarrow {}^{222}_{86}Rn + \alpha$$

a) Consultando a tabela periódica, dê o nome do elemento formado após o decaimento.

b) Identifique o número de prótons e nêutrons presentes no rádio.

c) Identifique o número de prótons e nêutrons presentes no elemento formado.

53. Uma amostra radioativa começa a ser observada quando a massa da substância é 30 g. Após cinco dias, a massa da substância é reduzida a 0,9375 g. Esboce o gráfico de decaimento da substância.

Efeitos biológicos da radiação ionizante

Alguns tipos de radiação não são percebidos pelos órgãos sensoriais dos seres vivos e só são detectados por equipamentos específicos. Como algumas dessas radiações podem fazer mal à saúde, a exposição à radiação deve ocorrer de maneira consciente e controlada, para minimizar eventuais danos.

Interação da radiação com a matéria

A interação entre a radiação ionizante e a matéria acontece por meio da transferência de energia daquela para esta. Ao incidir sobre um meio, a radiação ionizante transmite energia a esse meio tal que, se for superior à energia de ligação dos elétrons do meio, remove-os de suas órbitas, ionizando os átomos que estavam ligados. Os elétrons removidos se movem, interagindo com outros átomos do meio e podendo provocar novas ionizações.

A incidência de radiação ionizante sobre um ser vivo pode acarretar modificação das moléculas de seu corpo, e até mesmo das células.

Os efeitos biológicos que decorrem da radiação são divididos em quatro estágios, sintetizados no quadro abaixo.

Consequências da interação da radiação com a matéria		
Estágio	**Efeito**	**Dano**
1º	Ionização e excitação de átomos do corpo.	Não há dano celular.
2º	As ligações físico-químicas são rompidas e formam-se radicais livres.	Dano às células, que são reparadas pelo próprio organismo.
3º	Os radicais livres danificam moléculas importantes para o funcionamento do organismo.	Morte das células ou incapacitação delas para se reproduzir.
4º	Alterações morfológicas e funcionais.	O núcleo das células é lesado.

Vejamos o que acontece com seres humanos expostos à radiação. Quando a radiação ocorre em células somáticas, as consequências, ditas somáticas, atingem somente as pessoas que foram irradiadas; quando ocorre em células germinativas, as consequências são hereditárias, pois atingem também os seus descendentes.

Os **efeitos somáticos** são diversos. Quando a quantidade de radiação absorvida é muito grande, podem ser percebidos em poucos dias, horas e até depois de minutos, e incluem náuseas, vômitos, febre, queimaduras na pele, diarreia e intensas dores de cabeça. Nesses casos, o paciente pode morrer em questão de dias, ou mesmo de horas. A exposição a doses moderadas de radiação causa efeitos somáticos perceptíveis em curto, médio e longo prazo. Esses efeitos podem incluir câncer e anemia aplástica (incapacidade de a medula óssea gerar glóbulos vermelhos, brancos ou plaquetas em quantidade suficiente).

Os **efeitos hereditários** podem incluir deficiência física e mental ou disposição para desenvolver doenças crônicas.

No início do século XX, os efeitos da radiação ainda não haviam sido identificados, e muitos cientistas sofreram as consequências da exposição à radiação durante anos de pesquisa em laboratórios. Muitos deles tiveram queimaduras leves na pele, apresentaram fadiga crônica e desenvolveram câncer em diversos órgãos.

Atualmente, os efeitos da radiação são conhecidos, e em todo ambiente onde há radiação adotam-se procedimentos de segurança a fim de evitar que os trabalhadores e usuários sejam expostos a doses de radiação prejudiciais à saúde.

Ligado ao tema

Irradiação e contaminação

Quando o corpo humano ou qualquer objeto é exposto à radiação, diz-se que houve irradiação. Esse processo pode desencadear uma série de fenômenos, com diferentes consequências, dependendo da quantidade de energia irradiada. O corpo, porém, não se torna um emissor de radiação, não se torna radioativo.

A contaminação se dá quando o corpo entra em contato com material radioativo.

Os exames de cintilografia, realizados após a administração de radiofármacos, fazem os pacientes emitirem radiação durante um curto espaço de tempo. Contudo, a dosagem de radiação aplicada não é perigosa à saúde.

Aplicações tecnológicas

A radiação ionizante é utilizada em vários setores, com aplicações nas áreas da medicina, da agricultura e da indústria, por exemplo. Aqui também teremos tópicos que tratam dos materiais radioativos apenas como combustível para a conversão em energia elétrica.

Medicina

A medicina utiliza a radiação ionizante para diagnóstico e para terapia.

Para diagnosticar certas enfermidades, a medicina nuclear possibilita visualizar tanto a anatomia quanto as funções do organismo.

As substâncias radioativas também podem ser aplicadas no combate à dor, porém o mais usual é a aplicação de radiação ionizante no combate ao câncer, processo conhecido como **radioterapia**. Esse tratamento consiste em expor, deliberadamente, o paciente a certa quantidade de radiação, o que vai enfraquecer as células doentes e possibilitar a recuperação ou a sobrevida do paciente.

O equipamento usado em radioterapia dispõe de uma fonte radioativa permanentemente isolada em um recipiente. O paciente em tratamento é colocado em uma sala com proteção radiológica adequada. Quando aberta, a fonte libera radiação diretamente na região atingida pela doença.

A exposição adequada é calculada por médicos e físicos que trabalham na elaboração do tratamento. O procedimento considera as seguintes variáveis em sua elaboração: a intensidade da fonte disponível, o tempo de exposição à fonte aberta e as curvas de penetração da radiação, traçadas antes do início do tratamento e chamadas de **linhas de isodose** (veja a imagem ao lado).

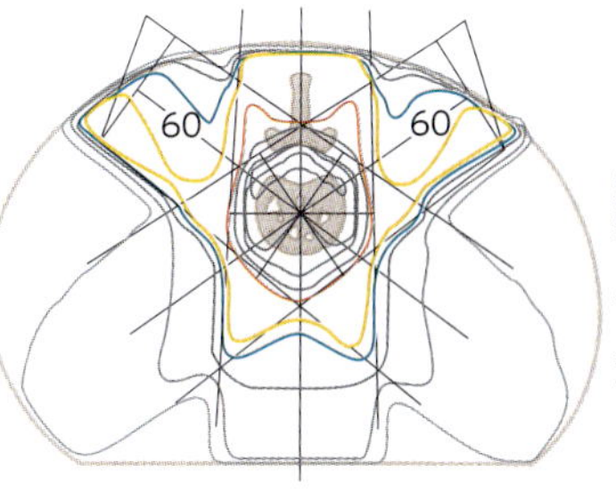

Representação em corte transversal do tronco de uma pessoa. Observe a coluna vertebral, ao centro, e as linhas de isodose.

Agricultura

A radiação ionizante também é usada nas técnicas de agricultura.

Para a eliminação de insetos considerados pragas, por exemplo, utilizam-se traçadores radioativos que ajudam a analisar hábitos alimentares, definindo preferências por plantas e por outros insetos. Outra forma de eliminar pragas é esterilizar, com radiação ionizante, alguns machos, que depois são reinseridos no meio para competir com os machos sadios e impedir, assim, a fecundação das fêmeas.

Uma aplicação de radiação ionizante direta em plantas é feita para verificar o destino de agrotóxicos usados em plantações: se ficam retidos nas plantas, se são absorvidos pelo solo, etc. Outra aplicação direta é a irradiação, com raios gama, de plantas alimentícias para ampliar o tempo de conservação.

Indústria

Uma técnica bastante utilizada na indústria é a gamagrafia, semelhante à radiografia, porém com uso de raios gama em lugar dos raios X. Consiste na emissão de raios gama através de corpos ou superfícies e na impressão desses raios em um filme fotográfico.

A gamagrafia é utilizada para verificar, por exemplo, a qualidade de objetos fabricados na indústria, como navios e aeronaves, em busca de rachaduras, fadiga ou desgaste das partes. Também é aplicada na verificação da integridade física de estruturas da construção civil, como foi feito na construção do gasoduto entre Brasil e Bolívia.

Além do controle de qualidade, a radiação ionizante também tem emprego na indústria farmacêutica, para a esterilização de fármacos e materiais cirúrgicos, incluindo luvas e seringas, que ficariam deformados se fossem esterilizados a altas temperaturas.

Ligado ao tema

Datação de fósseis por carbono-14

Todo ser vivo, incluindo as plantas, têm em seu organismo o isótopo estável carbono-12 e o isótopo radioativo carbono-14 (formado por 6 prótons e 8 nêutrons), o qual decai constantemente. A proporção entre os dois isótopos é igual em todos os organismos vivos, pois o isótopo radioativo é absorvido com a mesma frequência com a qual decai, exceto quando o organismo morre.

Quando a absorção de carbono-14 cessa, a proporção entre o isótopo radioativo e o isótopo estável começa a diminuir. A datação de qualquer tipo de material orgânico fossilizado pode ser feita verificando-se a proporção de carbono-14 (cuja meia-vida é 5,7 mil anos) no fóssil analisado.

Combustíveis nucleares

As atuais usinas nucleares são todas de **fissão** e produzem rejeitos altamente radioativos, o que obriga o armazenamento por períodos de tempo demasiado longos. Alguns países investem em pesquisas para desenvolver usinas de **fusão** nuclear, que utilizariam o combustível mais barato e abundante na natureza, o gás hidrogênio, e quase não produziriam lixo radioativo. Porém, esse objetivo ainda não foi concretizado.

Rejeitos radioativos

O lixo de uma usina nuclear, denominado **rejeito radioativo**, não pode ser descartado como lixo comum; a razão disso é o risco de contaminação do meio ambiente. Os rejeitos de baixa atividade radioativa, como partes de máquinas e vestimentas, são guardados em tambores de aço, e os produtos da fissão são reprocessados. Alguns são comercializados; outros, tratados quimicamente antes de ser alocados em sistemas de contenção. Esses sistemas de contenção devem ser armazenados até que os níveis de radioatividade atinjam valores não prejudiciais ao meio. Os rejeitos que têm meia-vida longa devem ser armazenados por até milhares de anos.

Reatores nucleares

Os reatores nucleares de fissão devem ser projetados de maneira que seja possível conter a radiação, para não haver contaminação do ambiente e das pessoas no entorno, bem como prevenir ao máximo a ocorrência de acidentes.

As usinas brasileiras de Angra dos Reis (RJ) têm quatro barreiras para impedir a contaminação pelo combustível nuclear. A primeira é o armazenamento de urânio em varetas fechadas que suportam altas temperaturas e não deixam o material escapar. A segunda é a alocação das varetas dentro do vaso de pressão, cujas paredes de aço têm mais de 20 cm de espessura. A terceira é a contenção, um envoltório de aço que abriga o vaso de pressão e retém os gases possivelmente liberados. A quarta é o edifício do reator, com paredes de concreto de 1 m de espessura.

Ligado ao tema

O acidente de Goiânia em 1987

Em 13 de setembro de 1987, na cidade de Goiânia, dois catadores de sucata retiraram de um edifício abandonado um aparelho completo de radioterapia, que foi vendido a um ferro-velho. No equipamento, havia uma fonte de césio-137 ativo, devidamente acondicionada em chumbo.

O equipamento foi então revendido a outro ferro-velho. O comprador, sem saber com o que estava lidando, rompeu o lacre da câmara isolante e encantou-se com o pó brilhante que havia no interior. No recipiente, estava uma massa de quase 100 g de césio, que se espalhou sem controle. Todos os moradores da casa começaram a passar mal, com náuseas e queimaduras. No posto de saúde, os pacientes foram medicados, mas não apresentaram nenhuma melhora. Somente quando o pó luminescente foi mencionado, aventou-se a possibilidade de uma contaminação por radiação.

Em 29 de setembro, a Comissão de Energia Nuclear tomou conhecimento de que uma fonte radioativa fora violada e circulava pela cidade havia 15 dias. Então, as autoridades acionaram um plano emergencial.

As pessoas que tiveram contato com o pó viram-se obrigadas a jogar fora roupas, colchões, brinquedos e utensílios domésticos. Todo o material contaminado foi colocado em cápsulas isolantes para ser enterrado e ter os níveis de emissão monitorados. A quantidade de rejeitos gerada foi da ordem de 6 mil toneladas e foi abrigada a 26 km da cidade. Os rejeitos deverão permanecer isolados por pelo menos 180 anos. Atualmente, os níveis de radiação de Goiânia são considerados normais. Os depósitos passam por medições e vistorias a cada três meses e estão sob vigilância permanente.

Ligado ao tema

Usinas de fusão nuclear

Apesar dos enormes avanços na tecnologia e no entendimento dos fenômenos físicos que ocorrem durante a fusão nuclear, ainda não se tem certeza se o potencial da fusão nuclear poderá ser efetivamente realizado de uma maneira economicamente viável. Existem diversos programas, em diversos países, com um objetivo global de elevar a tecnologia de fusão a um estágio comercialmente aceitável, para a geração de energia elétrica por volta de 2040-2050. Esses programas se baseiam em diversos estudos que indicam que, em meados do próximo século, a demanda de energia elétrica será muito maior do que é hoje, com o agravante da escassez de recursos fósseis (e das restrições ao seu uso por motivos ambientais).

De fato, a fusão nuclear apresenta uma vasta lista de qualidades de segurança ambiental. Não há reações em cadeia, e a radiotoxicidade dos detritos de uma planta de fusão nuclear é comparável à radiotoxicidade dos detritos provenientes de uma usina termoelétrica. Os detritos não apresentam efeitos acumulativos para gerações futuras. Além disso, a fusão não produz mudanças climáticas ou emissões poluidoras da atmosfera. Entretanto, apesar de representar a possibilidade de conquistar uma fonte de energia inesgotável, com muitos benefícios para o meio ambiente, as pesquisas em fusão nuclear não vêm sendo suficientemente apoiadas, talvez devido aos enormes avanços que ainda devem ser alcançados e ao investimento considerável que essa iniciativa representa.

KNOBEL, M. *Fusão nuclear*: alternativa para o futuro? Disponível em: <http://www.comciencia.br/reportagens/nuclear/nuclear16.htm>. Acesso em: 25 maio 2013.

Exercício resolvido

54. Observe as imagens abaixo.

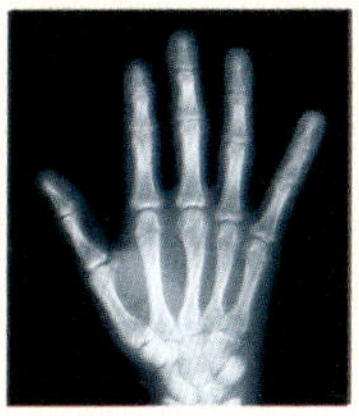
B. A. E. Inc./Alamy/Other Images

Imagem 1

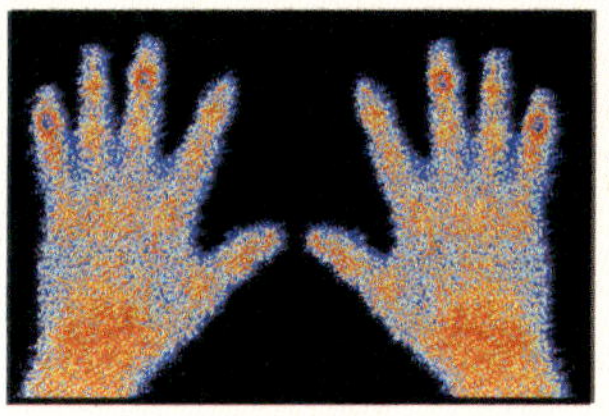
Alfred Pasieka/SPL/Latinstock

Imagem 2

a) Identifique a imagem de radiografia e a imagem de cintilografia.

b) Descreva o que se vê na imagem de radiografia.

c) Descreva o que é visto na imagem de cintilografia.

d) Diferencie os aspectos do interior do corpo humano evidenciados em cada um dos exames.

Resolução

a) A imagem 1 é uma radiografia, obtida por raios X. A imagem 2 é uma cintilografia.

b) Na radiografia, são percebidos detalhes da estrutura da mão, com os ossos em tons mais claros. O contorno dos músculos e da pele não é evidente.

c) Na cintilografia, as mãos estão emitindo radiação com a mesma intensidade. Os dedos aparecem mais claros, de maneira uniforme. Nos punhos, há manchas mais escuras, indicando maior concentração de radiação.

d) Os exames de raios X destacam a morfologia do corpo, principalmente de estruturas mais densas, como os ossos. Já a cintilografia capta aspectos relacionados ao funcionamento do organismo, ou seja, sua fisiologia.

Exercícios propostos

55. Observe a imagem a seguir.

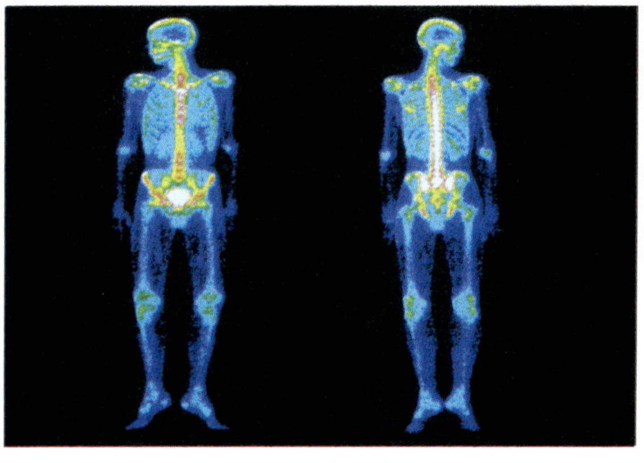
Centre Jean Perrin/SPL/Latinstock

a) Analise se essa imagem foi obtida por raios X ou por cintilografia.

b) Faça um esquema das imagens e indique os joelhos, a coluna vertebral, a bacia, o crânio e os pés.

56. A fotografia abaixo apresenta uma ampola de raios X.

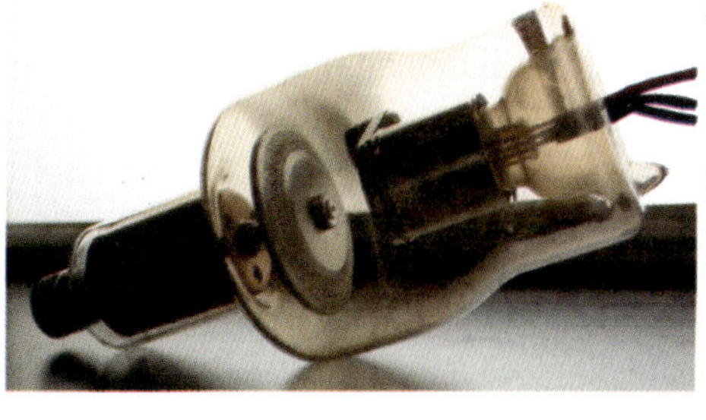
Kristiana0/Dreamstime.com/ID/BR

Considerando o princípio de emissão dos raios X, analise se essa ampola desligada pode emitir radiação. Justifique.

57. Uma aplicação da radiação ionizante é a irradiação de alimentos, com o objetivo de reduzir o número de bactérias em alimentos industrializados e de retardar o tempo de maturação de frutas, como mostram as fotografias abaixo.

D. Hurst/Alamy/Other Images

Não irradiado

Eugene Ross Llacuna/Alamy/Other Images

Irradiado

a) Os alimentos irradiados tornam-se radioativos? Justifique.

b) Analise se esse procedimento representa algum risco de contaminação para os seres humanos.

58. A pessoa que precisa fazer um exame por radiografia deve recear os efeitos biológicos da radiação de raios X? Justifique.

59. Considerando os tratamentos à base de radioterapia:

a) analise se, nesse tipo de tratamento, somente as células cancerosas são atingidas;

b) elabore hipóteses sobre como a radiação interage com as células do organismo nesse tratamento.

Integre o aprendizado

60. Observe as figuras a seguir.

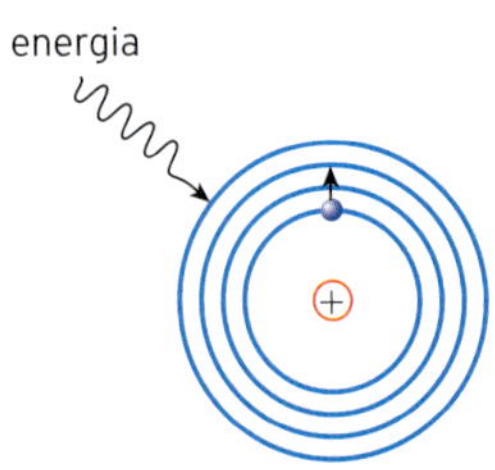

Figura 1

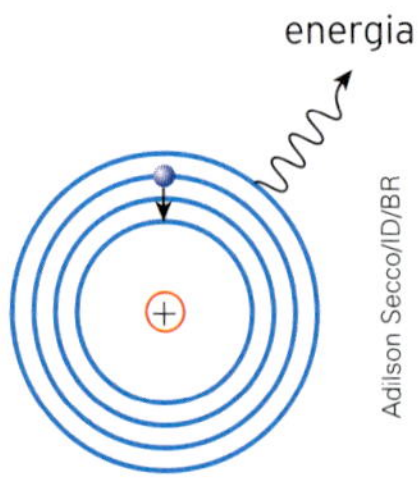

Figura 2

a) Classifique cada figura como uma situação de emissão ou de absorção de fótons de energia.
b) Um elétron no nível fundamental pode absorver um fóton de energia? Justifique sua resposta.
c) Um elétron no primeiro estado excitado pode emitir um fóton de energia? Justifique.
d) Um elétron no primeiro estado excitado pode absorver um fóton de energia? Justifique.

61. Sobre modelos atômicos:
a) faça um quadro mostrando as principais características dos átomos de Dalton, Thomson, Rutherford e Bohr;
b) descreva os problemas que cada um desses modelos de átomo resolveu.

62. Observe este diagrama dos níveis de energia do cobre, com os valores indicados em elétrons-volt (eV).

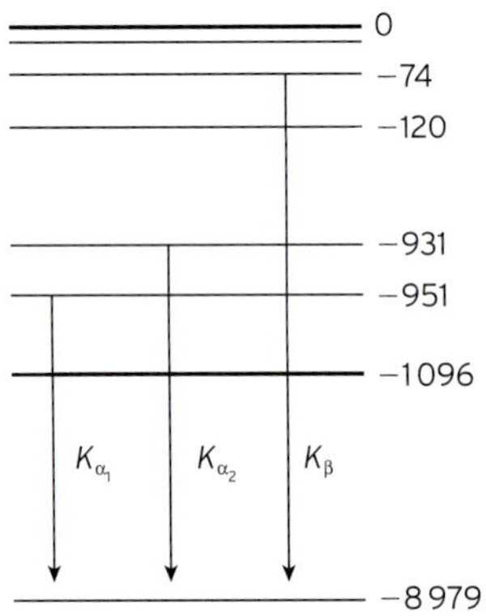

a) Calcule a variação de energia do elétron nas três transições representadas.
b) Analise se o elétron, ao realizar essas transições, ganha ou perde energia. Justifique.
c) Desenhe o diagrama de energia para o caso de o elétron realizar as transições em sentido oposto. Avalie se, nesse caso, o elétron ganha ou perde energia.

63. Explique o que é a "catástrofe do ultravioleta" e analise por que se usa o termo "catástrofe" para caracterizar o fenômeno.

64. Existem fótons de luz branca? Justifique sua resposta.

65. A constante de Planck tem valor muito pequeno para os padrões humanos, porém diferente de zero. Explique o que ocorreria se essa constante fosse nula.

66. Considere o experimento das duas fendas com um feixe de elétrons (página 288).
a) Identifique as características ondulatórias apresentadas pelo elétron no experimento.
b) Características ondulatórias poderiam ser evidenciadas se o experimento fosse realizado somente com uma fenda? Justifique.

67. Com base na relação de De Broglie, analise se, com o aumento da velocidade do elétron, o comprimento de onda a ele associado aumenta ou diminui.

68. Ainda a respeito do comprimento de onda de De Broglie e considerando a massa do próton igual a $1{,}6 \cdot 10^{-27}$ kg, calcule a energia cinética de um próton com comprimento de onda igual a 1 μm.

69. Considere a seguinte afirmativa: "A Física quântica e a Física clássica apresentam resultados totalmente incompatíveis."
a) Opine sobre essa frase, explicando por que você concorda ou discorda.
b) Identifique o princípio que a frase viola.
c) Reescreva a frase de acordo com o princípio citado.

70. Calcule o comprimento de onda de De Broglie associado a uma pessoa de 60 kg de massa, deslocando-se com velocidade de 2 m/s. Opine sobre a relevância dos efeitos quânticos nessa pessoa.
Dado: $h = 6{,}63 \cdot 10^{-34}$ J · s

71. Escreva um texto relacionando e diferenciando átomos de partículas elementares.

72. Identifique as forças que atuam nas partículas elementares.

73. Diferencie léptons e hádrons, dando exemplos de cada um.

74. Descreva experimentos que podem ser realizados com aceleradores de partículas.

75. Em um experimento de efeito fotoelétrico, uma placa metálica é iluminada por duas radiações monocromáticas, de comprimentos de onda $\lambda_1 = 228$ nm e $\lambda_2 = 524$ nm. A energia necessária para remover um elétron do metal é 3,4 eV, considerando que 1 eV equivale a $1{,}6 \cdot 10^{-19}$ J.
a) Aponte a radiação que conseguirá arrancar o elétron da placa metálica. Justifique sua resposta.
b) Calcule a velocidade máxima que terão os elétrons arrancados da placa.
Dados: $c = 3 \cdot 10^8$ m/s; $h = 6{,}6 \cdot 10^{-34}$ J · s; $e = 1{,}6 \cdot 10^{-19}$ C; massa do elétron $= 9{,}1 \cdot 10^{-34}$ kg.

76. "Uma partícula, para ser real, precisa ser detectada experimentalmente. Caso contrário, voltamos à maneira grega de fazer ciência."

a) Dê argumentos a respeito dessa afirmação.

b) Escreva uma frase que complete ou se contraponha a esse pensamento.

77. A figura a seguir representa um átomo radioativo emitindo feixes de partículas alfa (α), beta (β) e gama (γ) em um campo elétrico uniforme.

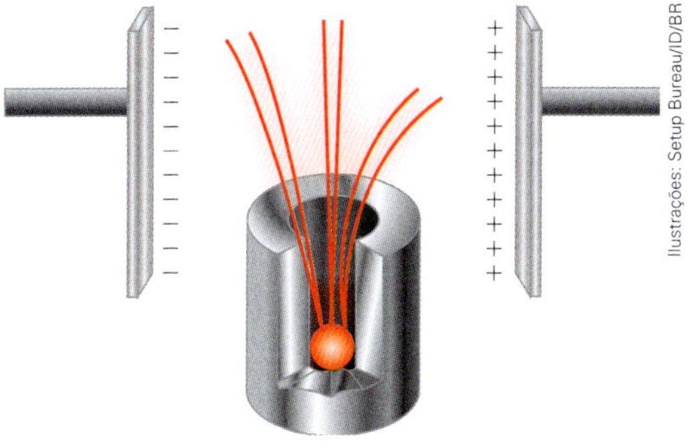

Ilustrações: Setup Bureau/ID/BR

a) Descreva cada uma das partículas envolvidas.

b) Identifique cada feixe da figura.

78. Consultando a tabela periódica:

a) identifique os elementos que têm número atômico maior que o do urânio;

b) explique por que esses elementos não são encontrados na natureza.

79. Trace uma linha do tempo indicando os experimentos e as proposições teóricas da Física moderna estudados neste capítulo.

80. A seguir, é reproduzido um trecho de uma ficção sobre uma menina chamada Alice, que se vê em um mundo estranho à sua compreensão. Nesse trecho, ela se defronta com uma forma estranha, que fica pulando de um lado para outro.

> A forma parecia estar carregando algum tipo de bengala, ou talvez um guarda-chuva fechado, que ficava apontado para cima. "Olá", Alice se apresentou educadamente. "Eu sou a Alice. Posso saber quem você é?"
>
> "Sou um elétron", disse a forma. "Sou um elétron spin-para-cima. É fácil me distinguir da minha amiga ali, a elétron spin-para-baixo, que é obviamente muito diferente de mim." E disse para si mesmo, num tom baixinho, algo que soou como *"Vive la différence"*. Pelo que Alice pôde ver, o outro elétron era quase igual, a não ser pelo guarda-chuva, ou o que quer que fosse aquilo, que apontava para baixo, na direção do chão. Era difícil ter certeza, uma vez que a figura também estava pulando de um lado para outro, tão rapidamente quanto a primeira.
>
> "Por favor", disse Alice a seu mais novo conhecido. "Poderia fazer a gentileza de parar por um momento para que eu possa vê-lo com mais clareza?"
>
> "Sou bastante gentil", disse o elétron, "mas creio que não haja espaço bastante. Mas vou tentar, de qualquer forma." Assim dizendo, ele começou a diminuir a sua taxa de agitação. Mas, quanto mais devagar se movia, mais se expandia para os lados e mais difuso ia ficando. Naquele momento, apesar de não se mover rapidamente, ele estava tão indefinido e tão fora de foco que Alice não conseguia vê-lo com mais clareza do que antes. "Isto é o melhor que posso fazer", resfolegou o elétron. "Receio que quanto mais lentamente eu me mover, mais espalhado eu fico. As coisas são assim aqui no País do Quantum: quanto menos espaço você ocupa, mais rápido você tem de se mover. É uma das regras, e não há nada que eu possa fazer."
>
> GILMORE, R. *Alice no país do quantum*. Rio de Janeiro: Zahar, 1998. p. 12-13.

a) Explique o que representam os "guarda-chuvas" citados no texto.

b) Identifique o princípio físico ao qual se refere o trecho em que o elétron diminui sua velocidade e se expande, ficando indefinido e difuso.

c) Imagine e descreva um encontro entre Alice e um fóton, mostrando como ele interage com o elétron.

81. O gráfico abaixo é uma representação possível da posição de um elétron de acordo com o modelo atual.

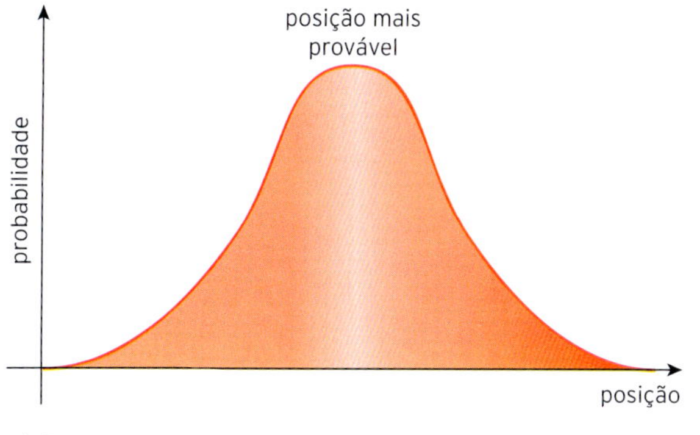

a) Descreva como essa representação contempla o princípio da incerteza para o elétron.

b) Escreva um parágrafo associando o gráfico anterior com a figura a seguir.

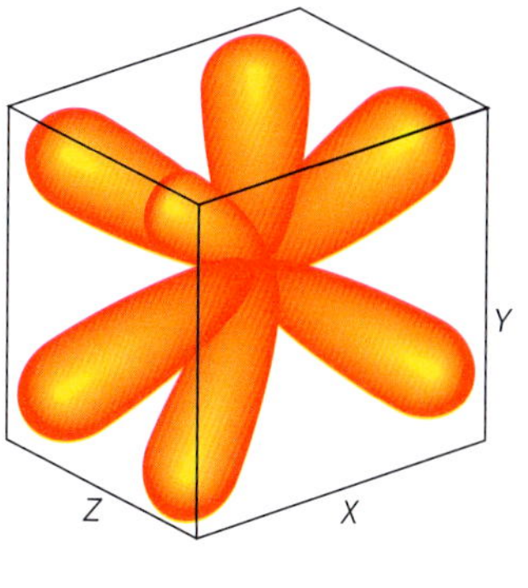

Integre o aprendizado

82. Observe a figura a seguir.

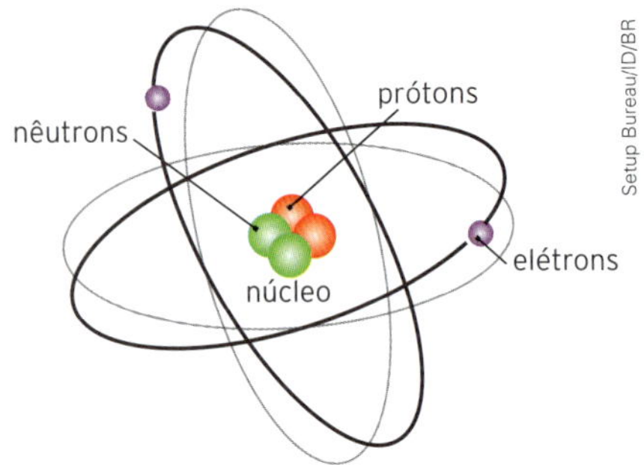

Explique por que essa representação do átomo viola o princípio da incerteza.

83. Leia esta letra de música e responda às questões.

Rosa de Hiroshima

Pensem nas crianças
Mudas telepáticas
Pensem nas meninas
Cegas inexatas
Pensem nas mulheres
Rotas alteradas
Pensem nas feridas
Como rosas cálidas
Mas, oh, não se esqueçam
Da rosa da rosa
Da rosa de Hiroshima
A rosa hereditária
A rosa radioativa
Estúpida e inválida
A rosa com cirrose
A antirrosa atômica
Sem cor sem perfume
Sem rosa sem nada

MORAES, V.; CONRAD, G. Rosa de Hiroshima. Disponível em: <http://letras.mus.br/vinicius-de-moraes/49279>. Acesso em: 8 jun. 2013.

a) Explique o título da canção, relacionando-o a situações descritas ao longo do capítulo.

b) Identifique os efeitos da radiação de que trata a letra e classifique-os como somáticos ou hereditários.

84. Hoje a teoria quântica está bem estabelecida. Mas, quando ainda estava em construção, Albert Einstein não acreditava que ela pudesse estar correta. A esse respeito, ele disse: "Deus não joga dados". Explique a que aspecto da teoria quântica Einstein se referia.

85. Pense sobre o que você estudou sobre Física moderna.

a) Identifique objetos do mundo atual que funcionam pela aplicação de conhecimentos da Física moderna.

b) Descreva os conceitos utilizados em cada objeto citado no item anterior.

c) Imagine como seria seu dia a dia sem esses objetos.

86. A cultura da Física quântica se espalhou para fora dos institutos de pesquisa, laboratórios e universidades. Os novos conceitos físicos da incerteza e da ausência de causalidade influenciaram as mais diversas áreas do conhecimento humano, incluindo a filosofia e as artes em geral.

a) Com base no que você estudou no capítulo, destaque os novos conceitos que a Física quântica trouxe, procurando explicá-los da melhor forma possível.

b) Faça uma pesquisa sobre exemplos que provem a afirmativa do enunciado. Você pode encontrar letras de música, quadros, filmes, narrativas, etc. Faça cartazes para expor o trabalho.

c) Em grupo, verifique como os conceitos físicos estão aplicados no material selecionado. Avalie se eles estão de acordo com as teorias físicas ou se sofreram modificações na sua interpretação.

d) Debata até que ponto é possível realizar interpretações dos conceitos físicos em outras áreas do conhecimento.

De volta para o começo

1. Retome as respostas que você deu às questões propostas na seção *Primeiras anotações*, na abertura deste capítulo. Que alterações você faria naquelas respostas?
2. Em linhas gerais, você definiria sua visão de mundo como determinista ou probabilística?
3. Heisenberg concluiu que o ato de medir acarreta uma mudança irreversível no sistema. Em sua opinião, esse princípio se aplica apenas ao mundo do "muito pequeno"? Por exemplo, o ato de observar acarreta mudanças no comportamento das pessoas?

O prêmio Nobel e Madame Curie

A construção da Física moderna contou com a participação de várias mulheres em suas descobertas. A mais famosa delas foi Marie S. Curie (1867-1934), cientista de origem polonesa que estudou e trabalhou em Paris no início do século XX. Além de pesquisadora, foi professora e participou ativamente da Primeira Guerra Mundial, instalando equipamentos de raios X nos hospitais das frentes de guerra francesas.

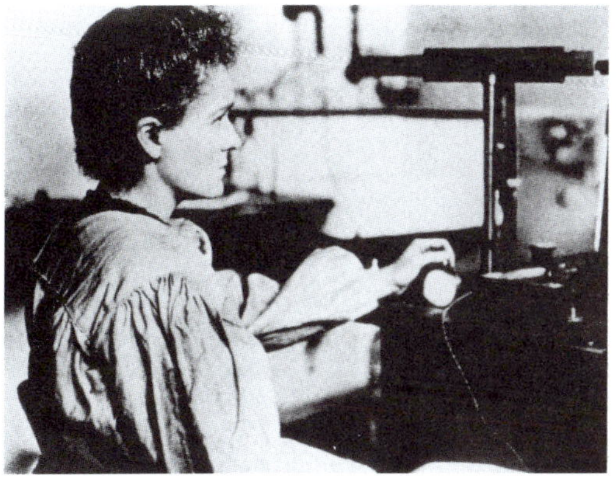
SPL/Latinstock

Marie Curie medindo radioatividade em seu laboratório. Fotografia feita entre 1897 e 1899.

Em 10 de dezembro de 1896, o industrial Alfred Nobel morreu, deixando sua fortuna (em 1867, ele havia patenteado a dinamite) para ser administrada pela Academia sueca, para distribuir prêmios às realizações notáveis em literatura, medicina, física, química e paz. [...] O primeiro Prêmio Nobel de Física foi concedido a Röntgen em 1901. Naquele ano e no próximo, Marie Curie, Pierre Curie e Henri Becquerel foram indicados por Charles Bouchard, um médico com direito vitalício de indicação, mas o prêmio de Física foi para H. A. Lorentz e Pierre Zeeman, por suas pesquisas na "influência do magnetismo sobre os fenômenos da radiação". Isso foi desapontador, porque Pierre Curie havia estabelecido grande parte da base daqueles estudos. No ano seguinte, num exemplo impressionante do que era ser uma mulher em ciência, um machismo odioso eliminou qualquer pretensão de que Marie Curie viesse a ser aceita em termos de igualdade.

Quatro cientistas influentes colaboraram em uma carta oficial indicando Pierre Curie e Henri Becquerel para o Prêmio Nobel de Física de 1903. Marie Curie não foi mencionada. A carta continha um relato distorcido da descoberta do polônio e do rádio. Afirmava que aqueles dois homens, competindo com rivais estrangeiros, haviam "trabalhado juntos e separadamente para procurar, com alguma dificuldade, alguns decigramas daquele material precioso". Isso apesar do fato de as descobertas espantosas de Marie Curie serem conhecidas por toda a comunidade científica e de três dos quatro homens que assinaram a carta terem se envolvido no trabalho dela e saberem muito bem a quem cabia o mérito. [...]

Especulou-se que Becquerel influenciara os cientistas para que sua própria participação fosse aumentada na carta. Um membro da comissão de ciência do Nobel, Magnus Costa Mittag-Leffler, matemático famoso e editor-chefe de *Acta Mathematica*, acreditava que as mulheres que faziam ciência não eram devidamente reconhecidas e deplorou a omissão de Marie Curie da carta de indicação. Para sondar o clima, escreveu uma carta particular a Pierre Curie informando-o da situação. Pierre respondeu que, se aquela indicação era real, ele não poderia aceitar o prêmio sem que a comissão do Nobel incluísse Marie Curie. Munido da resposta de Pierre, Mittag-Leffler exerceu sua influência considerável para exigir que o nome de Marie Curie fosse acrescentado à carta de indicação. Certos membros antagônicos da comissão alegaram que aquilo era impossível, pois a carta de indicação havia sido protocolada. Foi aí que Charles Bouchard lembrou à comissão que aquilo não era bem verdade, já que ele havia incluído Marie em suas nomeações para o Prêmio Nobel de 1901 e 1902. Àquela altura, a política da comissão estava tão desmoralizada que enfim o nome de Marie Curie foi acrescentado ao prêmio [...].

Atualmente um prêmio Nobel é famoso, mas naquela época esses prêmios eram conhecidos dentro da comunidade científica e valorizados pelos 70 mil francos-ouro concedidos ao premiado. [...] Becquerel recebeu seus 70 mil francos-ouro, mas Marie e Pierre, como se fossem uma só pessoa, compartilharam esse mesmo montante.

GOLDSMITH, B. *Gênio obsessivo*: o mundo interior de Marie Curie. São Paulo: Companhia das Letras, 2006. p. 92-94.

Compreender e relacionar

1. Quais foram as descobertas realizadas por Pierre e Marie Curie?

2. As descobertas dos Curie foram realizações experimentais ou teóricas? Justifique.

3. Identifique as outras descobertas que ganharam prêmio Nobel em Física nos anos 1901 e 1902.

4. Levante hipóteses sobre os motivos que fizeram Marie Curie ser ignorada na indicação do Prêmio Nobel.

5. Do seu ponto de vista, existe algum tipo de preconceito no meio científico na atualidade? Cite argumentos defendendo sua posição.

Contribuições do pensamento físico

[...] As grandes descobertas de Descartes, Galileu e Newton provocaram uma profunda revisão na concepção ocidental do mundo, já a partir do período pós-Renascimento (século XVI em diante). Contudo, o aspecto racional da ciência atingiu um elevado nível de aprimoramento durante o século XVIII.

O mundo físico, segundo Newton, podia ser reduzido a partículas, com massas que interagiam mediante forças, explicadas pelas suas três leis e pelo cálculo infinitesimal. Nesse sentido, o mundo funcionaria como uma máquina, em que era possível prever e explicar quase tudo. A forma de pensar determinista da Física clássica não sobreviveu à necessidade de explicar os fenômenos da radiação do corpo negro, a natureza da luz e outros, observados experimentalmente no mundo atômico. O pensamento determinista proveniente de leis de Newton não era suficiente, pois os dados experimentais não concordavam com a teoria newtoniana.

Margrethe Bohr Collection/American Institute of Physics/SPL/Latinstock

Niels Bohr e Max Planck, dois dos cientistas que trabalharam no desenvolvimento da teoria quântica. Planck propôs, em 1900, que a radiação era emitida em pacotes discretos, e Bohr criou um modelo atômico em que havia níveis de energia quantizados.

Para explicá-los, foi necessário que a Física abandonasse a teoria determinista e passasse a adotar outra teoria, na qual a quantização da matéria (sem continuidade) e a necessidade de levar em consideração a energia do observador diante de quaisquer experimentos são princípios fundamentais. Dessa forma, as leis da chamada Física quântica estão em sua maioria impregnadas de formulações matemáticas em que predominam as probabilidades. Nesse sentido, não somente a Física passou a abandonar o determinismo, como incorporou os elementos do acaso e da incerteza na análise dos seus fenômenos. Há, inclusive, o **princípio da incerteza**, o qual afirma que jamais será possível a um cientista detectar a velocidade e a posição de uma partícula atômica ao mesmo tempo, pois a energia do observador interferirá inevitavelmente na observação.

O pensamento quântico, que contempla a incerteza e a indeterminação, influenciou novamente outras áreas do conhecimento humano, sobretudo a literatura e os chamados movimentos de vanguarda da primeira metade do século XX. Alguns escritores abandonaram a ideia de neutralidade do narrador em suas histórias e passaram a escrevê-las escancarando os seus pontos de vista.

Pintores impressionistas passaram a pintar seus quadros como os viam, desobrigando-se de serem fiéis a uma pretensa "realidade". Os dadaístas, por exemplo, passaram a criar em cima do "nada", até porque o "vazio" ocupa lugar de destaque na Física quântica.

Músicos, como Stravinsky (1882-1971), passaram a compor de maneira livre, ousando um pouco mais na área musical, rompendo com o modelo clássico de composição.

Talvez a principal influência do pensamento físico moderno na arte, entretanto, seja o rompimento com o ideal de perfeição. Na verdade, na Física moderna, o imperfeito ocupa lugar de destaque. O pintor Monet (1840-1926), em seus quadros, buscou a beleza do imperfeito. O estilo de música *jazz*, no qual tudo que se toca é improvisado, é influenciado pela busca da beleza do imperfeito.

Somam-se à busca da imperfeição outras características do pensamento moderno, como a certeza de que não se pode ver tudo o que existe no mundo microscópico; a admissão e a incorporação da subjetividade em qualquer atividade; a não necessidade da existência de uma causa – de acordo com a lógica da nossa realidade – para um fenômeno desconhecido, entre outros [...].

Fonte de pesquisa: SILVA, José Alves da. *Contribuições do pensamento físico para a compreensão do fenômeno amoroso*. Notas de aula. São Paulo: E. E. José Lins do Rego, 2006.

De acordo com o texto

1. Identifique como o texto descreve a Física determinista.
2. Cite algumas características da Física moderna.
3. Associe as características da Física moderna a outras formas de expressão e de conhecimento, como a música, a pintura, etc.

Investigar o funcionamento de uma célula fotoelétrica

Participantes: duplas de alunos.

Objetivo: Verificar a influência da cor da luz em células fotoelétricas de uma calculadora.

Material:

- calculadora que funcione com energia luminosa, ou seja, que apresente células fotoelétricas
- pedaços de papel-celofane de várias cores (no mínimo, três)

A Procedimento

1. Levem a calculadora para um ambiente bem iluminado (de preferência pela luz solar direta).
2. Escolham um dos pedaços de papel-celofane e, com ele, cubram completamente o sensor fotoelétrico da calculadora. Exponha a calculadora à luz. Com isso, a luz do ambiente é filtrada na cor do papel-celofane. Verifiquem se a calculadora continua funcionando com o sensor fotoelétrico coberto pela cor que escolheram.
3. Repitam o passo 2 usando pedaços de papel-celofane de outras cores.
4. Registrem em uma tabela com quais cores de papel-celofane a calculadora funcionou e com quais ela não funcionou. Veja abaixo um modelo de tabela.

Cor	Calculadora funciona	Calculadora não funciona

As calculadoras que funcionam com energia solar têm uma espécie de barra marrom na parte superior, onde estão as células fotoelétricas.

Leslie Garland Picture Library/Alamy/Other Images

B Depois do experimento

Uma calculadora que funciona com células fotoelétricas converte a energia luminosa em energia elétrica. Simplificadamente, os fótons atingem a célula fotoelétrica da calculadora, removendo elétrons de seus átomos e fornecendo a esses elétrons energia suficiente para que ocorra sua transferência da célula para um semicondutor. Assim, é estabelecida uma corrente elétrica contínua, que aciona a calculadora.

1. Analisem a tabela com os resultados do experimento e justifiquem esses resultados de acordo com a teoria quântica.
2. Justifiquem por que a teoria clássica não é capaz de explicar esses resultados.
3. Pesquisem outras aplicações de células fotoelétricas.

CAPÍTULO

10 A Física do “muito grande”

Módulos

1. Medidas astronômicas
2. Modelos cosmológicos iniciais
3. Estrelas
4. Teoria da relatividade
5. Modelo-padrão do Universo

NASA/ID/BR

Fotografia da Nasa (Agência Espacial Americana), obtida pelo Telescópio Espacial Hubble. A imagem é de um conjunto de corpos, em sua maioria galáxias, cujas distâncias em relação à Terra são da ordem de bilhões de anos-luz. Entre 2003 e 2004, durante 11 dias, o Hubble coletou imagens desse campo profundo, localizado na constelação da Fornalha, em uma região onde aparentemente não havia nada.

Debate inicial

1. Na fotografia acima, é possível visualizar diversas galáxias, de formatos variados, como as elípticas. Observe-a e procure diferenças entre as galáxias e outros corpos celestes.
2. Apesar de a maior parte da fotografia ser escura, sugerindo grandes espaços vazios, suponha que a distribuição dos corpos celestes seja uniforme. Faça uma estimativa do total de objetos visíveis apresentados nessa imagem, contando os objetos contidos em uma área de 1 cm^2.
3. As estrelas são corpos celestes abundantes no Universo. Qual é a fonte de energia que mantém o brilho das estrelas, como o Sol?
4. Cada cultura desenvolve sua própria cosmologia, tentando explicar a origem do Universo. Que teoria científica de origem do Universo você conhece?

Primeiras anotações

Considere as respostas obtidas no debate e responda no caderno.

1. Quais são os objetos celestes que você conhece?
2. Qual é a fonte de energia das estrelas?
3. Uma das características dos gases é a de não ter volume definido, ocupando todo o espaço possível. As estrelas são constituídas de gases. Por que, então, simplesmente não se espalham pelo espaço? Justifique.
4. De acordo com a teoria científica, qual é a origem do Universo?

1. Medidas astronômicas

Os objetos de nosso cotidiano geralmente têm dimensão de centímetros a metros, e as distâncias mais corriqueiras são medidas em metro ou quilômetro. Mas os astros celestes – Lua, planetas, estrelas – são muito maiores que os objetos cotidianos, e as distâncias cósmicas também são astronômicas.

A Lua, o objeto astronômico mais próximo da Terra, tem raio de 1 738 km e fica a 384 400 km do nosso planeta. Apenas para comparação: a distância para dar uma volta inteira em torno da Terra, pelo Equador, é de cerca de 40 000 km. O Sol, a estrela mais próxima, tem raio de 696 000 km e está a 150 000 000 km (ou $1{,}5 \cdot 10^8$ km) da Terra. Para percorrer toda essa distância, a luz que vem do Sol leva aproximadamente 8 minutos para chegar à Terra. Para medir distâncias muito grandes, como as astronômicas, é usual adotar o **ano-luz** como unidade. Um ano-luz corresponde a $9 \cdot 10^{15}$ m.

Depois do Sol, a estrela mais próxima da Terra é a **Próxima Centauri**, da constelação do Centauro. E, mesmo assim, está a 4,2 anos-luz (ou $4 \cdot 10^{13}$ km) da Terra, ou seja, sua luz leva pouco mais de quatro anos para chegar a nosso planeta. Contudo, a distância até a Próxima Centauri, embora muito grande em comparação com as distâncias terrestres, é considerada pequena quando comparada com a distância a outros astros do Universo.

Todas as estrelas vistas a olho nu pertencem à **Via Láctea**, galáxia onde está a Terra. Essa galáxia, que contém em torno de 200 ou 300 bilhões de estrelas, tem provavelmente formato espiral. É muito difícil visualizar o formato da Via Láctea com precisão, pois a Terra está no interior do próprio disco galáctico e é cercada de poeira interestelar, que bloqueia parte da luz. Mesmo assim, quando estamos em locais escuros, podemos ver uma faixa esbranquiçada (fotografia abaixo) cruzando quase todo o céu, a qual pode ser entendida como o "disco" da Via Láctea. Para compreender o que é esse disco, considere uma pessoa no centro de um disco gigantesco. Ao olhar em direção às extremidades de seu entorno, ela verá uma grande faixa estreita, correspondente às outras áreas do disco.

Allan Morton/Dennis Milon/SPL/Latinstock

Na fotografia, vê-se uma faixa esbranquiçada no céu, que corresponde ao disco da Via Láctea.

Acredita-se que o Universo contenha cerca de 200 bilhões de galáxias, agrupadas em **aglomerados** e **superaglomerados** de galáxias. As maiores galáxias chegam a conter trilhões de estrelas e têm dimensão de aproximadamente 100 000 anos-luz. Um aglomerado de galáxias, como o que contém a Via Láctea, tem diâmetro de 1 milhão de anos-luz, enquanto os superaglomerados chegam a dez vezes esse valor em tamanho e contêm um número da ordem de mil galáxias.

Um superaglomerado pode conter uma centena de aglomerados de galáxias e tem diâmetro aproximado de 100 milhões de anos-luz. O Universo é composto de muitos superaglomerados, que não estão distribuídos uniformemente, podendo estar a grandes distâncias uns dos outros.

Ligado ao tema

Anos-luz

Apesar de o nome sugerir medida de tempo, o ano-luz é uma medida de **comprimento** e equivale à distância percorrida pela luz no período de um ano.

No espaço entre a Terra e o Sol, predomina o vácuo. Como a velocidade da luz no vácuo é constante e vale $3 \cdot 10^8$ m/s, em 1 segundo a luz trafega $3 \cdot 10^8$ m. Um ano tem 365,25 dias, cada qual com 24 h, cada hora equivalendo a 3 600 s. Portanto, para converter um ano em segundos, calculamos: 1 ano $= 365{,}25 \cdot 24 \cdot 3\,600 \cong 3 \cdot 10^7$ segundos.

Para calcular a distância percorrida pela luz no período de 1 ano, aplica-se a equação da velocidade:

$$v = \frac{d}{\Delta t}$$

$$3 \cdot 10^8 = \frac{d}{3 \cdot 10^7}$$

$$d = 3 \cdot 10^8 \cdot 3 \cdot 10^7 = 9 \cdot 10^{15}$$

$$d = 9 \cdot 10^{15}\ \text{m}$$

A distância d é de pouco mais de 9 trilhões de quilômetros.

2. Modelos cosmológicos iniciais

Conforme já estudado em gravitação, no livro 1 desta coleção, praticamente todos os povos, desde a Antiguidade, propuseram teorias cosmológicas para descrever o Universo. Neste capítulo, o foco são as tentativas de compreender a origem e o destino do Universo de acordo com a cosmologia.

Cosmologia é a ciência que estuda a estrutura do Universo como um todo e em larga escala. Sua área de interesse é orientada por métodos científicos e engloba a origem e a evolução do Universo.

O desenvolvimento da cosmologia deve-se aos consecutivos modelos de Universo, já estudados no livro 1. Esses modelos contribuíram para uma melhor compreensão do Universo, desde Copérnico – cujo modelo tirou a Terra do centro do Universo –, passando por Kepler – com as leis que regem os planetas –, culminando com Newton – que, por meio da lei da gravitação universal, formulou explicações para os movimentos dos astros celestes e postulou que essas leis também serviriam para explicar os movimentos na Terra. Newton, também, desenvolveu o cálculo diferencial e integral, de aplicação obrigatória para o estudo desses movimentos e para a previsão do comportamento dos astros. (Simultaneamente, o filósofo e matemático Leibniz – 1646-1716 – também elaborava estudos sobre esse cálculo.)

De modo especial, vale destacar as contribuições de Galileu Galilei para o desenvolvimento da cosmologia. Galileu foi o primeiro cientista a utilizar uma luneta para a observação dos astros, além de ter aperfeiçoado esse instrumento. Ele é considerado não apenas um pioneiro da astronomia, tendo contribuído para mudar a concepção de Universo, mas também um dos responsáveis pelo nascimento da ciência moderna. A seguir, são apresentadas algumas de suas descobertas.

- O Sol possui manchas na superfície.
- Na Lua, assim como na Terra, existem montanhas.
- O planeta Vênus apresenta fases como as da Lua.
- O planeta Júpiter tem quatro satélites em sua órbita.
- A Via Láctea é composta de estrelas. Além de comprovar a ideia defendida no século IV a.C. por Demócrito, filósofo grego, essa descoberta foi particularmente importante para a cosmologia, pois ajudou a ampliar o conhecimento sobre o Universo para além do Sistema Solar.

Ligado ao tema

Visões sobre a origem do Universo

De maneira geral, as explicações dadas por diferentes culturas para a origem e o destino do Universo são variadas. Algumas delas estão apresentadas a seguir.

- No mundo ocidental, há uma vertente que atribui a criação do Universo a um Ser Supremo.
- A cultura oriental hinduísta acredita que antes do surgimento do Universo não havia absolutamente nada, nem mesmo um Deus ou deuses supremos.
- Algumas civilizações aceitam que o Universo surgiu de um imenso caos. A organização desse caos resultou de coincidências entre suas partes, ou seja, suas regularidades são compreendidas como um ordenamento do caos inicial.

É importante conhecer essas ideias para perceber que muitas visões sobre a origem do Universo são recorrentes na história da humanidade. As diferentes teorias existentes hoje acerca da origem do Universo também apresentam semelhanças com algumas dessas ideias, ainda que tenham sido formuladas e pretendam ser aprovadas por meio dos métodos científicos. É esse o principal objetivo da cosmologia.

Ligado ao tema

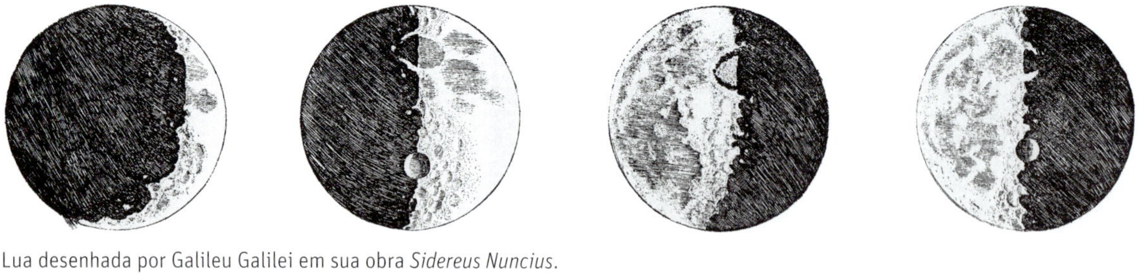

Fac-símile: ID/BR

Lua desenhada por Galileu Galilei em sua obra *Sidereus Nuncius*.

Em março de 1610, Galileu publicou *Sidereus Nuncius* (O mensageiro das Estrelas). Em poucas páginas, ele descrevia algumas de suas observações com a luneta. "[...] a superfície da Lua não é perfeitamente lisa, livre de desigualdades, nem exatamente esférica, como considera uma extensa escola de filósofos com respeito à Lua e aos demais corpos celestes; ao contrário, está repleta de irregularidades, é desigual, cheia de cavidades e protuberâncias, tal qual a superfície da própria Terra, diversa por toda parte, com montanhas elevadas e vales profundos [...]". A obra prossegue narrando a descoberta de milhares de outras estrelas, além das observáveis a olho nu; e trazia no término uma incrível revelação para a época: "[...] Fica a questão que se me afigura ser tida como a mais importante desta obra, isto é, a de eu revelar e publicar ao mundo o momento da descoberta e observação de quatro planetas nunca vistos, desde o começo do mundo até nossos dias [...]". Galileu havia descoberto as quatros luas de Júpiter. Essa descoberta, apesar de não provar que Copérnico tinha realmente razão, abalou o Geocentrismo.

Fonte: <http://www.rea-brasil.org/lunar/topografia_lunar.htm>. Acesso em: 22 abr. 2014.

Evolução dos modelos cosmológicos de Universo

Os modelos de Universo propostos até a época de Kepler se limitam à descrição de sua estrutura e do movimento dos corpos do Sistema Solar. Não abordam a questão do surgimento dos astros.

Em 1734, o engenheiro sueco Emanuel Swedenborg (1688-1772), que também era uma autoridade em Física e astronomia, propôs a hipótese nebular, uma primeira tentativa de explicação da origem do Sistema Solar. Em 1792, a hipótese nebular foi aperfeiçoada pelo filósofo alemão Immanuel Kant (1724-1804) e pelo matemático e físico francês Pierre Simon de Laplace (1749-1827). De acordo com essa hipótese, o Sistema Solar evoluiu de uma massa de gás incandescente (uma nebulosa), que girava em torno de um núcleo central. Ao longo do tempo, enquanto esfriava, essa massa foi se contraindo e anéis massivos se formaram em suas bordas exteriores. Por um longo processo, desses anéis teriam se formado os planetas. Segundo o modelo de Laplace, o Sol é o núcleo do que restou da nebulosa inicial.

Em 1750, Thomas Wright (1711-1786), filósofo inglês, foi um dos primeiros a propor explicações para os fenômenos que ocorrem além do Sistema Solar. Ele elaborou um modelo cosmológico sustentado principalmente por ideias filosóficas (sem comprovações experimentais), no qual resgata a esfera estrelada de Aristóteles e Ptolomeu, mas tendo o Sol como uma das estrelas fixas. Essa esfera seria vazia em seu interior, sendo que o Sol e as outras estrelas ficariam em sua casca (ver figura a seguir). Ele observou que a Via Láctea vista no céu pode ser explicada como a visão que se tem da esfera de estrelas quando se está dentro de sua casca.

Fotografias: Chris Butter/SPL/Latinstock

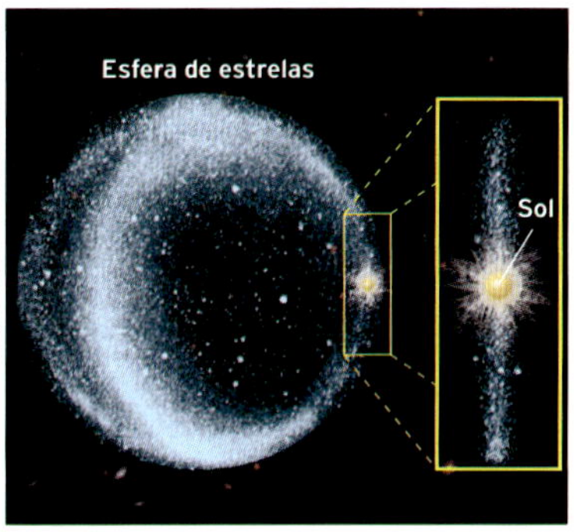

Modelo cosmológico proposto por Wright. Segundo ele, o Universo era uma esfera (quase uma bolha), com as estrelas em suas bordas. A aparência da Via Láctea no céu (destacada em amarelo) é a visão que se tem de um ponto da Terra.

Em 1775, Kant foi o principal articulador da teoria do "universo-ilha". De acordo com o pensamento de Kant, as pequenas nebulosas – objetos visíveis no céu noturno, parecidos com nuvens de poeira, como as Nuvens de Magalhães – eram, na verdade, aglomerados de estrelas como a Via Láctea. O Sol seria, então, apenas uma entre outras estrelas da Via Láctea. Segundo ele, diversas outras galáxias aparecem no céu, como nebulosas espirais e elípticas. Assim, o Universo seria composto de vários "universos-ilhas", nos quais o movimento das estrelas se daria como o movimento dos planetas no Sistema Solar, isto é, governado por uma força gravitacional atrativa em torno de um centro comum. O movimento dessas estrelas não seria detectado por estarem elas muito distantes da Terra.

Kant também supunha que a distribuição das estrelas estava confinada a um disco, assim como na Via Láctea. Portanto, as pequenas formas elípticas das nebulosas, observadas pelos astrônomos da época, eram esses discos de estrelas vistos em diversos ângulos. Cada universo-ilha conteria uma quantidade de estrelas da ordem de milhares. Convém salientar que toda a argumentação de Kant partia de princípios filosóficos, com pouco conteúdo baseado nas observações astronômicas.

Ligado ao tema

Nebulosas

No decorrer deste capítulo a palavra nebulosa vai ser citada várias vezes. É preciso estar atento ao seu significado.

Anteriormente, qualquer objeto que, visto por meio de telescópio, se parecesse com um borrão de luz era chamado de nebulosa. Modernamente, com a utilização de telescópios mais potentes, foi possível definir que **nebulosas** são diferentes tipos de objetos astronômicos. Exemplos:

- **galáxias**, como a nossa Via Láctea, que contêm centenas de bilhões de estrelas; podem ter forma elíptica ou espiral;
- **aglomerados globulares**, conjuntos de estrelas da nossa própria galáxia, têm forma circular;
- **nuvens bem frias de gás e poeira**, das quais nascem novas estrelas, são, em geral, escuras, pois emitem pouca luz;
- **nebulosas planetárias**, formadas pela ejeção de gás de estrelas de baixa massa no período final do seu ciclo de vida.

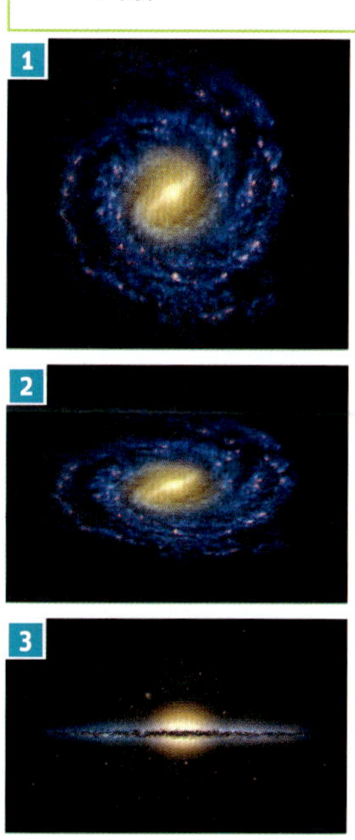

Uma mesma galáxia vista em três ângulos. Kant propôs que as galáxias em forma de disco (caso 3) teriam o mesmo formato oval (caso 2) ou espiral (caso 1), e que a diferença aparente entre elas se devia ao ponto do espaço de onde estariam sendo observadas.

Exercícios resolvidos

1. Calcule o intervalo de tempo que a luz de cada um dos objetos da tabela a seguir leva para chegar à Terra.
Considere $c = 3 \cdot 10^8$ m/s.

Objeto	Distância
Sol	$1{,}5 \cdot 10^{11}$ m
Próxima Centauri	$4{,}1 \cdot 10^{16}$ m
Sagitarius A no centro da Via Láctea	$2{,}5 \cdot 10^{20}$ m

Resolução

Para o cálculo do intervalo de tempo Δt que a luz leva para atravessar as distâncias listadas na tabela, deve-se usar a expressão da velocidade média:

$$c = \frac{d}{\Delta t} \Rightarrow \Delta t = \frac{d}{c} \Rightarrow \Delta t = \frac{1{,}5 \cdot 10^{11}}{3 \cdot 8} \Rightarrow \Delta t = 500 \text{ s}$$

Dividindo o resultado por 60, tem-se o intervalo de tempo em minutos – que, no caso Terra-Sol, é de 8,33 min.

Os cálculos do tempo para os outros objetos são similares ao feito anteriormente. Os resultados são mostrados na tabela a seguir.

Objeto	Distância	Tempo
Sol	$1{,}5 \cdot 10^{11}$ m	8 min
Próxima Centauri	$4{,}1 \cdot 10^{16}$ m	4,3 anos
Via Láctea em sua parte central	$2{,}2 \cdot 10^{20}$ m	$2{,}6 \cdot 10^{4}$ anos

Como sua velocidade é finita, a luz leva certo intervalo de tempo para chegar até a Terra. No caso do Sol, uma pessoa na Terra observaria os fenômenos que acontecem em sua superfície com 8 minutos de atraso. Fenômenos que acontecessem na estrela mais próxima do Sol, Próxima Centauri, seriam detectados por pesquisadores quatro anos depois. Caso uma estrela localizada no centro da Via Láctea explodisse no dia de hoje, uma pessoa na Terra somente saberia disso depois de 26 mil anos. Portanto, todos os objetos do céu estão sendo vistos como eram em seu passado mais ou menos remoto, dependendo da sua distância até a Terra.

2. Leia a seguinte frase de Kant a respeito da Via Láctea.

> Se um sistema de estrelas fixas relacionadas em suas posições com um plano em comum, como delineamos a Via Láctea, estiver tão distante de nós que as estrelas individuais de que consiste não possam ser distinguidas nem mesmo pelos telescópios; se a sua distância tem a mesma proporção da distância das estrelas da Via Láctea e a distância até o Sol; em suma, se esse mundo de estrelas fixas fosse contemplado a uma distância tão imensa dos olhos do espectador situado fora dele, então esse mundo [isto é, a galáxia da Via Láctea] aparecerá, num ângulo pequeno, como uma faixa de espaço cuja figura será circular se seu plano for apresentado diretamente aos olhos, e elíptico se for visto de lado ou obliquamente. A fraqueza de sua luz, sua figura e o tamanho aparente de seu diâmetro distinguirão claramente tal fenômeno, quando apresentado, de todas as estrelas vistas separadamente.
>
> Kant, I. Universal nature history and theory of the heaven. Tradução de W. Hastie, Glasgow, 1900. Citado por Ferris, T. *O despertar na Via Láctea:* uma história da astronomia. Tradução de Waltensir Dutra. Rio de Janeiro: Campus, 1990. p.108.

a) A proposta de Kant, apesar de exclusivamente filosófica, foi considerada revolucionária. Explique por quê.

b) Responda se Kant sugere que as nebulosas vistas do céu têm formatos diferentes. Justifique.

Resolução

a) A proposta foi considerada revolucionária por sugerir, em sua essência, que há outros "universos" – os quais Kant chamou de "universos-ilhas" – além da Via Láctea. Cada um desses universos-ilhas corresponderia a uma galáxia.

b) Kant propôs que as nebulosas vistas no céu têm, em essência, o mesmo formato de disco. A diferença do modo em que as visualizamos deve-se à sua inclinação em relação à Terra.

Exercícios propostos

3. Calcule o menor intervalo de tempo, em segundos, que a luz do Sol refletida por Júpiter leva para chegar à Terra, sabendo que a distância mínima entre esses dois planetas é de 602 550 304 km.
Dado: $c = 3 \cdot 10^8$ m/s.

4. Opine sobre a importância para a cosmologia de se levar em conta explicações que diferentes culturas elaboram para explicar o Universo.

5. Relembre o que estudou sobre gravitação, construa uma linha do tempo e organize, em ordem crescente de tempo, os seguintes modelos cosmológicos.

- "Universo-ilha" (modelo de Kant).
- Modelo ptolomaico.
- Modelo aristotélico.
- Modelo copernicano.
- Hipótese nebular.

Contribuições de Herschel

Os estudos astrônomicos tiveram maior impacto com o aprimoramento dos instrumentos de observação do Universo. No que tange ao procedimento de observar o céu, destaca-se o músico e astrônomo alemão William Herschel (1738-1822), considerado o primeiro a fazer observações sistemáticas e precisas do Universo para além do Sistema Solar. Herschel construiu vários telescópios com os quais pôde observar, entre outros aspectos, as nebulosas em detalhes, mostrando que algumas delas eram realmente aglomerados de estrelas, como Kant supôs. Com a ajuda de sua irmã e parceira Caroline, publicou um catálogo com mais de 2 500 nebulosas de diferentes formas.

Dentre as principais contribuições de Herschel à cosmologia, destacam-se as seguintes.

- **Desenvolvimento dos telescópios**. Sua habilidade manual o levou, juntamente com Caroline, a construir os melhores telescópios de sua época, muitas vezes utilizando-se de tecnologias inovadoras, como o aprimoramento dos telescópios refratores. Sua contribuição foi fundamental para o desenvolvimento do conhecimento da ciência extragaláctica.
- **Aprimoramento da construção de mapas celestes.** O método de observação de Herschel era o da "varredura do céu". Para tanto, apontava o telescópio para uma parte do céu, registrava a localização dos objetos visualizados e, em seguida, movia-o perpendicularmente à direção de observação, em movimentos de ida e volta, cerca de 10 a 30 vezes. Cada conjunto de oscilações era chamado de "varredura". A posição dos astros, em cada varredura, era anotada em um livro. Com isso, conseguiu evitar problemas de localização no céu dos astros mais distantes em virtude da rotação da Terra (os telescópios mais modernos fazem essa correção automaticamente) e mapear os astros do céu, em especial os que estão na Via Láctea.
- **Descoberta do planeta Urano.** Embora esse astro já tivesse sido visto outras vezes, sempre foi considerado uma estrela. Herschel porém, supôs que se tratasse de um cometa. Com a ajuda de outros astrônomos, essa hipótese foi descartada. O astrônomo Nevil Maskelyne (1732-1811) calculou sua órbita e confirmou que Urano era um planeta mais distante que Saturno.
- **Duplicação do raio conhecido do Sistema Solar.** Com a descoberta de que Urano era um planeta, Herschel mostrou que o Sistema Solar era bem mais extenso do que se supunha na época.
- **Descobrimento de mais dois satélites de Saturno.** Com um telescópio gigantesco – o maior construído até então –, Herschel descobriu mais dois satélites desse planeta.
- **Proposição da existência de diversas nebulosas.** Após observar diversos tipos de nebulosa, alguns nunca vistos antes, nem mesmo com telescópios, Herschel percebeu que nem todas as nebulosas são aglomerados de estrelas, como ele mesmo chegou a pensar por alguns anos. Com isso, abriu caminho para a descoberta dos vários tipos de nebulosa. Inclusive considerou a nebulosa de Órion (que é um aglomerado de gás muito frio; fotografia ao lado) como um material caótico que, segundo ele, "gerará futuros sóis", o que foi comprovado pela ciência moderna.

Com essas contribuições, fica evidente a importância de Herschel para a moderna cosmologia. Mais do que trazer dados muito precisos, ele propôs novos procedimentos para a observação do Universo. Com isso, ampliou não somente o leque de astros vistos, mas também as formas de estudá-los.

Para refletir

- A frase a seguir é atribuída a Herschel. "Ver é de certa forma uma arte, que deve ser aprendida."
  1. Interprete essa frase do ponto de vista cosmológico.
  2. Embora Herschel tenha, com essa frase, se referido à observação dos astros celestes, explique se é possível aplicá-la a outras situações, inclusive na vida de uma pessoa.

SPL/Latinstock

Telescópio construído por Herschel, um refletor com 12 m de comprimento e espelho de 120 cm. Esse telescópio era o melhor da época e manteve esse posto por décadas.

Ronald Royer/SPL/Latinstock

Fotografia (obtida por telescópio óptico) da Nebulosa de Órion, que fica a 1 600 anos-luz da Terra. Para Herschel, tratava-se de um material que originaria sóis.

Confirmação da existência das galáxias

O modelo de universo-ilha proposto por Kant dizia que o Sol era apenas uma estrela dentro de uma galáxia – a Via Láctea. As nebulosas espirais e elípticas eram, segundo ele, outras galáxias.

Em contraposição a esse modelo, havia a hipótese nebular, que dizia que as nebulosas espirais e elípticas eram turbilhões de gás que se condensavam para formar estrelas. Os defensores dessa hipótese afirmavam que essas nebulosas eram pequenas e próximas, de maneira que pertenciam à Via Láctea – não eram outras galáxias.

As observações colhidas após Herschel favoreceram a hipótese nebular – pelo menos até o final do século XIX. Somente o aprimoramento da **espectroscopia** – estudo de substâncias por meio do espectro emitido por elas – pôde favorecer novamente a teoria dos universos-ilhas.

No começo do século XX, buscava-se determinar a localização do Sistema Solar na Via Láctea e, mais do que isso, determinar as distâncias da Via Láctea às outras galáxias (se é que estas existiriam).

O astrônomo estadunidense Harlow Shapley (1885-1972) estudou, entre outros aspectos, as estrelas variáveis (que podem variar de brilho e tamanho devido a pulsações internas). Um tipo delas é chamado **cefeidas**, estrelas que pulsam e variam de brilho conforme variam de tamanho.

As cefeidas são estrelas gigantes, com mais de três vezes a massa do Sol, e seu brilho apresenta uma instabilidade por causa do fim de sua reserva de hidrogênio, quando começam a queimar hélio.

Em 1912, Henrietta Levitt (1868-1921), que trabalhava com Shapley, descobriu que o período de pulsação de uma cefeida está correlacionado com seu brilho. Dessa forma, medindo o brilho aparente de cefeidas em nebulosas, é possível estimar a distância da Terra até esses objetos.

Contribuições de Shapley e Hubble

Em 1918, Harlow Shapley, com base na determinação da distância a agrupamentos de estrelas de forma esférica chamados **aglomerados globulares**, concluiu que o Sol não estava no centro da Via Láctea, como pensava Herschel, mas, sim, na periferia da galáxia, a dois terços do raio do disco. Como o diâmetro da Via Láctea é estimado em 50 mil anos-luz, a distância do Sol ao centro da galáxia equivale a 30 mil anos-luz.

Em 1924, Edwin Hubble, utilizando seu grande telescópio de 2,5 m no Monte Wilson, Califórnia (EUA), conseguiu identificar estrelas individuais na nebulosa de Andrômeda, inclusive algumas cefeidas. Com base nessas observações, utilizando o método desenvolvido por Levitt, Hubble pôde calcular a distância até Andrômeda. Embora o valor obtido fosse metade do valor aceito atualmente (de 2,2 milhões de anos-luz), estava bem acima daquele previsto para o raio da Via Láctea.

Esse resultado foi suficiente para estabelecer que havia astros fora da Via Láctea. E que, portanto, algumas nebulosas poderiam realmente ser outras galáxias.

Finalmente estava confirmada a hipótese de que algumas nebulosas eram "universos-ilhas", como proposto por Kant mais de um século antes.

Essa foi uma mudança de paradigma no modelo do Universo, pois agora estava claro que a Via Láctea era apenas uma dentre muitas galáxias no Universo, ideia também defendida pelo astrônomo Heber Curtis (1872-1942).

Ligado ao tema

Escada cósmica de distância

A "escada cósmica de distância" é uma escala hierárquica de métodos de distância. Nessa escala, cada método se apoia nos resultados do método anterior, o qual, por sua vez, mede distâncias sempre menores do que as medidas seguintes.

Na base da escala, estão os indicadores fundamentais de distância, os quais são determinados diretamente, sem qualquer relação com o brilho do objeto. O primeiro indicador de distância é a denominada **unidade astronômica**, que equivale à distância Terra-Sol. É adequada para as distâncias entre astros dentro do Sistema Solar.

No segundo degrau da escala, há os dados obtidos pelo método da paralaxe, que é geométrico e se utiliza do fato de objetos distantes aparentarem mudar de posição no céu quando observados de diferentes posições orbitais da Terra. Embora seja um método bastante preciso, só pode ser utilizado para os objetos próximos à Terra. Visto que os objetos mais distantes não apresentam movimento aparente, esse método é limitado até algumas centenas de anos-luz.

A partir dessas distâncias, é necessário utilizar o conceito de **velas-padrão**, que consiste em estudar o brilho intrínseco dos astros celestes (exemplos de velas-padrão são as cefeidas e as supernovas). Há procedimentos que permitem o cálculo das distâncias pela intensidade do brilho capturado das luzes emitidas. Contudo, não é fácil medir com precisão esse brilho bem como identificar corretamente os astros muito distantes.

Tipos de galáxias

Outra importante contribuição de Hubble foi a classificação de galáxias baseada na sua forma. Ele as classificou em três grandes grupos (mostrados nas fotos a seguir), os quais eram divididos em subcategorias.

Nasa

Espirais. Galáxias que apresentam forma de disco, compostas de braços espirais bem definidos e que podem ou não sair de uma barra central. Possuem nuvens de gás no disco.

Science Photo Library

Elípticas. Galáxias cujas estrelas formam um elipsoide, geralmente compostas de estrelas evoluídas, sem a presença de nuvens de gás.

Noao/S>L/Latinstock (galáxias elípticas e irregulares)

Irregulares. Galáxias que não possuem forma específica. Apresentam alta taxa de formação de novas estrelas, envoltas em grande quantidade de gás.

Aglomerados

As galáxias não estão distribuídas aleatoriamente no Universo. Apresentam-se em **aglomerados**, cujos diâmetros variam da ordem de 1 a 30 milhões de anos-luz. A massa desses aglomerados é da ordem de 10^{12} a 10^{15} vezes a massa do Sol. Eles geralmente são classificados de acordo com a sua "riqueza", ou seja, de acordo com o número de galáxias. Essa riqueza pode variar de algumas dezenas até milhares de galáxias.

A Via Láctea localiza-se em um aglomerado chamado **Grupo Local**, que tem cerca de 30 galáxias. Predominam nesse grupo as galáxias Andrômeda e a própria Via Láctea. As demais são consideradas galáxias elípticas anãs. O diâmetro do Grupo Local é estimado em 3 milhões de anos-luz.

Alguns aglomerados possuem muitas galáxias. Acredita-se que o aglomerado de Virgo, o mais próximo aglomerado rico em galáxias conhecido até o momento, possua em torno de 2 500 galáxias, em sua maioria elípticas.

Superaglomerados

Os aglomerados se agrupam em superaglomerados, os quais geralmente contêm uma dúzia de aglomerados com uma massa total de aproximadamente 10^{16} vezes a massa do Sol. O Grupo Local de galáxias, incluindo a Via Láctea, localiza-se na periferia do Superaglomerado Local, centrado no aglomerado de Virgo, o qual predomina. O Superaglomerado Local possui um diâmetro de aproximadamente 50 milhões de anos-luz e é relativamente pequeno diante dos demais superaglomerados.

A distribuição das galáxias não é homogênea. Há grandes "vazios", como se fossem bolhas escuras entre elas. As galáxias distribuem-se na "superfície" dessas bolhas escuras, formando algo como filamentos que se ligam em uma rede. Os "vazios" têm dimensão típica de uns 100 milhões de anos-luz. Apenas 10% do espaço parece estar preenchido por galáxias.

Os superaglomerados de galáxias estão localizados na intersecção dos filamentos, ou nós das redes. Os filamentos de aglomerados de galáxias são as maiores estruturas conhecidas até o presente, com comprimento da ordem de 100 a 200 milhões de anos-luz.

3. Estrelas

As estrelas sempre despertaram a atenção do ser humano e foram estudadas desde a Antiguidade. Hoje, definimos assim esses corpos celestes:

Estrelas são imensas esferas de plasma (gás altamente ionizado), com temperaturas altas o suficiente para que ocorram reações de fusão nuclear em seu centro, que são a fonte de energia do seu brilho.

Em geral, uma estrela é composta basicamente de hidrogênio (90%) e hélio (de 5% a 10%), além de porcentagens ínfimas de outros elementos. Com nuvens de gás e outros corpos celestes – como planetas e satélites (luas) –, as estrelas fazem parte das galáxias.

Classificação das estrelas

A aparência e a evolução das estrelas são determinadas por sua **composição química** e por sua **massa**, que é a propriedade mais marcante. De modo geral, as estrelas são classificadas nos três grandes grupos mostrados no quadro abaixo, no qual a ordem de grandeza é apresentada tendo a massa do Sol (*M*), de $1,99 \cdot 10^{30}$ kg, como referência.

	Tipo de estrela		
Propriedade	**Anã**	**Intermediária**	**Gigante**
Massa	Pequena, da ordem de $1,99 \cdot 10^{30}$ kg (massa do Sol, que é uma anã)	Valor intermediário entre a massa das anãs e a das gigantes; da ordem de cinco vezes a massa do Sol	Da ordem de 20 vezes a massa do Sol

Apesar de útil, essa primeira classificação das estrelas não dava conta da diversidade delas. Era preciso estabelecer outros grupos, para ter uma classificação menos generalizada.

Em 1901, Annie Jump Cannon (1863-1941) classificou as estrelas em sete tipos (*O*, *B*, *A*, *F*, *G*, *K*, *M*), de acordo com as linhas espectrais observadas na luz por elas emitida. As linhas espectrais estão intimamente relacionadas com a massa das estrelas.

O quadro a seguir apresenta esses grupos e suas propriedades principais, tomando os dados do Sol como referência. Nessa classificação, as estrelas gigantes passaram a ser do tipo *O*, enquanto as menores foram classificadas como tipo *M*. Nosso Sol está classificado como uma estrela *G*.

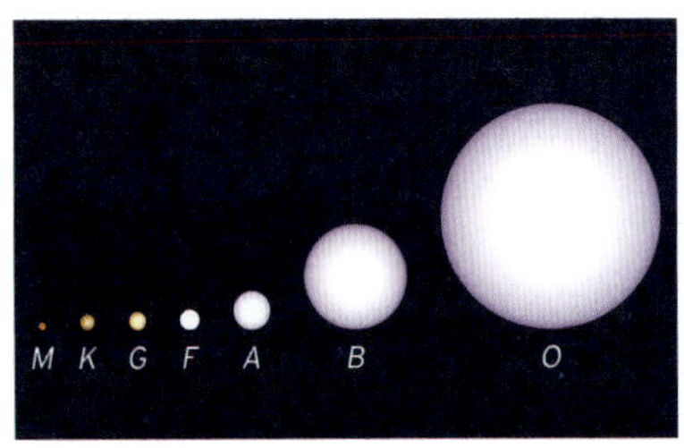

Adilson Secco/ID/BR

Representação do tamanho relativo das estrelas e das cores que seriam vistas a olho nu.

	Propriedade				
Tipo de estrela	**Temperatura (K)**	**Cor**	**Massa (M_{Sol})**	**Brilho (L_{Sol})**	**Porcentagem entre as estrelas conhecidas**
O	> 30 000	azulada	> 16	> 30 000	≅ 0,00003%
B	10 000-30 000	branco-azulada	2,1-16	25-30 000	0,13%
A	7 500-10 000	branca e branco-azulada	1,4-2,1	5-25	0,6%
F	6 000-7 500	branca	1,04-1,4	1,5-5	3%
G	5 200-6 000	branco-amarelada	0,8-1,04	0,6-1,5	7,6%
K	3 700-5 200	laranja-amarelada	0,45-0,8	0,08-0,6	12,1%
M	< 3 700	vermelho-alaranjada	< 0,45	< 0,08	76,5%

O combustível estelar

Durante muito tempo, buscou-se saber qual seria a fonte de energia das estrelas. Em 1938, Hans Bethe (1906-2005) propôs uma solução para a questão. Ele sugeriu que essa energia provém de reações termonucleares que ocorrem no núcleo estelar. Tais reações consistem na conversão de quatro núcleos de hidrogênio (H) em um núcleo de hélio (He) e liberam imensas quantidades de energia, comparáveis à energia da bomba de hidrogênio.

O núcleo das estrelas contém 10% da massa total, e no Sol estima-se que a temperatura do núcleo atinja 15 milhões de kelvin. A temperatura mínima para que as reações termonucleares ocorram é da ordem de dezenas de milhões de kelvin.

A energia liberada pelas reações termonucleares provoca um grande aquecimento no gás que constitui a estrela, agitando suas moléculas. Essa agitação exerce, no restante da massa da estrela, a pressão chamada **pressão térmica**. As radiações emitidas nesse processo também exercem, no restante da massa estelar, uma pressão, chamada **pressão radioativa.** A soma das duas pressões é suficiente para suportar a **pressão gravitacional** que a massa das camadas externas exerce em direção ao centro da estrela, o que evita que ela entre em colapso. Estima-se que uma estrela como o Sol permaneça nesse estágio de equilíbrio por cerca de 10 bilhões de anos.

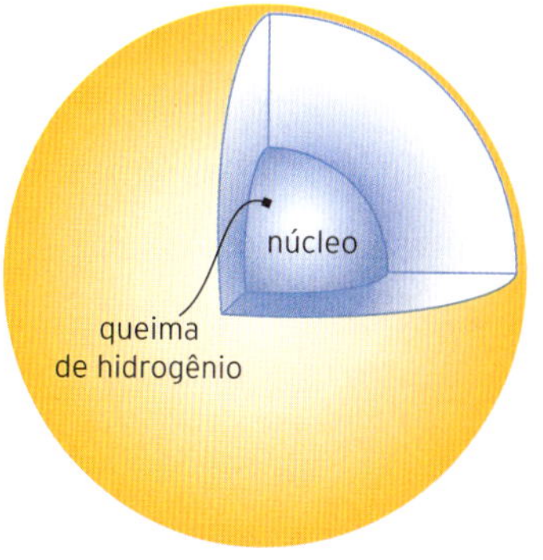

Figura 1

As gigantes vermelhas

Para toda estrela, sempre chega o momento em que o hidrogênio (H) presente no núcleo se esgota, por ter sido completamente transformado em hélio (He). Quando isso acontece, as regiões centrais da estrela começam a se contrair, pois a pressão gravitacional torna-se maior que a soma das pressões térmica e radioativa, que diminuem bastante pela ausência da fusão nuclear.

Pelo **aumento da pressão** decorrente da contração, o plasma volta a se aquecer. Em uma camada acima do núcleo estelar, esse aquecimento também pode levar à conversão dos núcleos de hidrogênio (H) em hélio (He). A nova conversão aquece o gás da estrela, e ela se expande enormemente. No estágio de expansão, a estrela é chamada **gigante vermelha**. Se tiver massa suficiente, a temperatura no núcleo pode atingir 100 milhões de kelvin, temperatura suficiente para iniciar a conversão de três núcleos de hélio em núcleos de elementos como o carbono e o oxigênio. Calcula-se que, quando essa expansão acontecer com o Sol, seu raio corresponderá a 100 vezes o raio atual. Depois, a estrela entra em equilíbrio e, após certo tempo, novamente se contrai. Uma estrela com massa igual à do Sol, por exemplo, quando atingir esse estágio, terá tamanho dez vezes maior que o atual.

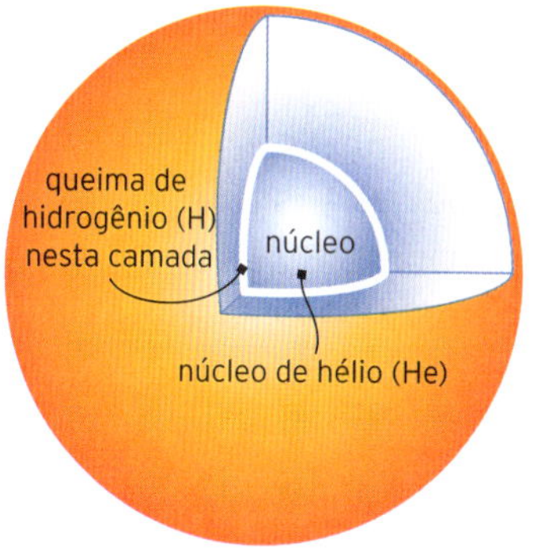

Figura 2

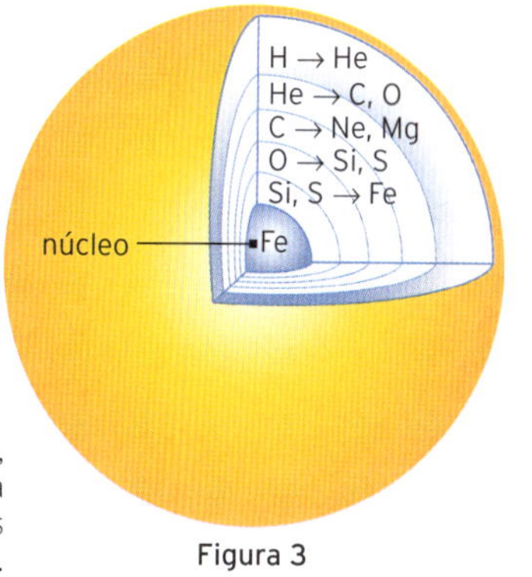

Figura 3

Representações das camadas de queima dos combustíveis nucleares. Na figura 2, há uma estrela evoluída, queimando hélio (He) no núcleo e hidrogênio (H) na camada ao redor do núcleo. Na figura 3, uma estrela de grande massa, com várias camadas circuncêntricas, realizando fusão nuclear dos vários elementos.

Ilustrações: Adilson Secco/ID/BR

Ação e cidadania

A obra reproduzida ao lado, uma das mais famosas do Renascimento italiano, representa a academia da Grécia Antiga fundada por Platão por volta de 387 a.C.

Observe-a e responda.

- É comum a referência de que essa obra de arte retrata o interesse dos gregos da Antiguidade pelo conhecimento. Encontre na imagem algum aspecto que confirme essa referência.
- Em sua opinião, o interesse pelo estudo e pelo conhecimento continua presente nos dias de hoje? Justifique sua resposta.

Rafael Sanzio (1483-1520). *A escola de Atenas*, 1508-1511. Afresco.Palácio Apostólico, Vaticano.

Palácio Apostólico, Vaticano. Fotografia: AKG-images/Latinstock

O destino das estrelas

Passados os estágios de gigante vermelha e de contração, depois de mais alguns milhões de anos, o hélio se esgota no núcleo da estrela.

Podem ocorrer, então, os dois cenários descritos a seguir.

- No caso de estrelas pouco massivas, como o Sol, a fornalha nuclear não mais se acenderá, pois jamais serão atingidas as temperaturas centrais altíssimas necessárias para a queima do carbono ou do oxigênio.

  Desse modo, pela ação gravitacional, a estrela se contrai, e a contração perdura até que os processos quânticos associados aos elétrons tomem proporções astronômicas e entrem em ação para impedir o colapso gravitacional total. Como resultado, surge uma estrela diminuta, com raio igual ao da Terra, isto é, cem vezes menor que o raio atual do Sol. No processo de contração, a densidade estelar torna-se altíssima, pois há muita massa concentrada em um volume muitíssimo pequeno. Tem-se, então, uma **anã branca**.

  Antes de a estrela se transformar em uma anã branca, aproximadamente um terço de sua massa é ejetada para o meio interestelar. O material ejetado constitui a **nebulosa planetária** (veja fotografia).

Fotografia (colorizada artificialmente) de uma nebulosa planetária tirada pelo telescópio Hubble em 1997.

- Para estrelas mais massivas, o processo se reinicia com o núcleo se contraindo, atingindo temperaturas cada vez mais altas, capazes de transformar o próximo combustível nuclear. Essa variação ocorre de maneira gradual, pois são fundidos átomos de elementos químicos de número atômico cada vez mais elevado, até atingir o número atômico do ferro.

  Nessa fase, como os elementos são fundidos em camadas esféricas sucessivas em torno do núcleo, a estrela se assemelha a uma cebola (figura 3 da página anterior). As **estrelas gigantes** apresentam massa suficiente para atingir o estágio de "cebola". Na região central da estrela, núcleos de enxofre (S) e silício (Si) são transformados em núcleos de ferro (Fe). Quando resta apenas ferro no centro da estrela, não é mais possível gerar energia de reações nucleares, pois a fusão de núcleos de ferro consome energia, em vez de liberá-la. Da mesma maneira como acontece com estrelas de baixa massa, o núcleo das gigantes se contrai até os elétrons serem forçados para o interior do núcleo atômico, o que é promovido por gigantescas forças gravitacionais, que transformam os pares de elétrons e prótons em nêutrons. Efeitos quânticos, agora dos nêutrons, agem impedindo o colapso gravitacional.

Reação nuclear	Temperatura mínima (K)
$4\,{}^{1}H \rightarrow {}^{4}He$	8 milhões
$3\,{}^{4}He \rightarrow {}^{12}C$	100 milhões
$2\,{}^{12}C \rightarrow {}^{24}Mg$	1 bilhão

Temperatura mínima necessária para que dada reação nuclear ocorra.

Ligado ao tema

A origem das nebulosas planetárias

Embora sugira associação com planetas, o nome dessas nebulosas, na verdade, tem origem em fatos históricos. Observadas pelos telescópios ópticos do século XVIII, essas nebulosas tinham aparência similar à dos planetas gigantes, o que deu origem à sua denominação.

Parte da formação de uma nebulosa planetária provém do material ejetado por uma estrela antes de se tornar uma anã branca. É resultado da instabilidade do envelhecimento de uma estrela.

O tempo de vida de uma nebulosa planetária é relativamente curto (da ordem de dezenas de milhares de anos) quando comparado ao tempo de vida das estrelas (da ordem de 10 bilhões de anos).

Estágios finais das estrelas

O destino final de uma estrela, após a exaustão de todo o combustível nuclear, dependerá dos fatores relatados a seguir.

- **Interação com outras estrelas.** Uma estrela pode ser simples e isolada, ou fazer parte de um sistema com múltiplas estrelas. Na última situação, pode haver troca de massa entre elas.

  Cerca de 60% das estrelas se encontram em sistemas **binários** ou **múltiplos**. No sistema binário, duas estrelas orbitam um baricentro (centro de massas) comum. A estrela mais brilhante é chamada de **primária**, e a menos brilhante, de estrela **companheira** ou **secundária**.
- **Massa inicial da estrela.** Refere-se à quantidade de massa que havia no momento do nascimento da estrela.

Supernovas, pulsares e buracos negros

Nos estágios de vida das estrelas de grande massa, quando a contração do núcleo cessa de forma abrupta, as camadas de gás do restante da estrela são ejetadas para o meio interplanetário em uma gigantesca explosão, que dura alguns segundos. O brilho gerado durante essa explosão rivaliza com o da galáxia como um todo e pode ser visto a enormes distâncias. Por associação com o surgimento de uma nova estrela, o fenômeno foi chamado **supernova**. O brilho da explosão persiste por quase um mês. Em um momento posterior, resta o núcleo supercompactado da estrela, composto quase exclusivamente de nêutrons e com diâmetro de cerca de 10 quilômetros.

As **estrelas de nêutrons**, como também são chamados os núcleos supercompactados, apresentam campos magnéticos extremamente intensos nos polos, onde são formados cones de radiação, incluindo a luz visível. Em certas ocasiões – quando ocorre desalinhamento entre o eixo de rotação e o eixo do campo magnético da estrela e este último eixo encontra-se em posição de interceptar a direção da Terra –, é possível enxergar de nosso planeta o cone de luz intermitente, como um farol. E, por isso, esses objetos são chamados **pulsares**.

Para refletir

O ser humano e os seres vivos em geral são compostos de carbono, oxigênio e água. Uma estrela como o Sol é capaz de sintetizar carbono (C) e oxigênio (O) a partir de núcleos de hélio (He) no seu último estágio de queima nuclear. Daí a teoria de que os átomos do corpo humano e de outros seres vivos foram produzidos na fornalha nuclear de uma ou mais estrelas com massa igual ou superior à do Sol. Você concorda com essa ideia?

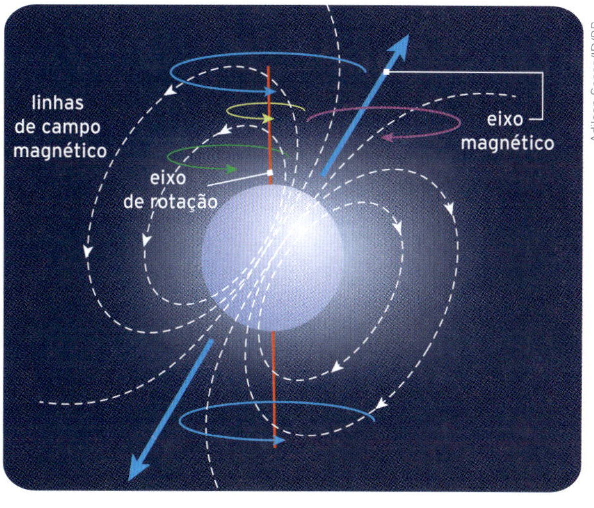

Modelo de um pulsar. Linhas de campo magnético distribuem-se em torno do eixo magnético, que não coincide com o eixo de rotação da estrela.

Quando a massa inicial da estrela está entre 25 e 100 massas solares, a pressão gravitacional é forte a ponto de não ser afetada pela pressão oriunda dos efeitos quânticos dos nêutrons. Nesse caso, o estágio final do processo é um **buraco negro**, quando toda a massa da estrela fica concentrada em um ponto com atração gravitacional de tal intensidade que nem a luz consegue escapar dele, sendo atraída gravitacionalmente para dentro do buraco.

Ligado ao tema

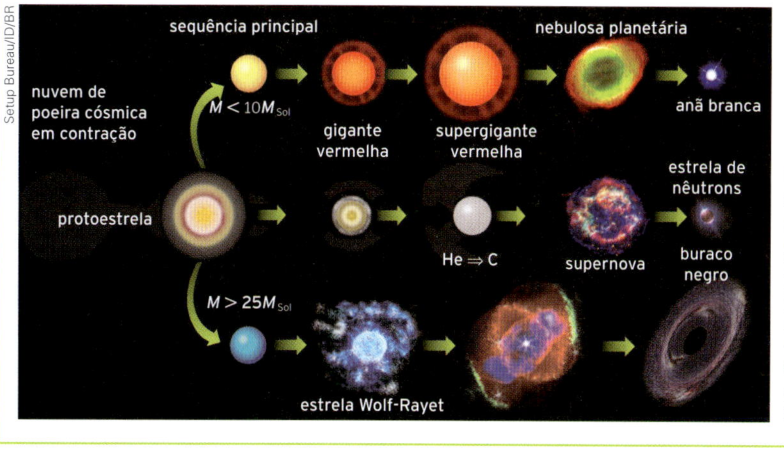

Modelo da evolução resumida de uma estrela (fora de escala e em cores-fantasia), no qual temos:
M: massa das estrelas.
M_{Sol} : massa do Sol.
He: hélio.
C: carbono.
Protoestrela: estrela em nascimento.
Estrela Wolf-Rayet: estrela oriunda da evolução de estrelas de alta massa (acima de $20M_{Sol}$), com envoltório de poeira e gás ejetado da estrela por forte pressão de radiação.

Exercício resolvido

6. Considere os seguintes corpos:
   - formiga
   - Terra
   - Sol
   - superaglomerado de galáxias
   - galáxia
   - ser humano
   - cidade
   - Sistema Solar
   - aglomerado de galáxias

   Coloque-os em ordem crescente de tamanho e estime sua ordem de grandeza.

Resolução

Podemos organizar os corpos citados e as correspondentes dimensões em uma tabela como ao lado:

Corpo	Dimensão
formiga	0,2 a 1 cm = 2 a $10 \cdot 10^{-6}$ km
ser humano	1 a 2 m = 1 a $2 \cdot 10^{-3}$ km
cidade	1 a 10 km
Terra	6 400 km
Sol	$6{,}9 \cdot 10^5$ km
Sistema Solar	100 UA = $1{,}5 \cdot 10^{10}$ km
galáxia	10^{18} km
aglomerado de galáxias	10^6 anos-luz = 10^{19} km
superaglomerado de galáxias	10^8 anos-luz = 10^{21} km

Exercícios propostos

7. Indique as escalas espaciais tomadas como referência na Física do "muito grande".

8. Identifique qual é (ou quais são) a(s) unidade(s) mais apropriada(s) para medir distâncias astronômicas:
   a) no sistema Solar;
   b) na Via Láctea;
   c) em um aglomerado de galáxias;
   d) em distâncias cosmológicas.

9. Construa uma tabela com um possível estágio final de evolução do tipo de estrela descrito em cada item.
   a) Estrela de baixa massa, como o Sol.
   b) Estrela com 10 massas solares.
   c) Estrela com 50 massas solares.

10. Escreva sobre as diferenças entre um aglomerado de galáxias e um superaglomerado de galáxias.

11. Descreva a condição essencial para que o estágio final de uma estrela seja um buraco negro.

12. Identifique a fonte de energia das estrelas e descreva, resumidamente, o processo que produz energia.

13. Explique o que acontece com cada uma destas estrelas quando o combustível hélio se esgota em seu núcleo:
    a) estrela pouco massiva;
    b) estrela de massa intermediária;
    c) estrela muito massiva.

Ligado ao tema

Somos poeira estelar?

A origem da matéria estelar é um material processado, isto é, o que era hidrogênio no início da vida da estrela vai se transformando em elementos químicos mais pesados, como hélio, carbono, oxigênio, nitrogênio, silício, enxofre, etc., até chegar ao ferro.

Esses elementos são misturados às nuvens de gás interestelar, basicamente compostas de gás hidrogênio (H_2). Quando densas o suficiente, as nuvens de gás constituem os chamados "berçários de estrelas", onde novas estrelas são formadas. Em órbita ao redor das novas estrelas, provavelmente existem planetas também em formação, cujo material já contém os elementos necessários para a formação de seres vivos. É por essa razão que os astrônomos dizem que os seres humanos foram feitos de "poeira estelar".

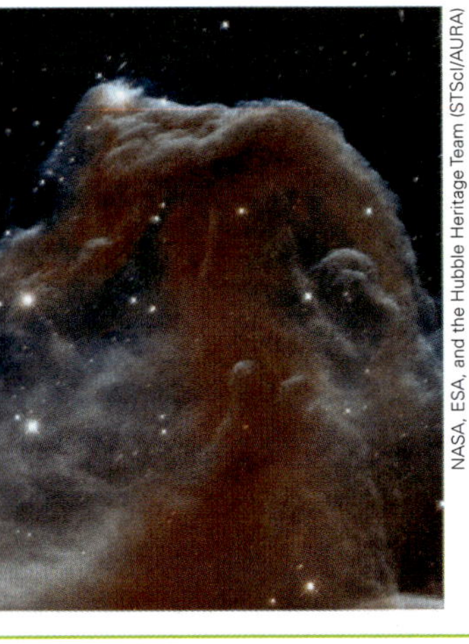

NASA, ESA, and the Hubble Heritage Team (STScI/AURA)

A nebulosa Cabeça de Cavalo, vista em infravermelho na imagem, é uma pequena parte de um vasto complexo de formação de estrelas da constelação de Órion. Fotografia obtida pelo telescópio Hubble em 2013.

4. Teoria da relatividade

No início do século XX, a teoria da relatividade consagraria as intensas mudanças que vinham se processando no cenário científico, tornando inadiável a adoção de uma nova concepção de mundo.

Primeiro a **teoria da relatividade especial** modificaria as concepções de espaço e tempo. Depois, a **teoria da relatividade geral** consolidaria a nova visão de mundo, ao propor que o espaço físico é curvo, e não plano, como se condiderava até então. Em consequência da "curvatura do espaço", surgia uma nova teoria da gravitação, possibilitando explicar a existência de buracos negros e compreender que o Universo se encontra em expansão.

Contexto histórico-científico

Até o início do século passado, todos os fenômenos mecânicos, desde a queda de um corpo na superfície da Terra ao movimento dos planetas em suas órbitas, eram descritos pela Física clássica. De modo geral, esses estudos focalizavam os movimentos e os conceitos fundamentais a eles relacionados: o **espaço** e o **tempo**, ambos considerados conceitos independentes e absolutos. Isso significava que não dependiam do referencial adotado, ou seja, que medidas do espaço e do tempo seriam sempre iguais, mesmo que efetuadas em dois referenciais diferentes e estando um deles em movimento com velocidade constante e o outro parado.

Antes de Newton, Galileu já mostrara interesse no estudo dos movimentos, com a observação dos corpos celestes e também dos movimentos de objetos na superfície terrestre. Um dos resultados desses estudos foi o princípio da "**relatividade de Galileu**" para os movimentos:

> As leis dos movimentos são as mesmas em todos os referenciais que se movem de maneira uniforme entre si.

Por volta de 1860, James Clerk Maxwell (1831-1879) desenvolveu sua teoria do eletromagnetismo, na qual os fenômenos eletromagnéticos se propagam com velocidade finita. Maxwell calculou a velocidade de propagação das ondas eletromagnéticas no vácuo e mostrou ser ela equivalente à velocidade da luz, a qual passou a ser entendida como uma **onda eletromagnética** com velocidade constante. Nessa teoria, o éter (um fluido imaterial hipotético que permearia todo o espaço do Universo) ainda era aceito como o meio necessário para a onda de luz se propagar.

Da concepção de Maxwell a respeito da natureza e da propagação da luz, surgiram muitas questões relativas às grandezas físicas e aos referenciais: Quais grandezas físicas são absolutas? E, em paralelo, quais são as grandezas relativas? Como se relacionam as medidas de grandezas físicas e relativas em cada sistema de referência? Como as equações devem ser escritas para diferentes referenciais?

Na Física clássica, certo fenômeno é descrito da mesma forma, isto é, pelas mesmas equações, quando os referenciais diferem apenas por uma velocidade constante. Hendrik Lorentz (1853-1928) formulou um conjunto de equações para fazer a correspondência entre as equações de um referencial para outro. Esse conjunto de equações, conhecido como **transformações de Lorentz**, prevê a **contração do espaço** e a **dilatação do tempo**, dependendo do referencial tomado para descrever determinado fenômeno.

Em 1905, Albert Einstein (1879-1955) publicou o artigo que apresentava a **teoria da relatividade especial** e o **princípio da relatividade**:

> As leis da Física são as mesmas em todos os referenciais que se movem de maneira uniforme entre si.

Ligado ao tema

Dilatação do tempo

Para Newton e Galileu, o tempo era absoluto, ou seja, não dependia do referencial em que era medido.

Com a teoria da relatividade, Einstein propôs que a única grandeza que não dependia do referencial adotado era a velocidade da luz. O tempo e o espaço passaram a ser relativos e inter-relacionados.

Para compreender essa ideia, vamos considerar um veículo movendo-se com velocidade constante v (o solo é o referencial inercial). Há uma fonte (F) de luz dentro do veículo, a qual emite um feixe de luz na direção vertical, que é capturado por um observador O_1, que está dentro do veículo, acima de F.

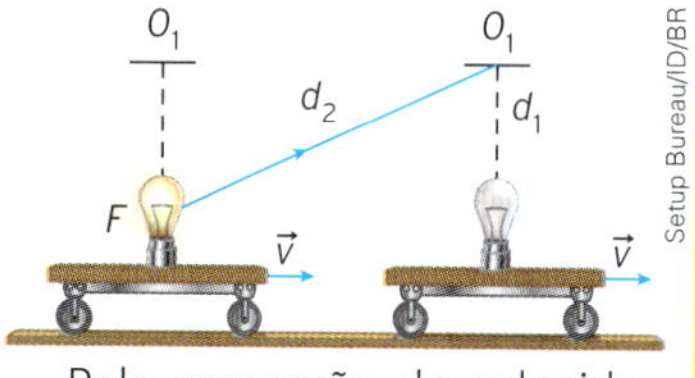

Setup Bureau/ID/BR

Pela expressão da velocidade média, calculamos que, após percorrer a distância d_2, o intervalo de tempo que a luz leva para atingir O_1 é:

$$\Delta t_1 = \frac{d_1}{c}$$

Um observador O_2, que está no solo, vê a luz percorrer a distância d_2 com velocidade c igual à do observador O_1. Por isso, a luz demora o intervalo de tempo Δt_2, dado por:

$$\Delta t_2 = \frac{d_2}{c}$$

Ocorre que a distância d_2 é maior que d_1. Para manter constante a velocidade c, então:

$$\Delta t_2 > \Delta t_1$$

Como $d_1 = c \cdot \Delta t_1$ e $d_2 = c \cdot \Delta t_2$, o intervalo de tempo Δt_2 pode ser calculado pelo teorema de Pitágoras:

$$(c \cdot \Delta t_2)^2 = (v \cdot \Delta t_2)^2 + (c \cdot \Delta t_1)^2$$

Por meio de cálculos, podemos demonstrar que:

$$\Delta t_2 = \frac{\Delta t_1}{\sqrt{1 - \frac{v^2}{c^2}}}$$

Concluímos que o intervalo de tempo para o observador 1 é menor que para o observador 2, o que evidencia a **dilatação do tempo**.

Teoria da relatividade especial de Einstein

A teoria da relatividade trouxe uma concepção de universo físico muito diferente da concepção clássica, e isso se refletiu em um novo entendimento dos conceitos de **espaço**, **tempo** e **matéria**.

A teoria apresentada por Einstein em 1905 é chamada **teoria da relatividade especial**, ou **teoria da relatividade restrita**, porque se refere às situações específicas nas quais os referenciais devem ser inerciais, isto é, devem estar em movimento retilíneo com velocidade constante ou em repouso.

Para desenvolver sua teoria, Eistein formulou dois postulados (fatos aceitos como verdadeiros sem demonstração), que formam a base dessa teoria.

Primeiro postulado

> A velocidade da luz é constante em qualquer referencial inercial, independentemente de a fonte emissora da luz estar ou não em movimento.

A mecânica clássica, ou newtoniana, afirma que a velocidade relativa entre dois objetos que se deslocam ao longo de uma mesma direção é dada pela soma (ou subtração, se tiverem sentidos opostos) das velocidades individuais de cada objeto. Contudo, isso não é válido para o caso de um feixe de luz, pois a velocidade da luz é sempre a mesma e igual a $c = 300\,000$ km/s, independentemente de o observador se aproximar ou se afastar do feixe, em qualquer velocidade. De forma análoga, a velocidade da luz produzida por uma fonte, esteja ela em movimento ou não, terá sempre o mesmo valor c.

Segundo postulado

> As leis da Física são as mesmas em qualquer referencial inercial.

O segundo postulado de Einstein afirma que as leis da Física e suas equações são as mesmas para todos os referenciais inerciais.

Esses dois postulados mudaram radicalmente os conceitos de espaço e tempo. Na mecânica newtoniana, o espaço e o tempo são percebidos como elementos distintos, enquanto na teoria da relatividade existe o conceito de **espaço-tempo**, como uma única grandeza. Isso significa que o espaço e o tempo não podem ser analisados separadamente. De acordo com essa nova maneira de enxergar o mundo, dois fenômenos que acontecem simultaneamente para um observador podem ocorrer em momentos distintos para outro observador. Isto é, a simultaneidade, algo absoluto na teoria clássica, é um conceito relativo na teoria da relatividade.

De acordo com a nova teoria, para movimentos com velocidades próximas à da luz, ocorre a **contração do espaço**, enquanto o **tempo se dilata**. Assim, cada observador inercial tem seu "próprio tempo", e esse tempo transcorre mais lentamente para um observador que se move do que para um que permanece em repouso. A trajetória percorrida por um corpo no espaço-tempo é conhecida como **linha do Universo**. Ela descreve todos os eventos que aconteceram com o objeto, tanto na relatividade especial como na relatividade geral, apresentada na próxima página.

Desse modo, a teoria da relatividade de Einstein descarta a necessidade de um "éter" para explicar qualquer fenômeno associado à propagação da luz, porque considera, como primeiro postulado, que a velocidade da luz é uma das grandezas físicas absolutas.

Ligado ao tema

Massa variável

É consequência dos postulados de Einstein que um corpo com massa jamais terá velocidade maior do que a luz.

Corpos que estejam com velocidades v próximas às da luz têm sua massa inicial (m_0) aumentada, de acordo com a seguinte equação:

$$m = \frac{m_0}{\sqrt{1 - \frac{v^2}{c^2}}}$$

Assim, à medida que um corpo se aproxima da velocidade da luz, sua massa tende ao infinito.

Ligado ao tema

O paradoxo dos gêmeos

No estudo da teoria da relatividade, é comum mencionar o paradoxo dos gêmeos.

Esse aparente paradoxo consiste na ideia da diferença de idade final entre dois irmãos gêmeos: um fica na Terra, enquanto o outro viaja para o espaço com velocidade próxima à da luz.

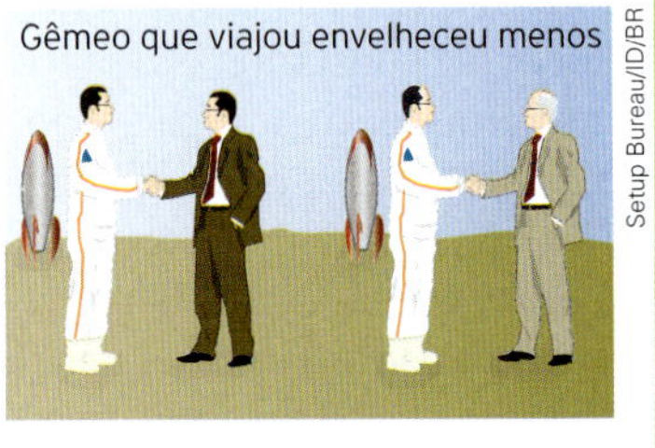

Setup Bureau/ID/BR

Ao retornar à Terra, o gêmeo viajante terá envelhecido menos, pois, para ele, o tempo se dilatou, isto é, passou mais lentamente.

Após o retorno do gêmeo que viajou, a assimetria no envelhecimento dos gêmeos ocorreu porque, enquanto o gêmeo que ficou na Terra se manteve em um único referencial inercial, o gêmeo viajante mudou de referencial ao longo da viagem, resultado da aceleração que realizou para retornar à Terra.

Teoria da relatividade geral de Einstein

Em 1916, Einstein propôs a **teoria da relatividade geral**, que substituiu a teoria de gravitação universal proposta por Newton. Enquanto a teoria da relatividade especial só é válida para campos gravitacionais pequenos ou desprezíveis, a teoria da relatividade geral descreve a interação gravitacional entre quaisquer corpos do Universo, inclusive para campos gravitacionais muito intensos, como aqueles gerados por superaglomerados de galáxias.

A maior mudança introduzida pela teoria da relatividade geral na forma de pensar o Universo é a gravidade não ser mais entendida como uma força física, no sentido clássico da palavra "força".

A gravidade é uma manifestação da curvatura do espaço-tempo. Essa curvatura é produzida pela quantidade de massa-energia no espaço-tempo.

A teoria da relatividade geral baseia-se nos princípios expostos a seguir.

- **Princípio geral da relatividade**. As leis físicas da natureza são as mesmas para qualquer observador, esteja ele em movimento acelerado ou não.
- **Princípio da covariância geral**. As leis da Física têm a mesma forma em todos os sistemas de coordenadas.
- **Princípio da invariância local de Lorentz.** As leis da relatividade se aplicam localmente para todos os observadores inerciais.
- **O movimento inercial é um movimento geodésico, ou seja, curvilíneo**. As linhas traçadas no espaço-tempo pelo movimento das partículas livres (não sujeitas a forças, movimento inercial) são chamadas geodésicas nulas (curvilíneas, sem que haja força externa) do espaço-tempo. Isso ocorre porque o espaço-tempo proposto por Einstein é curvo, já que a gravidade influencia o próprio espaço, como mostram os esquemas a seguir.

Ligado ao tema

Massa e energia

Em outro artigo, também publicado em 1905, Einstein provou a equivalência entre massa e energia, formulando sua famosa equação:

$$E = m \cdot c^2$$

Essa equação simples implica que a massa pode ser convertida em energia, e vice-versa.

A produção de energia por reações nucleares no centro das estrelas pode ser explicada por essa equação.

Na realidade, a soma da massa de quatro núcleos de hidrogênio é ligeiramente maior do que a massa de um núcleo de hélio. É essa diferença entre as massas que é convertida em energia e liberada durante as reações nucleares no interior das estrelas e que as sustenta contra o risco de colapso gravitacional durante a maior parte da sua vida.

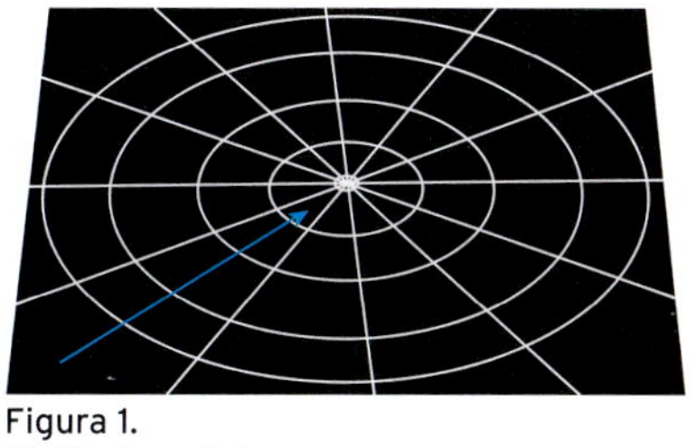
Figura 1.
Distância radial

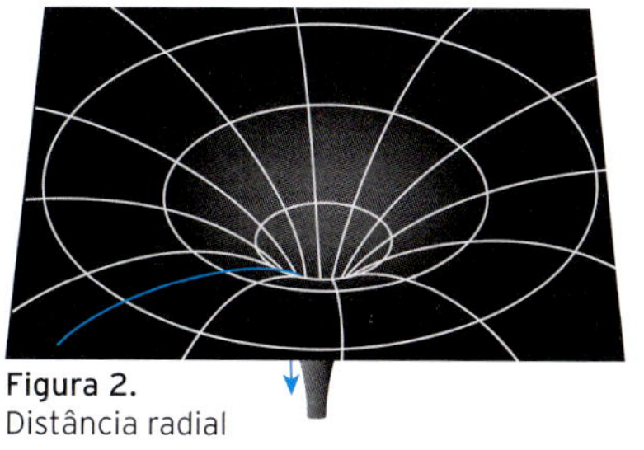
Figura 2.
Distância radial

Na teoria da relatividade especial, o espaço-tempo segue a métrica de Lorentz, sendo quadridimensional e plano (figura 1). A principal diferença é que o espaço-tempo na teoria da relatividade geral de Einstein é curvo (figura 2), apresentando uma geometria não euclidiana.

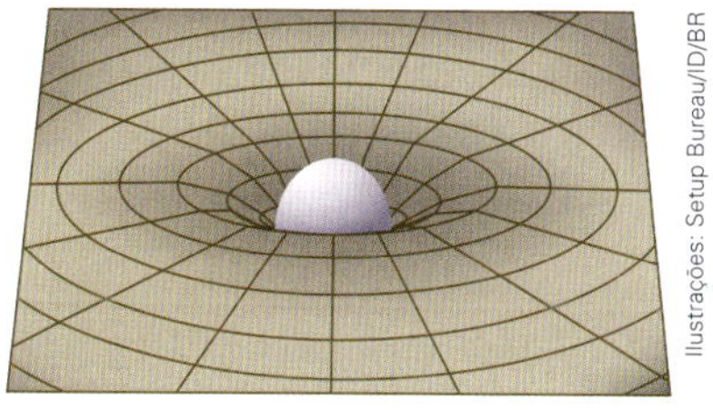
Ilustrações: Setup Bureau/ID/BR

Uma aplicação simples das equações de campo de Einstein pode ser feita para um corpo esférico e com grande massa (como o Sol) no vácuo. A imagem acima mostra como é a curvatura do espaço-tempo no local próximo ao corpo esférico.

A curvatura do espaço-tempo é criada pela distribuição de matéria-energia contida no próprio espaço-tempo. Essa relação é descrita pelas **equações de campo** de Einstein.

Vários fenômenos puderam ser explicados pela teoria da gravitação de Einstein, reforçando-a. O quadro a seguir apresenta alguns exemplos.

Precessão da órbita de Mercúrio	Ondas gravitacionais	Lentes gravitacionais
Deslocamento do periélio do planeta Mercúrio de 43" por século. O espaço-tempo é perturbado pela presença da massa do Sol. Vênus e Terra também têm seu periélio deslocado, mas muito menos.	Sistemas binários de estrelas de nêutrons têm seu período orbital reduzido por $7{,}6 \cdot 10^{-5}$ s/ano, devido à perda de energia pela emissão de ondas gravitacionais geradas pelas massas aceleradas.	Mudança na posição aparente de estrelas cuja luz se curva ao passar perto do Sol. Comprovada pela observação durante o eclipse solar em Sobral (CE), em 1919.

Exercício resolvido

14. Uma grandeza física que pode ser calculada com base na teoria da relatividade geral formulada por Einstein é o chamado "horizonte de eventos". Essa grandeza também é conhecida como o "raio de Schwarzschild" e representa a maior distância de uma singularidade (toda massa concentrada em um único ponto) em que nem partículas nem a luz conseguem escapar de seu campo gravitacional intenso. Isto é, qualquer luz emitida dentro desse raio sofrerá tamanha atração gravitacional que não conseguirá escapar. O raio de Schwarzschild é proporcional à massa do corpo e é dada pela seguinte relação:

$$r_s = \frac{2 \cdot G \cdot m}{c^2}$$

Sabendo que a constante de gravitação universal é $G = 6{,}67 \cdot 10^{-11}$ N · m²/kg² e a velocidade da luz é de $3 \cdot 10^8$ m/s no vácuo; a massa da Terra é de $6 \cdot 10^{24}$ kg, enquanto a do Sol é de $2 \cdot 10^{30}$ kg, calcule o raio de Schwarzschild para os astros a seguir.

a) A Terra.

a) O Sol.

c) Um buraco negro com 30 massas solares.

Resolução

a) O raio de Schwarzschild da Terra é:

$$r_s = \frac{2 \cdot G \cdot m}{c^2} = \frac{2 \cdot 6{,}67 \cdot 10^{-11} \cdot m}{(3 \cdot 10^8)^2} = 1{,}48 \cdot 10^{-27} \cdot m$$

$$r_s = 1{,}48 \cdot 10^{-27} \cdot 6 \cdot 10^{24} = 0{,}009 \text{ m}$$

Portanto, se toda a massa da Terra fosse concentrada em um único ponto (singularidade) de densidade infinita, nenhuma partícula ou radiação produzida dentro de um raio de 9 milímetros conseguiria escapar da sua atração gravitacional.

b) Para o caso do Sol:

$$r_s = 1{,}48 \cdot 10^{-27} \cdot m = 1{,}48 \cdot 10^{-27} \cdot 2 \cdot 10^{30}$$

$$r_s = 2{,}96 \cdot 10^3 \text{ m} \cong 3 \text{ km}$$

Uma singularidade com a massa similar à do Sol terá um horizonte de eventos igual a 3 km.

c) Como o raio de Schwarzschild é proporcional à massa, uma singularidade de 30 massas solares terá um r_s 30 vezes maior do que o solar, isto é:

$$r_s = 30 \cdot 3 = 90 \text{ km}$$

Ou seja, o horizonte de eventos será igual a 90 km.

O quadro a seguir resume os cálculos efetuados para o raio de Schwarzschild. Note que esses valores são muito pequenos comparados à dimensão dos objetos quando não colapsados, isto é, quando toda a massa não está concentrada em uma singularidade.

Objeto	Massa (kg)	Raio de Schwarzschild
Terra	$6 \cdot 10^{24}$	9 mm
Sol	$2 \cdot 10^{30}$	3 km
Buraco negro	$6 \cdot 10^{31}$	90 km

Exercícios propostos

15. Calcule o raio de Schwarzschild. Para isso, utilize o valor de sua massa. Compare o seu raio com as suas dimensões, largura e altura. Considere $G = 6{,}67 \cdot 10^{-11}$ N · m²/kg² e $c = 3 \cdot 10^8$ m/s.

16. Imagine que seja possível transformar toda a sua massa em energia.

a) Estime a quantidade de energia que seria produzida.

b) Determine a energia resultante no caso em que toda a massa do Sol fosse convertida em energia.

c) Explique por que não é possível utilizar toda a massa de uma pessoa como energia. Lembre-se de que somente as estrelas ou máquinas ligadas à energia nuclear conseguem fundir ou desintegrar um núcleo atômico.

17. O esquema a seguir mostra o que ocorre com os raios de luz provenientes das estrelas, quando próximas de um grande campo gravitacional (como o Sol) durante um eclipse similar àquele que ocorreu em Sobral, no Ceará, em 1919.

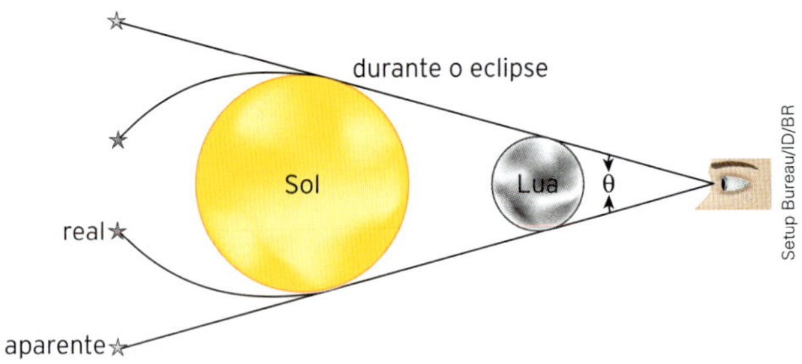

Esquema (fora de escala e com cores-fantasia) de um eclipse solar. Na figura, o raio de luz real é aquele proveniente da estrela, que de fato sofre desvio. O raio aparente é aquele que parece vir da estrela — o qual aparentemente não se desvia.

a) Observe o esquema e descreva o que acontece com o raio de luz real nas proximidades do Sol.

b) Desconsidere os possíveis efeitos causados pela refração e explique por que os raios reais se curvam quando próximos ao Sol.

5. Modelo-padrão do Universo

As equações da teoria da relatividade geral de Einstein resultam em um modelo de Universo não estático, mas que se expande ou se contrai. Desde os mais antigos modelos cosmológicos, acreditava-se que o Universo fosse estático. Em 1917, não satisfeito com as soluções de suas equações, Einstein acrescentou artificialmente à teoria um termo, chamado **constante cosmológica** (representado pela letra grega λ). Essa constante, de acordo com o modelo matemático proposto por Einstein, mantinha a ideia de um Universo estacionário.

Em 1922, Alexander Friedmann (1888-1925) formulou um modelo para o Universo fundamentado nas equações da relatividade geral de Einstein. O modelo de Friedmann era o de um Universo dinâmico, em expansão ou contração. Ele defendeu que a introdução da constante cosmológica foi um erro na teoria de Einstein. Esse modelo ficou conhecido como **modelo-padrão** do Universo e serviu de base para todos os modelos posteriores. O próprio Einstein, anos mais tarde, afirmou que a constante cosmológica foi o maior erro de sua vida.

Quanto à geometria e à estrutura do Universo

Com base nas equações de Einstein, é possível ter os modelos de Universo apresentados a seguir.

- **Universo plano**. Trata-se de um modelo cuja geometria é euclidiana, em que a matéria possui justamente o valor crítico de densidade (veja o boxe ao lado). Esse é o caso-limite entre o Universo aberto e o fechado, explicados a seguir. Se o Universo for assim, ele se expandirá para sempre, sem nunca se contrair.
- **Universo fechado.** Nesse caso, a densidade de matéria contida no Universo é tal que ele é regido por uma geometria esférica e, por isso, há um limite superior para a expansão do Universo. Superado esse limite, o Universo vai se contrair, voltando a seu estado inicial. Temos aqui um Universo cíclico, que se expande e se contrai periódica e indefinidamente no tempo.
- **Universo hiperbólico, ou aberto**. Se a densidade de matéria for menor que certo valor, a curvatura correspondente ao Universo será aberta e descrita pela geometria hiperbólica. Nesse caso, nunca haverá contração do Universo, e seu destino será expandir-se eternamente, esfriando para sempre.

Ligado ao tema

Densidade crítica

As possibilidades de o Universo se expandir para sempre ou de se contrair a partir de um momento dependem da **densidade crítica** de matéria nele existente.

A densidade crítica de matéria é dada por:

$$\rho_c = \frac{3 \cdot H_0^2}{8 \cdot \pi \cdot G}$$

Nessa equação, G é a constante da gravitação e H_0 é a constante de Hubble (a ser definida na próxima página). Adotando o valor estimado para a constante de Hubble de 75 km/s/Mpc, a densidade crítica valerá:

$$\rho_c \cong 10^{-29}\ \text{g/cm}^3$$

Essa densidade corresponde a 0,5 átomo de hidrogênio por metro cúbico. Atualmente, um dos grandes desafios da cosmologia observacional é justamente medir a densidade crítica da matéria para prever o futuro do Universo.

Universo plano	Universo fechado	Universo aberto
geometria euclidiana	geometria esférica	geometria hiperbólica

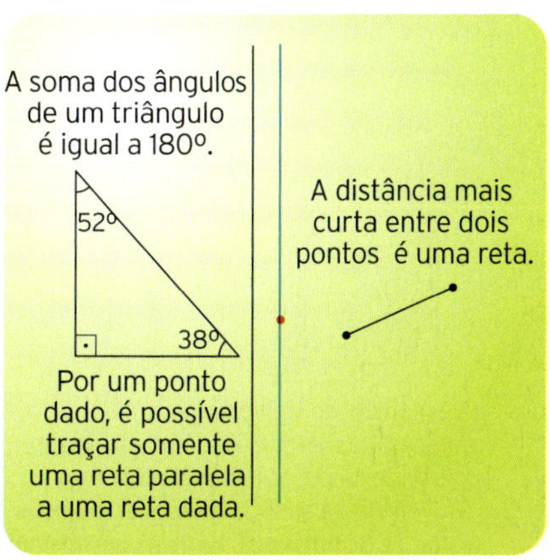

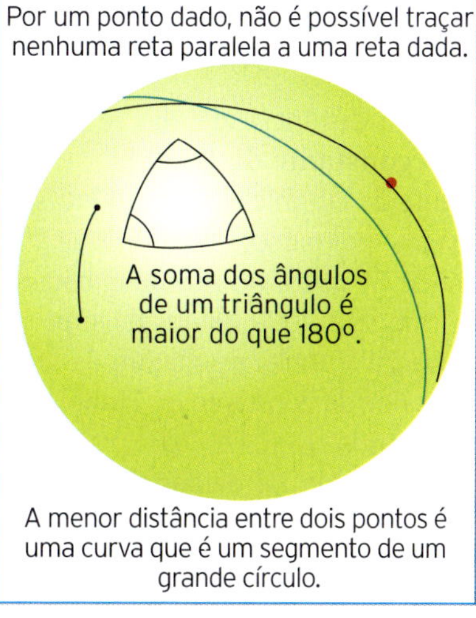

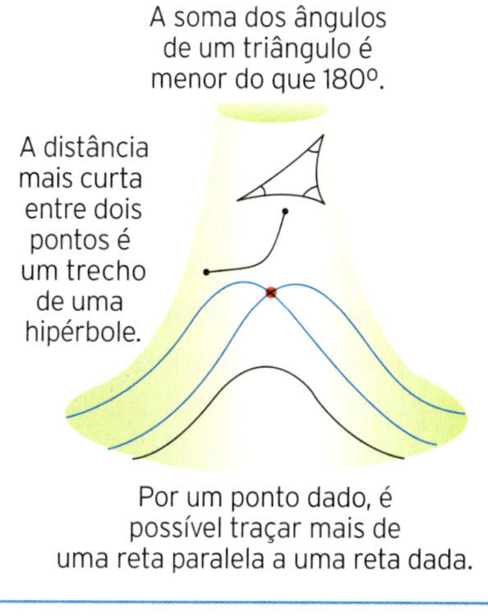

Ilustrações: Setup Bureau/ID/BR

A expansão do Universo

Em 1929, Edwin Hubble (1889-1953) calculou a distância entre a Terra e várias galáxias longínquas. Para isso, usou o maior telescópio da época, localizado no Monte Wilson (Califórnia, EUA). Além de calcular a distância, Hubble mediu a velocidade dessas galáxias e concluiu que elas estavam se afastando da Terra.

© Roger Ressmeyer/CORBIS

O telescópio refletor do Observatório de Monte Wilson (Califórnia, EUA) tem 2,5 m de diâmetro. Através dele, Hubble descobriu que as galáxias estão se distanciando entre si, o que significa que o Universo está se expandindo.

Ao colocar em um gráfico a velocidade das galáxias, Hubble notou uma correlação surpreendente.

Como pode ser visto no gráfico abaixo, a velocidade das galáxias é proporcional à sua distância. Essa relação ficou conhecida como **lei de Hubble** e tem a seguinte expressão matemática:

$$v = H_0 \cdot D \ ,$$

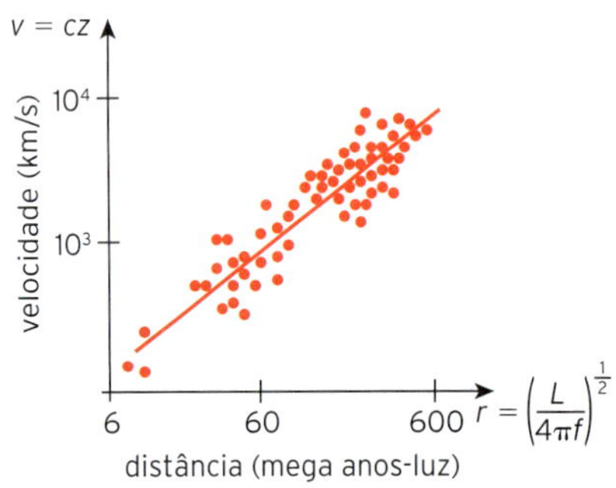

em que v é a velocidade das galáxias, D é a distância até elas, e H_0 é uma constante de proporcionalidade chamada **constante de Hubble**.

Por razões históricas, o valor da constante de Hubble é dado em km/s/Mpc. Um megaparsec (Mpc) equivale a 1 milhão de pc (parsec). Sabe-se que 1 pc = $= 3{,}086 \cdot 10^{16}$ m = 3,26 anos-luz. Durante 60 anos, o valor da constante de Hubble foi estimado entre 45 e 90 km/s/Mpc. Em 2009, dados de supernovas muito distantes, obtidos pelo telescópio espacial Hubble, resultaram na seguinte medida: $H_0 = 74 \pm 4$ km/s/Mpc. O novo valor da constante de Hubble indica que o Universo teve início há 13,7 bilhões de anos.

O resultado mais importante da lei de Hubble foi evidenciar que todas as galáxias que se encontram a distâncias muito grandes da Terra estão se afastando umas das outras e também da Via Láctea. Isso significa que o Universo, como um todo, está em expansão.

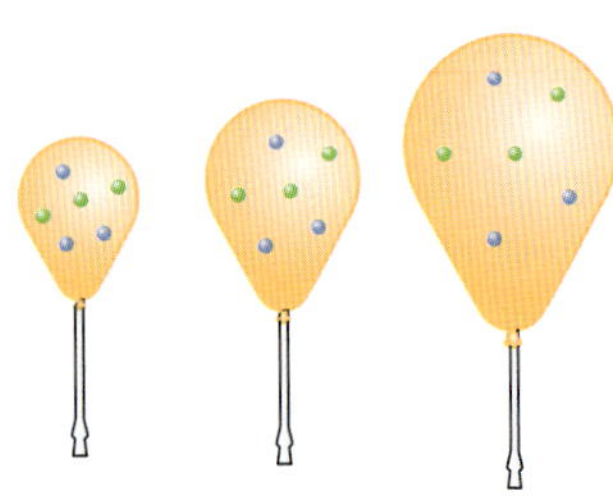

Ilustrações: Setup Bureau/ID/BR

A expansão do Universo pode ser comparada à expansão de um balão de gás onde há pontos assinalados. Se o Universo está se expandindo, as galáxias estão se distanciando entre si, assim como aumentam as distâncias entre os pontos de um balão de gás que se expande.

O Big Bang

Mesmo com a descoberta, por Hubble, da expansão do Universo, vários pesquisadores ainda insistiam na teoria do Universo estacionário. Hermann Bondi (1919-2005), Thomas Gold (1920-2004) e Fred Hoyle (1915-2001) propuseram uma teoria na qual a matéria era continuamente produzida, para contrabalançar a expansão do Universo. Em 1948, George Gamow (1904-1968), baseando-se em modelos de expansão do Universo, mostrou que, no passado, o Universo se encontrava em um estado de densidade e temperatura muito altas, em um volume muito pequeno. Em 1949, Hoyle sugeriu, ironicamente, o nome **Big Bang** (que significa "grande explosão" e é dicionarizado em português como bigue-bangue) para o evento que teria originado, em um passado remoto, o Universo e o início de sua expansão.

Contrariamente à intenção irônica de Hoyle, o nome Big Bang foi incorporado pela comunidade científica para denotar o momento da origem do Universo. Antes de descrever a teoria do Big Bang, é preciso esclarecer um aspecto importante. Aqui, o termo "explosão" não tem nenhuma relação com a explosão comum, em que uma súbita liberação de energia se expande por um espaço tridimensional. No caso do Universo, a "grande explosão" refere-se ao processo de liberação de energia que teria dado origem ao espaço-tempo, grandeza que, portanto, não existiria antes do Big Bang.

Por essa teoria, toda a matéria-energia do Universo, no instante inicial, estava concentrada em um único ponto, de volume nulo, chamado **singularidade**. A densidade nesse instante era infinita. O espaço ainda não havia surgido, a singularidade era o Universo. Logo, nada pode ser dito antes de 10^{-43} s. Isso significa que o Universo teve um nascimento e que, portanto, tem uma idade. Atualmente, a idade mais aceita para o Universo, desde o Big Bang, é de cerca de 13,7 bilhões de anos (veja o esquema ao lado).

Em 1979, Alan Guth (nascido em 1947) introduziu a ideia de que, logo nos primórdios (antes de 10^{-32} s), o Universo era extremamente quente e denso e, por isso, teria passado por um período de extrema expansão (veja o quadro abaixo), no qual a gravidade agia repulsivamente, ao invés de atrativamente. Assim, teria sido promovida a expansão do Universo, em um fator calculado de 10^{25} vezes o tamanho inicial. Após esse período inicial, a energia teria se transformado em matéria de acordo com a relação $E = mc^2$. Conforme se expandia, o Universo esfriava cada vez mais, até chegar ao estado atual.

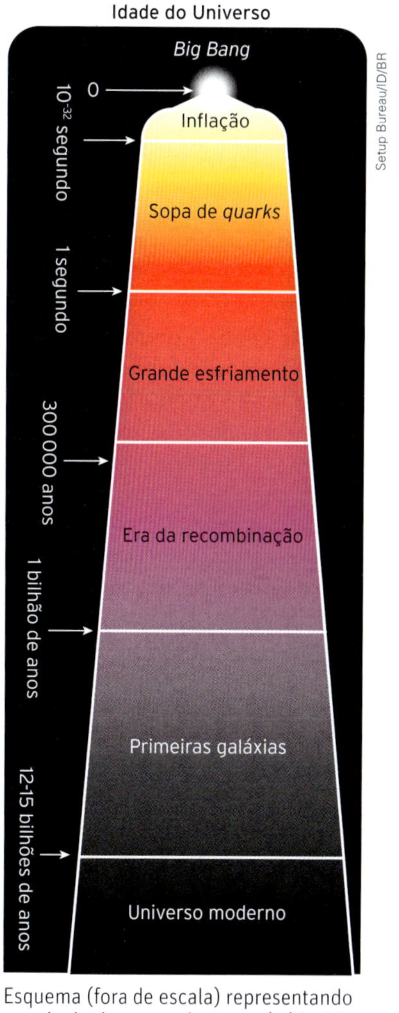

Esquema (fora de escala) representando os principais acontecimentos da história do Universo, a começar pelo Big Bang.

Idade	*T* (K)	Eventos relacionados à evolução do Universo
$< 10^{-44}$ s	$> 10^{32}$	**Big Bang**; período chamado de **era de Planck**, no qual as quatro forças fundamentais (nuclear forte, nuclear fraca, eletromagnética e gravitacional) estavam unificadas e não havia partículas elementares.
10^{-44} s	10^{32}	A gravidade se separa das outras forças.
10^{-32} s	10^{27}	Fim da era da expansão.
10^{-10} s	10^{15}	**Era da radiação**, na qual predominam os fótons.
10^{-7} s	10^{14}	**Era das partículas**, na qual são criados prótons, antiprótons, *quarks* e antiquarks.
0,1 s	10^{12}	**Era das partículas leves**, na qual são criados elétrons e pósitrons.
3 minutos	10^{10}	**Era da nucleossíntese**, na qual são criados nêutrons, núcleos de deutério, lítio e berílio.
380 000 anos	1 000	**Era da recombinação**, na qual o Universo adquire transparência e a radiação flui livremente.
10^9 anos	20	Formação de galáxias e de protoaglomerados de galáxias.
10^{10} anos	3	**Era presente**, na qual o Sistema Solar é formado e surge vida na Terra.

Radiação cósmica de fundo

Em 1964, utilizando uma antena de rádio com um amplificador de baixíssimo ruído, dois radioastrônomos estadunidenses, Arno Allan Penzias (1933-) e Robert Woodrow Wilson (1936-), buscando caracterizar melhor a radiação da Via Láctea em comprimentos de onda de rádio, notaram um ruído impossível de ser eliminado. O ruído era proveniente de todas as direções do espaço e era sempre o mesmo em qualquer momento.

Roger Ressmeyer/Corbis/SPL

Os radioastrônomos Penzias e Wilson diante da radioantena com a qual detectaram, pela primeira vez, a radiação cósmica de fundo, resquício do Big Bang.

Essa radiação foi logo interpretada como a radiação remanescente do Big Bang, que havia sido prevista em 1948 como resultado da fase quente pela qual passou o Universo. Essa radiação foi batizada de **radiação cósmica de fundo**, que permeia todo o espaço. A descoberta dessa radiação rendeu, em 1978, o prêmio Nobel a Penzias e Wilson.

A radiação de fundo é considerada um resultado da emissão térmica de um gás muito quente que vem se esfriando ao longo de bilhões de anos. Assim, o pico do espectro de emissão se deslocou, nesse tempo, de energias altíssimas, como raios gama, para raios X e ultravioleta, até chegar a ondas de baixa energia, como as de rádio. Mais especificamente, para um Universo com temperatura de 3 K, como a estimada, a emissão teria o seu ponto máximo na região de ondas milimétricas, como detectado por Wilson e Penzias. A radiação cósmica de micro-ondas, como também é conhecida, mostra o passado apenas 380 000 anos após o Big Bang, quando o Universo era dominado por radiação.

A medida do espectro completo da radiação de fundo nessas frequências é dificultada pela atmosfera da Terra. Em 1989, o satélite COBE (Satélite Explorador do Fundo Cósmico, na sigla em inglês) mediu a intensidade da radiação, cujos comprimentos de onda variam de 0,5 mm até 10 cm. O resultado é mostrado no gráfico ao lado, comprovando que as medidas seguem a curva teórica esperada para uma temperatura de 2,735 K. Em 2001, o satélite WMAP (Sonda Wilkinson da Anisotropia de Micro-ondas) melhorou muito a precisão dos dados (figura a seguir).

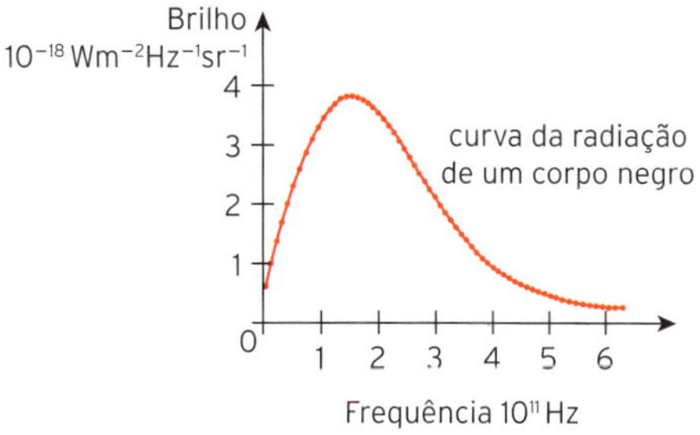

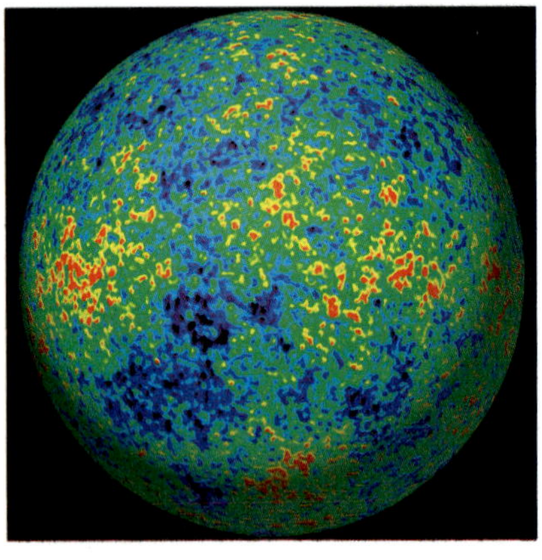

Science Photo Library

As áreas vermelhas do mapa da radiação cósmica de fundo correspondem às regiões mais quentes, 200 μK a mais do que a média de 2,735 K. As áreas azuis são mais frias, 200 μK a menos.

Um dos resultados mais surpreendentes do mapeamento da radiação de fundo é sua isotropia, pois, para qualquer direção do céu que se aponte, a temperatura é sempre a mesma, com precisão de uma parte em 10^5.

Outros dois resultados importantes obtidos por meio da análise do espectro das radiações cósmicas de fundo são mencionados a seguir. A **idade do Universo** é de 13,73 ±0,12 bilhões de anos. A **massa total do Universo** é formada por apenas 4,2% de **matéria normal**, enquanto 22,7% são formadas de **matéria escura** e 72,1%, de **energia escura**.

As primeiras estrelas se formaram quando o Universo tinha apenas 380 milhões de anos de idade.

Ligado ao tema

Um princípio cosmológico

O princípio cosmológico diz que, em escalas espaciais suficientemente grandes, o Universo é homogêneo e isotrópico. Isso quer dizer que em qualquer direção do Universo que se observe, ele parecerá exatamente o mesmo, a grandes distâncias.

Esse princípio é consistente com as observações. Uma das implicações do princípio cosmológico é que não existe um centro ou uma extremidade. Isso limita a geometria do Universo. Esse princípio é uma das suposições básicas da cosmologia moderna.

Exercício resolvido

18. As observações do espectro da galáxia de Andrômeda, realizadas em 1912 por Vesto Slipher (1875-1969), mostraram que Andrômeda se aproxima da nossa galáxia. Avalie esse resultado segundo a lei de Hubble.

NASA/ID/BR

Fotografia de Andrômeda, galáxia vizinha da Via Láctea.

Resolução

A lei de Hubble, que comprovou a expansão do Universo, afirma que a velocidade de afastamento de uma galáxia é proporcional à sua distância até a Terra. Entretanto, essa lei é válida apenas para distâncias muito grandes. No caso de Andrômeda, que pertence ao mesmo aglomerado de galáxias que a Via Láctea, isso não é válido, pois as forças de atração gravitacional entre galáxias próximas estão atuando e, com isso, a expansão não é percebida. Além disso, a distância até Andrômeda é de apenas 2,5 milhões de anos-luz, o que não se caracteriza como uma distância cosmológica.

Exercícios propostos

19. Analise o quadro de eventos relacionados à evolução do Universo, na página 333, e responda:

O que se pode dizer da temperatura média do Universo desde o Big Bang até a atualidade: aumenta, diminui ou permanece constante?

20. Em relação à lei de Hubble, responda às questões.

a) O que acontece com a velocidade das galáxias enquanto a distância entre elas aumenta?

b) Pode-se dizer que a velocidade e o afastamento entre as galáxias são uniformes? Justifique sua resposta.

21. Descreva os princípios fundamentais nos quais se baseia a teoria da relatividade geral de Einstein.

22. Explique, com suas palavras, o que se entende por modelo-padrão do Universo.

23. Compare a teoria da gravitação de Newton com a teoria da gravitação de Einstein, mais conhecida como teoria da relatividade geral. Explicite os casos em que cada uma das teorias é válida.

24. Explique o que é a teoria do Big Bang, relacionando os fatos experimentais mais importantes que deram suporte a essa teoria.

25. Suponha que, em certa galáxia, a 300 milhões de parsecs da Via Láctea, uma estrela tenha se formado com um planeta ao seu redor simultaneamente ao Sistema Solar aqui na Via Láctea, há aproximadamente 5 bilhões de anos. Suponha também que uma civilização avançada tenha se desenvolvido naquela galáxia depois de apenas 1 bilhão de anos de existência do planeta e que essa civilização tenha conseguido enviar um sinal de rádio na direção da Terra.

a) Determine se esse sinal de rádio já teve tempo de chegar até a Terra, supondo que o Universo se expande sempre na mesma taxa.

b) Considerando uma expansão acelerada do Universo, o sinal levaria mais ou menos tempo para chegar à Terra?

26. **(UEM-PR)** Analise as alternativas abaixo e assinale o que for correto.

[A resposta será a soma dos números associados às alternativas corretas.]

01. O segundo postulado da teoria da relatividade restrita afirma que a velocidade da luz no vácuo tem o mesmo valor para todos os observadores, qualquer que seja o seu movimento ou o movimento da fonte.

02. A energia total relativística de um corpo é o produto da massa relativística desse corpo pela velocidade da luz no vácuo ao quadrado.

04. O nêutron possui uma massa aproximadamente igual à do próton, mas não possui carga elétrica.

08. Nas reações nucleares de transmutação, a energia total e a quantidade de movimento não são conservadas.

16. Os nêutrons, os prótons e os elétrons são as únicas partículas elementares da natureza.

Modernas teorias do Universo

Nos últimos anos do século XX, tinha-se a falsa impressão de que o Universo era suficientemente compreendido. O modelo-padrão, baseado na teoria da relatividade geral e na teoria do Big Bang, tinha ganhado força e mostrava-se muito coerente.

Uma extensão da teoria do Big Bang, chamada de **inflação**, diz que, no início, o Universo se expandiu de forma exponencial. A inflação explica por que o Universo parece tão homogêneo e isotrópico e por que sua geometria é muito próxima de ser plana. A densidade de energia média é determinante para o destino de um Universo homogêneo e isotrópico governado por forças gravitacionais. Para prever o futuro do Universo é necessário conhecer a taxa de expansão e a desaceleração dessa expansão.

Com esse objetivo, principalmente para uma determinação mais precisa da constante de Hubble, procura-se observar regiões cada vez mais distantes do Universo. As velas-padrão mais distantes e possíveis de detectar são as supernovas tipo Ia (resultantes da explosão na superfície de uma anã branca em um sistema binário), que produzem uma quantidade muito grande de radiação.

Para surpresa geral dos cientistas, observações, publicadas em 1998, sobre a explosão de estrelas muito distantes mostraram que o Universo se expande com uma taxa acelerada. Isso contrariava as expectativas da época, pois indicava que as supernovas estão mais distantes do que o previsto para um Universo dominado apenas por matéria e radiação. Além das observações de supernovas, dados da radiação cósmica de fundo e registros de observações da distribuição de aglomerados de galáxias fortaleceram a ideia da expansão acelerada do Universo.

Para explicar essa expansão, um novo componente do Universo foi proposto: a **energia escura**, em uma proporção de 73% da composição total. Essa energia escura seria responsável pela aceleração da taxa de expansão do Universo nos últimos 6 bilhões de anos.

A evolução da composição do Universo, pelo entendimento atual, pode ser representada nos gráficos abaixo.

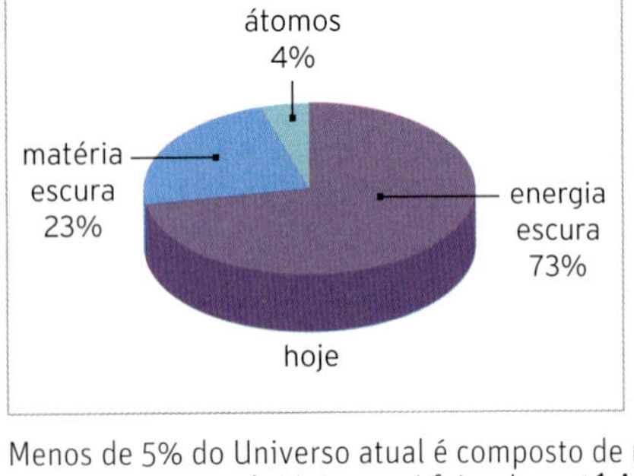

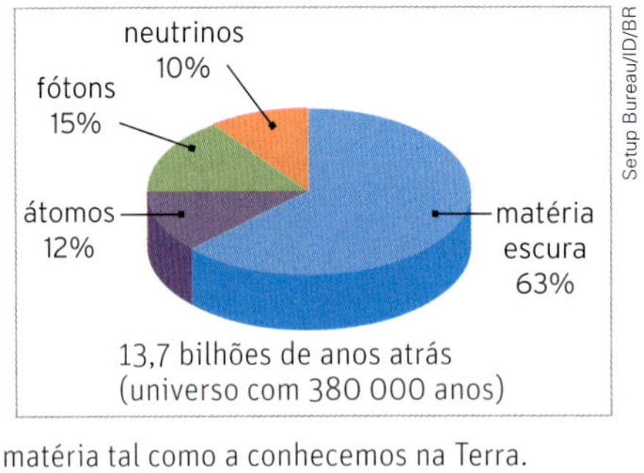

Setup Bureau/ID/BR

Menos de 5% do Universo atual é composto de matéria tal como a conhecemos na Terra. Quase um quarto do Universo é feito de **matéria escura** – matéria que, por não produzir radiação, não pode ser detectada pelo ser humano.
Esse resultado já havia sido obtido por meio de observações da distribuição de massa em galáxias. Finalmente, um resultado recente mostra que mais de dois terços do Universo são compostos de algo totalmente desconhecido, a chamada **energia escura**.

Há várias explicações para a energia escura, mas nenhuma foi comprovada. Mesmo a constante cosmológica – proposta por Einstein e depois descartada – tem sido rediscutida. No estado atual, o entendimento do Universo encontra-se novamente em fase de grandes mudanças, e novas teorias têm surgido. A natureza da energia escura que compõe mais de dois terços do Universo é uma das questões mais polêmicas da ciência moderna.

Exercícios resolvidos

27. O gráfico 1 a seguir foi construído com base em dados experimentais desenvolvidos por dois projetos de pesquisa: o High-Z SN e a Supernova Cosmology Project. Eles mediram a distância média entre duas galáxias, *M* e *m*.

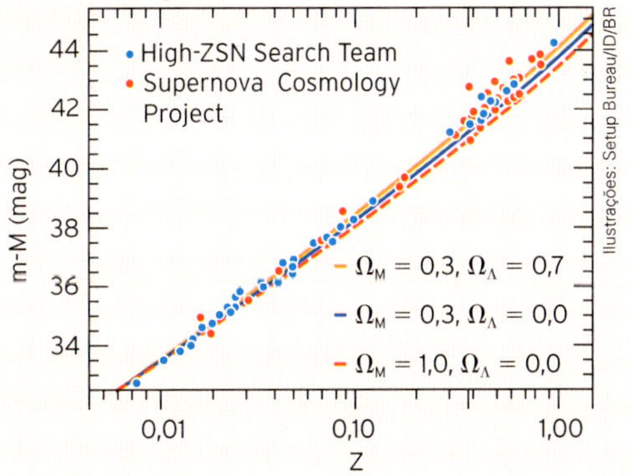

Ilustrações: Setup Bureau/ID/BR

O gráfico 2 mostra como deveriam ser as curvas da distância média entre as galáxias, considerando os diversos modelos do Universo.

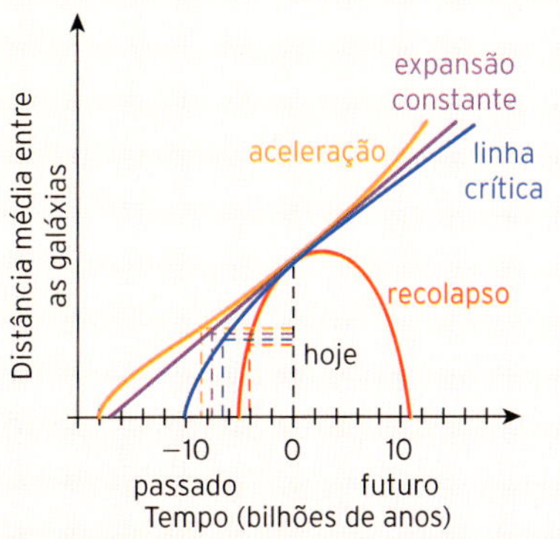

Compare os gráficos e verifique para qual modelo do Universo pode-se dizer que os dados experimentais apontam.

Resolução

Comparando o gráfico 1 com as curvas teóricas do gráfico 2, vê-se que os dados observacionais se ajustam melhor ao do modelo em que o Universo está se expandindo aceleradamente (curva laranja).

28. Explique como seria o destino do Universo caso as observações mostrassem que o Universo está se contraindo em vez de se expandir, como mostrado no diagrama abaixo. Discuta como a lei de Hubble teria de ser modificada.

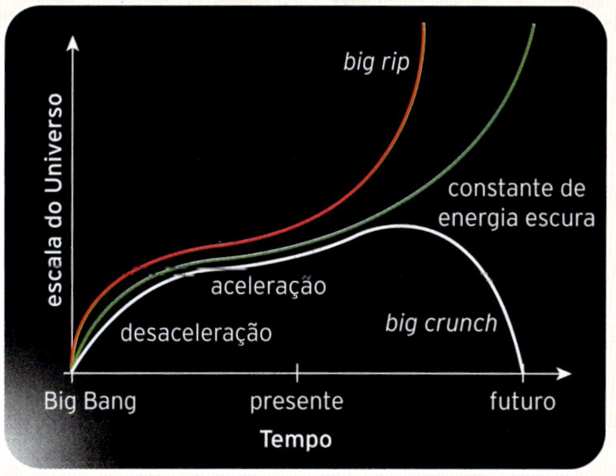

Resolução

O caso em que as observações apontam para uma desaceleração do Universo é representado pela curva branca do gráfico acima. Se essa fosse a situação, então o espaço-tempo estaria se contraindo, e todos os objetos que fazem parte do Universo seguiriam essa contração do espaço, aproximando-se uns dos outros. Nesse cenário, a lei de Hubble, em vez de apontar para um deslocamento para o vermelho das linhas espectrais das galáxias, mostraria um deslocamento para o azul, indicando que as galáxias distantes estariam se aproximando da Via Láctea.

O destino final desse Universo em contração seria um tempo em que toda a matéria colapsaria em si mesma em um único ponto, novamente uma singularidade. Esse modelo hipotético é chamado de *big crunch*, em oposição ao Big Bang que teria originado o Universo. Existem teorias que preveem um Universo cíclico no tempo, em que o Big Bang e o *big crunch* se sucederiam indefinidamente, conforme o espaço-tempo do Universo se expandisse e se contraísse alternadamente.

Exercícios propostos

29. Cite e descreva as evidências observacionais que vieram a fortalecer a teoria do Big Bang, tornando-a a teoria mais aceita atualmente para a origem e a evolução do Universo.

30. Faça um resumo das teorias mais importantes nas quais se baseia o modelo-cosmológico-padrão adotado hoje em dia. Construa uma rede de conceitos, se você preferir.

31. Estime a razão entre a força gravitacional e a força elétrica entre dois objetos idênticos de massa 2 kg, separados por 1 m, estando os objetos carregados com uma carga de 1 Coulomb.

32. A respeito da constante cosmológica de Einstein, faça o que se pede.

a) Identifique quando e por que ela foi originariamente criada.

b) Explique por qual razão ela foi eliminada.

c) Identifique o principal motivo pelo qual essa constante foi novamente considerada nos dias atuais.

Integre o aprendizado

33. Leia a tirinha a seguir.

Rekern/Acervo do artista

Disponível em: <http://astro.if.ufrgs.br/estrelas/node14.htm>. Acesso em: 13 jun. 2013.

Explique por que se diz que a supernova ocorreu há milhões de anos, mesmo com sua observação feita no tempo presente.

34. Discorra sobre a importância de medidas precisas para a distância dos corpos no Universo. Inclua no seu texto como a imprecisão em um método intermediário pode comprometer as medidas de distância pelos métodos subsequentes.

35. Escreva a definição de estrela.

36. Identifique a estrela mais próxima:

a) da Terra;

b) do Sol.

37. Indique três propriedades principais dos seguintes tipos de estrela:

a) anã;

b) sequência principal;

c) gigante.

38. Sabendo que o Sol tem hoje aproximadamente 4,6 bilhões de anos e é uma estrela de massa intermediária, identifique em que estágio de vida essa estrela se encontra.

39. Explique por que as estrelas, mesmo apresentando uma grande força gravitacional, não entram em colapso. Dica: use os conceitos de pressão térmica e pressão radioativa em sua resposta.

40. Descreva o que acontece com uma estrela quando o hidrogênio se esgota em seu núcleo, deixando de ser utilizado como combustível.

41. Em relação a cada um dos objetos apresentados a seguir, descreva sua origem e seu possível destino:

a) anã branca;

b) nebulosa planetária;

c) supernova;

d) buraco negro.

42. Explique por que o primeiro postulado da teoria da relatividade de Einstein teve como consequência o fim da concepção de tempo e espaço absolutos.

43. Explique a que se deve a curvatura do espaço-tempo proposta na teoria da relatividade geral.

44. O raio de Schwarzschild é uma medida de distância associada a todo corpo e se refere à extensão do horizonte de eventos que haveria caso a massa do corpo fosse concentrada em um único ponto de dimensões infinitesimais, tal como ocorre em um buraco negro. Calcule o raio de Schwarzschild dos astros a seguir. Para isso, considere a equação: $r_s = \frac{2Gm}{c^2}$, em que $G = 6{,}67 \cdot 10^{-11}$ N $\cdot$ m^2/kg^2 e $c = 3 \cdot 10^8$ m/s.

a) Lua, cuja massa é $7{,}3 \cdot 10^{22}$ kg.

b) Estrela Sirius, cuja massa é 2,4 vezes maior que a do Sol, que tem massa de $1{,}98 \cdot 10^{30}$ kg.

45. Identifique a geometria mais aceita atualmente para o modelo do Universo e em quais observações essa suposição se baseia.

46. Descreva quais são as principais observações que indicam a expansão do Universo.

47. A teoria da relatividade geral de Einstein previa que o Universo é estacionário, está em expansão ou está se contraindo?

48. Identifique uma teoria alternativa ao Big Bang e descreva sucintamente no que ela consiste.

49. Descreva, com suas palavras, as consequências das observações publicadas em 1998 sobre a explosão de estrelas distantes.

50. Determine a quantos átomos de hidrogênio por metro cúbico corresponde a densidade crítica do Universo.

51. Calcule a energia liberada na reação nuclear em que quatro núcleos de hidrogênio são convertidos em um núcleo de hélio. Para isso, use a relação massa-energia proposta por Einstein: $E = m \cdot c^2$.

Considere: a massa de cada núcleo de hidrogênio igual a $1{,}6726 \cdot 10^{-27}$ kg; a massa do núcleo do hélio igual a $6{,}6443 \cdot 10^{-27}$; $c = 3 \cdot 10^8$ m/s.

52. No que diz respeito à relatividade geral, faça o que se pede.

a) Compare-a com a relatividade restrita, identificando suas principais diferenças.

b) Identifique os motivos que levaram Einstein a desenvolver essa teoria.

53. Em relação ao raio de Schwarzschild, calcule o valor do raio de um buraco negro supermassivo localizado no centro de uma galáxia com massa estimada em 1 milhão de massas solares. Para isso, considere a equação dada no exercício 44 e:

$$M_{Sol} = 2 \cdot 10^{30} \text{ kg}$$

54. Einstein descreveu o melhor pensamento que teve em sua vida, segundo ele próprio, da seguinte maneira:

> Eu estava sentado numa cadeira no departamento de patentes em Berna quando de repente ocorreu-me uma ideia: "Quem estiver em queda livre não sentirá seu próprio peso". Fiquei surpreso. Esse pensamento simples causou-me profunda impressão. Impeliu-me na direção de uma teoria da gravitação.
>
> FERRIS, T. *O despertar na Via Láctea*. Rio de Janeiro: Campus, 1990. p. 145.

Descreva algumas das principais consequências desse pensamento para a ciência.

55. Leia o texto a seguir, sobre uma das evidências da presença de matéria escura em galáxias.

Segunda evidência: curvas de rotação de galáxias

Esta evidência surgiu nos trabalhos de Vera Rubin e colaboradores nos anos [19]70, ao medirem curvas de rotação de galáxias espirais.

> *O que são curvas de rotação de galáxias?* São curvas que medem a velocidade das estrelas ou gás orbitando no disco em torno do centro das galáxias espirais em função da distância ao centro. Assim como as órbitas dos planetas, as órbitas das estrelas e das nuvens de gás seguem as leis de Kepler, segundo as quais a velocidade orbital em torno do potencial central cresce com a massa central e decresce com a distância ao centro. Podemos quantificar isso através da igualdade:
>
> $$m\frac{V^2}{R} = \frac{GMm}{R^2} \Rightarrow M = \frac{RV^2}{G} \Rightarrow V = \sqrt{\frac{GM}{R}}$$
>
> A equação acima significa que a força centrípeta que atrai uma estrela de massa m ou qualquer outro constituinte da galáxia (como uma nuvem de gás) é fornecida pelo potencial gravitacional central de uma massa M, que seria a massa da galáxia interna ao raio R. Medindo então a velocidade V das estrelas ou das nuvens de gás nas galáxias através do efeito Doppler, pode-se calcular a massa da galáxia dentro do raio R. Se fizermos isso para as estrelas ou nuvens de gás nos bordos do disco, poderemos em princípio calcular a massa de praticamente toda a galáxia. [...]
>
> RUBIN, V. *Matéria escura e cosmologia*. Disponível em: <www.if.ufrgs.br/~thaisa/matesc/matesc.htm>. Acesso em: 12 jun. 2013.

De acordo com a equação anterior, a velocidade dos objetos na periferia de galáxias deveria decair com a distância.

Analise o gráfico a seguir, da velocidade em função da distância das curvas de rotação de galáxias. Verifique se os dados do gráfico estão de acordo com o texto *Segunda evidência: curvas de rotação de galáxias*, escrito na década de 1970.

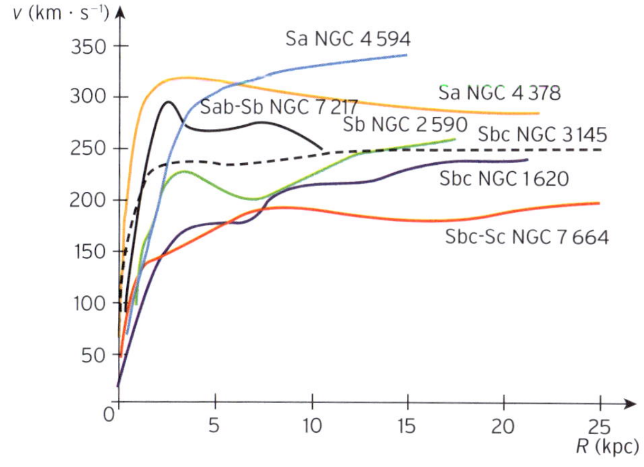

56. Pesquise um modelo cosmológico de uma cultura antiga.

a) Identifique as características principais do modelo, ou seja, se ele se refere ao planeta Terra, ao Sistema Solar, à Via Láctea ou ao Universo.

b) Descreva como se deu a origem desse modelo cosmológico.

c) Explique se o modelo faz referência a um evento similar ao do Big Bang.

d) Descreva algumas das principais consequências desse pensamento para a ciência.

57. A teoria da relatividade é considerada de difícil compreensão, pois foge ao senso comum. Faça um texto sobre essa teoria imaginando que será lido por alguém que não saiba nada do assunto.

De volta para o começo

1. Retome as respostas que você deu às questões propostas na seção *Primeiras anotações*, na abertura deste capítulo. Que alterações você faria naquelas respostas?
2. Como você imaginava o Universo quando era criança?
3. No estudo deste capítulo, você conheceu alguns modelos de Universo, mesmo que alguns não sejam muito simples de imaginar. Como é a imagem que você faz, hoje, do Universo?
4. Atribui-se ao físico Albert Einstein a seguinte frase: "De absoluto, só a relatividade". O que você acha que ele quis dizer com essa frase?
5. Se antes do Universo não existia nada, qual seria a origem da grande explosão da qual teria surgido o Universo? O que teria explodido?

Einstein nos trópicos

A comprovação da teoria geral da relatividade na cidade de Sobral, no Ceará, e na ilha de Príncipe, no golfo da Guiné, em 1919, fez mais pela fama de Albert Einstein do que todos os artigos revolucionários publicados entre 1905 e 1916. O resultado foi anunciado por pesquisadores ingleses em uma sessão solene da Academia de Ciências de Londres e noticiado como de grande importância para a ciência, primeiro no jornal *The Times* e depois pela imprensa de todo o mundo. "Foi um dos primeiros grandes eventos de mídia no século XX", contou o pesquisador em história da ciência e diretor do Museu de Astronomia e Ciências Afins (Mast), Alfredo Tiomno Tolmasquim. Ao se tornar uma celebridade mundial, o cientista alemão começou a viajar pelo mundo para divulgar suas ideias científicas, receber homenagens e defender o pacifismo e o sionismo. "Foi dentro desse contexto que ele visitou o Brasil, em 1925." [...]

Uma das ideias básicas da teoria diz que um corpo de grande massa, como o Sol, deforma o espaço em torno de si, e qualquer objeto que passar na região vai seguir essa deformação, inclusive a luz. Como se poderia comprovar a hipótese? Observando a luz de uma estrela passando perto do Sol. "Você olha a luz da estrela perto do Sol, depois olha a luz da estrela longe do Sol e vê se houve alguma mudança" [...]. A única maneira de fazer a observação seria no momento do eclipse do Sol – quando a Lua encobre a luz solar e é possível ver as estrelas que estão próximas. No artigo de 1916, Einstein previu qual seria a deflexão da luz de uma estrela próxima calculando pela massa do Sol. Para fazer a comprovação da teoria, saíram as duas expedições britânicas, para o Ceará e para o golfo da Guiné, na África, que comprovaram a deflexão prevista pelo físico.

Einstein desembarcou no Rio de Janeiro no dia 21 de março, ficou apenas um dia e embarcou para Buenos Aires, onde chegou dia 24. Um mês depois, foi para Montevidéu, ficou uma semana e, em seguida, voltou ao Rio, para ficar mais uma semana. "Ele escreveu suas impressões em um diário de viagem que indica como seu estado de espírito foi se alterando durante a estadia na América do Sul" [...]. "No primeiro dia, achou tudo maravilhoso, mas, na volta para a Alemanha, quase dois meses depois, não suportava mais o calor, a comida e as homenagens." Uma das primeiras anotações quando ele chega ao Rio, antes de ir para a Argentina, é: "O Jardim Botânico, bem como a flora de modo geral, supera o sonho das mil e uma noites. Tudo vive e cresce a olhos vistos, por assim dizer. Deliciosa mistura étnica nas ruas: português, índio, negro, com todos os cruzamentos. Espontâneos como plantas, subjugados pelo calor. Experiência fantástica! Indescritível abundância de impressões em poucas horas".

Semanas depois, sozinho, sem muitos interlocutores científicos, assediado pela imprensa, participando de inúmeros eventos, solenidades e discursos, o humor dele foi mudando sensivelmente. "A palestra que deu no Clube de Engenharia do Rio, por exemplo, foi uma catástrofe." O público era composto de militares e diplomatas com as esposas e filhos. O calor era grande, a sala estava superlotada e a janela teve de ser aberta. Piorou, porque havia o barulho da rua. Einstein deu a palestra em francês e desenhou uma série de fórmulas no quadro. Depois escreveu no diário: "Compreensão impossível, a começar pela acústica. Pouco sentido científico. Eu sou um tipo de elefante branco para os outros, eles para mim uns tolos." Na segunda palestra na Escola Politécnica, apesar do grande número de pessoas, restringiram a entrada, e o evento foi mais agradável.

Na terceira e última palestra dada no Rio de Janeiro, na Academia Brasileira de Ciências (ABC), houve algo diferente: um artigo específico escrito por ele especialmente para a ocasião. Naquele momento, no Brasil, a teoria da relatividade ainda provocava muita curiosidade entre os poucos cientistas e intelectuais. Mas, para Einstein, em 1925, sua teoria já estava estabelecida, e o que o interessava eram as questões relacionadas à constituição da luz, sobre a qual ainda havia debates no meio científico europeu. Ele escreveu o artigo "Observações sobre a situação atual da teoria da luz" em alemão, em papel timbrado do Hotel Glória, onde ele se hospedou, com a data de 7 de maio de 1925, e posteriormente publicado no primeiro número da revista da Academia Brasileira de Ciências, em abril de 1926.

MARCOLIN, N. Einstein nos trópicos. *Revista Pesquisa Fapesp*, edição especial, São Paulo, Fapesp, nov. 2008/jan. 2009. p. 30-2.

Compreender e relacionar

1. Desenhe um esquema com a posição dos astros no momento da observação que comprovou a teoria da relatividade geral no Ceará.
2. De acordo com essa teoria, explique por que a luz sofre deflexão.
3. Identifique os pontos de que Einstein gostou e não gostou no Brasil e na América Latina.
4. Opine a respeito da impressão que Einstein teve do Brasil em sua visita em 1925.

Um novo desafio para a Física: a unificação das forças fundamentais

Sabe-se que há quatro forças fundamentais na natureza, as quais serão apresentadas a seguir.

- **Força gravitacional.** Força que atrai dois corpos com massa. Foi primeiramente deduzida por Newton e, posteriormente, modificada por Einstein. É a mais fraca dentre todas as forças fundamentais, porém é a força que tem o maior alcance em termos de distância. A força gravitacional é uma força somente atrativa, visto que não existe repulsão gravitacional.
- **Força eletromagnética.** Força de atração ou repulsão entre corpos carregados eletricamente. A força entre duas partículas com cargas de mesmo sinal é repulsiva, enquanto a força entre duas partículas de sinais opostos é atrativa. Maxwell uniu as forças elétrica e magnética, uma vez que percebeu que os fenômenos elétricos produziam efeitos magnéticos e vice-versa. A força eletromagnética é 10^{36} vezes maior do que a força da gravidade. A gravidade, entretanto, domina as interações de longo alcance, porque a maior parte da matéria no espaço é eletricamente neutra, portanto, não é afetada pela força eletromagnética.
- **Força nuclear forte.** Interação entre as partículas (prótons e nêutrons) em um núcleo atômico, responsável por manter o núcleo atômico unido. No núcleo atômico existe uma força de altíssima intensidade de natureza eletromagnética, que tende a provocar uma repulsão entre os prótons, uma vez que estão extremamente próximos uns dos outros. Essa força é vencida pela força nuclear forte, que age no sentido de juntar essas partículas e rege a interação entre os *quarks*. É preciso lembrar que prótons e nêutrons são compostos de três *quarks* cada um.
  A força nuclear é a mais forte de todas as forças fundamentais. Entretanto, o seu alcance é de apenas 10^{-11} m. Assim, a força forte somente pode superar a força eletromagnética de repulsão dos prótons quando estes estiverem muito próximos uns dos outros. Isso é o que acontece em um núcleo atômico. Os glúons são os intermediadores da força forte.
- **Força nuclear fraca.** Interação entre as partículas de um núcleo atômico, responsável pela transmutação dos elementos químicos. A força nuclear fraca atua na estabilidade do núcleo. É essa interação que controla a radiatividade dos átomos e o decaimento de partículas nucleares. Em 1960, os físicos Sheldon Glashow (1932-), Steven Weinberg (1933-) e Abdus Salam (1926-1996) propuseram uma teoria que unificava a força fraca e a força eletromagnética, mostrando que ambas são manifestações distintas de uma única força, batizada de eletrofraca.

Nos instantes iniciais, logo após o Big-Bang, a energia do Universo era tão grande que as quatro forças podiam ser tratadas quanticamente, inclusive a força gravitacional. Conforme o Universo se expandia e esfriava, as forças se separaram nos tipos apresentados hoje.

Criar uma teoria que unifique as quatro forças fundamentais é um dos grandes objetivos dos físicos. Einstein, após ter desenvolvido a teoria da relatividade geral, dedicou o restante de sua vida a esse empreendimento. Entretanto, a gravidade não foi "quantizada" por ele, pois, pela teoria da relatividade geral, as flutuações se tornariam infinitas. Assim, a relatividade geral e a mecânica quântica são incompatíveis entre si. Essa incompatibilidade é um dos principais problemas da ciência atual.

Teoria quântica de campos

As teorias atuais da Física utilizam o conceito de "campo" e não mais o conceito de "ação a distância". Segundo essas teorias, cada partícula cria uma perturbação ao seu redor, denominada "campo", que é detectada pelas outras partículas. A "teoria quântica de campos" (TQC) apresentou o conceito de "mediadores", segundo o qual cada uma das forças fundamentais da natureza é mediada pela troca de uma partícula chamada de "mediador". São os mediadores que transmitem a força entre uma partícula e outra.

Força	Mediador
gravitacional	gráviton
eletromagnética	fóton
forte	glúons
fraca	$W\pm$ e Z^0 (bósons vetoriais intermediários)

De acordo com o texto

1. Identifique as quatro forças fundamentais da natureza.
2. Explique por que os prótons, tendo cargas de mesmo sinal, permanecem juntos dentro do núcleo atômico, sem se repelirem.
3. De acordo com a teoria quântica de campo, explique a função dos mediadores de força.
4. A unificação das quatro forças ainda é um objetivo a ser alcançado pela Física. Você conhece alguma outra grande questão que a ciência atual ainda não desvendou? Em caso afirmativo, cite-a.

A constante de Hubble

Participantes: duplas de alunos.

Objetivo: medir a constante de Hubble.

Material:

- balão de borracha (como os usados em festas infantis)
- caneta para retroprojetor
- fita métrica

A Procedimento

1. Com a caneta para retroprojetor, desenhe no balão vazio pontos ou pequenas espirais ligeiramente separados entre si.

2. Escolha alguns pares de pontos (cerca de dez pares) e meça a distância inicial entre eles. Marque cada par desses pontos com uma letra, para facilitar sua identificação.

3. Encha parcialmente o balão soprando ar para dentro dele em algumas sequências de sopro (figura 1).

Figura 1

Ilustrações: Setup Bureau/ID/BR

ATENÇÃO

Atenção, procure soprar o balão sempre com a mesma quantidade de ar a cada sopro.

4. Depois de cada sopro, meça com a fita métrica, acompanhando a curvatura do balão, a distância entre os pontos de cada par anteriormente marcado.
   Em uma tabela, anote os valores dessas distâncias, indicando por um número cada sequência de sopro.

5. Repita o procedimento até o balão ficar cheio (figura 2), anotando a quantidade de sequências de sopro que foram necessárias.

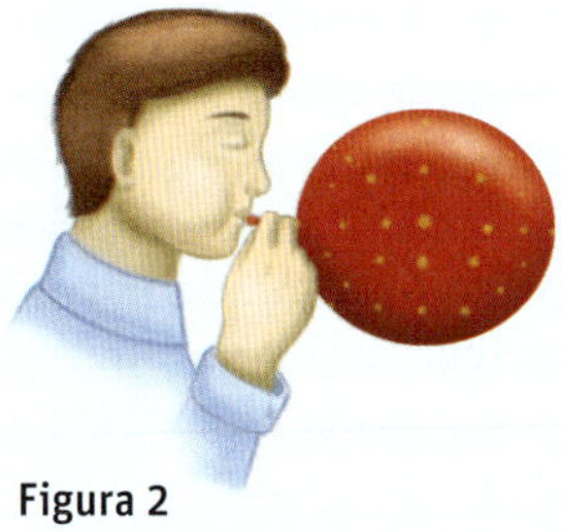

Figura 2

B Depois do experimento

1. Represente em um gráfico os valores registrados na tabela: no eixo x, marque as sequências de sopro; no eixo y, marque as distâncias entre os pontos de cada par.
   a) Unindo os pontos correspondentes aos eixos x e y, construa uma curva para cada par de pontos.
   b) Faça o ajuste dos dados por uma reta, ou seja, desenhe uma reta que represente a média da inclinação de todas as curvas traçadas. Depois, calcule o coeficiente angular da reta. Esse coeficiente angular pode ser uma boa estimativa da constante de Hubble do seu universo-balão.

2. Que analogia pode ser feita entre os pontinhos na bexiga e as galáxias do Universo?

3. Se os sopros que você utilizou para encher a bexiga fossem mais longos (mais ar) ou mais curtos (menos ar), o valor obtido para a constante de Hubble seria diferente? Por quê?

4. Determine a velocidade com que os pontinhos se separam entre si, considerando cada sopro como uma unidade de tempo.

5. A superfície da bexiga é bidimensional, enquanto o Universo é tridimensional (ou quadridimensional, se for levada em consideração a dimensão do tempo). Discuta as consequências desse fato para a validação da analogia pedida no item 1.

Vestibular e Enem

1. **(Enem)** A duração do efeito de alguns fármacos está relacionada à sua meia-vida, tempo necessário para que a quantidade original do fármaco no organismo se reduza à metade. A cada intervalo de tempo correspondente a uma meia-vida, a quantidade de fármaco existente no organismo no final do intervalo é igual a 50% da quantidade no início desse intervalo.

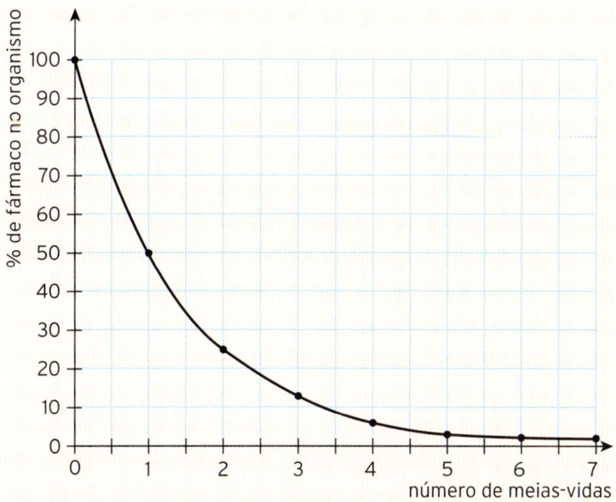

FUCHS, F. D.; WANNMA, C. L. *Farmacologia clínica*. Rio de Janeiro: Guanabara Koogan, 1992. p. 40.

O gráfico acima representa, de forma genérica, o que acontece com a quantidade de fármaco no organismo humano ao longo do tempo.

A meia-vida do antibiótico amoxicilina é de 1 hora. Assim, se uma dose desse antibiótico for injetada às 12h em um paciente, o percentual dessa dose que restará em seu organismo às 13h 30min será aproximadamente de:

a) 10%
b) 15%
c) 25%
d) 35%
e) 50%

2. **(Unir-RO)** Quando uma partícula β^- é emitida por um núcleo radioativo, seu número de massa:

a) não muda, e seu número atômico aumenta em 1 unidade.
b) aumenta em 1 unidade, e seu número atômico aumenta em 1 unidade.
c) diminui em 1 unidade, e seu número atômico aumenta em 2 unidades.
d) não muda, e seu número atômico não muda.
e) diminui em 4 unidades, e seu número atômico diminui em 2 unidades.

3. **(Furg-RS)** Rutherford foi uma das primeiras pessoas a obter evidências experimentais da estrutura do átomo. Para isso, que tipo de partículas ele lançava sobre uma fina lâmina metálica?

a) beta
b) alfa
c) nêutrons
d) elétrons
e) prótons

4. **(UEMS)** Considere as afirmações a seguir e assinale a alternativa correta.

I. A teoria da relatividade restrita mostra que a massa de um corpo aumenta quando medida por um observador em movimento com relação a ele. Em outras palavras, quando caminhamos, temos uma massa maior quando medida por uma pessoa que nos observa, sentada em uma cadeira.

II. A teoria da relatividade prova, matematicamente, que somente corpos com velocidades próximas à da luz têm suas dimensões contraídas.

III. A teoria da relatividade trata-se de uma visão filosófica construída pela mente do gênio Albert Einstein, não sendo, portanto, teoria que pode ser provada experimentalmente.

Está(ão) correta(s):

a) apenas I.
b) apenas II.
c) apenas III.
d) I, II e III.
e) apenas II e III.

5. **(Furg-RS)** Segundo Einstein, a energia carregada pelos *quanta* de luz, mais tarde denominados fótons, é:

a) $E = \frac{kx^2}{2}$, onde k é a constante de elasticidade e x é o deslocamento.
b) $E = eV$, onde e é a carga do elétron e V é o potencial elétrico.
c) $E = mc^2$, onde m é a massa e c é a velocidade da luz.
d) $E = hf$, onde h é a constante de Planck e f é a frequência.
e) $E = mv$, onde m é a massa e v é a velocidade.

6. **(UFC-CE)** A energia relativística do fóton é dada por $E = Xc$, onde c indica a velocidade da luz. Utilizando conhecimentos de Física moderna e análise dimensional, assinale a alternativa correta no tocante à dimensão de X.

a) força
b) massa
c) velocidade
d) comprimento
e) quantidade de movimento

7. **(UFPE)** De acordo com o modelo de Bohr, os níveis de energia do átomo de hidrogênio são dados por $E_n = -\frac{13,6}{n^2}$, em eV. Qual é a energia, em eV, de um fóton emitido quando o átomo efetua uma transição entre os estados com $n = 2$ e $n = 1$?

a) 13,6
b) 10,2
c) 5,6
d) 3,4
e) 1,6

Resolução comentada

Alternativa **b**.

A energia E do fóton emitido nessa transição é dada pela diferença de energia dos níveis atômicos. Assim, temos:

$$E = E_2 - E_1 \Rightarrow E = -\frac{13,6}{2^2} - \left(-\frac{13,6}{1^2}\right)$$

$$E = -3,4 + 13,6 \Rightarrow E = 10,2 \text{ eV}$$

8. **(UEPB)** No dia 6 de agosto de 1945, o mundo assistiu com horror à mais funesta aplicação prática da física de toda a sua história: a explosão de uma bomba atômica, pelos Estados Unidos, sobre a cidade de Hiroshima, no Japão, matando mais de 80 mil pessoas e ferindo outras 75 mil. Apenas 3 dias depois dessa tragédia, os americanos largaram uma segunda bomba sobre a cidade de Nagasaki, matando outras 40 mil pessoas. Foi a inauguração trágica da era nuclear.

Oliveira, I. S. *Física moderna para iniciados, interessados e aficionados*. São Paulo: Editora Livraria da Física, 2005, v. 2. p. 225.

Considerando os princípios básicos da física nuclear, é correto afirmar:

a) Na fusão nuclear, há uma divisão de dois núcleos leves.
b) Quando um átomo emite uma partícula alfa, ele se transforma em outro, cujo número de massa é diminuído de quatro unidades.
c) A radioatividade pode ocorrer basicamente de três modos: por emissão de partículas alfa, beta e gama. Sendo as primeiras, núcleos de hidrogênio.
d) A radioatividade é a liberação de energia por um núcleo excitado, e, por ser um fenômeno natural, não pode ser produzida em laboratório.
e) Na natureza, os núcleos atômicos não sofrem nenhum tipo de transmutação com o tempo.

(UEPB) Leia o texto a seguir para responder às questões de números 9 e 10.

Em 1887 Heinrich Hertz realizou as experiências que confirmaram a existência de ondas eletromagnéticas e ainda observou que uma descarga elétrica entre dois eletrodos dentro de uma ampola de vidro, conforme a figura a seguir, é facilitada quando a radiação luminosa incide em um dos eletrodos, fazendo com que elétrons sejam emitidos de sua superfície. Esse fenômeno foi chamado efeito fotoelétrico.

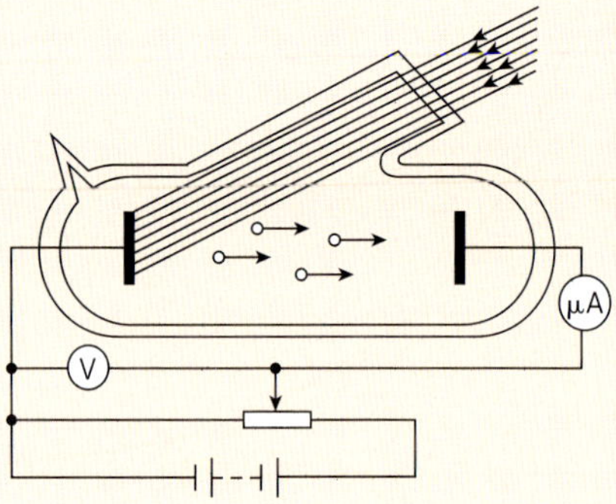

A Física clássica foi incapaz de explicar o efeito fotoelétrico. Em 1905, Einstein publicou um artigo explicando o efeito fotoelétrico, que desafiava os físicos da época, a partir da quantização da energia introduzida por Planck, marcando assim o início da Física quântica. Em 1921, esse trabalho deu ao cientista alemão o prêmio Nobel de Física. O efeito fotoelétrico é um fenômeno historicamente importante no contexto da Física moderna. O efeito fotoelétrico é a base de várias aplicações tecnológicas. Como exemplo, podemos citar os sensores fotoelétricos e sua gama de utilização, como no cinema falado e leitura *laser* nos discos compactos.

(Adaptado de Cavalcante, M. A.; Tavolaro, C. R. C.; Souza, D. F. de; Muzinatti, J. Uma aula sobre o efeito fotoelétrico no desenvolvimento de competências e habilidades. *Física na Escola*, v. 3, n. 1, 2002.

9. **(UEPB)** Acerca do assunto tratado no texto, para explicar o efeito fotoelétrico, Albert Einstein mostrou que a energia cinética máxima dos elétrons emitidos por uma placa metálica iluminada, depende:

a) da frequência, e não do comprimento de onda, da luz incidente.
b) exclusivamente da amplitude da onda luminosa incidente.
c) do comprimento de onda, e não da frequência, da onda luminosa incidente.
d) da frequência, e não da amplitude, da onda luminosa incidente.
e) da amplitude, e não do comprimento de onda, da luz incidente.

10. **(UEPB)** Com base nas informações do texto dado, considere um circuito elétrico construído conforme a figura que o ilustra, em que uma placa metálica de césio é iluminada por uma onda luminosa, de comprimento 3×10^{-7} m, cuja função de trabalho do césio (W) é 2,1 eV, e considere, também, a velocidade da luz $c = 3 \times 10^8$ m/s e a constante de Planck $h = 4 \times 10^{-15}$ eV · s. A energia cinética dos elétrons, emitidos por essa placa, em eV, vale:

a) 1,5
b) 1,9
c) 1,4
d) 2,0
e) 1,8

11. **(UFG-GO)** Em 2007, completaram 20 anos do acidente radiológico com o césio-137 em Goiânia. No ano do acidente, 20 g de cloreto de césio-137, por total desconhecimento do conteúdo e de suas consequências, foram liberados a céu aberto, provocando um dos maiores acidentes radiológicos de que se tem notícia. Após a tragédia, o dejeto radioativo foi armazenado num local próximo à cidade de Abadia de Goiás. O gráfico a seguir mostra a curva de decaimento radioativo do césio.

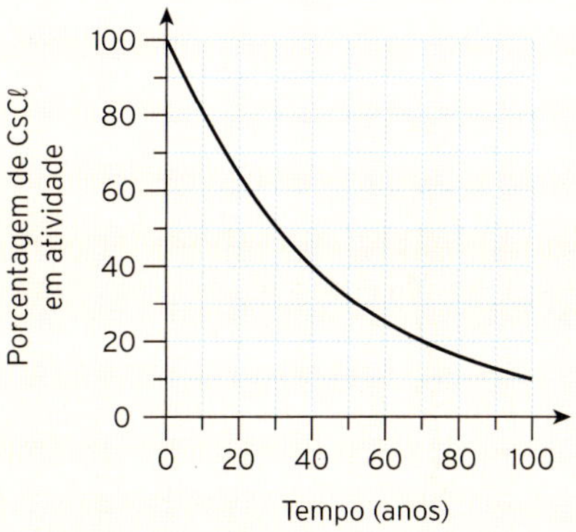

A partir do ano de 2007 e com base nos dados fornecidos, a quantidade em grama do sal $^{137}CsC\ell$ nos resíduos, após o tempo equivalente a uma meia-vida do césio-137, será, aproximadamente,

a) 5,0
b) 6,4
c) 8,0
d) 10,0
e) 12,8

12. **(UFMG)** Suponha que, no futuro, uma base avançada seja construída em Marte. Suponha, também, que uma nave espacial está viajando em direção à Terra, com velocidade constante igual à metade da velocidade da luz. Quando essa nave passa por Marte, dois sinais de rádio são emitidos em direção à Terra — um pela base e outro pela nave. Ambos são refletidos pela Terra e, posteriormente, detectados na base em Marte. Sejam t_B e t_n os intervalos de tempo total de viagem dos sinais emitidos, respectivamente, pela base e pela nave, desde a emissão até a detecção de cada um deles pela base em Marte.

Considerando-se essas informações, é **correto** afirmar que:

a) $t_n = \left(\frac{1}{2}\right)t_B$

b) $t_n = \left(\frac{2}{3}\right)t_B$

c) $t_n = \left(\frac{5}{6}\right)t_B$

d) $t_n = t_B$

13. **(UEMS)** Sabendo que 1 ano-luz é a distância percorrida pela luz em 1 ano, calcule a ordem de grandeza dessa distância. Dado: a velocidade da luz no vácuo é de aproximadamente 300 000 km/s.

a) 10^{12} m
b) 10^{14} m
c) 10^{16} m
d) 10^{18} m
e) 10^{20} m

14. **(UFMS)** Um fóton de luz vermelha possui comprimento de onda de 6 000 Å. Qual é a energia correspondente a esse fóton? Dado: constante de Planck $= 6{,}62 \times 10^{-34}$ J · s.

a) $6{,}33 \times 10^{-15}$ J
b) $2{,}33 \times 10^{-15}$ J
c) $3{,}31 \times 10^{-19}$ J
d) $4{,}01 \times 10^{-34}$ J
e) $2{,}32 \times 10^{-34}$ J

15. **(UFPR)** O efeito fotoelétrico foi descoberto experimentalmente por Heinrich Hertz em 1887. Em 1905, Albert Einstein propôs uma explicação teórica para esse efeito, a qual foi comprovada experimentalmente por Millikan, em 1914. Essa comprovação experimental deu a Einstein o prêmio Nobel de Física de 1921. Em relação a esse efeito, assinale a alternativa correta.

a) O efeito fotoelétrico ocorre quando um elétron colide com um próton.

b) A teoria de Einstein considerou que a luz nesse caso se comporta como uma onda.
c) Esse efeito é observado quando fótons atingem uma superfície metálica.
d) Esse efeito é utilizado para explicar o funcionamento de fontes de *laser*.
e) Inexistem aplicações tecnológicas desse efeito em nosso cotidiano, pois ele ocorre somente no nível atômico.

Resolução comentada

Alternativa **c**.

O efeito fotoelétrico ocorre quando um fóton transmite energia suficiente a um elétron presente em uma placa metálica, de maneira a retirá-lo do metal. O fóton, nesse caso, é considerado uma partícula. Há inúmeras aplicações do efeito fotoelétrico no dia a dia, como celulares, reprodutores digitais de música e vídeo, GPS e sensores.

16. (UFPR) A equação que descreve o espectro de radiação emitido por um corpo negro foi descoberta por Max Planck em 1900, sendo posteriormente chamada de lei da radiação de Planck. Ao deduzir essa equação, Planck teve que fazer a suposição de que a energia não poderia ter um valor qualquer, mas que deveria ser um múltiplo inteiro de um valor mínimo. O gráfico abaixo mostra a intensidade relativa da radiação emitida por um corpo negro em função do comprimento de onda para três diferentes temperaturas. A região visível do espectro compreende os comprimentos de onda entre 390 nm e 780 nm, aproximadamente, que correspondem às cores entre o violeta e o vermelho.

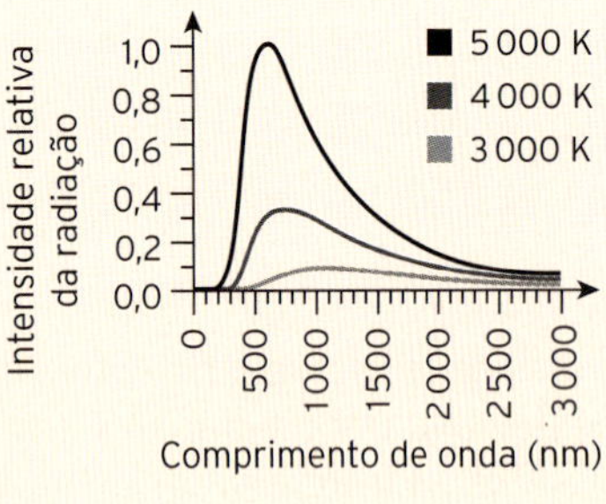

Com base nessas informações e no gráfico acima, considere as seguintes afirmativas:

1. A lei da radiação de Planck depende da temperatura do corpo negro e do comprimento de onda da radiação emitida.
2. O princípio de funcionamento de uma lâmpada incandescente pode ser explicado pela radiação de corpo negro.
3. Para a temperatura de 3 000 K, a maior parte da radiação emitida por um corpo aquecido está na faixa do infravermelho.

Assinale a alternativa **correta**.

a) Somente a afirmativa 1 é verdadeira.
b) Somente as afirmativas 1 e 2 são verdadeiras.
c) Somente as afirmativas 1 e 3 são verdadeiras.
d) Somente as afirmativas 2 e 3 são verdadeiras.
e) As afirmativas 1, 2 e 3 são verdadeiras.

17. (ITA-SP) Um elétron e um pósitron, de massa $m = 9{,}11 \cdot 10^{-31}$ kg, cada qual com energia cinética de 1,20 MeV e mesma quantidade de movimento, colidem entre si em sentidos opostos. Nesse processo colisional, as partículas aniquilam-se, produzindo dois fótons, γ e γ_2. Sendo dados: constante de Planck $h = 6{,}63 \cdot 10^{-34}$ J · s; velocidade da luz $c = 3{,}00 \cdot 10^{8}$ m/s; 1 eV $= 1{,}6 \cdot 10^{-19}$ J; 1 femtometro $= 1$ fm $= 1 \cdot 10^{-15}$ m, indique os respectivos valores de energia E e do comprimento de onda dos fótons.

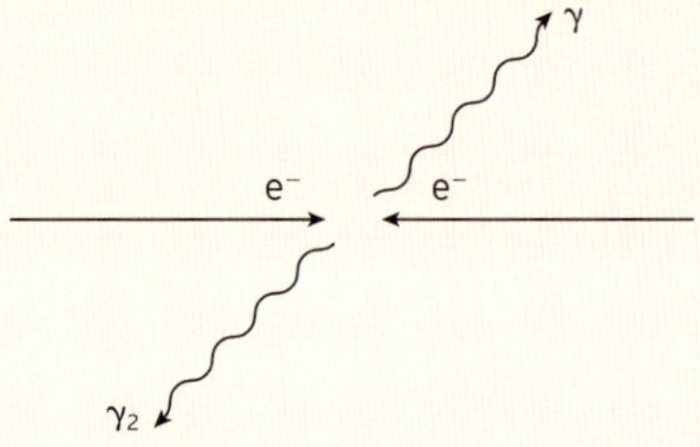

a) $E = 1{,}20$ MeV; $\gamma = 2\,435$ fm
b) $E = 1{,}20$ MeV; $\gamma = 1\,035$ fm
c) $E = 1{,}71$ MeV; $\gamma = 726$ fm
d) $E = 1{,}46$ MeV; $\gamma = 0{,}28 \cdot 10^{-2}$ fm
e) $E = 1{,}71$ MeV; $\gamma = 559$ fm

18. (UFMT) Em 1947, na Universidade de Bristol (Inglaterra), Cesar Lattes, físico brasileiro, idealizou uma série de experiências que culminou com a descoberta do méson π, partícula responsável pela força de interação nuclear forte. Essa força é responsável pela:

a) existência dos núcleos atômicos.
b) atração entre a Terra e a Lua.
c) queima de petróleo.
d) transparência de materiais vítreos.
e) catástrofe do ultravioleta nas radiações de corpos negros.

19. (UEG-GO) **Menor motor do mundo**

No final do ano passado, cientistas da Universidade Rice, nos Estados Unidos, criaram um nanocarro — um carro construído com uma única molécula constituída por trezentos átomos de carbono e trinta átomos de hidrogênio. Agora, os cientistas conseguiram colocar um motor no seu nanocarro.

O nanocarro consiste de um chassi e eixos feitos de grupos orgânicos bem definidos, com sistema de suspensão flexível e eixos que giram livremente. As rodas são *buckyballs*, esferas de carbono puro contendo sessenta átomos cada uma, cujo raio é 3,4 angstrons. O carro todo mede entre 3 e 4 nanometros de comprimento, o que o torna um pouco maior do que uma molécula de DNA. À temperatura ambiente, o nanocarro fica totalmente grudado sobre a superfície de ouro na qual ele foi construído. Mas, a cerca de 200 °C, ele fica livre e pode andar. A versão motorizada do nanocarro é alimentada por luz. Seu motor rotativo, um quadro molecular, foi adaptado para se encaixar no chassi. Quando um feixe de luz atinge o motor, este gira empurrando o carro molecular. Por enquanto, o nanocarro motorizado somente se movimentou quando mergulhado em um líquido – uma solução de tolueno.

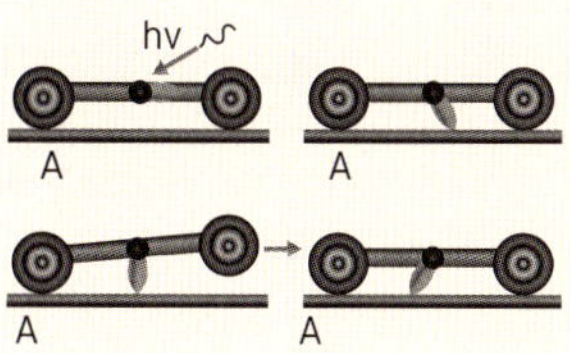

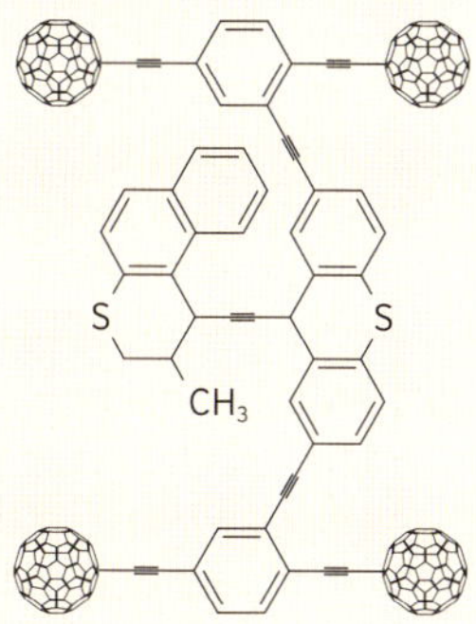

Tendo como base o texto anterior, julgue a validade das afirmações a seguir, considerando desprezível a massa total dos átomos de hidrogênio e que o nanocarro seja alimentado com micro-ondas ($5 \cdot 10^8$ Hz).

I. É necessário que o nanomotor absorva 11 fótons para que ele, partindo do repouso, atinja a velocidade de 1,1 m/s.

II. A interação eletrostática entre os átomos constituintes do nanocarro e a superfície de ouro fica reduzida por causa da solução de tolueno, quando comparado ao vácuo.

III. Supondo que a força produzida pelo nanomotor seja constante, contínua e paralela ao deslocamento e que, absorvendo 2 fótons, o nanocarro se desloque 3,3 nanometros, a força desenvolvida pelo nanomotor é de $2 \cdot 10^{26}$ N.

Assinale a alternativa **correta**.

a) Apenas as afirmações I e II são verdadeiras.
b) Apenas as afirmações I e III são verdadeiras.
c) Apenas as afirmações II e III são verdadeiras.
d) Todas as afirmações são verdadeiras.

20. (UFRGS-RS) Considerando as seguintes afirmações sobre a estrutura nuclear do átomo.

I. O núcleo de um átomo qualquer tem sempre carga elétrica positiva.

II. A massa do núcleo de um átomo é aproximadamente igual à metade da massa de todo o átomo.

III. Na desintegração de um núcleo radioativo, ele altera sua estrutura para alcançar uma configuração mais estável.

Quais estão **corretas**?

a) Apenas I.
b) Apenas II.
c) Apenas I e III.
d) Apenas II e III.
e) I, II e III.

21. (UFRGS-RS) No efeito fotoelétrico, ocorre a variação da quantidade de elétrons emitidos por unidade de tempo e da sua energia quando há variação de certas grandezas características da luz incidente na fotocélula.

Associe as variações descritas na coluna da direita com as grandezas da luz incidente, mencionadas na coluna da esquerda.

1. Frequência 2. Velocidade 3. Intensidade	Variação da energia dos elétrons emitidos
	Variação do número de elétrons emitidos por unidade de tempo

A relação numérica, de cima para baixo, da coluna da direita, que estabelece a sequência de associações **corretas** é:

a) 1 - 2
b) 1 - 3
c) 2 - 1
d) 2 - 3
e) 3 - 1

As questões 22 e 23 estão relacionadas ao texto abaixo.

A radioatividade sempre existiu em nosso planeta. Materiais radioativos estão presentes na crosta terrestre, nos pisos e paredes de nossas construções, nos alimentos e no nosso próprio corpo. Grande é o seu potencial de uso pela humanidade, como em centrais elétricas alimentadas por energia nuclear, na datação geológica e na medicina moderna.

22. (UFMT) Sobre radioatividade, assinale a afirmativa **incorreta**.

a) O fenômeno da radioatividade foi descoberto pelo cientista francês Henri Becquerel e pesquisado, entre outros cientistas, pelo casal Marie e Pierre Curie.

b) A emissão de radiação gama a partir do núcleo de um átomo não altera o número atômico e o número de massa do átomo.

c) A perda de uma partícula beta ($_{-1}^{0}\beta$) de um átomo de $_{33}^{75}$As forma um isótopo de arsênio.

d) Quando um radionuclídeo emite uma partícula alfa, seu número de massa diminui 4 unidades e seu número atômico diminui 2 unidades.

e) O fenômeno da radioatividade está ligado diretamente ao núcleo do átomo, que ao final do processo de reação sofre alteração, ao contrário da reação química em que o núcleo permanece inalterado, sofrendo mudanças apenas na eletrosfera do átomo.

23. **(UFMT)** Uma amostra de urânio radioativo, $_{92}^{238}$U, colocada em um recipiente cilíndrico de chumbo, decai em tório, $_{90}^{234}$Th, e emite radiação por meio de uma fenda na câmara de chumbo. A radiação passa entre duas placas condutoras, ligadas a uma fonte de corrente contínua, e incide sobre uma tela fluorescente, conforme a figura (as linhas tracejadas indicam as possíveis trajetórias das partículas).

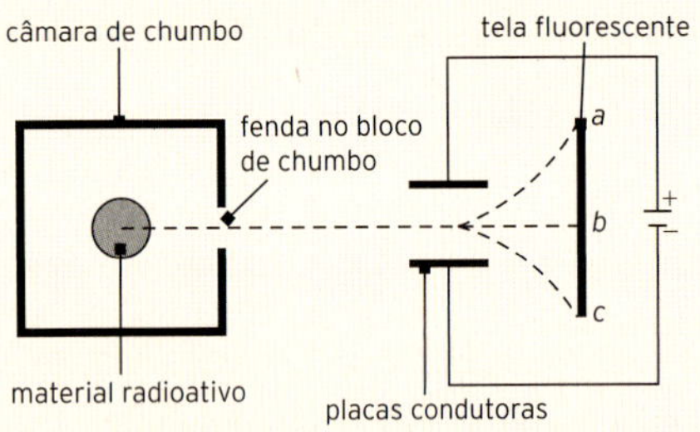

Assinale a correspondência **correta** entre partícula emitida e posição na tela fluorescente.

a) γ, b
b) α, a
c) β, c
d) α, c
e) β, a

24. **(Enem)** O lixo radioativo ou nuclear é resultado da manipulação de materiais radioativos, utilizados hoje na agricultura, na indústria, na medicina, em pesquisas científicas, na produção de energia etc. Embora a radioatividade se reduza com o tempo, o processo de decaimento radioativo de alguns materiais pode levar milhões de anos. Por isso, existe a necessidade de se fazer um descarte adequado e controlado de resíduos dessa natureza. A taxa de decaimento radioativo é medida em termos de um tempo característico, chamado meia-vida, que é o tempo necessário para que uma amostra perca metade de sua radioatividade original. O gráfico seguinte representa a taxa de decaimento ra dioativo do rádio-226, elemento químico pertencente à família dos metais alcalinos terrosos e que foi utilizado durante muito tempo na medicina.

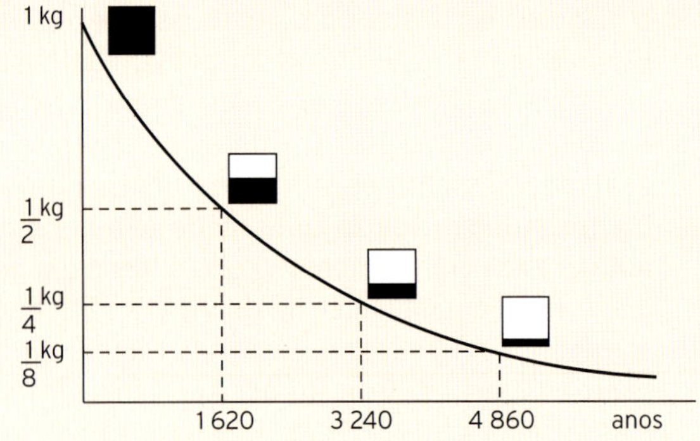

As informações fornecidas mostram que:

a) quanto maior é a meia-vida de uma substância, mais rápido ela se desintegra.

b) apenas $\frac{1}{8}$ de uma amostra de rádio-226 terá decaído ao final de 4 860 anos.

c) metade da quantidade original de rádio-226, ao final de 3 240 anos, ainda estará por decair.

d) restará menos de 1% de rádio-226 em qualquer amostra dessa substância após decorridas 3 meias-vidas.

e) a amostra de rádio-226 diminui a sua quantidade pela metade a cada intervalo de 1 620 anos devido à desintegração radioativa.

25. **(Enem)** Considere um equipamento capaz de emitir radiação eletromagnética com comprimento de onda bem menor que a da radiação ultravioleta. Suponha que a radiação emitida por esse equipamento foi apontada para um tipo específico de filme fotográfico e entre o equipamento e o filme foi posicionado o pescoço de um indivíduo. Quanto mais exposto à radiação, mais escuro se torna o filme após a revelação. Após acionar o equipamento e revelar o filme, evidenciou-se a imagem mostrada na figura a seguir.

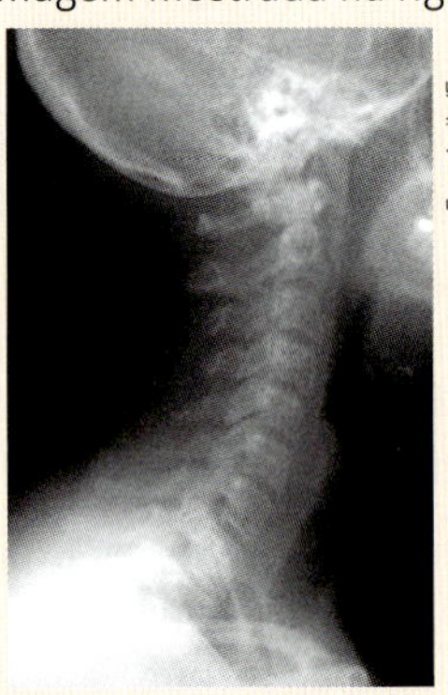
Fac-símile/Enem

Entre os fenômenos decorrentes da interação entre a radiação e os átomos do indivíduo que permitem a obtenção dessa imagem, inclui-se a:

a) absorção da radiação eletromagnética e a consequente ionização dos átomos de cálcio, que se transformam em átomos de fósforo.

b) maior absorção da radiação eletromagnética pelos átomos de cálcio que por outros tipos de átomos.

c) maior absorção da radiação eletromagnética pelos átomos de carbono que por átomos de cálcio.
d) maior refração ao atravessar os átomos de carbono que os átomos de cálcio.
e) maior ionização de moléculas de água que de átomos de carbono.

26. (Enem) Os núcleos dos átomos são constituídos de prótons e nêutrons, sendo ambos os principais responsáveis pela sua massa. Nota-se que, na maioria dos núcleos, essas partículas não estão presentes na mesma proporção. O gráfico mostra a quantidade de nêutrons (*N*) em função da quantidade de prótons (*Z*) para os núcleos estáveis conhecidos.

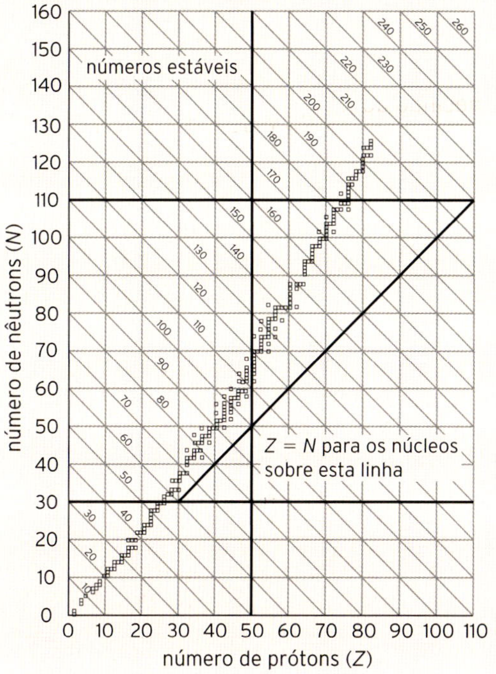

Z = N para os núcleos sobre esta linha

Kaplan, I. *Física nuclear*. Rio de Janeiro: Guanabara Dois, 1978. Adaptado.

O antimônio é um elemento químico que possui 50 prótons e possui vários isótopos — átomos que só se diferem pelo número de nêutrons. De acordo com o gráfico, os isótopos estáveis do antimônio possuem:

a) entre 12 e 24 nêutrons a menos que o número de prótons.
b) exatamente o mesmo número de prótons e nêutrons.
c) entre 0 e 12 nêutrons a mais que o número de prótons.
d) entre 12 e 24 nêutrons a mais que o número de prótons.
e) entre 0 e 12 nêutrons a menos que o número de prótons.

27. (Enem) Na linha de uma tradição antiga, o astrônomo grego Ptolomeu (100-170 d.C.) afirmou a tese do geocentrismo, segundo a qual a Terra seria o centro do Universo, sendo que o Sol, a Lua e os planetas girariam em seu redor em órbitas circulares. A teoria de Ptolomeu resolvia de modo razoável os problemas astronômicos da sua época. Vários séculos mais tarde, o clérigo e astrônomo polonês Nicolau Copérnico (1473-1543), ao encontrar inexatidões na teoria de Ptolomeu, formulou a teoria do heliocentrismo, segundo a qual o Sol deveria ser considerado o centro do Universo, com a Terra, a Lua e os planetas girando circularmente em torno dele. Por fim, o astrônomo e matemático alemão Johannes Kepler (1571-1630), depois de estudar o planeta Marte por cerca de trinta anos, verificou que a sua órbita é elíptica. Esse resultado generalizou-se para os demais planetas.

A respeito dos estudiosos citados no texto, é **correto** afirmar que:

a) Ptolomeu apresentou as ideias mais valiosas, por serem mais antigas e tradicionais.
b) Copérnico desenvolveu a teoria do heliocentrismo inspirado no contexto político do Rei Sol.
c) Copérnico viveu em uma época em que a pesquisa científica era livre e amplamente incentivada pelas autoridades.
d) Kepler estudou o planeta Marte para atender às necessidades de expansão econômica e científica da Alemanha.
e) Kepler apresentou uma teoria científica que, graças aos métodos aplicados, pôde ser testada e generalizada.

28. (Uncisal) O Sol emite energia à razão de $1 \cdot 10^{26}$ J a cada segundo. Se a energia irradiada pelo Sol é proveniente da conversão de massa em energia e sabendo-se que a equação de Einstein estabelece que $E = mc^2$, onde E é a energia, m é a massa, e $c = 3 \cdot 10^8$ m/s é a velocidade da luz no vácuo, pode-se concluir que o Sol perde, a cada segundo, uma quantidade de massa, em kg, da ordem de:

a) 10^{18}
b) 10^{10}
c) 10^9
d) 10^8
e) 10^5

29. (UFRN) Os óculos de visão noturna detectam a radiação infravermelha emitida ou refletida pelos corpos.

Esses equipamentos são bastante utilizados em aplicações militares, em navegação, e também por pesquisadores, que, com o auxílio deles, podem detectar animais na mata durante a noite, entre outras aplicações. Um desses tipos de óculos, que utiliza a técnica da imagem térmica, opera por meio da captura do espectro luminoso infravermelho, emitido, na forma de calor, pelos objetos.

A teoria física que explica a emissão de radiação pelos corpos, e na qual se baseia o funcionamento dos óculos de visão noturna, é a teoria:

a) do efeito fotoelétrico, de Einstein.
b) do átomo, de Bohr.
c) da dualidade onda-partícula, de De Broglie.
d) da radiação do corpo negro, de Planck.

Vestibular e Enem

30. (ITA-SP) Experimentos de absorção de radiação mostram que a relação entre a energia E e a quantidade de movimento p de um fóton é $E = pc$. Considere um sistema isolado formado por dois blocos de massas m_1 e m_2 respectivamente, colocados no vácuo, e separados entre si de uma distância L. No instante $t = 0$, o bloco de massa m_1 emite um fóton que é posteriormente absorvido inteiramente por m_2, não havendo qualquer outro tipo de interação entre os blocos. (Ver figura). Suponha que m_1 se torne m_1 em razão da emissão do fóton e, analogamente, m_2 se torne m_2 devido à absorção desse fóton. Lembrando que esta questão também pode ser resolvida com recursos da Mecânica Clássica, assinale a opção que apresenta a relação correta entre a energia do fóton e as massas dos blocos.

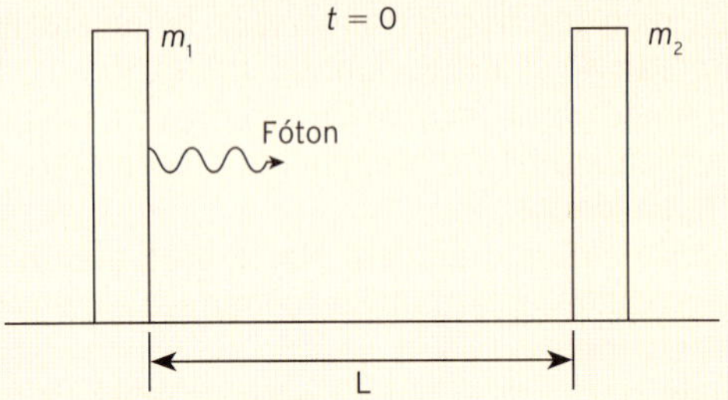

a) $E = (m_2 - m_1)c^2$
b) $E = (m_1 - m_2)c^2$
c) $E = (m_2 - m_2)\frac{c^2}{2}$
d) $E = (m_2 - m_2)c^2$
e) $E = (m_1 + m_1)c^2$

31. (ITA-SP) Uma amostra I de átomos de ^{57}Fe, cujos núcleos excitados emitem fótons devido a uma transição nuclear, está situada a uma altura d verticalmente acima da amostra II de ^{57}Fe que recebe a radiação emitida pela amostra I. Ao chegar a II, os fótons da amostra I sofrem um aumento de frequência devido à redução de sua energia potencial gravitacional, sendo, portanto, incapazes de excitar os núcleos de ^{57}Fe dessa amostra. No entanto, essa incapacidade pode ser anulada se a amostra I se afastar verticalmente da amostra II com uma velocidade v adequada. Considere $v \leq c$ e que a energia potencial gravitacional do fóton de energia ε pode ser emitida mediante sua "massa efetiva" $\frac{\varepsilon}{c^2}$, assinale a opção que explicita v. Se necessário, utilize $(1 + x)^n \cong 1 + nx$ para $x \leq 1$.

a) $\sqrt{gd}$
b) $\frac{gd}{c}$
c) $2\sqrt{gd}$
d) $\frac{2gd}{c}$
e) $gd\frac{\sqrt{gd}}{c^2}$

32. (ITA-SP) No sistema de unidades atômicas de Hartree, as unidades de carga elétrica, de massa, de comprimento e de tempo podem ser representadas respectivamente por q_A, m_A, L_A e t_A. Neste sistema, a carga elétrica e do próton é igual a $1q_A$, a massa do elétron m_0 vale $1m_A$, a constante de Planck reduzida h é igual a $1m_A \cdot \frac{L_A^2}{t_A}$ e a constante de Coulomb $K_0 = \frac{1}{(4\pi\varepsilon_0)}$ vale $1m_A \cdot \frac{L_A^3}{(q_A^2 \cdot t_A^2)}$.

Dados SI:
$e = 1{,}6 \cdot 10^{-19}$ C $\quad m_0 = 9{,}1 \cdot 10^{-31}$ kg
$h = 1{,}1 \cdot 10^{-34}$ J · s
$K_0 = 9{,}0 \cdot 10^9$ N · m²/C²

a) Qual a medida, em metros, de um comprimento igual a 1,0 L_A?
b) Qual a medida, em segundos, de um tempo igual a 1,0 L_A?

33. (ITA-SP) Pontos quânticos são nanoestruturas que permitem a manipulação do estado quântico de um único elétron, sendo um caminho promissor para a Computação Quântica. Em primeira aproximação, um ponto quântico confina elétrons com um potencial semelhante ao de um oscilador harmônico, isto é, com uma energia potencial do tipo $V = \frac{m\omega^2x^2}{2}$, em que x é a posição da partícula em relação ao ponto de equilíbrio, m é a massa da partícula confinada, $\omega = \sqrt{\frac{k}{m}}$ e k é a "constante da mola" (embora não seja este um conceito apropriado no mundo quântico). De acordo com a Mecânica Clássica, a energia mecânica deste oscilador pode variar continuamente de zero até infinito. Por outro lado, na Mecânica Quântica, a energia deste oscilador varia de forma discreta, de acordo com a expressão $E_n = \left(\frac{n+1}{2}\right)h\omega$, em que n pode assumir os valores 0, 1, 2, ... Na descrição quântica do oscilador harmônico, o menor valor possível para a energia mecânica é $\frac{h\omega}{2}$, diferentemente do previsto na Mecânica Clássica. Explique por que não é possível haver energia igual a zero na descrição quântica do oscilador harmônico.

34. (ITA-SP) No modelo proposto por Einstein, a luz se comporta como se sua energia estivesse concentrada em pacotes discretos, chamados de "quanta" de luz, e atualmente conhecidos por fótons. Estes possuem momento p e energia E relacionados pela equação $E = pc$ em que c é a velocidade da luz no vácuo. Cada fóton carrega uma energia $E = hf$ em que h é a constante de Planck e f é a frequência da luz. Um evento raro, porém possível, é a fusão de dois fótons, produzindo um par elétron-pósitron, sendo a massa do pósitron igual à massa do elétron. A relação de Einstein associa a energia da partícula à massa do elétron ou pósitron, isto é, $E = m_ec^2$. Assinale a frequência mínima de cada fóton, para que dois fótons, com momentos opostos e de módulos iguais, produzam um par elétron-pósitron após a colisão.

a) $f = \frac{(4m_ec^2)}{h}$
b) $f = \frac{(m_ec^2)}{h}$
c) $f = \frac{(2m_ec^2)}{h}$
d) $f = \frac{(m_ec^2)}{2h}$
e) $f = \frac{(m_ec^2)}{4h}$

Para explorar

A seguir são apresentadas sugestões para ampliar seus conhecimentos sobre os temas desta unidade.

Companhia das Letras/Arquivo da editora

Livros

- *Astronomia e astrofísica*, **de Kepler de Oliveira e Maria de Fátima O. Saraiva. São Paulo: Livraria da Física, 2004.**
A obra busca oferecer uma visão ampla da Astronomia moderna, começando com a simples observação do céu até a compreensão do Universo. Discute a possibilidade da existência de vida extraterrestre, por meio do uso das leis da Física. O livro apresenta também, em linguagem acessível, alguns capítulos sobre trigonometria esférica, leis de Kepler generalizadas, interiores estelares e cosmologia newtoniana e relativística.

- *Bilhões e bilhões*, **de Carl Sagan. São Paulo: Companhia das Letras, 2008.**
A obra apresenta uma coletânea de artigos de Sagan sobre a vida e a morte, seja do Universo, seja de uma pessoa. Destaque para a discussão lúcida e sensível que ele faz de sua doença, um câncer que acabou levando-o à morte.

Jorge Zahar/Arquivo da editora

- *Alice no país do quantum*: **a Física quântica ao alcance de todos, de Robert Gilmore. Rio de Janeiro: Jorge Zahar, 1998.**
Misturando ficção e ciência, o autor mostra os principais pensamentos da Física quântica enquanto diverte o leitor. Rico em ilustrações, o livro transforma o mundo atômico em um universo de maravilhas para a personagem Alice.

Papirus/Arquivo da editora

- *Física*: **Einstein para o ensino médio, de Márcio Barreto. São Paulo: Papirus, 2009.**
Para quem está interessado no desenvolvimento tecnológico permitido pela Física moderna e na influência do pensamento quântico nas mais diversas áreas do conhecimento, essa obra mostra como a dualidade onda-partícula, o princípio da incerteza, a relação espaço-tempo, entre outros elementos, interagem com a Filosofia, as Artes, a Matemática, a História e a Literatura.

- *O incrível mundo da física moderna*, **de George Gamow. 2. ed. Trad. Jacy Monteiro. São Paulo: Ibrasa, 1980.**
Um dos principais físicos do século XX, grande divulgador científico e um dos formuladores da teoria do Big Bang, Gamow usa seu bom humor tradicional para criar uma história em que ficção e ciência se abraçam para ensinar a Física moderna até a década de 1960.

Ibrasa/Arquivo da editora

Internet

- **Laboratório Nacional de Astrofísica. <http://www.lna.br/>. Acesso em: 22 mar. 2013.**
Esse *site* publica novidades e eventos do ramo da astrofísica, esclarecimentos sobre fenômenos astrofísicos, dicas de *links*, entre outros aspectos da área.

Física clássica e Física moderna: duas visões que influenciam a nossa época

O que você vai fazer

Neste projeto, você e sua turma vão organizar uma **entrevista coletiva** com três especialistas: um físico, um filósofo e um especialista em literatura. Para isso, será necessário **pesquisar** as concepções filosóficas que fundamentam o pensamento da Física clássica e as concepções presentes na Física moderna, bem como suas influências na Filosofia e na literatura. Depois da pesquisa, o grupo deve **preparar as perguntas** a serem feitas para cada um dos especialistas.

Objetivo

Conhecer mais profundamente as influências culturais, sociais e filosóficas do pensamento da Física clássica e da Física moderna e analisar seus impactos nos dias atuais.

Procedimentos

O professor pode dividir a classe em dois grandes grupos (1 e 2). Cada grupo pesquisará um tema, a ser sorteado.

Grupo 1. Pesquisar e preparar as perguntas relativas às concepções filosóficas da **Física clássica**. Esse grupo pode ser subdividido em três subgrupos.

Subgrupo 1A	Subgrupo 1B	Subgrupo 1C
Pesquisar e formular perguntas ao físico sobre as **concepções principais da Física clássica**.	Pesquisar e formular perguntas ao filósofo sobre a **influência da Física clássica na Filosofia**.	Pesquisar e formular perguntas ao especialista em literatura sobre a **influência da Física clássica nas escolas literárias**.

Grupo 2. Pesquisar e preparar as perguntas sobre as concepções da **Física moderna**. Esse grupo pode ser subdividido em três subgrupos.

Subgrupo 2A	Subgrupo 2B	Subgrupo 2C
Pesquisar e formular perguntas ao físico sobre as **concepções principais da Física moderna**.	Pesquisar e formular perguntas ao filósofo sobre a **influência da Física moderna na Filosofia**.	Pesquisar e formular perguntas ao especialista em literatura sobre a **influência da Física moderna nas escolas literárias**.

Cada grupo escolherá dois alunos para serem coordenadores, os quais ficarão responsáveis pela elaboração do cronograma das atividades, com o objetivo de gerenciar e controlar o andamento das tarefas, além de, também, participar delas.

O que pesquisar

As tabelas a seguir apresentam alguns temas para a pesquisa.

Subgrupo 1A	Subgrupo 1B	Subgrupo 1C
• Contribuições de René Descartes, Galileu e Newton • O que é o determinismo • A importância da causalidade • Principais contribuições da Física clássica à Primeira Revolução Industrial • Limitações da Física clássica	• Iluminismo • Pensamento cartesiano • Contribuições de Hippolyte Taine (1828-1893) e Auguste Comte (1798-1857) • Positivismo • Crença na razão absoluta • Críticas ao pensamento iluminista e positivista	• Ideal de perfeição nas obras renascentistas • Realismo • Contribuições de Émile Zola (1840-1902), Aluísio Azevedo (1857-1913), Gustave Flaubert (1821-1880) e de escritores realistas em geral

Subgrupo 2A	Subgrupo 2B	Subgrupo 2C
▪ Contribuições de Planck, Bohr, Einstein e Schrödinger ▪ O que é o indeterminismo ▪ O fim da causalidade clássica ▪ A importância do acaso e da imperfeição ▪ O princípio da incerteza ▪ Análise do estado, e não de objetos ▪ Padrões de probabilidade ▪ Influências do pensamento moderno na Segunda e na Terceira Revolução Industrial	▪ Críticas à razão absoluta ▪ Princípios fundamentais do pensamento de Friedrich Nietzsche (1844-1900) ▪ O niilismo ▪ A modernidade ▪ A pós-modernidade ▪ Fim das certezas ▪ Culto à novidade e o fim das tradições ▪ A contracultura	▪ O Modernismo ▪ O Pós-Modernismo ▪ O poeta William Blake (1757-1827) e a crítica ao pensamento clássico ▪ Contribuições de Oswald de Andrade (1890-1954) e Tristan Tzara (1896-1963) ▪ Os movimentos de vanguarda: Dadaísmo, Cubismo, Surrealismo e Futurismo

Ao final da pesquisa, cada subgrupo vai elaborar uma lista de perguntas aos especialistas. Pode-se inicialmente pedir que cada membro do subgrupo formule uma ou duas perguntas e, depois, o próprio subgrupo escolhe as que serão levadas à entrevista. Na seleção dessas perguntas, devem ser priorizadas as de cunho reflexivo (ver exemplos de perguntas no quadro a seguir). Cada subgrupo deve escolher um aluno para fazer as perguntas aos especialistas no dia da entrevista coletiva.

Exemplos de perguntas

1) **Para o físico**. A Física moderna acabou com as certezas absolutas (tempo, espaço e massa absolutos), ou apenas mudou de certezas, passando a acreditar em outros princípios absolutos (o limite absoluto da velocidade da luz, a quantização, etc.)?
2) **Para o filósofo**. Até que ponto o aparente fim das certezas e a consequente instabilidade social, cultural e até mesmo emocional afetam o jovem de hoje?
3) **Para o especialista em literatura**. É possível haver uma obra de arte, em especial na literatura, que seja completamente racional?

Organização da entrevista coletiva

Sabendo que a entrevista coletiva ocorrerá no espaço de tempo de duas aulas, é necessário organizá-la. Precisam ser tomadas as decisões a seguir.

- Escolher o mediador da entrevista. Sugestão: pode ser o coordenador de sua escola ou algum outro membro da comunidade escolar.
- Delimitar a quantidade de perguntas a serem feitas pelos subgrupos para cada entrevistado. Decidir se o perguntador terá direito à réplica após a pergunta.
- Decidir se é possível abrir espaço para a formulação de novas perguntas propostas pelos representantes dos subgrupos ou por toda a plateia (a entrevista será aberta a outros membros da comunidade?).
- Preparar o espaço físico para a entrevista: deixar os entrevistados na posição central do ambiente, organizar a disposição da plateia, etc.

Depois da entrevista

Faça uma dissertação acerca do que você aprendeu com as entrevistas. Nessa dissertação, explique as concepções da Física moderna e da Física clássica. Dê exemplos de situações concretas em que cada uma dessas concepções está presente em sua vida. Ao final de sua dissertação, escolha uma dessas concepções e tente aplicá-las em sua vida pessoal. Você pode, por exemplo, dizer se prefere viver de maneira mais previsível e planejada (próxima do ideal defendido pelo modelo clássico) e, com isso, ter mais possibilidade de obter estabilidade; ou outra maneira de viver em que se pode ter um planejamento de vida em que haja abertura para o acaso, para a incerteza e para a imperfeição (modelo inspirado pela Física moderna).

Apêndice

Alfabeto grego

Letra	Minúscula	Maiúscula
Alpha	α	A
Beta	β	B
Gamma	γ	Γ
Delta	δ	Δ
Épsilon	ϵ	E
Zeta	ζ	Z
Eta	η	H
Theta	θ	Θ
Iota	ι	I
Kappa	κ	K
Lâmbda	λ	Λ
Mü	μ	M

Letra	Minúscula	Maiúscula
Nü	ν	N
Ksi	ξ	Ξ
Ômicron	o	O
Pi	π	Π
Rô	ρ	P
Sigma	σ	Σ
Tau	τ	T
Úpsilon	υ	Υ
Phi	φ	Φ
Chi	χ	X
Psi	ψ	Ψ
Ômega	ω	Ω

Unidades de medida

Sistema Internacional de Unidades – SI

Sistema coerente de unidades adotado e recomendado pela Conferência Geral de Pesos e Medidas (CGPM).

Observação: O SI apresenta, atualmente, sete unidades de base:

Grandeza	Unidade de medida	Símbolo
Tempo	segundo	s
Comprimento	metro	m
Massa	kilograma ou quilograma	kg
Corrente elétrica	ampère	A
Temperatura termodinâmica	kelvin	K
Intensidade luminosa	candela	cd
Quantidade de substância	mol	mol

Observação: Em um sistema coerente de unidades, há uma única unidade de base para cada grandeza fundamental.

Múltiplo de uma unidade

Unidade de medida múltipla de uma dada unidade de referência, de acordo com as convenções de escalonamento.

Exemplos:

a) Um dos múltiplos decimais do metro é o quilômetro.

b) Um dos múltiplos não decimais do segundo é a hora.

Submúltiplo de uma unidade

Unidade de medida que é formada por um submúltiplo de uma unidade de referência, de acordo com as convenções de escalonamento.

Exemplo: Um dos submúltiplos decimais do metro é o milímetro.

Fonte de pesquisa: Instituto de Pesos e Medidas do Estado de São Paulo (Ipem-SP).

Unidades de medida derivadas

As unidades derivadas podem ser expressas por meio da composição das unidades de base. Para tanto, utilizam-se sinais matemáticos de divisão e multiplicação.

Exemplo: metros por segundo (m/s), que é uma medida de velocidade.

Grandeza	Unidade de medida	Símbolo	Definição
Indução magnética	tesla	T	$N \cdot s \cdot C^{-1} \cdot m^{-1} = J \cdot A^{-1} \cdot m^{-2}$
Capacitância	farad	F	$C \cdot V^{-1}$
Carga elétrica	coulomb	C	$A \cdot s$
Fluxo magnético	weber	Wb	$T \cdot m^2$
Força	newton	N	$kg \cdot m \cdot s^{-2}$
Frequência	hertz	Hz	s^{-1}
Indutância	henry	H	$J/A^2 = T \cdot m^2/A$
Potência	watt	W	$N \cdot m \cdot s^{-1}$
Potencial elétrico	volt	V	$J \cdot C^{-1}$
Pressão	pascal	Pa	$N \cdot m^{-2}$
Resistência elétrica	ohm	Ω	$V \cdot A^{-1}$
Trabalho, energia	joule	J	$N \cdot m$

Potências de base 10

Múltiplo	Prefixo	Símbolo do prefixo	Valor
10^{15}	peta	P	1 000 000 000 000 000
10^{12}	tera	T	1 000 000 000 000
10^{9}	giga	G	1 000 000 000
10^{6}	mega	M	1 000 000
10^{3}	kilo ou quilo	k	1 000
10^{2}	hecto	h	100
10^{1}	deca	da	10
10^{-1}	deci	d	0,1
10^{-2}	centi	c	0,01
10^{-3}	mili	m	0,001
10^{-6}	micro	μ	0,000001
10^{-9}	nano	n	0,000000001
10^{-12}	pico	p	0,000000000001
10^{-15}	femto	f	0,000000000000001

Para formar o múltiplo ou submúltiplo de uma unidade, basta colocar o nome do prefixo desejado na frente do nome dessa unidade. O mesmo se dá com o símbolo.

Exemplos:

- quilo · volt = quilovolt = k · V
- mili · volt = milivolt = m · V

Constantes físicas

Constante	Símbolo	Valor
Carga elementar	e	$1{,}60217653 \cdot 10^{-19}$ C
Constante de Avogadro	N_A	$6{,}0221415 \cdot 10^{23}$ mol^{-1}
Constante da lei de Coulomb	K	$8{,}98755178 \cdot 10^{9}$ N · m^2 · C^{-2}
Constante de Boltzmann	K_B	$1{,}380 \cdot 10^{-23}$ J · K^{-1}
Constante de Planck	h	$6{,}626076 \cdot 10^{-34}$ J · s
Constante gravitacional universal	G	$6{,}6742 \cdot 10^{-11}$ m^3 · kg^{-1} · s^{-2}
Constante molar dos gases	R	$8{,}314$ J · mol^{-1} · K^{-2}
Gravidade média na superfície da Lua	g_L	$1{,}67$ m · s^{-2}
Gravidade média na superfície da Terra	g_T	$9{,}81$ m · s^{-2}
Massa da Lua	m_L	$7{,}36 \cdot 10^{22}$ kg
Massa da Terra	m_T	$5{,}98 \cdot 10^{24}$ kg
Massa do Sol	m_S	$1{,}99 \cdot 10^{30}$ kg
Massa do elétron	m_e	$9{,}109390 \cdot 10^{-31}$ kg
Massa do nêutron	m_n	$1{,}674929 \cdot 10^{-27}$ kg
Massa do próton	m_p	$1{,}672623 \cdot 10^{-27}$ kg
Permissividade elétrica do vácuo	ϵ_0	$8{,}854 \cdot 10^{-12}$ F · m^{-1}
Permissividade magnética do vácuo	μ_0	$4\pi \cdot 10^{-7}$ N · A^{-2}
Potência irradiada pelo Sol	P	$3{,}90 \cdot 10^{26}$ W
Raio da Lua	r_L	$1{,}74 \cdot 10^{6}$ m
Raio da Terra	r_T	$6{,}37 \cdot 10^{6}$ m
Raio do Sol	r_S	$7{,}00 \cdot 10^{9}$ m

Trigonometria

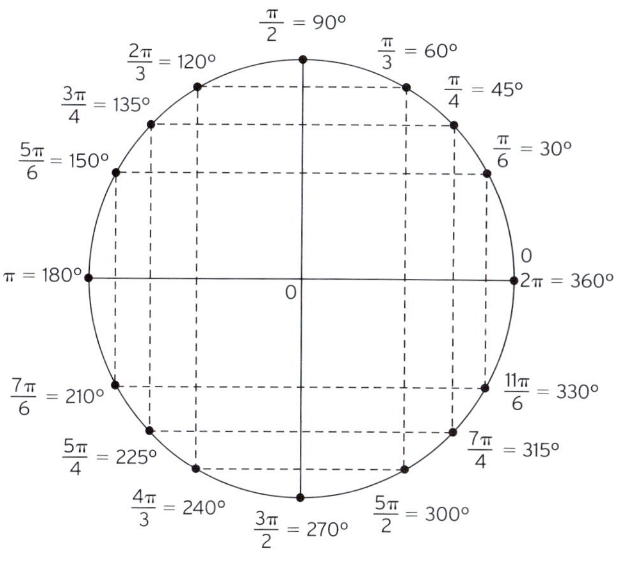

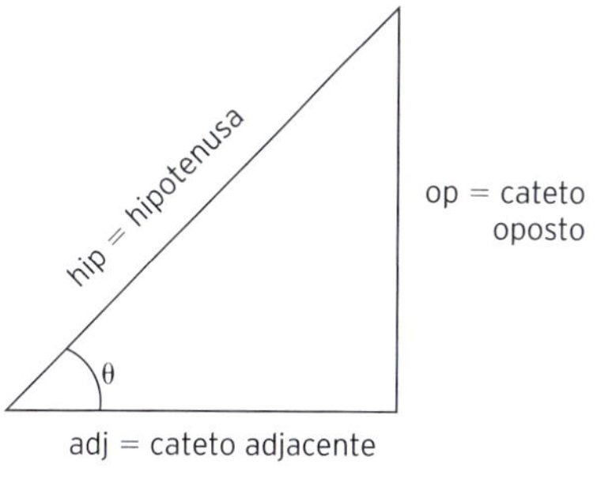

$$\text{seno} = \text{sen}\,\theta = \frac{\text{op}}{\text{hip}} \qquad \text{cossecante} = \text{cossec}\,\theta = \frac{\text{hip}}{\text{op}}$$

$$\text{cosseno} = \cos\theta = \frac{\text{adj}}{\text{hip}} \qquad \text{secante} = \sec\theta = \frac{\text{hip}}{\text{adj}}$$

$$\text{tangente} = \text{tg}\,\theta = \frac{\text{op}}{\text{adj}} \qquad \text{cotangente} = \text{cotg}\,\theta = \frac{\text{adj}}{\text{op}}$$

Valores de seno, cosseno e tangente de alguns ângulos

	Ângulo θ				
	0°	30°	45°	60°	90°
sen θ	0	$\frac{1}{2}$	$\frac{\sqrt{2}}{2}$	$\frac{\sqrt{3}}{2}$	1
cos θ	1	$\frac{\sqrt{3}}{2}$	$\frac{\sqrt{2}}{2}$	$\frac{1}{2}$	0
tg θ	0	$\frac{\sqrt{3}}{3}$	1	$\sqrt{3}$	∄

Glossário

Alquimia. Conjunto de conhecimentos que misturava Filosofia e Química, vigente na Idade Média e no período renascentista. Entre seus objetivos estava transformar metais não preciosos em ouro.

Âmbar. Material semelhante ao plástico, resultante do endurecimento da seiva de uma espécie extinta de árvore.

Vladimir Sazonov/Shutterstock.com/ID/BR

Pedaços de âmbar.

Amperímetro. Aparelho destinado a medir a intensidade da corrente elétrica que percorre um circuito.

Amplitude de onda. Deslocamento máximo em relação à posição de equilíbrio de um corpo em oscilação, ou de uma onda. Representa a altura da crista de uma onda.

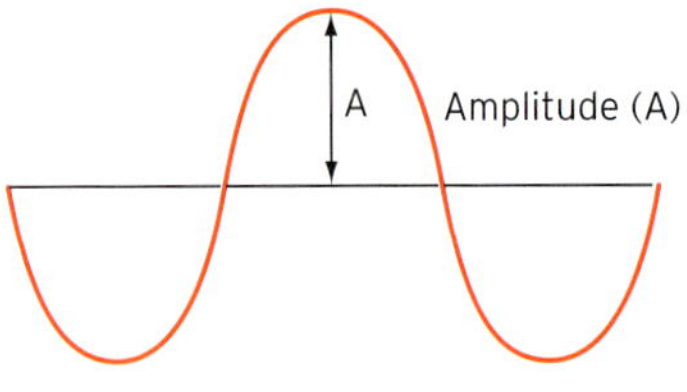

Aquecimento global. Aumento da temperatura média da Terra.

Astrofísica. Ramo da astronomia que estuda os processos físicos que levam à formação das estrelas e das galáxias, assim como o que causa sua emissão e sua evolução.

Astronomia. Ciência que estuda as leis que governam o movimento e a origem dos corpos celestes (estrelas, planetas, nuvens de gás interestelar, galáxias, etc.).

Big bang. Teoria que explica como o Universo se desenvolveu, a partir de um estado minúsculo e muito denso, até os dias atuais. Descreve a expansão do Universo e faz diversas previsões, muitas delas confirmadas por meio de observações.

Blindagem eletrostática. Propriedade de uma superfície metálica fechada, como uma esfera oca ou uma gaiola, que torna nulo o campo elétrico em seu interior.

Bomba nuclear. Bomba com grande poder de destruição por provocar reações nucleares em cadeia que liberam grande quantidade de energia.

Buraco negro. Corpo celeste que possui campo gravitacional tão intenso que nenhuma partícula ou radiação consegue escapar dele, incluindo a luz.

Camada de ozônio. Camada da atmosfera, constituída pelo gás ozônio (O_3), que bloqueia a maior parte dos raios ultravioleta emitidos pelo Sol.

Campo elétrico. Propriedade física do espaço, criada em todos os pontos sob a influência de uma ou mais cargas elétricas. As cargas imersas em um campo elétrico estão sujeitas a forças de atração ou de repulsão.

Campo elétrico uniforme. Campo elétrico cuja intensidade, direção e sentido são constantes em todos os pontos do espaço.

Campo magnético. Propriedade física do espaço, criada em todos os pontos sob a influência de um ou mais ímãs ou de um condutor percorrido por corrente elétrica.

Capacitor. Elemento elétrico, formado por dois terminais metálicos separados por um meio isolante, que é capaz de armazenar carga elétrica.

Carga elétrica. Propriedade fundamental de certas partículas, responsável pelas interações elétricas e eletromagnéticas. Pode ser positiva ou negativa.

Carga elétrica puntiforme. Propriedade física de um corpo eletrizado, cujas dimensões são desprezíveis.

Catalisador. Substância que aumenta a velocidade de uma reação química, sem alterar o produto final.

Chorume. Líquido preto de odor fétido resultante de processos químicos, físicos e biológicos que ocorrem durante a decomposição de matéria orgânica.

Chuva ácida. Chuva com alto teor de acidez, geralmente causada por emissão de poluentes, que reagem com a água formando ácidos.

Circuito elétrico. Sistema composto de dispositivos elétricos conectados por fios condutores, que é percorrido por corrente elétrica e geralmente tem um fim específico.

Comprimento de onda. Distância entre dois pontos equivalentes consecutivos de uma onda – entre duas cristas consecutivas, por exemplo.

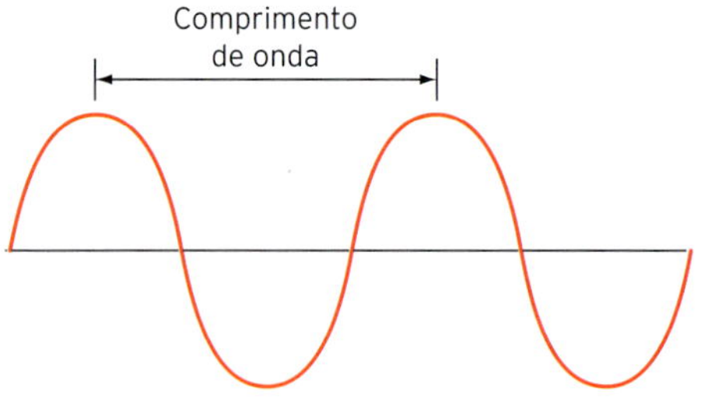

Concêntrico. Que tem o mesmo centro.

Condensador. 1. Equipamento que transforma o vapor de água em água líquida. 2. Sinônimo de capacitor.

Condutividade elétrica. Grandeza que mede a capacidade que um material tem de conduzir corrente elétrica.

Condutor elétrico. Material capaz de conduzir corrente elétrica. Um condutor possui em seu interior grande quantidade de portadores de carga elétrica, que podem se mover com facilidade.

Constante de Planck. Constante fundamental da Física, relacionada a fenômenos quânticos.

Corrente alternada. Corrente elétrica cujo sentido muda em intervalos regulares de tempo.

Corrente contínua. Corrente elétrica cujo sentido permanece constante com o passar do tempo.

Corrente elétrica. Movimento ordenado de portadores de carga elétrica.

Cosmologia. Ciência que estuda a estrutura do Universo, abordando também sua origem e evolução.

Curto-circuito. Conexão elétrica que apresenta baixa resistência, permitindo a passagem de correntes intensas e excessivas, que podem danificar os elementos do circuito.

Dadaísmo. Movimento cultural surgido entre artistas e intelectuais durante a Primeira Guerra Mundial, como forma de repúdio aos conflitos e aos valores da civilização ocidental. O movimento dadaísta desprezava a lógica e cultivava a irracionalidade.

Decaimento. Transformação natural de elementos radioativos em outros elementos, por emissão de radiação.

Declinação magnética. Ângulo formado entre a direção apontada por uma bússola e a direção da linha geográfica norte-sul.

Dielétrico. Material isolante colocado entre as placas de um capacitor.

Dínamo. Equipamento que transforma energia mecânica em elétrica.

Disjuntor. Dispositivo de segurança para circuitos elétricos, de funcionamento similar ao do fusível.

Efeito fotoelétrico. Emissão de elétrons por uma placa metálica, quando submetida à incidência de luz com determinadas frequências.

Efeito Joule. Transformação de energia elétrica em térmica.

Eletricidade. Conjunto de fenômenos físicos relacionados às partículas com cargas elétricas e às interações entre essas cargas.

Eletrização. Fenômeno pelo qual um corpo neutro se torna carregado eletricamente, devido a uma alteração no número de seus elétrons.

Eletrização por atrito. Processo pelo qual se atritam dois corpos neutros feitos de materiais diferentes, causando uma transferência de elétrons. O corpo que recebe os elétrons fica carregado negativamente, enquanto o corpo que cede os elétrons fica carregado positivamente.

Eletrização por contato. Processo de eletrização no qual se colocam em contato dois ou mais corpos, estando pelo menos um deles carregado. Com o contato, ocorre uma redistribuição das cargas elétricas, tornando todos os corpos carregados.

Eletrização por indução. Processo em que, ao se aproximar (sem tocar) um corpo eletrizado de outro, neutro, provoca-se no corpo neutro uma redistribuição de seus elétrons livres.

Eletrodo. Dispositivo que conduz corrente elétrica para dentro ou para fora de um sistema.

Eletroímã. Bobina de fio isolado enrolado em torno de um núcleo de ferro, que adquire propriedades magnéticas quando percorrida por corrente elétrica.

Elétron. Partícula fundamental que compõe o átomo e possui carga elétrica negativa.

Elétron livre. Elétron fracamente ligado ao núcleo do átomo e que, por consequência, possui grande mobilidade.

Elíptico. Que tem a forma de uma elipse:

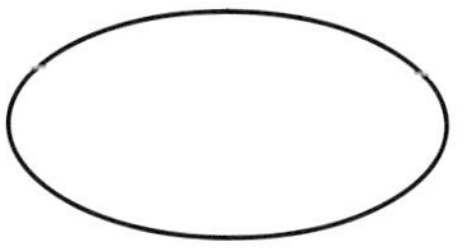

Empírico. Aquilo que se baseia exclusivamente na experiência.

Energia potencial elétrica. Energia armazenada por uma carga elétrica, devido ao fato de estar imersa em um campo elétrico.

Energia renovável. Modalidade de energia que, de alguma maneira, volta à sua origem no ciclo de transformações energéticas.

Espectro eletromagnético. Conjunto de todas as radiações eletromagnéticas, classificadas em faixas de acordo com a frequência.

Feixe radioativo. Conjunto de radiações emitidas por uma fonte, que pode incluir partículas alfa e beta e raios gama.

Fissão nuclear. Desintegração de núcleos atômicos pesados, como o do urânio, dando origem a núcleos mais leves e liberando energia.

Fluido. Substância que escoa, e cujas partículas são fracamente ligadas entre si. É um líquido ou um gás.

Força centrípeta. Força responsável pelos movimentos curvilíneos.

Força contraeletromotriz. Voltagem ou tensão induzida em elementos de um circuito elétrico, em oposição à força eletromotriz produzida pela fonte ou pelo gerador.

Força elétrica. Força de atração ou repulsão, que surge entre cargas elétricas ou corpos eletrizados.

Força eletromotriz. Voltagem ou tensão produzida por um gerador elétrico.

Força magnética. Força que atua em partículas carregadas eletricamente quando em movimento através de uma região onde há campo magnético.

Fóton. Partícula elementar, sem massa, mediadora da força eletromagnética. "Pacote de energia" que constitui a radiação eletromagnética, incluindo a luz.

Frequência. Número de oscilações realizadas em determinado intervalo de tempo.

Fusão nuclear. Junção de núcleos atômicos leves, dando origem a núcleos mais pesados e liberando energia.

Glossário

Fusível. Elemento condutor que, colocado em um circuito elétrico, tem a função de protegê-lo contra a passagem de corrente elétrica excessiva.

Garrafa de Leyden. Tipo rudimentar de capacitor criado em 1745 por Pieter van Musschenbroek em Leyden, Holanda.

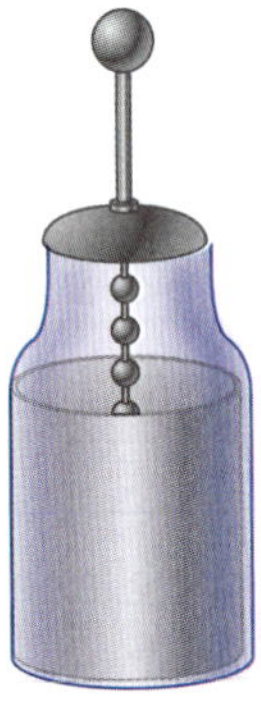

Ilustrações: Setup Bureau/ID/BR

Galvanômetro. Dispositivo utilizado para detectar correntes elétricas de baixa intensidade.

Gerador elétrico. Dispositivo que transforma energia de algum tipo em energia elétrica.

Ímã. Corpo que possui a propriedade de atrair objetos ferromagnéticos, ou seja, feitos de ferro, aço, níquel ou cobalto.

Índice de refração. Grandeza que determina o comportamento da luz em diferentes meios materiais. É obtida pela razão entre a velocidade da luz no vácuo e a velocidade da luz no meio.

Indução eletromagnética. Fenômeno pelo qual a variação de um campo magnético provoca o surgimento de corrente elétrica ou campo elétrico.

Indução eletrostática. Processo em que, ao se aproximar um corpo eletrizado de um corpo neutro, provoca-se no corpo neutro uma redistribuição dos seus elétrons livres.

Indutor. Condutor previamente eletrizado, utilizado na eletrização de um segundo condutor pelo processo de eletrização por indução.

Induzido. Condutor no qual ocorre a separação das cargas pelo processo de eletrização por indução.

Infravermelho. Radiação eletromagnética com comprimento de onda entre 700 nm e 1 mm, aproximadamente. É percebida pelo ser humano como calor.

Interação. Ação mútua entre duas partículas ou dois corpos.

Íon. Átomo que perdeu ou ganhou elétrons.

Isolante elétrico. Material que não possui grande quantidade de portadores de carga elétrica, impedindo a circulação de corrente elétrica. Exemplos: vidro, borracha e plástico.

Isótopos. Átomos que possuem o mesmo número atômico, ou seja, o mesmo número de prótons, mas pesos atômicos diferentes.

Isotrópico. Que apresenta as mesmas propriedades físicas.

Latitude. Coordenada geográfica que mede, em graus, a distância de um ponto na superfície da Terra à linha do Equador, ao longo de um meridiano.

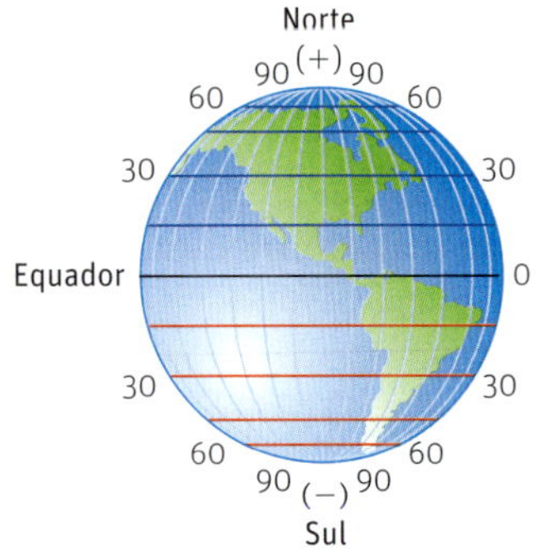

Lei de Coulomb. Quantifica a intensidade da força de interação (atração ou repulsão) entre duas cargas elétricas puntiformes. Segundo a lei de Coulomb, a força é diretamente proporcional ao produto dos valores absolutos das cargas e inversamente proporcional ao quadrado da distância que as separa.

Lei de Faraday. Estabelece que uma variação do fluxo magnético que atravessa um circuito elétrico acarreta, nesse circuito, o surgimento de uma corrente elétrica.

Lei de Lenz. Estabelece que a corrente induzida em um circuito, devido à variação do fluxo magnético, sempre se opõe à variação de fluxo que a originou.

Limalha de ferro. Pó de ferro.

Linhas de campo. Representação geométrica do campo elétrico ou magnético.

Longitude. Coordenada geográfica que mede, em graus, a distância de um ponto na superfície da Terra ao meridiano de Greenwich, ao longo de um paralelo.

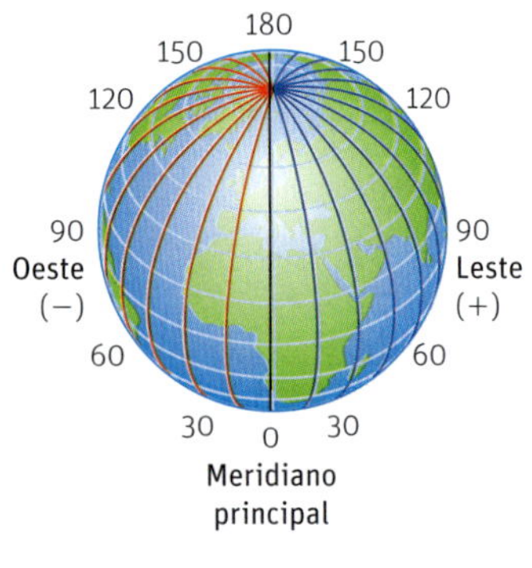

Luz monocromática. Onda eletromagnética composta de um único comprimento de onda.

Luz visível. Onda eletromagnética cujo comprimento de onda varia entre 400 nm e 700 nm, aproximadamente, e é capaz de sensibilizar os órgãos visuais humanos.

Malha. Conjunto de elementos elétricos de um circuito, constituindo um percurso fechado.

Magnetita. Óxido natural de ferro, dotado de magnetismo natural.

Mecânica quântica. Teoria física bem-sucedida no estudo dos sistemas físicos com dimensões próximas ou abaixo da escala atômica. Assume que partículas podem exibir comportamento ondulatório.

Micro-ondas. Ondas eletromagnéticas cuja frequência varia entre 10^8 Hz e 10^{11} Hz, aproximadamente.

Modelo atômico de Bohr. É um aprimoramento do modelo de Rutherford. Consiste em um núcleo positivo e elétrons orbitando ao seu redor, dispostos em determinadas órbitas ou níveis de energia bem definidos. Nesse modelo, o elétron pode ter apenas valores específicos de energia.

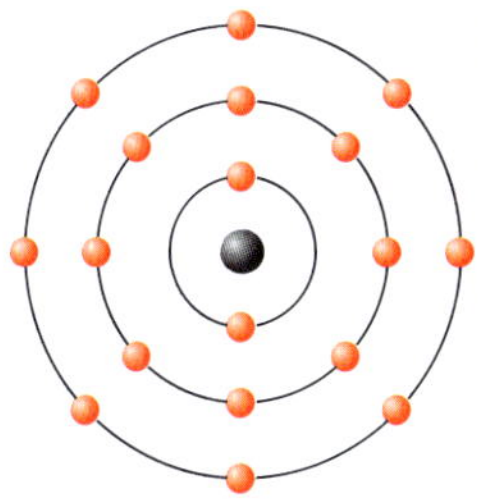

Ilustrações: Setup Bureau/ID/BR

Modelo atômico de Rutherford. Consiste em um núcleo minúsculo e carregado positivamente, ao redor do qual orbitam os elétrons. Entre o núcleo e os elétrons há apenas vácuo.

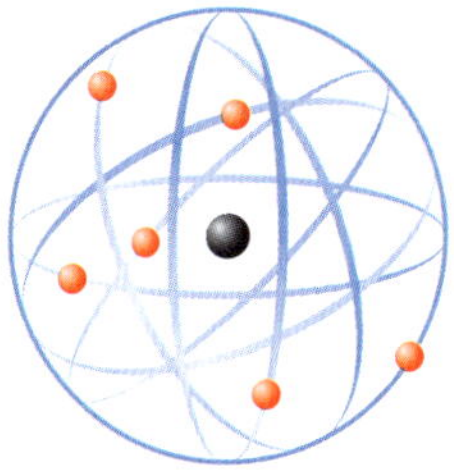

Modelo atômico de Thomson. Consiste em um volume esférico com carga elétrica positiva e um conjunto de elétrons em repouso, distribuídos uniformemente por esse volume.

Modelo ondulatório da luz. Modelo segundo o qual a luz é uma onda.

Nêutron. Partícula subatômica, componente do núcleo dos átomos. Tem carga neutra.

Nó. Junção de dois ou mais fios condutores, em um circuito elétrico.

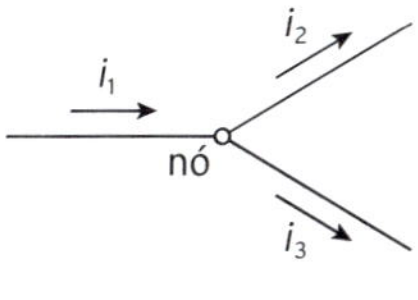

Onda eletromagnética. Combinação de campos elétricos e magnéticos que se propaga em meios materiais e no vácuo, transportando energia.

Ondas de rádio AM. Ondas eletromagnéticas geradas por modulação de amplitude. Sua frequência varia entre 530 kHz e 1 600 kHz.

Ondas de rádio FM. Ondas eletromagnéticas geradas por modulação de frequência, que varia entre 88 MHz e 108 MHz.

Painel fotovoltaico. Equipamento que converte diretamente a energia solar em energia elétrica, por meio do efeito fotoelétrico.

Dovapi/Dreamstime.com/ID/BR

Painel fotovoltaico.

Parsec. Unidade astronômica de distância. Equivale a uma paralaxe anual estelar de um segundo e corresponde a 3,26 anos-luz. Símbolo: pc.

Permissividade elétrica. Grandeza que mede a capacidade que um material ou meio têm de apresentar seus portadores de carga separados, quando sujeitos a um campo elétrico.

Planta baixa. Desenho representando a construção de uma casa ou um prédio, feito em duas dimensões.

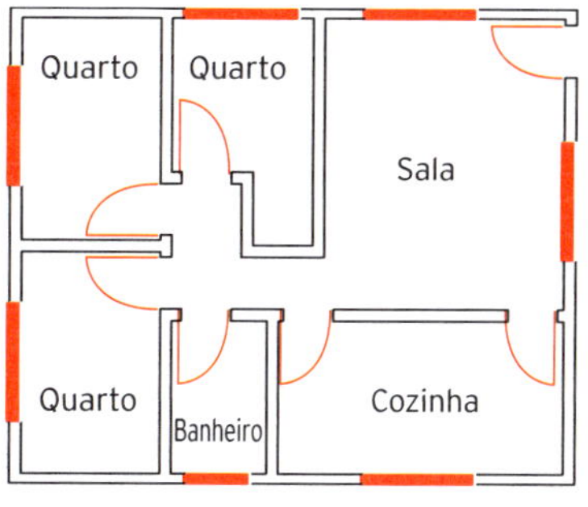

Plasma. Gás rarefeito, com elétrons, íons e átomos excitados. Devido ao grande número de elétrons livres e íons, o plasma se torna condutor de eletricidade.

Pneumático. Aparelho que funciona por meio da energia proveniente da compressão do ar. Exemplos de pneumático são os pneus de veículos automotores, inflados por ar comprimido.

Glossário

Ponte de Wheatstone. Associação de quatro resistores, um dos quais variável, em uma configuração especial, que tem como finalidade a determinação do valor da resistência de um deles.

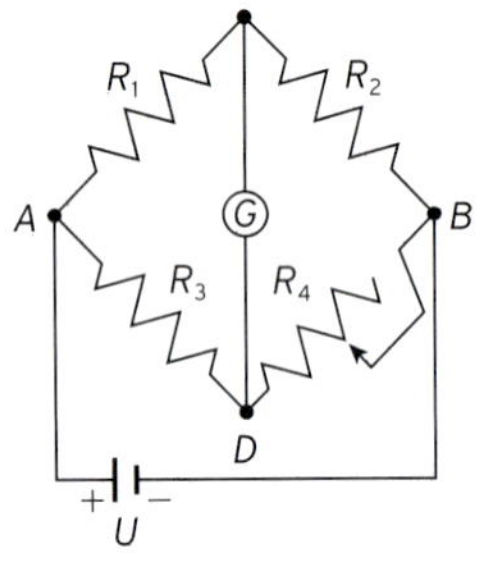

Setup Bureau/ID/BR

Potência elétrica. O trabalho realizado por uma corrente elétrica, por unidade de tempo.

Potencial elétrico. Campo escalar que surge em uma região onde há campo elétrico. Mede, em cada ponto, a energia potencial elétrica por unidade de carga.

Primeira lei de Kirchhoff. Afirma que a soma algébrica das intensidades de correntes que chegam a um nó do circuito é igual à soma algébrica das intensidades de correntes que dele saem.

Primeira lei de Ohm. Estabelece que a intensidade de corrente elétrica (i) que atravessa um resistor (de resistência R) é diretamente proporcional à tensão elétrica (U) aplicada em seus terminais.

$$U = R \cdot i$$

Princípio da atração e repulsão. Diz que partículas com sinais iguais se repelem e que partículas com sinais diferentes se atraem.

Princípio da conservação das cargas. Estabelece que, em um sistema isolado eletricamente, não há troca de cargas elétricas com o meio exterior.

Princípio da incerteza. Afirma que é impossível determinar simultaneamente a velocidade e a posição de uma partícula atômica.

Próton. Partícula subatômica componente do núcleo dos átomos. Tem carga elétrica positiva.

Quântico. Refere-se a um sistema físico cujas grandezas assumem valores discretos, de tal modo que a passagem de determinado valor para outro ocorre de maneira descontínua, segundo as leis da mecânica quântica.

Radiação alfa. Feixe de núcleos do átomo de hélio, formados por dois prótons e dois nêutrons. Possui baixa penetrabilidade.

Radiação beta. Feixe de elétrons com altas energias, lançados com grande velocidade. Possui alta penetrabilidade.

Radiação gama. Onda eletromagnética de alta frequência. Possui alta penetrabilidade e frequência entre 10^{17} Hz e 10^{24} Hz, aproximadamente.

Radiatividade e radioatividade. A radiatividade se refere à radiação, isto é, à geração de ondas eletromagnéticas emitidas por uma fonte (por exemplo, o Sol ou uma lâmpada comum); essas ondas se propagam (ou se irradiam) pelo espaço. Já a radioatividade se refere apenas à radiação produzia por núcleos atômicos instáveis, como o urânio, que decaem em outros elementos químicos emitindo radiação (geralmente raios gama) e partículas ionizantes. Radiatividade vem do verbo *radiar*, que significa irradiar, enquanto radioatividade vem do elemento rádio, que Marie Curie utilizou em suas experiências sobre radioatividade. Por incluir apenas a radiação produzida por um tipo de mecanismo, que é o decaimento de nucleos atômicos, a radioatividade é uma particularidade da radiatividade.

Raio. Descarga elétrica entre nuvens carregadas, ou entre nuvens e a Terra.

Raios X. Ondas eletromagnéticas de alta frequência, usadas em diagnósticos médicos (radiografias). Possuem alta penetrabilidade e frequência entre 10^{16} Hz e 10^{20} Hz, aproximadamente.

Receptor. Dispositivo que consome energia elétrica e a transforma em outra modalidade de energia, que não exclusivamente energia térmica. Exemplo: motores em geral.

Referencial inercial. Referencial que está em repouso ou em movimento uniforme em relação a outro referencial.

Relâmpago. Emissão de luz visível devido à ionização das moléculas de ar quando ocorre um raio.

Jhaz/Dreamstime.com/ID/BR

Rendimento do gerador. Razão entre a potência entregue ao circuito e a potência total gerada.

Reostato. Resistor que pode ter o valor de sua resistência elétrica alterada.

Resistência elétrica. Grandeza que mede a capacidade de um corpo de se opor à passagem de corrente elétrica.

Resistor. Elemento usado em um circuito elétrico para controlar a intensidade de corrente elétrica que percorre o circuito. Pode também ser usado com o fim de transformar energia elétrica em energia térmica.

Resistor equivalente. Resistor que, sozinho, substitui todos os resistores de uma associação.

Resistividade. Característica específica de materiais que se opõem à passagem de corrente elétrica. Depende da natureza dos materiais e da temperatura.

Segunda lei de Kirchhoff. Afirma que, ao longo da malha de um circuito elétrico, a soma algébrica das tensões elétricas é nula.

Segunda lei de Ohm. Estabelece que a resistência elétrica (R) de um resistor é diretamente proporcional ao seu comprimento (L), inversamente proporcional à área (A) de sua seção transversal e depende da resistividade (ρ) do material de que é feito.

$$R = \rho \frac{L}{A}$$

Semicondutor. Condutor elétrico com propriedades especiais, cuja resistividade diminui com o aumento da temperatura.

Série tribo elétrica. Lista de materiais ordenada segundo a tendência de ficarem eletrizados positivamente quando atritados com outros materiais.

Sistema Internacional de Unidades (SI). Sistema de padronização de unidades de medida.

Solução eletrolítica. Meio pelo qual é possível o livre movimento de portadores de carga.

Superfície equipotencial. É a superfície, em uma região onde há campo elétrico, cujos pontos possuem o mesmo potencial elétrico.

Teoria da relatividade. Criada pelo físico Albert Einstein, assume que a velocidade da luz é a mesma em qualquer referencial. Estabelece que há equivalência entre um campo gravitacional e um referencial acelerado, bem como prevê que o espaço se curva na presença de massa.

Trabalho de uma força. Grandeza escalar que mede a quantidade de energia transferida de um sistema para outro, ou transformada de um tipo em outro.

Transformador. Dispositivo capaz de aumentar ou diminuir a tensão alternada entre dois pontos de um circuito.

Transmutação. Transformação de um elemento químico em outro, mediante uma reação nuclear.

Ultravioleta. Radiação eletromagnética com comprimento de onda entre 400 nm e 4 nm, aproximadamente. É subdividida em três categorias: UV-A, UV-B e UV-C.

Voltímetro. Aparelho destinado a medir a tensão elétrica entre dois pontos de um circuito elétrico.

Respostas dos exercícios

Capítulo 1 – Carga elétrica

Página 10 — Debate inicial

1. Na fotografia podem ser observados quatro relâmpagos com ramificações.
2. Geralmente acontecem na chuva ou com umidade do ar muito alta.
3. a) O relâmpago é percebido primeiro.
   b) Sim. Todos acontecem ao mesmo tempo e pelo mesmo motivo, mas se manifestam de formas diferentes.

Página 10 — Primeiras anotações

1. Resposta pessoal.
2. Exemplo de resposta: Afastar-se de lugares altos, deitar-se no chão ou esconder-se dentro de um carro.
3. Pode-se supor que a visualização do clarão é simultânea ao acontecimento do raio por conta de sua velocidade. Assim, basta multiplicar o tempo entre o clarão e o barulho pela velocidade do som para saber a que distância ele se encontra.

Página 17 — Conceito em questão

$\frac{Q}{3}$

Página 29 – De volta para o começo

1. Resposta pessoal.
2. As nuvens são condutoras.
3. A eletrização ocorre durante a formação do raio.

Página 30 — Física tem história

1. "[...] e o termo 'átomo' seria atualmente mais correto se se aplicasse a partículas muito menores como elétrons e prótons, que entram na constituição dos 'átomos de Dalton'. [...] conservamos o antigo nome de 'átomos' no sentido de Dalton e referimo-nos a elétrons, prótons, etc. como 'partículas elementares'. "
2. Resposta pessoal.

Página 31 — Física e Geografia

1. Segundo o texto, o aumento no número de raios pode estar relacionado ao aquecimento global, a fenômenos naturais como o El Niño e La Niña, além da atividade solar.
2. Uma nuvem cúmulo-nimbo é uma nuvem gigante que concentra cargas negativas na sua parte inferior e cargas positivas no seu topo. Deve existir um ponto crítico no qual essas cargas se atraem, ocorrendo a descarga.

Página 32 – Física e sociedade

1. Uma fotocopiadora possui um cilindro metálico coberto com uma fina camada de material fotocondutor, normalmente constituído de selênio. O material fotocondutor eletrizado é neutralizado nos pontos onde incide o feixe de luz. Os pontos do cilindro que contém o material fotocondutor e que não foram iluminados permanecerão eletrizados. As copiadoras projetam um feixe de luz sobre o documento a ser copiado. A imagem é refletida através de lentes para o cilindro metálico fotocondutor. Conforme a intensidade de luz que chega ao cilindro, haverá pontos mais eletrizados ou menos eletrizados. A diferença entre a eletrização dos pontos é o que permite distinguir elementos da imagem eletrostática a ser copiada. Para produzir a cópia é necessário que o *toner* seja atraído para os pontos eletrizados do cilindro que contém a imagem eletrostática e depois transfira esse pó para o papel a ser impresso.
2. Eletrização por indução na fotocopiadora e por atrito na pintura.
3. Resposta pessoal.
4. Resposta pessoal.

Página 33 – Laboratório

A. Procedimento

3. O disco de alumínio é descarregado pelo toque do dedo porque as cargas se deslocam dele para o corpo descarregado da pessoa.
4. Eletrização por atrito.
5. a) Sim, porque a régua foi atritada com um material diferente do plástico.
   b) O círculo é eletrizado por indução, pois suas cargas, opostas às da régua, são atraídas para a região mais próxima dela.
6. O pêndulo foi eletrizado por contato. Isso acontece porque, como o pêndulo e a régua têm cargas opostas, surge uma força de atração elétrica entre ambos.
7. Após tocarem a régua, os círculos do pêndulo ficam eletrizados com cargas de mesmo sinal. Por essa razão, os círculos passam a se repelir depois que a régua é afastada.

Exercícios propostos

2. $1,0 \cdot 10^{-8}$ C
3. $Q_1' = 2\ \mu C$ e $Q_2' = 1\ \mu C$
4. a) Verdadeira.
   b) Falsa. Em um corpo eletrizado positivamente, o número de prótons é maior que o número de elétrons.
   c) Verdadeira.
   d) Falsa. Nas trocas de cargas entre os corpos, as partículas transferidas quase sempre são os elétrons.
   e) Verdadeira.
   f) Falsa. Todas as vezes que for dito que um corpo está eletrizado negativamente, pode-se concluir que há mais cargas negativas do que positivas, mas sempre há cargas positivas.
5. a) Prótons.
   b) Elétrons.
   c) $0\ \mu C$
6. a) $2,5 \cdot 10^{13}$ prótons
   b) $2,5 \cdot 10^{13}$ elétrons
7. A pessoa sente um choque ao entrar ou sair do carro porque o ar muito seco facilita a propagação de elétrons por ela. Quando a pessoa anda, vai adquirindo cargas elétricas por atrito com o chão e, ao encostar na lataria do carro, as cargas são descarregadas nela.
8. Resposta pessoal.
9. Resposta pessoal.
13. a) condutor
    b) isolante
    c) isolante
    d) isolante
    e) condutor
    f) isolante
    g) isolante
    h) condutor
14. Resposta pessoal.
15. Resposta pessoal.
16. A parte interna é feita de metal porque o metal é condutor elétrico, e a parte interna deve conduzir a eletricidade até a lâmpada que se encaixa nela. Já a parte externa é feita de cerâmica porque esta é isolante elétrica e protege a parte de fora para as pessoas poderem tocá-la.
17. Resposta pessoal.
21. $Q_A = Q_D = 1,5q$
    $Q_B = 6q$
    $Q_C = 3q$
22. a) $6q$
    b) Não, pois a carga final depende da ordem das trocas de carga. No segundo caso, a carga final seria $3,25q$.
23. a) $8q'$ e $4q'$
    b) $8 \cdot 10^{7}$
24. Quando encostamos um condutor no outro, o condutor carregado positivamente tende a atrair os elétrons do condutor neutro na tentativa de também se tornar neutro. No entanto, só se transfere para o condutor carregado metade da sua carga em elétrons, de modo que ambos ficam com a mesma carga e com mesmo sinal, que é metade da carga inicial do condutor carregado.
25. Resposta pessoal.
26. a) Ficar eletrizado negativamente significa ganhar elétrons de outro corpo. Assim, sua massa aumentará *n* vezes a massa de um elétron, sendo *n* o número de elétrons que ele receber.
    b) Ficar eletrizado positivamente significa perder elétrons. Assim, sua massa diminuirá *n* vezes a massa de um elétron, sendo *n* o número de elétrons que ele perder.
29. a) As cargas que estão na barra depois de atritada se conduzem pelo corpo da pessoa que segura o bastão e são descarregadas no solo.
    b) Resposta pessoal.
30. a) O acúmulo de cargas em um carro ocorre pelo atrito da lataria do carro em movimento com o ar seco.

b) Essa descarga é o movimento de cargas acumuladas no corpo para o solo. Andar descalço favorece a descarga porque o corpo humano é condutor elétrico. O movimento de cargas seria impedido caso a pessoa usasse um chinelo de borracha.

31. a) Borracha negativa e papel positivo.

b) Porque, na eletrização por contato, os corpos ficam com cargas de mesmo sinal e, portanto, se repelem.

c)

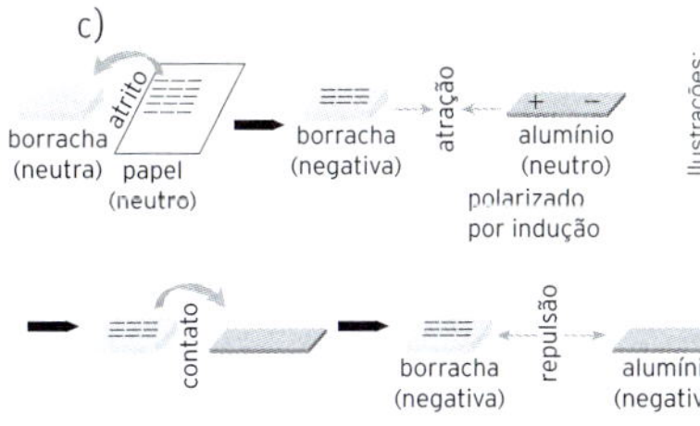

Ilustrações: Setup Bureau/ID/BR

32. a) Verdadeira. A eletrização por atrito retira elétrons de um corpo e passa para o outro.

b) Falsa. A eletrização por atrito retira os elétrons das camadas mais externas e não desorganiza a estrutura do material. Não há transferência de prótons, somente de elétrons.

36.

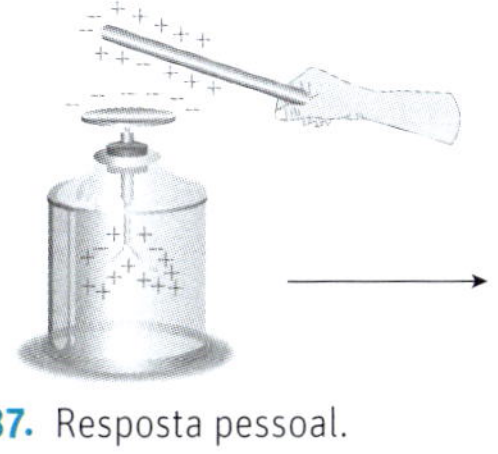

37. Resposta pessoal.

41. A alternativa errada é a **d**. Os para-raios são feitos de um material condutor para facilitar o fluxo de elétrons entre a Terra e as nuvens.

46. Não. Existem ainda partículas como os *quarks*, que constituem os prótons e os nêutrons, os neutrinos, os pósitrons, os múons e muitas outras.

47. a) Verdadeira. Até agora não há evidências de que o elétron seja constituído de partículas ainda menores.

b) Verdadeira. Prótons e nêutrons são formados de *quarks*.

c) Falsa. Um *quark up* e um *quark down*, somados, não apresentam carga nula (propriedade de um nêutron).

d) Falsa. Há *quarks* com carga negativa fracionária.

e) Falsa. Os elétrons não apresentam carga fracionária.

48. Um íon pode possuir carga positiva (recebendo o nome de cátion) ou negativa (recebendo o nome de ânion). O sódio (Na), por exemplo, ao perder um elétron, passa a ser Na^+. Entretanto, isso não altera a quantidade de prótons existentes em seu núcleo. Então, Na e Na^+ possuem o mesmo núcleo atômico.

49. Resposta possível: Todas as coisas permanecem unidas, no nível atômico, por causa das ligações entre átomos. Se essas ligações fossem rompidas, os átomos se separariam, e as coisas não existiriam nas formas conhecidas.

50. a) 0 d) 0

b) $-e$ e) $+e$

c) 0

Página 27 – Integre o aprendizado

51. a)

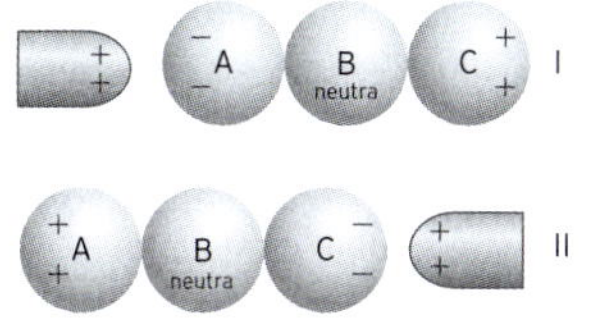

b) A carga de cada uma será neutra.

52. Se a esfera estiver eletrizada e dela for aproximado um bastão de carga oposta, ela será atraída pelo bastão, tocará o bastão, trocará cargas com ele e depois será repelida. Caso o bastão esteja com a mesma carga da esfera, o bastão vai repelir a esfera.

53. a) Eletrização por atrito.

b) Elétrons.

c) Se uma pessoa toca um caminhão que rodou por muito tempo sem a corrente de segurança, é possível que a pessoa tenha a mesma função de um fio-terra e leve um choque violento.

54. Os meios condutores e os meios isolantes se comportarão assim na maioria dos casos; mas há situações em que um meio pode mudar, como quando um material isolante é submetido a uma temperatura muito alta.

55. a) O cabelo fica carregado com cargas positivas.

b) Não, pois quanto mais se passa o pente, mais elétrons são retirados do cabelo.

c) Sim, porque com o ar mais seco esse efeito é facilitado.

d) Resposta pessoal.

e) Esse tipo de creme pode proteger os cabelos, impedindo a perda de cargas elétricas pelo uso do pente.

56. A presença de elétrons livres no material.

57. a) Resposta pessoal.

b) Antes de o motorista levar o choque, houve eletrização por atrito do carro em movimento com o ar; quando ele encostou na lataria do carro, houve eletrização por contato.

58. Uma maneira de eletrizar um corpo condutor neutro sem tocá-lo é a eletrização por indução, na qual se aproxima um bastão carregado de um condutor e se aterra o condutor, desconectando o fio-terra novamente; por fim, se afasta o bastão. O condutor ficará eletrizado com carga oposta à do bastão.

59. a) $1{,}6 \cdot 10^{10}$ C

b) $6{,}25 \cdot 10^{18}$ elétrons

c) $1{,}6 \cdot 10^{-19}$ C

60. I. As fitas atraem corpos porque estão eletricamente carregadas.

II. Elas se atraem porque estão eletricamente carregadas com cargas opostas.

III. Após o aluno tocar as fitas, elas ficam descarregadas e param de se atrair.

61. a) Não, pois a carga adquirida pelo atrito seria neutralizada pelo solo.

b) Não, a troca de cargas entre dois corpos só acontece por contato.

c) Negativo.

62. a) A tirinha faz referência à descoberta da eletricidade dos raios por Benjamin Franklin.

b) Conta-se que Benjamin Franklin, em 1752, teria executado um experimento no qual empinou uma pipa com uma chave de metal amarrada no fio até que um raio caísse na pipa e a eletricidade se acumulasse na chave.

63. a) Falsa. A linha é isolante dependendo da intensidade da carga elétrica que corre sobre ela. Se essa carga for muito grande, o material pode se tornar condutor.

b) Verdadeira.

c) Verdadeira.

d) Falsa. Pelo fato de o metal ser condutor, a chave estará com uma distribuição uniforme de cargas.

64. a) À sua esquerda.

b) $1 \cdot 10^5$ elétrons

65. Resposta pessoal.

66. a) $5 \cdot 10^{-6}$ C

b) $3{,}125 \cdot 10^{13}$ elétrons

c) $6{,}25 \cdot 10^{13}$ elétrons

d) $15 \cdot 10^{-6} = 15\ \mu C$

e) Como a esfera B estará carregada positivamente, após o aterramento os elétrons fluirão do solo para a esfera, como mostra a figura abaixo.

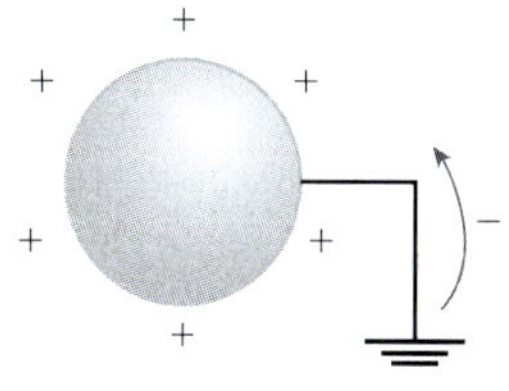

67. Pesquisa em grupo.

Capítulo 2 – Campo e força elétrica

Página 35 — Debate inicial

1. A obra se chama *O pensador*, do artista francês Auguste Rodin (1840-1917), e está no Museu Rodin, em Paris, França.

2. Resposta pessoal.

Respostas dos exercícios

Página 35 — Primeiras anotações

1. Não é necessário encostar nos corpos eletrizados para sentir os efeitos de sua eletricidade, pois os corpos eletrizados geram campos elétricos que agem a distância.

2. As forças elétricas entre dois corpos carregados dependem principalmente da distância entre os corpos e da quantidade de carga de cada um. O tipo de material de que eles são feitos não tem influência, neste caso.

Página 47 — Para refletir

O campo elétrico na região externa às placas é praticamente nulo porque as linhas do campo se concentram mais onde há mais cargas e as cargas em excesso existentes nas placas se atraem mutualmente, concentrando-se mais nas faces entre elas, ou seja, nas faces internas.

Página 55 — De volta para o começo

1. Resposta pessoal.

2. Ao ser atingida por um raio, a carcaça de um avião funciona como uma blindagem eletrostática, o que impede que as pessoas em seu interior entrem em contato com as cargas. Portanto, não acontecem danos físicos a elas. Já uma ave pousada na asa de um avião no solo sofre os efeitos da descarga elétrica e pode ser eletrocutada.

3. Não, pelo mesmo motivo dado na resposta anterior: a carcaça do carro funciona como blindagem eletrostática; assim, as cargas elétricas se distribuem na parte externa do carro e não entram em contato com as pessoas em seu interior.

Página 56 — Física tem história

1. Volta conseguiu obter eletricidade a partir de reações químicas, com a invenção da sua pilha. Também inventou o eudiômetro, um prenúncio do motor a explosão; descobriu o gás metano, o gás dos pântanos, etc.

2. A invenção da pilha foi seu maior feito, pois, por meio dela, foi possível obter eletricidade de modo constante e, assim, realizar outros experimentos para o estudo de fenômenos elétricos.

Página 57 — Física e sociedade

1. O potencial de membrana é a diferença de potencial elétrico entre as faces externa e interna da membrana de uma célula. O potencial de repouso corresponde a esse valor em um neurônio que não está transmitindo nenhum impulso nervoso. Ou seja, quando o potencial de membrana da célula permanece inalterado (sem influências externas), ele recebe o nome de potencial de repouso. Na maioria das células, o potencial de repouso é sempre negativo.

2. O texto utiliza símbolos ΔV e V para diferença de potencial e potencial respectivamente.

3. Por que quando as pontas dos eletrodos estão no meio externo, a DDP medida é nula, indicando que o potencial elétrico é o mesmo em qualquer ponto desse meio.

Página 58 — Laboratório

B. Depois do experimento

1. Como estão na parte externa da lata e esta é eletrizada, no caso de a lata estar apoiada sobre uma superfície isolante (borracha, por exemplo), as fitas adquirem cargas de mesmo sinal da lata, sendo repelidas. Já no caso de a lata estar apoiada sobre o chão de cimento ou terra, as cargas adquiridas pelo contato com o balão de borracha escoam para a terra instantaneamente, deixando o conjunto (lata e tiras) descarregado, motivo que justifica o fato de as tiras permanecerem na posição vertical.

2. Em ambos os experimentos ocorre repulsão entre os objetos em interação. No primeiro, a repulsão ocorre entre o bastão e o filete de água; no segundo, a repulsão ocorre entre a lata e as fitas de seda. A diferença está no processo de eletrização dos objetos: no primeiro caso, o bastão é eletrizado por atrito; no segundo, a lata é eletrizada por contato.

3. Ao aproximar o balão de borracha eletrizado do pêndulo fora da lata, ocorre uma indução de cargas no disco, gerando uma força elétrica entre ele e o balão. Se essa força é maior do que o peso do disco, ele se movimenta na direção do balão. Quando o pêndulo é colocado dentro da lata e aproximamos o balão pelo lado externo dela, ocorre e eletrização da lata, como observado no procedimento anterior. Entretanto, como o campo elétrico no interior de um condutor eletrizado é nulo, o pêndulo no interior da lata não é mais afetado pela carga elétrica do balão. A lata, nesse caso, funciona como uma gaiola de Faraday.

Exercícios propostos

3. a) A força é repulsiva, pois ambas as cargas têm o mesmo sinal.

b) $27 \cdot 10^9$ N

c)

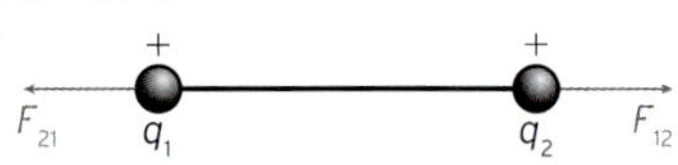

4. $2{,}7 \cdot 10^{-6}$ N

5. a) $9 \cdot 10^{-3}$ N

b) $2{,}25 \cdot 10^{-3}$ N

c) 4 vezes.

d) O erro é que quando a distância é triplicada, a força cai a um nono de seu valor inicial. Isso porque, na expressão da força, a distância é elevada ao quadrado.

6. a) $3{,}0 \cdot 10^{-3}$ m

b) A força também se reduzirá à metade.

c) $1{,}5 \cdot 10^{-5}$ N

7. Se as cargas são idênticas e fazem força sobre uma carga q equidistante, ambas as forças exercidas são iguais, na mesma direção e em sentidos diferentes. Assim, a força resultante é nula.

10. a)

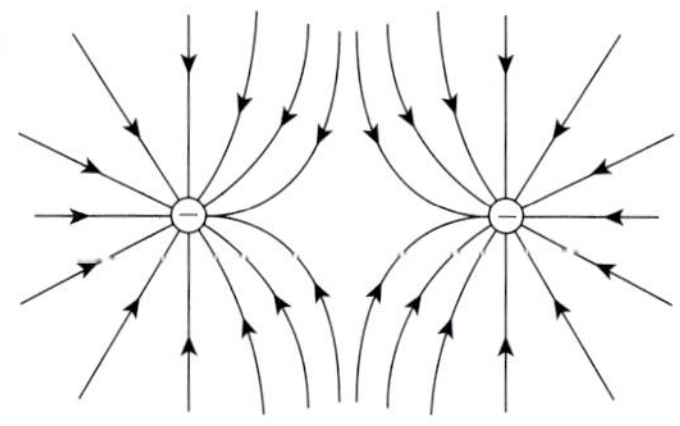

b)

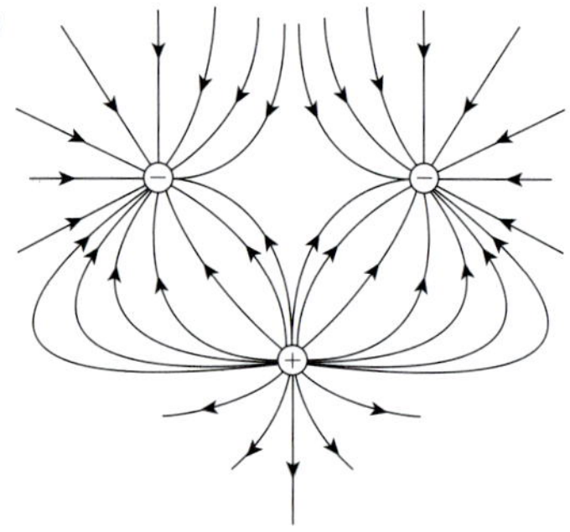

c)

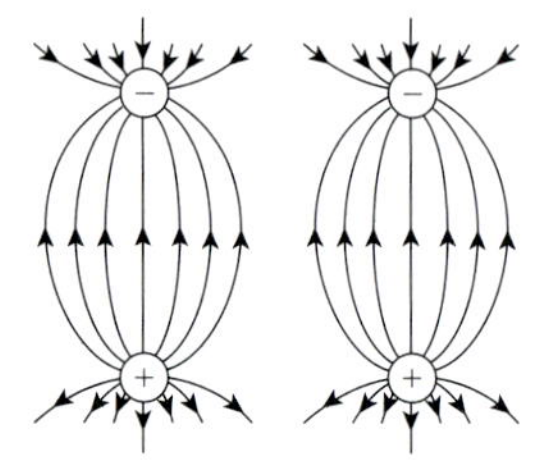

d)

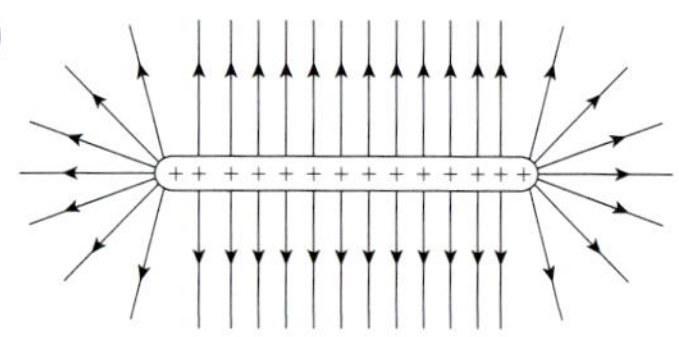

Ilustrações: Setup Bureau/ID/BR

11. Um campo é uma região de influência de uma propriedade intrínseca da matéria. Essa região de influência depende da propriedade (carga, massa, magnetismo). No campo elétrico, a carga gera uma região de influência ao redor dela que interage com outras cargas. O campo é vetorial, não visível, depende da intensidade da carga e da distância a ela.

12. Considerando uma carga de prova positiva, o campo elétrico produzido por uma carga positiva tende a afastar a carga de prova; é um campo de afastamento. O campo elétrico produzido por uma carga negativa tende a aproximar dele a carga de prova positiva; é um campo de aproximação.

13. Resposta pessoal.

14. a) Positivas.

b) Justificativa: O campo elétrico em cada ponto da linha de campo é tangencial à linha.

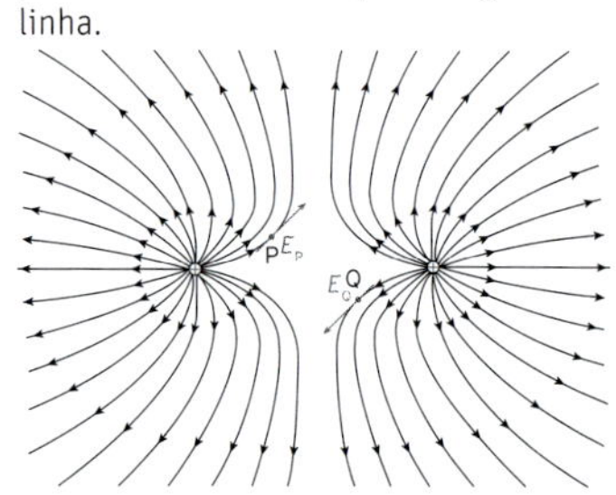

15. A carga de baixo à esquerda e a carga de cima são positivas, pois os campos são de afastamento. A carga de baixo à direita é negativa, pois o campo elétrico dela é de aproximação.

18. a) $18 \cdot 10^9$ V/m

b) O sentido do campo elétrico é saindo da carga e indo em direção ao ponto *P*, pois a carga é positiva.

c)

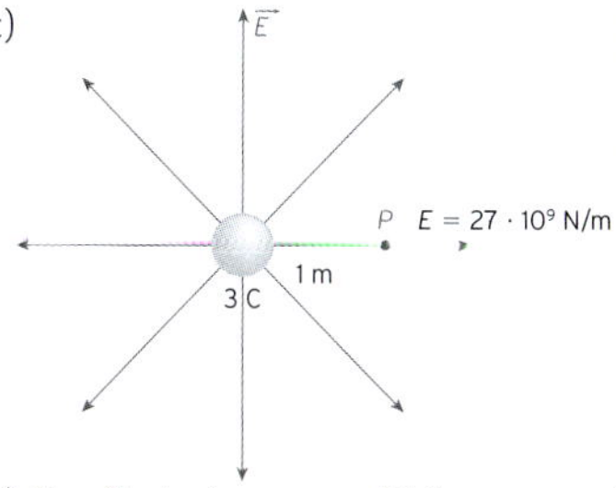

Ilustrações: Setup Bureau/ID/BR

d) No cálculo do campo elétrico, a carga é considerada em módulo, de modo que a intensidade do campo não muda. O sentido do campo será o inverso, do ponto para a carga, de aproximação, e pode ser representado da seguinte maneira:

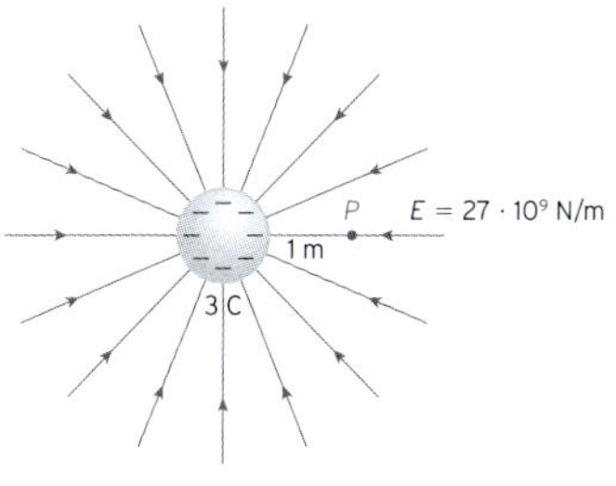

19. a) As linhas que saem de uma carga e vão para a outra carga são as linhas de campo elétrico, enquanto os vetores na horizontal apontando para as cargas são os vetores força elétrica.

b) A carga à esquerda é positiva e a carga à direita é negativa, pois a linha de campo sai da carga da esquerda e chega à carga da direita.

c) A carga que tem o maior módulo é a carga negativa, pois é maior a concentração de linhas de campo.

20. a) $5 \cdot 10^{16}$ V/m, na mesma direção e sentido da força elétrica.

b)

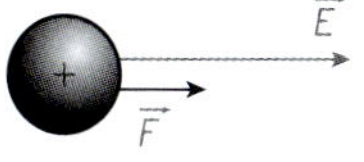

21. a) $6{,}25 \cdot 10^{19}$ V/m

b)

23. a) 1 200 V/m

b) 216 V/m

c)

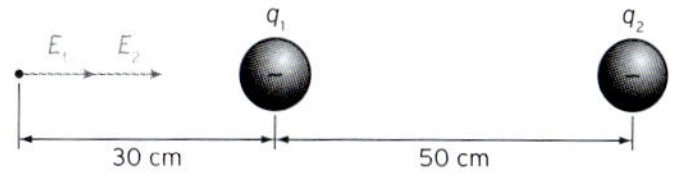

d) 1 416 V/m

e)

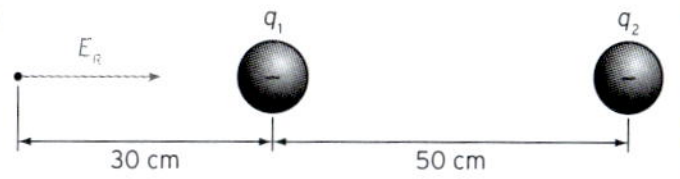

24. a) $20 \cdot 10^6$ V/m

b)

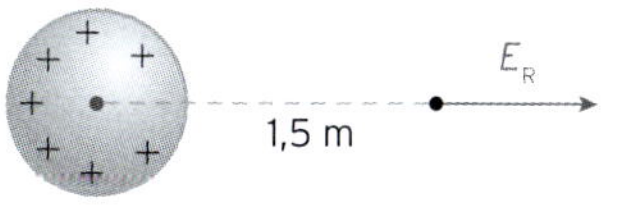

c)

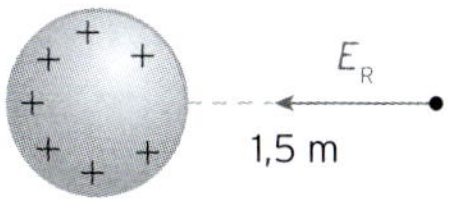

25. a)

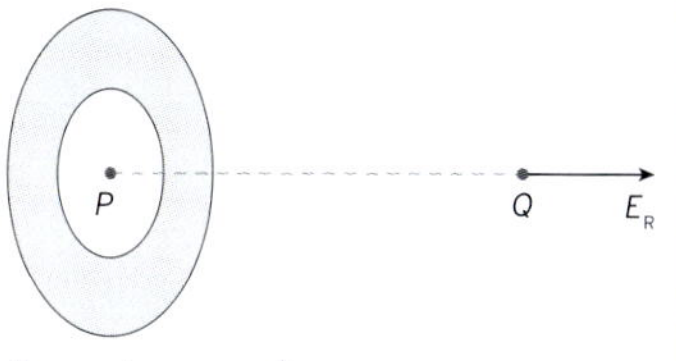

b) Resposta pessoal.

27. a) Se o recipiente de plástico for tocado na região interna por um bastão carregado, não haverá condução de cargas, pois o recipiente é de plástico, material não condutor.

b) A distribuição de cargas no recipiente permanece exatamente como era, já que não há troca de cargas com o bastão.

c) Não há como usar este recipiente para eletrizar uma esfera de metal porque o plástico é um material isolante e não favorece a transferência de cargas.

28. a) O bastão carregado retira elétrons da placa de alumínio, ficando a placa eletrizada positivamente.

b)

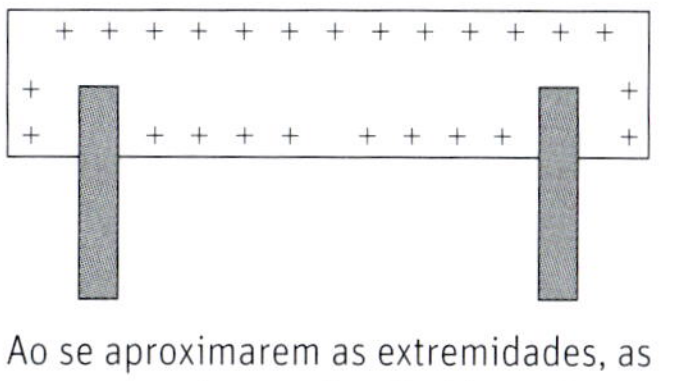

29. a) Ao se aproximarem as extremidades, as cargas continuam distribuídas pela superfície, nas bordas do material.

b)

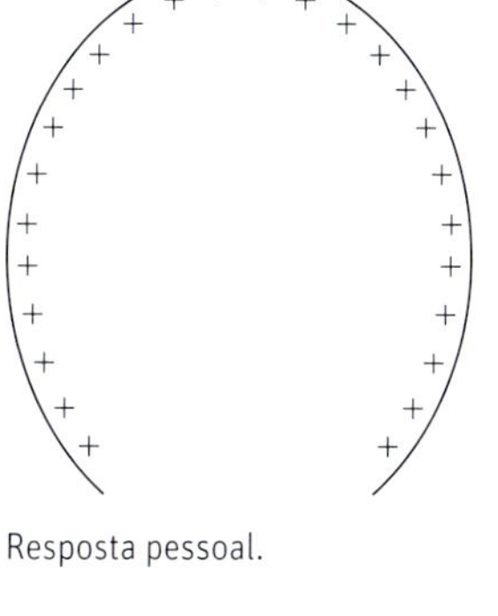

Setup Bureau/ID/BR

c) Resposta pessoal.

30. Ela não estava correta, pois a gaiola funciona tal como a gaiola de Faraday e o raio, ao cair sobre a gaiola, não gera campo elétrico dentro dela.

32. a)

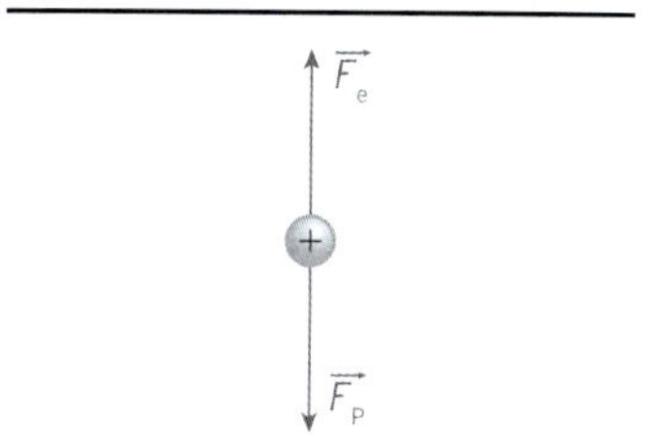

b)

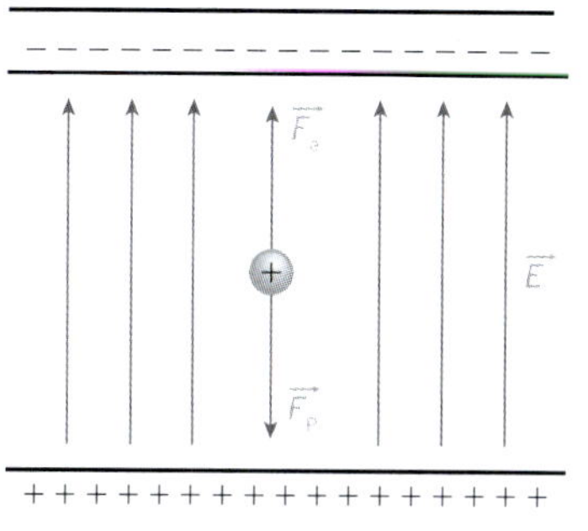

c) 0,2 N

d) $5 \cdot 10^9$ V/m

33. Considerando o campo elétrico orientado para cima, temos:

A partícula 3 é o fóton, pois não possui carga elétrica e não é desviada pelo campo. A partícula 4 é a partícula β^-, pois é desviada para o sentido inverso do campo elétrico por ter carga negativa. A partícula 1 é a partícula α, pois ela se move no sentido do campo elétrico por ter carga negativa e está antes da partícula 2 por ter maior massa que esta. Por fim, a partícula 2 é a partícula β^+, pois tem carga positiva e massa menor que a partícula 1.

34. a)

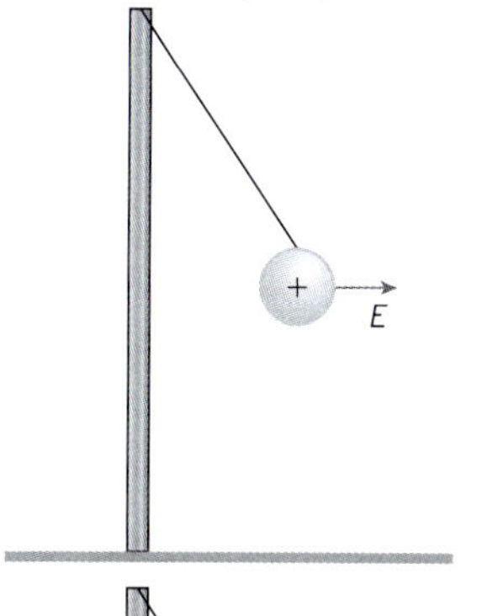

b)

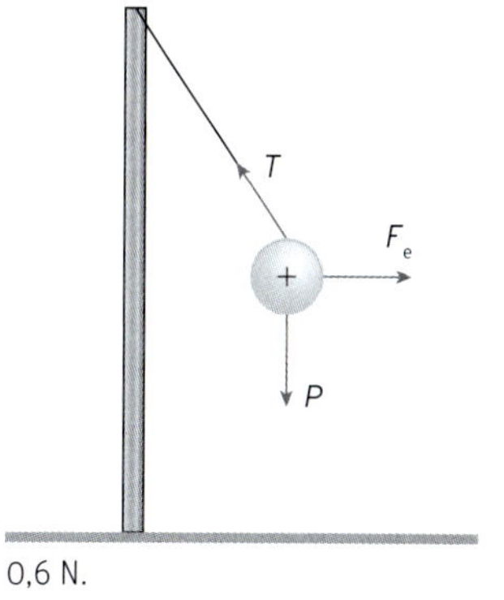

c) 0,6 N.

37. a) $1{,}5 \cdot 10^{-6}$ J
b) $1{,}227 \cdot 10^{-6}$ J
c) $-0{,}27 \cdot 10^{-6}$ J
d) 0,054 V

38. Para construir uma pilha, é necessário fornecer energia química.

39. 0,8 V

Integre o aprendizado

40. a) Falsa.
b) Falsa.
c) Verdadeira.

41. 0,5 m

42. a)

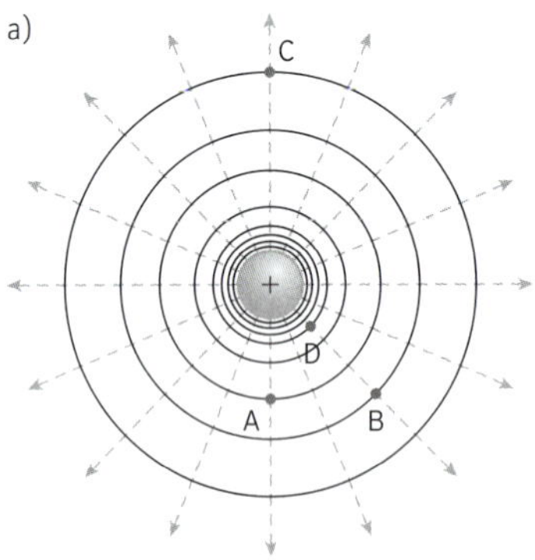

Ilustrações: Setup Bureau/ID/BR

b) C < B < A < D
c) Se a carga fosse negativa, as superfícies equipotenciais permaneceriam as mesmas, mas os valores de menor e maior potencial seriam inversos: D < A < B < C

43.

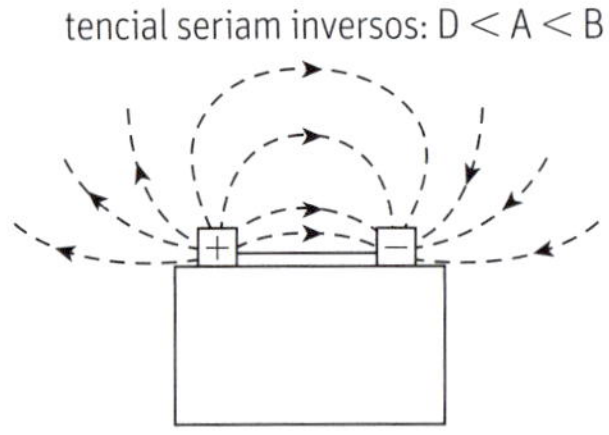

44. Duas linhas de campo elétrico não podem se cruzar porque isso significaria que no ponto de cruzamento há dois campos elétricos em direções diferentes, o que não acontece.

45. a) aproximadamente 20 h
b) 115 V/m
c) aproximadamente 3 h
d) 90 V/m

46. O campo elétrico é uma influência no espaço produzida pela presença de uma carga elétrica e existe independentemente da presença de outra carga elétrica. Já a força elétrica é a interação entre cargas elétricas. Assim, só pode ser detectada quando há, ao menos, duas cargas elétricas.

47. Semelhanças: as intensidades das forças decrescem com o quadrado da distância entre os corpos; ambas são proporcionais à multiplicação da intensidade de suas propriedades de origem (massa e carga); ambas são decorrentes da presença de campos vetoriais. Diferenças: a força gravitacional é atrativa, enquanto a força elétrica pode ser atrativa ou repulsiva; a força gravitacional ocorre devido à presença de massas, e a força elétrica, pela presença de cargas elétricas.

48. a) Resposta pessoal.
b) Uma configuração incompatível com o encontrado é que ambas tenham o mesmo sinal e a mesma intensidade de carga, pois, neste caso, o campo resultante seria nulo.

49.

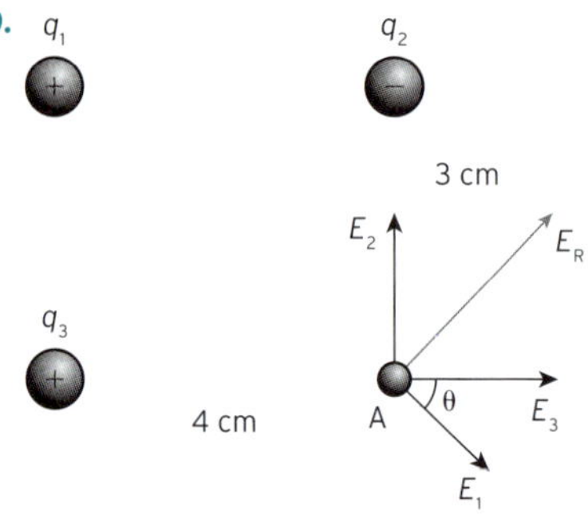

Módulo: 11 370 V/m; direção e sentido indicados no vetor E_R da figura acima.

50.

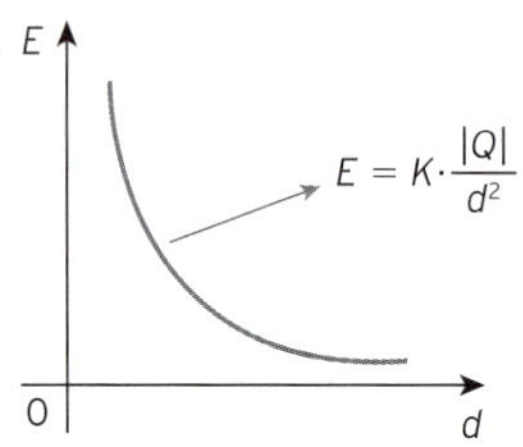

51. $5 \cdot 10^{10}$ V/m

52. a) A placa da direita está carregada positivamente, e a placa da esquerda, carregada negativamente.
b)

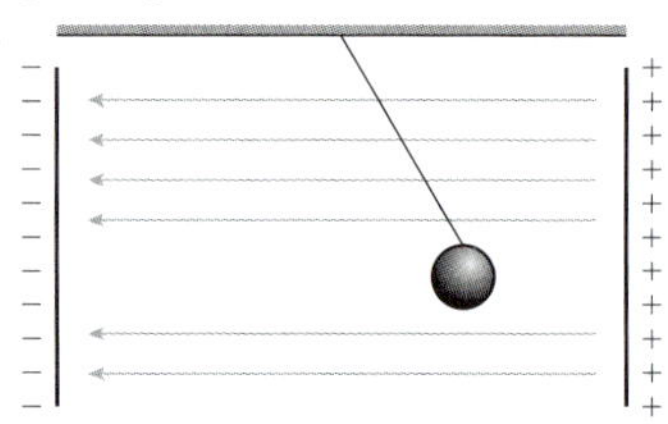

c)

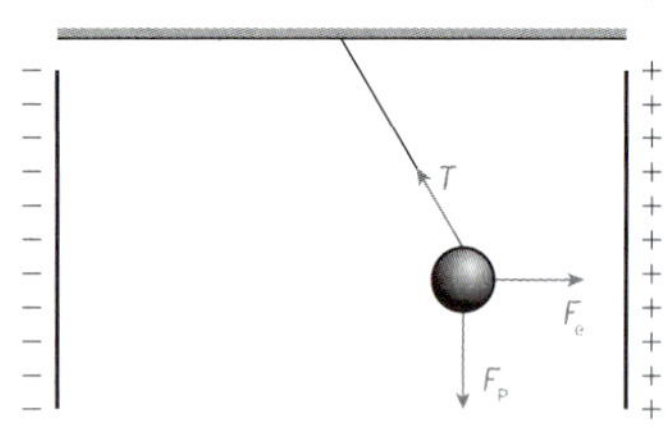

d) Resposta pessoal.

53. a) Resposta pessoal.
b)

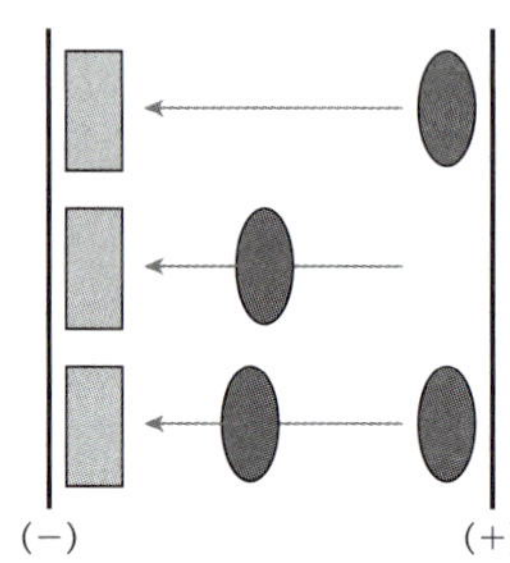

c) Sim, as hemoglobinas possuem carga elétrica, pois, caso contrário, não se moveriam no campo elétrico.

54. a) Os elétrons se deslocam devido à repulsão mútua, quando as cargas buscam a superfície externa do conjunto condutor formado pelo pente e a abóboda.
b) O campo elétrico no interior da esfera é nulo, independentemente de a correia estar ligada ou desligada.

55. Resposta pessoal.

56. Resposta pessoal.

57. a) $40 \cdot 10^{-19}$ J
b) 0 J

58. a) No texto, compara-se o tabuleiro de xadrez com as cidades e situações que o aventureiro viveu.
b) Resposta pessoal.

59. Pesquisa individual.

60. a) Região da cidade de São Paulo e a região serrana do estado do Rio de Janeiro na divisa com Minas Gerais e São Paulo.
b) As regiões mais atingidas por raios geralmente são mais altas e chuvosas.
c) Pesquisa individual.

61. Respostas pessoais.

Capítulo 3 – Corrente elétrica

Página 59 — Debate inicial

1. O metal do filamento não se funde porque é feito de um material que tem uma temperatura de fusão muito alta, e o filamento não chega a atingir essa temperatura. Além disso, retira-se o ar do interior do bulbo para manter o oxigênio fora do contato com o filamento, impedindo a combustão.

2. Resposta pessoal.

3. Thomas Edison (1847-1931).

4. A lâmpada incandescente utiliza energia elétrica para aquecer e fazer brilhar um filamento; a lâmpada fluorescente utiliza energia elétrica para ionizar um gás em um tubo, que emite luz. A lâmpada fluorescente é mais econômica.

5. A lâmpada de 150 W.

Página 59 — Primeiras anotações

1. Energia elétrica, energia luminosa e energia térmica.

2. Tungstênio.

3. O principal problema decorrente do consumo de energia elétrica é a necessidade de construção de mais usinas de energia elétrica para suprir as necessidades humanas. O que tem sido feito no mundo é o investimento em fontes de energia alternativas, como energia solar e eólica, por exemplo.

Página 71 — Conceito em questão

Resposta pessoal.

Página 75 — Ação e cidadania

Resposta pessoal.

Página 77 — Conceito em questão

1. Os equipamentos da lista que funcionam com resistência de filamento são: chuveiro elétrico, secador de cabelos e ferro elétrico.
2. Quando o chuveiro "queima", isso significa que sua resistência elétrica, responsável pelo aquecimento da água, se rompe. O procedimento adotado neste caso é a troca da resistência elétrica por uma nova.

Página 81 – De volta para o começo

1. Resposta pessoal.
2. Resposta pessoal.

Página 82 — Física tem história

1. Resposta pessoal.
2. Foi Luigi Galvani, professor de anatomia da Universidade de Bolonha. Isso ocorreu em 1870 quando ele observou que, quando se aplicam no corpo de uma rã que está sendo dissecada duas placas de metais diferentes ligadas por um fio condutor, as patas das rã se contraem fortemente.
3. Volta construiu um dispositivo superpondo um grande número de placas de zinco, de cobre e de papelão embebidas em ácido. Como as placas ficavam todas empilhadas, deu-se o nome de pilha.

Página 83 — Física e tecnologia

1. Em um circuito temos: resistores, que servem para limitar o valor da corrente nos circuitos; capacitores, que armazenam carga elétrica; diodos, que permitem o fluxo de corrente em uma única direção no circuito, e transistores, que servem para controlar e amplificar a corrente do circuito.
2. Os semicondutores permitem a produção de diversos componentes eletrônicos graças à propriedade de sua condutividade elétrica poder ser alterada.

Página 84 — Física e sociedade

1. Ambos são maus condutores de eletricidade.
2. Devido à sua baixa resistividade elétrica quando a água penetra no solo através de sua porosidade, ela reduz a resistividade do solo.
3. É a resistividade. Ela nos permite estudar o solo determinando a presença de chorume e de outros materiais tóxicos.
4. O chorume é um líquido resultante da decomposição de matéria orgânica principalmente encontrado nos lixões. Ele contém uma grande quantidade de íons dissolvidos, o que o torna um condutor de eletricidade. Ao se misturar com as águas da chuva e penetrar o solo, o chorume pode atingir lençóis freáticos, contaminando-os.
5. Resposta pessoal.

Página 85 – Laboratório

Montando o circuito elétrico

1. a) Duas pilhas associadas em série geram uma tensão final que é a soma das tensões de cada pilha. Logo, 1,5 V + 1,5 V = 3 V.
   b) O simples toque de uma associação não causa nenhum choque, porque nosso corpo tem alta resistência elétrica e a corrente da associação de pilhas de 3 V é pequena.
2. A capa dos fios elétricos é de material isolante, para impedir choques elétricos. Portanto, para que haja transmissão de eletricidade nas conexões dos fios, é necessário remover a cobertura de suas pontas e fazer o contato nessas regiões, isolando-as com fita isolante.
3. Nesse caso, os elétrons partem do polo negativo da pilha até um dos polos do soquete, atravessam o filamento da lâmpada, fazendo-a acender, e seguem para o polo positivo da pilha, onde ocorre a neutralização das cargas pelas reações químicas que acontecem dentro da pilha.
4. a) A grafite é utilizada na montagem por ser um material bom condutor de eletricidade.
   b) Semelhança entre as montagens: ambas terão o mesmo comprimento da grafite. Diferença entre as montagens: ambas terão grafite de espessuras diferentes.

Fechando o circuito elétrico

5. Podem-se ligar os dois fios soltos para verificar se a lâmpada acende pela tensão total das pilhas. Se não acender, deve-se verificar se os contatos elétricos estão corretos. Não havendo problemas com os contatos, a lâmpada pode estar queimada.
6. Na equação $R = \rho \cdot \frac{l}{A}$, em que R é a resistência elétrica; ρ é a resistividade elétrica do material; l é o comprimento do resistor (resistência); A é a espessura do fio do resistor (área da seção transversal do fio). Quando se acrescenta a grafite ao circuito simples, diminui-se a resistividade ρ. Outra alteração acontece quando se troca a grafite mais grossa pela mais fina: a resistência aumenta.
7. a) Ao mover o cursor em direção à extremidade oposta da grafite, o comprimento da grafite que é percorrido pela corrente é aumentado; com isso, a intensidade da corrente diminui; consequentemente, o brilho da lâmpada também diminui. Isso indica que o comprimento do resistor é diretamente proporcional à resistência elétrica e inversamente proporcional à corrente elétrica.
   b) A variável deste experimento é justamente o comprimento do resistor.
   c) A relação de dependência entre o brilho da lâmpada, a corrente elétrica e o comprimento do resistor é que quanto maior a corrente elétrica, maior o brilho da lâmpada; o comprimento do resistor é o fator que determina se a corrente elétrica tem maior ou menor intensidade.
8. a) A variável é a área transversal do resistor. Chega-se a essa conclusão comparando o brilho da lâmpada ao ser ligada na grafite fina e na grafite grossa: nesta, o brilho da lâmpada é menos intenso que quando ligado na grafite fina, o que indica ser a espessura do resistor inversamente proporcional à resistência elétrica.
   b) Com o grafite mais grosso, haverá maior área para a passagem dos elétrons; então, maior será a corrente elétrica e, portanto, a lâmpada terá maior brilho.

B. Depois do experimento

1. Resposta pessoal.
2. Ao ligar o chuveiro na posição verão, passa menos corrente pelo resistor, e a água é menos aquecida. Nesse caso, o comprimento do resistor deve ser maior ou a espessura do resistor deve ser menor que na posição inverno do mesmo chuveiro.
3. O aquecimento mais intenso se dá na lâmpada acesa, onde o efeito Joule é mais intenso.
4.

Parâmetro do resistor	Corrente elétrica (i)	Potência elétrica (P)	Tensão elétrica (U)	Resistência elétrica (R)	Aquecimento (efeito Joule)
Área maior	aumenta	aumenta	–	diminui	aumenta
Área menor	diminui	diminui	–	aumenta	diminui
Comprimento maior	diminui	diminui	–	aumenta	diminui
Comprimento menor	aumenta	aumenta	–	diminui	aumenta

Execícios propostos

4.

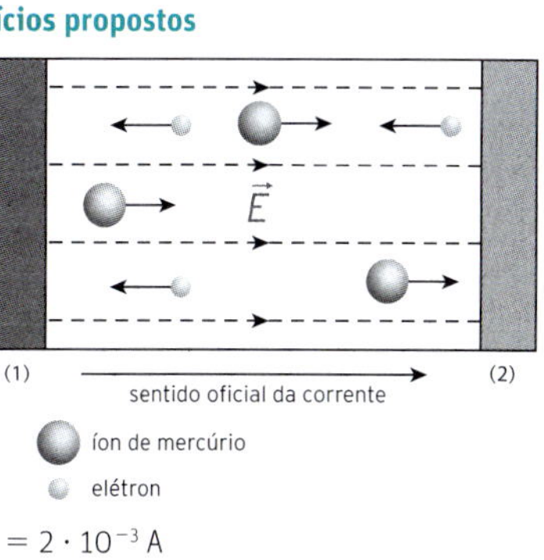

Ilustrações: Setup Bureau/ID/BR

5. $i = 2 \cdot 10^{-3}$ A
9. a) Alternada, pois a intensidade aumenta e diminui em períodos, invertendo o sentido de oscilação.
   b) 50 Hz
10. a) 3 Ω e 6 Ω
    b) Porque sua resistência não permanece constante com a variação da corrente.
11. a)

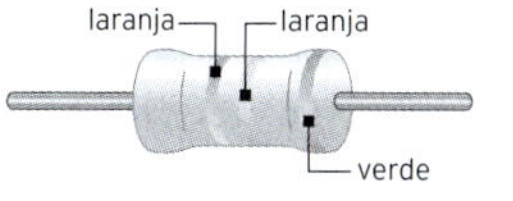

    b) $(33 \pm 6) \cdot 10^3$ Ω
14. a) 9,9 kΩ b) 9 900 Ω
15. $U = \frac{i}{G}$ e $R = \frac{A \cdot \sigma}{l}$

16. I. Prata:
a) $38,22 \cdot 10^{-2}\ \Omega$
b) 2,61 S
c) 26,16 A
II. Alumínio:
a) $66,88 \cdot 10^{-2}\ \Omega$
b) 1,49 s
c) 14,95 *A*

17. a) A resistência é dada por $R = \frac{\rho \cdot l}{A}$. Se o comprimento do fio diminuiu dez vezes, a resistência diminui diretamente. Se o diâmetro é reduzido à metade, a resistência final aumenta um pouco. Porém, como a diminuição do comprimento é maior que a da área, a resistência final diminui um pouco.
b) $0,4 \cdot R_i$

20. Resposta pessoal.

21. Para a voltagem considerada de 100 V, a corrente que passa pelo corpo humano é de $U = R \cdot i \Rightarrow 100 = 100 \cdot 10^{+3} \cdot i \Rightarrow i = 1 \cdot 10^{-3}$A. Consultando a tabela, para uma corrente de 1 mA, o que acontece é uma sensação de formigamento na pele, sem efeitos fisiológicos.

22. As luvas cirúrgicas não protegem dos choques de alta tensão porque a espessura do material é muito pequena, não proporcionando a resistência necessária à passagem de uma corrente muito alta.

25. a) aproximadamente $2 \cdot 10^{-8}\ \Omega \cdot m$ e $90 \cdot 10^{-8}\ \Omega \cdot m$
b) 45 vezes.

26. a) Resposta pessoal.
b)

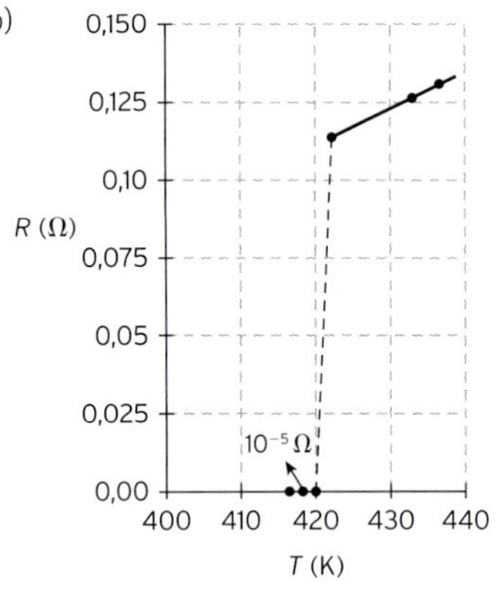

30. 1 250 W

31. 2,5

32. a) $U = 80$ V e $i = 1,1$ A
b) 88 W

33. I. Para a tensão de 1,1 V:
a) $5,5 \cdot 10^{-3}$ W b) 4,5%
II. Para a tensão de 1,3 V:
a) $19,5 \cdot 10^{-3}$ W b) 3,8%

34. Para tensões menores do que 0,8 V, não há corrente elétrica e, sem corrente, não há potência.

35. 2 490 W

38. 2 420 W

39. a) 300 kW · h
b) 120 reais

40. Resposta pessoal.

41. a) 11 Ω
b) 2,75 Ω

Integre o aprendizado

42. elétrons; $0,37 \cdot 10^{19}$ elétrons

43. a)

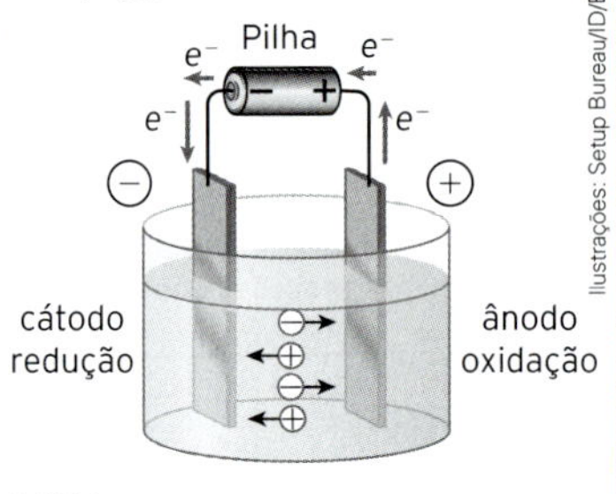

Ilustrações: Setup Bureau/ID/BR

b) 0,25 A

44. $3,2 \cdot 10^{-11}$ A

45. a) 20 Ω e 40 Ω
b) No gráfico de $i \times U$, se chamarmos *R* a grandeza "resistência" e *C* o coeficiente angular das retas, é fácil ver que $C = R^{-1}$.

46. Primeiro, devemos comparar grandezas iguais. Para isso, podemos encontrar a resistividade elétrica do material *A* a partir da condutividade. Assim:
$\rho = \frac{1}{\sigma} \Rightarrow \rho = \frac{1}{9,1 \cdot 10^6} \Rightarrow \rho = 1,0 \cdot 10^{-7}\ \Omega \cdot m$
Agora, comparando as duas resistividades, vemos que a resistividade elétrica de *B* é maior que a de *A*, ou seja, *B* é mais isolante que *A*. Dessa maneira, para uma boa condução elétrica, deve-se escolher o material *A*, e para um bom isolamento, deve-se escolher o material *B*.

47. Platina: $1,4 \cdot 10^{-4}\ \Omega$; prata: $4,1 \cdot 10^{-5}\ \Omega$.
A platina é melhor condutor.

48. a) A resistência do material diminui com o aumento da temperatura.
b) 15 000 Ω
c) 85 °C
d) Aproximadamente 24 000 Ω.

49. 500 °C

50. a) 635 W
b) 5,03 s

51. 0,4 kWh

52. 700,6 kWh

53. a) 175,15 reais
b) 50,31 reais
c) Resposta pessoal.

54. Se a resistência fosse a mesma e ela tocasse a fonte descrita, sofreria um choque com uma corrente elétrica de $U = r \cdot i \Rightarrow 100 = 730 \cdot i \Rightarrow i = 0,13$ A, que poderia causar a morte da criança. Essa estimativa é limitada porque se baseia em dados de uma pessoa adulta, que está em condições diferentes de uma criança.

55. a) 1,25 A
b) Causaria a morte da pessoa.

56. Resposta pessoal.

57. a) $12,5 \cdot 10^{-3}\ \Omega$
b) 0,525 W
c) Não, pois a escala é logarítmica e a resistência não se mantém constante com o aumento da corrente elétrica.

Capítulo 4 – Circuitos elétricos

Página 87 – Debate inicial

1. A pilha é a bateria do circuito, que tem a função de fornecer energia elétrica para ele. A lâmpada é o resistor, que dissipa a energia elétrica na forma de outra energia (luminosa, neste caso), e os fios são os conectores, que ligam a bateria e os resistores.
2. Sim, pois um motor também transforma energia elétrica em outro tipo de energia e também é considerado uma resistência.
3. Sim, pois a corrente elétrica se moveria na direção oposta, mas ainda assim atravessaria a lâmpada, fazendo-a acender-se.
4. Se a voltagem for a mesma, a luminosidade da lâmpada também será a mesma.
5. Resposta pessoal.

Página 87 – Primeiras anotações

1. Porque o cobre é um bom condutor elétrico. Os fios são revestidos de plástico para proteger as pessoas de choques elétricos, uma vez que o plástico é isolante elétrico.
2. A luminosidade da lâmpada aumenta.
3. Um curto-circuito pode causar a queima do aparelho elétrico e, dependendo da sua intensidade, até mesmo choques elétricos.
4. Essa prática pode causar curtos-circuitos que podem se converter em incêndios.

Página 90 – Para refletir

Não. O que o aparelho consome é energia elétrica, e não a corrente em si.

Página 101 – Conceito em questão

Quando um fio-fase é interrompido, ao tentar ligar um aparelho 220, ele não funcionará ou funcionará com menor potência.

Página 101 – Ação e cidadania

Resposta pessoal.

Página 120 – De volta para o começo

1. Resposta pessoal.
2. As formas de energia identificadas nesse circuito são: energia química, energia elétrica, energia térmica, energia luminosa e energia mecânica. Na bateria ocorre transformação de energia química em energia elétrica; na lâmpada ocorre transformação de energia elétrica em energia luminosa; no ventilador ocorre transformação de energia elétrica em energia mecânica; em todo circuito ocorre um pouco de transformação das energias citadas em energia térmica.

3. Para evitar que ocorra uma sobrecarga no chuveiro e queime o aparelho, pois o disjuntor não desarma até atingir uma corrente maior do que sua capacidade, que no caso é 5 A, maior que a do chuveiro. Alguns eletricistas instalam disjuntores com capacidade nominal superior àquela requerida pelo aparelho. Esse comportamento representa grande perigo, pois permite que o aparelho receba uma sobrecarga, e a consequência disso pode ser desastrosa. Para evitar esse tipo de situação devem-se seguir as indicações corretas para a instalação do aparelho.

Página 121 – Física tem história

1. As descobertas de Ohm proporcionaram a compreensão e o desenvolvimento de muitos equipamentos elétricos que utilizam resistências elétricas para transformar energia elétrica em outros tipos de energia.
2. "A corrente elétrica é diretamente proporcional à diferença de potencial e inversamente proporcional ao valor da resistência". Essa lei é importante porque, ao se planejar o desenvolvimento de um aparelho elétrico, é necessário saber qual é o valor da resistência que deve ser colocada no aparelho para cada voltagem em que ele vai ser ligado.
3. Ohm é considerado um exemplo de persistência, pois sua teoria não foi muito aceita pela comunidade científica e ainda assim ele insistiu em defendê-la.
4. Resposta pessoal.

Página 122 – Física e sociedade

1. Resposta pessoal.
2. Devido ao uso do "gato", podem ocorrer oscilações na rede de energia inutilizando aparelhos elétricos, perigo de morte no manuseio da rede e fiações elétricas, sobrecarga de energia prejudicando a qualidade de fornecimento.
3. São prejuízos de ordem financeira para a fornecedora de energia elétrica, que acaba tendo um custo extra na manutenção da rede elétrica, e para os demais consumidores, que podem ter aparelhos elétricos danificados devido à sobrecarga de energia.
4. Resposta pessoal. Cabe aqui lembrar que existem benefícios para as populações de menor renda.

Página 123 – Laboratório

B. Depois do experimento

Respostas pessoais.

Exercícios propostos

3. Haver uma diferença de potencial entre os terminais do circuito e uma resistência para a dissipação de energia.

4. a)

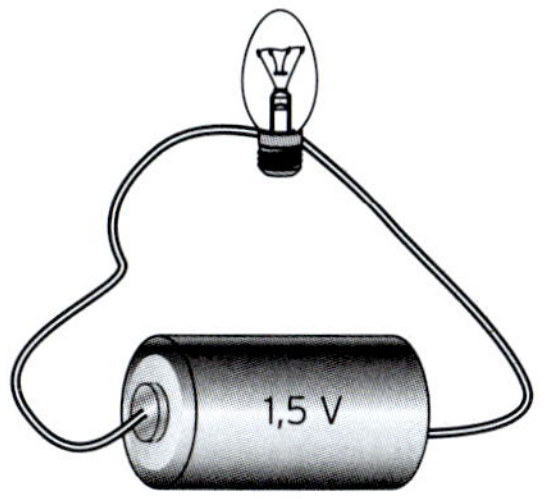

b)

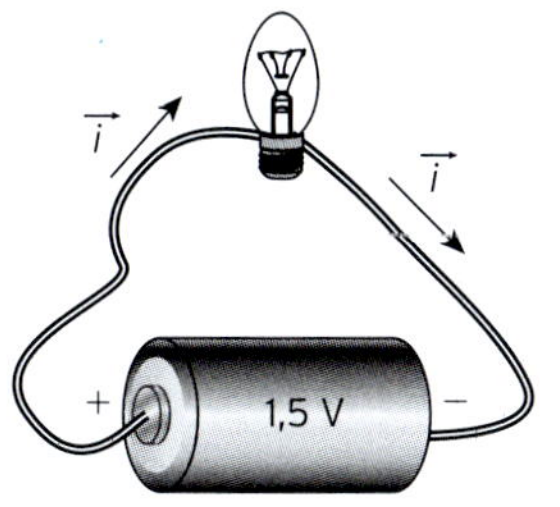

Ilustrações: Setup Bureau/ID/BR

5. Resposta pessoal.
6. Um curto-circuito pode causar uma faísca que pode resultar em um incêndio.
7. a) Nenhuma voltagem pode ser mantida neste fio, ou acontecerá um curto-circuito.
   b) Mesmo que o fusível seja de 3 A, qualquer potencial a que se submeta o fio será suficiente para produzir uma corrente infinita e o fusível entraria em ação.
10. a) 0,44 A
    b) Nenhuma lâmpada se acenderá, pois o circuito é rompido. Nesse caso, não há passagem de corrente pelo circuito.
    c) Teremos uma resistência equivalente que é o dobro da primeira e, assim, uma corrente que é a metade da inicial.
11. a)

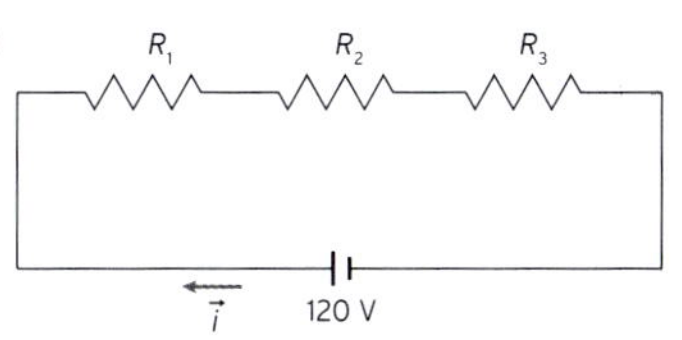

    b) 60 Ω
    c) 2 A
    d) 2 A
    e) 20 V, 40 V e 60 V
    f) A corrente no circuito passa a ser nula.
14. Na associação em série, a corrente se conserva e a voltagem se divide nos resistores; na associação em paralelo, a corrente se divide, enquanto a voltagem se conserva.
15. Paralelo.

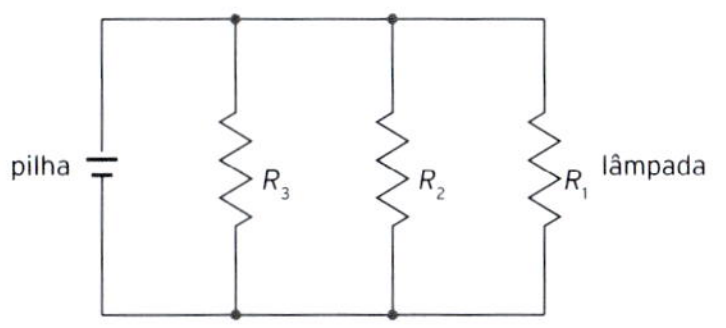

16. Itens **a** e **b**.
17. a)

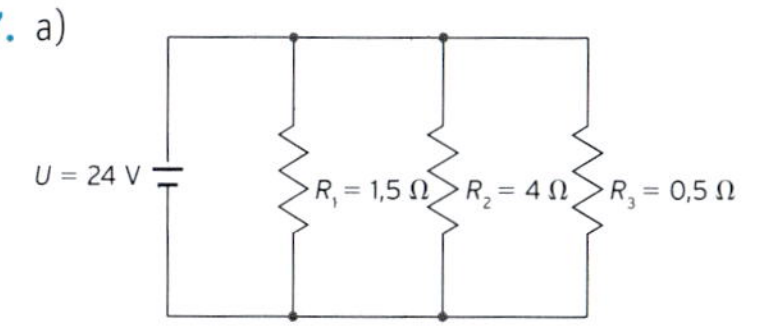

    b) 0,34 Ω
    c) 70 A
    d) 16 A, 6 A e 48 A
    e) 24 V
    f) Sim, a corrente aumentará.
18. a)

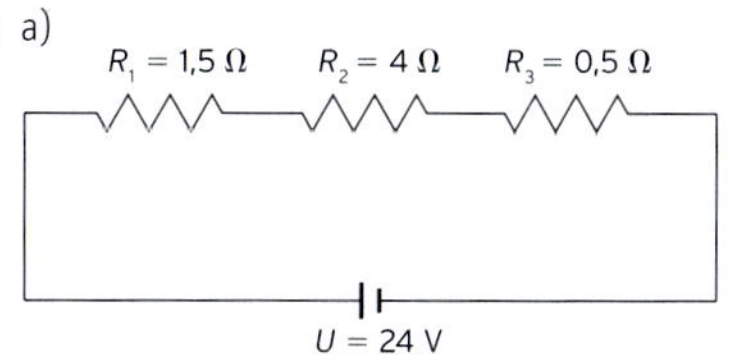

    b) 6 Ω
    c) 4 A
    d) 4 A
    e) 6 V, 16 V e 2 V
    f) A corrente no circuito passa a ser nula, pois o circuito se rompe com a retirada de uma das lâmpadas.
19. a)

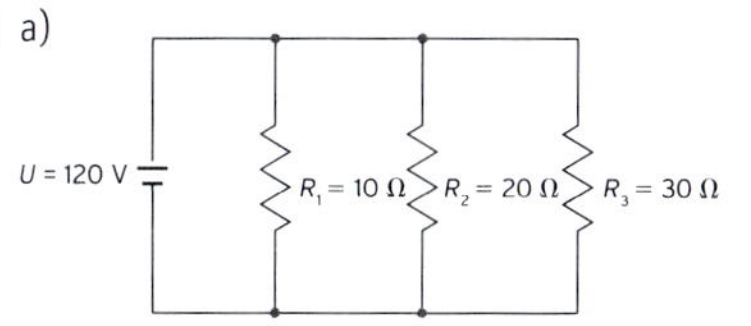

    b) 5,45 Ω
    c) 22 A
    d) 12 A, 6 A e 4 A
    e) 120 V
    f) Sim, se um dos resistores for retirado, a corrente nos outros dois aumentará.
21. a) $R_2 + R_1$
    b) $R_3 + R_1$
    c) $\dfrac{R_2 \cdot R_3}{R_2 + R_3}$
22. a) Resposta pessoal.
    b) Resposta pessoal.
    c) Resposta pessoal.
26. 1 066 Ω e aproximadamente 103 mA.
27. Resposta pessoal.
28.

Aparelho	Série	Paralelo
Lâmpada	Queimaduras graves e risco de morte	Queimaduras graves e risco de morte
Televisor	Queimaduras graves e risco de morte	Morte
Liquidificador	Queimaduras graves e risco de morte	Morte
Chuveiro	Queimaduras graves e risco de morte	Morte

29. a) O aterramento faz com que as eventuais descargas elétricas sejam conduzidas para a terra e não se acumulem nos aparelhos ou nos fios.

b) A utilização incorreta de extensões ou benjamins pode causar uma sobrecarga na rede elétrica e curtos-circuitos.

c) Um fio de espessura menor que a necessária não suporta a passagem de corrente e esquenta demasiadamente, fazendo com que aconteçam curtos-circuitos.

d) A condutividade elétrica do material do qual são feitos os fios é importante. Se um fio de material errado for comprado, pode acontecer um excesso de corrente.

32. 1 Ω e 149 Ω

33. a) 4 A, 2 A, 1,3 A e 1 A

b)

Resistencia (Ω)	Corrente (A)
2	4
7	2
12	1,3
17	1

c)

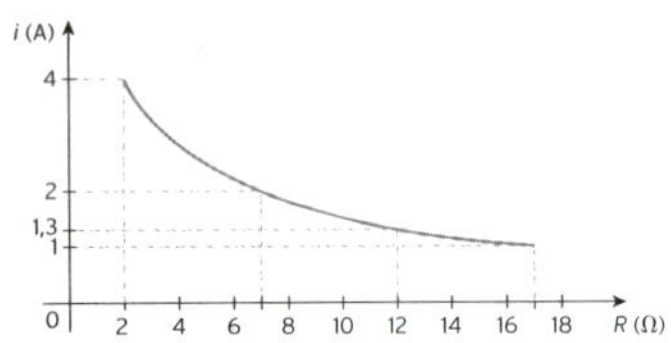

34. a) 45 V

b) 63%

c) 144 W

d) 135 W

e) 9 W

f) 15 Ω

37. a) 0,8 A

b) 19,2 W

c) 18,6 W

d) 16 W

e) 3,2 W

38. receptor: do polo positivo para o polo negativo

gerador: do polo negativo para o polo positivo

39. Itens: **a**, **b**, **c** e **e**.

40. a) 2 Ω

b) 5 400 C

41. 0,8 J

44. 4 pilhas.

45. a) 3 A

b) 6 V

46. Resposta pessoal.

47. a) 10 V

b) 2 Ω

51. a) Situação I: 3 V

Situação II: 1 V

b) Na situação I: 1,5 W

Na situação II: 0,5 W

c) Tanto a voltagem equivalente quanto a potência fornecida são maiores no caso da associação de geradores em série. Assim, se o desejo for obter uma potência maior no circuito, é recomendada uma associação em série.

53. a) 1 V

b) $i_2 = 0{,}2$ A; $i_3 = i_4 = 0{,}1$ A

c) $U_1 = 0{,}6$ V

$U_2 = 0{,}4$ V

$U_3 = 0{,}6$ V

$U_4 = 0{,}4$ V

54. Galvanômetro. O amperímetro mede somente a intensidade de corrente, o galvanômetro mede a intensidade de corrente e a tensão.

55. $i_3 = 0{,}65$ A

Integre o aprendizado

56. 13 resistores e 4 geradores.

57. a)

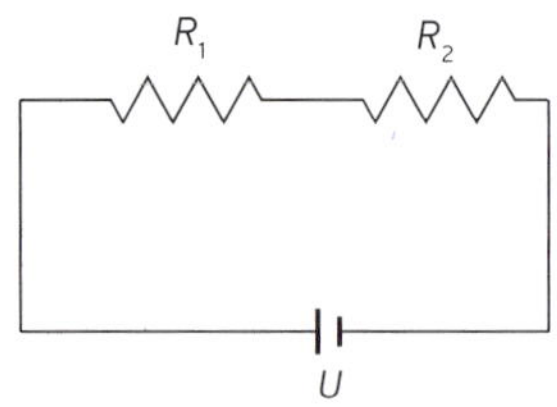

Ilustrações: Setup Bureau/ID/BR

b)

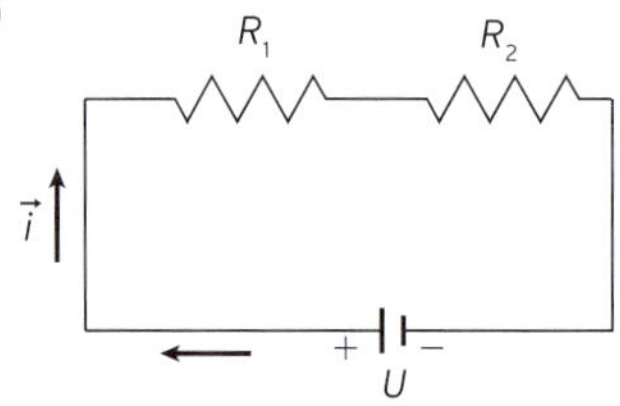

58. Não, pois os elementos não estão ligados a um gerador de energia elétrica.

59. A corrente elétrica gerada pela bateria atravessa o circuito e chega ao motor do ventilador. O trabalho gerado pelo movimento das cargas no motor do ventilador é convertido e fornece energia para o motor, que gera um trabalho mecânico por meio do movimento do motor que move a hélice.

60. Resposta pessoal.

61. O efeito não é causado pelo elétron que está na tomada e que se move até o aparelho. A criação de um campo elétrico no fio faz que todos os elétrons livres do fio comecem a se mover juntos, desde o que está mais próximo da tomada até o que está mais próximo do aparelho. Por isso o efeito é imediato.

62. A utilização de fios compridos não garante a sua eficácia como resistor. É necessário que haja uma resistência elétrica para dissipar a energia que está em trânsito pelo fio. Em uma resposta mais criativa e extremista, podemos até dizer que os fios não eram suficientemente compridos, já que eles sempre têm resistência proporcional ao comprimento – um fio muito longo dissiparia a energia (como uma bobina, por exemplo).

63. 60 A

64. 120 V

65. 48 V

66. 40 V

67. a) $\frac{22}{3}$ Ω

b) No resistor de 3 Ω temos uma corrente igual a $\frac{18}{11}$ A; no resistor de 2 Ω do extremo inferior do circuito temos uma corrente igual a $\frac{6}{11}$ A.

c) Corrente total: $i = \frac{18}{11}$ A.

Em cada resistor temos:

Nos de 3 Ω, corrente $i = \frac{18}{11}$ A.

Nos de 1 Ω e no de 2 Ω no extremo inferior, a corrente $i = \frac{6}{11}$ A.

No outro de 2 Ω temos: $\frac{12}{11}$ A.

68. Porque são constituídos de uma resistência bastante intensa, necessitando de uma voltagem mais intensa para manter uma corrente elétrica suficiente para seu funcionamento.

69. 40 A

70. Força eletromotriz é a voltagem oferecida pela pilha antes de ela ser ligada ao circuito. A diferença entre a força eletromotriz e a voltagem é que a voltagem é a ddp realmente oferecida para o circuito depois que parte da *fem* se dissipa na resistência interna da pilha.

71. a) Não varia com o tempo.

b)

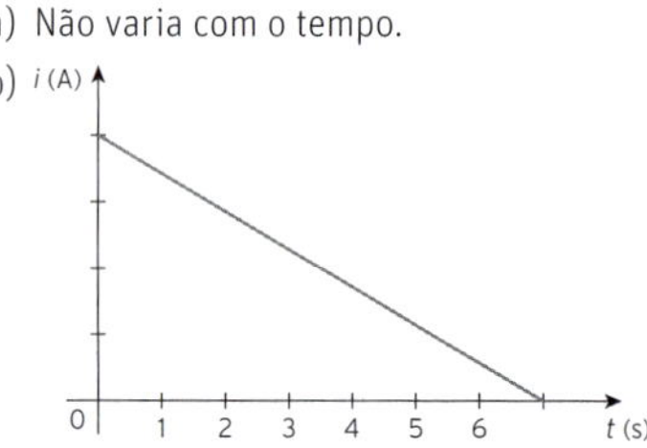

c)

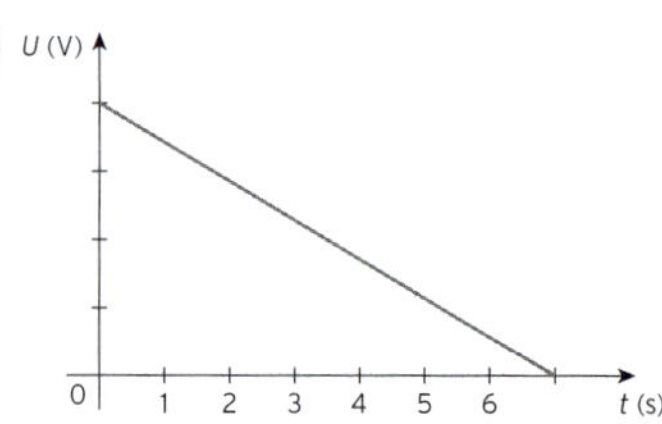

72. A diferença entre potência total, potência útil e potência dissipada é que a primeira é aquela potência oferecida pela fonte a partir de sua *fem*, a segunda é a potência que realmente sai da fonte e vai para o circuito, baseada em sua ddp, e a terceira é aquela potência dissipada na resistência do gerador, ou seja, a diferença entre a potência total e a potência útil.

73. a) 72 W b) 24 V

74. a) $\frac{\varepsilon - \varepsilon'}{R + r' - r}$

b) $\varepsilon - r \cdot i - (\varepsilon' - r' \cdot i)$

75. Aproximadamente 1,5 V.

76. a) parte de cima: $i_1 = \dfrac{\varepsilon_1 - i \cdot R}{r_1}$

parte interna: $i_1 + i_2$

b) Os dois geradores estão associados em paralelo, pois, juntos, poderão fornecer uma corrente maior para o sistema. Ambos os geradores têm a função de oferecer uma voltagem determinada ao circuito, cada um fornecendo metade da voltagem total.

77. a) 2,5 V

b) 83%

78. a) A corrente dobrará.

b) A corrente diminuirá pela metade.

79. 13,4 · k Ω

80. a) Músculos.

b) Pode ser feita uma medida elétrica do índice de gordura corporal com pequenos choques e obtendo a resistência elétrica do tecido. Assim, é possível dizer se estamos tratando de gordura ou músculos.

81. 17,4 Ω

82. a) Paralelo.

b) 400 W

c) Corrente total: 3,6 A.
Para cada aparelho temos: 1 A, 2,3 A e 0,3 A.

83. a) 0,8 Ω b) 45 W

84. a) 8,8 Ω

b) 5 500 W c) 413 W

85. 22%

86. a) $\dfrac{\varepsilon - \varepsilon_1}{R - r}$ b) $R \cdot i$

87. a) $\dfrac{U}{R_1 + R_3}$

b) $R_2 \cdot \dfrac{U}{R_1 + R_3}$

c) Não há um curto-circuito no sistema, pois a corrente elétrica se desvia em uma parte, mas não é ligada diretamente à bateria, passando pelo resistor R_1, que dissipa energia.

88. Uma rede elétrica constituída de fios de cerâmicas supercondutoras seria bastante cara para ser mantida, uma vez que exige a manutenção de baixas temperaturas; em contrapartida, representaria um consumo de energia bem mais eficiente, uma vez que não teríamos a perda nos fios de boa parte da energia produzida.

89. a) 3,38 A

b) Se o resistor 3 se estragar, teremos uma resistência equivalente menor, e a corrente que circula pelo circuito será maior.

90. A desvantagem de se associar pilhas em paralelo é que a ddp fornecida não aumenta. Logo, mais pilhas são gastas para fornecer a mesma ddp.

Capítulo 5 – Capacitores

Página 125 – Debate inicial

1. Os capacitores armazenam cargas elétricas com sinais opostos em dois condutores, separados por um material isolante.

Página 125 – Primeiras anotações

1. Capacitância de um capacitor é a sua capacidade de armazenamento de carga. Esta pode ser mensurada a partir da quantidade de cargas armazenadas em determinado tempo.

2. Resposta pessoal.

Página 129 – Conceito em questão

A partícula é carregada positivamente, de acordo com a trajetória fornecida, a força elétrica terá uma trajetória com direção vertical e sentido para baixo.

Página 131 – Ação e cidadania

Respostas pessoais.

Página 131 – Conceito em questão

1. Não, porque, na associação em paralelo de capacitores, a capacitância resultante é a soma das capacitâncias associadas e, nesse caso, nunca será menor que uma das originais.

Página 132 – Conceito em questão

1. Sim, pode-se utilizar a associação de capacitores em série para obter uma capacitância igual ou superior a uma das associadas, pois a forma da equação permite a obtenção de um valor maior.

Página 140 – De volta para o começo

1. Resposta pessoal.

2. As grandezas que influem na capacitância de um capacitor são: a área das armaduras (A), a distância entre as armaduras (d) e a permissividade elétrica do meio (ε).

3. Os geradores são dispositivos elétricos que mantêm uma tensão elétrica entre dois pontos de um circuito, alimentando-o com energia elétrica. Os receptores transformam energia elétrica em energia não elétrica. Capacitores são dispositivos utilizados para armazenar o máximo de cargas elétricas com sinais opostos em dois condutores, separados por um material isolante.

Página 141 – Física tem história

1. Por ser um isolante elétrico, a garrafa mantinha a carga armazenada por um maior intervalo de tempo.

2. Eletrizando um corpo por atrito.

3. As cargas são transferidas do corpo inicialmente eletrizado por atrito para a garrafa de Leyden por eletrização por contato.

4. Os cientistas da época demonstraram interesse devido às demonstrações públicas feitas por Leyden, que, após eletrizar a garrafa, escolhia uma pessoa para tocar na haste metálica – ao fazê-lo, a pessoa levava um leve choque.

5. Respostas pessoais.

6. Respostas pessoais.

Página 142 – Física e sociedade

1. O *flash* das máquinas fotográficas servem para melhorar a iluminação no instante em que se tira a fotografia.

2. Quando a chave comutadora é acionada, ela fecha o circuito inicialmente aberto, permitindo a passagem de corrente elétrica que, no caso dos *flashs* de máquinas fotográficas, são acionados.

3. Esse sinal indica que o circuito está fechado e o capacitor carregado.

4. Com os capacitores parcialmente carregados, a quantidade de energia elétrica fornecida ao *flash* não seria a ideal, o que poderia gerar uma menor intensidade luminosa e consequentemente uma fotografia de menor qualidade sob condições de iluminação não ideais.

Página 143 – Laboratório

Depois do experimento

1. Todo material metálico é condutor: o prego, o grampo, a lã de aço e o papel de alumínio. Isolante é o plástico do tubo. O acumulador é montado de forma tal que sua parte interna fique isolada da externa; o acesso a seu interior se dá apenas por meio do prego.

2. Se os elétrons se acumularam no canudo, este ficou carregado negativamente. Dessa forma, a parte interna do acumulador ficou carregada negativamente, em virtude do contato do canudo carregado com o prego. A aproximação do grampo no prego induziu um excesso de cargas positivas no grampo, pois os elétrons foram repelidos para a mão. Assim, uma diferença de potencial intensa foi estabelecida entre o prego e o grampo, ionizando o ar entre eles e fazendo com que os elétrons do prego saltassem para o grampo, produzindo a faísca.

Exercícios propostos

2. a) As cargas das placas se separam, ficando uma das placas carregada com carga positiva e outra com carga negativa.

b) O capacitor é um dispositivo que armazena cargas elétricas de sinais diferentes, ou seja, ele armazena energia potencial elétrica entre os capacitores.

c) $3 \cdot 10^{-6}$ F

d) Se os terminais do capacitor forem conectados a uma lâmpada, a lâmpada se acenderá, pois as cargas acumuladas nas placas vão se movimentar. No entanto, a luminosidade da lâmpada é transitória devido ao fato de que os capacitores descarregam e precisam ser novamente carregados pela bateria.

e) 1. Energia potencial elétrica do acúmulo de cargas é transformada em energia cinética do movimento dos elétrons após serem descarregados. 2. Energia cinética é transformada em energia luminosa e energia térmica no acendimento da lâmpada.

5. a) $\frac{P}{F_{el}} = 1$ b) $g = \frac{qU}{md}$

7. a) Paralelo, uma vez que a corrente que deixa o terminal positivo da bateria se divide quando encontra um nó no circuito.
b) 90 μF
c) 200 V
d) 18 mF
e) 200 V e 200 V

8. a) Série, uma vez que a corrente que deixa o terminal positivo da bateria não se divide até chegar ao outro terminal da bateria.
b) $20 \cdot 10^{-6}$ F
c) 200 V
d) 4 mC
e) 133,3 V e 66,6 V

9. a) $120 \cdot 10^{-12}$ F b) 40 pF

11. a) A corrente entre as placas de um capacitor é nula.
b) Associação em série.
c) Sentido horário.
d) 6 A
e) $U_1 = 6$ V
$U_2 = 24$ V
$U_3 = 30$ V
f) 240 μF
g) $2{,}88 \cdot 10^{-3}$ J

12. A corrente transitória surge quando um capacitor é carregado e transporta cargas de uma das placas do capacitor até a outra. Ela cessa quando o capacitor for totalmente carregado.

Integre o aprendizado

13. a) Quando as armaduras do capacitor são ligadas na bateria, inicia-se um movimento de cargas da placa que está ligada ao terminal positivo para a placa que está ligada ao terminal negativo. Essa corrente transitória cessa quando as duas placas estão completamente carregadas.
b) Após desligada a bateria, a armadura *A* está carregada com carga negativa e a armadura *B* está carregada com carga positiva.
c) 12 mF
d) 0,3 J
e) Bateria.

14. a) 5 mF c) 25 mF
b) 1 C d) 5 C

15. a) $C = \frac{\varepsilon \cdot A}{d}$
b) A capacitância diminuirá pela metade.

16. a) 2,4 μC, 4,8 μC e 7,2 μC
b) 14 μC
c) $120 \cdot 10^{-9}$ F

17. a) série d) 24 nC
b) 2 nF e) 8 V e 4 V
c) 24 nC

18. a) Associação em paralelo.
b) 4 pF
c) 80 pC

19. a) 40 V
b) 2 m F
c) Transformação de energia elétrica em energia térmica no resistor.
d) Resposta pessoal.

20. a) 5 V, 2 V e 1 V
b) A carga da associação em série coincide com a carga individual que cada capacitor armazena.
c) 1,25 pF

21. a) 0,6 V e 1,2 pC, 3 pC e 12 pC
b) 10,2 pC
c) 17 pF

22. 206 V

23. a) 1 000 V
b) 2 000 V

24. a) 55 pF
b) 16 500 pC

25. E

26. C

27. a) Ao girarmos o eixo, variamos a distância entre as armaduras do capacitor, variando sua capacitância.
b) Afastando as armaduras, diminuímos a capacitância do capacitor.
c) Para variar a capacitância de um capacitor pode-se modificar sua área, a distância entre as armaduras, a quantidade de carga liberada no capacitor e a ddp entre as placas.

28. a) Varia-se a distância entre as armaduras.
b) Aumenta, pois esta é inversamente proporcional à distância.
c) Resposta pessoal.
d) Resposta pessoal.

29. a) Capacitor.
b) Porque as descargas elétricas precisam ser intensas e instantâneas, e a carga elétrica armazenada no capacitor é suficiente para isso.
c) A tecnologia que representa um avanço nesse caso é a tecnologia bifásica de desfibrilação, que aplica descargas cada vez menores a partir do primeiro atendimento. A vantagem é que os aparelhos são cada vez menores e fazem o mesmo serviço que os maiores.
d) Resposta pessoal.

30. a)

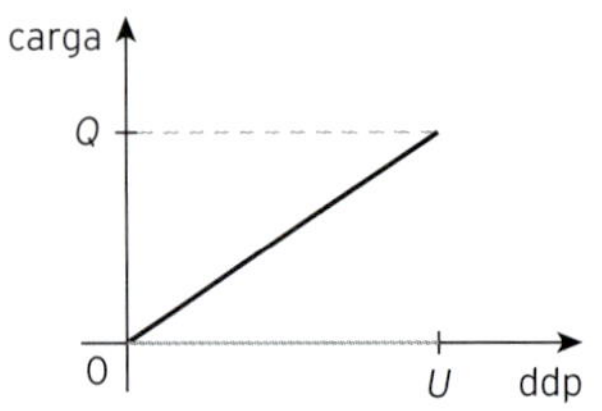

b) A grandeza numericamente igual à inclinação da reta do gráfico é a capacitância do capacitor.

31. a) Carga elétrica.
b) Diferença de potencial.

32. 250 V

33. a) Energia sonora é transformada em energia elétrica.
b) Distância entre as placas do capacitor.
c) O som emitido pelo alto-falante não destoa do emitido pela pessoa, pois a vibração das ondas entra em ressonância com as vibrações do diafragma, que, por sua vez, entra em ressonância com as vibrações do capacitor, produzindo oscilações eletromagnéticas com a mesma frequência do som emitido pela pessoa.

34. Respostas pessoais.

35. Soma = 31

Página 144 – Vestibular e Enem

1. C
2. A
3. B
4. B
5. E
6. B
8. C
9. C
10. E
11. D
12. E
14. B
15. C
16. A
17. C
18. $R_s = 16\ \Omega$, $R_p = 3\ \Omega$,
se $R_1 = 12\ \Omega$, então $R_2 = 4\ \Omega$
se $R_1 = 4\ \Omega$, então $R_2 = 12\ \Omega$
19. B
20. D
21. D
23. A
24. C
25. B
26. D
27. 0,06 kWh
28. B
29. D
30. D
31. D
32. D
33. 6
34. a) 12 V b) 0,2 A
35. a) $9 \cdot 10^9$ V
b) $3 \cdot 10^9$ W
c) 15 reais
36. B
38. E

Capítulo 6 – Campo e força magnética

Página 154 – Debate inicial

1. Os navegadores utilizavam as estrelas; e vários outros utilizavam instrumentos, principalmente a bússola.

2. Respostas possíveis: a partir da identificação da direção do nascer do sol, encontrar os pontos cardeais; basear-se na movimentação das estrelas; utilizar uma bússola.

3. Resposta pessoal.
4. A origem do campo magnético da Terra é desconhecida. Supõe-se que ele seja devido à movimentação do magma presente no centro do planeta.
5. Resposta pessoal.
6. Não existiria a bússola e certamente alguns animais seriam prejudicados, pois não teriam como se orientar em sua migração, e a radiação letal que incide sobre a superfície do planeta, vinda do vento solar e dos raios cósmicos, seria mais intensa.

Página 154 — Primeiras anotações

1. Uma bússola é um equipamento simples que serve para indicar direções. A bússola funciona a partir de uma agulha imantada que é atraída pelo polo norte terrestre, indicando sempre essa direção.
2. A agulha da bússola, por estar imantada, interage com o campo magnético da Terra.
3. A força magnética é tanto de atração quanto de repulsão.
4. O campo magnético tem origem na existência de polos magnéticos em alguns materiais. O magnetismo é uma propriedade intrínseca da matéria, presente naturalmente em certos materiais.

Página 181 — De volta para o começo

1. Resposta pessoal.
2. A origem do campo magnético terrestre ainda é desconhecida, mas acredita-se estar relacionada à movimentação do núcleo terrestre. A origem do campo magnético dos ímãs é devido à característica do material que compõe o ímã, chamado de ferromagnético. Pode ser que esse tipo de material tenha sido originado no interior da Terra e tenha chegado à superfície do planeta por erupções vulcânicas.
3. Os cartões de crédito e os telefones celulares possuem faixas magnetizadas que permitem a leitura dos dados. Ao se aproximar um ímã desses objetos, o ímã pode causar a desmagnetização, o que leva a falhas de leitura e mau funcionamento dos cartões e telefones.

Página 182 — Física tem história

1. O modelo newtoniano previa uma força agindo em um fio na direção do movimento das cargas, mas a experiência de Oersted encontrou forças agindo perpendicularmente ao fio.
2. Faraday chegou à ideia de campo magnético a partir de uma experiência mental que ele fez, imaginando a disposição de limalhas de ferro jogadas ao redor de um ímã.
3. A orientação da bússola se inverte quando colocada acima e abaixo do fio porque a força segue o "desenho" do campo magnético e este tem uma forma circular ao redor do fio.
4. Ampère era um cientista com habilidades matemáticas e experimentais. Ele propunha relações, estudava-as matematicamente e fazia experimentos. Já Faraday, por não ter formação científica, apenas imaginava possibilidades e executava experimentos, mas com uma habilidade ímpar. Os estudos de Ampère e Faraday se complementam no sentido de que as descobertas de Faraday sobre campo magnético podem ser usadas para responder às pendências nas teorias de Ampère, como a questão das forças em fios paralelos.

Página 183 — Física e sociedade

1. É um dispositivo que emite feixes de elétrons que são acelerados por meio de uma tensão de milhares de volts.
2. A força magnética atua sobre uma carga elétrica em movimento formando as imagens na tela da TV.
3. São as bobinas que geram os campos magnéticos na horizontal e na vertical e que vão gerar a força magnética, que defletirá os elétrons.
4. Resposta pessoal.

Página 184 — Laboratório

B. Depois do experimento

1. Resposta pessoal.
2. Colocando duas pilhas em série no motor, a corrente elétrica fica mais intensa, pois a tensão no motor duplica. Como consequência, o motor gira mais rapidamente.
3. Com apenas uma face raspada em uma das extremidades do fio é possível produzir o efeito liga-desliga a cada giro da espira, gerando-se os impulsos que mantêm o motor em movimento.
4. Partindo do polo positivo (sentido convencional), a corrente elétrica passa pelo clipe e circula pelas espiras da bobina, seguindo para o segundo clipe e chegando até o polo negativo da pilha.
5. Quando uma corrente elétrica se estabelece na bobina, esta não se move em um giro completo, mas, sim, num movimento de vai e vem. Para entender esse movimento, pode-se pensar que, quando uma corrente elétrica passa por um fio de cobre, surge em seu entorno um campo magnético. Na bobina, o modo como o campo magnético se forma é semelhante ao que acontece com um ímã. Assim, o campo magnético do ímã interage com a corrente elétrica nas bobinas, que se comportam como um ímã, repelindo polos iguais e atraindo polos diferentes, produzindo o movimento de vai e vem.

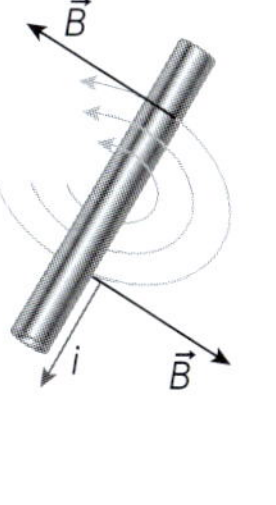

6. O sentido da corrente que percorre a bobina se alterna, mudando a polaridade estabelecida na bobina conforme ela vai girando. Esse giro ocorre em função do conceito de torque.
7. Ao remover ou afastar o ímã da bobina, o motor deixa de funcionar.
8. a) O giro da bobina muda de sentido.
   b) Ao mudar o polo da pilha, o sentido da corrente que percorre a bobina é invertido, mudando o sentido do giro.
   c) O lado parcialmente desencapado da bobina.
9. Um motorzinho de brinquedo deve conter um ímã permanente e pelo menos uma bobina por onde circule a corrente elétrica proveniente da pilha.

Exercícios propostos

3. Resposta pessoal.
4. Não é possível atrair pessoas com ímãs, apenas materiais ferromagnéticos. Ainda assim, seria impossível arrastar uma pessoa atraindo os materiais férricos que estão em seu bolso, pois a quantidade é pequena e a distância geralmente é longa, não gerando uma força magnética suficientemente grande.
5. Resposta pessoal.
6. Resposta pessoal.
7. a) Respostas pessoais.
10. A frase expressa a ideia de que é impossível separar os polos de um ímã. Sempre haverá dois polos em um ímã, não importando quantas vezes ele for dividido.
11. Ambos são campos vetoriais que respeitam o princípio da superposição e que podem ser representados por linhas de campo. Também possuem regiões de afastamento entre as linhas de campo (próximas a uma carga positiva ou ao polo norte de um campo magnético) e regiões onde há aproximação dessas linhas (próximas a uma carga negativa ou ao polo sul de um ímã). Uma das principais diferenças entre eles é a não existência de monopolos magnéticos, em contraposição à existência de monopolos elétricos.
12. A constatação que deu origem à união entre eletricidade e magnetismo foi a experiência de Oersted.
13. Resposta pessoal.
14. a)

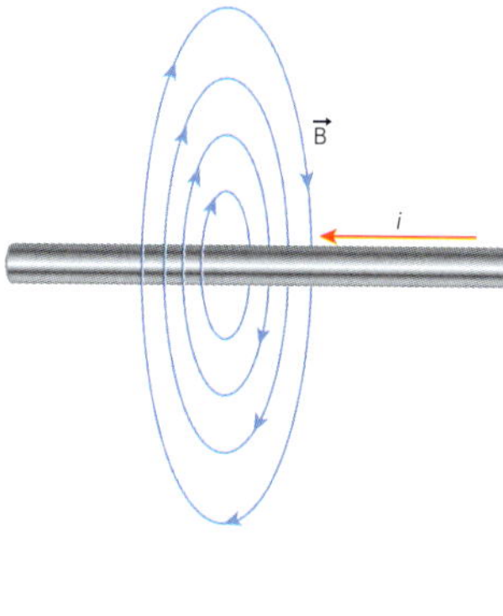

Ilustrações: Setup Bureau/ID/BR

b)

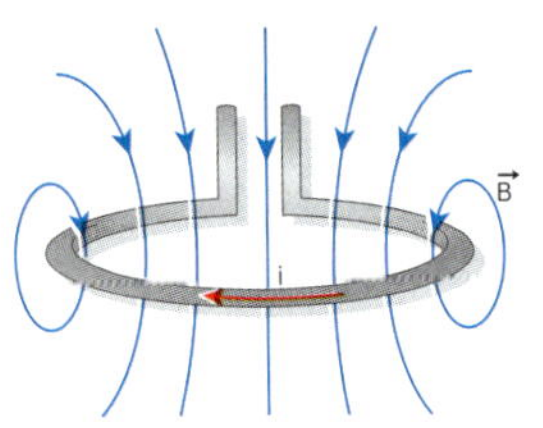

Ilustrações: Setup Bureau/ID/BR

17. a)

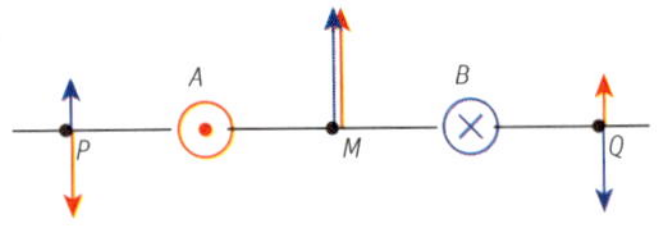

$-5 \cdot 10^{-5}$ T; $40 \cdot 10^{-6}$ T e $-5 \cdot 10^{-6}$ T

b) Se os sentidos das correntes fossem invertidos, os sentidos dos vetores indução magnética de cada uma também seriam invertidos, e os vetores resultantes nos pontos P e Q também se inverteriam.

18. a) O valor do campo também cai pela metade.

b) O campo permanecerá o mesmo, pois os valores dobrados se cancelarão na equação.

19. $2{,}82 \cdot 10^{-8}$ T

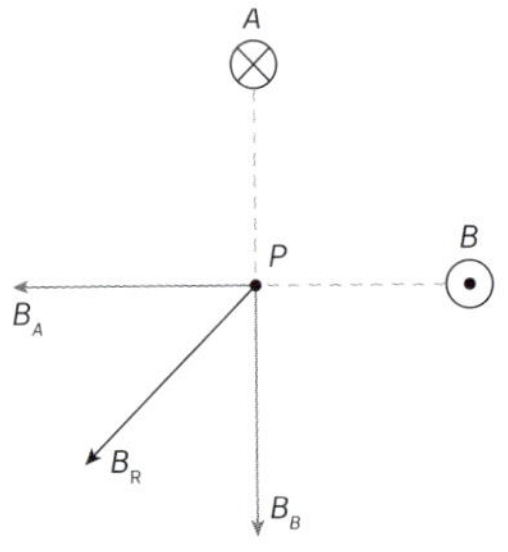

23. Intensidade: $11{,}7 \cdot 10^{-6}$ T; sentido: saindo do plano da página.

24. $14{,}04 \cdot 10^{-6}$ T

27. a) Será dobrada a intensidade do campo magnético.

b) O valor do campo magnético cairá à metade.

c) O valor do campo magnético não se altera.

28. 0,12 m

29. Ocorre a criação de um eletroímã, ou seja, o núcleo de ferro se torna imantado pelo campo magnético no interior do solenoide e o valor do campo magnético aumentará devido a um aumento na permeabilidade magnética do meio.

30. a) Verdadeira

b) Falsa. O aumento do número de espiras implica aumento do campo magnético.

c) Verdadeira.

d) Verdadeira.

e) Falsa. Há um ímã na constituição dos alto-falantes, ou seja, há campo magnético.

f) Verdadeira.

g) Verdadeira. A função do núcleo de ferro no interior do eletroímã é ser imantado de forma a se tornar, ele mesmo, um ímã.

34. O campo magnético se dirige do polo norte para o polo sul – neste caso, horizontal para a esquerda passando pela carga. Aplicando a regra da mão esquerda ou a regra do tapa à situação, vemos que a força magnética age nessa partícula verticalmente para baixo, ou seja, a partícula se desviará fazendo uma curva para baixo em seu movimento.

35. A força magnética age verticalmente para baixo na carga e sua intensidade é $2 \cdot 10^{-6}$ N.

38. $\frac{1}{2}$

39. a) $1{,}8 \cdot 10^{6}$ m/s

b) $1{,}7 \cdot 10^{-7}$ s

c) $5{,}7 \cdot 10^{6}$ Hz

40. Para que a força magnética tenha intensidade máxima, sen $\theta = 1$, ou seja, o ângulo entre a velocidade e o campo deve ser reto.

43. $2 \cdot 10^{-3}$ N. A força entre os fios é de atração, pois as correntes dos fios estão no mesmo sentido.

44.

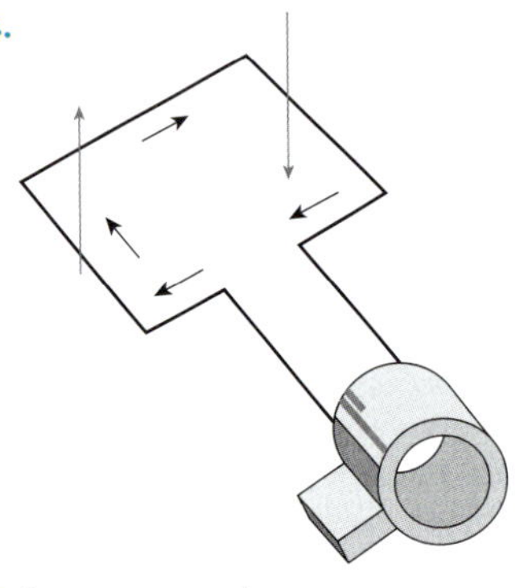

45. Resposta pessoal.

46. a)

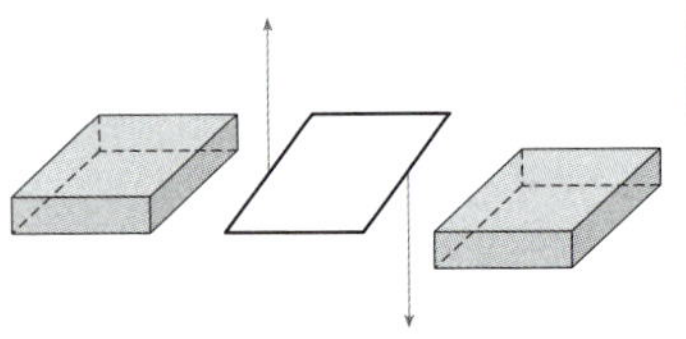

b) Sentido horário.

Integre o aprendizado

47. Quando se parte um ímã ao meio, o que se cria são dois ímãs separados, ou seja, dois ímãs com seus polos norte e sul. Assim, quando se aproximam polos norte e sul, eles se atraem, mas, quando se aproximam dois polos norte ou dois polos sul, eles se repelem.

48.

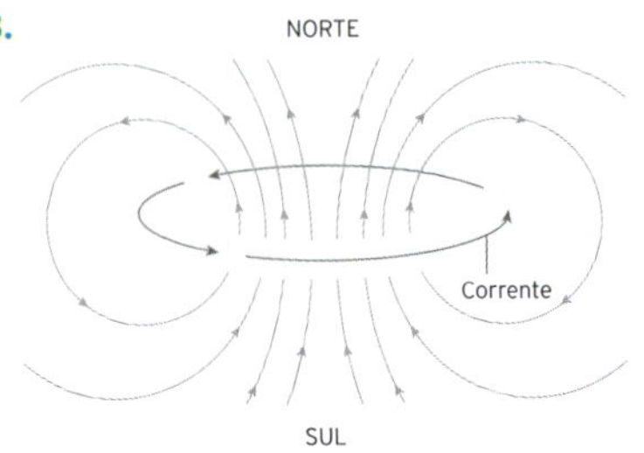

49. a)

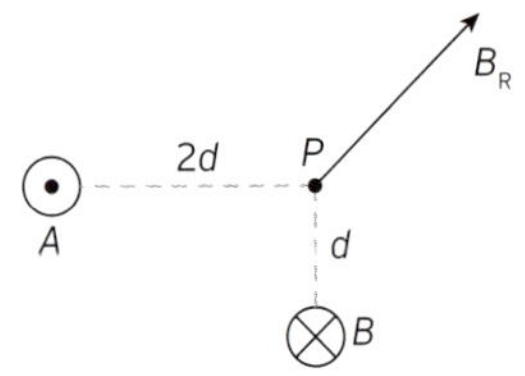

b)

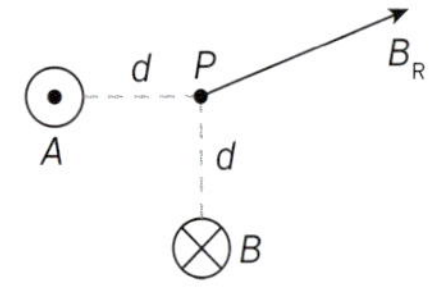

c)

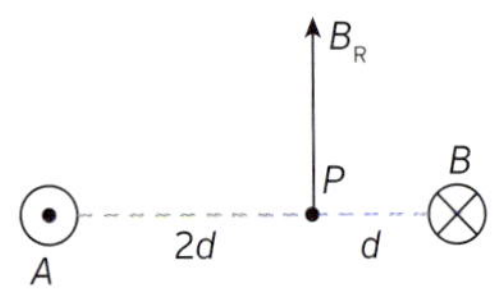

d)

50. Sentido: de baixo para cima.

51. $5 \cdot 10^{-8}$ T. A direção será perpendicular à linha imaginária que une P ao fio, e o sentido do vetor dependerá do sentido da corrente.

52. a) Para anular o campo magnético gerado por esse fio, ele precisa gerar um campo magnético em sentido inverso no ponto. Assim, ele pode ser colocado no lado oposto do primeiro fio com a corrente no mesmo sentido ou no mesmo lado do ponto que o primeiro fio com a corrente no sentido inverso.

b) $2{,}5 \cdot 10^{-2}$ A

53. $1{,}1 \cdot 10^{-2}$ T

54. $5 \cdot 10^{-5}$ T. Se a corrente percorrer a espira no sentido horário, o campo será entrando na página; se a corrente percorrer a espira no sentido anti-horário, o campo será saindo da página.

55. $2{,}0 \cdot 10^{-4}$ T

56. 4,8 A

57. Um solenoide é um conjunto de espiras enroladas sequencialmente como um tubo de espiras. É bastante usado na construção de ímãs de alta intensidade e como componente de aparelhos de som.

58. $2{,}51 \cdot 10^{-3}$ T

59. 697,7 T

60. $4 \cdot 10^{6}$ C/kg

61. Não. O fio estaria sujeito à ação da força magnética se ele estivesse sendo percorrido por uma corrente elétrica. Um fio sem corrente elétrica, mas em movimento, não sofre a ação da força magnética porque o corpo se movimenta, possui carga total neutra, já que não está levando só os elétrons com ele.

62. a) $6{,}4 \cdot 10^{-28}$ kg

b) $31{,}85 \cdot 10^{3}$ Hz

63. $4 \cdot 10^{-3}$ N

64. $5 \cdot 10^{-3}$ N

65. Como a força magnética tem sempre direção perpendicular ao vetor velocidade e como a potência de uma força é dada por $P = Fm \cdot v \cdot \cos \theta$, temos $\theta = 90°$ e $\cos 90° = 0$. A potência da força magnética é zero e, portanto, o trabalho também é nulo. A força magnética nunca realiza trabalho.

66. As linhas de campo magnético da Terra se concentram em maior intensidade nos polos e, por isso, carregam para lá uma maior quantidade de partículas.

67. O campo magnético no interior de um solenoide é dado por $B = \mu_0 \cdot i \cdot \frac{N}{L}$.

Sabe-se que i é dado por $i = \frac{U}{R}$ e que o número de espiras pode ser encontrado por: $N = \frac{C}{r} \Rightarrow B = \mu_0 \cdot \frac{U}{R} \cdot \frac{C}{(r \cdot L)}$. Como o solenoide é circular, temos: $B = \frac{(\mu_0 \cdot U)}{(2 \cdot \pi \cdot R \cdot)} \cdot \frac{C}{(r \cdot L)}$.

68. Respostas pessoais.

69. 2

70. $1{,}71 \cdot 10^{-5}$ T.

71. $\mu_0 = 4 \cdot \pi \cdot 10^{-7}$, $i = 1$ A, $L = 1$ m, $N = = \frac{0{,}25}{\pi} \cdot 10^7$.

72. Resposta pessoal.

73. 1,4 cm

74. $0{,}6 \cdot 10^{-2}$ N

75. $1{,}17 \cdot 10^{-7}$ s

76. a) $6{,}4 \cdot 10^{-14}$ N
b) $3{,}184 \cdot 10^{5}$ Hz
c) 11 m

77. $0{,}01$ N · m

Capítulo 7 – Indução eletromagnética

Página 186 — Debate inicial

1. Partem das usinas de energia e se dirigem para as cidades.
2. Resposta pessoal.
3. Resposta pessoal.
4. Resposta pessoal.

Página 186 — Primeiras anotações

1. O ímã em movimento pode gerar corrente elétrica somente se oscilar o campo magnético próximo a um solenoide. Se movimentarmos um ímã e ele não estiver próximo a algum fio, não gerará corrente elétrica.
2. A função dos transformadores é modificar a tensão da linha de transmissão de energia elétrica. Eles funcionam por meio da variação do fluxo magnético.
3. A energia das ondas eletromagnéticas depende da frequência da onda: quanto maior a frequência, maior é a energia. Como a luz azul tem maior frequência, ela transporta mais energia.
4. As ondas mecânicas necessitam de um meio de propagação. As ondas eletromagnéticas se propagam devido à geração mútua de campos elétricos e magnéticos, não necessitando de um meio para se propagar. As ondas eletromagnéticas, assim como as ondas mecânicas, transportam energia.

Página 190 — Para refletir

Resposta pessoal.

Página 201 — Conceito em questão

1. Resposta pessoal.
2. No início, Faraday ficou espantado por tal feito, mas depois maravilhou-se ao ver que a matemática de Maxwell conseguia explicar tão bem as relações de campo.
3. Resposta pessoal.

Página 225 — Devolta para o começo

1. Resposta pessoal.
2. A indução eletromagnética permitiu o desenvolvimento de inúmeros aparelhos e equipamentos que melhoraram muito a vida das pessoas.
3. Os campos elétrico e magnético estão associados, pois um pode ser criado a partir do outro. Mas existe campo magnético sem campo elétrico. Um ímã tem campo magnético ao seu redor, independentemente de existir qualquer campo elétrico.

Página 226 — Física tem história

1. Maxwell apresentou diversos trabalhos, por exemplo: o princípio da combinação das cores, analisou os trabalhos de Faraday sobre fenômenos eletromagnéticos, foi ele quem concluiu que a velocidade de propagação de ondas magnéticas coincidia com a velocidade da luz, concluindo assim que a própria luz é uma onda eletromagnética. Resposta pessoal, mas cabe salientar aqui que a união do eletromagnetismo e da óptica propiciada pelas equações de Maxwell serviu de inspiração para Albert Einstein.
2. a) Resposta pessoal.
   b) Resposta pessoal.
3. a)
   - Lei de Gauss para a eletricidade: a primeira das quatro equações de Maxwell, inicialmente proposta pelo matemático alemão Carl Friedrich Gauss (1777-1855), é o equivalente à lei de Coulomb em situações estáticas. Essa equação relaciona os campos elétricos e suas fontes, as cargas elétricas, e pode ser aplicada mesmo para campos elétricos variáveis com o tempo.
   - Lei de Gauss para o magnetismo: a segunda lei, que é equivalente à primeira, mas aplicável aos campos magnéticos e evidencia a não existência de polos magnéticos isolados (não existe polo sul ou polo norte isolado). Segundo essa lei, as linhas de campo magnético são contínuas, ao contrário das linhas de força de um campo elétrico que se originam em cargas elétricas positivas e terminam em cargas elétricas negativas.
   - Lei de Ampère: essa lei descreve a relação entre um campo magnético e a corrente elétrica que o origina. Ela estabelece que um campo magnético sempre será produzido por uma corrente elétrica ou por um campo elétrico variável. Essa segunda maneira de se obter um campo magnético foi prevista pelo próprio Maxwell, com base na simetria de natureza: se um campo magnético variável induz uma corrente elétrica e, consequentemente, um campo elétrico, então um campo elétrico variável deve induzir um campo magnético.
   - Lei de Faraday: a quarta equação de Maxwell descreve as características do campo elétrico originando um fluxo magnético variável. Os campos magnéticos originados são variáveis no tempo, gerando assim campos elétricos do tipo rotacional.

   Observação: O texto não fornece estas informações ao aluno.

   b) As equações de Maxwell demonstram que os campos elétricos e os campos magnéticos eram manifestações de um só campo eletromagnético. Além disso, descrevem a natureza ondulatória da luz, mostrando-a como uma onda eletromagnética.

   c)

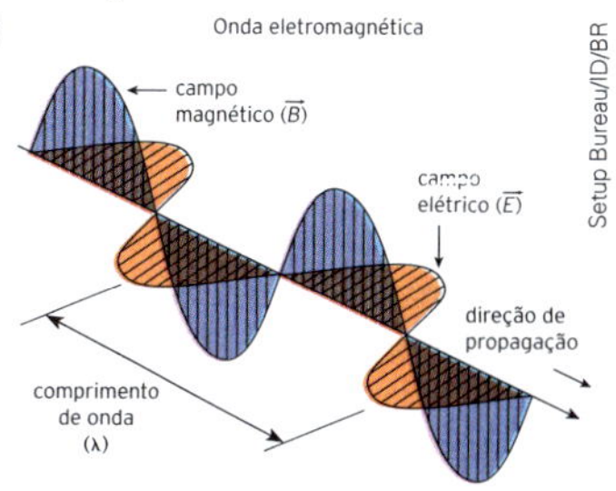

Setup Bureau/ID/BR

Página 227 — Física e astronomia

1. a) A radioastronomia é a ciência que estuda o Universo a partir das ondas de rádio emitidas por galáxias, estrelas e outros corpos celestes, que não são captadas pelos telescópios ópticos e infravermelhos, que só percebem a luz visível.
   b) O telescópio vai estar pronto para ajudar os cientistas a estudarem o Universo.
2. a) As ondas infravermelhas detectadas pelo telescópio Alma permitem o estudo de objetos que não podem ser estudados com o uso de luz visível.
   b) As fontes dessas ondas são estrelas, planetas, cometas e até nuvens de poeira e gás, e objetos muitos distantes no Universo.
3. Resposta pessoal.

Página 228 — Física e astronomia

1. a) O som é uma onda mecânica e necessita de um meio físico para propagar-se, o que não ocorre com as ondas de rádio, que são de origem eletromagnética, podendo se propagar sem meio físico.

Outra diferença é que as ondas de rádio passam por nós desapercebidas, ao contrário das ondas sonoras.

b) As ondas sonoras audíveis são produzidas por: vibração de cordas, vibração de colunas de ar e vibração de discos e membranas.

2. a) Resposta pessoal.

b) De forma geral, a maneira como se dá a manipulação das ondas eletromagnéticas determina se raios X, raios gama, etc. trazem benefícios ou malefícios à saúde humana.

c) Os raios X têm a propriedade de penetrar na matéria e são utilizados na radiografia. Os raios gama são utilizados na medicina nuclear para o tratamento de alguns tipos de tumores.

3. a) Atualmente a astronomia analisa todo o espectro de ondas eletromagnéticas.

b) Raios cósmicos ultravioletas cuja frequência é da ordem de 10^{23} Hz, raios gama com 10^{21} Hz e raios X com 10^{19} Hz.

c) Ele se refere aos sinais que as antenas dos radiotelescópios do projeto Alma devem captar, há vários bilhões de anos-luz de distância e, portanto, muito mais antigos do que a Terra.

d) Resposta pessoal.

Página 229 — Laboratório

B. Depois do experimento

1. A queda do ímã deve ser mais demorada do que a queda do objeto, pois, ao descer pelo tubo de cobre, o ímã induz uma força eletromotriz capaz de freá-lo, aumentando seu tempo de queda.

2. Dentro do tubo de cobre, o movimento do ímã é retardado.

3. Considerando o tubo de cobre uma sequência de espiras circulares, ao cair dentro do tubo, o ímã faz variar o fluxo magnético através dessas espiras. Portanto, uma corrente é induzida no tubo.

4. Essa corrente gera um campo magnético induzido que se opõe à variação de fluxo e, consequentemente, uma força magnética é aplicada ao ímã em sentido oposto ao da força peso. É como se houvesse um ímã na parte superior do tubo, atraindo o ímã que cai, e outro na parte inferior, repelindo-o.

5. Os objetos do experimento têm inicialmente energia potencial gravitacional, que se transforma em energia cinética e, posteriormente, em energia eletromagnética.

6. O nome "freio eletromagnético" se deve ao fato de surgir uma força eletromotriz induzida contrária à força peso, segundo a lei de Lenz, o que faz diminuir a velocidade de queda do ímã pelo tubo de cobre.

Exercícios propostos

3. Quando a lanterna é agitada, o ímã passa repetidamente através da bobina, induzindo nela uma corrente que carrega a bateria.

4. O efeito seria o mesmo, pois, para haver indução, é preciso haver movimento relativo.

6. a) 2 Wb e 0,8 Wb

b) 0,8 Wb

c) 0,16 V

d) A indução eletromagnética ocorre devido à variação do fluxo magnético. O fluxo magnético pode ser modificado variando-se a área da espira, o campo magnético que atravessa a espira ou, ainda, variando o ângulo da espira em relação às linhas de campo magnético.

7. a) 4 Wb e 6 Wb

b) 2 Wb

c) 1 V

10. a) Devido à rotação da espira em torno de seu próprio eixo, o fluxo magnético dentro da espira passa a oscilar de um valor máximo (quando o ângulo é 0°) para um valor nulo (quando o ângulo é 90°). Esse movimento faz com que a corrente induzida oscile de um valor máximo para um valor mínimo, chamada de corrente alternada.

b) O aumento de temperatura ocorre devido ao efeito Joule. Quando uma corrente elétrica passa por um fio metálico, a resistência desse fio faz transformar energia elétrica em energia térmica.

c) Se a velocidade de rotação da espira aumentar, a *fem* vai aumentar, pois o tempo na equação $\varepsilon = \frac{\Delta\phi}{\Delta t}$ vai diminuir. Com o aumento da *fem* induzida, aumenta-se a corrente induzida, provocando um aumento na potência dissipada pelo efeito Joule, de acordo com a equação $P = R \cdot i^2$. A consequência é o aumento de temperatura na espira.

11. Resposta pessoal.

13. a) Quando a barra desliza para a direita, há um aumento na área da espira, aumentando o fluxo magnético. Quando a barra desliza para a esquerda, há uma diminuição da área e, portanto, diminuição do fluxo magnético.

b) Quando o fluxo magnético aumenta, de acordo com a lei de Lenz, a corrente induzida deve gerar um campo magnético induzido no sentido de diminuir o fluxo que aumentou. Dessa forma, o campo magnético induzido deve ser contrário ao campo magnético original, ou seja, deve ter o sentido de sair do papel. Para que isso ocorra, de acordo com a regra da mão direita, a corrente induzida tem sentido anti-horário na espira. Analogamente ao caso anterior, quando a barra desliza para esquerda, para compensar a diminuição do fluxo magnético, a corrente elétrica induzida tem sentido horário para produzir um campo magnético induzido na mesma direção e no mesmo sentido do original.

c) Caso a barra pare de se mover, o fluxo de campo magnético será constante. Não havendo variação do fluxo, não haverá *fem* induzida e, portanto, não haverá corrente elétrica induzida.

15. a) Transformador de baixa.

b) 220 V

c) 20 A

d) $P_2 = P_1$ e $i = 40$ A

16. a) Não, as hipóteses devem passar por validação teórica ou experimental.

b) Pode-se realizar um experimento em que o campo elétrico varia com uma corrente alternada e se verifica, com o auxílio de uma bússola, se há um campo magnético induzido.

c) Resposta pessoal.

d) Resposta pessoal.

19. a) As faixas de frequências utilizadas por um aparelho de telefone celular são diferentes das utilizadas por um rádio convencional.

b) As operadoras de telefonia celular utilizam antenas transmissoras espalhadas em uma área de cobertura. Se a pessoa se encontra nessa área de cobertura, seu telefone tem sinal; se não se encontrar nessa região, fica sem sinal.

20. a) A energia sonora é transformada em energia elétrica pelo sistema de microfonia. A emissora de rádio transforma essa energia elétrica em ondas eletromagnéticas, que são transportadas até a antena receptora, que transforma as ondas eletromagnéticas em energia elétrica novamente. O aparelho de rádio transforma a energia elétrica em ondas mecânicas, que transportam a energia sonora até o ouvinte.

b) 3,33 m

23. a) Em um radar estacionado à beira da estrada, a onda refletida por um automóvel que se aproxima apresenta maior frequência e mesma velocidade, em relação à onda emitida pelo radar. Dessa forma, quando o carro se aproxima, o que se altera é a frequência, que aumenta pela aproximação relativa.

b) Quando o automóvel se afasta, a frequência detectada é menor que a frequência da onda emitida.

c) $5 \cdot 10^{-3}$ m

26. a) UV-A: $7{,}5 \cdot 10^{14}$ Hz a $1{,}0 \cdot 10^{15}$ Hz;
UV-B: $1{,}0 \cdot 10^{15}$ Hz a $1{,}5 \cdot 10^{15}$ Hz e
UV-C: $1{,}5 \cdot 10^{15}$ Hz a $7{,}5 \cdot 10^{16}$ Hz.

b) A exposição exagerada à radiação UV-A pode causar o envelhecimento precoce da pele e alguns tipos de alergia. A radiação UV-B pode causar queimaduras e câncer de pele. A radiação UV-C pode provocar câncer de pele e outras doenças dermatológicas.

c) O UV-A emitido pelo Sol acelera a produção na pele de um pigmento chamado melanina, que funciona como um mecanismo de proteção ao excesso de exposição aos raios solares. Os raios UV-B induzem o organismo a produzir vitamina D, importante para evitar doenças ósseas como o raquitismo. A alta energia da radiação UV-C é aproveitada em aparelhos tecnológicos ligados à medicina.

27. Na decomposição da luz em prismas, observa-se que, para cada raio luminoso específico com seu respectivo comprimento de onda, ocorre um desvio ligeiramente diferente. O azul, comparado ao vermelho, tem comprimento de onda menor e sofre um desvio maior que o vermelho. Como o ultravioleta tem comprimento de onda menor que o das cores observáveis, ele sofreria o maior desvio.

28. a) Existem muito mais cores do que as mencionadas pelo texto.

b) Todos os corpos emitem radiação infravermelha em decorrência da temperatura do corpo, pois essas ondas são geradas pela agitação térmica das partículas que compõem esse corpo.

31. a) α = vermelho, β = verde, λ = amarelo

b) Resposta possível: Raios α e β são partículas e possuem massa. Raios γ são ondas eletromagnéticas. Os três descrevem trajetórias diferentes sob a ação de um campo magnético. Os raios α são partículas eletrizadas positivamente, e os raios β são constituídos de elétrons de altas energias.

c) As partículas alfa, por terem maior massa que as partículas beta, penetram menos. As partículas beta são elétrons de altas energias e, por isso, penetram mais que as partículas alfa. Já as partículas gama são ondas eletromagnéticas de altas energias e, por isso, têm maior penetrabilidade que as partículas alfa e beta.

d) Por meio de desintegração de elementos radioativos.

Integre o aprendizado

32. a) A presença de uma corrente elétrica.

b) A presença de uma corrente elétrica de sentido contrário à do caso anterior.

c) Corrente nula.

d) Energia mecânica em energia elétrica.

33. Ocorreria a indução eletromagnética da mesma forma, pois ocorreria aumento de campo magnético na bobina no momento da aproximação e diminuição de campo magnético no momento do afastamento.

34. a) direção: *PQ*; sentido: de *P* para *Q*

b) *Q*: cargas positivas; *P*: cargas negativas

c)

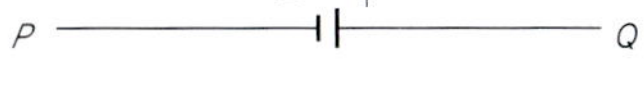

35. A movimentação relativa entre ímã e bobina provocará a indução de corrente elétrica. Quando o ímã se aproxima da bobina, há um aumento de fluxo magnético. Pelo princípio de conservação de energia, esse fluxo de campo magnético deve ser diminuído e, para isso, aparecerá uma corrente elétrica (chamada de corrente elétrica induzida) na bobina, que gerará o campo magnético oposto ao original com o objetivo de mantê-lo constante. Quando o ímã se afasta ocorre o mesmo, só que agora uma corrente contrária será induzida com o objetivo de ampliar o fluxo de campo magnético que aumentou. Essa corrente elétrica induzida é aproveitada para recarregar a pilha da lanterna.

36. a) A lâmpada vai acender devido à corrente que será induzida na bobina pela aproximação do ímã.

b) Se o ímã permanecer parado próximo à bobina, nada vai acontecer, pois não ocorrerá indução eletromagnética, uma vez que é necessária a variação de fluxo magnético.

c) Ocorre transformação de energia mecânica do ímã em energia elétrica na bobina. A energia elétrica é transformada em energia térmica e luminosa pelo resistor presente na lâmpada.

d) Resposta pessoal.

37. a) $8 \cdot 10^{-3}$ Wb

b) $1{,}8 \cdot 10^{-2}$ Wb e $1 \cdot 10^{-2}$ Wb

c) $2 \cdot 10^{-3}$ V

d) $1 \cdot 10^{-3}$ A

e) Pelo aumento do fluxo de campo magnético que ocorreu no interior da espira, ela deverá gerar um campo contrário para anular esse aumento. A corrente elétrica deve ter sentido horário na espira para gerar um campo magnético com direção contrária ao campo magnético original (direção perpendicular à bobina e no sentido de entrar na folha).

38. a) Como a intensidade do campo magnético gerado por um condutor reto é diretamente proporcional à corrente elétrica, se a corrente elétrica aumentar, o campo magnético ao redor do fio vai aumentar.

b) O fluxo magnético na espira vai aumentar.

c) Com o aumento do fluxo magnético na espira, por estar se aproximando do fio, ela deverá gerar uma corrente elétrica induzida no sentido anti-horário com a intenção de diminuir o fluxo magnético que aumentou em seu interior.

d) Com a diminuição do fluxo magnético na espira, por estar se afastando do fio, ela deverá gerar uma corrente elétrica induzida no sentido horário com o objetivo de aumentar o fluxo magnético que diminuiu em seu interior.

e) A variação contínua do fluxo magnético gerará corrente alternada na espira.

39. a) 0 e t_1: aumento do fluxo magnético no interior da espira.

t_1 e t_2: fluxo permanece constante.

t_2 e t_3: diminuição do fluxo magnético.

b)

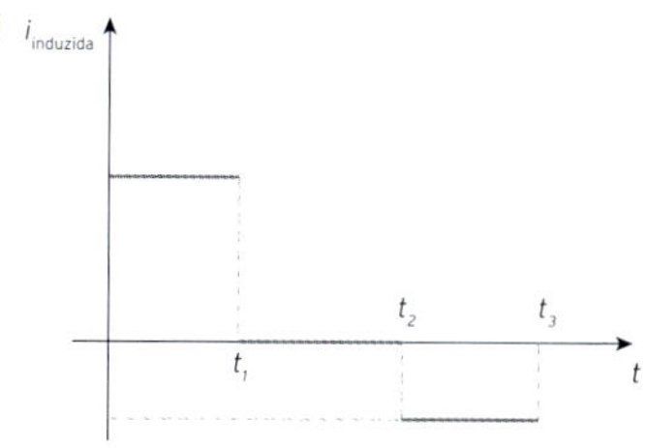

c) Se entre os instantes t_1 e t_2 a espira fosse afastada da bobina, o fluxo magnético em seu interior diminuiria, ocasionando o aparecimento de uma corrente induzida negativa.

40. a) O fluxo magnético varia no interior da espira, aumentando até um valor máximo quando seu ângulo é de 0° e diminuindo até um valor nulo quando seu ângulo é de 90°.

b) O fluxo magnético é máximo na posição inicial e chega ao seu valor nulo (ângulo de 90°) a um quarto do período de rotação.

c) O fluxo magnético aumenta até seu valor máximo.

d) A variação do fluxo magnético gera uma corrente elétrica induzida alternada na espira.

e) O modelo poderia ser aplicado em algum dispositivo gerador de corrente elétrica alternada, por exemplo, alternadores.

41. a) A lâmpada vai acender com brilho mais intenso e menos intenso, à medida que o ímã se aproxima e se afasta da espira, devido à geração de uma corrente elétrica induzida e alternada.

b) A energia mecânica do ímã se transforma em energia elétrica na espira, que se transforma em energia térmica e luminosa na lâmpada.

c) De acordo com a lei de Lenz, o sentido da corrente elétrica induzida é tal que o campo magnético por ela produzido sempre se opõe à variação do campo magnético original. A *fem* induzida pode ser obtida pelo quociente entre a variação do fluxo magnético e o tempo que levou para variar.

$$\varepsilon = -\frac{\Delta\phi}{\Delta t}$$

A *fem* pode ser obtida pelo produto entre a corrente elétrica induzida e a resistência do fio da espira.

$$R \cdot i = -\frac{\Delta\phi}{\Delta t} \Rightarrow i = -\frac{\Delta\phi}{\Delta t \cdot R}$$

d) A energia mecânica inicial do sistema massa-mola foi dissipada pela potência existente na espira e na lâmpada, transformando-se em energia térmica e luminosa.

42. a) Os raios gama têm a maior frequência, e as ondas de rádio AM têm a menor frequência.

b) Resposta pessoal.

c) Maior frequência: violeta; maior comprimento de onda: vermelho.

d) Radiação gama.

e) $5 \cdot 10^{14}$ Hz. Esta frequência corresponde à cor laranja.

43. a) 2,77 m

b) Resposta pessoal.

c) São dois tipos de ondas eletromagnéticas. As ondas de rádio AM têm frequência menor que as ondas de rádio FM.

d) A qualidade do sinal de uma rádio AM varia de acordo com as condições meteorológicas. É difícil capturar o sinal das emissoras de rádio AM em dias chuvosos, pois as gotículas de água interferem no sinal. As emissoras de FM emitem ondas bem menos suscetíveis às condições meteorológicas e, por isso, costumam ser ouvidas mais nitidamente a curtas distâncias; é mais difícil alterar-lhes a frequência. Apesar desse problema, as ondas de rádio AM podem se propagar mais longe por sofrerem, mais facilmente, reflexões na ionosfera.

44. a) Resposta pessoal.

b) 1,66 m

45. a) A antena de um radar emite sinais de micro-ondas, que são refletidos pelos objetos de volta à fonte emissora, onde são detectados, convertendo essa energia recebida em informações, como a localização e a velocidade desses objetos.

b) 0,1 m

c) Resposta pessoal.

46. a) Devido à alta energia que têm, os raios X conseguem atravessar estruturas de baixas densidades, como a pele e os tecidos moles do corpo humano, mas não conseguem atravessar a estrutura óssea. Depois de atravessarem, eles incidem sobre um filme fotográfico, colocado atrás do corpo da pessoa, sensibilizando-o. Desse modo, o que se observa nas regiões claras de uma radiografia corresponde às regiões em que os raios X foram bloqueados.

b) Pode-se controlar a energia dos raios X para que não atravessem o órgão interno que se quer observar. Com o auxílio de uma chapa fotográfica, a imagem do órgão será formada.

47. a) Parte inferior das pernas, a cabeça, os ombros e os braços.

b) A radiação infravermelha permite avaliar a temperatura de um corpo, e ela não é visível. A luz visível é a que nos permite enxergar e, como o próprio nome diz, é uma radiação visível. Ambas são radiações eletromagnéticas.

48. A pessoa que está mais distante ouvirá primeiro. Para a pessoa que está sentada a 17 m da orquestra, o tempo que a onda leva para chegar aos seus ouvidos pode ser obtido utilizando a equação da velocidade:

$V = \frac{\Delta S}{\Delta t} \Rightarrow 340 = \frac{17}{\Delta t} \Rightarrow \Delta t = 0{,}05$ s

Para que a pessoa que está mais distante escute o som, as ondas sonoras devem ser transformadas em ondas eletromagnéticas e depois convertidas em ondas sonoras novamente pelo aparelho eletrônico que estiver utilizando. Desprezando os tempos de transformação da onda e considerando que as ondas eletromagnéticas se propagam no ar com velocidade de 3 108m/s, o tempo pode ser obtido como no caso anterior:

$V = \frac{\Delta S}{\Delta t} \Rightarrow 3 \cdot 10^8 = \frac{150\,000}{\Delta t} \Rightarrow$

$\Rightarrow \Delta t = 0{,}0005$ s

De acordo com os dados, a pessoa que está mais distante escutará primeiro.

49. a) $-6{,}4 \cdot 10^{-5}$ Wb

b) $4{,}26 \cdot 10^{-5}$ V

50. a) $6{,}4 \cdot 10^{-5}$ Wb

b) $4{,}26 \cdot 10^{-5}$ V

51. 60°

52. a) Varia.

b) 0°, 90° e nulo.

c) Quando o ângulo é de 0°, o plano da espira é perpendicular às linhas de campo magnético. Quando o ângulo é de 90°, o plano da espira é paralelo às linhas de campo magnético.

53. a) 0,3 m

b) Ele comprovou a existência das ondas eletromagnéticas.

54. a) Os controladores de voo e os pilotos se comunicam por meio de radares e de rádios, por meio de trocas de informações via ondas eletromagnéticas.

b) Micro-ondas.

c) Resposta pessoal.

d) Resposta pessoal.

55. a) O som é uma onda mecânica e, portanto, não viaja à velocidade da luz. Somente as ondas eletromagnéticas podem ter essa velocidade.

b) Resposta pessoal.

56. a) Resposta pessoal.

b) A transmissão é feita via ondas eletromagnéticas.

c) A comunicação via satélite apresenta grandes vantagens em relação aos meios tradicionais, principalmente no que diz respeito à grande largura de banda disponível. Em termos simples, o satélite é como um grande chaveador, recebendo sinais e repetindo-os diretamente para os pontos principais. Dessa forma, sua rede tem um ponto no espaço que facilita a transposição de grandes distâncias. Por se tratar de um meio que dispensa a utilização de cabo e grandes investimentos em infraestrutura, pode atender a diversas localidades isoladas, como fazendas, pequenas cidades e até barcos e caminhões.

57. Os radares podem transmitir ondas eletromagnéticas em bandas de frequências equivalentes às ondas de rádio e micro-ondas. As micro-ondas de determinadas frequências podem fazer vibrar as moléculas de água presentes nos alimentos, causando seu aquecimento. Dessa forma, alimentos próximos às antenas de transmissão podem ser aquecidos pelas ondas eletromagnéticas transmitidas.

58. a) Esses satélites devem ser geoestacionários.

b) $\frac{\pi}{12}$ rad/h

c) 0,033 m

d) Os raios paralelos incidentes na antena parabólica são refletidos de forma convergente em um ponto chamado de ponto focal.

e) O receptor deve estar localizado no ponto focal da antena para uma melhor captação do sinal.

59. Resposta pessoal.

60. a) O monitor detecta ondas infravermelhas.

b) A temperatura mais quente está associada à cor vermelha e pode indicar que a pessoa tem febre ou não.

c) Este tipo de detector está associado à pesquisa de animais de hábitos noturnos, pois permite a visão noturna.

d) Resposta pessoal.

e) Resposta pessoal.

f) Resposta pessoal.

61. a) O dínamo pode converter energia mecânica em energia elétrica por meio da indução eletromagnética que ocorre ao variar o fluxo magnético de um ímã no interior de uma bobina.

b) Resposta pessoal.

c) Bateria.

62. O raio X é uma onda eletromagnética de alta frequência que consegue atravessar materiais opacos de baixas densidades. A radiografia é uma chapa fotográfica queimada pela radiação X. Materiais de diferentes densidades deixam marcas diferentes na radiografia, sendo possível a visualização desses objetos.

63. a) Ionizante. Por possuir alta frequência e causar sérias lesões, como queimaduras e até mesmo câncer.

b) Resposta pessoal.

64. a) Abreugrafia é o nome dado no Brasil a um método rápido e barato de tirar pequenas chapas radiográficas dos pulmões, para facilitar o diagnóstico da tuberculose.

b) Resposta pessoal.

65. a) Primário: esfera; secundário: cilindro.
b) Com essa montagem não seria possível acender a lâmpada a 40 km de distância, pois a descarga elétrica se dissipa e se transforma em energia térmica devido à presença do ar.
c) Resposta pessoal.
d) Resposta pessoal.

Capítulo 8 – Produção e consumo de energia elétrica

Página 230 — Debate inicial

1. A partir da transformação de energia potencial gravitacional da queda da água em energia elétrica.
2. Resposta pessoal.
3. Resposta pessoal.
4. Resposta pessoal.
5. Resposta Pessoal.

Página 231 — Primeiras anotações

1. Resposta pessoal.
2. Resposta pessoal.
3. Todas essas usinas necessitam de movimentação da turbina para mover o gerador. Na usina hidrelétrica, a turbina é acionada pela queda-d'água; na termelétrica e na nuclear, pelo aquecimento da água e pela transformação de vapor sob alta pressão.
4. Diminuir o tempo no banho, desligar os eletrodomésticos da parede e deixar de usar aparelhos sem necessidade. Mas o que mais consome energia dentro de uma residência é o mau uso das lâmpadas. São elas as grande vilãs das contas de energia. O controle das lâmpadas deve ser feito pensando em vários ângulos. É necessário verificar se há necessidade de a lâmpada estar ligada. Quanto menos tempo ela estiver acesa, maior sua vida útil e menor o consumo de energia. Lâmpadas fluorescentes compactas economizam energia e colaboram com a preservação do meio ambiente. Escolher bem cada lâmpada é de suma importância. Entre as lâmpadas incandescentes, por exemplo, uma de 60 W gasta menos que uma de 100 W, mas a luminosidade é inferior. A solução é recorrer às lâmpadas eletrônicas. Além de economizar dinheiro, estamos beneficiando o meio ambiente, pois quanto mais gastamos energia, mais precisamos produzi-la, e sabemos que os meios de produção de energia acabam por poluir de alguma forma o meio ambiente causando impactos ambientais.

Página 231 — Para refletir

Resposta pessoal.

Página 242 — Para refletir

As usinas termoelétricas são necessárias em regiões com escassez de rios, onde não poderia se instalar uma usina hidrelétrica.

Página 244 — Conceito em questão

Resposta pessoal.

Página 245 — Para refletir

Resposta pessoal.

Página 247 — Ação e cidadania

Resposta pessoal.

Página 257 — Para refletir

Respostas pessoais.

Página 261 — De volta para o começo

1. Resposta pessoal.
2. Quando o assunto é energia, o Sol desempenha papel central. Por exemplo, as marés, que são usadas em alguns países para a produção de energia elétrica, são geradas por vários fatores, entre eles a influência gravitacional do Sol e da Lua sobre as águas oceânicas. Os biocombustíveis, como o álcool da cana-de-açúcar, existem graças à fotossíntese que as plantas realizam em presença da luz solar. As chuvas – que mantêm o fluxo dos rios e permitem o funcionamento de moinhos de água e de usinas hidrelétricas – decorrem da evaporação de grandes massas de água, aquecidas pelo Sol. Os combustíveis fósseis, como o carvão e o petróleo, têm sua origem na matéria orgânica, que, direta ou indiretamente, dependeram da fotossíntese e, portanto, do Sol. A energia solar também pode ser captada diretamente, gerando aquecimento ou eletricidade.

   Enfim, podemos afirmar que grande parte da energia que move todas as coisas na Terra provém, direta ou indiretamente, do Sol.
3. Resposta pessoal.

Página 262 — Física tem história

1. De acordo com o texto, no ano 2008 ocorreu a mudança do cenário rural para o cenário de predominância urbana.
2. O fenômeno da urbanização não é homogêneo; pode ocorrer desigualmente em diferentes regiões do planeta, já que é dependente do desenvolvimento dessa região.
3. O desenvolvimento da tecnologia da eletricidade permite alimentar as cidades com iluminação mais abrangente e mais duradoura, permitindo, também, o desenvolvimento das telecomunicações e de outros confortos. Houve uma melhoria na qualidade de vida nas cidades, o que favoreceu a urbanização.
4. Resposta pessoal.

Página 263 — Laboratório

B. Depois do experimento

1. Resposta pessoal.
2. Resposta pessoal.
3. Sim, pois a insolação (energia recebida do Sol) depende do horário, pois ao longo do dia a inclinação do Sol em relação à Terra varia.
4. Sim, pois esse tipo de aquecedor (diferente dos coletores planos) precisa da luz solar, e não apenas da radiação solar como um todo. Quanto mais luz, maior a eficiência dele. Em dia chuvoso, por exemplo, ele praticamente não aquece a água.
5. Sim, pois é com base nesse princípio que funcionam as usinas elétricas movidas a energia solar.

Exercícios propostos

3. Carvão em fogão: energia química em energia térmica.

   Painel solar: energia luminosa em energia térmica.

   Rádio: energia elétrica em energia sonora.

   Gêiser: energia térmica em energia cinética e potencial gravitacional.
4. Resposta pessoal.
5. A principal fonte de energia para os seres humanos são os alimentos, de origem animal ou vegetal. Os animais também se alimentam de plantas, cuja energia vem da fotossíntese, que é feita a partir da luz do Sol.
6. a) No forno da padaria, a lenha queimada tem sua origem nas árvores, que, por sua vez, se desenvolveram a partir da absorção da energia luminosa do Sol.
   b) O calor transmitido do ferro para a roupa provém da transformação da energia elétrica das tomadas, que no Brasil geralmente provém de usinas hidrelétricas, em que a energia potencial gravitacional da água armazenada é transformada em energia cinética. A água dos rios é evaporada pelo calor do Sol e se precipita, alimentando as barragens das usinas.
   c) O barco a vela movimenta-se por causa do vento, resultante da diferença de temperatura entre camadas da atmosfera, dentre outros fatores.
   d) O papel tem origem nas árvores, que se desenvolvem a partir da energia luminosa do Sol.

8. a) 
   Thomaz Vita Neto/Pulsar Imagens

   Os dutos forçados estão dentro de cada um dos oito compartimentos mostrados na fotografia.

   b) 180 MW
9. 47,5 MW
10. a) Usina hidrelétrica.
    b) Resposta pessoal.

c)

Vantagens
Não requer o uso de combustíveis para a produção de energia, pois converte a energia potencial gravitacional da água represada nas barragens por meio de turbinas em energia elétrica. O preço dessa energia não varia. Para produzir energia hidrelétrica, um país não precisa importar combustível. É uma energia não poluente e renovável, pois não queima nenhum tipo de combustível. A energia elétrica gerada não depende da queima de quaisquer tipos de gases e matérias de partículas, por isso não cria poluição do ar. A água das barragens pode ser utilizada para a irrigação de lavouras, melhorando a produtividade agrícola no decorrer do ano, além de prevenir inundações. Nas imediações das barragens, a água do reservatório pode ainda ser utilizada para a criação de espaços públicos de lazer e de prática de esportes.

Desvantagens
Em alguns casos, ocorre a inundação de grandes áreas, contribuindo para o aumento do efeito estufa, já que árvores submersas podem produzir gases tóxicos e o deslocamento de populações. A construção das grandes usinas pode ainda tornar-se cara e demorada.

13. 11,6 m^2

14. 15 kW

18. As usinas de concentração solar utilizam arranjos de espelhos em formação circular ao redor de uma torre central com o objetivo de aquecer a água a ponto de evaporá-la, para que o vapor gire o eixo de uma turbina que está acoplado ao gerador. As usinas de conversão fotovoltaica utilizam painéis capazes de converter diretamente a energia solar em eletricidade por meio do efeito fotoelétrico.

19. Em uma escala global, a obtenção de eletricidade por centrais hidrelétricas é de apenas 16%, enquanto no Brasil esse valor alcança os 82%. Isso ocorre pois o Brasil possui uma das maiores redes de bacias hidrográficas do mundo, cujos rios que as formam possuem quedas-d'água de excelente capacidade para gerar energia elétrica.

20. 120 000 toneladas

21. a) Carvão, petróleo e OCDE.
b) Usinas termelétricas.

23. D

24. 10 MW

25. D

28. Resposta pessoal.

29. a) Evitar a locomoção com carro e utilizar mais ônibus para locais distantes e bicicletas para locais próximos.
b) Resposta pessoal.

30. Resposta pessoal.

31. Resposta pessoal.

34. Resposta pessoal.

35. Aproximadamente 8 lâmpadas.

Integre o aprendizado

36. a) $6{,}78 \cdot 10^4$ W
b) 1 296 kg/s
c) 36%

37. a) Aproximadamente 4 m/s e 1 500 kW.
b) 20m/s
c) 4 285 kW

38. $5{,}57 \cdot 10^6$ toneladas

39. a) 40 000 J
b) 32 000 W
c) Não, devido aos atritos existentes na turbina que aciona o gerador, parte dessa energia será dissipada, transformando-se em energia térmica e sonora.

40. a) 342 kWh

b)

Aparelho	Potência (W)
Televisor	150
Geladeira	250
5 lâmpadas	$60 \cdot 5 = 300$
Máquina de lavar	1 500
Chuveiro	4 400

c)

Aparelho	Consumo mensal (E = Potência × tempo mensal)
Televisor	18 kWh
Máq. de lavar	24 kWh
5 lâmpadas	54 kWh
Chuveiro	66 kWh
Geladeira	180 kWh

d) A potência do aparelho e o tempo de uso mensal.

41.

Placa solar	Térmica
Canavial	Biomassa
Rede elétrica	Elétrica
Moinho de vento	Eólica
Usina nuclear	Nuclear
Placa fotovoltaica	Solar fotovoltaica

42. a)

Região	Capacidade de geração de energia atual (em GW)
Américas do Norte e Central (lilás)	150
América do Sul (amarelo)	70
Europa Ocidental (verde-escuro)	150
Índia e parte da Ásia (verde-claro)	110
Oceania (roxo)	Menos de 50
África (salmão)	Menos de 50
Oriente Médio (azul)	50

b) Maior capacidade atual: Américas do Norte e Central e Europa Ocidental. Menor capacidade atual: África e Oceania.

43. a) Regiões Centro-Oeste e Sudeste. Os estados que fazem parte dessas regiões são: Mato Grosso, Mato Grosso do Sul, Minas Gerais, Goiás, São Paulo, Rio de Janeiro e Espírito Santo.
b) Resposta pessoal.

44. a) Óleo *diesel*.
b) Usinas termelétricas.
c) Resposta pessoal.
d) Resposta pessoal.

45. a) Queda de água provocada por desnível no terreno.
b) A catarata, por seu desnível, faz com que a água, em seu nível mais alto, tenha energia potencial gravitacional, que, com sua queda, transforma-se em energia cinética. A energia cinética da água pode ser utilizada para mover uma turbina acoplada em um gerador, ocorrendo transformação da energia cinética da água em energia elétrica. Essa energia elétrica pode servir para ligar um chuveiro elétrico, que transformará a energia elétrica em energia térmica para o aquecimento da água.

46. Resposta pessoal.

47. a) A figura relaciona as matrizes energéticas mundiais com a força ou o tamanho dos ciclistas: quanto maior ou mais forte, maior é a importância de tal matriz. Podemos observar que os menos utilizados são os menores na parte de cima da bicicleta (solar, eólica, geotérmica, ondas e mares, biomassa).
b) Os renováveis utilizam uniforme com listras na horizontal, e os não renováveis utilizam uniforme listrado na vertical.
c) Resposta pessoal.
d) Essas matrizes energéticas estão perdendo força no quadro mundial e devem ser substituídas por matrizes energéticas mais eficientes e menos poluentes, além do fato de estarem esgotando, ou seja, não conseguirem se renovar.
e) A facilidade de pedalar representa a eficiência no uso da energia nuclear, ou seja, com um pouco que se tem (urânio), muito é produzido (eletricidade). As usinas

nucleares estão sendo muito utilizadas no mundo, substituindo usinas que utilizam outras matrizes energéticas.

48. Atividade em grupo.

Página 264 – Vestibular e enem

1. D
2. D
3. B
4. E
5. A
6. A
7. D
8. E
9. E
11. C
12. E
13. C
14. E
15. B
16. A
17. E
19. C
20. E
21. B
22. a) A carga é nula.
    b) A partícula *a* tem carga positiva, a partícula *b* carga negativa. A razão entre as cargas é:
    $$\frac{Q_a}{Q_b} = \frac{m_a}{m_b} = \frac{R_b}{mR_a}$$
23. B
24. D
25. C
26. E
27. B
29. D
30. D
31. D
32. B
33. B
34. A
35. C
36. C
37. B

Capítulo 9 – A Física do "muito pequeno"

Página 278 — Debate inicial

1. Resposta pessoal.
2. As diferentes trajetórias são causadas pelas diferenças de carga elétrica, de massa e de velocidade inicial de cada partícula.
3. Resposta pessoal.
4. Resposta pessoal.

Página 278 — Primeiras anotações

1. Resposta pessoal.
2. Por meio de experiências de desintegrações atômicas e interações atômicas, bem como de colisões nos aceleradores de partículas.
3. Resposta pessoal.

Página 280 — Para refletir

Não seria possível prever a existência do nêutron, pois ele possui carga nula, e as interações que aconteceram no experimento se basearam na carga elétrica positiva das partículas alfa.

Página 286 — Ação e cidadania

Resposta pessoal.

Página 297 — Para refletir

Essa motivação se refere à existência das estruturas micro na constituição de tudo que é macro, incluindo-se o Universo.

Página 310 — De volta para o começo

1. Resposta pessoal.
2. Resposta pessoal.
3. Resposta pessoal.

Página 311 — Física tem história

1. Pierre e Marie Curie foram cientistas pioneiros no estudo do rádio e do polônio e contribuíram sobremaneira para a compreensão da radioatividade.
2. Seus estudos foram realizados experimentalmente. Marie Curie faleceu de leucemia, como consequência de sua exposição ao rádio.
3. Em 1901, Wilhelm Conrad Röntgen foi agraciado com esse prêmio "pela descoberta dos raios X"; em 1902 foi a vez de Hendrik Antoon Lorentz e Pieter Zeeman, "pela descoberta e pesquisas da influência do magnetismo sobre as radiações".
4. Resposta pessoal.
5. Resposta pessoal.

Página 312 — Física e sociedade

1. De acordo com o texto, o mundo físico (segundo Newton) podia ser reduzido a partículas, com massas que interagiam segundo forças, explicadas pelas suas três leis e pelo cálculo infinitesimal. Dessa forma, o mundo funcionaria como uma máquina, em que seria possível explicar quase tudo.
2. A Física moderna é caracterizada pelo pensamento quântico, que contempla a incerteza e a indeterminação.
3. As diversas correntes artísticas sofreram a influência da Física moderna. Na literatura, autores abandonaram a narrativa neutra, escancarando seus pontos de vista. Pintores impressionistas passaram a pintar seus quadros como os interpretavam, desobrigando-se a serem fiéis a uma pretensa realidade. Músicos passaram a compor mais livremente, rompendo com o modelo clássico. Provavelmente a maior contribuição da Física moderna com a arte de forma geral seja o rompimento com o ideal da perfeição.

Página 313 — Laboratório

Depois do experimento

1. Resposta pessoal.
2. A teoria clássica não explicava a geração de corrente elétrica pela interação da luz com a matéria. Essa explicação foi dada pela Física moderna, pelo efeito fotoelétrico.
3. Resposta pessoal.

Exercícios propostos

3. a) Os átomos de hidrogênio fazem uma ligação covalente, gerando a molécula de hidrogênio.
   b) Modelo atômico de Rutherford.
4. Esse modelo atômico considera os átomos como esferas, mas com cargas elétricas, devido às ligações do $C\ell$ e do Na^+. Como a figura não mostra os prótons nem os elétrons, imagina-se que as cargas estão incrustadas nas esferas, como no modelo atômico de Thomson.
5. A Química pode utilizar modelos diferentes para a explicação das ligações atômicas ou moleculares; isso depende da complexidade da ligação ou das características do estudo.
6. Resposta pessoal.
7. Na experiência de Rutherford, uma fina folha de ouro foi bombardeada por partículas alfa, possuidoras de carga elétrica positiva. Tais partículas sofreram desvios muito significativos, que só poderiam existir sob uma repulsão do núcleo atômico de ouro; portanto, o núcleo deveria ser positivo, e não negativo.
8. Esse resultado evidencia que existe um espaço vazio entre os elétrons e o núcleo atômico, caminho pelo qual passaram as partículas alfa sem sofrer desvio. Esse fato fez Rutherford supor que os elétrons estariam se movendo ao redor do núcleo com uma distância muito grande em relação a seu tamanho.
9. As partículas que constituem o núcleo, os prótons e os nêutrons, têm cerca de duas mil vezes a massa de um elétron; dessa forma, a massa de um átomo está quase toda no núcleo atômico. Como os átomos são formados de elétrons, prótons e nêutrons, não se deve levar em consideração o tamanho do átomo somente por sua massa, pois os elétrons que orbitam o núcleo também fazem parte do átomo.
10. A matéria é feita em grande parte de espaços vazios pois há grande distância entre os elétrons e o núcleo no que diz respeito ao tamanho dessas partículas. Por essa razão, dentro do átomo existe mais espaço vazio do que a própria matéria (elétrons, prótons e nêutrons).
11. Apesar de seu modelo ser meramente filosófico, Demócrito deixou suas contribuições sobre as propriedades dos elementos quando idealizou a existência de diferentes formas geométricas para os átomos. Hoje sabemos que as moléculas possuem diferentes formas geométricas e que isso depende das propriedades das ligações entre os átomos que as constituem.
13. Cinco raias, e estão relacionadas à frequência da luz emitida pelo átomo de hidrogênio.

14. Sete raias, e as diferentes posições que ocupam são resultado da absorção de determinadas frequências da luz pelos átomos de hélio. Se os átomos não absorvessem a radiação, o espectro seria contínuo, ou seja, sem raias escuras.

15. O modelo atômico de Bohr misturava regras pertencentes às leis da Física clássica com as leis da Física quântica. Além disso, seu modelo atômico se limitava a explicar o átomo de hidrogênio; em relação a átomos mais complexos, com número atômico mais elevado, o modelo falhava ao tentar explicar seus comportamentos.

16. a) A energia de seu nível correspondente tende a zero.

b) Como o nível fundamental tem energia de −13,54 eV, se um elétron que se encontra nesse estado absorver um fóton com energia de 13,54 eV, vai ocupar uma camada muito distante do núcleo atômico, ou seja, esse elétron escapará do átomo.

17. a) Figura 1: emissão; figura 2: absorção.

b) Figura 2: ganhando a energia; figura 1: perdendo energia.

c) Quando absorve um fóton de energia, um elétron salta para camadas mais externas em relação ao núcleo atômico, porém as camadas mais externas são instáveis e fazem com que o elétron perca a energia absorvida e emita o fóton que absorveu, voltando para sua camada de origem.

19. a) A curva experimental mostra que o espectro eletromagnético emitido por um corpo é contínuo para dada temperatura e a quantidade de radiação para cada frequência que um corpo emite.

b) A curva teórica mostra que um corpo pode emitir radiação indefinidamente: quanto menor o comprimento de onda da radiação, maior a intensidade de energia da emissão pelo corpo.

c) Essa curva ficou conhecida como "catástrofe do ultravioleta", pois um corpo emitiria com uma intensidade infinita radiação ultravioleta e radiações acima dessa frequência, efeito que seria muito prejudicial. A curva experimental tem uma queda depois de um pico máximo de radiação que um corpo pode emitir para determinada temperatura.

20. a) Um *quantum* de energia é o valor mínimo e elementar de radiação.

b) Quantidade.

21. Max Planck e Albert Einstein, em estudos independentes, chegaram à conclusão de que a energia é quantizada, isto é, a luz é formada por pequenos pacotes de energia proporcionais à sua frequência.

22. a) $E = n \cdot h \cdot f$, em que n é o número de fótons, h é a constante de Planck e f é a frequência correspondente ao fóton cuja energia se quer medir.

b) A frequência é inversamente proporcional ao comprimento de onda; portanto, quanto maior a frequência, menor o comprimento de onda. A equação da energia do fóton permite observar que, quanto maior a frequência, maior a energia do fóton. Portanto, quanto menor o comprimento de onda, maior a energia. O fóton correspondente ao vermelho tem a menor energia, e o fóton correspondente ao violeta, a maior energia.

c) Para o fóton de comprimento de onda de 700 nm: $2{,}82 \cdot 10^{-19}$ J.

Para o fóton de comprimento de onda de 400 nm: $4{,}95 \cdot 10^{-19}$ J.

d) Assim como a luz visível, os raios X, as ondas de rádio e as micro-ondas são ondas eletromagnéticas e podem ser interpretadas como fótons. Dependendo de suas frequências, essas radiações terão energias diferentes.

23. Depende do número de fótons que o constitui.

24. Segundo a teoria clássica, a radiação eletromagnética é interpretada como uma onda, o que difere da teoria moderna, que a interpreta também como uma partícula, o fóton.

25. A teoria quântica fornece um padrão para a radiação que um corpo emite e explica a curva do espectro de radiação de corpo negro. As leis físicas anteriores não explicavam o fenômeno. Elaborou-se, então, uma nova teoria, que consistiu em uma quebra de paradigma para os cientistas. Isso, portanto, pode ser considerado revolucionário.

28. a) O elétron tem maior comprimento de onda, e o próton tem maior frequência.

b) Variação de massa ou velocidade.

29. a) $6{,}63 \cdot 10^{-39}$ m

b) Não. Para haver difração, a largura das fendas deve ser da ordem de grandeza do comprimento de onda, que neste caso é muito pequeno.

c) Resposta pessoal.

30. a) $\Delta x \geq 4{,}13\ \mu m$

b) É um valor compatível com o tamanho do próton.

31. 4,14 nm

32. Itens **c**, **e**, e **f**.

33. $\Delta E \geq 6{,}63 \cdot 10^{-26}$ J

35. a) O comprimento de onda referente ao elétron é 1 840 vezes maior que o comprimento de onda referente ao próton, e a frequência do próton é 1 840 vezes maior que a frequência do elétron.

b) De acordo com a equação de De Broglie, o comprimento de onda de uma partícula pode ser alterado se variarmos sua quantidade de movimento – ou seja, é possível variar a massa e/ou a velocidade da partícula.

36. a) Nesse modelo atômico, o elétron é representado como uma onda de probabilidade. O nível eletrônico possível mostra as possibilidades espaciais do elétron.

b) No modelo atômico de Rutherford, o elétron tinha órbitas bem definidas, e orbitava ao redor do núcleo atômico. No modelo atual, o elétron é representado por uma nuvem eletrônica, que é uma região de probabilidade para o elétron.

37. Em relação à Física clássica, a mecânica quântica não pode ser considerada determinista, pois são muitas as implicações no fato de medir ou de observar que modificam as características do mundo atômico. No entanto, na natureza existe apenas uma realidade: a partícula ocupa determinada posição e deve ter alguma velocidade associada; no entanto, o fato de não conseguirmos medir ou observar nos força a fazer previsões e teorizar sobre as "prováveis realidades" do mundo quântico, um mundo probabilístico.

40. a) Dois *quarks up* e um *quark down*.

b) *e*

41. Porque ele é constituído de outras partículas, os *quarks*.

42.

Força	Atua em	Distância de ação
gravitacional	massa	qualquer distância
eletromagnética	carga elétrica	qualquer distância
forte	*quarks*	núcleo
fraca	léptons	átomo

43. I. Os elétrons são léptons.

III. Os *quarks* nunca são observados isoladamente.

V. Os hádrons são partículas compostas de *quarks*.

44. a) No núcleo desse átomo, a carga elétrica seria negativa; na eletrosfera, ela seria positiva.

b)

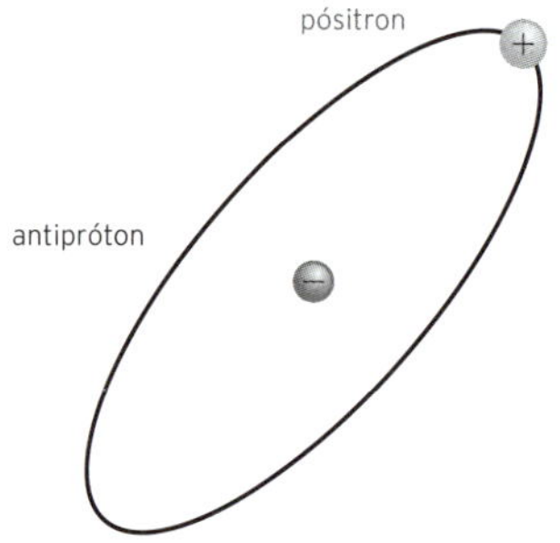

Setup Bureau/ID/BR

45. a) Os prótons são formados de *quarks*, e as partículas geradas nessa colisão seriam *quarks up*, *down*, *charm*, *strange*, *top* e *bottom*.

b) *Charm*: 10^{-13} segundos de vida.

Top: 10^{-23} segundos de vida.

Strange: sobrevive muito pouco tempo nos aceleradores de partículas.

Bottom: 10^{-13} segundos de vida.

c) Resposta pessoal.

48. a) Aproximadamente 30 anos.

b) 3 g

49. Elementos químicos radioativos são átomos capazes de emitir radiação por serem muito instáveis. O núcleo desses átomos é pesado e instável; por meio de decaimento radioativo, desintegram seu núcleo e liberam energia até formarem núcleos mais estáveis.

50. Decaimento alfa.

51. Um átomo estável é aquele que não sofre decaimentos radioativos espontâneos.

52. a) Radônio.

b) 88 prótons e 138 nêutrons.

c) 86 prótons e 136 nêutrons.

53.

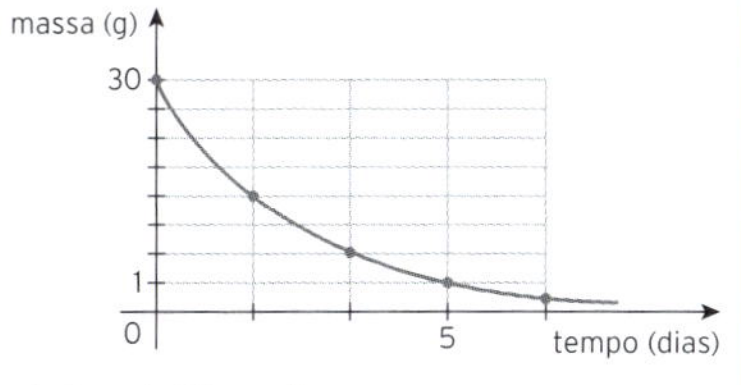

55. a) Por cintilografia.

b)

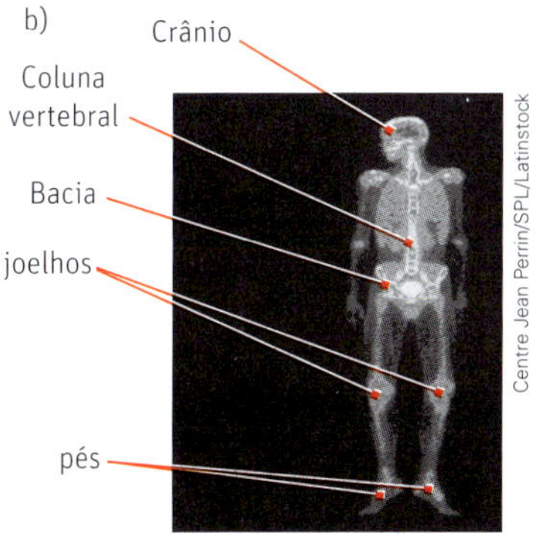

56. Não. Para que o raio X seja liberado, deve-se ter energia para que os elétrons acelerados incidam na placa de metal dentro do tubo.

57. a) Os alimentos irradiados não são radioativos. Quando esses alimentos são irradiados, eles absorvem a radiação e não os elementos radioativos.

b) Em geral, o processo de irradiação acarreta poucas alterações químicas nos alimentos. Nenhuma das alterações conhecidas é nociva ou perigosa.

58. Não há um número estabelecido para isso, visto que muitas vezes os benefícios superam os riscos da exposição à radiação. Mas, segundo especialistas, a margem segura seria de até cinco radiografias por ano.

59. a) Na radioterapia para tratamento oncológico, utilizam-se radiações ionizantes para atingir determinadas células, impedindo seu aumento ou causando sua destruição. O processo ocasiona a morte da célula cancerígena em função das alterações em seu interior. Essas radiações são invisíveis, indolores e, dependendo da sua energia, atingem determinada profundidade do corpo.

Nesse tipo de tratamento a radiação também atinge toda a estrutura que estiver no trajeto do tumor.

b) Resposta pessoal.

Integre o aprendizado

60. a) A figura 1 representa uma absorção; a figura 2, uma emissão.

b) O elétron que se encontra em um nível fundamental pode absorver a energia de um fóton e saltar para camadas mais externas.

c) O elétron que está no primeiro estado excitado pode emitir um fóton de energia e voltar para o estado fundamental.

d) Um elétron que já se encontra em um nível excitado pode absorver um fóton e saltar para camadas mais externas, o que dependerá da energia desse fóton.

61. a)

Modelo atômico	Características
Dalton	Os átomos são considerados as menores partículas que compõem a matéria, e são indivisíveis e indestrutíveis. Átomos de um mesmo elemento químico são idênticos em massa, e nas transformações químicas apresentam igual comportamento.
Thomson	Átomo divisível em partículas carregadas positiva e negativamente, contrariando o modelo proposto por Dalton.
Rutherford	Átomo constituído de um núcleo central, com cargas elétricas positivas (prótons), envolvido por uma nuvem de cargas elétricas negativas (elétrons). Toda a massa do átomo se concentra na região do núcleo.
Bohr	Quando recebe um *quantum*, o elétron salta de órbita e desaparece; então, torna a aparecer com a quantidade exata de energia. O fóton com a energia exata para que o elétron salte para órbitas superiores depois devolve a energia absorvida em forma de ondas eletromagnéticas.

b) O modelo atômico de Dalton foi a primeira evidência consistente do modelo da matéria feita de átomos – até então era puramente filosófico. Thomson descobriu os elétrons e propôs um novo modelo atômico. Rutherford resolveu o problema da localização do elétron no modelo de Thomson e descobriu que a massa se concentrava quase em sua totalidade no núcleo do átomo. Bohr solucionou o problema do decaimento do elétron no núcleo.

62. a) 8 028 eV, 8 048 eV, 8 905 eV

b) Perde energia.

c) O diagrama é o mesmo do comando do exercício, mas o sentido das setas é oposto. Nesse caso, o elétron ganha energia.

63. A "catástrofe do ultravioleta" consiste em uma falha da teoria clássica do eletromagnetismo para explicar a emissão eletromagnética de um corpo em equilíbrio térmico com o ambiente, ou um corpo negro. A emissão de uma intensidade infinita de radiação ultravioleta e de radiações acima dessa frequência para determinadas temperaturas seria incompatível com a distribuição e o equilíbrio da energia do Universo, por isso o termo "catástrofe".

64. Não, pois a luz branca é a junção de todas as cores, isto é, dos fótons vermelho, laranja, amarelo, verde, anil e violeta.

65. A energia não seria quantizada; seria, como a teoria clássica prevê, constante.

66. a) Quando um feixe de elétrons passa por uma fenda dupla, obtêm-se os mesmos padrões de interferência de quando se lançam ondas eletromagnéticas pelas fendas. O resultado é um padrão de linhas paralelas cuja intensidade diminui à medida que as linhas se afastam da posição em que se encontra a fonte de luz.

b) Não, pois as ondas devem sofrer interferência entre elas para gerar as franjas de interferência no anteparo final, e, sem as duas fendas, as duas difrações não ocorreriam.

67. Diminui.

68. $1{,}34 \cdot 10^{-28}$ J

69. a) Resposta pessoal.

b) O princípio da complementaridade assevera que a natureza da matéria e da energia é dual e os aspectos ondulatório e corpuscular não são contraditórios, mas complementares. Daí vem o nome do princípio. Isso significa que a natureza corpuscular e ondulatória são ambas detectáveis separadamente e surgem de acordo com o tipo de experiência.

c) A Física quântica e a Física clássica apresentam resultados complementares.

70. $5{,}52 \cdot 10^{-36}$ m. Resposta pessoal.

71. Resposta pessoal.

72. Força forte, força fraca, eletromagnética e gravitacional.

73. O lépton pode ou não possuir carga elétrica, e cada tipo de lépton conta com sua antipartícula. Os hádrons são o grupo de partículas compostas de *quarks* e apresentam cargas elétricas inteiras.

74. Resposta pessoal.

75. a) λ_1, pois é a unica com energia suficiente para arrancar o elétron.

b) $2{,}66 \cdot 10^7$ m/s

76. a) Resposta pessoal.

b) Resposta pessoal.

77. a) e b) O feixe que se direciona para a placa negativa é o das partículas alfa, pois elas têm carga positiva e são atraídas para a placa negativa. O feixe que se direciona para a placa positiva é o das partículas beta, que apresentam carga negativa e são atraídas pela placa positiva. As partículas que não sofrem desvio são as partículas gama, uma vez que não têm carga elétrica.

78. a) Netúnio, plutônio, amerício, cúrio, berquélio, califórnio, einstênio, férmio, mendelévio, nobélio, laurêncio, rutherfórdio, dúbnio, seabórgio, bóhrio, hássio, meitnério, darmstádio, roentgênio, copernício, flevório e livermório.

b) Os elementos com número atômico superior ao do urânio são artificiais (elementos transurânicos).

79. Átomo de Dalton (1808), átomo de Thomson (1876), quantização da energia (1900), efeito fotoelétrico (1905), átomo de Rutherford (1911), átomo de Bohr (1913), dualidade onda-partícula (1922), princípio da incerteza (1927).

80. a) Os guarda-chuvas representam a orientação dos *spins* dos elétrons.

b) Princípio da incerteza.

c) Resposta pessoal.

81. a) O gráfico nos mostra uma posição de maior probabilidade de encontrar o elétron, que é referente à região do pico da curva.

b) Resposta pessoal.

82. A figura mostra com clareza a posição dos elétrons em suas órbitas.

83. a) O título se refere à cidade de Hiroshima, no Japão, atacada pelos Estados Unidos com uma bomba atômica em 1945.

b) As consequências da incidência de radiação em uma pessoa podem ser somáticas (atingem somente aquelas que foram irradiadas, quando o dano ocorre em uma célula somática) ou hereditários (quando o dano ocorre em células germinativas, ou seja, atingem também os descendentes das pessoas irradiadas).

84. O ato de jogar dados, nessa frase, está relacionado à probabilidade, ou seja, aos efeitos probabilísticos da Física quântica.

85. Respostas pessoais.

86. Respostas pessoais.

Capítulo 10 – A Física do "muito grande"

Página 314 – Debate inicial

1. As galáxias e estrelas apresentam luz própria e, portanto, são mais brilhantes. As galáxias são maiores que as estrelas, e os corpos celestes iluminados têm um brilho mais fraco, pois refletem a luz recebida.

2. Resposta pessoal.

3. A fonte de energia das estrelas é a fusão nuclear dos elementos que elas contêm, fazendo com que se libere energia das reações.

4. Resposta pessoal.

Página 314 – Primeiras anotações

1. Resposta pessoal.

2. Fusão nuclear dos elementos que elas contêm.

3. Porque elas exercem força gravitacional, que mantém os gases em torno delas.

4. De acordo com a teoria científica mais aceita para a origem do Universo, ele surgiu a partir da explosão de uma grande quantidade de matéria condensada em um ponto muito pequeno, que se espalhou e foi se aglomerando em pequenos corpos celestes de vários tipos.

Página 323 – Ação e cidadania

Resposta pessoal.

Resposta pessoal.

Página 325 – Para refletir

Resposta pessoal.

Página 339 – De volta para o começo

1. Resposta pessoal.

2. Resposta pessoal.

3. Resposta pessoal.

4. Resposta pessoal.

5. De acordo com o modelo do Big Bang, antes da grande explosão havia apenas poeira e gases concentrados em pequeno volume e com enorme densidade. A explosão teria ocorrido em função do aumento da pressão e da temperatura nessa concentração, seguido de uma expansão que recebeu o nome de Big Bang. Nada pode ser dito a respeito do que ocorreu antes de 10^{-43} segundos da existência do Universo, ou seja, não há ainda teorias satisfatórias para responder a essa pergunta.

Página 340 – Física tem história

1.

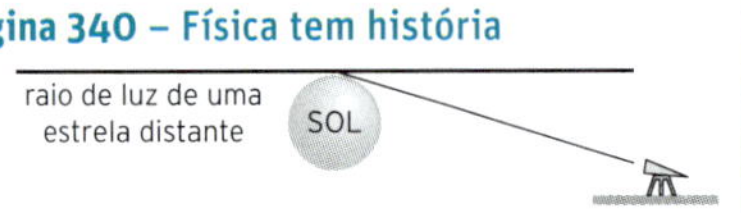

2. A luz sofre deflexão porque percorre a curvatura do espaço-tempo causada pela presença da massa do Sol.

3. Entre os pontos que agradaram ao cientista estão as belezas naturais, como o Jardim Botânico do Rio de Janeiro, e também a mistura étnica nas ruas. Entre os pontos de que não gostou estão a desorganização e o barulho durante a palestra que proferiu, além do calor da cidade.

4. Resposta pessoal.

Página 341 – Física e sociedade

1. Força gravitacional, força eletromagnética, força nuclear forte e força nuclear fraca.

2. Os prótons permanecem unidos no núcleo atômico em razão da força nuclear forte que, devido a sua maior intensidade, vence a força eletromagnética.

3. Para a teoria quântica de campos são os mediadores que transmitem a força entre uma partícula e outra.

4. Resposta pessoal.

Página 342 – Laboratório

Depois do experimento

1. Resposta pessoal.

2. Resposta pessoal.

3. O valor seria diferente, porque a constante de Hubble indica a proporcionalidade entre velocidade de expansão e a distância entre as galáxias.

4. Resposta pessoal.

5. É possível uma analogia primária com a expansão do Universo, por não ser possível contemplar, entre outros fatores, o tempo dessa expansão.

Exercícios propostos

3. 33,44 min

4. Resposta pessoal. Dica: verifique se alguma teoria científica moderna utiliza alguma ideia oriunda da visão cosmológica de povos antigos.

5. Modelo aristotélico – modelo ptolomaico – modelo copernicano – hipótese nebular – universo-ilha.

7. Exemplos: ano-luz, unidades astronômicas e bilhões de anos.

8. a) Unidades astronômicas.

b) Ano-luz.

c) Ano-luz.

d) Ano-luz e parsecs.

9.

Tipo de estrela	Estágio final
a) Baixa massa	Gigante vermelha
b) 10 massas solares	Branco-azulada
c) 50 massas solares	Azulada

10. Os aglomerados de galáxias são grupos com algumas centenas de galáxias. Já os superaglomerados são aglomerados de aglomerados de galáxias, que têm milhões de anos-luz de diâmetro e englobam milhares de galáxias.

11. A condição para que o estágio final de uma estrela de nêutrons seja um buraco negro é que sua massa seja grande o suficiente para colapsar, ou seja, "espremer-se" em si mesma, até se tornar um ponto de densidade infinita, ou seja, um buraco negro.

12. A maioria das estrelas gera luz e calor por meio da fusão de núcleos de hidrogênio e hélio. Esses núcleos se fundem, liberando a energia excessiva para fora.

13. a) Ela não volta a se acender, pois não há massa suficiente para provocar novas reações. Assim, ela se expande até o máximo para depois esfriar até apagar.

b) Pode acontecer uma contração suficiente para queimar mais algum combustível até que ela se expanda e termine seu estágio de desenvolvimento.

c) As estrelas supermassivas apresentam massa suficiente para voltar a queimar combustíveis mais pesados, e assim acontece até que o número atômico da matéria em fusão chegue ao do ferro, para depois transformar-se em um buraco negro.

15. Resposta pessoal. Dica: deve ser da ordem de 10^{-27} m.

16. a) Resposta pessoal. Dica: deve ser da ordem de 10^{18} J.

b) $1{,}8 \cdot 10^{47}$ J

c) Resposta pessoal.

17. a) O raio real parece curvar-se.

b) A presença de uma massa muito grande, como é o caso do Sol, faz com que o espaço-tempo ao seu redor seja deformado. Um raio de luz que passar nas proximidades do Sol acompanhará o espaço-tempo, portanto, se curvando.

19. Diminui.

20. a) Aumenta.

b) Não, pois as concentrações de matéria podem variar no espaço. Há apenas um valor médio para esse afastamento.

21. Os princípios nos quais se baseia a teoria da relatividade geral são: 1) As leis da Física são as mesmas para qualquer observador, esteja ele parado, esteja em movimento; 2) As leis da Física têm a mesma forma em todos os referenciais ou sistemas de coordenadas; 3) As leis da relatividade se aplicam localmente para todos os observadores inerciais; 4) A gravidade é devida à curvatura do espaço-tempo.

22. Resposta pessoal.

23. Segundo a teoria gravitacional de Newton, existe uma força de atração entre corpos de massas grandes. Já a teoria da relatividade geral descarta a ideia de força gravitacional; os corpos apenas se movimentam acompanhando a curvatura do espaço-tempo por onde passam. A teoria de Newton é válida, pois é graças a ela que são lançados ao espaço os satélites, sondas e telescópios espaciais. A relatividade de Einstein é válida para explicar fenômenos observados no Universo e para quaisquer campos gravitacionais do Universo, como os campos gravitacionais dos superaglomerados de galáxias.

24. A teoria do Big Bang é uma interpretação segundo a qual o Universo se formou a partir da explosão de um ponto de matéria condensado e de densidade infinita.

25. a) Sim, esse sinal já teve tempo de chegar até nós.

b) Levaria mais tempo para chegar até nós.

26. Soma = 07

29. – A constatação da expansão do Universo por Hubble, ao observar a radiação das galáxias.

– A radiação cósmica de fundo, resquício de uma fase inicial muito quente do Universo.

– Céu escuro à noite ⟶ Universo finito no tempo.

– Homogeneidade em larga escala observada nos mapas da radiação de fundo.

30. Resposta pessoal. Dica: mencione principalmente as ideias que abordam o Universo em expansão, o período inicial da construção da teoria do Big Bang e a proposição do modelo padrão fundamentado da teoria da relatividade geral de Einstein.

31. $\frac{F_G}{F_e} = 2{,}96 \cdot 10^{-20}$ J

32. a) Foi o próprio Einstein quem introduziu a constante cosmológica λ, para garantir a teoria do Universo estático.

b) Com a descoberta da expansão do Universo por Hubble, Friedmann eliminou λ do seu modelo – conhecido como modelo padrão.

c) A constante foi retomada para tentar explicar a matéria escura.

Integre o aprendizado

33. Porque ela está muito distante e sua luz demora 160 milhões de anos para chegar até a Terra.

34. É importante valorizar a precisão nas medidas espaciais porque as unidades representam distâncias muito grandes e podem comprometer a localização de um corpo celeste. Quando se comete um erro de medida em uma parte do processo, o dado errado pode ser multiplicado e aumentado nos cálculos seguintes, fazendo com que todo o processo se perca.

35. É uma grande esfera de plasma contida por força gravitacional de forma a gerar naturalmente condições no seu interior para reação de fusão nuclear.

36. a) Sol.

b) Alfa Centauro.

37. a) Estrela anã: estrela evoluída de baixa massa, com tamanho da ordem da Terra; temperatura superficial próxima de 1 000 K; cor branca.

b) Sequência principal (o Sol é um exemplo): queima hidrogênio em seu núcleo; tamanho da ordem de 10^9 m.

c) Gigante: estrela próxima dos estágios finais de evolução; tamanho da ordem de 10^{11} m; cor vermelha.

38. Estágio na metade de seu tempo de existência.

39. A energia liberada pelas reações térmicas e nucleares, chamada de pressão térmica, aquece o gás no interior da estrela, fazendo com que se crie uma pressão para fora dela. Além disso, a pressão gerada pelas reações nucleares, a pressão nuclear, se soma à pressão térmica, empurrando os gases para fora. Essas duas pressões, somadas, podem conter a pressão gravitacional para dentro, o que evita que a estrela colapse.

40. Quando o hidrogênio das estrelas se esgota, a pressão gravitacional passa a ser maior que as pressões térmica e nuclear (pois as reações diminuem), e a estrela se contrai rapidamente. Com isso, o hélio no núcleo da estrela se aquece, o que faz com que ela se expanda muito, engolindo inclusive planetas ao seu redor.

41. a) Anã branca: é o estágio avançado do núcleo de uma estrela que se contrai ao máximo; pode se colapsar e virar um buraco negro.

b) Nebulosa planetária: massa estelar ejetada para o espaço antes de uma estrela se tornar uma anã branca.

c) Supernova: explosão de estrela supergigante que cessa o combustível. Pode durar pouco tempo e se dividir em muitas estrelas pequenas.

d) Buraco negro: o estágio final de uma estrela colapsada.

42. De acordo com o primeiro postulado da relatividade de Einstein, a velocidade da luz é sempre constante. Assim, para que dois observadores vejam o mesmo fenômeno ao mesmo tempo, estando a velocidades diferentes, o tempo também tem de passar de uma maneira diferente para cada um. Ou seja, o tempo e o espaço não são mais absolutos, e sim relativos.

43. A curvatura do espaço-tempo se deve à presença das massas dos corpos celestes.

44. a) $10{,}8 \cdot 10^6$ m

b) $7{,}04 \cdot 10^3$ m

45. A geometria mais aceita atualmente para o modelo de universo, é a plana. Essas conclusões se devem a observações feitas com telescópios que mostram que, quanto maior a distância entre as galáxias, maior a velocidade de afastamento entre elas.

46. Desvio para o vermelho da luz de galáxias; radiação cósmica de fundo.

47. A teoria da relatividade geral de Einstein previa um Universo em movimento de expansão ou contração, mas, como não acreditava nessa ideia, ele introduziu a constante cosmológica, que teorizava um Universo estacionário.

48. Resposta pessoal.
49. Resposta pessoal.
50. 0,5 átomo de hidrogênio por metro cúbico.
51. $0{,}4149 \cdot 10^{-11}$ J
52. a) A relatividade restrita versa sobre as consequências do postulado de a velocidade da luz ser uma constante, teorizando a relatividade do tempo e do espaço para diferentes observadores. Já a relatividade geral versa sobre o conceito de espaço-tempo, sua curvatura e as consequências do movimento dos corpos no espaço-tempo em curso.
b) O que levou Einstein a propor a teoria da relatividade geral foi a necessidade de estender os conceitos da relatividade restrita aos campos maiores e mais intensos, que esta não abrangia.
53. $2{,}96 \cdot 10^{9}$ m
54. Esse pensamento de Einstein é a base da teoria da relatividade geral, pois a ideia de a noção de aceleração gravitacional e consequentemente, a de peso serem relativas ao observador é importante nessa teoria.
55. Não, a oscilação das curvas mostra que há galáxias que aumentam a velocidade quando suas distâncias aumentam.
56. Respostas pessoais.
57. Resposta pessoal.

Página 344 — Vestibular e Enem

1. D
2. A
3. B
4. A
5. D
6. E
8. B
9. D
10. B
11. A
12. D
13. C
14. C
16. E
17. C
18. A
19. A
20. C
21. B
22. B
23. E
24. E
25. B
26. D
27. E
28. C
29. D
30. D
31. B
32. a) $L_A = 5{,}8 \cdot 10^{-11}$ m
b) $t_A = 2{,}8 \cdot 10^{-17}$ s
33. A energia do oscilador harmônico é dada por $E = \frac{1}{2} m\omega^2 x^2 + \frac{p^2}{2m}$.
Ter energia zero para os elétrons confinados implicaria que a partícula estaria parada na posição ($x = 0$). Isso não é possível, pois contraria o princípio da incerteza de Heisenberg, ou seja, não é possível determinar simultaneamente a posição e o momento da partícula. Concluímos, então, que o estado com energia nula não é permitido.
34. B

Siglas de universidades

Enem – Exame Nacional do Ensino Médio
Fatec-SP – Faculdade de Tecnologia de São Paulo
FGV-SP – Fundação Getúlio Vargas
Furg-RS – Fundação Universidade Federal do Rio Grande
Fuvest-SP – Fundação Universitária para o Vestibular
ITA-SP – Instituto Tecnológico de Aeronáutica
Mackenzie-SP – Universidade Presbiteriana Mackenzie
PUC-RJ – Pontifícia Universidade Católica do Rio de Janeiro
PUC-SP – Pontifícia Universidade Católica de São Paulo
Ueap – Universidade do Estado do Amapá
Uece – Universidade Estadual do Ceará
UEG-GO – Universidade Estadual de Goiás
UEM-PR – Universidade Estadual de Maringá
UEMS – Universidade Estadual de Mato Grosso do Sul
UEPB – Universidade Estadual da Paraíba
UEPG-PR – Universidade Estadual de Ponta Grossa
Uerj – Universidade Estadual do Rio de Janeiro
Uespi – Universidade Estadual do Piauí
Ufac – Universidade Federal do Acre
Ufal – Universidade Federal de Alagoas
UFC-CE – Universidade Federal do Ceará
UFG-GO – Universidade Federal de Goiás
UFMG – Universidade Federal de Minas Gerais
UFMS – Universidade Federal de Mato Grosso do Sul
UFMT – Universidade Federal de Mato Grosso
UFPE – Universidade Federal de Pernambuco
UFPel-RS – Universidade Federal de Pelotas
UFPR – Universidade Federal do Paraná
UFRGS-RS – Universidade Federal do Rio Grande do Sul
UFRN – Universidade Federal do Rio Grande do Norte
UFRPE – Universidade Federal Rural de Pernambuco
UFU-MG – Universidade Federal de Uberlândia
Uncisal – Universidade Estadual de Ciências da Saúde de Alagoas
Unesp – Universidade Estadual Paulista Júlio de Mesquita Filho
Unicamp-SP – Universidade Estadual de Campinas
Unifesp – Universidade Federal de São Paulo
Unir-RO – Universidade Federal de Rondônia

Referências bibliográficas

ACZEL, Amir D. *Bússola:* a invenção que mudou o mundo. Rio de Janeiro: Jorge Zahar, 2002.

ALVES, Rubem. *Entre a ciência e a sapiência*: o dilema da educação. São Paulo: Loyola, 1999.

_________. *Filosofia da ciência*: introdução ao jogo e suas regras. São Paulo: Loyola, 2002.

ASHCROFT, Frances. *A vida no limite*. Rio de Janeiro: Jorge Zahar, 2001.

BACHELARD, Gastón. *A formação do espírito científico*. Rio de Janeiro: Contraponto, 1996.

_________. *A psicanálise do fogo*. São Paulo: Martins Fontes, 1994.

BARIONI, Carlos Cesar et al. *Introdução a sistemas elétricos de potência*. São Paulo: Edgard Blücher, 1996.

BARRETO, Márcio. *Física*: Einstein para o Ensino Médio. São Paulo: Papirus, 2009.

BARTHEM, Ricardo. *A luz*. São Paulo: Livraria da Física e Sociedade Brasileira de Física, 2005.

_________. *Temas atuais de Física*: a luz. São Paulo: Livraria da Física, 2005.

BASSALO, José Maria F. *Crônicas da Física*. Belém: Gráfica e Editora Universitária (UFPA), 1990.

BEER, Ferdinand; JOHNSON E., Russell. *Mecânica vetorial para engenheiros*. São Paulo: McGraw-Hill, 1980.

BENDICK, Jeanne. *Arquimedes*: uma porta para a ciência. São Paulo: Odysseus, 2002.

BEN-DOV, Yoav. *Convite à Física*. Rio de Janeiro: Jorge Zahar, 1995.

BERMANN, Célio. *Energia para o Brasil*: para quê? Para quem? Crise e alternativas para um país sustentável. São Paulo: Livraria da Física, 2002.

BERNAL, John Desmond. *The extension of man*: a History of physics before 1900. London: Weidenfeld and Nicholson, 1972.

BLOOMFIELD, Louis A. *How Things Work*: the Physics of Everyday Life. New York: John Wiley & Sons, 1997.

BRAGA, Marco et al. *Das Luzes ao sonho do doutor Frankenstein* (séc. XVIII). Rio de Janeiro: JZE, 2005. v. 3 (Coleção Breve História da Ciência Moderna).

BRANCO, Samuel Murgel. *O meio ambiente em debate*. São Paulo: Moderna, 2004.

BRASIL. Ministério da Ciência e Tecnologia. Comissão Nacional de Energia Nuclear. *Apostila educativa*: energia nuclear. Rio de Janeiro: CNEN, s.d.

_________. Ministério da Educação. Secretaria de Educação Média e Tecnológica. *Parâmetros curriculares nacionais*: Ensino Médio: ciências da natureza, matemática e suas tecnologias. Brasília: MEC, 1999.

_________. Secretaria de Educação Média e Tecnológica. *PCNs Ensino Médio*: orientações educacionais complementares aos Parâmetros Curriculares Nacionais. Brasília: MEC, 1999.

_________. Ministério das Minas e Energia. Agência Nacional de Energia Elétrica. *Atlas de energia elétrica no Brasil*. Brasília: Aneel, 2008.

_________. Empresa de Pesquisa Energética. *Balanço energético nacional*. Brasília: EPE, 2008.

_________. Furnas Centrais Elétricas S.A. *Anuário estatístico*, 30. ed. 2008.

Brenman, Richard. *Gigantes da Física*. Rio de Janeiro: Jorge Zahar, 1998.

Bronowski, Jacob. *A escalada do homem*. São Paulo: Martins Fontes, 1983.

Canêdo, Letícia Bicalho. *A Revolução Industrial*. 23. ed. São Paulo: Atual, 2009 (Coleção Discutindo a História).

Carvalho, Regina Pinto de. *Física do dia a dia*. Belo Horizonte: Autêntica, 2003.

_________. *Micro-ondas*. São Paulo: Livraria da Física, 2005.

Chassot, Attico. *A Ciência através dos tempos*. São Paulo: Moderna, 1994.

Chaves, Alaor; Schellard, Ronald Cintra. *Pensando o futuro*: o desenvolvimento da Física e sua inserção na vida social e econômica do país. São Paulo: Livraria da Física e Sociedade Brasileira de Física, 2005.

Chesman, Carlos; André, Carlos; Macêdo, Augusto. *Física moderna*: experimental e aplicada. São Paulo: Livraria da Física, 2004.

Costa, Irapuã de Oliveira. *Energia elétrica:* a luz do consumidor. São Paulo: Segmento Farma, 2004.

Cruz, Roque; Leite, Sérgio; Carvalho, Cassiano. *Experimentos de Física em microescala*. São Paulo: Scipione, 1997.

Damineli, Augusto. *Hubble*: a expansão do Universo. São Paulo: Odysseus, 2003.

De Gennes, Pierre-Gilles; Badoz, Jacques. *Os objetos frágeis*. Campinas: Editora da Unicamp, 1997.

Delbem, N. F. *Introdução matemática aos modelos cosmológicos*. 2010. 144 p. Dissertação (Mestrado em Matemática Universitária) – Unesp, Rio Claro.

Demo, Pedro. *Saber pensar*. São Paulo: Cortez, 2002.

Eisberg, Robert; Resnick, Robert. *Física quântica*. São Paulo: Campus, 1994.

EUA, ONU. *Energy in the United Nations*: an Overview of UN-energy Activities. New York, 2006.

Eua, US Department of Energy. Energy Information Administration. *Annual Energy Outlook 2009:* with Projections to 2030. Washington, DC: DOE, 2009.

Ferris, Timothy. *O despertar na Via Láctea*: uma história da astronomia. Rio de Janeiro: Campus, 1990.

Feynman, Richard P. *Deve ser brincadeira, sr. Feynman!*. Brasília: Editora da UnB, 2000.

_________. *Física em seis lições*. Rio de Janeiro: Ediouro, 2001.

Fischer, Len. *A ciência no cotidiano*: como aproveitar a ciência nas atividades do dia a dia. São Paulo: JZE, 2004.

Fowles, Grant R. *Introduction to Modern Optics*. USA: Dover, 1989.

France, Organisation Intergouvernamentale de la Convention du Metre, *The International System of Units (SI)*, 8ème edition, Sèvres: Bureau International des Poids et Mesures (BIPM), 2006.

Freire, Paulo. *Pedagogia da autonomia*. São Paulo: Paz e Terra, 2005.

Gamow, George. *Biography of Physics*. New York: Harper, 1962.

_________. *O incrível mundo da Física moderna*. São Paulo: Ibrasa, 1980.

Gilmore, Robert. *Alice no país do* quantum. Rio de Janeiro: Jorge Zahar, 1998.

Goldsmith, B. *Gênio obsessivo*: o mundo interior de Marie Curie. São Paulo: Companhia das Letras, 2006.

Referências bibliográficas

Gonçalves Filho, Aurelio; Barolli, Elisabeth. *Instalação elétrica*: investigando e aprendendo. São Paulo: Scipione, 1990.

Gonick, Larry; Huffman, Art. *Introdução ilustrada à Física*. São Paulo: Harbra, 1999.

Gref. *Física 3*: Eletromagnetismo. 5. ed. São Paulo: Edusp, 2002.

_________. *Física*. São Paulo: Edusp, 1993.

Guerra, Andréia et al. *Faraday e Maxwell*: eletromagnetismo – da indução aos dínamos. São Paulo: Atual, 2004.

Halliday, David; Resnick, Robert. *Física*. Rio de Janeiro: LTC, 1983.

_________; _________; Walker, Jearl. *Fundamental of Physics*. Extended edition. New York: John Wiley & Sons, 2007.

Hawking, Stephen W. *Uma breve história do tempo*. Rio de Janeiro: Rocco, 2000.

_________; W. Mlodinow, Leonard. *Uma nova história do tempo*. Rio de Janeiro: Ediouro, 2005.

Helene, Otaviano A. M.; Vanin, Vito R. *Tratamento estatístico de dados em Física experimental*. São Paulo: Edgard Blücher, 1981.

Hellman, Hal. *Grandes debates da ciência*: dez maiores contendas de todos os tempos. São Paulo: Editora da Unesp, 1999.

Hockney, D. *O conhecimento secreto*: redescobrindo as técnicas perdidas dos grandes mestres. São Paulo: Cosac Naify, 2001.

Junior, Maciel Auterives. *Pré-socráticos*: a invenção da razão. São Paulo: Odysseus, 2003.

Kehlmann, Daniel. *A medida do mundo*. São Paulo: Companhia das Letras, 2007.

Kindermann, Geraldo. *Choque elétrico*. Porto Alegre: Sagra Luzzatto, 2000.

Krauss, Lawrence M. *A Física de Jornada nas Estrelas*: *Star Trek*. São Paulo: Makron Books, 1996.

Laue, Max von. *History of Physics*. New York: Academic Press Inc., 1950.

Leite, Rogério C. de Cerqueira. *Energia para o Brasil*: um modelo de sobrevivência. Rio de Janeiro: Expressão e Cultura, 2002.

Maia, Grasiele. Desvendando os fascínios do raio. Portal O Setor Elétrico, ed. 58, nov. 2010. Disponível em: <http://www.osetoreletrico.com.br/web/component/content/article/57-artigos-e-materias/496-desvendando-osfascinios-do-raio.html>. Acesso em: 10 maio 2013.

Manacorda, Mario A. *História da educação*: da Antiguidade aos nossos dias. São Paulo: Cortez, 2004.

Mariconda, Pablo R.; Vasconcelos, Júlio. *Galileu e a nova Física*. São Paulo: Odysseus, 2006.

Marques, Gil da Costa (Org.). *Física*: tendências e perspectivas. São Paulo: Livraria da Física, 2005.

Martins, Roberto de Andrade. *O Universo*: teorias sobre sua origem e evolução. São Paulo: Moderna, 1994.

Menezes, Luis Carlos. *A matéria*. São Paulo: Livraria da Física, 2005.

Morin, Edgard. *Educação e complexidade*: os sete saberes e outros ensaios. São Paulo: Cortez, 2002.

MOURÃO, Ronaldo R. F. *Astronáutica*: do sonho à realidade – história da conquista espacial. Rio de Janeiro: Bertrand Brasil, 1999.

NATIONAL GEOGRAPHIC BRASIL. *Recarregando o planeta*: energia para o futuro. São Paulo: Abril, 2009.

NUSSENZVEIG, H. Moisés. *Curso de Física básica*. São Paulo: Edgard Blücher, 1981.

OKUNO, Emico; FRATIN, Luciano. *Desvendando a Física do corpo humano*. São Paulo: Manole, 2006.

_________; VILELA, Maria Ap. C. *Radiação ultravioleta*: características e efeitos. São Paulo: Livraria da Física e Sociedade Brasileira de Física, 2005.

OLIVEIRA, Ivan S. *Física moderna*: para iniciados, interessados e aficionados. São Paulo: Livraria da Física, 2005.

OREAR, Jay. *Física*. Rio de Janeiro: LTC, 1971.

ORSINI, Luiz de Queiroz. *Curso de circuitos elétricos*. São Paulo: Edgard Blücher, 1993.

_________. *Introdução aos sistemas dinâmicos*. Rio de Janeiro: Guanabara Dois, 1985.

PATY, Michel. *A matéria roubada*. São Paulo: Edusp, 1995.

PIZA, Antônio F. R. de Toledo. *Schrodinger & Heinsenberg*: a Física além do senso comum. São Paulo: Odysseus, 2003.

POINCARÉ, Henri. *O valor da Ciência*. Rio de Janeiro: Contraponto, 1995.

POLYA, George. *A arte de resolver problemas*: um novo aspecto do método matemático. Rio de Janeiro: Interciência, 1995.

RESNICK, Robert. *Introdução à relatividade especial*. São Paulo: Edusp, 1971.

ROCHA, José Fernando. *Origens e evolução das ideias da Física*. Salvador: Edufba, 2002.

ROSENFELD, Rogério. *Feynman & Gell-Man*: luz, *quarks*, ação. São Paulo: Odysseus, 2003.

SAGAN, Carl. *Bilhões e bilhões*. São Paulo: Companhia das Letras, 2008.

_________. *Cosmos*. Rio de Janeiro: Francisco Alves, 1989.

_________. *O mundo assombrado pelos demônios*. São Paulo: Companhia das Letras, 1996.

SALMERON, Roberto A. *Introdução à eletricidade e ao magnetismo*. São Paulo: Biblioteca Nacional, 1965.

SALVETTI, Alfredo Roque. *A história da luz*. 2. ed. São Paulo: Livraria da Física, 2008.

SANTOS, Boaventura Souza. *Introdução a uma ciência pós-moderna*. Rio de Janeiro: Graal, 1989.

SANTOS, Walter da Silva. Refração, as velocidades da luz e metamateriais. 2011. Dissertação (Mestrado) – UFRJ, Instituto de Física, Rio de Janeiro. Disponível em: http://www.if.ufrj.br/~pef/producao_academica/dissertacoes/2011_Walter_Santos/dissertacao_Walter_Santos.pdf>. Acesso em: 16 jan. 2013.

SCHEMBERG, Mario. *Pensando a Física*. São Paulo: Landy, 2001.

SCHRODINGER, Erwin. *O que é vida?* O aspecto físico da célula viva seguido de mente e matéria e fragmentos autobiográficos. São Paulo: Editora da Unesp, 1997.

SCHURMANN, Paul F. *Historia de la Física*. Buenos Aires: Editorial Nova, 1945.

SEDRA, Adel S.; SMITH, Kenneth C. *Microelectronic Circuits*. New York: Oxford University Press, 1991.

Referências bibliográficas

SIMAAN, Arkan; FONTAINE, Joelle. *A imagem do mundo*. São Paulo: Companhia das Letras, 2003.

TAVOLARO, Cristiane R. C.; CAVALCANTE, Marisa A. *Física moderna experimental*. São Paulo: Manole, 2003.

TIPLER, Paul A. *Física*. Rio de Janeiro: Guanabara Dois, 1985.

TOLMASQUIM, Alfredo Tiomno. *Einstein*: o viajante da relatividade na América do Sul. Rio de Janeiro: Vieira & Lent, 2003.

TUCCI, Wilson J.; BRANDASSI, Ademir E. *Circuitos básicos em eletricidade e eletrônica*. São Paulo: Nobel, 1984.

VIEIRA, Cássio Leite. *Einstein*: o reformulador do universo. São Paulo: Odysseus, 2003.

VIGOTSKI, L. S. *A formação social da mente*. São Paulo: Martins Fontes, 1998.

VOULO, J. Henrique. *Introdução à teoria de erros*. São Paulo: Ifusp, 1992.

WALISIEWICZ, M. *Energia alternativa*: solar, eólica, hidrelétrica e biocombustíveis. São Paulo: Publifolha, 2008.

WALKER, Jearl. *O grande circo da Física*. Lisboa: Gradiva, 2001.

ZABALA, Antoni. *Enfoque globalizador e pensamento complexo*: uma proposta para o currículo escolar. Porto Alegre: Artmed, 2002.

ZANETIC, João. *FMT 405 – Evolução dos conceitos da Física*: notas de aula. São Paulo: Ifusp, 2006.

__________. *FEP 156 – Gravitação*: notas de aula. São Paulo: Ifusp, 1996.